1. 校训
2. 文史楼
3. 文科大楼

1. 河西鸟瞰
2. 图书馆
3. 理科大楼

丽娃河全景

1. 科学会堂
2. 俊秀艺术楼

文脉

华东师范大学学科建设回眸

华东师范大学老教授协会 组编

华东师范大学出版社

图书在版编目（CIP）数据

　　文脉：华东师范大学学科建设回眸/华东师范大学老教授
协会编. —上海：华东师范大学出版社，2017
　　ISBN 978－7－5675－6324－7

　　Ⅰ.①文…　Ⅱ.①华…　Ⅲ.①高等学校－学科建设－研
究－上海　Ⅳ.①G642.3

　　中国版本图书馆 CIP 数据核字(2017)第 063129 号

文脉
——华东师范大学学科建设回眸

编　　者　华东师范大学老教授协会
项目编辑　陈庆生　曾　睿
文字编辑　曾　睿
责任校对　时东明
封面设计　崔　楚

出版发行　华东师范大学出版社
社　　址　上海市中山北路 3663 号　邮编 200062
网　　址　www.ecnupress.com.cn
电　　话　021－60821666　行政传真 021－62572105
客服电话　021－62865537　门市（邮购）电话 021－62869887
地　　址　上海市中山北路 3663 号华东师范大学校内先锋路口
网　　店　http://hdsdcbs.tmall.com

印刷者　常熟高专印刷有限公司
开　　本　787×1092　16 开
印　　张　53.5
插　　页　2
字　　数　996 千字
版　　次　2017 年 2 月第 1 版
印　　次　2017 年 2 月第 1 次
书　　号　ISBN 978－7－5675－6324－7/G·10261
定　　价　125.00 元

出版人　王　焰

本 书 编 委 会

目录

序一

　　《师魂》之后，又有《文脉》，我校老教授协会的老师们先后编撰的这两本书，对华东师范大学的精神传统做了既全面又简练的概括。读过《师魂》再读《文脉》，可以对我们这所以"师范"冠名的综合性研究型大学，对学校的诸多学科的建设历程，对这个历程中所体现的学校文化，有更好的理解。

　　我曾是本校学生，后来又留校任教。书中叙述的不少人、事，我应该都不是完全陌生的。但读过书稿以后，我还是有不少收获，有许多感慨。

　　首先是有感于我校前辈们的敢为人先的创新精神。书中频频出现的一个词是"最早"：某某学科的起步，某某研究所的建立，某某学术刊物的创办，某某学术观点的提出，往往不仅在师范大学当中是最早的，而且在国内所有高校当中是最早的；不仅在改革开放以后是最早的，而且在新中国成立以后是最早的，甚至在国际范围内也是最早的。华东师大之所以能跻身"985 高校"行列，很大程度上就是因为我们的前辈们从很早开始就致力于实现"师范性"与"学术性"的统一；正是依靠他们对学术卓越的不懈追求，我们才能在不少学科领域承担着国家队的责任，并且随着整个国家的不断发展，力求在国际范围内做出更大的学术贡献。

　　其次是有感于我校前辈们谋划发展的学术眼光。书中频频出现的另一个词是"规划"。我校目前发展得比较好的一些学科，往往得益于我们的前辈们深度参与了全国范围的学术规划，及时把握了相关学科的发展趋势，敏锐感悟到国家和社会的最新需求，以及深刻认识了学科发展的内在规律。当然，学术发展中常常有"着意栽花花不发，等闲插柳柳成荫"的情况，但经历过"文革"以后面临百废待兴局面的人们，都深知在那个时期做好"着意栽花"的工作，是多么重要。即使在今天，面对高等教育和科学研究领域的"不进则退、慢进也是退"的激烈竞争，我们对做好学校学科建设的规划和布局，包括及时有效地为"等闲插柳"提供所需空间，也必须具有更高的自觉性和主动性才行。

　　第三是有感于我校前辈们建设学科的大局观念。学科建设首先是通过科学研究解决科学问题，但同时最好也能通过科学研究解决实际问题，并且在这个过程中高水平地履行人才培养和文化传承创新的职能。我校前辈们的大局观念不仅体现为把学科建设放到高校建设的系统工程当中去理解，而且体现为把学科建设自身也当作一个系统工程来看待：从专业设置、机构培育、学位点申报，到专家聘请、队伍建设、设备研制,再到项目设计、刊物创办、教材编写,甚至资料翻译、图书购置、人员培训,等等,这些都可以说是缺一不可的,都需要有人来认真落实。如果没有书中所说的"在做好教学工作之余对科学研究的热情,不计名利的忘我工作,同事间友好合作的团队精神",学校的学科建设是不可能达到现在这样的水平的。

第四是有感于我校前辈培育后学的长者风范。任何一个学科的持续发展,都不仅需要团队同事的齐心协力,而且需要团队梯队的代际接力。本书汇集了不少前辈学者对青年学者的教育、培养、锻炼和提携的生动事例,它们既体现了师大"文脉"的一个关键意义,也提示了继承这种文脉的一个关键之举。

书中提到的不少老师在我读书时是我的任课老师或研究生导师,或者在我工作后指导过我的教学和科研。借着遵吴铎老师之嘱写这篇序言的机会,向老师们表达感激和敬意。

童世骏

2016 年五一节于松江小屋

* 本序作者:童世骏,中共华东师范大学委员会书记,教授。

序二

对于一所大学而言,学科水平是学校办学水平最主要的体现,而学科建设则是提升学校实力最主要的途径。在华东师范大学全面启动"两个一流"即一流大学和一流学科建设的关键时刻,学校老教授协会组织编撰的这本《文脉——华东师范大学学科建设回眸》,从不同历史阶段、不同学科门类入手,向我们全面、翔实地展现了师大学科建设和发展的历史过程。

20世纪五六十年代,是我校主要学科的奠基时期。大夏、光华、圣约翰大学等院校为学校学科的建立奠定了基础,50年代初期的院系调整,给学校的学科发展注入了新的力量,促成了"文理基础学科"加"一地一教"学科格局的形成。从1957年起,学校在全国率先成立了人口地理研究室和河口研究室,又陆续建立了教育科学研究室和电子学、原子物理、固体物理、光学等一大批理科研究室及实验室;在这些学科优势的支撑下,1959年学校被确定为全国16所重点高校之一,成就了一个时代的辉煌。20世纪七八十年代起,学校进入改革发展的新时期,逐步形成具有文、史、哲、经、管、法、理、工等学科门类的综合性大学的格局。这些学科演进的过程,对于今天我们认识学科发展规律,思考谋划学校新一轮发展具有非常重要的意义和价值。

在这本厚厚的《文脉——华东师范大学学科建设回眸》中,让我们特别感动的,是师大前辈们为学校发展殚精竭虑、无私奉献的历历往事。正如书中所记,华东师大学科的开拓者和奠基者们,如冯契、陈彪如、陈涵奎、陈吉余以及我的恩师邬学文先生等,面对艰苦的办学条件,敢于创新,敢为人先,不仅培养了一大批优秀人才并在科学研究上取得了突破,还在此过程中完成学科的构建,为华东师大此后若干年的发展奠定了重要基础。他们都非常重视年轻人才的培养,现在活跃在教学、科研和管理一线的骨干,很多都曾接受过这些前辈的教诲和扶持。把这些事迹记录下来,不仅是对这些前辈的纪念,也是对师大文脉精神的继承和发扬。

最后,我要代表学校向本书编撰工作的组织者和参与者,特别是要向老教授协会的各位先生致以崇高的敬意,感谢他们为传承师大文脉所作出的重要贡献。

陈群

2016年4月29日

* 本序作者:陈群,华东师范大学校长,教授。

前　言
学科兴业　人才强校

　　华东师范大学正朝着"拥有若干一流学科,多学科协调发展,引领中国教师教育发展的世界知名的高水平研究型大学"目标稳步迈进,力争在 2020 年左右进入世界知名高水平研究型大学行列,在 21 世纪中叶建成世界一流大学。

　　学科兴业,学科发展是学校事业兴旺的主要标志。人才强校,学科发展依靠的主要是宏大的人才队伍。学校 1959 年被中共中央确定为全国 16 所重点院校之一,1978 年再次被确认为全国重点大学,1986 年学校被国务院批准成为设立研究生院的 33 所高等院校之一,1996 年被列入"211 工程"国家重点建设大学行列,2006 年进入国家"985 工程"高校行列,是学科兴业、人才强校的有力佐证。

　　回眸 20 世纪后半叶,在党的领导和老一辈名师的引领下,我校在学科发展和人才队伍建设方面,谱写了众多恢弘篇章,也为迄今乃至未来的发展奠定了坚实的基础。学科兴业、人才强校的文脉将在承前启后、继往开来的历史长河中,永远熠熠生辉。

高屋建瓴　统筹谋划

　　大学学科建设是一项长期和艰巨的事业,需要根据国家和社会的需要,立足现实,放眼长远,精心运筹,全面谋划。20 世纪五六十年代,是我校学科建设的重要奠基时期。1951 年华东师范大学建校。大夏大学、光华大学的文、理、教育学科成为新校的基础。继而经高校院系调整,复旦大学、同济大学、浙江大学、沪江大学、大同大学、震旦大学、圣约翰大学以及东亚体专等院校的有关专业系科,先后并入华东师范大学,全校建立了教育、中文、外文、历史、政教、数学、物理、化学、生物、地理、体育、音乐等系科。

　　我校的学科建设,在 20 世纪七八十年代,进入改革发展的新时期。党的十一届三中全会以后,我国高等教育事业重新步入正轨。在校党委领导和刘佛年校长等主持下,学校进一步明确和端正办学思想,提出"求实创造,为人师表"的校训,坚持四项基本原则,坚持为社会主义现代化服务、为基础教育服务的办学方向,注意师范性和学术性的统一,从而使学科和人才队伍建设等各项事业有了较大的发展。迄今本科已发展到涵盖文学、历史学、哲学、教育学、经济学、理学、工学、管理学、法学、艺术学等 10 大学科门类 79 个专业;研究生的学位授权体系包括哲学、经济学、法学、教育学、文学、历史学、理学、工学、医学、管理学、艺术学等 11 个学科门类 44 个一级学科。其中具有"一级学科博士学位授权"的一级学科有 26 个,具有"一级学科硕士学位授权"的一级学科有 38 个(含"一级学科博士学位授权"26 个);具有"二级学科博士学位授权"的二级学科有 3 个,具有"二级学科硕士学位授权"的二级学科有 6 个。学校设有 25 个博士后科研流动站,拥有教育学、地理学 2 个一级学科国家一级重点学科,5 个二级学科国家二级重点学科,5 个国家二级重点培育学科,12 个上海市重点学科,17 个上海市一流学科。我校已形成具有教育科学、哲学社会科学、人文科学、自然科学、技术科学和管理科学的综合性师范大学的新格局。

加强基础　固本强根

　　基础学科是学科建设之本。我校在谋划学科发展的过程中,始终将基础学科置于十分重要的地位。基础学科是指研究自然和社会基本发展规律,提供人类生存与发展基本知识的学科。基础学科的研究目的是获取和理解被研究主体全面的知识。全校公共课中的教育课程、大学语文课程、大学外语课程、政治理论课程、体育课程等,属于我校各专业共同的基础学科,即公共必修课的范畴。各专业均有各自的基础学科。基础学科的教学是高等学校最基本的教学工作,是人才培养过程中传授基础知识、基本理论和培养学生学习能力的最重要的环节,也是培养学生创新能力和创新意识的基础。学校提出"教授应担任本科生课程",参与基础学科的课程和教材建设、课堂教学,并将这项要求制度化,作为检查、考核教授工作一项依据,正是体现了对基础学科的重视。

　　基础学科多属于传统学科的范畴,具有理论性、稳定性的特点。从事基础学科的教学工作,比较难出科研成果,更比较难直接创造经济效益和社会效益,因而往往成为冷门选项。然而,从基础学科建设的重要价值着眼,从培养学生的重要意义出发,我校老一辈名师都对基础学科建设付出过心血和智慧,作出过重大贡献。他们中许多人是撰写基础学科教材、著作和讲授基础课的名家。名师们的传人,20 世纪六七十年代成长起来的一批教授、副教授,继承和发扬我校重视基础学科建设的优良传统,长期为基础学科建设默默耕耘,奉献智慧,殚精竭虑。他们不仅为基础学科建设献出了青春,甚至贡献了毕生精力,成为新一代名师,为加强基础学科建设集聚人才,固本强根,为提高办学质量、促进学校发展,奠定了雄厚和稳固的基础。

锐意进取　勇于创新

锐意进取,勇于创新,是学科建设的强大精神力量。学科建设和发展的核心是创新。创新是人类特有的认识能力和实践能力,是人类主观能动性的高级表现,是推动科学发展和社会发展的不竭动力。创新立足传统、突破传统,依托现实、推动变革。当今之世,一个国家走在世界发展前列,根本靠创新;一个民族屹立于世界民族之林,根本靠创新,一刻也不能停止各种创新的努力;同样,一个学科要求得发展,必须坚定走创新之路。要在夯实基本理论、基础知识和总结实践经验的基础上,运用创新思维,探索并提出具有科学价值的新的思想、观点、方法。这是一条艰苦的求索之路。

我校学科建设的开拓者们,下定决心,锐意进取,坚定地朝着新的、更高的目标持续不断地奋勇前行,力图有所作为,不达目标誓不罢休。他们勇于创新,面对学科建设和发展的难题,坚持创新思维,破除因循守旧,探索新规律,获取新成就。这种锐意进取、勇于创新的精神,是在长期的学科建设实践中锤炼磨砺形成的。我校理科的许多新兴学科,如河口海岸学、城市自然地理、半导体、微波、计算机、特种试剂、海水提铀、动物生态学、生物化学、生物物理学、细胞生物学、神经科学以及众多实验室等,都是在缺少经费、缺少设备、缺少技术、缺少专业人才的情况下,发扬锐意进取、勇于创新的精神,白手起家,自力更生,艰苦奋斗,在边学边干的过程中创建和发展的。文科也不乏新兴学科,如教育信息技术、教育经济、金融统计、房地产经济学、旅游管理、对外汉语、传播学、体育教育、图书馆学情报学等,也是发扬锐意进取、勇于创新的精神而逐步创建起来的。

潜心研究　独领风骚

学科建设是一项长期的、持续的宏伟工程,需要潜心研究,孜孜不倦,具有板凳需坐十年冷、咬定青山不放松的韧劲,才可能进入一流乃至占据独领风骚的高地。我校许多传统学科,特别是基础性学科,历经了一两代人坚持不懈的默默耕耘,才吐穗扬花,获得成熟的果实;而一些新兴学科,多是经历十几年甚至二三十年岁月锲而不舍的奋斗,才得以进入本领域的前沿。当年起步参与学科建设宏伟工程的年轻人,回眸往事,感慨万千。他们说:日月流转,沧桑巨变,转瞬间已至鬓发斑白的耄耋之年。

潜心研究体现人的一种精神境界。他们专注于耕耘,而将个人得失置之度外。被耕耘土壤上的收获虽然一定会有,却是未来之事。他们乐于荫及后人和社会,并不计较个人的回报。在一些人总是关注当下的收获,甚至将他人的研究发现随手拈来变为"学术公器"而为我所用时,他们却总是基于学术良知,孜孜矻矻坚持基础研究工作,不懈追求新的发现和创造。在一些人让各种名目的"评奖"搅得头晕目眩而影响自己的研究工作时,他们却心静而专注,始终坚持自己的研究目标,按照既定的学术思路发展,直至达到学术和学科建设的高地。

团队协同　占领高地

为建设一流学科,特别需要团队协同,合作攻关。随着世界科学技术飞速发展,科学研究的分支化趋势和综合化趋势日益加强,多学科交叉发展促使传统的学科间界限变得越来越模糊。通过团队建设开展协同创新和联合攻关,已经成为重大研究项目的客观需求。科研、教学团队是把创新精神制度化而产生的一种新的科研、教学组织模式,是新观念和新方法的融合。依靠团队的智慧和力量,才能获得长远的竞争优势和发展潜力。这已成为当今时代学科建设、科学研究的一个重要特征。

我校学科建设、科学研究的重大成就,基本上都是由团队协同取得的。这些团队,其实就是一种学术共同体。我校团队协同的经验说明,优质教学和科研团队的基本要素是:一是具有在本学科享有很高威望的学科带头人,他们品德高尚,治学严谨,具有团结协作精神和较好的组织、管理和领导能力,有较深的学术造诣和创新性学术思想,长期坚持在教学和科研第一线,在学术方面能够充分发挥引领作用。二是具有明确的发展目标、良好的合作精神和梯队结构,老中青搭配,职称和知识结构合理,规模适度,由此以胜任和推进学科建设和科学研究持续发展。三是具有良好的合作意识和合作氛围,在完成共同的教学和研究任务过程中,形成合作的共同认知与感情,相互支持与谅解,发挥合力与整体优势。尤其领军人物要与学术梯队相辅相成。学科领军人物成功"领军"、占领学科高地的秘诀,不仅在于个人目光锐敏、勇于攀登,更在于擅长广聚人才,组织优秀的研究团队,形成团队文化,弘扬团队精神,充分发挥团队的合作、创造潜能。

研用结合　服务社会

研究与运用、理论与实践紧密结合,二者相互推动、相得益彰,是学科建设的一个突出特点。高等教育的根本任务是培养具有相应理论知识和较强实践能力,为经济社会发展服务的专门人才。产学研结合则是培养专门人才的有效途径。学校教育与生产企业、研究机构结合,是把以课堂传授知识为主的学校教育与直接获取实际经验、实践能力为主的生产、科研实践有机结合的教育形式。这种教育形式以培养学生综合素质、实践能力和就业竞争能力为重点,充分利用学校与企业、科研单位等多种不同的教育环境和教育资源以及在人才培养方面的各自优势。将基础理论、前沿课题的研究与实际应用紧密结合,服务生产、服务社会,既有助于高校研究成果转化为生产力,又有助于促进教学改革,提高学生学习的主动性,对学生的思维方法、学习范围和认知深度施以正面影响,进而引导学生深入探究科学理论的内涵,坚持学以致用的方向。

我校的许多学科在研究的全过程,始终坚持理论引领、应用为本,按照调查研究—科学论证—制定方案—实践检验—再调查研究的路径,深入调查"求真"、认真分析"求实"、研用结合"求效",立足实践推动研究成果转化,始终保持了应用学科建设旺盛的生命力。在长期发展过程中,无论自然学科领域、人文社会科学领域,都适应经济、社会发展的迫切需要,在基础学科建设的基础上,衍生、创建了一批新的应用型学科。这些学科在各自相关的领域,分别参加国家的经济、政治、文化、社会和生态建设,参与经济社会发展战略研究,为科学技术的发展和实际应用,满足国家建设、人民生活、教育事业和社会发展的需要,做出了突出贡献,获得国家和社会的充分肯定和褒奖。

学科人才　形同比翼

学科的发展依仗人才,学科发展过程中又培养练就人才。学科与人才形同比翼,相互依存,互相促进,引领学校教育事业的发展。

学科建设需要人才队伍的支撑。只有凝聚、培养、锤炼大批高素质的人才队伍,才能不断推进学科的发展和创新。正如习近平所指出的:要深刻认识人才在我国经济社会发展中的重要作用,牢固树立人才资源是第一资源的理念,坚持解放思想、解放人才、解放科技生产力,以改革创新精神推进人才队伍建设,以人才发展促进经济社会又好又快发展。① 我校发展的历史进程充分显示,通过各种有效方式,建立一支由学科带头人和学术骨干构成的学科梯队,并形成合理的组织、管理结构,组成合力,是学科建设的核心。无论传统学科还是新兴学科的发展都证实,凝聚高水平的人才队伍,学

---

① 第四届全国杰出专业技术人才表彰大会在京举行,习近平会见与会代表并讲话,新华网 2009 年 9 月 10 日。

科建设就得到蓬勃发展,攻坚克难,占领高地;反之,缺乏人才,学科建设就只能纸上谈兵,变为空中楼阁;人才聚而复失,学科建设曾经取得的辉煌就会化为一江春水东流去,令人扼腕叹息。我校发展的历史进程还充分显示,高校人才的凝聚、成长和练就,也离不开学科建设。只有在学科建设这个广阔园地和平台,才能吸收取之不尽的知识、智慧,全面提升教学和科研能力,面向学生和社会,充分施展自己的才华。实现学科建设和人才队伍比翼双飞,我们的教育事业就能不断创造辉煌。

郑板桥《新竹》诗曰:"新竹高于旧竹枝,全凭老干为扶持。明年再有新生者,十丈龙孙绕凤池。"我校学科建设成就卓著者,均有着显著的人才优势。他们将长远规划、全面统筹、精心培养、积极引进相结合,长久持续地建设人才队伍,建立适应学科需要、年龄结构合理、新老交替有序的人才工作机制,形成重视思想政治工作、提高专业学术水平、保障身心健康发展的全面锤炼人才制度,使人才队伍的老干新枝代代相继,学科建设永远勃发生机。

党的十八届五中全会号召:加快建设人才强国,深入实施人才优先发展战略,推进人才发展体制改革和政策创新,形成具有国际竞争力的人才制度优势。① 习近平强调:要充分发挥高校人才荟萃、学科齐全、思想活跃、基础雄厚的优势,面向经济建设主战场,面向民生建设大领域,加强科学研究工作,加大科技创新力度,努力形成更多更先进的创新成果。② 我们要无愧于时代的要求,无愧于党和人民的期望。让我们在追求民族复兴的大道上,永续华东师范大学学科兴业、人才强校的文脉,锲而不舍,再以几代人的奋斗,实现把我校建成世界一流大学的梦想。

吴　铎

2016 年 4 月 12 日

---

① 中国共产党第十八届中央委员会第五次全体会议公报,新华社 2015 年 10 月 29 日。
② 习近平在湖南考察时强调,深化改革开放推进创新驱动,实现全年经济社会发展目标,央视网 2013 年 11 月 5 日。

志存高远 创建高质量
有特色重点师范大学

汪祥云 包汉中

施平同志是华东师范大学的老领导。他是一位资历深厚、德高望重的革命前辈，也是一位共和国老一辈教育家。2016年，他已届105岁高龄，依然身心健康，头脑清晰，非常与时俱进，深受人们仰慕和敬重。

施平同志1911年出生在云南大姚县，他从青少年时代起就接受先进思想文化的影响，始终奋斗在历史前行的风口浪尖。20世纪30年代国难时，他作为浙江大学学生自治会主席和杭州市学生联合会主席，多次敦促国民政府和蒋介石抗日救国，被誉为学生抗日救亡运动的先行者。嗣后，他在中国共产党的领导下参与了抗日战争和解放战争的全过程。新中国成立后，他主政北京农业大学（今为中国农业大学），担任校党委书记和代校长，积极带领师生创造条件，使学校呈现出团结向上的兴旺景象，被誉为中国农业大学的开拓者。"文革"期间，他被无辜投入监狱四年又一百天，出狱后还被"劳改"两年。"四人帮"被粉碎后，他恢复名誉，到华东师范大学担任党委第一书记，后又任校务委员会主任。他高瞻远瞩，大刀阔斧地拨乱反正，为把学校办成高质量、有特色的重点师范大学进行了一系列开拓性的工作，被誉为华东师范大学改革发展的推动者。1983年4月，施平同志调任上海市人大常务委员会常务副主任，斯时，他虽年逾古稀，仍全身心地投入市人大工作，直至1985年底离休。离休后，他被邀分别担任上述三校的校友总会名誉会长和上海市老年学会名誉会长、上海市新四军历史研究会顾问，且依然与时同行，老有所进。他坚持每天读书看报，非常关注国际形势和国家大事，勤于思考人民普遍关心的一些热点、难点和敏感性的问题，尤为重视我国的高等教育事业。他笔耕不辍、摄影不停，先后出版了三本著作，即论文集《知识分子的历史运动和作用》、回忆录《六十春秋风和雨》以及总结他革命生涯、智慧积累和人生态度的《施平文集》，还出版、印刷了《花卉、山水、风情》、《荷花·荷文化专辑》、《松竹梅菊岁寒四友》等五本摄影集，记录下了祖国悠久的人文历史、自然风光、名花异草和新中国欣欣向荣、蒸蒸日上的前进足迹。他百年辉煌的传奇经历，令人赞颂。

施平同志在我校虽只有近五年时间，且距今也已30余年之久，但他在我校创建的业绩，广受敬佩，时至今日，人们依然口耳相传。

坚持实事求是原则　彻底平反冤假错案

"文革"期间,我校是上海的重灾区之一,教学受到严重破坏,大批知识分子被批斗、受迫害,其中被立案审查的就达 500 多人,非正常死亡的有 30 多人。1978 年 7 月 28 日,施平同志从中共中央华东局农村工作办公室奉调来校。到任后,他出于对党、对教育事业、对知识分子的历史责任感,毫不犹疑地抓的第一件大事就是坚持实事求是的原则,大刀阔斧地拨乱反正,彻底平反冤假错案。在一次全校大会上,他大声疾呼:"平反冤假错案一分钟也不能耽误。粉碎'四人帮'以后仍让一些同志继续生活在冤假错案的痛苦中,简直是犯罪行为。"

1978 年 8 月 23 日,施平同志到任后的第二个月就亲自带领部分校、系领导和有关部门代表到上海监狱,接出了在"文革"初期遭到迫害、被判刑 10 年的生物系 68 届毕业生方幸华,并对他在出狱后的工作和生活作了妥善的安排。1978 年 10 月 13 日在揭批林彪、"四人帮"反革命罪行的全校大会上,施平同志代表校党委宣布为被迫害自杀身亡的全国政协委员、中国民主促进会中央委员、上海市历史学会副会长、历史系教授李平心和物理系姚启钧教授等一大批受迫害的干部和教师平反昭雪,恢复名誉。教育系为三位被迫害致死的干部和教师举行平反昭雪的追悼会,施平同志都一一参加,并向他们的家属表示慰问,还深情地搂着其中一位干部留下的三个孩子,难掩心中的爱怜之情。

为落实中共中央 1978 年 55 号文件《关于摘掉右派分子帽子的实施方案》,以施平为书记的校党委对在 1957 年整风"反右"运动中被错划的右派 285 人,全部予以摘帽平反。

特别值得一提的是施平同志冒着风险,冲破阻力为在粉碎"四人帮"后于 1977 年 4 月被冤杀的王申酉平反昭雪之事。王申酉原是我校物理系学生,他于 1962 年以优异成绩考入学校后,一直勤奋好学,认真阅读马列主义原著,学习时勤于思考,形成了许多在当时很有超前意识的真知灼见。早在 60 年代中期起,就明确提出反对个人迷信,纠正反右派、反右倾和"文化大革命"等政治运动的错误。在国家社会经济建设问题上,他主张要尊重客观规律,要发展商品经济,要打破闭关锁国,要实行对外开放等。王申酉的这些独到见解,涉及对国家和民族前途命运的思考,除个别情绪化语言有失偏颇外,大多是精深正确的。但十分可惜,1976 年 9 月,王申酉被作为反革命分子逮捕,后于 1977 年 4 月枪决,年仅 32 岁。斯时,已是"四人帮"被粉碎后的六个月了。

1978 年 8 月 1 日,即施平同志到校后的第四天接到一位毕业研究生来信,信中反映王申酉一案可能有错,希望查处。这件事是在粉碎"四人帮"半年后发生的,究竟应不应该再作调查,施平同志起初认为过去有过张志新同志被错杀的冤案,但那是粉碎"四人帮"以前的事。而王申酉是在粉碎"四人帮"半年后被处决的,还有那种事情吗?施平同志虽产生犹疑,但他还是多了一层思考,决定进行调查。当他详细阅读了王申酉的档案材料后,大吃一惊,深感这是一件莫大冤案,决心要为王申酉平反昭雪。

但是,施平很清楚此案要翻过来太难、太险,然而不翻过来,不仅是王申酉个人的问题,而是涉及到许多原则性问题。于是,施平不顾个人安危,决定用党章赋予共产党员可以越级向上陈述意见直到中央的权利,以他个人的名义向中共中央纪律检查委员会、中共上海市委写信,要求为王申酉平反。没过多久,在以邓小平同志为核心的党中央的直接过问下,王申酉案进行了重新审理并作出结论:王申酉同志是一位好青年,没有死于"四人帮"横行时期,而在粉碎"四人帮"以后被处决,是不幸事件,应做好为王申酉同志平反昭雪和吸取沉痛教训等工作。1981年4月3日,中共上海市委举行了为王申酉平反昭雪的全市性千人大会,大会由市委书记钟民同志主持,市委书记处书记夏征农同志在讲话中指出:"王申酉同志是一位勤奋好学,追求真理,努力学习马克思主义、信仰马克思主义,拥护共产党、拥护社会主义的好青年、好同志。"施平同志也在会上代表王申酉案件调查领导小组报告了此冤案形成过程,并代表我校对王申酉同志被冤杀表示沉痛悼念,对王申酉家属表示深切慰问。他还亲自主持对家属的善后工作,他动情地对王申酉的父亲说:"你养了个了不起的儿子。"王申酉的父亲感动得当场流下了眼泪。

实现工作重点转移 确定新的办学方针

在施平同志来校后不久,党的十一届三中全会召开,全会提出了将工作重点转移到社会主义现代化建设的战略方针,高校理所当然地也要把工作重点转移到教学、科研上来。施平同志与时任校长的知名教育家刘佛年教授等党政领导一起,同心协力地决心把深受十年"文革"破坏的我校搞好、搞上去。

当时,对我校要办成什么样的师范大学,办学方针、培养目标是什么,存在着两种意见:一种意见认为,我校是师范大学,培养目标是各级各类学校的师资,教师只要能掌握好各门课程的教学方法,把各门课程讲清楚就行了,用不着搞科学研究,特别是高科技的研究;另一种意见认为,我校虽然是师范大学,但对师范的认识不能静止和凝固在传统的概念上,师范性和学术性是统一的,两者既不能偏废,也不应割裂。施平、刘佛年等竭力赞成后一种意见,他们根据四化建设的需要以及我校在建校初期就已集中一批知名学者、教授和在 1959 年我校就被定为全国 16 所重点高校之一的事实,明确地提出了我校要坚持师范性与学术性并重的办学方针,一方面要发挥我校的传统优势,为基础教育造就一批素质好、有后劲、适应"三个面向"的骨干力量,为普及教育服务,为提高基础教育质量服务;另一方面要通过高水平的科学研究,拿出高水平的科研成果,建立高水平的科研队伍,把我校办成为高质量、有特色的重点师范大学,以适应经济建设、社会发展和科技进步的需要。

施平(左 1)

经过充分讨论,我校办学方针、培养目标到 1980 年形成共识,并制定了《1980—1990 年十年规划纲要》。《纲要》提出了我校的总目标为:"在党的十一届三中全会路线指引下,把我校办成高质量、有特色的重点师范大学。主要任务是为国家培养大学基础课、部分专业课教师以及科学研究人员;在努力提高教学质量的前提下,积极开展科学研究,把学校办成为教学中心和科研中心。"

为实现《纲要》的要求,施平、刘佛年等校领导采取一系列具体措施,向教育部和上海市教卫办提出申请,要求在教学、人事管理、财务管理、基本建设、建立学校基金和外事活动等方面,扩大学校的自主权;减少上海招生名额,扩大外地招生,允许自行选择外地招生地区,允许从上海若干重点中学中选拔优秀学生;允许接受计划外的代培研究生或短训班学生,所收费用由学校自用;教育部下达我校执行的师资培训任务,学校有 20％的生源自主权;允许学校从本校毕业生中遴选 5％或更高的比例补充教师队伍,对分配来校工作的毕业生,允许学校事先审查、调换或拒收;学校有权调出或开除不宜留用的教职工,以及对优秀教职工和学生进行物质奖励;国家给学校的教学行政费用由学校包干使用,结余经费允许跨年度使用;允许学校对当年基建项目和面积进行调整；在外事活动中，校长有权代表学校与国外学校、科研单位建立协作关系、交流人员、交换图书资料、聘请外国专家学者来校任职任教和参加国际学术活动；允许学校对外交流学术刊物和学校产品等。这些改革措施大多得到上级部门认可后实行，其中不少在当时国内大学中属"开先河"之举。

遵照《纲要》，我校还设立了一批新的学科专业和新的科研机构，活跃了学术氛围。如理科突破了师范的框框，于 1979 年 5 月在全国高等师范院校中，率先新建了计算机科学系。开始时，有些人持否定态度，认为计算机科学是工科院校研究的范围，与师范无关。施平同志认为，这仍然是那种认为师范院校只需培养会教中学课程的人的思想在作怪。他说："他们不了解时代的发展已走进了计算机时代，这个新时代的具体标志就是计算机（电脑）的出现、发展和运用，这是历史阶段性的一次社会大革命，科学教育首当其冲。学生和教师不懂计算机科学的应用，将不可能跟上时代的发展。学校教育应走在前头，为国家提供信息时代的人才。"又如文科，为发挥我校俄语教师队伍优势，1981 年 5 月，我校与上海社会科学院联合创办了"苏联东欧研究所"，公开出版了《今日苏联东欧》学术刊物，为国家有关部门提供研究成果和资料。所长就由施平同志兼任。如今，苏联东欧研究所已发展为国际关系与地区发展研究院。

尊师重教悉心关爱　不拘一格挖潜人才

施平对知识、人才和教育问题十分重视，而且有自己的独到见解和理念。这不仅是由于他本身是知识分子，受过系统、正规的基础教育和高等教育，还在于新中国成立后，他基本上一直在学校里工作，和知识分子的接触较多，天天处理与知识和教育有关的问题，深深感到知识和教育问题的重要性以及对国家建设的迫切性，更是由于他在理论上认为知识和教育在推动人类历史的发展和演变中起着极其重要的作用，尤其是当今在建设有中国特色社会主义现代化国家的进程中，实现中华民族复兴，最基本的一个问题，就是要尊重知识、尊重人才、重视教育。对此，施平几十年来在新中国高等教育领导岗位上，就有关知识、人才和教育问题发表过一系列的独到见解。如他认为"知识分子是时代发展的先锋"，"知识分子担负着继承、发展科学文化的特殊任务，是社会发展的精华力量"，"知识分子越来越发展，在历史上的地位和作用越来越显要；这也是社会发展的标志之一"，"发展科学教育事业必须充分发挥知识分子的作用"，"青年应努力向老专家学习，更快地成长为专家"等，这些提法，经过多年的实践证明是正确的。

施平对知识、人才和教育问题的研究，较为全面系统，视野宽阔，且有深度。他从历史到现实,从理论到实践都有求真务实的思考和比对,从而有着自己独到的见解和理念,并指导着他在我校开展了一系列重要举措。

发扬社会主义民主,推荐中年校级领导。实现重点转移,领导是关键。1978年,我校正副校长共有七位,他们都具有较高的领导水平、丰富的教学经验和科研能力,但年龄结构偏大,其中年长者为74岁,最年轻的也已56岁,平均年龄为63岁,而且有的领导兼职过多。根据这一情况,施平在调查研究、听取群众意见后,于1978年12月提出由群众在全校中青年教师中民主推荐出一位副校长的设想,以充实校领导班子,加强校一级领导力量。这一新的想法,得到了广大干部和教职员工的响应。但也有一些同志对此疑虑重重,他们说,我国高等院校正副校长历来由上级组织任命,现在让群众来选举,不符合传统的做法,违背组织原则。针对这些思想疑虑,施平多次召开会议,讲清民主推荐副校长的意义、条件和做法,他说:"我们发动群众,走群众路线,民主推荐副校长,这是合理的;推荐出来后,还要经上级批准任命,这是合法的。既合理又合法的做法,无可非议。"在统一了大家的思想认识后,以教研室、科、组为单位提出推荐候选人,共提出了33名。校党委汇总群众意见,把提名比较集中的5位候选人交由教职工讨论。经过几上几下反复酝酿,确定物理系系主任袁运开为副校长人选。最后经校教职工代表会议通过,上报教育部审批。1979年4月7日,教育部党组发出通知,任命时年49岁的袁运开为我校副校长,协助校长主持学校日常工作。袁运开上任后,全身心地扑在工作上。1984年他被任命为校长,后又连任一届,在校领导岗位上逾13年之久。民主推荐校领导,在当时全国高校中尚无先例。

公开招聘外语人才,充实外语教研力量。我校20世纪50年代建校以来,学校教学一边倒学习苏联,故我校外语教师队伍中俄语力量较强,但英、日、德、法等语种的教师和笔译人员均感缺乏。进入新时期后,学校外语课教学和笔译任务日趋繁重。为解决这一矛盾,施平和校行政领导研究,决定突破框框从本市非在职人员中公开招聘一批英、日、德、法等语种的外语人才。为此,于1979年3月29日在《文汇报》刊登了招聘启事。启事刊出后引起社会各界关注,两周内就有864人报名应聘,符合条件来校参加考试的有437人,其中不少人曾在外国留学,获得学士、硕士、博士学位,熟谙英、日、德、法语中的一种或几种,曾出版或发表过译著或译文;有的既熟悉外语,又懂得社会科学或自然科学某些学科的专业知识,能胜任用外语讲授专业课或翻译专业外语资料。应聘人员中有52位正副教授级人员,有的早年当过大学校长、院长或系主任,有的当过研究所研究员,报刊编辑,工矿企业工程师、会计师,有的长期从事翻译工作。对于应聘人员,经业务考核成绩合格者,学校再对他们进行政治审查。对有政治历史问题或判过刑的应聘者,施平认为,只要问题已经审查清楚,已经取得公民权的,不应成为聘用的障碍。应聘人员经全面考核,学校批准,报市高教局、劳动局同意等手续,正式聘用教师和笔译人员 115 人,此举充实了我校外语教学和翻译力量,促进了我校外语水平的提高。采取公开招聘、择优选用人才的做法,可谓事半功倍,这在我校是破天荒第一次,在高校中、社会上引起了积极的反响,人民日报、解放日报、光明日报、上海人民广播电台等都对此作了报道。解放日报还在报道这一消息时,加了《重视人才的挖潜》编后语,指出:"公开招聘的办法,择优选用一批具有相当水平的外语教学和翻译人才,这是一件好事。它既满足了学校教学和科研的急需,也使一些闲散在社会上的学有专长的人才获得为'四化'出力的机会;它体现了不拘一格选拔人才的精神,也符合很多爱国的老知识分子的心愿。"事后,有些高校、研究所、企业单位还主动与我校联系,要求让他们在我校未及录取的应聘人员中挑选一些外语人才;有的单位也仿效我校的做法,向社会公开招聘人才。

发放增收节支奖金,改善教工生活待遇。施平同志对教工的经济生活待遇十分关心。"文革"期间,我校教职工未加一分工资,生活相当清苦。随着实现学校工作重点转移,教师的教学、科研任务逐渐繁重,在一时难以提高教职工工资的情况下,施平就与其他校领导商量后,于 1979 年 8 月提出试行增收节支基金制度,即在全校范围内开展增收节支活动,在完成国家下达的教学、科研、生产任务的前提下,挖潜增产,开源节流,创造条件,增加收入,获取利润,将利润作为"学校基金",设立优秀教学奖、科研成果奖等奖项,鼓励先进。这一措施经市和教育部同意后实行,受到了全校教职员工的欢迎。学校基金的用途,60%用于改善学校的教学、科研条件,5%用于集体福利,35%用于奖励先进。各奖项每季度评奖一次,奖金额分 24 元、18 元、12 元三等。这些奖金额现在看来是低的,但在当时对大部分教职工来说,在一定程度上改善了教职员工的生活。这是我校建校以来首次给教职员工发放奖金,既没增加国家财政负担,又调动了教职员工的积极性。这一利国、利校、利民的做法,在当时其他高等院校中也是绝无仅有的。至今,我校一些老教职工提及此事,仍津津乐道。

采取有效保健措施,增强中年教师体质。1982 年,我校有 5 名中年骨干教师先后病逝,其中 2 名教师因突发心脏病在一个月内相继去世。这引起了施平等学校领导的高度重视。为此施平专门召开校党委会进行讨论。在施平的倡议下,学校党委成立了中年教师紧急保健领导小组,施平亲任组长,主管后勤工作的副校长任副组长,抽调有关专职人员组成精干的工作班子,并采取一系列措施:由校行政拨出经费,对所有教职工进行一次体检;摸清中年教师的健康状况,建立健康档案;重点抓好患有大病、重病的中年教师的保健医疗;充实和加强校医疗队伍力量,改善和更新医疗设备;校部还从学校基金中拨出 50 万元作为中年教师的保健基金。这些加强中年教师保健工作的措施,对中年教师的身体健康起到了有效的作用,也使教工们感到了组织的关怀、学校的温暖。

充分发挥专家作用　积极培植年轻一代

施平同志在高校领导岗位上,十分重视尊重和发挥老专家的主导作用,也竭力主张和期待青年要努力向老专家学习更快地成长为专家。他说:"我们国家的社会主义建设工作正在以从前预想不到的速度飞跃地发展着,随着这个发展,对科学、文化、艺术等各方面专家的要求,越来越多了,越来越高了。这就要求青年们迅速提高,迅速成长为专家,大大扩大现有专家的队伍,以适应国家建设上的需要。"又说:"青年要成长为专家,在相当大的程度上决定于向老专家学习,得到老专家的悉心培养和指导。"

施平同志来我校后深知我校有一批在国内外享有声誉的专家学者,为让他们能集中时间和精力著书立说,更好地培养接班人,并在教学和科研中发挥"工作母机"作用,施平就和刘佛年校长等校领导研究决定,为学有专长的 51 位老教授配备助手。首先要为年逾古稀、体弱多病、所从事研究的学科方向在国内尚处于空白领域的老教授(包括已退休的)配备助手。为做好这项工作,各系各单位对老教授的专长、工作和健康状况进行了全面的了解和分析,并根据实际情况,区分轻重缓急,分期、分批地为老教授配备助手,选择思想作风好、业务基础扎实、有吃苦钻研精神、具有一定的外语水平、有培养前途的中青年教师作为老教授的助手人选。入选者,要根据老教授的培养规划,制订出自己的学习和进修计划,本着只争朝夕的精神,将老教授的理论、学说和专长学到手。老教授也要本着乐育英才、诲人不倦的精神,采用循循善诱的细致做法,热情地关心接班人的成长,把这作为一项光荣任务,并制订出三至五年的培养计划,将自己的专长悉心传授给助手,使自己后继有人。在老教授的传帮带和青年教师的共同努力下,有些教研室很快组成了老中青结合的学术梯队。施平、刘佛年等校领导对中青年教师特别是中青年骨干教师的培养也始终如一地作为重点工作来抓,尤其是更为重视加强学科带头人的培养和重点学科师资队伍的建设。

这一时期为加强教师队伍力量,在施平、刘佛年等校党政领导的策划下,聘请了一批校外著名专家、学者、领导为兼职教授,他们是上海市社联副主席罗竹风,上海古籍出版社社长李俊民,作家吴强、王西彦,文艺理论

施平(左2)

家王元化,翻译家草婴、戈宝权、曹靖华,版本学和校勘学家顾廷龙,图书馆学家李芳馥,目录学家吕贞白,外国文学家孙大雨(后为全职),动物学家张孟闻(后为全职),数学家杨乐、张广厚等;聘请胡立教、钟民、周克、叶尚志等领导担任思想政治教育专业兼职教授。他们不定期到学校讲学,指导科研,促进了我校教学和科研水平的提高。

突破传统办学机制 扩大校际协作交流

倡议建立校际协作,共享各校优势资源。当时,施平同志了解到上海高校中汇聚了一大批学有专长的教学、科研人才,集中了一大批先进的实验设备和丰富的图书资料,如能把这些力量组织起来,资源共享,有利于挖掘各校潜力发挥上海高校的综合优势。于是,他积极倡议筹划,于1979年12月建立了由复旦大学、上海交通大学、同济大学、上海第一医科大学和我校参加的"五校协作委员会",由上海市教卫办领导和施平为召集人,在教学、科研、实验设备、图书情报资料、国际学术交流等方面展开协作交流。五校互聘优秀教师兼课,大学生和研究生跨校听课,组织重点科研项目会战,筹建图书馆网络和科技情报中心,互用大型仪器设备。这些措施有利于为国家培养数量更多、质量更高的人才,出更多的科研成果。特别对五校互聘优秀教师兼课,可让优秀教师扩大授课面,而听课的学生也就愈加广泛。施平亲力亲为,多方联系促成其事,他说:"名师出高徒,培养出类拔萃的人才要靠名师,实现校际协作,优秀教师可以到其他学校兼课,还能利用拍摄的电视教学录像把他们的知识传授给更多的学生,学生的知识面宽一些,可受益终身。"

发起部分高校座谈,促进高校教育改革。为深化高等教育改革,进一步明确教育改革的指导思想,交流高校实行改革的设想和改革以来取得的经验,施平与时任中国科技大学党委书记杨海波共同发起部分高等学校教育改革座谈会,于1983年3月9日至11日在我校举行。参加座谈会的有苏、浙、皖、沪的南京大学、南京工学院(现为东南大学)、浙江大学、中国科技大学、复旦大学、上海交通大学、同济大学、华东师范大学、华东化工学院(现为华东理工大学)、上海外语学院(现为上海外国语大学)等16所高等学校的党委书记、校长、院长以及有关部门负责同志近70人。时任教育部部长何东昌、副部长彭珮云、部规划委员会副主任张健和有关司局负责同志以及上海市教卫办副主任、高教局局长舒文、副局长刘涌波和余立等同志也参加了座谈会。座谈会由施平和杨海波共同主持。

会上各高校作了交流发言,并根据施平的倡议,按学校改革、教学科研改革、后勤管理改革等专题进行了分组讨论。各校领导人畅所欲言,经过讨论,形成了基本共识:

高等教育改革的首要任务是全面贯彻党的教育方针,提高教学质量和科研水平,为国家培养更多更好的建设人才,而人才准备是振兴经济的核心问题。为此,施平提出,改革要从实际出发,全面、系统地改,坚持、有秩序地改,有领导、有计划、有步骤地改。整个教育的改革要做到三个有利于:即有利于提高教学质量和科研水平,保证高等学校多出人才,出好人才,多出成果,出好成果;有利于充分调动广大教职工的积极性,提高管理水平和工作效率,打破"大锅饭";有利于形成一套能适应两个文明建设需要的高等教育体系。大家认为,高等教育改革都应先进行试点,试点成功以后再推广,要鼓励和支持在改革中逐步形成自己的特色,为此,要给学校较大的自主权。大家指出,高校教师首先要做好本职工作,为国家培养高质量的人才。在这前提下,鼓励教师运用自己的知识为社会多作贡献。要继续大力落实党的知识分子政策,逐步改善知识分子的工作条件和生活条件,使他们"有报国之门,无后顾之忧"。为了搞好改革,施平认为必须认真做好调查研究和总结经验工作,加强教育科学研究工作。高等学校在改革中,已经出现了一些很好的经验,要相信群众,依靠群众,经过广大群众的实践,一定会给高等学校的改革开创越来越宽广的道路。何东昌部长也在会上作了讲话,帮助大家进一步提高对改革重要性和紧迫感的认识,为各校搞好教育改革指出了方向、途径和方法。

这次高校教育改革座谈会开得很成功,各校进一步明确了改革的指导思想和具体做法,对我校的改革也起到了促进作用。

吸取世界先进文化,扩大学校声誉、影响。"文革"十年,我校的国际学术交流全面停止,"文革"结束后,才逐渐恢复。在施平同志来校工作期间,我校国际交流工作不断发展,日益兴旺,逐渐形成了全方位、多渠道对外交流的新格局;外事工作的重点,着眼于开展国际交流与合作,而不仅是一般性的参观访问、迎来送往;国际交流成为学校的教学、科研、学科建设和人才培养的重要组成部分。1981年秋,国家教育部组成了以施平为团长、教育部高教司司长为副团长的中国教育代表团访问美国,作为对是年美国教育代表团访问我国的回访。代表团在美国与美国联邦政府教育部进行了座谈、研讨,访问了加利福尼亚大学、密歇根大学,考察了医学院、职业学校、中学、小学和幼儿园,了解了各类学校的教学情况。代表团回国后向教育部提交了考察报告。施平将他在考察时受到的启发,将美国教育方面的先进理念,运用到我校教学实践。在这期间刘佛年校长访问了法国巴黎高师,还有一些校领导、系主任和教师分赴美国、加拿大、日本、德国、芬兰等国讲学、访问、参加学术讨论,与美国旧金山大学、加拿大维多利亚大学等校建立了校际交流合作关系、签订校际交流协议。我校还聘请了美国斯坦福大学教授、著名激光物理学家、诺贝尔物理学奖获得者肖洛为名誉教授。我校也举办多次规模较大、层次较高、在国内外颇有影响的国际性学术会议。广泛的国际交流,促进了我校教学科研水平的提高,也扩大了我校的声望和影响。

30多年前,施平同志在我校近五年的时间里创下的业绩,无论是在当时还是在现在,都值得称赞。他志气凌云、坚持实事求是的科学态度;勇于改革、敢为人先的创新精神;高瞻远瞩、追求卓越的教育理念;办事果断、敢于担当的工作作风;真诚待人、关心群众的民本思想……为我校的改革发展作出了重要贡献。正如1981年学校30周年校庆时,教育部发来的贺电中所说的那样:"粉碎'四人帮'后,华东师范大学各方面的工作进展比较快,面貌一新。现在你们已经有一支又红又专的工作队伍,其中有许多知名教授和多方面的专家。你们已经积累了丰富的办学经验,形成了良好的校风,在教学科研工作上有了自己的特色。这些都为你们今后继续前进奠定了十分重要的基础。"果然,30年来,我校发展变化很大,很快上了一个又一个新的台阶。2016年是我校建校65年了,回顾以往那段历史,更感到施平同志的业绩是我校建校史上的一个里程碑。事在人为,当年的艰辛与风险已化作今日的光芒,也正是这些光芒引发我们对未来的憧憬和思索。在新的历史时代,师大人充满自信,将再次共同创造和迎接属于我们华东师范大学的光荣!

* 本文作者:汪祥云、包汉中均为华东师范大学教授。

承前启后谱写学校改革发展新篇章

包汉中　汪祥云

华东师范大学是新中国成立初首批创建的一所社会主义师范大学。如今,她走过了65年的辉煌历程,已成为国内外知名的高质量、有特色的重点师范大学。60多年来,无数师大人为学校的建设、发展贡献出了自己的智慧和才能,也为学校所结出的丰硕成果而感到欣慰和自豪。在建校初就来师大工作,曾任正副校长逾13年之久(1979.4—1992.12)的袁运开同志,更为学校付出了特有的辛劳,受到师大人的普遍赞许。

全校教师民主推荐产生　不负众望出任校级领导

1978年刚来我校工作的党委书记施平同志了解到我校行政领导班子年龄结构偏大,急需相对年轻的同志加以补充,他提出在全校教师中民主推荐一位德才兼备、年富力强的副校长的设想,得到了广大教职工的响应。经群众讨论,全校各系所、各单位共提出了33名候选人,校党委汇总群众意见,把提名比较集中的5位同志的基本情况,印发给教职工讨论。再经几上几下多轮筛选,确定时任物理系系主任、49岁的袁运开同志为副校长人选。最后,经校教职工代表会议讨论通过,上报教育部审批,1979年4月7日,教育部批准发文正式任命。这一突破传统方式,而以群众推荐后经上级部门批准的副校长,在30多年前的高等院校中尚属首创。

袁运开同志,江苏南通人。1951年毕业于著名的浙江大学,分配来到刚建立的华东师范大学物理系任教,先后承担普通物理、电动力学、原子核理论与科学史、自然辩证法的教学。长期从事物理学史、中国科学思想史、科学家传记、科学思想与科学方法的研究,尤其是对中国物理学史、中国科学思想史有一定的造诣。他担任过物理系党总支副书记、代总支书记、物理系常务副系主任、系主任、自然辩证法研究室主任和自然辩证法暨自然科学史研究所所长。他在物理系任教和工作期间,还于1955—1957年和1962—1963年先后在我校哲学教研室和中国人民大学进修哲学、自然辩证法和自然科学史。近30年,他一直是行政、业务"双肩挑"。1979年他由民主推荐先后任副校长、常务副校长后,在老校长们悉心的指导下逐渐熟悉并胜任学校领导工作。早在 1982 年 6 月 27 日《人民日报》发表了《走上领导岗位之后》一文,点赞了包括袁运开同志在内的上海高校中三位新上任的中年副校长,说他们"已逐渐成为领导班子里的中坚力量"。当时,老校长刘佛年也怀着满意的心情,对记者说:"有这样年富力强的行家接班,我们就放心啦!"

1984 年 6 月,袁运开同志被国务院任命为校长。由此,他从协助刘佛年校长到独当一面,全力以赴、不负众望、勤恳扎实地为我校的改革发展作出了重要贡献。

突破高师单一教育模式　改变师范教育传统格局

党的十一届三中全会提出了工作重点转移的战略方针,为把我校工作重点转移到教学、科研这两个中心上来,以适应经济建设、社会发展和科技进步的要求,施平、刘佛年等同志提出了作为一所高水平、有特色的重点师范大学,要坚持师范性和学术性相统一的办学方向,两者不能偏废,袁运开同志也竭力赞成这一观点。他在多次发言或撰写文章中从历史和实践的角度谈了自己的看法,他说:回顾我校建校初,照搬苏联经验,片面强调师范性,大力发展教育学科,即使原有基础好的理科学科也只能围绕教育来开展研究工作,仅仅几年时间,原来与复旦大学差别不大的学科,也远远落在他们后面了。后来我们重视了科学研究,局面很快发生了变化。1965 年教育部组织全国高校科研成果展览会,我校物理系能展出微波、红外与磁共振多件产品,呈现出师范院校建国以来从未有过的局面。从办学指导思想上来说,这种良好局面得以呈现,正是总结历史经验教训所取得的。袁运开同志深有感触地说:"从以上正反两方面对照,事实使我们清醒过来,只有遵循师范性与学术性相统一的原则来办学,才是师范院校应走的正确道路。"

他还在一篇题为《师范性必须与学术性相统一——兼论重点师范大学的办学方向》论文中进一步从理论高度阐述了"必须突破高师单一教育模式,改变师范教育传统格局"的观点。他说:"迎接新技术革命与迎接精神文明建设的需要,'教育要面向现代化,面向世界,面向未来',必然要求高师教育不仅在数量上要有新的发展,更重要的在质量上要有较大的提高,在培养人的范围和规格上应有新的突破。因此,原来不分层次,高师都单一地、狭隘地、静止地面向普通中学的传统师范概念将不适应新形势的要求,师范性的内涵必须深化,外延必须扩大,即不是单一性的师范性,而应是多样性的师范性。"又说:"'传道、授业、解惑'是传统师范教育培养学生的规格,这当然是必要的基础,现在教育要'三个面向',如果高师培养的毕业生都是只能传授知识的师资,那就不适应现代教育发展的需要了。现在高师教育培养学生不但要研究如何传授知识,而且要考虑如何具有分析、解决问题的能力,有创造的本领。师者,既能'传道、授业、解惑',又能'研究、创造',这才是现代高师毕业生的要求。"进而,他又从普遍性与特殊性的哲学高度来分析师范性与学术性两者辩证关系,他说:"学术性与师范性对高师院校来说,是普遍性与特殊性的关系。否定了普遍性,也就是否定了学术性,这使高师教育失去了存在的前提。因为没有学术性纵然突出了师范性,也只是普通师范教育,而不是高师教育;反之,不讲师范性,否定了特殊性,也就否定了高师教育。因此,具有其他高校一样的教学质量和学术水平是对高师的基本要求,而研究、掌握教育的规律则是它的特殊任务。同时,在学术性指导下切实加强师范性,也能促进学术性的提高。或者说,加强了学术性,也提高了师范性。"

倡导"加深内涵,扩大外延" 推动学科、专业、课程建设

明确了我校的办学方针后,袁运开同志继承刘佛年校长的办学路子。早在 1979 年他在教学改革方面就提出了学科、专业要"加深内涵,扩大外延"的设想。他的这一设想得到了刘校长等各位校领导的认同与支持,于是他和相关负责同志一起开始着手整合全校教学科研资源。

一是从多方面入手,以点带面,抓学科、专业的建设、改革与发展,促进学科间的交叉、沟通、融合与分化,采取多种形式提高办学水平。

建设新系新专业。如计算机科学系就是突破传统师范的专业设置,整合数学系、物理系相关学科教师新组建起来的,在全国高师院校中我校是最早建立的。当时有些沪上名人说这是"不务正业",可是实践证明这条路子是走对了,它不仅为经济建设、培养科技人才作出了贡献,而且随着计算机进入中小学,为中小学开设计算机课程,进行计算机教学实践活动,开展青少年计算机竞赛,编写中小学计算机教材,对领导部门提供在中小学进行计算机教学有用的咨询建议等方面发挥了作用。后来上海市中小学计算机普及可以说是从我校发端的,正因为我校计算机科学系适时地作出了如上的成绩,1987 年 4 月,教育部全国中小学计算机教育研究中心(上海研究部)就在我校成立。又如环境科学系,就是我校在开展对淀山湖水质全面测定过程中,深感社会经济发展对环境科学人才培养与使用的迫切需要,由生物、化学、地理各系有关学科的教师组建而成的。再如图书馆学情报学系是抽调图书馆、教务处等单位的同志组建起来的新系,先设专修科,再提升为本科,这是国内除武汉大学、北京大学原设该专业外,它是高校中第一个新建的系。旅游系亦属抽调地理、历史、外语等有关教师组建而成的。

从老系中分化出来建立新系、新专业。如政教系原有六个专业,为便于领导和管理,依据师资力量和客观需要,先把经济、国际金融专业分出来,建立经济系、国际金融系,后再分出哲学系,这样我校文、史、哲、经学科特色就更加彰显了。又如,让教育系增设教育管理专业、学前教育专业;心理学系从教育系分开独立设置后,又让该系增设了特殊教育专业;抽调数学、教育与电子科学技术等系力量组建教育信息技术系,当时在全国处于领先位置。这样就使教育相关学科趋于完整。再如,把无线电物理从物理系中分出来,建立电子科学技术专业;把数理统计教研室从数学系分出来,建立数理统计系,这也是全国高校中第一个新建的系。

支持各系在原有基础上组建的新专业。如中文系组建的对外汉语专业,就是现在对外汉语学院的重要组成部分;影视文学专业,也是现在传播学院最有实力的一个专业。另外,数、理、化、地各系也分别增设应用数学、光电子、应用化学及国土开发与整治专业。体育系与艺术教育系同样在先建专科再逐步提升为本科。

在袁运开同志任职期间,我校挖掘潜力,为国家的经济建设和社会发展培养专门人才,新建了20多个新专业,与"文革"前相比,专业增加了一倍多。到1991年40周年校庆时,我校基本形成了文、理、工、教、社、经、管多学科协调发展的师范大学新格局。这些措施对我国整个高师教育的教学改革起了引领作用。

二是抓课程的建设与改革,为学生打好更扎实的专业基础。学校着力重视课程规范化建设,扩大选修课开设,逐步推行学分制,实施辅修制,并一度试办第二学位,加强与改革实践教学环节。

1987年我校召开教学改革国际研讨会

(右3为袁运开)

1987 年,袁运开校长提出"面向学生、面向教学、面向基础、提高质量"的口号,以切实保证和提高本科教学,尤其是基础教学的质量,使学生有扎实的基础知识和能力,去胜任今后的基础教育任务。学校确定师范生的培养规格,普遍修订了教学计划,力求体现知识与能力培养的统一,实现基本规格与培养个人专长的统一。提高高层次教师的任课比例,以保证本科教学力量。深化基础课教学改革,调整课程设置,更新教学内容,扩大知识面和适应性。增加选修课的比重,普遍设置计算机、情报检索、工具书使用等应用课程,向全校同学开设文学、音乐、美术等提高文化素养的课程。为适应教学管理科学化、现代化的需要,学校还开展教学质量评估,提出了有关评估方案和课程教学评估指标。通过评估,使各系、各学科,互相学习,取长补短,共同提高。

重视课程规范化建设。为了深化基础课的改革和切实提高基础课的教学水平,把教学改革落到实处,促进教学质量的普遍提高,从 1986 年起,在全校范围开展课程建设改革试点,并拨出课程建设专款。各课程根据教学大纲、教材与教学参考资料、教学方法、检查与考核制度、教书育人、师资梯队六个方面建设的情况进行验收。首批 34 门改革试点课程有 10 门通过验收,起到了以点带面,促进面上教改,稳步提高质量的作用,后又确定 17 门课程为第二批试点课程。这有力地推动了教学大纲、教材、教学参考资料的建设,也调动了教师改革教学方法的积极性,在教师中树立了课程改革与建设的目标。

扩大选修课开设。在这期间学校又普遍地修订了各专业的教学计划。修订的基本要求是加强基础,拓宽专业,重视实践,培养能力。在相当程度上压缩必修课的课时和门数,扩大选修课范围和增加选修课的门数,必修课大致在 75％—80％之间,选修课在 20％—25％左右。据统计,各专业共开设了 418 门选修课。除专业选修课外,每学期另开设 40 门左右全校公共选修课,每年暑期还开设暑期公共选修课,供假期留校学生学习。各专业学生还根据自己的兴趣、爱好及课程的实际情况,挤出时间选修其他专业的必修课程。据 1989—1990 学年统计,跨专业选修的学生达 744 人次。

逐步推行学分制,实行辅修制,并一度试点第二学位。进一步完善学分制和主辅修专业制,实行跨系、跨专业选修,修满学分成绩优秀者可提前毕业或直升研究生。课程经考试达到规定要求者可以申请免修。在课程设置上贯穿文理渗透的原则。对优秀生的选拔,在新生入学后就开始选苗,第一学期结束提出初选名单,以后每学年进行复选,有进有出,选进后提供一定条件,破格培养。对"三好"学生和在社会工作或其他单项活动中表现优异者也给予奖励。与此同时,严格执行考试纪律、升留级制度与学籍管理,力求做到奖惩分明。从 1986 年起学校推出了主辅修制,允许学生在学习主修专业的同时,加修另一个专业的若干规定的课程,在主修专业的规定时间年限（4 年）里,完成本专业的全部学习任务和另一个专业最低的基本学习要求,发给证书。另外,试办双学位制和试行第二学位制,在当时国内师范院校中尚属首创,是高等教育改革的一项重要尝试。

加强实践教学环节。改革师范专业的教育实习,使学生在中学见习、研习、实习四年不断线,以提高学生适应基础教育的水平和能力。根据高师院校特点,各专业高年级都要到中学进行为期六周的教育实习。在二年级增加教育见习环节,让学生更早、更多地了解中学情况,加强师范专业思想、心理准备和当教师的实际能力。在能力培养方面,社会调查就是一种实际能力的锻炼,野外实习、生产实习同样也是不可缺少的实践环节,这几年都有所加强和改进。在校内,还要求文科学生在一、二年级写阅读笔记、读书报告,三、四年级分别写学年作业和毕业论文,使写作训练不断线;理科各系在完成基本实验的基础上,在各年级分别进行综合实验、专题实验或文献实验,主要实验课单独开设,提高其在理科教学中的地位。学校还提出和实施师范性基本功的训练,开设书法、普通话课程,新生入学就要进行这两项内容的检查与考核,考核不合格必须补课。

与此同时,袁校长还非常重视校园文化建设。为活跃学生课外生活,促进学生全面健康发展,袁校长积极鼓励和支持学生组织第二课堂进行各种学术、文化等社团活动,以培养独立组织工作能力,扩展知识、增长才干。至 1990 年底,全校已有 30 多个学生社团组织。支持大学体育教学部组建运动队,开展各种体育运动及竞赛活动,取得了可喜的成绩。在参加上海市和全国性的比赛中获得了多项优秀奖项,并被确定为全国高水平运动队试点学校之一。学校还设置了心理咨询室,为学生的心理健康服务。在抓校园文化建设中,袁校长特别重视华东师大校训的制定。校训传承着一所大学的"文化基因",是大学的"育人之纲"与"精神之气"。我校的校训是"求实创造,为人师表"。袁校长说:"我们要具有勤奋好学、坚韧不拔的进取精神;谦虚谨慎、勇于开拓的创造精神,求实与创造应是统一的。希望经过大家不懈的努力,逐步形成风气,构成传统,代代相传。"1991 年学校 40 周年校庆时举行了由数千人参加的隆重的校训碑揭幕仪式,这八个大字浓缩着华东师大的发展轨迹、办学目标、治学传统和文化气质,是激励学生成长的精神载体。

重建、新建科学研究机构　面向社会开展科研工作

"四人帮"垮台后,随着全国科学大会的召开,科技界迎来了科学的春天,我校也逐步明确要办成教学、科研两个中心。袁运开校长原在物理系从事教学和科研的管理工作,对科学研究的重要性有深切的感悟,他出任校领导后,很自然地和其他校党政领导

一起,积极贯彻科研工作面向社会和为国家经济建设服务的方针,把科研同培养高层次人才结合起来,重视基础研究,加强应用研究,注意技术开发,加强横向协作,发挥学校的科研优势,重建、新建科研机构,推动学校科研工作的迅速发展。他着力鼓励和支持科技力量雄厚的系所整合自己的力量,多渠道地承担上海和国家经济建设的研究课题,以促进并提升自己科研工作的开展。如微波研究所承担上海广播电视局的"八频道发射天线场型改造"的研究任务,取得了好效果。辐射场型明显变好,不但解决了实际问题,还发展了无线电波的传输理论。如表面化学所牵头组织化学、数学、生物、地理四系及河口所老师共同承担为长江取水口与排污口选址任务的顺利完成,对上海市解决人民群众饮水问题具有重要价值。再如河口海岸研究所完成了数十个国家重点建设项目的可行性研究和前期工作,产生了巨大的经济效益和社会效益。通过科研发展河口海岸学的理论,使河口海岸学具有"原于地学,而高于地学"的特色,使研究所不但可招收博士生,还可招收博士后流动站的研究人员,担负着科研与培养高级专门人才的双重任务。此后,理科各系所开展的科目逐年增多,从 1979 年全校只有 109 项科研项目,到 1990 年增加到 458 项,其中承担国家"七五"科技攻关任务有 32 个专题。为了完成科研项目,随之重建和新建了一批新的研究机构。到 90 年代初,理科有了 11 个研究所和 10 个独立设置的研究室,如扩建的河口海岸研究所,重建的西欧北美研究所,新建的如环境科学、量子光学、微波、表面化学、自然辩证法暨自然科学史等研究所和区域规划研究中心以及动物生态、应用数学、脑功能、遥感地理等研究室。

为把学校办成以师范教育为特色,文理学科为基础,多学科协调发展的高水平师范大学,文科除教育学科进行了重组外,也恢复扩建了人口研究所,并建立了哲学、史学、现当代文学、大学语文、国际关系、金融等研究所或中心和社会学、非洲史等研究室,相应地开展了许多重要的基础研究与应用研究,充分发挥了我校文科坚实潜力,为国家与地方建设服务。

袁校长还着力以点带面,发挥多学科整合的力量与优势,组建新的学科与机构,如80 年代起组织理、化、生、地各系有关学科的教师数十人,由地理系同志牵头对淀山湖水质进行全面的测定,得到了市环保局的表彰,并从而加强了我校与该局多方面的合作,而学校也在此基础上经市科委批准组建了环境科学研究所,而后又进一步整合生、地、化三系的有关师资力量建立了环境科学系,这在 80 年代中期的上海,除了同济大学适应其土建方向原有相关专业设置外,我校这样综合性、多功能的环境科学系,还属第一个。

随着我校科技服务的迅速发展,在 80 年代取得了相应的成果。如以科技成果转让咨询服务、人才培训为主要内容的科技服务收入逐年增加,它为学校教学、科研发展提供了部分条件,也为提高教职工的福利待遇起到了一定作用。

随着科研项目水平的提高,研究生培养也迅速增加,又一批学科得到国家设置博士点与硕士点的授权,四门学科还被确定为国家重点学科,有的被国家批准为国家重点实验室的筹备处或教育部重点实验室。这就促使一批拔尖的青年教师脱颖而出,如何积丰、郑伟安、肖刚、王建磐和时俭益等,1985 年时年龄都只有 30 多岁,但他们的研究成果都达到了世界一流水平,先后都破格评为教授。

为适应科学研究广泛开展的需要,学校对科研工作加强了制度建设。1979 年底成立了科研处并设科技情报室;1982 年成立了科技服务部,开展成果转让、科技咨询服务和人才培训;1985 年成立了科技专利事务所,代理科技人员的专利申请,推动科技发明的发展。

利用后续世界银行贷款为国家河口海岸重点实验室购置大批仪器设备以完善其硬件需求。同时计算机中心的设备也得以充实。利用世界银行又一笔贷款建设印刷厂新厂房,并全面更新其印刷设备,为其更好地服务教学、科研提供条件。此外,学校还组建了档案馆,存史、咨政、育人,为教学、科研、管理服务。

着力提高师资队伍水平　合理构建教师学术梯队

袁运开校长十分重视师资队伍建设,在不同场合明确要求有关业务部门的同志要坚决贯彻党的知识分子政策,要在思想、工作和生活上全面关心教师,要理解和尊重教师的劳动,要充分发挥教师的聪明才智,调动广大教师的积极性。竭力提倡对教师既要坚持又红又专的方向,把坚定的政治方向放在首位,又要在学术研究中贯彻"百花齐放,百家争鸣"的方针,不能把学术思想与政治行为简单地等同起来,对教师中的业务尖子,要从爱护的角度出发,切实关心他们的成长,鼓励他们在业务上奋发上进,要努力创造一种生动活泼的学术氛围,使教师的才能与事业发展的需要结合起来,建设一支具有一流水平的教师队伍和合理的学术梯队。这方面袁运开校长和有关部门做了大量有效的工作。

把青年教师的培养作为一项重要工作。要求本科毕业的青年教师要在四年时间内修完四门左右硕士生主要课程。学校还制定了"零存整取"获得硕士学位制度。对新毕业补充的教师进行上岗前培养和举办进修班,系统地学习马列主义理论、高等教育学、青年心理学、教学评估与测量等课程。

发挥老一辈专家学者传帮带的作用,促使中青年教师的迅速成长。给 50 多位老教师配备助手,请老教师指导一些课程的教学或学科的研究。在老教师的帮助下,有些教研室很快形成了老中青结合,构成合理的学术梯队。

对教师的培训重视以在职进修为主,在教学和科研中提高其教学科研水平。经常派遣教师参加各类短期讲习班和各种学术活动,开展广泛的学术交流。1982年后我校和上海四所高校联合成立了师资协作委员会,开展教学、科研和学术方面的交流,互派教师进修旁听。选派教师参加兄弟院校举办的各种专家讲座、专题研讨班、进修班、暑期讲习班和各种学术会议,或派遣教师作为国内访问学者到兄弟院校进修,使教师通过各种渠道在短期内扩展知识面,开阔学术眼界,提高学术水平。为了使广大中青年教师掌握计算机这一科研工具,学校先后为教师举办了数期计算机算法语言训练班,后又组织有关教师参加计算机学习班。

制定措施激励优秀中青年教师脱颖而出。学校设立教学优秀奖评选制度,表彰在提高教学质量、教书育人方面作出优异成绩的教师。学校还设立了"中青年学术著作出版基金",扶持中青年优秀学术著作的出版。

在专业技术职务评职中,打破论资排辈的传统,破格提升优秀中青年教师。1986年初,我校在全国重点高校中率先评聘了年仅34岁的郑伟安和肖刚两位教授,在国内引起较大反响,得到了国家教委和中央领导同志的肯定。此后,我校先后评聘了65名年龄在三四十岁的副教授。

为提高教师的外语水平,学校建立了外语培训机构,有计划、有目的地选派教师出国深造。1978年至1991年,利用世界银行贷款及校际交流合作条件,我校共向23个国家和地区派出半年以上留学的教师,约占教师队伍的29%。这一举措对学校整体教师队伍和教师梯队的建设,教学、科研的发展和学校管理水平的提高,都产生了很大推动作用,特别是对促进我校新学科建设和发展起了积极作用,使我校在世界史、代数、数理统计、光学、地学、生态学、化学、教育科学、计算机、电子学等一些学科领域,缩短了与世界先进水平的差距,从整体上提高了我校的科研水平和教学质量。

为了提高原有学科教学法课程的教学质量,袁校长与一批从事该课程的老师将学科更名为《学科教育学》,并由他担任主编,编写了一套十二本的各科教育学的教材,供教学使用。同时,他还鼓励各系原本从事其他学科教学与研究的高水平的教师,从事学科教育学的教学与研究,以促进该学科水平的提高。

充分发挥师范教育功能　始终坚持服务基础教育

扩大高师功能,服务基础教育,这是袁校长提出的指导思想。实践这一设想,除了系统培养各层级的师资外,还通过一系列途经和渠道服务基础教育,在实践中引导大家进行了大量有成效的工作。

其一,组织和发动我校干部和教师首先进行调查研究,了解情况,搞清需求。20

世纪80年代初特别是1985年我校接受国家教委委托,组织了30多位教学和科研人员参加的普教规划调研组,分赴15个省市,调查普教发展的基本状况和各地的教育发展规划,写出了关于中小学师资、经费、学生规模的现状分析与前景预测的三个专题报告。1985年5月至1986年12月在国家教委领导下,由我校负责组织全国24所高师、教育学院与15个省市的教育行政部门、教育科研机构通力合作,对15个省市的英语教学现状作了调查研究。这一建国以来首次进行的规模巨大、设计周密,并利用数理统计和计算机手段对数据进行处理的调查项目,达到了国际先进水平。随后又进行了对15个省市的中学语文、数学教学调查。通过调查,既看到了基础教育的发展,也看到了存在的问题,从而增加了为基础教育服务的责任心和紧迫感,也为上级领导和相关部门对师范功能及其对基础教育服务的认识。

其二,根据调查从国家和社会发展的需要出发,学校有计划地开展了对中学教师的多种培训。1983年以后,利用每年暑假吸收本市中学教师免费旁听为大学生开设的暑期各类课程,每年约有200人次。校和各系采用请进来、走出去的办法,分别举办了基础教育师资为主要对象的数学、物理、化学、计算机、地理、思想政治教育和国内外教改动态等方面的短训班、讲习班,听讲者5 000余人次。历史、生物等六个专业开设了师资本科班和专科班,招收了在职教师脱产学习两至三年。教育系举办了两期学前教育专业专科班,首次为上海市培养了具有大专程度的幼儿园教师。成人教育也以培训在职中学教师为主。高等自学考试至1986年底统计,报考人数累计近10万人。首次举办了全国省级督导员研讨班、工读学校校长进修班。为培养高层次的中学教师和管理干部,开设了在职中学教师的语文、数学两个专业硕士学位课程和中学领导干部教育管理专业硕士学位课程。

其三,鼓励办好各类杂志和书报为中学教师和学生提供精神食粮。我校先后编辑出版的中小学教育学研究刊物,计有:《中文自学指导》、《历史教学问题》、《中小学英语教学与研究》、《国外外语教学》、《数学教学》、《物理教学》、《化学教学》、《地理教学》和《生物学教学》等九种,基本上是以中小学教学研究为内容。此外,还组织教师编写出版了40多种中小学研究专著作为参考书。袁运开校长亲自担任了《中学生丛书》与《教师必读丛书》的主编,前者是为中学生提供提高与扩大思想修养与知识面的一套课外读物,后者主要是着眼提高教师的教育、心理科学素质,每套丛书都是12本,分册主编基本上都是本校教师。这两套书的出版都得到了教育部领导及相关部门的支持。

其四,开展了教育测量和评估的研究工作,以提供教改的科学依据。自1985年起,组织我校二附中和附小,分别总结多年来教学质量检查的经验,编印出《华东师大二附中、附小评定各科教育质量试卷汇编》,与各中小学广泛交流,效果很好,推动了普教界教育测量和考试评价的研究工作,得到了各方面的好评。与此同时,袁校长还受教育部委托，由我校与市教育局一起，在市教委党委的统一领导下，共同具体组织领导了全市中小学的课程、教材改革，我校80余位教师参与了此项工作，取得了良好的效果，同时开展中小学思想品德教育研究及总结推广优秀中小学教师的教学经验与成果。

此外，在这一时期，为加强对附属学校的领导，还增设了普教组，建设二附中新校舍并充实了教学设施；与上海石化总厂合建三附中，使该厂职工子弟能接受优质教育资源，这在全国还是首创。

组建多种形式办学机构　拓宽学校人才培养功能

为了拓宽人才培养的功能，我校在袁运开担任校长的1986年至1989年期间，先后组建了研究生院、成人教育学院、教育管理学院、华东高师师资培训中心和中学校长培训中心，这些机构都得到教育部的批准或指定设置。

一是研究生院。1986年4月15日，国务院发出通知，同意我校试办研究生院，并就抓好研究生教育的改革工作、改善研究生条件、努力提高研究生的思想政治觉悟和业务水平提出要求。我校研究生院的成立，标志着我校研究生教育进入一个新的阶段。在这之前的1981年12月30日，经国务院批准，我校成为我国首批博士和硕士学位的授予单位；1985年11月25日，经国家教委组织专家评审、博士后科研流动站管理委员会批准，我校为博士后科研流动站首批建站单位。

二是成人教育学院。1986年12月，经国家教委批准，我校成立成人教育学院，它是从原有的函授部、业余教育处扩充改进而建立的，主要承担国家教委下达的成人高等教育、继续教育、岗位培训、单科合格教育、成人高等教育理论研究与远距离教育研究等任务。至1991年，我校的成人教育已基本形成了以培训在职师资为主、文理科并重、以华东地区为主兼顾其他地区的高层次成人高等教育体系。成人教育学院设有函授教育、夜大学、高等教育自学考试，此外，还举办过业余大学、出国师资培训班等各种短训班和单科班等，同时还承担过电视大学的部分教学任务，逐步形成了多层次、多规格、多形式的成人高等教育的办学体系。

三是教育管理学院和华东教育管理干部师资培训中心。为了更有效地组织协调华东地区高校和其他各级各类教育管理干部的培训工作，1986年9月，经国家教委批准，原有的华东地区高等学校干部进修班扩建为华东师大教育管理学院，这在我国还是第一所属国家教委委托我校承担的以华东地区高校中层干部为主的培训机构。除进行在职教育管理干部的培训外，还培养高教管理专业硕士生和本科生；以短期岗位培训与学历教育相结合的办学模式培养教育管理人才。同年国家教委又确定我校教育管理学院为国家教委华东地区教育管理干部师资培训中心,成为国家教委的派出机构。在干部短期进修的基础上,发展了高层次的学历教育。教育管理学院建立后,坚持"全方位、多层次"的办学方针,不仅培训高等学校的教育管理干部,还培训其他各级各类的教育干部,先后开办了上海市高校管理干部研究班、华东地区高校管理干部进修班、高校后勤管理干部班、教育评估讲习班以及普通教育华东、中南、西南地区教育督导班等各种研究班、进修班;培养了我国历史上第一批高等教育管理专业本科毕业生,招收了我国高等教育管理方向的硕士研究生。

四是华东高师师资培训中心。我校在袁校长领导和直接参与下经过对华东六省一市高师师资状况的调研,并召集六省一市教育厅局负责人集体研讨,提出建立高师培训中心的倡议后经国家教委支持,1986 年 10 月 8 日,华东地区高师师资培训中心在我校成立。中心的主要任务是根据国家教委对全国高师培训要求和年度计划,组织华东地区高师师资的培训,落实年度计划,担负对中青年骨干教师和薄弱学校、新兴学科教师的培训提高工作,组织交流高师师资培训工作计划、信息和经验。

五是中学校长培训中心。为进一步提高中学校长的素质,推动我国基础教育事业的改革与发展,1989 年 10 月 7 日国家教委在我校建立了一个培训中学校长的基地——国家教委中学校长培训中心。以全国重点中学校长为培训对象,有计划地安排中学校长短期脱产研修,学习马克思主义理论和党的方针政策,学习国家的教育政策与法规,学习教育理论和管理科学知识,并进行专题研讨,掌握学校科学及其他必要的相关知识,以

1989 年国家教委中学校长培训中心揭牌仪式
（左 1 为袁运开）

便在各地逐渐形成一支中学教育改革和管理科学的带头人队伍。

积极谋划扩大校舍面积　不断提升美化校园环境

秉承师大几代领导重视校园建设的优良传统,袁运开校长始终并方方面面,与各位校领导以及职能部门的同仁通力合作,共同谋划。他从实际出发竭力赞同在现有土

地资源的基础上"能大则大,能高则高,能加则加,能改则改"的办法,以求提高容积率、降低建设密度,并可立即上马建造。说到"大"和"高",从 1984 年起,在师大校园建造了一幢十七层文科大楼和十层楼图书馆,在师大一村建造了一幢十七层教工住宅大楼,在丽娃区建造了一幢十五层留学生宿舍大楼。说到"加",从 1985 年起,将原第二、第三、第四、第五和第六这五幢学生宿舍楼都增加了一层或二层约 7 768 平方米住房面积。至于"改",自 1979 年以后累计拆除一村的 14 392 平方米的老旧平房和危房,腾出的土地改建新房,把 18 排乙、丙种平房改成 12 排六层教工住宅,在同一块土地上经过改建增加了许多住房,大大地改善了教工的住房条件。同时,校领导还对师大附中、附小和幼儿园也相应地作改建,一定程度上缓解了教工子女就学的后顾之忧。在这期间,还在学校附近征得两处计 150 亩左右的土地,为以后续建教工及学生宿舍提供条件。

对校园建设的总体规划,袁运开校长提出要充分体现社会主义高等师范大学的风度、气质和特色,融民族风格与国际先进水平于一体。师大校园建设,不能等同于一般的土木工程,而是深藏文化内涵的学术殿堂。对师大逸夫楼的建造,在制定设计方案时,经反复讨论修改,最后采用袁运开校长拍板定夺的方案。该方案立意新颖,富有创意,采取阅览与书库同层等高,实现阅览与藏书相互渗透,走向一体化,方便师生阅览和借书,适应知识载体的多样化与图书情报功能的多样化的发展。整个图书馆内部空间安排合理,设施先进。室内家具富有时代感、适用性和系统性。家具的质感也力求与环境协调。图书馆建成后,经国家教委港澳办组织评比,获第一批邵氏捐款项目的一等奖。与此同时,利用世界银行贷款也充实了一大批外文书刊;利用与日本富士通公司的合作获赠计算机设备,使编制书目等趋于现代化。

在扩建校舍过程中还陆续建造了一些公共教学设施,作为全校各系所共享中心。1981 年所建电教楼时就建有共用的电教中心设备。在建科学会堂时,同时建了同声传译放映室和放像室以及小教楼。除原有馆舍外,还新建了河口海岸楼、计算机楼、外语楼、干训楼、教育系楼、校卫生科楼和电镜楼等一批教学、科研、后勤保障用房。

在校园建设中,袁运开校长对校园环境的绿化美化也十分关心。师大校园历来是很美的。"文革"时,师大校园也受到牵连而遭到批判。"文革"后,袁运开校长和其他校领导都支持高级园艺师孙谷兰老师和园林科同志重整旗鼓,不仅要全面恢复建设,而且要进行新的设计,要赋予师大以美的形象,具有深层的文化内涵,要比"文革"前更充实丰富。如今师大校园就建有"八景":河东有"荷塘挹翠"和"古木清晖";河中有"石径花光"和"书海掇英";丽娃河有"夏雨飞烟"和"水榭观虹";河西有"青年广场";一村有"园丁小筑"。这使校园增色不少,学校因此多次被评为绿化先进单位。

推进对外学术交流合作　提高学校国际学术地位

袁运开同志走上学校领导岗位之时,正值党实行改革、开放政策,受"文革"十年破坏几乎陷于停顿状态的我校对外交流工作逐渐得到了恢复发展,国际交流以前所未有的姿态活跃在学校的教学、科研、学科建设以及人才培养等各个方面,且在吸收国外先进文化和资金、改善办学条件中发挥了重要作用。

在袁运开校长任内期间,我校和美国、英国、加拿大、法国、德国、日本、比利时、瑞典、澳大利亚、奥地利、苏联等 20 个国家的 90 多个高等学校、研究单位和产业部门建立了协作关系,建立了一批联合申请基金的合作研究单位。1982 年袁校长亲自去德国奥斯那伯洛克大学签订建立合作交流协议,并作了学术报告。1984 年袁校长去加拿大维多利亚大学访问并参加毕业典礼,应邀在会上讲话,还提交了在加拿大召开的中国教育学术讨论会的学术报告,并签订合作交流协议;会后还去美国访问,并与旧金山大学、圣迪乌拉夫学院等高校签订校际交流合作协议。1989 年 2 月他率团赴美国多所高校进行访问,并与纽约州立大学石溪分校等多所大学签订了交流合作协议。还与法国巴黎高师、德国不来梅大学、日本筑波大学、苏联列宁格勒师范学院等高校签订了交流合作协议。1990 年 10 月,受国家教委委派作为中国高师教育代表团副团长去苏联列宁格勒师范学院、莫斯科大学等院校进行访问,并商谈合作事宜,还受教育部委托参加了中国加拿大校长会议,并进行了广泛交流。通过访问交流,我校先后聘请 60 多位外籍专家担任我校名誉教授或顾问教授,他们中大多是国际上著名的科学家、教育家。如肖洛、杨振宁、戴振铎、陈省身、布鲁姆、胡森、舒贝尔、许靖华、欧文等。另外每年有十多位外籍专家来校任教,有一百多位外籍专家来校短期讲学。

在袁运开校长任内期间,我校设置对外汉语教育机构,培养外国留学生。举办留学生预备班和国外考试中心,以方便出国人员的外语培训和考试。同时,我校建立了澳大利亚研究中心、加拿大研究中心和韩国研究中心。各种外语教育、考试机构和研究中心的建立大大促进了国际交流合作。

广泛的国际交流,不仅提高和扩大了我校的声望和国际影响,而且极大地促进了学校教学、科研水平的提高,也为我校教育科学走向世界创造了条件。80 年代初,我校聘请美国著名光学专家、诺贝尔物理奖获得者肖洛博士来校讲学。肖洛博士不仅帮助我校规划光学专业的发展宏图,还亲自为我校培养了多名业务骨干。我校物理系光学教研室是博士学位授予专业点,也是联合量子光学开放实验室,在全国享有较高的学术地位。我校河口海岸研究所在科学研究方面取得了令人瞩目的成果,这与多年来同荷兰、法国、美国等国的相应研究机构的合作交流是密切相关的。

国际学术交流,还给我校带来一定的经济效益,改善了学校办学条件,促进了学校事业的发展。人口所、教育学系学前教育专业、教育管理学院先后得到联合国人口基金会、儿童基金会和教科文组织上百万美元的资助;学校外事管理部门、各系所还通过多种渠道得到许多合作科研项目和各种类型的奖学金的资助。另外,学校还注重开拓国外生源市场,扩大接受海外留学生的类别,在促进文化交流的同时,也为学校增加了较多的外汇收入。

结合实际开展学术研究　成果显著当选欧亚院士

袁运开校长在校领导岗位上工作十分繁忙,还兼任不少学术性社会工作。曾任上海物理学会副理事长、中国高等教育学会常务理事、中国索引学会理事长、中国高师教育研究会理事长、中国高校师资管理研究会理事长、上海科学技术史学会理事长、中国物理学会普及工作委员会副主任、上海市中小学课程教材改革委员会副主任、太平洋学会理事等职。

他坚持进行学术研究,笔耕不辍,成果累累,共出版编著 26 部:《物理学史讲义——中国古代部分》(两主编之一,获上海市哲学社会科学著作奖)、《自然科学方法研究》(Ⅰ、Ⅱ、Ⅲ册主编)、《中国科学思想史》上、中、下三卷(第一主编,获第十届优秀科技图书三等奖、第十三届中国图书奖、上海市第六届哲学社会科学优秀成果著作类二等奖、安徽省哲学社会科学优秀成果一等奖)、《科学家大辞典》(物理学家部分主编,获 2001 年全国辞书类图书二等奖)。他在科学史、自然辩证法及教育科学方面发表论文 80 余篇,其中代表性的有:《中国古代科学技术发展历史概貌及其特征》、《"传统思想与科学技术"的研究的意义》、《再论培养学生发展性学力与创造性学力的内涵及意义》、《对中学阶段科学课程改革的几点认识》等。他还承担科学史、自然辩证法及教育科学方面的重点研究课题多项,其中以他为主持人的《全国义务教育学生质量抽样调查》获 1995 年全国高校人文社会科学研究优秀成果一等奖,以他为主持人的《上海面向 21 世纪基础教育课程体系改革设想》获 1998 年度全国师范院校基础教育改革实验研究项目优秀成果二等奖,共获国家及省部级优秀成果奖 9 项。由于学术上的成就,袁运开获国务院颁发的有突出贡献专家证书,享受政府特殊津贴;1998 年当选为国际欧亚科学院院士。因在教育管理工作上有成绩,1986 年他获得上海市人民政府发给的奖励证书。

1992 年 12 月底,袁运开同志已超期工作了一段时间,经多次请辞后,上级领导批

2002 年 10 月国际欧亚科学院第六次中国院士全体会议代表合影

（二排左 5 为袁运开）

准他离任退休。但他退而不休,1993 年底受国家教委委派,以高级访问学者的身份去美国哈佛大学、斯坦福大学等高校进行考察美国一流大学的办学经验,并作比较研究,历时 9 个月。回国后撰写了《访美报告》等 10 篇文章,介绍国外的办学经验。

　　袁校长在华东师大 60 多年来,特别是他担任校行政领导逾 13 年期间,不负众望,勤恳扎实,承前启后,为华东师大的改革发展作出了重要贡献;为物理系以及自然辩证法、自然科学史专业的创建与人才培养作出了重要贡献;为高等师范教育的改革发展、中学课程及教材改革进行了理论探索并在实践上作出了重要贡献。师大人对袁校长的品德、学养和敬业精神一直赞佩有加。他离开校行政领导岗位虽已 20 多年,但时至今日,师大人对袁校长依然深怀敬意。

＊本文作者：包汉中、汪祥云均为华东师范大学教授。

从校长亲历谈高等教育管理

张瑞琨

　　1982 年 5 月,时任校党委副书记、副校长肖挺找我谈话,宣布了由刘佛年校长提名、校党委讨论决定调我到校外事办公室工作,任外办主任,同时也宣布可以双肩挑,继续教学、研究工作和培养研究生。当时我表示服从组织的决定,但是自己也清楚地知道,由于工作重心的不同,它还是改变了自己的工作轨迹,要向管理工作方向转移。

　　时过一年半,1983 年 10 月,上海市委决定调我到上海市高等教育局工作,任副局长、党组成员。工作了 6 年半,我于 1990 年 3 月回华东师大工作,先任副校长,协助袁运开校长分管人事、师资、科研、产业、外事等工作。1992 年 12 月,袁校长由于年龄关系退下来,我接替他担任华东师范大学校长,直到 1997 年 2 月由于年龄关系从校长岗位上退下来,并于 1998 年 1 月按时退休。

　　回顾十五六年从事的管理工作,我深深感到高等教育管理是一门科学,管理工作要按规律来办事。学校管理的方针、政策、制度、措施的出台,是与当时坚持的教育理念有关,是受这一理念支配的,理念的正确与否,与办学的成效密切相关。

一、正确把握办学定位

　　我完全同意刘佛年与袁运开两位前任校长提出的,华东师范大学的办学要坚持"学术性与师范性的统一"。没有学术水平的提高,不可能培养出高质量的师资。

　　担任校长期间,我努力把握办学的正确定位,积极推动各项改革。华东师范大学之所以能成为首批全国重点大学,就是因为"师范"二字。如果完全变成综合性大学,那就难以保证重点大学的地位,所以明确提出全校教职员工要"认清形势,转变观念,加快改革,积极发展"。一定要在不断提高学术水平的同时,很好地为建设一流基础教育服务。只有这样,才能有立足之地。到 1994 年底,经过调研和反复讨论,明确提出了 60 字的目标,即"正确定位,办出师范特色;确定目标,发挥学科优势;立足上海,面向华东全国;加强联系,扩大校际合作;从严治校,提高管理水平;深化改革,创建一流学校"。这一具体的奋斗目标,引领我校制订了"211 工程建设规划"。

1996 年 4 月华东师大举行 211 工程部门预审

二、重点推进学科建设

我在继承前任校长狠抓重点学科建设的同时,也对现状作了分析,发现学科之间的联系不够,特别是文理学科之间的交叉渗透尚嫌不够。因为从 20 世纪 60 年代开始,自然科学和社会科学两大部类的科学之间已经互相交叉,互相渗透,特别是经济学科尤为明显。所以在构建二级学院时,就应考虑这一特点。

由于 20 世纪科学的发展,特别是计算机技术广泛应用之后,对各学科的影响是很大的,包括对教育科学、人文社会科学。随着时代的前进,社会的发展,教育的思想和观念要与时俱进,教育的手段也要改革。为此,将现代教育技术学科与传统的教育学科合并构建"教育科学与技术学院",并将各系的教材教法教研组组合成"课程教材教法研究所"也纳入到该学院,更有利于互相沟通、交流、发展。

在组建国际商学院时,在征得各有关单位和教师的同意和支持下,将概率和统计专业归入国际商学院,成立统计系,以便经济学的发展取得概率和统计学科的大力支持。

推进重点学科建设,对学校发展的影响是极大的。这一点我在市高教局工作期间有深刻的体会。记得刚到市高教局时,市委领导就要求我们要从上海市属高等学校的角度来看高等学校的建设发展问题。由此,我们刚到市高教局工作的三位领导,花了近两个月的时间,对几所市属高校(包括上海第二医科大学、上海科学技术大学、上海工业大学、上海大学、上海中医药大学、上海师范大学)进行调研,了解到这些学校中,无论是实验设备、师资队伍,还是教学力量、科研水平与部委属学校,特别和重点大学相比,差距甚远。于是经市高教局党组反复讨论,形成了上报市委、市府的报告,希望拨专项经费加强市属高校的重点学科建设。报告上去后,很快得到批复。从1985年开始,每年1 000万元,第一期为五年,总共5 000万元,重点建设市属高校20个重点学科。局党组讨论由我来抓重点学科建设。我们就以科研处为主,包括科研处、教学处、学生处、师资办公室、设备处,一起来研究、制定市属高校重点学科建设的标准和条件,并组织由部委属高校的专家到各有关学校,对有关学科进行评审。经评审后,共有21个重点学科入选,1985年开始启动建设。同时要求市高教局国际交流处在对外学术交流、派遣青年教师外出进修时也要为市属高校的重点学科的师资队伍建设服务。实践证明,效果是非常明显的。经过两年的建设,时任上海医科大学校长对我说:"你们搞了重点学科以后,二医大的水平和设备要超过我们了。"时任上海第二医科大学的校长也感到本来与上海医科大学差距很大,不如他们,现在赶上来了。经过五年的建设,效果十分显著。

三、不断提高教学质量是学校的根本任务

办好高等教育,"本科为本"应该是从事高等教育的有识之士的共同见解。综观国内外的高等教育,无论是哪一类型的学校,抓好本科教学是根本的。高等学校根本任务是育人,培养社会主义现代化建设需要的合格人才,而提高本科教学质量是学校工作的中心、核心。我在1995年本科教学工作会议上的讲话,阐述了这一观点:"重点高校要办成教学和科研两个中心,这是对的,但学校的科研中心除了要出接近于国内或国际先进水平的成果外,立足点还是在育人上,要出人才,不单是培养研究生,同时首先要过好本科教学关。回想起我当年留校当教师时,老教师为我们作出了榜样。学校的教授、副教授首先要面向学生,把自己所知道的一切都教给学生,认真搞好本科教学。"当时是得到与会者的共鸣的。回忆起当年在市高教局抓市属学校重点学科建设和师资队伍建设时,就已经明确提出"本科为本"的理念,也引起了大家的注意。

一所高校,学生为主体,教师为主导。建设一支高质量、高素质的教师队伍,一直是我从事高教工作所追求的一个目标,至今仍时时想念这件事情。一个学校要建设四支队伍,即教师队伍、科研队伍、管理队伍和后勤(包括技术后勤)队伍。这四支队伍都重要,体现了学校的水平。但是,由于直接面向学生,负有培养年青一代的重任,教师队伍的建设更显重要些。有了高质量、高水平的教师队伍,就能培养出高质量、高水平的人才,在这中间,教师职业道德的建设更为重要。

师德的建设,不单是党委的工作,也是校长的职责。根据四十多年的教育生涯、十

多年的管理工作实践,我对师德建设有不少思考和体会,归纳后撰写了《德为师之本》一文,强调指出:"教师的职业道德,简称师德,是指教师在从事教育劳动中逐步形成的道德观念、道德情感、道德行为和道德意志。师德是社会主义基本道德原则、规范要求在教师职业领域中的特殊表现,是教师从事教育劳动时所应遵循的行为规范和必备的希望和要求。""强化高等学校的师德建设,是培养社会主义建设者和接班人的需要。要想培养'四有'新人,首先要有'四有'的教师。"①

教师的职业道德,大体可以归纳为六个方面,即政治坚定、品德高尚、敬业乐教、热爱学生、为人师表、教书育人。联系到师范院校的建设,笔者认为师范院校是培养教师的摇篮。蔡元培先生曾说过:"什么是师范?范就是模范,可为人的榜样,自己的行为要做别人的模范,所以师范生的行为最重要,模范不是短时间能成就的,必须慢慢地养成。"在师范生——未来人民教师的教育过程中,必须把师德教育作为必修课,为使今后成为合格教师打下一定的基础。

教师是神圣的职业,师德建设是永恒的课题。究其原因,实乃德为师之本。

在抓教师队伍建设的同时,也明确提出正副教授要上教学第一线,为本科生开设基础课,特别是新评上的正副教授更应如此。只有这样做,才能把本科的教学质量提上去。我在高教局工作期间,抓了市属高校重点学科建设,抓了市属高校的职称评审工作,都明确提出正副教授要上教学第一线,讲授本科生的基础课,并制定了检查制度,以利于这一工作的落实。

四、坚持教育教学改革是高校的永恒主题

1. 改革高等教育体制

1992年,我接受了文汇报记者姚诗煌的采访,谈及高校体制改革的问题,认为高等教育的体制长期受计划经济的影响,已明显不适应整个国家改革开放的发展。归纳起来有六大问题,即:(1)学制死版,无法调动受教育者学习的主动性、积极性。一考定终身,不能更换学习的专业。不管学好还是不好,都是四年毕业。华东师大从1984开始搞主辅修制深受学生的欢迎,表明学生还是希望扩大自己的知识面的;(2)现行教育体制下的录取标准,只适合于从校门到校门的单向流动,不利于让有实践经验的人再回头来进入校门学习、提高。这种教育体制"进门难、出门易",不利于培养和选拔人

---

① 《中国教育报》1997年4月8日。

才;(3)中专、大专、本科之间截然分隔,没有联系的通道。我认为,全日制高校和成人高校应该相互融通,也可试行本科生进校读了两年后,由于各种原因可以去工作,然后通过成人教育的办法,来完成剩下的课程达到本科毕业的水准;(4)教育内容偏重于知识传授,忽视实践教育。实践表明,实践教育有时会起到课堂教育起不到的作用,例如对学生进行辩证唯物主义思维方法教育、进行实事求是作风的教育、进行严谨的科学精神的教育、形成现代科学研究需要的协作的观念、培养动手的能力和创造性思维的能力等等;(5)在硕士、博士的培养上,自己束缚自己,如硕士生的学制太长;(6)学校教育与社会教育的标准不一,在价值观念上的取向不同。

针对这些问题我曾提出改革高等教育体制的七点建议:(1)改革目前国家一切都包下来的做法,实行两个"不包":不包费用,不包分配。为此可设立奖励制度,可以在学生中形成竞争机制;(2)改革目前的"学年制",实行"学分制";(3)采取灵活的管理体制,允许学生转专业,当然不能随便转,要妥善制订一套管理制度和方法;(4)改"进门难、出门易"为"进门易、出门难",这样既可以改变"一考定终身"的情况,也可以让有实践经验的历届生获得进高校学习的机会;(5)学校根据社会需要,有开设新专业的自主权,教育主管部门主要是宏观控制、目标管理;(6)打通全日制和成人教育之间的通道;(7)充分利用退休教师和富余的教师资源,办民办大学,也可采用民办公助的形式,为加快教育事业的步伐。[①]

1994 年张瑞琨在"科技发展与教育改革"会上作主题报告

2. 给受教育者学习自主权

我在 1992 年接受文汇报记者采访时,明确指出,要给受教育者以学习的自主权。受教育者要有自主选择学习专业的权利,同时要打通人才的层次之间、规格之间的培养通道。所谓层次是大专、本科,规格是研究型、应用型、工艺型。为了使受教育者学得灵活、生动、实在,在办学模式上要实行完善的学分制。不但系间、专业间可以相互

[①] 文汇报记者姚诗煌对我的采访录,发表在《文汇报情况反映》第 147 期,1992 年 9 月 9 日。这篇《反映》曾被中共中央政策研究室《简报》429 期(1992 年 10 月 14 日)转载。时任中共中央政治局委员、国务委员兼国家教委主任李铁映同志批示:"请开轩、克明、遵谦、元庆(远清)同志阅。教改应在委属高校加快进行试点。铁映10.16。"

承认学分,甚至在条件相仿的学校间也可以相互承认学分。这样,将来可以根据社会不同阶段的人才市场的需求,用修满规定学分的办法来沟通渠道,完成各种转变,拥有较大程度的学习自主权。

为此,我在学校工作期间,大力倡导开设选修课,大力推进学分制的建立和试行,以利于人才的培养。

3. 促进教授、副教授走出校门,为社会服务

20 世纪 80 年代我在市高教局工作期间,深感教育经费之不足。当时向时任上海市教育卫生办公室主任、后任市人大常委会副主任的舒文同志汇报,舒文同志明确指出,要靠自己的力量,努力走向社会获取支持。20 世纪 80 年代,在温州召开的关于高校科技开发的会议上,我和舒文同志反复商量,正式提出高校要做到"两个中心、三个功能"的见解。两个中心就是"教学为中心"、"科学研究为中心";三个功能就是"培养高质量人才"、"高水平的科研成果和科研成果转化"、"为社会服务"的功能。"为社会服务",当时考虑一是表示高校要参与市政建设,包括经济建设和其他各方面(如文化)建设,它必定有些科研成果转化为产业;二是能够获得经费。实践表明,这一见解是对的,至今还在起作用。

为了更好地为社会服务,得到社会的公认,我于 20 世纪 90 年代初期就提出,要求具有高级职称的理科教师走出校门承接课题,而学校内部的科研基金只提供给青年教师。尽管这一政策措施受到一些人的质疑,但是坚持下来,学校的科研经费得到了提高,收到了效果。到 20 世纪 90 年代中期,对文科的具有高级职称的教师也采取了这一举措,但效果不够明显。

4. 深化校内管理体制改革,以求管理工作更好地运转

在这方面,在党委的领导下,我做了两件事。

一是把学校的各系所、专业重新组合,组成八个学院,以提高办学的质量和效益。这八个学院分别是:教育科学与技术学院、人文学院、文学与艺术学院、外语学院、国际商学院、理工学院、化学与生命科学学院和资源与环境学院。各学院成立分党委,试行学院院长负责制。为什么要这样做? 因为学校的规模不断地扩大,专业也增加了不少,各专业之间的差异是不小的,要靠学校统一领导有难度,还得是校院二级领导,才能使工作更好地开展。尽管这一做法,受到国家教委某些领导的质疑,认为师范大学根本不需要下设学院。我们尽力作了解释,还是把这个工作坚持下来。到目前为止,绝大部分高等学校都设立了学院。看来这是符合教育发展和管理的规律的。

二是把学校内的各个企业重新组合,成立华大集团。在 20 世纪 90 年代前期,不断宣传如何将科研成果转化为生产力,以求弥补学校经费之不足。当时认为可以采用

两条途径,其一是自己对科研成果进行孵化(这要有大量的投入,才能期待产出效果),其二是与有关企业合作,以求产业化。总之,如何使科技产业形成规模,以求更大的效益,是我终日所想的问题。由于我校的经济实力和科技实力均表现出不足,要这样做难度不小。经过深入思考,考虑如何把我校现有的企业进行重组,转换经营机制,建立现代化企业制度,认识到不能用事业单位的一套管理模式去经营企业。为此,我极力主张把原有的各个企业组织起来,组建企业集团。1995年底组建了华大集团,成立了董事会、监事会,实行总经理负责制,也建立了分党委。当时我明确提出,集团成立后,希望生产规模化、经营多元化、市场国际化,努力向这一目标迈进,使我校的校办产业再上一个新台阶。事实表明,在张良仪总经理领导下,这一管理体制的改革基本上是成功的,部分弥补了学校财力的不足。集团的成立,在上海市高校中是首创。

除以上两点以外,还对校部机关职能部门进行整合。总感到教和学应该坚持紧密联系,所以设想把教务处与学生处合并成教学部。科研成果如何转化,也是很重要,科研的前后端、上下游应该联系结合,所以成立科研产业部。运转了一段时间,我也不知道怎么会中止的。

5. 取得政府认可和社会支持,是办好教育的重要条件之一

自从20世纪80年代走上教育的管理岗位后,特别是我历经市高教局的工作,深深地体会到,在中国办教育必须得到政府的认可和社会的支持,否则是很困难的。因此我在位期间,向这方面努力去做。

1993年6月,由我校国际商学院和上海市房地产管理局联合组建房地产系,这个系不仅是全国重点大学第一个房地产系,也是国内第一个由政府主管部门与高等学校共建的房地产系。经过两年多时间的运转,双方都感到满意。1995年11月3日,由中央建设部房地产业司、上海市房屋土地管理局、中国建设银行上海市分行、中房上海房地产开发总公司和华东师范大学共同组建的东方房地产学院正式成立,实行董事会领导下的院长负责制,由华东师大校长任董事长,上海市房屋土地管理局局长任执行董事长,院长由董事会聘请,各董事单位出资助学,使学院运转正常。办学层次包括大专、本科和研究生。办学过程中,他们还做到了产学研一体化。我校张永岳教授自始至终参加了管理和领导工作。几年实践表明这个办学模式是成功的。东方房地产学院在政府有关职能部门、上海市房地产界,乃至全国的房地产界都享有盛誉。

由华东师大和普陀区人民政府联合创办的华夏学院也挂牌成立,它是民办公助性质的,进行国家学历文凭考试。十多年的实践表明,在钱洪教授的领导和组织下,办学的质量是好的,学院的运转也是好的,为高校的管理机制的转换提供了经验。后来由于教育部决定以后不再举行国家学历文凭考试,所以该学院也只能停止招生。

　　1993 年 8 月,美国一家从事语言教学及教材出版的专门企业——阶梯公司与我校签署协议,在友好合作、互惠互利的原则下,建立华东师范大学附属阶梯学院。该学院根据社会需求,致力于建立培养双语(汉语、外语)涉外人才和市场经济人才的高级职业语言学院,对职前培养的学生实行收费的全日制走读形式,对在职培训的学生实行缴费业务培训。几年下来效果是好的,也为高校如何转变机制提供了经验。但由于种种原因,该学院后来也停止了招生。

　　除此以外,从 1994 年起先后成立了东方法商学院、黄浦工商管理学院等,但收效甚微。华东师大电器公司也重新开张,学校还与静安区签订了教育合作协议,与普陀区实施全方位合作计划等。

6. 为浦东教育谋策

　　在接受《解放日报》采访时我提出:浦东新区要发展,一是资金,二是人才。人才培养关键是更新教育观念,建立新的教育模式。经济的转轨呼唤新的人才,培养新的人才需要更新的教育,要与社会主义市场经济相结合,办教育必须有一套全新的思路,即教育要以经济发展、社会进步为导向,学校教育要与社会教育需要密切相连。

　　基础教育要"宽"。中学知识性内容适当降低深度,但知识面要宽。并认为高等教育要"活"。在招生制度方面要突破应届高考这个唯一渠道。可以多渠道招收不同类型的学生,特别是那些有实践工作经验者,变"进门难"为"进门易";同时健全淘汰制,严把质量关,变"出门易"为"出门难"。同时可以打破专业壁垒,通过学分制,给受教育者以学习的自主权,可以根据市场需求和预测,选择学习内容。

　　浦东社会教育的重要性也要引起重视,现代化城市需要有良好社会公德的现代化市民,而社会公德的培养是个长期过程,需要从小抓起,这是学校教育不能替代的。所以建设浦东在发展经济的同时,要重视精神文明的建设,调动全社会的力量,培养良好的社会公德。

　　为此,建议浦东要建立新的教育模式。①

五、积极开展国际交流

　　20 世纪 80 年代初,根据校领导的指示,努力拓展对外学术交流和人员交流。1982 年暑假,根据刘佛年校长的指示,我接待了加拿大哥伦比亚省国际发展研究署的

---

① 1993 年 4 月 23 日《解放日报》。

官员和维多利亚大学欧文教授,共同商讨建立学术交流事宜。经过反复几次接触,双方终于达成协议:加拿大维多利亚大学与华东师范大学进行学术和人员交流,并于1982年底,对方接待我校由副校长肖挺带队、12位教师(主要是教育学科的教师)组成的团队赴加拿大进行为期将近一个月的访问、学术交流和参观,经费全由对方负责。为此,维多利亚大学专门成立了"与华东师大交流委员会",由克拉茨曼教授负责,而这一项目加方的总负责人是前面提到的欧文教授。此后,这两位教授就成了华东师大的老朋友。双方达成协议,以教育科学(特别是成人教育)为主线,每年都有合作研究项目和人员的交流。在将近十多年的时间里,华东师大有超过50人次的赴该校学习的教师,而对方也有几十人次的人员来上海交流。这种交流至今还有。这一学术交流是成功的,不少细节至今令人难以忘怀。

1991年我访问美国,与明尼苏达州的圣奥洛夫学院商谈交流事项,除了对方每年派留学生来师大以外,我校也派教师前往该学院,利用对方的设备收集我方人员需要的文献资料,以便开展自身的科学研究。这一项目对我校的文科和英语学科的教师来说是很有好处的。结果双方签订了长达十年的交流协议。大家戏称为是一个跨世纪的协议。这在校际交流中是不多见的。

1995年,受前两位校长的委托,我访问了法国巴黎高师,商谈两校重新恢复学术交流和人员交往。经协商,准备在哲学、数学、历史学几方面开展交流。

除了校际的学术交流和人员交往外,我在接收外国留学生工作上也做了不少工作。华东师范大学在接受外国来沪学习汉语的留学生工作是很有经验的,但这是不够的。我在位期间,反复提出要提高外国留学生的层次,尽力多招来我校攻读有关专业的硕士生和博士生,这才是学校真实水平的体现。

为做好外国留学生的管理工作,我也反复强调三条:第一条,树立为留学生服务的观念,加强管理工作,寓管理于服务之中;第二条,内事是外事的基础,要首先做好内部工作,加强科学管理;第三条,完善和严格学籍管理制度。这些意见在实践中起了一些作用。

回忆起将近半个世纪从事教育工作中的15年的管理工作生涯,我深深体会到高等教育管理是一门科学,有它的内在发展的规律。只有随着社会的进步,改革的不断深入,调整我们的教育理念,不断深化教育、教学改革,才能使我们的教育事业更好地发展,更加辉煌。

后记

20世纪70年代初,我开始进入到自然辩证法和自然科学史(物理学史)两大学科领域,不断地学习、研究,从事教学和培养研究生。即使从 20 世纪 80 年代初开始从事管理工作,我也没有中断,只是放慢了前进的步伐。在市高教局工作的六年半,我仍是华东师大的一员,还曾兼任了自然辩证法和自然科学史研究所的所长,还和研究所的同仁们共同努力,编写了不少著作(包括教材)。

在自然辩证法领域中,我研究所的学者和北京、广东、吉林等地的学者共同编写了全国第一本自然辩证法教材——《自然辩证法(讲义)》,主编了《自然辩证法通论》第一卷《自然论》(获第三届普通高校优秀教材国家教委二等奖)。

在自然科学史(物理学史)领域中,主编了《近代自然科学史概论》(上、中、下三册)(获全国科技史优秀图书二等奖)、《物理学研究方法和艺术》、《物理学的进展和前沿》、上海普通高校"九五"重点教材《近代自然科学史简明教程》等。

＊本文作者：张瑞琨,华东师范大学原校长,教授。

探寻教育学的根柢

程　亮

在华东师范大学,教育学的学术基业是由孟宪承、刘佛年等老一辈学者开创与奠定的。他们的国学底蕴和西学经历,他们的教育学情结,无不滋养着一代代身处师大的学人和学子,铸造了师大教育学的思想血脉和学术传统。在改革开放这个新的历史时期,这些血脉和传统不仅在新一代教育学者那里得到了延续,而且获得了新的活力和新的发展。就教育基本理论而言,我们可以历数出像瞿葆奎、金一鸣、陈桂生、叶澜等一批在过去 30 多年独领学科风骚的教授们。他们的学术主题未必相同,研究风格也许各异,但是他们在学术渊源上是一脉相承的,在学术旨趣上是内在一致的。在一定程度上,他们都在探究当代中国教育学的根柢,从学术资料的积累到研究领域的扩展,从学校实践的观照到汲取马克思主义的资源,莫不如是。

甘作"垫脚石"

经历"教育大革命"时期的"政策汇编"和"文化大革命"期间的"语录化",改革开放初期我国教育学的园地已是满目疮痍,甚至连适应新时期师范教育的教育学教材都难觅见。1978 年,为了应对我校校内教学的急需,刘佛年校长于 20 世纪 60 年代初主编的《教育学(讨论稿)》第 5 次内部印刷。这年冬,刘校长应邀赴日内瓦参加联合国教科文组织的会议,顺访人民教育出版社戴伯韬社长。戴社长希望出版这本讨论稿,以应对"青黄不接"的局面。刘校长认为稿子陈旧,不宜公开出版。最后,戴社长说服刘校长:"有比没有总要好些。"刘校长返回上海,就叮嘱瞿葆奎和张家祥先行修改。这本书终于在 1979 年正式出版,其后又 4 次印刷,发行近 50 万册。到 1981 年,刘校长认为这本书已经完成了它的历史使命,主动函请人民教育出版社停印。

差不多在整个 80 年代,许多高校教育学系或教研室都在筹划并编写新的教育学教材。相比之下,华东师大在这方面似乎显得有些"滞后"了。这倒不是因为教育学系没有编写新教材的打算。其实,在刘校长主编的《教育学》停印之后,人民教育出版社就希望瞿葆奎担纲一本教育学教材的编写工作。瞿葆奎直接参与了刘校长主编的《教育学》的撰写和修订工作,确实有经验也有条件承担这一任务。那时,他一方面觉得这种教材建设是基础性的,极为重要;另一方面又觉得这是一项异常艰巨的任务,因为当时国内教育学资料积累并不充分,还不足以编出一本好的教育学教材来。正如庄子所说,"水之积也不厚,则其负大舟也无力;风之积也不厚,则其负大翼也无力"。

在这种情况下,瞿葆奎认为,应该先重视并整理国内外已有的教育学研究成果。"在教育学的领域里,从事教学、进行科研、撰述论文、编辑教材和纂作专著,无不以一定的资料工作为其重要基础之一。"但是,这方面的工作"在我国还不能说是在思想上已经很受重视,在实践上已经做得很够了的"。因此,瞿葆奎提出了选编《教育学文集》的倡议,这个倡议迅即得到当时人民教育出版社社长兼总编叶立群先生的鼎力支持。

这是一项浩大的"工程"。作为全国哲学社会科学"七五"、"八五"规划国家级重点项目,《教育学文集》于 1985 年正式启动,1994 年随着《〈教育学文集〉索引》的付梓而告竣,历时 10 载,集选文 1 400 篇,附录 230 篇,成 26 卷共 30 册,总计 1 800 万字。这套《文集》是一部大型的、相对成套的、专题分卷的教育学资料丛书,也是建国后第一次大规模的教育学资料基本建设工程。《文集》通过对国内外教育学研究成果的系统搜集、分析,提供了反映教育理论研究现状的"地形图",并为教育理论的后续研究提供了参考性的素材。《文集》发行后,在教育学界引用率很高,赢得广泛的好评,产生了持续的影响。

这是一项协作的事业。瞿葆奎常说:"《文集》的工作,是一项迈开思想的步伐,在侦察的道路上,同心协力地朝着确定的目标前进的集体劳动。个人的智慧与能力是极其有限的。没有那么多同志的同舟共济,《文集》的选编,只能是天开的异想而已!"这项工作动用了 150 多位老中青学者、博硕研究生、高年级本科生,主体是校内教育学科的师生,但也聚集了其他学科、其他高校的力量。很难想象,没有这种通力的协作,《文集》的选编能够高质量地完成。而且,更为重要的一点是,这种协作构成了一种学术血脉的传承,老中青学者之间、师生之间、学生之间在选编的过程中共同琢磨,相互切磋,形成了一个真正的学术共同体。

这是一项艰苦卓绝的工作。编写《文集》的时候,一些主要的工作人员都没有周末休息,没有元旦、春节,也没有寒暑假。无论严冬酷暑,一日三班。条件也很艰苦,数人挤在几间矮小的"铁皮棚子"里,夏天炎热难当,冬天寒气袭人。编、译、校、查、核、誊等各项工作,一概手工操作。年轻人都苦不堪言,年过花甲的瞿葆奎差不多每天都是"三班倒"。他花了 3 000 多个昼夜,平均每天审读并修改数千字,几乎一日不辍。

无论是当时还是现在,甘于此道的人似少之又少。但是,瞿葆奎却能以"予任其劳,而使人受其逸;予居其难,而使人乐其易"的气魄,乐此不疲数十年。就在《文集》结束之后不久,1994 年底,在全国教育科学规划办公室组织的"教育学学科现状与发展趋势"的调查中,瞿葆奎主持了"教育基本理论"这一部分的工作,从 1995 年 2 月开始,组织了 15 人的队伍,对 14 个课题进行了近两年的调查,形成了《教育基本理论之研究(1978—1995)》一书。在此基础上,又以 2000 年为开端,启动了《中国教育研究新进展》的纂辑工作。从 2004 年开始,又历时 8 年,主编完成了《20 世纪中国教育名著丛编》(第一辑 50 卷)的工作。这套书力图"汇集 20 世纪中国教育学人智慧,盘点中国教育科学的世纪历程,在过去、现在、未来间铺设中国教育科学的桥梁"。这同样是一件承继前人、惠及后学的教育学术工程。

瞿葆奎在查阅资料

对于任何一门学科,基础性的资料建设都是极为重要的。瞿葆奎的工作,决不只是对国内外教育学研究成果的梳理和整理,而且在一定程度上是在为当代中国教育学人树立一个学术的"规范"甚至"标杆"。任何研究,无论是理论的还是实证的,若没有对前人工作的细致梳理和认真审视,都很难有真正意义上的"原创"或"创新"。尽管如此,瞿葆奎常说,这些都是一些"供人们研究垫脚用的"材料书或工具书。

掀起"元教育学"风潮

"拨乱反正"之后,我国教育学科一方面加快步伐恢复和重建,另一方面也在积极开拓新领域。国内"元教育学"的兴起,大体也是这一趋向的反映。而发起和引领这一领域的,正是我校教育基本理论的教师和研究生群体。早在 20 世纪 80 年代中期,反思教育学的"意识"就开始在这个群体身上萌动,到 90 年代初逐渐酿成了"元教育学"研究的风潮。瞿葆奎、陈桂生、叶澜等人都在不同程度上以不同的方式推动了这一进程。一时间,我校教育学系俨然成了元教育学研究的"高地"。

"元教育学是教育学'困惑时代的哲学'",秉持这样的认知,瞿葆奎不仅直接参与元教育学问题的研讨,而且积极搭建学术平台,推动更多教育学人开拓这个新兴领域。从 1994 年开始,他在《华东师范大学学报(教育科学版)》开辟"元教育学讨论"专栏,支持老中青学者深入讨论这一问题,从而把我国元教育学研究推向了高潮。在此期间,他还特邀德国元教育学的倡导者布雷岑卡撰写了一篇论文《教育学知识的哲学——分析、批判、建议》。这篇论文是布雷岑卡元教育学观点的撷英，对当时我国元教育学研究的深入具有参考价值。到 1999 年，瞿葆奎又主编了《元教育学研究》，对 90 年代以来较有影响的元教育学研究成果进行了筛选、汇集。而且，在他的组织下，唐莹的《元教育学》被列入《教育科学分支学科丛书》，并于 2002 年问世。这是国内第一本从认识论角度审视教育学的专著，颇引学界的注视和评论。作为《教育科学分支学科丛书》主编和《元教育学》的"特约审稿人"，瞿葆奎倾注了大量的心血。

同在这个领域，陈桂生的贡献独树一帜。他鲜明地指出，元教育学是指按照分析的—认识论的标准与规则，对教育学陈述体系进行逻辑的和语言的分析。事实上，他对于这个领域的兴趣，开始于 1988 年与瞿葆奎、叶澜合写一篇总结十年教育理论研究进展情况的文章。文章既成，意犹未尽，陈桂生又写了一篇题为《教育学的迷惘与迷惘的教育学》的论文，由此开启了其教育学的探究之旅。1990 年春节期间，瞿葆奎与陈桂生等人讨论教育学重点学科事宜，陈主张开展元教育学研究；后来这个课题被确立为博士点项目，即由陈桂生承担。后来，出版的《历史的"教育学现象"透视》、《"教育学"辨——"元教育学"的探索》和《教育学的建构》，就是由此而来。

陈桂生在一个讨论会上发言

同时，叶澜也是这个领域的引领者之一。早在 1987 年，她就敏感地意识到对教育学科进行反省的必要，并发表了《关于加强教育学科"自我意识"的思考》一文。20 世纪 90 年代，她主编了《"教育学科元研究"丛书》，分别从教育研究方法论、教育科学发展史、教育理论哲学基础、教育学科与相关学科发展的关系等方面对教育学科进行了探讨和反思。这套丛书是全国哲学社会科学"八五"规划重点课题——"教育学科体系的建设与发展"研究的产物，也是我国第一套以教育学科自身为研究对象的学术性丛书。

"到中小学去研究教育"

教育学的建构离不开学校教育实践。对于中小学校教育实践的关注,也是我校教育基本理论学科的一个重要传统。但是,这个传统不是单一的,而是多样的;不是排他的,而是包容的。有些教授侧重对中小学教师教学经验的整理和总结,有些强调以实践改进为导向的合作性教育行动研究开始出现,也有些探索面向学校转型性变革的介入式研究(由叶澜领衔,另有专篇,这里不再赘述),如此等等,共同构筑了我校教育基本理论研究的参差多态、兼容并包。

早在 20 世纪 50 年代,瞿葆奎就与教育系和生物系的教师一起,参加了"研究和总结上海中学生物教学先进经验小组"工作,一般每周去上海中学 4 次,前后近 3 年。当时主要根据从教研组到个人、从备课到上课、从课内到课外的原则进行了研究和总结。这种指导思想和工作方法,在当时是一个创新,并在教育界产生了一定影响。一些兄弟院校曾仿照这种模式,研究和总结中小学优秀教师的教学经验。70 年代末 80 年代初又历时 5 年,瞿葆奎与教学论和分科教学论老师一起,前后、分别到上海四五十所中学听课,向特级教师和有经验的教师学习,经过录音、整理、打印、筛选,并作简要评述,主编了中学分科的《上课实录》,涉及语文、数学、英语、历史、物理、化学、生物,一共 9 册(其中,语、数各 2 册),发行量超过百万。这套《上课实录》是教育研究者与教育实践者相互合作的产物,体现了教育理论与教育实践之间的相互沟通。

在"元教育学"的探索中,陈桂生特别关注教育实践理论问题。大约 1993 年,他开始对教育行动研究发生了兴趣,于是就开始查阅相关资料,并与研究生进行讨论。最初他只是为了探求教育理论与实践沟通的津梁,而不打算到中小学进行教育行动研究的尝试。1997 年,上海市打虎山路第一小学和无锡市扬名中心小学分别到教育学系联系合作进行教育研究的事宜。后来系里同意,并委托陈桂生负责合作研究,于是就开始"到中小学去研究教育"。建立"教育研究自愿者组合",共同进行几项课题研究的尝试,谋求教育行动改善。这种研究是从学校已有的教育行动入手,是"反思的教育行动研究",是"以小学教师为主体"的合作研究。

金一鸣的教育学研究十分重视教育实际状况的调查。他在 1983 年主持了教育部委托的"普教事业发展规划的参数研究",组织 30 多位教师到 17 省、市、自治区,深入教育行政部门、学校、教师群体,进行大量细致的调查。他的许多研究,如"普通高中办学模式的研究"、"普通中学的职业指导"等,都是在他主持下,与基层教育行政领导人、学校校长、教师合作进行的,有深厚的实践基础。

回到马克思主义

马克思主义是当代中国教育学术的一个重要思想源泉。与新中国共成长的老一辈教育学人都曾认真学习过马克思主义经典作家有关教育的论述。我校教育基本理论的教授们在马克思主义教育思想研究方面也开展了卓越的工作,既有文献的系统整理,也有概念的细致辨析,更有思想的深入探究。

在这方面,陈桂生倾力尤多。在1975—1985年间,他主编了《马克思恩格斯论教育》、《列宁论教育》。1979年起,他担任教育学系"马克思主义教育论著选读"的教学工作,编写讲稿,印制学生学习材料。翌年,在马克思主义教育思想研究会的建议下,做了删节和整理,由8所兄弟师范院校共同翻印讲稿,供教学和研究参考。1985年再印时,又整合了他人的成果进行了修改和补充。后来出版的《马克思主义教育论著研究》即是在此基础上形成的。除此之外,《人的全面发展理论与现时代》、《现代中国的教育魂——毛泽东与现代中国教育》、《徐特立教育思想研究》等,都是他在这个领域不懈耕耘的重要成果。

同时,瞿葆奎在这个领域也做了一些正本清源的工作。他一边研读中文译本,一边请人查德文本或自己检索英文本。在这一过程中,他发现中文本与德文本、英文本在一些关键概念的翻译上颇有参差。例如,《资本论》论及工厂法的教育条款和未来教育的幼芽时,有的译为"智育和体育同体力劳动相结合的可能性",有的译为"生产劳动同智育和体育相结合"。在认真核对德文本和英译本后,见到这里的"智育"分别为"Unterricht"和"Instruction"(均指"教学"),"体育"分别为"Gymnastik"和"Gymnastic"(均指"体操")。所以,难以说这里的"智育"和"体育"是切合原意的。此外,他又对《就若干问题给临时总委员代表的指示》中的"4. 男女青少年和儿童的劳动"的"mental education"进行了辨译。为免传讹滋蔓,瞿葆奎亲自"操刀",重译了这篇短文,并请马骥雄教授和邵瑞珍教授校订,以及语法学家林祥楣先生审阅。

不只是如此,瞿葆奎对个人全面发展教育的内涵也进行了澄清。2004年,北京师大黄济教授发表题为"关于劳动教育的认识和建议"的论文,提出"劳动教育应列为全面发展教育的组成部分"的观点。瞿葆奎细读慎思之后,写成"劳动教育应与体育、智育、德育、美育并列? ——答黄济教授",并寄给黄济教授。他认为,在逻辑上,劳动教育是另一类别和层次的教育,不应与体育、智育、德育、美育并举。两位教授,一南一北,相交60余年,互为学术知契,彼此坦荡争鸣,堪为学界典范。

数代学人讨论教育基本理论问题时合影

一排 吴慧珠(左1) 黄克孝(右2)

二排 刘佛年(左4) 赵祥麟(左5) 张瑞璠(右4) 瞿葆奎(右3) 张家祥(左3)

李丹(左2) 万云英(左1) 叶澜(右1)

三四排 金一鸣(左6) 郑登云(左2) 杜殿坤(右4) 徐勋(右3) 陈桂生(右5)

钱景舫(左4) 李其龙(左5) 皮连生(右2)

＊本文作者：程亮，华东师范大学教育学部副教授。

教育学研究的学脉传承与当代创新

庞庆举

　　华东师范大学创办之初,教育学即是其龙头强项,荟萃了教育学界的大批精英,包括:教育原理、教育史学家孟宪承先生,持续担当首任校长15年,为我校打下了浓重的教育学研究底色;继任校长刘佛年先生,在改革开放新时期推进了对世界教育发展的研究,开风气之先,并以中小学"一条龙"教学改革试验和小学教育整体改革实验,对基础教育改革产生持续影响,开拓了我校教育学学科建设的国际平台与实践土壤;教育系首任系主任曹孚先生,以其自由精神与独立思想,融通中西多学,成为外国教育史的当代奠基人,并在特殊时期呈现出学人的胆识与风骨;《华东师范大学学报(教育科学版)》创办人瞿葆奎先生,不仅主编上百册系列著作,且撰写《元教育学研究》等专著,成为中国元教育学研究的创始人。一代代学人开拓进取、薪火传承,绵延积淀出了我校的优良学风:扎根生长、求实创造;形成了我校以教育学为强项,以基础教育改革为土壤,以师范生培养为特色的整体发展实力。对此,叶澜教授在2014年11月6日举行的终身教授学术报告中,以"老树与新枝——'生命·实践'教育学派之学脉追寻"为题,对诸位先生、学人用自己的生命实践铸成的华东师大教育学研究之"学脉""风骨"

叶澜(左4)在国际学术会议上作报告

左2为黄志成,右1为李政涛

进行了提炼,那就是:学科发展的担当、严谨扎实的学风、孜孜不倦的汲取和开辟领域的胆识。叶澜以其首创并持续主持的"新基础教育"研究与"生命·实践"教育学派,已成为教育学建设和基础教育改革不可缺失的重要组成,成为我校教育学研究优良学脉传承与当代创新的新一代重要代表。

一、因"生命"入"实践":持续主持"新基础教育"研究 20 余年

叶澜 1962 年毕业于我校教育系并留校任教,从此开始了教师生涯与学术人生。

(一)"新基础教育"研究前史

2014 年,"新基础教育"学校改革研究先后获上海市级教学成果特等奖和国家级教学成果一等奖,标志着该研究获得了来自官方、学界和实践一线的共同认可。"新基础教育"研究也成为主持者和持续推进者叶澜的一张名片。作为一项在当代中国转型社会背景中,致力于学校整体转型性变革和创造师生在校新生活的、理论与实践交互创生的、整体综合的大型合作研究,"新基础教育"研究持续至今 20 余年,历经探索性(1994—1999 年)、发展性(1999—2004 年)、成型性(2004—2009 年)研究阶段,又经扎根(2009—2012 年)研究,进入到生态式推进(2012—2015 年)研究阶段,不断深化,日益自觉,这在中外教育史上都是罕见的。它不是空穴来风,它有自己的实践、理论与方法论积淀,有自己的学脉传承。

1. 实践研究的体悟

1962 年,叶澜先在师大附小做语文老师兼班主任锻炼两年;1974 年作为上海首批援藏教师,叶澜体会到基础教育"草根"存在对家国的重要意义;1978 年参与刘佛年校长主持的中小学"一条龙"教学改革试验,又让她具体深入到基础教育改革实践中,开始体悟到实践智慧的独特与重要。

1978 年,刘佛年校长组织多方力量,以附小、一附中、二附中为试点,联合组建了由教育科学研究所、中文系教学法教研室、附小和附中等构成的教改试点小组,叶澜、卢寄萍、吴玉如(三位都是"新基础教育"研究的元老级人物)、戴宝云、吴慧珠、范慧娥等都是研究中的精兵强将。刘校长"一方面组织人员翻译国外教育学方面的著作,一方面亲自领导了中小学'一条龙'教学改革试验。我被组织到参加语文小学组的教学改革,从此有缘直接得到刘校长的指导,当时印象十分深刻的是苏联赞可夫的十年教改试验的介绍。刘校长说,教育改革就是坚持长期的试验,赞可夫可以做,我们也可以做,也应该做。因参加这个试验,我第一次以研究者身份进入到实践中去。"(叶澜:

《磊落　执着　温厚——我心目中的刘佛年校长》,2014年)

后来,叶澜与陈桂生合作主持、开展了上海市普陀区中朱学区教育改革(1978—1988年)调查研究,该研究1990年举行成果发布会。当时,我校教育系马骥雄、赵祥麟、金一鸣和上海师范大学李伯黍等教授,提交了课题评议意见,给予充分肯定。当时已是我校名誉校长的刘佛年认为:它的材料是真实的,事实是经过三番五次核对的,分析十分正确,真正把实践的东西提到理论上进行总结,这在国内是很少的,即使摆在一些国外调研报告中,这一报告也毫不逊色,甚至还带有中国自己的特点,略胜一筹!老一辈对青年学子的提携与勉励,可见一斑。而这,正是学脉绵延与持续创新的重要条件。"中朱学区的调查研究给我最大的启示是:实践智慧具有与理论智慧大不相同的品质及重要意义,我对有智慧的实践者产生了敬意。它给我留下了如何带领学生,与实践一线的学区领导、校长联合开展调研,如何对已经创造出的他人的改革经验作出整体抽象的研究经验。它还让我认识到:教育实践通过扎实且有智慧的变革实践,完全可以从恶性循环逐渐转化为良性循环。这是一次难忘的研究经历,尽管有关实践的研究还只停留在调查研究、总结提升实践者经验的水平上。"(叶澜:《回归突破:"生命·实践"教育学论纲》,2015年)

此后,叶澜独立主持了"基础教育与学生自我教育能力发展"研究(1991—1994年),卢寄萍、李晓文(也是"新基础教育"研究的元老级人物)等参与课题研究。因研究背景、内容和方法等与"新基础教育"密切相关,且提供了小规模实践研究的初始经验,在试验学校和研究时间上也有连续性,叶澜将此项研究称为"前'新基础教育'研究"(叶澜:《回归突破:"生命·实践"教育学论纲》,2015年)。

2. 理论研究的求索

1980年叶澜被公派出国。南斯拉夫萨格勒布大学的访学经历(1980—1982年),促动叶澜在教育理论与方法论方面发生了蜕变。她反思到:当时中国教育学中"人的问题"和"生命"的存在与发展问题,集中体现在1986年发表在《中国社会科学》上的《论影响人发展的诸因素及其与发展主体的动态关系》及1991年出版的《教育概论》中——在此过程中,教育与教育学中的生命存在与发展、基础教育改革研究与教育基本理论之间的关系问题,成为叶澜学术人生的研究主线。

叶澜发现:与西方教育理论相比,我国教育学理论和教育实践对教育价值与功能的关注重心是把教育作为促进社会发展的工具,而非促进儿童个性的发展,由此发现了"个体人"的缺失,"深感我们的教育学研究缺少了重要的一半!对于个体人的发展,尤其是个性发展作用的深入研究"(叶澜:《从"冬虫"到"夏草"——"生命·实践"教育学派生成过程的个人式回望》,2007年)。此后,对"个体人"的关注如同"真菌丝体",悄然潜入叶澜的教育学"冬虫""蛹体",促其发生内隐但深刻的质变。在师范生教学与教育教学科研中,通过对建国以来中国教育学中一系列基本问题的批判性反思,叶澜进一步强调指出:"我国教育学理论中最缺少的是'人'的研究和'人'的意识,它在基本理论上集中表现为关于人的发展理论忽视个体能动性和个人生命实践对于个体自身发展的重要意义,因此在教育中也忽视人的自我意识和自我教育的意识与能力的培养。教育学只研究怎样把外部世界的知识教给学生,而不研究怎样发展学生的内在力量。我认为,这是教育学必须补上的更为重要的另一半,我决心为添上这一半而努力。"(叶澜:《我的"基础教育情结"》,2000年)"教育活动中内在规定的、长期被我国教育研究所忽视的、教育对于个体人的身心发展的影响问题,成了我此后教育学研究中的核心领域。"(叶澜:《从"冬虫"到"夏草"——"生命·实践"教育学派生成过程的个人式回望》,2007年)叶澜主持的课题"基础教育与学生自我教育能力发展",进一步把围绕"生命"重建的理论,带入到教育改革的实践中,通过试验式的实践对新理论进行了检验,验证了学生具有自我教育的潜能与需求,由此提出:在众多的教育目标中最根本的是培养人的"自我教育"意识与能力。"教育的重要任务是赋予人把握自己命运的意识与能力。"(叶澜:《我与"新基础教育"——思想笔记式的十年研究回望》,2004年)

此后,叶澜的研究努力,不只是试验研究,也不只是理论反思,而进入到理论与试验和变革实践交互构建的过程,它是一个为了生命、主动投入变革实践的自觉过程。"新基础教育"研究,则成为这个新质过程的重要事件。

(二)"新基础教育"研究历程

"新基础教育"研究持续20余年,同时得到基层、学界和政府的认可与宣传,是罕见的。它不仅有自己的实践与理论积淀,而且有叶澜直面社会现实的自觉自强、努力而为。

还在做"基础教育与学生自我教育能力发展"课题时,叶澜在试验学校遇到了校长"大哭":试验老师突然不来上课,到报酬更高的宾馆工作去了,校长惜才而哭!"大哭"事件的背后是市场经济对学校教育的冲击,教育界人对此,往往第一反应是不解、愤怒、批判。叶澜对此也曾不解,但是她没有止于不解,而是下决心看明白自己身处其中的社会,为此,她认真阅读中央文件,阅读领导人最新讲话,结合社会新气象,努力读懂社会变革的实质。由冷静的阅读始,逐渐生出对"大时代"到来的喜悦,"看到了纷乱背后的生机,意识到作为市场经济必需的对竞争主体和独立法人的呼唤,意味着对人的主体性之需要的现实土壤已产生。"(叶澜:《个人思想笔记式的15年研究回望》,2010年)这是一种直面现实、读懂现实,从而真正基于社会现实进行教育变革的学术品质。

1994年,叶澜发表了在理论上启动"新基础教育"研究的文章:《时代精神与新教育理想的构建》。她提出：一个呼唤人之主体精神的时代到来了！这个时代需要能在社会风浪中把握自己命运、保持自己追求的人，需要这样的新人创造未来。这是必须构建新教育理想的深层时代根据。处于市场经济初建阶段的中国教育，虽然面临着经济大潮的冲击和许多新问题，但是，大潮能孕育新生命，问题会锻炼新勇士。只要善于驾驭，时代之潮会把中国教育推向新天地。自此，三维双向的"新人形象"，成为"新基础教育"研究一以贯之又不断深化的核心理念，直至目前提出"生命自觉"的"八自"形象（叶澜：《回归突破》，2015 年）。

研究伊始，叶澜作为基本理论研究者，基于前期研究经验，首先对"新基础教育"研究作试验"总方案"和"理论纲要"等顶层设计，突出了"新基础教育"研究的时代性，构建了包括教育价值观、学生观和活动过程观的新观念系统；勾勒了培养目标——时代新人的整体特征（包括认知能力、道德面貌和精神力量三个方面）；还对学校教育两层面三个领域的基础活动（包括课堂教学与班级建设、学校管理改革）提出了变革原则与要求。同时强调"新基础教育"研究在促进学校整体转型、培养新型学生的过程中，造就新型教师与新型研究者："全体试验人员在试验中，既是创造者，又是学习者；既是教育者，又是研究者；既要改变旧的教育模式，又改变自己。"（叶澜：《"新基础教育"探索性研究报告集》，1999 年），这是对自己及研究团队提出并自此秉承的"成事·成人"原则。

"新基础教育"20 年的研究推进，各阶段具有内在关联，又因重点不同而呈阶段式螺旋提升：探索性阶段是试点先行、"两条腿"走路；发展性阶段是借全覆盖的中期评估、促学校"整体转型"；成型性阶段则以高端集成的精品课、促校本变革内生长；扎根研究与生态式推进阶段是校本变革内生长与区域教育内涵式优质均衡共生（张向众、叶澜：《"新基础教育"研究手册》，2014 年）。经多年研究积淀，"新基础教育"形成了"五个一"的独特成果：一套教育理论，包括教育改革基本理论、应用理论；一批转型学校，包括"生命·实践"合作研究校、"新基础教育"研究基地校和生态式推进中的联系校、面上校等，共计近百所；一条变革之路，理论、实践与研究交互构建之路。包括三大策略："整体策划与分段实施相结合"，"日常实践持续开展与关键节点集中交流相结合"，"重点突破与梯度放大相结合"；一

叶澜（中）在试验学校听课

种研究机制,高校研究人员长期"深度介入"中小学实践的大中小学合作研究机制;一支由相对稳定的大学专业人员与试验学校领导与教师组成的研究队伍。

2000 年,叶澜在"新基础教育"研究基础上,创建了教育部人文社会科学重点研究基地:华东师范大学基础教育改革与发展研究所,并任首任所长。研究所的宗旨是:"把握社会转型特征,深入研究基础教育当代问题;扎根中国教育实际,动态构建 21 世纪新型学校;发挥学科综合优势,大胆探索教育研究创新道路",所依托的教育学原理和教育史学科都是我国第一批博士学位授予点、国家重点学科、华东师大教育学学科博士后流动站、"211 工程"和"985 工程"建设重点学科。在研究所的创建与运行中,进一步聚合了研究力量,深化了以"新基础教育"研究为核心的中国基础教育改革。

怀揣对生命的珍爱、思索与实践,叶澜及其研究团队,直面转型社会的冲击与需求,作出教育理论的理想构建,以之为参照系,投身当代中国基础教育变革实践,启动、推进、深化了在社会转型背景中,致力于学校整体转型性变革的大型研究:"新基础教育"研究。她因珍爱生命而上下求索,投身实践,检验理论的力量,同时又在研究过程中,创生出新理论、新实践,生成了新的力量,实现了理论、实践、事业与主体的多重交互生长,需要且体现出更高的生命境界与实践智慧。是做事之明智,是洞悉事理之慧眼,更是生命自觉之境界。具体体现在"新基础教育"研究各阶段"成事·成人"的推进策略中,体现在理论与实践互动生成的方法论创新中,最终会聚体现在理论与实践通化的"生命·实践"教育学建设中。

二、"生命·实践"的聚通:持续建设中国教育学 30 余年

"新基础教育"研究之所以能持续深化 20 余年,且越来越生命自觉、越来越有创造活力的秘密在于:它是有魂、有体、有行的研究,是"成事·成人"相济的事业——生命是其"魂",实践是其"行",学校是其"体",创建新型学校是其"事",新型师生在校生存方式是其"人"。"新基础教育"研究的魂是"生命",生命的力量在于实践。她 1991 年出版专著《教育概论》时,以"有意识影响个体身心发展为直接目标"的教育界定,完成了对教育学立场由"外"向"内"的转换,并进一步把教育学研究的视角投向基础教育改革的实践土壤,走上了"新基础教育"学校整体转型性变革与"生命·实践"教育学创建交互生成的新路径。

(一)"生命·实践"教育学的创生

在"新基础教育"研究过程中,叶澜紧紧围绕教育理论、教育实践、教育研究方法论

和教育学反思与学派建设等四个核心问题,通过 30 余年理论与实践交互构建的学术耕耘,实现了以教育学独立学科性为立场,以"生命·实践"为基因式内核,扎根中国教育实践、教育学发展史、马克思主义哲学、当代科学哲学、民族文化精神与传统等命脉根系的当代中国教育学的论纲式新型态(叶澜:《回归突破:"生命·实践"教育学论纲》,2015 年)。它已历经孕育期(1983—1991)、初创期(1991—1999)、发展期(1999—2004)和成形期(2004—2009),目前正处于通化期(2009—)。

2004 年,《教育研究》发表了对叶澜的专访:《为"生命·实践"教育学派的创建而努力》,标志着"生命·实践"教育学正式面世,明确了以学派方式建设当代中国教育学的意向和学派建设已有的积淀(包括核心问题、理论、方法论与路径和研究团队等);2007—2009 年,叶澜主编的《"生命·实践"教育学论丛》(四辑)出版,明晰了"生命·实践"教育学的学科立场、基因和命脉等学科元研究问题;2009 年 5 月,叶澜主持的"新基础教育"成型性研究结题报告会在我校大礼堂举行。会议举行了"'生命·实践'教育学论丛"新书发布会。同时,华东师范大学新基础教育研究中心也在开幕式上宣告成立,创建者叶澜担任首任主任。该中心的宗旨是深化"新基础教育"研究和推进"生命·实践"教育学派建设,努力成为中国学校转型研究的合作平台;一代教育新人成长的精神家园;"生命·实践"教育学的创生摇篮。2014—2015 年,叶澜主编的"'生命·实践'教育学论著系列"(包括:基本理论研究、基础教育学校变革研究和合作校变革史三个系列,三套丛书共计 30 本,作者涉及大中小学长期合作研究的多类主体)出版,更加系统地从理论与实践、国内与国际、学术与学人等多层面呈现了"生命·实践"教育学的整体样态。对当代中国教育学的学科品性、基本概念、建设路径等进行了系统阐述,提出了教育学是"复杂综合"的独立学科、"教育是点化生命的人间大事"、教育存在的根本依据是人类存在与发展的内在需求等教育学基本命题。其中,"教天地人事育生命自觉"的中国式"教育"表达,是来自"新基础教育"学校变革和中国文化传统的心得体悟,也是能够向世界发出中国声音的原创。

(二)"生命·实践"教育学的反响

为深入研讨"生命·实践"教育学的实质性研究进展,进一步推动当代中国教育学建设事业,华东师范大学新基础教育研究中心与华东师范大学出版社、福建教育出版社,2015 年 3 月 28—29 日联合举行了三套丛书发布会暨研讨会,会议在华东师大举行,来自全国的 20 余位特邀专家、华东师大领导、华东师大出版社领导、福建教育出版社领导、三套丛书 20 余位作者和广大关心教育学建设与基础教育改革者与会。

在开幕式上,我校党委书记童世骏和副校长汪荣明、华东师大出版社王焰社长、福建教育出版社黄旭社长等分别讲话。童世骏指出:"生命·实践"教育学论著系列发布置研讨会,不仅是教育学界的盛会,也是华东师范大学学术研究的盛会,是华东师范大学教育学学科建设优良传统的学脉传承与当代创新,它拉开了中国教育学学科建设的新篇章。汪荣明强调:学科建设是大学的立校之本,学人和学脉的传承创新是学科建设的薪火与源泉。论著系列中叶澜的奠基立魂之作《回归突破》,在成书时,即被高等教育出版社主动签约,拟英译出版。这表明是民族的,才能是世界的;是原创的,才有交流的资格与实力。两位领导特别指出:叶澜及其研究团队在"生命·实践"教育学创生历程中,形成的教育学建设路径与教育学人学术品格,关注到学术发展、学科建设和学人成长等大学之"大"的"命脉"问题。王社长和黄社长,则分别对丛书出版的价值、叶澜教授及其研究团队扎根中国实践与中国文化所走出的教育学研究新路,表达了由衷的敬意。

叶澜介绍了三套丛书的策划与成书过程及其原则,阐明了"生命·实践"教育学建设和"新基础教育"研究、当代中国基础教育变革之间的相关性与融通性,三套丛书之间和每套丛书内部在理论与实践、成事与成人上的转化与融通,阐明了"生命·实践"教育学的 logo——"冬虫夏草"——的内涵,形象地凸显了"生命·实践"教育学核心概念的复合性、创生过程的转化性和中国原创性。叶澜还介绍了《回归突破》("生命·实践"教育学论著系列第一套中叶澜的专著)与《教育概论》(修订版)和《"新基础教育"论》之间的关系,并表达了今后将继续深化研究的两个维度:研究社会的教育责任,研究教育与人生全程的关系。

在研讨会上,围绕中国教育学建设的路径、中国基础教育改革、教育学人队伍建设等论著系列所涉重要问题,进行了多视角、深情而又深刻的研讨。大家认为:"生命·实践"教育学直面教育学内外双重挤压的生存困境,研究了中国教育学建设的基本理论问题,包括中外关系、理论与实践关系、本学科与他学科关系等,表明了教育学的学科立场、学科认同与学术使命。论著系列的出版,不只是华东师大教育学的大事。它将引发更多的教育学创新研究。"生命·实践"教育学派以独立学科立场、基因式核心概念、五大命脉、理论与实践交互构建的研究方式,形成了从元学科到基本理论的逻辑有机体。它的"有字"书写背后的"无字"实践,尤其具有启示意义。而这,正是叶澜及其研究团队,共同走出的基础教育转型性变革研究与当代中国教育学建设的交互创生之路,是华东师大"学脉与风骨"的传承与创新,是中国学人入世与超越的"大学脉"在教育学学科建设中的当代更新式表达。

＊本文作者:庞庆举,华东师范大学教育学部讲师。

全国普及义务教育调查

李丽萍

1982 年,教育部设教育规划研究室,着手人才预测和教育规划的研究。为对应这个研究,1983 年,教育部委托华东师大研究普教事业发展规划的参数。这是一项创新性的任务,要求教育基本原理的研究从理论研究为主转向为教育实践服务为主。我校为此设立了普教规划研究组,由金一鸣教授领衔。

普教发展规划参数的课题研究经费是 2 万元,作为文科课题,在当时是一个很大的项目。研究组打破院系结构,以教育科学学院为主,邀请数学系、统计系等很多单位参加,包括胡启迪、周纪芗、叶澜等,共抽调了 30 多位教师。课题组组织了大规模调研,分别到甘肃、云南、黑龙江、湖南、江西、浙江、江苏、安徽、河南、四川、广东、辽宁、青海、内蒙古、新疆、上海、北京等 17 个

金一鸣

省、市、自治区实地考察。通过调研,获得了大量第一手资料,并经过无数次分析、讨论乃至辩论,最后形成 3 篇调研报告:《关于初等教育和中等教育规模的若干参数的探讨》、《关于中小学的教育经费》和《关于普教规划中教师需求预测的若干问题》。

调研基本以 2 人为一组,由教育部和华东师大开启介绍信,因此得到各地积极支持和配合。但调研的过程十分艰苦。调研次序都是:先去县、市财政局、教育局调取资料,然后下到最基层中小学校访问。金一鸣身先士卒,带头下乡,跑"老、少、山、边、穷"地区。由于经费有限,无论去黑龙江,还是云南、新疆,都不能乘飞机,只能坐火车,而且都是硬座,卧铺票都很难买。曾经因为买不到票,金一鸣带几位教师在南京火车站过夜;斯福民、王刚在甘肃转站时,在火车上站立好几个小时,以黑馒头、冷开水充饥;在安徽一个公社里,有四五位教师包括金一鸣,住 6 角钱一晚的招待所,没有热水,冷水是自己去打的井水;去黑龙江的那一组,三天三夜火车硬座,一路上尽忙着和列车长打交道搞卧铺票,但没有搞到,这让他们深深体会到当年知青去北大荒,人塞满车箱的艰辛;至于交通不便,走几小时的山路,更是家常便饭。倒是去云南那组有福了,当

时上海水果又贵又少,而他们在云南天天以香蕉填饥,很是羡煞旁人。当然,无论条件多么艰苦,没人有怨言,相反,个个都情绪饱满,兴致盎然。

课题组的 3 篇报告,是在掌握了大量基础数据,走访了大量学校,与众多教师、学生访谈后得出的。在调研中,大家看到了中国基础教育现实状况,令人震惊、心颤。我们在云南看到,因为危房得不到及时维修,学生只能在室外大树底下上课,雨天顶着芭蕉叶;在黑龙江,因为没经费取暖,一到冬天学生流失得特别多,教室墙上没有窗,打几个洞,晴天可以取光,雨天、冬天用稻草堵上;在安徽,我们亲眼看到没能上学的孩子在带弟妹,在放猪,在教室外玩……现实版的《我要读书》令人心酸。一支粉笔,老师们可以讲许多故事:用粉笔以前先看看,要先用大头,这样剩下的就是小头;有的学校专买粉笔头,论斤秤回;实在买不起,发动学生去重点中学捡粉笔头,或者用自制的粗石灰粉条;教师用粉笔是要计数的……这样的例子不胜枚举。

这样的教育现状给理论研究提出了许多新的课题。20 世纪 80 年代初,改革开放刚刚起步,我国经济体制还是称作社会主义商品经济。社会经济的发展要求教育发展与之相适应,然而教育问题千头万绪,许多热点讨论还没有比较清楚的认识,如教育本质之争、义务教育普及时机和年限之争、教育与经济协调按比例关系问题,等等。这次大规模的调研,为这些问题的争辩提供了很好的实证资料。课题组在"社会主义商品经济与教育改革关系"这个大前提下,研究普教事业发展规划的参数,具体研究初等、中等教育的规模,中、小学生的生均经费,教师结构、资质与培养模式。许多现在看来很清晰的问题在当时争论得很激烈。如:

关于普及义务教育问题:当时许多人认为,我国目前经济还很落后,人均 GDP 在世界排名很靠后,普及义务教育时机不成熟,至少不应该普及 9 年,能普及 6 年就不错了;而相反意见是,正因为我国经济落后,更需要加快普及义务教育的步伐,应尽快立法,强制实行至少 9 年义务教育。事实证明,1986 年我国颁布了《义务教育法》,随后又制定了《义务教育法实施细则》,九年制义务教育逐步付诸实施,基础教育得到很大发展。

关于教育经费:观点差异也很大,主要集中在必要性与可能性之争。课题组对中小学教育经费的现状作了调查、分析,认为改革开放后,国家和各级地方政府都在努力增加教育投入,教育经费的增长速度很快。表现在:教育经费的绝对数在不断增加,其增长速度超过了国民经济其他各项指标,因而教育经费在国民经济各项指标中的比重在不断提高;生均经费开支数在逐年上升。但与此同时,又不能不看到教育经费仍严重不足,表现在:人员经费比重过高,抵消了教育经费的增长;公用经费严重匮缺,不能保证正常教学条件,调研中比比皆是的事实证明了这一点。经费的紧缺影响了教育事业的发展和教育质量的提高。这个问题的解决方案,应该是全面辩证地分析,既要兼顾国家财政经济实力的可能,又考虑教育发展的实际需要,在现有的经济水平下来满足教育培养目标最基本的需求。为此,课题组以研究合理的经费定额为抓手,细化到笔、墨、纸、图钉、球、水、电、煤等等所有开支,计算出生均经费指标,并预测1990年、2000年生均经费的定额,作出了"培养一个合格中、小学生需要多少钱"的报告。但行政主管部门对这个生均定额不予认同,理由就是在中国现阶段不可能达到,穷国办教育,一切从实际出发,因陋就简。于是,课题组的任务就是在可能性与必要性之间找平衡,找到既满足需要,又能得到保证的教育经费指标。

关于师资培养:20世纪80年代初,中小学师资队伍质量很低,尤其是农村小学,民办教师占60%以上,全国范围内民办教师平均40%以上,学历不达标、教学水平不高的现象普遍存在,许多地方甚至有严重拖欠教师工资问题。如何培养师资队伍,是否保留民办教师编制,对教师的学历要求应该怎么界定等等,也有不同看法。调研结论是为提高教育质量,保证教师生活安定,应优化教师队伍结构,提高教师素养;以较快速度整顿民办教师队伍,通过培训,使其转为公办或流出;优化教师职业结构,建立新的工资制度;应努力提高教师职业的专业化程度,以专业地位求社会地位的改善。

这次大规模调研,为本校教育科学研究方法奠定了良好的基础,去基层学校调查研究成为重要研究方法。

1983年11月,在我校召开普教事业规划参数论证会,对3篇报告进行讨论,刘佛年校长参加,教育部相关司、局的负责人和部分省市的省级领导及教育行政部门负责人参会,会议充分肯定了这个项目的研究成果。

此次调查的几篇报告,以后又提交给教育部,作为1985年中央教育体制改革纲要的参考文件,得到中央好评。

研究组以此次调研为基础,结合其他一些课题,先后出版了《教育社会学》和《中国教育的未来》等著作。

* 本文作者:李丽萍,华东师范大学教育学部讲师。

中国教育史学科的传承与发展

王伦信

　　我国著名中国教育史研究专家,北京师范大学教授王炳照在回顾中国教育史学科发展和人才培养时曾这样评价:"在 20 世纪 50 年代初期和中期,华东师范大学和东北师范大学分别在孟宪承、王逢贤先生等主持下,先后开办了两个中国教育史研究班,……如华东师大招收了 5 名学生,全部师从孟宪承先生,毕业时供不应求,培养出的'五虎上将',即李国钧、孙培青、江铭、张惠芬和郑登云,全部留校工作,极大地充实了华东师大的中国教育史学科的力量,80 年代后期,因其队伍整齐,研究力量雄厚,在首次国家重点学科评审过程中,一举拿下教育史国家重点学科,这在国内是第一家。"

孟宪承与中国教育史研究班学员合影
前排自左起:张瑞璠 孟宪承 张惠芬 旁听的青年教师;
后排左起:江铭 孙培青 郑登云 李国钧

一、聚集在大师的门下

　　新中国成立后,为了适应国家建设对各种专门人才的需求,同时也是受苏联高校办学模式的影响,我国高等教育改革确立了以专业教育为中心,培养专门人才的基本导向。在这一思想的指导下,华东师范大学自 1953 年春季起,陆续开办了一批研究班,开始各专业研究生的培养工作。其中,在教育系设立的教育学研究班和教育史研究班先后于 1953 年和 1955 年开办。

　　教育史研究班开办于 1955 年 8 月,作为新中国第一个教育史专业研究班,学校十分重视,其招生、培养规划等都是按照 1953 年 11 月高等教育部发布的《高等学校培养研究生暂行办法(草案)》执行的,凸显专业规范化的要求。经过严格的入学考试和思想政治考核,教育史研究班共录取了 27 名学生,大多是来自国内各师范院校教育系科的应届本科毕业生。研究班学制为两年,但后来并未按照培养计划完成全部课程,在由苏联专家娥・芙・杰普利茨卡娅讲授完世界教育史后,即于 1956 年 7 月结业。教育史研究班的提前结束表面上是因为受聘来校指导教学和教育学科研究生培养的苏联专家杰普利茨卡娅提前回国,实则与 1956 年 2 月苏共第二十次代表大会后,中、苏关系出现微妙变化,国内开始对苏联经验和模式进行反思,探索符合中国国情的社会主义建设道路有关。按照原先制订的培养计划,教育史研究班开设的专业课程包括世界教育史、中国教育史及相关讨论,后来因为专业课只完成了世界教育史课程便提前结业,所以该班同学习惯上称其为外国教育史研究班。

　　探索符合中国国情的社会主义建设道路,其中即包含依靠自己的专家培养自己的高级人才的思想。当时我校党委书记常溪萍、副校长孙陶林很重视教育史,有在我校建立一个教育史研究基地的想法。而校长孟宪承正好又是位著名的教育家,对教育史也有专深的研究,于是常溪萍和孙陶林即有请孟校长担任导师,开办一个中国教育史研究班的想法,后经他们亲自登门邀请,得到孟校长的应允。经向教育部请示,得到许可开班的批复。

孟宪承为中国教育史研究班上课(1956 年)

　　1956 年 9 月,由孟校长担任导师的我校教育史研究班正式开学上课了,从先前教育史研究班选留下来的五位研究生重聚在一起,聆听这位学贯中西、蜚声教坛的著名学者的教诲和指导,他们即李国钧、孙培青、江铭、张惠芬和郑登云。

　　当时,在教室里随堂听课的还有张瑞璠老师和其他几位青年教师。张瑞璠 1948 年从复旦大学教育系毕业后留校任教,后转至沪江大学任职,1952 年院系调整中调入我校。这次他是作为研究生班的辅导教师和孟宪承的助手参与课堂活动的。张瑞璠出生于 1919 年,与出生于 30 年代初的 5 位研究生相隔约半代人的年纪,他与研究生之间亦师亦友,在后来的岁月里,共同为中国教育史学科的发展尽心竭力。

　　但是这次原计划为期两年的中国教育史研究班也未能善终。1957 年 5 月,因孟校长的一篇《关于高师教学问题》的发言稿,在“反右运动”中受到批判,被迫中断了授课,同时学员们也因参加到“整风”和“反右运动”中,研究生的专业学习不得不进入自学状态。1958 年夏,研究班按计划如期结业,5 位同学都得以留在本校工作。当时正逢“大跃进运动”的高潮,强调实践,反对关门读书、研究,他们被安排到不同的岗位,多数时间很难专心从事自己的专业。

　　1961 年全国文科教材工作会议召开之后,孟宪承奉命承担《中国古代教育文选》、《中国古代教育史》两本教材的编写任务。根据孟校长的要求,编写组成员由教研室主任张瑞璠和他的研究生组成。一次张惠芬在与孟校长联系工作时,听到他语重心长地说:“我之所以要我的研究生参加编写教材,目的不仅要出书,还要培养人。”张惠芬听后非常高兴地请求孟校长在教材编写过程中再给同学们讲点课,他欣然同意了,但希望将听课成员限定于张瑞璠和 5 位研究生。这样,师生们又得以重聚一堂,延续了中国教育史研究班的学习,时间从 1961 年 6 月至 1962 年 5 月,约 1 年的时间。

　　对孟宪承的讲课,研究生们都当成极好的学习机会,他们聚精会神地听,认真地记。孙培青老师一直珍藏着他当年的听课笔记,现已由他整理成《孟宪承讲课录》(一)、(二),收录在《孟宪承文集》中,这是对孟宪承先生的深情怀念,也是我校中国教育史学科传统在一代又一代学人之间薪火相传、继承发扬的见证。

二、重视文献整理,夯实学科基础

　　注重原始材料和教育古籍文献的整理是我校中国教育史专业发展中的一个重要传统,这在孟宪承研究生培养中就已经奠定了。孟宪承认为“熟识古籍”是中国教育史研究生的基本修养,他说:“过去的经籍,在我们今天看来都是教育史的材料,但是对于古代的人来说,却是他们的教育内容。"①所以重视古代经籍,本身就是很重要的教育史问题。孟宪承在中国教育史研究班的第一次课上,即就历史资料问题进行专题讲解,他从中国古籍的传统分类经、史、子、集开始,讲到进一步细化的类别、体裁,古代文献的辨伪、考证以及考古学文献等。

教育史是一门具有特定范围和研究对象的学科,它不同于通史,也不同于其他的专门史和专业史。"教育史应当掌握自己专门的材料,别人要了解教育史问题只有求之于我们,没有占有这门学科的特有资料,就算不得掌握材料。"②重视原始文献,在研究中注重用史料说话,其前提就是要加强中国教育史文献的搜集、整理和编辑,但以前在这方面的基础非常薄弱,因此这成为孟宪承晚年尤为致力的学术工作,为中国教育史文献学建设作出了重大贡献。

1961年,孟宪承领衔,陈学恂、张瑞璠、周子美等参与编写的《中国古代教育史资料》由人民教育出版社出版。该书选编了从殷周至清中叶历代教育制度史资料,以及从孔子到戴震共20位教育家、思想家乃至数位文学家作品中有关教育的史料。该资料书的重要特点是在遵循古代教育史实的故有类别和教育思想范畴的同时,依据现代教育学理论范畴进行分类和编排,反映了编者关于中国古代教育史体系框架的基本构想,对读者则有提示研究门径的作用。

1963年,由孟宪承编纂、孙培青注释的《中国古代教育文选》也告完成。该书是作为全国文科教材编写的。透过以下文字可以看出编、注者为此所付出的心血:"为了教材编写工作的需要,学校给我们一间工作室,我从图书馆调了一些参考书籍,在工作室坐班工作。孟校长对编写教材的国家任务也十分认真负责,经常到工作室来,布置工作任务,检查工作进度,谈论学术问题,研讨篇目调整,选文节录、解题与注释修改等。我有疑问,也乘机请教。为了避免因遗忘而影响工作,我随手做了简要的笔记。由于古代教育文选时间跨度长达两千多年,涉及许多学派、人物、著作,这些都需要我去调书、查阅,然后汇报,提出初步处理意见,听候主编决定。如果决定选用,还要做节录和注释。"③但是此书编竣后由于"四清运动"和接踵而来的"文革"的影响,未能即时付梓,直到1979年由人民教育出版社出版发行。《中国古代教育文选》以代表性的教育家的代表性论著作为选文的标准,有些经过精心的摘录或节录,它的编选目的主要是配合中国古代教育史的教学内容,帮助学生具体了解中国古代教育史的发展,扩大

---

① 孙培青整理:《孟宪承讲课录(一)》,见瞿葆奎、杜成宪主编:《孟宪承文集》卷十二,华东师范大学出版社2010年版,第14页。
② 孙培青整理:《孟宪承讲课录(二)》,见瞿葆奎、杜成宪主编:《孟宪承文集》卷十二,华东师范大学出版社2010年版,第322页。
③ 孙培青:《永远怀念敬爱的导师》,俞立中主编:《师范之师——怀念孟宪承》,华东师范大学出版社2007年版,第32—33页。

文史知识,并培养学生阅读古代教育文献的能力。

《中国古代教育史资料》与《中国古代教育文选》是新中国成立后以历史唯物主义观点为指导重新构建中国教育史学科体系阶段在文献资料建设方面所取得的重要成果。杜成宪教授曾这样评价这两本书:"基本上已勾勒出了中国古代教育制度史和思想史的发展脉络,并在教育史文献资料书籍编纂方面也提供了优秀的范例。两书直到1979年仍是国内中国教育史教学与研究仅有的参考资料,到90年代,仍是相当有价值的主要工具书,在台湾地区出版了繁体字版,并被台湾地区高校用作教材,而其编纂体式也成为此后教育史文献资料书籍的一般样式。"①

孟宪承治学重视原典,他的助手和研究生们在中国传统文化和古代文献学方面都具有深厚的学养。1971年,因"文革"而停顿多年的中华书局版"二十四史"的点校整理工作在毛泽东主席的关心、周恩来总理的推动下重新启动。张瑞璠、李国钧、张惠芬被抽调参加其中《新唐书》、《新五代史》的校点工作。张瑞璠负责全部校勘记的统稿,以"论断谨慎,文字明析"见称。作为来自非历史学科班出身,亦非供职于核心史学单位的成员,他们可以说属于二十四史点校整理人员名单中罕见的一类。

改革开放以后,为奠定学科发展的坚实基础,教育学科掀起了文献建设和工具书建设的热潮,我校教育史学科以其传统优势和人才基础在该学科的诸多项目中发挥了引领、策划、组织和骨干作用。其中,如李国钧、孙培青参与组织策划的大型文献丛书《中国古代教育论著丛书》的编纂,并分别主编其中的《隋唐五代教育论著选》(孙培青)、《清代前期教育论著选》(李国钧);此外,李国钧主编了《中国教育大系·历代教育制度考》,郑登云主编了《中国现代教育文选》等。

20世纪80年代,《教育大辞典》(共十二卷)编撰工作启动,张瑞璠担任全书副主编,并担任其中"中国教育史卷"(共三卷)的主编,他提出"以最精炼的文字,提供最大的信息量"的编纂原则,并亲自撰写"孔子"辞条作为示范,被誉为中国教育史辞条释义的经典。张惠芬作为《教育大辞典》中国古代教育史部分的副主编,她不仅亲撰辞条,从辞目选定,到审核定稿,都始终参与其事,往往为一字之斟酌,与撰者往返商榷,为此奉献了她学术的黄金年华。《教育大辞典》中国教育史三卷共收辞目9 000余条,工程前后历时10年,两位老师于中国教育史学科建设,功莫大焉。

2012年12月,孙培青、李国钧担任主编的《中华大典·教育典》由上海古籍出版社出版,堪称是我校教育史学科长期致力于教育古籍文献整理的集成之作。《中华大典》是国务院正式行文批准启动的建国以来最大的文化出版工程,始于1990年。《教育典》正式启动于1994年,计前期的准备工作,至全典出版,历时20余年。其间,李国

---

① 叶澜主编:《二十世纪中国社会科学·教育学卷》,上海人民出版社2005年版,第184页。

钧不幸中途辞世,大典编辑室也因单位办公场地的变更而数易其所。孙培青矻矻穷年,往返于他师大一村的家和大典编辑室之间,作为编纂组成员,每当我们看到孙先生虽已年过七旬,但依然行色匆匆的身影,便会在心里默默地提醒自己要抖擞起精神,不能懈怠。

《教育典》从上自先秦下迄清末的数千种古籍中节录、选辑出有关教育的文献资料,采用古代类书的分类与现代教育学科的理论逻辑相结合的方法进行编排。全书分《教育制度分典》和《教育思想分典》两个分典,由杜成宪和吴宣德分任主编,下设 15 个总部,共收文达 2 400 万字。由于教育在中国古代历史上不是独立的学科,不仅有关教育的材料与文史哲混合在一起的,而关于不同层次、不同主题的教育资料也相互交织,这给资料的编纂造成极大的困难。为在传统类书范式、中国古代教育发展的实际状态、现代教育学科逻辑之间找到合适的结合点,《教育典》主编和编纂人员经过艰苦的探索,数易其稿,最终找到较为妥善的处理方案,使得纷繁复杂、数量庞大的文献史料编排得类目清楚、有条有理、合乎逻辑、便于检索。

《中华大典·教育典》是迄今为止中国教育史方面最系统、完备的新型古籍类书,由我校教育史学科独立承担,可以说是有关部门对我校教育史学科力量的信赖,但也是一次严格的检阅。《教育典》出版后得到了专家学者的认可,2014 年被评为上海市哲学社会科学优秀成果一等奖。《教育典》的编纂在坚持《中华大典》所要求的"大、全、新"的原则,即大容量、不遗漏和新材料的同时,也特别注意"源头性"的原则,即同样的材料选最原始的古籍,以确保所选文献的一手性与权威性,无疑这也契合了当年孟宪承所强调的重视原典的精神。

三、推动学科发展,问鼎全国重点

中国共产党第十一届三中全会以后,思想理论战线的拨乱反正,为文化学术的繁荣发展创造了条件,中国教育史学科发展也呈现出一派勃勃生机。张瑞璠和当年孟宪承中国教育史研究班上的同学们,已成为"新时期"学科建设的骨干力量和带头人,他们和前辈学者沈灌群先生等人共同形成了我校教育史学科实力雄厚的研究团队,对把我校建设成为中国教育史学科重镇,发挥在全国的影响力起到了重要作用。他们在改革开放以后对中国教育史学科发展的推动作用可以概括为以下几个方面。

1. 引导和深化中国教育史学科拨乱反正

孔子在中国教育史上地位,以及"文革"中对孔子及其教育思想的全盘否定,决定了中国教育史领域的拨乱反正选择以重新评价孔子的教育思想为突破口。张瑞璠是这次重评孔子的代表人物。他 1978 年初率先发表的《再评孔丘的"有教无类"》一文，从孔子教育思想的一个核心命题入手，以学术的形式反驳"批孔运动"中对这一命题的曲意解读，这在当时多少还带有些政治批判气息的拨乱反正文章中可谓独树一帜。其后，张瑞璠又以其在中国传统文化和教育理论上的深厚修养以及多年研究孔子教育思想的心得，发表了关于孔子教育思想的一系列论文，将由拨乱反正所引发的孔子教育思想研究推到一个新的学术高度。

批判性地吸收与继承传统文化，这应是社会主义文化建设中早已确立的原则，但在"文革"中也被严重地歪曲了，因此也是拨乱反正中一个关注的主题。《教育研究》1980 年第 1 期同期发表了张惠芬的《教育史中的批判与继承》和张瑞璠的《对古代道德教育能否批判继承》一文。张惠芬的文章就有关的基本理论问题作了明确的阐述，她认为教育史研究的目的"是批判地吸收'有价值的东西'，以创造无产阶级的新教育学"。批判与继承是辩证统一的，"没有实事求是的一分为二的批判，就会落入不是盲目地肯定一切，就是虚无主义地否定一切，因而也就没有教育遗产的真正地继承"。而对于教育遗产中的精华与糟粕的区分标准，她在原有的"民主性与革命性"之外，又明确提出"科学性"，即规律性的标准，认为"凡称得上教育的客观规律的，它是没有阶级性的，可以为任何阶级所利用"。她还对 20 世纪 60 年代前后备受批判的"抽象继承法"进行了一分为二的分析，认为在教育史研究中可以恰当地运用这种方法。这些观点在当时阶级分析方法还被视为常规研究方法的情况下，是颇具学术勇气的，也给人耳目一新之感。

2. 推动对中国教育史学基本理论问题的探讨

1979 年 3 月 23 日至 4 月 13 日，教育部、中国社会科学院在北京联合召开全国教育科学规划会议，讨论了 1979 至 1985 年的《全国教育科学发展规划纲要（草案）》，讨论、发起、筹备成立了中国教育学会。同年 9 月 24 日至 25 日，在我校召开了全国教育史研究会成立暨第一届年会的筹备会议。之后，全国教育史研究会成立大会暨第一届年会于 1979 年 12 月 12 日至 18 日在杭州举行，推选我校刘佛年校长为理事长、江铭为秘书长。

第一届年会主要是推动思想解放、重新认定教育史学科的性质和它在高师教育中的学科地位，但年会中提出的许多议题特别是中国教育史学科的一些基本理论问题还有待深入讨论。为此，1980 年 12 月 12 日至 17 日全国教育史研究会在我校召开了"中国教育史学科体系研讨会"。江铭在会上发言认为："要建立中国教育史学科体系，从纵的方面看，要研究诸如中国教育史每一个历史阶段的分期与结构问题，中国古代教育史发展主线问题,党领导下革命根据地教育经验总结问题,中国教育史上教育家的选择标准问题;从横向看,教育思想与教育制度关系问题,统治阶级教育与劳动人民教育的关系问题,汉民族教育与少数民族教育关系问题,人文教育与科技教育关系问题,中国教育史上的体与用、义与利、性与才、贤与能、道与技、知与行、教与学、学与思、学校与科举等基本范畴与命题问题。"这些问题的提出,在当时很有启迪作用,引起了热烈的讨论。

在这次会议上,中国教育史的分期问题成为重要议题之一,在对中国教育史整体上分为古代、近代、现代的基础上,与会者对进一步的阶段划分提出不同的意见。张瑞璠认为教育发展虽然受社会形态发展阶段的制约,但教育又是一种特定范畴的历史现象,有其自身发展的特殊规律,表现在发展阶段上,也有其自身的特点。他按教育史自身发展的特点,把中国古代教育史分为七个发展阶段:(一)从原始自然状态的教育到学校的萌芽;(二)官学制度的建立和六艺教育的形成;(三)私人自由讲学的兴起和古代教育理论的奠基;(四)儒学独尊的学制系统的建立;(五)学校教育从中衰到更高阶段的复兴;(六)自由讲学之风的再起和教育理论的深化;(七)封建教育的没落和启蒙教育思潮的产生。张瑞璠的这一观点后来在中国古代教育史阶段划分中产生了广泛影响。

郑登云对中国近代教育史的分期提出了自己的见解,他认为正确地解决分期问题,才能够发现近代教育史发展的特点,过去搬用通史的分期法来对近代教育史进行分期是值得商榷的,他根据教育实践的发展将中国近代教育历史的发展分为三个阶段:1840年鸦片战争到1862年京师同文馆成立之前;1862年京师同文馆创办到1905年科举制度的废除;1905年到1919年"五四"运动前夕。

这是新中国成立后中国教育史学者们就中国教育史学科体系问题举行的专门而集中的学术讨论,吸引了学者们对中国教育史学基本理论问题的持久关注。在这次讨论会的会前、会议期间及会后,学者们广泛就教育史研究的目的任务、对象范围、指导思想、批判与继承、"史"与"论"的关系、发展阶段与分期及中国教育史的学科体系问题进行了讨论,起到了聚焦问题、澄清思想、深化认识的作用,为随之而来的中国教育史领域里空前的研究热潮作了理论的铺垫。

3. 深化学科基础研究,开拓研究新领域

改革开放后的最初一段时期,我校中国教育史研究表现出长于古代的特色,对中国教育发展的不同历史阶段都有主攻的学者。形成了从学者个人看,断代重点明确,成果方向集中,但从全局上看,则构成了对中国教育历史发展研究的完整链条,达到了专与通的统一。

　　张瑞璠是先秦教育史研究的专家,尤其在孔子教育思想研究方面造诣精深。1962年他曾在上海《学术月刊》第2期上发表《关于孔子"有教无类"的教育主张》,对当时相当流行的一种观点提出质疑,这种观点认为孔子的"教"和"诲"具有不同的阶级指向,"教"是对"民"(奴隶)的军事训练,"诲"是对"人"(奴隶主)进行伦理政治教育。张瑞璠先生通过内证外疏,阐明"教"与"诲"在孔子时代即为同义词。"文革"结束后,张瑞璠先生先后发表《再评孔丘的"有教无类"》《孔子教育思想的二重性》《辨"学而优则仕"兼及"束脩"》《全面评价孔丘的教育思想》等孔子教育思想研究的系列论文,并拓展到对先秦诸子教育思想的研究。他主编的《中国教育史研究·先秦分卷》(华东师范大学出版社1990年版),深入探讨了先秦教育的形成、发展及先秦教育思想体系,将先秦教育划分为"六艺教育"、法治主义教育和自然主义教育三个互相对峙的教育派别,对"六艺"教育的源流进行细致深入的考察,构建了先秦教育研究的全新理论框架。

　　江铭对秦汉时期教育见解独到,关于秦汉教育的代表作有《董仲舒人性论初探》《论汉代文教政策的形成》《汉代的太学》《两汉地方官学考论》《王充论学习》等。他对董仲舒人性论中"性"字提出三种不同含义的诠释,即"生之自然之资"的一般人性,"待教而后善"的"中民之性",以及"中民之性"中与"情"相对的"善质",发前人所未发。在《两汉地方官学考论》中,江铭于"正史"资料外,充分收集金石碑记、现代考古发掘所提供的各种资料,对汉代地方官学的发展面貌和功能进行了翔实的考证和论述,成为汉代地方官学研究中的标志性论文。在金忠明主编的《中国教育史研究·秦汉魏晋南北朝分卷》中吸收和参照了江铭、张惠芬关于秦汉魏晋南北朝时期教育研究的一些构想。

　　孙培青对隋唐教育的研究系统深入,就隋唐教育发表的代表论文有:《试论贞观时期官学发展的原因》《唐代广文馆的兴废》《唐代考试初探》《韩愈〈师说〉再评价》《试论唐代〈五经正义〉编写的历史经验》等论文。论文以考证详明见称,如关于唐代广文馆的兴废和隶属问题,以往或语焉不详,或置而不论,孙培青通过对大量的正史、文集和笔记资料的考辨,使问题得以澄清,得出广文馆乃唐代国子监下属"六学一馆"(或曰"七馆")的结论。他主编并撰著的《中国教育史研究·隋唐分卷》(华东师范大学出版社2009年版),从文教政策、官学教育、科学教育、教育思想四大专题对隋唐五代时期的教育进行深度考察,成为隋唐教育史研究中极其难得的以专题性研究为特色但兼具系统性的专门著作。

　　张惠芬的多篇学术论文涉及宏观和跨断代的教育史主题。捧读张惠芬《论宋代的精舍与书院》一文,我们会感受到她在宋代教育研究的深厚积淀和专精程度。这篇两万多字的长文,引证丰富的一手文献,对宋代书院不同发展阶段的特点,书院与宋代各学派发展,书院与地方官学、中央官学、精舍、家学等之间的相互影响,书院的学风与教学特点等进行了细密地考证和深入地论述,阐明了书院的多样性特征。

李国钧致力于明清时期教育研究,尤专于明清之际启蒙思想家教育思想的研究,相关代表论文有《论东林讲学》、《王船山教育思想述评》、《论黄宗羲的民主教育思想》、《论明清实学教育思想的发展与理学教育的终结》、《明清数学教育的复兴和发展》、《论明清之际启蒙教育家知行结合的教学思想》、《明清蒙学教育述评》、《明清之际科技教育思想的新发展》等。李国钧还出版有《颜元教育思想简论》、《王船山教育思想初探》等著作。

郑登云则以中国近现代教育史为主攻领域,代表性论文有《评京师同文馆》、《南京临时政府的蔡元培》、《中国公学述略》、《中国近现代高等教育的沿革与变迁》、《中国近代中师课程的沿革》、《陶行知的普及教育思想和实践》等。郑登云还著有《中国近代高等教育史》(上)、《中国近代教育史》等著作,合作编著《杨贤江教育思想研究》等。

20 世纪 80 年代我校中国教育史研究力量在断代研究上的布局,与当初孟宪承主编《中国古代教育史》教材时对参编人员的任务安排有关,尽管后来由于人事的变迁、新任务的要求以及学者兴趣的转移而有所改变,但我们仍然可以看到孟校长传统的影响和对学科力量的凝聚作用。这一代学者建立在扎实的史料分析基础上的断代研究,为学科研究领域的进一步开拓奠定了坚实的基础。

正是由于我校中国教育史学科队伍整齐,研究力量雄厚,在以断代研究为分工特点的年代,学科力量布局合理,研究成果突出、全面等原因,在 1988 年被评审为中国教育史唯一国家重点学科,其唯一地位一直保持到 21 世纪初。

我校中国教育史专业 1981 年 12 月经国务院批准为首批硕士学位授予学科,1984 年 2 月经国务院批准为博士学位授予学科。20 世纪 80 年代至 90 年代,我校培养的中国教育史学科博士学位获得者,其中留校任教的有:丁钢(张瑞璠指导,1988 年);杜成宪(沈灌群、孙培青指导,1988 年);黄书光(张瑞璠指导,1989 年);金林祥(沈灌群、李国钧指导,1989 年);吴宣德(李国钧指导,1990 年);金忠明(张瑞璠指导,1992 年);李军(孙培青指导,1992 年);马塘(李国钧指导,1994 年);顾宏义(李国钧指导,1999 年)。这些学术新秀很快活跃于中国教育史学科舞台,他们或深耕于传统领地,或开拓新的研究领域,或引入新的理论与方法,或对学科研究进行反思,迅速成为学术骨干乃至新一代领军人物。

与此同时,在老一辈学者的引领下,我校中国教育史学术团队在 90 年代后取得了一批重大的开拓性成果。

20 世纪 80 年代,以毛礼锐和沈灌群分别担任第一主编的六卷本《中国教育通史》和三卷本《中国教育家评传》,是代表 80 年代中国教育史学科发展水平的标志性成果。继此之后,两部更大型的教育通史性著作——八卷本的《中国教育思想通史》(王炳照、阎国华主编,湖南教育出版社1994年版)和八卷本的《中国教育制度通史》(李国钧、王炳照主编,山东教育出版社2000年版)面世。这些成果的取得,是全国中国教育史研究力量通力合作的结晶,我校作为教育史学科重镇,对组织和完成这些重大成果发挥了重要作用。

孙培青、李国钧主编的《中国教育思想史》(三卷本)也于1995年由华东师范大学出版社出版。全书三卷虽然分别以先秦至唐、宋至清前期、鸦片战争至1949年分卷,但在体系上则是一部按照教育流派和教育思潮撰写的著作,集中而充分地展现了中国历史上主要的教育流派和教育思潮,具有自己独特的风格,丰富了教育思想史研究的理论园地。

张瑞璠、王承绪担任主编的《中外教育比较史纲》1997年由山东教育出版社出版,分古代(孙培青、任钟印主编)、近代(吴式颖、阎国华主编)、现代(张人杰主编)三卷,提出"以史为经,问题为纬"的模式,强调"纵横比较,横向为主",从而形成整合的体系。《中外教育比较史纲》受到广泛关注,并于1999年获国家图书奖。张瑞璠又有感于已有学者"尝试从哲学高度对中国教育思想的发展演变进行理论总结",但"仍没有一部较为系统的《中国教育哲学史》著作",又费十年之力,组织撰写了四卷本的《中国教育哲学史》(张瑞璠主编,黄书光副主编),2000年由山东教育出版社出版。全书主要依据中国传统哲学中的人性论、义利观和知行观等范畴,作为贯穿中国传统教育哲学始终的线索,展开对教育价值、知识论和修养论的论述。

20世纪80年代,书院研究开始出现繁荣局面,出版了多部书院史著作,打破了自民国后书院研究的沉寂局面,尤其是区域性的书院研究取得深入成果。这样,撰写一部全国性的、更为系统的书院史就提上议程,李国钧主编的《中国书院史》因此应运而生。该书1994年由湖南教育出版社出版,全书近百万字,按唐至北宋、南宋、元、明、清分为五编,每编分总论与分论两部分。总论述各时代书院发展的社会环境及书院发展一般情况,分论以学派立章,分述各学派所办书院的讲学和学术活动、教育思想贡献。十分有价值的是书后所附《历代书院名录》,以时代为纲,以现行行政区划为目,以省排列总计6 000余所古代书院。《中国书院史》的问世,标志着中国书院研究步入一个阶段性的总结阶段。

李国钧主编的《区域教育的历史研究》丛书,在他去世两年后于2003年由湖北教育出版社出版。这项研究择取具有鲜明特征的传统文化教育区域,设计了7个子项目。从所完成的7本专著看,除第一本总论中国教育的时空结构,与政治、社会、经济、人口结构和文化变迁的关系外,其他6本分别探讨了典型时代、典型社会特征之下的典型区域的教育。研究具有综合特性的多学科研究特征,丰富了中国教育史研究的内涵。

　　上述著作,每种篇幅都达百万乃至数百万字,堪称鸿篇巨帙,其学术地位与影响,已为中国教育史领域的学者所熟悉,这里因限于篇幅,不再详加点评了。

　　进入新世纪后,当年中国教育史研究班的学生大多已年过七旬,但依然壮心不已。江铭 90 年代在繁忙的行政工作之余主编和撰写有《中国教育督导史》和《教育管理词典·中国教育管理史》等书,在新世纪还组织主编了多达九卷本的《中国教育史专题研究丛书》(江铭、谢长法总主编),张惠芬也参与了其中《中国古代教化史》的主编和撰写工作。孙培青除完成《中华大典·教育典》这项艰巨的工作外,还参与杨学为主编的五卷本《中国考试通史》的工作,担任古代卷的主编等。

　　多年来,我校老一辈学者还在教育史学科学术组织和学会组织中担任重要职务。如张瑞璠曾担任全国教育科学规划领导小组教育史学科组成员,江铭 1979 年后担任中国教育学会教育史研究会秘书长、副会长,全国教育科学规划领导小组教育史学科组组长等,孙培青 1996 年后多年担任中国教育学会教育史专业委员会理事长等,在推动全国教育史研究和学科建设方面都作出了重要贡献。

四、继承先师遗愿,致力教材建设

　　我校沈灌群所著的《中国古代教育和教育思想》1956 年由湖北人民出版社出版,作为新中国第一本中国教育史著作,也是他多年教学的成果,具有教材性质。1961年,孟宪承领衔编写的《中国古代教育史资料》由人民教育出版社出版,与同年修订再版的舒新城《中国近代教育史资料》(民国时期初版)形成配套教材。

　　20 世纪 70 年代末,毛礼锐等人的《中国古代教育史》、陈景磐《中国近代教育史》、陈元晖《中国现代教育史》出版,这些教材的初稿基本上都在“文革”前形成,有的还在校际交流过。我校也出版了 60 年代初编就的《中国古代教育文选》,并在 1983 年出版了由沈灌群、江铭、李国钧、孙培青、张瑞璠、郑登云等人撰写的《中国现代教育史》教材,原稿在 1959 年即已形成并在师范院校中交流,这次修订后出版。

　　孟宪承倾注多年心血的《中国古代教育史》,在“文革”结束后因各种原因未能出版,因此完成先师的未竟事业,编写出具有独特风格、体系完整、适应新时期要求的中国教育史教材,便成为孟校长的研究生们不能抹去的心愿。80 年代中后期,孙培青和张惠芬分别领衔申请的中国教育史教材项目均被批准立项,经过多年努力,在 20 世纪 90 年代初先后由华东师范大学出版社出版。

　　孙培青主编的《中国教育史》,1992 年华东师范大学出版社初版,是通史性的教材,广泛吸收 80 年代以来的研究新成果和编著者的研究心得。该教材获得“国家教委第三届高校优秀教材奖"(1995)一等奖等多项奖项。孙培青还主编有《中国教育管理史》，由人民教育出版社出版，也取得了相当的成功。张惠芬、金忠明合作编著的《中国教育简史》，1995 年华东师范大学出版社出版。该教材出版后深受欢迎、被广泛采用，荣获华东地区大学出版社著作一等奖，后也经过再版、三版修订，被反复重印。

孟宪承说过："不仅要出书，还要培养人。"通过编著教材"要培养人"的目的不折不扣地实现了。正如金忠明在《师门杂忆》一文所说："孟宪承先生留给学术界的大贡献固然是他的道德文章，而他亲自培育的中国教育史'五虎将'更是教育界脍炙人口的佳话。五将中唯一的女将，张惠芬老师是也。张老师这位出生浙江仙居的江南弱女子，我怎么也无法将她与八面威风的虎威名将相联系。但遥忆当年在老师门下受业，那种不怒自威、不严自肃的名家风范，则'五虎将'之名诚不虚也。"

＊本文作者：王伦信，华东师范大学教育学部教授。

国际与比较教育研究所成立初期的学术活动

邓　莉

　　1964 年 6 月 19 日,华东师范大学西欧北美教育研究室("国际与比较教育研究所"前身)在周恩来总理的指示下成立,成为我国高校第一批创建的外国问题研究机构之一。比较教育学的先辈们筚路蓝缕,奋力拼搏,不负时代的召唤,为改革开放初期的枯旱的教育大地,送上了来自世界的清晰的风,铸就了我校比较教育学一个黄金时代。

一、艰难困境中的学术研究和重要成果

　　研究室由我国著名教育学家刘佛年教授亲自挂帅,针对当时青年研究人员的特点,制订了"三年练兵"计划,选派一批青年研究人员去上海外语学院脱产进修多种外语(法语、西班牙语、阿拉伯语),且加强他们对教育学知识的学习,以提高理论水平和业务能力。然而,两年后"文革"开始,"三年练兵"中止。在极端困难的环境下,在极其有限的学术空间里,一些研究人员仍然在学习、思考,利用一切可能的条件与时机开展工作。在"文革"最后的四年,陆续翻译了一批介绍国际教育动态的著作和资料,扩展了研究国别领域。这一阶段主要是开展资料整理收集工作,为"文革"结束后开展比较教育研究奠定了有限的基础。

　　20 世纪 60 年代是世界教育的大发展大变革时代,教育进入现代化的时期。然而,我国却因为十年锁国而对其知之甚少,只能在夹缝中窥探冰山一角。1976 年"文革"结束。1978 年改革开放,犹如一觉醒来,打开窗户,发现外面的世界是如此五彩缤纷。人们如饥似渴地想了解国外的情况。而外国教育研究的几近苍白,在很大程度上阻碍了我国教育事业的发展。面对外国教育研究的荒芜局面,我校比较教育研究所知难而进,抓住机遇,在学术废墟上,克服困难,以过人的胆识、敏锐的眼光和正确的判断力在世界教育的学术之林中探寻精品,率先译介重要的国外教育著作,且撰写了大量具有影响力的教育专著,并创办《外国教育资料》(以下简称《外资》)杂志,发表大量论文介绍世界教育,对欧、美、日、苏联等地的教育制度、教育改革、教育思潮和主要流派

的代表人物进行了全面而系统的介绍,打开了了解世界教育的窗口,随后国内教育界受此影响纷纷开始关注世界教育。

（一）译著经典

对世界教育的了解,由翻译始,比较所译著颇丰,有开风气之功,为我国学者开展教育研究提供了大量参考资料。例如,被誉为当代教育思想发展中一个里程碑的《学会生存》和最具世界影响力的三大教学论流派:美国布鲁纳的"结构课程论"和苏联赞科夫的"新教学体系"、德国根舍因和克拉夫基的范例教学论等,就是由比较所在我国率先进行译介和研究的;1986 年,由顾明远教授主编的《教育大辞典》中的很大一部分外国教育词条就是参考比较所的学术研究成果;1988 年至 1992 年,我校瞿葆奎教授主编的 26 卷本《教育学文集》陆续出版,比较所成员积极参与了《教育学文集》中有关国别教育改革卷的选编工作及大量翻译工作,马骥雄选编《美国教育改革》卷,杜殿坤、朱佩荣选编《苏联教育改革》卷,金含芬选编《英国教育改革》卷,钟启泉选编《日本教育改革》卷,李其龙、孙祖复选编《联邦德国教育改革》卷,赵中建等选编《印度、埃及、巴西教育改革》卷,共计达 355.1 万字,展现了一幅几乎是全方位的世界教育改革图画,比较所为这套堪称"战略性研究、奠基性工程"的鸿篇巨制《教育学文集》的编撰工作作出了重要贡献。

1972 年,联合国教科文组织发表教育报告《学会生存》,该书在 1974 年被译成 33 种文字,在世界范围内引起了极大轰动。1978 年,联合国科教文组织的一位官员到中国考察,对没有人知道这本书感到非常惊讶。不久之后,金含芬在教育部最新引进的书里发现了这本书,经征得同意,她把《学会生存》等书带回比较所。刘佛年校长看到了这本书的价值,为此,金含芬组织比较所邵瑞珍、马骥雄等人进行翻译,并请山东师范大学傅统先教授进行校对。翻译完后,联系了多家出版社,最后在钱景舫等人的努力下,上海译文出版社 1979 年将此书出版,1982 年教育科学出版社再版。该书是"文革"后我国最早引进的教育著作,一开始并未引起人们的足够重视,而是到了 90 年代我国经济转型时期,人们认识到终身教育的重要性,该书才在教育界引起很大反响,甚至写进了《中国教育改革和发展纲要》和《中华人民共和国教育法》。《学会生存》总结了当时发展中国家和发达国家教育的现状,对教育在现代社会中的重要作用给予了充分的重视,比较所将此书翻译成汉语,把"终身教育""学习化社会"的概念从世界引向中国,推进人们对终身教育、终身学习的思考,对我国教育界了解世界教育的现状和发展趋势有很大的参考价值,书中倡导的"教育机会均等""终身教育"和"走向学习化社会"等思想观念已经并依然对中国的教育思想、教育政策和教育实践产生着积极的影响。直至今天,《学会生存》仍是我国教育改革的重要推动力,是教育学人的必读书。

"文革"期间,邵瑞珍翻译了布鲁纳的被誉为"现代最主要的、影响最大的教育著作之一"《教育过程》一书,该书 1973 年由上海人民出版社内部发行,1982 年文化教育出版社再版,公开发行。1957 年,美国受到苏联人造卫星上天的强烈震动,要求教育改革的呼声骤起,《教育过程》是 1959 年美国中学教育"课程改革"会议的总结报告,该书出版后引起了巨大反响,推动了当时美国

金含芬(左)

乃至全世界的教育改革运动。在封闭的历史时期,邵瑞珍率先将其引介到国内,实属不易。布鲁纳在书中的发现法教学理论、发掘学生智慧潜力、调动学生思维的教学主张,对于当时国内注重背诵书本知识、盛行接受式学习的教育状况具有很大启发。直到现在,该书依然是我国教育工作者的重要参考书。

同样在封闭时期,马骥雄、洪丕熙等参与翻译了《九国高等教育》(1973 年)、《六国教育概况》(1979 年),这两部译作涉及到的国家包括欧美、日本和澳大利亚等多个国家的教育情况,大大满足了人们迫切想了解国外教育状况的饥渴式需求。在抗日战争时期,为躲炸弹,马骥雄在上大学前任教的学校搬到了深山沟里,在艰苦的环境下,马骥雄与学生朝夕相处,体会到了教书育人的重要性,为此,在当时流行报考大学理工科的盛况下,他毅然报考了教育系,立志通过教育改进人的精神素质,此后的一生中,他凭着执着的教育学情结在比较教育学和外国教育史领域贡献出了极大智慧。他不仅撰文研究比较教育学科的重建,而且也秉着"不读历史的人,注定重犯历史的错误"这样的治教育史的初衷写就了典范之作《外国教育史略》,此书重史料、重理论框架,尤重教育理论发展的转折,打破了"欧洲中心论",讨论了几大文明发祥地的教育,包括我国学术界以前几乎没有注意的玛亚、印加、阿兹特克等文明的教育,填补了外国教育史的很多空白。马骥雄的弟子张诗亚教授赞誉这本书"决非仅是单纯的历史,而是他深切地对怎样做人以及发展人的学问并事业的关怀"。

20 世纪 50 年代末、60 年代初开始,中国与苏联关系恶化,阻断了我国对苏联教育情况的了解。在当时的苏联,以赞科夫的教学思想为代表,出现了从传统教学体系营垒里冲杀出来的适应科技发展新时代的教育思想。赞科夫教学思想的出现是苏联教学论研究的一个转折点,它与美国布鲁纳的教育思想同样将教育学与心理学密切结合,具有颠覆传统教学思想的作用。"文革"结束后,杜殿坤凭借扎实的专业基础和俄

语能力,翻译了赞科夫的《教学与发展》、《教学论与生活》、《和教师的谈话》,以及苏霍姆林斯基的《给教师的建议》等多部苏联教育名著,将赞科夫、苏霍姆林斯基、巴班斯基等著名教育家的思想介绍到国内,使我国教育界对苏联教育恢复了了解。其中译作《和教师的谈话》和《给教师的建议》更是售罄重印多次,先后达百万册,创下了我国教育专著发行量的最高记录,在全国殊有影响。杜殿坤率先进行的苏联教学论系统研究,在我国教育界反响热烈并为众多中小学所实验。直到今天,这些书依然是教育研究者和教师书架上的"常住户",他引介的赞科夫的发展性教学理论和苏霍姆林斯基的"和谐教育"思想对我国当前的中小学教师和理论工作者依然具有积极的参考价值。

　　新中国成立之后,受凯洛夫有教学而无课程的教育学的影响,学术界在很长的一段时间内没有出现有关课程论的专门和系统研究,而此时国外课程研究发展迅猛。20世纪80年代末开始,钟启泉教授以其开阔的学术视野认识到课程研究的重要性。1989年,他写就的扛鼎之作《现代课程论》成为我国课程研究的重要里程碑,改变了我国研究课程论的几乎空白的局面,使得中国的教育研究领域从此有了课程论的专门研究。该书获得国家级、华东地区、市级多项奖励,被国家教委、上海和浙江等省市视为教材改革的理论指导,并推荐为教师进修的必修教材,影响颇为深远。嗣后,他还译著了大量颇有影响力的课程论著作,如《课程与教学论》、《课程的逻辑》等,和杜殿坤、金含芬、李其龙等主编了《国外课程改革透视》等10卷本的"求索丛书"。"求索丛书"以课程与教学研究为中心内容,涉及到美国、德国和苏联的教学论流派、中外课程改革、学科教育学、学校管理等多方面内容,这套丛书对教育研究者和中小学教师具有重要的参考价值,获得了第二届"国家图书奖"和全国优秀教育图书一等奖。钟启泉对课程与教学论的研究使得中国的教育理论话语体系进一步与国外对接,其开创性的工作在很大程度上奠定了我国课程论研究领域的研究基础,推动了今天课程与教学论研究的繁荣。值得一提的是,在此之前,他于1979年翻译的日本教育技术学科创始人坂元昂的《教育工艺学》,对我国早期开展电化教育研究与实践的学者产生了深刻影响;1986年翻译的《现代教育学基础》,介绍日本以及西方国家的现代教育科学主要分支的基本理论和当代研究成果,为我国诸多教育研究者打下了研究基础。他的著作无一不透露出他内心深藏的崇高学术热情和对我国教育改革实践的责任心和使

钟启泉

命感。

　　"文革"后,教育在经济发展中的地位和作用,以及教育与经济的关系等问题,越来越受到人们的重视。李其龙 1982 年所著的《西德教育与经济发展》应时而生,这是"文革"后比较所出版的第一本专著。二战后西德经济恢复和发展较快,与西德教育发展分不开,他的这本著作介绍和论述了西德教育对经济发展的作用、西德的教育投资及其特点与效果以及西德制订长期综合教育规划的尝试,对于我国教育界了解西德教育与经济发展的情况和问题具有重要作用。后来,他对德国教学论专家克拉夫基的范例教学率先进行了深入研究,发表了多篇相关论文。一些学校的教师据此运用范例教学法授课,学生成绩进步明显。李其龙随后所著的《联邦德国教育改革》、《德国教学论流派》,与孙祖复合著的《德国教育研究》等,以及所译的《普通教育学》、《赫尔巴特文集》、《战后德国教育研究》等著作,对德国教育和克拉夫基、赫尔巴特等德国教育家的思想进行了广泛而深入的介绍和研究,再加上孙祖复所译的德国教育家福禄贝尔的《人的教育》以及所著的《德国职业技术教育史》等力作,这些学术成果使得华东师大比较所成为国内首屈一指的研究德国教育的重地。

　　比较所的经典译著难以胜数,很多在台湾出版,由于篇幅有限,这里仅再介绍三例。洪丕熙 1986 年所著的《巴黎理工学校》对在法国高等教育界享有极高声誉的世界一流大学巴黎理工学校进行了介绍,引起了国内教育界的广泛好评。但他在 1981 年写就的《弗洛伊德生平和学说》的出版却历经波折,由于当时巴甫洛夫的心理学理论"一统天下",而且弗洛伊德的心理学理论建立在"性"的基础之上,对于当时相对保守的国内思想界来说,这犯了"禁忌",审核难以通过,出版社的承诺也一再变卦。在漫长的等待中,该书直至 1988 年才得以出版。此时,弗洛伊德的精神分析学说已成为学界和知识分子研究与日常谈话中不可缺少的话题,这本著作是当时开学术风气的重要参考著作,凝结了洪丕熙多年的心血。1990 年,金含芬和东北师大梁忠义共同编写了《七国职业技术教育》(其中,孙祖复、洪丕熙、金含芬和石伟平分别负责写作德、法、美、英四国的职业技术教育,东北师大比较所负责写作日、苏联、印度的职业技术教育),他们查阅了大量国内外有关资料,经过多次座谈讨论、研究和广泛征求该学科的专家学者的意见,最终整理成篇,该书的出版为我国职业技术教育理论研究带来了清新的空气,这是我国第一部全面系统深入地研究外国职业技术教育的著作,成为国家教委指定的高等教育文科教材,为我国职业技术教育如何适应社会经济的发展提供了难得的借鉴。

（二）创办杂志

　　具备时效性的杂志能及时向社会传播有价值的世界教育信息。20 世纪 70 年代初,中美关系开始解冻,国门初开,需要加强对西方国家文化的了解。在这一局势下,1972年,西欧北美教育研究室恢复工作,改称外国教育研究室(1981年改称为比较教育研究所),《外国教育资料》得以创刊,但当时只作为内部刊物印行,直至1982年,随着教育的勃兴和时代的开放,亟须增进对外国教育的研究之时,经国家教育部批准,才开始向全国公开发行,其学术成果主要由比较所研究人员提供。当时,比较所承担了多项国家级、教委级和市级重点科研项目,每年都有不少专(译)著、研究报告和相当数量的论(译)文问世,《外国教育资料》提供了重要的发表园地。这些学术成果为广大师生了解和学习国外新的教育教学方法提供了大量材料,为促进我国教育界的思想解放和学术繁荣、影响我国教育决策发挥了重要作用。

《外国教育资料》的办刊宗旨是:坚持四项基本原则,贯彻教育要面向现代化、面向世界、面向未来的方针,力求准确地、有选择地反映当代国际教育界和教育学术界的新思潮、新研究、新方法,为促进我国的教育改革和发展、教育科研服务。为使它成为全国一流杂志,比较所研究人员积极供稿、精心组稿,呕心沥血,努力撷取最有代表性的国际教育思潮或流派予以跟踪、评述,并对国际上重大教育事件和读者普遍感兴趣的问题进行社会及文化背景分析。这种评述和分析带有思想性、综合性、概括性,占有聚珍式的丰富内容。《外国教育资料》载文的被引用率及被转载率非常高。1991年,《教育研究》刊载了一篇论文,对《教育研究》1985至1989年五年间刊登的979篇论文引文的被引期刊进行了分析统计,结果显示,《外国教育资料》的引用率仅次于《教育研究》,其学术价值由此可见一斑。据当时的读者反映,《外国教育资料》"精品荟萃、品味卓然",参考价值高、信息量大,就像百科全书式的教科书,读者从中受益颇多。

1978年,邵瑞珍、杜殿坤老师分别在该杂志上介绍布鲁纳的课程理论和赞科夫的教学论思想,随后,引介国外教育情况的热潮在我国迅速风行。当时杜殿坤将赞科夫教育思想引介到国内,学界迅速展开了对凯洛夫和赞科夫教育思想的讨论,仅在1982年的《外国教育资料》上就有7篇论文研究赞科夫教育思想和凯洛夫与赞科夫教育思想的异同,全国比较教育研究会还委托我校比较所举办"关于凯洛夫和赞科夫教学思想的异同和评价"专题学术讨论会,打破了凯洛夫教育学思想一统我国教育学术界的局面。《外国教育资料》始终以开路先锋的步伐走在教育学术研究杂志的前列,除了赞科夫、布鲁纳、苏霍姆林斯基、巴班斯基、布卢姆、达维多夫、阿莫纳什维利等著名教育家或当代教学流派代表人物的教育思想和实践,以及"暗示教学法"、"范例教学法"、"终身教育"等教育、教学理论和思潮都是经由这本杂志向全国率先进行系统介绍的,其中有些经引介的教育思想被贯彻到教学实践中,推动了我国的教学改革。《外国教育资料》还多次引发了教育界以及大众传媒对重要理论问题的讨论热情。例如课程论问题、"合作教育"思想、"终身教育"理论、"分数与考试"问题等等,一度都成为教育界的热门话题,还领先引介了发达国家的"环境教育"、"职业指导"、"职业技术教育"等,引发了我国教育行政部门和学界对这些教育领域的重视。

《外国教育资料》不仅在我国教育界赢得盛誉,同时在国际上也产生了一定的影响,日本、德国的教育科学期刊都对它作过介绍。德国的中国教育专家曾说:"我们翻阅了大量中国杂志文献,深感贵所人员的研究别具一格,成效显著,证明你们拥有一批素质良好的研究人员。"日本国际教育专家佐藤三郎教授也称赞比较所成员:"你们是中国大陆真正了解国际教育动态的一群精英。"

然而,《外国教育资料》的发展并非一帆风顺,甚至遭遇了被"砍掉"之险。一度,教育部发布红头文件称要整顿杂志,我校准备停办《外国教育资料》。这一消息传来,比较所上下焦心如焚!但比较所没有坐以待毙,钟启泉代表比较所拜访了时任校党委书记请求保留杂志,然而,指令已达,未果。但比较所依旧没有放弃,而是迎难而上,钟启泉和李其龙一同赴京,找到时任教育部长,据理力争、言辞恳切,教育部权衡再三,最终同意保留杂志。如果没有当时比较所成员的努力和坚守,《外国教育资料》不能存续,也就不能发展为今日的双月期刊、百家争鸣的场所——《全球教育展望》。

二、顺应国家需求的课程改革

我校比较教育研究所一贯倡导立足本国教育的需要和实践来研究外国教育,将国外先进的教育教学理念和实践经验,转化为国家或地区的教育政策建议,转化成深入中国学校教育实践的执着行动。

最先十分关注教育实践的是杜殿坤在中小学指导的教育实验。早在20世纪60年代,世界各国出现了教改的潮流,这其中就包括苏联。苏联改革传统的以凯洛夫为代表的教育学,开始推行赞科夫的新的教学原则。杜殿坤将赞科夫、苏霍姆林斯基这样的"教育思想泰斗"介绍到国内,他认识到赞科夫是对凯洛夫的发展和修正,学校将从注重知识的获得转向注重能力的培养,这是进步的,适应社会需要的,而当时我国学校没有开展教育实验方面的经验,他开始探索将赞科夫的实验教材和教学参考书引入国内,对其进行改编,以在我国学校进行实验。然而,当时这些教材在苏联是非卖品,不易引入,再加上当时我国学校极力追求"升学率",教育实验的开展困难重重,要冲破延续几十年之久的强大习惯势力,需要极大的勇气和毅力。为了帮助中小学校搞教育实验,杜殿坤躬行实践,不顾体弱多病,经常亲临中小学指导教育教学实践,上海、内蒙古、南京、苏州、无锡、杭州等地的几十所学校都有他的足迹,他在将赞科夫、苏霍姆林斯基、巴班斯基教学理论同中国教育实践相结合方面作出了重要的贡献。

　　1988 年,上海市开始进行"一期课改",对中小学课程和教材进行全面改革。当时全世界都在进行基础教育改革,以应对 21 世纪人才培养的挑战,钟启泉认为,我国传统的课程编制就像"幼儿偏食引起营养不良症",只重视知识的传授。如果不进行变革,不真正实现从"近代化"向"现代化"转变,培养 21 世纪新型人才的目标就要落空。比较所成员接受上海市中小学课程教材改革委员会的委托,展开了"国外课程理论与实践"的比较研究,参与了课改的全过程,为方案的制订和实施倾注了许多心血,新的课程方案改进了"营养配方",包括态度、知识和技能等目标维度,致力于学生掌握"基础学力"和个性发展,最终改革取得了非常可观的成果,赢得海内外教育学界的高度评价。当时比较所为一线教师奉献出了一批批贴近教学实践的进修读物,积极投入中小学教师进修与培训的授课活动,其中钟启泉的《现代课程论》、《现代教学论发展》就被上海市教委指定为教师进修的必读书。在"七五""八五"期间,他还专门承担了中华社会科学基金项目"面向 21 世纪教育课程模式的比较研究",并担任上海市中小学课程教材改革委员会编审委员会委员,直接参与了上海市中小学课程标准的编制,为上海市中小学课程改革起到了理论创建与实践指导的作用。

　　1999 年,第三次全国教育工作会议召开,提出了转变人才培养模式,建立新的基础教育课程体系的建设任务;2001 年,全国基础教育工作会议再次强调这一任务。1999 年,教育部成立课程改革专家工作组,聘请钟启泉担任专家工作组组长。在此之前,他便一直在思考中国需要什么样的教育革新。他认为,更好地为国家和社会服务应是比较教育学人的深层关切所在,比较教育研究不能单一地引进吸收国外的教育理论,而应将其贯彻到教育实践中去,革新不适应国家和社会人才培养需求的教育。中国基础教育要变革,课程是核心,课程、课堂不变,教师不会变,学校不会变,教育不会变,只有扎根课程、课堂和学校,教育研究才能为国家和社会服务。以钟启泉为首的工作组致力于变革长期被应试教育支配的中国教育,起草了《"国家基础教育课程改革纲要"研究咨询报告》,通过系统调研,对我国的课程与教学领域的问题做出了基本的判断,提出了课程改革的六大目标。这一咨询报告经过教育部专家工作组多次讨论修改,于 2001 年 6 月颁布,这就是新课程改革的纲领性文件——《基础教育课程改革纲要(试行)》。至此,新中国成立以来的第八次基础教育课程改革拉开序幕。由于我国传统的考试制度和"凯洛夫教育学"的影响,应试教育盛行,旨在深入推进素质教育的新课改如同一场夏雨,冲刷了陈旧的教育教学思想。新课改实施过程中虽遇到不少阻力,但影响深广。借他山之石,我国教育突破了传统的课程体系,转向与国际接轨的新课程。

　　彼时,为了顺应国家全面推进素质教育,开展基础教育课程改革的需要,1999 年底,我校教科院成立课程与教学研究所,任命钟启泉为所长。比较所和课程所并列位于课程与教学系之下,不再是一个独立的研究所。课程所随后成功申报批准为我校第一个教育部人文社会科学重点研究基地。钟启泉坦言,课程所是比较所的生成机构,利用了比较所诸多资源,比较所是华东师大进行比较教育研究的"先头部队",而课程所是比较所的"小分队"、"别动队",由比较所生成的课程所基于国际视野开展了更加深入和富有成效的微观课程研究,将研究成果直接转化为了国家政策,最终革新了教育实践。钟启泉带领的学术团队主持了国家教育的两大工程,一是基础教育改革工程(新课改),二是教师教育改革工程。这两大工程的文本撰写的核心成员,他带领的团队人员占了大半。钟启泉严谨耐心且饱含深情的学术思考与课程改革行动是一场"推进教育的科学启蒙运动",作为新课改的设计师和一代学术宗师,钟启泉带领的学术团队在中国教育界闯出了一条开阔的教育研究之路。他们是引领我国基础教育改革的主力军,对改革中国应试教育的理性思考、责任意识和执着激情,探索适合中国社会需要的教育改革模式所作出的贡献,将载入史册。

三、与国际接轨的人才培养

比较所志在"创一流机构、育一流人才",不仅重视科研,关注实践,而且也非常重视人才培养。经国务院学位委员会批准,比较所分别于 1980 年、1982 年和 1987 年设立比较教育学专业、教育经济学专业硕士学位授予点与博士学位授予点,其中教育经济学是我国首设该专业的硕士点。比较所学术氛围浓厚,管理民主,为帮助青年研究人员和学生出国进修或留学提供了诸多机会。比较所拥有一批眼界开阔、治学严谨、学识渊博以及对学生严格要求且关怀备至的一流研究人员和教师,尤为值得一提的是,他们通晓的语种齐全,包括英语、德语、法语、俄语、日语、西班牙语等,这也是当时国内比较教育研究机构里首屈一指的。钟启泉在提到比较所研究人员和教师时说,"他们有着共同的本事,就是敬业",他们为全国各高校、研究机构和中小学培养输送了大量优秀人才,壮大了我国比较教育研究和教学人员的队伍。其中,很多学生日后成为全国知名的教授和学者,成为中国教育研究的骨干力量。

马骥雄能熟练阅读英、法、俄甚至拉丁文的原著。他培养学生的方法之一便是让学生读原著,并让学生写读书笔记,每到期末,便把学生的读书笔记要去,仔细对照原著,批阅学生的笔记,不论是在让人汗流浃背的盛夏还是在手生冻疮的严冬,都从未间断过。他对学生的学习提供了详尽的辅导和鼓励,这种爱护人才的学术管理风格深得学生爱戴。西南大学张诗亚教授受业于马骥雄老师,1992 年在得知恩师逝世之后,写的回忆文章中提到,在马老师写就《重游北碚》一诗后,他和韵一首:"蜀江有幸迎师尊,古稀攀援揽缙云。教诲聆听虽三年,人品学问无限情。"字里行间饱含着对马老师的深情和感激,"先生去了十年,但人品和学问却还在'观看和帮助'我"。马骥雄的治学之方、为人之道激励着他的学生在学术道路上不断向前。即便在22年之后的今天,当2014年10月美籍华裔学者郭玉贵教授来华东师大做讲座时都始终念念不忘马老师的治学之功和对学生无尽的关怀。

精通俄语的杜殿坤同样致力于比较教育后继力量的培养与扶植,1994年,杜殿坤因病逝世,《外国教育资料》《华东师范大学学报(教育科学版)》和《外国中小学教育》杂志先后刊文悼念,文中写道,杜老师"严于律己、宽以待人、平易近人、奖掖后进,对学生视如己出、关怀备至","堪为良师益友"。挽联云:"文苑育英才值大地春潮犹念德言宏富;士林称厚道对长天秋水同悲芳草凋零。"确是他一生的真实写照。杜殿坤不仅对比较所学生的培养作出了很大贡献,而且激励了很多奋斗在一线的中小学教师,他们的专业发展、教学热情和教研成果受到了他很大的影响。其中就包括我国语文教育专家、情境教学的首创者李吉林老师,2014年,在《中国教育报》上,她撰文感恩杜老师,回忆了很多细节,她与杜老师因邂逅而相识,身为小学老师的她没想到国内著名的杜教授如此热心帮助她,解答她的疑惑,对她的教学和研究提供诲人不倦的指导,并鼓励她创建自己的小学语文教学体系,她写道:"我提出的'着眼发展,着力基础'正是情境教育这一思想最明确的体现。这种发展观正是在杜殿坤老师的引领下,结合自己的探索一步步向前发展的。能得到杜老师的指导,我觉得我很幸运……杜殿坤恩师,永远铭记在我心中。"

在钱景舫担任比较所所长之时,认识到青年研究人员出国进修对他们自身和比较所的发展意义重大,他多次捕捉机会,推荐陈永明、陈志明、曹秋萍、高文、邓鲁萍等青年研究人员出国留学,很多青年研究人员从中受益,在国外进一步打牢了专业知识基础,深入了解了国外的教育状况、开阔了眼界并巩固了外语能力,有的研究人员甚至就此改变了自己的一生。在日本学成归来为我国教育研究作出突出贡献、被评为华东师大终身教授的陈永明教授就是其中之一。陈永明当时在一家出版社做校对工作,一次偶然的机会,钱景舫把他引进到华东师大比较所。不久,有个公派的机会,钱景舫推荐陈永明去日本留学。这次留学是陈永明人生的重要机遇,他因此有机会在日本获得硕士、博士学位,回国后成为国内研究日本教育的专家,为我校创设"教育经济与管理"博士点和MPA试点单位以及上海师范大学取得"教育学"一级学科博士点和博士后流动站等作出了奠基性贡献。钱景航为比较所的人才培养殚精竭虑,然而,他却谦虚地称只是"帮别人长了一只眼睛"。

在钟启泉担任比较所所长之时,他也深知人才培养和科研队伍建设的重要性,非常注重培养具有国际视野的人才。他对师生进行民主管理,不迷信盲从任何权威和教条,平等对待各方,博采众议,以探索、捍卫"真理"为乐;他尊重每一位教师和学生,鼓励教师一心做学问,且抓住机会出国访学或交流。他给师生创造了诸多发展的机会,营造了良好的学术环境,不强求学生写论文,而是根据不同学生的资质和兴趣,鼓励学生选择最适合自身的研究路子和领域,培养学生学有专攻,并且教育学生学会共同合作。他勤奋治学、颇有创见、著作等身,在他的言传身教下,他的学生各有建树,在教育领域攀登一座又一座学术高峰,他的诸多弟子成为华东师大、北师大、浙大、南京师大等高校在全国非常著名的教育学者。

除了以上提到的教师,比较所其他教师也同样对学生的学业严格要求,对学生视如己出、关怀备至,正是这些教师,比较所培养了一批比较教育学术俊秀,有的留校工作,有的就职于其他高校,他们接过老师的火炬,继续走在比较教育研究的学术路上,成为中国比较教育研究的拔尖人才,为中国的比较教育学科建设与发展做出了重大贡献。除了强大的师资力量,比较所自"文革"后金含芬在我校教育系首开"比较教育"课程以来,始终注重课程中学科及其内容的更新。为了给师生提供更好的学习和发展平台,比较所十分重视与国际和区域间的学术对话、合作与交流,与各国高等院校教育研究机构建立起密切关系。自 1978 年至 20 世纪 90 年代末,比较所先后与联合国教科文组织、美国、英国、加拿大、日本、法国、德国、澳大利亚、苏联、奥地利等国的多所高校建立了合作交流关系,互换访问学者、交流学术资料等。

比较所聘请德国、日本和奥地利等国的教授担任顾问教授,定期为学生讲课,经常邀请有国际知名度的外国学者来校讲学,如布鲁纳、布卢姆、克拉夫基等,还聘请了一批精通国内教育实践的学者为特约研究员,以沟通国内外信息,密切理论与实践的关系。通过成立由金含芬担任组长的"导师组"负责全面指导学生的学习与生活等诸多措施,形成了师生"自由探讨,共同切磋"的民主型教学风格:注重独立思考与集体思维;注重原著精读与专题研究;注重外语基础与写作实践。在这样的学习环境中,比较所的学生能与外国教育专家面对面交流,甚至有机会出国交流,他们不仅学术功底扎实,而且外语能力过硬,并且具有国际视野。频繁多样的国际交流,与国外学者教育思想的多次

钱景舫(左二)、邱渊(左三)接待世界著名教育学家托尔斯顿・胡森夫妇

接触、砥砺,不仅让师生及时掌握国际学术动态,也将教师的研究成果推向世界,对国外教育思想消极的接受开始转向积极的探讨,扩大了我国比较教育研究在国际上的知名度和影响力。

四、顾诿天之明命

我校比较所研究人员在"文革"前后风气依然保守、外文资料昂贵稀少、物质条件艰苦的处境中,"甘抛年华赌明天",以自己的学术革新努力,对中国教育的深层关切和执着之情,重建了"文革"以来中国研究国外教育理论几乎凋零的学术基础,引来了世界的风,打开了一个"柳暗花明"的新境界,为我国的教育学术研究、教育改革实践和教育人才培养作出了开拓性的贡献。有人形象地将比较所比喻成一只"母鸡",因为她不仅追踪国际教育思潮、拓展国别教育研究领域,还深入研究微观领域的课程与教学以及职业教育,今天华东师大的课程与教学研究所和职业教育与成人教育研究所的学科带头人和主要研究力量均来自比较所,是比较所下的"蛋",课程所和职成所开拓了我校教育研究的多重路径,促进了我国教育研究的繁荣。

比较所也曾两度面临被解散之险。第一次是20世纪90年代中期,所幸远在日本访学的钟启泉写信给华东师大党委书记和校长,慷慨陈词,才得以保留比较所;第二次是90年代末,教科院打算将比较所一分为三,把成员分往其他院所。最终在比较所成员的共同努力之下,终将比较所保留。钟启泉等比较所成员始终坚持自己的尊严和傲骨,淋漓尽致地展现了他们心系比较所的强大责任感。比较所研究人员的学术活动既致广大,又尽精微,他们的心志业绩、道德文章至今仍令人感到钦佩,他们的品格与精神缔造并壮大了中国现代教育的完整内涵与卓越生命力。直到今天,作为一代中国教育学耆宿,钟启泉、李其龙等已过古稀之年,但依然笔耕不辍,默默地、不懈地耕耘在他们所挚爱的教育学园地上。比较所这一代人,为教育研究提供了开启世界之门的钥匙,为中国教育学界的学术创造、实践贡献和人才培养,为中国学校的课堂教学变革和中国教育的现代化发展作出了重大的贡献。

如今我校国际与比较教育研究所已经成为教育部和上海市教委重要的教育咨询中心、沟通中外学术交流的重要桥梁和培养比较教育人才的重要基地。回望历史,我国著名教育学家、华东师大终身教授钟启泉感慨道:"如果没有华东师大比较所这一批成员,中国的基础教育将是另一番面貌。"

2014年10月,比较所举行成立50周年庆典,并从课程与教学系分离出来,恢复其独立建制,重新成为我校教育学部下的一个独立研究所,迎来了新的发展机遇。"五十知天命",比较教育学同仁一致认为,"顾谌天之明命",自信地参与全球教育对话,讲好中国的教育发展故事,做到学习国外经验与反思自身传统的平衡,为中国寻求一种具有时代气息的大国教育模式,是今天的比较教育学人的恒久天命。

＊本文作者：邓莉,华东师范大学教育学部博士研究生。

学科教育的创建与发展

钱景舫等

作为师范大学,我校各系学生除了学习本系的专业课程外,还必修教育学、心理学、相应的教材教法(后来称之为学科教育)和教育实习。前两门课由教育系的公共教育学心理学教研室承担,而后两门课则由各系的教材教法教研室承担。

一、教材教法教研室的组建

学校和各系领导都对教材教法这门课十分重视。各系挑选了一些教授、副教授;还从光华大学附中、华东师大附中、上海中学及其他学校,挑选一批有丰富教学经验的教师,调到我校各个系。中文系有叶百丰、谭惟翰、谢象贤,数学系有徐春霆、郑锡兆、余元希,物理系有唐志瞻、赵芳胤,化学系有李嘉音,地理系有褚绍唐,外语系有史绍成、梁达、吴棠等,教育系有沈百英、赵廷为、李伯棠,作为教材教法的基础力量。各系还挑选一部分中青年教师补充教材教法教师队伍,如数学系的吴卓荣、郑启明,物理系的宓子宏、化学系的韩建成、张伟敏、赵泓、范杰,生物系的赵继芬、周美珍,政教系的吴铎,历史系的陶寿明、陆满堂、金相成,外语系的李震雷、章兼中,地理系的孙大文,教育系的翟惠文、戴宝云、邱学华等。在20世纪50年代,各系都相继建立了教材教法教研室。有的系主任还亲自兼任教材教法教研室主任。之后,又有不少人加入这支队伍,如数学系的张奠宙、邹一心、许鑫铜、唐瑞芬、田万海,教育系的卢寄萍、吴玉如、梁镜清,政教系的杜东亮、夏国乘等。较年青的还有地理系的陈澄等。

时任我校校长顾问的苏联专家杰普利茨卡娅认为,一位教学法教师,既需要具有坚实的专业知识,还需要对教育学、心理学有深刻的了解,而更重要的是取得丰富的教育实践经验。她说:"四五年可以造就一名青年教师成为比较成熟的专业教师,而可能需要增加一倍的时间,才能成为一名比较成熟的教学法教师。"这真是一语中的。青年教师们最缺乏的正是教育实践经验。为此,学校让他们补上这一课。吴铎1956年到华东师大一附中兼任高中政治课,1964年到华东师大二附中兼任初中政治课和班主任,并将党的组织关系转到二附中,认真参加教学实践。李震雷、章兼中分别到无锡市一女中、二中教外语。

二、学科教育学系列的形成

几十年来,教材教法的教材经过照搬模仿、自编、创新等过程,到 20 世纪 80 年代末 90 年代初,形成了学科教育学的系列教材。

起初是照搬或模仿苏联的教材。例如,1956 年,教育部委派苏联专家列别捷夫来我校开办为期两年的全国生物学教学法教师进修班,在此基础上,教学法组教师编译了苏联通用的《中学生物学教学法》教材。我校化学教学法的教材也是根据列别捷夫等人的学科教材教法体系,结合上海市相国英、刘葆宏等优秀化学教师的丰富经验和实践案例而逐步建立起来的。60 年代初,由李嘉音教授等人编写的中学化学教材教法讲义,前后二套,体系上与苏联相似,只是换成了中国化学教材的案例。当时的教材,不成熟,很多是油印的,或称为讲义。如政教系吴铎编写了供本科生用的《中学思想政治课教学法大纲》和油印教材,地理系褚绍唐编写了新中国第一本《地理教学法讲义》。这样的情形基本上持续到 60 年代中期。

70 年代中以后,"文革"结束,各系重组教学法教研室,把教学法教材建设当作重要任务。如生物系周美珍等编写了新的生物学教学法讲义。此讲义流传到全国后,颇受同行们重视。后又不断丰富充实使之系统完整。1988 年在参加全国同类教材评选被选中。1991 年由周美珍等主编的《中学生物学教学法》由高等教育出版社出版,成为全国高等师范院校生物系教学法专业的主要教材,并获得 1995 年国家教委优秀教材二等奖。政教系吴铎编著出版了《中学思想政治课教学法》、《德育课程与教学论》。地理系陈澄主编了《地理教学论》、《新编地理教学论》。化学系李嘉音、范杰、张伟敏合编了《中学化学教学法》。外语系吴棠编著了《英语教学法》和章兼中编著了《简明英语教学法》、《英语教学的方法与技巧》等。这些教学法教材适应 80 年代后科学技术的新发展,也吸收了课程论、教学论和学习理论的新知识。

西方很长时期内把教学法理解为教学方法。辞典上说"教学法指各种教学方法,指教师采用的各种手段、方法、板书、教具等"。美国 1986 年在《明天的教师》一书中提到新兴的教育课程时说,要以对专门学科教育学的研究来代替一般教学法。苏联多年来一直设分科教学法,但从 70 年代开始,一些高等院校相继改设学科教育学,并陆续出版了各学科教育学教材。日本 1966 年开始就已广泛使用学科教育学名词。我国学科教育学的研究始于 20 世纪 80 年代。1986 年 10 月召开的"全国高师理科教学法学科建设研讨会",认为"学科教育学的孕育和诞生是教学法学科的发展和升华"。适时,

"建立学科教育学"被列入上海市哲学社会科学"七五"规划重点课题。我校抓住机遇，领受任务，使学科教育学形成系列。1992 年由浙江教育出版社出版《学科教育学丛书》，时任我校校长袁运开主编，孙大文、陈子良副主编。全套 11 册，分别是：《中学语文教育学》（主编：谢象贤）、《中学数学教育学》（田万海）、《物理教育学》（宓子宏）、《化学教育学》（范杰）、《生物教育学》（周美珍）、《地理教育学》（孙大文）、《思想政治教育学》（吴铎、夏国乘）、《历史教育学》（金相成）、《英语教育学》（章兼中）、《小学语文教育学》（戴宝云）和《小学数学教育学》（梁镜清）。

该丛书列入全国"八五"期间主要图书编写和出版规划。该系列丛书颇具新意，表现在以下几个方面：1. 体系新颖，在绪论中，讲述各学科的发展，学科教育学的由来，主要内容和研究方法；2. 补充了学习论原理和方法，特别是智力与非智力结合的具有中国特色的学习理论；3. 贯彻教书育人思想，编入了学科教学中的思想、科学方法和美育教育；4. 增加了学生的智能培养；5. 在学业考核评价中，应用教育目标分类和现代统计学的有关概念；6. 在教师一章中讲述教师的专业、思想道德和教育技能；7. 增设了教育研究一章，给人耳目一新的感觉。

该丛书的出版是我国学科教学论教材发展的一个新的里程碑，对各学科的教学和改革发挥了积极的引导作用。

三、学科教育学高层次人才的培养

鉴于我校学科教育学强大的教学科研力量和丰富的科研成果，20 世纪 80 年代初就在国内领先获得了硕士学位授予权，有些学科教育学在 21 世纪初更获得了博士学位授予权。另外还举办了许多研究生课程班，为各高等师范院校和各省市教研室培养培训学科教育学高层次人才。

1. 化学系在 1980 年和 1982 年招收了二年制和三年制的硕士研究生，李嘉音为导师，范杰、王一川、张伟敏等参与部分指导工作，为以后扩招化学教学论研究生打下了扎实的基础。据不完全统计，到 2000 年为止，范杰和王一川先后招收了 9 名化学教学论研究生。后来与上海、杭州等地合作办了三个化学教学论硕士课程班，合计 38 位老师，接受各地访问学者 7 名，进修教师 57 名。

2. 在全国高等学校首设外语教育硕士点，以吴棠领衔，章兼中为辅。主要专业教材选用吴棠教授所著《英语教学法》，章兼中所著《国外外语教学法主要流派》、《外语教学心理学》和《外语教育学》以及经典学术著作等。上海市教育委员会与我校共同创办外语教育研究生班，学员由上海市教委选送的中学特级、高级和优秀教师。第一届近

10 位学员,第二届近 30 位学员。教学上注重理论联系实际,提升了他们的外语教育教学理论与实践水平。

3. 1980 年,地理系率先设立了我国第一个地理教育硕士点,褚绍唐被选为导师。陈澄也有幸成为褚先生的首位研究生,并成为我国第一个地理教育硕士学位获得者。褚绍唐先后指导并帮助其他院校培养了多名研究生,开设了"地理教学论"、"国外中学地理教材研究"、"地理学思想史"、"中国近现代中小学地理教育史"、"地理教育刊物编辑理论与实践"等国内首次开设的研究生课程。20 年后由陈澄任导师,招收了首位地理课程教学论博士生。多年来,地理教育教研集体相继由褚绍唐、孙大文、陈澄等多名教授出任地理课程教学论研究生导师,成为我国该领域硕士和博士研究生导师最多,培养的硕士、博士生最多,以及接受各校访问学者最多的教研室。

四、各科教学杂志的创建

面向中学,创刊各科教学杂志,服务于中学教师,服务于中学各科教学质量的提高,是我校学科教育的重要使命。学校在各系设有 11 个学科教育杂志编辑部,并由卓有成就的教授担任正副主编。如《历史教学问题》先后由陈崇武和王斯德担任主编,《物理教学》先后由宓子宏、袁运开、钱振华任主编,《生物教学》由周本湘和马炜梁任主编。他们为全国各学科教学改革鸣锣开道,受到同行的赞扬。

1. 1959 年,由褚绍唐等人筹建的《地理教学》丛刊问世,这是新中国第一本专业的地理教育刊物,填补了当时我国刊物出版的一项空白。其办刊宗旨是"交流教学经验,分析地理教材,讨论教学问题和介绍课外活动的经验"。著名地理学家、地理教育家胡焕庸、金祖孟、褚绍唐、褚亚平等以及一批中学地理名师纷纷撰稿发表文章,诠释地理理论、分析地理教材、介绍教学经验,受到了广大地理教师的欢迎和好评。

1980 年,《地理教学》丛刊在"文革"停刊后正式复刊,由丛刊改为季刊,并逐步扩展为双月刊、月刊、半月刊,刊物容量渐增。著名的地理学家胡焕庸、李春芬、吴传钧、李旭旦、侯仁之、周淑贞、金祖孟、瞿宁淑、程潞、严重敏、钱今昔、曾尊固、卢村禾,地理教育家张子桢、褚绍唐、褚亚平、陈尔寿、冯以浤,以及一批中学地理名师相继为刊物撰稿,介绍地理科研新进展、诠释地理科学新理论、宣传环境伦理新理念、剖析课程教材新架构、探讨教学设计新思路、引领地理教学新方法。50 多年来《地理教学》期刊先后由褚绍唐、孙大文、陈澄、段玉山出任主编,累计出刊 300 多期,刊文不下万篇,成为广大地理教师的良师益友。1983—1991 年期间我校地理教育教研室还主持、执行编辑了四辑学术水平高一个档次的《地理教学研究》年刊,提携青年学者,并"使我国地理教学研究学术水平迈上了一个台阶"。

2.《化学教学》杂志从1978年开始积极筹备,联合上海市教育出版社、华东师大出版社,于1979年创刊。聘请了上海市最负盛名的化学教育专家张冠涛、刘正贤、季文德、张国模等,加上本系各学科的正副教授朱榆良、贡兰影、刘恒橡、韩建成、徐钟隽、潘道皑、王一川等,组成第一届编委会,由众望所归的李嘉音任第一任主编,范杰任常务副主编。经过当时的教育部高教一司批准,在编辑部全体同志不徇私利,不计报酬,坚持责己严、责人宽,质量第一,来源广,实施三审录用稿件等原则的指导下,《化学教学》从不定期到季刊,到双月刊、月刊的历程,逐步发展,多次被评为全国普教类核心期刊,最高发行量达到8万多册,成为广大中学化学教师和高师化学教学论师生的良师益友,发挥了对全国高师和中学化学教育的引领作用,受到全国高师和中学化学教学同行的赞誉。编辑部曾数次联合上海市化学化工学会教育专业委员会等单位在上海和山西忻州等地举办化学教学研讨班、交流会,促进各省市化学教师之间的交流,提高了各地的化学教学质量,为培养新世纪人才作出了贡献。

范杰在世行项目讲课

3.《外语教学》杂志于1958年创刊,它是我国外语教育界较早出版的一份外语教育杂志。其主要发起者和负责人是我校外语系外语教学法教研室主任梁达。他专心钻研语言学、翻译学、语音学、机器翻译、英汉语对比和外语教育教学。这本杂志也是他呕心沥血组织和精心设计、创建的杰作,受到外语教育界,特别是中小学外语教师的热烈投稿和欢迎。

1978年,章兼中任外语系外语教学法教研室主任期间,凭借恢复《外语教学》杂志之名,重新向教育部申请创办《中小学外语教学》和《国外外语教学》两本杂志,获教育部批准后正式出版发行。80年代初,《中小学外语教学》杂志随外语教学法教研室全部教师转入"华东师大教学法研究所",而《国外外语教学》杂志则留在外语系。后来,《中小学外语教学》杂志几经易名改为现在的《中小学英语教学与研究》。吴棠和章兼中任主编期间,杂志既彰显了理论联系实践和实践的理论性,又有声有色,内容多元。它涵盖了国家外语教育政策,既有哲学、语言学、心理学等理论基础,也有课程标准、教学大纲、教学理念、教学原则、教学过程、教学模式探讨,又有英语知识、技能和为交际运用英语能力、教学策略与方法的训练和培养,还有典型教学案例、教学测量与评价以及教学与研究等。由此,该杂志在中小学外语教学期刊类中以理论性较强而著称。

《国外外语教学》主要介绍和评述国外外语教育教学的政策、法令,教学大纲或课程标准,外语教学法主要流派,理论与实践,语言学、心理学、特别是脑科学的理论基础,教学过程,教学原则、策略与方法,典型的外语教学实验案例,教学科学研究和实验的方法以及测量和评估等主要内容。对我国外语教学改革起到启示和正反面的借鉴作用。该杂志现改名为《外语教育理论与实践》,进一步拓展、研究国内外外语教学理论与实践的各类问题,并成为我国外语教学期刊类核心期刊。

五、参加国家和上海市基础教育课程改革

我校学科教育学的老师们长期以来积极参与国家和上海市的基础教育课程改革,在其中发挥重要的作用。主要的方式是:编写课程纲要、课程标准;主编基础教育教材;参加审定委员会,审定纲要和教材;参与高考命题;参加国家教委组织的教学调查等。

1. 编写课程纲要、课程标准

主持研制课程教学大纲、课程标准是政府教育行政主管部门的职责,我校参与了某些学科的课程教学大纲、课程标准的研制。

20世纪50年代以来,政教系吴铎与教学法教研室的杜东亮、夏国乘、尹城乡等接受教育部和上海市教育局的聘请,先后参与了全国中学德育课程教学大纲、课程标准的多项研制工作。

1980年3月,教育部在济南召开"中学政治课教材编写大纲讨论会"。吴铎、杜东亮、尹城乡应教育部政教司的邀请,参加这次会议,会后参与编写《青少年修养》教学大纲。1982年教育部正式印发《初级中学青少年修养教学大纲(试行草案)》。之后,又继续参与了《中学思想政治课改革实验教学大纲(初稿)》、《中学思想政治课改革实验教学大纲(试行草案)》的研制工作。这两个大纲分别于1986年6月和1987年颁布。

吴铎作为大纲研制参与者,对大纲规定的《公民》课程做了全面研究和说明。1990 年又继续参加新的中学思想政治课教学大纲的研制工作。1992 年 3 月,国家教委颁发了《全日制中学思想政治课教学大纲(试用稿)》。1995 年 4 月国家教委基础教育司组建研制课程标准的工作小组。吴铎、夏国乘参加研制工作。这次研制的《全日制高级中学政治课课程标准》、《九年义务制教育小学思想品德课和初中思想政治课课程标准》,国家教委分别于 1996 年 6 月和 1997 年 4 月印发。

这些工作在吴铎的一些文稿中得到一定反映。《〈青少年修养〉编写说明》一文对《〈青少年修养〉教学大纲》的研制和该门课程的教材作了比较全面的分析介绍。《初级中学〈公民〉改革实验教学大纲介绍》一文着重说明《公民》课的任务是什么、怎样掌握《公民》课的内容和结构、《公民》课在教学方法方面有哪些要求。《关于课程、大纲、教材的几个认识问题》一文,分别就中学德育课程建设的一些重大问题作了分析,包括:课程名称、课程的性质和地位、课程的政治教育功能、基本理论教育、法制教育、国情教育、课程的能力培养要求、教材的风格、教材的可教性和可读性等。《德育课程建设的规则和规范——〈九年制义务教育小学思想品德课和初中思想政治课课程标准〉简介》一文,就中小学德育课程标准的一些重大问题作了分析。包括:制定课程标准的客观背景、课程标准的主要特点、课程标准的基本功能、课程标准"序言"内容分析、课程标准关于课时计划和不同学制的教学安排的规定、关于教学原则和方法的规定、关于学习评价和考核的规定、关于教材编写和选用的规定等。

吴铎、夏国乘、李春生等还受上海市中小学课程教材改革委员会的邀请,参与了《上海市小学思想品德课和中学思想政治课课程标准》的研制工作。

1953 年,教育部邀请一些专家学者研究制订新中国第一套中小学各科教学大纲。研制工作历经三年,到 1956 正式完稿。其中地理教学大纲是我国颁布的第一部规范中小学地理教材和教学的大纲,在中国地理教育发展史上具有重要意义。地理系委派褚绍唐参与地理教学大纲的研制,他在大纲研制中发挥了主导作用。

2000 年 3 月,我国长达 10 多年的新一轮基础教育课程改革正式拉开序幕。地理教育教研室派出陈澄、夏志芳、段玉山作为核心成员参与课程标准研制,陈澄任地理学科项目组负责人之一。通过大量、艰苦、细致、开创性的工作,新中国建立以来的首部初中和高中地理课程标准分别于 2001 年和 2003 年颁布。著名地理学家吴传钧、汪品先、刘昌明、郑度、陈述彭、陆大道诸位院士,以及陈尔寿、褚亚平、刘纪远等专家审议了课程标准并给予肯定的评价,认为"地理课程标准充分体现了课程改革的新趋势,突出了要重点培养学生的探究能力、创新精神、社会责任心和环境伦理观等,令人耳目一新"。随着地理课程标准在全国各地全面实施,地理教师教学观念、课堂教学方式、学生学习状态正在发生变化,学校的地理教学出现了新气象。

2. 主编基础教育教材

参与并主持全国和上海市中学德育课程教材编写,是我校中学德育课程研究一项繁重、长期和卓有成效的工作。

1963年5月,教育部组织北京大学、复旦大学、北京师范大学、华东师范大学等七所高校教师和人民教育出版社编辑共20余人,开始统编全国第一套中学六个年级政治课教材。吴铎和曹宁参加了其中供初三和高一使用的《我国社会主义革命和建设》(试用教材)的编写。1964年7月,中宣部、高教部党组、教育部临时党组在北京联合召开全国高等学校、中等学校政治理论课工作会议。中学政治课教材编写组全体成员参加了这次会议。会议期间,毛泽东等党和国家领导人接见会议全体代表并与代表合影,吴铎、曹宁光荣地受到接见。

80年代初,教育部恢复全国中小学政治课教材的编写工作。吴铎、杜东亮、尹城乡负责编写《青少年修养》,该册教材上下册分别于1981年1月和1981年7月出版。1982年10月下旬至11月初,教育部政教司召开中学政治课教材修订会议,委托北师大、华东师大、东北师大继续研究中学政治课改革方案,吴铎代表我校出席。

国家教委1992年3月印发《全日制中学思想政治课教学大纲(试用稿)》之后,为加强对思想政治课的指导和保证教材编写的质量,国家教委党组决定成立"中学思想政治课教材编写领导小组",并决定"由华东师范大学政法系教授吴铎同志任组长"。教材编写领导小组首要任务是集中全国力量,吸取各版本教材优点,组织编写一套高质量的教材。各年级教材编写组实行双主编,由大学教授和熟悉中学的教研员或教师分别担任。夏国乘与赵聪担任初中一年级《思想政治》主编,我校政教系尹城乡、史俊参加编著。

国家教委基础教育司经国家教委主任同意,1996年3月15日发文,宣布成立"小学思想品德课和中学思想政治课教材领导小组",吴铎任组长,成员中有我校教育系的吴慧珠教授。领导小组的任务是依据新编订的课程标准,组织编写一套高质量的小学思想品德课和中学思想政治课示范性教材。从1997年秋至1999年秋,这套小学《思想品德》和中学《思想政治》(试验本)教材相继出版,在全国中小学使用。世纪之交,根据教育部印发的《九年制义务教育小学思想品德课和初中思想政治课课程标准(修订)》和《全日制中学思想政治课课程标准(修订)》,对上述试验本教材进行了相应的修订。修订工作在教育部同意设立的"小学思想品德和中学思想政治编写委员会"组织和指导下进行。编写委员会主任吴铎,副主任傅国亮,我校参加编写委员会的还有吴慧珠。修订后的小学《思想品德》和中学《思想政治》(修订本)2000—2002年陆续在全国使用。初中一年级《思想政治》主编夏国乘,赵聪主持该册教材修订,尹城乡、史俊参加修订。

20世纪80年代至90年代,国家教委委托我校编写全国中等专业学校德育课程教材。由吴铎任主编写了《马克思主义基础(上下册)》、《〈马克思主义基础〉教学参考》、《邓小平理论基础》,由经济科学出版社出版,在全国中等专业学校使用。

上海市中学思想政治课成套教材编写工作始于20世纪70年代中期。1974年8月,受上海市教育局委托,我校政治教育系组建中学思想政治课教材编写组,承担了全套教材编写工作。吴铎担任编写组组长,编写出版的《辩证唯物主义常识》、《政治经济学常识》、《中国革命史》、《社会发展简史》于1977年9月在全市使用。

1988年到1998年,上海在全国率先提出实现由"应试教育"向国民"素质教育"转变的任务,提出了"提高素质、发展个性"的培养目标,组建"上海中小学教材课程改革委员会",领导课程标准研制和教材编写工作。当年组建了"小学思想品德和中学思想政治教材编写组",吴铎受聘任主编,夏国乘、陈雪良、杨丽娟任副主编,编写了小学《思想品德》、初中《公民》、高中《思想政治》全套教材、教学参考资料,由上海教育出版社出版,在全市中小学校使用。

1998年开始迄今,为实施"科教兴市"的战略决策,构筑具有国际竞争力的创新人才高地,提升城市综合竞争力,上海开始了跨世纪人才工程的第二期课程改革。作为国家教育综合改革试验区,上海市组织编写了全部中小学教材、教参。吴铎担任主编、李春生担任副主编,编写了全套中学《思想品德》、《思想政治》教材和教参32册,由上海教育出版社出版,在全市中学使用。

为配合教材的使用和教学工作的需要,吴铎和夏国乘等,还撰写和主编了一批教学参考书籍。

"文革"后,邓小平指示教育要面向未来、面向世界、面向现代化。上海市教委为落实这一指示,决定要为重点中学理科班编写数理化教材,并把此任务交给我校。1977年9月成立化学教材组,由范杰任组长,抽调了上海师大、上海教育学院及有经验的中学化学教师10余人作为编写组成员。教材组从参考国外中学化学教材的现状,深入各重点学校调查开始,制定大纲。明确:指导思想上以基础较好的理科班学生为起点,以元素周期律和原子结构、化学键为理论基础,编入电子云概念和四个量子数的定义;编排体系上借鉴国外无机和有机内容交叉的方法,运用大量国外的立体照片,体现先进性;加强学生的实验(四册书有29个实验),分必做和选做两个部分;注意理论联系实际,编入阅读材料8篇,以简单的文字介绍化学学科的发展;对任课教师的业务理论基础提出了较高的要求。全书四册共16章50万字左右,供高中两个年级学习。1978年出版第一、第二册;1979年出版第三、第四册。在上海市近20所重点中学理科班使用;印数45 000册,少数流向全国。为配合教材还编写了教师教学指导材料。

1980年上海市率先恢复高中地理课程。我校地理系集中精兵强将编写了高中地理课本《地学(上下册)》,由褚绍唐任主编,这套教材虽侧重自然地理方面的内容,但它却是"文革"后全国第一套高中地理教材,为我国以后高中地理课程的建构探明了道路。1988年,褚绍唐任主编、陈澄任常务副主编,编写出版了一套"发达地区版"初、高中地理教材。此套教材在可读性、生动性、直观性等方面均有创新,突出基本技能和智力培养,图文并茂、色彩鲜明。教科书为双套色或全彩色,这在我国内地基础教育各个学科的教科书编制史上是第一次。其中《世界地理》分册1994年曾荣获全国首届优秀地理图书奖。

3. 参加审定委员会,审定纲要和教材

1986年9月,"全国中小学教材审定委员会"成立,它是我国第一次建立的审定中小学教材的权威机构。国家教委聘请了全国著名的学者、专家和来自权威机构的领导,分别担任审定委员会的顾问、审定委员和各学科审查委员会委员。我校陈昌平和吴铎两位担任审定委员;陈崇武、孙大文、田万海、王吉庆、章兼中、范杰、、杜东亮、戴宝云8位担任相关学科教材审查委员。吴铎兼任德育课程审查委员和审查委员会召集人。吴铎《完善基础教育教材评审制度的几个问题》一文,从坚持依法评审、规范审查程序、把好审阅关、开好评审会议、健全评审队伍、积极试行审定等六个方面,对中小学教材的审查工作作了概括分析。

新课程标准颁布后,全国中小学教材审查委员会换届,聘请较年青的同志参与工作。我校陈澄受聘参加审查委员会并担任地理学科教材审查组组长,为我国中学地理教材在政治性、科学性、准确性、可读性等方面的提升付出了努力。

4. 参与高考命题

高等院校招生统一考试,是体现国家意志的国家考试。高考命题工作任务重、责任大、机密程度高。自从1978年恢复全国高等院校招生统一考试和1985年上海高考单独命题以来,我校学科教育学的朱榆良、孙大文、范杰、林纪筠、纽泽富、夏国乘、宓子宏等多名教授先后多年参加这项重大工作。

夏国乘多年参加全国高考命题,并担任上海政治学科高考命题组组长长达17年之久。另有多位教师参加了上海高考命题或题库工作以及上海教育考试院专家组工作。教育部规定了高考命题要"以能力立意"。政治学科是学校中的显性德育课程。据此,夏国乘在命题组内提出政治学科命题"以能力立意"应"蕴涵德育价值立意"的认识,此后就成为命题的理念,并且写入了每年政治学科高考评价会的评价报告之中。这对于在命题工作中坚持正确的导向,注重发挥思想政治教育功能和"两个有利于"

(有利于高校选拔新生,有利于基础教育改革)的作用,具体落实命题的指导思想、能力目标、考查范围、科学设计题型和试卷结构、制定参考答案和评分细则,以及把握试卷绝对难度等方面,编制出符合要求的、具有上海教育特色的高质量上海高考政治试卷,是有一定作用的。

在长期命题和审题过程中,德育课程高考命题的基本经验有四个方面:第一,坚持鲜明的思想性和时代感;第二,坚持理论联系实际和学以致用;第三,坚持"稳中有变,变中有新";第四,从"死记硬背"到"活题死批"再到"活题活批"。这些经验,对于让考生展现自己的才华是一个有用的平台,对于促进高考命题改革和中学德育课程改革也有积极作用。

我校地理教育教研室连续多年委派孙大文参与高考命题,陈澄也应邀参加全国高考的征题工作。30多年来,教研室先后派出多人参加全国和上海高考的征题、命题、审题达60余次之多,还发表了一系列有关地理高考以及地理教育测量评价的论著。

5. 参加国家教委组织的教学调查

开展全国15省市高、初中英语教学质量调查。1985年,国家教委委托我校负责全国15省市高、初中英语教学质量调查,旨在调查高、初中学生外语学习的实际水平,并为国家教委提供制定外语教学政策、课程标准和高等院校入学英语教学水平的客观的量化数据。根据抽样调查的设计要求,确定105所重点中学和35所普通中学的5.8万名学生和1 000多名教师作为调查对象。调查研究工作历时一年零七个月。这是新中国成立后规模最大、范围最广、时间最长的学科质量调查之一。从中央到地方联合组成调查组。全国成立总调查组,由我校外语系系主任左焕琪任组长。各大区成立分调查组,华东地区章兼中任组长。

调查研究主要采用两种方法:对学生英语水平测试和对师生、教研组长问卷调查,并结合查阅1984年高考试卷和成绩,采取召开座谈会、访谈、现场观察等方式获取大量数据。学生英语水平测试采用科学的测试手段和现代化数据处理方法,并由我校数理统计系、教育系和电子计算中心等单位对数据进行处理分析。最后,调查组写成《15省市中学英语教学调查研究报告》呈交国家教委。1987年,国家教委组织专家审定委员会对报告作技术鉴定,获一致通过。调查报告证实,尽管学生英语水平有所提高,但总体英语水平和英语运用能力较低:重点中学平均分为64.6,非重点中学平均分为48.2。英语骨干教师大量外流,合格教师比例下降。

全国英语中考质量的调查和评价。1999年,教育部要求对全国英语初中毕业考、升学考试质量进行调查和评价。我校舒运祥、章兼中组成课题组负责对长江以南地区初中毕业考、升学考两考分合的利弊得失和对素质教育影响进行调查和评价。课题组抽取了上海、江苏、浙江、福建、广东、广西、四川、云南、江西、贵州、湖南、海南等地的英语初中毕业考、升学考试卷 27 份和部分地区的命题双向细目标 11 份、工作小结和数据分析 11 份,并在上海、苏州、福建三地作了问卷调查和访谈,并呈教育部书面报告。为保证中考质量,报告建议需加强命题教师的培训,英语知识与能力命题比例宜为 3∶7,以免过多地采用知识和客观型试题。

六、各科教育学术团体的骨干力量

20 世纪 80 年代初,为了提高全国化学教学的水平。筹备化学教学研究会被提上议事日程。根据教育部要求,全国化学教学研究会的筹备工作拟由北京师大、华东师大、人民教育出版社和教育部普教司四个单位协商进行。在 1982 年间四个单位多次联系,并由刘知新、范杰、梁英豪、鲁纹四位同志在北京讨论协商,并经四个单位领导同意,产生了第一届全国化学教学研究会的主要成员名单,由我校副校长夏炎任理事长,梁英豪、刘知新任副理事长,范杰任秘书长,会址设在华东师大。1983 年 10 月在江西省南昌市召开化学教学研究会成立大会。1985 年后,上海市第一届中学化学教学研究会理事会成立,夏炎任名誉理事长。

1981 年中国教育学会地理教学研究会成立,研究会“以中等学校地理教学为研究重点,兼顾小学地理教学研究,以地理教学法学科为研究系统,理论与应用并重”。这标志着地理课程与教学研究在我国受到了前所未有的重视。研究会首届理事会由褚绍唐出任副理事长,第四届理事会理事长由孙大文担任。之后,陈澄曾任第六届、第七届理事长。多年来研究会秘书处一直设在我校地理教育教研室,主持、筹办、承办全国性学术会议达 40 余次。我校为这一全国性的地理教学学术研究协会的创立、壮大和持续发展起到了核心作用。

中国教育学会外语教育专业委员会和各大区外语教学法研究会的成立,构建成中小学第一线外语教师与大专院校教师之间紧密联系的桥梁,为他们共同研究、探讨、推动和提升我国外语教育质量作出了极大的贡献。我校吴棠和章兼中先后担任该学会的常务理事。章兼中还连续三届担任该会副理事长。

20 世纪 80 年代,教育部决定不成立全国性的外语教学法研究会,同意分别成立华北、华南、华东、华中、东北、西南大区外语教学法研究会。各大区教学法研究会各自独立,开会研讨问题更为多元、灵活和便利。章兼中被选为华东地区外语教学法研究会理事长至今。各大区外语教学法研究会每两年召开一次年会,相互邀请,互动参与,讨论热烈,争论激烈,洋溢着平等、民主、和谐的热烈气氛,尤其对研讨、创建符合中国特色的外语教学法体系功不可没。

七、学科教育的国际交流

1983 年,我校教育科学学院与加拿大维多利亚大学教育学院开展系列教育科研合作项目。章兼中与维多利亚大学欧文教授合作的"中小学英语积极学习"(active learning)是其中的一个项目。当时,国际教学潮流已从主要研究教师的教学活动转向探讨学生的学习活动。双方希望通过英语教学实验项目能更好地发展中小学英语教学积极学习的理念,调动学生学习英语的主动性和更多地动脑、动口、动眼、动手参与英语学习的积极性,进而提高中小学外语教学质量。中加双方前后互访二三次,主要参观和查阅一些有关积极学习的图书资料,访问大、中、小学、幼儿园、图书馆和教育局等有关教育机构,特别是听外语的课堂教学,但更多的还是靠自己探讨和研究。有鉴于此,章兼中就将"积极学习"的理念作为青云中学和闸北区第三小学九年义务制教育英语学科教学改革实验的理念和指导思想。

章兼中(右 1)、徐勋(左 3)在加拿大学校做调研

从 1985 年到 1993 年,经过多轮实验,成绩彰显。青云中学各轮初中四个实验班约 119 个毕业生的中考英语学科成绩都相当于或超过市、区重点学校。其间,教育部基础教育司负责外语教学的张泰金组织全国部分重点初中作引进英语教材:3L(Look,Listen and Learn)的实验。青云中学作为唯一一所非重点学校参与了该重点

学校项目的实验。实验验收结果是,青云中学四个英语实验班学生的考试成绩超越了所有重点学校,取得最佳成绩。

＊本文作者:钱景舫、范杰、周美珍、章兼中,华东师范大学教育学部教授;段玉山、陈澄,华东师范大学地学部教授;吴铎,华东师范大学社会发展学院教授;夏国乘,华东师范大学政治学系教授。

高等教育学学科的发展

薛天祥　叶楠楠

随着 1977 年全国高校统一招生制度的恢复,以及 1978 年全国科学大会和全国教育工作会议的召开,我国高等教育事业逐步恢复和发展。《中国学位条例》颁布实施后,高等教育的发展更是呈现快速增长的态势。"前景很丰满,现实很骨感",教育规模的扩大和教育层次的提高带来的是对合格教师、高等教育管理人员的大量需求,由此在国家层面和各高校开始引入对教师和管理者如何进行培养的思考。华东师范大学作为全国七个教师干部培训中心之一,承担起培训高校教师和管理者的任务。培训需要教材,教材需要学者进行研究和编写,正是在这种情景下,敦促了一种新兴研究领域的产生——高等教育,及其自然延伸而形成一门新的学科——高等教育学。

我校领导和学者们审时度势,高度重视高等教育领域的研究,并始终走在该学科研究的前列,由起步到茁壮成长已经历了 30 多个春秋。30 多年来,我校高等教育学学科无论在研究队伍、研究机构,还是在研究成果、研究水平等方面都获得了长足的发展。

一、学科开创与发展方兴未艾

自 1979 年开始,薛天祥教授就涉足上海市高校科研管理和高等教育两个研究班工作,他的两篇研究班结业论文《谈高校科技管理的若干问题》(中央人民广播电台全文广播)、《论高等学校的两个基本职能——教学与科研》(在《教育研究丛刊》上发表),引起了我国高教界的关注。在高等教育研究室成立之前,薛天祥已发表了 8 篇论文,随后开始系统地从事高等教育研究。高等教育研究室的成立与时任校长刘佛年、副校长袁运开、教务长郑启明、科研处长薛天祥四位的努力密不可分。在学校的工作研究会议上,刘佛年提出,为了搞好高等教育,搞好一所大学的教育科研,一定要成立一个高等教育研究机构。当时也已经具备了成立的基本条件,如有了研究队伍,承担研究课题,取得一定的研究成果等。起初成立研究室的目的,一方面为校领导决策提出咨询意见,另一方面为促进高层次管理人才的培养。最终在校领导的支持和薛天祥等人积极筹备下,1982 年我校高等教育研究室成立,开始由郑启明担任主任,不久郑调任教育部高教司副司长,日常工作由薛天祥负责。自 1983 年起,薛天祥任研究室主任。高等教育研究室的第一个咨询决策报告是将我校从校系两级改为校院系三级管理的体制改革建议,以克服校领导直接领导近 80 个处级单位的繁复局面。当初研究室有薛天祥、杨永清、唐安国、陈子良、冯学华、孙建明、董佩兰、朱菊如等 8 人,后增设英、德、法、俄语等主要语种的情报科研室 7 人,共同组成了 15 人的高教室师资队伍。

1985 年中共中央发布《关于教育体制改革的决定》,高等教育体制改革全面展开。高等学校在改革发展中的种种困惑和问题接踵而至,使许多高校越来越意识到进行高等教育研究的必要性和紧迫性,陆续建立了一大批高等教育研究所或研究室,促进了高等教育学学科建设的快速发展。在改革推进的过程中,我校该学科的研究机构不断扩展,以为更适应学科发展的需求提供自由、独立的学术环境,并于 1985 年,高等教育研究室并入教育科学研究所,作为该所四个研究室之一,促进教育资源共享并优化利用。

在学位点建设上,1981 年,在厦门大学采用与华东师大联合培养的方式,录取了我国第一个高等教育学硕士研究生,并且根据具体情况制订出第一个高等教育学硕士生培养方案。1983 年,国务院学位委员会公布的学科(专业)目录将高等教育学正式列为教育学的二级学科,使其作为一门新兴学科获得了行政上的合法化。1984 年中国高等教育学学科正式建立,使其发展驶入快速轨道。随着我校高等教育学学科教师队伍的扩大和研究能力的不断提升,1985 年我校成为全国首批设置的高等教育学硕士点之一,当时唯一的硕士研究生导师是薛天祥副教授;1990 年在高等教育研究室的基础上组建了校高等教育研究中心;1993 年,成为继厦门大学、北京大学之后我国最早的有影响的高等教育学博士点,博士点的学科带头人是薛天祥教授。1998 年在系所调整中又建立了高等教育研究所,首任所长是薛天祥。2002 年 4 月,高等教育研究所成为教育科学学院中独立建制的研究所。博士点的确立促使我校高等教育研究发展开始了新的征程。

值得说明的还包括我校高等教育学学科建设在对外交流和两岸合作中的推动作用。20 世纪 80 年代开始,薛天祥曾两次前往加拿大、两次前往日本进行高等教育的学术访问和课题合作研究。他承担日本学术振兴会和加拿大自然科学基金会的研究课题,并访问这两个国家多所著名大学。这种对外的学术交流和合作,对我校高等教育学学术水平的提高有很大帮助,对建设高等教育学科,尤其是比较高等教育更有直接的借鉴作用。80 年代开始,随着我校高等教育研究实力的增强,高师教育研究的不断发展,也日渐吸引台湾地区对大陆高等教育的关注。在薛天祥等人的积极倡议参与下,他与台湾大学的教务长签署了海峡两岸高等教育交流协议,定期开展学术交流活动。在推进两岸教师的互通来访工作进行中,薛天祥做出了积极努力和大量工作。在一次到台湾为期三个月的学术交流活动中,薛天祥到台湾大学等 10 所最有影响的大学作中国大陆开展高等教育研究报告,并回答了师生提出的不少问题。相应地,台湾各大学的教师代表团每次选派 11 人到复旦大学、浙江大学等多所大学访问。除了大陆高等教育快速发展和规模出乎他们意料,他们还对大学坚守优秀传统、对古籍保护整理和研究也留下深刻印象。这一行动大力促进了两岸高等教育学学科的交流,研究成果更加丰富,对推动两岸文化交流有着一定的推动作用。90 年代后,随着国家政策的开放,全面推进和深化两岸文教交流与合作陆续展开,作为对学科内涵的催化和外延的拓展,这种交流与合作的模式不断发展,"走出去,请进来"沿用至今且更加频繁密切。

我校高等教育研究所研究领域不断丰富,如今已涉及高等教育哲学、高等教育管理、高等教育史、高等教育评估、高等教育政策、国际和比较高等教育、教师教育、学生发展与就业辅导等众多领域。目前提供高等教育原理、高等教育社会学、高等教育经济学、中外高等教育史、国际与比较高等教育、高等教育政策、大学课程与教学、组织行为学、高等教育管理、高等教育评估、学校战略规划与管理、高等教育质量管理、教育人力资源管理、学生发展与管理、生涯发展与规划、学生就业辅导、劳动力市场分析、高等教育国际化、学位与研究生教育、教师教育等 20 余门适合于博士和硕士研究生的专业课程,以及若干适合于博士后、访问学者等人员的合作和研修专题。

二、理论研究与创建独树一帜

薛天祥是我国最早从事高等教育研究的著名专家之一,是我校系统研究高等教育理论的创建者,他积极探索适应我国国情的高等教育发展模式,为推动中国的高等教育理论研究、加快高等教育改革发展及高等教育专业人才培养方面作出了突出贡献。在从事高等教育研究之前,他有相当长一段时间参加管理、高等教育两个研究班,担任我校科研处处长,并担任全国高校科研管理学会副理事长,兼任《研究与发展管理》副主编,上海高校软科学联合研究中心副主任。上述经历使他在 20 世纪 80 年代初,就开始关注高校科技问题并使之成为自己的重要学术研究方向之一,在国内率先提出要加强"高等学校科研管理"的研究。在学位条例颁布之前,已在教育研究丛刊、上海市高教学会年会会刊、人民教育等杂志发表多篇高等教育方面的研究论文,很有先见性地谈及高校科研管理。

薛天祥不仅参加了我国第一部由潘懋元教授主编的《高等教育学》(1984 年)编写工作,还于 1982 年承担教育部委托的为培训我国高校教师和管理者所用的高等教育学教材的编写工作,与郑启明联合主编了我国第二部另成学科体系的《高等教育学》(1985 年),其中钱景舫、金一鸣、杨永清、潘洁、谢安邦、陈玉琨、唐安国、刘宗海、缪克成、黄震、金允通、丛培军、陈锌宝、陈誉、俞允超、万加若、曹葵申、陈子良等人也参与编写了部分章节。这本著作先后再版 4 次,发行 4 万册左右,是我国高教界很有影响的一本高等教育专著,对高等教育学学科地位的确立起到积极的促进作用,也获国家教委首届教育科学优秀成果二等奖(1990 年)。此后他相继出版了《高等教育管理学导论》,主编了新版《高等教育管理学》(1996 年),总主编《高等教育理论丛书》(一套 8 部,2001 年出版),很多高校都采用这套教材作为高等教育学研究生的主要参考书。

2004 年又总主编《高等教育理论创新丛书》(一套 4 部,2005 年出版),其中《高等教育学》、《高等教育管理学》、《研究生教育学》等均体现了薛天祥试图为高等教育理论体系的建设、完善和创新所付出的艰辛努力和不懈探索。他在主要的高等教育期刊上发表论文130 余篇,其中 70 篇由高等教育出版社编辑出版《薛天祥高等教育文集》,也体现了薛天祥对高等教育理论的创新。

薛天祥在写作

从 80 年代初,薛天祥就在其积淀深厚的高等教育理论与实践经验的基础上,积极着手于高等教育评估理论与实践的探索研究。1985 年 5 月 27 日颁布的《中共中央关于教育体制改革的决定》中提出:"根据同行评议、择优扶植的原则,有计划地建设一批重点学科。"这是促进我国高校向高水平方向发展,不断提高教育质量和科研水平的重要措施。然而,由于全面地、系统地开展学科评估在我国还是一项新的工作,亟须有一套成熟的评估体系。由此国家教委科技司成立"全国重点学科评估研究"课题,由薛天祥任课题组长,负责重点学科评估的研究。课题历时近两年,经过调查和验证,设计了一套较成熟的指标体系。该体系根据"与目标的一致性,直接可测性,体系内指标的相互独立性,指标体系的整体完备性,指标的可比性,可接受性"六条设计原则来制定,这也为指标系统的设计、修改和完善指明了途径和方法,提出包括三个方面(研究方向和任务、研究成果和人才培养、研究队伍与条件)的 25 条指标的指标体系,并探讨出重点学科评估的组织方法、权重设计和测量方法。在这项课题研究的基础上,通过专家组的评分,从 2 000 多个学科中评选出 600 个重点学科供领导部门决策,报告还建议排在前十的增加科研编制,我校河口海岸研究所的科研编制从 50 个增加到 95 个。报告还提出排在后面的撤销部分机构,我校原生动物学科研究室因评估排位靠后被撤销。

薛天祥在教学和科研中,致力于构建和阐释高等教育学学科的相关概念和逻辑体系。首次为教育科研生产联合体界定了比较完整的概念,第一次对《高等教育学》等若干学术著作构建了逻辑的理论体系,在高教研究中产生了较广泛的影响。高等教育理论体系的建立是他最具典型的创新性建构,凭借着数学学科背景训练的严密逻辑能力及对哲学、教育学、管理学的深入学习,他首先在国内提出要运用科学方法论即从抽象上升到具体的基本方法构建《高等教育学》理论体系的观点并付诸行动。他指出只有在科学方法论指导下、在经验体系的基础上建立相对完善、具有高水平的理论才能透过现象达到本质,从而更加有力地揭示其客观规律;提出《高等教育学》理论体系的逻辑起点是学习高深专门知识,中介概念是专业,中心概念是高等教育,后继概念是高等教育基本规律,过渡性概念是高等教育原则,逻辑终点是高等教育目的(核心是培养目标)及其实现途径。《高等教育学》理论体系框架因此可以分为: 存在论、本质论、实践论三大部分。高等教育学理论体系从逻辑起点开始,通过中介概念、中心概念、后继概念和过渡性概念,落到逻辑终点的行程中,后继概念包容了先行概念,其内涵一个比一个丰富,概念一个比一个具体,只有这样,一门学科的知识才能不断丰富起来。"高等教育目的与途径"这一逻辑终点表明高等教育学理论体系既是一个相对完整的体系,又是一个开放的体系,它将在高等教育实践和高等教育理论的矛盾运动中不断完善其自身,不断地得到发展。这一高等教育理论体系获得了潘懋元教授及高等教育学界一些教授的赞同。

此外,薛天祥较早从理论和实践两个层面论述了我国高等教育管理体制问题,系统论证了高等教育管理的本质和规律。他用系统论的观点分析了高等教育系统的矛盾运动,指出高等教育管理就是要处理和解决高等教育系统内个人与个人之间、个人与整体之间、系统与环境之间的矛盾关系;指出高等教育管理的本质就是对高等教育系统有限的资源投入与高效益实现高等教育系统目的的矛盾;进而又提出了高等教育管理的第一、第二两重性规律。第一两重性规律揭示了高等教育管理的自然属性和社会属性的矛盾统一规律。第二两重性规律揭示了高等教育管理的封闭性和开放性矛盾统一的规律。他的这些有创新的见解为高等教育管理改革的理性抉择提供了有效的理论基础。

三、春风化雨桃李盈门

1985 年,我校设置高等教育学专业硕士点,1986 年开始招生。1993 年被国务院学位办批准设置高等教育学专业博士点。薛天祥始终走在教学的第一线,至 72 岁退休,共培养了 63 名研究生,其中 26 名博士和博士后,多次为硕士研究生讲授高等教育学、高校科研概论等课程,为博士研究生开设高等教育理论和高等教育管理专题研究必修课程。在上课方式上,多采用讨论式,通过启发问题让学生自己研究然后共同探讨,上课场面生动活泼。观察整个教育过程对人才的培养,他非常重视人的全面发展,他规定学生必须选修多名导师的课程,以扩大知识面和学习不同导师的研究方法。谈及对研究生的培养时,他说:"主要是培养能力,知识很重要,是基础,最重要的应该是能力,研究生重视培养能力,有了能力才可以对现状和未来趋势做出较为准确的判断。"如今薛天祥银发红心,孜孜教诲,培养了一大批学有成就的高等教育学研究生,桃李满天下,多数继续耕耘在高校研究领域,担任大学教授和大学高等教育研究机构的负责人,或在政府部门担任要职。

四、薪火相传接力担当

薛天祥为科研创新勤奋严谨,屡获新成果;为培养人才,他因材施教不拘一格。在此之余,也承担多样社会兼职。曾长期担任中国高教学会理事、全国高等教育学学术研究会副理事长、全国高校科研管理研究会副理事长、全国高师教育研究会常务理事兼秘书长、全国高等教育管理研究会理事兼副秘书长。还担任全国高等教育研究协作组副组长、上海高校软科学联合研究中心副主任、《研究与发展管理》杂志副主编、《上海高教研究》副主编;中国高教学会学术委员会委员、中国学位与研究生教育学会学术委员会委员、全国高校教学研究会常务理事。

薛天祥退休后,2002 年起谢安邦任高等教育研究所所长。现任所长是阎光才。他们继承了薛天祥治学和培养人才的优秀传统,并在新形势下积极创新,促进我校高等教育研究不断深入发展。目前所内共有教师 15 人,14 人获得博士学位,其中博士导师 6 人,硕士导师 5 人,兼职教授 3 人,体现了专兼结合,以专为主,老中青结合的优化结构。每年定期编辑并出版《中国高等教育研究新进展》。在长期研究的基础上,本学科逐渐形成了教师教育研究、高等教育评估研究、高等教育学与高等教育管理学理论体系研究、高校科技发展与管理研究等特色领域,其中高等教育政策、高等教育评估、教师教育等领域的研究在全国享有盛誉。

＊本文作者:薛天祥,华东师范大学教育学部教授;叶楠楠,华东师范大学教育学部硕士研究生。

教育信息技术学科的新篇章

王吉庆　　郁晓华

我国教育信息化的发展与电化教育的发展是一脉相承的,信息化教育是电化教育发展的新形态,其重要标志就是以计算机为核心的教学系统的研制与应用。在技术上,以多媒体、网络为特征的计算机技术开始逐渐超越以往幻灯、投影、录音、电视等传统视听媒体的作用,在教育教学活动中占据主导地位,掀起计算机辅助教育的新篇章。我校在 20 世纪 70 年代末 80 年代初,从现代教育技术研究与应用、开展中小学的信息技术教育两个方面,谱写了教育信息技术学科的新篇章。

一、现代教育技术研究的重要抓手

20 世纪 70 年代,国际上很多发达国家广泛开展起计算机辅助教育的研究与应用。1978 年,在北京召开的一次专家会议上,教育部表达了开展现代教育技术研究的意向。

会后,考虑全国“一南一北”的布局,教育部成立了两个现代教育技术研究所,分别设置在华东师大和北京师大。我校现代教育技术研究所在同年 10 月成立,时任所长为万嘉若。他以独特的眼界和开阔的视角,前瞻性地看到了计算机在教育技术领域的巨大发展前景,一开始就将计算机辅助教育作为研究所发展的核心抓手,并引进了一批计算机相关领域的青年教师,组建起一支专门队伍来开拓这一领域的研究。其中有接近中年的王西靖、王吉庆、董志澄、祝智庭,刚毕业留校工作的张琴珠、沈霄凤、张际平和张华华,后来还专门引进钱峰等人加入。

第一个计算机辅助教学系统、第一篇国际论文的诞生　计算机辅助教育在 20 世纪 70 年代末 80 年代初的中国还是一个全新的领域,所有的工作从文献收集与翻译开始。研究所精选了一批当时国际上比较知名的教学系统加以介绍,如伊利诺斯大学的PLATO 系统、CAI 信息电视系统 TICCIT、斯坦福大学的 CAI 工程、英国计算机辅助学习国家发展规划 NDPCAL、法国的全国性 CAI 实验、德国 CAI 工程 Augsburg、日本名古屋大学多用联机教育系统、加拿大计算机辅助学习联合工程 CAN 等。同时也前

前排中为万嘉若

往北京师大调研学习,见识了当时最新的微机设备配置和互联网应用的雏形,慢慢一些想法开始在青年学者们的头脑中成形。

1979年,研究所里有了世界银行贷款购进的一台计算机MC‐3(CROMEMCO‐Ⅲ),于是我国第一套计算机辅助BASIC语言教学系统开始了在这台设备上的研制过程。当时,借用物理系天文台下的房间,年青学者们在老专家带领和支持下,没日没夜地进行科技攻关。音频输出没有,就转由录音机播放;汉字系统没有,就自己开发;计算机显示输出要怎样才最符合教与学的认知规律,就多次反复尝试,等等。系统终于1980年初步研制成功,并于1982年1月通过鉴定。系统可以同时向4名学生提供训练并具有声音解释。它把BASIC的基本语句分成十余课,每课运行半小时左右,包括:介绍语句格式、语句作用、提问和适当的练习。学生在阅读课文后对练习作答,而计算机根据学生的答复,判断其正确与否并给予相应的反馈和补救。系统一经面世就大获好评,于1982年3月参加了全国高校科技成果展览会,后来还移植到APPLEII型微机上。基于这一研究成果,由王吉庆、张琴珠和张际平撰写的我国第一篇计算机辅助教育方面的论文"A Microcomputer-based BASIC Instruction System — MCBBI System",参加1981年在瑞士洛桑举行的第三届世界计算机教育应用会议(WCCE'81),发出来自于中国的计算机辅助教育领域的声音。会议组织者还让王吉庆主持了一次共进早餐的餐桌讨论会议,充分体现了对我国研究的关注。

系统的研制成功大大引发了国内教育领域对计算机辅助教育的关注,不少教育机构包括部队院校,一方面购买系统,另一方面前来取经学习,借鉴相关研究思路和技术方案。一时,全国掀起计算机辅助教育的小高潮,参加人员急剧增加。研究所在此时也再接再厉,继续在辅助英语教学和物理学演示上拓展研究领域,同时还尝试开发一些课件开发环境与工具,比如 ALC 语言等。这些教育软件大多从中国实际出发,具有中文显示、教法细腻、注意启发式教学法等特点,在一定程度上达到了当时国际先进水平。

科研创新与国际交流　计算机辅助教育是一个新兴的研究领域,充斥着无数的问题,也充满了无数的可能性。20 世纪八九十年代,研究所多次承担了教育部与上海市的自然科学、科学技术的研究项目,比如由华东师大与南京大学、北京师大等 6 个单位共同承担的国家"七五"攻关项目"面向大专的计算机辅助教学软件开发工具及应用",不仅很好地搭建了计算机辅助教育的研究局面,还带动了一大批人才的成长与发展。此外,还不断扎根实践、开拓新的研究命题,比如王吉庆承担的教育科学研究规划项目"计算机教育应用评价与实践研究"。他与课题组成员董百年、陆立辰在绍兴师专附中和上海第一女子初级中学开展了一个周期的计算机辅助数学教学的实践研究,这也是我国第一次关于计算机在中小学教育中的实践研究。钱峰等着力的自然语言处理与翻译研究课题,在当时不仅在国内而且在国际上也算前沿性研究。

为了更好地了解国际计算机辅助教育发展的现状与趋势,研究所秉持"走出去、引进来"的原则广泛且有效地开展各种国际交流。20 世纪 80 年代初期,万嘉若和王靖西分别前往美国和日本考察学习,不仅带回了先进的理论和技术,还搭建了良好的国际交流与合作的桥梁。比如,美国伊大教育学院计算机中等教育应用研究室主任 Dr. Richard Dennis 受国际组织委派到中国考察时,应万嘉若的邀请到所里开展了为期一周的计算机教育应用的讲座,大大开阔了国内当时计算机辅助教育的研究视野。而日本教育技术元老阪元昂来学校访问时介绍的日本关于 SP 学生—问题的信息处理办法,后来成为了所里吴敏金的研究方向,也开辟了国内课堂信息处理系统研制的方向。荷兰特温特大学计算机辅助教育专家狄雅那教授和加拿大康考迪亚大学模式识别和人工智能研究中心主任孙靖夷教授先后被聘为顾问教授。在引进学习的同时,青年教师们也主动走出去学习。1981 年,王吉庆由教育部派遣出国,赴美国教育技术的名校伊利诺依大学教育学院学习计算机教育应用。他是当时我国该领域第一个外派的学者,而当时该校的教育学院只有他一个是从中国大陆来访的学者。祝智庭和张际平也借由与荷兰特温特大学教育技术系的人才合作培养项目,在荷兰攻读了博士学位,成为计算机辅助教育领域当时少有的高学历人才。

人才的培养和专业课本的开发　研究所成立不久,经国务院学位委员会批准开始招收三年制研究生,设计算机应用技术(计算机辅助教学方向)和无线电电子学(教育图像传输和处理方向)两个硕士学位点。1983 年经国家教委批准,与北京师大现代教育技术研究所、华南师大电化教育中心一起成为全国最早招收四年制教育技术(电化教育)专业本科生的单位。研究所在课程设置上非常重视计算机及其他软硬件课程的建设,包括程序设计、信息处理等,在 20 世纪 80 年代就列入了培养计划,针对未来的教育信息化发展需求输送适配人才。

"计算机辅助教育"算是当时国内首次开设的专业特色课程,没有现成可借鉴的教材,研究所就自编讲义。从 1983 年开始,经过多轮的经验累积,在 1988 年,由万嘉若主持,王吉庆和祝智庭参与编写了全国第一本计算机辅助教育领域的专业教材——《计算机的教育应用》。该书由华东师范大学出版社出版,以宽广的视野考察了计算机在教育各方面的应用,包括计算机辅助教学、计算机管理教学、教育行政管理中的计算机、计算机辅助教学资料处理、模式识别及其教育应用等,也非常系统、完善地搭建了这一研究领域的框架体系。1989 年,万嘉若又进一步聚焦于计算机辅助教学的原理、方法和实现技术,与祝智庭一起编著了《计算机辅助教学》一书,由北京科学普及出版社出版。1991 年,《计算机辅助教育》被收录入《教师必读丛书》(袁运开主编),列为教师开展继续教育,提升能力素质必备的学科知识之一。为进一步提升对计算机辅助教育的认识与理解,1992 年王吉庆编著的《计算机教育应用》,作为高等教育出版社发行的全国统编专业教材,成为当时各校教育技术(电化教育)专业广泛使用的专业教材。

全国计算机辅助教育学会的成立 随着计算机辅助教育研究与应用的火种在全国广泛点燃,万嘉若感觉是时候将研究力量聚集在一起成立一个学术团体,以领导大家进一步扩大和加深该领域的研究、开发与实践。由于万嘉若担任着中国人工智能学会的副理事长一职,而该学会是经国家民政部正式注册的我国智能科学技术领域唯一的国家级学会,在当时的计算机领域是非常知名的全国性学术团体。借着这一契机,万嘉若与中国人工智能学会时任理事长秦元勋教授协商,愿意在该学会下属建立一个计算机辅助教育的专业学会。此事在 1984 年贵阳中国人工智能学会的理事会上一经讨论即获得认同,万嘉若被正式委托负责筹备学会成立的有关工作。1985 年,在国家教委与中国人工智能学会的支持下,万嘉若与上海交通大学吴维聪教授、华东化工学院朱宗正教授一同积极推动,于这年 9 月在我校召开了第一届全国计算机辅助教育学术交流会,到会代表有 50 多位,分别来自 20 余所高等及中等教育机构。会议同时还召开了学会成立的筹备会议,讨论成立的相关事宜。会后,在广泛征求关于学会成立的若干问题的意见并主动邀请一些有影响、有组织能力的权威学者加入后,1986 年 9 月,学会筹备委员会在我校正式成立。会上通过了学会章程草案,讨论了理事候选人名单,初步确定 1987 年初召开成立大会暨学术交流会,并责成华东师大现代教育技术研究所负责学会成立大会的有关工作。同时,会员的发展也在有条不紊地进行。

经过充分准备和酝酿,全国计算机辅助教育学会成立大会暨第二届学术交流会于 1987 年 3 月 25—27 日在上海市召开。遵照团结协商、顾全大局、合理分布的原则,到会代表通过民主选举的方式,投票选举出学会的首届理事会理事共 37 名。万嘉若当选为理事长,王吉庆当选为副秘书长。计算机辅助教育在这一年得到了极大的推动,在各种学术会议上公布的有关大学 CBE 的论文多达 130 多篇,几乎是 1985 年的 4 倍。随后,学会又对专业领域工作的具体开展进行了进一步分工,分别设立了大学 CBE 专业委员会、中小学 CBE 专业委员会、基础理论专业委员会、技术应用专业委员会等。学会不仅积极推荐相关的研究成果,推广全国教学软件的交流与评比,还积极推动国内与国外,以及港澳台地区的学者的交流互动。在学会的带领下,很多地方相继成立了分会,许多兄弟学会也设立了 CBE 的专业委员会或学组。

目前,全国计算机辅助教育学会仍挂靠在我校,积极活跃在计算机辅助教育研究领域,每两年召开一次学术交流会议,至今已召开了 16 次,推动着我国教育信息化的发展。

二、推动中小学信息技术教育的发展

初掘清泉　20 世纪 80 年代开始时,我国大学也只有计算机相关专业开设了计算机课程,中小学大概只有北京景山学校得到了方毅副总理转送的一台计算机,开展一些课外活动。

世界计算机教育应用会议(WCCE)是由联合国教科文组织支持,国际信息处理联合会等组织从 20 世纪 70 年代开始举办关于计算机在教育中应用的国际学术会议。1981 年 8 月在瑞士洛桑举行的 WCCE'81 是第三届,我国第一次组织学术代表团参加,团长是清华大学唐泽圣,副团长是北京大学杜淑敏。我校王吉庆是最年轻的成员,他也是第一次带着一篇技术方面的论文参加国际学术会议。在会议上的重要收获是听取了苏联计算机教育专家叶尔肖夫的“程序设计——人类的第二文化”的主题报告,并且了解了各国在开展中小学计算机教育的情况,给我们很大震动。叶尔肖夫的报告首先进行了现有文化与程序设计的对比分析,指出:程序设计与现有文化都一样有着它的来源、开始以及发展;都一样起源于某种技术的发明(现有文化起源于印刷技术的发明);都一样反映了人的组织能力,包括社会功能的能力,例如沟通交流的能力、工作能力、自辩能力等等;而最重要的是一方面它们相互平行地发展而又相互沟通,另一方面相互补充,使人们形成新想法与新观念。同时,他还分析了现代社会中的人由于需要与他人一起工作和提高工作学习的效率,因此除了读写算等基本文化以外,还需要一切都有预先的安排和计划,即程序(programming),计算机的核心是程序,因此学习计算机程序设计不仅可以学习新技术,而且可以帮助人们学会日常工作生活中的程序设计,因此成为人类所必要的第二文化。当时的第一感觉就是,既然是第二文化,就需要从小开始培养与熏陶。回国后,在向教育部汇报时,外事司领导请了中等教育司与初等教育司的同志参加。听取汇报后,中等教育司就决定在我国中小学开展计算机教育实验,考虑到中国当时大学中也只有部分开展了计算机教育,就采取"借鸡生蛋"的方案,即从1982年开始在五个大学的附属中学(北大附中、清华附中、北京师大实验附中、华东师大二附中、复旦附中)开始计算机教育实验,请大学的计算机教师来设置计算机课程,编写教材,上课,并且利用大学的计算机设施进行实践活动。这样,教育部正式启动了我国信息技术课程的事业。在香港华夏基金会等的支持下,其他一些中学也添置了一些微机,1982年,全国中小学约共有150台各种微机,实际开展计算机课程实验的学校为19所。

学校派汪燮华参与了1982年举行的全国中学计算机教育工作会议,会议的任务是拟定中学计算机教育的教学大纲。当时的教育目标与内容是学习计算机的知识与技能,特别是BASIC语言程序设计,也有计算机在社会中的各种应用与影响等,至于情感、态度等主要是鼓励学生参与和坚持学习与应用计算机。会议主持人苏适冬还委托汪燮华编写中学计算机教材,该教材分为三册,陆续于1983到1988年出版,供高中三个年级使用。我校接受了教育部的任务以后立即组织以计算中心的汪燮华等教师与二附中一起进行准备工作;还派出了由汪燮华负责的教师小组与二附中教师一起开始中学计算机教育试点教学,后来也到一附中上课,当时是讲课在二附中教室,上机在大学的计算中心,一直到中学有了自己的机房。我校的计算中心后来还承担了上海市中学计算机教师的培训任务。

王吉庆1983年回国以后,被聘为上海市少年宫的兼职指导,主要是推广适合儿童少年学习的LOGO语言,发表一些文章,参加了全国少年宫系统的许多活动,后来还与他们一起编写了三本一套儿童用的学习LOGO用的活动教材。计算机系的吕传兴则参与了计算机学会主持的一些学生计算机教育活动,主要通过全国性的程序设计与其他计算机竞赛活动推动青少年学习计算机的热潮,后来这些活动纳入到联合国教科文组织支持的国际信息学奥林匹克(IOI);他也翻译了国外的LOGO教材等。

汇聚成河　1984年邓小平在视察中国福利会少年宫儿童计算机活动时指出:"计算机的普及要从娃娃做起。"之后,我国中小学计算机教育得到各个方面的注意,许多省市迅速开展了比较广泛的实验。作为一门新学科,一下子扩展这么快,马上产生了一系列问题:目标、内容是什么? 教材哪里来? 教师问题如何解决? 前期实验只解决了部分问题,教师一般都是由其他学科教师兼任,他们的培训与日常教学研究也就成为一个需要考虑的问题了。这些问题一开始是各地自己考虑,例如当时调到广东教育学院任副院长的苏适冬,就应邀为骨干教师培训。他们自称是广东计算机教育的黄埔一期,后来许多学员成为各个地市的计算机教研员。

在香港华夏基金会的支持下,1985 年我国组织了第一个包括中学教师的中小学计算机教育考察团,赴美参加第四届世界计算机教育应用会议(WCCE'85),并且参观考察了美国许多中小学的计算机教育情况。会议上计算机文化与计算机是通用的应用工具的讨论引起了我们的关注。当时美国有的中小学组织学生建立学习地理用的数据库,一方面帮助学习数据库应用,另一方面以计算机为工具,解决学习地理的问题,使我们看到当时国际上学习计算机的发展趋势。因此 1986 年第三次全国中小学计算机教育工作会议上(我校汪蟽华和王吉庆以专家身份出席),讨论计算机教育目标时,开始了以计算机作为工具的方向性变化,内容上增加了文字处理、电子报表、数据库的应用方面。同时会议认为,应该加强中小学计算机教育的研究和管理。王文湛司长向汪蟽华布置了写一个关于成立中小学计算机教育研究中心可行性报告的任务,写妥后还带他去向全国人大教育委员会汇报。了解到国家教委重视中小学计算机教育研究工作的意图以后,学校即由汪蟽华、吕传兴、王吉庆、吴洪来组成计算机教育研究中心筹备组,把各方面力量汇聚起来,争取研究中心能够落户本校。

1987 年 2 月,国家教委发文,成立全国中小学计算机教育研究中心,下分北京研究部和上海研究部,分别挂靠在北京师大与华东师大,中心主任是教育部的官员,两个副主任分别兼任研究部主任;其任务是受中学教育司委托,参与制订全国中学计算机教育事业发展规划、有关政策和实施措施,了解各地开展情况,组织试验和推广交流经验,教师培训,组织教材编写,了解国内外动态等。上海研究部的首任主任是吕传兴。

中心最初的工作重点是推广我国自己生产的中华学习机,为此,国家教委、电子工业部与科协成立了中华学习机教育软件评审委员会,我校王吉庆参加。后来由于文本教材与电子教材都需要进行审查,包括王吉庆在内的部分成员也就成了全国中小学计算机教材的审查委员。

中心在推动计算机教育的发展方面进行了大量工作,首先是推动了计算机学科指导纲要的更新,通过对各地计算机教育发展情况的调查研究,吸收先进理念,1994 年教育部颁布的中小学计算机教育指导纲要以模块方式设置了必修模块与选修模块,各个学校可以选择其中一部分进行教学;内容也由强调程序设计到强调计算机作为工具应用的方向,而且把国际上刚兴起的多媒体与网络等新兴技术也包括在中小学计算机课程指导纲要内,预示着我国从计算机教育向信息技术教育发展的开始;然后是中心组织编写了有关教材。其次,推动各地教育部门对于学校信息技术基础设施的建设,在 80 年代,大力推动中华学习机的应用,逐渐引导学校计算机的规范化购买。在 90 年代,中心在全国设立了 16 个计算机教育实验学校,对于在不同地区的学校需要什么样的条件等问题进行实验研究。同时,注意计算机学科教师队伍的发展,过去师范大学没有计算机教育专业,中心通过多种途径,推动了部分师范院校的计算机系开设计算机教育(信息技术教育)专业。更加艰巨的任务是对于当时已有的、从其他学科转行而来的计算机学科教师队伍的再培训问题。中心通过会议、研讨会、竞赛等形式组织有关教研员与教师发展自己的计算机学科教学能力,1992年12月还创办了《中小学计算机教育》杂志,提供相互交流的平台。1987年起,上海研究部还与我校夜大学一起开班,培训上海市的有关教师与教研员,后来他们大多成为上海市计算机教育骨干队伍。90年代,经过努力,由中心牵头组织成立了中国教育学会中小学计算机教育学会(专业委员会),吕传兴是副理事长兼秘书长,以学会方式推动中小学教师队伍的发展。到90年代中后期,已经出现了一批如同任务驱动教学法和案例教学法等比较有特色的教学方法,涌现了一些计算机特级教师。同时吕传兴还积极策划与组织出版了许多信息技术的有关读物,例如,世纪版的《十万个为什么》信息科学卷、《信息技术十万个为什么》等。

1995年夏,上海研究部副主任刘福生退休,吕传兴也退休在即,学校与教育部基础教育司任命王吉庆为上海研究部主任。除了继续推进中心原来的工作以外,比较强调中心自身的研究工作。王吉庆在1998年完成《信息素养论》的写作,1999年出版。破题就是,世界与我国都即将进入信息社会,人们要在这个社会生存和发展需要什么样的素养?该书系统地论述道:信息社会需要每个人具有一种新的素养——信息素养;信息素养包括信息意识情感、信息伦理道德、信息及信息技术的基本知识与信息能力四个方面;指出,信息素养是可以经过教育培育提升的,也是必须从小培养的;学校提升信息素养的途径有信息技术课程、信息技术与学科教学的整合、信息技术在学校管理方面的应用等。

王吉庆在第二届全国中小学机器人教学展评会上点评课例

值得一提的是,1988年上海市先行进行课程改革,计算机课程正式进入课程计划,设立为整个中小学各个学段都有的完整课程;1997年上海市的第二期课程改革中将计算机课程正式更名为信息科技,汪燮华在上海市课程改革中参与了该学科课程标准制订与教材审查。在第二期课程改革中,学校委托陶增乐主编《信息科技》教材。该教材注意到不仅要让学生知其然，而且还要让学生知其所以然，在上海市教委向国家教委汇报课程改革成果时得到了肯定。

这个阶段，汪燮华除了主持 1990 年国家教委下达的直属师范大学基础教育改革和发展研究项目中的中学试题库模型及其实现课题以外，还成为上海市市民计算机应用能力考核专家组成员；在 1996 年上海市教委启动的职业技术教育课程改革与教材建设工程中，担当信息技术基础学科课程改革方案及课程标准制订组成员、统编教材《信息技术基础》的主编，该书于 2003 年出版，供上海市中等职业技术学校使用。

奔流向东　当时间进入新旧世纪交替时，国内外对于中小学信息技术教育的认识发生了重大变化，英国、加拿大等不少国家在推动教育信息化的过程中，纷纷开设了信息技术课程。我国国家领导层从国家战略出发，十分重视中小学信息技术教育问题。

1999 年，《中共中央国务院关于深化教育改革全面推进素质教育的决定》提出要"在高中阶段的学校和有条件的初中、小学普及计算机操作和信息技术教育，使教育科研网络进入全部高等学校和骨干中等职业学校，逐步进入中小学"。随后 2000 年 11 月，教育部颁布了《关于在中小学普及信息技术教育的通知》《关于印发〈中小学信息技术课程指导纲要（试行）〉的通知》《关于在中小学实施"校校通"工程的通知》三个文件，其附件，由陶增乐主持制订的《中小学信息技术课程指导纲要（试行）》提出，课程任务和教学目标是"培养学生对信息技术的兴趣，了解和掌握信息技术基本知识和技能，了解信息技术的发展及其对人类日常生活和科学技术的深刻影响。通过信息技术课程使学生具有获取信息、传输信息、处理信息和应用信息的能力，教育学生正确认识和理解与信息技术相关的文化、伦理和社会问题，负责任地使用信息技术；培养学生良好的信息素养，把信息技术作为支持终身学习和合作学习的手段，为适应信息社会的学习、工作和生活打下必要的基础"。这些文件的特点是：第一次提出了课程名称为信息技术；第一次提出了培养学生良好的信息素养的目的，并且强调了伦理问题，提出了"负责任地使用信息技术"的要求。

信息技术被列为高中必修课程，因此必须由全国中小学教材审查委员会审查通过，才能进入高中课堂。2001 年到 2003 年，我们对送审的大量教材进行了审查，最后按照指导纲要通过审查的全国高中教材不到 20 套，其中就有汪燮华编写的教材。

2000 年，陶增乐接任上海研究部主任以后，更加重视研究工作，接连承担了教育部的"我国大城市信息技术教育调查研究"、"欧洲三国信息技术教育调查研究"等课题。这些研究为我国信息技术课程标准制订提供了重要参考，他也成为教育部高中课程标准专家组成员。他所主持编写的高中《信息技术》教材是按照 2003 年制订的课程标准审查通过、进入全国高中课堂的五套教材之一。同时，还极力推动信息技术课程的一线教师开展课题研究，以中心名义，发布中小学信息技术课程研究指南，组织一线教师参与,许多一线教师因此开始了课题研究。

后来,由于教育部机构改革,中心编制撤销,学校在原来上海研究部基础上成立中小学信息技术教育研究中心,仍然活跃在中小学信息技术教育领域。例如,受师范司委托,2009—2013年,该中心参与教育部、微软公司联合组织,涉及我国十个省市五万信息技术教师培训的"携手助学"项目;我校新一代信息技术教育研究人员王荣良、任友群等为上海市第二期课程改革的信息科技课程标准编写了《上海市中小学信息科技课程标准解读》,以及编写相关教材和组织一线教师的培训等。

陶增乐(前左3)参与国家基础教育资源网站建设

王吉庆自1998年卸任上海研究部主任以后,进入课程与教学系,开始招收学科教育学信息技术教育方向的研究生,随后,承担了"十五"全国教育科学规划国家一般课题"《信息技术课程论》研究",与四川省教育科学研究院的信息技术教研员李维明等一起研究信息技术课程;2004年完成,并且出版了专著《信息技术课程论》。该研究进行了国内外有关课程的比较研究,论证了信息技术课程的地位、目标、内容、活动、评价与环境等问题;还提出要通过大力加强信息技术的隐性课程建设来提升中小学生的信息素养,包括在其他学科教学中加强信息技术应用、努力建设校园网等学校管理与应用信息技术的环境等,而且显性课程也要通过选修模块等实现多样化等一系列观点。2011年又与李宝敏合作撰写出版了《信息技术课程导学论》,书中认同了主体性教育和"以学生为中心的教学方法"这些理念,提倡在信息技术课程中教师的任务之核心不是"教"而是"导",教师在教学过程的任务可以以"导学"进行归纳,其中的"导"突出体现在对于学生的着重引导、适度教导、关键指导与及时辅导。该书试图以系统方法来分析导学过程的技术因素,并且就方法、策略与技巧等不同层面的技术进行比较深入和实用的讨论。

　　王吉庆退休后,一方面继续承担全国中小学教材审查委员的职责;另一方面则是对于学科的核心价值不断进行探讨,究竟是一些教育信息技术应用的技能和知识,还是能够提升学生在信息社会中生存与发展所需的思维能力? 近年来,国际学术界提出计算思维观念以后,王吉庆认识到其可以比较好地反映信息技术学科教育的核心价值,因而就成为了鼓吹者之一,与李锋合作撰写了系列文章,批判性反思我国中小学信息技术课程的发展,建议学科教育应该定位在促进学生思维能力提升上,需要对于信息技术课程进行良好的顶层设计。

　　回顾我校中小学信息技术教师队伍这 30 多年的成长发展过程,由开始时的一二人,然后以上海研究部为中心汇聚起来,不断推动我国中小学信息技术教育事业的发展,同时研究与教学队伍本身也在不断发展壮大,一批 60 后、70 后的新人也在这个领域有了自己的话语权。

＊本文作者:王吉庆,华东师范大学教育学部教授;郁晓华,华东师范大学教育学部副教授。

职业技术教育学学科的发展

钱景舫

一、奠基

国务院 1980 年 10 月 7 日批转教育部、国家劳动总局《关于中等教育结构改革的报告》,强调"改革中等教育的结构,发展职业技术教育,适应四化建设的需要,是当前亟待解决的问题"。时任华东师大教育科学研究所所长江铭教授审时度势,在教科所成立"中等教育结构改革调查研究组",组织研究人员对上海市中等教育的历史、现状进行调查,收集了大量的第一手资料,经研究论证后,向上海市教育领导部门提交《上海市中等教育结构改革研究》的报告。(《教育研究》1981 年第 8 期)。该报告根据当时上海市中等教育的实际状况,论证了中等教育结构改革的必要性,分析了上海市进行中等教育结构改革的有利条件和难点,提出了中等教育结构改革的若干建议。建议的主要内容有:大力发展职业技术教育,建立完整的职教体系,明确各类职业学校的任务,重视农村职教的发展,加强职教师资的培训;提高普通中学为学生升学与就业做准备的两种职能的适应性,一方面要办好若干重点中学,另一方面应实施初中后普教与职教的分流,即着力办好初中、在高中增加与就业有关的选修课程;制定相关政策,如建立职教发展基金、允许中等专业学校毕业生直接报考普通高等学校(考试方法可以作适当变动)、允许私人创办各类职业学校、建立技术证书考核制度,等等。这项研究成果,引起上海市教育领导部门的重视,对当时的上海市中等教育结构改革起了积极的推动作用。

上海中等教育结构改革研究告一段落后,江铭敏锐地预见到,我国职业技术教育将出现一个大发展时期,教育科学研究应当改变过去主要研究普通中小学教育的惯例,把职业技术教育作为自己新的重要研究对象。于是,我校教科所于 1983 年初建立了技术教育研究室,所长江铭兼任研究室主任,成员有:黄克孝、卞英杰、应俊峰、邵爱玲、叶肇芳。这在全国重点高校中是首创。接着,技术教育研究室受国家教委职教司的委托,开展了"关于我国职业技术教育体系"的研究。为了充实研究队伍,特聘上海市著名的中等专业学校校长和有关专家严雪怡、翟耀章、陈恩荣、程益良、林晓阳等为兼职研究人员,与所内专职研究人员一起组成了一支 25 人的研究队伍。从 1984 年 3 月至 12 月,先后在上海、江苏、辽宁、山东、四川、福建、北京等地进行了各项专题调查,写出 20 余万字的调查研究报告。在江铭主持下,研究小组依据各地调查资料,就建立我国职业技术教育体系问题进行了为期 4 个多月的研讨,其间又作了一些补充调查。1985 年 5 月,《中共中央关于教育体制改革的决定》(简称《决定》)发布。课题组在学习《决定》的基础上写出了研究报告的第二稿。1985 年 9 月,这一报告在"全国职业技术教育座谈会"上征求意见,听取了全国各省、市、自治区和中央各部委所属职业技术教育部门负责干部及有关专家的意见。会后,课题组再次对研究报告进行修改,最后由江铭定稿。

研究报告的主要内容包括三个方面:

第一,论证了职业技术教育在社会经济发展中的作用。该报告指出,一方面,职业技术教育对推动经济发展有直接影响作用。"社会经济的发展,直接依赖于社会生产力的发展,而生产力又是由劳动力、生产工具和劳动对象等要素构成,其中劳动力是最基本最活跃的要素。职业技术教育就在于它的教学内容和方法,十分注重通过掌握生产工具、加工劳动对象的过程来培养各种规格的优质劳动力。职业技术教育与基础教育或高等专业教育相比较,是直接参与经济活动的各种类型、各种层次的劳动力再生产的'母体',它对社会经济的延续和发展具有更加直接的影响。"另一方面,职业技术教育对经济发展又起调节性作用。"社会各个经济部门,在其发展过程中对劳动力的素质或数量的需求不是一成不变的。以素质为例,五十年前,体力型劳动者在社会总劳动力中占绝对优势,但当代由于新技术革命兴起,世界各国的生产、交换、消费和社会生活都在发生深刻的变化,特别是科学技术转化为生产力的周期缩短,自动化机器体系相继在许多经济部门出现,因此智力型劳动者在社会总劳动力中所占比例日益增大。至于对劳动力数量的需求,其可变性和流动性则十分突出。"为了"使人力资源在流动过程中既不发生积压现象又能发挥作用或创造新的社会价值,这就需要职业技术教育来调节"。

第二,研究报告通过列举大量统计数字与事实材料,分析了我国职业技术教育和社会经济发展不相适应的状况,其中包括技术人才的种类、结构及培养机构和方式等方面存在的许多弊端。

第三,研究报告对我国职业技术教育的改革和发展提出了具体建议。该报告指出:要使我国的职业技术教育沿着正确的轨道迅速发展,一个亟待解决的问题是要从我国国情出发,尽快建立一个从初级到高级、行业配套、结构合理又能与普通教育和高等教育相互沟通的职业技术教育体系。除了要大力发展中等职业技术学校外,还要创办高等职业技术院校。高等职业技术院校要有灵活性,基本学制可采取高中(含中等职业技术学校)后三年制,也可采用初中(含初等职业技术学校)后五年制;普教和职教在何阶段分流,可视各地的经济发展和教育水平而定;为了使中等专业学校毕业生进一步得到深造、培养高一级实用人才,除创办高等职业技术院校外,中等专业学校毕业生也可报考普通高等学校的同类专业;政府加大对职业技术教育的投入;加快职业技术教育的立法,促进职业技术教育的发展。1986 年 4 月,国家教委职教司在江苏昆山召开了论证会。与会专家在《论证意见书》中说,"研究报告指导思想是正确的,主题是明确的,论证是可靠的,主要论点是可取的","该课题组由理论工作者和实际工作者相结合的组织形式是好的,深入调查研究注意掌握第一手资料,理论联系实际的科学态度和研究方法是应肯定和提倡的","论证会推荐本研究报告作为国家教委制定政策的重要参考,并建议进行试点"。

随后,江铭及其团队意识到,随着职业技术教育的大发展,职业技术教育的科学研究将被提上议事日程并将成为教育科学研究中的一门重要分支学科。于是,江铭组织课题组原班人马着手编写一部探索职业技术教育发展规律的理论性著作。经过全体编写人员的共同努力,他主持编著了《技术教育概论》一书,于 1985 年 1 月由华东师大

江铭

出版社出版,成为全国最早出版的职业技术教育理论专著之一。

20 世纪 80 年代初,我校构建了职业技术教育研究机构,有了一支专兼职结合的研究队伍,完成了两项产生重大影响的调查研究和课题,出版了一本职业技术教育理论专著。这在全国是独一无二的,为我校后来在职业技术教育学研究领域居全国领先地位,奠定了坚实的基础。

二、第一个硕士点

1985 年,江铭升任我校副校长。钱景舫由比较教育研究所所长调任教育科学研究所所长,专业转向职业技术教育学。黄克孝任技术教育研究室主任。1986 年,钱景舫评上副教授职称。是年,由朱有瓛教授、江铭教授、钱景舫副教授联名申报设立职业技术教育学专业硕士学位授予点。于当年 9 月在国务院学位委员会会议上获批准。该硕士点成为我国第一个职业技术教育学专业硕士学位授予点。当年已错过了 1987

年研究生招生季,1988 年招收我国首批职业技术教育学专业硕士生 2 人,因为当时大多数学生不了解这个专业,所以 2 人都是本校教育系本科毕业生。

　　研究生课程主要由技术教育研究室的钱景舫、黄克孝、卞英杰、应俊峰等老师担当,也依托教育科学学院的教育系、比较教育研究所。硕士论文指导,因朱有瓛、江铭另有重任在身,第一届 2 人由钱景舫承担,此后,由钱景舫、黄克孝两人分担,钱景舫至退休,黄克孝至 1996 年调任上海市职业技术教育研究所副所长。

　　我校职业技术教育学专业硕士点长达 8 年成为全国的"独生子"。直到世纪之交,职业技术教育学专业硕士点才在各高校陆续设立。其中,钱景舫退休后受聘于浙江工业大学,协助他们职业技术教育学院申报职业技术教育学专业硕士点,经努力而取得成功,浙工大成为浙江省第一个设点高校。钱景舫还带了他们青年教师一程。

　　应教学之需,20 世纪末技术教育研究室与华东师大出版社合作编著职业技术教育学教学用书,于 2001 年出版张家祥和钱景舫主编的《职业技术教育学》黄克孝主编的《职业和技术教育课程概论》、石伟平著的《比较职业技术教育》和刘德恩等著的《职业教育心理学》。这样相对成套的教学用书尚属首次,出版后产生了较大的社会影响,成为很多院校职业技术教育学专业研究生必读教材,也有院校将其作为考研参考书。

　　职业指导和生涯发展是职业技术教育学学科的应有之义。20 世纪 80 年代,我校教科所和外国教育研究室在国内率先介绍职业指导。金一鸣、黄克孝、斯福民合著的《中学生的职业指导》、金含芬的《美国普通中学的职业指导》、黄克孝译著的《中学的职业前途教育》、张伟远的《职业指导的意义、效用与特点》等相继发表。金一鸣、黄克孝等直接发动了上海市卢湾区教育局于 1987 年 3 月开始进行的"中学职业指导的实验

钱景舫(右 6) 黄克孝(左 6)在香港出席"21 世纪之职业技术教育研讨会"

研究"。这些文章和活动在全国产生重大影响，也引起国家教委重视，推动了国家教委办公厅发出《关于转发上海市卢湾区教育局在中等学校开展职业指导工作经验的通知》(1989年2月20日)。金一鸣在当时成立的"全国职业指导专业委员会"出任主任，后来担任名誉理事长。2004年，上海市教委发动第二期职业教育课程改革与教材建设，钱景舫出任中职教材《生涯规划》的主编。

三、交两个朋友

职业技术教育研究者要交两个朋友，一个是职教行政部门的干部，他们关心职教事业发展的政策、规划等比较宏观的问题；另一个是职业学校的校长和教师，他们关心学校管理、教学、德育等更为实际的问题。所谓同他们交朋友，就是向他们调查、学习，为他们服务。也就是说，职业技术教育丰富的实践是职业技术教育学研究的根和源。我校职业技术教育研究所的老师们秉承着这样的思想进行工作。

1996年，上海市教委启动"上海市职业技术教育课程改革与教材建设"，时称"10181工程"，用10年时间完成。"即用5年左右的时间，完成10门公共课的课程改革及示范教材的编写工作；完成18个典型专业、工种课程改革和编写出部分示范性专业、工种教材，经过对课程、教材的不断试点、实验、评价、修改和研究，在10年左右时间内基本完成一个反映中国特色、上海特点、时代特征的中等职业技术教育的课程、教材体系"。同时，上海市教委向国家教育科学规划办公室申报课题"职业技术教育课程改革与教材建设的理论与实验"，该课题被批准列为国家教育科学"九五"规划重点课题。

在这项"工程"中，我校职业技术教育研究所投入了很多力量。钱景舫担任上海市职业技术教育课程改革与教材建设委员会委员、审定委员会委员、"职业技术教育课程改革与教材建设的研究与实验"课题总报告修改人和理论部分研究报告撰稿人、"关于职业技术教育中普通教育课程设置问题研究"课题负责人和撰稿人、"关于职业技术教育课程模式改革的调查研究"课题负责人，参与了大量具体工作。在后续的2006年启动的二期课改中，我校职业技术教育研究所仍然是骨干力量。

黄克孝在担任我校教育科学研究所技术教育研究室主任和1996年后担任上海职业技术教育研究所副所长兼上海市教科院实验职校校长期间，经常深入职业技术院校，指导研究职业技术教育课程理论与实践，成为我国著名的职教课程论研究专家。

钱景舫退休后受聘于浙江工业大学、浙江建设职业技术学院、永康职业技术学校，担任职教研究顾问。黄克孝退休后受聘于上海电机学院进行高等职业技术教育研究。

在职业技术院校第一线继续他们的职业生涯。

四、青出于蓝胜于蓝

1997年初,石伟平已介入职业技术教育学专业硕士研究生培养工作。2000年钱景舫退休后,石伟平作为职业技术教育学学科领军人物,引领该学科走向更高发展阶段。2001年成功申报我国该学科第一个博士点,2007年建立我国该学科第一个博士后科研流动站,2007年该学科入选上海市重点学科。

石伟平担任中国职业技术教育学会副会长兼学术委员会主任,2004年倡导建立"中国中青年职教论坛",成立"中国职业技术教育学学科建设与研究生培养协作组",并任组长。至今几乎每年举行一次"中国中青年职教论坛暨中国职业技术教育学学科建设与研究生培养研讨会",钱景舫作为"协作组"的顾问,也几乎每次都出席。

钱景舫(前左3)主持石伟平(前左4)的一个项目成果公开报告会

* 本文作者:钱景舫,华东师范大学教育学部教授。

开拓现代成人教育研究的新领域

周嘉方

1993 年 11 月,是华东师范大学成人教育学院成人高等教育研究室难忘的一个月。国务院学位办发文批准了我院提交的《关于设立成人教育学专业硕士研究生教育学位点》的申请报告。这是全国高等学校和科研机构首个成人教育学专业研究生学位点,开启了成人教育学专业研究生教育的新航程。

该学位点的批准,一方面展现了我校教育科学力量的雄厚,另一方面也是以叶忠海教授为首的成人教育研究团队,在校院领导大力支持下,经 10 余年的积极努力和不断探索所结出的硕果。

适逢其会,谱写新篇章

1978 年底,十一届三中全会确立党的工作重心转向社会主义现代化建设,这为我国成人教育实践及其理论研究注入了强劲的动力。由此,我国进入了正式以"成人教育"术语命名、真正意义上的"现代成人教育研究"的初始阶段。1981 年,在时任我校业余教育处处长高本义大力倡导和努力下,组建了全国高等学校首家成人高等教育研究室。该研究室集理论研究、教育培训、刊物编辑发行和决策咨询的多功能于一体,由高本义领导,叶忠海具体负责。

研究室建立后,创办了全国第一家《成人高等教育研究》期刊,1981 年试刊,1982 年内部发行,1984 年公开发行,在全国举起了成人高等教育研究的一面旗帜。该刊主编由本校历任分管成人教育的副校长江铭、郭豫适、叶澜等担任。1998 年 8 月始,由叶忠海任主编。负责该刊责任编辑和具体运行的是陆养涛副研究员。

1981—1993 年期间,成人教育研究团队艰苦创业,奋发努力,积极开拓现代成人教育研究领域,为创立成人教育学专业研究生学位点打下了扎实的基础。

——叶忠海主编的《职工教育心理学》(1987 年),由工人出版社出版。该书系我国首部职工教育心理学理论著作,较为全面而系统地论述了职工教育心理学问题,由时任全国职工教育管理委员会浦通修主任作序,后被推荐为全国职工教育管理干部培训教材。

——叶忠海主编的《自学学概说》(1988 年)，由江苏科技出版社出版。该书是我国第一部研究有关成人自学的学术著作，开拓了学习科学的新领域。中央教科所余博教授曾评价：“本书体系严谨，文字洗练，诸多独创。它的问世，是对成人教育理论领域的一大贡献。”(1989 年)。

——叶忠海、高本义主编，安振兴、刘翔等老师执笔的《成人高等教育学》(1989 年)，由辽宁教育出版社出版。该书是我国第一部以“成人高等教育学”命名的著作。专家鉴定认为：该专著“对成人高等教育学的理论体系和基本框架的构建，具有开创性和前瞻性的价值”。

——孙世路、高志敏等著的《成人教育》(1990 年)，由黑龙江教育出版社出版。

——在叶忠海的组织下，成人教育研究团队翻译出版了全国第一套《世界成人教育译丛》，包括《成人教育的哲学基础》(1990 年，高志敏)、《终身教育的心理学分析》(1991 年，沈金荣)、《连续教育的理论基础》(1992 年，杨希钺、叶忠海等)，分别由职工教育出版社、中国劳动出版社出版。

在此期间，叶忠海还承担了由金一鸣教授牵头的全国考委“七五”重点研究项目——“自学考试的理论和实践研究”，其研究成果为由金一鸣、叶忠海主编，沈金荣等参与执笔的《自学考试通论》(1992 年)，由中国广播电视出版社出版。全国高等教育自学考试研究委员会鉴定专家认为：“全书总体设计全面、合理，在教育科学领域中为自学考试学提出了一个比较完整的体系”，“为自学考试学创建作出了重要的贡献”。

同时，我校成人教育学院及研究室还承担了国家教委干部局和高教三司联合委托的项目——“我国成人高等教育管理干部队伍现状及其培训研究”。这是一项建国以来前所未有的基础性管理研究项目。柯金泰副院长为课题组长、叶忠海承担了项目策划和研究设计，以及研究总报告的撰写。该项目成果，被国家教委有关司局采纳，不仅委托我院及研究室承办建国以来首期“中央部委教育处长岗位培训试点班”，而且课题组制订的岗位规范和培训计划，后转化为国家教委教成字〔1993〕9 号文下发，作为各地培训成人高等教育管理干部的依据。

至此，成人教育学院研究团队已作好申报本专业研究生学位点的理论研究、信息资料、队伍梯队等多方面准备。就队伍梯队而言，当时共有专职科研人员 6 名，编辑及编务人员 2 名。其中，教授 1 人，副研究员 3 人，助理研究员 2 人；具有硕士学位的 2 人（其中 1 人获加拿大不列颠哥伦比亚大学成人教育学专业硕士学位），已形成以叶忠海为学术带头人的专业学术梯队。

夯实研究基础，勇攀理论高峰

1993 年后，为了夯实研究生学位点的基础理论建设，成人教育研究所在叶忠海所长领导下，凝心聚力编著出版了我国首套《成人教育理论丛书》，包括《成人教育学通论》（叶忠海等）、《成人教育心理学》（高志敏等）、《成人教育管理》（周嘉方）、《大学后继续教育论》（叶忠海）、《国外成人教育概论》（沈金荣等），于 1997 年由上海科技教育出版社出版。其中，《成人教育学通论》获"1999 年上海普通高校优秀教材奖"，《大学后继续教育论》获"1998 年上海市教育科研成果著作类优秀成果奖"。金一鸣教授评价认为："这套丛书为成人教育学科系统之作。"此后，这套丛书得到我国高校成人教育学专业研究生学位点的认可，作为硕士研究生教育的基本教学用书。同时，高志敏的《当代世界科学发展与成人教育》（1997 年），由上海交通大学出版社出版。

在基础理论研究方面，由叶忠海牵头承担了"八五"全国成人教育重点研究项目"成人教育与职业教育关系研究"。该项研究，从理论分析、现状剖析、国际比较、历史考察等视角，全面系统地研究成人教育与职业教育的关系。其研究成果，除叶忠海撰写的总报告《成人教育与职业教育关系研究》，发表于《教育研究》（1996 年第 2 期）外，《成人高等教育研究》杂志出了专辑。专家鉴定认为：这项研究"具有首创性"。国家教委成人教育司认为，"这项研究成果对成人教育理论研究和工作实践有重要的指导意义"，"既深化了成人教育基础理论，又丰富了我国教育科学的基础理论"。

应用研究方面，在国务院办公厅转发国家教委《关于进一步改革和发展成人高等教育的意见》的背景下，由叶忠海和柯金泰副研究员牵头、本研究团队和中国石化管理干部学院、上海广播电视大学合作承担全国"八五"教育科学规划项目"我国成人高等院校师资队伍建设研究"。该项目自 1993 年 2 月启动，历时两年，分东、中、西部，重点实地调查上海市、湖北省、贵州省成人高等院校师资队伍建设状况，并就职工高等学校、管理干部学院、教育学院、广播电视大学等四种类型院校深入京、津、沪调研。在完成上述不同地区不同类型独立设置的成人高校师资队伍建设研究报告基础上，完成本项目研究总报告。由叶忠海和柯金泰主编的《新时期中国成人高等学校师资队伍建设》一书也于 1996 年 3 月由华东师大出版社出版。鉴定专家意见认为："该研究成果，是一份系统、全面而又深入分析的科学研究报告。立论新颖、富有创新性，提出了不少新思想和新主张，发人深省。""其中对师资队伍建设的'区域空间格局'和'学校类型差异'的深入研究，在国内属首创。"

自 1997 年始，在叶忠海带领下，组织研究团队又积极参与了由教育部职成司黄尧司长领衔的"九五"国家哲学社会科学重点研究课题"面向 21 世纪中国成人教育发展研究"。叶忠海担任总课题组副组长兼综合组组长,负责研究总报告的撰写和统稿,周嘉方副教授参与总报告执笔。该课题研究历时 3 年半,其最终成果由高等教育出版社出版《面向 21 世纪中国成人教育发展研究丛书》(6 卷)(2002 年)。其中,该丛书总论——《面向 21 世纪中国成人教育发展研究》,叶忠海为副主编并主笔;丛书之一——《面向 21 世纪中国成人教育发展模式研究》,由叶忠海主编。

在此期间,为推动全国现代成人教育研究,成人教育学院及研究团队积极筹备和申报成立专业性、社团性的全国成人高等教育理论研究会。经时任我校副校长兼成人教育学院院长叶澜等人的努力,该研究会申报终于获得批准,名称为"中国成人教育协会成人高等教育理论研究委员会"。1995 年 4 月 26—28 日在本校召开成立会议。叶澜被选任第一届理事长,叶忠海被选任副理事长兼秘书长,秘书处设在我校成人高等教育研究所。1999 年 8 月理事会换届后,叶忠海被连选为第二、第三届理事长,直至2011 年 5 月。

十余年来,基于研究会秘书处和成人高等教育研究所一套班子两块牌子的优势,充分运用研究会这个平台,在每年召开年会之机,研究团队开展系列专题研讨和交流。如"跨世纪人才素质与成人高教改革"(1996 年)、"成人高等教育质量评价与控制"(1998 年)、"21 世纪初中国成人高等教育发展的探讨"(2000 年)、"高校与企业沟通——回归教育研究"(2001 年)、"构建和谐社会与成人教育发展"(2007 年)、"国际金融危机下我国成人高等教育改革和发展"、"构建终身教育体系理论与实践"(2010 年)等,以此引领和推动全国成人高等教育研究,从而使我院成人高等教育研究所成为全国成人教育研究的领头羊。

与时俱进,开拓研究新领域

2001 年 10 月,叶忠海退休后,被本校教育科学学院职业教育与成人教育研究所聘为顾问。学术无退休。尔后叶忠海仍以中国成人教育协会成人高等教育理论研究委员会理事长、学术委员会主任的名义,通过研究项目继续组织和带领年轻科研人员开展研究。

1999 年,时任上海市市长徐匡迪在本市教育工作会议上,在全国率先提出要把上海建设成学习型城市。2001 年 11 月党的十六大报告提出的战略目标,把"形成学习型社会"作为全面建设小康社会的重要内容。在这样的背景下,成人教育研究的重点与时俱进。于是,研究团队的科研重点转向了社区教育、终身教育、学习型城市(社会)

建设研究。

2002 年,叶忠海作为课题组长,牵头承担了上海市哲学社会科学重点课题——"上海市创建终身教育体系和学习型城市建设研究"。最终成果《创建学习型城市的理论与实践》(2005 年),由上海三联书店出版。鉴定专家认为,该项研究以城市发展史的考察作为研究的逻辑起点,运用城市学、地理学、社会学、教育学、学习学、管理学、系统工程等多学科理论和方法研究学习型城市,在国内尚属首次。其采集资料之广泛、论证之充分、集成程度之高,在该领域研究中尚属少见。

叶忠海在上海杨浦区终身教育论坛上发言

不仅如此,叶忠海在 20 世纪 90 年代后半期承担上海市教科规划课题"社区教育研究",在专著《社区教育学基础》(2000 年)和组织出版《社区教育理论丛书》的基础上,于 2001 年又申报国家课题"21 世纪初中国社区教育发展研究"。该课题从专题研究、区域研究、类型研究、国际参照系研究等维度,站在国家宏观层面上对课题开展系统而全面的战略发展研究。除组织本研究团队周嘉方、韩明华老师等参与外,在全国社区教育界组织力量,建立了 32 个分课题。该课题研究的阶段成果,是出版了《21 世纪初中国社区教育发展研究丛书》(4 集),总计 89 万字,由四川出版集团巴蜀书社出版。最终成果为叶忠海的专著《21 世纪初中国社区教育发展研究》,近 29 万字,于 2006 年 11 月由中国海洋大学出版社出版。该研究成果,不仅勾画了 21 世纪初我国社区教育发展蓝图,在国内实属首次,而且开拓深化了我国社区教育的空间研究,既对东、中、西部地区社区教育发展作了差异研究,又对 7 种不同类型地区社区教育发展的背景和条件、重点和特点作了差异比较,这在国内社区教育研究中是前所未有的。

2008—2010 年,叶忠海又组织了研究团队参与中国成人教育协会朱新均会长领衔的教育部重点课题"学习型社会建设研究",叶忠海为总课题组副组长兼综合组组长,黄健、高志敏、孙玫璐、张永、朱敏等均参加了研究工作。该研究总报告《学习型社会建设的理论与实践》(2010 年),由高等教育出版社出版,并评为"第四届全国教育科学研究优秀成果一等奖",课题组提出的对策建议,得到国务院有关领导的好评。

在纪念改革开放 30 周年、庆祝新中国建国 60 周年之际,我校成人教育研究所全体参与了中国成人教育协会组编的《中国成人教育改革发展三十年》的献礼项目。叶忠海为全书第三主编及理论研究篇主编,负责全书统稿,并执笔"我国现代成人教育研究综述"。高志敏、黄健和成教团队的其他老师均分别承担相关章节的编撰和统稿工作。

为了宣传成人教育学、社区教育学、学习型社会建设的研究成果,也为建设中国特色的学习型社会,以及成人教育学科、社区教育学科体系贡献一份力量,叶忠海将 30 余年来有关成人学习和教育方面的研究成果加以归总、整理、选编成册,以《叶忠海学习与教育文选》(9 卷)的形式,由同济大学出版社出版。该文选,包括《自学学与自学考试研究》、《学习型城市建设研究》、《现代成人教育学研究》、《成人高等教育学》、《大学后继续教育论》、《成人教育发展战略研究》、《21 世纪初中国社区教育发展研究》、《社区教育学研究》、《学习型社会建设研究与探索》等。前 8 卷于 2011 年出版,第 9 卷于 2013 年出版。

2013 年,为应对人口老龄化,适应发展老年教育迫切需要,叶忠海作为上海市终身教育研究会副会长兼学术委员会主任,组织本校职教与成教研究所和全市力量编著了《老年教育理论丛书》,并于 2014 年 5 月由同济大学出版社出版。其中,叶忠海主编并主笔了《老年教育学通论》,张永、马丽华分别参与《老年教育心理学》、《海外老年教育》的编撰。

鉴于叶忠海为我国成人教育研究作出的突出贡献,他在 2003 年被教育部聘为社区教育专家组成员;2010 年被上海市教育委员会聘为市教育决策咨询委员会委员;2011 年被中国成人教育协会授予"全国成人教育贡献奖";2014 年又被教育部聘为《全国老年教育发展规划(2015—2020 年)》编制工作专家。

值得高兴的是,进入 21 世纪后,我所于 2004 年又跨越了一大步,建立了成人教育学专业博士点。十余年来,博士点取得了丰硕的育人科研成果。展望未来,踵事增华,前程更会灿烂。

* 本文作者:周嘉方,华东师范大学教育学部副教授。

人才学的创建与拓展

魏建新　　邱永明

2012 年新年到来之际,经国家标准化管理委员会批准,GB/T 13475 - 2009《学科分类与代码》(国家标准)第一号修改单发布。修改单明确规定在"840 社会学"下新增二级学科"人才学",并设立"人才学理论"等 12 个三级学科。华东师范大学文科大楼的六楼会议室里,以叶忠海教授为首的人才学研究团队聚集在一起,回顾着中国人才学的学科建设之路,品味着长达 30 年人才学学科从无到有的创建的艰辛历程,畅想着今后人才学的专业发展。

开创阶段——搭建人才学科理论框架

1978 年,随着我国改革开放,工作重点转移到经济建设上来后,社会主义现代化建设事业急需大批人才。时代呼唤着人才学,作为新兴学科的人才学诞生的条件具备了,它的诞生已成必然之势。人们发现,教育学、教育心理学主要研究了人才成长的第一个时期,即创造素质形成期。科学史、传记文学主要研究成才后的名家。然而,学术界不仅对人才创造实践成才期研究不多,而且对人才成长和发展全过程研究还处于空白的地带。因而不仅应当分别研究人才成长和发展的各个阶段,而且还要把各个阶段联系起来研究。建立人才学,就是要担负起对人才成长和发展加以系统而综合的研究任务。许多学者,包括著名的专家都撰文讨论人才和建立人才学的问题,创立"人才学"成了当时理论界最热门的话题之一,创立人才学的问题被公开提了出来。

1979 年 10 月,在北京举办的北京地区社会科学界庆祝建国 30 周年学术讨论会上,专门分出教育学和人才学组讨论人才学的建立和发展问题。此后,创建人才学的工作就正式启动。1979 年 10 月 11 日新华社发表了题为"社会科学园地里一株新苗破土而出,人才学引起学术界的重视"的报道,标志着中国人才学的诞生。也就在这一年,我校率先在全国高校中成立了人才学研究组,组长叶忠海,副组长陈子良,组员有缪克诚、杨永清、张惠芬等。该研究组于 1980 年下半年,又首先在中文系举办了人才学系列讲座。1981 年,在教育系、心理学系、图书馆系开设了人才学选修课。1981 年底,研究组撰写了全国高校第一本《人才学》讲义。1982 年,得到校、系两级领导的支持,研究组在政教系、哲学系、经济学系同时开设《人才学》必修课。在此基础上,由叶忠海、陈子良、缪克诚、杨永清撰写的专著《人才学概论》得以问世,于 1983 年 11 月由湖南人民出版社出版。

由此开始,我校人才研究团队便确定了人才学一个基本的范式,即"一轴四论"。一轴,以创造性为主轴;四论为,人才学导论、人才基础论、人才成长发展论、人才开发论。一轴四论的提出,为中国人才学奠定了理论基石,建构了基本学科体系。中国人才研究会评价说,"《人才学概论》是新时期全国第一本人才学理论专著","对新兴的人才科学在理论框架上有所建树"。该著作被公认为人才学开创时期的代表作之一,《中国百科年鉴》(1984 年)介绍新学科人才学时,就将《人才学概论》作为代表作。另外,该书又被共青团中央作为优秀图书向全国青年推荐。

拓展阶段——开拓人才学分支学科

自 20 世纪 80 年代中后期至 20 世纪末,以叶忠海为首的我校人才学研究团队,不满足已有的成绩,积极进取,拓展人才学研究空间,为丰富人才学科学体系贡献力量:叶忠海、陈九华编著的《列宁人才思想研究》(1986 年),成为全国马克思主义人才思想研究首本专著。杨永清、叶忠海著的《人才教育学》(1986 年),将人才学与教育学有机融为一体加以研究,成为全国第一本人才教育学著作。叶忠海著的《女性人才学概论》(1987 年),成为全国女性人才研究的首本学术著作。该著作被"向全国妇女儿童推荐最佳优秀图书活动委员会"评为优秀图书,不仅在国内妇女学界和人文社会科学界有着广泛的影响,乃至在国外学术界亦有一定的影响,美国密歇根大学、加利福尼亚大学等校将该书全文数字化处理后存于校图书馆。杨永清等著的《人才竞争学》(1987 年),开拓了人才竞争研究的新领域。另还有陈子良担任副主编的《人才管理通论》(1987 年)。

在全国第五届人才学讲习班上,倡议成立全国人才学教学研究会。1988 年该会在兰州成立,秘书处设在华东师范大学,叶忠海任副理事长兼秘书长。1992 年换届后,叶忠海任理事长,2003 年后邱永明任副理事长。从此,我校成为全国人才学教学与研究的中心和基地。人才学教学研究会秘书处承担着组织大纲讨论、教材编写、丛书出版、学科建设、队伍建设等多项任务。我校人才学团队以研究会为平台,带动全国人才学研究和教学。1989 年,由研究会组织、叶忠海主持召开了第二次人才学理论体系和教学大纲讨论会。在此基础上,由叶忠海主编了《普通人才学》一书。人才学创始人王通讯评价为："该专著为人才学理论支柱——人才成长原理和规律研究作出了突破性贡献。""代表了当前中国人才学科前沿的发展水平，为构筑人才学科的体系，阐明人才学基本理论，创建中国人才学作出了奠基性贡献。"1999年，该专著被国家人事部评为优秀科研成果一等奖。

同时，研究会在理事长带领下，组织力量撰写出版了《人才学教学丛书》，除《普通人才学》外，还出版了《企业人才学》《政工人才学》《教育人才学》等。在此基础上，研究会秘书处在华东师大举办了全国首期人才学师资进修班。兰州大学、华中师范大学等13所高校人才学师资前来学习与进修，由本校人才学团队担任主讲。除叶忠海系统讲授人才学基本理论外，张平宇、王承礼、杨永清三位老师分别作了"中国古代人才选拔制度""中国古代人才考核制度""关于人才竞争若干基本理论探讨"的专题讲座，得到学员的好评。

1992年，一方面，经人才学界共同努力，人才学作为三级学科被纳入《学科分类与代码》(中华人民共和国国家标准)，其学科代码：630-5520。另一方面，受到作为二级学科的国外"人力资源开发与管理理论"的挑战和冲击，再加上作为中国人才学的引领组织——中国人才研究会由挂靠部门转换带来的种种原因，蓬勃发展的人才学，特别是人才学基本理论研究处于艰难发展阶段。尽管如此，仍有不少教授学者和研究者在人才学教学研究会组织、支撑下，坚守人才学阵地，与新加入研究者一起继续不畏艰难地开展人才学研究。本校作为人才学研究会的秘书处更是如此。

为了整合我校各学科研究人才学力量，在校领导支持下，于1995年12月29月，成立了"华东师范大学人才资源研究中心"。主任由时任校党委书记陆炳炎担任，副主任由叶忠海、童祖光(党委组织部部长)、汤世豪(人事处处长)担任。该中心下设3个研究室，其中人才学基本理论研究室，由叶忠海兼主任；人才思想制度史研究室，由邱永明任主任；人事与技术方法研究室，由王仁义任主任。在此时期，本校人才学研究团队继续为丰富人才科学体系取得了可喜的成绩：叶忠海等著的《教育人才学》(1993年)，开拓了教育人才研究领域，成为全国首本该领域专著。杨永清等著的《实现你的梦——人才心理学探索》问世(1993年)，拓展了人才心理研究领域。叶忠海、邱永明等著的《人才资源优化策略》(1996年)，开创了人才策略研究领域，成为该领域第一本专著，被上海紧缺人才培训工程项目作为上海市人事管理岗位资格培训丛书之一，由时任中共上海市委副书记孟建柱同志作序。邱永明等著的《中国历代职官制度》(1998年)，系统研究了中国古代人才选任考核制度。

1993—1997年期间，叶忠海作为课题组长，主持国家哲学社会科学基金项目"新时期中国女领导人才成长和开发研究"。该研究成果，鉴定组认为："从规模之大，研究之全面、之深入而言，在国内外尚属首次。""对充实和丰富干部理论、妇女科学和人才科学理论体系和基本内容具有重要理论价值。"1999 年被国家人事部评为优秀科研成果一等奖。2000 年,由上海科技文献出版社正式出版,书名为《中国女领导人才成长和开发研究》。后作为中央组织部、全国妇联研究妇女参政问题的参考材料。

1994—1997 年期间,叶忠海作为课题组长,主持国家自然科学基金项目"区域人才地理原理和中国人才资源空间开发研究",于 2000 年由上海科技教育出版社出版《人才地理学概论》,成为全国首本人才地理学专著。中国工程院院士、我国著名的地理学家、我校陈吉余教授评价认为:"(该书)系我国第一本人才地理学术著作,这标志着我国人文地理学和人才学又开拓了新的研究方向。""该著作不仅具有开创性的学术价值,而且对我国人才资源空间开发,以及深入开展人才区划工作具有现实的指导意义。"2001 年,该著作被国家人事部评为优秀科研成果二等奖。

大批的人才学分支学科成果的涌现,不仅支撑了人才学基础理论的研究,而且丰富了人才学科体系。

深入发展阶段——深化完善人才学理论体系

2002 年党的十六大召开,党和国家作出了"全面建设小康社会"、"建设社会主义和谐社会"、"建设创新型国家"等一系列战略决策,给人才工作提出了新要求;2003 年,党中央召开全国人才工作会议,提出了实施人才强国战略,走人才强国之路。这些标志着我国人才工作进入了新阶段,于是人才学研究迎来了第二次高潮。

叶忠海与人才学专家讨论国家人才强国出版工程书稿

在这样的背景下,我们进一步研究人才学基础理论问题。2003 年召开人才学基础理论研讨会,第三次讨论人才学理论体系和教学大纲。在此基础上,叶忠海主编并主笔的《人才学基本原理》问世。这标志着人才学理论体系得以进一步完善。此后,由中国人才研究会人才学专业委员会组织、叶忠海作为理事长先后主持了"人才价值"、"人才规律"、"人才创新"为主题的系列专题研讨会,并在会后,主编出版了《中国人才学研究新进展》(上、中、下册),标志着人才学基础理论中的重点、难点问题得到了不同程度的突破。其中,我校人才学团队师生撰写的《当代人才劳动价值的几个理论问题的探讨》(邱永明)、《经济学视野下人才价值的若干基本问题研究》(叶忠海)、《人才的社会价值:哲学视角》(马士斌)、《人才价值的教育学思考》(莫建秀)、《企业高级人才流失的经济学分析及留驻策略》(魏建新)等文入选"人才价值研究新进展"论文集。《哲学视野下人才规律研究的若干基本问题》(叶忠海)、《科技领军人才成长规律和开发研究》(叶忠海)、《信息时代特征与人才成长变化》(邱永明)、《试论"积累+机遇"协调成才律》(石磊)、《不同境遇下自我调控成才律之探索》(惠芳)等文入选"人才规律研究新进展"论文集。《自主创新人才成长及培养开发的"三阶段"论》(莫建秀)、《建立利于人才自主创新的绩效考评体系》(李若忍)、《建设创新型国家,发展人才继续教育》(叶忠海)、《创新科研管理,激发人才自主创新能力》(邱永明)等文入选"人才自主创新研究新进展"论文集。

在此期间,我校人才学团队参与策划和编写的我国第一部人才理论和管理实务相结合的综合性工具书《人才理论精粹与管理实务》出版。该书是中国人才研究会组编的一部集 20 多年研究之大成的人才科学的"百科全书"。全书具有系统性、创新性、权威性、实用性等特点,共设 7 编,包括:马克思主义人才论、人才学导论、人才成长论、人才开发论、人才管理理论、人才分类论、人才思想与制度史。叶忠海是该书的主编之一,并负责撰写第二篇人才学导论、第三篇人才成长论、第四篇人才开发论;邱永明执笔撰写了中国古代人才思想、中国古代人才制度、中国近代人才思想、中国近代人才制度等 4 章。

在迎接中国人才学创建 30 周年之际,为了回顾总结人才学研究的 30 年风雨行程,梳理总结和展示学科建设的丰硕成果,我校人才学团队与全国人才学专业委员会合作,策划、组织和编写《中国人才学 30 年(1979—2009)》。该书近百万字,共分 7 章,包括中国人才学发展综述、人才学基本理论研究、人才交叉学科研究、专门人才研究、中国人才史研究、外国人才研究、人才相关重点问题研究等。2009 年 12 月由中国人事出版社出版。时任中国人才研究会副会长王通讯为第一主编,中国人才研究会副会长兼人才学专业委员会理事长叶忠海为第二主编。叶忠海执笔撰写了 30 年人才学发展综述,负责全书统稿,并与王通讯共同定稿。邱永明主编了中国人才史研究部分。

该书既是30年我国人才学界,也是我校人才学团队共同努力的结晶。不仅如此,为向祖国60周年大庆献礼,也为建设中国特色的人才科学体系贡献一份力量,叶忠海将自己30年来的研究成果加以归总、整理、汇编成学术界瞩目的《叶忠海人才文选》,于2009年12月由高等教育出版社出版。该《文选》时间跨度30年,由《人才学基本原理研究》《人才科学开发研究》《专门人才学研究》《女性人才学概论》《人才地理学概论》《人才空间实证研究》《人才思想史考略》等7卷构成,总计220万字。为推进人才学学科的进一步发展,叶忠海没有把他的《文选》出版作为自己人才学研究的终结,随后又主编了《新编人才学通论》,于2013年9月由党建读物出版社出版。该著作为人才强国出版工程·人才学理论研究丛书之一,由中央组织部副部长、人力资源和社会保障部部长尹蔚民作序。同时叶忠海主编的百万字的《人才学大辞典》也即将出版。

今日梅花,昔日风雪。2011年12月29日国家标准化管理委员会颁布的,并于2012年3月1日实施的公告宣布:"人才学"成为二级学科。人才学在学科分类中地位的提升,与我校人才学团队坚持不懈的学术耕耘和研究成果的长期积累分不开的,在人才学科纳入并提升学科代码(国家标准)过程中起到了基础性奠基和核心作用。正因为如此,我校人才学团队领军人物——叶忠海,2008年被中央人才工作协调小组聘请为《国家中长期人才发展规划(2010—2020年)》编制工作的专家顾问,2009年被中国人才研究会授予"中国人才学研究突出贡献奖";邱永明老师被授予"中国人才学研究贡献奖"。

今天,我校人才学团队——华东师范大学人才发展研究中心,其主任黄健教授与她的研究者们深知,尽管人才学研究已取得开创性成就,然而,学科建设无止境,人才学毕竟是一颗新星,仍是一门年轻的、正在走向成熟的学科。其科学体系有待进一步充实和完善,未来研究任务还相当艰巨和繁重。他们深知,发展壮大人才学,更需戒骄戒躁,奋发努力,加强与全国人才研究力量合作,并建立"多学科研究联盟",共同为建设中国特色、民族风格的人才科学体系而继续奋斗!

＊本文作者:魏建新,国家中药局人力资源部总经理;邱永明,华东师范大学教育学部副教授。

教育研究国际合作的重大项目

钱景舫

2011 年,在华东师范大学与加拿大维多利亚大学合作交流 30 年之际,加拿大维多利亚大学教育学院院长率团访问华东师范大学。2014 年夏天,范国睿院长率领华东师大教育科学学院代表团访问维多利亚大学教育学院,共商合作交流事宜。2015 年,加方再次来访。

中加两校两学院建立了如此亲密的关系,还需回到 30 多年前,双方进行的一项教育研究国际合作重大项目。

一、前奏

20 世纪 80 年代初,我国开始实行改革开放政策。1981 年,加拿大维多利亚大学(以下简称 UVC)校长佩奇(H. E. Petch)博士访问华东师范大学(以下简称 ECNU)。鉴于我们已解除了精神枷锁,认为社会主义教育与资本主义教育虽有本质差别,但有些教育规律却是两种教育都必须遵循的,我们可以借鉴他们的某些经验,可以利用他们的某些教育研究成果。然而,由于新中国成立后我国教育界一度全面学习苏联,后来又处于与世隔绝状态,闭目塞听。因此当时迫切需要了解资本主义国家教育及教育研究的情况。另一方面,ECNU 与 UVC 有着许多相似之处。UVC 原来是一所以培养中学教师为目标的大学,后来发展成一所有相当高的学术水平的综合性大学,但培养师资仍然是它的主要任务,教育学院在学校里占有重要的地位。ECNU 是一所全国重点师范大学,在教育科学研究方面有相当强的力量。因此,开展教育科学研究,培养高质量的师资,是两校共同的特点。这一共性,使两校的领导和专家产生了合作的意愿。

1982 年,两校的代表开始商讨进行合作研究的可能性。参加会谈的是 UVC 的欧文(E. E. Owen)博士和 ECNU 的张瑞琨教授(时任校外办主任)、金一鸣教授(时任教科院院长)、钱景舫副教授(时任比较教育研究所所长)。加拿大驻华使馆原文化参赞王健先生和加拿大国际发展研究中心(以下简称 IDRC)官员谢弗(S. Shaeffer)博士对促成合作发挥了积极的作用。我国原国家科委给予大力支持,双方得以在 1982 年底正式立项。

开放之初,我们缺乏合作研究的知识和经验,双方都不了解对方的情况。为了促进两校的相互了解,IDRC 资助两校学者组团互访。1983 年 1 月,ECNU 以萧挺副校长为团长的代表团应邀前往 UVC,进行教育方面的学术交流和考察,成员有郑启明、张瑞琨、瞿葆奎、万嘉若、邱渊、朱曼殊等 12 人。同年 5 月,UVC 教育学院的一批有名望的教授到访问 ECNU。学者的互访,增强了彼此的了解和合作的意向,并初步商议了合作研究的领域。

二、合作研究项目的进行

(一) 过程

两校的合作研究实际上是由 ECNU 的教育科学学院和 UVC 的教育学院执行的。自 1983 年 5 月至 1990 年 5 月,进行了为期 7 年的合作研究,总的研究项目称为"教育研究",前后分为两项:"教育研究与教育改革"和"中学教学改革"。

整个研究过程分成两期三阶段:

1983 年 5 月至 1987 年 5 月为一期第一、二阶段;

1987 年 5 月至 1988 年 5 月是一个评价和调整的阶段;

1988 年 5 月至 1990 年 5 月为二期第三阶段。

合作研究的第一阶段(1983 年 5 月至 1985 年 5 月),ECNU 的负责人是教育科学学院副院长瞿葆奎(前期)和孙殿林(后期)。UVC 的负责人是教育学院教授欧文博士。

合作研究第二阶段开始至整个项目结束(1985 年 5 月至 1990 年 5 月),ECNU 的负责人是教育科学学院院长金一鸣,并有钱景舫协助。UVC 的负责人是教育学院欧文。

金一鸣(左 5)、薛天祥(右 2)、虞苏美(左 2)访问加拿大维多利亚大学,左 3、1 为加方负责人欧文夫妇

（二）研究内容的确定及课题的中方主要承担者

第一期合作研究的内容是根据两个因素确定的。首先是根据 ECNU 的需要。ECNU 经过几次研究认为，合作研究项目应包括两个方面：一是本校原有基础较好的学科，通过合作研究得以加强，使之进入国内外的前沿；二是本校基础薄弱甚至没有基础的学科，但从国内的教育改革和教育科学的发展前景着眼又是亟待发展的学科。这种学科通过合作研究可以借助于外力获得资料、培训师资，掌握研究方法，从而填补国内的空白。经分析，ECNU 提出了一些备选项目。其次，要考虑到 UVC 的实际可能，要选择一些 UVC 拥有的有关专家，可以提供帮助的项目。经过互访和磋商，两校确定第一期的项目名称为"教育研究与教育改革"，在 7 个领域里进行合作研究，它们是：

积极学习——徐勋、章兼中、汪纯中等；

心理学应用研究——朱曼殊、缪小春、宋正国等；

学校行政管理——张济正、吴秀娟等；

教育评价——邱渊、王钢等；

外语教学——张民伦、左焕琪、虞苏美、吕诠等；

计算机辅助教学——万嘉若、顾龙翔、董志澄等；

远距离教育——钱振华、谢安定、张振亚等。

其中，学校行政管理、教育评价、计算机辅助教学和远距离教育都是属于本校计划发展的新领域。在第一阶段的第二年，即 1984 年又加进了"中学生的职业指导"，主要承担者是金一鸣、黄克孝、斯福民、张伟远等，这在国内也是属于领先的、非常需要的研究内容。

鉴于中国自 1985 年起进行教育体制改革，并已经取得较大成绩，预期教学改革日见重要。因此，我们及时地把中学教学改革作为主攻研究方向，第二期的项目名称改为"中学教学的改革"。它包括 5 个子项目：

积极教学的研究。继续第一期的研究，增加教学材料的编写，并对积极教学作出理论概括。试编一部分供学生课外用的英语读物及与之配套的音像资料。试编数学的课外读物，用"数学乐园"的形式提高学生学习数学的兴趣和积极性。

教育评价和教育管理的研究。在第一期中，评价与管理分立两个项目，第二期中两组人员通力合作，使教育评价为改进管理服务。

中学的职业指导。进一步完成中学的实验计划，并在此基础上形成比较系统的理论概括。

心理学的应用。研制测定语言发展水平的量表。这是一项大的工程，这一阶段只能完成部分工作，为继续研究打下基础。

改进远距离教育,培训中学师资。制作部分录像片,研究录像教学在提高函授教育质量方面的作用。

在7年合作研究中,ECNU方面组建了强大的研究队伍。

ECNU 研究队伍   单位:人

总数	高级职称	中级职称	初级职称
45	12	18	15

学科分布:教育原理、心理学、教学论、外语教学、教育技术学、教育管理学、教育评价、成人教育等。

（三）合作研究的方式、方法

研究工作基本上是两校的学者在各自的学校里分别进行。平时保持通讯联系。研究工作告一段落(一般是1年左右),再到对方学校作短期访问,与合作研究者交流研究成果,探讨新的问题。

访加人员参观加拿大不列颠哥伦比亚省总督府与总督合影

这种方式有很大的优点。第一,研究人员不必长期离开原来的工作岗位,不影响他所承担的教学科研工作和行政工作。第二,研究工作者不脱离原来的科研集体,可以调动集体中的其他力量参与研究工作。第三,因为是长期合作,双方都比较了解,相互的配合比较默契。第四,可以作跨文化的比较研究,两校学者在不同的国家开展同一课题研究,得到的信息和结果可能并不完全相同,这就促进学者们作跨文化的比较研究探讨共同规律。

双方研究专家互访　　　　　　　　　　　　　　　　单位：人

阶段	ECNU 赴 UVC	UVC 赴 ECNU
合作研究正式开始前	12	
第一阶段	7	13
第二阶段	15	16
第三阶段（包括来沪参加"中学教学改革国际研讨会"）	9	18

合作研究期间，ECNU 还选送了一批年轻学者到 UVC 接受短期培训，有 2 人还攻读了硕士学位，提高他们的教育科研能力。

ECNU 到 UVC 培训人数　　　　　　　　　　　　　　单位：人

阶段＼人数＼培训期	2 个月培训	4 个月培训	8 个月培训	攻读硕士学位
第一阶段		4		2
第二阶段	4	4		2
第三阶段			3	1

（四）经费及使用情况

合作研究的经费是由 IDRC 资助的，总计四十三万四千五百加元（434,500 加元），ECNU 支付了配套经费八万元人民币（80,000 元，不计研究人员工资）。

IDRC 拨款及两校分配　　　　　　　　　　　　　　单位：加元

	第一阶段	第二阶段	第三阶段	总计
总数	88,000	159,000	187,500	434,500
UVC	83,500	149,850	183,000	416,350
ECNU	4,500	9,150	4,500	18,150

在 UVC 掌控的经费中，包括了用于我校研究人员赴 UVC 学术访问的国际旅费，在加的住宿费、生活费和交通费；我校接受培训人员（包括攻读硕士学位者）的国际旅费、生活费和交通费等；为我校购置一些摄录像设备、图书资料等。这些费用在三个阶段中各占维大掌控经费的 55％、52％、36％。

在 ECNU 掌控的经费中，主要用于在本地的研究费用、服务费用（打印、翻译等）、购置 1 台复印机。

为了支持第三阶段成果出版，IDRC 又资助了一笔出版经费 2 000 加元。

三、成果与效果

（一）成果

这一项目在当时是本校开展国际合作研究中规模最大、历时最长、经费最多、影响深远的一个国际合作研究项目。

主要研究成果集中于 3 本书中：

1. 金一鸣、钱景舫编：《教育研究与教育改革》，华东师范大学出版社，1990 年 4 月。

2. 金一鸣、钱景舫编：《中学教学改革》，华东师范大学出版社，1992 年 3 月。

3. Edward. E. Owen：*Education in China*，University of Victoria，1986。

在成书之前，其中不少研究成果在国内外专业杂志上发表，得到广泛的传播。如《中国儿童和加拿大儿童的空间概念》，中文稿在《心理科学通讯》1985 年第 3 期发表，英文稿在美国的 *The Journal of Genetic Psychology* 1986，NO. 4 上发表；《中国和加拿大儿童对持续时间概念的掌握》，在《心理科学通讯》1986 年第 2 期发表；《卫星教育电视接收系统的计算机优选》，发表于《华东师范大学学报·自然科学版》1985 年第 2 期；《"积极学习"的理论与实践》，在《江西教育科研》1987 年第 2 期发表；《中学生的职业定向——上海市几所市区中学的调查》，在《教育与职业》1987 年第 1 期发表，等等。

此外，还出版了一些教材（如 *Step By Step* 4 册，附录音带），制作了不少教学软件和录像带（如编制了电子学课程 214 的系统软件、"卫星电视接收系统的 CAD"和"卫星站的微机检索"两个系统软件，地理课"积极学习"拍摄了 5 部研究课教学录像，远距离教育制作了 14 小时的亚非文学录像片，等等）。

（二）积极的社会影响

该项目在第一、二期之间有一个评价和调整的阶段。

IDRC 机构组成由中加双方学者 4 人参加的专门小组负责评价第一、二阶段的合作研究。IDRC 对合作项目所取得的结果是满意的，所以特邀请欧文博士（E. Owen）和张民伦副教授参加 1988 年 3 月 IDRC 在渥太华召开的新闻发布会。

在项目评价时,专门小组抽出《提高学校效率——教育评价在中国的作用》、《中国和加拿大儿童对持续时间概念的掌握》、《中加两国中小学校长和校长工作的若干问题比较》、《积极教学法的实验研究及其初步效果》、《积极教学法在"交通运输与贸易"中的运用》、《西方职业指导的理论和模式述评》、《有益的尝试——关于函授教育中两种教学手段的对比试验报告》、"Teaching English as a Foreign Language in the P·R·C"、"Educational Technology Research and Development in the P·R·C"等 9 篇文章请王策三、肖宗六、储培君、杨纪柯、许国璋、刘范等专家学者评审。他们认为不少文章所探讨的问题颇有新意,也运用了一些新的研究方法和观点,对我国教育改革有一定的应用价值。

第三阶段结束后,在我校召开了"中学教学改革国际研讨会"。参加会议的有双方的研究人员,国内研究中学教学改革的专家,参加合作研究的实验学校的校长和教师,来自各省市的教育科研人员和中学校长,共 170 多人。与会者认为,合作研究的目标明确,教育科学研究的目的正是为了推动教育改革。合作研究所选的课题亦是正确的,都是当前教学改革中需要解决的问题,具有很强的应用价值。各分项目都在自己的领域里作出了贡献。大家认为,改进教学方法、调动学生的学习积极性是非常必要的,英语和地理两门学科的教学材料,与会者也很感兴趣。英语录音带录取了各种朗读材料,配有反映情境的音响,有助于培养学生的听说能力。

教育管理、教育评价和职业指导都是国内新兴的领域,还缺乏系统的材料及研究经验。华东师大能借助国外力量率先开展研究,起到了推动作用。

(三)积极推广合作研究成果,推动我国教育改革和中学教学改革

该项研究成果通过发表文章、讲学、参加各种学术会议等形式,得以广泛的传播,对推动我国教育改革和中学教学改革起了积极的作用。试举几个个案:

职业指导研究成果引起了上海《文汇报》的重视,1986 年 10 月 31 日头版头条作了报道,认为合作研究提出了一个值得重视的问题,引来不少省市同行向课题组索取资料。中华职业教育社有开展职业指导的优良传统,此时他们又在其出版的《教育与职业》上新辟专栏,并召开全国性研讨会,请我校专家介绍研究情况。国家教委职业技术教育司建议职业指导研究应列为国家教育科研"七五规划"的重点课题。国家教委基础教育司认为在全国初中应开设职业指导课,并委托我们代拟文件。凡此等等,职业指导又重新在我国中学逐步开展起来,理论研究也日益深入。

"积极学习·地理教学"、"积极学习·英语教学"的研究一开始就是与中学教师结合进行的,整个实验研究过程推动了这些学校的教学思想转变和教学方法改革,改变课堂教学中的注入式、满堂灌现象,他们制作的教学图片在专业交流会上获得优秀奖,他

们参加学科教学大奖赛也得了奖,他们学生的学习成绩有所提高,学习兴趣有所增长。

(四)促进了华东师大教育学科的改革和内容充实、更新

在 20 世纪 80 年代中期,国内教育界对西方教育理论进展情况了解甚少,因此教育学科的发展还比较迟缓,新兴学科门类不多,老的学科内容陈旧。合作研究促进了我校教育学科的改革。一方面促进老学科的发展,如教学论、心理学等学科,吸收国外有关资料、成果,用以充实和丰富教学内容。如以积极学习的实验材料及理论探讨充实了教学论课程的教材;又如"心理语言学"与"语言发展"在教学上都吸取了一些最新的资料和理论;又如在教育管理的研究生教学中选用了加方研究人员提供的书籍作为研究生的读物,等等,不胜枚举。另一方面积极创建国内教育改革所急需的新兴学科,如计算机辅助教学、教育评价、学校行政管理、职业指导等。同时,在研究方法和手段上,合作研究给我们带来了一些新的气象。在科研上采用了跨文化研究方法,从更为广阔的视野来思考各种教育问题,大胆地吸收国外的有益经验;用 IDRC 资助的经费购置了复印机、打印机、手提摄录像机、IBM-PCXT 微机、软件、VcRs/MoNitors(3)、Teledon、Decoder 等设备。从现在的眼光,这些都是很普通的设备,却在当时起了积极的作用。

正因为如此,使我校在教育学科的某些领域能在全国占有优势,扩大了华东师大在全国同行中的影响。

(五)华东师大教育科研能力有所提高

在合作研究期间,我校有 43 人次专家级的访问考察,并与加方专家长期合作研究。UVC 为我校培养了 5 名硕士研究生。有 15 名青年教师曾去 UVC 接受短期培训。他们在那里接触大量信息,接受新知识,这对提高我们的科学研究能力起了积极的作用,并将起长远的作用。

长达 7 年之久的合作研究,项目负责人和各分项目的参与人员基本上没有大的变动。在多次互访和日常交流中,彼此相互尊重,精心安排,都作了很大的努力。当中国学者访加时,UVC 的学者安排了各种活动让中国学者多看、多听,同各种人士广泛接触,以便全面了解国外的教育情况。同样,我们接待加拿大学者时,既请他们介绍国外的教育理论和实践,又组织他们广泛地参观学校,了解中国的国情。因此,不仅使合作研究顺利进行,而且两国学者建立了良好的友谊。现在,最早参加合作研究的两校教授都已退休,有的仙逝了,但双方的合作交流还在继续着,发展着。

* 本文作者:钱景舫,华东师范大学教育学部教授。

实验心理学学科发展回顾

李　林

每一个心理学专业的本科生都曾经诵读过心理学家艾宾浩斯的名言："心理学只有短暂的历史,却有着长久的过往。"艾宾浩斯在心理学史上的地位卓然,其独创无意义音节及节省法以探索人类记忆之谜,终于将实验研究方法引入高级心理过程的研究,从此铺平了以科学实验研究各类心理现象的道路。仿佛是冥冥中的安排,又好似命运的巧合,让我们把思绪飞回艾宾浩斯逝世 75 周年,当华东师范大学于 1984 年正式设立实验心理学研究室的时候,回忆起华东师范大学实验心理学学科的发展历程,再也没有比同样的那句名言更能贴切描绘这段往事了——华东师范大学实验心理学同样有着短暂的历史,却又有长久的过往。

实验心理学正式作为一个研究室的成立,或者要迟至 1984 年 10 月 26 日,彼时我校校长办公会议决定,发展心理学研究室扩大为心理学研究所,下设发展心理、实验心理、教育心理、医学心理、社会与管理心理、心理学基本理论研究室和《心理科学通讯》编辑部。在此之前,我校的心理学科早已经声名赫赫——早在建校初,便有"五虎将"(张耀翔、谢循初、萧孝嵘、左任侠、胡寄南)会聚心理学教研室。尽管在"文革"中受到严重冲击,但仍然在"文革"结束后的 1979 年成立了心理学系。我校心理学系是"文革"后继北京大学心理学系之后全国成立的第二个心理学系。直到 1993 年 10 月,全国仅有 4 所大学拥有心理学系。在我校心理学系的架构中,有 3 个教研室:普通心理学教研室、儿童和教育心理学教研室、公共心理学教研室。实验心理学并未独立作为一个教研室设立。

那些人和那些事——实验心理学的研究历程

早在"文革"之前,我校以曾性初教授为代表的一批心理学家,就探索了以实验心理学方法对儿童发展、汉字信息加工等主题进行科学研究,并取得了在国际上具有影响力的成果。

曾性初,1945 年中山大学教育心理学系本科毕业后进入清华大学,1946 年毕业于清华大学研究院心理学系,1948年到美国哥伦比亚大学深造,1952年获美国哥伦比亚大学心理学博士学位,并由杜威向当时哥伦比亚大学校长艾森豪威尔(Eisenhower)推荐从事博士后的研究。1954年响应新中国号召回到祖国,在河北师范学院任副教授至1957年1月。1957年,曾性初进入华东师范大学教育系,任副教授。1962年任心理学实验室主任。1980年12月晋升为教授,历任国务院学位委员会教育与心理学学科评议组成员兼召集人之一、上海市心理学会理事长、《国际学校心理学》编委、华东师范大学博士生导师以及澳大利亚新南威尔大学、哈佛大学、宾夕法尼亚大学以及华盛顿大学等院校的客座教授。

曾性初长期从事实验儿童心理学和汉字的心理学研究,在学术上多有建树。他首创性地将投射法应用于研究儿童社会心理发展,1959年的《心理学年鉴》对此研究曾给予很高评价。曾性初关于婴幼儿学习心理发展领域的研究成果,在国内外产生了广泛的学术影响,哈佛大学的霍华德·加德纳教授曾在《今日心理学》杂志上专门介绍了他的重要发现。曾性初在汉字的心理学研究方面同样很有影响,1965年发表《汉语的信息分析》受到学界重视。

曾性初以自己的两个女儿为对象进行实验研究,从她们出生6个月就开始接触汉字。研究结果表明,早期学习汉字是可行的。他于1983年发表

曾性初(右1)与国际著名心理学家加德纳合影

《汉字好学好用证》一文,产生了深远的影响。曾性初将实验研究方法全面地引入国内的儿童心理学研究领域,其研究成果在心理学、教育学、语言文字学、中文信息编码等领城产生了广泛而深远的影响,他在汉字学习方面的珍贵的实证性研究成果为儿童心理学作出了贡献。

在一系列有关儿童早期算数的实验中,考虑到儿童会数数但不一定有数的概念,曾性初提出必须提供多种多样的实物,如算盘、积木、硬币、糖果……使儿童对形状、大小不一的东西有基数(表示事物个数的数)的概念,这样能够帮助儿童理解从数(shǔ)到数(shù)的意义。曾性初利用特制的有纵横两根直角相交的游尺的方格板,利用操作法来教儿童同时学加减乘除法,教会儿童从动作算到看算,由看算到口算,最后过渡到心算,关键是要求儿童学会多位数的加减乘除的进位和退位。这和中国的珠算是相通的。帮助儿童真实体验从具体算术情境到抽象的算术情境的过渡,再回到实际的应用,以游戏(学钢琴、练习字画)的方式创设情境使儿童更容易掌握四则运算,在这样的

学习情境之下,不会出现皮亚杰发展阶段的困境。这些实证性的研究都成为学生课堂上学习的内容。为学生打开了一扇生动的实验儿童心理学之窗。1984 年,曾性初在上海发起、主持了汉字心理学学术讨论会,对全国的汉字心理学研究产生了影响。曾性初的其他研究成果,如《方块字与字母文字之比较》、《汉字各种笔画的频率估计》、《早期教育与早出人才》、《早期教育》(录像)等,亦在学界产生了很大影响。

　　"文革"之后,将我校实验心理学科学研究传统继续发扬光大的领军人物则增加了杨治良教授。杨治良作为我国著名的心理学家,着力研究实验心理学,一直致力于用科学的实验方法研究各种具有应用价值的前沿问题。1961 年,杨治良毕业于北京大学哲学系心理学专业,随后进入华东师范大学工作直至退休。他曾任我校心理系副主任、主任,国务院学位委员会心理学科评议组成员,中国心理学会副理事长,中国心理学会《心理科学》杂志主编,上海市心理学会理事长,华东师范大学学位委员会委员,华东师范大学心理学博士后流动站负责人,国家重点学科基础心理学学科带头人等。

　　"文革"刚结束的 1979 年,杨治良借助于各种心理物理学的方法,对当时医学界争论颇多的针刺麻醉法进行了探讨,在国内率先将信号检测理论应用于心理学实验研究。此后发表的论文《再认能力最佳年龄的研究——试用信号检测论分析》(杨治良、叶奕乾等,1981 年)则进一步将信号检测理论推广应用到记忆心理学的研究中去。而人类的记忆现象及记忆规律,则在此后 20 余年间成为了杨治良实验研究的重点课题。1991 年,杨治良率先将内隐记忆的研究方法和理论引进国内,开启了内隐记忆研究的高潮。《内隐记忆的初步实验研究》(杨治良,1991 年)、《汉字内隐记忆的实验研究(Ⅰ)——内隐记忆存在的条件》(杨治良等,1994 年)等发表在《心理学报》上;《记忆研究新方法——间接测量评介》(杨治良,1992 年)、《内隐学习"三高"特征的实验研究》(杨治良,1993 年)在《心理科学》上发表。这一系列实验研究成果,为国内心理学同行们打开了无意识认知过程实验研究的大门,并获得了国家教委全国高校第一届人文社会科学研究成果论文二等奖等荣誉。此后的十余年时间里,在杨治良的带领下,我校实验心理学研究更开始从纯粹的内隐认知,扩展向更加广阔的内隐社会认知领域。1996 年,杨治良与国外同步开创了内隐社会认知的研究,提出内隐攻击性的概念,曾被美国心理学会主席 Seligman 誉为"是对下个世纪防止民族冲突和战争的贡献"。相关的研究成果曾获得国家教委全国高校第二届人文社会科学研究成果一等奖、上海市哲学社会科学优秀成果一等奖等荣誉。为表彰杨治良在实验心理学科学研究上的成就,与其为中国心理科学发展所作的贡献,2015 年他获得了全国优秀科技工作者的荣誉。

　　曾性初、杨治良等老一辈心理学家,为我校实验心理学研究打下了扎实的基础,也形成了鲜明的研究特色——视野开阔、设计巧妙、手段前沿。今天,我校实验心理学研究仍然继续关注从基本认知过程到社会态度及行为的广泛领域,年轻一辈的实验心理

杨治良(右2)获全国优秀科技工作者时的留影

学工作者继续秉持着细致精巧的实验设计传统,结合眼动记录、事件相关电位分析、功能磁共振成像等先进技术手段,不断开拓着实验心理学的学术天地。

工欲善其事,必先利其器——实验心理研究仪器的发展史

我校实验心理学的早期发展阶段,各种经费、资源均捉襟见肘,再加上当时的政治环境,要想从国际上购置先进的科研、教学用仪器设备,无异于痴人说梦。但是,作为践行实验心理学研究并从事相关教学工作的学者,没有合适的仪器设备,显然一方面限制了学术科研开展的可行性,另一方面甚至也会影响到对学生进行实验心理学教学的效果。于是,就有了自制实验仪器的故事。曾性初特制了带有纵横两根直角相交游尺的方格板,利用这套器材开展儿童数字和算术学习的实验,以操作法来教儿童同时学加减乘除法。

到了"文革"结束后的20世纪80年代,我校心理系已然创立,实验心理学也算正式成立了一个研究室。值此百废待兴之际,相当有限的资源,究竟是用来改善办公和生活条件,还是用来引进学科未来发展迫切需要的科研教学设备? 这对当时我校实验心理学来说,根本不曾成为一个问题——所有一切,自然是以实验室建设、科研教学水平提升为优先考量。于是,在20世纪80年代,心理系利用世界银行美元贷款建设了圆形实验室,并采购相应仪器设备(其中包括国内第一台眼动仪)。当年对实验仪器设备的投入,在今后数十年间收到了应有的回报:圆形实验室解决了实验心理学研究所必需的场地、设备等问题,为基于实验的心理学实证研究打下基础。随着实验心理学

研究实力快速提升,实验心理学更是带动了整个基础心理学二级学科的大发展,最终促成基础心理学获评为全国重点学科。同时,实验室和仪器设备建设还大大提升了整个实验心理学教学体系的人才培养效果。当年在圆形实验室接受实验心理学训练的本科生、研究生,已经成为了一大批中国心理学界的中坚力量。

引进购买的仪器设备固然先进,但毕竟无法涵盖所有可能的研究需求,遑论还要为批量的人才培养提供充分条件。于是在整个 80 年代乃至此后的岁月里,我校实验心理学科自制仪器设备的老传统不但没有丢掉,反而在一定程度上发扬光大起来了。80 年代,杨治良发表了一系列心理实验仪器设计的论文,向国内心理学同行详细介绍了如何自行设计、制作满足心理学实验研究需求的多种仪器设备。据他回忆,在这些实验仪器的研制开发过程中,为了真正确保仪器设计能达到心理学的实验控制和数据采集要求,他亲自跑到物理系旁听了相关课程,以便在开发心理学实验仪器时能够独立解决工程技术问题。

在杨治良等老一辈心理学家的努力下,心理学系一线教师与科教仪器厂的工程师们合作,根据实验心理学和普通心理学实验的需要设计制作了心理学早期的几种仪器。中国心理学会普通心理学和实验心理学专业委员会和华东师范大学联合于 1981 年 1 月 16 日至 18 日在上海召开了心理学仪器鉴定会。出席这次会议的有来自全国 33 个单位的 43 名代表。在鉴定会上,代表们听取了关于仪器的研制和试用情况的汇报,观看了操作演示,审阅了有关技术文件。与会者在充分讨论的基础上,分别通过了生产技术鉴定书,并希望厂方尽快投入批量生产,以满足当时心理学教学和科研的迫切需要。这批早期研制的仪器在 1982 年教育部产品展览会上展出,具有为心理学教学服务、可靠性较高、多用性强、为用户着想等特点。1992 年,由杨治良主持的"心理学仪器研制"项目获得了第二届亚非心理学大会二等奖。

时过境迁,今天我校的实验心理学已经不再必须依赖教师亲自开发、设计科研工作所需的实验仪器了。更多的关切,被投向如何充分利用各种实验设备,使其不仅为科学研究所用,更服务于未来心理学实验研究者的教学、训练上。2012 年 9 月,我校心理学实验教学中心正式获批成为"国家级实验教学示范中心",成为国内心理学专业 4 所国家级实验教学示范中心之一。中心的总体目标为:培养具有国际视野,具备综合研究能力,并能开展创新性科学研究的拔尖人才,创建辐射上海市乃至全国各大高校的实验教学示范中心。在这里,学生不仅会学习如何使用各类实验仪器完成经典的教学实验;更重要的是,他们将会学习如何根据研究问题的需要选择最合适的工具,学会如何让先进仪器和巧妙的实验设计相互配合发挥最大效能。

当然,在仪器设备方面的自主研发传统并未被淡忘——在新的时代,这一曾经支撑我校实验心理学早期腾飞的自主创新精神,正成为系列产学研合作的核心。由实验心理学教学、科研工作者进行技术指导,由教育部指定教学仪器生产企业华东师范大学科教仪器厂研制生产的系列心理实验和测评仪器,已经在全国各大专院校心理实验教学平台乃至基础教育心理辅导室建设方面取得了令人瞩目的成就。

桃李不言,下自成蹊——实验心理学教学和人才培养简史

在我校实验心理学的学科发展历程中,实验心理学的教学和人才的培养,总是被放在与科学研究同等重要的位置上。今天,华东师范大学版本的实验心理学教材和教学体系已经得到了全国同行的高度认可和一致好评。抚今追昔,今天的一切成就都离不开早期实验心理学教师团队的默默辛劳。

早在 20 世纪 60 年代初,我校就为心理学专业学生开设了实验心理学课。当时曾性初刚刚回国加入华东师范大学不久,负责了实验心理学课程的教学工作。从课程讲义,到实验手册,都需要教学团队的成员们白手起家、从无到有地编制出来。可以这样来评价,曾性初当年为本科生开设实验心理学课程,创下国内高校重视本科生实验技能和科研素养培养之先风。彼时杨治良也加入实验心理学的教学队伍担任助教。后来,在实验心理学教学过程中,整理出了国内首本实验心理学内部讲义。某种意义上,"文革"后我校推出的系列实验心理学教材之所以能在全国产生如此深远的影响,也是当年那本看似简陋的油印内部资料的文脉传承。

在当时条件非常艰苦的环境下,我校心理学系的教师们带着高昂的热情,克服重重困难,充满智慧地走出了一条富有创造性的自我发展之路。"文革"之后,实验心理学学科所积累的长期教学经验终于开始以著述的形式发表。这时,杨治良开始探索、整理属于我校自己的实验心理学教学体系。早期,和其他学校的心理学专业一样,我校心理学专业的教师们也曾把国外(苏联和西方)的资料翻译成中文,制作成讲义,作为上课的资料。逐渐地,随着国内实证研究的展开,让人耳目一新的研究进入教师们的视野,杨治良等的实证研究也取得了丰硕的成果:如"概念形成渐进——突变过程"(杨治良,1986 年)、"心理实验教学内容更新的初步尝试——介绍三个教学实验"(杨治良,1983 年)、"概念形成过程的一项实验研

曾性初(左 1)与国际著名心理学家斯金纳交流

究——兼谈死记硬背在概念形成中的消极作用"(杨治良,1985 年)、"储存负荷量对短时记忆效果的影响——一个心理学工作者的自身实验"(杨治良,1986 年)、"成人空间圈的实验研究"(杨治良等,1988 年)、"信号检测论的应用"(杨治良,1989 年)等论文或者关注实验心理学教学方法本身,或者是为实验心理学课程提供了来自本土研究者的鲜活素材,为后来实验心理学教材的开发和正式出版打下了良好的基础。

后来杨治良等主编教材,到 1988 年,由甘肃人民出版社出版的《基础实验心理学》问世了,给心理学专业的教师和学生提供了非常珍贵的教学和学习资料。同年,《心理物理学》亦由甘肃人民出版社出版;1990 年,杨治良主编的《实验心理学》由华东师范大学出版社出版。在这些教材出版后,心理学实验用书也在酝酿当中,为以后专门的心理学实验方面的手册的出版奠定了基础。1994 年,由杨治良主编的《记忆心理学》(第 1 版)面世,启动了国内记忆研究的热潮。在所有实验心理学研究者和教学团队的共同努力下,随着我校心理系的逐渐壮大,实验心理学的整个教学体系逐渐得以成长、完善。

今天,在我校心理与认知科学学院的资料室内,一本本教材、讲义,朴实无华地浓缩了实验心理学教学体系从蹒跚学步到走出自身特色道路的历史。而实验心理学的传道、授业、解惑重任,正是承载于这一卷卷书本之中。桃李不言,下自成蹊,曾经捧读那些实验心理学讲义、教材的学子,如今也已诞生了将实验心理学科研教学薪火相传的学界翘楚。曾性初的弟子中,有复旦大学心理学系主任孙时进教授等。杨治良的弟子,则包括了陕西师范大学副校长、中国心理学会理事长游旭群教授,北京师范大学应用实验心理北京市重点实验室主任周仁来教授,华东师范大学心理与认知科学学院副院长、长江特聘教授、心理学国家级教学实验示范中心主任、中国心理学会常务理事郭秀艳教授等等。其中郭秀艳教授的博士论文,被评为 2001 年全国(百篇)优秀博士论文,此后又继续在实验心理学领域中取得突出成绩,在 2010 年获得全国优秀青年科技工作者称号,2015 年被评为全国五一巾帼标兵。而杨治良教授的另两名学生,钟毅平(湖南师范大学教科院院长、教授)和李林(华东师范大学心理与认知科学学院副教授)也分别获得全国百篇优秀博士论文的提名。

随着昔日高足遍布海内外科研院所开展自己的科研和教学事业,多年以后,实验心理学的教材和教学体系也会呈现出百花齐放的态势。作为当年的播种者,我校实验心理学科,在中国心理学人才培养和教学体系建设方面作出了不可磨灭的贡献。

* 本文作者:李林,华东师范大学心理与认知科学学院副教授。

发展心理学的记忆与传承

邓赐平

开拓传承：学科点缘起与沿革

20 世纪 50 年代，中国教育发展的主基调是学习苏联经验。1951 年华东师范大学建校后，开始有计划、有步骤地学习苏联教育经验，建立基层教学组织，拟订教学大纲，进行教学改革。根据学校的布置，教育系先后成立了教育学、心理学和教育史三个教研组。其中，心理学教研组除了负责全校的公共必修心理学课外，还为本系开设"普通心理学"、"儿童心理学"（50 年代建校后，学科称谓一直为儿童心理学，直到 80 年代后才更名为发展心理学）等几门课程。

萧孝嵘教授负责讲授"儿童心理学"，一直持续到 50 年代末，萧孝嵘因身体状况不佳，开始将课程讲授任务交给时任其助手的李丹老师和当时大学毕业留校任教不久的缪小春。在之后很长一段时间，该课程的教学主要由李丹承担，缪小春参与其中部分，而萧孝嵘则负责指导和辅导他们两位的业务和课程讲授。这一指导活动频率甚高，大概每周一次，大多时候均是李丹和缪小春前往萧孝嵘位于愚园路的家里，而指导内容主要涉及两位年轻老师看文献时发现的问题和教学处理上出现的各种各样问题。1960 年，武进之本科毕业后也加入发展心理学教学团队，并一同接受萧孝嵘的指导。

20 世纪 60 年代初，鉴于长期学习苏联教育理论切断了中国相关学科与西方世界的联系，不利于科学繁荣，国家文科教材办公室提议，邀请萧先生负责编著一部《儿童心理学》教材，以系统介绍世界各国相关领域的研究成果。萧孝嵘接受任务后，很快着手组织了写作班子准备该教材的编写，但不幸的是，之后不久萧孝嵘身患胃癌，于 1963 年去世，这项未竟工作成了永久的遗憾。

1960 年，我校教育系增设了心理学专业，主要是为中等师范学校培养心理学教师和心理学的研究工作者。60 年代初，部分优秀本科毕业生加入心理学专业，给师资队伍再添活力。教育系心理学专业毕业的刘金花加入到了发展心理学方向的工作。心理学专业的分开独立，自然需要开设更多的专业课程。其中，左任侠教授除了负责统计和测验课程的建设之外，因其曾留学法国、深谙法语，是最可能熟读进而引介著名儿

1964年朱曼殊(中)带领她指导的研究生胡正昌(左)和郭亨杰(右)在南京郊区考察农村耕读学校复式教育

童心理学家皮亚杰的诸多法语著作的不二人选,所以专业还邀请左任侠介绍皮亚杰的研究。不过所有这一切,在"文革"开始后均不了了之。

1964年心理学专业招收了最早的两名三年制研究生(胡正昌和郭亨杰),导师是谢循初教授和朱曼殊副教授,工作主要由朱曼殊负责,邵瑞珍也参与指导工作。但同样因为"文革"开始,两位研究生也没能顺利结束学业,匆匆忙忙奔赴工作岗位。

"文革"结束后,教育秩序逐渐得到恢复,特别是1978年5月,《光明日报》刊登《实践是检验真理的唯一标准》及随后在全国开展的"真理标准大讨论",吹散了笼罩在教育科研工作者心头的阴霾,教师们被压抑了十多年的科研热情因此迸发出来。1977年11月3日,教育部、中国科学院根据国务院批转的《教育部关于高等学校招收研究生的意见》,联合发出1977年研究生招生通知。我校在1978年恢复研究生招生和培养工作。左任侠被确认为心理学专业第一位可招收硕士研究生的导师。当年心理学专业有4名研究生入学,4位研究生分别是李其维、康清镳、金瑜和王振宇,就读左任侠指导的发展心理学专业,这是"文革"后我校,乃至全国第一批心理学学科的研究生,1981年4位研究生顺利毕业。

1979年5月7日,领导批准以教育系心理学专业的师资力量为基础,建立我校心理学系,系主任由王亚朴副校长兼任。这是1949年后,继北京大学心理学系后中国成立的第2个心理学系。当时有3个教研室,即普通心理学教研室、儿童和教育心理学教研室、公共心理学教研室。发展心理学真正迎来了发展的春天,左任侠教授年近八旬,还指导4名发展心理学专业的研究生,并亲自主讲几门专业课;一批年轻的学者也迅速成长起来。

1980年2月,第五届全国人民代表大会常务委员会第十三次会议通过的《中华人民共和国学位条例》。1981年12月30日,经国务院批准,华东师范大学为首批博士和硕士学位授予单位,12个专业有权授予博士学位,51个专业有权授予硕士学位。首批设立的有权授予博士学位的专业和指导教师包括发展心理学的左任侠,1982年初招收的李其维成为第一批博士研究生。有权授予硕士学位的专业也包括发展心理学,朱曼殊1982年开始招收硕士研究生,主要进行语言发展方向的研究。1982年4月15

日,经校学术委员会讨论通过,有权授予博士学位的 12 个学科为学校第一批重点学科,学校各部在人力物力财力上优先给予支持,发展心理学即为校重点学科之一。

科研创新:专业特色的奠基和塑造

鉴于苏联科学技术在 50 年代飞速发展,1956 年 1 月周恩来在《关于知识分子问题的报告》中提出了"向科学进军"的口号。我校响应政府号召,开始有计划、有组织、大规模地开展科学研究。1959 年 6 月 2 日,为加强科学研究,我校成立教育科学研究室,刘佛年兼任研究室主任。1960 年 10 月 23 日,经校务委员会常委讨论决定,市委批准,成立华东师大建校后的第一个研究所,即教育科学研究所,刘佛年兼任所长,下设普通教育、教育理论、教育心理、教育编译 4 个研究室。教育心理研究室主要成员包括谢循初、朱曼殊和万云英等人。

朱曼殊最初的研究方向是儿童数学思维发展。1961 年,朱曼殊等人开始在华东师范大学附属小学等学校,进行小学儿童解答数学应用题的思维活动研究;最早的研究成果,比如"一年级学生理解应用题的心理分析"(朱曼殊、朱玉瑛,1961)等一系列论文,发表在心理学报等学术刊物上。由于当时、除了中科院心理学研究所外,心理学界开展实证研究的人甚少,而朱曼殊等人的研究卓有成效并已发表系列原创性的研究论文,颇受当时心理学同行的好评,在我国心理学学术界产生很大的影响,并受到师范院校教育心理学和小学教学法等学科教学工作者的普遍关注。大约在同一时期,李丹、缪小春和武进之等则开始对儿童思维和语言发展方面进行实证研究,从 1962 年开始,诸如"学龄儿童理解寓言、比喻词的年龄特点"(李丹、缪小春、武进之,1962 年)、"儿童演绎推理的特点"(李丹、武进之、缪小春,1964 年)、"小学高年级学生连词掌握特点的初步调查"(缪小春、时蓉华,1966 年)等研究论文,陆续发表于心理学报、华东师大学报和心理科学通讯。尽管以现在的标准看来,这些研究可能显得简单,但在普遍缺失实证研究的当时,这些研究和论文又是多么难能可贵;更重要的是,正是这些实证科研的星火之花,虽历经"文革"的冲击和损害,但在"文革"之后迅速成为燎原之势,为学科各个特色研究方向奠定基础。

"文革"结束之后,学科组教师终于有了真正的用武之地,他们分工有序,在各个儿童发展研究方向组织开展实证探索,研究课题涵盖了发展心理学的各个主要领域。研究过程中理论研究和应用研究并重,既有关于儿童发展基本理论的研究,也有属于应用性的研究;研究不仅为家庭教育、学前教育和学校教育提供了心理学理论依据,而且为儿童发展与教育咨询提供了指导性意见。这些研究很快获得丰硕成果,其中某些方面的研究在国内处于领先地位,在某种程度上确定学科在全国心理学界的优势。

所有这些工作,促使我校发展心理学学科组成为当时全国发展心理学的研究中心之一,学科组的学风严谨、扎实,发表出版了为数众多并且质量高的论文和专著,在全国乃至国际上赢得了一定的声誉和产生了甚为广泛的影响。学科形成三个重要的研究方向,分别是儿童语言发展、儿童认知发展、儿童个性发展与社会化。

1. 儿童语言发展

该方向对儿童语言发展进行了比较系统的研究,研究领域主要是幼儿和小学儿童词汇和句子的发展,探索幼儿和小学儿童产生和理解各类词汇和各类句子的过程、规律以及其与认知发展的关系;此外,对儿童语音发展和语用能力的发展也进行了一定的研究。

儿童语言发展是儿童心理发展的重要方面,对儿童心理的其他方面的发展起着重要的作用;它既是发展心理学中的一个重要研究领域,也是新兴交叉学科心理语言学研究的主要问题之一。由于汉语和欧美各国的语言差别很大,同时汉语又是世界上使用人数最多的语言,因此对汉语儿童的语言发展进行系统研究具有其特殊的意义。研究成果可以为语言加工和语言发展的普遍性和特殊性这一前沿问题提供有力的证据。正因为如此,国际心理学界对汉语儿童的语言发展问题表现出极大的兴趣。朱曼殊和缪小春领衔的研究组在该领域进行了大量的研究,从汉语的特殊性出发,系统深入研究中国儿童语言(词汇、句法和语用)发展过程和规律,并与其他国家语言发展进行比较,探讨儿童语言发展的普遍规律和中国儿童语言发展的特殊性,并在儿童语言习得理论和认知发展与语言习得的关系这两个问题上进行了开创性的探讨。研究成果具有重要理论价值,一些研究结果对语言教学,特别是幼儿和小学儿童的语言教学具有很好的参考作用。

除了开展系列实证研究,研究组还编著出版了国内第一本关于中国儿童语言发展的研究专辑《儿童语言发展研究》(朱曼殊主编,1987 年)。朱曼殊和缪小春 1990 年编写的《心理语言学》中也有很大篇幅论述儿童语言发展问题。很快地,儿童语言发展研究组成为当时国内儿童语言研究的中心之一,专家们评价其为"国内儿童语言研究的主力军"(李宇明,当时为华中师范大学教授,后曾任教育部语言文字应用研究所所长,国家语委副主任),"国内儿童语言发展研究的重镇"(台湾大学心理学教授张欣戊),"取得了举国瞩目的成就"(李宇明),居国内领先地位。

值得一提的是,这些儿童语言发展的研究,都是对一个一个儿童个别地进行的,需花费大量时间和精力。研究者们都深入到托儿所、幼儿园或小学,仔细观察、如实记录儿童对他人语言的理解或自己的言语表达。朱曼殊在近古稀之年时仍坚持亲临现场,取得第一手材料。这样的敬业精神和负责态度感染了学科组中的后辈,传承至今。

国际心理学界对汉语儿童语言发展研究有着强烈兴趣,因此有关汉语发展的研究具有国际性,研究成果颇为国际同行所关注,譬如 1983 年美国心理学界极为重要的刊物《心理学年鉴》(*Annual Review of Psychology*)就引用过朱曼殊教授的研究成果;1990 年香港大学的陈煊之和美国加州大学的曾志朗主编

1980 年朱曼殊在幼儿园做儿童语言发展研究

Language Processing in Chinese(Elsevier Science Publishers)一书,特约缪小春撰写 "Language Development in Chinese Children"一章。研究组的工作持续产生影响,在很长时间里缪小春还多次受邀为研究专辑撰写章节,诸如应邀为 *International Handbook of Reading Education*(Greenwood Press,1992)撰写"China"一章,为 *Reading Chinese Script:A Cognitive Analysis*(Lawrence Erlbaum Associates Publishers,1999)撰写"Sentence Understanding in Chinese"等。从 1986 年至 2003 年期间,缪小春先后在新加坡参加亚洲儿童和青少年发展问题工作坊,在北京和荷兰参加两次国际行为发展研究会(ISSBD)的学术会议,在香港参加第一和第二语言习得国际会议及亚太地区中文教学研讨会,在台湾参加中国语文认知国际学术会议并宣读论文,还在对澳大利亚、加拿大、日本、中国香港、荷兰的多所大学或研究机构进行学术访问时报告自己和同事们的研究成果,受到海外同行的重视和好评。

2. 儿童认知与智力发展

该研究方向主要包括两个研究领域,其一为儿童思维与智力发展研究。其二是皮亚杰的发生认识论研究。

儿童思维发展属于发展心理学基础研究范畴,其研究成果与教育教学实践联系密切。对儿童思维,特别是对儿童逻辑思维发展规律的揭示,可为评定、训练和培养儿童的思维能力提供坚实的理论基础。如前所述,20 世纪 60 年代李丹就开始开展思维发展研究,最早对中国儿童演绎推理的发展特点进行了探查,成果发表于《华东师范大学学报》(李丹、武进之、缪小春,1964 年)。"文革"结束后,20 世纪 80 年代李丹带领青年教师继续进行这项课题的研究,发表了"儿童演绎推理特点再探——假言推理"(李丹、张福娟、金瑜)等一系列研究报告。这些研究设计精巧,发现了儿童在进行演绎推理时

的一些规律性特点。以后,源于智力研究中标准化研究工具的极度缺失,李丹转向儿童智力测量与发展研究。在左任侠先生的指导下,李丹带领青年老师先后修订韦克斯勒儿童智力量表(WISC)、瑞文测验联合型(CRT)和麦卡锡儿童智能量表,制定相应的常模,并发表系列测验修订报告,包括"韦克斯勒儿童智力量表(修订版)WISC-R 及其在上海市区的试用结果"(李丹等,1983 年)、"韦克斯勒儿童智力测验量表中国修订版上海常模(WISC-CRs)制定报告"(李丹等,1987 年)、"瑞文测验联合型(CRT)上海市区测试报告"(李丹等,1988 年)、"麦卡锡儿童智能量表"(陈国鹏、李丹,1994 年)等,分别发表在《心理科学通讯》、《心理学报》和《中国临床心理学杂志》等杂志。

李丹(右)左任侠(中)张厚粲参加博士论文答辩后

智力测验修订和常模制订工作工作量大,研究和应用价值高;时至今日,李丹先生主持的韦氏儿童智力量表和瑞文测验量表还一直被广泛应用。弥足珍贵的是,李丹始终恪守研究者的科学责任,强调应严防心理测验滥用及其所可能带来的不利后果,因此从一开始就将智力量表修订限定于科学研究目的内,而不带任何商业目的。

皮亚杰的发生认识论是体系最为完整、内容极为丰富的儿童认知发展理论。自从皮亚杰的理论传入中国后,除了理论方面的探讨外,一批发展心理学工作者开始进行验证或变式研究。在理论方面,左任侠的贡献良多;而该方面研究在我国最具影响力的则是李其维。作为"文革"后首届硕士生和博士生,李其维师从左任侠,并在其指导下完成的硕士论文(1981 年)和博士论文(1986 年)分别论述皮亚杰的"结构主义方法论"和"心理逻辑学",两篇论文均获得了学界高度认可。论文后以专著的形式由华东师范大学出版社出版(1991 年),并由台湾台北杨智文化事业公司再版(1995 年)。之后,李其维还陆续发表出版了众多关于皮亚杰理论的论文、专著或译著。

3. 儿童个性发展与社会化

每位健康儿童的心理发展除了认知发展外,必然还有个性和社会性的发展,它在不同年龄阶段和不同的社会具有不同的目标和任务。长期以来,发展心理学比较重视儿童的认知发展,对社会性发展这方面的研究则比较缺乏;而现实却是,我国儿童中存在的主要问题往往不是智力问题,而是个性发展不够健全,情况令人担忧。因此,研究儿童社会性发展显得特别重要。影响儿童社会性发展和社会化进程的因素很多,其中家庭、学校和社会均各自起着重要作用,尤其是在"文革"后我国实施了独生子女政策,国内越来越多的儿童来自独生子女家庭,因此独生子女的家庭教育成为一个全社会普遍关注的问题。学科点的刘金花老师是"文革"后,在我国最早就家庭如何影响儿童社会性发展进行系统研究的学者之一。国际心理学界和教育界对这个问题也十分感兴趣。刘金花老师的研究成果引起同行和各方面的重视,在上海、全国均产生了积极影响。

该方向同时积极扩展儿童青少年心理健康问题的研究新领域,包括心理健康与异常诊断、咨询、矫治和心理素质的提高,进一步深化探究家庭、学校、社会媒体(电视、广告、儿童读物)对儿童发展的影响,研究儿童自我控制能力、社会交往能力、情绪调节、自我意识、成就动机的发展、测定和训练,探索把儿童心理素质的教育和训练渗透到音乐、体育、美术和思品各科教育中的有效模式,为儿童青少年心理健康水平的提高提供理论依据、有效措施和直接服务。

课程精品:专业教育的积累与弘扬

我校发展心理学学科组历来注重发展心理学的课程建设和教学传承,始于萧孝嵘和左任侠,继而是朱曼殊和李丹,再后来的缪小春、刘金花和李其维,均为发展心理学的课程建设做了大量卓有成效的工作。

20 世纪 60 年代初,国家文科教材办公室邀请萧孝嵘编著一部《儿童心理学》教材,以体现西方儿童心理学研究进展,遗憾的是萧孝嵘因病离世,未能完成该教材的编写。这一缺憾一直到了 20 余年后才得以弥补,即 1987 年李丹组织发展心理学学科组多位老师参与编写《儿童发展心理学》并由华东师大出版社正式出版。该教材最具影响的特征在于,不同于许多按发展年龄阶段编排发展内容的发展心理学教科书编写体例,而是采用按照心理功能领域的划分来揭示个体心理发展,这也是我国第一本以此体例进行编写的发展心理学教科书。

发展心理学是一门研究人类心理发生与发展过程及其规律的科学,但是源于发展心理学关于各发展功能领域的研究进展相对不平衡,关于儿童认知、语言、智力、情感、个性、道德等各个领域发展趋势的揭示和基本理论的陈述,往往带有较大的领域特殊性。分别以各个功能领域来揭示儿童心理发展,以这种体例编写的教材可更大程度地将各领域研究进展融入教材内容中,也更有利于引导学生将教材中各主题学习与领域前沿研究主题联系起来,使教学和科研更有机地衔接起来,因此也更有利于引导学生从基本理论、观点和方法学习,走向学习分析与解决儿童心理发展中出现的有关问题,进而迈向该领域的教学和科研。或许部分出于这方面的原因,李丹主编的《儿童发展心理学》出版后,受到普遍欢迎和好评,除了本校师生使用外,其他很多高校也纷纷以该书作为教材或主要参考书;1986 至 1994 年间,该书先后 6 次印刷,发行 3 万余册;另外,台湾五南出版社也将该书在台湾印行。之后鉴于儿童发展心理学研究日新月异,在 1997 年、2006 年和 2013 年,刘金花教授组织学科点老师对《儿童发展心理学》进行了多次修订。该教材仍延续上述编写体例,并且仍一如既往受到众多师生和读者的喜爱和欢迎,是我国最受欢迎的发展心理学教科书之一。

除了上述导论性的教科书外,为进一步扩大学生的知识面,缪小春翻译出版了美国著名心理学家 P. H. Mussen 所著的《儿童发展与个性》(上海教育出版社,1990 年);左任侠和李其维编译出版了《皮亚杰发生认识论文选》(华东师大出版社,1991 年)。

国际交流:根植于中国与走向世界

源于学科点传统,我校发展心理学学科组一方面强调要根植于我国社会实际开展实证研究,另一方面十分强调学科建设的国际交流,通过诸如出访学习、合作研究、邀请国外学者前来讲学、参与国际学术会议和与国外学术机构建立合作交流关系等方式,既要学习西方发展心理学研究长处,也强调应将我们自己的研究融入国际家庭。基于上述认识,发展心理学学科组教师始终将国际交流置于学科建设内涵,这体现在下述系列国际交流活动中:

缪小春是解放后全国第一批赴美国学习心理学的访问学者,1980 年 2 月抵美,先是在哥伦比亚大学从事儿童语言方面的学习和研究,一年后转到加利福尼亚大学柏克莱分校,1982 年初顺利完成访学,回到我系任教;1982 年 10 月,受国家教育部委派,缪小春作为我国的观察员,出席在委内瑞拉召开的智力发展国际会议。

1982 年 5 月,国际阅读学会理事、加拿大维多利亚大学心理学博士约翰·唐宁教授应邀来我校进行了近一个月的讲学活动,主要讲授阅读心理学。

1983 年,在国际发展研究中心(IDRC)的资助下,与加拿大维多利亚(Victoria)大学教育学院开展了 9 年 3 期的协作研究和学术交流，在儿童心理发展等方面开展合作研究。合作研究期间，双方互派研究人员，如朱曼殊 2 次，缪小春 2 次，武进之 1 次先后前往加拿大进行学术交流，每次学术交流为期 1 个月。另有青年教师曹锋、宋正国和张仁俊先后前往进修，为期 3 个月到 1 年。合作研究成果发表在国内外刊物或刊载在《中学教学改革》一书中。国际发展研究中心曾对合作研究进行评估，对合作研究成果"The performance of Chinese and Canadian early and middle adolescents in the Individual Differences Questionnaire"（发表于 *Journal of Adolescent Research*，1987.1）和《中加儿童空间概念》（发表于《心理科学通讯》，1985.3）给予高度评价，在其评估报告中称这两项研究都是认知领域中"极好的研究"，"加中两国研究者的合作富有成效"。这项合作，持续时间长、参与人员多、合作面广、成效显著。

　　朱曼殊和缪小春是国内最早加入国际行为发展研究会（ISSBD）的学者，与该学会经常保持联系。朱曼殊 80 年代中赴东京参加 ISSBD 学术会议，1986 年朱曼殊和缪小春成为中国第一批 ISSBD 会员。2000 年北京的 ISSBD 年会，缪小春和美国学者 T. Tardiff 合作为国际行为发展杂志（IJBD）编辑了一个 special section，介绍中国的发展心理学，并应邀在大会上做特邀报告——"中国发展心理学 30 年"。

　　1988 年，缪小春与中科院心理研究所的荆其诚和北师大的张厚粲两位教授，作为中国心理学会的正式代表，参加在澳大利亚悉尼市进行的第 24 届国际心理学联合会代表大会。该次会议后，缪小春则应邀长期担任国际心理学联合会官方杂志 *International Journal of Psychology* 的顾问编委（Consulting Editor）。2003 年，与 Wei Wang 博士合作，应邀为 International Journal of Psychology 的专刊 *Special Issue：Advances of Psychological Science in China* 撰写"A Century of Chinese Developmental Psychology"。

　　90 年代后，学科点的国际交流与合作成为工作常态。学科点教师先后赴美国、加拿大和德国的大学做访问学者，经常参加国际学术会议或华人心理学家学术会议，在会议报告自己的研究成果，并和国外、境外同行交流学术观点。另一方面，学科点先后邀请美国、英国、加拿大、日本、澳大利亚、荷兰等国的专家来访，进行短期讲学，讲学的课题包括儿童语言发展、阅读、语言理解、儿童性格、天才儿童等等。学科教师与美国康州大学、加拿大维多利亚大学、日本横滨国立大学、日本基督教大学、澳大利亚国立大学、荷兰奈密根大学等外国研究机构的心理学家开展合作研究，研究项目涉及儿童语言和认知发展、儿童个性发展与亲子关系的跨文化比较、儿童对心理状态的认识、天才儿童自我意识的跨文化比较等。

＊本文作者：邓赐平，华东师范大学心理与认知科学学院研究员。

教育心理学学科建设历程

皮连生

2014 年我校心理与认知科学学院申报的"面向教师教育的教育心理学课程体系建设"荣获国家级教学成果二等奖。该项目获奖成员有吴庆麟、皮连生、庞维国、胡谊等。获奖成果表明,我校教育心理学课程建设处于全国领先地位。这一成果的获得是与教育心理学前辈,尤其是邵瑞珍教授的高瞻远瞩、辛勤耕耘和努力培养学术梯队密不可分的。

教育心理学是一门应用学科。其学科建设包括教材建设、基本文献资料建设和人才培养。教育心理学作为一门应用学科,其生命力是它的理论能应用于教育实践,解决教育实践问题,促进教育、教学工作科学化。

一、"文革"前,我校原有教育心理学教学和研究基础

1960 年,我校从教育系中分化出心理学专业。它是 1949 年后中国大陆高等院校中开设的少数几个心理学专业之一。当时我校从事教育心理学研究和教学工作的教师有萧孝嵘教授、朱曼殊、邵瑞珍、万云英、时蓉华等教师。由于我校教育心理学师资力量相对雄厚,1964 年我校招收三年制的教育心理学专业研究生。导师为谢循初教授和朱曼殊副教授,邵瑞珍也参加指导工作。首批研究生是胡正昌(曾任上海市政府副秘书长、市人大副主任)和郭亨杰(南京师大心理学教授),后因农村"四清运动"和"文革"停止招收研究生。

自 1961 年起,心理学专业本科生的教育心理学教学由邵瑞珍(1916—1999 年)担任。邵瑞珍于 1938 年毕业于浙江大学教育系,毕业后留校,任我国著名心理学家陈立的助教(1938—1941 年)。此后因抗日战争,国民政府和学校内迁重庆,她去重庆从事中学和中师教学工作(1941—1946 年)。1946 年 6 月赴美国普渡大学留学,1947 年 11 月回国后从事中师的教育学和心理学教学工作。1953 年进入我校教育系任教。邵瑞珍具有长期中学、中师和大学教学经历,教学经验十分丰富,所以她的授课很受学生欢迎。

　　她在教授教育心理学时,按校方要求,虽然指定苏联心理学家尼·德·列维托夫所著《儿童教育心理学》(北京编译社译,人民教育出版社,1961 年)为课程教材,但是她另外编译了一本反映西方学习心理学研究的补充资料,供学生参考。该资料使学生开阔了眼界,了解了西方学习心理学有多种不同派别和观点。

　　在科研方面,朱曼殊在小学数学教学领域进行了系统研究,发表数篇有关小学生解数学应用题时思维过程分析的重要文章,得到同行称赞。此外,万云英和时蓉华也在小学语文和数学教学方面做过一些心理学研究。邵瑞珍主要从事西方教育心理学重要著作的翻译与介绍工作,例如,她翻译的布鲁纳名著《教育过程》(上海人民出版社,1973 年)一书,在国内影响很大。

　　在 20 世纪 60 年代前,无论是在中国,苏联,或者是美国,教育心理学都是一门很不成熟的心理学分支学科。其根本原因,正如钱学森先生说:"教育学科中最难的问题,也是最核心的问题是教育科学的基础理论,即人类的知识和应用知识的能力是怎么获得的,有什么规律。解决了这个核心问题,教育科学的其他问题和教育工作的其他部门都有了基础,有了依据。"由于这个问题未解决好,教育心理学很难对教学工作的科学化作出重要贡献。难怪师范院校的学生学过教育心理学课程后都感到,学了它用处不大。而且在广大中小学教师教育中,心理学这门学科一般不为教育行政部门重视。

二、教育心理学教材内容的改造与重建

　　1978 年后,师范院校的教育系和心理学专业恢复招生。这些系科都需要开设教育心理学课程。教材是大学教学的根本。邵瑞珍向来重视教材建设。为了解决教材问题,她与她的团队阅读了大量西方教育心理学原文,有的还翻译出来印成讲义供学生参考:如弗兰德逊(Frandersen, A. N.)著《教育心理学》,由皮连生、吴庆麟译,邵瑞珍、傅统先校,1980 年油印讲义供学生参考;加拿大籍华裔心理学家江绍伦著《教与育的心理学》,邵瑞珍等译,1981 年由江西教育出版社出版。

　　1980—1987 年,我在心理系和教育系承担教育心理学教学工作。为了上好这门课,我预先写好讲义。其体系和内容主要参考奥苏伯尔 1978 年版《教育心理学——认知观点》。几轮教完,学生感到比较满意。因此,教育系还给教育心理学这门课的任课教师颁发优秀教学奖(1986 年 2 月)。

　　鉴于当时国内教育心理学书籍奇缺,上海教育出版社老编辑钱全卿请华东师大心理学教师写一本教育心理学著作。邵瑞珍将我上课的讲义(共 9 章)予以推荐。钱先

生看了讲义,感到它面貌一新,决定以该讲义为基础出版新书。考虑到此书的影响,我请邵瑞珍任新版教育心理学教材的主编,而且请她重写或改写一些重要的和难写的章。最后邵瑞珍写了 5 章,皮连生写了 6 章、吴庆麟写了 3 章。这就是 1983 年版《教育心理学——学与教的原理》一书的来历。该书出版后颇受读者欢迎,连连获奖:1984 年获上海市出版工作者协会优秀图书奖;1986 获全国畅销书奖和 1979—1985 年度上海市哲学社会科学优秀著作奖;1987 年获全国首届教育理论优秀著作奖。

邵瑞珍(前排左二)、皮连生(前排左三)和同事、学生合影

该书由我在教育系和心理系经过 4 轮试教,在邵瑞珍主持下,她和我与吴庆麟共同进行修订。书名改为《教育心理学》,删除了原书的副标题,上海教育出版社 1988 年出版,被国家教委推荐为高等学校文科教材。该书被台湾五南图书出版公司用繁体字重印出版,1992 年获国家教委普通高校优秀教材一等奖。

1994 年学校批准心理系的教育心理学课程作为校特色课程进行建设,项目经费7 000 元,由我负责实施。我开发题库试题约 1 500 道,开发了题库管理软件,拍摄了教学录像。此后 1997 年邵瑞珍与我,在部分研究生参与下,对 1988 年版做了较大修订。同 1988 年版相比,1997 年版在理论上已经具有自己的特色。正如该版前言所说:"通过十年积累,我们在研究中,逐渐形成了能够解释学校课堂中知识、技能和能力学习的理论,我们称之为'知识分类学习论'。认知心理学的新发展和我们的研究积累构成了本书修订的理论背景。"该版被上海市教委批准为上海市普通高校重点教材,1999 年获上海市优秀教材一等奖。

因邵瑞珍于 1999 年过世,2004 年和 2011 年两次修订是由我和我的研究生王小明、庞维国共同完成的。这两次修订的主要变化,是针对 2001 年开始的基础教育课程改革中对后现代主义和建构主义教学观的片面宣传,提出区分两种取向的教学论的重要性。正如我在第四版前言中指出:"第三版修订工作的基础是:本人主持全国教育科学规划'九五'和'十五'课题,积累了关于心理学在我国中小学应用的许多新资料以及'知识分类与目标导向教学理论'有了许多新发展。"所以后面两个新版增加了"基于学习分类理论的教学论"和"现代教学设计"两章。这样就解决了学习论如何转化为教学论和教学设计技术的问题。

从 1986 年我校心理学系建立教育心理学博士点,邵瑞珍开始招收博士生。为了促进教育心理学学科建设向纵深发展,自 1986 年至 2005 年 20 年间,我校教育心理学学科组在邵瑞珍和我的主持下,先后完成了 4 个全国教育科学规划教育部重点课题、两个博士点基金课题。前 3 个课题由邵瑞珍主持。"七五"课题名称是"学与教的理论、模式与应用";"八五"课题为"学与教的心理学理论在中小学课堂教学中的应用"。

邵瑞珍和她的博士研究生在一起

十年磨一剑。通过这两个全国教育科学规划课题研究,在邵瑞珍的指导和支持下,我完成了《智育心理学》专著(人民教育出版社,1996 年版)。在该书出版之前,我写了《智育概论——一种新的智育理论的探索》(载于《华东师范大学学报(教育科学版)》1994 年第 4 期),概述了我所提出的新的智育理论的主要观点。智育心理学包括三个分理论:智育目标论、知识分类学习论、目标导向的教学论。该文获上海市哲学社会科学优秀论文奖(1996 年 12 月)。

1. 智育目标论部分提出,新的智育理论必须更新从苏联教育学和心理学中引进的知识、技能和能力概念,建立广义知识观,用广义知识解释习得的能力;同时区分习得的可以教会的能力与不能教会的由遗传决定的能力。

2. 知识分类学习论部分,运用现有学习心理学研究资料,分门别类解释了陈述性知识、作为程序性知识的智慧技能、认知策略（含反省认知）学习的过程和条件。

3. 在目标导向的教学论中，提出了新的教案规格；并用大量教学设计案例说明如何运用新的教案规格进行课堂教学设计。

4. 为了防止教师将程序性知识（即技能）教成陈述性知识，在教学过程和方法设计中，提出了后来广泛认可和采用的"六步三段两分支"教学过程模型。

《智育心理学》出版以后，学术界反映良好，1999 年，获全国第二届教育科学优秀成果二等奖。人民教育出版社在征得我同意后，将该书的封面重新设计，改为"高等学校文科教材"出版发行。2006 年人民教育出版社又将该书申报为普通高校"十一五"国家级教材。按人教社要求，我对该书作了较大修订，2008 年 12 月第二版问世。第二版与第一版相比，由三个分理论构成的框架未变，但具体内容更新了百分之八十，而有关学习论与教学论的基本观点未变。这说明新的智育理论经历了时间的考验。

上海教育出版社版《教育心理学》属于师范院校心理学系和教育系本科生专业课教材；人民教育出版社版《智育心理学》属于教育与心理学科研究生教材。这两本教材一本被评为国家精品课教材，一本被评为国家级教材，表明我校教育心理学学科教材建设获得了较大成功。

三、将教育心理学原理运用于教师教育，改革教师教育的内容和方法

前面提到，邵瑞珍有长期中学教学经验；皮连生曾于 1969—1978 年之间在上海某中学担任 9 年中学教师，对中学教学与教学管理工作熟悉。所以邵瑞珍领导的教学心理学团队向来重视将学与教的心理学原理运用于中小学学科教学的研究。研究的中心任务是将现代学习与教学心理学原理，运用于中小学学科教学，促进学科教学科学化。

（一）创建高等师范院校公共心理学新教材——《学与教的心理学》

1987 年 10 月至 1992 年 12 月，我自愿要求调往苏州铁道师范学院，从事高师公共心理学教学。到该院后，我利用在华东师大从事教育心理学教学改革的经验，在邵瑞珍先生的支持下，进行了高师公共心理学课程改革。经过两轮教学实践，创建了一个高师公共心理学新体系。与上海市周边师范院校合作编写了高师公共心理学新教材，书名《学与教的心理学》（邵瑞珍主编，皮连生、崔柳舒副主编，1990 年华东师大出版社出版）。该书被国家教委批准为高师公共心理学课程教材。1997、2003、2006、2009 年该教材由我主持连续四次修订出版（杨心德、吴红耘副主编），并被评为普通高等教育"十一五"国家级规划教材。

这一教材的内容,对我国中小学教师来说是全新的,学习起来有一定难度。但25年来为什么它发行量大,而且经久不衰呢？现在看来,其原因是该书实际上是我国第一本基于科学心理学的教学论,即科学取向的教学论。它不仅能告诉教师教什么,怎么教,而且能告诉教师为什么这么教,其心理学依据是什么。如此,心理学便能通过提高教师的专业技能来促进教学设计、实施与评价的科学化。

（二）创建一门师范特色课程教材——《教学设计》

20世纪90年代中期,上海市中等师范学校都升格为高等师范专科学校。师范院校心理学系高年级学生有一门必修课,即"中师心理学教材教法"。学习这门课程的直接目的是为大三学生去中等师范学校进行实习做准备。中师不存在了,学生必须到普通中小学去实习。为此,指导学生实习的课程内容必须做相应调整,以适应学生去普通中小学实习的需要。由于我编写过高师公共心理学课程教材《学与教的心理学》,该教材的第二大部分主要讲基于科学心理学的教学设计原理和技术,而且我在苏州铁道师范学院的不同系科进行过多轮试教。为心理学系三年级学生开设这门课程,因为学生在心理学知识方面已经有充分的准备,所以学生的学习与我的教学都没有多大困难。几轮试教,学生满意。学校教务处决定将这门课程作为师范特色课程予以建设,让非心理学系学生选修。20世纪90年代后期,我的主要工作转入研究生教学,"教学设计"这门课程由青年教师朱燕和胡谊讲授。在我的指导下,朱燕和胡谊,以及我的研究生集体编写了这门课程的教材,书名《教学设计——心理学的理论与技术》。2000年高等教育出版社将此书作为"面向21世纪课程教材"出版。2008年我和王小明、胡谊对《教学设计——心理学的理论与技术》一书作了较大幅度修改,于2009年再版,书名改为《教学设计》,删除了副标题——"心理学的理论与技术"。2011年教育部全国高校教师网络培训中心选定该书为高校教师培训教材,由我和我的学生吴红耘教授讲授。学员通过注册,在网上收看。我还为学员做过两次专题辅导。

（三）将"学与教的心理学"运用于中小学学科教学,促进学科教学科学化

1. 提出知识分类与目标导向教学主张 当新的智育理论提出来后,我申请了全国教育科学"九五"规划教育部重点课题——"知识分类学习论与教学论在中小学学科教学中的应用研究"。为了得到基层学校的支持,在"九五"期间,我与上海市宝山区教育学院合作,由该院院长高志冲领衔申报了上海市教委科研课题:"知识分类与目标导向教学的理论与技术在中小学应用与推广研究"。为了便于我指导的硕士和博士生深入教学第一线进行学位论文研究,我又帮助云岭中学（现改名华东师大第四附中）和华东师大附小申请了上海教委的科研课题。上述课题研究结果,由我主编出版了《知

识分类与目标导向教学：理论与实践》一书（华东师大出版社，1995 年）。全书 40 万字，分别获上海市教委授予的科研成果二等奖、全国师范院校基础教育改革研究项目优秀成果三等奖（1997 年）。

2. 为创建科学取向的学科教学论所做的工作 集 20 多年对教师的学习理论与教学理论的培训经验，我深刻感到，仅有一般的科学取向的教学理论，仍不足以改变中小学各科教师的教学行为，必须有科学取向教学论专家、现有学科教学论专家和有经验的中小学教师的合作研究，才能获得实效。为了实现这个层面的研究，在临退休之前，我申报了全国教育科学规划"十五"教育部人文社会科学研究项目"运用现代认知心理学原理，改革教师教学能力培训内容和方式"。我的目的是通过此课题研究，将我的访问学者、新近毕业的博士生组织起来，完成上述中介研究。在各学科原有研究基础上，经过 3 年分学科研究，2004—2005 年，出版了由我总主编、由我的学生与访问学者撰写的《学科教学论新体系》丛书 8 种，包括：《语文学习与教学设计（小学卷）》《语文学习与教学设计（中学卷）》《数学学习与教学设计（小学卷）》《数学学习与教学设计（中学卷）》《自然学科学习与教学设计》《社会学科学习与教学设计》《英语学习与教学设计》《学科学习困难的诊断与辅导》。

全套丛书有大致统一的框架。第一部分总论：包括教学目标、任务分析、学习者及环境分析三章；第二部分：基础知识与智慧技能学习与教学，包括陈述性知识学习与教学、概念的学习与教学、规则的学习与教学（共三章）；第三部分：高级智慧技能与情感领域的学习，包括学习策略的学习与教学、问题解决的学习与教学和情感领域的学习与教学（共三章）；第四部分：学习的测量、评价与诊断、补救（共二章）。这样，基于科学心理学的学科教学论的新体系初步确立起来了。

用当代教育心理学原理改造我国中小学学科教学论，任重道远。在这套丛书出版后，近十年来我一直致力于这方面的研究。由于我国语文学科的特殊性，该学科是最难以运用和推广科学取向教学论的学科。2008—2011 年，我和吴红耘教授合作，在苏州市实验小学进行了 3 年以促进语文教学科学化为目的的教学改革研究。2011—2014 受北京市昌平区十三陵中心小学和巩华中心小学的邀请，我又在这两所小学做了为期 3 年的语文教学改革成果的应用于推广研究。经过连续 6 年不断探索，2015 年终于完成了《小学语文学习与教学（理论卷）》和《小学语文学习与教学（实践卷）》。

为了将语文教学研究的经验向其他学科推广，自 2014 年起，我的学术团队成员（教授 6 人、副教授 2 人）正在与广州市花都区教育局合作，开展"课堂的科学——学与教的心理学在课堂中的应用"研究。

＊本文作者：皮连生，华东师范大学心理与认知科学学院教授。

社会心理学学科创建与发展

李　凌

1908 年,美国社会学家罗斯和英国心理学家麦独孤分别出版了直接以《社会心理学》为名的著作,标志着社会心理学作为一门独立的学科诞生了。

20 世纪 20 年代开始,中国社会心理学也发展起来。起初以介绍西方社会心理学为主,出版了一批经典译著。随后,中国学者依据中国实际也相继开展了有关社会心理学问题的探讨。如张耀翔进行过民意测验、情绪测验、国人之迷信以及广告等项研究,陈鹤琴研究了婚姻问题,萧孝嵘等人研究了战时心理建设问题,等等。20 世纪四五十年代,吴江霖、林传鼎、曾性初等分别对习俗中的 J 曲线分布、中国人的表情模式、奖惩的相对效果律等进行专门研究,在国际上也产生了一定影响。这一时期,中国学者自己也编写了一些社会心理学著作,如陆志韦于 1924 年出版了中国第一本社会心理学专著《社会心理学新论》,此外还有陈东原的《群众心理 ABC》(1929 年)、潘菽的《社会心理学基础》(1931 年)、高觉敷的《群众心理学》(1934 年)、张九如的《群众心理与群众领导》(1934 年)、孙本文的《社会心理学》等。

但从 20 世纪 50 年代起,在苏联否定社会心理学的思想影响下,中国大陆也否定了社会心理学,且停顿的时间更长。直到 1979 年 5 月 31 日,《光明日报》发表了王极盛的《建议开展社会心理学研究》的短文,预示着这门经历了 30 年不公正对待的学科即将获得新生。

1981 年夏,北京心理学会首次举办了"社会心理学学术座谈会",来自全国各地的学者就社会心理学的对象、性质、方法等基本问题进行了初步探讨,强调要以辩证唯物主义为方法论原则,建设有中国特色的社会心理学。这是大陆社会心理学重建的重要标志。1982 年 4 月,"中国社会心理学研究会"在北京成立,推举陈元晖为首届会长,并于第二年不定期发行《社会心理学简讯》,这标志着中国大陆社会心理学正式确立。1982 年 12 月 10 日,第五届全国人民代表大会第五次会议在其批准的《中华人民共和国国民经济和社会发展的第六个五年计划(1981—1985)》中指出:"……社会心理学等,也要加强研究。"这一决定标志着中国政府对社会心理学学科的正式肯定,从而有力地推动了中国大陆社会心理学的重建与振兴。

华东师大重建中国社会心理学

作为当时全国高校仅有的四个心理系之一,华东师范大学心理系也积极投入中国社会心理学的重建工作中。在 1982 年 4 月 22—24 日举办的中国社会心理学研究会成立大会上,华东师大胡寄南教授代表上海心理学会三百多名会员作了题为"我们需要中国的社会心理学"的发言,并被推选为副会长,华东师大邵瑞珍则被推选为副秘书长。

1983 年 12 月 2—7 日,成立一年多的中国社会心理学研究会,在上海华东师大召开学术讨论会。来自 22 个省、市、自治区的正式代表 47 人、列席代表 41 人,上海有关单位的 40 多位代表旁听了会议。会议正式宣布"中国社会心理学研究会"易名为"中国社会心理学会"。

不过,华东师范大学社会心理学的专业化发展,更多的是和另一个名字——时蓉华联系在一起的。

把握机遇,开创新领域

时蓉华毕业于华东师范大学教育学系,历任华东师范大学教育学系、心理学系助教、讲师、副教授、教授。

20 世纪 80 年代初,中国社会心理学启动重建步伐,但仍存在大片有待填补的空白。年过 50 的时蓉华做出一个大胆决定——由教育心理学转投社会心理学,做这个新领域的拓荒者。事实证明,她的这一选择,是勇敢而且明智的,这一适时转向,既是个人对时代机遇的把握,同时也对学科建设和发展起到极大的促进作用。

1982 年,时蓉华领全国之先,在我校开设"社会心理学"课程,成为中国社会心理学正规化教育的标志之一。她编写的《社会心理学》油印教材,也是当时为数不多的我国学者自编教材之一,不仅用于自身教学,而且被其他院校采用。经过几年的积累、完善,她所著的《社会心理学》于 1986 年在上海人民出版社出版。该书一经出版,就受到热捧。至 2002 年,已先后重印 13 次,总印数达 26 万册,被许多高校选为非专业类选修课教材,也被不少党校、行政学院等选为干部培训的教材,许多青年也读它以提高自身素养。与同类书相比,这本书以简明、通俗、系统为特点,将基础理论和社会实践相结合,对社会心理学学科的影响也非比寻常。为了适应学科的发展和教学的需要,

2002 年,时蓉华又对此书重新修订,出版第二版,至 2011 年已是第 29 次印刷,仍以其通俗、系统、全面受到初学者的欢迎。书中的一些观点,如对社会心理学学科性质、研究对象等的梳理和阐述,也成为国内学者对社会心理学思考的一家之言。

之后几年,为满足不同人群的不同需要,应不同出版社的邀约,时蓉华先后写作多本社会心理学相关教材和著作,如《透视中国社会的社会心理学》(中华书局香港分局,"新趋向系列",1988 年)、《社会心理学词典》(四川人民出版社,1988 年)、《当代社会心理学研究》(上海科学技术文献出版社,1992 年)、《两性世界:男女性别差异的心理剖析》(华东师范大学出版社,1992 年)、《教育社会心理学》(世界图书出版公司,1993年)、《新编社会心理学概论》(东方出版中心,1998 年)等。其中,1989 年出版的《现代社会心理学》,先后重印 20 余次,并分别于 2007 年和 2013 年两次修订出版第二版和第三版。

鉴于时蓉华在大陆社会心理学界的影响力,台湾心理学家张春兴教授邀请两岸知名学者编撰《世纪心理学丛书》时,请她编著《社会心理学》一书。1996 年,繁体版《社会心理学》由台湾东华书局出版发行,并于 1998 年由浙江教育出版社出版对应简体版。该书的内容撰写采取多元取向,系统介绍当代社会心理学主要流派,翔实提供一手研究资料,密切配合国内发展需要,问题探讨理论与实践并重,学理阐述,观点清晰,层次分明,实例举述,印证学理,反映现实,代表了当时社会心理学国内外最新动态及研究成果。

时蓉华的著述不仅有对国外经典理论与研究的呈现和梳理,而且也反映了中国学者对社会心理学体系的思考,除了前面已经讲到的对社会心理学学科性质及研究对象的主张,还有如将"社会化"作为社会心理学的基本过程,单列成章乃至丰富成编。而且,也逐步整合进她带领学生所作的一些验证性研究(如对阿希从众实验的重复)与拓展性研究(如对学生道德品质自我评价倾向性的研究)及其结果,使得社会心理学更具本土意义。

1986 年,时蓉华晋升为教授,同年开始招收社会心理学方向的硕士研究生。1988年,为提高社会学相关专业研究生培养和科研工作质量,加强国内与国际学术交流,学校创建华东师范大学社会学研究中心,时蓉华教授以社会心理学方向介入,与社会学、人口学等专业联合培养研究生,促进了学科交流和联系。在研究生培养方面,时蓉华开创了一套独特的培养模式。她将自己的论著作为蓝本和靶子,让学生以此为参照进行拓展阅读并积极思考,从内容到体系,赞成也好,批评也罢,做出各自的判断和建议,并且要持之有故,言之成理。这种方法使得学生既有知识的积累,同时又发展了批判性思维,并学会发表建设性意见。后来访美,与美国社会心理学家拉特纳及其同事交流,她的这种研究生培养模式得到了美国同行的认可。

时蓉华（前排中）与研究生、留学生和访问学者在一起

上海市社会心理学学会，专业引领与辐射的另一个舞台

继中国社会心理学会成立之后，1984 年 5 月 14 日，上海市社会心理学会也经上海市社会团体管理局批准成立，并于同年 10 月 22 日、23 日在上海市社会科学院礼堂举行了成立大会。会议期间举行学术报告会。会议共收到论文及专题资料 35 篇，内容涉及教育、医疗、法制、商业、老人、妇女等多个领域。为了更好开展工作，该会设立了教学组、研究组（包括情报）、秘书组和编审出版组。上海社会心理学会理事会，由胡寄南任理事长，李伯黍、吴福元、邵瑞珍和时蓉华任副理事长。1989 年，时蓉华担任会长，直至 2002 年举行会员代表大会，她以高龄请辞，但仍被聘为名誉会长。

上海市社会心理学会从建立之初就成为社会心理学重建的一支生力军，也是我校社会心理学专业发挥专业引领和广泛辐射作用的重要平台。

时蓉华教授至今还记得那时候和其他同事一起乘着火车奔赴厦门、四川、庐山等地办培训班，四处义务讲学的情景。"老师们都没有什么报酬，就有一次到外地，照顾年近 80 的胡寄南先生，让他乘飞机，其他人都乘火车。但大家都干得很带劲。在上海也办过两期，全国各地来参加的人不少。主要是为了培养社会心理学师资、普及社会心理学知识，并搭建社会心理学专业人士的交流平台。"听者都能够感受到那种"久旱逢甘露"的激情。

上海社会心理学会先后设立企业家心理、人事心理学、心理咨询、家庭教育心理学、老年心理学、青年社会心理学、法制心理学、管理心理学、企业经营管理心理学、体育运动心理学等专业委员，以及崇明、金山、宝钢等三个地区分会。总会和各专业委

时任会长时蓉华(左1)主持召开上海市社会心理学会理事会

员都非常活跃,经常召开学术会议,活动开展得有声有色。

学会还聘请港台和外籍顾问,如华人社会心理学家杨中芳,时任日本心理学会理事、日本社会心理学会会长岛田一郎,及日本社会心理学者安藤延男、村井一郎等都多次来访。

时蓉华还曾担任中国社会心理学会第三届理事会副会长。

关注夕阳的朝阳领域——老年心理学研究

时蓉华一直主张:研究不仅止于报告发表,而是要放到实践中去检验,去完善(怎样写研究报告,1983年)。所以她在进行教学、研究的同时,也不忘社会心理学的普及和实践。她对老年心理学的转向,也是这一信念的体现。"社会心理学要面向社会,为社会服务。而老年心理学是与当时社会问题接轨的一个重要领域。而且我年纪也大了,所以就自然而然地开始关注老年人的心理。"

为了能够做好老龄工作,为了使各级老龄工作机构的干部提高理论、业务水平,由当时成立不久的上海市老年问题委员会牵头,1985年5月初,上海举办了"老龄问题"培训班,历时两个半月,参加对象为区县街道老龄委干部,请有关领导、专家、研究人员和实际工作者讲课,共分11个专题。其中,时蓉华承担"老年人的心理特征与心理卫生"部分。后应各方面要求,编印了《老龄问题讲座专辑》,为有关领导同志和各级老龄工作干部提供了重要的工作参考。

1985年12月25日,由上海市社会科学界和自然科学界从事老年科学研究和有一定研究水平的老龄问题实际工作者组成上海市老年学学会,时蓉华成为该学会理事之一,并同时担任老年心理专业委员会主任。1993 年,上海市老龄科学研究中心成立,下设老年心理研究所,挂靠我校心理学系,时蓉华任首任所长。通过这些平台,时蓉华发挥自己的专业所长,开展调查研究,积极献言献策,为促进全社会了解老年人的心理特征和心理需求并开展相应的工作作出了重要贡献。

时蓉华曾发表过的有关老年心理的论文有《老年人动作反应和思维特点的研究》(《老年学杂志》,1984 年)、《退休老人某些心理感受的调查》(《老年学杂志》,1985 年)、《父母——子女两代人的关系》(《老年学杂志》,1988 年)、《老年人对退休生活的心理适应》(《心理学报》,1989 年)、《上海市老年人参加体育活动心理效应的研究》(《老年学杂志》,1991 年)等。

此外,她还带领学生对老年妇女的心理特点、老年人焦虑及其影响因素、老年人对安乐死态度的影响因素、老年人自我保护意识等进行了调查研究,并出版了《老年心理学》(甘肃人民出版社,1989 年)、《老年心理保健必读》(上海科学技术文献出版社,1996 年)等两本著作。

从中国社会心理学、上海社会心理学的重建、我校社会心理学专业的开创到老年心理学研究的兴起,时蓉华参与并投身于很多具有开创意义的工作,也因此成就其在学界的学术和社会影响力。1991—1996 年,她还受聘为上海市政府参事,积极参政议政,也进一步扩大了我校及社会心理学的社会影响力。

＊本文作者：李凌,华东师范大学心理与认知科学学院副教授。

《心理科学》风雨兼程 50 年

桑 标

　　由华东师范大学承办的学术期刊《心理科学》,其前身为《心理科学通讯》,是中国心理学会主办的两份(综合性)学术刊物之一(另一份是由中国心理学会与中国科学院心理研究所联合主办的《心理学报》)。刊物历经 50 年,见证了中国心理学事业的跌宕起伏与蓬勃发展,为中国心理学事业的发展作出了巨大贡献。

　　1964 年 8 月,《心理科学通讯》创刊号由中国心理学会编辑、科学出版社出版(小16 开 72 页);中国科学院心理学研究所时任副所长丁瓒教授任主编,编辑部设在中国科学院心理研究所编译室。创刊号"发刊词"指出:"原已刊行《心理学报》,专载我国心理学工作者理论研究论文和实验研究报告。现在,我们更增辟这个园地,及时地介绍国内外心理学以及有关学科的研究动态、新成果、新方法和新技术;交流全国各地心理学教学经验,并展开有关心理学问题的讨论;评介有关心理学书刊和报导国际、国内心理学学术会议以及学术活动。"

　　在创刊伊始,《心理科学通讯》就非常关注学科理论和实践的结合,讨论和交流如何把心理学研究的科学结论应用到实际工作中去,第 1 期中就包含上海、江苏、内蒙、浙江、安徽和重庆心理学会的相关学术活动。

　　1965 年,为了扩大心理学期刊的学术影响,顾及期刊的地区辐射效应,考虑到北京已有《心理学报》,中国心理学会决定将《心理科学通讯》

《心理科学通讯》创刊号封面及目录

迁到上海,由华东师范大学承办,编辑部设在华东师大教育科学研究所心理研究室。中国心理学会决定把《心理科学通讯》交给华东师大承办,是由于华东师大是当时除北京地区外,心理学力量最强的一个单位。从 1966 年第 1 期开始,《心理科学通讯》就在上海编辑、出版。心理学研究的革命化是本期的主题,为此,刊登了 7 篇有关心理学教学改革的文章。该期还转载了"四人帮"成员姚文元化名"葛铭人"的文章《这是研究心理学的科学方法和正确方向吗?》(原载《光明日报》1965年10月28日),该文通过批判当时杭州大学陈立教授的一项研究进而对心理学的研究对象和实验方法等进行全盘否定。同期,也刊登了陈立教授《对心理学中实验法的估价问题》(原载《光明日报》1965年12月3日)的答辩文章,认为"对实验法过于迷信是不对的,但完全否定它的作用亦不正确",用词肯否相济,态度不卑不亢,观点针锋相对,捍卫了心理学的科学尊严。两篇观点截然不同的文章合登在一起,形成了心理学历史上轰动一时的"葛陈辩论"。

不久,"文革"全面开始,心理学被戴上了"唯心主义"的帽子,教学与研究均陷于停顿状态。《心理科学通讯》在上海出版了两期后,就被迫停刊。

1979年11月,在中国心理学会第三届学术年会期间,召开了《心理学报》编委会和《心理科学通讯》座谈会联席会议,出席会议有百余位心理学家。与会者纷纷表示,随着"文革"的结束和社会主义建设事业的发展,我国心理学迎来了前所未有的发展机遇,要进一步加强心理学学术期刊建设。会议明确了《心理学报》和《心理科学通讯》的复刊日期及分工。

1981年1月,《心理科学通讯》复刊,改为双月刊(小16开64页)。它仍由华东师大承办,编辑部设在华东师大心理学系。主编王亚朴,副主编朱曼殊、李伯黍,顾问左任侠、胡寄南。时任中国心理学会理事长潘菽撰写了"大家来把《心理科学通讯》办好"的代复刊词,明确提出既要坚持"文革"前的主要任务:"向全国心理学界提供场地,交流经验、交换意见、讨论问题、互通生气,传达学术情报,增强学术工作上的团结,以促进我们心理科学的发展。"同时指出"心理学自己也必须现代化,以适应社会主义现代化建设的多方面需要"。潘菽还在文中提出办好杂志需要遵循的五个原则:1. 走社会主义道路,为社会主义现代化服务;2. 以辩证唯物论为指导思想;3. 理论结合实际;4. 百家争鸣;5. 重视理论。

《心理科学通讯》复刊号封面及目录

复刊以后,《心理科学通讯》编委会一方面根据心理学的学科特点,另一方面顺应国家改革开放的形势,在引进国外心理学思想、研究方法上发挥了积极作用。例如,1981年第3期首次出版了《美国心理学家代表团访学报告集》专辑,发表美国著名心理学家 Neal E. Miller、Herbert A. Simon、

Florence L. Demark 等在访华期间的报告；1982 年 9 月首次出版"增刊"：《外国（及境外）心理学家报告集》，收录应潘菽理事长之邀参加"中国心理学会第三次代表大会暨纪念 60 周年学术会议"的 14 位来自美国、西德、日本、印度、澳大利亚和中国香港地区专家的报告。

1983 年第 4 期起，组成第二届编委会，改由左任侠任主编。1986 年第 1 期起，组成第三届编委会，主编朱曼殊。1989 年 8 月，中国心理学会第五届理事会第一次会议在哈尔滨召开，《心理科学通讯》主编首次由中国心理学会常务理事会任命。1990 年第 1 期起，组成第四届编委会，主编朱曼殊。

在此期间，《心理科学通讯》上刊载的文章，已逐渐从办刊初期确定的以报道国内外研究动态、交流教学经验、讨论学术问题为主发展到以研究报告和学术论文为主。因此，1990 年编委会提出，为了使刊名更符合刊物的性质和内容，建议把《心理科学通讯》改名为《心理科学》。经国家科委、中国科协和上海市新闻出版局批准，自 1991 年第 1 期起，更名后的《心理科学》正式出版。在该期刊登的改名启事上，明确"《心理科学》将刊载心理学各个领域，包括普通心理、实验心理、发展心理、教育心理、医学心理、生理心理、体育运动心理、社会心理、法制心理、工业心理、心理测验以及心理学理论各方面的文章，心理学实验报告，新近国内外心理学文献综述和问题讨论是本刊的主要内容。"

1994 第 1 期起的第五届编委会至 2009 年第 6 期的第八届编委会，主编杨治良。2010 年第 1 期起，组成第九届编委会，主编李其维。2014 年 1 月，首次由华东师范大学正式提名主编推荐人选，并经中国心理学会常务理事会批准，产生《心理科学》新一任主编，主编李其维。

更名为《心理科学》后的首期杂志封面及目录

更名为《心理科学》后，杂志的发展与我国心理学事业的快速发展相互印证。1997 年起，为顺应心理学学科发展的需要，《心理科学》扩版为小 16 开 96 页；2001 年第 1 期起，改版为大 16 开 128 页；2003 年第 1 期起，扩版为 192 页；2004 年第 1 期起，增至 256 页。不到 10 年间，《心理科学》的容量从 64 页扩展到 256 页，反映出该时期我国心理学事业的飞速发展。

不仅规模上不断扩大，《心理科学》的影响力也与日俱增。多年来，《心理科学》上发表过许多国内知名心理学家的重要研究报告和论文。例如,著名心理学家陈立先生晚年的几篇文章都是在《心理科学》上发表的。1991 年第 1 期上发表的《项目反应理论初评》,1992 年第 4 期上发表的《对方差分析法的重估与改辙的思考》,对当时很热门的心理测验问题提出了自己独到的看法。特别是,在 1997 年第 5 期上,《心理科学》发表了陈立教授《平话心理科学向何处去》一文,提出"对心理学现状,要从课题的琐细,及屈从物理方法的独裁解放出来。建议群策群力,从战略的高度,进行战役性的研究,避免仓促应付的遭遇战。要理论研究结合实际,从现实中发现漏洞以资利用"。这在心理学界产生了较大反响。

　　1997 年第 5 期起,香港大学心理系成为《心理科学》协办单位。自 1999 年第 1 期开始,在版权页上明确表述:《心理科学》主办方为"中国心理学会",承办方为"华东师范大学",协办方为"香港大学心理学系"(2010 年起,协办单位改为"香港中文大学教育心理学系"和"华南师范大学心理学系")。《心理科学》的主编,从 1983 年至今,都由华东师大的著名教授担任,编辑部也一直设在华东师大,对提升华东师大的学术影响力产生了积极的影响。

　　《心理科学》的审稿办法和程序,也随着时代的变化和学科的发展而变化。初期是编辑部内部审稿,经初审、二审,再由主编和副主编分别三审,并经编辑部全体成员讨论决定是否采用。总体而言,审稿的流程还是比较严格的,但因审稿人较少且过于集中、审稿人的学科涉及面不够丰富等,不可避免地存在一定的缺陷。为了与国际上重要学术刊物的审稿办法接轨,进一步顺应全球化、网络化的趋势,2011 年 4 月起,《心理科学》启用网络投稿系统和专家盲审平台(www. psysci. org),并改为同行评审(peer review)。网络投稿系统和专家盲审平台的启用,进一步体现了"学会办刊"的原则,健全了审稿的规范性和公平性,提高了审稿效率。目前的审稿机制是:先由编辑部对稿件内容、格式规范等进行初审,再由编辑部分别发送给二位专家进行网络同行评审,然后由主编指定编委或特邀专家对通过网络同行评审的稿件进行复审,最后由主编终审决定是否录用稿件。目前,《心理科学》的年收稿量约为 800 篇,年刊发量约为 250 篇;每期印数约 4 000 册。

　　2012 年 1 月,在南京师范大学召开了首次"《心理科学》主编扩大会议"。会议建议把"主编扩大会议"作为今后《心理科学》重大决策的重要咨询架构以实践"学会办刊"的原则。此后又多次召开主编扩大会议,就如何因应形势,寻求解决影响办刊水平问题的对策,如何进一步落实"学会办刊、民主办刊"的指导思想,如何对不同领域稿件实行"一致但有区别"的审稿要求,如何发挥编委和国内外专家约稿、组稿和主持专栏的积极性,如何完善"审稿专家库"的建设,如何把"推进刊物国际化"与"打破 SCI 和 SSCI 迷思"两者相统一等问题,展开深入的讨论,寻求对策。

　　2014 年第 5 期,"纪念《心理科学》创刊 50 周年"特辑出版。特辑内容包括：中国心理学会会士寄语;《心理科学》创刊 50 周年大事记;心理科学未来研究 50 题。"心理科学未来研究 50 题"是《心理科学》在创刊 50 周年之际,集结多位国内顶尖学者,集思广益地提出的心理学科具有前瞻性的 50 个问题,旨在为未来研究提供思路。该文被《中国社会科学报》2014 年 12 月 29 日"2014 年终特刊·心理学"专栏转载。

　　从 2012 年开始,中国学术期刊(光盘版)电子杂志社、中国科学文献计量评价研究中心和清华大学图书馆对我国 4 622 种学术期刊进行遴选和评价,评出"中国最具国际影响力学术期刊"(TOP 5％)和"中国国际影响力优秀学术期刊"(TOP 5—10％)各231 种。《心理科学》入选 2012 年"中国最具国际影响力学术期刊",2013 和 2014 年又连续两年入选,充分展示了《心理科学》的办刊水平和学术影响力。

＊本文作者：桑标,教授,《心理科学》常务副主编。

中国哲学史学科的传承与开拓

李似珍

华东师范大学教授冯契先生，是我国现代著名哲学家，他学贯中西，在中国哲学史、马克思主义哲学、西方哲学史、逻辑学、伦理学等诸多领域均有很高的造诣，中国哲学史是他精心耕耘并取得杰出成果的一门主要学科。在他的带领下，几代学人传承他的开拓创新精神，使中国哲学史专业的改革、创新和发展始终处在国内领先地位。1955 年，冯契先生会同刘佛年、周抗、徐怀启、曾乐山等人组建了哲学教研室，形成一支涵盖诸哲学分支学科的师资队伍。其中有关中国哲学史的课程与研究，主要由冯契牵头，主要成员有曾乐山、丁祯彦、季甄馥三人。曾乐山教授 1947 年毕业于国立北京大学，1955 年中共中央高级党校毕业，历任中国哲学史研究室主任，中国哲学史学会理事，上海市哲学学会理事等职；丁祯彦教授 1954 年华东师大政治教育专修科毕业后留校任教，曾任本校哲学研究所所长，哲学系副系主任，兼任上海市社联委员、上海市哲学学会副会长、上海中西哲学与文化交流研究中心秘书长、国际中国哲学会华东地区咨询中心负责人、中国哲学史学会理事等职；季甄馥教授 1957 年毕业于复旦大学哲学系哲学研究班。中国哲学史团队从 20 世纪 50 年代起到改革开放后的 90 年代，在冯契带领下，在一批骨干教师的共同努力下，学科建设成绩卓著，教学科研成果涌流，后继优秀人才队伍辈出，使中国哲学史成为我校蜚声中外的名牌学科。

左 2 冯契　左 1 丁祯彦

一、中国古代哲学史学科领域的开拓

　　1951 年,冯契到华东师范大学赴任,成为政治教育系的奠基人。他持有哲学史与哲学统一的基本理念,他的哲学思想是以对中国哲学史的研究为出发点的。1955 年哲学教研室成立后,在承继中国哲学研究传统的同时,致力于在实践唯物主义基础上探讨中国古代哲学,并涉及了中国近代哲学的问题。当时,正在全国范围内开展一场批判俞平伯《红楼梦》研究的运动,在哲学界形成唯物论与唯心论对阵关系的讨论,1957 年我校政教系举行中国哲学史座谈会,冯契在会上借评述《红楼梦》分析中国唯物论与唯心论对阵历史之际,对中国古代哲学的框架做出他的梳理,这使丁祯彦等年轻教师受到很大的震动和启发。丁祯彦是冯契直接带领的弟子,也是冯契在学术上的得力助手。在 1955 年 9 月开办的来自理科各系的 5 位年轻教师的哲学进修班上,丁祯彦与他们一起学习,进行辅导,当年参加进修班的学员袁运开回忆时说,丁祯彦"好像是班里的小先生,发挥着辅导助教的作用,是冯先生的好帮手"。

　　20 世纪 60 年代初,冯契曾设想在政教系本科生中开设"中国古代哲学史"方面的完整课程,并与有关教师探讨中国哲学与自然科学结合的研究,打算在此基础上建立一个"哲学基地",但当年政治运动频发,1966 年"文革"开始,冯契屡受批判,所有教学活动及学科建设均遭中断。直至 1973 年工农兵大学生进校,政教系的哲学专业有所恢复,中国哲学史也进入课程内容。"文革"结束后,中国哲学史的教学在系里正式开课,相应的学术活动也日渐活跃。在冯契的指导下,丁祯彦等老师在制定哲学教研室10 年发展规划中,把中国哲学史的规划列为重点之一,并提出在中国古代哲学史与中国近代哲学史两个方面的研究计划,为学科进一步的发展确定了方向。

　　1979 年 1 月,丁祯彦、曾乐山等将冯契多年来的讲课大纲、笔记整理成书,题名《中国哲学史纲要》,由上海人民出版社出版。这本书中虽然还受时代的影响,存在某些缺陷,但冯契以天道观、人道观贯穿哲学发展历史,注重逻辑,关注认识论环节等思想已有所体现,在梳理中国近代哲学的发展框架时,把中西哲学的结合思想凸显了出来。丁祯彦、曾乐山为这本书的整理出版,付出了不少

曾乐山

努力。

　　由于华东师大在国内哲学界的地位及其在高校哲学的教学研究领域的突出业绩，1981年，经国务院学位委员会批准，在我校设立了"中国哲学"博士点，成为全国第一批建立中国哲学博士点的单位之一。1982年，教育部批准在我校设立哲学专业，"中国哲学史"学科成为全国首批获准设立的硕士点之一。丁祯彦、曾乐山、季甄馥等老师作为研究生指导小组成员，协助冯契开展诸项工作，在其中起到了积极的作用。

　　80年代以后，冯契陆续将自己在中国哲学史方面的思考，通过研究生课程、学术讲座等多种方式，在系里讲授。丁祯彦、曾乐山、季甄馥等教师组织学生记录讲课内容，整理并刻印出相关的讲稿，形成"中国哲学史"的内部教材。在此基础上，经冯契修订，出版了《中国古代哲学的逻辑发展》（上、中、下三册，上海人民出版社1985年版）。同时，受国家教委委托，按照《高等学校哲学类专业教材编选计划》（1985—1990）的规定，我校与安徽师大、陕西师大、上海师大、天津师大等高等院校组成学科组，合作编写了《中国哲学史教程》（主编丁祯彦、臧宏），及配套的《中国哲学名论解读》（主编丁祯彦、臧宏、李似珍），分别于1989年、2000年由华东师大出版社出版。这本教材经过多轮教学实践的打磨，至今还在多所大专院校的相关课程中使用，具有一定的学术影响力。依托这样的基础，中国哲学史学科开出的"中国古代哲学史"、"中国近代哲学史"、"中国古代哲学的逻辑发展"、"中国哲学原著选读"等课，均成为系里的主干课程。其中的"中国古代哲学史"在90年代初即被评为我校的特色课程，2005年又被评为上海市精品课程。

　　"中国古代哲学与自然科学的关系"，是冯契在中国哲学史研究中长期关注的另一个学术领域，从人类认识的角度来看，自然科学也是哲学发展的重要内容。冯契认为，要发掘古代杰出的科学家、思想家善于"究天人之际，通古今之变"的深邃智慧，将这一富于生命力的优秀传统揭示出来，使之与现代哲学、科学相结合，这对于我国的学术进步、科技发展，都会起到极大的促进作用。据此，在1984年夏季的硕士研究生招生时，设置了"中国古代哲学与自然科学"方向，由冯契、袁运开、丁祯彦组成导师小组。他们尝试通过带领学生探究的过程，来开拓这一领域的研究。这个专业方向一连招了3届研究生，请了胡道静、傅维康、潘雨廷等在自然科学理论方面卓有成就的知名学者来授课，取得一定的成绩。

　　作为著名的哲学家，冯契担任多项学术职务，承担多个重大项目的编纂任务。上海辞书出版社聘请他主编《哲学大辞典》，丁祯彦、曾乐山、季甄馥等就成为《哲学大辞典》中《中国哲学史卷》的重要成员。该辞典自1980年开始编纂，于1992年由上海辞书出版社出版。《哲学大辞典》先后获第一届国家图书奖提名（1983年）、上海市优秀图书特等奖（1991—1993年）、上海市哲学社会科学成果奖一等奖等。在协力完成集体项目的同时，他们又各自在相关的学术领域做出深入的探究，获得相应的成绩。丁祯彦担任主编《孔子大辞典》（上海辞书出版社 1993 年版）、《中国哲学三百题》（上海古籍出版社 1989 年版）、《中国儒学百科全书》（中国大百科全书出版社 1997 年版）等大型工具书。他还发表过《王夫之"象数相依"的方法论意义》（《学术月刊》1984 年 10 期）、《朱熹思想方法中的合理因素》（《华东师范大学学报》1983 年第 3 期）等论文数十篇，都有一定的学术影响力。

二、中国近代哲学史领域的开拓

中国近代哲学史，是中国哲学史专业的另一重点科研规划项目。20 世纪 50 年代初，近代哲学中的许多思想家都被视为资产阶级和唯心主义的思想代表，不少学人不敢去涉足和探究，其中胡适更被认为是资产阶级的代言人而受到过集中批判。1956 年 6 月，人民日报发表《开放的唯心主义》一文，使得哲学史的探讨有所松动。顺应这样的社会背景，冯契发表了《论所谓"科学与玄学的论战"》（《学术月刊》1959 年第 5 期）等论文，季甄馥等协助完成《关于"科学与玄学的论战"参考资料》一书，于 1959 年 11 月在学校印刷厂印刷成书，作为校际交流的资料书。后来这样的探讨又受到了限制，季甄馥也因故调离我校，直至 80 年代初被调回，再度协助冯契进行中国近代哲学史的研究。他综合冯契关于中国近代哲学的多次谈话，在长春吉林大学召开的"中国近现代哲学研讨会"上，作了题为《古今之争与中国近代哲学革命——兼论中国近代哲学的特点和规律》的发言，后整理成文，刊载于《哲学研究》1982 年第 8 期。

1983 年，冯契担任国家哲学社会科学"六五"科学研究规划重点项目"中国近代哲学史"的主编。他邀请中国社会科学院、吉林大学、上海社会科学院和华东师范大学四个单位中有关近代中国哲学的研究人员合作，我校丁祯彦、曾乐山、季甄馥等均为该项目组的重要成员，其中曾乐山为副主编之一。此书于 1989 年 5 月由上海人民出版社出版。书中提出以中西古今之争贯穿中国近代哲学革命史的观点，并提出中国近代哲学论争的主要问题为：1. 关于历史观（以及一般发展观）；2. 关于认识论上的知行问题；3. 关于逻辑和方法论的问题；4. 关于人的自由与如何培养理想人格的问题。这些内容是中国近

季甄馥

代哲学超越前人之处,具有不同于西方的中国特色。季甄馥还与上海社会科学院哲学研究所的同仁合作整理编选《中国近代哲学史资料选编》,全书共五卷,由上海社会科学院出版社于 1989 年 9 月出版。季甄馥在其中负责第四卷,选辑了 10 余位 19 世纪三四十年代中国近代哲学家和思想家的思想资料。

1985 年 8 月,冯契于江西庐山邀请学术界同仁讨论其著作《中国古代哲学的逻辑发展》(上、中、下三卷)的同时,邀请《中国近代哲学史》编写组全体人员举行座谈会,季甄馥根据冯契在会上所做的长篇讲话加以整理,以《冯契同志谈编写〈中国近代哲学史〉的构想》为题名,发表在《哲学研究》1986 年第 4 期上,推动了当时刚刚起步的中国近代哲学史研究。

中国近代哲学史中有不少值得探讨的课题,曾经是学术禁区。在中共十一届三中全会“解放思想,实事求是”方针指引下,中国哲学史学科组的老师突破许多限制,努力把握第一手资料,做出新的思考与探讨。为此,几位教授都积极开动脑筋,做出自己的学术探究。丁祯彦提出,研究哲学不仅要对以往哲学发展历史进行总结,而且要回答时代所提出的问题,为此,他撰写了《哲学的变革——马克思主义哲学问题初探》(上海人民出版社 1999 年版)一书,并与他人合作,发表了《中国特色社会主义概论》、《论讲政治与精神文明建设的逻辑联系》等论著,承担上海市哲学社会科学“九五”规划中长期课题“中国近现代历史哲学与社会发展”项目,在这些研究成果中,他提出:中国近现代哲学继承和发扬了古代哲学的优良传统,克服了古代哲学的某些缺陷;马克思主义哲学中国化,是古代哲学优良传统在近现代的集中体现;中国近现代哲学的发展过程是中西哲学相互作用和融合的过程;中国近现代历史哲学发展的基本线索是从变易史观、进化论到唯物史观,而其理论内涵是和近代民主主义思想的进程紧密相联的。这些观点,很有理论说服力,因此,有的同行赞誉他在中国近现代哲学、中国古代哲学范畴和方法论等方面进行了卓有成效的研究工作。

曾乐山对中国近代哲学史、特别是对进化论传播及马克思主义哲学中国化方面倾注很多精力。他著有《五四时期陈独秀思想研究》(福建人民出版社 1983 年版)、《中西文化和哲学争论史》(华东师范大学出版社 1987 年版)、《中西哲学的融合——中国近代进化论传播史》(安徽人民出版社 1991 年版)、《马克思主义哲学的中国化及其历程》(华东师范大学出版社 1991 年版)等;发表论文有《张载和王夫之的自然观比较研究》(《中国哲学》第 10 辑)、《李大钊的时间观与“今古”关系论》(《哲学研究》1984 年第 10 期)等。在这些论著中,他探讨马克思主义哲学的中国化问题,认为必须从马克思主义哲学基本原理与中国革命实际相结合、马克思主义哲学与中国优秀思想文化相结合两个方面加以切入的观点,有较高的学术价值。

季甄馥与上海市社会科学院高振农合作编著《中国近代哲学史史料学简编》(华东

师范大学出版社 1992 年版）。1991 年，接受上海市哲学社会科学"七五"科研项目，与上海社会科学院哲学研究所徐顺教共任主编，完成《中国近代伦理思想研究》（华东师范大学出版社 1993 年版）。离休后，季甄馥主要从事瞿秋白思想研究，完成专著《瞿秋白哲学思想评析》（华东师范大学出版社 1998 年版）。2001 年他被江苏省瞿秋白研究会聘为特约研究员。2013 年出版论文集《瞿秋白与中共党史》（华东师范大学出版社 2013 年版）。他在这些书中对瞿秋白关于中国共产党的思想理论建设问题、中国革命的基本问题、农民问题、新民主主义理论问题、新文化问题，特别是对马克思主义中国化的问题、毛泽东思想形成的重要贡献问题等方面做了认真的梳理。由于他对瞿秋白研究的进一步深化和拓展，他受到过香港凤凰卫视等新闻媒体的采访。近年来，他撰写关于陈独秀、瞿秋白、蔡和森、恽代英、艾思奇、李达和胡适、王礼锡以及近代哲学方面的论文数十篇，发表在《马克思主义研究》、《哲学研究》、《瞿秋白研究》等学术刊物上。

总起来看，他们从各个方面使冯契有关中国哲学史方面的思想得到了很好的开拓与发展。

三、建立学术队伍，培养学科人才

为了发扬和传承冯契在哲学领域的创新思想和丰富成果，丁祯彦、季甄馥等为辅佐冯先生作了不少贡献。如筹备召开多次全国性的学术研讨会，为本科生、研究生讲授相关课程，整理冯契讲稿，组织各类学术讲座等等。

1995 年 3 月，冯契先生因病去世，丁祯彦与张天飞、彭漪涟等教授，带领陈卫平、童世骏、冯棉、杨国荣、高瑞泉等青年教师成立"冯契先生遗著编辑整理小组"，负责处理先生遗著的整理、出版工作。经过他们的共同努力，《冯契文集》于 1996 年 6 月至 1998 年 4 月间陆续在华东师范大学出版社出版。全书除整理、校对原文，还要加上简明的提要，英译的目录、提要，工作量很大，但是他们怀着对冯契哲学思想的满腔热情，在很短时间内圆满完成了任务。

1995 年在美国波士顿召开的国际中国哲学年会上，冯契哲学思想被列为下一届年会的讨论主题，1997 年韩国汉城国际中国哲学年会，丁祯彦等教授带领青年教师陈卫平、杨国荣参加会议，并在会上做主题发言，受到与会学者的高度评价。他们的活动使冯契的哲学思想得到了在世界范围内的进一步传播。

值得一提的是，丁祯彦、曾乐山、季甄馥等教授作为研究生的导师，秉承冯契的教学理念，热情传介冯契的哲学思想，督促学生系统学习和把握专业知识，鼓励他们参加相关的学术活动,接受浓厚的学术熏陶等等,他们带领研究生及留系任教的年轻教师为教书育人而努力,并为他们压担子,将他们推上学术、行政工作的前沿,为后来哲学系形成结构合理的老中青结合、具备独有学术特色的学术队伍奠定了基础。

通过众多老师的努力,中国哲学史学科在 1993 年获得国家级"课程建设与人才培养"二等奖。目前,这一学科已成为教育部(培养)重点学科,上海市重点建设学科,并以教育部科研基地"中国现代思想史研究所"为依托,在努力实践冯契先生"化理论为德行,化理论为方法"精神方面有了更大的发展。许多当年在冯契教导、丁祯彦等教授指导下的学生茁壮成长,成为哲学学科各领域的带头人,在学术领域成绩斐然。中国社会科学院方克立先生曾说:"冯先生的学问至少有两代传人,第一代是 70 年代末到90 年代初冯先生亲自带的一批研究生,他们现在都是资深教授,一批更年轻的再传弟子已在他们的指导培养下成长起来,成为各高校教学科研的骨干力量。"他甚至将这些学人称之为"冯契学派",这是他对华东师大哲学专业几代教授努力为学校教书育人服务、为社会主义精神文明作出的贡献的肯定,也是对他们追随冯契先生、引领学科发展和创新精神的赞扬。

＊本文作者：李似珍,华东师范大学哲学系教授。

马克思主义哲学学科的坚守和发展

张天飞　李荣兴　商孝才

　　马克思主义哲学,是新中国建立后在全国高等院校普遍开设的四门政治理论课之一。华东师范大学自 20 世纪 50 年代初建校后,就在政治教育系和全校公共政治课上为大学生开设这门课。我校这一学科的创始人和引领者,是我国现代著名哲学家冯契先生。经过 30 余年,特别是"文革"十年的曲折发展,到 1986 年从政治教育系析分出来成立哲学系,这门学科已成为哲学系的一个专业方向,虽然它在整个理论教育中的性质及其独特地位并未改变,但它已是与中国哲学史、西方哲学史、逻辑学、伦理学等专业学科相当的并列学科。经历了本学科三代教学研究人员的学脉传承,如今仍在这一学科领域坚守和发展。

一、马克思主义哲学课程的开创

　　马克思主义哲学课,最早是由冯契在 1952—1954 年政教系首届专修科开设的。他不仅在本系授课,而且在业余大学为全校党政干部和相关各系青年骨干教师讲授辩证唯物主义。1956 年他又开设研究生班,从物理、化学、生物、数学、地理各系抽调若干青年教师,加上政教专修科首届毕业生丁祯彦组成,研读恩格斯的《自然辩证法》、列宁的《唯物主义和经验批判主义》、《哲学笔记》等。研究生班要求哲学与自然科学相结合,开辟了自然辩证法的研究方向,这是全国最早开设这一专业方向的高校之一。同时在哲学专业教学中采用直接研读马哲原著的方法,而不依赖通用性的哲学教科书。这两者后来都成为哲学系的传统。

　　早在 1955 年,冯契就提出哲学学科的宗旨和目标:化理论为方法,化理论为德性。这一名言可视为马克思所说"哲学家们只是用不同的方式解释世界,而问题在于改变世界",而这"改变世界",就如毛泽东在《实践论》中所说的"改造主观世界和客观世界"。这一名言,可谓哲学教学和哲学研究宗旨的专业性、个性化的表述。

　　1959 年,中共中央书记处下达编写马克思主义哲学教科书指示,就是要求我国自编哲学教科书。当时指定北京三单位(中央党校、北京大学、中国人民大学)各编一本,外省三地（上海、武汉、东北）各编一本。上海文本由李培南主持，冯契主编。据当年参加编写组的张天飞回忆和分析，中央决定我国自编哲学教科书，是因为建国初期我国高校的马克思主义哲学课，多采用苏联教材，聘请苏联专家教学指导，直到 1959 年夏我国还翻译出版了苏联哲学教科书第三版。而 1956 年苏共二十大后，中苏两党政治上的分歧已开始显露并逐渐升级。就哲学理论而言，1952 年《毛泽东选集》第一卷出版时，苏联曾高度评价，《真理报》全文刊载了《实践论》，而当编入《毛泽东选集》第二卷的《矛盾论》发表时，苏方态度已很大改变，苏联首任驻华大使、苏联哲学家尤金在与毛泽东讨论哲学问题时发生理论争论，苏联专家在中央党校讲课时态度十分傲慢，攻击毛泽东理论联系实际方针是"大炮打麻雀"。毛泽东在 1958 年 3 月专门讲到，"（苏联）《简明哲学词典》专门与我作对"，而此时国内正在掀起大跃进浪潮，毛泽东在中央召开的多次会议上讲要"尊重唯物论，尊重辩证法"，要"把哲学从哲学家的书本里和讲堂上解放出来，变成群众手里的锐利武器"，随之出现了群众性的学哲学用哲学的热潮。正是在这样的国内外背景下，中央提出要编写我国自己的哲学教科书。

值得注意的是，冯契对教科书体系安排和内容选择提出了一个以认识论为主线的新方案。他分析论证说，哲学原理当然不能像黑格尔那样按逻辑范畴来安排，那太抽象；恩格斯的《反杜林论》哲学编从自然哲学开始，我们对自然科学研究比较薄弱，条件不具备；比较可行的办法是，参照列宁《唯物主义与经验批判主义》那样，以认识论为主线，突出能动的革命的反映的实践观开始，把认识过程分解展开，讲完真理发展过程以后，再简化处理世界的统一原理和发展原理，然后再像恩格斯那样，从自然哲学和认识过程中，概括出唯物辩证法规律和方法论。编写组按此方案分工执笔在 3 个月内写出第一稿，经在北京 6 个编写组交流讨论后再逐章修改成第二稿，经中央书记处讨论后，选中了艾思奇主编的中央党校文本《辩证唯物主义历史唯物主义》，上海文本得到的评价为"理论性学术性强，作为高校教科书过于艰深"，师生不易掌握，未能正式出版，但专门选出其中的一章：《论真理发展过程》在《红旗》杂志 1961 年第 21—22 期合刊上公开发表，以示肯定。

二、拨乱反正，填补师资断层

"文革"十年内乱，马克思主义基本原理受到严重歪曲，哲学上唯心主义猖獗，形而上学横行，理论上造成极大混乱。同时，由于办学中断，高校理论课师资出现断层，在职青年教师不能适应教学需要，急需"补课"。为此，1980 年暑假教育部政教司在大连召开了一次全国高校马克思主义理论教育研讨会，会后张天飞转道北京，向教育部政教司提出我校拟办青年教师哲学进修班的打算，得到认可和支持。第一期招收上海地区青年教师在职脱产进修。由于教学效果明确，颇受欢迎，接着又办第二期更名为"哲学助教进修班"。进修学员不仅来自本市高校，也有来自邻省浙江、江苏、江西、部队院校，连东北、辽宁、西北、甘肃、青海高校亦有学员前来报名参加进修。

张天飞受命带班并试办哲学研究生班，教学内容为马哲原理专题研究和马哲原著研读相结合，主要围绕马哲原理教科书所涵专题，选读马克思主义哲学原著，两年中选读了 29 篇（本）马克思主义哲学原著。这种培训并非应时之作，此前已有相当的理论准备，张天飞 1964 年就在政教系五年制哲学本科班系统讲授过《费尔巴

张天飞

哈和德国古典哲学的终结》和《关于费尔巴哈的提纲》，因而在教学方式上着力于哲学思想的分析论证。此时国内正在开展关于"实践是检验真理的唯一标准"的大讨论，他在教学中指明这场争论在哲学命题背后反对"两个凡是"的政治含义。他认为在排除公认权威、公认等主观标准外，还要区分逻辑证明与实践证实的区别，以论证为什么称"唯一"的缘由。通过这样的教学内容和教学方式，再加严格的考核制度，使许多进修教师感到受益匪浅，被引入哲学理论之门，进修期满后，不少学员和相关教师还保持多年联系，遇到问题还找相关教师共同讨论。参加这项工作的教师，除张天飞、卢娟外，还有夏国乘、陈爱蓉、朱祖霞等多人。

三、参加高校理论课程改革，编著"大原理"

1985 年中共中央 18 号文件，提出高等学校马克思主义理论教育课程改革，要"使学生了解马克思主义的哲学、历史学、经济学、政治学和科学社会主义等基本理论观点的历史渊源、主要内容和现代发展（包括在中国的运用和发展），同时有分析有比较地介绍当代其他各种社会思潮，对错误的思潮要进行分析充分说理的批评，培养学生运用马克思主义对这些思潮进行鉴别和分析能力"。为贯彻这一文件要求，不仅要对原有分散在各科的教学内容进行整合充实，在课程设置上亦需调整，以统一的"马克思主义基本原理"，代替长期在高等学校分别开设的马克思主义哲学、政治经济学和文史类

专业加设的政治学、科学社会主义等分科型课程。在上海,市教委党委、教卫办和市高教局委托冯契主编《马克思主义原理教程》,简称《大原理》,用其代替《小原理》。

这一项要求高、难度大、跨学科的繁重任务,冯契从原政教系哲学教研室、科学社会主义教研室、经济系和校马列主义教研部抽调中青年两代骨干教师 14 人组成编写组,委派张天飞、姜琦、顾雪生为副主编,张天飞具体负责组织、运作和实施。编写组首要任务是研究和论证马克思主义作为完整的理论体系的内在逻辑结构及其历史发展,而不是原来三门课程简单合并叠加。冯契提出编写的原则是要阐明,马克思主义经历一个半世纪的发展,"如果从认识论的视角看,可以概括为从现实中吸取理想,又化理想为现实的历史过程"。姜琦提出马克思主义原理与分科型的原理不同,应以科学社会主义为中心。张天飞对此撰文作了论证,认为马克思恩格斯在《共产党宣言》发表时,还是一种科学假设,此后马克思花了不到 25 年时间潜心研究资本主义经济,在《资本论》第一卷第一版序言中提出一个观点:社会经济形态的发展是一种自然历史过程。此后,恩格斯总结说:唯物史观和剩余价值两大发现,使社会主义从空想变成了科学。由此,可以说科学社会主义是从现实中吸取社会理想的过程。不过,马克思恩格斯在世时,社会的发展并未进入社会主义历史时代,科学社会主义只以理论形态存在。直到 1917 年在相对落后的俄国爆发了十月社会主义革命,社会主义第一次开始变成现实。但理论一旦付诸实践,必然会遇到许多不能预设的社会历史条件,发现许多新情况新问题,现实的社会主义必然会遇到困难和挫折,在实践过程中既有经验亦有教训,这都是历史的一部分,需要后来的马克思主义者认真研究和总结。因此可以概括地说,这是化理论为现实的历史过程,也说明马克思主义理论并不是一个封闭系统,而是在实践中不断发展的开放系统,这样,厘清了马克思主义各个组成部分之间的逻辑联系和产生、发展的历史过程。

《大原理》编写组经过深入研究,反复论证,在明确全书的指导思想、统一认识的基础上,拟订了编写大纲,分工执笔,写出初稿后又集中讨论,修改成二稿最后又由童世骏、华民、张月明、陈锡喜等协助主编,副主编进行统稿、定稿,前后历时二年,于 1988 年 7 月由上海人民出版社正式出版。

我校编著的《马克思主义原理教程》,属这次全国课程改革最初出版的少数几个版本之一。国家教委政教司主编的《马克思主义原理》(试用本)几乎与我校版本同时定稿出版,但其内容不包含科学社会主义,仅适合理工科高校使用,而中国人民大学汪永祥主编的适合高校文科的《马克思主义原理》教材是 1989 年 4 月出版的。

然而,编写教材仅是这次课程改革的第一步,使用这种综合型教材的师资则是按照分科型课程培养出来的,面临着师资的知识结构调整,就是要解决三个专业教师教三门课,转变成一个教师教原来三门课的问题。因此,教材出版后,1988 年暑假期间,举办了一个《大原理》短期研讨班，全国各地高校前来报名参加的教师超过百人，反映了开设新课程培训师资的迫切需要。如果说原有理论课教师有一个调整补充知识结构的问题，那么新教师的培养也提上了日程，所以我校哲学系于 1988 年秋季开始，又开办了马克思主义原理研究生班，学制二年，把新教师从教一年后撰写论文申请硕士学位，纳入正规研究生培养规划。

四、学科建设和理论研究

马克思主义哲学的学科建设和理论研究，是围绕教学进行的，目的是加深理解马克思主义哲学理论、观点和思想，以丰富、充实教学内容，提高教学质量，并适应办学层次提升教学任务多样的需要，而学术性理论研究成果，直到"文革"结束后才逐步公开出版发表。

从开设课程说，几十年来，从比较单一和综合基础性的"马克思主义哲学原理"开始，逐渐扩展为以统编哲学教科书为依据的"马克思主义哲学原理"（简称"马哲原理"）和"马克思主义哲学原著选读"（简称"马哲原著"）、"马克思主义哲学史"、"毛泽东哲学思想"、"邓小平理论"和哲学专业研究生的"逻辑思维的辩证法"、"广义认识论"、"马克思主义和现代社会思潮"（面对外系文科博士生）以及"哲学概论"等系统课程。

早在 20 世纪五六十年代，冯契开讲辩证唯物主义和编写《马克思主义哲学读本》的同时，又为研究生开设"马克思主义哲学原著选读"，从而开创了同一门学科两门课程（"马哲原理"和"马哲原著"）的传统。曾乐山接替冯契在本系开设"马哲原理"，并为1961 年研究生班讲授部分"马哲原著"，接着，丁祯彦也在本系讲授"马哲原理"，而后又转而准备开设中国哲学史。张天飞先后在政教专修班讲授"马哲原理"，又接替丁祯彦在本系开设"哲学原理"，并于 1964 年在政教系五年制本科哲学班讲授"费尔巴哈和德国古典哲学的终结"，开始传承"两课并进"的传统。但从"四清运动"开始，政教系师生停课随中共华东局领导赴安徽全椒参加"农村四清"，接着"文革"开始后，正常的理论教育包括马克思主义哲学教学中断了十年。不过，在"文革"中后期，"复课闹革命"招收工农兵学员期间，体力劳动之余，张天飞继续研读《费尔巴哈和德国古典哲学的终结》、《反杜林论》、《哲学笔记》等原著，撰写述介文稿，并在校内外广作理论辅导报告。直到 1976 年 10 月粉碎"四人帮"后，"马哲原理"和"马哲原著"课程才回归课堂。

"马哲原理"和"马哲原著"属同一学科的两门课程，从理论内容说多有重叠，但分属不同层次。前者具有基础普及性，系由教材编著者选择、归类、排列组合成教学体系，述介阐发马克思主义哲学理论，组成一定的教科书理论构架，更适合初学者，主要在本科开设。而"马哲原著"则直面理论源头,以马克思主义哲学经典原著为教材,具有更强的专业理论性,一般在研究生阶段开设。根据所选经典原著篇目的多寡和难易程度不同,具有一定伸缩度。常选的篇目有恩格斯的《费尔巴哈和德国古典哲学的终结》(包括马克思《关于费尔巴哈的提纲》)和《反杜林论》(包括《社会主义从空想到科学发展》英文版导言)、列宁《哲学笔记》和马克思恩格斯《关于历史唯物主义的通信》等。

"马哲原著选读"课程的开设,一定意义上还成为整个学科建设的枢纽,一方面它为"马哲原理"课程丰富、充实了内容,提高了理论水平,另一方面又为开出新课程奠定了基础。张天飞在接受为外系文科博士生开设《马克思主义和现代社会思潮》政治理论课程时,其基本学科理论支柱就是被列宁称为马克思主义的百科全书的《反杜林论》,并添加了普列汉诺夫的《论个人在历史上的作用》、《论一元论唯物史观的发展》等基本理论,对当时流行于国内外的社会思潮进行评析。

蒋申华在回归教学一线后,侧重研究《德意志意识形态》和马克思《1844 年经济学—哲学手稿》,丰富了"马哲原著"课程所选篇目,加强马克思早期思想的研究。他参加《哲学大辞典》编撰工作,是其中《马克思主义哲学卷》的主要撰稿人之一。他与多所外校教师合作,主持定稿出版了《马克思主义哲学史疑难问题研究》。他在病中完成初稿的学术性理论遗著《马克思学说的历史演变》(1992 年 4 月出版),为我校马克思主义哲学学科建设和研究作出了重要贡献。不幸的是,正当他在理论教学和研究上展露才华时,病魔缠身,于 1991 年逝世。

蒋申华(后排左 2)、张天飞(后排左 3)与研究生班学生在一起(摄于 1989 年)

参加马克思主义哲学的教学和研究工作的,还有陈爱蓉、李荣兴等老师,他们都有多年教学经验,把原著研究成果渗透到马哲原理课的教学课。陈爱蓉在助教进修班上,是"马哲原理专题研究"主讲人之一,在"马哲原著"课目上将比较艰深的列宁《哲学笔记》中的"逻辑学一书摘要",单列开课讲解,后来又为外系文科博士生开设了"马克思主义和现代社会思潮"。李荣兴在教学中,把普列汉诺夫对社会意识形式上提出的社会心理的概念引进了历史唯物主义;完成了对《〈家庭、私有制和国家〉起源》的研究,把恩格斯吸收摩尔根《古代社会》的亲身考察成果,补充丰富了马克思主义的社会历史理论,提出了两种生产即物质生活资料生产和人类自身繁衍生产的理论,既增加了"马哲原著"的编选篇目,又丰富了历史唯物主义的教学内容。另外,李荣兴还开设了"管理哲学"课,撰写出版了《经营管理》和《市场经济下的企业人际关系的管理》两本著作,以马克思主义观点贯彻到社会经济生活中,使哲学向应用层面延伸。此外,1982年戚若文调来我校担任政教系系主任,他也承担了一部分马克思主义哲学的教学研究工作,他的专著《正确认识的形成和深化》(学林出版社,1992年)一书,论述了毛泽东提出的"能动的革命的反映论是马克思主义哲学史的革命性变革"等观点。

毛泽东哲学思想是马克思主义哲学学科建设和理论研究的主导思想和核心部分,长期以来都融入"马克思主义哲学原理"课程中,也是每个哲学教师都在研究的课题。中共十一届三中全会,特别是1981年六中全会作出《关于建国以来党的若干历史问题和决议》后,毛泽东哲学思想单独设课。张天飞首创在政教系本科哲学班和研究生班开设"毛泽东哲学思想研究"课程,写出两部讲稿。1983年为纪念毛泽东诞辰90周年,在讲稿中分别抽出相关内容,撰写《毛泽东对马克思主义认识论的重大贡献》、《目的、手段和认识过程的第二次飞跃》两篇论文,先后在《华东师范大学学报》发表。正在整理讲稿并有多个单篇陆续发表,准备结集出版。可是,为纪念毛泽东百年诞辰,市委确定组织相关学者进行《毛泽东思想大系》大型理论研究项目,《毛泽东思想大系·哲学卷》指派冯契主编,冯契则把撰写任务交给张天飞具体负责组织和落实。此外,上海辞书出版社策划编纂《毛泽东思想大辞典》,约请冯契撰写综合性重点条目"毛泽东哲学",冯先生又指定张天飞执笔起草,华东师大学报编辑部亦来同题约稿,几项任务都要求在1993年底前完成。导师接受任务,助手分担完成,个人项目服从集体项目。张天飞在单独执笔和集体论著的统稿修改各约十余万字,最后由冯契审定,终于圆满完成了任务。

毛泽东哲学思想是马克思主义中国化的重要组成部分,而改革开放以来普遍称之为中国特色社会主义的邓小平理论,理论界概括为两次历史性飞跃形成两大理论成果:毛泽东思想和邓小平理论。商孝才的教学活动和理论研究,连接了两大理论成果,体现了与时俱进的特色,适应了思想理论教育的实际需要。商孝才于1989年出版了他参与主编的《毛泽东哲学思想教程》，他主编的《毛泽东方法论》获陕西省"五个一"工程奖，他还参与主编了《中国特色社会主义概论》并发表多篇论文。

随着哲学专业和哲学系的建立，马克思主义哲学原来涵盖的伦理学、美学等分支学科，纷纷单独设课，而原来把逻辑学视为脱离哲学原理仅限于形式逻辑的狭隘观点，冯契在招收第一批硕士研究生时，确定专业方向为认识论和辩证逻辑，并在讲授列宁《哲学笔记》后，开出一门新课程：逻辑思维的辩证法。这门课程的内容就是他开创的"智慧说三篇"的中期版本，正是这门课程，把马哲学科的建设和理论研究推进到一个新的境界和水准。接着他把这门课程交给彭漪涟和张天飞代授，彭漪涟负责逻辑部分，张天飞负责认识论部分。随着逻辑学单立硕士点，张天飞负责认识论部分，课程名称改为"广义认识论"，并且把以冯契名义招收的硕士研究生的学位论文指导和定稿工作交付张天飞。

这样，马克思主义哲学学科课程，根据培养对象和教学任务的不同针对本科生、进修教师、研究生以及外系博士生的理论教育需要，已经开设各种课程，马哲学科已经形成纵成行横成面的系列课程。需要补充的是，此外还开设了《哲学概论》这样一门本不属于马哲学科系列的而又包涵在马哲原理教科书体系中的课程，并编撰出版受到好评的入门课本。不过完成这一任务的主力，已是年轻的一代。这些课程的共同特点是忠实于马克思主义的原著和基本精神，体现了对马克思主义哲学的坚守和发展。

我校马克思主义哲学学科从 20 世纪 50 年代创始以来，已超过半个世纪，在教学、科研和人才培养上，在全国高校同行中，均可归属第一梯队。在冯契引领下，参加各项工作的不止一代人，这个团队最早参与者中，有的调离了，有的中途改变了学术方向，有中途加盟的，也有过早离世的，他们都为这个学科的建设和发展作出了贡献。其中张天飞在这个专业方向上，自始至终参与全过程各项工作，他是华东师大土生土长的学者，在 1957 年政治教育系第一届本科毕业后留校任教，直到退休始终坚守在这个专业方向上，实际工作 44 年。他是冯契先生的学生，从 1960 年参加编写我国第一本哲学教科书开始，直接接受冯先生指导，逐渐成为先生的得力助手，在马克思主义哲学学科建设上成为冯契的学脉传承人的代表。

＊本文作者：张天飞、李荣兴、商孝才，华东师范大学哲学系教授。

哲学公共课改革与创新往事回眸

卢 娟

20 世纪 80 年代,改革开放的大好形势激起我们积极进取、开拓创新精神。我校哲学公共课,在内容更新、关爱学生以及提升教师自身素质等方面进行了改革,取得一定成效,引起本市乃至全国同行的关注。《解放日报》《人民日报》等各大媒体也先后作了报道。我本人亦多次受到学校表彰,1985 年获得上海市人民政府授予的市劳动模范称号,1986 年又荣获国家教委授予的全国教育系统劳动模范称号,并获人民教师奖章。奖项并不完全说明我们做得如何,而是体现党和国家对从事这项很艰难又很重要事业的广大马克思主义理论教育工作者一种鼓励和期盼。希望我们在新的历史时期,把大学思想理论课上好,帮助学生树立科学的世界观、人生观和价值观。

忆当年,我们进行的教学改革,确是经历了一番艰苦探索。

一、研读经典,多维度地揭示马克思主义哲学科学内涵

1980 年 9 月,社科部哲学教研室承担全校 79 级本科生教学,本人在中文系任教。当我第一次走进文史楼 315 教室时,发现 150 多位同学约 1/3 以上的课桌上摆着一本《评现代西方哲学思潮》著作。我有点惊异,问同学:"为什么没有今天上课的教材?"一位同学俏皮地说:"没有钱买。"还有的说:"我们学文艺理论,涉及好多西方思潮,学马克思主义哲学有什么用?"当即,我坦率地表示:"马克思主义哲学是规定的必修课,不可随意改动。再说,关于西方哲学思潮,我还讲不来哩……"不少同学手持这本著作,有的站了起来,叫喊着:"不要紧,不要紧,你对西方思潮总比学生懂吧,就讲这本书,我们不会去学校告发。"就在这忐忑的心境中我讲了两节课。知悉其他老师也程度不同地在课堂上看到学生的迷惑和怀疑。我想,这并非反映学生不要学马克思主义哲学,而是反映较长时期在旧体制禁锢下,诸多版本的马克思主义哲学教科书大多"千孔一面",教师讲授往往只是简单地说教,因而弱化了它在学生心目中的吸引力和影响力。学生要求变革的呼声,驱动我们改革公共课哲学教学。针对当时被"封闭",被"耽误"多年的教师思想和业务状况,教研室主任胡秉同狠抓了集体备课。依靠团队相互

协作,边教学,边学习研究,尤其在研读经典上下功夫。我们虽然从教多年,大多忙着对付繁重的教学任务,经常着眼于教材版本的选择和资料的汇集,而忽视了对经典作家的文本研究,未注重"悟性"的培养,更没有很好思考和研究如何发挥马克思主义哲学独特的知识、能力、智慧、人格和境界的作用。

从那时开始,全教研室老师自学与研讨了"费尔巴哈论"等几本哲学代表作。我还外出进修,研读了马克思早期和晚年的著作以及马克思、恩格斯《通信集》等著述,使我增加了一点"底气",能较为自如地讲授马克思主义哲学丰富鲜活的内容,以马克思主义哲学自身魅力吸引学生。首先,从世界文明史角度,分析马克思从研究古希腊罗马的西方哲学源头到德国古典哲学宝库;从重农主义、重商主义名篇到英国古典经济学的名著;从古代、中古时期的大同世界观到近现代社会主义蓝图,他们都一一加以审视和研究,并对自然科学中电学的新发明,物种起源的新实践,有机化学的新业绩,数学王国传来的新捷报等等都十分关注,从而在批判继承人类文明成果基础上形成博大精深的世界文化体系,这是人类思想文明的结晶。其次,从马克思主义哲学内在机制、本质特征和科学功能角度,理解马克思主义的开放性和与时俱进的品格,及其与实践相结合的理论活力和创新精神。其三,从经典作家理论活动和实践活动的关系及其生平事迹角度,感悟他们的人格魅力和人生跋涉永不停息的精神动力。其四,从方法论角度,揭示马克思主义哲学"知识"体系中的无形理论,探求理论世界与现实世界的统一,从而理解马克思主义哲学的真谛。这样,在较广阔背景上提高了学生学习水准和兴趣,也为我们教师在文本研究和教学实践基础上撰写科研论文创造了条件。朱祖霞在教育、心理系讲授"劳动与人类及其意识形成的关系"问题,经过深入研究大量的科学材料和学术界研究现状,提出"前劳动"的新概念,写出有较高的学术价值的论文,在《哲学研究》1982 年第 7 期上发表,荣获上海市哲学社会科学优秀论文奖。我撰写的《唯物史观与社会主义实践反思》一文,在山东《聊城师院学报》1983 年第 1 期发表,中国人民大学复印资料全文转载。另外,华东师范大学出版社 1992 年 5 月出版了我的《唯物史观与现时代》一书,作为文科硕士生辅助教材。

二、拓宽视野,让"源"与"流"融进教学过程

马克思主义哲学区别于其他"思辨哲学",但不是孤立自存的,既有"源"也有"流"。因此,马克思主义哲学也应是开放型的,应增加源头活水和新的历史时代潮流中的思想资料,让学生在"哲学海洋里"畅游,深入理解和把握马克思主义哲学真谛。

首先,充实哲学史相关内容。从历史角度了解马克思主义哲学发展脉络和历史地

位,让学生知晓思维的历史。一方面,注意总体上和每一单元的史论结合。例如,"绪论"部分,增加了马克思主义哲学产生与人类认识史的关系,突出马克思与前辈、同辈思想家之间思想交错交融、批判与继承关系。在"历史观"部分,注意讲授马克思以毕生精力潜心研究,沿着人类探索社会之谜的道路,透过历史表层——人们的意识和自我意识,走向历史深处,发现人类社会发展一般规律,克服了以往过于侧重马克思创新理论的实践基础,忽视意识形态发展规律的倾向。另一方面,讲授某些重要基本原理,注重史论结合。例如,讲授"社会基本矛盾",以往比较注意讲清基本概念,讲清"决定作用"和"反作用"相互关系的推理,如今不仅增加了早期是马克思主义的普列汉诺夫关于社会发展"五项论"公式(生产力、经济关系、社会政治制度、社会心理、反映心理特性的各种思想体系),而且重点分析了生产力理论。马克思从前人提出劳动生产力、自然生产力基础上赋予生产力概念的新含义,并升华到作为唯物史观基石的观点,人类全部历史基础的高度。但在那个年代,他们主要精力致力于变革资本主义生产关系,以达到进一步解放生产力的目的。在马克思主义发展的历史长河中,邓小平对此有着重要的贡献,他立足当今时代,反思 20 世纪社会主义历史命运,不断强调生产力问题,并提出了生产力标准、科学技术是第一生产力的著名论断,给我国社会主义事业指明方向。学生听了这些分析感到"眼睛亮了一点",人也似乎"长高了一点"。在此基础上我撰写了三篇论文:《生产力标准主体尺度》(《思想理论教育》专辑 1989)、《浅谈普列汉诺夫哲学特点》(《青海社会科学》,1983 年第 1 期)和《试论普列汉诺夫的社会心理》(《华东师范大学学报》,1983 年第 4 期)。

其次,适当充实评价现代西方哲学思潮相关内容。触及现代西方哲学思潮,是"马哲"理论发展的需要,也是恢复高考后入学的广大青年学生的精神需求。进入新的历史时期,大学生普遍渴求扩大知识面,完善知识结构,改变原有思维方式。在自我意识十分强烈又欠成熟的时刻,当理想中的自我与现实中的自我常常发生矛盾,又无法解决时,便觉得传统理论和道德观念过于陈旧,由此会自觉不自觉地寻找某种理论,以求获得问题的答案,所以他们要求教师把马克思主义哲学与现代西方哲学作比较研究。我们经常听到学生这样形象比喻,希望"不仅吃大米饭,白面",而且也给他们"吃一些杂粮野菜","以锻炼消化能力"。这一要求反映了当代大学生的思想特点,马克思主义哲学教学必须体现时代精神,因此这些要求是很合理的。为了适应这一新情况,教研室从三个方面入手:

一是根据具体教学内容需要和理论界的热点,选择现代西方哲学某些论点和思潮进行评述。例如,讲马克思主义认识论时帮助区分理性与理性主义,非理性和非理性主义界限,分析非理性主义产生的社会历史根源以及如何正确评价它在认识中的作用。周文彬在教学科研结合的基础上撰写数篇论文,其中《论问题在创造中方法论的作用》(《上海社会科学辑刊》1993年)、《唯物论反映论与唯心论的互补》(《江汉论坛》1993年)、《论灵感和直觉的异同》(《江汉论坛》1989年),在理论界有一定影响。

二是针对教学和学生实际状况,利用业余时间开设讲座,有针对性地评论现代西方思潮。由于学生所赞赏的理论、学派往往与对人生和社会的思考联系密切,所以,西方人文主义思潮在大学生中,尤其在文科学生中有较大影响。我在中文系三年多的本科教学中有较深切的感受,有一阶段,同学们争读一本名为《人啊!人!》的小说,这本书是他们心目中知名度颇高的中年女作家撰写的。小说以1957年华东师范大学中文系反右斗争为背景,描写了在"左"的路线下,反右扩大化,不少年青人的心灵遭受到创伤的故事。学生读后非常动情,对小说的主题结论,即认为"过去造成的灾难是因为马克思主义不讲人道主义,要解决人性的缺失,马克思主义必须讲人道主义"的观点议论纷纷。有位同学拿着小说跑到我家,要求我三天看完,并希望和他们一起讨论。因为小说描述的背景事件和人物,也是我亲身经历,读完小说也很动情,但我对其主题、结论并不认同。而许多学生则对此相信不疑。思索许久,我感到要讲清这些问题只说自己的感受不会奏效,需要对西方人文主义思潮进行较为系统的专题讲座。为了克服自己知识结构上的缺陷,我多次求教于哲学系赵修义老师,在他的帮助下,读了一点原著,探讨了西方哲学的形成和演化,对叔本华和尼采唯意志论、弗洛伊德的精神分析、以萨特为代表的法国存在主义和新马克思主义等思潮学派的主要思想观点,运用马克思主义哲学思想进行比较与评析。我利用晚间开设讲座。针对学生中出现的"萨特热",进行比较具体的分析,说明萨特认为"人的存在"是全部哲学的基础和出发点,"存在先于本质",人的本质是"自由选择",人生就是自己选择自己,自己创造自己的过程等观点,在二战期间对法西斯奴役下的人们有一定鼓舞作用。但是,存在主义理论离开了人的客观社会制约性,离开社会历史性和实践性讲价值选择和意志自由是不科学的,并分析马克思主义讲人道主义,是科学人性观,与资产阶级人性、人道主义有本质区别。讲完以后,我真实地回答同学:"你们关心我,让我看了小说,使我开了眼界,也有深切地感受,但我不同意小说的主题和结论。"同学们听我回答感到很高兴,表示他们不一定都接受老师讲的所有观点,但讲座帮助他们打开了思路。对于老师能认真对待学生提出的问题,并且坦诚地讨论问题,他们很是感动。由此也引起了他们学习马克思主义哲学的积极性。事后有的班级还成立了马列读书小组,有的还到书店购买了马恩原著阅读,师生之间也增进了友谊。

三是在全校开设《马克思主义哲学与西方哲学比较》和《科学哲学》选修课。较为系统地评价现代西方哲学非理性主义和人文主义、基督教宗教哲学和唯科学主义潮流。邵瑞欣在《教育与现代西方思潮》(中国科学出版社1990年版)一书中撰写了"对上帝的反叛与召唤——20世纪基督教新神学"和"对战后资本主义的反思——法兰克福学派的社会理论"两章,对现代西方哲学有一定的研究,在此基础上开设了选修课,所讲内容不仅比较系统,而且有一定深度。当年的青年教师陈锡喜在理科学生中开设《科学认识论》,是晚间在科学会堂上大课,大多数学生听课很认真。经过教学实践,我们深深感到,无论课内讲授,还是课外讲座,涉及现代西方哲学思潮,必须在"评"字上下功夫。就是说,要让学生看到现代西方哲学思潮在总体上是错误的,但也在某些方面反映了时代特征,包含合理因素,这也正是学生"思潮热"的重要原因。只有给予"评",才能不仅给学生增长见识,打开思路,更重要的是,能给学生方法论上的启示,提高学生对各种思潮的分析鉴别能力。

三、关注学生专业特点,让哲学与科学对话

抽象思维是哲学,也是马克思主义哲学的基本特征。它必须以具体科学为中介才能反映社会经济、政治、文化等诸方面关系。我们在教学中十分关注学生所学专业的特点,引导他们运用马克思主义立场、观点和方法,指导专业学习。例如,在"物质论"单元教学中引入了诸如"信息化"等当代自然科学的新成果;"意识论"单元,对过去从未涉及的"潜意识"、"意识流"问题作了一定的探讨;"认识论"单元,增加了认识主体人的知、情、意等非理性因素在认识过程中的作用,以及人的社会心态、社会理解、语言解释能力之间的总体联系和相互作用;在历史唯物论部分,增加了人的问题、人的生存、人的价值、人在社会发展中的作用是决定论还是选择论等人文科学发展的新成果。王国贤较长时间在数学、物理、生物等理科任教,他紧紧把握转变学生世界观的教学宗旨,在教学过程中发觉学生在思维方式上受机械唯物论影响较大,表现在学习专业与学习哲学关系上,往往出现"无用"与"代替"倾向。认为花时间学马克思主义哲学不能帮他们解题和做实验,弄不清楚哲学与自然科学关系的真正内涵。于是他在教学中以科学史、科学家和科学发明三者结合融进马克思主义哲学相关内容进行教学。他经常与同学讨论"为什么牛顿是伟大的科学家,渺小的哲学家"等问题,启发学生充分运用自己所学专业来具体理解唯物辩证法的规律、范畴,很大程度上提高了课程的理论性和科学性。

当然,联系学生专业不可能也没有必要像专业老师那样去搞专业,而是从总体上说明自然科学划时代的创造,会引起哲学上的伟大变革,而哲学变革又推动自然科学发展。"哲学与科学"对话,就是要运用"哲学方式",也就是理性思维方式去思考宇宙世界,指导和引领自然科学和社会科学发展,而不是取代。王国贤在教学实践的基础上与兄弟院校合作,参编了《哲学与近代自然科学例证》和《哲学与现代自然科学例证》

两本书(吉林人民出版社 1980 年版),作为教学参考资料。

四、以方法论为中介缩短学生与理论的距离

在以往教学中有一个误区,将马克思主义哲学所进行的"三观"教育与方法论教育分割开来,似乎"方法"仅仅是技巧问题,注重这方面教学是否偏离了主旋律。其实,离开方法论教育,"三观"教育是难以收到实效的。作为哲学普遍性原理,它是对个别事物本质和规律的抽象概括,其内容虽具有客观性、真理性,但普遍性和抽象性特点是不能独立自存,它不能为人们感知,只能为人们思维所把握,它能说明一般,指导一切,但不能具体解决任何个别问题。因而需要有中间环节,其中方法论就是起到使普遍与特殊,一般与个别联结起来的桥梁。我们教师常常发现有些同学喜欢哲学,又觉得哲学离他们较远,"可望而不可即",正是与忽视方法论教育相关。例如我们在历史唯物论这部分教学中遇到的最大难点,是如何说清楚社会发展是有规律的,而有意识有目的活动的人是社会历史的创造者,这两者如何辩证地理解。虽然我们作了种种论证,但学生总是不断地追问:"社会到底是否有规律?它体现在哪里?"他们认为老师的论证"动不动辩证地理解"就算了事,是在"变戏法"。每当我们讲"两个必然"的原理时,课堂上有时会发出"倒过来,倒过来"的嘀咕声(意指资本主义必然"胜利"),这说明学生对"两个必然"的观点难以接受。学生难以接受的原因有多种,和我们讲授中尚未摆脱抽象说教也有关系。让理论化为方法,是体现教师教学工作的一种创造。做好这个转化,一是教师要从整体上把握马克思主义哲学的精神实质,二是要对"现实"作理性思考。所谓"现实",它不是个体直接感知的实例,它涵盖极其广泛,大至世界潮流、社会政治、经济、文化;小至个人学习生活,千姿百态,千变万化,是发展变化的倾向和趋势。所谓理性思考,就是在一定理论指导下用科学思维方式对现实的分析研究和对现实的穿透。这确是师生共同创新和创造的过程。基于这样的认识,在教学实践中我们对历史观的教学,没有停留在简单化结论上,而是具体地分析人的个体活动虽然是有意识有目的的活动,但它受到两方面制约(规律性):既受到与他人协作关系和协作方式制约,又受到前人活动的结果制约。这样,学生对"两个必然"的原理有了较深刻的理解和把握。

在上述教学内容改革取得了一定效果的基础上,教研室狠抓教材建议,编写了各类教材。如胡秉同、王龙道、周文斌参与全国师范院校协作编写的《马克思主义哲学原理》(辽宁人民出版社 1978 年版);胡秉同与上海市兄弟院校协作编写的《历史唯物主义》教材(上海交通大学出版社 1985 年版);哲学系张天飞任主编,胡秉同、卢娟任副主

编,教研室老师共同编写的《马克思主义哲学原理》(华东师范大学出版社 1986 年版)等,这些教材一定程度上体现了教学内容更新的成果。

五、心灵沟通,关爱学生成长

搞好马克思主义哲学教学,课堂是主渠道。但教书育人是教师的天职,对于从事思想理论政治课教师来说,重视与学生心灵沟通,不仅是育人的前提,也是提高教学质量、关心学生全面成长的迫切需要。

首先深入学生,寻找师生思想共鸣的契合点。长期以来,我们哲学教研室有个不成文的规定,也可以说形成了传统。除了有些老师到各个系担任辅导员和班主任外,所有老师每周至少要有两个小时深入学生宿舍,与学生们交流谈心,了解他们的情感、兴趣、理想乃至烦恼、郁闷、渴望等内心世界,从而师生在情感上彼此相通,交融。我在中文系任教期间,经常参加学生的课外活动,比如,参加学生的影视评论、演讲比赛、社会调查、马列读书班等活动。在这类活动中我十分关注学生的思维特点和心理状态,并对照自己的心路历程,力求寻找沟通师生心灵的切入点。有一次,中文系组织上海电影制片厂一位名导演来校作报告,《人啊!人!》的作者也应邀来讲文艺创作心理,还有学生演讲比赛等,同学们热情地邀请我参加。在一起听报告过程中发现学生不时地拼命鼓掌,我问他们"为什么这样激动?"他们回答说"讲得真诚,听了解渴"。在事后的交谈中他们很兴奋地对我说,"报告人、演讲人是在自己的真情抒发中讲道理,他们出口成章,知识新颖,所讲问题都是我们关心的事……"这使我十分具体生动地感受到学生"求真"、"求新"的思维特征。

1983 年起,连续 3 年暑假我参加了中文系团委组织的培训学生干部夏令营活动,以读书班的形式,主要是学一点马列原著并开展一点调查研究。这让我有较多时间(每次约 10 天左右),与学生干部一起学习和生活,使我对这一代学生有较深的认识。回顾当年情景,每天晚餐后,三五成群在海边散步,师生随意地海阔天空交谈。有时讨论电影《牧马人》,有时议论时代人物张海迪,有时还聊起流行歌曲,等等。闲谈中发现同学们讲得最多的还是"喜欢真诚,讨厌虚假",不喜欢"外加的宣传",而喜欢"静静地顿悟"。比如他们评论电影《牧马人》女主角在丈夫选择是否去海外生活时说的一句话,"儿女不嫌母亲穷,不嫌母亲丑……",有的学生极其反感,认为这句话是编导为了宣传需要加上去的。他们说女主角是从四川贫穷地区逃荒来到黑龙江,她连家乡都嫌弃,怎么可能讲出这句水准的话呢? 有位同学在议论张海迪事迹时说,最初看到媒体报道时内心十分感动,还流了眼泪。但现在看到媒体铺天盖地宣传,觉得现在张海迪

20 世纪 80 年代初作者与中文系 81 级部分同学在校园聊天

"已经是天上的神了，我们是地上的人怎么去学神呢"？听了这些议论，使我思绪万千。闲聊中的议论，虽然都是些日常生活世界中的小事，看法也有所偏颇，但反映了他们追求真善美的真实欲望。我不仅和他们真诚地平等对话，还利用读书班辅导机会，专题讲述哲学特有的"反思"与"终极关怀"功能。希望同学不要固守于自己已形成的观念，而要学会不断地进行再思考，才能获得真理性认识。所谓终极关怀，这是借用宗教神学术语言，讲的是人的终身价值，一个人要追求建树追本、求真、达善和向美的境界，帮助他们分析什么是"真"，如何理解"真"，以及如何树立真善美的理想人格。通过这些活动，我深深体会到，真正"读懂"学生，在师生相互平等交往中，很难说谁一定是教育者，有的只是自觉的相互吸取，这也许是沟通心灵的奥秘。

　　其次关爱学生，视教学对象为服务对象。提高教学质量，积极引导他们探索社会和人生奥秘，是对学生最根本的关爱。我们主张课后业余时间深入学生，了解他们所思所想，不应只是教学需要，视他们为教学对象，而是对学生真情的关爱，关心他们的学习、思想、生活等全面健康成长。也就是说，整个教学过程我们要做"有心人"，满足学生合理需求，做好服务工作。在外语系任教的邵瑞欣在和学生相处中，发现有的学生的言谈举止或多或少、或明或暗地受宗教的一些影响。学生由于学习语言的需要，手中常携带一本原版《圣经》。邵老师便结合有关宗教意识问题与学生交流，邀请上海市宗教事务所研究基督教的专家为学生作题为"宗教与当今世界"的学术报告，带领学生参观玉佛寺、佘山天主教堂，引导学生全面理解党的宗教政策，加深对马克思主义有关宗教论述的理解，深受学生欢迎。我在中文系几年的教学中，经常利用教学之余，参加学生许多活动，并力所能及地帮助学生解决学习生活中的问题。学生组织的马列学习小组，我帮助他们制定学习计划，确定书目，定期参加小组活动，共同讨论，进行一些有针对性的辅导活动，视这项工作是自己分内的事。平时学生也经常向我提出各种问题：在要求进步过程中如何对待群众的意见，班干部在开展社会工作中如何处理各种矛盾，如何面对疾病，如何处理恋爱中的波折，如何面对专业学习中的困难,乃至如何提高学年和毕业论文的质量,等等,我力求将课堂上所讲的理论和方法与他们平等地讨论和交流,帮助他们释疑解惑。由此,我与学生建立了难以割舍的情结。一位中文系79级毕业生,在家乡的第一个中秋节之夜,给我写了长达15页的信,对在校时老师对她的启迪表达谢意,并深入地与我探讨人生问题。81级的一位学生分配到部队院校后,也常来信探讨如何对待组织纪律,如何处理与首长、同事的人际关系等问题,对这类问题,我结合自己的人生感受,从理论与实践结合上与他们交换看法,赢得学生的信任和好评,有些学生把我看作探讨社会与人生奥秘的良师益友。本人也以此体会写了几篇文章在《高等教育研究》、《思想理论教育》、《调查与研究》、《研究生教育》等杂志上发表,并在国家教委举办的全国中学政治教师培训班、上海市高校党政领导干部和有关兄弟院校作过相关体会的报告。

六、教师自身的学习提高是搞好教学改革的关键

教学改革中,我们深切地感受到,教师自身的学习提高是搞好改革的关键。俗话说,打铁还要自身硬,要给学生"一杯水",自己就得有"一桶水"。从事教师工作需要不断地学习。对于从事马克思主义理论教育的教师,面对视野开阔、思想活跃、求知欲望强,又具有较强的独立思考能力的当代大学生,如果自己不学习,便难以对学生进行思想理论教育;过去所学、所教的专业理论受到特定时期的局限,也需要不断地学习和更新。因此,教研室狠抓教师自身的学习与提高。一方面,积极参加国内各种学术研讨会。对撰写相关论文的老师,教研室均支持其参加各种学术会议,并将研讨会上学术动态向全室同志汇报交流;另一方面,利用暑假参加全国有关短期讲习班,以及赴北京大学、中山大学等为期半年至一年的进修。王国贤1980年赴北大哲学系参加为期一年的马列读书班,他不仅较系统地研读了马克思主义哲学原著,而且受到了像冯友兰、黄楠森等前辈哲学家严谨的治学态度感染。我于1981年赴中山大学哲学系进修班学习,选读了"马克思主义哲学史"、"马克思早期思想研究"、"社会科学名著选"、"现代西方哲学思潮"等课程,授课老师是来自北京大学、中国人民大学及其有关研究单位的著名专家,他们所讲授的每个专题都是研究的学术成果。而这些课程和专家讲授内容恰恰又是我在教学中早就渴望学习的新的知识理论,可以毫不夸张地说,我是如饥似渴地学习。每当去教室听课,我都同河北大学的一位大姐抢坐第一排,仔细地听,认真地记,深入地思考,课后热烈地讨论。我们的听课犹如攀登着学术的云梯,使我知悉了马克思主义源头活水,探索理论的来龙去脉和发展的路径及其面临的各种挑战。虽然只有短短的半年,它对我搞好教学改革起了关键性作用。

回首往事,几十年如一日,我们在思想理论教育基本建设工程中,作了种种不懈努力,在学生脑海里留下一点印记,在他们成长的道路上起一些积极作用,为此我们感到欣慰。

＊本文作者：卢娟,华东师范大学社会科学部教授。

杂忆 20 世纪 80 年代前后的
外国哲学学科

赵修义

我跨入外国哲学的园地,要从时任政教系主任的林远同志的一次谈话说起。记得 1978 年的某一天,系里通知我晚上到林主任家里去。不知何事要到他家里,我有点惶恐。进门之后寒暄几句,他就开门见山地说:"教育部决定政教系都要开设现代资产阶级哲学的课程,我同丁祯彦在从武汉回来的船上商定,你来承担这个课程。"我一下子就蒙了。当时系里有一位同仁应鹤声在"文革"前就被指定搞外国哲学史并为徐怀启先生作辅导,另一位在社科院工作的欧力同原来就是做现代外国哲学的,这件事怎么就摊到我的头上了?那时我刚刚结束中学教材组的工作回到哲学教研室,本来是想做马哲史的教学研究的,现在让我教西方哲学,还要从头学英语,而我从高中开始学的就是俄语。所以向林主任表示,我难以胜任。我还说欧力同本来就是做这一块的,不叫他做,我们也不好相处。林主任当场就很不高兴,说了两次,"我们已经决定了,你就不要说了"。后来干脆站起来,走进卫生间,下逐客令了。我知道老主任的脾气,这位三八式老干部级别很高,"文革"前因为思想右倾而不受重用。他喜欢京剧、书法和象棋,说话风趣,以前喜欢常同我们这些小字辈的在办公室里海阔天空地神聊。"文革"中在大丰五七干校的茅屋里,我们还有同患难的经历。但是我也知道,他毕竟是一位资历很深的老革命,严肃起来还是很有威势的,我不敢再吭声了。尽管心里十分惶恐,意识到年届 40 的我不能不从零开始学习了,但是还是感谢老主任对我的信任,两天之后,去向他表态接受任务,只是提出了一个要求,给我时间学英语,学专业。他很爽快地应允了。

此后的两年,我就上英语班,到南京大学教育部主办的进修班的夏基松先生门下,开始寻求入门之道,逐渐有了一点信心。但徐怀启先生的离世,又像一盆冷水从头灌下。徐先生少年时代就留美深造,是一位有哈佛神学院博士学位的大家,精通希腊拉丁等古代语言和英法德等多门现代语言,对基督教史和西方哲学史(尤其是古代和中古的历史)有精深的研究,对新托马斯主义等现代西方哲学也有研究。但在五六十年代长期受到怀疑,得不到重用,不能发挥其学术特长,一直只能教教形式逻辑,做点翻译工作。可不知什么缘故,1964 年中国科学院召开的哲学社会科学学部会议时突然邀请他参加,回来之后,学校开始起用他。他就在政教系第一次开设了西方哲学史的课程,可以说他是我校外国哲学学科的开山鼻祖。"文革"结束之初,他还活跃在学术领域里,参加各种会议,荣幸地被聘为第一批的研究生导师,已经登报招收研究生,他无疑是我们外国哲学学科的领军人物。可是他去昆明开会时突发心脏病。我在去南京进修之前到第一人民医院探望并聆听他的教诲。寒假回沪之后想做的第一件事就是去医院探望先生。想不到的是,我到家的第二天就得到了徐先生突然离世的噩耗。那一年的冬天特别寒冷,我的心中更是一片寒意。哲人已逝,我校招收外国哲学硕士研究生的资格自然丧失,已经招进来的学生改换专业,教外国哲学的就剩下我和叶立煊、应鹤声三个讲师,连一个副教授都没有。本来可以依托的老师,就这么说走就走了,原本指望背靠的大树,倒下了。真有点萨特所说的"前无支撑,后无依托"的感觉。能做的就是自己倍加努力,争取早一点入门,挑起现代外国哲学这门课程的重担。

1980 年的秋季开学,我就不得不被赶鸭子上架了,给 77 级哲学班的同学开设现代西方哲学的课程。这门课原名"现代资产阶级哲学",1979 年太原会议后,改名为"现代外国哲学",成为哲学专业的基干课程之一。教学计划给的课时是四加二(连续两个学期),分量很重,要涵盖许多流派。尽管在进修期间,我已经备了一部分教案,但是相当部分还是要边教学边准备新的讲稿。所以几乎全部精力都是用在备课上,非常吃力。加之当时没有教材,只能编印一些阅读资料给学生参考。每次登台之前总要静思,如何把书面文字的讲稿化为比较生动易懂的口头语言,又要让学生比较准确地记录下来。但是学生的学习热情却给我非常大的鼓舞。记得那时我们是在临时搭建起来的大教室里上课的。大雨天,雨滴打在石棉瓦的屋顶上,声音很大,而我讲课却没有那么大的嗓门,同学听课非常吃力。可是课堂里同学们还是那么专注,真是令人感动。课后还总有一些同学留下来,提出各种各样的问题同我讨论。从课后的交流中,发现听课的还有其他系科的同学。这些对我来说,无疑是极大的兴奋剂。因为从 1965 年到安徽"四清"之后,这是第一次重新登上大学讲坛。能登上这个神圣的讲台的喜悦一直在心中荡漾,能够教书,做一个受学生欢迎的教书匠,不亦乐乎!

进一步接触学生之后,了解到在我进修期间,系里为培养学生费尽了心思。专门为学生聘请了英语功底极佳的陈增贻老先生为喜好外国哲学的学生增开英语课程,这对这些学生的帮助极大。叶立煊在给他们上外国哲学史的时候,不仅把他们引入了外国哲学的大门,还专门把有兴趣的学生组织起来,成立课外学习小组,增强学生们对这门课的感情。后来叶立煊还组织他们参加了《哲学原理发展概述》一书的写作,公开出版,给了他们很好的锻炼,其中如黄勇、童世骏等现在都是知名的哲学家了。77 级的学生中,有许多人阅历丰富而且经受过多种锻炼,他们的悟性和能力也让我惊讶。有一次,我抽查了一部分同学的听课笔记,没有想到的是有的笔记记得如此详尽,条理梳

左 1 赵修义　左 2 包连宗

理得非常清晰,逻辑推演的部分是一步不拉,重要的案例或是图表,也注得十分清楚。以至于后来我向钱越明同学借笔记供我在假期里修改讲稿之用。

考试时,我出了一道附加题,请学生对课程提出看法,特别是提出改进的意见,收获颇丰。既受到学生的鼓励,也感受到他们的坦诚,其中有些尖锐的批评,给了我许多启示。

那个时候的师生关系之密切,交流之频繁和坦诚,至今令人难忘。除了课堂之外,在校园里的道路上我和学生可以站立着交谈许久,我那个 10 平方米的斗室也经常有学生来访。切磋学问,交流思想。记得我讲"存在主义"的时候,正好社会上兴起了"萨特热",剧院开演萨特的名剧《肮脏的手》,同学们邀我一起去观剧,看到他们兴奋地边看边点评剧情和剧中的各种角色,提出了许多我从未想过的问题,感慨良多。有一次,一位历史系同学在课后直截了当地对我说:"你信不信萨特? 我信。"我一时失语。回来一想,觉得自己尽管也在不断地思考,如何评析如何看待各色各样的现代思潮,但是大部分的时间还是花在厘清基本的知识和学说体系上,触及自己心灵深处的东西还是不多。同时也感受到,这一代学生是带着自己对社会对人生的深入思考来求学的,他们不是背着麻袋来背那些书本知识的,他们不是把哲学看作某种有用的知识而是当作探究世界、社会、人生的途径来学习哲学的。面对这些怀抱追求真理之心的学生,我不禁肃然起敬,也倍觉作为一名教师身上的责任。所以,对教学就更加增添了一份敬畏之心。每次上课都要修改讲稿,细心斟酌。有的时候还在课堂上录音,课后再听一遍,找出问题,作为下次改正之用。

记得任教之初,教研室主任曾乐山先生曾经嘱咐我,站稳讲台是不容易的,恐怕要三五年时间,开新课又一次面临了站稳讲台的考验。经过几年的努力,我们外国哲学的课程受到了学生的欢迎。到 77 级毕业的时候,外国哲学课外小组的大部分同学考上了研究生,其中好几位考进了复旦大学的外国哲学专业。我们终于可以说,讲台是站稳了。

说到科研,那个时候我们都刚刚入门,主要的精力都放在教学上,所谓的研究最主要的还是结合教学编写具有自己特色的教材。由于我校的哲学专业当时还属于政教系,交往的圈子比较集中于情况类似的师范院校,加之我们的人手实在有限,一段时间里应鹤声去了英国访学,所以无论是哲学史还是现代哲学教材的编写都是与其他师范院校合作的。不过在合作的过程中,我们还是起了重要的作用,有的是牵头的,有的是主要的组织者和撰稿人。其编写出《欧洲哲学史教程》、《现代西方哲学纲要》等两本教材,都有自己的特色,尤其适合师范院校采用的教学用书。

此外做了两件比较大的事情。一件是编辑出版了徐怀启的遗著《古代基督教史》。这本书是徐先生一生研究的心得,先生晚年在精力衰退、居住条件十分困难的情况下,一直坚持写作,来不及完成就撒手西归了,留下的是一部未完成的手稿。叶立煊见到手稿之后,极其重视,自己动手整理,又拿着书稿到处找出版社。鉴于当时宗教类书籍的出版受到非常严格的限制,难度极大,真可以说是一波数折。叶立煊凭着他那股下了决心九头牛也拉不回来的韧劲,最终还是让这部有很高学术含量的遗著以精装本与世人见面了,赢得了学界的高度评价。但出书过程的甜酸苦辣,旁人是难以体味的。

另一件就是参与冯契主持《哲学大辞典》的条目编撰。这是一项庞大的工程,上海哲学界的许多同仁都参与其事。我们承担的是外国哲学分卷的一部分条目,所占篇幅不大。如果像现在那样做量化考核的话,就很难计入什么科研成果,可这是一件很费工夫的事情。冯先生在一开始就说,编撰大辞典重要目的之一就是锻炼队伍,夯实基础。做了以后觉得真是一次锻炼,一次难得的严格训练。记得当时出版社的一位资深编辑老杨一再同我们讲,词典最重要的是严谨客观,千万不能出硬伤,文字要简练。看了我的样稿之后,他写下了密密麻麻的批语和疑问。比如有的人物的生卒年份,他将一些著名的工具书上的不同的说法列出,要求作出进一步的核实。还有一些概念,他把英语的俄语的有时还有日语的工具书上的表述一一列出,提出问题要求复核,并希望提出自己做出的论述的理由和依据。如此严格的要求,套用现在流行的说法,就是严守"学术规范",我们自然也增添了一份对学术的敬畏。

至于论文和专著的写作则是比较迟一点的事情了。记得冯契在一次教师会上告诫我们,像哲学史这样的学科,要想写出像样的论文来,没有学术的积累,没有三五年的功夫是难以做到的。我们对此也心存敬畏,不敢造次。就我来说,主要是将备课的时候,遇到的问题存心中,一心教书,行有余力才将这些问题逐步清理,寻求答案,若有心得,就化为文字。相当一段时期里,每年也只能写一篇文章。加之那段时期,学界多数人还是比较热衷于编写教材,写专著成为风气还是后来的事情。我们也没有这种先知先觉,对教学更不敢怠慢。

　　另外,我们这几个都是教"辩证唯物主义与历史唯物主义"出身的,无论教哲学史也好,教现代西方哲学也好,西方的这些哲学思想和马克思主义哲学之间的关系,是萦绕在心头挥之不去的问题。50 年代我在北京大学念书的时候冯定提出的"一体两翼"(马克思主义哲学是体,中外两门哲学史是两翼)的观念也常留心头,总觉得我们的外国哲学教学与研究要为马克思主义哲学服务。所以在南京大学进修的时候,在图书馆见到苏联学者写的《辩证唯物主义诸问题与现代资产阶级哲学》一书,就引起我很大的兴趣。这本将辩证唯物主义的体系中的主要问题与现代西方哲学主流派在这些问题上的观点一一对照的读本,尽管有些简单化的毛病,对于教授和学习马克思主义的读者来说还是有所启发的。于是向当时南京大学的俄语教师推荐,他组织一些进修班的学员译成了中文。后来夏基松先生要我校对并联系出版。我花了近两年的时间,在老同事王天厚的帮助下,将此书校定成稿,由上海人民出版社出版。叶立煊同我有类似的想法,组织了几个学校的同仁,编了一本将辩证唯物主义与历史唯物主义讨论的各种问题与哲学史上的论说对照分析的读本《哲学发展概述》。这些工作,究竟有多大的效果,不易说清楚,但是可以反映那个时代的特点和我们当时的认识。

赵修义(中)

　　现代外国哲学学会成立之初的几次会议,就马克思主义与现代西方哲学的关系,马克思主义者研究西方哲学的方法论问题进行了非常激烈的争辩。而高层又发出声音(尤其是在清除精神污染的短暂的运动中),对现代外国哲学和以"萨特热"为代表的思潮在社会上,特别是在青年学子中引起的西方文化热,进行了强势的批判。在这样的大环境下,屡屡经历了激辩的我,把思考的焦点聚集到这一绕不过去的问题上来。无论是编写《现代西方哲学纲要》的时候,在对尼采、柏格森等人的个案的研究中,还是在写作《教育与现代西方思潮》的过程中，萦绕在心中的就是这一难题。逐渐地发现，简单地把现代西方哲学家的一些观点与辩证唯物主义与历史唯物主义的观点做简单的对照是无法回答这一问题的。还是要从马克思所说的"哲学是时代精神的集中体现"这一论断出发，从哲学与时代的关系入手，从源头上厘清两者的关系。现代外国哲学学会第四次学术讨论会在贵阳召开的时候，我带去《现代西方哲学与马克思主义同时代性》的论文，被邀请在开幕会上宣读。不过这时情况已经大变了，青年学者成了会议的主力，他们更加关心的问题，是西方各派哲学及其代表人物的学术观点，如海德格尔与萨特的关系等等，一批访学归来的年长学者也带回了许多新的信息与观念。我所关注的问题，应者寥寥，也没有引起什么讨论，留下了"物是人非"的感觉。然而就我来说，提出了同时代性的问题，还没有用史实来论证。于是安心下来，利用国家社科基金支持的"十九世纪西方哲学"课题，在童世骏等两位青年教师的合作之下，埋头进行《马克思恩格斯同时代的西方哲学》的研究，直到成稿。

还有一件值得一提的事情是，外国哲学的图书资料的采集。我校外国哲学的原版书的收藏本来就非常丰富，而且比较全面，许多外国哲学的研究者常来我校觅宝借阅。这件事徐怀启先生功不可没，在他不被重用的时候，兼任了图书采编委员会的工作，花费了许许多多的精力，依靠他丰厚的学养和独到的眼光，从旧书店里采集了许多宝贵的外文图书，订阅了《哲学论文索引》（我校所存是全上海最完整的）等权威性的外文杂志。徐先生去世之后，这件事情就落到我们这一代人身上了。记得追悼会结束时，我同冯契先生一同走出会场，冯先生对我说，徐先生限于环境许多学问没有传人，他为后人做的一件功德无量的事情，就是采集外文哲学原版书。以后，这件事就交给你了。我本来就是一个爱书者，对这类事情很有兴趣，就答应下来了。此后，也常常去跑外文书店，也为图书馆和资料室采集了一些好书。意想不到的是，20世纪80年代初，有两笔专款下达，一笔是世界银行的贷款，另外一笔是财政部的专项资金，数额在当时十分惊人。学校仅仅在文理科之间分了配额，文科的经费就看各学科自己了。我给冯先生汇报之后，他十分高兴，要我尽量把最有价值的书采购回来，主要的哲学家和流派要尽可能配齐，并应允让他的研究生帮我一起工作。那一段时间，天天泡在图书馆，查阅海量的图书广告和目录。幸好图书馆采编部山顺明先生大力配合并且给予业务的指导，尤其是教会我用 book in print 这本最重要的工具书。在那里可以按照人名找到世界市场上可以买到的经典，省去了很多时间。这件事情非常费时，因为不但要查到市场上有什么书，还要核对已有的藏书以免浪费，最后，一本书一本书地做卡片，打成订单，当时的青年教师徐汝庄、马钦荣、童世骏等都出力不少。大笔专款结束之后，随着对外开放的扩大，国外学校的赠书又一批一批地送达。这些图书，鱼龙混杂，图书馆先不做编目，让我们经常到图书馆去选书，把有价值的选出来编目入库。看着外国哲学的藏书不断地丰富,在感念改革开放政策的同时,心中也充满着喜悦。后来购书经费一度非常紧张,学校不仅没有多少外汇采购新书,连原有的外文杂志也要中止订阅,幸亏此前我们抓住了难得的机遇,而感到幸运。

1986 年我校成立哲学系,外国哲学学科的发展进入了新的阶段。开始时也非常困难,只剩下我和应鹤声两人。幸好,我系培养的年轻一代快速成长,还有了引进人才的机会。初期工作的重点仍放在课程建设上,完成了学校提出的基干课程建设的要求,同时也开始为其他硕士点开设相关的课程。在教学的各个环节上,包括学年论文和毕业论文的指导答辩等环节都有严格的要求。这些课程受到学生的好评,教师也屡屡评上学校的教学奖,有的本科生的毕业论文还登上了学报。与此同时,我们为青年教师努力争取出国深造的机会,1988 年,学校留给文科的总共只有 3 个名额,我系就争取到了两个。这些都为后来打开国际学术交流,奠定了基础,也为外国哲学硕士点的创建创造了条件。到世纪之交,终于如愿建立了硕士点,经过几年艰苦的努力又升格为博士点。不过这些事,我是没有多少可说的了,因为在这个过程中我已逐渐淡出外国哲学。

一代人有一代人的处境,一代人有一代人的使命,一代人也有一代人的局限。写上这些文字,只想留下一点零碎的记忆,让大家对哲学系建系前后的艰难历程,也对我们这一代具有极大局限性的学人有所了解,仅此而已。记忆不当之处,请读者指正。

＊本文作者：赵修义,华东师范大学哲学系教授。

在欧洲哲学史和宗教学领域耕耘

叶立煊

一

　　"文革"结束后，许多课程开始恢复和重建。我原先从事"辩证唯物主义和历史唯物主义"的教学，想探索马克思主义哲学与马克思以前哲学的关系，到哲学的海洋里去吸取养料，萌生了转到讲授"欧洲哲学史"的想法，这门课当时在国内只有少数综合性大学才有，我的想法得到有关领导的支持。

　　可是，当投入"欧洲哲学史"教学时，感到困难很大。虽然1961年我在中国人民大学听过哲学名师贺麟、苗力田讲授的"欧洲哲学史"课，但只知道一点皮毛，没有研读过西方哲学家的原著，现在要投入哲学史大海，要深入浅出地介绍几十位西方哲学大师的哲学思想，把握西方哲学思想发展的脉络，谈何容易。所以我首先抓学习和备课，努力钻研北京大学、中国人民大学编的《西方哲学史》教材和《西方哲学原著选读》，寻师访友，脱产到中央党校听张世英教授主讲黑格尔《小逻辑》，请教沪上西方哲学史专家姜丕之，并向复旦、上海师大讲授西方哲学史的老师请教，学习他们的教学经验。1980年我大胆走上讲台，给77级同学比较系统地讲授"欧洲哲学史"。讲课时我注意把"教材"和"原著选读"加以对照，看"教材"是否符合"原著"思想，结果发现中国人民大学编的《欧洲哲学史》教材，对柏拉图"辩证法"的介绍不准确，经过研究和思考，我写了《如何理解柏拉图的辩证法》一文，刊登在《华东师大学报》1982年第3期上，这也是教学的一大收获。

　　一开始讲课还比较粗糙，但77级同学对这门课兴趣很大，他们不满足于课堂教学，善于独立思考，主动要求增加课外阅读，一些同学还自发组成了"欧洲哲学史课外阅读小组"，当时恰好上海师大卢良梅与我正在筹划编写《哲学原理发展概述》一书，我就组织师生合作，边教边学边实践，请"阅读小组"的5位同学一起承担"辩证法和形而上学"、"量变和质变"、"肯定和否定"、"对立统一"等四章的写作。要论述这些哲学范畴和原理从古希腊到马克思、列宁两千多年的演变，需要看很多原著和介绍，但他们积极性很高，不到3个月就写出了初稿，在实践中得到了很大的锻炼和提高。这五位同学在1981年毕业时，全部考取了研究生，如今他们都成了哲学家，在学术上都取得了很多成就。这种师生合作、边教边学的模式我在 78、79 级教学时继续运用,也取得很好的效果。这样做,当然与当时的学习环境有关,因为很少学校开设这门课,教材和教学体系都不成熟,加上恢复全国高考后的几届学生学习积极性和独立工作能力较强,所以能做到师生互动合作,教学相长。

我和卢良梅共同发起编写的《哲学原理发展概述》,于 1982 年、1983 年出版了上下两册,受到学术界的肯定和欢迎。当时主要考虑把西方哲学史与哲学原理联接起来,为学习哲学原理的师生提供源流的材料,也是对西方哲学发展历史的一个梳理和探索。中国社会科学院哲学所资深学者王树人评论该书说:"(该书)从哲学史的角度,对于马克思主义哲学的基本范畴和原理作了比较系统的考察。这本书的创作是一个有益的尝试。在教学与研究中,它无论对于马克思主义哲学原理,还是对于外国哲学史,都有参考价值。我认为,这种开辟新角度,从不同哲学学科的联结上进行研究,是值得提倡的。"上海、福建的一些学者也评论说,这本书"开辟了外国哲学史研究的新角度","对哲学原理和外国哲学史的教学与研究,都有参考价值"。

为了提高这门课的教学质量,我觉得需要编写一本适合师范院校用的"西方哲学史"教材和教学参考资料。但本单位的力量不够,其他师范院校的情况也是如此,只有依靠师范院校的合作才能实现。为此,1984 年 10 月由我校牵头,成立全国高等师范院校西方哲学史教学研究会,有 40 多所师范院校 54 位老师参加,推选我为理事长。当时部分高师正在搭建几个教材编写组,要编出适合不同学校和专业需要的多元化教材。北京师大政教系正在筹建《欧洲哲学史教程》编写组,邀请我参加并担任主编之一,我执笔撰写了其中两章,该书 1989 年由福建人民出版社出版,并于 1992 年获国家教委优秀教材二等奖。

"欧洲哲学史"这门课,不仅要有教材,而且要研读一些著名哲学家的原著,才能学得踏实,这些哲学名著往往艰深难懂,需要作一些通俗和准确的解读,帮助学生更好地理解原著内容。于是由我和安徽师大等校老师发起组织《西方哲学名著介绍》编写组,有 22 所师范院校 30 多位老师参加,介绍了 34 本名著,分上下两册,于 1988、1989 年由华东师范大学出版社出版。这在当时可说是先走一步。我执笔介绍了卢梭的《论人类不平等的起源和基础》,童世骏执笔了斯宾塞的《社会学研究》,我校另一教师执笔了孔德的《实证哲学教程》和叔本华的《作为意志和表象的世界》。

为使师生能够运用马克思主义的观点分析评价西方哲学思想,我还和一些师范院校合编《马恩列斯论欧洲哲学史》、《欧洲哲学史原著选编》两本书。在选编"中世纪经院哲学"资料时,没有找到托马斯·阿奎那《神学大全》一书,于是我写信请中国社科院哲学所付乐安研究员协助选译一部分内容,付先生非常认真负责地把"译文"寄来,为这本"原著选编"提供了新的资料,该书 1986 年出版。

全国高师西方哲学史教学研究会在我校成立,前排左起第 1 人为叶立煊

此外,我还注意邀请外国哲学史专家来校讲学,以增加师生的专业知识,提高本学科的学术水平。1979 年聘请研究德国古典哲学的专家姜丕之来政教系做兼职教授,给师生讲授康德的《未来形而上学导论》,黑格尔的《小逻辑》、《精神现象学》、《法哲学原理》等著作,印发了他的讲稿,对大家有不少启发。配合讲课,我们编印了“关于康德哲学一些问题的探讨”、“关于德国古典哲学的学术动态”的资料发给学生,让大家思考学术界提出的问题。1986 年,又聘请了外国哲学名师苗力田教授来校讲授康德的伦理哲学,主要介绍“道德形而上学原理”。当时苗老已 60 多岁,他每次讲课不用讲稿,条理清楚、深入浅出地讲解两三小时,为我们树立了榜样,我们印发了他的讲课记录稿,至今还很有用。

20 世纪 80 年代,在校系领导和教研室同事的共同努力下,“欧洲哲学史”终于在我校开设起来,有了较为完整的教学大纲和教学计划,编了教材和一套参考资料,发表了一些文章,培养了一批对这个专业有兴趣的学生,为他们打下一定学术基础,有些学生后来成了这个领域的著名学者,在学术界有一定的影响。

二

进行“欧洲哲学史”的教学研究,必定涉及宗教(耶稣教、天主教)对欧洲的深远影响。1963 年,毛泽东曾作过"加强宗教问题研究"的批示,我系冯契先生对佛教哲学和道教哲学,徐怀启先生对基督教的研究都有相当高的造诣,这对我有很多启发和帮助,吸引我投入宗教学的研究和探索。

在开设"欧洲哲学史"的同时,我一直关注宗教问题的研究动态。1986 年,政教系原系主任林远主编《统一战线概论》一书,我执笔撰写其中"宗教问题"一章,比较全面地阐述了马克思主义宗教理论和党的宗教政策。根据马克思主义观点,宗教是由信仰、宗教感情以及与这种信仰和感情相适应的宗教仪式、宗教组织构成的一个完整体系。宗教作为社会的一种意识形态,是以幻想的超人间力量的形式反映世界,"宗教即颠倒了的世界观"。宗教在历史上起着巨大的作用。在阶级社会里,总的说来,宗教起着消极的作用,"宗教是人民的鸦片";但在某个时期和某些方面,宗教也起着进步的积极的作用,宗教曾被革命人民和革命阶级作为斗争的旗帜,发挥动员群众、组织群众的作用。宗教对各民族的文化和其他意识形态也有其积极的或消极的影响。中国共产党的宗教政策,其主要内容是:1. 尊重和维护宗教信仰自由。2. 保护正常的宗教活动,反对利用宗教进行非法、违法活动。3. 反对帝国主义和外国反动势力控制教会,支持中国信教者独立自主自办教会。

1994 年秋,我凭着对宗教学说的兴趣和学术基础,开设了"宗教学和宗教史"选修课程,当时有 26 位同学选了这门课。通过讲授,比较系统地介绍了宗教的基本知识,着重说明"宗教学"是一门科学,它涵盖宗教概论(宗教的本质、构成、起源、发展、消亡和作用),宗教意识(宗教信仰、感情、理论、神话、文化艺术),宗教行为和宗教组织(宗教道德、礼仪、节庆、修炼、宗教社团组织),宗教与科学文化,社会主义社会的宗教和党的宗教政策等内容。

在"宗教史"方面,我主要介绍了"基督教史"、"佛教史"和"伊斯兰教史",印发了"四大宗教史"资料。着重讲解各教的产生和发展、主要教义、经典、教规、教会组织制度、职务称呼、教会节日和主要流派,分析了有关国际争端的宗教背景,开阔了学生的视野。

在教学过程中,组织学生参观龙华寺、徐家汇天主教堂、佘山伊斯兰教堂,使学生增添了一些感性知识;同时组织学生进行"基督教在上海的传播"的宗教社会调查,写出了 3 份调查报告(满清、民国、解放后),使学生获得了一些实际知识和社会调查锻炼。

此外,我在"欧洲哲学史"和"西方政治思想史"的教学中,对基督教哲学做了较多的研究和批判,论述了基督教的产生及其政治思想,指出早期基督教是奴隶们信仰的宗教;分析批判了代表奴隶主利益的奥古斯丁的"教父哲学",为封建主阶级服务的托马斯·阿奎那的"经院哲学"和反映新兴市民阶级利益和要求的马丁·路德和加尔文的"新教哲学",介绍了费尔巴哈对基督教的批判,指出费尔巴哈的主要成果是:把基督教的神及其教义、活动、天国看作是人的本质的异化,要把神还原为人,"人是宗教的始端,人是宗教的中心点,人是宗教的尽头";指出宗教中包含着科学文化和真理,要用"批判的态度"对待宗教,即把宗教中所含的真的东西与假的东西分开,使旧的真理变为新的真理,把被宗教颠倒了的第一性与第二性的关系再颠倒过来,还人和自然的本来面目。但费尔巴哈是站在人本学立场上批判宗教,不能彻底地批判宗教,不能找到克服宗教异化的途径,最终却陷入"爱的宗教"的泥坑。这些教学和研究,提高了学生对宗教的正确认识、评价和态度,为宗教学课程建设打下了基础。

＊本文作者:叶立煊,华东师范大学哲学系、政治学系教授。

逻辑学科的创建、恢复与发展

晋荣东

逻辑学是关于思维形式及其规律的科学，主要研究概念、判断、推理、论证及其相互关系的规律和规则，特别是推理、论证的规律和规则，为人们正确思维与成功交际提供工具。华东师范大学的逻辑学教学与研究始于 1951 年建校之初，创建者与奠基人为冯契和徐怀启，第二代学术骨干的主要代表是彭漪涟和何应灿。经过 40 余年的曲折发展，到 20 世纪 90 年代前期，我校已经成为了在全国具有重要影响力的逻辑学教学与研究基地。

彭漪涟

教学与研究的起步和中断：1951—1976 年

华东师大建校之初，徐怀启、宣巽东分别在中文系、教育系开设了形式逻辑课。1954 年 9 月，政治教育专修科升格为本科，成立政治教育系。1956 年下半年，为了统一全校的逻辑教学，政教系在哲学教研室内组建了逻辑教学小组，由徐怀启主讲，另外安排两位青年教师作为助教：一位是何应灿，另一位是彭漪涟。教学小组承担了全校文科各系的形式逻辑课程，并选用苏联维诺格拉多夫和库兹明合著的《逻辑学》作为教材。

在 1959 年课程革新、大编教材的群众性运动中，何应灿和彭漪涟受命组织 20 余名政教系学生编写一本形式逻辑教材。不到两个月的时间，《形式逻辑》在 1959 年 12 月编写完成，并于次年 1 月作为华东师大教学用书铅印成书。此后不久，中共中央宣传部基于全国范围内广泛开展的有关形式逻辑与辩证法关系的讨论，决定向各地征集形式逻辑的专著和教材。校系领导希望在《形式逻辑》的基础上,再编写一本向中宣部送审的形式逻辑教材,于是成立了编写小组,由冯契和徐怀启担任业务指导,彭漪涟与何应灿为骨干,吸收当年政教系逻辑学成绩优秀的5位学生参加。经过两个多月的努力,书稿编写完成,送上海市新华印刷厂铅印出书,随即由何应灿专程赴北京送交中宣部。

自编的《形式逻辑》逐步取代了苏联教材,成为校内逻辑教学用书和兄弟院校的交流教材。何应灿、彭漪涟也因为教材编写而主动去熟悉当时的通用教材,去思索和把握传统形式逻辑的主要内容和学科体系,为进一步的逻辑教学与研究奠定了基础。同时,他们逐渐了解和熟悉了集体编写教材的程序、环节和注意事项,特别是如何处理编写者之间的各种关系,为后来在校内外参加和组织教材的集体编写活动积累了经验,准备了条件。

1960年7月,逻辑教学小组新增了两位成员,一位是毕业于北京大学心理学系的王天厚,一位是留系工作的王国贤,逻辑教学小组初具规模。

在开展逻辑教学、组织教材编写的同时,教学小组的成员还积极投身逻辑研究与学术讨论。20世纪50年代中期,上海哲学学会的成立后,徐怀启会同上海师范学院的徐孝通、上海社科院哲学所的傅季重等一批老学者发起成立了上海哲学学会逻辑学组,他时常同何应灿、彭漪涟一起参加逻辑学组的各项活动,并在上海的机关干部和中学教师中举办形式逻辑讲座,以普及形式逻辑知识。与此同时,冯契倡导青年教师学习辩证逻辑,在他和徐怀启的带领下组织青年教师参加《辞海》哲学词目的修订工作,为后来长期参与《辞海》逻辑学词目的修订奠定了思想认识与感情上的基础。60年代初,经冯契倡议,傅季重具体主持,在全国率先举办了数理逻辑讲习班,邀请徐孝通系统讲授希尔伯特与阿克曼合写的《数理逻辑基础》,逻辑教学小组全体教师和进修教师参加了听课。

逻辑教学小组的成员还积极参与了围绕形式逻辑与辩证法关系所展开的大讨论。1961年4月21日,年仅26岁的彭漪涟在《光明日报·哲学"副刊》发表了署名"彭汶"的论文《关于形式逻辑科学与"正确思维"》。此后,他抓紧一切时间,在本学科领域内刻苦学习、认真探索。同事张天飞回忆道:"记得在五六十年代,我们都还很年轻,但他那认真钻研逻辑思维的精神给人们留下了深刻的影响,以至于同辈们戏称他是'小逻辑'。"就是这位"小逻辑",后来又相继在《光明日报》、《江汉学报》等报刊上发表《也谈形式逻辑研究什么?怎样研究》、《试从培根的"形式"概念看培根归纳法的基本性质和特点》、《略论判断恰当的基本含义及其衡量的标准》等论文,为我校逻辑教学和研究工作奠定了坚实的基础。

以教材建设为中心的学科恢复：1977—1983 年

"文革"结束后，逻辑教学小组成员为了弥补因"文革"而耽搁的时间和精力，可以说是夜以继日、废寝忘食地学习和工作，使逻辑教学与研究逐渐走上恢复发展的道路，以彭漪涟、何应灿为代表的第二代学术骨干开始在学科建设中发挥重要作用。

一、狠抓教材基本建设

高校招生考试制度恢复后，政教系新招了 100 多名 77 级本科生。根据教学计划，本科一年级开设形式逻辑课，由彭漪涟主讲。此后，他又为 77 级哲学专业的学生开设了辩证逻辑课。考虑到整个逻辑学科的建设与发展尚处于恢复时期，教研室同仁把工作重心放在教材建设上，编写并出版了一系列的逻辑教材、教学参考用书和通俗读物。

1.《形式逻辑》的出版与修订

"文革"后期，彭漪涟曾应一些工农兵学员的要求为他们讲一些逻辑知识而编写过一本形式逻辑讲义，油印后发给学员自学参考。1978 年后，这份讲义成为文科各系使用的内部教材。经过数年的使用，这本内部教材经校业余教育处推荐，作为上海市高等教育自学考试形式逻辑学科的试用教材由华东师范大学出版社在 1982 年 2 月正式出版。彭漪涟、何应灿、王尚武、王天厚、邵春林参与了本书的编写或修订，最后由何应灿、彭漪涟负责定稿。该教材的出版适应了当时自学考试的参加者对逻辑学教材的需要，受到欢迎。1983 年对试用本作了一次全面的修订，修订本得到国内不少院校的采用，多次重印或修订再版。

2.《〈形式逻辑〉辅导》的编写与出版

在出版与修订《形式逻辑》的同时，教研室还集体编写了教学参考用书《〈形式逻辑〉辅导》，为使用该教材的教师和学生提供讲授和学习的建议与指导。该书由何应灿、彭漪涟主编，1983 年 11 月完稿，1984 年 4 月由华东师大出版社出版。

3.《趣味逻辑学》、《有趣的数理逻辑》的编写与出版

除了积极编写大学生适用的逻辑教材外，教研室同仁还编写了一本通俗的逻辑读物，以期能对青少年读者学习和运用基本的逻辑知识，提高逻辑素养有所帮助。为此，彭漪涟与杭州大学余式厚合作编写了《趣味逻辑学》，由中国青年出版社在 1981 年 11 月正式出版。该书一出版即受到广大读者的欢迎，《中国青年报》、《光明日报》、《书林》等报刊以及新华社等相继对该书进行了评介和推荐。1983 年 7 月，该书在全国通俗政治理论读物评选授奖大会上被授予二等奖。1983 年，彭漪涟、何应灿还编写了一本

《有趣的数理逻辑》,署名为"何普恒",由上海人民出版社在 1984 年出版。

二、逻辑学方向研究生的培养开始起步

1979 年,我校在全国范围内首批获准设立马克思主义哲学硕士点。同年秋季,冯契招收了第一届马克思主义哲学专业辩证逻辑方向的硕士研究生 4 人:马钦荣、贺善侃、徐汝庄和唐继无。1980 年 9 月到次年 6 月,他给研究生讲授"逻辑思维的辩证法",彭漪涟、何应灿等也参加听课。每次上完课,研究生就通过反复听磁带录音,整理讲课记录,后经彭漪涟通读、冯契亲自审定,《逻辑思维的辩证法》讲课记录稿油印成册,作为研究生教材在校内使用。

三、学术组织的创建与学术研究的开展

在这一时期,全国高校的逻辑学科尚处于如何从"文革"的灾难中恢复起来并逐步发展的阶段。1979 年 8 月,中国逻辑学会成立。为进一步推动上海地区的逻辑学科建设,冯契会同傅季重、徐孝通发起筹建上海逻辑研究会。1979 年 11 月,上海逻辑研究会正式成立,冯契任会长,彭漪涟任副秘书长。1980 年 9 月,中国辩证逻辑研究会成立,冯契被聘为顾问,彭漪涟当选副秘书长。同年 12 月,全国中国逻辑史研究会成立,冯契被聘为顾问。1983 年 10 月,彭漪涟当选中国逻辑学会第二届理事会理事,冯契被聘为顾问。

除了参与逻辑学的各级各类学术组织的创建和学术活动,彭漪涟、何应灿以及其他同仁积极投身学术研究。彭漪涟发表论文强调要重视和加强青少年逻辑思维能力的培养,研究了形式逻辑基本规律的客观性及其表述问题,讨论了对立统一规律在辩证逻辑科学体系中的地位与作用;何应灿则在论文中呼吁中国逻辑思想史要加强对古代辩证逻辑的研究,初步考察了《墨经》中的故、理、类诸范畴,以及陈亮、叶适的逻辑思想。此外,王天厚、彭漪涟等翻译并出版了苏联逻辑学家柯普宁的《辩证法·逻辑·科学》(1981 年);何应灿参加了胡适《先秦名学史》的译注工作,负责有关荀子逻辑的部分,中译本在 1983 年底正式出版。这些来自形式逻辑、辩证逻辑、中国逻辑史等分支学科的各类研究成果公开发表或出版后,在不同程度上引起了逻辑学界同行专家的关注,对国内逻辑教学与研究产生了积极的影响。

教学与研究的全面发展:1984—1997 年

经过 20 世纪 80 年代的恢复和发展,我校逻辑学科进入了一个教学与研究全面发

展的新阶段。到90年代前期,初步建设成为了学科门类齐全,各方向课程教师齐备,在全国具有重要影响力的逻辑教学与研究基地。

一、队伍建设取得新进展

1986年,哲学系从政教系中分出来独立建系,逻辑学教研室获得了更大的发展空间,队伍建设在本阶段取得了新的进展。这主要表现在教师队伍年龄结构较为合理,老(何应灿、彭漪涟、王天厚、王尚武)、中(袁宝璋、邵春林、马钦荣、冯棉)、青(阮松、徐东来)三代结合;学科门类较为齐全,形式逻辑、数理逻辑、语言逻辑、辩证逻辑、非形式逻辑、逻辑哲学、西方逻辑史、中国逻辑史、因明学等方向均配备有相应的教师,承担相关的教学和科研工作。

左起:何应灿 张天飞 彭漪涟

二、教材建设与课程改革进入新阶段

截至1994年,教研室集体编写的《形式逻辑》已累计发行50多万册。为了适应和满足当时高校逻辑教学的新需要,根据国家教委社科司编的《普通逻辑教学大纲》以及自身的教改经验,对该教材进行了一次较为全面的增补和修订,在1996年出版了第三版。如果说《形式逻辑》主要被广泛用于校内外非哲学专业的逻辑教学和高等教育自学考试,那么从80年代后期开始,教研室就把精力主要放在了如何深化哲学专业本科生逻辑导论课程的教材编写和教学改革上。1988年,由何应灿、彭漪涟主编的《逻辑学引论》出版。这部教材力图建立一个包括传统逻辑基本内容,又符合现代逻辑发展趋势的新的导论性质逻辑教学体系,出版后受到了国内逻辑学界的高度重视和充分肯定,被认为进一步推动了国内导论性质逻辑教学的现代化,是80年代一本较好的逻辑学教材。在这些成果的基础上,由彭漪涟等人完成的"逻辑学教材与课程改革"教改项目于1989年、1998年两次荣获上海市优秀教学成果优秀奖。

此时,我校逻辑学教研室在上海地区被公认为处于领先地位,在全国高校的逻辑教学中也产生了积极的影响。

三、研究生培养的独立招生

1983 年开始招收第一届逻辑学专业硕士研究生,我校的逻辑学学科进入了独立招生的新阶段。截至 1990 年代中期,除了培养出 20 余位逻辑学硕士研究生,逻辑学教研室为了适应高校教师职称晋升的新要求,还举办了多期助教进修班。此外,经过学校向国家教委申请,在逻辑学尚未获得博士学位授予权的情况下,特批彭漪涟可以招收逻辑学专业的国内访问学者。在这些研究生和访问学者中,许多人后来成为各自所在高校或科研单位教学科研的骨干力量,这从一个侧面反映了我校在当代中国逻辑教学与研究人才培养方面所作出的积极贡献。

四、学术研究多学科全面推进

在逻辑学科进入快速发展的新阶段,学术研究也在逻辑学的多个分支学科得到全面推进。以彭漪涟、何应灿为代表的第二代学术骨干发表了一批为国内逻辑学界所瞩目的研究成果,年轻一代的教师初出茅庐,以后起之秀的态势引起同行的关注。

1. 辩证逻辑

彭漪涟在 80 年代中期为自己拟定辩证逻辑系列书稿的写作计划。截至退休前,他先后出版了《辩证逻辑述要》(1986 年)、《概念论——辩证逻辑的概念理论》(主编,1991 年)、《逻辑规律论——马克思主义哲学关于逻辑思维规律的理论》(1994 年)和《事实论》(1996 年)等著作,以专题形式对辩证逻辑的若干基本问题展开了深入研究,初步提出了一个完整的辩证逻辑的理论体系。这些著作出版后,迅速引起了逻辑学界同行的关注,多篇公开发表的书评均予以充分肯定。进入 21 世纪后,在梳理当代中国辩证逻辑研究的历史发展时,有学者认为,在新时期我国学界以范畴理论作为主要与核心进路所获得的成果中,冯契的《逻辑思维的辩证法》堪称首要代表,彭漪涟的一系列著作也是在这一进路上所获得的重要成果。

2. 中国逻辑史

何应灿的主要研究领域是中国逻辑史。他先后参与了国家社科基金“六五”重点项目多卷本《中国逻辑史》(1989 年)的编写工作以及配套的《中国逻辑史资料选》(1985—1991 年)的编选工作,撰写了孟子论“辩”、荀子的正名逻辑、韩非的矛盾之说及其刑名法术的逻辑等章节,编选和译注了有关荀子、顾炎武等人逻辑思想的资料。上述两部著作代表了国内中国逻辑史研究在 20 世纪 80 年代所达到的水平,对中国逻辑史的研究产生了积极的推动作用。

1985 年,何应灿会同其他高校和社科院学者发起编写一本《中国逻辑史》教材,后被列为国家教委“七五”规划教材,于 1988 年出版。全书 12 章,何应灿撰写了其中 3

章,内容涉及儒家正名逻辑思想的提出与正名逻辑学说的形成与发展,以及宋代理学盛行时期的逻辑思想。1992 年,该教材荣获国家教委第二届高等学校优秀教材二等奖。

1991 年,彭漪涟出版了《中国近代逻辑思想史论》,这本书被认为是"我国第一本专门探讨近代逻辑思想发展历史的学术专著"。

五、在上海和全国逻辑学界的影响力进一步增强

由于在教材建设、课程改革以及科学研究上取得了良好的成绩,我校逻辑学科在上海和全国逻辑学界的影响力进一步增强。1986 年起,彭漪涟当选中国逻辑学会常务理事,1992 年和 1996 年,他连续两届当选中国逻辑学会副会长;1991 年,他在上海逻辑学会的换届选举中当选为会长,并在 1993、1997 年连任。何应灿在 1988、1992 年连续两次当选中国逻辑学会中国逻辑史研究会副会长。

80 年代初,冯契受命主编《哲学大辞典》,彭漪涟被指定为逻辑学分卷的副主编,协助主编傅季重组织协调有关单位的专家、学者开展编写工作。在《哲学大辞典·逻辑学卷》于 1988 年编订并正式出版后,他又投入《辞海》逻辑学分科的词条选定、增订和释义等编写工作,开始了长达 20 余年参与《辞海》修订的工作。

80 年代中期,全国普通高校自学考试的领导机构把逻辑学考试命题的工作交给上海自学考试办公室负责,彭漪涟受聘该学科命题小组组长。在近十年的时间里,他与命题小组成员团结协作,勇于探索,为每年举办的自学考试编写逻辑学试题,并按照经典教育测量理论和项目反应理论相结合的要求,建设逻辑学科自学考试的试题库。

通过开展学术交流、牵头组织或参与集体科研,我校几代逻辑工作者与国内同行彼此支持,密切配合,公交私谊均笃,为推动上海乃至全国逻辑工作者的团结协作,尽了自己的一份力量,赢得了逻辑学界的尊重。

退休之后的笔耕不辍:1998—2010 年

1996、1997 年,何应灿、彭漪涟相继办理了退休手续,学科建设与人才培养的重任传到了年轻一代的肩上。就他们个人而言,从紧张的教学和繁忙的行政工作中解脱出来,他们的学术生命绽放出更加璀璨夺目的光芒。

1997 年,《中国逻辑史教程》(修订版)作为普通高校"九五"国家级重点教材立项,何应灿参与修订,在全书 11 章中撰写了其中两章,即儒家的逻辑思想——"正名"的提出与演化、宋代理学盛行时期的逻辑思想——理学研究与阐释中的"正名"与"推类"。

2001 年,该书由南开大学出版社出版,2012 年重印。

彭漪涟退休后,除继续带逻辑学专业的硕士生至 2002 年,还给系里的本科生讲授形式逻辑和辩证逻辑。1999 年,他主编的《逻辑学基础教程》出版,并在 2009 年进行了修订。这本较为适合高校各专业逻辑教学的通用教材,使导论性质逻辑教材的建设配套更为完整。2000 年,他将《辩证逻辑述要》稍加修订后更名为《辩证逻辑基本原理》再版发行,成为我校哲学系辩证逻辑课程使用的基本教材。同年,由他主编的上海市"九五"重点规划教材《逻辑学导论》出版。这本教材着眼于逻辑科学的现代发展,把传统逻辑与现代逻辑的基础内容加以有机结合,同时强调培养与提高学生逻辑思维的素质与能力,被同行认为是"一部面向 21 世纪、内容丰富系统、很有特色的逻辑学教材,是在普通逻辑现代化进程中取得的一项新成果"。2003 年,该教材获上海市优秀教材三等奖。在累计发行近百万册之后,华东师范大学出版社提议对《形式逻辑》(第三版)进行修订,修订版由彭漪涟独立完成并于 2009 年正式出版;2011 年,《形式逻辑》(第四版)荣获上海市普通高校优秀教材一等奖。在通俗读物的编写方面,他在 2001 年出版了《古诗词逻辑趣谈》,后又经修订改名为《古诗词中的逻辑》并在 2005 年再版。2010 年,他又与他人合作编写并出版了《写给中学生的逻辑学》,一了他多年的夙愿。

在学术研究方面,彭漪涟集中于对冯契的哲学思想与逻辑理论的探索与介绍。1999 年,《冯契辩证逻辑思想研究》出版。该书对冯契所建构的辩证逻辑科学体系和主要内容进行了系统分析和梳理,对其在马克思主义辩证逻辑领域所作出的贡献和成就进行了判定和确认,并结合当时国内外辩证逻辑研究的现状及其所达到的水平进行了对比分析。这是冯契于 1995 年逝世后出版的第一本研究其哲学思想的著作。同年,彭漪涟还出版了《逻辑范畴论——马克思主义哲学关于逻辑范畴的理论》,对冯契所建构的以"类"、"故"、"理"范畴为骨架的逻辑范畴体系的思想和论述进行了引申和展开,集中反映了彭漪涟关于逻辑范畴理论的新探索和新成果。此外,他还陆续发表了《论概念的理想形态》(1997 年)、《论辩证逻辑同哲学与科学的历史关系——冯契辩证逻辑思想探索》(1999 年)、《对智慧探索历程的逻辑概括——论冯契建构的逻辑范畴体系》(1999 年)、《论"原始的基本关系"——冯契关于辩证逻辑起点的一个重要思想》(2002 年)等论文,从不同方面初步分析和揭示了冯契在辩证逻辑科学领域中所提出的原创性思想和观点。2013 年,根据冯契生前在《〈智慧说三篇〉导论》中提出的《逻辑思维的辩证法》一书的主旨以及该书初版发排所依据的针对讲课记录稿拟就的调整、增删计划,彭漪涟又对《逻辑思维的辩证法》进行了修订,以期实现冯契赋予该书的"化理论为方法,说明认识的辩证法是如何通过逻辑思维的范畴,转化为方法论的原理"的写作目标。此后,他又对冯契有关为人为学思想进行学习和研究,先后出版了

《化理论为方法，化理论为德性——对冯契一个哲学命题的思索与探索》(2008年)和《心灵的自由思考》(2010年)。2006年，他从历年发表的100余篇论文中选取了58篇结集为《逻辑探索留踪——彭漪涟逻辑论文选集》公开出版。

2001年，上海辞书出版社提议由彭漪涟主持编写《逻辑学大辞典》，他虽自感承担这样的任务力有不逮，但也感到这是一种义不容辞的责任。2004年，由他和马钦荣共同主编的《逻辑学大辞典》正式出版，并于2010年出版了修订版。该辞典以《哲学大辞典》由上海、北京等近十个省市的近百名逻辑学专家学者编纂而成，共收词6000余条，约250万字，是国内目前规模最大、收词最多、内容最丰富的逻辑学专科辞典。

＊本文作者：晋荣东，华东师范大学哲学系教授。

伦理学学科的创建和发展

朱贻庭

1979 年,我国著名马克思主义伦理学家周原冰教授出任华东师范大学副校长,在他的倡导和促进下,我校开始创立伦理学学科。最初由政教系哲学专业包连宗、刘美一、王传贵 3 位教师组成伦理学教学小组,不久即成立了伦理学教研室,周原冰兼任教研室主任。开始以周原冰为导师招收了盛宗范、严缘华以及稍后的黄伟合 3 位硕士研究生。后又从历史系调来朱贻庭,主要担任中国伦理思想史的教学,还特请教育系胡守棻教授为硕士研究生导师并讲授"德育原理"课程,又邀请赵修义承担研究生的"西方现代伦理思想"课教学。盛宗范、黄伟合毕业后留校任教,伦理学教研室的教学力量已初具规模。20 世纪八九十年代,在周原冰带领下,经教研室同仁的共同努力,在教学和科研、学术活动和学科普及等方面都作出了许多成绩,迅速提升了我校伦理学学科在全国的地位和声誉,时有"北有人大,南有师大"之说。

一

1979 年至 1991 年,是我校伦理学学科初创时期和教学队伍形成时期,也是我校伦理学学科活动的活跃时期。

这一时期的首要任务,是开展教学急需的教材建设。80 年代,伦理学学科刚刚起步,没有给大学生讲课的适合教材,只能自己编写。包连宗、朱贻庭主编《伦理学概论》(1984 年)、周原冰著《共产主义道德通论》(1989 年)、朱贻庭主编《中国传统伦理思想史》(1989 年)、黄伟合著《西方传统伦理思想史》(1990 年)相继出版。其中,《共产主义道德通论》是周原冰在病中写成的集他 30 年思想精华之力作,是我国马克思主义伦理学研究的一项重要成果。由张岱年为顾问、经 7 年努力而撰成的《中国传统伦理思想史》,自出版至今已有 4 个版本并重印了 9 次,被许多高校的伦理学教学采用为教材或教学用书。此书选入教育部"十一五"全国普通高校国家级规划教材,荣获教育部"十一五"全国普通高校国家级规划教材 1991 年精品教材和 2011 年上海市普通高校优秀教材一等奖,在学界产生了广泛的影响。教研室还编写出版了一系列专著和伦理学的普及读物。如,周原冰《道德问题丛论》(1983 年,1989 年又出版该书的增订本),包连宗与他人合著的《教师职业道德修养》(1985 年)、《道德科学知识讲话》(1984 年)、《职业道德普及知识读本》、《伦理学问答》(1986 年)、《科技伦理学基础》(主编,1989 年),盛宗范撰写了《社会主义职业道德》(1987 年),还翻译出版了《伦理学教学方法》一书。

周原冰

　　大力推进学科建设,培养硕士研究生,主办伦理学助教进修班。在周原冰指导下,包连宗首先为本科学生开设了"伦理学原理"课程,他的教学贴近现实,联系学生思想实际,通俗易懂,特别注重提高学生的道德自觉和伦理思考的能力。在教材内容外又增加了"人为什么需要道德"、"道德与成才的关系"、"道德修养重在自觉"、"认识自己,战胜自己"以及"人生与选择"等内容,得到了同学们的欢迎。教研室同仁在教学工作中,都兢兢业业,努力做好本职工作。青年教师盛宗范教学成绩突出,深得学生称赞,1990 年荣获由国家教委颁发的"全国优秀教师"光荣称号。

　　1979—1991 年,周原冰先后招收了 6 届硕士研究生,为高等学校的伦理学教学和思想政治教育培养了一批教学骨干。教研室还集中力量举办了两届伦理学助教进修班,学员来自上海、河北、河南、四川、福建、江苏等地各高校的年轻教师近 80 人,他们都是改革开放后成长起来的年轻一代伦理学学者,其中许多学员后来都成为伦理学教学、科研的骨干。

　　关注现实,学术研究成果显著。针对社会上和学界讨论的一些重大思想理论问题,周原冰发表了《人之所以为人》、《人性与道德》、《马克思主义道德科学与社会主义思想建设》、《评"向钱看"口号》等一系列参与争论和评论的论文。朱贻庭和赵修义合作撰写《论韩非的非道德主义思想》在《中国社会科学》1982 年第 4 期发表。1990 年,根据当时社会上的思想道德状况,朱贻庭提出"当代中国道德价值导向"这一概念,并在《学术月刊》(1990 年第 6 期)发表《当代中国的义利之辨与社会的道德价值导向》一文,随后又在《道德与文明》发表《再论道德价值导向》,文中认为"社会主义集体主义依然是当代中国的道德价值导向",并提出了"一元价值导向与多元价值取向相统一"的观点。其中《当代中国的义利之辨与社会的道德价值导向》在《新华文摘》(1991 年第 2 期)全文转载,在学界引起很大反响。正是在关注现实问题以及现有研究成果的基础上,1988 年和 1991 年我校主办了有关两次伦理学热点的大型全国学术研讨会。

改革开放发展商品经济,激发了人们的致富欲,以"一切向钱看"为极端的世俗功利主义思潮凸现。如何看待"功利主义"成了伦理学界关注的一个热点。1988年,教研室决定举办题为"功利主义反思"的全国学术研讨会。与会学者达60人之多,著名哲学家冯契就"功利主义"问题做了学术报告。会后,《文汇报》发了专题报道并开辟专栏刊发争论文章,讨论继续了几个月之久,在社会上和学界产生了很大的反响。

1991年,鉴于朱贻庭的《当代中国的义利之辨与社会的道德价值导向》一文在学界引起关注,教研室决定举行题为"改革开放与社会道德价值导向"的全国学术研讨会。会议规模达80人之多,冯契在会上又做了学术报告,肯定了"道德价值导向"这一概念和用语。《人民日报》报道了相关会议内容。这次会议后,"道德价值导向"和"一元价值导向与多元价值取向"的概念为学界所通用。朱贻庭还以"当代中国道德价值导向"为题申报国家社科基金项目并获得批准,其研究成果《当代中国道德价值导向》于1994年由华东师范大学出版社出版。

教研室积极参与全国学界的学术活动和伦理学的普及工作,服务社会主义精神文明建设。1979年,周原冰与李奇、周辅成、罗国杰一起共同倡议成立中国伦理学会,并于1980年在无锡会议上促成了中国伦理学会的成立,周原冰任副会长。此前,上海成立了伦理学研究会,周原冰出任会长,包连宗为学会秘书长。在周原冰的推动下,伦理学教研室在搞好教学工作的同时,积极参与了上海伦理学研究会的活动,做了大量的学科普及工作:为上海人民广播电台、解放日报撰写介绍伦理学原理的广播稿和文章;举办道德科学知识讲座,编写了《道德科学知识讲话》和《道德科学知识》等普及读本,由上海人民出版社出版。1983—1985年期间,包连宗还到南市区、长宁区、普陀区文化馆、市委宣传部举办的干部学习班以及上海外贸学院、上海第一医科大学等20多个单位宣讲伦理学知识和教师道德修养,还编写了《教师职业道德》一书,取得较好的社会效果。包连宗、朱贻庭、盛宗范等还深入企业参与开展职业道德建设的宣传教育,举办"职业道德"学习班,宣讲职业道德,为精神文明建设作贡献。

二

1992年至2001年,是我校伦理学学科持续发展的又一个十年。90年代初,学科队伍发生了急剧变动,两位年轻的骨干教师一位赴美留学,另一位英年去世,学科带头人周原冰重病不起,于1995年9月逝世。接着包连宗教授退休,这给我校伦理学学科的发展造成了严重困难。此时,教研室只剩下朱贻庭、赵修义(兼)和一位青年讲师。后来,虽有新人加盟,但力量已不如从前。在这样的情况下,几次努力都未能实现设立博士点的"梦"。即便这样,在时任教研室主任朱贻庭主持下,教研室同仁努力工作,在教学和科研上还是作出了许多成绩。

　　带领每一届研究生下企业进行有关企业伦理的社会调查研究,开辟"企业伦理学"新学科的研究和教学。1990 年夏,朱贻庭和中国哲学教研室施炎平一起向上海市改革办申报了题为"企业改革与企业伦理"的研究课题,批准立项后,去上海精密仪器仪表厂进行调查研究,开创了伦理学研究生教学与社会调查研究相结合的教学方式。随后又到上海电表厂、上海金星电视机厂等单位进行教学实践。在教师的指导下,由研究生写出的有关企业伦理关系状况的调查研究报告,配合了企业改革实践。师生们多次出席了有企业领导参加的调查研究总结会。朱贻庭撰写的经验总结《校企结合开拓伦理学为经济建设服务的路子》一文,在《中国高校教育》1993 年第 10 期发表。沿着这一路子,朱贻庭率队又到宝钢做"宝钢企业伦理"的调查研究,并以此为基础,申报获准国家教委两项社科基金项目:"企业伦理研究"和"儒商伦理研究"。在企业伦理调查研究的推动下,在研究生教学和硕士研究生课程班上开设了"企业伦理学"课程。20世纪 90 年代后期,教研室还做了 3 次大型的调查研究。一是应上海汽车集团公司要求,带领研究生做了"上汽女性人才的培养和使用"调查研究;二是参与了上海市妇联的"家庭道德建设"的调查研究,总结提出"上海家庭美德十要",并在上海电台做了宣传节目;三是受上海浦发银行委托,带领研究生参与了上海浦发银行企业文化建设规划制定,帮助该银行提炼的"笃守诚信,创造卓越"八个字,至今仍是上海浦发银行所坚持的企业理念。这 10 年中深入企业做调查研究的教学实践,为学科建设积累了可贵的经验。

左 4 朱贻庭

研究市场经济条件下的伦理道德问题取得了丰硕成果。自 80 年代开始，伦理学教研室就十分重视对社会现实问题的关注，坚持理论与实际的结合。1994 年《中共中央关于建立社会主义市场经济体制若干问题的决定》发表后，随着社会主义市场经济改革的快速发展，一些重大的现实问题，如建设社会主义市场经济的合理性、市场经济与道德建设的关系等，迫切需要理论界给予阐释。教研室老师发表了多篇关于市场经济与道德建设的"经济伦理学"的论文。这里需要特别一提的是，应邀参与伦理学教研室教研活动的赵修义教授，他撰写的《社会主义市场经济的伦理辩护》一文，入选中宣部 1994 年度"五个一工程"（第四届）优秀论文奖，在学界产生了重要影响。

朱贻庭（前排左 2）等与研究生合影

"中国伦理思想史"研究是我校伦理学教研室在全国学界具有突出影响的一个领域。1989 年，由朱贻庭主编的《中国传统伦理思想史》出版，在全国高校伦理学教学中持续发挥其作用。1993 年，朱贻庭应邀参加由著名伦理学家罗国杰任总主编的《中国传统道德》（丛书）的编委会，并任《名言卷》第一主编，丛书于 1995 年 11 月由中国人民大学出版社出版。朱贻庭还主持完成了国家社科基金项目"中国传统伦理思想的现代价值研究"。其间发表了一系列的论文，其中《中国传统伦理现代价值研究方法论》一文在《光明日报》（1998 年 11 月 13 日）发表。该文提出的伦理文化演进的"源原之辨"和"古今通理"的概念和理论，在理论和方法论上对传统文化和传统理论的现代价值研究具有一定的理论指导意义。

参与编纂《中国大百科全书》中《哲学卷·伦理学》和《伦理学大辞典》。80 年代初，朱贻庭、包连宗参加了《中国大百科全书》中《哲学卷·伦理学》卷词条的撰稿。80 年代末，上海辞书出版社委托周原冰主持编纂《伦理学大辞典》，后因故中止。时隔十年,重新启动《伦理学大辞典》的编纂工作,由朱贻庭任主编、崔宜明任副主编,教研室的所有教师都参加了这一重大工程,并得到了上海和全国许多高校伦理学学者的支持和参与,经过3年的努力,于2002年10月由上海辞书出版社正式出版发行,共收词4 548条,总字数约250万。该辞书荣获第五届国家图书奖提名奖、第六届国家辞书奖一等奖。以《伦理学大辞典》为基础,朱贻庭主编出版《伦理学小辞典》、《应用伦理学辞典》,还参与了2009年版《辞海》伦理学词条的编撰,任哲学·伦理学分科主编,为辞书事业作出了贡献。

三

回顾自20世纪80年代和90年代的两个10年,在教研室同仁的共同努力下,我校伦理学学科的创建和发展走出了一条具有自己特色的路子。

1. 坚持马克思主义伦理学的基本原理和学科本质,理论与实际结合,带着问题意识做理论研究,坚持伦理学研究为社会主义道德建设服务,这是伦理学学科发展的生命线。

2. 努力探索一条伦理学教学与社会调查研究相结合的路子。这一路子符合马克思主义伦理学作为一种实践科学的本质特征。当然,要坚持这一教学的路子,困难很大。

3. 深入研究中国传统伦理思想,反思和总结中国优秀传统伦理文化,为社会主义道德建设提供深厚的文化资源和精神滋养。在中国语境下建构马克思主义伦理学,是我校伦理学研究的学科特长,应充分重视和发扬,使这一特长长期保持下去。

＊本文作者:朱贻庭,华东师范大学哲学系教授。

自然科学史学科建设

王顺义

　　自然科学史是横跨自然科学与社会科学的一门综合性学科。我校自然科学史学科建设,始于 20 世纪 50 年代。由于自然科学史综合研究,涉及面广,难度大,不仅要研究各门自然科学本身发展的历史踪迹,而且还必须考察不同历史阶段影响科学发展的社会、政治、经济、文化因素,没有广阔的知识背景是难以进行的。1980 年,我校较早恢复了自然辩证法研究室的建制与活动,不久又扩建为自然辩证法暨自然科学史研究所,自然辩证法和自然科学史就成为研究所的一体两翼,两者身影相随,并行发展。

前排左起：罗祖德　朱新轩　徐天芬　袁运开　程其襄　张瑞琨　陈瀛震　盛根玉
后排左起：姚金兰　王顺义　徐毅毅　某学生　陈铁伟　王文娟　徐长乐

一、开展科学史综合及分科研究

1. 自然科学史综合研究

　　早在 20 世纪 70 年代,我们在科学史综合研究方面,首先是从古代科学技术名著

《梦溪笔谈》评注开始的。选取该书在数、理、化、天、地、生、医、药、建筑、音乐中具有重要历史价值的论述加以注释,并结合中西古今相应科学技术成果进行了比较研究,作出评价,揭示宋代这一名著在中国科学技术上达到的历史高度及在世界科学技术史上的重要地位。

80 年代以后,由张瑞琨为主编,汇集全所主要力量编撰《近代自然科学史概论》,撰稿人有徐天芬、陈瀛震、朱新轩、盛根玉、陈克艰、王顺义、张沁源、徐毅毅等,全书分上、中、下三册,共 90 余万字,分别于 1986 年、1988 年、1989 年由华东师范大学出版社出版。

该书以自然科学(包括数学)的主要成就为主线,严格按时间先后的顺序,介绍了文艺复兴至 20 世纪中叶自然科学发展的历史,对西方近代科学史上的重大事件作了比较详细的论述,并穿插介绍和分析了中国不同时期的科学成就。该书与一般的科学史论著不同之处是,在介绍科学历史事实时,还注意科学思想和概念发展的渊源关系,叙述各学科之间的相互渗透和相互影响,分析科学发展与社会、经济、哲学思想之间的关系,论及一些著名科学家的思想方法,评述不同学派之间的争论对自然科学发展的影响,等等。该书史论结合,材料丰富、结构新颖。出版后获全国科技史优秀图书二等奖,并被全国众多高校作为自然科学史课程的教学参考用书。

由袁运开、周瀚光主编的《中国科学思想史》,是又一部大型科学技术史专著。这一著作论述了从先秦到明清时期中国科学思想发展的历史,并将自然科学的发展与社会背景、自然观、科学观、方法论、各学科分支与代表性科学家的学术思想和研究方法一一列入。资料详实,论述全面系统,是中国第一部论述中国科学思想史的力作。英国著名中国科技史家李约瑟在当初看了该书的详细编写提纲时就认为,该书"是我们这个时代的最令人兴奋的进展之一"。该书曾列入安徽省重点书目,为三卷本论著,共 149 万字,于 2000 年由安徽教育出版社出版,曾获第十届中国优秀科技图书三等奖、第十三届中国图书奖、上海市第六届哲学社会科学优秀成果著作类二等奖。

2. 自然科学分科史研究

我校自然辩证法暨自然科学史研究所在全国高校中具有明显的优势,数、理、化、天、地、生各类专门人才齐备,学有专长,具有发挥其才干的良好条件和基础。通过多年的努力,在自然科学史分科史研究领域取得了一系列成果。

物理学史 早在 20 世纪 50 年代中期物理系教授蔡宾牟曾多次为物理系学生开设物理学史选修课,并编写了讲义。他还翻译了《俄国物理学史纲》,并编撰了《库德梁夫采夫·罗蒙诺索夫传略》《伽利略传》等物理学史著作,分别由中国科学图书仪器公司、科学出版社出版。他生前翻译的 W·F·马吉的名著《物理学史原著》,由商务印书馆于 1986 年出版。

袁运开从 20 世纪 70 年代起,在从事理论物理学教学和研究的同时,也开展对中国古代物理学史的研究。他对春秋战国时期的墨家著作《墨经》《考工记》,东汉时期王充的《论衡》,北宋沈括的《梦溪笔谈》,明代宋应星的《天工开物》均有所研究。1977年袁运开组建研究团队,在上述学术研究基础上,历时两年开展了对中国古代物理学史较为系统的研究,参加的教师有蔡宾牟、张瑞琨、朱敏文、钱振华和缪克成等。在广泛收集资料,认真进行分析探讨之后,按新的体系分工执笔,形成《物理学史——中国古代部分》的专著(蔡宾牟、袁运开主编,高等教育出版社 1985 年版)。该书是对中国已有的古代物理学发展史研究成果进行了比较系统的总结,首次对中国古代哲学思想与物理学发展的关系,中国古代物理学发展的特点及其形成这些特点的原因作了较为全面的考察,该书曾获上海市首届哲学社会科学优秀成果奖,在我国高等院校物理学史教学中有较大的影响。

之后,袁运开又发表了题为《从中国古代物理学看传统思想对科学技术的影响》、《关于自然科学史方法论的若干探讨》等论文,提出物理学的一些分支学科在中国古代的成就受"元气说"与"原子说"两种理论的影响,并对其作了具体阐发,指出这两种理论既具积极的理论智慧,也包含着一些局限性。

张瑞琨主编的《物理学的进展和前沿》一书,由上海教育出版社于 1996 年出版。他还发表了《物质是可分的》、《Planck 的内插方法和能量量子化》、《对应原理的形成及 N. Bohr 对它的几种互异表述》、《德布洛意波动概念的推出》等 6 篇论文,系统剖析了 20 世纪以来物理学上的进展和重大发现。张瑞琨 1981 年赴罗马尼亚布加勒斯特参加了"第十六届国际科学史会议",在会上宣读了论文《宋应星的〈论气〉及其在声学上的成就》。

化学史　盛根玉和李家玉翻译的英国化学家、物理学家约翰·道尔顿的巨著《化学哲学新体系》,是近代化学史上的一部经典学术专著,此书后来由北京大学出版社出版。此外,盛根玉还发表了《近代化学之父》(《自然杂志》1983 年第 11 期)、《拉瓦锡的化学革命》(《化学教学》2011 年第 3 期)等论文。

天文学史　徐天芬系统地回顾了古代天文学的传统和近代两次天文学革命,以史论结合为原则,以近现代两次天文学革命为突破口,讨论天文学史上两个重大的发展阶段,即天文学上的两次革命,强调这两次天文学革命既是科学宇宙学的革命,也是哲学宇宙观的革命,是哲学宇宙观指导科学宇宙学和科学宇宙学向哲学宇宙观提出问题的过程。此外,她还发表了《西方古代天文学发展中的几个问题》、《哲学宇宙观与科学宇宙学》、《清代历算家梅文鼎》等论文。通过长年的积累,她编撰的《科学认识史论》一书于 1995 年由国家社科资金资助出版。

地学史　　地学史涉及面广。由陆心贤、罗祖德、史家梁编著的《地学史话》作为《中国科学技术史丛书》之一,由上海科学技术出版社于 1979 年出版。罗祖德与朱新轩合作的论著有《今日之地学》(《自然辩证法学习通讯》,1980 年)、《当代科学之门》(学林出版社,1982 年)、《科林小史》(学林出版社,1985 年)等。朱新轩撰写和发表了《关于地壳结构的一种新理论——板块构造学说》、《中国大地构造理论的历史演变和发展主要趋向》、《中国海洋科学研究简史》等论文。朱新轩还著有《众说纷纭论地球》(科学技术文献出版社,2003 年)。该书系统回顾了人们对地球认识的历史,并对随着科学技术的进步人类在认识地球进程中的重要成果和理论上的重大飞跃进行了分析,记述详实,史论结合,可读性强。

生物学史　　陈瀛震原在生物系从事教学和研究,功底深厚,早年著有《细胞》一书。来所工作以后,在有关论著中对近代生理学革命、林耐物种分类学说、细胞学说、经典遗传学、早期生物进化论、分子生物学、生命起源理论等进行了系统深入的阐释,培养了多名从事生物学史研究的研究生。

3. 开展对科学家的研究

科学家,特别是著名科学家在科学发展的进程中发挥着至关重要的作用。上海辞书出版社组织编纂《科学家大辞典》,袁运开、徐天芬和张奠宙分别担任物理学家、地理地质学家和数学家部分的主编,研究所不少教师参加了相关篇目的编写,该大辞典于 2000 年出版。

《科技英才录》是袁运开组织校内外老师和少量研究生历时两年编著的 4 卷本丛书,收录对象包括古今中外在数学、物理、化学、天文、地学、生物各学科领域的著名科学家和发明家。该书由上海科技教育出版社出版(1998—1999 年)后,受到学界的好评,被认为是有利于我国青少年健康成长和成才的好读物,并获上海市第八届中小学优秀图书一等奖。

二、设立学位点为国家培养综合性人才

自 1985 年起,经批准我校新增物理学史、生物学史、地学史三个硕士学位授予点。从此自然辩证法暨自然科学史研究所开始招收和培养自然辩证法和物理学史、生物学史、地学史多研究方向的研究生。自然辩证法和自然科学史两类专业的研究生因研究方向各有侧重,开设的课程有分有合,计有:《中国古代物理学史》,由袁运开任教;《物理学史和方法论》,由张瑞琨任教,后由张沁源、徐毅毅接任;《天文学史和方法论》,由徐天芬任教,后由张沁源接任;《化学史和方法论》,由盛根玉任教;《地质学史和方法》,

由朱新轩任教;《生物学史和方法论》,由陈瀛震任教,后由陈蓉霞接任;《数学史和方法论》,由陈克艰、王顺义任教。

以上课程主要目的是拓展研究生的知识面。但对不同专业的研究生要求不完全一样。作为各专业学科史类的研究生除由导师指定必读专业书外,还必须到相关系选修一门专业课。多年实践证明,这样培养研究生,对开阔研究生的视野,同时又强化研究生的专业修养大有好处,使其今后更能适应高校、研究机构、机关、新闻、出版,乃至管理各种工作的需要,为研究生就业开辟了广阔的门路。

科学史类课程,除了为研究生开设以外,同时在校内部分系也为本科生开设。袁运开为物理系本科生开设"物理学史",盛根玉为化学系本科生开设"化学史和方法论",陈蓉霞为历史系本科生开设"科学史通论"。这类课程的开设,受到相关系科的欢迎,使相关专业的本科生加深对所学专业课的理解和对学科发展历史的了解,在一定程度上弥补了专业课程的不足。

前排左起:王耀发 罗祖德 张瑞琨　左5起:程其襄 袁运开 潘道恺 陈瀛震 徐天芬 朱新轩 盛根玉

三、科技史研究加强服务社会的功能

20世纪80年代,上海科委启动编写《上海科学技术志》项目,有关方面派人与我校联系合作事宜。袁运开校长指派朱新轩负责此项工作。经研究分工,华东师范大学负责自然科学各门学科和医、药篇目的编写,并开始组织我校陈蓉霞(生物学)、刘强

（地学）、同济大学、中国纺织大学、上海中医学院、上海铁道医学院、上海天文台等相关专业人员开始收集资料。通过两年多的时间，首先将收集的资料分科编写为"资料长编"，然后按照《上海科学技术志》编写大纲的要求，开始编写初稿，并按照统一规范通稿、定稿，历时5年，上海地方志编委会组织专家评审通过，于1996年由上海社会科学院出版社出版。该"志书"主编为上海科学技术委员会副主任张鳌，副主编为张世芳（上海市科学学研究所）、朱新轩等。之后，朱新轩又参加了《上海通志》（科技篇）的编写。

同期，朱新轩申请和承担了上海"八五"哲学社会科学重点资助的课题："上海科学技术的历史发展和基本特征"，从此开展对上海科学技术史的全面系统研究，最终成果是编著了《上海科学技术发展简史》（朱新轩、陈敬全，上海社会科学院出版社，1998年）。

2008—2009年上海科学技术协会拟以上海近现代科学技术的重大成就为主题，建立"上海近现代科技发展展示馆"。鉴于我校自然辩证法暨自然科学史研究所在上海科技史方面的深厚功底，此项任务落实到我所，由王顺义、朱新轩、陈敬全承担。大家通过研究筛选确定500余条科技成果，内容从晚清西学东渐、民国时期，直至1995年后上海提出"科教兴市"发展战略。"展示馆"采用电子技术和影像等表现形式，辅以简明扼要的文字说明，形象生动，为人们了解上海科学技术发展的历史脉络打开了一个崭新的窗口。2015年，朱新轩、王顺义、陈敬全编撰的《见证历史，见证奇迹——上海科学技术发展史上百个第一》一书，由上海科学技术出版社出版。此书为上海"转型发展，产业升级"以及"把上海建设为科创中心"提供了精神支撑和可供借鉴的历史经验，同时也为新老上海人从一个侧面了解和重温上海辉煌的历史，提供了一本图文并茂的简明读物。

上海科学技术协会作为一个学术团体，云集了上海各界科技人才，同时也是政府的重要咨询机构，在某种程度上可以说是政府部门的智库。但是，长期以来在上海科学技术协会旗下的众多科技社团中，唯独没有科技史学会。改革开放以后，经上海天文台、复旦大学、同济大学、华东师范大学和出版等单位共同发起成立上海科学技术史学会。通过一段筹建，于1986年1月16日在华东师范大学召开成立大会，出席会议的代表共200多人。会上选举正副理事长和正副秘书长，我校袁运开为副理事长，朱新轩为副秘书长，学会挂靠在华东师范大学。学会由袁运开总管，日常工作由朱新轩主持。第二、三届理事长由袁运开担任。第四届理事长由朱新轩接任。上海科学技术史学会成立后，团结上海科技史界老中青学者，学会工作运转正常有序，学术活动活跃，显示出勃勃生机，被上海科学技术协会评为三星级学会，袁运开、朱新轩两人作出很大贡献。

值得指出的是,上海市委组织部、上海市科委借助上海科学技术学会的力量,进行了若干重大课题的研究,其中不少是依托上海科学技术史学会和我校自然辩证法暨自然科学史研究所雄厚实力完成的,重要的有编写《现代科技与上海》、《上海科学技术发展与学科关联性研究》。

20 世纪 90 年代,上海市委组织部、市人事局和市科协等 5 部门组织编写《现代科技与上海》一书,作为上海广大干部学习科技的辅导读物。该书主编是市科协主席杨福家院士,编撰工作主要是由我校自然辩证法暨自然科学史研究所教师承担的。该书对近年来高新技术发展和上海的高新技术及其产业的现状做了阐述,还对面临 21 世纪科技趋势进行了展望。该书于 1996 年出版后,上海市委组织部等 5 部门组织全市 18 万干部参加该书学习培训,历时一年。通过培训,使上海广大干部加深了对"科学技术是第一生产力"和"尊重知识,尊重人才"的认识。

朱新轩退休后于 2002 年受聘在上海科技发展研究中心工作,其间与王顺义参加了"上海科技原创力发展战略研究"。该课题分为 5 个子课题,朱新轩承担科技原创力理论研究,王顺义承担国外典型案例(美国)研究。此外,朱新轩还参与整个课题的运行和协调。此课题对原创力的界定,基本特征和发展历史作了全面论述,在分析国外原创力的历史演变和某些高新技术发展的路径的同时,还对上海科技原创力状况做了量化分析。在此基础上,由朱新轩编撰出课题总报告。这一课题作为上海科委的重大项目,为上海市政府如何提升原始性创新提供了依据。本项研究获 2004 年上海市政府颁发的决策咨询一等奖,朱新轩为第三获奖人。

2004 年上海科学技术协会依托上海科学技术史学会的力量承担上海市科委下达的"上海科技发展与学科关联性研究"。该课题由时任科协副主席,党组书记曹振全牵头。除"高校学科调查分课题"由上海交通大学承担外,从课题设计到全面调查研究、数字分析均由朱新轩和他的学生朱春奎(复旦大学博士后)在上海市科协调研室的具体协助下完成。该项研究 2007 年获上海科学技术学会一等奖,上海市政府颁发的决策咨询二等奖。

回顾我校科学史学科建设的过程,我们深感如下几条经验值得吸取和铭记:

1. 科学史学科建设与自然辩证法学科建设要有机地结合起来。没有科学史的自然辩证法是空洞的,没有自然辩证法的科学史是盲目的。科学史是自然辩证法学科研究和教学的基础,进而是"科学、技术与社会(STS)"学科研究的基础。

2. 科学史研究与技术史研究要有机地结合起来。科学史和技术史是一体两面,科学史研究偏重于科学原理发现的探索,技术史研究则偏重技术的发明和应用的研究,各有各的功能,两者不可偏废。然而随科学的发展和技术日新月异的进步,科学和技术两者的界线日趋模糊,往往你中有我,我中有你。因此。开展科学技术史研究,如果恣意把两者截然分开,不仅会割断两者的天然联系,而且也失去了与产业的连接,"科学技术是第一生产力"就是一句空话。因此,探索适合我国国情的科技发展方式和路径,为国家制定科技产业发展规划提供咨询,是我国科学技术史研究的一项重大任务。

3. 科技史学科建设与服务于社会要有机地结合起来。科学的发展、技术的进步都与社会、政治的变迁以及经济的发展密切相关。因此,进行"科学、技术与社会(STS)"综合研究是当代国际发展的趋势,同时也是服务社会的良好途径。进行"科学、技术与社会(STS)"综合研究,有助于明晰历史,以史为鉴,吸取古今中外有益的历史经验,发展自我,有助于我国科学技术的发展和经济的振兴,同时还可以发挥其育人功能。因此,改革开放 30 多年来,我所广大教师一直是按照这一理念去工作和实践的,勇敢地走出科技史研究的"象牙之塔",面向社会,服务社会,得到社会的肯定和欢迎。

＊本文作者：王顺义,华东师范大学自然辩证法和自然科学史研究所教授。

自然辩证法学科产生和成长的历程

朱新轩

自然辩证法,又称科学技术哲学,是哲学与科学技术交叉的边缘学科,是马克思主义哲学的重要组成部分。华东师范大学自然辩证法学科建设,迄今已度过了 60 个的春秋,它的创始人是我国著名哲学家冯契先生。

创建人的视野和远见

早在 20 世纪 50 年代,我国自然辩证法这一新的学科领域刚刚起步的时候,冯契就凭借其渊博的知识、开阔的视野、睿智和富有远见的目光关注到自然辩证法在我国学科发展和理论建设方面的作用。1955 年 9 月。在他的倡导和亲自组织下,我校政治教育系创立了自然辩证法研究班,由理科各系抽调青年骨干教师,采取不脱产形式,每周规定四分之三的时间学哲学,四分之一时间回到原系承担教学工作,为期三年。

该研究班按照冯契的设想和计划,其间组织学员系统学习了马克思、恩格斯、列宁、毛泽东有关哲学原著,中外哲学史和逻辑学等著作。冯契亲自为学员授课,讲授有关哲学原著、中国哲学史、逻辑学。

在培养过程中,冯契对学员提出严格要求,上课一定要记笔记。读原著要写读书笔记,并定期交他审阅,阅后还与每个学员面谈。课程结束后要进行考试,试题抽签应答,按等级评分。两年的学习,使参加学习的学员和青年教师比较系统地掌握了马克思主义哲学基本原理和哲学发展的脉络,奠定了自然辩证法的理论基础。可惜这一计划未能按计划完成,1957 年因反右斗争而夭折。但他所播撒研究自然辩证法的种子,却深深植根在华东师范大学这块土地上,为以后的发展奠定了基础。

带头人的执着和坚持

继冯契之后,袁运开教授长期在自然辩证法领域里耕耘,成为我校从事自然辩证法教学和研究的组织者、领导者和学科带头人。

袁运开在冯契创办自然辩证法研究班时就是业务骨干。1960年,学校为了加强马克思主义对教学、科研和各项工作的指导,决定建立以教务长为组长的自然辩证法组,其主要活动是每两周一次组织理科各系负责常务工作的党员系副主任一起学习。学习内容是研究如何结合当前教改实际,以辩证唯物主义来指导工作。每次集中一个专题学习研讨,每个专题均由袁运开负责事先拟定。1962年暑假,学校派遣袁运开到中国人民大学自然辩证法进修班学习,为期一年。返校后他为物理系研究生与青年教师开设了一个学期的自然辩证法课程,这是我校第一次开设的"自然辩证法"课。

"文革"期间,高校教学工作全部停顿。由于自然辩证法学科离政治运动稍远,有的老师尚能参加一些中学自然科学教科书及科普读物的编纂工作。1974年,按当时有关方面的要求,以我校朱新轩为负责人,会同同济大学、上海中医学院等单位,对宋代科技名著《梦溪笔谈》进行选注,历时一年多顺利完成,并于1978年由上海古籍出版社出版。

为了适应自然辩证法教学和研究工作的需要,1980年经校党委研究决定,将自然辩证法组改为自然辩证法研究室。不久又改为自然辩证法暨自然科学史研究室,继而易名研究所,先后任命袁运开、张瑞琨、吴敬华为研究室(所)第一负责人,1982年徐天芬增补为负责人,并主持工作。1986年10月袁运开不再兼任自然辩证法暨自然科学史研究所领导职务,但仍担任研究生导师,参与研究生培养和主持多项研究工作,组织和主编了《自然科学方法研究》(Ⅰ、Ⅱ、Ⅲ)、《中学生丛书》(共10册)、《科技英才录》

1992年建所20周年纪念会

左起:张瑞琨 徐天芬 袁运开 朱新轩

（四卷）、《科学思想与科学方法》等，分别获得全国和上海市多项优秀图书奖。他在我校自然辩证法学科建设中，尽心尽力，坚持不懈，带领教研团队为这一学科的建设和发展作出了重要贡献。

团结协作，集思广益，发挥学科优势

1986 年 10 月起，张瑞琨教授兼任所长，朱新轩任副所长。1991 年起朱新轩任所长。在他们的任期内，为适应科技体制改革的需要，面向实际，服务社会，调整研究方向，率先开展了技术创新和科技政策与科技管理方面的研究。经学校批准，该所启用"华东师范大学科学（技术）与社会研究所"的名称，进一步拓展研究领域，与国际盛行的 STS 接轨，为教学和科学研究增添了新的活力。1998 年自然辩证法暨自然科学史研究所并入哲学系。

为了加强马克思主义对理、工、农、医的指导，自 1977 年起，"自然辩证法"作为公共政治理论课，率先在理、工、农、医高校研究生教育中开设，接着又在理工科本科生高年级中逐步开设。为适应教学的需要，1977 年 11 月，受教育部委托，人民教育出版社主持在我校召开《自然辩证法》教材工作会议，经过讨论，决定该教材分为绪言、自然观、自然科学观、自然科学方法论四个部分，我校承担了"自然观"部分的编写，由张瑞琨、吴敬华、徐天芬、盛根玉、朱新轩、王耀发参加编写。凭着多学科方面的优势和多年的积累，他们吸收了国外科技的新进展和科学思想的新成果，在张瑞琨的率领下较好地完成了所承担的任务，所著《自然辩证法讲义：自然观》一书，1979 年由人民教育出版社出版。此书当时是国内第一本自然辩证法教材，首印 10 万册，至 1989 年连续 12 次加印，发行达 35 万余册。1983 年获中国自然辩证法研究会优秀著作奖。

之后，全所教师又编撰出版了《自然发展史》、《方法科学手册》、《自然辩证法总论》、《现代自然科学哲学引论》、《世界科技英才录》四卷。其间还汇集个人研究成果出版了《自然辩证法自然科学史文集》第 1、2 辑。

1978 年我校被批准在全国第一批招收自然辩证法硕士研究生。张瑞琨、吴敬华、徐天芬、潘道恺（化学系）被列为导师，分别指导物理哲学、自然辩证法原理、天文哲学、化学哲学方向的 5 名硕士研究生。1979 年又招收 4 名硕士研究生，分别为数理逻辑和地学哲学研究方向，程其襄（数学系）、朱新轩为指导教师。两届 9 名研究生于 1981 年同时毕业，其中 4 名留所工作。研究所从此形成成了教学、科研、资料、行政管理齐备和以中年骨干教师为主，中年和青年相结合的梯队结构，从而为自然辩证法学科的后续更大发展提供了服务和人才保障。

1985 年，经国务院学位委员会批准，我校增设物理学史、地学史、生物学史硕士点,开始招收科学史研究生。当时是全国具有招收自然辩证法和三个方向科学史硕士研究生的唯一单位,凸显了我校在自然辩证法和自然科学史两个方面培养人才的优势。此外,我校还举办自然辩证法教师进修班和在职研究生学位课程班四期,另有多名外地高校教师、研究生来所进修和进行学位论文答辩。多年来培养的研究生和进修生遍布全国各地高校、科研院所,其中许多人后来成为业务骨干或学科带头人。1993年在全国自然辩证法学科进行多项指标综合评估,我校自然辩证法暨自然科学史所基于教学、培养人才和开展科学研究方面的成就被评为 A 级。

我校自然辩证法暨自然科学史研究所是一个团结的集体。虽然其成员来自理科各系,每个人在某一学科领域都学有专长,但是,大家聚集在一起,业务上扬长补短,切磋交流,团结协作,融为一体,使我校在自然辩证法综合研究、物理学哲学、化学哲学、天文学哲学、地学哲学、区域经济、灾害研究、技术创新、科技与社会(STS)等领域取得一批在全国具有一定影响的成果。

自然辩证法综合(总论)研究　20 世纪 80 年代初,自然辩证法作为一门新课程,许多新教师在进行教学过程中遇到种种问题。徐天芬主编了《自然辩证法教学疑难问题探讨》,阐释自然辩证法教学遇到的疑难问题,成为当时很有价值的参考书。20 世纪 90 年代初,为反映科学技术的迅猛发展和社会生产力的突飞猛进以及社会的变动,由张瑞琨任主编,联合国内相关单位的专业力量,编写了《自然辩证法通论》。他数次组织所里有关教师研究讨论,拟定提纲,梳理思路和基本观点,而后分工编写,很快完成了任务。此书以"存在的自然——演化的自然——人工自然"这一主线展开,描绘了自然界的新图景和演化的基本规律,并增添了人工自然的概念和正确处理人与自然关系等新的内容,获国家教委第三届普通高等学校优秀教材二等奖。

物理学哲学　张瑞琨是这一分支学科的领头人。他长期担任行政领导职务的同时,又指导研究生,开展相关研究。他和谭树杰、陈敬全撰写的《物理学研究方法与艺术》,根据多年的研究和教学成果,用一个事实讲明一个方法的典型案例,深入浅出地阐释一个科学研究的方法,是一本值得深读的科学方法论专著。此外,张瑞琨和他的学生吴以义一起发表了《物质是可分的》、《Planck 的内插方法和能量量子化》、《对应原理的形成及 N. Bohr 对它的几种互异表述》、《德布洛意波动概念的推出》等 6 篇论文。

化学哲学　化学哲学是自然辩证法比较活跃的一个领域,由著名科学家唐敖庆、卢家锡、徐光宪领衔主编的《化学哲学基础》是一部汇集国内化学哲学工作者和著名化学家合作编撰的著作。我所盛根玉作为核心成员参加了此书的编写。此外,他还发表了《近代化学家的思维方式和研究方法的历史考察》、《论化学方法的职能》等论文,与他人合著有《化学方法论》、《探索者之路》。多年来以富有成效的工作而成为中国化学哲学领域的开拓者之一。他所进行的研究,在化学哲学界得到认可。2008 年 12 月中国自然辩证法研究会成立30周年之际他被授予荣誉证书。

天文学哲学 天文学哲学是一门冷门学科,天文学界专业工作者较少介入。徐天芬在大学和留苏期间专攻自然地理,回国后在相当长的一段时间从事天体起源和天体演化方面的研究。功夫不负有心人,多年的坚持,终于开花结果,发表了《正统宇宙向哲学提出的问题》、《哲学宇宙观和科学宇宙学》、《天体演化学与哲学的关系》等论文,成为国内为数不多的天文哲学研究者之一。

地学哲学 地学哲学在全国也是比较活跃的一个专门学科。我校从事地学哲学研究的徐天芬、朱新轩、罗祖德三人各有所长,研究领域宽广。

徐天芬侧重于人地关系方面的研究。她发表在中国自然辩证法成立大会和首届学术年会《文集》中的《论人地关系的辩证法》,是从200多篇论文中挑选出来的精品之作。她还发表了《人与自然是有机统一体》、《从生物圈到智慧圈》、《人地观的历史和马克思主义人地观初探》等8篇论文,阐述了人地关系的辩证关系,揭示了人与自然是相互依存又相互制约的统一体。

朱新轩以地学哲学研究为主,兼及区域经济、技术创新和科技与社会(STS)方面的研究。他发表了《科学技术进步与地学思想的更新》、《试论现代地质学发展的主要趋向和突破口》、《辩证唯物主义的认识论与我国大地构造理论的新贡献》、《地质理论上的几次争论及其历史意义》、《地质规律初论》等20多篇系列论文。其中有关论述,得到中国科学院资深院士的肯定和好评,《地质规律初论》发表后,也产生较大的影响。朱新轩还与国内学界合作编撰出版了"潜科学"丛书《科学史上的重大争论》、《科学蒙难集》、《科学前沿中的疑难与展望》,并与有关学者合作编撰了《地学哲学概论》。该书出版后被几所地质院校作为研究生、本科生参考教材。基于朱新轩多年在地学哲学领域里的研究和影响力,长期担任中国自然辩证法研究会地学哲学专业委会理事,他还被选为中国矿物岩石地球化学学会、地球科学认识论方法论专业委员会理事。

罗祖德则以区域经济和发展战略、灾害研究为主。他原先在河口室从事研究工作,转入自然辩证法领域以后,以更广阔的视野从宏观上研究问题。他发表的《中国海岸带资源开发之展望》、《科技发展与我国海岸带资源开发》、《21世纪的中国海岸带开发》、《长江开发要进行多学科综合研究》等,从宏观上阐发了我国海岸带资源开发的前景和黄金水道长江综合利用问题,从而为有关部门进行规划提供了依据。

面向实际,服务社会

随着我国改革开放的不断深入和科学技术体制改革的进行,自然辩证法暨自然科学史研究所与时俱进,在适应社会需求,服务国家建设和经济发展中不断扩展研究领域,开拓创新,大力开展区域经济和发展战略、环境与灾害、技术创新与经济发展、科学技术与社会(STS)等领域的研究,推出一系列成果,受到国家、上海市及其他一些地方的认可和欢迎。

区域经济研究与发展战略研究　改革开放以后,地方经济日趋活跃,不少省市开始考虑根据自身特点,制定发展战略。罗祖德、朱新轩发扬自己专业所长,撰写了《长江三角洲区域经济发展规划研究》一文,指出江苏、浙江、安徽和上海三省一市的长江三角洲,地理位置和自然条件优越,又是我国经济最发达的地区,但由于受行政体制分割的制约,各自为政,使"长三角"整体发展受到种种不利因素的影响。因此,必须打破利益格局,从整体考虑,协调发展,才能充分发挥"长三角"自然条件和经济发达的优势。基于此,他们提出建立长江三角洲经济区的动议。该文在《自然杂志》1982年第2期上发表,引起媒体的重视和有关方面领导的关注。1982年5月19日《解放日报》以头版头条大字标题作了报道。国家体改委领导童大林邀请上海部分学者起草一份建议上报中央,罗祖德参与了国家体改委牵头起草的"以上海为中心长江三角洲经济区刍议"工作。该报告及相关资料上报后,受到国务院领导的重视和批示。此后,罗祖德、朱新轩又发表了《试论中国的经济区——一种科技、经济和社会协调发展的组织形式》、《关于太湖流域经济协调发展的几点建议》、《长江三角洲和杭州湾南岸地区的传统名特产及其联合开发的前景》等系列论文,并在此基础上出版了《上海经济区》一书。罗祖德还主持了"江苏兴化县中长期经济开发研究"、"湖南通道侗族自治县经济开发整体设想"、"浙江省磐安县山区资源利用"、"内蒙古兴安盟社会经济发展战略规划"、"新疆吐鲁番地区社会经济发展战略规划"等多项区县(盟)调查和咨询,为这些地方制定经济发展和资源利用规划出谋划策,受到地方政府的欢迎。

环境与灾害研究　随着我国经济的发展,特别是工业的迅猛增长,在取得经济效益的同时也带来诸多负面效应。面对环境污染、生态失调和自然灾害频发的严峻挑战。罗祖德等适时开展了减灾防灾方面的研究,编撰出版了《灾害论》、《灾害与我们》、《正视灾害》等专著和普及读物。罗祖德还参加了《上海沿海地区重大自然灾害防范和对策研究》、《上海市灾害分布及预测研究》等项目的研究,并获上海科技进步奖二等奖。

技术创新和经济发展研究　20世纪末,随着国外高技术迅猛发展,开展技术创新已急不可待。朱新轩果断调整研究方向,率领自己的研究团队开展技术创新研究,并开设了"技术创新"的课程,编写了教材。之后,又在此基础上出版了专著《技术创新理论与实践》,发表了《上海国有大型企业技术创新综合评价》、《技术创新:世界著名大企业发展的必由之路》、《现代企业制度和技术创新》、《技术创新主体的转换》、《当代企业技术创新系统和保证体系》等系列文章。他还在《中国仪电报》开辟"它山之石"和"技术创新论坛"两个专栏共 24 个专题,介绍和分析了当时世界 100 强中 15 家公司的管理创新、技术创新、理念创新、文化创新等成功经验。系列文章发表后,引起企业界和管理层面的强烈反响。一些企业老总和从事管理的人员,纷纷撰文发表感想和受到的启示。同时,朱新轩关于技术创新的研究也得到上海市科学技术委员会的重视。此后,他应邀承担和参加上海市科委下达的"上海技术创新体系的构建"、"企业创新主体研究"等多项课题的研究。作为主要研究者和组织者完成的课题,他先后获得上海市政府颁发"决策咨询奖"一、二、三等奖。

科技与经济和科技与社会(STS)研究 自然辩证法研究不能固守于传统,必须开拓研究领域。在这些新的领域,朱新轩发表了《我国科技人才的多与少》、《迈向 21 世纪的上海》、《市场经济与资源战略》等多篇论文。还受上海市委宣传部委托,主编、出版了《科教兴市战略研究》一书。盛根玉发表了论文《从实验室走向商业应用之路》和与人合著《化学社会学》。袁运开主编了《科学·技术·社会辞典》。罗祖德参加了"长江三峡工程管理模式和人才发展战略"、"长江口越江通道工程重大科技经济问题综合研究"等研究。在传播科学思想、科学方法和科技教育方面,袁运开作为主编之一出版了《科学思想与科学方法》,还主编了《科学·技术·社会辞典》、《世界科技英才录》(三卷)。

综上所述不难看出,我校自然辩证法学科的成长和发展的历史进程,是不断探索,研究领域不断扩展和开拓创新的过程,为自然辩证法学科建设进行了有益的探索。

首先,是学科创建人和学科带头人的重要性和学术地位不可或缺。如果没有冯契先生富有远见的倡导和先行,没有袁运开教授的不懈坚持,难以想象自然辩证法在我校会有相当长一段时间内的辉煌以及在全国的声誉和影响力。

其次,团队建设是一个学科保持活力的保障。我校自然辩证法研究,几十年来,组成了一支老年和中年教师为主、陆续选留更年轻的研究生补充教师队伍,从年龄结构上保证后继有人,学科结构较全,这样使整个团队相互交流,做到扬其所长,优势互补。

第三,是自然辩证法与自然科学、技术科学和科学技术史紧密结合。自然辩证法作为揭示自然界和科学技术发展一般规律的科学,如果没有自然科学、技术科学的坚实基础,不研究科学技术发展的历史,就失去了它的根基。我校自然辩证法暨自然科学史研究所正如其名,把自然辩证法研究与自然科学、技术科学以及科学技术史研究紧密结合在一起,充分发挥两者的优势,做到了相得益彰。

第四,是理论联系实际,主动服务社会。任何一门学科,如果把理论束之高阁,是没有生命力的。自然辩证法作为马克思主义哲学的重要组成部分,无疑应该积极回答时代提出的问题,主动服务社会。我校自然辩证法学科建设近 60 年的发展历程充分证明了这一点。

第五,是与时俱进,开拓创新。当代社会处于一个多变的时代,随着科学技术的突飞猛进和伴随而来的社会经济的快速发展,现实社会提出了许多需要从事哲学、社会学和科学技术研究的学者回答的问题,加之西方科学哲学、技术哲学迅速崛起,自然辩证法的研究领域已经有了很大扩展,我校自然辩证法学科建设适时而变,不断拓展研究领域,开辟新的研究方向,顺应了社会的需要,带动了学科的发展。

＊本文作者：朱新轩,华东师范大学自然辩证法和自然科学史研究所教授。

政治学焕发新的活力

王鼎元　叶立煊

我校政治学学科的发展,经历了一个曲折的过程。早在新中国成立前后,华东师范大学的前身大夏大学已设有政治学系,石啸冲先生担任过这个系的系主任,他编写出版《新政治学》、《政治学史论》、《东南欧新民主国家史纲》等著作,并亲自给大学生讲授政治学、社会发展史等课程。石啸冲是沪上政治学、国际问题的知名教授。20世纪50年代初,根据高等院校院系调整的指示精神,取消了独立开设的政治学学科,使这一学科凋零。按照苏联高校建制模式,我校政治教育系设立了中国革命史、马列主义基础、哲学与政治经济学等4门政治理论课。“文革”前,曾有人提议开设一门名为“毛泽东的政治学说”的新课,可是由于当时政治运动频仍,不具备开设这门课的条件。“文革”结束后,邓小平提出要恢复过去被“左”的路线封杀的政治学、社会学等学科,尽管此时的石啸冲已年逾古稀,终于盼来了他学有专长又十分酷爱的政治学新机遇。于是,他不顾年迈体衰,焕发精神,努力工作,积极为我国政治学学科建设奔走呼号,经过努力,1982年政教系成立政治学教研室,刘佛年校长任命石啸冲为教研室主任,教师有王松、施鹏飞、王鼎元等,组成最初的政治学教研团队。

政治学学科恢复和初创时期的艰辛和成就

当时,政治学的教学和研究人才十分缺乏,石啸冲是国内为数不多的政治学前辈,所以改革开放以后,他就成为上海和全国政治学学科建设的奠基人和筹建政治学会的发起人之一。

由于长期被禁,人们对政治学研究领域的基本概念、范畴都不甚清楚。1980年底,为筹备参加中国政治学会成立大会,石啸冲撰写了《国家问题是政治学研究的对象》一文,明确提出,“政治学的研究对象广泛,举凡有关国家学说、国家构成要素、政权组织形式、政治制度、阶级与政党、民主与专政、国家职能、国际关系等政治理论问题,都在研究探索之列。不过,归根结底,是以国家为研究对象。”这些见解,在政治学恢复初期是很有影响力的。20世纪五六十年代,苏联学者的一种政治学观点在我国长期占据主导地位,即对国家三要素(领土、人口和主权)说持否定态度,他们强调的是国家作为"阶级统治的工具"才是最主要的特征。石啸冲认为"这种观点太绝对化,不妥当,对国家构成三要素说应重新估价"。这个观点得到了同行的普遍赞同。由于他在政治学研究领域的成就和声望,他被选为中国政治学会的副会长,还担任了《中国大百科书·政治学卷》的副主编,为恢复和发展我国政治学的研究工作作出了重要贡献。80年代初,上海市政治学会成立后,他被选为副会长,后来又担任上海市政治学会会长。在此期间,他主持创办了一份公开发行的《政治学信息报》,由于没有编制,缺乏经费,他就亲自做组稿、编辑、校订及发行工作,使这份小报为政治学的传播和普及发挥了很大作用。退休后,石啸冲被聘为上海市政治学会名誉会长。

我校最初研究政治学的除了石啸冲外,还有王松、施鹏飞和王鼎元三位老师。中国政治学会召开成立大会时,他们都是中国政治学会的第一批会员,为了交流政治学学科建设的经验体会,四位老师都给大会提交了论文:《国家问题是政治学研究的对象》(石啸冲),《特权现象的社会历史条件》(王松),《孟德斯鸠的三权分立学说》(施鹏飞),《对资产阶级议会的初步探讨》(王鼎元)。四篇论文都得到了中国政治学会的好评,并收入由群众出版社以《政治与政治科学》为名的专辑中(1981年12月出版)。

荒芜了几十年的政治学学术园地里,国内学界对政治学许多基本概念、基础知识都很陌生,大学生对政治学知识的了解更是十分贫乏,为了普及基础性、常识性的政治学知识,在中国政治学会成立大会上,人民出版社约请王松组织编写一本《政治学常见名词浅释》。初看起来,这是一本较简单的资料工具书,但在当时还是一项很不容易的事情。不但是由于学术资料少、学术信息少,有关政治学的中文书只有解放前留下的几本,新中国成立后这个学科的书籍几近于零,外文的政治学书刊也极少;更为困难的是,由于过去"左"的思想泛滥,人们对"政治"格外敏感,觉得这一领域禁区太多,许多人不敢涉足,不愿参与。在中共十一届三中全会"解放思想,实事求是"方针的指引下,教研室同仁迎难而上,决心为普及政治学常识作出自己的贡献,也把这一工作看作开展学科建设的重要环节。于是,约请了系资料室的李立奎、吴上言两位老师一起编写,由于时间紧迫,经过编写组成员日夜努力,终于按时完成任务,《政治学常见名词浅释》一书由人民出版社于1984年7月正式出版。该书分"综合类"、"国家学说与国家制度"、"政治制度"、"代表机关与选举"、"行政机关"、"法制与司法机关"、"公民与阶级"、"革命政党和社团"、"民族与宗教"和"国际政治"10大类,498个词条,共23万字,第1版就印刷发行14万9千册,成为当时的政治学界是颇有影响力的一本书。

不久,国内启动中国大百科全书的编纂工程,石啸冲任《政治学卷》副主编,王松、施鹏飞、王鼎元3人均参加了该卷部分词条的编写工作。接着,王松、施鹏飞、王鼎元3人又吸收了两位中学政治课教师一起编写了上海市中学思想政治课教材《政治常识》,

该书由上海市中学编审委员会组织。该书分"国家的阶级本质与基本职能"、"国家与宗教"、"国际社会"与"我国的对外关系",共8课,于1986年7月出版试行。

　　在开展政治学学科一系列教学和研究的基础上,王松、施鹏飞与王鼎元3人通力合作,以政治学的讲课稿为底本,分工撰写了《政治学基础理论》一书,作为给政治学专业本专科学生的通用教材,全书除导论外共分四编:第一编总论;第二编剥削阶级国家的政治制度;第三编社会主义国家的政治制度;第四编国际社会。分上、下两册由华东师范大学出版社出版发行,上册于1985年出版,下册于1987年出版,该书获上海市社会科学联合会优秀成果著作奖。

王松

　　值得一提的是,作为政治学重要分支的行政管理学,早在80年代初就由王鼎元给大学生开设这门课。这是一门新课,没有教材,国内高校很少开设这门课,1983年初的一次学术研讨会上,贵州人民出版社的一位编辑见到王鼎元手里拿着他自己写的《行政管理》讲课稿,立即约请他写一本20万字左右的《行政管理学》书稿。为了完成这一任务,王鼎元不辞辛劳,多方寻找资料,访问师长。他专程向著名学者、时任中山大学校长的夏书章教授请教行政管理学的理论,并同夏老一起切磋行政管理书稿的名称和大纲结构。原来,山西人民出版社要出版夏书章主编的一本行政管理方面的书,书名究竟用"行政学"还是用"行政管理学",一时定不了,与王鼎元一起商讨。可见,当时政治学一类书籍何等缺乏。1985年,贵州人民出版社出版了王鼎元编写的《行政管理学》一书,内容有:行政学的研究对象、意义及方法;行政学的产生与发展;行政本质与类型;系统行政;计划行政;行政决策;行政组织;人事行政;财务行政;物材行政;行政效率;行政法与行政改革。那时,80年代,行政管理改革开始提上日程,学习政治学、行政管理学理论风行一时,到处请人讲课。安徽省电视干部学院特地派专人来上海请王鼎元乘飞机去合肥讲课,当时他的职称还是个讲师。到了合肥,才知道是上大课,面对的是安徽省与合肥市的直属机关的广大干部,在一个大礼堂里面坐满了听讲的人,大约有上千人,他讲了"行政管理学的总论"与"行政改革及行政管理的科学化、现代化"两个专题,取得满意的效果。后来,王鼎元还陆续编写了《行政组织学》一书,并与学生合作、主编出版了《企业行政管理学》、《司法行政管理学》、《乡镇行政管理学概论》等著作。由于他在行政管理学方面取得一定成绩,我校东方法商学院聘王鼎元为教授,给学院办的班系统讲授行政管理学,为行政管理学创建和普及作出自己的贡献。

　　1980年,石啸冲就在政教系招收硕士研究生,1983年起,我校被批准设立政治学硕士点,此后,每年招收研究生,教研室人员队伍不断壮大,王松、施鹏飞、王鼎元相继成为硕士研究生导师。他们除了给大学生、研究生上课外,还办了多期硕士课程班,培养了一大批谙熟政治学的人才。

政治学专业硕士生答辩会后师生合影
前排左2起:蒋云根 施鹏飞 陈崇武 王鼎元 叶立煊

　　八九十年代,教研室教师都积极参加各项社会活动,王松担任了上海政治学会副会长、上海市行政管理学学会副会长,施鹏飞任上海市政治学学会副秘书长,王鼎元被选为中国行政管理学会教学研究会的副理事长。王松、施鹏飞、王鼎元等三位老师退休后,还被聘为有关学会的学术顾问。不难看到,在上海,乃至在全国,我校政治学教研室成了"文革"后最早建制并十分活跃的一支学术团队之一。

　　经过多年的努力,现在我校政治学已发展成拥有一级学科博士、硕士点,博士后流动站的大平台,在学科配置、人才培养等方面都有了很大的发展,这里,也包含着"文革"后恢复和初创时期石啸冲、王松、施鹏飞、王鼎元等4位老师的贡献。

《人权论》写作的前前后后

改革开放以后,学科改革和学科建设不断推进。80年代中期,政治教育系的学科发展进入一个新的阶段,先后增设了"中国近代政治思想史"、"西方政治思想史"等课程,大大扩充了政治学的研究范围和研究力量。1986年,长期从事"西方哲学史"教学的叶立煊加盟政治学教研室,进行"西方政治思想史"的教学研究工作,为政治学的学科建设增添了生力军。他和教研室同仁一起,编写出版了《西方政治思想史》、《当代西方政治思想评价》两本教材,使这一学科生长出了一对翅膀。

在教学中,叶立煊接触到许多资产阶级思想家的人权思想,想运用马克思主义观点,对人权思想做比较系统的整理和分析;同时,"文革"十年使广大干部和知识分子备受折磨,基本人权无法得到保障,学生经常提出有没有马克思主义人权思想、有没有社会主义人权等问题;1989年政治风波后,人权问题又成为政治和外交的突出问题,作为政治学学者应当给予准确而有力的回答,于是叶立煊萌发了撰写一本《人权论》的想法。

1989年8月他开始写作,先拟定写作大纲,确定全书分五个部分:绪论、资产阶级人权论、空想社会主义人权论、马克思主义人权论和国际人权论。他邀请李似珍写"国际人权论"。除了上课以外,他把所有课余时间都用在写作这本书上,经常写到深夜一二点钟,掉了不少头发,花了一年多时间写出初稿,经过几次大改才定稿,于1991年由福建人民出版社出版。

《人权论》比较系统地阐述了历史上存在的四种人权论,回答了现实中提出的一些人权问题,有些观点比较新颖,有自己的独立见解。作者认为人权是一切人或绝大多数人有资格享有自己所需要东西的权利。人权是社会一定生产方式或经济关系的产物,是其在制度上、政治上或法律上的表现。它随着社会一定生产方式的发展而发展。人权的发展是由原始人权到阶级特权、等级特权再到资本主义人权、社会主义人权和共产主义人权,是由人权到特权再到新的人权的否定之否定过程。人权的发展不仅表现在人权性质和意义的变化,而且表现在广泛性、丰富性、水平性、真实性和公平性的变化。作者阐述了马克思主义人权论的产生条件、主要特点、基本内容和历史意义,认为马克思主义并不否认人权,而是十分重视人权。马克思主义者既充分肯定资本主义人权有一定历史进步性,又尖锐地揭露其虚伪性,既指出资产阶级有它的人权旗帜,也指出无产阶级有自己的人权要求。作者认为社会主义人权有其特点和保障,社会主义人权存在着由低级阶段向共产主义人权过渡的发展过程。

90 年代初,围绕人权问题的斗争十分激烈,西方国家一些人常常借人权问题对我国施压。因此,《人权论》一书发表,引起我国高层领导的重视。中共中央办公厅向福建人民出版社要了 13 本《人权论》,时任中央政治局常委宋平对该书评价较好,中宣部得悉后,打长途电话到叶立煊家,特邀他参加"人权理论"研讨会。国务院新闻办聘请叶立煊为中国人权研究会理事,发大本聘书,连续担任两届理事共 10 年。

由此,上海社科院哲学所和我校政教系举办过两期"人权理论"讲座,由叶立煊主讲,还邀请国务院新闻办第七局局长兼中国人权研究会秘书长董云虎来上海做人权专题报告。1998 年在纪念《世界人权宣言》发表 50 周年时,叶立煊写了《〈世界人权宣言〉对中国人权立法的意义》一文,收进了中国人权研究会出版的纪念专辑;2008 年在纪念《世界人权宣言》发表 60 周年时,叶立煊组织政治学研究生 11 人举行纪念座谈会,每人都写了发言提纲,都发了言,会议综述发表在《人权》杂志 2009 年第 2 期上。1991 年,中宣部通过《光明日报》举办《光明杯》学术著作评奖,福建人民出版社将《人权论》送去参评,荣获《光明杯》优秀著作三等奖。1995 年,《人权论》又获国家教委优秀成果二等奖。

《人权论》多次获奖

《人权论》在学术界也引起强烈反响。从 1991 年至 1992 年,叶立煊在《光明日报》《解放日报》《文汇报》和《华东师范大学学报》上,发表了多篇书评。有评者认为,该书较重视回答人权问题的基本理论和人们对人权所关切的现实问题,譬如:何谓人权? 人权思想是何时产生的,有哪些发展变化? 怎么看待资产阶级人权和社会主义人权? 马克思主义的经典作家对人权问题有哪些重要论述? 该怎样看待国际人权? 等等。因此,该书的出版,不仅具有理论研究上的意义,而且对于帮助人们确立科学的人权观,也有价值。

* 本文作者:王鼎元,华东师范大学政治学系副教授;叶立煊,华东师范大学政治学系教授。

中国革命史学科在改革和
发展中的闪光点

齐卫平　潘　照

　　我校 1952 年建立政治教育专修科,教学机构为 4 个教研组,中国革命史教研组(后曾改称中共党史教研组)是其中之一。初创时期教研组由刘惠吾、陈友伟、周子东、王爱玲等老师组成,负责对本专业学生及全校文理科学生开设中国革命史课程。任务是传承革命传统,帮助学生树立崇高的理想信念,以史育人,为社会主义现代化事业服务。教学建制几经变动,"文革"结束后,政教系中共党史教研室负责本系大学生的专业课教学,社科部中国革命史教研室负责全校公共课的教学,两个单位教学人员不同,但同属一门学科,教师之间在教学、科研上有许多交流和合作,共同推进学科的建设和发展。

　　由于长期"左"的思想影响和"文革"的破坏,党的历史被严重地扭曲,拨乱反正任务十分繁重。党的十一届三中全会后,我校从事中国革命史(中共党史)教学的老师们认真贯彻党中央的路线方针政策,克服各种困难,发挥集体作用,将解放思想和实事求是精神融入教学和科研活动中,推动了中国革命史学科的发展。

前排左起:杨雪芳　陈竹筠　陈贤芳　王爱玲　张生　王静华　庄永淑;第二排左 2 李战生;第三排左起:1 张锡岭 2 林长溱 4 翟作君 5 姜琦 6 包汉中 7 邬正洪 8 吴铎;后排左起:1 贺世友 2 薛唏申 4 张传仁 6 于龙生

在拨乱反正中开展教学改革和教材建设

为"文革"结束后恢复高考首批入学的 77、78 级大学生开设中国革命史课,面临着许多新的挑战。这批学生有一定社会阅历,思想活跃,学习热情高,他们喜欢向老师提出"敏感"问题,此时正值拨乱反正,平反大量冤假错案,对历史上的一些事件和人物,陆续作出新的结论和评价,老师和同学常常一起讨论和交流自己的看法,特别是党的十一届六中全会通过的《关于建国以来党的若干历史问题的决议》,从指导思想、理论观点到基本史实作了全面的拨乱反正,为中共党史课程的改革和建设奠定了坚实的基础。

然而,"文革"后重新开设这门课程,面临的实际困难还是很多的。在学科建设和学科改革新的挑战面前,有关老师着重做好以下两件事。

第一件事,重视课堂教学,注重发挥集体力量。每个老师认真备课,集体讨论,定期进行观摩教学,交流教学经验,不断改善和提高课堂教学质量。在拨乱反正中,许多新史料、新观点陆续出现,特别是一些重要人物的平反昭雪和一些重大事件的重新评价,教师们及时在课堂上传递信息,发表评论,组织讨论,使大学生正确认识历史的经验教训,加深对中国共产党是革命和建设事业中流砥柱的认识,坚定走社会主义现代化道路的决心和信心。

80 年代中期,学校开展课程规范化建设改革。教研室确定将"中国新民主主义革命史"、"中国社会主义革命和建设史"两门课程,分别由冯正钦和邹正洪承担课程规范化建设任务。两位教师全身心地投入,在制定教学大纲、编写相关教材、教学参考资料以及创新教学方法等方面做了大量工作。1987 年和 1988 年,这两门课程经过教务处组织专家评审通过验收,校长颁发了华东师范大学课程建设合格证书,同时获得校优秀教学奖。

在改革开放的新形势下,全国各地的学术交流大量增加。教研室老师采取走出去、请进来的办法,邀请相关问题的中共党史研究专家如任建树、彭明、胡华、张静如、金冲及、向青等来校举办专题报告,受到学生欢迎。当时学生数量多,老师们经常是在 100 多人的大教室上课,如何使课堂教学生动活泼,难度很大。在教学方法上,老师们尝试改变满堂灌的教学方式,采取启发式、讨论式,坚持系统学习与重点讲授相兼顾、教师引导与学生讨论相结合、正面资料与反面资料相对照的原则,教学相长,师生互动,课堂教学成为观点碰撞、知识收获和能力提高的场所。教师教得得法,学生学得主动,既活跃了学习气氛,又增强了学生的独立思考和分析问题能力。

　　利用红色文化资源，进行革命传统教育。中国革命史课程的教学不仅在教室里进行，而且在拥有丰富红色文化资源作为教材的场馆进行，让学生实地参观与感受。社科部在教学计划中，规定每学期至少带领学生外出参观访问一次。通过这种教学形式，原本写在课本上的革命历史在学生眼前变得鲜活起来。老师们先后多次带领学生前往党的一大会址、浙江嘉兴南湖、周公馆、中山故居、宋庆龄故居、江南造船厂等地参观瞻仰，使学生在历史场景之中，身临其境地感受先辈们所处的时代困境以及他们为祖国的付出与拼搏，感受到力量，精神获得熏陶、升华。

　　为教好中国革命史课程，教师们还经常利用节假日或者寒暑假，带领学生深入基层，开展社会调查，让学生对所学内容有实际体会。庄永淑在地理系教学时，为了使学生了解上海郊区农村在十一届三中全会之后的改革新面貌，以上海县梅陇乡牌楼大队为调查点，不仅听取乡政府介绍，更向当地村民询问生活实际情况，参观农副产品的生产基地，让学生们充分了解和感受农村发生的翻天覆地的全新变化，从而更加理解党和国家农村政策的意义。贺世友组织物理系学生到松江县九亭乡调查乡镇企业的发展情况。张惠英带领生物系学生到青浦县朱家角镇农村调查改革开放后的新变化。蒋志彦组织中文系学生参观宝钢国有企业现代化的生产过程，让学生感受改革开放政策带来的巨大改变。这些都充分体现了理论与实际相结合的教学原则和以史育人的要求。

左起：于龙生　唐莲英　贺世友　李海宝　庄永淑　林常溱　张锡岭
包汉中　蒋志彦

　　第二件事，投入很大精力编写教材。"文革"前讲授这门课程，主要参考书是胡乔木的《中国共产党的三十年》、何干之主编的《中国现代革命史》以及胡华的《中国新民主主义革命史》等。"文革"后，由于诸多方面的原因，这几本教材都不适宜作为这门课的学生用书。为了解决教学中缺乏教材这个主要矛盾,两个单位的教师本着解放思想、实事求是的精神,尽力克服理论准备不够、资料十分欠缺的现实困难,迎难而上,依靠集体力量,着手编写不同类别大学生适用的中国革命史、中共党史教材。

中共十一届三中全会后不久,有关部门就酝酿重新编写大学公共政治理论课教材事宜。1979 年,国家教委委托上海市高教局组织力量,编写可供全国理、工、医、农等高等院校使用的 3 门公共政治课(哲学、政治经济学、中共党史)教材。《中国共产党历史讲义》编写组先后由上海师大郑灿辉和我校包汉中主持,编写组成员由来自复旦、华东师大、同济、华东化工学院、二医、上海师大、中医学院等高校 8 位教师组成,我校包汉中、冯正钦 2 人参与编写。全书由郑灿辉和包汉中统稿。该教材 1980 年 5 月由上海人民出版社初版,至 1988 年修订 4 版,重印 20 多次,发行量达 500 余万册,影响很大。1984 年 12 月该教材获上海市高等院校哲学社会科学研究优秀成果三等奖。此外,冯正钦还参与主编了《中国共产党历史教程》,邬正洪、翟作君、张静星编著了《中国社会主义革命和建设史》,邬正洪和东北师大、曲阜师大的同仁共同主编了《毛泽东思想原著概要》。

社科部教师为了适应广大参加高等教育自学考试学生的需要,由庄永淑、张锡岭、于龙生、林常溱四人于 1984 年 6 月编写了《〈中共党史〉辅导》一书,由华东师范大学出版社出版,第一次印刷数量就多达 13 万册。此书一经出版,受到了自学考试学生的欢迎。他们说这本辅导书思路清晰,简明扼要,重点突出,适合阅读。

为了更好地适应中国革命史教学的需要,两单位的部分教师于 1986 年 4 月合作编写了《中国革命史专题讲义》。全书共分为 20 讲,史料丰富,内容较深,这是一次有价值的探索和演练,在理论和史料方面有了更多的准备。在此基础上,社科部教师由庄永淑担任主编,张锡岭、贺世友担任副主编,都培炎、于龙生、林常溱、蒋志彦、张惠英、李海宝等教师共同参与,于 1986 年 10 月正式启动集体编撰《中国革命史》教材的工作。当时确定的编撰要求是:符合高校政治理论教育的目标要求,适合大学生共同使用,切实解决中国革命史作为公共政治理论课教学的需要。历经半年多的共同努力,该本教材于 1987 年 5 月出版,全书 34 万字。这本教材的特点有以下几个方面:改变了"文革"期间只讲中国共产党党内路线斗争的做法,把讲授内容扩大为敌、我、友几方面复杂的斗争和合作历史;增加了不少过去从未讲过的新的专题,例如关于中国半殖民地半封建社会的形成、资产阶级改良运动与辛亥革命、民主党派在民主革命中的地位和作用、抗日战争初期的两个战场,等等;始终注意贯穿中国人民在中国共产党的领导下,走社会主义道路是历史发展的必然这一条主线。

国家教委相继于 1988 年、1991 年颁发了《中国革命史教学大纲》(试用本),根据《大纲》精神,总结我校多年的教学经验,吸取理论界研究的新成果,对原有教材作了较大修改,由庄永淑、贺世友任主编,张锡岭、都培炎任副主编,于1994年6月修订出版了《中国革命史》第三版。修订后的教材,更体现出高校马克思主义政治理论课的特色。中国革命史教材建设,凝聚着社科部中国革命史教研室全体教师的智慧与心血。教材的撰写和修订改善,为提高我校中国革命史课程的质量,实现以史育人的目标,提供了更好的条件和依据。

立足学科前沿,拓宽加深中共党史研究领域

改革开放以后,在解放思想、实事求是的思想路线指引下,教师们在思想认识上进入到一个新的境界,认识到只有在拓展视野、强化科研的基础上,才能不断充实教学内容,提高教学质量。按照"以教学为重点、教学科研互动"的思路,教师们结合各自的教学任务,开展相关课题的研究。研究的范围,几乎涵盖中国革命和建设的各个历史时期,取得了一系列可喜的研究成果。

科研方面最显著的成果,是在国内学界率先开展刘少奇生平和思想的研究。众所周知,刘少奇案是"文革"期间最大的冤假错案。1980年2月党的十一届五中全会为党和国家领导人刘少奇平反昭雪,撤销了"文革"中对他做出的错误决定。1981年后,《刘少奇选集》和专题文集陆续出版。1983年,教研室酝酿成立刘少奇思想理论研究小组,由王爱玲、邬正洪牵头,参加者有王静华、陈贤芳、唐存标、张传仁、薛晞申和丑立本、商孝才等老师,决定集体编写《刘少奇的思想概述》一书,以宣传和缅怀刘少奇为中国革命和建设事业建立的丰功伟业。

该项研究工作得到刘少奇夫人王光美的大力支持。在北京市政协办公室和木樨地住宅,王光美先后两次热情接待了研究小组部分老师的访问。她认真听取了研究情况和书稿编写提纲,提出了具体指导意见,并介绍相关部门和熟悉情况的人提供帮助。在认真收集资料和深入研究的基础上,由王爱玲、邬正洪、丑立本任主编的《刘少奇的思想概述》一书,于1988年10月由湖南人民出版社出版。时任国家主席李先念题签了书名,中央文献研究室刘少奇研究组副组长朱元石作序,指出:"华东师大政教系一些同志通过四年多辛勤笔耕,终于在急需人去深深开拓的田地里,获得了可喜的一项成果——《刘少奇的思想概述》。在全国各地的科研机关和高等学府中,像这样系统地研究刘少奇的研究集体,尚属少见。"在取得初步成果后,研究小组又拟订撰写《刘少奇对中国社会主义建设道路的探索》专著的计划,作为向纪念刘少奇诞辰95周年献礼的学术成果。经过准备,由邬正洪领衔于1990年申报该研究课题的全国社会科学研究基金项目,被批准立项。在共同努力下,1994年8月华东师范大学出版社出版《刘少

奇对中国社会主义建设道路的探索》一书。该书视角新颖,观点独到,朱元石作序写道:在开垦刘少奇的经济思想和探索中国社会主义建设道路研究的园地中,"华东师大的这几位同志又走在了前面"。除了出版两本专著外,在刘少奇研究中还有其他成果,如商孝才著《刘少奇哲学思想研究》,邬正洪、丑立本主编《刘少奇在抗日战争时期》,张传仁撰写《论刘少奇同志对待黄色工会的策略》、《刘少奇在工人运动中反对"左"倾思潮斗争》,于龙生撰写《刘少奇与上海白区工作辨析》、《为刘少奇辩护——评畅观楼事件》等论文。据不完全统计,研究小组共发表 30 多篇刘少奇研究的学术论文。

王光美同志始终关注我校刘少奇研究的进展,并给予热情帮助。她多次与研究小组成员见面,1993 年 11 月,王光美在邬正洪笔记本上题字写下"邬正洪同志暨华东师范大学刘少奇的思想研究组:你们坚持研究十年,难能可贵"等赞语。1998 年刘少奇生平和思想研讨会期间,王光美欣然与邬正洪、商孝才合影留念。在研究工作中,老师们团结合作,坚持不懈,王爱玲长期身患青光眼等疾病,靠一点微弱的余光坚持刘少奇研究工作,令人敬佩。

统一战线研究是我校党史教师在科研方面的另一个亮点。早在 80 年代初,陈竹筠去中国人民大学党史系进修,参与《中国民主党派历史研究丛书》编写工作,完成了《中国民主建国会历史研究》一书的撰写,于 1985 年 5 月由中国人民大学出版社出版。同年 11 月,陈竹筠、陈起诚选编的《中国民主党派历史资料选辑》上下册,由华东师范大学出版社出版。张锡岭在统一战线研究方面取得不少成果,他的专著《统一战线的辩证思维》,1993 年由华东师范大学出版社出版,还先后发表《论统一战线策略原则的辩证法》、《试论我国稳定的执政党与参政党的亲密关系》等论文。

关于统一战线研究成果还有:林远主编的《统一战线概论》由上海社会科学院出版社出版;冯正钦等编著的《中国共产党早期对统一战线理论的探索》、《中国共产党统一战线理论发展史稿》分别由厦门大学出版社和上海社会科学院出版社出版;冯正钦与新四军老干部范征夫合作主编《风雨同舟歌一曲》由百家出版社出版。此外,由林远主编、庄永淑、胡贵孚、杨雪芳任副主编的《新时期上海统战工作》一由上海社会科学院出版社出版,该书被评为上海市邓小平理论研究和宣传优秀成果(1995—1997)著作类三等奖。

与统一战线相关联,1988 年起,陈竹筠同许纪霖、张葵开展台港澳问题研究,其中,对台湾民主进步党的研究是大陆地区起步最早的,其成果引起相关方面的重视。包汉中在台湾问题研究方面也有不少成果,他撰写了《重视台湾研究,促进祖国统一》、《刘铭传与台湾铁路》、《台湾名称的由来及其使用》、《台湾社会经济发展的历史演变》等文章,对台湾的历史、台湾近代经济和社会的发展进行了比较系统、全面的研究,他的研究受到有关方面的关注,曾受邀为当时上海市委领导讲述台湾问题。

从事中共党史和中国革命史的老师们,为提高教学水平,加强学术素养,他们利用

长期教学工作的积累,撰写大量不同时期与专业相关的学术著作和论文,因数量很多,现择要记载如下:

1. 关于马克思主义在中国的传播。1991 年《上海党史》第九、十两期发表周子东、杨雪芳撰写的《民主革命时期马克思主义在上海的传播》一文,获得上海市哲学社会科学优秀成果论文类二等奖。在此基础上,经修订补充,由周子东、傅绍昌、杨雪芳、都培炎合作编著的《马克思主义在上海的传播(1898—1949)》一书,1994 年由上海社会科学院出版社出版,该书第一次较为系统、全面地梳理和勾勒了民主革命时期马克思主义在上海传播的历史进程,深入探讨和阐述了上海对马克思主义在中国传播、运用和发展所占有的特殊地位和所起的重要作用。1983 年为纪念马克思逝世 100 周年,贺世友撰写的《〈共产党宣言〉在我党创建时期的传播和影响》获得上海市哲学社会科学成果奖,其内容也涉及这一课题。

2. 关于中国社会性质论战的研究。1985 年由周子东、杨雪芳、季甄馥、齐卫平承接了上海市党史资料征集委员会的研究项目,研究 20 世纪 30 年代围绕中国社会性质发生争论的一段历史,在阅读史料和访问吴亮平、薛暮桥、冯和法等论战当事人的基础上,对这场论战发生的背景、论战的主要问题和观点、论战的意义,作出了客观的分析和阐述,尤其是对半殖民地半封建社会提法为党的新民主主义革命理论形成奠定了基础进行了阐述,具有较高学术价值。1987 年该项研究成果以《三十年代中国社会性质论战》为书名,由知识出版社出版。

3. 民主革命时期相关专题研究。庄永淑撰写的《新中国的诞生》一书,1984 年由上海人民出版社出版,该书作为纪念中华人民共和国 35 周年的“祖国丛书”之一,以充实的史料和简明的文字阐述了新中国筹划和成立的历史。一经出版,就被上海电视台连续推荐和介绍。邬正洪以“新四军与上海”作为研究重点长达 30 年,他领衔编著的《上海地下党支援新四军》和《上海人民支援新四军和华中抗日根据地》,获中国财政学会优秀理论成果奖和上海市哲学社会科学优秀学术成果奖。包汉中于 2007 年 7 月在《北京日报》发表《周恩来:没有佩戴元帅军衔的老帅》一文,被法国《欧洲时报》等多家境外媒体的转载。此外,蒋志彦、翟作君合著的《中国学生运动史》,李海宝发表的关于抗日战争时期统一战线中坚持独立自主原则、游击战的战略地位等三篇论文,均有一定的影响。

4. 关于党的建设研究。王静华、唐存标曾去北京进修、学习党建理论,回校后在政教系开设“党的建设”课程,培养硕士研究生,这在高校中是最早的。唐存标还主编《新时期共产党员修养概论》一书,由复旦大学出版社出版。唐存标撰写的《治党治国的根本原则》获《解放日报》、《文汇报》和市党建研究会论文竞赛三等奖。

5. 关于党史人物研究。翟作君自 1979 年以来历任全国中共党史人物研究会理事、常务理事,担任《全国党史人物传》编委。该大型丛书受到中央领导同志和老一辈革命家的高度重视和充分肯定。翟作君、薛晞申、唐存标、贺世友、庄永淑、张锡岭、陈竹筠、许纪霖、陈起诚、杨雪芳、周玉凤等分别撰写了 15 篇中共党史、中国民主党派以及共产国际历史上知名人物的传记,为大型丛书编写工作作出了贡献,也推动了本专业的学术研究。

创办进修班,为全国培养教学科研人才

华东师大中共党史学科拥有一支实力雄厚的师资队伍。早在 1980 年就为各地革命纪念馆相关研究人员举办了中共党史进修班。此后,教育部多次委托我校培养党史课教学人才的任务。经过精心筹划,群策群力,政教系和社科部先后成功举办了四期高校青年教师进修班和一期研究生班。有 10 多位教师参与讲课。他们的讲稿分别编印成两辑《中共党史专题讲稿》,供学员学习参考。

值得一提的是,由于学员都来自各地高校教师和革命历史纪念馆工作人员,有一定的专业基础和独立工作能力,在培训中老师们做了一件开创性的工作,就是由师生合作编撰中共党史研究荟萃系列书籍。改革开放初期中共党史课恢复后,一方面教学参考资料缺乏,另一方面因为党的历史很多问题被搞乱,开展教学亟须对一些历史事件、历史人物以及基本理论问题有比较全面、准确的了解。为此,教研室组织本研究室老师、进修教师、研究生大量查阅资料,对报刊上发表的学术界相关研究成果进行系统梳理和摘编,汇集成研究荟萃的丛书。

1986 年 11 月,华东师范大学出版社出版了由翟作君、邬正洪任主编的《中国革命史研究荟萃》,该书内容涉及从 1911 年到 1949 年历史发展中党的理论与实践相关问题,分专题共收录 130 篇总计 480 个问题。中共党史界前辈胡华作序,称该书"为中国革命史研究百花园培植的一朵绚丽的花",认为这是"一本极有价值的参考书"。他特别指出,师生合作,依靠集体力量编撰有价值的学术资料,"这件事对如何培养研究生和进修教师是一个很好的启示"。

该书出版后,好评如潮。中共中央党史研究室、上海人民出版社、《党史通讯》和《东岳论丛》等刊物发表了该书的"新书评价",福建《党史研究与教学》杂志、百家出版社的《中共党史研究论文集》等书刊转载了该书中的若干篇文章,一些大学教师也纷纷来信要求购买。继《中国革命史研究荟萃》出版后,又组织编写了由翟作君、邬正洪任主编、齐卫平任副主编的《中国社会主义革命和建设史研究荟萃》,华东师范大学出版社 1989 年出版。由翟作君主编的《共产国际与中国革命关系史研究荟萃》,复旦大学出版社 1990 年出版。

荟萃系列书是老师们的集体成果,他们组织进修班学员参与编写工作,落实专题任务,指导学员开展科研工作,使他们既获得了科研成果,又训练了科研能力。为了帮助学员深入学习,教研室还组织学员赴一些革命纪念馆参观,开展社会调研活动,在加强理论学习的同时,增强学员的感性知识,学员一致反映受益匪浅。

前排左起:翟作君 庄永淑 杨雪芳 周子东 唐存标
后排左起:冯正钦 齐卫平 邬正洪

举办中共党史助教进修班成绩突出,教学科研人才培养产生显著的社会效应,学员学习结束后返回原单位工作后,很快成为中共党史教学和科研的骨干力量。在改革开放初期刚刚恢复中共党史课的特殊情况下,这项工作的意义极其重大。进修班的学员中一批人以后都成为大学教授,成为学科领头人,不少成为中共党史研究的杰出人才,教育部领导对我校举办中共党史助教进修班也作出了高度评价。

＊本文作者:齐卫平,华东师范大学政治学系教授;潘照,华东师范大学社会科学部研究生。

国际共运史勇攀学科改革制高点

周尚文

　　2011 年夏天,华东师范大学苏联东欧问题研究所成立 30 周年座谈会在理科大楼召开。30 年前,时任校党委书记兼首任研究所所长、百岁高龄的施平同志亲临会议并讲话。他说,80 年代初,尽管改革开放的春风已吹拂大地,但乍暖还寒,研究国际问题仍有"禁区",许多旧观念、旧框框还束缚人们头脑,当时中苏两国、两党关系仍处僵持紧张的状态,政界、学界有识之士都认为研究苏联东欧问题至关重要,但这个研究领域禁区多且十分敏感,很多人望而却步。施平同志深情地回忆说,我之所以出来兼这个研究所所长,目的是为学者的研究工作排除一些障碍,提供一些便利,支持研究人员大胆闯,遇到麻烦我可以"顶一下"。苏东所最初由我校与上海社会科学院合办,姜琦、林世昌任副所长,创办《今日苏联东欧》双月刊。30 多年过去了,如今我校成立了国际关系与地区发展研究院,教育部人文社会科学重点研究基地——俄罗斯研究中心也设立在这里,华东师范大学已成为国内研究国际问题的一个重镇,涌现了冯绍雷等一批国内外有影响的学者,在有关俄罗斯、中亚、东欧问题的研究领域更是蜚声中外。可以说,今天国际问题的学科发展,是由原先的政治教育系国际共运史专业转型发展而来的。

苏联东欧研究所成立 30 周年座谈会合影(2011 年 6 月)

创建国际共运史学科的历程

我校最早开设国际问题课程是在 20 世纪 60 年代初,当时政教系曾邀请著名国际问题专家金仲华、刘思慕等来给师生上课,具体组织实施由国际共运史教研室负责。1961 年我毕业留校后,就分配到这个教研室任教。姜琦是教研室主任,也是这个学科的带头人。五六十年代,国内高校普遍开设 4 门政治理论课,即哲学、政治经济学、国际共运史和中国革命史,政治教育系相应地也设立 4 个教研室,负责本系和全校的政治理论课教学工作。国际共运史这门课,原先名称叫"马列主义基础",以斯大林审定的《联共(布)党史简明教程》为主要教材,由苏联专家在北京系统讲授,外地高校照搬,因此这门课带有浓重的苏联色调。苏共 20 大以后,斯大林被拉下神坛,这门课就无法照老样子讲授了。根据上级指示,由中国人民大学牵头将这门课程改名为国际共产主义运动史,1959 年姜琦被派往中国人民大学进修并参与这门课的建设和改革,回沪后即在我校开设国际共运史课程,这在上海乃至全国都处于领先地位。开设一门新课,困难是很多的,没有教材,也没有教学大纲,起初以讲解马、恩、列若干篇原著为主线串连起来,姜琦和任课教师一起边摸索,边总结,终于逐渐建立起这门新课的教学体系,并自编了一本《国际共产主义运动简史》作为教材。这在"文革"前国内高等学校里仅有二三所开设这门新课,我校在学科转型和学科建设中走在前列。

"文革"后期,教研室接到参与《战后世界历史长编》相关部分的编写任务,当时的上级确定这一选题,无疑带有某种政治意图,但就参与的学者而言,还是本着科学研究的严谨态度,查找各种资料,翻译国外文献。当时外语翻译人才奇缺,姜琦就在教研室设立一个近十人的翻译组(其中有英、俄、法、日等语种),除召集年轻的外语人才外,采取一个大胆措施,吸收通晓英语的老教授参与这项工作。"文革"期间,一批老教授受到迫害,长期靠边站,被剥夺参与正常教研活动的权利,如著名经济学家、金融学专家陈彪如先生曾留学欧美,此刻,"文革"尚未结束,"左"的一套仍在肆虐,陈先生赋闲在家,姜琦经多方联系和争取,让陈先生参加翻译组工作。翻译组年轻人员到上海图书馆查找外文书刊上的相关资料,译成初稿,然后请陈先生校订,一起讨论解决其中疑难问题,发挥了老教授的专长,也提高了青年教师的知识水平和外语翻译能力。这样做,在当时是不容易的。经过一段时间的共同努力,终于收集和译出 20 多万字有关二战期间和战后世界社会主义运动及苏联东欧关系的新资料,这些资料对开展当代国际共运的教学和研究,提供了重要的基础。

倡议转变教学研究重点以改革促学科转型发展

中共十一届三中全会吹响了改革开放的号角,全国统考招收的 77、78 级学生走进大学课堂,高校原有的多门学科,尤其是政治理论课严重不适应形势发展和学生的需求,倒逼我们在学科体系、课程设置、教材建设、教学重点、教学方法等诸多方面进行改革。

1980 年秋天,姜琦派我到北京参加中国人民大学主办的高校国际共运史教学改革的讨论会,会上我作了一个发言,提出将"国际共运史教学和研究重点放到十月革命以后"的建议,受到同行的关注,时任学会会长的高放先生嘱托我将发言稿整理成文后交给他。回校后,我在教研室会议上作了汇报,并与姜琦联合署名将这一建议写成文稿,在高放主编的《国际共运》上发表。此时,改变学科教学和研究的重点,是这门学科改革的关键。这是因为,自 1956 年以后,原先从苏联高校搬来的学科体系无法继续用了,研究有关苏联历史和现状问题难度大、禁区多,当代共运的研究更是资料难找、问题复杂。因此,国内许多高校望而却步,把这门课的教研重点放到研究马恩时期的共产主义者同盟、巴黎公社、第一国际、第二国际等方面,这些领域的问题固然也有研究价值,但由于年代相隔久远,时代主题已发生重大变化,不能引发学生的学习兴趣,他们关心的问题,如对斯大林、托洛茨基、布哈林、铁托、赫鲁晓夫等人的评价,苏联经济政治体制的优劣以及战后苏联东欧关系中的南斯拉夫问题,波匈事件等内容,老师在教学中不敢涉及,学生提出的问题无法回答,说明这门学科的改革迫切被提上了日程。所以,我们提出的倡议切中时弊,得到学界同行的认同。而实现这样的学科改革,我们教研室具有独特优势,在"文革"后期从外文书刊中形成几十万字的手写译稿,成了研究二战后国际共运十分宝贵的资料库,为国际共运史的教学研究提供大量基础性资料。听说我们有这样一批翻译的中文文献资料,全国许多高校专业课教师纷纷前来查阅,这使华东师大国际共运史教研室名声远扬,姜琦作为学科带头人被推选为中国国际共运史学会副会长。苏联东欧问题研究所成立后,姜琦作为副所长又有了一个新的研究平台。

那会儿,我们教研室从事国际共运史教学的老师有姜琦、李清池、陈钟、张月明、万中一、周尚文等,他们大多刚步入中年,思想开放,理论功底扎实,当大家明确了学科的方向和重点,又从国内同行及编译资料中获得许多新的信息后,就为教学和科研工作打开了新局面。教师在给大学生授课中充满时代气息,很受欢迎。李清池、万中一、陈钟先后参加全国高校国际共运史教材的编写。1984 年,由周尚文任主编、陈钟任副主编的大型资料工具书《国际共运史事件人物录》(60 万字)由上海人民出版社出版,该书第一次在公开出版物中披露了苏共历史上布哈林、托洛茨基以及二战后苏联与南斯拉夫、波兰、匈牙利、捷克斯洛伐克等国关系中出现的冤假错案,对解放思想、突破禁区提供了许多新资料,引起学界的关注,并获得了上海市首届哲学社会科学优秀成果著作奖。万中一撰写的《列宁关于政权建设的理论和实践》获得上海市首届哲学社会科学优秀成果论文奖。八九十年代,教研室老师在科研方面取得一系列成果,主要有:姜琦、张月明、周尚文参与编写《国际共产主义运动历史长编》(第 3、4 卷),吉林人民出版社 1987 年出版,该书获山东省社会科学优秀成果一等奖;姜琦主编《国际共产主义运动中的党际关系史》,华东师范大学出版社出版,该书获教育部马克思主义研究优秀成果二等奖;姜琦、张月明合著《东欧 35 年》,华东师范大学出版社 1990 年出版,该书是国内第一部系统阐述东欧诸国内政外交及改革成败的专著;周尚文、陈鸿寿合著《社会主义 150 年》,上海人民出版社 1998 年版,该书获上海市第三届哲学社会科学优秀成果著作类三等奖;周尚文、叶书宗、王斯德合著《苏联兴亡史》,上海人民出版社 1993 年版,该书获全国高校第二届人文社会科学研究优秀成果三等奖;还有 10 多篇论文获上海市社会科学研究优秀成果奖。

国际共运史教研室同仁与 87、88 级硕士研究生在一起

前排左起:万中一 周尚文 姜琦 陈钟

后排:左 2 张月明 右 1 周敏凯

由于在教学、科研和人才培养方面取得显著成绩,1982 年起,我校成为首批国际共运史硕士研究生学位授予点,姜琦、张月明、周尚文三人被批准成为硕士点的首批导师。当时,国际共运史硕士点在全国只有 3 个,除北京大学、中国人民大学外,就是我

们华东师范大学了。随后,陈钟、万中一也被批准为硕士生导师。1993 年我校又被批准设立国际共运史博士研究生学位授予点,姜琦、张月明、周尚文三人被国务院学位委员会批准为博士生导师,学科建设上了一个新台阶。他们培养的博士生、硕士生毕业后,遍布全国各地,有的在党政机关担任要职,有的在高校和科研院所成为社会科学研究的骨干,许多人成为国际问题研究的杰出人才。

为纠正南共联盟错案作学术辩护　开创当代国际共运研究新局面

80 年代初,中苏关系仍处于冰冷阶段,鉴于中苏是两个相邻的大国、苏联的革命和建设道路、苏共建设的经验教训以及两国历史上和现实中的恩恩怨怨,都对中国的发展、政策的抉择有着重大的影响,高层领导很重视苏联问题的资料情报搜集和学术研究的开展,中共上海市委认识到研究这方面问题的极端重要性,在时任市委常委、宣传部长陈沂的直接关心下,经教育部和上海市委批准,由华东师范大学和上海市社会科学院于 1981 年合建"上海苏联东欧研究所",苏东所的成立,为我校国际共运史特别是苏联东欧问题的研究打下坚实的基础和开辟广阔的前景。苏联东欧问题的研究,成为我校国际共运史学科建设和发展的重点和特色,20 世纪末,教育部将人文社会科学重点研究基地——俄罗斯研究中心设立在我校,是与我们长期坚持苏俄问题研究分不开的。

"文革"结束后,党中央领导开展拨乱反正,包括刘少奇、彭德怀等一系列重大冤假错案得以平反,深得广大群众拥护,也为恢复历史真相留下重要的纪录。在国际共运史上,特别是斯大林执政以后,苏共和共产国际也制造过不少冤假错案,应不应该予以纠正,虽然不是中国人所能去做的事,可是,中国的学者有责任也有义务从学术上分清是非,还原真相,总结和汲取历史的经验教训。基于此,姜琦、张月明等以研究二战后苏(联)南(斯拉夫)冲突为突破口,在国内学术界开创当代国际共运研究新局面。

众所周知,二战期间,以铁托为首的南斯拉夫共产党独立领导游击队开展反法西斯武装斗争,并主要依靠自己力量解放了全国,建立了人民民主政权。二战结束后,南共领导的新政权在国内实施土地改革,建立和发展国营经济,宣布要以苏联为榜样,按照本国国情走社会主义道路,他们表示愿意站在苏联一边,并指望能够得到苏联的支持和援助。可是,时隔不久,他们的愿望落空了,苏联的大国主义、大党主义使南斯拉夫的国家利益和民族自尊心受到重挫,在的里雅斯特的领土归属、成立巴尔干联邦以及在两国经济关系等涉及国家利益的问题上,苏共要求南斯拉夫无条件服从苏联的指令,服从苏联的利益。在党际关系上,苏共也摆弄老子党作风,以势压人,要求其他党对它俯首听命。

冷战开始后,以苏、美为首的两大阵营对立日益加剧。1947年建立的共产党和工人党情报局,成了苏共操纵、指挥别国共产党的工具,苏联也加紧了对东欧各人民民主国家的控制,共产党情报局遂成为苏联抗衡西方阵营的冷战工具。苏联不仅在外交上严格要求东欧国家与它步调一致,而且要求东欧国家照搬苏联模式,不许它们选择适合本国国情的发展道路。而以铁托为首的南共联盟坚持走独立自主的社会主义发展道路,这就触犯了戒律。在苏南两国两党交换的信件中,苏共对南共内部事务指手划脚,横加指责,随后又单方面撕毁合同,撤离专家,对南斯拉夫实行制裁。1948年6月召开共产党情报局第三次会议上,在苏共操纵下,无理指责南共推行反苏路线,背离国际共产主义,走上民族主义道路,据此,会议通过决议,将南共开除出共产党情报局,并公然号召南共党内"健全分子"起来撤换南共领导人。面对如此巨大压力,铁托等南共领导人没有屈服,坚持走自己的路。次年召开的共产党情报局会议上,苏共又进一步诬蔑铁托等南共领导人为"杀人犯、间谍、法西斯和帝国主义的佣仆和帮凶",至此,南斯拉夫被斥为马克思主义的叛逆和民族主义、修正主义的元凶,与各社会主义国家及执政的共产党断绝了联系。从那时起,铁托和南斯拉夫遂成为社会主义阵营内"叛徒"、"修正主义"的代名词。

显而易见,苏共通过共产党情报局对南斯拉夫采取的极端措施,是二战后国际共产主义运动的一大错案。苏联这样做,意在强化对东欧国家的控制,杀一儆百,防止其他国家步南斯拉夫后尘。新中国成立前后,中共奉行向苏联"一边倒"方针,跟着苏共错误地批判南共联盟;1958年起,又把南共联盟作为批判当代修正主义的靶子,致使中南两国两党关系长期处于不正常状态。70年代后期,两国关系仍未解冻,人们对铁托和南共的传统看法尚未转变。在这种情况下,姜琦、张月明利用当时所能掌握的文献资料,率先对苏南冲突的起因、过程和后果进行研究,先后撰写了《关于苏南冲突》、《1948年共产党情报局关于南斯拉夫的决议是个错案》等文章,明确提出,兄弟国家和兄弟党之间,虽有大小强弱之分,但它们的地位是平等的,大国主义和老子党作风是错误的;不能要求不同国家"按一个模式去建设社会主义"。这些观点,在当时是很大胆和有创见的,因而获得学科同行的肯定,也使东欧问题研究站在当代国际共运学科的前列。

接着,姜琦、张月明对二战后的波兰、匈牙利、罗马尼亚、捷克斯洛伐克、保加利亚等国开展系统研究,取得不少成果,如对1956年波匈事件,他们认为,从根本上说,上述事件是人民群众为推进本国改革、反对照搬斯大林模式、反抗大国控制而爆发的群众运动,因此,不能说匈牙利事件是什么"反革命事件"。对东欧问题研究有了一定积累并在跟踪研究的基础上,他们合作编写了《东欧35年》、《悲剧悄悄来临——东欧政治大地震的征兆》等专著。姜琦还出任第一主编,与其他高校国际共运课学者一起,编写了《当代国际共产主义运动(1945—1986)》的教材,供相关专业师生使用。

突破"禁区",开辟苏联史研究新领域

苏共 20 大以后,国际共运史虽然不再以《联共(布)党史简明教程》(以下简称《教程》)为教材,但这本书的遗毒仍很深。早在 20 世纪 30 年代末,《教程》就被译成中文在国内出版发行,延安整风期间,《教程》的结束语是整风必读书之一。新中国成立后,不但在全国高校普遍开设以《教程》为基本教材的"马列主义基础"课,而且在我国开始实行五年计划后,书中有关章节又被指定为各级党政干部的政治学习必读篇章。因此,书中所叙述的苏共一些事件、人物和理论观点也为广大干群所熟知。《教程》这本书,充塞着许多篡改史实的地方,散布了不少"左"的错误观点,是一本经不起历史检验的苏共党史教科书,有学者称之为一本"无人化"的书,因为在《教程》中,读者只看到两个"神"和一群"鬼"的活动和争斗,唯独没有"人"的活动纪录。两个"神"即列宁和斯大林,一群"鬼"就是托洛茨基、布哈林、季诺维也夫等反对派首领。前者是神,能洞察一切,指点迷津,无往不胜;后者是鬼,是钻进党内、革命队伍内的阴谋家、野心家,必须将他们斩尽杀绝。由此,斯大林的结论是:"党是靠清洗自己队伍中的机会主义分子而巩固起来的。"于是,一部苏共党史,变成了一部你死我活的路线斗争史,一部"神""鬼"交锋、驱邪除鬼的历史。

在国际共运史教学中,《教程》的印痕还很多,必须从学理上拨乱反正,正本清源。于是,我与姜琦联名撰写了《对〈联共(布)党史简明教程〉的几点看法》一文,发表在上海的《书林》杂志 1982 年第 1 期上。不久,见到 1982 年第 1 期的《世界史研究动态》上刊发中国人民大学高放教授《重评〈联共(布)党史简明教程〉》一文。巧合的是,我们和高放教授重评《教程》的文章同一时刻在上海、北京两地发表,说明在十一届三中全会"解放思想,实事求是"的方针指引下,专业课领域也迈开了突破教条化的苏联模式的脚步。此后,我国学术界对《教程》中的错误内容陆续进行清理,80 年代中期,我获得了一个国家社科规划的立项,题为"重评《联共(布)党史简明教程》",并于 1987 年在我校举办了一次关于《教程》的专题学术研讨会,中央编译局、中国人民大学、中央党校等 30 多位学者参加,会后在报刊上发表系列论文,引起外界的注意,《参考消息》还登载了外电对我国开展重评《教程》的相关报道。

这里还有一件往事。改革开放以后,我国陆续对历史上的冤假错案进行清理和平反昭雪。从学术研究的视角,我国学界也不能对国际共运史上的错案漠然置之。我记得十一届三中全会后不久,国内就出现一股重新评价布哈林的研究热潮,触动了许多社会科学研究者的心弦。但人们对托洛茨基的评价问题仍讳莫如深,这是因为托洛茨

1987 年，中央编译局与我校联合举办《联共（布）党史简明教程》全国学术研讨会

基不仅是苏共党内最大的反对派首领，他又曾经是十月革命的组织指挥者、红军总司令，还担任过党内和共产国际的重要领导职务，此人影响大，经历复杂。包括中共党史上也有托派问题，在历次政治运动中，都把托派与反革命派相提并论，所以谁都不敢贸然去触及这个人物。而对我们这些从事国际共运史、苏联史教学研究的学者来说，又是绕不过去的研究对象。

1979 年，中央编译局的同志找到我，交给我一本英文版的《托洛茨基自传》，说这本书当时在北京还不便出版，希望请人翻译后在上海出版，于是我在校内请了几位熟谙英文的老师进行翻译，重建不久的华东师范大学出版社答应将该书作为教学用书内部出版。由于翻译难度很大，在此期间，我还与上海人民出版社一位编辑访问过刚出狱不久、时任上海市政协委员的中共早期党员、中国托派的著名人物郑超麟先生，询问他早年翻译和出版托洛茨基著作的事宜。在组织翻译此书的过程中，我对这个历史人物有了较深的了解，也形成了分期评价托洛茨基功过的初步看法，这在当时是比较大胆的。

1981 年夏，我应邀参加世界现代史研究会于四川乐山召开的年会，在小组会上我谈了对托洛茨基评价的一些看法，引起了与会者的兴趣。会议主持人让我在大组会上就这一问题作了发言。我发言的主题是：应该对托洛茨基这样有巨大影响且有复杂经历的历史人物作实事求是的分析和评价，功归功，过归过，不宜全盘否定，不应跟着苏联官方的口径转，中国学者应当根据史料、遵循实事求是的原则作出独立的分析和判断。如今看来,这些都是极为普通的道理。然而在当时,学术禁区还很多,稍不小心,就会踩上"地雷",招灾惹祸。在不少人的观念里,托洛茨基早已盖棺定论,是个彻头彻尾的反革命派别首领,根本无须再去评价和研究,谁想去碰一下,就是亵渎原则,就是别有用心,想为托派翻案,那就不是"学术问题",而是"政治问题"了。记得发言结束后去吃饭的路上,中央某权威杂志的一位编辑对我说:"托洛茨基的评价可不是学术问题,而是政治问题。听说你要对托洛茨基问题发言,你胆子够大,我真为你捏一把汗。听完你的发言,觉得有点道理。"有的同行对我说:"你的观点我赞成,但我不能回学校去讲,否则准要被揪!"也有一些好心的同志劝我谨慎小心。

开展对《教程》和托洛茨基的重新评价,成为我将研究重点转入苏联史的契机,也成为我们学科发展新的生长点。由于我对苏联史研究有一些积累,80年代前期,中国社会科学院世界历史研究所所长朱庭光同志邀请我撰写《世界历史名人录》、《世界历史大事集》和《中国大百科全书(世界史卷)》有关大型词条,还受邀参加陈之骅主编的《苏联史纲》部分章节的编撰,参加国内有关苏联问题的专题研讨会。在与中央编译局、中国社科院世界史研究所、中央党校及兄弟院校的学者的学术交流和跨界合作中,我结交了许多新朋友,学到了不少新知识,加深了我对苏联史的研究兴趣。在这个基础上,我与研究苏联史的两位上海学者叶书宗、王斯德合作,编撰了《新编苏联史(1917—1985)》于1990年由上海人民出版社出版。此时正值苏联东欧发生剧变,1991年底,苏联作为世界上第一个社会主义国家轰然崩塌,震惊全球。我们抓住时机,在《新编苏联史》的基础上,统盘筹划,调整章节,补充史料,以《苏联兴亡史》(60万字)为书名于1993年正式出版,这是国内第一本由中国学者撰写的苏联史专著。我在该书前言中说,"研究苏联史,历来有两种偏向,一种是以苏联官方编写的教科书为依据,并加以教条化、神圣化,不许超越一步;另一种是某些西方学者,带有固执的偏见,对苏联史一概加以诋毁和排斥。我们认为这些都不是科学的实事求是的态度"。我们作为中国的苏联史学者,编写一本真实可信的苏联史,为使我国从苏联这个大国由崛起到衰败的经验教训中,以史为鉴,是我们的一个意愿。《苏联兴亡史》出版后,受到学界的关注,多次重印,有的高校将其用作研究生教材。根据新发现的档案文献资料,经修订补充后,该书2002年出版精装新1版,并先后获得教育部和上海市社会科学研究优秀成果奖。

20世纪80年代起,我将自己的学科研究方向定为"国际共运史—苏联史",先后发表相关论文百余篇,著作近10本。2003年我获得国家社科规划办和教育部关于苏共执政模式研究的两个立项课题,经过课题组的共同努力,获得"优秀"等级结项,该成果以《苏共执政模式研究》为名于2010年由上海人民出版社出版。该书分别获得教育部全国高校第六届人文社会科学研究和上海市哲学社会科学研究优秀成果二等奖和三等奖。

我校国际共运史学科从 20 世纪 50 年代起,开始向国际关系的学科领域拓展,特别是中共十一届三中全会后,在解放思想、实事求是、突破禁区、理论创新的方针指引下,在学科转型发展过程中,我们注意几点:跨界(国际共运与世界史、国际关系)联动,理论研究、历史研究与现状研究相结合,研究国际问题与研究国内问题相结合,从而形成了本学科发展的特色和重点,勇攀学科建设和学科改革的制高点,转型发展使我校在国际问题研究领域,尤其是在俄罗斯(含苏联)、中亚问题研究中取得许多成果,得到国内学术界的充分肯定,这是本学科几代人共同努力的结果。

＊本文作者:周尚文,华东师范大学政治学系教授。

思想政治教育学科的创建和发展

邱伟光　　施修华

思想政治教育作为党的思想政治工作优良传统,历来受到高度重视。华东师范大学建校伊始,便将思想政治教育作为学校工作的重要组成部分。面向大学生的思想政治教育主渠道是政治理论课。进入改革开放新时期以后,又设置了一门与其他政治理论课并列的"思想政治教育"独立课程,简称"思政"课(亦称"大学德育"、"道德修养"等)。1984 年我校经教育部同意开设思想政治教育本科专业,一门年轻的思想政治教育学科遂建立起来。学科建设从无到有,从主干课程建设到形成系列课程体系,从单一人才规格培养到多种规格人才培养,整体呈现良好的发展态势。

一、思想政治教育学科的创建

1978 年 12 月,中共十一届三中全会的召开,全党工作重点的转移,发展经济成了党和国家主要任务。"思想政治工作是经济工作及其他一切工作的生命线",经济要搞上去,离不开思想政治工作。为此,1980 年 8 月 11 日《光明日报》刊载署名求实的《思想政治工作是一门科学》的文章,并开辟专栏开展讨论。12 月 20 日,著名科学家钱学森发表《早日建立马克思主义德育学》一文,文章指出:"我们要把思想政治工作作为一门科学,科学地做思想政治工作。"这篇文章发表后,在社会、在高校都引起热烈反响,高等师范院校教师和思想政治工作者尤其对建立德育学感兴趣,在我校教育学科中早就有"德育原理"课程,具有学科优势。

1981 年年底,中国社会科学院青少年研究所在昆明召开"大学德育科研规划"讨论会,邀请我校党委书记施平和政教系教师邱伟光参加。这次会议建议把德育学列入高校发展规划。会后,施平带队访问了中山大学等南方大学,开展高校德育工作的调研和交流。返校后,施平要求政教系组织人员酝酿编写德育教材,由党委宣传部牵头,政教系协办,正式成立德育教研室,由宣传部副部长孙殿林兼任教研室主任,邱伟光任副主任。1982 年 7 月,78 级政教系余玉花、罗国振和中文系王圣思毕业留校,成为德育教研室的第一批教师,不久政教系 82 届伦理学研究生严缘华也进入德育教研室任教,以后郭为禄等陆续调入教研室。德育教研室成立之初,一方面着手编写教材,另一方面尝试在全校开设德育课。

1982年10月,教育部发出了《关于在高等学校逐步开设共产主义思想品德课程的通知》,要求把共产主义思想品德课程作为一门必修课,纳入教学计划。年底,教育部在厦门大学召开大学生思想政治教育研讨会,会上对高校要不要设置德育课,出现两种不同意见。一种意见认为,大学生思想政治教育是党的宣传鼓动工作的一部分,可以运用开会作报告,以生动的演讲艺术打动人心、鼓舞士气,还可通过"一把钥匙开一把锁"的个别谈话解决思想问题,不需要在高校开设德育课,有人还认为,如若在高校独立设置这门课程,单纯进行德育知识传授,反而不受学生欢迎;另一种意见认为,开会作报告、进行个别教育都是必要的,也是革命战争年代行之有效的宝贵经验,但是对大学生的思想政治教育不能满足于这些教育手段,面对77、78级有一定社会阅历和独立思考能力的大学生,他们对"文革"期间"左"的一套非常反感,而对改革开放后传入的西方社会思潮又缺乏辨析,因此特别需要进行系统的德育理论知识教育,因而在高校设置德育课是必需的。经过热烈讨论,一些高等师范院校老师发起成立由北京师范学院王殿卿老师牵头的大学德育协作组,并委托邱伟光筹备编写统一的高师德育教材。

随后,由教育部副部长彭珮云带队,高校德育教师组成的调查组到若干高校进行调研,也到我校召开座谈会,广泛听取教师和学生的意见,充分肯定了我校开展学生思想政治教育的成绩,并对我校德育课开设和学生思想政治教育提出指导性意见,推动了我校德育工作的开展。

1982年我校在党委宣传部直接领导下成立德育教研室,开展对全校学生的思想品德教育。

1983年,由邱伟光任第一主编,并与北京师范学院王殿卿、北京师范大学刘友渔共同主编的《共产主义思想品德教育》一书由四川人民出版社正式出版,仅第一版就发行20余万册,被许多高校指定为德育课专用教材,《光明日报》刊文称之谓"新中国成立后高校第一本思想品德教育类教材"。由于我校是该书的第一主编,全国很多高校的德育教师陆续要求到我校学习进修。从1983年开始,利用暑假在我校举办"高校思想政治教育教师和思想政治教育干部培训班",先后共办了6届,参加者2 000余人,之后转为"思想政治教育函授助教进修班",共举办5期800余人。我校教师在教学中既重视思想政治教育专业理论和知识的传授,又注重思想政治教育实践能力的操练,学员普遍反映收获较大,在全国高校中产生较大影响,推动了全国高校德育课的建设。此后,由副校长林远主编,德育教研室老师参加编写的《共产主义思想品德基础》教材,由华东师范大学出版社出版,供校内德育课使用。

1985年,我校德育教研室划归学校社会科学教学部,调入刘美一副教授担任德育教研室专职副主任。为培养青年教师更快成长,社科部领导争取到了两个在职研究生的名额,余玉花、罗国振分别考取了伦理学和社会学在职研究生。为加强德育课的教材建设,刘美一组织编写了《青年伦理学》一书,由华东师范大学出版社出版。刘美一退休后,1987 年调入施修华任德育教研室专职副主任。

1989 年,为了进一步加强对大学生思想品德教育工作的领导,德育教研室从社科部分离出来,成为校党委领导下的独立的学校思想政治教育教研室。党委副书记殷一璀担任教研室主任,施修华任专职副主任,党委青年部长查建瑜、宣传部副部长陈锡喜兼任副主任。殷一璀兼任教研室主任后,她倾注很大精力,主要把全校各系党总支副书记和辅导员都纳入教研室兼职教师,定期给兼职教师进行业务培训。对大学生期末德育课考试实行巡视制度,建立兼职教师业务档案,落实兼职教师职称评定,稳定了兼职德育教育队伍。

讲授思想道德修养课和法律基础知识课,是德育教研室基本任务。教师们在建设这两门课中倾注所有精力,曾与 100 多所学校合作编写教材,共同确立科研项目,召开各种研讨班,公开出版 20 多部著作,包括教材、青年读物、教育辅导材料。在实践中,将教学中的问题作为科研课题,并将科研成果促进教学质量的提高,成为德育教研室的一大特色。关于政治思想伦理道德方面的著作有:施修华著《德育学理论与实践》(上海交通大学出版社 1994 年版),施修华主编、罗国振副主编《教育伦理学》(上海科普出版社 1990 年版),施修华主编、严缘华副主编《学校教育伦理学》(学林出版社 1991 年版),教研室老师还参加编写《思想道德修养》、《大学生思想修养》、《道德概论》、《管理伦理学》等教材和论著,成果突出,对学科建设起了重要的推进作用。

缪克成在学生工作期间,重视对大学生进行思想政治和品德教育的研究。1988 年,他运用马克思主义的思想政治教育原理,主编了《大学生修养纲要》。1990 年,他独立撰写了《德育新论》、《德育工程》。《德育新论》获得了全国高校思想政治教育研究会优秀著作奖,《德育工程》获得了上海高校思想理论教育研究会优秀成果一等奖。他认为,德育工作是一个既重要而又较为复杂的社会活动,德育本质的认识不能停留在静态的水平上,而应该从系统的、动态的和发展的角度去作更深入的研究;大学生德育工程实施应该采用程序的理念进行实证研究,程序是对规则的描述、对德育规律的反映、对德育系统的控制。

二、思想政治教育专业的设置

随着德育课在高校普及,迫切需要有条件的高校培养能够胜任思想品德课的师资,这一需要加快了高校思想政治教育专业的建立。由于在全国高校思想品德课推广和师资培养方面发挥了积极作用,我校在高校思想政治教育学科建设和人才培养的正规化、专业化方面始终处于领先地位。

教育部于 1984 年 4 月发出《关于在 12 所院校设置思想政治教育专业的意见》,我校是首批增设思想政治教育专业的试点学校之一,根据该意见提出的"一定要精心办好"的要求,学校党委非常重视,校长亲自过问,周原冰副校长直接指导思想政治教育专业的办学方案的制定,政教系领导在师资配备上给予积极支持,抽调老师成立思想政治教育专业教研室,做好教学的各项准备工作。我校第一批思想政治教育专业本科生,是 1984 年从华东地区高校本科一年级优秀学生中选拔直接升入我校思想政治教育本科二年级学习的。至 1988 年,又直接从中学保送的优秀学生中选拔,改变了原来转学学生因所学专业不同,到校学习成绩参差不一的状况,为提高专业办学水平和人才培养质量提供了保证。与此同时,试行第二学士学位制度,即不同专业的本科生取得第一个学士学位后,再学 2 年思想政治教育专业,获得第二学士学位,以满足不同类型高校留校的思想政治教育教师继续学习需要。他们系统学习思想政治教育专业知识后,仍然回到原来的高等学校、党政机关和企事业单位工作。由于当时高校德育师资和学生辅导员紧缺,所以,我校毕业的第一、二届思想政治教育专业学生绝大部分被分配在高校任职、任教。

在办好本科和第二学士学位专业的基础上,为了满足已有本科学历,希望继续攻读研究生学历思想政治教育教师和学生辅导员的需要,经学校报请国家教委主管部门批准,同意在我校率先创办德育原理(思想政治教育方向)研究生班,由我校教育系德育教授胡守棻领衔,并在政教系政治学硕士学位授予点招收三年制思想政治教育方向研究生,这在全国高校中开了先河,也为我校思政专业研究生培养积累了经验,促进了关于高校思想政治教育研究生培养制度的建立。

1987 年 9 月,国家教委发出《关于思想政治教育专业培养硕士研究生的实施意见》,决定从 1988 年开始,思想政治教育专业招收硕士研究生,培养从事思想政治教育工作高级专门人才,招生对象为大学生本科毕业或具有同等学历,从事思想政治工作二年以上的在职人员,经所在单位推荐,参加全国研究生招生统一考试,择优录取。我校被列为 12 所院校首批招收硕士研究生学校。政教系成立由王松领衔,夏国乘、张传仁、邱伟光等教师组成导师组,还聘请了叶立煊、周尚文、徐豫龙等为兼职导师,构建一支结构合理,专兼职相结合,政治和业务兼优的导师队伍,保证了我校思政专业研究生培养工作顺利进行。

我校设置思想政治教育专业,是一项开创性工作,没有现成办学经验可以供借鉴。教师和办学人员只有在教学实践中,边探索边总结,才能逐步建立和完善适应改革开

前排左 2 胡守棻,左 3 邱伟光

放和社会主义现代化建设需要,符合本科、研究生、第二学士学位不同办学层次的培养规格和课程教学要求,符合学生成长规律,具有活力的教学制度。在办学中,教研室教师努力做到"三个坚持"。一是坚持在提高学生马克思主义理论水平前提下,帮助学生初步掌握马克思主义基本立场、观点和方法;二是坚持以中国特色社会主义理论体系为教学基本内容,在此基础上,不断拓宽知识面;三是坚持理论联系实际,教学要紧密联系国际形势和我国社会主义现代化建设的实际、改革开放的实际、联系学生思想的实际,重在培养学生的专业素质和提高学生解决实际问题的能力。1999 年 5 月,缪克成调入思政教研室任教,他长期从事学生工作,编写过高校思想政治工作的相关著述,有较高的理论和实践水平。到思政教研室后,他承担"思想道德修养"、"思想政治教育原理"、"比较思想政治教育"、"思想政治教育方法专题"等 9 门本科生、研究生课程的教学工作。为了将思政课上得生动活泼而有深度,他总结并提出测试式教育、案例式教育、示范式教育和讨论式教育,以"个例分析"为切入点,总结提炼出具有针对性和规律性的东西,来进行爱国主义、辩证唯物主义和历史唯物主义的教育,他因教学经验丰富曾在教育部召开的思想政治教育研究工作会议上做主题发言。为了使思政课更有针对性,他开展专题调查,主持大学生人生观调查、大学生社会公德调查和大学生思想政治状况调查等,深入了解学生的思想情况,有的放矢地引导学生对时下的重点问题和热点问题进行讨论,不断提升学生理解问题、研究问题的积极性和主动性。

　　思想政治教育学科建设是与课程设置紧密相联系的。教研室教师围绕专业培养目标的要求,按照"少而精、突出重点、突出专业特色"原则安排各门课程,在各个办学层次的教学内容中始终把马克思主义课程作为思想政治教育专业的主课,同时根据政教系教师队伍的业务专长,开设体现思想政治教育学科要求的基础课、专业基础课和

左 2 王松　左 3 邱伟光

专业课,适当增加经济、管理、科技、信息知识的教学内容。在专业课程设置上形成主体一致,互相衔接,门数和深广度要求有所不同的各类学历层次的教学方案,制定了各门课程的教学计划和主干课程的教学大纲,确保达到各个层次培养的教学要求,落实教学方案的各项任务。

为了适应思想政治教育专业各个层次教学的需要,编写出一批代表学科教学、科研最新发展水平,有专业特色的教材,是教研室教师的一项重要任务。为此,教研室教师经过讨论,制定了教材建设规划,确定了《思想政治教育学原理》为重点自编教材,并组织教师积极参加国家教委统编和校际合作编写出版的各类教材,努力达到专业课的每一门课程都有教材使用,确保教学质量的提升。

"思想政治教育学原理"是我校思想政治教育的主干课程,邱伟光从 80 年代起就从事这门课的教学,相继参编了《思想政治教育学概论》、《思想政治教育学》、《思想政治教育学原理》等多本教材。1994 年 3 月,原国家教委正式启动第二套思想政治教育专业教材统编工作,委托邱伟光任该书第一主编,这本教材在学科对象、过程结构、主要范畴、评估体系等方面都有了新的突破。年底在我校召开书稿审定会时,受到教育部领导和各高校专家的好评。该书出版发行后,被教育部列为面向 21 世纪课程教材,获得新一轮教育部优秀教材二等奖,被许多高校列为研究生招生的必读书籍。教研室教师还参与国家教委组织统编的《思想政治教育史》、《思想政治教育管理学》、《青年学》等教材,参加校际合作编写了《思想政治教育文献选读》、《社会主义精神文明概论》、《党团建设概论》等教材。教材编写要体现教学、科研最新发展水平。1998 年 6 月,教育部开展"高等教育面向 21 世纪教学内容和课程体系改革"的系统研究,其中"思想政治教育专业课程体系整体改革研究"获得批准立项后,委托邱伟光为该项目总负责人,参加这一项目工作的有复旦大学等高校教师 23 人,于 1999 年以教材成果的形式如期圆满完成课题研究。教研室教师还分别获得上海哲学社会科学、教育类课题以及上海市教委委托德育创新课题。这些课题反映了社会主义现代化建设和改革开放中思想政治教育的重大理论和现实问题,其研究成果充实教材和教学内容,推动了教师教学水平和科研水平的提高。在深入教学改革基础上,思想政治教育专业的本科教学实现了每门必修专业课程都有教材、教学大纲,每学期都要进行期中教学检查和期末教学总结。

此外,教研室教师撰写了许多著作、论文和调查报告,主要有:张传仁的《社会思潮与青年思潮》;缪克成主编的《思想道德修养》,他独立撰写的著作《中国高校思想政治教育的发展研究》、《中国现代爱国与成才品德的教育研究》以及由他承担的多项国家教委重点项目和上海市教委项目;张云的《思想政治教育心理学》、《大学德育》;孙丹薇的《高校学生思想政治品德考评》等。这些著述,对学生学习马克思主义理论和思想政治教育专业理论,使他们获得从事思想政治教育工作必备的理论知识和能力素养具有指导作用。

思想政治教育专业的各门学科具有很强的实践性。在教学计划中,除了安排必要的教学内容外,还要安排一定学时,加强实践环节教学,包括军训、参加工农业生产劳动、毕业教育实习、思想政治教育工作见习、社会调查以及公益劳动、社区服务等。在校系领导支持下,教研室教师组织学生到浙江余姚地区四明山老革命根据地进行考察调研,接受革命传统教育,既使学生加深了对思想政治教育专业课程的理解,又提高了自身的政治素养和道德品质。另外,要求学生在学习期间,积极参加社会工作和公益活动,研究生必须在本校或其他高校实习做学生辅导员,学会做思想政治工作的本领。而高等师范院校规定思想政治教育专业本科要参加教育实习,到中学上政治课。把学到的马克思主义理论和思想政治教育专业理论融会贯通地运用到教学实践,不仅提高了我校思想政治教育专业的教学质量,也增强了学生自身的理论素养。我校思想政治教育专业从 1984 年成为本科试点学校以后,是上海高校中办学层次高、发展规模大、学科和课程体系建设较为齐全的高校,为社会培养了一大批德智体美全面发展的思想政治教育专门人才。

三、思想政治教育学科建设的发展

我校思想政治教育学科建设坚持坚守与综合并重,以综合为主。综合是学科建设的发展趋势,教研室教师在教学改革中,非常重视以专题教学整合课程资源,采用师生互动讨论式的教学方式组织教学,激发了学生学习兴趣,有助于学生更加深刻地理解专业理论知识,也培养了学生综合运用学科知识解决问题的能力。

在思想政治教育学科建设的过程中,学科归属直接影响到相关学科知识的综合。思想政治教育本科专业建立之初,曾经被纳入教育学属下的二级学科。把思想政治教育列入教育学组成部分,也就是德育学发展和延伸。故而,思想政治教育学科建设,要融入教育学理论知识,揭示人的思想政治品德形成变化规律和思想政治教育规律。教研室教师这一时期出版的教材基本上是沿着这一思路进行研究的成果。1996年以后,思想政治教育专业作为政治学一级学科下的二级学科,我校思想政治教育专业的学科建设,把"政治学"列为必修课程,也是研究生招生必考的课程。而且在政治学一级学科博士点学位建设中,我校也相应设置思想政治教育博士点。这一时期的学科建设,比较重视政治学理论知识的综合,研究生以政治观形成与发展为论文选题,学科建设体现政治性特点和本色。2005年,思想政治教育专业成为马克思主义理论一级学科下属的二级学科。学科建设注重融入马克思主义哲学、政治经济学、科学社会主义理论,特别是要融入中国特色社会主义理论体系的内容,要与马克思主义理论一级学科下属的其他二级学科相互贯通,协调发展。尽管这一任务很艰巨,但始终是我校思想政治教育专业学科建设的方向,需要在学科建设中不断加以探索,逐步完善。

思想政治教育学科建设涉及领域较宽,学科面较广。环绕思想政治教育专业的培养目标,社会发展需要培养高素质创新型的思想政治教育专门人才,他们的知识结构和能力素养必须适应当今社会变化了的教育对象和教育环境需要。在坚持马克思主义指导思想,学习马克思主义基础知识的基础上,还应综合心理学、教育学、政治学、伦理学、管理学、社会学等多门学科知识,学会综合运用这些理论知识来解决教育对象思想问题的能力和本领。此外,为了适应思想政治教育专业人才未来从事党团工作的需要,我校思想政治教育专业开设了党团理论知识课程,为学生搭建了见习党团工作的平台,使一部分学生有了从事党团工作的实际体验。当今社会,科技迅速发展,各门学科知识日益更新,任何一门学科建设都必须从相关学科发展中吸取有益的成果,才会有长足的发展。思想政治教育学科发展同样也需要吸收相关学科发展的成果,但这种学科理论知识的综合绝不是简单的照搬照抄,也不是拼盘式的组合,而是有机的融入和结合。这样,思想政治教育学科综合才能推向新的高度,课程资源整合才能真正实现。

＊本文作者:邱伟光,原华东师范大学政治学系教授;施修华,华东师范大学社科部教授。

社会学恢复重建的难忘往事

吴 铎

　　在我校闵行校区法商楼的五楼厅廊，竖立着"社会发展学院"的醒目匾牌。这块匾牌是 2009 年建立社会发展学院时时任院长丁金宏托付我题写的。现在，这块匾牌代表着社会学系、社会工作系、人口研究所、人类学研究所、民俗学研究所五个基本单位，还有挂靠的校级学术研究机构：社会学研究中心，社会学研究所，现代城市社会研究中心，社会调查中心，青少年与社会工作研究中心，社区文化研究中心，华东师范大学·内蒙古大学民俗、社会、文化联合研究中心，宗教与社会研究中心等，涵盖 5 个硕士点和 4 个博士点。每当想到社会发展学院的兴旺，欣喜之余，社会学恢复重建的一些难忘往事，便会情不自禁地涌上心头。

本文作者与社会发展学院现任、前任院长和院党委书记、副书记合影。
左起：丁金宏 文军 吴铎 吴瑞娟 黄燕

心哲先生喜进京

　　新中国建立前夕的 1947 年秋，全国各大学或独立学院设立社会学系的有 19 校，设立历史社会学系的有 2 校,设立社会事业行政系的 1 校,合计 22 校,其中设在教会学校的占一半,在校讲师以上的教师约 140 人。

在 1952 年全国高等院校院系大调整中,社会学作为一门学科在中国的社会科学目录中被勾销了。社会学教授们对这一强制举措只能是服从或沉默了事。他们该说的话都说了,该陈述的理由都陈述了,该做的努力也做了,但最终都没有什么用。继而,社会学进一步遭到彻底批判,成为禁区。许多社会学家被划为右派分子,长期遭受不公正对待。中国社会学学科的发展被人为地中断了。

1978 年中共十一届三中全会后,中国社会发展进程进入了改革开放的历史新时期。为适应社会发展形势对恢复和重建社会学的迫切需要,1979 年初,时任中国社会科学院院长的胡乔木约见费孝通先生,商谈关于尽快恢复中国社会学的事宜,并委托他协助“全国哲学社会科学规划会议筹备处”进行筹划工作。1979 年 3 月 15—18 日,由全国哲学社会科学规划会议筹备处主持的“社会学座谈会”在北京举行。来自北京及部分省市曾从事过社会学教学与研究的社会学者以及教育、民政、公安、工会、共青团、妇联等实际工作部门的同志共 60 余人出席了会议。胡乔木在会上郑重地为社会学恢复名誉,并指出:否认社会学是一门科学,用非常粗暴的方法禁止它的存在、发展、传授,无论从科学的或政治的观点来说都是错误的。

我校言心哲先生应邀参加了这次座谈会。言心哲早年赴欧美留学,1928 年起先后在燕京大学、中央大学、中山大学、复旦大学担任社会学教授,1952 年调来华东师大教育系工作。他著有:《社会调查大纲》(1934 年)、《农村社会学概论》(1934 年)、《中国乡村人口之分布》(1935 年)、《现代社会事业》(1944 年)等,是一位资深的社会学家。可是,这位长期从事社会学的学者因这一学科取消而被闲置,并遭受 20 多年磨难。中共十一届三中全会不久,许多社会学学者尚心存余悸,担心历史重演。但言心哲先生接到会议邀请函后,满怀欣喜和期望立即前往北京赴会,他寄希望于会议能够对社会学的恢复和发展起到推动作用。在这次会议上,决定成立社会学研究会,推选费孝通教授为会长,聘请言心哲等 20 位老一辈社会学家为学会顾问。上海的李庆云、陈誉、吴铎、袁缉辉等被选为理事。这次座谈会对于中国社会学的推动具有决定性的作用,是新中国社会学的一次破冰之举。

1979 年 3 月 30 日,邓小平在理论工作会议上发表了《坚持四项基本原则》的重要讲话,指出:“政治学、法学、社会学以及世界政治的研究,我们过去多年忽视了,现在需要赶快补课。”(《邓小平文选》第二卷,第 180—181 页),从此,我国社会学走上了恢复重建的道路。

为落实北京 3 月会议精神,言心哲回沪后即着手准备召开上海社会学者座谈会,商讨上海社会学的恢复和重建问题。在他 1979 年 12 月草拟的《社会学与社会工作等

言心哲和本文作者与研究生合影
前排左起：王小真　言心哲　吴铎；后排左起：江维娜　夏放

宣传题目的初步设想和建议》中，比较详细地记述了这一过程：

　　今年三月间，在北京的社会学座谈会上，大家一致认为，由于我国工作的着重点正在转移到社会主义四个现代化建设，社会学的研究应尽快地提到日程上来。在会议期间，大家认为，大学的社会学系应从速恢复，以便开展研究和教学工作。因此，我向教育部政治教育司司长李正文建议，上海为我国最大的都市，社会学系的设立，尤其必要，最好是先在上海复旦大学设立社会学系，他同意我的看法。据说，他曾以教育部的名义向复旦大学发出指令，要他们尽快地恢复社会学系。李正文同志要我回上海后向他汇报。但是，由于我国社会学的研究确实中断太久，人员的联系等方面，都是一个空白点，我简直不知从何着手。后来，几经考虑，在今年五月间，我们召集了一次小型座谈会，到会者有华东师大周原冰、吴铎、陈誉、王养冲、冯纪宪五位同志和我六人。在这次会上，我们决定在师大政教系下成立一个社会学研究小组。在今年七月间，我们又召集第二次座谈会，继续讨论，如何进一步在上海开展社会学研究这一个问题。这次到会的有周原冰、应成一、吴铎、王养冲、刘德伟、冯纪宪诸同志和我七人。（略有删节）

　　在这个阶段，言心哲虽已届耄耋之年，仍为我国社会学的恢复和重建工作竭尽心力。他始终耕耘在教学和科研的第一线，积极地与国内外社会学界联络、沟通，为中国社会学的恢复和重建作出了重要的贡献。

　　他针对各高等学校陆续开设社会学课程,撰写了《对我国今后大学社会学系课程开设的商榷》一文,并为华东师大社会学专业研究生亲自讲授中国社会学史,指导研究生查阅社会学资料,开展社会调查,进行个别辅导,传授自己教学和研究工作的经验。当时他十分狭窄的居家住所,成为研究生教学工作的课堂。他言传身教,倡导师生互动,为研究生治学做人树立了崇高风范。

　　改革开放让老先生焕发了活力,这一时期,言心哲紧密结合教学与科研工作,撰写了大量研究文稿。发表文章有:《蔡元培先生与中国社会学》(《社会学通讯》1981 年第1 期)、《简论社会学在新中国的需要和作用》(《社会学丛刊-社会》1982 年第 1 期)、《社会学与社会工作等宣传题目的初步设想和建议》等,他在文章中强调了社会学在新时期的重要性,并且提出了我国社会学研究在新时期需要面对和解决的问题。在这期间,他所撰写和翻译的文稿最终合成为《社会学资料》第 5 期、第 9 期、第 20 期、第 22期共 4 本著作集(内部文稿),与国内社会学界广泛交流。当时,我校陈誉和冯纪宪教授也撰写文稿,为恢复和重建社会学尽力。

　　言心哲在兼任中国社会学会和上海社会学学会顾问期间,频繁地参与在上海举行的社会学座谈会和国内外学者的交流。他治学态度极其严谨,每一次的讲座和会议,都有笔记,内容详尽。他与很多国外学者如澳大利亚的社会学教授 N. T. Feather 和芝加哥大学社会服务行政系的 Margaret K. Rosenheim,建立了友谊,积极借鉴国外社会学课程开设和研究成果,为推进我国社会学的恢复和重建服务。

有幸结缘社会学

　　恢复和重建社会学的形势,对我们政治教育系的师生产生了巨大的激励和鼓舞作用。我当时主持系里的教学工作,便与"文革"后第一批入学的 9 位大学生,共同组建了一个社会学研究组,在言心哲等老一辈社会学家指导下,开始搜集、阅读、翻译社会学的文章、书籍,并编印了一本《社会学资料》,以此为平台进行社会学"补课",就这样红红火火展开了,学习和研究的浓烈气氛,恰似"红杏枝头春意闹"。这成为我结缘社会学的起点。

　　在 1979 年 5 月份上海召开的上海社会学者座谈会上,对于如何展开社会学的调查和研究,我首先倡议,要从上海城市的社会调查着手,随后,我拟订了"上海城市社会问题调查提纲"并进行了下列课题的调查:1. 广开就业门路,安置待业青年——上海市静安区劳动服务队情况调查;2. 上海市社会福利事业情况调查;3. 让孤寡老人度过幸福晚年——上海市老残院调查;4. 他们是怎样挽救违法犯罪青少年的——上海市卢

吴铎(左2)与77级社会学研究组学生在一起研究社会调查
工作

湾区工读学校调查;5.关于青少年违法犯罪的调查;6.困难重重·出路何在——上海
市住房问题调查。以上各篇调查报告于1979年7月合集为《上海市城市社会问题调
查报告选》(内部印刷)。该报告集刊印了我撰写的第一篇社会学论文——《谈谈城市
社会问题研究》。上海社会学学会9月的成立大会上,我向大会提交和宣读了该论文。

　　说来也巧,第二年我又碰上了一件新鲜事。那年春季开学后,上海某中学的语文
教师出了一道作文题——《除夕》。有个学生写他除夕之夜到"大光明"影院去看电影。
走到影院对面,看到一位"大盖帽"把一个怀抱幼儿向路人乞讨的中年妇女带走收容,
于是心情难以平静。看完电影却不知所云何事,出影院门抬头一望,只见"大光明"灰
蒙蒙一片,高耸的国际饭店正渐渐倒塌下去。情文并茂,颇为动人。对此,教师却形成
两种相反的评价:一是拍案叫绝,说是敢吐真言,多年不见;二是称文以载道,如此一
叶障目,应予批评,不予及格。争论多时,难以取得共识,于是他们请华东师大派一位
教师给予评价和小结。由于参与恢复社会学研究,这项任务落在我肩上。我思考多
时,感到问题的关键在于如何认识现时的乞讨现象和乞讨者。为求得正确的分析和认
识,我走访了上海市收容遣送站,请教该站工作人员,查看历年有关资料以及各类收容
对象谈话,并随遣送专车前往外地逐村、逐户调查访问。在取得大量材料和理性认识
的基础上,我前往该中学讲课,听课后师生普遍反映"有说服力"。后来,我又写成论文
《当前上海市区乞讨现象试析》(《社会》杂志1981年第1期),论文被《报刊文摘》摘编
采用,国外有关书刊也有译载。这是我进入社会学领域后上的第一堂课和撰写的第二
篇论文。这不仅使我直接领略到这门学科的价值,而且在情感上也深深地被它所
吸引。

1983 年,适逢马克思逝世 100 周年。在纪念这位人类伟大的思想家、理论家的过程中,我重新学习了他和恩格斯的一些重要著作,发现在马克思主义的宝库中,社会学也是其中的重要组成部分,而且许多西方学者尊称马克思为社会学的"鼻祖"之一。我作为一个学习、研究马克思主义而又涉足社会学的学者,对此格外兴奋,于是集兴奋和心得于一体,写成论文《马克思与社会学》(《社会学通讯》1983 年第 1 期)。文章结尾有这样两句话:马克思为我们开辟了科学社会学的道路,而我们对于马克思的最好纪念,就是沿着这条道路阔步前进,并且牢记:任重而道远。

自 1979 年至今,35 年过去了,作为综合研究社会现象及其发展规律的社会学,已深深根植于我国社会科学园地,社会学学者成为我国社会科学和社会主义现代化建设的一支重要生力军。作为这支队伍的一员,我在从事教学工作的同时,还结合我国社会发展的进程,做过一点研究工作。世纪交替之际,华东师大终被批准建立社会学本科专业。这不仅了却了我深藏多年的一个心愿,也激发了重读自己文稿的热情。在校领导、华夏学院同仁和华东师大出版社的关心、支持下,将部分文稿辑成《社会学文集》出版。这多少反映了一个半路出家的社会学学者在"补课"道路上所留下的足迹,反映了我与社会学的一种缘分。

艰难起步与发展

华东师大恢复和重建社会学,就制度上说,是从获准建立社会学硕士点开始的。我校 1982 年开始招生的社会学硕士点,是全国高等学校首批 4 个社会学硕士点之一。其他 3 个社会学硕士点分别设在北京大学、南开大学、中山大学。我校社会学硕士点的申报以言心哲教授牵头,陈誉、吴铎为辅。研究生指导组亦由三人组成。社会学硕士点的建立,对华东师大社会学学科具有开创性意义,为社会学新学科发展奠定了初步基础。

作为全国高校首批社会学硕士点之一,确有盛名之下,其实难副的窘迫感。当时主要依靠校内外老一辈社会学家的激励和倾力支持。他们多已耄耋之年,但对我校社会学硕士点的教学和研究工作却尽心竭力,留下无数感人篇章。

金武周先生,那时已 80 高龄,20 世纪 20 年代曾留学美国,回国后在沪江大学任教,他是我国 30 年代新兴的社会学研究开拓者之一。在沪江大学开设社会学新课,为了解社会、探讨学术,率师生作社会调查,编写《上海劳工问题》、《上海妓女调查》、《上海租界游戏场调查》等文章、资料。1957 年被错划为右派。1980 年接受华东师范大学政治教育系聘请,兼职翻译国外社会学资料,参与培训出国代培研究生,编著《哲学社会科学词典》,编译《城市社会学》等书,作为研究生的教材。

励天予先生,在古稀之年应华东师范大学之请,担任社会学研究中心兼职教授,讲授"西方社会思想史"和"专业英语",指导研究生学习。励先生1937年毕业于沪江大学社会学系,1947年秋赴美留学,获得硕士学位。1949年秋学成回国,任沪江大学社会学系讲师。1957年和"文革"中曾遭受不公正待遇和磨难。"文革"结束后,曾受聘为上海交通大学外语系兼职教授、美国哥伦比亚大学社会工作研究院硕士教授、上海市社科院社会学所名誉顾问等。励先生受聘我校兼职教授期间,不论严冬炎夏,不辞辛劳,十余年如一日,他总是乘公共汽车往返于住所与学校之间,敬业爱生之深情,为社会学专业师生终生铭记。

为华东师大社会学系创建和发展作出贡献的还有我校历史系王养冲教授和图书馆馆长陈誉教授,他们在教学、科研任务和行政工作尚十分繁忙的情况下,破例应允再增加为社会学研究生授课的新任务。王先生讲授"西方近代社会学思想的演进",后来又将讲课稿整理成《西方近代社会学思想的演进》专著,由华东师范大学出版社1992年出版,作为研究生的专用教材。陈先生为研究生作"社会学理论"和社会工作讲座,并精心指导研究生的学习和科研活动。

在几位老先生的支持和指导下,我校社会学专业硕士研究生的培养工作顺利起步并得到了比较快速的发展,还根据教育部计划,连续两届接受社会学专业硕士研究生出国代培工作,派出社会学专业青年教师前往日本东海女子大学研修社会学。

我校自1980年起,首先在政治教育系,后又在历史学系、教育系开设社会学概论,并为上海大学文学院社会学系开设马克思主义社会学原著、政治学原著、人口社会学等课程。1982年我和陈誉出席在武汉召开的中国社会学研究会年会,并当选为中国社会学会理事。1985年政教系正式建立社会学教研室,我兼任主任。我校作为综合性师范大学,从80年代开始,有关单位陆续开设社会心理学、教育社会学、科学社会学、社会统计学、环境科学等课程,设置了硕士生、博士生专业点,并开展对欧美各国、日本、苏联和东欧各国社会学的翻译、研究工作,形成社会学学科建设兴旺和发展的势态。但社会学教学与研究人员分属不同系、所,力量分散,已不能适应形势发展的需要。

为协调和扩大我校社会学研究队伍,提高社会学教学、研究生培养和科研工作质量,加强国内和国际学术交流,进一步推动社会学学科建设,校领导于1988年决定建立华东师范大学社会学研究中心。中心的宗旨是组织和协调我校社会学教学、研究生培养和科研工作,联系改革和开放的实际开展社会学理论和应用的研究,组织社会调查和社会实践活动,推动我校与国内国际社会学学术交流。中心的活动坚持教学与科研相结合,主要任务是:举行年会,报告会,成果、信息交流会,并向本校师生定期举行学术讲座,推动我校社会学研究的普及与深化;联合培养研究生,加强人员与信息资料交流;接受校内外有关部门(包括政府部门和企业)委托组织专题调查研究,开展有关咨询服务,提高中心学术研究的效益;着重开展社会调查与社会实践的理论和方法研究,为推动我校大学生社会实践活动提供帮助、指导;直接与国内外同类学术团体间进行信息资料及人员交流。中心是我校社会学理论和应用研究的跨系、所非实体协调性组织,隶属校部领导。校领导任命我为中心主任,张人杰教授为副主任。校内各单位有关教学和科研组织以及个人,可根据规定程序自愿加入或退出本中心。中心人员组成包括政教系社会学教研室、人口研究所人口经济与人口社会研究室、自然辩证法研究所、心理系社会心理学教研室、比较教育研究所教育社会学研究室以及哲学系、经济系、环科系、外语系、数理统计系、国际问题研究所、西欧北美地理研究所、计算机中心等有关专业教研室的教学与研究人员和部分研究生。

我在担任社会学研究中心主任前后,承担的学术性社会职务包括中国社会学会副会长,上海社会学会、社会福利研究会、婚姻家庭研究会、社区发展研究会副会长,全国哲学社会科学规划社会学人口学学科组成员,中国大百科全书社会学卷编委,全国中小学教材审定委员会委员等。其间,发表和出版的比较有影响的论文和著作有:《当前上海市区乞讨现象试析》、《马克思与社会学》、《深圳经济特区的社会考察》、《创建有中国特色的社会学》、《论社区规划》、《简明社会学》、《〈家庭、私有制和国家的起源〉读书札记》、《社会学》等。《中国大百科全书社会学卷》、《中国社会工作百科全书》是我国社会学和社会工作恢复、重建前期的标志性著作。我作为前一部著作的编委和该书"社区研究"部分主编、后一部著作的副主编,做了大量的相应工作。

张人杰教授在担任社会学研究中心副主任前后,承担的学术性社会职务包括全国教育社会学专业委员会主任委员、国务院学位委员会教育学科评议组成员。自1980年起,在联合国教科文组织下属国际教育规划研究所工作,先后应邀参加多次国际学术会议和国际合作,主要致力于教育社会学、比较教育学的教学与研究,学校社会工作研究等。主要论著有:《当代国外教育研究》、《国外教育社会学基本文选》、《教育大辞典·教育社会学分卷》、《教育与社会》、《教育与社会变迁》、《现代教育功能研究》等。

在社会学研究中心工作的,还有桂世勋教授,他被评为国家级有突出贡献的中青年专家,承担的学术性社会职务包括国家计生委人口专家委员会委员、中国老龄科学研究中心老龄人口专业委员会委员、中国人口学会人口社会专业委员会委员等。主要论著有《人口社会学》、《上海农村老人赡养问题研究》、《八十年代上海人口特点与人口普查》、《上海人口老龄化预测及其战略对策》等。时蓉华教授,她的专长是社会心理学教学和研究工作,曾任中国社会心理学会副会长、上海社会心理学副会长。著作有《社会心理学》、《现代社会心理学》、《青年心理学》、《中小学教育心理学》等;发表的论文有

《学生道德品质自我评价倾向性的研究》、《社会心理学要面向社会》、《提高小学生解答应用能力的实验研究》等。陈光教授,长期从事自然科学史和科学社会学研究,代表性著作有《科学社会学的新转向》、《"科学知识"社会学概念及其哲学背景》、《略论近代科学的制度化过程》等。

参加社会学研究中心的还有西欧北美研究所著名城市地理专家严重敏教授,环境科学系著名城市生态专家宋永昌教授、王云教授等,他们都为我校社会学的学科发展作出了贡献。

社会学系姗姗来

在全国高等院校中,华东师大参与社会学的恢复和重建工作是最早的几所高校之一。如果从"心哲先生喜进京"起算,那是 1979 年 3 月;如果从组建"社会学研究组"起算,那是 1979 年 4 月;如果从政治教育系设置社会学教研室起算,那是 1980 年的事;如果从获准设立社会学硕士点,那是 1982 年。即使从设立硕士点起算,到 2000 年正式获准设置社会学本科专业,也整整经历了 19 个年头,而建立社会学系则是 2001 年的事,那就是 20 年了,在全国兄弟院校中可说是很晚的。这件事,正像白居易《琵琶行》的中的名句:千呼万唤始出来。

记得在 1985 年 12 月,中国首次国际社会学学术研讨会"社会学在现代社会经济发展中的应用"在中山大学召开。全国 4 个设有社会学专业硕士点的高校专业负责人均应邀出席这次会议,并在会后就社会学专业硕士生的培养问题举行座谈,交流经验。我作为华东师大社会学硕士点的负责人,也应邀参加了上述各项活动。其间,我特意向与会的教育部高教司负责人季晓峰表达在华东师大设置社会学本科专业的意愿,当时全国已有上海大学、中山大学、北京大学、南开大学等 4 校设置社会学本科专业和系。季司长是积极支持并具体负责高校社会学恢复重建工作的,而对我所表达的意愿,却表示需要再"看一看"发展的需要,原因是中学并不开设社会学课程,高等师范院校还没有培养中学社会学师资的任务。

这一看就拖了将近 20 年,直到我 1996 年退休,这个心愿还未能实现。

大约到 2000 年,根据华东师大学科布局的需要、学科已有的基础和发展趋势,华夏学院征询我的意见后,正式向华东师大提出设置社会学本科专业的建议。时任华夏学院院长钱洪教授希望我能参与社会学本科专业的申报工作。我这时的心境是比较复杂的。一则以喜,这是主要的,因为多年的心愿已看到可能实现的曙光;一则以憾,重新挑起近 20 年前一个曾经充满激情而又未能兑现的话题,那种遗憾之情是难以完全平复的。

华东师大校领导同意和支持华夏学院的这项建议,委托钱洪教授主持申报社会学本科专业的筹备工作。经过钱洪教授、徐钧涛教授的积极运作,建立了由我、罗国振、顾骏、陈映芳等参与的申报工作小组,经各方面的共同努力,申报终于获得教育部批准。社会学本科专业的申报成功,是华东师范大学恢复和重建社会学事业的重要阶段和组成部分。

由于设置社会学本科专业的建议和具体申报工作,都是华夏学院钱洪院长等负责操作的,因而校领导决定,社会学本科专业首届学生的教学和管理工作委托华夏学院负责。华夏学院为此做了充分的准备,组织所有参与申报工作的专业人员召开专门会议,研究专业培养和教学工作计划,建立由教授组成的教学班子。学生进校后,专业课均由教授担任。学校还聘请复旦大学、港台大学社会学教授担任专题讲座。教学注重理论联系实际,开展丰富多样的社会调查研究,倡导学生自主和创造性地学习。尤其创办学生专业刊物,开创了华东师大本科一年级学生自办专业刊物的先河。

2001年,华东师大院系调整,华夏学院的社会学本科专业正式归并到华东师大法政学院,并在法政学院建立社会学系。直到这时,华东师大的社会学本科专业和社会学系总算实至名归。

社会学系诞生之后,学校、院系领导和全体师生积极进取,不断开拓。由于各方面的同心协力,社会学系在理论研究、应用拓展、立德树人等方面,都获得显著成就,开创了专业蓬勃发展、青年人才辈出的生动局面。

* 本文作者:吴铎,华东师范大学社会发展学院教授。

创新与发展马克思主义
政治经济学的探索

秦　玲

政治经济学是马克思主义的重要组成部分,在高等学校学习、宣传讲授和研究中国特色社会主义政治经济学,不仅是思想建设的重要内容,而且是培养和造就建设人才,推动改革开放和社会主义现代化建设的重要任务。我校政治教育系政治经济学教研室全体教师参与了创新和发展中国特色社会主义政治经济学的全过程,作出了应有的贡献。

一、政治经济学学科的创建

新中国成立初期,政治经济学在高校中尚属新兴学科。新建立的华东师范大学于1952年在政治教育专修科设立了政治经济学教研室。教师仅有9人,其中教授2名为陈彪如、贾开基,贾开基任教研室主任。陈彪如1952年秋主讲第一届政教专修科的政治经济学课程。1953年第二届政教专修科的政治经济学由夏东元主讲,1954年第一届政教系54级本科的政治经济学课由贾开基主讲。贾、夏两位老师于1955年调离政教系。在年青教师中,除曹宁、王月桂是学政治经济学专业科班出身的,其余是由教育系毕业生转行过来的。多数教师对马克思主义政治经济学不熟悉,都需要进修提高。按教学计划规定,公共政治理论课也必须开设政治经济学课程,但因缺乏教师无法开设。

1956年是重要的转折点,补充了大批教师。刘克敏从中央高级党校理论班毕业回校任教研室主任,赵先甲从中国人民大学研究生毕业回校任教;同时从中国人民大学分配到华东师大政教系的还有葛素珍、梁光纬、朱彤书等毕业研究生。此外,1956年夏,又有5位北京师大、东北师大政教系毕业生分配到我校政教系当助教,陈伯庚又从中文系党总支调回政教系,这样,政治经济学教研室扩充到16名教师,本系政治经济学专业课及外系公共课政治经济学课全面开设。

1957年至1958年政治经济学课程处于停顿状态。20世纪60年代初,全国形势相对比较稳定,政教系恢复开设政治经济学,全校文理科也普遍开设了政治经济学课程。教师队伍也进一步得到扩充。1961年后黄礼新、黄强华、吴贤忠、顾雪生、李述仁、赵春华等调到政教系,政治经济学教师队伍恢复到15名。教材也从苏联政治经济学教科书,改为使用于光远、胡绳、苏星主编的《政治经济学(资本主义部分)》和姚耐、蒋学模等主编的《政治经济学(社会主义部分)》。由此,我校政治经济学学科初步建立起来。

二、改革开放中学科建设的大发展

进入改革开放新时期后,我校政治经济学教师积极开展社会经济调查,参与全国性和上海市的经济理论研讨会,认真开展科学研究,出了一大批科研成果,学科建设得到极大的扩展和长足的发展。在专业方面,从经济学专业扩展到国际金融、工商管理、房地产经营管理,再到旅游经济、信息经济、会计、统计、会展、MBA专业等10多个专业。课程设置从一门政治经济学课,扩展到门类齐全的几十门课程。组织形式方面,从一个政治经济学教研室,发展到经济系、国际金融系、工商管理系、房地产系、信息系、会计系和统计系等8个系。1993年建立商学院、金融统计学院。2016年建立经济与管理学部,下设经济学院、工商管理学院、公共管理学院、统计学院、国际航运物流研究院。如今经济学科已成为华东师范大学重点关注的学科。

三、陈彪如早期培养的经济学科人才

陈彪如教授在我校整整工作了50个春秋。从第一个讲授马克思主义政治经济学课开始,著书立说,介绍评述西方经济学说,创建经济专业和国际金融专业,建立经济系,在国内率先开创国际金融学科,并招收国际金融博士生,建立世界经济博士点,为华东师大经济学科建设作出了不可磨灭的贡献。

带教青年教师,培养教学骨干,是他对政治经济学学科建设的重要贡献之一。陈彪如带教、培养的第一个青年教师是陈伯庚。陈伯庚1955年7月毕业留校担任政治经济学助教。陈彪如是他的指导教师,他指导陈伯庚进修两门课,一门是钻研马克思的《资本论》,另一门是自学经济学说史。他要求读《资本论》时写详细的读书笔记,每周交给他评阅。开始时陈伯庚写的读书笔记摘抄比较多,陈先生对他说,光摘抄不行,要理解后用自己的话写下来。按照先生的要求,陈伯庚刻苦钻研,在一年中写了三大本读书笔记,为其日后的发展提高打下了扎实的经济理论基础。同时,陈彪如还指导陈伯庚搞科学研究,撰写论文。他强调指出,写论文一是要有创新,二是要联系实际,注重应用研究。在先生的指导下,1957年陈伯庚写了一篇《关于定息是否是剩余价值问题的一点意见》论文,有一万余字,先生认真评阅并提出修改意见,改好后,又推荐给学报发表。这是政教系青年教师中第一次公开发表论文,也是陈伯庚创新研究中国经济问题的开始。

陈彪如带教的第二个青年教师是朱彤书。1959年政教系准备开设外国经济学说史,决定由朱彤书主讲,由陈彪如指导。陈先生要求朱彤书一要认真阅读亚当·斯密和大卫·李嘉图等西方经济学家的代表性著作;二要到外语系进修英文,以便更好地学习原著。在先生的精心指导下,朱彤书很快掌握了这门学科,陆续主编了《政治经济学辅导读本》、《杜尔阁的经济学说》、《近代西方经济理论发展史》、《西方经济思想辞典》、《马尔萨斯经济思想研究》、《西方经济学名著介绍》等专著和教材,在西方经济学的教学和研究领域作出不少成果。

四、科研创新,为改革开放和现代化建设服务

20世纪八九十年代是政治经济学繁荣昌盛的黄金时期。在解放思想、实事求是方针指导下,在中国大地上掀起了破除禁锢、解放思想的热潮,接着又掀起了以经济建设为中心的现代化建设热潮和改革开放大潮。在这样的背景下,出现了经济学的大繁荣局面,我校政治经济学教师也积极参与了创新与发展中国特色政治经济学研究与探索。

(一)坚持教学与科学研究相结合

教师的主要任务是搞好教学,又要重视基础性理论研究,为提高教学质量服务。黄强华编写出版了《〈资本论〉难题解答》,为《资本论》这一经济学巨著的普及作出了重大贡献。政治经济学社会主义部分没有现成的理论体系可循,老师们在认真学习邓小平经济理论的同时,围绕改革开放展开理论研究,积极参与经济理论研讨。如社会主义初级阶段理论、商品经济理论、按劳分配理论、社会主义生产目的问题等。1978年朱彤书发表《发展社会主义商品经济》论文。陈伯庚、梁光纬、秦玲等参加了全国性政治经济学教材编写,开设社会主义市场经济研究新课,把科研成果融入教学中去,大大提高了教学质量。由此涌现出一批优秀教师。如秦玲1993年获国家教委"曾宪梓教

育基金高等师范院校教师奖"，多次获华东师大师德标兵、先进工作者、三八红旗手、优秀教学奖等奖项。

（二）坚持科研与社会调查相结合

社会调查和实践是理论创新之源，理论来源于实践，又高于实践，指导实践。1978年春教研室组织教师到上海海洋渔业公司调查，陈伯庚和沈仲菜一起写成了《上海海洋渔业公司实行航次超产奖的调查》一文，发表在《经济研究》1978年第11期上。陈伯庚曾参加国家农委农村经济问题嘉定调查组，重点调查农产品成本与价格问题，用大量事实论证农产品成本上升，价格必须相应调整，调查报告发表在《中国农业经济问题》杂志上。同时又从理论上概括写成《我国农产品价值形成的特点》一文，分析了农产品价格剪刀差扩大的成因，提出如何缩小的政策措施，为国家物价部门所采纳，在80年代连续几次提高农产品收购价格，促进了农业生产发展。1985年陈伯庚、梁光纬和黄银柱赴深圳调查，发现并总结了深圳价格改革的经验，写成了《深圳特区价格改革的启示》一文。他们结合政治经济学教学经常组织学生下工厂、下农村、下基层调查经济问题，在硕士研究生课程中专门开了一门社会调查实践课，通过调查提高了本科生、研究生的科研能力。如77级经济专业成立了一个农村经济研究小组，下乡调查写作论文，两年中4个小组成员共发表了7篇论文，这个专业毕业的学生在工作岗位上都发挥了专业学科的优势，为经济建设事业作出了贡献。

秦玲（中）与79级学生在上海自行车四厂进行收入分配调查

（三）坚持科研为改革开放服务

改革开放的伟大实践，为经济理论的创新开辟了广阔的道路。从 1980 年开始，教研室陈伯庚、许耀钧、秦玲等老师积极参加全国和上海市理论研讨会。如社会主义生产目的理论研讨会、按劳分配理论研讨会等。陈伯庚、吴贤忠提交的《衡量国民经济增长速度的标准是什么？》一文，被《光明日报》选中在该报刊登。1984 年在中央作出经济体制改革决定后，我校政治经济学积极参加计划与市场关系问题的讨论，在《学术月刊》发表《经济体制改革与生产关系的层次性》、《计划浮动价格》、《国有资产管理体制改革新思路》等论文，提出"有计划的商品经济"、"有计划的市场调节"、"政资分开"等观点，为改革出谋划策。

（四）坚持社会主义市场经济研究方向

邓小平提出社会主义市场经济理论是社会主义政治经济学史上的伟大革命，是政治经济学科建设的灵魂。在邓小平南巡讲话和中央《关于建立社会主义市场经济体制的决定》发布以后，我校政治经济学教师积极参加宣传和研究。陈伯庚、秦玲、张永岳等在校内外作了多场关于市场经济的宣传报告和讲课。经济系开设了社会主义市场经济理论研究课程，教研室教师围绕市场经济理论发表了大量科研成果。如陈伯庚发表的《市场经济与经济体制改革》、《市场型企业制度构想》、《市场经济与社会主义融合探索》等，提出社会主义与市场经济融合论等新观点，被教育部选中参加研讨会，并荣获上海市邓小平理论宣传研究成果二等奖，上海市哲学社会科学成果二等奖。

（五）坚持专题研究，承担市重点课题研究项目

1990 年承接上海社联根据江泽民同志提出的 17 个"七五"规划重点课题之一，陈伯庚、彭金官、张永岳等执笔完成，"工农业协调发展问题"的课题研究任务，并将其扩展为《中国工农业协调发展研究》一书，由华东师范大学出版社出版。1995 年又承接了上海市哲学社会科学规划课题"社会主义市场经济与收入分配制度改革"研究任务，由教研室陈伯庚、秦玲、张永岳、彭金官参与研究完成，提出"个人收入分配多元化"、"建立工资集体设谈判制度"、"对经营者实行年薪制"等创新观点，受到好评，成果收入市委宣传部汇集出版的《经济发展研究》一书中。这些科研成果既为改革开放和现代化服务，又丰富了学科的内容，推动了教学，促进了学科建设。

五、探索中国特色政治经济学之路

如何使政治经济学中国化是我国面临的艰巨任务。我校政治经济学教研室教师在不同时期曾参与主编或编写全国性的五部政治经济学教材。

(一)参与编写中国第一部公开出版的政治经济学(社会主义部分)教材(上海本)。1959年春天,为了总结"大跃进"和人民公社化运动的经验教训,毛泽东提出要编写中国自己的政治经济学教材。当时全国有十几个省市响应号召组织编写,主要有北京、上海、天津和湖北等地。赵先甲、陈伯庚参与了上海本教材的编写。赵先甲和陈伯庚承担"第七章　社会主义工业和农业"的起草执笔任务。1961年9月,中国第一部公开出版的《政治经济学(社会主义部分)》教材,由上海人民出版社正式出版,供财经类专业和文科专业使用,1963年又根据当时新情况修订出版了第二版,先后印刷了几十万册,为华东地区各高校普遍使用,一直用到1966年"文革"前。可以说,上海本是国内最早编写出版的政治经济学(社会主义部分)教材,结束了我国只使用苏联政治经济学教科书的历史。

(二)参与主编国家教委主持统编南方本政治经济学教材

1977年恢复高考招生,学生进校后面临无教材可用的状态。为此国家教委决定编写全国统一的政治经济学教材,由北方13所高校联合编一本,称为"北方本";而由南方16所高校联合编一本,称为"南方本"。1978年夏启动,我校派去参加政治经济学(社会主义部分)教材编写组的是陈伯庚,参与编写资本主义部分的是梁光纬。该教材1979年9月由四川人民出版社出版,后又先后修订四次,陈伯庚自始至终都参加统稿定稿,并于1983年正式定为副主编。该教材为南方各省高校曾遍采用,共发行了100多万册,1988年荣获全国国家一级优秀教材奖。1994年根据社会主义市场经济理论和体制的要求,又出了修订版(第六版),书名改为《社会主义政治经济学新编》,改由浙江人民出版社出版发行。该书从体系结构到内容都作了大量修改,实际上是一本新的教材。它第一次把社会主义市场经济理论、市场竞争规律、对外经济关系、消费经济学等创新理论写入了教材。同时,秦玲参与任副主编的配套教材《政治经济学新编》也由山东人民出版社出版。教材编写并不断修订的过程,也就是政治经济学创新与发展的过程。此外,陈伯庚还参与国家教委师范司会同高等教育出版社组织编写主要供高等师范院校政教系使用的政治经济学教材,担任该教材副主编,于1992年出版,后多次修订再版。

（三）主编中国特色社会主义经济理论教材

2012年党的十八大标志着中国特色社会主义理论体系形成,教研室萌生了编写一本中国特色社会主义政治经济学教材的想法,通过近一年的努力,编写完成了《中国特色社会主义经济理论教程》,由陈承明、陈伯庚和包亚钧任主编,上海财经大学出版社于2013年10月正式出版发行。这部教材的特点是把政治经济学放到中国特色社会主义理论体系中的核心内容来定位,强调了社会主义经济理论中国化、时代化,以中国社会主义初级阶段的实践为基础,体现了二元结构和二重性的显著特色,是一个动态的发展过程。这是在教材建设上的又一新成果。

以上教材的编写,反映了不同时期马克思主义政治经济学中国化、时代化的历程,也是在经济理论上总结中国社会主义革命、改革开放和现代化建设实践经验与教训的结晶。

六、开拓当代中国马克思主义政治经济学新境界

为纪念邓小平南方谈话20周年,陈伯庚于2012年写成了《坚持并发展马克思主义政治经济学中国化时代化》的论文。文中提出澄清对马克思主义政治经济学逆中国化、时代化两大误区:误区之一,是用西方经济学取代马克思主义政治经济学;误区之二,是鼓吹"过时论",借口时代变化,否定马克思主义政治经济学。同时,论证了马克思主义政治经济学中国化、时代化具有强大生命力,强调重视学习、研究和宣传中国特色马克思主义政治经济学是当代理论工作者的重要职责。该文最后提出三点建议:一是在高等学校中恢复和重视马克思主义政治经济学课程;二是在党政干部培训中,增加马克思主义政治经济学特别是中国特色社会主义政治经济学内容,提高其经济学素质;三是加强中国特色马克思主义政治经济学的学科建设,首先要集中力量搞好教材建设。

中共中央总书记习近平2014年7月8日主持召开经济形势专家座谈会,强调学好用好政治经济学的极端重要性。从2015年初开始,陈伯庚、陈承明与上海社科院、市委党校和市政府发改委专家学者合作,编写了一部新的《中国特色社会主义政治经济学》,力求开拓当代中国马克思主义政治经济学新境界。

＊本文作者:秦玲,华东师范大学商学院教授。

公共课政治经济学面向
学生的教改导向

顾雪生

公共课政治经济学要紧跟时代潮流，面向学生，理论联系实际，坚定地对学生进行社会主义核心价值观教育。为此，华东师大社科部政治经济学的教师们本着对事业的信念和执着，以极大的热情投入到社会改革实践中去，艰苦探索，改革创新，为政治经济学理论教学改革作出了应有的贡献。

一、改革的导向在哪里

时代在变化，国家在发展，以往公共课政治经济学的资本论、帝国主义论、计划经济论教条式"三论"教育，已经不适应时代发展的潮流，不适应学生现实的思想状况和学习的基本要求。

中共十一届三中全会以后的中国社会经济，是一个以改革开放为主导的经济发展过程，从原来的社会主义计划经济体制，到大力发展商品经济，到肯定市场机制的基础作用，再到明确市场机制在资源配置中的决定性作用。这一根本性的变革，使人们的思想认识和理论表述也不断深化。同时，当代资本主义经济，也不是简单表述为"三性"（垄断性、腐朽性、垂死性），而呈现了许多新情况、新问题，也需要进行科学的认识和剖析。

如何正确认识时代的变化，破解政治经济学教学中的一些疑难问题，有很多不是靠闭门读书，死啃书本能够解决的。多年的实践证明，政治经济学改革的导向，必须是教师深入社会基层，了解社会实际，抓住时代脉搏，拓展新思维，探索新的理论。教师从社会实践中重新学习，除旧创新，教学水平才能更上一层楼。

基于这样一个观念，社科部政治经济学教师，在改革开放初的十多年内，每当社会经济发展中出现什么新鲜事物，或碰到什么疑难问题，都率先走出校门，深入实际调查，在实践中学习提高，形成共识，付诸教学。

20 世纪 80 年代初，改革开放不久，安徽肥西县绝大多数生产队实行"包产到户"

的做法,一时引起纷纷议论。按照老观念,认为这是分田单干,瓦解集体经济,是修正主义。为了搞清楚这个新情况、新问题,顾雪生带队奔赴肥西县进行了实地调查,了解到那里的农民实行包产到户,是一种联系产量责任制的做法,绝大多数生产队搞了包产到户,增产幅度大,有的是一年翻身,改变面貌。包产到户实际上是我国农村生产关系适应生产力发展水平的必然产物。通过调查,大家对这一问题有了新的认识,如何教学心中就有数了。

随着农业生产的发展,土地承包制从短期变为长期,土地承包权被合法化并在一些地方发展为土地承包市场,乡镇企业的承包制,则发展为合作股份制,天津大丘庄股份制的推行又是一个例子。对此,黄礼新又作了专门调查,受益匪浅。中国农村改革的基本方向不是私有化。改革的主流既非重分原有的集体财产,也非重建农村的私有制。江苏省华西大队农村集体经济的蓬勃发展状况便是另一种典型。社科部经济学教师又专程进行走访调查,丰富了对农村经济改革发展的认识和理论思考。

如果说农村改革是从包产到户起步,那么,城市改革或者说工业改革则是以扩大企业自主权和增强企业活力为始点。为了熟悉和了解这方面的情况,老师们又进行了多方面的调查研究。顾雪生专门调查了"静安模式都市型民营经济"的状况,黄礼新专程去温州调查私营经济发展状况,还先后调查了上海市工商联、黄浦区、徐汇区爱建公司,走访大量原工商业者。根据调查情况,他们撰写了《上海工商联民间商会的新特色》《上海工商联统战工作的新开拓》等4篇论文,对爱建公司的性质和作用做了概括和肯定。

1979年,中央决定在深圳、珠海、厦门、汕头四个城市试办经济特区。这一新生事物的诞生,在社会上和学生中不免又引来了不少争议。其中主要的是特区是姓"资"还是姓"社"的争议,以及是不是旧社会的"租界"重来了,等等。为了摸清经济特区的情况和性质,教研室派梁光玮和华民两位教师赴深圳作了专题调查,调查回来后又组织有关教师进行了座谈讨论,统一认识。从深圳情况看,公有制还是主体,外商投资只占四分之一。此类调查加深了对邓小平关于"开放政策不会导致资本主义"论断的认识。经济特区同旧社会的"租界"也有本质的区别:经济特区的主权在中国政府手里,而不是在西方国家手里;经济特区是我们主动开放的,不像当年的租界是被逼开放的。

广阔的社会是个大学校。社科部经济学的老师们,经过多年的社会调查,在实践中,吸取营养,更新知识,除旧创新,反映在课程建设、经济理论创新方面也获得了丰硕的成果。

二、紧跟时代潮流,除旧创新

社科部经济学教师紧跟时代潮流,不断更新教学内容,建设新的课程,服务于学生、服务于社会。

左起:顾雪生 黄强华 梁光玮 葛素珍 黄礼新

(一) 确立社会主义市场经济学

计划经济是社会主义优越性的重要标志,这个论点在我们经济学教学中讲了几十年。随着改革开放的起步,人们对社会主义经济的认识开始改变了、更新了,最终确认中国社会主义经济也可以搞市场经济,改革的目标模式是建立社会主义市场经济体制。从计划经济论到社会主义市场经济论这个转变和认识经历了一个漫长的过程。

在新的形势下,作为经济理论工作者必须紧跟时代发展,先知先行,向广大干部群众宣讲建立社会主义市场经济的必然性是当务之急。中共上海市委组织部、市人事局特委托我校社科部组织有关经济理论专家编写一本《社会主义市场经济理论与实践》,作为对干部进行市场经济问题教育的辅导材料。顾雪生担任此书的常务副主编,组织编写和统稿。此书由上海人民出版社出版,共19章34万字,印量10万多册。并以此书内容为线索,顾雪生、黄礼新、梁光玮在上海教育电视台分别承担了宣讲任务。这本书后来被确定为上海市机关干部考核必读的指定教材。上海市机关干部学习社会主义市场经济知识的辅导讲座,考核试题也都是由社科部委派教师承担的。顾雪生等先后到上海市各区、县辅导讲授计 30 多次,参加听讲的干部约一万多人次。

根据《中共中央关于经济体制改革的决定》精神,1985 年至 1986 年,社科部经济学教师先后编写了多本政治经济学新编教材,教材编写循着社会主义经济是有计划的商品经济这一主旋律展开,揭示社会主义现代化建设中新经验、新规律,体系新颖,内容更新。90 年代又新编了《中国社会主义建设》一书,从有计划的商品经济转述为社会主义市场经济,详细阐述了社会主义市场经济的基本内涵、基本特征、基本功能以及运行机制和规律等等。黄礼新等根据多年的教学实践,总结出对"中国社会主义建设"课程的教学必须正确处理好"五个关系"的经验:一是正确处理科学社会主义的普遍原理同中国国情的关系;二是正确处理现代化大生产的共同规律和社会主义特殊规律的关系;三是正确处理社会主义因素与非社会主义因素的关系;四是正确处理经济建设为中心和坚持社会主义方向的关系;五是正确处理物质文明和精神文明的关系。教材的更新、教学方法的改进大大提高了课堂教学的质量。

(二)创建股份制经济学

20 世纪 90 年代,根据当时上海股市发展的实际需要,上海市经济学会组织以顾雪生为组长的多名经济理论工作者,在社会调查、掌握大量资料的基础上,编写了一本《上海股市实用手册》,由顾雪生主编、华东师大出版社出版。这是一本进行股票投资实用性较强的工具书,既为股票投资者提供一些起码的、必要的证券基本知识,同时又收集了当时上海已上市或即将上市的股票及其发行公司的有关基本情况,以及证券交易机构、交易法规等资料。具有资料新、应用性强、简明易懂的特点,为众多股民和群众提供了一份学习参考资料,对增强投资风险意识,提高投资技巧有一定帮助。

于纪渭通过调查研究,撰写了《产权制度与股份制》、《中国股份公司股权结构的重组和流通》、《劳动者产权所有权与公司职工持股制度》等论文,提出了解决当前问题的思路和途径,得到了有关方面的好评。其代表性的专著有《股份制经济学概论》、《证券法概论》等。其中《股份制经济学概论》一书被全国许多高校选为经济、金融专业课的教材。

黄礼新 1986 年专门调查了联合经济问题,撰写了一篇《横向经济联合和所有制改革》的论文,首先提出"发展股份制和混合所有制"的新观点。后来,此文被编入《关于当前经济体制改革的参考》一书中,由上海人民出版社出版。

老教师们对股份制经济实践研究的成果,反映在教学中就是社科部新开设了一门"股份制经济学"的课程。最初在本科大学生中设置为选修讲座,面向全校本科学生,以后又作为有关专业研究生班的必修课程。每次专题讲座,参与听讲的学生人数多的时候达近千人。研究生课连续数年不衰,学生反映内容新鲜、现实性强,实例生动,富有针对性。股份制经济学教学走在全市高校的前列。

（三）编写《上海经济区工业经济概貌》

《上海经济区工业经济概貌》，是指上海市各区、县和江苏、浙江、安徽等有关省市组成的本地区的工业经济发展概况，简称《概貌》。这是一本大型资料工具书，是由上海市经济学会组织调查编写的。顾雪生、于纪渭、梁光玮、黄礼新、葛素珍、林方健、姜国祥等7位教师参加。《概貌》整套书共有20多本，我校教师承担了"苏州市卷"、"镇江市卷"、"无锡市卷"、"南通市卷"、"芜湖市卷"、"上海轻工一卷"、"上海轻工二卷"的编写任务，并分别担任主编或副主编。

社科部经济学的教师经历一年多的调查研究，走访了众多工业企业以及地区经济领导部门，掌握了大量经济数据，熟悉了产销渠道，开拓了视野，增长了新知，对我国改革开放、经济体制改革等课题也有了新的认识和新的理解。教师教学视野更宽广、实例更生动、论据更充足，学术理论研究也萌发了新思维、新课题。

（四）评析当代资本主义经济

对当代资本主义经济的评析是政治经济学教学内容的重要组成部分。1986年开始开设《马克思主义原理》新课程后，教师对政治经济学资本主义部分的教学内容作了结构性的变革。教师在讲授中注意把马克思主义政治经济学的原理与现代大学生关心的"热点"问题结合起来，加强了教学的针对性。1991年，顾雪生、梁光玮、林方健主编了《资本主义概论》新教材，着重分析了当代资本主义生产方式的新特点、战后发达资本主义国家阶级结构的新变化、马克思主义在发达资本主义国家和当代世界经济中遇到的新课题等。

联系当代资本主义的实际、中国社会主义建设和改革的实际、学生思想的实际的课程改革是成功的。

三、教改的关键点

政治经济学教学改革成败的关键，是明确四个观念，做好相关工作。

第一，改革的主体是教师。教学改革能否成功关键在于教师，而教师能不能坚守职责首先是观念的转变。在当代世界经济政治正在发生巨大变化的时期，现实生活提出了许多新的课题，迫切要求理论工作者予以作出科学的说明和解释。而这些课题，在过去的马克思主义的经典著作中是不可能有现成答案的。因此，政治理论课教师首先面临的问题是对马克思主义本身应该怎么看。马克思主义的理论是适应时代的需要，在实践基础上产生的理论，它也必然随着时代的进步、实践的发展而不断向前发展。因而，教师观念的转变，知识结构的更新，仅靠闭门读书、死啃原著是不行的，必须到社会实践中去，紧跟时代潮流，抓住时代脉搏，要善于及时地反映人类在实践领域和知识领域取得的最新成果。实践是检验真理的标准。社科部教师多年来的社会实践深切地体会到这一点。

第二，真正了解学生，全面关心他们成长。高校政治理论课的宗旨就是帮助学生树立正确的立场、观点、方法，贯彻社会主义核心价值观教育。教学效果如何，能不能达到目的，主要是看学生能不能接受，教学是不是"对症下药"。学生是非常关心当前世界实际和中国改革实际的，其中有许多看法或困惑。因而，他们欢迎教师对当今世界的新情况，对中国当前改革中出现的新问题，能够发表自己的见解，希望师生之间共同进行探讨。老师们十分注意与学生交朋友，他们有的兼任学生班级政治辅导员，有的参加学生马列读书班，有的与学生同吃同住等等，通过经常深入学生，熟悉学生的生活动态，了解他们的心灵世界及其对当前时事形势的一些想法，从而使老师们能够在课堂上做到有针对性地进行讲授，用真理启迪他们的智慧，教给他们活生生的、有血有肉的马克思主义理论。

第三，培养扶植新生力量。扶持新生力量是老教师的职责。社科部经济学青年教师约占三分之一。老教师们有着较深的理论和历史文化积淀，在教学、科研等方面尽力扶持青年教师。青年教师富有激情，更善于开拓创新。当时经济学教研室青年教师华民、姜国祥、潘英、徐大荣等都承担了很多课程，有的还承担了改革新课，是教学改革的新生力量。姜国祥是社科部的党总支书记，他在"双肩挑"情况下，社会工作和教学任务完成"双出色"，成为青年教师中的楷模。

第四，领导的关心和支持。领导关心是教师教改积极性的重要依托。教学改革实践中，包括新课程的设置、新教材的出版、社会调查、教学力量的安排等等，没有领导的关心和支持是难以成功的。华东师大本科生、研究生的课程设置是有严格规定的。开什么课都要经过校教务处的批准，不是教师研究什么，就可以在课堂上讲什么。但是，对国家经济发展和改革中的新理论、新思维、新经验，大学生、研究生如果感兴趣，可以要求学生会、团委提出申请，组织课外报告会或专题讲座是允许的。社科部股份制经济学的开讲和推广，就是在学生和有关领导的关心支持下，由专题讲座逐步成为必修课的。

高校政治理论课的改革创新难度虽大，但有了教师的尽责尽力，新生力量的茁壮成长，对学生知心知底，以及领导的关心和指导，这项任务就能完成好。

* 本文作者：顾雪生，华东师范大学社会科学部教授。

房地产经济学科开创建设回眸

陈伯庚

20世纪90年代初，为适应我国房地产业复苏和快速发展的迫切需要，在国内高等院校中首个房地产经营管理专业在华东师范大学诞生了，接着1994年全国第一个房地产系、1995年全国第一个房地产学院——东方房地产学院相继成立。由此拉开了房地产经济学科建设的序幕，专业建设、课程建设、教材建设、师资队伍建设等等，紧锣密鼓地开展起来。这一切都没有现成的模式可循，必须开创性地摸索着前进。当

陈伯庚

时，我已年届60，作为一名党培养起来的经济学者，如何老有所为，在改革开放中继续发挥应有的作用，是我一直以来的执着追求。为此，我顺应国家改革开放和新兴学科发展的需要，将主要精力投入到这一新学科的建设。令人感到宽慰的是，这样做不仅为自己的学术生涯撰写了新的篇章，同时在开拓创新中，也使得我校房地产经济学科在我国这一领域的发展中发挥了重要的作用。

一、适应产业需要，植根于房地产业复苏与发展

许多人对房地产经济学科率先发芽、生根和发展于一所师范大学，不太理解。其实，这既有其深刻的社会背景，也有源远流长的师大文脉，这是二者相结合的必然产物。

任何学科的产生，都有一个"源"和"流"的深刻内因。历史经验证明，社会实践的需要是学科产生的"源"，而必要的理论准备则是学科产生的"流"。房地产经济学科的产生同样有其自身的"源"和"流"。

房地产经济学科产生的根本源头,在于我国改革开放和现代化建设的深厚土壤之中,直接源头则是20世纪80年代以来我国房地产业的崛起及迅猛发展。恩格斯指出:"社会一旦具有技术上的需要,则这种需要比十所大学更能把科学推向前进。"房地产经济理论及其学科的形成和发展,植根于我国房地产业的复苏和发展。这是因为,一方面,房地产经济学科所依托的经济理论,来源于实践经验的总结和提升;另一方面,房地产实践的深入发展,又提出了理论指导和人才支撑的迫切需要。就全国来说,房地产经济学科的形成就是这二者的紧密结合和互相推动的产物。

从建国初期到70年代末,我国实行单一的计划经济体制,排斥房地产的商品属性。在这一阶段我国并不存在真正意义上的房地产业。20世纪80年代,在确立了房地产的商品属性以后,我国的房地产业开始复苏,迅速发展成为一个独立的新兴产业部门。进入90年代以后,在社会主义市场经济理论指导下,我国房地产业进入了一个迅速发展的新阶段,为房地产经济理论深入研究提供了丰富的养料,并提出了更高的要求。

房地产业的发展提出了两方面的需要:一方面,房地产行业管理部门和房地产企业需要增加大量房地产经营管理人员,同时在职人员也需要通过培训,提高业务水平,这就要有一个高等教育机构来进行培养;另一方面,房地产业是一个新兴产业,它在迅猛发展过程中,遇到了许多新的实际问题,需要培养专业人员进行专题研究,这也需要高校的相关学科来培养和提供。这双重需求呼唤高等学校房地产经济专业及早诞生。

为适应房地产业和社会发展的需要,我校经济系在校部的支持下率先行动起来。1991年我时任经济系主任,积极支持了系副主任张永岳教授与上海市房地局合作举办房地产专业大专班,受到各方关注和欢迎。在这一尝试获得成功的基础上,会同学校教务处向国家教委申请举办本科专业,经批准于1994年夏正式招收第一届房地产经营管理专业本科生,同时成立了全国部属高校的首个房地产系。紧接着在1995年又与上海市房地局、国家建设部房地产业司等合作成立了东方房地产学院。我校正是运用这个平台支撑房地产经济学科不断发展,成长为全国具有良好品牌的优质学科。

二、注重人才培养,形成独具特色的师资队伍

房地产经营管理专业是新兴学科,从创建开始就遇到了一系列难题,尤其是师资队伍建设。院系领导充分认识到人才资源是搞好学科建设、办好学院的关键,因而一开始就把师资队伍建设放到第一位来抓,以精简、高效的原则搞好师资队伍建设。

由于房地产业是一个多行业、多部门密切相联的产业部门,与此相适应,房地产学

科的经济理论也是一个多学科的综合,涉及经济学、管理学、建筑学、营销学、金融学、地理学等许多学科。根据这个特征,需要开设的课程,既有基础经济理论,又包括房地产经济学、房地产经营管理、房地产金融、房地产价格评估、房地产市场营销、房地产法、物业管理等一系列课程。

这么多课程的教师从哪里来呢?东方房地产学院采取了转行与引进、校内与校外、专职与兼职相结合的办法逐步加以解决。引进的年轻教师主要是博士、硕士毕业研究生。不论是引进和从经济系转过来的教师,实际上都需要转行。基本上有三类人转行:一类是从政治经济学专业教师转行来的;二类是从地理学科转行来的;三类是从建筑学科转行来的。他们各有长处和短处,需要互相学习,取长补短,形成一个团结合作的集体。

转行的教师中最典型的是两人。一人是张永岳教授,原先教政治经济学,1991年成立房地产大专班时,率先转教房地产经济学,后来成为国内知名房地产经济专家和房地产经济学科带头人。他为首任房地产系系主任,后又成为东方房地产学院院长、易居房地产研究院院长、国家住建部专家、上海市房产经济学会副会长等。

我则属于转型比较成功的老教师。我原本长期从事政治经济学和社会主义经济理论教学和研究,1994年房地产系成立时,当我在实践中看到房地产业欣欣向荣,快速发展,显示出对国民经济发展的重要地位和作用时,开始重视研究房地产经济问题。1995年1月,我在《房地产报》上首次发表了一篇长文《我国房地产业发展前景》,引起各方关注,也提起了自己的研究兴趣。自此以后,我运用经济理论基础比较扎实的优势,重点转向房地产经济研究,并与张永岳教授一起,主编了多本房地产经济学教材,发表了较多房地产经济方面的论文,提出了一些颇有创见的观点,为房地产业内人士所赞同。

在教学方面,我参与带教1994、1995两届本科生;培养了国内第一批房地产经济硕士研究生11名,这些毕业生中多数都成了房地产教学、科研的骨干和房地产企业的领导人员。同时,给前后20个班的房地产经济研究生课程进修班千余名学员授课,并对学员进行论文指导,组织出版华东师范大学学报房地产经济研究专刊七期,提高了他们的理论水平和研究能力。在之后的十余年中,我们两人与学院的骨干教师在上海乃至全国房地产经济研究领域发挥了较大作用,赢得了较高声誉。

三、积极编写创新型教材,填补国内空白

房地产经济专业是新兴学科,绝大多数课程面临缺乏教材的状况,严重影响教学

质量。为此院系领导十分重视新教材建设，先后编写了三套教材。在这一过程中，受编委会嘱托，我一直负责具体的编纂工作。

第一套教材的编写是在 1997 年至 1998 年。1997 年初，高等教育出版社有关领导来院联系，由东方房地产学院和上海房产经济学会联合牵头，组织上海有关高校、科研机构的专业教师和专家教授联合编写高等学校房地产经济系列教材，包括《新编房地产经济学》《房地产金融与投资》《房地产估价理论与方法》《物业管理理论与实务》、《房地产市场营销》《新编房地产法学》《房地产经营管理》和《房地产开发理论与实务》等 8 部基础性教材。

上海市房产经济学会会长、时任东方房地产学院院长桑荣林任编委会主任，副院长张永岳等任副主任，我担任了编辑部主任，具体负责教材编写人员遴选、编写大纲审定、与主编联络、进度控制等事宜。

在教材编写过程中，我们力求做到三个"三结合"：一是每本教材的编写人员，做到房地产专业教师、科研人员和实际工作部门的业内专家相结合，发挥各自长处，互相补充，共同协作。二是教材的内容，坚持理论性、科学性、应用性相结合，使教材既有一定的理论深度，又贴近现实，具有科学性和可操作性。三是在方法论上，坚持解放思想、实事求是、开拓创新相结合，既吸收现有的科研成果，又着重体现新的实践经验，概括上升到理论；既坚持马克思主义经济理论的基本原则，又借鉴西方市场经济体系房地产经济理论中的科学成分，使教材达到一个新水平。

张永岳和我主编的《新编房地产经济学》努力在理论上开拓创新。一是把房地产经济学教材的主线和研究对象，明确定为揭示房地产经济运行规律和提高房地产资源合理配置效率相结合起来。二是在教材内容方面，力求能总结和反映我国房地产业发展的一些新经验，并概括上升到理论，如房地产的商品属性、住宅业成为国民经济的新增长点等。三是在体系结构上做新的编排，从房地产经济运行和资源配置的基础、运行机制、运行过程和宏观调控等 4 个层面构筑新的体系。四是在方法论上，结合房地产经济的特点，努力把理论分析和实证分析、经济发展与改革实践、国外成功经验与中国的具体特点结合起来，探索中国特色的房地产经济学。

1994 年 7 月，全国高等教育自学考试指导委员会经过遴选，委托张永岳和我，共同主编出版自学考试教材《房地产经济学》《房地产经济学自学辅导》《房地产经济学自学考试大纲》3 本教材，并为全国各地房地产专业广泛采用，一直沿用至今。

1998 年编写的《高等学校房地产经济系列教材》，填补了当时房地产经营管理教材的空白，为国内高校相关专业和培训机构广泛采用，取得了良好声誉。2005 年，高等教育出版社又委托东方房地产学院通过增加新内容、调整和重新撰写方式，出版"房地产经营管理教材新系"。这套教材不同于一般教材，它把专著和教材融为一体，既体现专著的要求,在内容上拓宽知识面,具有研究性、创新性和超前性,丰富多彩,又体现教材的特点,体系结构具有系统性、逻辑性、规范性,为高层次人才培养提供教学用书。同时,根据新形态教材的要求,加配了"教学辅导光盘",更便于教师使用。

其中,张永岳与我主编的《房地产经济学》,在体系结构和内容上都做了大幅度的改动,实际上是重新编写的教材。这本教材在体系结构上做了新构思,以房地产经济运行规律和提高资源配置效率为主线,除导论外,分为房地产经济基础理论、房地产经济微观分析、房地产经济宏观分析三大篇共12章,做到更合理编排,比原教材前进了一大步。这部教材受到各地广泛采用和欢迎,曾先后印刷了5次。

2011年为总结我国房地产业发展的新经验、理论研究的新成果,再一次修订、出版了《房地产经济学》第二版,又做了局部调整与补充,增加了房地产产权和制度、房地产经济的国际比较及房地产经济的可持续发展三章,在内容上更充实,在理论上更趋成熟。经过大家的共同努力,上述教材基本构筑了较为科学的房地产经济学结构体系,内容丰富,观点新颖,具有创新见解,经多次修订已成为国内精品教材,为国内相关专业普遍使用。同时,我协助学院领导组织编写3套房地产经营管理专业教材,每套8本,由国内权威出版社高等教育出版社出版,几经修订,也已成为国内通用教材,弥补了房地产经济专业教材紧缺的空白,为教材建设作出了贡献。

四、科研领先,坚持理论创新

科研是学科建设的基石,科研成果是衡量教师水平,提高教学质量的重要标志和保证,也是学科创新发展的主要推动力量。多年来,我与中青年教师一起,本着科研促进教学,为政府决策服务、为产业和企业服务和产学研一体化的精神,在房地产经济学科建设中,积极推动和引导教师重视科学研究,坚持科研领先。

一是积极开展课题研究,为政府决策和产业发展服务。多年来学院承接和主要参与承担了国家建设部、全国房改研究会、上海市政府和房地产企业等科研项目50多个,主要有:"中美房地产信息管理对比研究"、"加入WTO对中国房地产业的影响及其应对策略研究"、"房地产二三级市场联动及全面启动住宅市场研究"、"世纪之交上海房地产市场发展研究"、"住宅消费对上海经济增长贡献度研究"、"上海住宅建设及房地产业可持续发展研究"、"培育上海房地产支柱产业的新经济增长点研究"、"上海房屋置换管理模式研究"等。其中大部分是张永岳教授和我承担了项目主持人或主要执笔者。这些课题研究,对房地产业发展中的一些关键问题有重大突破,不少方面已为政府所重视,产生了良好的社会效益。如《房地产二三级市场联动与全面启动住宅市场研究》课题报告,率先提出了"房地产二三级市场联动是全面启动住宅市场的突破口"、"公房使用权具有价值,可以进行交换"等创新观点,为房屋置换和存量房地产市场发展奠定了理论基础,受到社会各界的注目,为政府决策提供了可靠依据,推动了房地产二三级市场的发展。

二是结合教材建设开展科研,坚持为教学和培训服务。由于房地产经济学科是新建学科,大部分课程没有教材,处于无章可循的状态,所以教材的编写本身就是创新研究的产物,需要把实践的经验上升到理论,同时随实践的发展,又不断更新提高,使教材反映新的研究成果。20 年来东方房地产学院共主编、参编和组织编写房地产经济学科教材 20 多部,不但满足了教学需要,而且结出了丰硕的科研成果。

三是深入开展房地产经济基础理论研究,出版专著、译著等。2003 年学院教师编写的一套《东方房地产研究丛书》,包括《城镇住房制度改革的理论与实践》、《现代房地产市场研究理论与方法》、《房地产企业战略管理基础》、《打造房地产企业核心竞争力》、《经济理论与房地产研究》等 8 本。这套丛书总结了房地产业发展的新经验,提出了不少创新见解,受到业内人士的好评。此外,学院还出版了《房地产业信息化》、《优化现代居住文化的思考》等专著,主编了《新文化地产丛书》4 本,翻译出版了国外房地产投资等方面译著 5 本。

四是调动广大教师的积极性,促进房地产经济理论创新。近 20 年来全院教师共发表研究论文近千余篇,上海和全国房地产研究杂志、报纸,经常可以看到我院教师和研究生发表的论文。这些论文针对房地产业发展中出现的一些热点、焦点和难点问题,从理论高度上进行概括总结,深入分析,提出对策思路,为行业发展和政府决策发挥了参谋作用。如张永岳 1997 年发表的《试论公有住房使用权的价值及其交换》为深化住房制度改革、为存量住房市场发展奠定了理论基础,在全国引起了强烈反响。据此,上海和全国制定和出台相关政策,推动了房地产二三级市场的发展,荣获上海市哲学社会科学优秀论文三等奖,第二届中国房地产优秀论文二等奖。又如,我撰写的《规范土地市场的深层思考》的论文,深刻揭示了我国土地市场由于存在深层次的问题而成为官员贪腐的重灾区,并提出了改革体制、机制,完善法律体系等制度创新建议。该论文荣获第四届全国房地产及住宅优秀论文二等奖。2004 年《农村承包地使用权流转的若干问题探讨》一文,也获上海市政府决策咨询研究成果三等奖。

在科研工作中,我逐渐形成了从事房地产经济研究的一些主要特点:一是注重理论性。利用经济理论扎实的优势,把房地产经济运行提升到理论高度进行概括和分析,如利用市场经济配置资源的本质要求,提出房地产经济学的研究对象是研究房地产经济运行规律和探索房地产资源配置效率等。二是坚持理论与实践相结合。由于房地产是改革开放后出现的新兴产业,理论上不成熟,必须善于把实践经验进行概括总结,进而上升到理论。如在住房制度改革领域,我持续研究,连续发表了一系列论文,并和顾志敏、陆开和共同主编了一本《城镇住房制度改革的理论与实践》。这是国内第一本系统论述住房制度改革的专著,得到业界的好评。三是坚持理论创新。我一贯认为创新在科学研究中至关重要,力图在相关著作和论文中提出原创性的观点。如2010年我撰写的市社联征文《论住房价格多维性理论及其实践价值》,在国内外首次提出住房价格多维性的原创性观点,对调控房价具有指导意义和应用价值,得到好评,荣获上海市社联优秀论文奖,同时获上海市房产经济学会优秀论文一等奖。2014年8月在我81岁高龄之际,《理顺政府与市场关系是改善房地产宏观调控的核心》又一次获得市社联优秀论文奖。

多年来,在房地产经济研究方面,除上述主编3部房地产经济学教材外,我还撰写出版专著两部:《住房制度改革的理论与实践》《房地产经济研究新论》;任执行副主编著作两部:《国外(地区)住宅法规选编》《上海房地产业发展史记》。主编或参与执笔完成建设部、房地产局和企业的房地产经济研究课题项目7项。发表房地产经济研究论文200余篇,出版两本论文集,汇集150篇论文共110万字,论文获得省部级优秀论文奖6项,学会级优秀论文奖11项。还受上海市房产经济学会和房东房地产学院委托主编双月刊《房地产研究与动态》10年,出版了60期,得到房地产理论界和实际部门的好评。

在近200篇房地产经济论文中,学术界同行和业内比较公认的具有创新见解和较强应用价值的作品有:《我国房地产业的发展前景》《转换住房机制是加快企业房改的关键》《住宅建设成为新经济增长点的理论分析和战略思考》《上海房地产支柱产业定位研究》《长三角地区大力发展节地型住宅探索》《有效控制房价需要综合治理》《商品住宅资产价格的特性及其波动规律探索》《根治土地出让商业贿赂的几点思考》《创建具有中国特色的住房建设和消费模式》《论住房制度改革的公平与效率》《论住房价格多维性理论及其实践价值》《中国特色住房保障体系构想》《论土地政策参与房地产宏观调控的创新》《中国房地产经济宏观调控的历史回顾与发展展望》《理顺政府与市场关系是改善房地产宏观调控的核心》等。

"在房地产经济研究中,陈伯庚教授坚持以科学的经济理论为指导,结合房地产本身的特点,研究其运行规律和资源配置效率。在住房制度改革领域,提出了坚持住房分配货币化、工资化、市场化的改革方向,同时构建住房保障体系,使住房制度的效率性与公平性完美结合。在住房价格领域,论证了住房资产价格特性和波动规律,创造性提出了住房价格多维性理论。在房地产宏观调控领域,提出了宏观调控经常化、制度化、法制化,建立调控长效机制的理念。"同行们的这些评价,是对我的肯定,也是这些年来我为房地产学科建设所作出的积极努力。

五、实现产学研相结合,为产业企业发展服务

实现产学研相结合,是我校房地产学科建设的主要特色。传统教育体制把教育、科研与产业相脱离,不能充分发挥教育为经济、社会和现代化建设服务的巨大作用。1995 年东方房地产学院在建院时创新办学模式,明确提出了产学研相结合的构想。坚持育人为本,优化教育资源配置。坚持开放式办学,把全日制教育与社会培训结合起来,形成学历教育与非学历教育相结合的多元化格局。

全日制教育的层次不断提升,1991 年招收大专生,1994 年招收房地产经营管理专业本科生,1995 年开始招收政治经济学专业房地产研究方向硕士研究生,2002 年开始招收世界经济专业国际房地产研究方向博士生,已形成学士、硕士、博士多层次人才培养的格局。面向社会,积极开展在职人员培训,为产业和企业服务是产学研相结合的主要特色。

一是与校研究生院合作,举办了房地产经济研究生课程进修班 17 期,接受培训学员达 1 000 余名,遍布上海房地产管理部门和房地产企业,其 50% 以上是市政府有关部门的处长、企业经理等领导人员。已结业的学员理论素质和业务素质得到较大提高,其中不少学员走上了更高的岗位。由此,东方房地产学院被誉为上海房地产界的"黄埔军校"。

二是为房地产企业培训专职人员。如受上海房屋置换公司委托,培训上岗的房屋销售人员一千余名,既为上海中介服务业培养了专业人才,又为"再就业"工程作出了贡献。受到上海市妇联的重视和表扬,地方和中央媒体做了大量报导,扩大了华东师大东方房地产学院的影响。

三是为政府部门培训人才。2004 年受建设部房地产业司委托,由上海市房地局主办、东方房地产学院承办了全国"房地产二三级市场联动理论与实践高级研讨班",全国地级以上城市的 1 000 余名房地系统的领导干部参加了培训,对全国存量住房市场的启动和房地产市场的发展起到了很大的促进作用。

探索产学研一体化,把科研成果转化为产业,或为产业发展服务,这是东方房地产学院房地产经济学科建设独具的特色。1997 年,学院在二三级市场联动、公房使用权价值及其交换课题研究的基础上,又作了"上房置换模式"的研究,在组建并发起上海房屋置换股份有限公司及开拓上海房屋置换市场过程中发挥了关键作用。该公司成立后迅速发展街道形成置换网,成为拉动二三级市场联动的重要纽带,受到上海市和国家住建部领导的重视和表扬。而后又推广到全市、全国,进一步发展成为房屋买卖

的房地产中介公司,为房地产业的发展起到了重要推动作用。

经过 20 多年来的努力奋进,开拓创新,逐步探索出了一条产学研相结合的道路,在这个理念下,坚持"教学为本,科研优先,紧贴行业,面向市场,争创一流"的办学和学科建设方针,在为社会、为产业和企业服务的过程中,房地产领域的教学、科研得到了持续发展,从而使我校房地产经济学科为国家的经济建设发挥了其应有的作用。

令我感到宽慰的是,自己对房地产经济的研究以及在房地产经济学科建设方面的相关工作,都是在年过花甲退休以后取得的。在这一过程中,我较好地把事业和人生观、退休观联系起来,把自己的老年梦与中国梦连接起来,以"老当益壮精神健,多作贡献度晚年"作为座右铭,把科研当乐趣。为此,我最近写了一首题目为《人生》的诗:"人生寿命有几何? 幸福不在活多久。奉献多少任人说,留得遗篇见春秋。人生能有几多寿,八十双度尤未够。相濡以沫福相伴,河山日新喜心头。"我借它来诠释我的精彩丰富又颇有价值的老年生活。

* 本文作者:陈伯庚,华东师范大学商学院教授。

探索与求新中的旅游管理学科

丁季华　杨　勇

旅游管理是一门综合性的新兴学科,它随着改革开放、现代服务业兴起应运而生。在我国高校学科设置中,由于特殊的历史背景,使这门学科与传统学科相比,既缺乏专业史资料利用,更无成熟的学科模式参考。因此,我校新设置的旅游学科只能在摸索中起步,求新中发展。

摸索中创建新学科

20世纪80年代,校领导就有增设旅游学专业的构思。但对于这个专业,由哪个系承办,专业申报的内容是什么,当时并不清晰。所以,1986年和1987年两度申报,均未获准。我校旅游学科诞生,是带有戏剧性的"摸索"。

1988年10月20日,教育部高教司在华中师范大学召开直属高校教务处长会议,我校教务处长苏文才参加此次会议。会中得悉,教育部对师范院校中非师范类专业申报要"从严掌握"。考虑到我校申报的旅游专业属非师范类,如再次申报一定要向师范类靠拢。回校后,苏文才向袁运开校长汇报会议情况时建议,再次申报时将"旅游管理"改为"旅游教育",培养目标改为"主要培养中专、中职学校的师资"。这个建议,得到校长肯定。

按有关规定,新专业申报截止时间为当年10月31日。这样算来,我校追加申报时间只剩5天。为此,旅游专业申报准备工作只能打破常规,由教务处直接填报,袁校长及时审阅、签发,并在10月31日派人乘飞机专送教育部。1989年1月上旬,接到教育部同意我校设置"旅游教育专业"的审批文件。1月中旬,在全校干部会议上,袁校长通报了这一信息。

会后,地理、历史等系科领导表示愿意承办"旅游教育专业"。校领导考虑到旅游专业是综合性学科,单独建制更有利于学科建设和发展,于是,由地理、历史系及公共外语教学部等系科分别组织人员参加筹建工作。历史系派出丁季华、龚若栋、李桦;地理系派出孙大文、黄仰松、吴必虎;公外派出马庆荣、陈克诚参加筹划,作前期调研等工作。可以说,这些教师是最早介入旅游学科建设的。

1989年6月下旬,校领导分别找苏文才、丁季华谈话,要他们出任"旅游教育专业教研室"负责人。不久,学校正式下文,成立旅游教育专业教研室,处级建制,苏文才兼任主任,丁季华、黄仰松为副主任。

在旅游系建系20周年纪念会上,一位教师在回顾创建时的情景时说,旅游学科是"三无"起家的:一是无专业教师,二是无现成的教学模式,三是无自编的教学计划、大纲、教材。我校旅游学科在建系前的初创时期,可以分两个阶段,第一阶段是1989年1月到8月,属于新生入学前的筹备阶段;第二阶段1989年9月至1992年9月,是旅游教育专业的初创阶段。无论是"筹备"或"初创",都是从零开始,在摸索中一点点积累,一步步前进。

新专业批文下达后,学校并没有组建统一的筹备组,幸有历史、地理及公外系科及时组织专人介入筹备,这些教师在教务处指导和协调下,做了新生入学前的准备工作,也为新学科创建做了准备。大体上做了如下工作:

开展调查研究。首先,我们前往调研先行的院校旅游系科。通过调研,了解到中国高校旅游学科并无统一模式,都在"摸着石头过河"。如南开大学旅游系办学方向为旅游经济,上海旅专重点培训饭店管理,杭州大学旅游系偏重涉外语言等。通过调研,认识到我们的旅游学科建设要有自己的特色。

接着,我们调研上海旅游行业,搭建学科与企业连结的桥梁。旅游专业是应用性强的学科,远离旅游行业,学科建设就成了无本之木。为此,在几个月中,对上海五大饭店集团(华亭、锦江、衡山、东湖及新亚)和上海国旅、中旅、青旅作了调研,并建立联系,聘请集团老总来系授课和做报告,还与上海旅游协会合作办班。这项工作为学科初建提供实践方面的信息,为学科理论联系实际打下基础。

初步修订教学计划、大纲,编写辅导参考资料。专业申报时,教学计划等基本采用兄弟院校的。新专业批准后,对教学计划,尤其对教学大纲作了初步修订,逐渐明确到计划和大纲要有自己的特色。与此同时,组织力量在开学前编印辅导材料和参考资料供师生教学之用。

初建教师团队。整合校内相关教学资源,开学前配备专业教师5名,兼职教师3名,教辅人员2名,其中授课教师均为兼职。开设的专业课有"旅游学"、"导游学"、"旅游地理"、"古迹旅游"、"旅游英语"等。

新生入学后的3年中,如同筹备期一样,总体思路还是在摸索中实践,在实践中提高办学认识和积累经验。3年间,学科建设是围绕着这几方面进行的:

第一,明确学科方向定位。如上所述,国内旅游学科并无统一模式,我校旅游学科的方向定位,只能凭借我校相关学科的优势,结合中国特色旅游产业人才需求,在探索和创新中进行。为此,在修订教学计划和教学大纲中,我们进行了反复讨论和论证,逐渐明确到必须利用我校多学科优势,寻找一条史、地、外结合的路子,凸显我校旅游学科以"旅游资源开发"为学科建设方向的总体定位。这个总体定位,为今后学科发展实践所证实是正确的。

第二,协调学科建设与旅游产业关系。3年中,我们采取"请进来""走出去"的方式,与上海旅游局、上海旅游协会及旅游企业保持密切联系并建立项目合作关系。20世纪90年代初,我们促成学校与上海锦江集团联合组建上海锦华饭店管理公司,管理龙华迎宾馆等,为教学实习、教师深入实际创造条件。可以说,我校旅游专业是在现代旅游业氛围环境中发展的。

第三,处理好学科建设与科研的关系。3年中,我们在摸索中认识到,科研是学科建设的有机组成部分。在搞好教学的同时,教师主动走出去,主动承接科研项目。90年代初,丁季华主持、部分教师参加,承接了上海外滩旅游资源调研项目,为当时上海一号工程外滩防汛墙外移和灯光工程提供资料,又为我们初试旅游资源开发和规划提供实践的机会。3年中,丁季华、吴必虎等还承接浦东旅游规划、豫园旅游商品策划等几项旅游科研项目。

第四,专业教师团队形成。学科建设离不开专业教师,三年中,固定的专业教师团队是逐渐形成的。起初,教学团队是"组合式"的,即由史、地、外的兼职教师、校外聘请兼职教师和临时邀请有关专业人员组成。其实都离不开一个"兼"字。从"兼"到"专",整整花了3年时间。至1992年10月,史、地、外的兼职教师从原单位正式调入旅游系,组成一个拥有2名教授、3名副教授、4名讲师和3名助教的专职团队,并从校外具有高级职称中聘请4名兼职教授。这个教师团队结构,在当时高校旅游学科中,属于配置合理的。

二、夯实学科的基础

建系前,我们虽然明确以"旅游资源开发"为学科建设的总体定位,但在这3年中,主要是做好对首届学生(本科及专科)的教学工作,专职教师队伍还在组建中,还不大可能更多地从实践层面按照总体定位进行学科建设。这项任务,只有留在建系后逐渐实施。

1992年10月,旅游教育专业教研室更名为旅游学系。苏文才兼系主任,丁季华、关肇远、康淞万为系副主任,系的建立将学科建设推进到一个新阶段。从1993年至2000年,学科建设主要做了以下几方面工作:

1. 加强学科的基础建设。制订教学计划、教学大纲和编写教材是学科的基础性工作。建系前的教学计划和教学大纲主要是参照和吸纳外校的,教材方面采用当时旅游专业通用教材。总的说来,借鉴"他山之石",未能自成一体。建系后,第一个举措就是发动全系教师对旅游学科建设进行3次大讨论,议题是如何在教学和科研中落实原先"旅游资源开发"的定位,如何形成我校旅游学科的特色。经过争论、讨论,决定修订教学计划和教学大纲,充分利用我校史、地和外语学科优势,凸显"旅游资源开发"红线,着力培育旅游学科实践功能。同时,组织力量编写教材。陈克诚的《旅游英语》,杨时进、王晓云的《旅游学》,苏文才的《旅游资源学》,丁季华的《旅游资源学》等相继出版。

2. 力争设置旅游学科硕士点。旅游专业是新兴学科,20世纪90年代初,全国仅南开大学和杭州大学两校有旅游硕士点。我校旅游学科经过3年的建设,已初见成效。但是要进一步发展,增设硕士点是必要的台阶。在时任研究生院常务副长钱洪教授鼓励和指导下,在详细评估校内外师资力量后,决定力争申报。在申报材料中,列了学科带头人丁季华教授,导师组成员还有苏文才教授、黄仰松副教授、吴必虎副教授和关肇远副教授。1994年初国务院学位办批准我校设立旅游管理(当时称"旅游经济")硕士点。到此时,全国高校中也只有4个旅游硕士点。硕士点的设立,对旅游系是极大的鼓励和鞭策,也倒逼学科建设向前推进。

3. 承接旅游资源开发和规划科研项目。硕士点的设立,一方面加大了教学工作量,另一方面推动了科学研究,二者相辅相成,进一步推动学科建设。据不完全统计,自1993年起,旅游系共承接的旅游资源开发和规划的项目近百项。这个数字,在上海高校名列前茅,在全国高校中也较为突出。其中,如丁季华主持的省部级科研项目"上海区县旅游宏观配置"、"上海旅游可持续发展",苏文才主持的"上海浦东新区旅游发展规划",在旅游学界有一定影响。当时,旅游系教师逐渐形成一种认识,即为了提高教学质量,必须深入旅游行业的实际。在上海的星级饭店、国际旅行社和旅游景区中,常常有华东师大旅游系教师的足迹。大家认识到只有接触实际,才有机会承接科研项目;只有投身到实际,才能搞好学科建设。

4. 形成一支专业化的教师团队。如上所述,旅游专业的教师起初是从历史学、地理学和外语专业抽调而来的。建系前后十多年,这支团队由老、中、青教师组合而成。而老教师的年龄,也只有50岁上下,他们在学科建设中起骨干作用。

苏文才原先的专业是地质学,专业方向自然是旅游资源开发和规划。编著出版的书有《基础地质学》、《旅游地理》、《旅游资源学》、《会展概论》等7部。《会展概论》获上海高校优秀教材一等奖。已发表的论文有《上海旅游资源评价》、《上海市民周末出游强度与频度分析》、《提高对农业旅游开发的再认识》等10余篇。主持课题研究有"上海浦东新区旅游发展规划"、"上海南汇县旅游发展规划"、"安徽寿县旅游发展规划"和"云南西双版纳州旅游发展规划"等 19 项。社会兼职有：上海地质学旅游地学专业委员会主任委员、中国旅游教学研究会会长等。

丁季华来自历史学系，专业方向是人文旅游资源开发和规划。出版的编著有《旅游资源学》、《上海外滩旅游资源问题研究》、《中国历史文化名城旅游大全》、《从蒙昧走向文明》、《中国古代文明起源》等 15 部。发表论文有《中国酒文化的结构和功能》、《中国度假旅游评析》、《湿地旅游》、《上海旅游圈构建与环太湖旅游带再定位》等 50 余篇，其中《中国文化起源单一中心说质疑》获上海市首届哲学社会科学优秀论文奖。主持省部级旅游研究课题有《上海区县旅游宏观配置》等 3 项，主持横向旅游研究课题有"上海市普陀区旅游总体规划"等 30 余项。社会兼职有：中国先秦史学会副会长、上海市突出贡献专家协会理事、上海旅游协会理事、上海市旅游局旅游培训首批咨询专家，山东、江苏、宁夏、广西等省市旅游局顾问等。

关肇远为外语专业副教授，专业方向是旅游外语及旅游规划。出版的编著有《大学英语听力教程》(1—6 册参编)、《旅游英语》及《导游口语教程》等 9 部。发表论文有《上海市民在新休假制度实行后到浙江旅游的分析报告》、《论资讯技术对旅行社业的挑战》等 9 篇。科研项目有"上海市民在新休假制度实行后到浙江旅游的经济分析报告"、"上海市民 1996 年到浙江旅游的抽样调查分析报告"等 9 项。社会兼职有：上海市高校大学英语教学协作组副组长(单位)、全球最大的旅游信息公司 OAG 中国代表处培训经理等。

黄仰松为地理学副教授，专业方向是自然旅游资源开发与规划。曾参编《上海外滩旅游资源问题研究》，发表论文有《中国海岛旅游资源开发》等 8 篇。科研项目有"抚仙湖天台宗旅游资源开发"、"上海松江区旅游资源开发与规划"等 5 项。

除上述 4 位教师外，康淞万曾于 1992 年 9 月来旅游系担任副系主任，负责教学工作。1993 年 9 月调回地理系。一年中，他积极参与系学科建设，献计献策，为学科发展作出贡献。此外，在旅游学科前期建设的 10 多年中，还有一支生力军，他们中的一

左起：关肇远 苏文才 丁季华 黄仰松

部分后来成为学科建设的骨干,其中有吴必虎、庄志民、孙厚琴、楼嘉军、王晓云、邱扶东、张文建、李骅、赵星铁等。

三、着力培养新生力量

新生力量既是学科建设的有机组成部分,又是学科建设的新型动力。培养新人引进人才,注入新生力量,是学科建设的重要环节。从本学科创建开始,旅游管理专业领导班子就将培育新生力量提上议事日程。一是通过各种途径和方法使本专业的青年教师得到实际锻炼;二是着力引进专业相关的优秀人才。

1. 培养本学科青年教师。在培养本专业的青年教师中,配备专业指导教师传、帮、带,挂职锻炼和培养在职研究生。

学科创建时,“旅游学”和“导游学”这两门课程由从历史学科改行而来的青年教师王晓云、李骅担任。新的教学,对他们来说只能边学边干。为此,专门为他俩配备了专业指导老师。特聘时任《旅游时报》总编杨时进先生,为王晓云的指导老师,特聘旅游局江新懋先生为李骅的指导老师。在这两位指导老师悉心传、帮、带下,王晓云和李骅逐渐走上讲台,而后独立执教,挑起这两门主课的重担。数年后,王晓云和杨时进合作编著出版了我系第一部有关旅游学的教材。“饭店管理”课程操作性很强,要求任课教师既有扎实的基础知识,更要有操作能力。为承担这门课程,系里让胡平和赵星铁两位青年教师分别到杭州和广东的星级饭店挂职进修,经过半年以上的实际锻炼,既学到实际知识,又初步掌握了星级饭店管理流程和实际操作方法。回校后,他们在搞好本专业教学外,还担当起上海饭店协会举办的培训班的教学工作。

在培养在职研究生方面,为提高本专业青年教师的业务水平,时任系主任苏文才建议楼嘉军报考丁季华的在职研究生。楼嘉军在攻读硕士学位期间,参加了导师多项科研项目得到实际的锻炼。毕业后他先后承担了国家社科重点项目以及数十项旅游开发项目,成为旅游系年轻的骨干力量。

2. 引进相关专业优秀人才。旅游管理学科是一门跨文化和经济的管理类新学科,它需要管理学科的专业人才,也需要多学科的复合型人才,以此促进学科内互相交流和渗透。学科内外专业人才的“碰撞”,是学科跨跃发展的必备条件。因此,旅游系领导班子着力引进相关专业的优秀人才,先后从安徽大学引进美学专业的庄志民副教授,从南京大学引进自然地理专业的冯学刚博士,从复旦大学引进经济学专业的杨勇博士。事实证明,这3名被引进的新型人才,发挥了他们专业特长,为旅游学科建设作出了贡献。

3. 学科跨跃式发展。经过全系教师的奋发创建和持续推进,从创立专业至今 25 年来,本校的旅游管理学科已取得长足的进步,特别近年有了跨跃式的发展,这反映在如下几个方面:一是建立了较为完善的学科架构体系,归纳起来,即是"三个层次、四个方向"的学科体系。三个层次是:理论研究、实证研究和实践研究;四大方向是:旅游资源规划与管理、都市旅游与休闲娱乐、旅游经济和节事与会展管理。二是组成了一个专业互补、层次分明的多元化学科教研梯队,聚集了近 20 名教授、副教授或具有博士学位的专业教学和研究人员。三是取得了丰富的学术成果,多年来本系教师一直注重游资源规划与管理、旅游经济与管理等方向的理论研究,曾经和正在主持并参与了数十项国家和省部级哲学社会科学规划、政府决策咨询项目、国家和上海"十二五"旅游产业相关规划。目前,华东师范大学旅游管理学科已经成为上海市政府决策的咨询机构。四是建立了创新的融合发展模式,以我校旅游学系为主体,与其他高校合作,编写并出版旅游管理系列教材,包括《旅行社管理》、《旅游经济学》、《饭店管理》等,对我国旅游管理及相关专业的人才培养起到了积极的推动作用。在学科建设中,还注重国内外学术交流,曾与内地和日本、美国、英国、意大利等各国以及香港、台湾地区的旅游院校及企业进行过交流,并与上海旅游局、安徽旅游局及上海旅游行业协会、上海会展行业协会等众多政府机构及行业协会建立广泛的联系,为学生了解旅游企业运作、实习及就业提供更多机会,为校企合作办学提供更多资源。

25 年来,我校旅游管理学科坚持走"面向海内外,面向企事业,校企结合,广泛交流"的开放式办学路线,在教学、科研、国际交流等方面取得了突出的成绩。在新的历史起点上,旅游管理学科将以开放的视野,把握时代脉动,以坚实的脚步迎接未来的挑战,以更健全的学科体系、更厚实的理论和实践培养更多的旅游人才,为我国蓬勃发展的旅游事业作出自己的贡献。

＊本文作者:丁季华、杨勇,华东师范大学商学院教授。

人口学研究的发展回顾

桂世勋

我校人口研究所从教育部批准起已有 32 年。在 20 世纪八九十年代,人口研究所经历了最为繁荣的时期,不仅硕果累累,而且专职人员达到 20 多名。我是那个时期人口研究所发展的亲历者之一,为了更准确地回顾这段历史的重要细节,我在学校档案馆查阅了人口研究机构初创时期的珍贵档案,回忆和感谢曾经热情帮助和积极参与我校人口研究机构创建发展的所有领导、老师、同事和朋友。

从人口地理研究室到人口研究室

1957 年,由我校地理系著名的人口地理和自然地理专家胡焕庸教授发起并经教育部批准建立了华东师范大学人口地理研究室。它是新中国成立后教育部第一次批准的全国 18 个研究室之一,也是我国建立的第一个高校人口研究机构。研究室主任为胡焕庸,其他 4 名研究人员为言心哲、林莉莉、王素卿和吴建藩老师。在胡焕庸主持下,人口地理研究室继续了他在 20 世纪 30 年代从事的人口地理研究工作,发表《南通地区的人口分布》(《地理学报》,1958 年)、《江苏省的人口分布和农业区域》(《华东师范大学学报[理科版]》,1957 年)、《宜兴县的人口密度》(《华东师范大学学报[理科版]》,1957 年)、《常熟的农业生产和人口分布》(《地理学资料》,1958 年)、《法国研究人口地理学的近况》(《资本主义国家经济地理学研究动向》,商务出版社,1964 年)。1957 年夏,该室曾派林莉莉到中央公安部摘抄江苏、安徽等省的分县人口数,当时接待林老师的公安部王新法处长,后来开会见到我时谈起当年情况很有感触,记忆犹新。不久由于受到极左思潮的影响,特别是马寅初的《新人口论》遭到错误批判后,我校人口地理研究室的研究工作在 1959 年被迫中断。当时以"人口数据是保密的,应该内外有别"为由,研究室辛苦积累起来的全部人口资料都被送入绝密资料室。

直到 1979 年,地理系党总支书记在全系大会上正式宣布:"1958 年撤销人口地理研究室是错误的,应平反恢复。"然而,此前我校在 1964 年成立西欧北美经济地理研究室,胡焕庸、严重敏、张善余、周之桐等老师在从事西欧、北美经济地理研究的同时,已兼做人口地理方面的研究工作。1980 年,我校西欧北美经济地理研究室扩建为西欧北美地理研究所,人口地理和城市地理成为正式建制的一个研究室,他们又在该研究室继续从事人口地理的教学和研究工作。1981 年 2 月,胡焕庸应邀在第三次全国人口理论科学讨论会上作了《我国各省区人口的五十年来演变和地区差异》的报告,并被聘为中国人口学会顾问。

我原来在政治教育系教政治经济学,1976 年 1 月开始从事人口学研究工作。最初,上海市南市区计划生育办公室邀请我作有关我国计划生育与马尔萨斯"人口论"本质区别的辅导报告。1978—1981 年,我参加了第一、二、三次全国人口理论科学讨论会,在会上分别发表了《控制人口与经济政策》、《毛泽东同志的人口思想初探》论文。当时我校专职从事这方面研究的教师很少,要单独成立人口研究机构的条件尚不成熟。为了适应对内对外开展人口研究工作的需要,胡焕庸与地理系严重敏、图书馆学系陈誉、政教系吴铎和我一起商议,决定先成立人口学和社会学研究会。1981 年 3 月 4 日,在周原冰副校长的积极支持下召开了人口学和社会学研究会的筹备会,到会的有地理系、外国地理研究所、政教系、图书馆学系等单位从事人口学和社会学研究的教师共 9 人。3 月 6 日,校教务处向校长提交"关于成立人口学与社会学研究会"的签报,主要内容有:1. 决定成立华东师范大学人口学和社会学研究会,公推胡焕庸为会长,严重敏、陈誉、吴铎为副会长,桂世勋为秘书长,聘请周原冰担任研究会顾问。2. 研究会系我校人口学社会学研究机构,它可以与有关部门挂钩,与兄弟单位联系,并与国外同学科的研究机构进行联系,开展必要的国际交流,取得有关研究机构的资助。3. 研究会统一协调我校有关单位进行的人口学社会学的研究课题,统一向学校申报研究项目、科研经费,经常开展学术活动,统一安排参加国内人口学社会学学术活动。签报当天,周原冰和袁运开两位副校长当即批示同意。

人口学和社会学研究会经过半年多运作,同年 11 月 2 日,校长办公会议讨论通过决定成立人口研究室,直属校部领导。恢复人口地理研究室,并同意改名为人口研究室,由胡焕庸任主任,桂世勋任副主任。研究方向为人口地理学、人口经济学、人口社会学、上海人口问题。此时,胡焕庸已 80 高龄,其他 4 名专职研究人员为桂世勋、严正元、伍理、胡崇庆。

1981 年 12 月 3 日,我校向教育部提交了《关于成立人口研究室的报告》,该报告写道:华东师范大学人口研究室的研究方向拟以人口地理学、人口经济学、人口社会学及上海市的人口问题为重点,其基本任务:积极承担中央和地方有关部门交给的人口研究项目;为本校有关系开设人口地理学、人口经济学、人口社会学课程;招收研究生,培养人口学的科研和教学人才;与国际人口学研究机构开展学术交流和人员交往。

1982年4月8日,教育部办公厅给我校发文"同意恢复人口地理研究室",但该批复误将"成立人口研究室"改为"恢复人口地理研究室"。经我校再次上报要求更正,教育部高等教育一司在1982年4月19日专门发函给"华东师范大学人口研究室并胡焕庸先生",其中写道:"来函悉。人口研究室的名称,我们行文时,注意了历史上的情况,没有详加斟酌。现你们拟用'华东师范大学人口研究室',我们同意。今后即以此名称为准。"

不到两年迅速扩建为人口研究所

我校人口研究室成立后,承担了国家和上海市有关部门下达的多项重点科研项目,研究人员发表了人口问题研究论文10多篇,并编写出版了胡焕庸等著《人口研究论文集》(第一、二辑,其中收录人口研究室专职和兼职研究人员严重敏的《我国城镇人口发展变化特点初探》,桂世勋的《控制人口和经济政策》,严正元的《丹麦的人口》、《苏联人口的演变》、《从人口生态学探讨人口限度》,胡崇庆的《苏联城市与城市人口的演变》,伍理的《上海市黄浦区的人口问题》,刘君德的《试论江西人口的演变及其发展趋势》、《从土地资源利用看江西人口的适度规模和合理分布》,肖德贞的《关于人类寿命的地理学问题》,洪建新的《东汉末年至三国时期我国人口惊人减耗问题初探》,周志桐的《法国的人口及其分布》、《法国农村人口与农业现代化》,张务栋的《上海市人口密度的地理分布剖析述略》等论文)。在此期间,出版了胡焕庸著《中国人口地理概要》(中文版、英文版,上海外语教育出版社,1982年);胡焕庸、张善余著《世界人口地理》等著作;桂世勋主持完成了中国人民大学刘铮教授主编《人口学辞典》的中国人口史条目,并与我校数学系控制论教研室吴启迪、杨庆中、马国选合作承担了上海市经济研究中心下达的《"六五"期间上海市区人口机械变动的预测和需要研究的几个问题》等研究任务。有关单位聘请胡焕庸任《中国人口丛书》常务编委和主编《上海人口》分册,桂世勋任《上海人口》分册第三副主编和上海市人口学会秘书长。教学方面,人口研究室老师还在地理系开设"人口地理学"课程,桂世勋在政教系开设"人口经济学"课程,并应邀在复旦大学分校社会学系开设了"人口社会学"课程。1982年夏,人口研究室开始招收2名人口地理学专业的硕士研究生,其中朱宇取得硕士学位后到澳大利亚国立大学攻读博士学位,成为国内外著名的人口迁移和城市化专家。1982年秋,经胡焕庸和陈涵奎教授共同推荐,刚从地理系本科毕业留校工作的青年教师曾毅,获准赴比利时布鲁塞尔自由大学攻读硕士和博士学位,后在美国普林斯顿大学从事博士后研究,成为国内外著名的人口学和老年学专家;现为北京大学国家发展中心教授、美国杜克大学教授、德国马普研究院人口研究所杰出研究学者和荷兰皇家艺术与科学院外籍院士。2011年,曾毅教授给我校人口研究所捐款设立了"胡焕庸奖学金"。

　　1982年10月,上海市教卫办、市科委同意我校建立人口咨询预测中心,成为我国人口研究机构中第一个被政府部门批准开展人口咨询服务的机构。该中心建立后半年内,完成了太湖地区农业区域规划和上海市科委、中国人民银行上海市虹口区分行等单位委托的有关上海市人口预测、全国缝纫机、自行车需求量预测的部分咨询工作,受到有关单位的好评。

　　在不到两年的时间里,我校人口研究室已初步建立了一支以胡焕庸教授为学术领导人的科研梯队,有专职研究人员8人,其中教授1人,副教授1人,讲师、助理研究员2人,教员4人;兼职研究人员11人,其中教授2人,副教授3人,讲师5人,助教1人。

　　1983年4月2日,教育部发文同意华东师范大学建立"人口研究所",研究所的研究方向以人口地理学、人口经济学、人口社会学及上海市人口问题为主,继续重视实际应用,发展人口咨询业务,为社会主义现代化建设服务。4月9日,校长办公室给校内各单位发文,任命胡焕庸教授为所长,桂世勋、孙文华为副所长。我校比北京大学人口研究所被教育部批准成立要早一年。到1986年,我校人口研究所专职人员最多时达到27名,下设人口地理研究室、人口经济与人口社会研究室、办公室、资料室、绘图室和计算机房。

1986年人口所领导与美国著名学者罗杰斯合影

左起:孙文华 桂世勋 胡焕庸 罗杰斯 程潞

人口研究所成立后的新进展

我校人口研究所从 1983 年建立后,在 20 世纪先后由胡焕庸、程潞、朱宝树和桂世勋担任所长,桂世勋、朱宝树、孙文华、王大本、丁金宏曾相继担任副所长,胡焕庸教授在 1985 年被学校聘为"终身名誉所长"。20 世纪八九十年代,人口研究所取得了以下主要新进展:

1. 成为接受联合国人口基金援助的重点研究机构。从 1980 年起联合国人口基金(UNFPA)开始了对中国高等学校人口学研究的全方位、多层面援助。在上海,继复旦大学人口研究室之后,1985 年,我校人口研究所被批准成为"中国大学人口学研究与培训"P02 项目单位,获联合国人口基金的援助。当时学校将小教楼 5 楼约 500 平方米的教室全部作为人口研究所的办公用房,联合国人口基金也给人口研究所资助了当时最新的复印机、计算机等设备。在联合国人口基金援助下,人口研究所开展了一系列学术活动:主办了全国第一个"人口地理专家讲习班",邀请了国际著名的人口地理学专家美国罗杰斯(Rogers)教授和英国克拉克(Clark)教授来我所讲学,所长程潞也在讲习班上作了专题报告;主办了"人口发展与环境科学"研讨会;主办了"地球村的人口与环境"国际学术研讨会暨国际地球村学会第四次年会;桂世勋协助中国人民大学人口研究所邬沧萍教授、兰州大学人口研究所所长张志良教授一起主持了 P04 项目课题"改革开放中最新人口问题研究",并主办了"我国治理整顿、深化改革和人口发

桂世勋(左 2)

展"研讨会。此外，人口研究所先后选派多人赴欧美、日本及泰国的高校及研究机构考察交流人口研究新进展，交流人口学教学和研究成果。

2. 科研成果累累。人口研究所在老一辈专家的指导和支持下，在科研方面取得了丰硕成果。1983年，胡焕庸著《论中国人口分布》出版；胡焕庸与张善余著《世界人口地理》出版；胡焕庸等著《人口研究论文集（第二辑）》出版。1984年，胡焕庸与张善余著《中国人口地理（上册）》出版；1985年，胡焕庸等著《人口研究论文集（第三辑）》出版。1986年，胡焕庸著《论中国8大区人口增长、经济发展的过去和未来》出版；胡焕庸与张善余著《中国人口地理（下册）》出版；胡焕庸编著《中国人口地理简编》出版；桂世勋著《人口社会学》出版。1987年，胡焕庸主编《中国人口·上海分册》出版。1989年，胡焕庸著《中国东部、中部、西部三带的人口、经济和生态环境》出版；胡焕庸与伍理制作《中华人民共和国人口分布图》、《中华人民共和国人口密度图》出版；桂世勋主编《上海农村养老保险制度改革》出版。1990年，胡焕庸自选集《胡焕庸人口地理选集》出版；朱宝树著《人口生态学》出版。1992年，胡焕庸、严正元编著《人口发展和生存环境》出版；桂世勋主编《中国流动人口计划生育管理研究》出版。1995年，桂世勋主编《中国人口研究丛书》（丛书包括桂世勋主编的《独生子女父母年老后的照顾问题——上海与东京老龄化对比研究》、桂世勋任第一副主编《中国开发区外来人口研究》、张善余著《人口垂直分布规律和中国山区人口合理再分布研究》、朱宝树主编《从离土到离乡——上海农村劳动力转移研究》）出版。1997年，骆克任编著《现代实用统计与计算机应用》出版、王桂新著《中国人口分布与区域经济发展》出版。1999年，张善余著《人口地理学概论》出版。2000年，王桂新著《区域人口预测方法及应用》出版。人口研究所还与日本、美国、加拿大、澳大利亚及我国香港、台湾地区的一些研究机构开展了广泛的学术交流与合作研究，取得了一批与海外合作研究的成果。

3. 成为人文地理专业（人口地理研究方向）和人口学专业的博士生培养基地。

1983年，由胡焕庸领衔，与程潞、严重敏、钱今昔组成导师组，申报招收人文地理博士点的人口地理研究方向的博士生，1984年获得批准，胡焕庸开始招收人文地理专业人口地理研究方向的博士生。1985年，我所申报的人口学专业硕士点被批准，1986年开始招收人口学专业的硕士生。2000年，由桂世勋牵头，与朱宝树、王桂新、骆克任组成导师组，申请人口学博士点，该年5月经国务院学位委员会批准我校成立人口学博士点，成为国内继中国人民大学、西南财经大学、中国社会科学院后的第四家具有人口学专业博士点的人口研究机构。截至2011年10月，我校人口研究所已累计培养博士生70余名、硕士生120余名，他们中的不少人，已经成为活跃在国内外人口学界的中青年专家。

＊本文作者：桂世勋，华东师范大学社会发展学院教授。

学术名刊《文艺理论研究》
36 年辉煌历程

方克强

一

　　让我们把镜头对准《文艺理论研究》杂志这一期的封面。素朴淡雅的封面色彩与庄重沉稳的版式设计,周扬题字的繁体刊名中透露着一种中规中矩的学术力度和执着气息。"2014 年第 3 期(总 194 期)"对于双月期刊来说,意味着历史的连续性与 30 多年的漫长历程。"国家社科基金资助期刊"则代表着刊物的学术地位与学界声誉。这本大 16 开本、每期 216 页篇幅、约 40 万字容量的刊物之所以厚重,是因为它承载了几代学者的心血、成果与希望。

　　翻开内页,检索内容,我们会发现《文艺理论研究》与一般刊物的不同之处。首先,刊物的编委呈现国际化的特色。除了活跃在学术界的中国著名学者担当编委之外,享有世界性声望的西方一流学者也历历在目。他们是美国康乃尔大学的乔纳森·卡勒、美国杜克大学的费雷德里克·杰姆逊、美国斯坦福大学的海登·怀特、美国哥伦比亚大学的安德烈亚斯·胡伊森、法国巴黎第八大学的雅克·朗西埃、德国耶拿希勒大学的沃尔夫冈·韦尔斯等六人。这些国际性编委的加盟与参与,无疑扩大了刊物的世界性影响。其次,刊物的内容、形式与注释、引用规范作出相应调整,进一步与国际核心期刊接轨。翻开目录,每期刊物都会发表一至二篇全英文的学术论文,为西方学者在中国刊物展示最新学术成果提供园地,也利于中国学者用通用英语直接与西方学界对话、交流。每期刊物的中文论文标题、作者姓名、工作单位、摘要、关键词、作者简介、通讯地址、邮编、联系电话及电子邮箱,都有英文译文,便于中国学术成果走向世界和中外学者建立学术联系。在注释与引用作品方面,刊物按照国际通行惯例,论文格式规范主要参照 MLA(美国现代语言协会)制定的论文文体标准,所有中文引用作品均附上英文译文,传递完整的英文书目信息。

　　《文艺理论研究》已经走过了 36 年的历程,与时俱进是其最大特色。从 1980 年起,刊物就介绍和翻译了众多西方的文论成果,为新时期的国内文学研究提供了重要的理论储备。刊物近几年国际化的办刊思路,正是继续秉承这一传统,发扬光大,强调国际视野,力图推动国内外学术交流。这就是今天的方向,既承接着过去,也预示着未来。

二

走进华东师范大学中文系的特别收藏室,我们见到占据整整一面墙的玻璃门书橱。这里陈列着中文系教师的历年学术研究成果,也能找到全套的《文艺理论研究》杂志。抚摸着纸张已经泛黄的创刊号杂志,可以闻到久远的历史气息,令人浮想联翩,追往溯源。

《文艺理论研究》是中国文艺理论学会主办的会刊,是在会员建议下筹办起来的一个文艺学专业学术刊物。1979 年 5 月,全国高等学校文艺理论研究会(后改名为中国文艺理论学会)成立。1980 年 6 月,会刊《文艺理论研究》创刊号在南昌正式出版。刊物的主编由学会会长陈荒煤担任,副主编由学会副会长黄药眠、陈白尘、徐中玉担任,由徐中玉具体负责编辑并执行编务,编辑部设在上海华东师范大学内,最初由江西人民出版社支持出版,为每季度一刊,每期内容约 20 余万字,向国内外公开发行。《文艺理论研究》的创刊,在 20 世纪 80 年代初、改革开放兴起之时还是一件新鲜事物,具有领风气之先的开创效果。为此,当时的新华总社、《人民日报》《文汇报》《解放日报》、《美术研究》《北京师范大学学报》《华东师范大学学报》《南京师范大学学报》《河南师范大学学报》《语文教学通讯》《语文学习》《江西大学学报》等国内报刊以及许多会员所在单位的刊物都先后刊发了消息。据"全国高等学校文艺理论研究会"第一次联席会议简报称,在创刊号尚未出版时,已有美国芝加哥大学图书馆和荷兰汉学研究院等国外学术机构先后来信,要求订阅此刊或交换刊物。中国国际书店在看到第一期样书之后,也寄来合同,待签订后正式对外发行。由此可见《文艺理论研究》的创刊在当时的重要性和影响力。

1981 年,为了工作方便,《文艺理论研究》杂志决定迁沪出版发行,转由华东师范大学出版社负责出版,刊物作为中国文艺理论学会和华东师范大学中文系合办的事业。国内外主要大学和相关研究机构都是刊物的长期订户。刊物从 1980 年创刊到 1985 年都是季刊,后来由于会员人数增加,范围扩大,季刊周期太长,乃于 1986 年起改为双月刊。创刊时的名誉主编是被称为 20 世纪 70 年代末、80 年代初思想解放先驱的周扬,时任文化部副部长、全国文联副主席、中共中央宣传部副部长,刊物封面刊名就是由周扬题写的。主编由陈荒煤先生担任。陈荒煤是著名作家和文艺评论家,曾任文化部副部长、中国作家协会副主席等职。1985 年，徐中玉、钱谷融先生出任主编。徐中玉是著名文艺理论家和文学教育家，上海市文学艺术杰出贡献奖获得者，历任全国高教自学考试指导委员会委员兼中文专业委员会主任、中国作家协会上海分会主席等职，他主编的《大学语文》等教材享誉海内外，曾荣获国家图书出版最高荣誉奖等奖项。钱谷融是著名文艺理论家和文学批评家，上海市文学艺术杰出贡献奖获得者，曾任中国现代文学研究会顾问等职。钱谷融于 1950 年代提出"文学是人学"的理论主张，成为中国当代文学研究史上的标志性事件。徐中玉和钱谷融两位先生担任刊物主编近 30 年，现都已百岁或接近百岁高龄，作为刊物总顾问，依旧对刊物投以莫大的支持。刊物现任主编为谭帆和方克强。谭帆为华东师范大学终身教授、博士生导师，长江学者，全国大学语文研究会会长，中国古代戏曲学会副会长。方克强为华东师范大学文艺学教授、博士生导师，中国文艺理论学会副会长，中国文学人类学研究会副会长。

左起：徐中玉　钱谷融　王元化

翻开《文艺理论研究》一年又一年的合订本，在目录页上会跳出一代又一代文艺理论界著名学者的名字。黄药眠、朱光潜、许杰、陈白尘、骆宾基、陈荒煤等都纷纷给刊物写文章，郭绍虞、施蛰存、钱仲联、程千帆、蒋孔阳、王元化等都是刊物的老作者，李泽厚、刘再复、童庆炳、钱中文、曾繁仁、王先霈等资深学者则至今还在关注和支持刊物的发展。前辈学者的鼎力相助奠定了刊物长期稳定的学术质量，为刊物赢得了良好的学术声誉，并吸引和指导着大批后起之秀和青年学者加入其中。这形成了刊物的一大特色，那就是致力于培养青年和新人。从创刊之初，《文艺理论研究》办刊方针就十分明确地指向于提高理论研究和理论教学水平，培养理论队伍，促进中国文艺理论的学术发展。发表于刊物总期第3期的学会联席会议简报中提出:"在第一、二期上发表文章的作者中,有18所高校的教师。今后我们将尽可能地多发表本会会员的文章。特别要重视中年骨干教师的力量。……要加强学术性和资料性,面向高校和社会,扩大读者层,但又要以保持和提高学术水准为前提。"当前活跃在文艺理论研究界的许多知名学者都是在《文艺理论研究》崭露头角的,这份历史联系和深厚感情在2010年《文艺理论研究》创刊30年纪念座谈会、2013年庆祝徐中玉先生百岁华诞学术研讨会上都有充分的表达。至今,《文艺理论研究》仍然用三分之一以上的篇幅刊发青年学者与博士生乃至硕士生的论文,为陌生面孔和新生力量提供学术展示的舞台。

三

2013年某日,编辑部收到一篇作者来稿,信封内夹着一张银行卡,言明内存一万元,是支付版面费的。编辑部留下稿子,退回银行卡,郑重告知我刊从不收取版面费,并安慰作者寄卡与退卡行为并不会影响我刊对来稿质量的评审。

不收版面费,这是刊物30多年来坚守的一条铁律,是徐中玉先生长期主编《文艺理论研究》留下的道德传统。在徐中玉百岁华诞庆祝会上,徐先生捐出了他历年积蓄的一百万元,成立了帮扶贫困学生的奖学基金。徐先生的为人处世原则,成为刊物的一面旗帜,成为编辑部同仁效仿的榜样。

尽管我们知道,有些刊物发表学术论文收取版面费成为一种风气。我们也知道,由于我刊在学术界的影响与地位,往往被各所高校列为科研学术论文成果奖励的A类刊物,奖金数从几百元至几千元,最高达每篇2万元。但是,《文艺理论研究》创办至今,即使在经济最困难的时候都没有收过版面费。

刊物经济情况最困难的时候,每期的稿费加编辑费一共才4 250元。稿费标准是每千字15元左右,编辑费为每期每人三百元。2007年编辑部执行三级审稿制,人员扩大,稿费再执行20世纪80年代的标准也显得很不合情理,于是刊物在财务上实现收支平衡成了大问题。这时,主编徐先生拿出了一本银行存折,这是他的学生、企业家洪波给恩师的6万元"零花钱",徐先生一分钱都未动用,捐赠出来救急。正如徐先生在接受上海《新民晚报》记者采访时说的,《文艺理论研究》就像他的"儿子"。2009年,徐中玉先生给华东师范大学党委书记张济顺写信,恳请给予刊物资助,张书记亲笔回信,并从基金里拨给了8万元。2011年,华东师大决定每年资助《文艺理论研究》杂志20万元。2012年,国家社科基金重点资助期刊第一批一百家,《文艺理论研究》忝列其中,每年资助款40万元。2013年底,国家社科基金资助学术期刊进行考评,《文艺理论研究》脱颖而出，被评为优秀，在原有 40 万元资助款的基础上加奖 10 万元。刊物在这次考评中，成为全国文学类学术刊物中唯一一家被评为优秀的期刊。2012 年，《文艺理论研究》被评为华东地区优秀期刊。2013 年，刊物因在国际化、数字化和专业化方面的举措和成绩，获得上海出版基金专项资助 10 万元。编辑部同仁深深感到，今日的成绩，得益于前辈开创的刊物优良传统，得益于当下与时俱进的国际化办刊方向，是"前人种树，后人纳凉"，是"长江后浪推前浪"。

据中国社会科学研究评价中心发布的 CSSCI 来源期刊 2014—2015 年影响力排名，《文艺理论研究》位列《文学评论》、《文学遗产》、《文艺争鸣》之后排名第四。据中国人民大学人文社会科学学术成果评价研究中心发布的 2013 年学术论文转载量、转载率综合指数排名，《文艺理论研究》位列《文学评论》、《文艺研究》、《文学遗产》、《中国现代文学研究丛刊》之后排名第五。作为全国一级学会的会刊，具有一定的民间办刊的性质和色彩，《文艺理论研究》各方面的办刊条件是不如上述各家的，比如它长期没有稳定的经费来源，长期只有一个固定的编辑兼编务的专职编制。但是，刊物的学术质量是稳定的有保证的，刊物的影响力是正面的并处于上升态势。

由于《文艺理论研究》的历史与贡献，它本身也成为研究者的研究对象。肖红柳的硕士学位论文《〈文艺理论研究〉研究》是首篇这方面的论文。论文以文艺学学术自主性的发展为问题引导，对《文艺理论研究》杂志从 1980 年创刊至 2007 年刊载的主要内容进行了分期研究。以 1985 年"方法论革命"和 1993 年"人文精神大讨论"为标志性事件，论文划出了 1980 年至 1985 年、1985 年至 1993 年、1993 年至 2007 年三个发展时期，并对各时期杂志刊载主要文章的内容特点进行了概括、分析与评价。陶国山的论文《〈文艺理论研究〉的外国文论研究三十年》则重点研究刊物在外国文论引入与中外文论关系方面所作出的具体贡献。作者认为，《文艺理论研究》自 1980 年创刊以来，始终秉持接受外国文论及其研究作为中国文论重要理论参照的主旨。在 30 多年的办刊过程中，较早就确立与国际学术研究接轨的目标，经历了从初期翻译外国文论经典作品（开设"外国文艺理论译丛"专栏），到大量刊发国内学者的外国文论研究论文（开设

"西方文论研究"专栏),再到近年以英文发表国外学者的文论作品的历程。通过对办刊 30 多年中发表的外国文论及其研究作品的统计调查,作者的结论是:《文艺理论研究》办刊的 30 年恰好也是中国改革开放与走向世界的 30 年,它实现了与国际文艺理论研究的对接,推动了中国本土文艺理论的建设,为文艺理论的中国化建构付出了努力。

谭帆(左1)、方克强(左3)主持全国性学术会议

四

最后,让我们把镜头转向《文艺理论研究》的主办单位:中国文艺理论学会和华东师范大学中文系。

中国文艺理论学会 2006 年进行了换届选举,由南帆担任会长,朱国华担任秘书长,二人时年都不满五十岁,学会主要领导的年轻化在全国一级学会中是领先的。最近几年,学会除了办好刊物外,在开展学术活动方面日趋活跃。学会与刊物的互动合作,无疑推动了学术的繁荣与发展。

《文艺理论研究》与华东师大中文系的密切关联,也促进了中文系文艺学学科的发展。教研室主任黄世瑜、方克强、夏中义先后担任编委。黄世瑜教授在国内较早开设了"马克思主义文论"专题课,出版了专著《马列文论与文艺现实》,主编的《文艺理论新编》教材获得兄弟院校和文艺学界好评。楼昔勇教授开设"美学"专业基础课,出版了《美学导论》、《审美教育论》、《普列汉诺夫美学研究》等专著。文艺学与其他二级学科的整合,奠定了中文系研究方向之一的"现代性语境下的中外文艺理论与文学批评"。本方向于 20 世纪 80 年代及 90 年代前期,在国内学术界名列前茅,在国际上也有了一定的影响。近年来,本方向在中西文艺理论研究、中国外国文学学术史研究、民俗研究、中国现当代文学史料研究、中国当代文学批评、文化研究等领域都有代表性人物,在全国富有影响。华东师大中文系的科研成果、学术影响与学科地位在国内是位居前列的。每4年一次的全国中文学科排名,华东师大中文系2004年位居第六,2008年位居第八,2012年位居第七,始终稳定在前十的位置。这同《文艺理论研究》杂志和中国文艺理论学会30余年来所作出的杰出贡献是密不可分的。

＊本文作者：方克强,华东师范大学中文系教授。

"大学语文"从丽娃河畔走向全国

方智范

一、创建："大学语文"起步于丽娃河畔

从 20 世纪 70 年代末国家进入改革开放时期以来,经过将近 35 年的发展历程,"大学语文"现在已经是一门尽人皆知的覆盖全日制普通高校、高等职业院校本专科、高等教育自学考试各个专业的公共基础课程。但在此之前,这门课程的开设竟然中断了整整 30 年。根据在新时期开创和恢复这门课程的代表人物、我校中文系徐中玉先生的回忆,解放前这门课程曾名为"大一国文",担任课程的教师,往往是学识渊博的学者,比如清华大学讲"大一国文"课的有朱自清、吕叔湘等著名教授,山东大学这门课的讲授由沈从文先生等名家担任。徐先生还深情地说:"1934 年教我'大学语文'的老师,是当时著名的楚辞研究专家游国恩先生,在此之前是沈从文先生。我的其他老师如冯沅君、陆侃如、钟敬文、李笠等先生,都多次教过这门课,更老的前辈如郭绍虞、朱东润等先生亦是如此。"

新中国成立初期这门课还保留着,但 1952 年,大学教育照搬苏联模式,搞全国院系调整,文理科分家,在各学科课程设置上也越分越细,"大一国文"被取消。六七十年代一切以阶级斗争为纲,在极左路线的统治下,像这样的人文课程根本没有生存的土壤,当然也不会有恢复的可能。

所幸"文革"结束后的 80 年代初,改革开放,百废俱兴,大学教育也开始活跃起来。人们认识到,高校长期奉行的文理严格分科有不少缺陷,如苏步青、周培源、匡亚明等教育家相继在媒体上发表文章,并在各个场合呼吁,大学教育应沟通文理,厚植人文传统,加强语文课程的基础地位,理科生也应学点文史知识。当时的南京大学校长匡亚明的一席话,可以代表教育家们的共识:"大学里开设语文课,意义重大。马克思曾经说过,掌握一种语言,就等于掌握一项武器。现在很多大学生,语文水平较低。试问,连祖国语文这一基本武器都不能掌握,如何能正确地理解科学知识和完善地表达科研成果? 语文教师的光荣任务,首先就是要使大学生能普遍掌握这一打开科学领域大门的基本武器。"

　　时任我校校务委员会副主任、中文系主任的徐中玉先生，与南京大学匡亚明校长是好朋友，他们以人文学者的敏锐眼光和深刻的忧患意识，要求在大学恢复语文课程。在二老的倡议下，华东师范大学与南京大学在全国高校中率先恢复了这门课程，随后，山东大学、杭州大学等高校也随之陆续恢复该课，当时课程就定名为"大学语文"。二老登高一呼，四方随即响应，终于在1980年10月，于上海召开了全国高校大学语文教学研讨会，这是改革开放后大学语文界的首度集会，有20所高校的教师参会，其中包括了南京大学、清华大学、浙江大学、复旦大学、山东大学、中国科大、天津大学、兰州大学等名校，他们共襄盛举，决心把"大学语文"课程推向全国。会上具体决定了两件有深远意义的大事：一是组成由我校徐中玉任主编的《大学语文》教材编审委员会，二是成立大学语文教学研究会（后更名为全国大学语文研究会）。这次由徐、匡二老发起的民间盛会，奠定了数十年来"大学语文"课程教学研究蓬勃发展的基础。时至今日，当人们在纷纷谈论加强大中小学的母语教育，在大声疾呼要重视素质教育，呼唤人文传统的回归，落实"弘扬和培育民族精神"要求的时候，回溯以往，我们怎能不感戴老一辈教育家的远见卓识呢？

徐中玉（中）齐森华（左）谭帆（右）

　　作为"大学语文"创建时期的主要成果，首先是《大学语文》教材的编写和出版。在由徐中玉先生领导的《大学语文》教材编审委员会的努力下，1981年，供全国普通高校使用的《大学语文》教材由华东师大出版社出版，在短短两年内，据不完全统计，被全国文、法、理、工、医、农等300多所大专院校采用，发行达34万册；后来一版再版，乃至出到修订四版，总印数达几百万册之巨，其嘉惠学林之功难以估量。当时为这套初编教材作出贡献的，不仅有参加编写工作的十多所高校的教师，而且徐先生还运用自己在学术界和教育界的影响力，向全国著名的一流文科学者征求对教材的意见和建议，他们中间,有朱东润、蒋天枢、王运熙、王季思、程千帆、季镇淮、郭预衡、钱仲联、吴调公、顾学颉、马茂元、许杰、施蛰存等,这有力地保证了这本教材在起步阶段就具备较高的专业质量。

其次一项成果是大学语文教学研究会的成立。这是民政部正式批准的全国一级学会,匡亚明任名誉会长,徐中玉任会长,学会的办事机构秘书处即设在华东师范大学中文系,我校的徐中玉、齐森华、谭帆、翁德森、方智范、程华平等先后担任学会的名誉会长、会长、副会长和秘书长等职,是学会的领衔人。此外,在当时教师队伍青黄不接的特殊时期,我校老一辈教师担纲"大学语文"课的教学,以徐中玉、叶百丰、翁德森、邸瑞平等先生为代表,他们学贯古今,阅历丰富,亲自走上讲台为大学生讲课,受到普遍欢迎。他们还在我校主持各种高校教师讲习班,培养了一批专门从事"大学语文"教学和教材编写的高水平人才,形成了一支顺应日后课程不断发展需要的教学骨干队伍。

说到《大学语文》教材建设,还需要补充谈一谈全国自学考试教材的编写。30多年前的1982年,国家高等教育自学考试制度开始实施,徐中玉先生是首届全国指导委员会委员,也是第一个专业指导委员会——中文专业委员会主任。正是在徐先生全力倡导下,自学考试制度甫一推行,"大学语文"就被列入各专业必考的公共基础课程。较早的自考教材,是上海市高等教育自学考试委员会约请徐先生主编的《大学语文自学读本》,此书于1983年出版使用。国务院于1988年3月发布了《高等教育自学考试暂行条例》,明确规定了高等教育自学考试的任务,是"造就和选拔德才兼备的专门人才,提高全民族的思想道德、科学文化素质,适应社会主义现代化建设的需要"。全国高等教育自学考试委员会又约请徐先生主编供全国统考用的《大学语文》教材,此本教材的覆盖面更为广泛,对引领广大立志自学成才的青年扩大视野,走近经典,接受优秀文化和先进文化的熏沐,陶冶性情,涵养心灵,培养思想道德素质和科学文化素质,提高祖国语文的水平,起到了有益的作用,华东师大在全国数以千万计的历届自学考生中的影响力和声望也与日俱增。

二、开拓:"大学语文"在新形势下走向全国

20世纪90年代,国家进入深化改革时期,我们对"大学语文"这门课有了新的认识,我校"大学语文"课程建设也进入一个新的发展阶段,随着教育形势的发展,加强大学生文化素质的呼声日高。从新时期育人目标出发,再经过对全国60多所全日制高校的调查,我校徐中玉、齐森华两位先生接受教育部高教司的委托,汇聚了复旦大学、南京大学、北京师范大学、南开大学和华东师大等校中文专业的教师力量,主编了一套

国家教委高教司组编本全日制高校通用《大学语文》教材。高教司在 1996 年 4 月 30 日为这本教材所写的《出版前言》中指出："大学语文课，是普通高校中面向文(汉语言文学专业除外)、理、工、农、医、财经、政法、外语、艺术、教育等各类专业学生开设的一门素质教育课程。课程设置的目的是培养学生汉语语言文学方面的阅读、欣赏、理解和表达能力。这是大学生文化素质中的一个重要方面。"同时要求："希望有条件的学校，要为大学生开设大学语文课程，能把这门课程的建设作为对大学生进行文化素质教育的一个重要手段。"我们清醒地看到，我国在很长一个时期里，正常的民族文化素质教育与专业教育严重脱节，专业技能教育挤掉了文化教育和素质教育，这违背教育规律，造成严重后果，在人才培养上走了不少弯路。根据教委主管部门的有关精神和我国高等教育的现实状况，两位主编为教材定下的宗旨是：1. 增强人文精神的培育；2. 看到人和人格的力量；3. 有助于突破思维定势，获得启发，有利于创新；4. 优秀文学作品的精彩描写提供了美感、愉悦和享受，既能陶情养性，也能提高鉴赏力和写作水平。这套教材打破了此前各种《大学语文》教材或按文学史线索，或按文体编写的惯常体例，采取根据选文的实际内容或特色灵活组织单元的方式进行编排，所选又多为文质兼美的中外文学名篇。教材编写"在弘扬优秀文学传统的基础上，重视加强爱国主义的教育；在精美动人的前提下，注意文学史涵盖面和名家名作；要求题材广泛，体式多样，每篇各有特色，整体丰富多彩；注意体现各种表现方法和写作风格；适当安排文言文与白话文、诗歌与散文、记叙与议论、抒情与说明等的比例"。突出人文教育这根主线后，教材的面貌焕然一新，更具有时代特点，《大学语文》教材的建设又跨上一个新台阶。这是教育部高教司唯一指定的全日制高校通用教材，此后被教育部列为普通高等教育"九五"、"十五"、"十一五"、"十二五"国家级规划教材和全日制高校重点教材，使用量在同类教材中始终保持全国第一的地位。

已修订出版的《大学语文》

近年来，我国高等职业教育蓬勃兴起。对这一新的教育类型的出现，徐中玉先生抱有高度的热情和敏感。他对"科教兴国"与"以人为本"的关系有深切的理解，他说："要学习掌握各种专业的新知，有实践和创业的能力，同时又必须懂得'以人为本'的道理，尊重人，同情人，有远大理想、高尚品德，真心实意做好工作，为人民服务。我们传统文化中有这样一种光辉的'做人'思想，要'见利思义'，不要'见利忘义'。"当高等教育出版社邀请先生再为高职学生编一本《大学语文》教材时，徐先生欣然同意。关于这本教材,有两点特别值得说一说。首先,在总体设想上,徐先生提出教材内容虽少不了选择优秀文学作品,但也要兼顾历史、哲学、社会、生活各个方面,对学习文史哲甚至自然科学的方法要有所指引。先生引用《红楼梦》中的两句格言"世事洞明皆学问,人情练达即文章",来说明文理要兼通的道理,这体现了先生一贯的"通才"教育的思想。教材中选入的一些文章,如爱因斯坦《我的世界观》、茅盾《谈独立思考》、茅以升《学习研究"十六字诀"》、朱光潜《精进的程序》、邓拓《共通的门径》、施蛰存《纪念傅雷》,引导学生与大师对话,谈为人,谈读书,谈方法,谈研究,这些文章都是先生亲自选定的,而且多是首次被选入教材。同时,徐先生还自己动笔,为多篇课文撰写注释、评析和思考题。先生所写文字的特点是,不是就事论事地为词语作注释,也不是光从文章法度方面给学生指点门径,而是更多着眼于文之大处,常常在文章义理方面进行精彩的发挥,给学生以思想上的启迪。上述这两点,构成了这本教材不同于其他教材的特色。

新时期"大学语文"课程在高校普遍开设,任课教师队伍不仅越来越扩大,而且结构也发生了一些新的变化。青年教师占的比例高了,有硕士和博士学位的教师多了。教师队伍的更新,带来了两个积极的成果。首先是青年教师要在"大学语文"教学岗位上胜任愈快,教学业务的进修提高便愈迫在眉睫。我校中文系长期以来十分关注全国教师的业务进修,认识到提高"大学语文"教学水平的关键在于从事课程教学和研究的师资力量。以我校中文系为基地的全国大学语文研究会,在这方面发挥了不可替代的作用。徐先生被推为学会首任会长后,担任这一职务长达 20 年之久,在广大学会会员中享有崇高声望。人们或许会认为,这是因为先生早就是有广泛社会影响的名教授之故。其实,更为重要的原因,是徐先生从来不做挂名的会长,他领导学会,采取的是十分务实的工作方针,使学会活动开展得有声有色。学会每两年召开一次具有实质内容的学术年会,出版研究论文集和学会会刊,进行教师培训活动,其中有多次全国年会的经验交流和研讨专题,是关于"大学语文"课堂教学方法方面的内容。先生对学会的有力领导,调动了全国各级各类学校的教师力量(团体会员有 347 个),这对提高教师素质、推动"大学语文"课程的教学研究与时俱进,起了很大的促进作用。

另一方面的成果,随着青年教师大量进入高校"大学语文"教学岗位,许多学校以"大学语文"这门公共基础课为基点,更新课程设置,向文学、语言、艺术、文化等方向辐射,纷纷开设了以中国语言文学和中外文化艺术为内容的公共选修课。有人把这样一种课程形态称为"课程群"。这些课程作为"大学语文"课的延伸,丰富了高校人文教育和素质教育的内涵,大大发挥了具有硕士博士学位、有个人专业研究特长的广大青年教师的教学积极性和聪明才智,这些课往往受到非中文专业的大学生的普遍欢迎。"课程群"的形成,应该也是"大学语文"在新时期得到新的拓展的显著表现。

三、引领：“大学语文”成为高校人文教育的重要阵地

随着时代的发展变化，建设社会主义的精神文明，实践社会主义核心价值观，弘扬爱国主义、集体主义、社会主义精神，防止市场经济可能带来的金钱至上、享乐主义、极端个人主义等负面影响，就成为我国教育的时代主题。在此背景下，我们充分认识到，“现在的‘大学语文’课程，必须重视人文教育和人文精神的培养。‘大学语文’的工具性当然仍要注意，但不断渐进，还得讲究兼顾文学性、艺术性、审美性、创新性乃至深刻的人生哲理性。总目标乃在提高大学生的品格素质与人文精神”。我校中文系凭借发行全国的教材和全国性学会的活动，引领全国“大学语文”课程建设走向了深化与推广的新阶段。

引领全国课程建设的首要标志，是华东师大版《大学语文》已经成为当今这门课程教学的主流教材。2001年，教育部高教司就决定把徐中玉、齐森华主编的《大学语文》教材列为“普通高等教育‘九五’国家级重点教材”，要求重作增订。乘此良机，两位先生带领全体编者，对教材的编写作了十分深入的研究和思考。我们根据各地师生对教材使用的反馈意见，经过整理研究，郑重提出了选文的古今、选文的中外、文理交叉、编排体例、教材容量等五大问题。其他不说，关于编排体例，我们充分肯定这本教材采用人文专题组织课文的做法，并进而吸取大家讨论中提出的建议，根据课文题材及主旨分成十类编排课文，既体现中华文化优秀传统，同时又考虑到大学生精神成长的需要。这套教材“既不以文学史知识为线索，也不以写作知识为重心，而以经反复筛选的古今短小动人的精美文章为实体，力求用选文的典范性来达到提高文化素质的主要目的，以选文的丰富性取得思想启迪、道德熏陶、文学修养、审美陶冶、写作借鉴等多方面的综合效应”。

“大学语文”课程在20世纪80年代重开以来，一直存在课程性质不清、课程目标模糊等问题。相应地有两种教材模式比较流行：一是工具性模式，过多强调课程的工具性质，将“大学语文”的功能仅仅放在培养学生听说读写能力上，甚至将这门课程视为中学语文课程的补充，也有的学校提出用应用文写作来取代“大学语文”课；二是文学史模式，多按照中国文学史发展线索来编排选文，将“大学语文”教材当成了文学史的简编本。这两种模式，虽然表现方式不同，但根子都在于狭隘的中文专业眼光和普遍存在的工具理性思维方式。为此，2006年11月，教育部高教司主持的全国高等学校大学语文教学改革研讨会在湖南召开，会议对“大学语文”课程性质、功能和目标有了更加明确、更加全面的认识。会议纪要指出，“大学语文”应引导学生通过对母语经典及代表性优秀作品的研读，进一步提高语文的阅读、理解、鉴赏和评价能力，提高学

生的语文表达能力;并有助于学生人格的健全和人文修养的提升,使学生的内心世界和精神生活更加充实、丰富、健康。2007年3月,高教司下达了转发这次会议纪要的通知,要求有关部门、单位"结合本地区、学校实际,认真做好大学语文教学改革工作"。这次会议,是对"大学语文"课程教学和教材建设的一次有力推动。在这一背景下,徐中玉、齐森华主编的华东师大版《大学语文》,以人文性、审美性、工具性紧密结合为教材编写的根本指导思想,几年间相继推出第八、第九版修订教材,到新近修订的第十版《大学语文》教材,围绕新世纪"大学语文"课程的总体目标,分为"仁者爱人"、"和而不同"、"胸怀天下"、"亲和自然"、"关爱生命"、"诗意人生"等十二个思想主题单元,明确每个专题的具体目标,既有丰厚的中华传统思想文化积淀,又有鲜明的时代意识和现实关切,力求使学生在学习过程中融会贯通,在潜移默化的熏陶中获得教益。同时,教材还编入了若干篇《学文例话》,力求沟通语文的阅读与写作、接受与表达,以落实语言文字学习和运用的语文教学目标。经过编者的不断努力,应该说新修订版教材的贯串主线更加明确,结构更加完善,体例也更加合理,充分显示了自己的特色,足以自立于全国众多教材之林。因此,尽管当今《大学语文》教材编写已呈多元化的竞争局面,但据教育部中文教育指导委员会前几年的调查,华东师大版教材在各类高校中使用率一直高居榜首,成为各类高校《大学语文》教材中影响最大、最受广大师生欢迎的一种,产生了巨大的社会效益,为国家的人才培养作出了重要贡献。

引领全国的第二个标志是,除了这本使用量极高的全日制高校通用教材外,我校中文系徐中玉、齐森华、谭帆等先生,还陆续领衔组织编写了高职高专、成人教育及高等教育自学考试教材,以及理科专用教材、文科专用教材等,各类教材累计发行3 000余万册,采用的高校达到千所以上,教材覆盖面广,拓展到各类高校,嘉惠了数千万计的莘莘学子。

标志之三,我校从事"大学语文"教学与研究的中青年教师,通过反复探索与总结,在教学理念和教学方法方面不断创新,保证了"大学语文"课程教学质量臻于上乘。在我校中文系和徐先生的倡导下,全国大学语文研究会先后在全国各地主办了十四届学会年会,又在上海、成都、乌鲁木齐、西安、武汉、广州、长春等地举办全国"大学语文"教师讲习班,组织教师就"大学语文"教学方法、经验等进行交流,年会成了教师们探讨本学科教学规律、交流科研成果和教学经验的重要平台。华东师大中文系的"大学语文"教育思想和教学方法,可以概括为以人文精神熏陶为目的,以审美教育为途径,整体提升大学生的文化素质,这样的教育教学理念也通过学术年会、教师培训会议等宣传与交流,得到了上级主管部门和广大教师的肯定与接受,在全国产生了广泛而深远的影响。在校内,中文系从事"大学语文"教学的教师换了一批又一批,但敬业爱岗、团结进取的奉献精神没有变,教书育人的责任心与使命感没有变,在教学上精益求精的追求

2005 年全国大学语文教师讲习班合影

没有变,顺理成章地,我校"大学语文"课程于 2008 年被教育部评为全国精品课程。

华东师范大学中文系是新时期恢复"大学语文"课程的首创者,也是课程改革不断深化的主要推动者。30 多年来,为在全国范围内开设"大学语文"课程、提高教学质量、培养教师队伍,我们进行了不懈的努力,取得了引人瞩目的成果,得到了领导的肯定、社会的承认和公共媒体的广泛关注。《中国教育报》、教育部门户网站等多家媒体,报道了我校"大学语文"教材建设及课程教学的事迹;《光明日报》、《南方周末》、《社会科学报》、《东方早报》、《中国社会科学报》等重要报刊,也多次专题采访徐中玉、齐森华、谭帆等先生;中文系教师还在《中国教育报》、《群言》、《南方周末》、《现代语文》等报刊发表有关"大学语文"的研究论文。总之,通过学会活动、教材编写、理论研究、舆论宣传、教学实绩等方式和途径,革新求变,与时俱进,将"大学语文"的课程建设引向深入,使"大学语文"成为新时期以来中国高等院校人文素质教育的重要阵地。

最近,教育部又颁布了《完善中华优秀传统文化教育指导纲要》,其中对大学教育的要求是:"以提高学生对中华优秀传统文化的自主学习和探究能力为重点,培养学生的文化创新意识,增强学生传承弘扬中华优秀文化的责任感和使命感。深入学习中国古代思想文化的重要典籍,理解中华优秀传统文化的精髓,强化学生文化主体意识和文化创新意识;……引导学生完善人格修养,关心国家命运,自觉把个人理想和国家梦想、个人价值与国家发展结合起来,坚定为实现中华民族伟大复兴的中国梦不懈奋斗的理想信念。"我们相信,"大学语文"教育应该担起这一时代重任,在这方面我们必将大有可为。

＊ 本文作者:方智范,华东师范大学中文系教授。

《词学》与词批评

朱惠国

　　华东师范大学中文系创建于 1951 年,是蜚声海内外的中国语言文学学术研究重镇和人才培养基地,也是华东师范大学最早建立的系科之一。悠久的历史,深厚的积累,使中文系逐渐发展成为学界公认的知名院系,并形成了独具特色的学术传统。词学是华东师范大学古代文学专业领域中开拓较早,影响深远的学科分支之一。20 世纪 50 年代高校调整后,施蛰存、万云骏、马兴荣等词学界知名学者均曾执教于此,为中文系词学专业的发展首开风气,并对该研究领域的现代拓进作出了重要贡献;改革开放后成长起来的第二代学人邓乔彬、方智范、高建中、周圣伟等在词学批评领域继续开拓,出版了《中国词学批评史》等有影响的学术专著;第三代学人朱惠国、彭国忠等继承了词学批评的特色,在清代与宋代词学批评方面不断创新。半个多世纪以来,中文系三代学人以敏锐、稳健、扎实的参与姿态与实绩,始终走在词学研究前沿,出版了大量有影响的学术专著,使华东师大中文系成为"词学重镇"。

一、《词学》的创办与"以批评为特色"的形成

　　以施蛰存、万云骏、马兴荣为代表的第一代学者是华东师范大学词学繁荣发展的奠基人,他们以各具特色的研究,为后来者在该领域的不断拓展开辟了多样潮头。

　　施蛰存,中国现代派作家,文学翻译家,也是研究中国古典文学的著名学者。施先生的文化成就是多方面的,热衷于词学研究始于 20 世纪 60 年代。他在《花间新集·总序》中说:

　　　　一九六一至一九六五年,是我热衷于词学的时期,白天,在华东师范大学中文系资料室工作,

施蛰存(右) 万云骏(中) 马兴荣(左)

在一些日常的本职任务之外，集中余暇，抄录历代词籍的序跋题记。'在中国文学批评史中，词学的评论史料最少。虽然有唐圭璋同志以数十年的精力，编集了一部《词话丛编》，但遗逸而未被注意的资料，还有不少……因此，我开始收集词集，逐渐发现其序跋中有许多可供词学研究的资料。于是随得随抄，宋元词集中的序跋，有见必录，明清词集中的序跋，则选抄其有词学史料意义的。陆续抄得数十万言，还有许多未见之书，尚待采访。

晚上，在家里，就读词。四五年间，历代词集，不论选本或别集，到手就读，随时写了些札记。对于此道，自以为可以说是入门了。

施先生在词学研究上的贡献主要体现在词学文献的收集与整理上，具体来讲，有如下两个方面：

其一：词论资料的汇集。尤其是词集中的序跋题记、笔记杂著中的论词资料，以及地方志中的词人资料等。抗战中，施蛰存利用厦门大学图书馆所藏宋元人笔记杂录，抄出其中与词学及金石碑版相关之评论琐记，着手编纂《宋元词话》及《金石遗闻》二书。后文稿散佚，至 1999 年，始由陈如江先生协助增补完成《宋元词话》一书，交上海书店出版。60 年代后，施蛰存又利用在中文系资料室工作的闲暇，抄成一部《词学文录》，分为十卷，卷一至卷八都是词籍序跋，卷九至卷十则是关于论词的杂文、杂咏、论词书信等。30 多年后，由中国社会科学出版社出版，为了突显主题，删去了最后二卷，并易名为《词籍序跋萃编》。

其二：罕见词集与词人资料的刊布。如《词学》中所刊之环翠堂刻本陈铎《坐隐先生精订草堂余意》、赵氏惜阴轩刻本《支机集》及船子和尚《渔父拨棹子》三十九首（未经刊载），皆为其转抄之罕见版本。其还辑有《云间词人姓氏录》、《云间词人小传》、《王修微集》等，续编《花间词选》、点校《宋六十名家词》等，丰富了词学研究的资料。其撰写连载于《词学》各辑的《历代词选集叙录》、《词学书目集录》、《港台版词籍经眼录》、《新出词籍介绍》等，对现代词学目录学、版本学的研究具有指导意义。

万云骏，早年受业于词曲大师吴梅，建国后历任华东师范大学副教授、教授。长期从事中国古代文学的教学与研究，擅长研究词曲。

在第二届上海文学艺术杰出贡献奖颁奖仪式上，
市委领导给施蛰存（中）教授颁奖

　　万先生坚持走以创作鉴赏为特色的诗、词、曲研究道路,工于造语、善于言情,同时对诗、词、曲的批评理论有精深研究。发表《清真词的艺术特征》、《词话论词的艺术性》、《试论宋词的豪放派与婉约派的评价问题》、《晚唐诗风和词的特殊风格的形成及发展》等论文。著有《诗词曲选析》、《诗词曲欣赏论稿》等。

　　马兴荣,华东师范大学中文系教授,他是新中国成立后培养的第一代学者。著有《词学综论》、《龙洲词校笺》、《山谷词》(合),编有《唐宋爱国词选》、《回族名家词选》、《全宋词广选新注集评》(合)、《晚清六大家词选》(合)等。2013 年,其研究成果集结成《马兴荣词学论稿》,由上海古籍出版社出版。

　　马兴荣词学研究的特色是词学批评,主要表现在如下两个方面:

　　其一:词学理论及词学思想论述。1989 年由齐鲁书社出版的《词学综论》是马先生普及词学理论和词史的重要结晶之一。全书分上下两编,上编论述词的起源、词调、词的平仄、句式、对仗、词韵,下编论述词的发展流变,深入浅出,朴实明快。其单篇论文如《词学略论》、《填词略论》、《建国三十年来的词学研究》、《十年来的词学研究》等,是对新中国成立后词学研究成果的经验总结,在新时期的学科体系构建中具有重要的意义。

　　其二:对于近代词学研究领域的开拓。长久以来,词学研究者的目光多集中于宋代,对清代以后,特别是晚清至近代现代词人的关注非常少。马先生则是这一领域较早的拓荒者之一。其编著了《晚清六大家词选》,又为近现代词人编著年谱。词人年谱中所涉及词人,最早者即是晚清王鹏运,接之是郑文焯、朱孝臧、夏孙桐、况周颐,直至近代的唐圭璋、丁宁年、沈祖棻,马先生都一一为其编写年谱。而今晚清民国词研究日益成为显学,尤可见其当年词学研究的前瞻性与创新开拓之处。

马兴荣从事教育与学术工作 60 周年座谈会上马兴荣(前排左 3)和部分学生合影

　　1979年秋，施蛰存先生萌生了创办《词学》刊物的想法。20世纪三四十年代，龙沐勋先生曾在他所主编的《词学季刊》及《同声月刊》上发表过许多重要的词学论文，嘉惠后学不浅。施先生想踵武前贤，为新时期的词学研究者提供一个学术交流的平台。但当时正值改革开放初期，百废待兴，由于各种客观条件的限制，这个计划几乎不得不打消。但最后华东师范大学中文系支持了施蛰存先生这一想法，大家通过近两年时间艰苦的酝酿与筹备，到1981年秋，这个计划终于实现了。1981年11月，华东师范大学出版社发排了第一辑的全部文稿，这是大家在半年以前所不敢期望的。

　　《词学》在创刊时，是一个由施蛰存先生倡议，华东师范大学中文系古代文学教研室发起，当时词学界诸多名家共同参与的同人性质的词学集刊。在第一辑（创刊号）编辑后记中，施先生说：

　　　　由于这个计划不是一开始就有把握，我们不敢公开对外征稿。几个月来，只是向少数熟悉的师友请求支援。夏承焘、唐圭璋两位词学前辈，非常热心帮助我们办成这个刊物。他们同意担任本刊的主编，对我们的编辑事务，随时给予指导。张丛碧、俞平伯、任中敏等十二位先生，都是深于词学的专家，他们同意为我们的编委，让我们随时随事请教。在本刊筹备期间，我们已获得他们不小的助力。现在创刊伊始，我们首先应向他们致谢。

　　《词学》创办之初，由夏承焘、唐圭璋、施蛰存、马兴荣四位学者担任主编。张伯驹、夏承焘、俞平伯、任中敏、唐圭璋、潘景郑、黄君坦、钱仲联、宛敏灏、吕贞白、王起、徐震堮、程千帆、万云骏、施蛰存、马兴荣等十六位词学家担任编委。在《词学》编辑部，施蛰存主要负责稿件的审改与编辑，马兴荣负责稿件质量的审查，两位先生通力合作，怀有为词学研究重振旗鼓的心愿，寄望以这个刊物来开风气，借此以"鼓天下之动"。

　　《词学》创刊号中特意安排了两篇文章，即唐圭璋、金启华的《历代词学研究述略》和马兴荣的《建国三十年来的词学研究》，这两篇文章全面论述了唐宋至当代千余年来词学的发展，可谓千年词史之大纲。文章说明了过去的词学研究，有哪些成果，指示今后的词学研究，可以有哪些课题和门径。对于有志研究而正要入门的读者，这两篇文章，或者可以作为一堂指导课。一切学术研究的方向，用一句简单的成语来说，是"继往开来"。志在开来，必须先能"继往"；要能继往，必须先能正确了解这个"往"。

　　《词学》创刊以后，在国内和海外华文学术圈中产生很大影响。施蛰存与马兴荣主编了《词学》的第一至十二辑，第十三辑至第十五辑由邓乔彬、方智范、高建中等作为施蛰存先生的助手主持主要编务。2003年底，施先生过世，邓乔彬调离华东师范大学，《词学》编辑部陷入资金和人员都十分短缺的困境。华东师范大学校系领导聘请当时已退休的马兴荣先生重新执掌《词学》编务,朱惠国作为马先生的助手负责了主要的编辑工作。《词学》在马兴荣、朱惠国的手中不断发展,2007 年入选 CSSCI 来源集刊,并连续两次位列文学类 CSSCI 来源集刊第一位。目前《词学》作为国内唯一的词学研究专业集刊,成为发表词学研究成果的重要园地和联系各地词学研究者的纽带,在国内词学界,以及海外华文学术圈产生很大影响。

二、词学会议的召开与《中国词学批评史》的撰写

我校词学专业在 20 世纪八九十年代蓬勃发展,成为全国词学研究的重镇,并逐渐形成以"词学批评"为特色的学科发展模式。其发展过程中有以下三件尤为值得记录的大事:

1. 召开三次词学会议

1983 年,我校中文系主办的第一届词学讨论会于 11 月 26 日至 30 日在上海举行,唐圭璋书面发言云:"今天我们第一次开词学讨论会,这是一次爱好词学者共同联欢的盛会,是一次互相交流词学研究经验的盛会,也是一次为开拓今后词学研究的新局面而集思广益的盛会。"正如唐先生所言,这是文革结束后首次召开的全国性词学研讨会,出席的专家很多,社会关注度也高。会议的召开,对词学研究风气起了十分良好的推动作用,同时也扩大了我校词学学科的影响力。第二届全国词学研讨会于 1987 年秋天在上海市金山石化宾馆召开,与第一次会议相比,会议的规模更大。出席会议的既有老一辈的词学专家,也有恢复高考后成长起来的新一代词学研究者,新老两代济济一堂,相互交流切磋,气氛热烈。会后成立了全国词学研究会(筹),并决定将秘书处设在华东师大中文系。1995 年 4 月 16 日至 18 日,华东师范大学中文系与台湾"中央研究院"文哲研究所筹备处联合召开了上海国际清词研讨会。这是一次专题性的词学研讨会,与会学者共 28 人,均是全国著名的清词研究专家,会议"讨论热烈,成果丰硕"。会议论文由台湾"中央研究院"中国文哲研究所筹备处印行出版。

三次会议召开于 20 世纪八九十年代,得风气之先,对于形成我校学科优势,打造

我校主办的全国第二次词学讨论会留影

全国词学重镇的地位,均起到重要作用。

2. 编刊《中国词学大辞典》

早在 20 世纪 60 年代,夏承焘先生就曾经组织人员编写《唐宋词辞典》,后来因动乱而停止了。

1990 年,我校马兴荣先生和吴熊和、曹济平等两位教授共同主编《中国词学大辞典》,得到南京师范大学、杭州大学、浙江教育出版社的大力支持,由三校的词学专家及南京大学《全清词》编纂室、苏州大学、湖北大学、东南大学个别词学专家以及郑孟津、吴平山等校外专家共数十人,用 6 年多时间,编成了包括"概念术语""词人""风格流派""词集""论著""词乐""词韵""词谱""词调""名词本事""语辞"及附录"二十世纪词学研究书目"共 185 万字的《中国词学大辞典》。唐圭璋先生在病中看了这部辞典的校样,并专门写了一篇序,对这部辞典给予了充分肯定,认为这部辞典"融学术性、知识性与资料性三者于一体,为我国第一部较系统、翔实、完备之大型词学辞典,既具有较高学术价值,又有极强的实用价值,不啻为学词者之津梁"(唐圭璋《中国词学大辞典序》,马兴荣等编《中国词学大辞典》,浙江教育出版社 1996 年版)。

3.《中国词学批评史》的撰写

20 世纪 90 年代以来,随着分体文学批评史撰著潮流的勃兴,出现了几部词学批评史研究著作,其中由方智范、邓乔彬、周圣伟、高建中四人合著,施蛰存参订,中国社会科学出版社 1994 年出版的《中国词学批评史》是具有开拓性的一部。全书分上下两编,上编由唐至明末,下编由清至民国初年。每编又以朝代分段,介绍和评析主要的词学流派、词论家、词学专著的批评理论观点,以求显幽阐微、探得底蕴;同时也兼顾对词学批评发展中因革递嬗的轨迹进行描述,以期上下勾连、前后贯串,从而做到"点"与"线"的结合,清楚地勾勒出我国词学批评发展的轨迹。《中国词学批评史》是词学批评方面一本非常有分量的研究成果。相比于以前单篇论文和著作章节,此书显出它的全面性、系统性并且重点突出。此书被认为是一本词学研究有突破性贡献的著作,并因此获"夏承焘词学奖"一等奖。

该书是我校中文系第二代词学研究者一次成功合作,显示了继施蛰存等老一代词学家之后,中文系新一代词学家的实力与风格,表明他们开始走上词学舞台,崭露头角。同时该书还进一步显示了我校中文系词学研究的特色,即以词学批评为主,重视理论性与思辨性。

三、重振《词学》,继承特色

进入新世纪以后,随着万云骏、施蛰存等老一代词学家的离世,以及邓乔彬、方智范、高建中等中年一代词学家的调离或退休,我校的词学研究出现了一个相对困难的时期。由于人员青黄不接、资金困难等原因,海内外很有影响的《词学》集刊时续时断,出版也不正常化。其间唯一的亮色是齐森华老师坚守词曲不分家的学术传统,在治曲的同时,兼招词学方面的博士生,培养了包括朱惠国、李康化、余意、陈雪军等一批相对年青的词学研究者,使得我校词学专业薪火不断,后继有人。

2003 年底,朱惠国受中文系领导的委托,协助时年 80 岁的马兴荣先生编《词学》,先后担任《词学》编委、编辑部主任、执行主编。朱惠国曾在 20 世纪 80 年代师从马兴荣先生攻读硕士学位,因此师生配合十分默契。面对《词学》当时面临的困难局面,新组成的编辑部主要做了两方面的工作:一是《词学》出版的正常化,二是强化与各地词学家,尤其是海外词学家的联系,重新恢复《词学》在词学研究领域的主导与核心地位。在编辑方针上,新一届编辑部成员秉承前辈学者的办刊宗旨,坚持走专业化、精品化的路子,在积极扶植青年学者的同时,重点发表老一辈学者以及港台地区和日本、韩国等海外学者的最新研究成果。加强"文献"栏目的编辑力量,注重发表第一手的词学研究史料,办出自己的特色。经过编辑部成员的共同努力,《词学》的出版逐步正常化,并于 2007 年底被选为 CSSCI 来源集刊。以后在华东师大出版社的支持下,《词学》由不定期的年刊改为定期的半年刊,学术影响力得到进一步提升。

随着《词学》出版的正常化和新一代词学研究者的逐渐成长,我校词学专业再次受到词学界的关注与首肯。为了凝聚人气,进一步打造词学重镇的地位,2009 年 10 月 10 日,我校中文系和《词学》编辑部主办的"中国国际词学研讨会"在华东师范大学召开。这是时隔 14 年后,我校第四次召开词学研讨会,对词学有再次振起的意义。参会的一百余位词学名家来自海内外,济济一堂。

我校中文系词学研究重视理论的特色也为朱惠国、彭国忠等第三代学者所继承与发扬。2005 年,朱惠国在其博士论文的基础上出版了《中国近世词学思想研究》一书,在词学界产生广泛影响。前辈学者谢桃坊先生以为该书"于常州词派的研究已达到当今的最高水平"。南京大学张宏生教授在回顾清词研究成就时,以为其成果"不仅具有独特的'近世'观,而且所展现的思路,也非常富有启发","特别是集中笔力,探讨了中西文化冲突与现代词学之间的关系,尤其有着进一步开拓的空间","其中分析'五四'后以况周颐、郑文焯为代表的传统词学观,以梁启超、王国维为代表的新型词学观,以夏承焘、唐圭璋、龙榆生为代表的现代词学观,三种观念在词坛上多元并存,共同为构建现代词学作出贡献,颇能见出视野的开阔"(张宏生《清词探微》,上海古籍出版社 2005 年版,第 32 页)该书由于其在近世词学领域取得的开拓性成就,荣获第五届"夏承焘词学奖"一等奖。

同时,朱惠国也是国内较早关注民国词的收集与整理,致力于"民国词学"研究体系建构的一位学者,其论文《民国词研究的回顾与展望》、《晚清、民国词风演进历程及其反思》等,都具有开辟学术研究新空间的意义,引起学界普遍关注。《民国词研究的回顾与展望》一文被《新华文摘》全文转载。朱惠国的研究视野宽广,出入传统与现代之间,注重微观实证与宏观把握相济为用,特色鲜明。

彭国忠是邓乔彬的嫡传弟子,主要从事唐宋词研究,出版有《元祐词坛研究》、《唐宋词学阐微——文本还原与文化观照》等学术著作,但其词学研究也比较注重理论批评,先后发表了《李清照〈词论〉价值重衡》、《宋代词学批评中的佛禅话语》、《"真":梅曾亮文学思想的核心——兼论嘉道之际桐城文论的发展》、《刘将孙词学思想阐微——以〈胡以实诗词序〉为论》、《中国诗学批评中的"直致"论》等一系列学术论文,并整理了王昶的稿本《西崦山人词话》等词学批评资料,成绩显著。

我校词学专业经三代学者前后 30 余年的开拓与建设,已经成为中文系的优势学科和特色学科,词学重镇的地位也逐步得到海内外学者的认同。展望未来,随着学校的进一步发展,我校词学专业将会迎来进一步发展的机遇,前景十分美好。

＊本文作者:朱惠国,华东师范大学中文系教授。

中国文字研究与应用中心创业史

刘志基

2013 年 12 月 5 日,华东师大网站上发布了一条题为《我校新获 3 项国家社科基金重大项目、2 项重点项目》新闻,报道称:"近日,2013 年度国家社科基金重大项目第二批立项名单公布。我校再获 3 项重大课题、2 项重点课题,立项数在上海市位居第二。"而在报道中提到的三项国家社科重大项目中,有两项属于国家社科基金中的冷门项目——文字学研究项目,而这两个项目均为华东师大中国文字研究与应用中心(以下简称"文字中心")的专家竞标获得。事实上,文字中心在当年还获得另外一项国家社科基金重大项目的 50 万元滚动资助,以及一项国家社科基金重点项目的立项。一个专职研究人员不足两位数的研究机构,同时承担了 3 项国家社科基金重大项目、1 项国家社科基金重点项目,以及其他 10 余项省部级社科重大项目的在研任务,一时之间,吸引了不少眼球,不但成为学校领导在各种会议上的话题,也成为国内文字学界的谈资。"罗马不是一天建成的",这一名言用来描述"文字中心"的发展史,是再适合不过的。

一

20 世纪 90 年代初期,李玲璞教授面临着一个很大的人生抉择:由王元化先生领导的上海市古籍整理规划领导小组,打算委托李教授担纲,承担上海市古籍整理重大项目——编纂《古文字诂林》。是年李先生五十六七岁,后面的若干年,就专业研究而言,无疑是一个黄金时段,但也是最后一个宝贵周期。这段时间怎么用,他不能不作慎重考虑。经过深思熟虑,李先生最终决定接受这个重任。关于这次抉择中思考过程,李先生后来不止一次作过这样的表述:"对我个人而言,承担这个任务并非是一件好事,因为这意味着既定的个人科研规划的完全让路;但对于我们这个专业来说,可以通过这个重大项目的研究积聚人才,打造队伍,积累资料,扩大影响,是一次不可多得的发展机遇,因此我是没有理由逃避这个责任的。"后来的事实证明,李先生的这个关于学科发展机遇的判断,完全正确,一一变成现实。

《古文字诂林》学术顾问李学勤先生曾经这样评价《古文字诂林》："我要说的是，编印这样一部大型的专业工具书，实在是太不容易了。中国的古文字学源远流长，变化万端，学者加以隶写考定，又各家不同。这十二册书，有多少需要特殊处理的字形？仅此一点，我们就应该向编者和出版社表示敬意和感谢，大家赞美《古文字诂林》'集万卷于一册，汇众说于一编'，并非夸诞之辞。"（李学勤《不寻常的学术成果》，《解放日报》2005 年 11 月 9 日第 7 版）。

对于编纂诂林的困难，李先生自己作过这样的表述："在接受《古文字诂林》编纂工作之初，我作为主编人，足足用了三个月时间思考着下面几个问题。第一个问题是这个项目的容量。出土古文字研究成果自汉代以迄现代，上下两千年，如此漫长历史跨度的民族文化要收录到一部书中，容量之大，困难之多是可想而知的。这是第一个难题。第二个问题是这个项目的自身系统。要把如此众多的研究成果汇于一编，必须要有自身的切实可行的系统，而同一个古文字形体，历代研究者的楷书厘定样式却又是多种多样的，如果这部书稿的自身系统得不到妥善的解决，书稿就无从编起。这也是一个难题。第三个问题是书稿编成之后如何运用现代信息技术排版。20 世纪 90 年代初期，国内外出土古文字的电脑排印技术还处于空白状态。如何与时俱进，体现信息时代的新风貌，这又成了一个难题。第四个问题是编纂队伍的聚合与建设。编纂任务下达之初，市领导就提出了'完成一个项目，培养一支队伍，既出成果，又出人才'的指示，我们深知，能否带出一支队伍，将直接关系到能否优质高效地完成这个重大项目的成败。这还是一个难题。"（李玲璞《迎难而上求实创新——〈古文字诂林〉编纂小记》，《解放日报》2005 年 11 月 9 日第 7 版）

李先生所谈到的这重重困难，最终都在他领衔的编委会的努力下，在王元化先生领导的上海市古籍整理规划领导小组以及各级领导部门的支持关心下，一一得到化解。然而，这一化解的过程，从 1991 年 10 月第 1 次《古文字诂林》专家论证会算起，到 2004 年 12 月第 12 册出版为止，却是整整 15 年。这 15 年中，李先生付出了怎样的努力，在先生生前的相关新闻报道，乃至先生离去后的纪念文集中，人们从各自不同的角度进行了描述和回顾，我就没有必要赘言了，但先生在编纂完《古文字诂林》后为时并不长久且日渐消瘦的几年中依然在执着于自己的专业计划，拓展着自己的研究领域，却令我记忆尤其深刻，不能不写下一点记忆的片段。

记得先生刚刚病重入院期间，我陪过一次夜，发现戴着呼吸机、高烧 39 摄氏度的先生整夜里总是把手从被子里伸出来在空中指指画画，且非常固执，难以劝阻。那是一年中最冷的时节，为免先生受凉，我和同在陪护的刘凌君分工，各负责一边，她管左手，我管右手，随时把先生伸出被子的手掖回被中。对于这整整一宿的"搏斗"，我起初只以为是先生病重意识模糊所致，然而，先生仙逝以后，常青师母告诉我们，在先生病重入院近 3 年中，已经不能握笔的先生，无论是清醒时还是不太清醒时，都经常用这种以手在空中指画的方式在进行"写作"，以继续他的后《古文字诂林》研究计划。这令我感慨良多。

《古文字诂林》，或许让更多的人记住了"李玲璞"这个名字。的确，先生所主编的这部皇皇 12 册巨作，乃古文字考释集大成之作，"集万卷于一册，汇众说于一编"，被上海市相关领导誉为"上海市精神文明建设标志性工程"，获得上海市哲学社会科学优秀成果一等奖、上海市新闻出版特等奖、首届中华优秀出版物（图书）奖、第一届中国出版政府奖图书奖等诸多大奖。但作为学生的我深知，老师虽然也注重既有研究成绩的系统整理，但他更加看重的还是文字学这个传统学科领域的理论创新。《古文字诂林》出齐以后，先生多次在不同场合如释重负地感慨："现在终于有时间去实现自己原来的科研规划了。"先生为《古文字诂林》付出了 10 多年学术黄金期全部心血，个中滋味全都包含在这一声感慨中了！毫无疑问，李先生的"字素"理论在学界产生巨大影响，为中国文字学理论体系的构建，添加了不可抹煞的一笔。但是未必有多少人知道，这些成绩，在李先生的科研规划中，只是大厦中的一间屋室而已，而这座大厦的蓝图，李先生已经成竹在胸，若上天稍假时日，先生即可构建完成呈示于学界。明乎于此，我们才能真正理解李先生为《古文字诂林》的付出。由于年龄的原因，中心被确定为教育部重点研究基地之际，差不多也是李先生退休之时，然而，李先生对于文字基地的创建作出的巨大贡献却是有目共睹的。

李玲璞在上海市哲学社会科学优秀成果颁奖仪式上致获奖感言

二

2000 年初春的一个上午，在教育部会议室中进行了关于申报教育部人文社科重点研究基地的相关单位向教育部主管部门汇报的工作。华东师大俞校长和臧克和教授作为此次最后一家汇报单位的代表走进会议室，已近午饭时间，听了大半天汇报的领导们大都面呈倦意，在他们掩饰不住的期待结束的眼神中，俞校长首先汇报了学校的申报工作，轮到臧先生开口时，留给他的时间已经少得可怜了，他定了定神，开口说出了这样的第一句话:"各位领导,你们可以不接受华东师范大学中国文字研究与应用中心为重点研究基地。"听了大半天为进入基地而自我鼓吹的各学校代表发言的领导们闻听如此"另类"声音,不免有点"振聋发聩"的感觉,不由都被提起了精神,而臧先生接下来的一句话则更使领导们不能不全神贯注聆听下去:"但如果你们这样做,教育部的人文社科重点研究基地中将失去一个亮点,一个最古老传统学科在数字化时代成功转型的亮点。"接着,臧教授将心中酝酿已久的华东师大文字中心的建设发展思路作了言简意赅的介绍,其间,报告内容不时引起领导们的提问兴趣,频频提问。

作为华东师大文字中心在教育部领导面前的第一次亮相,臧教授与社科司诸领导的这次零距离接触,在俞立中校长看来是一次少有的成功的工作汇报。然而,这样的"成功"并非出自偶然,而是来自于基地领军者独到的基地建设思路。

在研究方向上,"文字中心"如何形成自己的特色,从而在众多全国同行中保持无可替代、无法覆盖性,是臧教授在基地建设中首先考虑的问题。在打造特色专业研究方向方面,他作出了种种努力。王元鹿教授,主要从事中国少数民族古文字研究,一般被认为是冷门中的冷门,而臧教授始终认为,王教授的研究,是"中国文字研究"中非常重要的组成部分,不但王教授的研究本身很有特色,而且对于中心的各时段汉字的研究而言,都会形成一种特殊角度的相互参照以及良性互动。因此,中心创建以来,始终保持"少数民族文字研究室"的构建,由王元鹿教授担纲,从事民族文字调查及语料库建设、比较文字学研究。多年来,王教授的这个研究方向,在科研成果、科研获奖以及科研项目的争取上均取得可观的成绩,对中心学术影响力的提升,作出了突出贡献。近年来,考虑王元鹿教授年事已高,臧教授多方努力试图引进少数民族青年学者,以保持这个研究方向队伍的衔接,2014年,综合各方面因素,克服种种困难,终于将王元鹿教授的高足刘凌博士充实到中心的民族文字研究队伍中来,为这一研究方向增添了新鲜血液。

经过类似的不断努力,中心目前的专业研究方向围绕"中国文字研究"这个基地科研总体定位,达到研究门类齐全、特色专业凸显的境界,目前已形成6个研究室分别从事不同方向的中国文字研究:1. 汉字数字化研究室(古文字数字化处理、出土文字与文献语料库建设、汉字资源库建设,主任刘志基教授);2. 少数民族文字研究室(民族文字调查及语料库建设、比较文字学研究,主任王元鹿教授);3. 古文字与古文献研究室(甲骨文、金文、楚简、帛书等各类出土古文字研究,主任董莲池教授);4. 汉字发展史研究室(各期汉字发展系统调查、影响因素研究、《说文解字》等历代字汇与实物用字对照研究,主任臧克和教授);5. 域外汉字传播研究室(中日韩汉字文化圈汉字资源调查对比研究、对外汉字教学研究,主任王平教授);6. 汉字认知实验室(汉字视知觉研究、汉字形体结构属性实验研究以及汉字习得过程实验研究,主任周晓教授)。

为落实既定的建设思路,臧教授始终将研究队伍建设视为头等大事之一,在他的

李玲璞（前排中）与《古文字诂林》编纂委员会全体在沪编委合影

努力下，中心创建以来新引进的研究人员早已在数量上成为队伍主体，而且他们个个在中心的发展中发挥了不可替代的重要作用。这些研究人员是：张再兴教授，2001 年由上海中医药大学调入，作为中心的"比尔·盖茨"，主导开发了大部分中心数字化成果核心程序；王平教授，2002 年由山东师范大学调入，他相继在德国伯恩大学、美国爱荷华大学、韩国庆星大学联系发展了中心的实质性的国际合作伙伴，并拓展了中心的域外汉字研究方向；董莲池教授，2005 年由天津师范大学引进，作为国内外知名的古文字研究特别是金文研究专家，董教授的引进，大大增加了中心的古文字研究力量，也支持了古文字数字化开发；白于蓝教授，2013 年由华南师范大学引进，作为国内实力派古文字新锐学者，白教授加盟中心不但进一步增加了中心的古文字研究实力，而且一定程度上改观了研究队伍年龄偏大的现状。

毫无疑问，就研究方式而言，文字基地数字化的研究模式，是臧教授始终如一的坚持。经过十余年的发展和积累，在文字学研究领域，树立了一面数字化研究的旗帜。"基地十二五科研项目总体规划"，一次性确定了"十二五"期间的 12 个研究课题，而分布于各个研究方向的所有课题，在研究模式上却具有显而易见的共同点，即数字化原则的坚持：

1. 甲骨文语料库建设
2. 金文语料库建设与《金文引得新编》
3. 楚简文献语料库建设与《楚简引得》
4. 秦简语料库建设
5. "十二五"期间新公布出土文字材料数字化集成

6. 汉代简牍帛书语料库建设

7. 魏晋南北朝石刻文献语料库建设

8. 隋唐五代石刻文献语料库建设

9. 汉字断代调查与汉字发展史

10. 中华民族早期文字资料库与《中华民族早期文字同义对照字典》

11. 中韩古代小学类文献联合检索系统

12. 新疆学前儿童汉语读写能力萌发与早期汉字习得——基于脑科学与语料库研究方法的探讨

一叶可以知秋,一斑可以窥豹,如此内在逻辑严密、研究模式一致的系列项目得以同时成功立项,足以反映文字中心对既定学术研究思路十余年如一日坚持的成绩。

李玲璞(中)在臧克和(左)、刘志基(右)的博士论文答辩会上

三

王元化先生仙逝以后,李玲璞先生发表过一篇题为《缘于〈古文字诂林〉的相识相知》的怀念文章,文中言及《古文字诂林》电脑排印之事时说过这样一句话:"为确保古文字形体印刷的保信度、保真度,编委会特别安排常务编委刘志基承担书稿中全部古文字形体的审读和保真度的审查工作。"李先生寥寥数语的回顾,涉及到了古文字工具书编纂史上一段极其特殊的历史,而这段历史也对华东师大文字中心后来的发展产生了深远影响。然而,虽然关于《古文字诂林》的回忆文章林林总总,但这段历史却鲜有提及。作为当时深度介入的亲历者,我有必要真实还原一下这段历史,因为我相信,让后人了解这段历史是有意义的。

古文字工具书的编纂方式,从来就是手抄或剪贴。《说文解字诂林》是剪刀加浆糊的呈现形式,《甲骨文字诂林》、《金文诂林》则是手抄再叠加剪刀浆糊的载体形式。这个"传统"之所以被传承延续,并非是古文字学者偏好手写,而是有着迫不得已的原因——从活字印刷时代起,古文字材料就从来没有进入主流的汉字传播平台。

在《古文字诂林》以何种方式排印的问题上,人们也并非是一开始就认定要用电脑的。首先是有的古文字界老先生就是主张手抄的。而在编委会中,也有不同意见。笔者本人当时就曾经是"剪刀浆糊派"。然而,最终结束争论的,则是王元化先生的明确意见。一次编委会上,李玲璞先生传达王元化先生关于《古文字诂林》排印的指示,大体意思是:马上就是 21 世纪了,《古文字诂林》还是以手抄方式出版是说不过去的。王先生是《古文字诂林》项目的策划者,又是项目委托方上海古籍整理规划领导小组的组长,他的意见自然是决定性的。争议既然已经没有了必要,李先生就与编委们一起探讨电脑排印的有效实施方法。最初的设想是编委们分工负责电脑录入。基于这个想法,编委会曾购置了 10 余台当时还算稀罕物的"286"电脑,分派相关编委尝试操作。然而,虽经大家努力,这个想法最终被证明并不可行。于是另一个方案就被提上议事日程,即寻找一家电脑公司来承担《古文字诂林》的电脑排印任务。王世伟在他的回忆文章中比较详细地叙述过这段历史:"在《古文字诂林》启动后的四五年中,李老师等从未间断过运用计算机印刷古文字的调研工作,王元化先生和上海新闻出版局以及上海教育出版社的领导和编辑等也共同商议破解这一难题。编委成员曾先后赴北京、保定、广州、深圳、常州以及所在地上海进行调研。在上海古籍整理规划小组的帮助下,最后经考察选定了上海杰申电脑排版有限公司,并与之联合开发了《古文字字形库及排版系统》,并通过了上海市科委的成果鉴定。1996 年 3 月 20 日,上海市有关领导和上海人民出版社、上海辞书出版社、上海古籍出版社、汉语大词典出版社、学术出版社、远东出版社、上海教育出版社、上海书店出版社等 8 家出版机构的负责人参加了《古文字诂林》编纂工作的座谈会,对杰申电脑排版的'形神兼似'的样稿进行了论证,得到了与会领导专家的一致好评。"(王世伟《以〈古文字诂林〉为学术追求使命——深切怀念李玲璞老师》,《文汇读书周报》2013 年 1 月 2 日)应该说,王老师的这个回忆,很全面地揭示了事情的开端情况,但并未涉及后来,而事情后来的发展是很出人意料的。

当大家都觉得电脑排印问题已经解决可以安心审读材料时,却被杰申公司送来的《古文字诂林》的排印清样当头浇了一盆凉水。呈现在大家面前的清样是何等模样呢?与论证会上提交的"形神兼似"的样稿大相径庭的是,清样上能够正确显示的,只是当时电脑输入法可以打出来的文字,而电脑打不出的字则以一个个电话图形替代,填实的电话图形(被大家称为"黑电话")表示古文字的原形字,双勾的电话图形(被大家称为"白电话")表示古文字的隶定字。同时,电脑公司还随清样交来了厚厚一本古文字字形表,也就是所谓"8 大类 17 种共 16 万字的强大古文字字形库"的字形,每个字形边上,有一个代表该字形的流水号。这字形表究竟是干什么用的呢?原来电脑公司要求编者对应清样上的每个黑白电话,在这个字形表上找到那个相应的字形,并把这个字形在字形表上的流水号,标注在这个黑白电话上,这样,电脑公司就可以通过这个流水号输入那个古文字。有必要交代一下这个字形表的来历。按《古文字诂林》的编纂体例,每个字头下要先列对应的古文字字形,而这些字形的来源,就被确定为当时通用的

10 余种古文字字汇，即《甲骨文》、《续甲骨文编》、《金文编》、《古陶文字征》、《古币文编》、《先秦货币文编》、《侯马盟书》、《古玺文编》、《长沙子弹库楚帛书》、《包山楚简文字编》、《诅楚文》、《睡虎地秦简文字编》、《汉印文字征》、《石刻篆文编》。王世伟先生文中提到的"与之联合开发"，其实就是编委会提供的这些古文字字汇，电脑公司拿了书通过扫描造字，造成一个"8 大类 17 种共 16 万字的强大古文字字形库"。大概也是因为缺乏经验吧，这个"古文字字库"除了每个字一个流水号，其他便没有任何调出字形的检索途径。于是用它来排印《古文字诂林》，电脑公司只能想出"黑白电话"这一招数来。

很显然，"黑白电话"的设计，是电脑公司为自己寻找了一个最方便的古文字排印方略，但是这个方略的核心意义，是把在 16 万字的古文字字形表上找到一个特定的古文字字形这件不啻为大海捞针之事踢回给了编委会。

如何去解决这个难题，应该是李先生当时最头疼的问题，他为此又与电脑公司打了多少交道，磨了多少嘴皮，现在已经很难稽考了。然而，李先生最终找到了我，把我的编纂任务作了调整，新的具体任务就是把"黑白电话"的问题包下来，负责将所有清样上黑白电话标注上准确的流水号。

接到这个任务，绝对出乎意外，前文说过，在《古文字诂林》排印方式上，我本是"剪刀浆糊派"；编委会买来的电脑，我也是极少数未去领用的编委之一，现在偏偏要我去挑战"电脑"，自觉得很有点像冲向风车的唐·吉诃德。然而，师命难违，且当时我在《古文字诂林》编委中也算是小字辈，这个"地狱"我不下又让谁下呢？

并不结实的肩膀上突然被压上了千斤担，就不免"病急乱投医"：书店里买来一堆电脑书死啃，恨不能一下子学成个比尔·盖茨；跑去电脑公司去看《古文字诂林》排印操作工如何造字、排印，嘴上说是"学习"，私底下打着取而代之的小算盘。当然，此类努力最终都不免是"当头一盆冷水"的结果。现在回想起来，当时也做了一件非常正确的事，那就是找到同门师弟张再兴来做自己的电脑启蒙老师。

20 世纪 60 年代末出生的张再兴靠着自学成材把自己变成一个电脑高手，当时在李先生门下攻博，正琢磨着用电脑手段来完成学位论文。于是就成为我随时请教电脑知识和技术的不二人选，当然，对他的学位论文，我也没少出主意提建议，于是自然而然成为后来被称为"古文字数字化研究"的搭档。有了高手指点，再加上好几本电脑书打了点底子，终于渐渐明白了解决问题的思路：在当时情况下，要完成李先生交付的重任，最直接有效的方略就是为电脑公司已造的那 16 万个带流水号的古文字字形再编一个检索码，这样就可以通过这个检索码找到相关古文字字形的流水号，实现"黑白电话"的标注。

然而，把这个思路转化为行动，却又是实实在在的一波三折。

　　显然,首先需要完成一个适用于古文字原形字的检索码的创意设计。经过几个月的绞尽脑汁,捣鼓出了一种"古文字三级字符全拼编码检字系统",关于这个编码方案的设计思想,后来形成了一篇论文并发表(《简说"古文字三级字符全拼编码检字系统"》,《辞书研究》2002 年第 1 期),还将它申报了一个专利。当然,这都是后话,而在当时,根本就来不及去庆祝一下这阶段性的成绩,因为迫在眉睫的任务就是运用这一编码设计为电脑公司提供的 16 万古文字字形逐一标上一个检索码,并找到通过这个检索码把字形调出来的最佳方式。

　　经过反复比较各种方式,最终发现这件事的解决还必须依靠电脑。具体解决途径,是建一个数据库,将电脑公司造字的字形表以逐字切图的方式储存进数据库,然后在数据库里对应这些字形图片按既定编码方案逐一编制检索码,这样就可以运用数据库手段来检索这些古文字字形及其电脑公司赋予的流水号。

　　昏天黑地好几个月,终于完成有生以来所做的第一个数据库。然而这只是万里长征的第一步,因为最终要求做到的,是为《古文字诂林》清样上的所有黑白电话逐一标注上数据库中贮存的古文字字形的流水码。本来以为进入这一过程,应该是在享受自己设计发明的检索工具带来的快乐,但实际情况始料未及。首先遇到的问题是,电脑公司造成的那 16 万个字形,或者说当时通行的那 10 来个文字编所收的字形,实际用到《古文字诂林》排印中还有很大的缺口,也就是说,诸家古文字考释中用到的千奇百怪的字形,远非这个带流水号的字形表所能覆盖的。造成这种状况的原因很多,其中最常见的是,古文字考释多用"偏旁分析法",因此考释过程中就会有大量的古文字偏旁被分析出来,而这些偏旁一般只是字的构形成分,并不独立存在,不但电脑公司的字形表中找不到,实际的古文字资料中也根本没有。除了发明成就感大打折扣之外,这种缺失,对我而言还有另外一重打击:本来期望通过自己的努力,可以把其他编委从黑白电话的困扰中完全解脱出来,而如此一来,就意味着自己只能分担编委们一部分黑白电话负担,而字形表中没有的那些古文字,只能让编委们标注出来,让电脑公司再去造字。当然,我也因此而有了继续做那个数据库的任务,即不断把这些再造字纳入检索数据库,从而让它们以后在我能够检索的范围内从无到有。

　　在使用数据库检索工具查找古文字流水号的过程中,还有另外一种困扰凸显,那就是效率问题。一页《古文字诂林》的清样上,黑白电话少则数十,多则数百,尽管已有了数据库的检索方便,但从查到一个古文字,到把它长长的一串流水号准确地一笔一笔标注到清样上它所对应的那个"电话"上,耗去一分钟或更多一点时间是非常正常的速度。而这样的速度在一张清样上积累下来,两三个小时乃至更多的时间消耗就成为常态。记得在《古文字诂林》第一册的编纂过程中,我与负责第一册审读编辑的汪寿明教授同时起步,天天共处编纂室中完成各自分工,出乎意外的是,汪教授完成编纂任务了,而我这个只是担负辅助任务(解决黑白电话)的分工者,却连三分之一的任务也没做完。濒临崩溃之际才终于明白,以一人之力来应对黑白电话之事仅就时间而言也是没有可行性的。我硬着头皮解决了第1册的黑白电话后,在李先生的支持下,一些研究生与我一起组成解决黑白电话小组,他们经我培训以后,一般都能熟练使用检索数据库,胜任查字工作。是他们帮助我们度过了《古文字诂林》编纂所面临的一场黑白电话危机,但《古文字诂林》上却没有他们的名字,这里仅就我还记得的以及查问到的,把他们的名字记述如下:陈婷珠、李新城、沈之杰、竺海燕、陈近朱、范董平、巢颖、陈青峰、赖江、刘海琴、曹萱、刘凌、秦桂芳、袁胜红、黄安靖、佘彦焱……

　　说来有点不可思议,作为这场危机的亲历者,时过境迁之后,回顾这段历史,我不但没有怨恨,却很有一些感恩的心态:正是在那几年迫不得已与电脑零距离的接触过程中,我们才逐渐明白了电脑对古文字研究未来发展意味着什么,从而确定了古文字数字化这条专业发展道路;也正是在这段不断碰壁、动辄得咎的磨难中,我们才真正明白了古文字数字化究竟应该怎么搞——古文字研究者并不亲力亲为,没有自己扎扎实实的相关基础工作,仅仅想靠电脑技术从业者来帮助实现数字化,是永远不会迈入数字化大门的;同样也正是在这几年的磨砺中,我们才积累了古文字数字化的第一桶金,开发了适用于古文字的检索手段,并有了自己的古文字数据库。此后不久,文字中心开发的海内外首见的先秦古文字资源的正式电子出版成果《商周金文数字化处理系统》、《战国楚文字数字化处理系统》以及《说文解字全文检索系统》问世,与此同时,《金文引得》等一批只有依靠数字化手段才能编纂而成的具有超文本特点的古文字工具书,以及《西周金文文字系统论》等一系列充分运用数字化方式完成的学术论著问世。又过了不久,新华网发表了"华东师大:数字化平台'解密'汉字"的报道。

　　华东师大文字中心的中国文字数字化已然声名鹊起,但是就其总体发展态势而言,数字化并非一代学人能竟之业,我们也没有天真到奢望以自己一二十年的努力就能创辟一个被学界公认、能替代已传承千年的主流文字研究范式。换个角度说,我们的数字化努力,只是耕耘土壤,而被耕耘土壤上的收获虽然一定会有,却是未来之事。具有这种意识者,当然并非只是我们,看懂数字化之于中国文字研究的意义,并不需要独具慧眼,但是又有多少人真正愿意在数字化基础工作上全身心投入呢?人们总是关注当下的收获,虽然很乐意获得数字化产生的数据来支持自己的学术发现,却又希望这种数据是一种可以随手拈来的"学术公器",而不是自己通过孜孜矻矻的最基础工作获得。我们也没有理由对此种选择说三道四,因为这很符合目前学术评价体制,对于个人而言,无论你解决了多少"黑白电话"之类问题,建设如何有价值的数据库,提供了多少"学术公器",又有哪级科研管理部门会认定你的贡献呢?从这个意义上说,文字中心要按照既定的学术思路继续发展,特别需要学术良知的支撑。

　　"曾经沧海难为水,除却巫山不是云",无论如何,依靠着电脑从"黑白电话"的阴霾里走出来的文字中心学术团队,终究是不会再退回到前数字化的中国文字研究模式中去的,虽然前路漫漫,而不断地上下求索,一定会赢得数字化转型成功的与时俱进。

　　＊本文作者：刘志基,华东师范大学中文系教授。

中国古代小说研究的传统

刘晓军

　　中国人说"万丈高楼平地起",西方人说"罗马不是一天建成的",结合这两句谚语来描述大学学科的发展,我们认为比较形象地反映了其从无到有、集腋成裘的过程:一个优势学科的形成、发展、壮大,需要点点滴滴地积累,更需要薪火相传地凝聚。华东师范大学中文系古代文学是全国重点学科,而其中的古代小说研究更是重点中的重点,不但在华东师大,即便放眼全国,也足以傲视群雄。下面我们将从学术传承与学科发展的关系入手,梳理我校中文系古代小说的研究传统。

　　我校研究中国古代小说的传统源远流长。早在其前身之一光华大学期间,时任光华大学文学院教授的胡适先生与吕思勉先生等人便已开始研究中国古代小说。胡适先生对《水浒传》《三国演义》《西游记》《红楼梦》《三侠五义》《海上花列传》等经典作品的考证,从方法到结论至今影响着一代代学人;吕思勉先生作为著名史学家,在小说创作与研究上也有着不俗的表现,比如创作了小说《未来教育史》《中国女侦探》《女侠客》等作品,还撰述了小说史《宋代文学·宋之小说》、小说理论《小说丛话》等作品。华东师范大学成立以后,中国古代小说研究的学术传统在继承前人的基础上得以发扬光大,代有人才,迄今为止,大致可以分为四个世代:徐震堮先生、施蛰存先生等前辈学者为一世代;郭豫适教授、陈谦豫教授等知名学者为一世代;陈大康教授、谭帆教授、王意如教授、竺洪波教授、程华平教授等中生代学者为一世代;李舜华教授、王冉冉副教授、王庆华副教授、刘晓军副教授等青年学者为一世代。可以这样说,华东师范大学在中国古代小说研究方面有着历史传统悠久、学术传承紧密、梯队层次分明、年龄结构合理、整体实力雄厚的特点。以下我们将分而论之。

一

　　徐震堮先生 1923 年毕业于东南大学文史部,曾任中学教师 10 多年;1939 年任教于浙江大学;1951 年调入华东师范大学中文系,直至 1986 年 10 月因病逝世。徐震堮先生在唐前小说的整理与研究上影响较大,先后出版了《汉魏六朝小说选》《世说新语校笺》等著作。在《〈汉魏六朝小说选〉自序》中,徐震堮先生提出:"中国古代,'小说'这个名词的概念是非常模糊的,所谓小说,包括了许多内容和形式都跟现在的小说大不相同的作品。……实际上,'小说'只是一个目录学上的名词,而不是文艺学上的名词","小说的意义,到了宋朝,才有了转变,一方面把丝毫没有故事性的书清除出去,一方面把一向收入史部的志怪书归入小说。这样一来,小说似乎有了一个比较明晰的范围","汉魏六朝的小说,不但和近代的小说完全不同,就文艺样式的发展来看,也很少直接的关系。形式上都是些零零碎碎的记载,缺乏复杂完整的结构,并且没有深细的刻划和描写"。(徐震堮《梦松风阁诗文集》,华东师范大学出版社 1991 年版,第 286—

徐震堮

295 页)这些论断一方面清理了古代小说观念的发展演变,另一方面也反映了徐震堮先生对古代小说文体的认识,即以近代小说观念为衡鉴,以完整的故事情节为标准。《世说新语》是南朝宋临川王刘义庆所作的一部轶事小说,是古代记人之类笔记小说的经典作品。徐震堮先生在 20 多年阅读札记的基础上,详加校点,偏重释词,撰成《世说新语校笺》,至今仍为研究"世说学"者案头必备之书。

　　施蛰存先生 1937 年起先后任教于云南大学、厦门大学、光华大学等高校,1952 年调任华东师范大学中文系。施蛰存先生学问渊博,贯通中西,淹通古今,自言平生治学"开了四个窗口:东窗是文学创作,南窗为古典文学研究,西窗是外国文学翻译和研究,北窗为金石碑版之学"。虽然并未以古代小说研究为毕生之事业,但施蛰存先生在这个方面亦屡有创获,新见叠出。如 1929 年发表的《〈西游补〉题记》指出:"统观全书,绝少宗社之悲,而意到笔随,转颇有调侃明季世风之处。因疑成书之日,尚在明亡以前。作者胸襟洒脱,偶以文字为游戏,故书中诗歌、文辞、时文、尺牍、平话、盲词、佛偈、戏曲,无不具体,仍不脱明季才人弄笔结习,未必遂寓禾蜀之悲。"([明]董若雨著、施蛰存校点《西游补》,上海水沫书店 1927 年版)这对于考证《西游补》的产生年代以及作者董若雨生平等问题就颇有启发意义;1937 年发表的《小说中的对话》首次将中国古代小说文体归纳为四种类型:笔记体、传奇体、话本体与章回体,并清晰地勾勒出这四种小说文体类型之间的演进轨迹:"我国古来的所谓小说,最早的大都是以随笔的形式叙说一个尖新故事,其后是唐人所作篇幅较长的传奇文,再后的宋人话本,再后才是宏篇巨帙的章回体小说。

在这样的发展过程中,小说的故事是由简单而变为繁复,或由一个而变为层出不穷的多个;小说的文体也由素朴的叙述而变为绚艳的描写。"(1937年《宇宙风》第39期)今天学界已普遍接受古代小说分为笔记体、传奇体等四种类型的作法,施蛰存先生可谓发其嚆矢。

二

　　郭豫适教授1957年毕业于华东师范大学中文系,后留校任教至今。郭豫适教授一生致力于古代小说研究,在《红楼梦》研究方面成果尤为丰富,曾先后出版《红楼梦研究小史稿》(清乾隆至民初)、《红楼梦研究小史续稿》(五四时期以后)、《红楼梦问题评论集》、《中国古代小说论集》、《论红楼梦及其研究》、《拟曹雪芹"答客问":论红学索隐派的研究方法》等专著,并主编《三国演义选粹》、《红楼梦研究文选》、《传世藏书·子库·小说》等作品,其中《红楼梦研究小史稿》及《红楼梦研究小史续稿》获1986年上海市社科著作奖,论文《论儒教是否为宗教及中国古代小说与宗教的关系》获1994年上海市社科论文一等奖。作为著名的"红学"专家,郭豫适教授的《红楼梦研究小史稿》被誉为"是《石头记》问世以来第一部研究红学发展史的专著,也是'文革'以来第一部文学类学术史专著"(黄霖主编《20世纪中国古代文学研究史》,东方出版中心2006年版),内容主要是梳理《红楼梦》问世之后的研究历史并做出适当的评价。在《红楼梦研究小史稿序》中,作者说:"清理《红楼梦》研究的历史过程,批判地总结《红楼梦》研究的历史成果和经验教训,包括批判地阐述《红楼梦》研究过程中唯心论的各种形态及其演变,对我们今天研究《红楼梦》和古典文学,可以提供一种有益的借鉴,是一项很有意义的研究课题。可惜我们对这个课题还没有予以应有的重视。直到今天,我们不仅还没有一部关于《红楼梦》研究史的专著,甚至连一般的介绍《红楼梦》研究历史的专篇文章都很难看到。"(《红楼梦研究小史稿》,《郭豫适文集》第一卷,华东师范大学出版社2010年版)在《红楼梦研究小史稿跋》中,作者提出:"《红楼梦》研究的二百多年的历史,可以用1921年'新红学'的出现作为标志,区分为前期和后期。如果稍作具体的区划,则可分为三个时期。第一个时期是从清朝乾隆年间至1921年,第二个时期是从1921年胡适发表《红楼梦考证》至1954年,第三个时期是从1954年批判俞平伯《红楼梦》研究中胡适派唯心论以后的时期。"(同前书)作者关于《红楼梦》研究史的"三个时期说"是否合理固然见仁见智,但作者关注《红楼梦》研究史的学术眼光无疑具有远见,对古典文学学术史的发掘、整理具有良好的示范作用。

　　陈谦豫教授自20世纪60年代起便在华东师大中文系讲授中国古代文学批评史,于古代小说理论研究尤有心得,所撰《中国小说理论批评史》是学界较早的古代小说理论研究专著。该书将中国小说理论批评的发展分为四个时期：先秦汉魏六朝为萌芽、发展时期，隋唐宋元为成熟时期，明清两朝为繁荣时期，晚清以迄民初为更新时期。著名学者徐中玉教授为其所作序称："这部专著以中国小说理论批评的发展历史作为主要研究对象，实是古代文论研究深化的一种具体表现。读后深佩他的用心之专，用力之勤，能以新观点来整

中国古代小说学科的奠基人郭豫适

理、论述旧材料，使前贤的很多带有规律性的见解，可以在今天仍能在小说的创作与理论批评上重新发挥其有益的作用。"（陈谦豫《中国小说理论批评史》，华东师范大学出版社 1989 年版）作者自序谦称本书乃"引玉之砖"，"其目的旨在对我国古代有代表性的小说理论批评家的有关论述理出一条线索来"，"更希望因此能够引起更多同志来进行这方面的研究、著述工作，使我们能有更系统、充实、理论性更强的研究中国小说理论批评的优秀专著"。（同前书）今天，中国古代小说理论批评研究已成为学界热点，庶几与诗文理论批评研究并驾齐驱，这种状况应当说已经符合陈谦豫教授当初"引玉"的预期。

三

陈大康教授致力于中国古代小说研究，是著名的小说史专家，在明清以迄近代的中国古代小说史研究、小说史料的发掘整理等方面成就卓著，先后撰有《通俗小说的历史轨迹》《明代商贾与世风》《明代小说史》《近代小说编年》《中国近代小说编年史》等著作。得益于大学时代的理科背景，陈大康教授的中国古代小说研究在视野、理论与方法等方面与传统治学路径颇多不同，独具特色。譬如其《通俗小说的历史轨迹》一书对中国通俗小说产生和发展的原因提出了"五种因素合力推动说"，认为通俗小说在作者、书坊主、评论者、读者以及统治阶级的文化政策这五者共同作用下发展。作者紧扣通俗小说的"通俗性"，强调通俗小说对于物质形式的依赖性，提出"能否传播以及如何传播对于它是至关重要的，在某些时刻甚至可以说是生死攸关的"（陈大康《通俗小说的历史轨迹·绪论》，湖南文艺出版社 1993 年版，第 9 页），将小说的传播（包括出版与发售）纳入到小说史研究之中，眼光颇为独特；为了能够清晰地勾勒通俗小说发展的

历史轨迹,作者利用统计学方法,对不同年代的作品种数与类别做了详细的统计,用统计数据代替了传统的文字描述,方法颇具新意。《明代小说史》沿用了《通俗小说的历史轨迹》的研究模型,继续从作者、出版、小说理论、官方的文化政策以及读者五个因素的交叉影响、互相制约关系等方面考察明代小说的发展历程。著名学者郭英德教授认为该书在叙述视角、叙述体例与叙述方法上均有创新,"我认为,《明代小说史》最为突出也最富创意的叙述特色,是从历史现象之间复杂而密切的有机联系这一独特的角度,去选择、审视和叙述小说史现象","该书实际上包括两部史著,即《明代小说编年史》和《明代小说史》,分别采用了编年体和纪事本末体两种不同的叙述体例。……二者相辉相映,相辅相成,为读者展示了两幅气势宏大的明代小说历史长卷"。"该书对描述式语言的运用不仅相当自觉,而且相当娴熟。……尤其值得称道的是,该书经常运用'提问—解答'的叙述策略,先就历史上的小说现象提出问题,然后仔细地爬梳史

陈大康

实,抉发关节,勾勒脉络,最终圆满地解答问题。"(郭英德《小说史的叙述视角、叙述体例和叙述方法——兼评陈大康〈明代小说史〉》,《文学遗产》2001 年第 5 期)2014 年 1 月由人民文学出版社出版的《中国近代小说史编年》是陈大康教授近年来潜心研究近代小说的成果,皇皇六卷三百万字,非常完整地呈现了近代小说的发展状况。郭英德教授对该书评价甚高,认为该书"展示出编纂者的一双慧眼、一片深思和一番诚意,为我们提供了堪称典范的文学编年史著述体例。该书的著述体例不仅体现出极高的史学价值,而且提供了极大的史学功能"。(郭英德《论"文学编年史"的著述体例及其史学功能——兼论陈大康〈中国近代小说编年史〉》,《求是学刊》2015 年第 1 期)

谭帆教授是著名的俗文学研究专家,研究视野涵盖古代小说与戏曲。古代小说研究方面,主要集中在小说批评研究与小说文体研究两个领域。谭帆教授擅长理论思辨,既能建构宏观的理论体系,又能辨析微观的概念术语,其逻辑思辨能力为学术界所称道。他的著作《中国小说评点研究》是学界第一部系统阐释古代小说理论批评形态的主体——小说评点的专著,从小说评点之源流、小说评点之形态、小说评点之类型、小说评点之价值四个方面入手,全面论述了小说评点这种中国古代独特的小说理论批评形态。著名学者黄霖教授评价该书"资料丰赡,观照全面,论述系统严谨而可视为一个世纪以来中国小说评点研究的一次总结"(《中国文哲研究集刊》第 22 期)。谭帆教授在《导言:小说评点的解读》中概括了小说评点的独特个性:"首先,中国古代小说评点是一个独特的文化现象,而非单一的文学批评,评点在中国小说史上虽然是以'批评'的面貌出现的,但其实际所表现的内涵远非文学批评就可涵盖。""其次,古代小说

评点就理论批评一端而言也形成了一个多元的格局,如果以批评功能和批评旨趣为评判准则,则在总体上构成了三种基本格局:'文人型'、'书商型'和'综合型'。""第三,小说评点在其自身的不断发展中形成了富于民族特色的批评风格和形式特性。就形式特性而言,小说评点的最大特性是评点对小说文本的依附性,这种源于中国传统注释方式的批评格局使得小说评点体现了强烈的传播性和批评的实用性。而就批评风格而言,小说评点最为突出的一个特点是机动灵活、形式多样,它可以从小说的具体情节出发,或长或短,自由发挥,做到心之所欲,笔即随之,且思无限制,谈古论今。"(谭帆《中国小说评点研究》,华东师范大学出版社 2001 年版,第 1—16 页)观点新颖独特,论述高屋建瓴,谭帆教授对古代小说评点的认识与理解达到了一个新的高度。《中国古代小说文体文法术语考释》是谭帆教授近年来的力作,是谭帆教授和他的博士生们集体合作的成果,该书的撰写也很好地体现了学术的传承与发展。该书考释了 27 个在中国古代小说史上影响深远的小说术语,如"小说"、"说部"、"稗官"、"稗史"、"演义"、"笔记"、"草蛇灰线"、"背面敷粉"、"横云断山"、"白描"等,是学界第一部以考释的叙述方式清理古代小说文体与文法术语的专著。著名学者陈平原教授认为:"本书最大特色是将批评史、文体史、学术史三种视野合一","经由一系列考镜源流、梳理内涵、抉发意旨、评判价值,本书确实给读者提供了较为清晰的传统中国小说的基本面貌。"(陈平原《中国小说评点研究·序》,华东师范大学出版社 2001年版)

谭帆

　　在这个中生代学者群体中,还有王意如教授、竺洪波教授、程华平教授等,他们都在各自的领域里作出了独特的贡献。王意如教授多年来在大学讲授明清小说研究课程,在经典名著的解读方面有独到的心得体会。竺洪波教授专注《西游记》研究,在《西游记》的传播与接受研究方面成果颇丰。程华平教授致力于近代小说理论批评研究,且将其与近代戏曲研究相融合,视野较为开阔。

四

　　当 40 后、50 后、60 后学者在古代小说研究的舞台上大放异彩的时候,70 后学者已悄然崛起,中文系涌现出了一批 40 岁左右的青年学者。李舜华教授是这群年轻人中的代表人物,他兼治古代小说与戏曲,在明代小说研究领域颇有创获。此外,王冉冉副教授的古代小说与文化研究,王庆华副教授的古代小说文体研究,刘晓军副教授的古代小说文体研究、小说观念研究与小说图像研究都有不俗的表现。

　　李舜华教授撰有小说研究专著《明代章回小说的兴起》,选取明代嘉靖元年至万历二十年这一时段内的章回小说为研究对象,重点探讨章回小说这种文体兴起的社会历史背景及其体现出来的文化意味,作品分"绪论"、"'小说'释义"、"'文人'与'庶民':读者群与章回小说的兴起"、"'文人'与'书商':小说批评中史与誓、雅与俗的分野"、"从追求到幻灭:'市民'眼中的历史舞台与英雄传说(上、下)"、"从湮没到喧哗:男性视野中女性的突围"等章节,研究视野较为开阔。王冉冉副教授多年从事古代小说的教学与研究,对《红楼梦》、《西游记》尤其关注,近年来围绕明清小说与佛教、道教之间的关系,发表了不少高质量的文章。王庆华副教授虽然行政工作较忙,在古代小说研究上也收获良多。《话本小说文体研究》是王庆华副教授的博士论文,出版后颇受学界好评,一些高校将其列为古代小说方向学生的必读书目。最近几年,王庆华副教授致力于研究古代小说与史传之间的关系,又出版了专著《文言小说文类与史部相关叙事文类关系研究》,政务繁忙之余,仍然坚持笔耕不辍,实属不易。刘晓军副教授多年来一直关注古代小说研究,研究视野涵盖古代小说文体、小说观念与小说图像等方面。其专著《章回小说文体研究》较为系统、全面地梳理了章回小说文体的渊源与流变,并对章回小说文体发展史上某些独特的现象与个案进行细致的探讨,视野较为开阔,论述比较缜密,获得了不少同行的好评。最近几年,刘晓军副教授关注的是古代小说图像研究,从图像叙事的原理、图像传播的机制等方面探讨古代小说图文结合的现象;此外,如何祛除西方小说观念的影响,回归中国本土的小说观念,从根本上还原中国古代小说的本真面貌,也是刘晓军副教授关注的焦点。

　　以上是我们对华东师范大学中文系古代小说研究这一学科传统的梳理。前辈学者已为这个学科打下了坚实的基础,经过几代学者几十年的共同努力,本学科也已在学界获得了非常高的声誉。我们相信,只要坚守对学术的执着,信守对前辈的承诺,华东师范大学中文系的古代小说研究必将取得更大的辉煌。

＊本文作者:刘晓军,华东师范大学中文系副教授。

俄苏文学研究

陈建华

新中国成立以来,特别是改革开放以后,国内的俄苏文学研究逐步形成了若干重要的学术群体,除中国社会科学院和北京的几所高校外,上海地区的部分高校也有较强的研究力量,其中华东师范大学的俄苏文学研究群体颇为学界关注。这支队伍不仅有俄苏文学研究和译介的传统,而且拥有一批优秀的俄苏文学学者,并有一些独特的研究领域。

我校的俄苏文学研究和译介的传统可以追溯到老校友戈宝权先生(1913—2000)。据戈宝权先生回忆,1928 年开始,他在华东师大的前身大夏大学用 4 年多的时间读了预科和本科,"阅读了大量的翻译的外国文学作品,特别是俄国文学作品,如托尔斯泰和屠格涅夫的作品我都非常喜欢"。在大学期间,他"从托尔斯泰的故事集中翻译了《上帝看出真情,但不立刻讲出来》和《高加索的俘虏》,发表在同学编的刊物上"。在大学期间,他"读到了鲁迅翻译的《毁灭》和曹靖华翻译的《铁流》,这些苏联的革命文学作品,在我的面前展开了一个新的天地"。在大学期间,他开始学习俄语。他曾说:"当从《俄语识字课本》中最初读到托尔斯泰写的《狮子和老鼠》等寓言故事,并能直接用俄文读普希金的《渔夫与金鱼的故事》,我的心情是多么激动!"(戈宝权《中外文学因缘——戈宝权比较文学论文集》,华东师范大学出版社 2013 年版,第 2—3 页)离开大夏大学后,戈宝权先生开始了他成就卓著的新闻、外交和学者生涯,并毕其一生为俄苏文学在中国的传播与研究作出了卓越的贡献。1978 年以后,戈宝权先生为推动母校的俄苏文学研究发挥了重要作用。那年秋天,先生来到母校,为"文革"后刚入学的年轻学子做了"俄苏文学与中国"等学术报告。戈老以丰富的史料和清晰的思路为师生展示了这一研究领域的诱人魅力。他的报告吸引了许多学生,当时可容纳千余人的礼堂挤满了听众。他一直关心母校的相关研究,而他本人的成果对母校俄苏文学研究团队的影响长时间存在。

值得一提的还有中文系的前辈学者,如施蛰存教授、徐中玉教授和钱谷融教授等,他们以不同的方式与俄罗斯文学发生过联系。施先生对俄苏文学相当熟悉,早在 20 世纪 30 年代,他主办的《现代》杂志就对俄苏文学给予过关注。《现代》刊登过周扬的《关于"社会主义的现实主义与革命的浪漫主义"——"唯物辩证法的创作方法"之否定》、Richard Lewinsohn 的《苏俄的艺术的转换》、华希里可夫斯基著、森堡译的《社会主义的现实主义论》等文章。在施先生看来，"开辟新的路，有的人用新的创作方法，有的人用新的题材。……所以左翼的苏联文学，也是现代派"（《编辑座谈》，《现代》第 1 卷第 4 期，1934 年）。因此，也是《现代》杂志要介绍的对象。在华东师大工作期间，施先生的研究重点已是中国古典文学，但作为学贯中西的学者，他仍关注俄罗斯文学。他鼓励倪蕊琴老师撰文介绍俄罗斯当代文坛的情况。倪蕊琴回忆："他对陀思妥耶夫斯基很感兴趣，曾启发我们选题写文章。"（倪蕊琴《俄国文学魅力》，上海文艺出版社 2011 年版，第 206 页）他也关心王智量老师的研究和翻译，曾把收藏的《赫尔岑全集》送给他。徐中玉先生关注俄苏文学也很早。1937 年纪念普希金逝世 100 周年时，他在《东方杂志》第 34 卷第 3 期上发表了长达 2 万 5 千字的论文《普式庚的生平和艺术》。该文涉及了普希金的思想矛盾、普希金与拜伦、普希金与民间传说、关于奥涅金的解读等重要问题，因其对与普希金相关问题的深入探讨而受到学界关注。徐先生称，俄罗斯重要作家的作品他"差不多都读过，有些还不止读过一遍两遍，一种两种译本"，"作者们确实大大开拓了我的眼界，……使我发现世界原来是如此的广阔，艺术的力量竟有这样巨大"（徐中玉《〈论普希金、屠格涅夫、托尔斯泰〉序》，光明日报出版社，1985 年版）。他在主持中文系工作期间，对"文革"后刚起步的俄罗斯文学研究团队给予过有力支持。钱谷融教授与俄苏文学的关系也很有渊源。他曾写道："俄苏文学对我来说有一种特殊的亲切感。……俄国文学对我的影响不仅仅是在文学方面，它深入到我的血液和骨髓里，我观照万事万物的眼光识力，乃至我的整个心灵，都与俄国文学对我的陶冶薰育之功不可分。"在他看来，"论其作品数量之多，吸引我的程度之深，则无论哪一国的文学，都比不上俄国文学"（钱谷融《序〈20 世纪中俄文学关系〉》，陈建华著《20 世纪中俄文学关系》，学林出版社 1998 年版）。钱先生精辟论述过诸多俄国作家的创作特色。他的文章《论"文学是人学"》的开头，以批驳季莫菲耶夫的《文学原理》中的错误论点（即"人的描写是艺术家反映整体现实所使用的工具"）为切入点，就此展开富有探索性的论述。1980 年，钱先生还为"托尔斯泰学术讨论会"写了颇具新见的《论托尔斯泰创作的具体性》的长篇论文。钱先生一直关心着中文系的俄苏文学研究。

　　从 20 世纪 50 年代华东师大建校以后，中文系和俄语系逐步形成了一支俄苏文学研究的队伍，主要成员有倪蕊琴、赵云中、冯增义、朱逸森、徐振亚等。1978 年前后，中文系陆续引进了余振、王智量、干永昌等老师，这个群体逐步壮大，队伍的实力明显增强。近 30 年来，除了上述老师外，先后在中文系和俄语系工作的俄苏文学教师还有陈建华、王圣思、田全金、陈静、曹国维、贝文力、王亚民、杨明明等。两支队伍经常一起合作，形成合力。例如，俄语系的教师参与了中文系最初几届世界文学专业俄苏文学方向的研究生授课，也参与了中文系获得的多个俄苏文学方向的国家或教育部的社科项目。在中文系的俄苏文学研究的学科队伍中,余振先生①是一位成就卓越的前辈学者。因为此前已在《师魂》一书中介绍了余振先生的情况,这里将重点介绍 20 世纪 80 年代和 90 年代上半期作为俄苏文学学科带头人的倪蕊琴教授和王智量教授的有关情况。

倪蕊琴教授在我校任教 40 多年,在这个学科点上工作时间最长。据其自述:她"是在 1931 年'九一八'的炮火中诞生的。童年少有欢乐。小学换了三所,中学是在抗日战争和解放战争中度过的。随着家庭逃难求生存,从南方到大西北,再回到家乡。六年中学换了五所。生活颠沛流离。幸运的是新中国成立后公费读了大学,安定到一辈子没有走出过华东师范大学。也可以说是我一辈子没有离开过学校,从读书到教书"(倪蕊琴《俄国文学魅力》,上海文艺出版社 2011 年版,第 300 页)。

倪蕊琴是 1952 年 2 月(即华东师大建校之初)从苏南文教学院俄文专科毕业后进校的,当时在周煦良任主任的外语系任教。两年后,她作为中国首批赴苏联留学生来到莫斯科大学攻读研究生学位。当时的莫斯科大学,大师云集,特别是她所在的语文系。倪老师的专业方向是 19 世纪俄罗斯文学,主攻的是托尔斯泰研究,她得到过科学院院士古德济,以及谢夫曼和萨布罗夫等苏联著名的托尔斯泰研究专家的亲授。严格的学科训练为倪蕊琴打下了扎实的学术基础。倪老师在回忆她当年在莫大的求学生涯时,不止一次地强调俄国学者对她的影响。她从莫斯科开始了托尔斯泰研究,经过悉心的钻研,她最初的俄文论文《托尔斯泰和中国》和《托尔斯泰的长篇小说〈复活〉在中国的改编和上演》先后发表在苏联重要刊物《俄罗斯文学》1958 年第 4 期和《雅斯纳亚波良纳》1958 年号上。为了持有第一手的材料,倪老师节衣缩食,多方搜寻,购齐了 90 卷的《托尔斯泰全集》。在很长一段时间里,此套《全集》与戈宝权先生持有的一套是中国国内仅有的两套,这给倪老师的研究带来了便利,也在学界被传为佳话。(2013 年,倪老师将她珍藏的这套《托尔斯泰全集》捐赠给了中文系。)倪蕊琴在托尔斯泰研究方面取得了学界公认的卓著成就,这与她承继俄国导师的学术传统,远离浮躁、潜心学术,立志做"真"的学问有关。

1958 年,倪蕊琴从莫斯科大学语文系研究生部毕业,回到华东师大。不久,进入中文系外国文学教研室。此时的倪老师满腔热情地投入了教学和科研工作。1960 年代初期,华东师大与复旦大学、上海师大合编一部 4 卷本的《外国文学作品选》,倪老师负责俄苏文学部分的编选工作。尽管当时的学术大环境并不那么宽松,但是倪老师还是选入了一些"人情味"较浓的文字,如《战争与和平》中安德烈与娜塔莎第一次见面的

---

① 余振先生(原名李毓珍,1909—1996),1935 年北京大学毕业后,任职于西北大学、山西大学和兰州大学。20 世纪 30 年代开始俄苏文学翻译和研究。1952 年,调入北京大学,与曹靖华一起主持俄语系工作。1980 年调入华东师大中文系,为华东师大俄苏文学学科的发展作出了重要贡献。

片段,《安娜·卡列尼娜》中母子会见、安娜之死的片段。没过多久,随着中苏关系的恶化和"文革"的开始,倪老师的工作受到冲击,"几次被当作'修正主义苗子'、'修正主义代表'而在校内、市内(作协)挨批判"(倪蕊琴《俄国文学魅力》,上海文艺出版社 2011年版,第 193 页)。她和中国所有的知识分子一样,已无法安心地从事本职工作。"文革"结束后,倪老师担任华东师大外国文学教研室主任、俄罗斯文学方向的学科带头人。她积极邀请一些著名学者来华东师大讲学,如戈宝权先生、草婴先生等,并努力增强学科的力量。从 1979 年开始,她和余振先生招收了本学科的首批硕士研究生,主攻俄苏诗歌和托尔斯泰研究。除了余振先生和倪老师外,王智量老师、干永昌老师,外语系的冯增义老师和徐振亚老师,以及由倪老师邀请的社科院和其他高校的老师都曾为研究生授课。倪老师本人更是为本科生和研究生开设了多种课程。作为一名享誉学界的良师,倪老师在我校中文系的学生中有很好的口碑。得体的衣着,学者的气质,透彻的讲述,庄重而又亲切的形象,这是倪老师留给大部分同学的印象。她开设的课程非常受学生欢迎。深奥的学问,倪老师娓娓道来,用生命用良知诠释俄苏文学,缘情入理,如春风化雨,沁人心脾。有一位后来成为作家的同学曾经这样描述:"倪蕊琴老师温柔清晰的讲述——她的大家闺秀气质是我们领略俄罗斯文学之美之高贵的前提。"

与此同时,倪老师勤奋写作,发表了不少文章和译著。1978 年,《外国文学研究》创刊。创刊号"发刊词"后的第一篇文章就是由倪老师执笔的《批"洋为帮用"》。此文不仅刊登的位置的醒目,而且是国内最早清算"四人帮"借批苏修当代文学的名义搞篡党夺权阴谋的一篇重要论文。文章对"四人帮"及其亲信"为了使苏联文学评论更紧密地配合"其政治纲领而采取的"一系列组织措施",对他们炮制的《评论苏联文学中的十个关系》,特别是对他们在"文革"末期把批判苏联文学作为加快夺权步伐的砝码等罪行的揭露和分析都很有价值。文章材料详实,论证有力,对俄苏文学学界刚开始的拨乱反正起到了引领的作用。

倪老师长期致力于俄罗斯文学的研究,而列夫·托尔斯泰则是她最为倾心的作家。1980 年,经过她和一些学者的积极努力,中国第一次全国托尔斯泰学术讨论会在上海举行。这次会议的成果《托尔斯泰研究论文集》凝聚着她的心血。20 世纪 80 年代,学术界曾就怎样看待托尔斯泰思想所属的范畴、怎样评价"托尔斯泰主义"、如何理解《复活》中的"复活"等问题,都曾在报刊上展开过热烈的讨论。倪老师以独到的见解积极参与讨论,把中国的托尔斯泰研究引向更深的层次。倪老师主持编译过不少与托尔斯泰相关的书籍,其中影响最大的是《俄国作家、批评家论列夫·托尔斯泰》和《托尔斯泰文集》(政论、宗教卷),这些著作以准确的选择和丰富的史料为学界所称道。

倪老师治学严谨,同时对学界出现的新的研究动向颇为敏感。倪老师关注苏联当代文学。1990 年代,苏联解体不久,她与陈建华合著的《当代苏俄文学史纲》一书出版。该书包括对当代苏联和解体后的俄罗斯文艺思潮的阐述,对重要作家创作特色的分析,对新出现的艺术形式的评点,很有特色。在中国比较文学的复兴时期,倪老师不遗余力地与众人一起推动过这一学科的发展。在倪老师的倡导下,我校成了国内率先开设"比较文学"课程的高校之一;在她和友人的努力下,我校与上外合办的《中国比较文学》在上海创刊;在她的主持下,华东师大关于比较文学学科理论和中俄文学关系研究方面的首批成果陆续问世。倪老师不仅是中俄比较文学学会的副会长,而且本人在中俄比较研究方面的实绩也令人瞩目,她主编的论著《列夫·托尔斯泰比较研究》(1989)和《论中苏文学发展进程》(1991)产生过广泛的影响。《列夫·托尔斯泰比较研究》有意识地运用比较研究的方法来考察托尔斯泰及其创作,建立在坚实的基础上的观念更新和方法突破,给这本书带来了不少新意。书中关于托尔斯泰传统在当代苏联文学中的发展,关于托尔斯泰与欧美作家及其作品的比较,关于托尔斯泰与中国现代作家的关系的考察,关于托尔斯泰与中国古典哲学思想的勾联的研究等,均显示出角度的新颖和阐发的独到,为中国的托尔斯泰研究开辟出了一片新的空间。《论中苏文学发展进程》一书也具有开拓性。该书不乏精彩之笔,其主要价值在于首次把论述的重点放在当代中苏文学关系这个极为重要但又缺少认真研究的领域。倪老师在俄苏文学方面的修养和她对中国文化的关注,使她在做比较研究时游刃有余。

退休之后,倪老师仍未停止她关于俄罗斯文学和托尔斯泰的思考。在我校举行的"纪念列夫·托尔斯泰逝世 100 周年学术研讨会"上,倪老师寄来一份书面发言稿,名为《重读〈给一个中国人的信〉》。文章从托尔斯泰的东方情结谈到了托尔斯泰思想在当下的意义,发人深思。最近,她又写了 5 万字的长篇论文,畅谈她对"托尔斯泰主义"的新的研究心得,文字还是那么真诚、准确,饱含激情。80 岁那年,倪老师出版了新书《俄国文学魅力——研究、回忆与随笔》。倪老师晚年的研究反映了有良知的中国知识

倪蕊琴向学校赠送俄文版《托尔斯泰全集》

20 世纪 80 年代余振与王智量的合影

分子的深层思考。

王智量教授虽然来华东师大较晚,但是他深厚的学养和独特的气质很快赢得了师生的好评。在我校任教的短短 15 年里,他在俄苏文学研究领域做出了卓越成绩,为我校中文系的俄苏文学团队赢得了声誉。

1928 年,王智量老师出生于陕西汉中。抗战期间就读于西北师院附中,1947 年考入北京大学法律系,1949 年在哈尔滨外国语学校半年,后回北大进入西语系学习。1952 年毕业留校,曾在中文系任苏联专家的翻译。1954 年调入中国科学院文学所。同年,他在《文学研究集刊》上发表长文《关于列夫·托尔斯泰的世界观和创作方法》,学理分析相当深入,在学界崭露头角。然而,没多久,他就被错划为"右派",1958 年被发配到河北和甘肃,妻离子散,处境悲惨。1960 年到上海投靠兄长,靠打零工为生。王老师虽历经磨难,但始终没有放弃他的追求。1978 年,他来到华东师大工作,先在教育系做资料员,不久后转入中文系外国文学教研室,从此开始了他的学术上的丰收期。

王老师一登上讲坛,他的激情与气质就吸引了众多的学生。不过,他的俄罗斯文学课的真正魅力在于传递了俄罗斯文学中蕴藏着的人性魅力,在于在那个思想禁锢尚未完全打开的年代里对情感世界的大胆剖析。于是,经过王老师激情朗诵和演绎的塔吉娅娜致奥涅金的信、巴扎罗夫给费涅奇卡的吻等场景,不仅成为当时学生们热衷的话题,而且成为他们日后母校回忆的精彩一幕。后来,有人将王老师当年上课的录音整理成了一本名为《19 世纪俄国文学史讲稿》书籍,公开出版。

王老师研究的重点是 19 世纪俄罗斯经典作家。80 年代以来,他出版了《论普希金、屠格涅夫、托尔斯泰》、《论 19 世纪俄罗斯文学》和《智量文论集》等著作,主编了《俄国文学与中国》和《托尔斯泰概览》等书籍,发表了许多有分量的研究文章。这里以王老师的《〈叶夫盖尼·奥涅金〉艺术特点略谈》和《论小说家屠格涅夫的艺术特点》两文为例,看看他的研究特点。王老师的学生王志耕对前一篇文章有过这样的评点:"智量对结构的划分是建立在对原作透彻的理解之上的,所以言之有据,条分缕析,令人信服。更主要的,他对作品结构的划分并不只是为划分而划分,关键在于,对结构的这种划分能够帮助读者更准确、更深刻地理解作者的创作意图、美学内蕴以及人物形象的内含。"并认为他的研究"体现了一种大家风范"(张铁夫主编《普希金与中国》,岳麓书社 2000 年版,第 196—197 页)。王老师的另一位学生王圣思对后一篇文章也有过评点,称该文"在欧洲小说发展的历史背景上,细致分析了屠格涅夫小说艺术的成就与不足。这里不妨看看作者关于'不足'的见解:'屠格涅夫的作品是优美的,但多少给人一种重量不足之感,他笔下的色彩偏淡,偏浮。屠格涅夫尽管一生从头到尾都能紧紧抓住时代的中心问题,但是在他反映时代生活的篇章中,总好像缺乏一种庞大的力量。……屠格涅夫的作品决不能说是不深刻,但是他的深,好比一把锥子或刀子尖尖地扎进一件东西里去,而不像是深沟大壑或江河湖海。'……作者尽管在这里用了许多比喻性的文字,但是基于对所分析对象的深入了解和科学态度,屠格涅夫小说艺术存在的不足被清晰地揭示了出来,分析是客观的,分寸感极强,显示了中国的屠格涅夫研究正在走向成熟"(陈建华主编《中国俄苏文学研究史论》第三卷,重庆出版社 2007 年版,第112—113 页)。正如上述评点所言,王老师的研究不尚空谈,分析深入浅出。

王老师在文学翻译方面成果丰硕。就俄罗斯文学方面而言,主要有《叶甫盖尼·奥涅金》《上尉的女儿》《莱蒙托夫叙事诗集》《屠格涅夫散文诗》《贵族之家》《前夜》《安娜·卡列宁娜》等。其中,翻译《叶甫盖尼·奥涅金》耗费时间最长,也最为学界注目。这部作品的翻译开始于中国科学院文学所工作时期,受到何其芳的鼓励。但翻译工作开始不久,王老师就被打成"右派"。在艰难的环境中,王老师没有放弃。他最初的译稿是写在马粪纸、香烟壳、顶棚纸、小学生作业本上的。这部作品,他翻译了10 遍,用笔抄写了 10 遍。长期的坚持,不懈的努力,直到 1982 年译稿终于由人民文学出版社出版,历时近 30 年。后来,他的译本再版多次,产生了很大影响。王老师还因此获得了俄罗斯文化部颁发的普希金纪念章。

退休后,王老师创作了长篇小说《饥饿的山村》等作品,并继续他的翻译工作。2014 年,华东师大出版社为王老师出版了《智量文集》,共 14 种,18 册,分为翻译编、创作编、文论编和教学编,集中展示了王智量集理论批评、创作、翻译于一身的才情。

倪蕊琴教授和王智量教授不仅自身在俄罗斯文学研究中作出了很大的贡献,而且他们在华东师大这个学科点分别指导了 6 届和 3 届俄苏文学方向的硕士研究生,这些学生中有相当一部分人成为了本校和国内其他高校的专业人才。后来在我校中文系这一学科点上工作过或正在工作的有陈建华、王圣思、田全金等,他们都获得过两位老师,以及余振先生和干永昌老师的亲授。这些学生在俄罗斯文学研究领域也取得了一些成绩。陈建华独著或主编的有关俄罗斯文学方面的著作已有 20 多种,其中《20 世纪中俄文学关系》《俄罗斯人文思想与中国》《阅读俄罗斯》《中国俄苏文学研究史论》《走过风雨——转型中的俄罗斯文化》和《丽娃寻踪——陈建华教授讲中俄文学关系及其他》等著作,在学界获得较高评价,还获得过国家社科基金项目"优秀成果"、教育部全国高校社科优秀成果奖、上海市社科优秀成果奖、"三个一百"原创成果奖、中华优秀出版物奖、全国高校优秀外国文学著作奖、全国优秀外国文学图书奖等多种奖励。从 2004 年开始,他担任国家社科基金外国文学学科组评委,相关工作与俄罗斯文学有关。最近,由他主持的国家社科基金重大招标项目已经完成,成果 12 卷正在出版中。陈建华指导的 20 多位博士生和多名博士后,有些已经成为上海和沪外高校的俄罗斯文学等方向的教授和博导,并继续参与华东师大研究团队的工作。王圣思教授撰写了不少质量颇高的俄罗斯文学方面的论文,这些文章大多收在她的著作《静水流深》中。田全金在俄罗斯文学研究领域默默耕耘,2010 年以来先后出版 3 部高质量的专著《言与思的越界——陀思妥耶夫斯基比较研究》、《启蒙·革命·战争——中俄文学交往的三个镜像》和《陀思妥耶夫斯基与白银时代俄国文化》,同时还出版了一部有分量的理论译著《陀思妥耶夫斯基启示录——罗扎诺夫文选》,这些成果引起俄苏文学界的关注。陈建华在《做有良知的学问——写在倪蕊琴教授教授书前》一文中曾经这样写到学术传承关系:"我入校不久就认识了后来成为我研究生导师的倪蕊琴教授,在她的引导下,我逐渐深入了俄罗斯文学研究的堂奥。倪老师对我的帮助是很大的。记得当时,我刚写出一篇有点像样的论文,她就予以鼓励,并推荐我参加 1980 年在上海召开的全国性的托尔斯泰学术会议,从而使我在学术研究的道路上蹒跚起步。至今我仍记得她当年对我说过的一句话:'治学一要有信心,二要谦虚。'……我同时得益于诸多有深厚学养的前辈师长的鼓励和提携,如钱谷融先生、草婴先生、吴元迈先生、夏仲翼

本校俄国文学研讨会留影

前排左起:冯增义 倪蕊琴 夏仲翼 王智量 高利克 杨伟民

先生、余振先生、王智量先生等等。后来,我有机会多次来到俄罗斯,在莫斯科和彼得堡的高校都做过较长时间的访问学者。在完成既定的访学目标的同时,我曾遍访俄罗斯文学大师的故居和众多的文化胜迹。……当我在俄罗斯的大地上驰骋时,我觉得我是在沿着师长的足迹进一步走近俄罗斯文学,理解俄罗斯文化的精髓,并继续着师长们关于俄罗斯文学以及中俄文化关系的思考。"前辈学者为这个学科打下了扎实的基础,它成了后来者成长的沃土。华东师大的俄罗斯文学研究的团队正在并将继续不断开拓,努力奋进,以自己的鲜明特色,在国内相关领域的研究中发挥重要作用。

＊本文作者：陈建华,华东师范大学中文系教授。

群星灿烂的评论家群体

殷国明

20世纪80年代，文学研究和批评界就流传着"北王南钱"的说法，所谓"北王"是指北京大学中文系的王瑶教授，是中国现代文学研究的开山人物；"南钱"则是指华东师范大学中文系的钱谷融教授，他1957年因为发表《论"文学是人学"》一文而受到批判，1979年才重返教坛。而与此相映成辉的是，在改革开放、思想解放的大潮中涌现和登场的南北两个文学研究和批评群体，他们分别以华东师范大学和北京大学为依托，敢于突破思想和意识形态禁区，勤于反思，勇于创新，开拓新局，在中国文学批评史，乃至学术史、思想史上，写下了独特的一页，也成为华东师范大学学科建设中令人难忘的历史记忆。

文化和学术创造是历史和时代镜像，离不开特定的历史传承和时代语境的造就。我校文学研究和批评家群体的出现同样如此。我校中文系原本就是一个文学精英荟萃之地，拥有鲜有的深厚文学积累和资源。1951年建校初期，就先后调入和聘用了一批在文学领域负有盛名和才华横溢的作家、研究家和批评家，例如许杰、施蛰存、徐震堮、罗永麟、程俊英、徐中玉、钱谷融等人，以及后来王智量、倪瑞琴、郭豫适、马兴荣、张德林等人的加入，使中文系聚集了文学研究各方面的人才。尽管在一段很长的时期内没有为这些人提供学有所用、才有所施的环境和机会，甚至在日后的"反右"及"文革"中遭到重创，其中有的教师被打成右派，众多遭到批判，长期被剥夺了教学和科研的正当权利，但是人才的聚集依然为改革开放后的时代机遇与创造力爆发，提供了丰厚的历史基础。他们的文学创作、人生遭遇及其在经历了"文革"之后所积累的文化智慧和识见，都成为日后这一文学研究与批评群体得以形成，并在历史转折时期集体爆发的不可或缺的文化条件和动力源。

这是难以忘却的一段历史记忆，也为后人在文学研究和批评领域里拨乱反正和开拓进取，提供了足够的思想和文化资源。其中最引人瞩目的是，在20世纪80年

许杰

代,文学研究和批评界对于钱谷融先生"'文学是人学'"思想进行了重新评价,并获得了广泛认同,不仅在上海文坛率先掀起了一轮突破既定的、僵化的文学批评模式,反对文学功利化和工具化的热潮,也在全国文学理论和批评界引起极大反响,在某种程度上催生一个新的文学批评时代的到来。正是在这种时代语境中,钱谷融先生不仅是上海文学理论和批评的一面旗帜,也是新兴的文学批评家群体中的灵魂性人物,其在文学教育方面的成就和影响力直接促使当时的华东师范大学成了全国文学批评与理论创新的策源地和窗口之一;而钱谷融先生与上海乃至全国一些著名学者的友情和交往,更加强化和拓展了这种文学影响力。例如,上海的王元化、贾植芳、王西彦、章培恒,北京的周扬、王瑶、王若水、樊骏,江苏的陈廋竹、许志英、范伯群,浙江的吴熊和,广东的陈则光、吴宏聪,山东的朱德发等知名学者,有的经常来我校交流和做客,有的参与文学理论批评杂志和相关丛书、教材的编辑活动,有的甚至直接加入科研和教学团队,成为教授名册中的一员;至于当时众多的中青年学者、作家和批评家纷纷来我校拜师访学,切磋学术,更是络绎不绝,不计其数,一时蔚成大观,遂成辉煌气象。

钱谷融

回顾这种气象的形成,也不能不提及当时我校中文系所拥有的包容和宽容的学术气氛,不能不提及徐中玉先生、齐森华教授等院系领导,在中文系学术建设和行政管理方面的宽大气派和卓越才能,以及"文革"之后全系上下在学术理念等方面的认同和追求。徐中玉先生 1957 年被打成右派,虽经历 20 余年的磨难,但是始终保持"君子自强不息"的人生追求,复出后主持中文系工作,不仅大力提倡和坚持解放思想、改革开放之精神,敢于直言,勇于担当,一贯注重支持和培育文学创新人才,为我校文学研究和批评群体的形成和崛起,创造了一个不可多得的环境;而且以前所未有的务实和创新精神,在创办文学研究杂志和学会方面,卓有成效,为青年理论家的批评家的登台亮相,打造了很好的园地和平台。而齐森华等院系领导,在复杂、多变的时代环境中,为营造和维持这种环境,化解风险和矛盾,保护青年学者的学术建设积极性,殚精竭虑,运筹帷幄,不计得失,作出了很大贡献;他们不仅是连接和联系老一代与新生代学者的桥梁,而且也是 20 世纪 80 年代以来我校中文学科建设的设计师和实际操作者。

综上所述,华东师范大学文学批评家群的形成和崛起,是在独特的历史与时代机缘巧合语境中发生,其不仅是中国 20 世纪改革开放大潮中,中国文艺研究和批评的一面旗帜,而且也是上海文学界文化变革与创新意识催生的历史成果,是中国文学批评史乃至学术史上不可或缺的一页。

　　显然,在这一页中,"华东师范大学文学批评家群体"的崛起,是其中浓墨重彩的一笔。实际上,自大学恢复招生,我校中文系就云集了一批有志于文学并才华横溢的青年学子,他们在老一代学者的感召和指导下,很快就初露头角,在文学理论和批评领域显示出锋芒和才情,令人刮目相看。例如夏中义、宋耀良、方克强、毛时安、陈保平、魏威、胡范铸、田兆元等,在 20 世纪 80 年代早期就已经在刊物上发表文章,在文坛上引起不小关注,其中夏中义在文艺理论创新方面的一些精彩篇章、宋耀良对于新时期文学的即时评论、方克强的《文学人类学批评》,论文集《从灰姑娘到皇后》、《跋涉与超越》、《新时期文学二十年》、《文学接受论》、《文学源流论》,毛时安的《引渡现代人的舟筏在哪里》、《美学新变与反思》、《长夜属于你》、《情绪的风景》、《城市的声音》等论文和专著,都是在那个时期具有开拓和创新意味的成果,在不同领域引领了文学批评新潮。这些成果不仅在文学研究和批评界产生了广泛影响,而且也为此后文学批评家群体的井喷之势提供了平台和语境。

　　此时,华东师范大学文学批评家群体已经初露锋芒。此后,又有一批研究生在文学研究和批评界先后登场,他们敢于突破禁区,勇于创新,在诸多领域开拓进取,引领潮流,一时蔚成大观,涌现出许子东、王晓明、南帆、李劼、胡河清、陈惠芬、陈慧忠、吴俊、陆晓光、夏志厚、徐麟等优秀人才,他们更具有专业眼光和学术视野,其文学研究和批评成果能够触动更深层的文学思考,拓展文学观念方面的变革,受到学术界甚至整个文化界和意识形态领域的关注。例如,许子东的郁达夫研究,就冲破了当时既定的政治和意识形态观念的禁区,拓展了现当代文学的研究空间,也促进了文学审美观念

钱谷融(前排中)与部分弟子合影

方面的变革;而李劼以更加充沛和尖锐的个性,对以往传统的文学观念和模式表示质疑和批判,提倡新的理论变革和艺术创新,在文学艺术领域引起不小震动。如果说,许子东等人研究和批评成果,在一定程度上体现了 20 世纪 80 年代现当代文学领域的变革风气的话;那么,李劼等人的狂飙突进,不仅引领了在艺术创作领域新的创新潮流,而且已经触及到传统观念的底线,体现了那个时代思想解放和文化变革的极致和极限,因而引起了广泛争议。

这种情景不仅凸显了华东师范大学这一青年批评家群体的意义和影响,而且也使其成为当时中国改革开放大潮的一面文化镜像。正像 20 世纪初五四新文学运动一样,中国 20 世纪 80 年代的思想解放大潮同样不是风平浪静、一帆风顺的,不仅面临着强大的既定的传统意识形态和思想体制的压抑和挑战,而且还有来自包括教育行政等各方面的阻遏,一路总是不免有阴云密布的时刻和激流险滩的关口,这不仅显示着中国社会变迁和文化转型的极限和临界点,而且形成了对于这个群体中每个人的考验。就此来说,20 世纪 80 年代末,是我校青年文学批评家存在和发展的巅峰状态,随着很多批评家冲锋陷阵于文化变革和文学创新的最前端,也迎来了这个群体在全国学术界和文学批评界最引人瞩目的时代,形成了其在中国改革开放大潮中的一次精彩亮相。

如今一些在中国文坛叱咤风云的人物,当年都曾在这次亮相中出镜。20 世纪 80 年代,分别由浙江文艺出版社和上海文艺出版社策划和出版的"新人文论"和"文艺探索书系",就先后推出了许子东的《郁达夫新论》、南帆的《理解与感悟》、殷国明的《艺术形式不仅仅是形式》、王晓明的《所罗门的瓶子》、李劼的《个性·自我·创造》、夏中义的《艺术链》、宋耀良的《十年文学主潮》等多位评论家的专集和专著,在这两套当时引起广泛关注、日后亦成为那个文学批评时代见证和标志性成果的丛书中,占据了显著的位置。

由此华东师范大学批评家群也进入了全盛时期,在文学界持续不断涌现出新秀和新的成果,一度形成人才和成果的井喷之势,例如吴俊、陈子善、杨扬、朱大可、郑家建、格非、摩罗、祁志祥、谭运长、吴炫、敬文东、范家进、高恒文、刘洪涛、袁庆丰、万燕、罗岗、倪文尖、张柠、张闳、毛尖等,都在世纪之交的文学理论与批评舞台上先后精彩亮相,在文化转型期继续扮演了重要或醒目的角色,尽管他们中大多数都在外地和外校,但是其在文学研究和批评领域的突出贡献和显著地位,延展和扩大了华东师范大学批评家群体的影响,为这个群体增添了新的光彩。

巅峰之后继起的后一波批评家的成就,虽然不如前一波负有盛名,但是绝不逊色,甚至在广度和深度方面都更有特色和风采。

进入新世纪之后,中文系引进了很多来自大江南北的新人,其中不乏杰出的青年文学批评家,还可以举出更多、更令人骄傲和赞叹的批评家和成果,其价值和意义或许还在显现过程中,还在等待时间和历史的发现。记忆是无私的。无论人们在过去、现在和将来身在何处,做了些什么,都在分享历史的馈赠和荣耀。

＊本文作者：殷国明,华东师范大学中文系教授。

中国古代文学理论学会的创建 与批评史学科的发展

彭国忠

中国古代文学理论学会是国家一级学会,成立于 1979 年 3 月,截止 2013 年第 18 届年会,发展的会员已经超过千人。早期会员中,陈钟凡、郭绍虞、朱东润、夏承焘、姜亮夫、钱钟书、钱仲联、王起、王元化、杨明照、徐中玉、程千帆、张松如、朱光潜、蔡仪、周振甫、余冠英、吴组缃、王达津等,都是国内最杰出的学者。中国古代文学理论学会挂靠华东师范大学,其上级主管部门是国家教育部。学会的会刊是《古代文学理论研究》,由华东师范大学中文系主编,华东师范大学出版社出版。30 余年来,中国古代文学理论学会为中国古代文论研究事业,为华东师范大学中国文学批评学科建设,作出了重要贡献。

中国古代文学理论学会

1979 年 3 月,教育部委托郭绍虞主编的《中国历代文论选》编写组与云南大学中文系,在昆明联合召开中国古代文学理论学术讨论及教材编写会议,共有高等院校、宣传出版等部门的教授、专家和有关工作者 80 余人参加讨论。在这次会议上,成立了中国古代文学理论学会,推举周扬为名誉会长,郭绍虞为会长,本校徐中玉当选为常务理事。会议正式通过了学会章程。是为中国古代文学理论学会第一次会议。学会章程明确规定学会的宗旨是团结从事中国古代文学理论教学和研究工作的同志,加强对本学科的研究,开展学术讨论,促进国内外学术交流,提高教学质量,普及古代文学理论知识,培养古代文学理论队伍,以利于建设有中国特色的马克思主义文学理论体系,繁荣文学创作。以后根据新的形势对学会的工作逐步进行了明确:"(一)定期举办学术讨论会,开展古代文学理论研究,交流古代文学理论教学经验;年会在各地轮流举行,一般两年举办一次;(二)交流研究资料和经验以及国内外有关研究的信息;(三)举办讲习班或进修班,提高古代文学理论师资水平;(四)编辑、出版《古代文学理论研究丛刊》(年会论文集);(五)出版《古代文学理论》通讯(内部,不定期)。"除此之外,学会的正常运作还包括接受教育部、民政部每年的年检,以及其他不固定的审计、审查、统计等具体工作。

华东师范大学自中国古代文学理论学会成立起,即参与建设工作。1983 年第三届年会,选举出第二届理事会,徐中玉当选为副会长,兼任秘书长,陈谦豫为副秘书长。1987 年第五届年会上,选举出第三届理事会,徐中玉当选为第一副会长、常务理事,兼秘书长;陈谦豫为副秘书长、理事。1991 年第七届年会,选举出第四届理事会,徐中玉当选副会长、常务理事,辞去秘书长,由陈谦豫担任秘书长。1995 年,第九届年会选举出第五届理事会,徐中玉为常务副会长,陈谦豫为秘书长。1999 年 10 月,第十一届年会在河北保定召开,经过改选,产生中国古代文学理论学会第六届理事会。因为年龄关系,徐中玉不再担任常务副会长,陈谦豫不再担任秘书长。会议推举徐中玉任名誉会长,郭豫适为会长,萧华荣为九名副会长之一,胡晓明担任秘书长,谭帆为理事。2007 年 12 月 1 日至 3 日,中国古代文学理论学会第十五届年会在昆明召开,会议按照章程进行换届,选举出第七届理事会,经过理事会和全体会员大会选举,郭豫适不再担任会长,徐中玉、郭豫适为名誉会长,由胡晓明继任会长,萧华荣为副会长之一;胡晓明不再担任秘书长,由彭国忠继任。谭帆、朱志荣为常务理事和理事。华东师范大学在中国古代文学理论学会中的任务愈来愈重,对学会的贡献也愈来愈大。

胡晓明(右)　彭国忠(左)

自 1979 年至今,中国古代文学理论学会已经召开了十九届年会,参加会议的会员达 3 000 多人次,与会论文达 2 000 余篇,引领并展开了关于中国文论民族特色、中国文论的现代转换及中外文论比较、如何运用新方法研究传统文论等重要话题,培养了一大批文论新人,极大地推动了中国文论的研究。

首先是关于中国文论民族性的讨论。1983 年 6 月,中国古代文学理论学会第三届年会在广州召开。年会集中讨论了以下三个问题:一、中国古代文论的民族特点和马克思主义文学理论的民族化问题。代表们一致认为世界文学的发展有共同的规律,但各国文学发展的历史道路却各不相同,从各自文学发展中总结出来的经验、理论也各有自己的特点。二、关于意象、意境、境界与艺术形象问题。三、交流中国古代文论课的教学经验。第四届年会于 1985 年 7 月 31 日至 8 月 5 日在吉林省长春市召开,会议围绕中国古代文学理论的民族特点和开创研究工作的新局面两个议题,进行了广泛、热烈的讨论。对中国古代文学理论的民族特点,大多数学者认为,中国古代文学理论及其特点,是在中国古代特定的物质条件和社会生活基础上形成的,中国古代的社会历史长河,独特的物质和精神方面的各种因素,综合作用决定了中国古代文学理论的民族特色;西方的古代美学和文学理论,相对说来,比较重视模仿和再现,重视美与真的统一,重视性格与环境的冲突,重视认识和审美作用,富于科学的分解和系统的理论思辨性;中国的古代美学和文学理论,相对说来,比较重视抒情和表现,重视美与善的结合,重视中和含蓄之美,重视政治教化和伦理规范的情感陶冶作用,富于整体把握和格言警句式的领悟。研究中国古代文学理论的民族特点,必须与中国古代文学的创作实践相结合,重视儒、佛、道三家思想对古代文学理论的影响。而佛、道思想相近,因此三家之中尤以儒家和佛老两派思想为主。受儒家思想感响的理论家及其著述,重视对文学外部规律的阐发,强调文学的功利目的,从文学与社会现实、文学与历史时代的关系中,探讨文学的发生、发展及其功能价值。受佛道思想影响的古代理论家及其著述,重视文学内部规律的探讨;强调文学的审美作用,从文学构思、写作、审美、风格等各方面,展示文学的特点。两派思想虽有如此区别,但在历史发展过程中,又往往是相互渗透、融合,而不是相互对立、排斥。特别是经过 20 世纪八九十年代西方各种理论热的冲击之后,进入新世纪,传统文论研究渐渐回归理性,更加重视传统文论民族特色的研究。2005 年 6 月在西安召开的第十四届年会上,主要议题即是中国古代文学理论的特性,古代文论的概念、范畴及文学观念,社会文化、时代风气与古代文论,古代文论与佛教,古代文论的文献学、文体学研究等。

其次,关于中国文论的现代转换及与外国文论的比较研究问题。这不只是研究方法问题,还广泛涉及到中国文论的现代价值、中国文论的研究视野、中国文论的他者观照等多个领域。中国古代文学理论学会自第四届(1985 年)、第五届(1987 年)、第七届(1991 年)、第八届年会(1993 年),均以中西文论比较作为重要议题。杨明照、徐中玉等也一直重视用比较方法研究传统文论、传统文化。1995 年南昌第九届年会上,有学者正式提交《中国古代文艺思想的现代转换》论文,提出古代文论的现代转换问题。1996 年 10 月,中国中外文艺理论学会在西安召开"中国古代文论的现代转换"专题学术研讨会。可以说,整个 20 世纪 90 年代,中国文论的"失语症"以及"话语重建"是中国文论最为重要的学术问题之一。1987 年 11 月,中国古代文学理论学会于成都举行第五届学术讨论会,会议的中心议题即为"如何将中国古代文论研究引向深入"。到会不少学者认为,应当从"研究的研究的研究"中解脱出来,让古代文论研究充满现实感和当代性。宏观性和系统性,长期以来是古代文论研究的一个薄弱环节,因此,从宏观角度把握它的整体性及本质精神特点，是很有意义的课题。古代文论研究，应当立足于一个更高的理论层次，在宽阔的文化背景上和广泛的联系中揭示古代文学批评的本质特征；要注意片面强调宏观的危险性，主张将微观的研究与宏观的把握有机地结合起来。特别指出古代文论研究面临的困惑与危机：长期的关门闭户，妨碍了研究视野的拓展，故这次年会提出了古代文论研究的开放性和世界性，倡议"我们应该适时地提出'走向世界文学的中国古代文论'这个概念"，一方面，要加强中国古代文学论翻译力量，另一方面还应当自觉将中国古代文论置于整个世界文学之中来认识中国古代文论的民族特色和独具的理论价值，在比较中"认识特性，取长补短"，寻求中西文论的互补，以建立一种更全面、更系统、更科学的具有中国特色的马克思主义文学理论体系。而真正吸纳国外及港澳台学者参加中国文论研讨会，则是从第八届年会开始的。1991年在厦门举行的第七届年会上，就古代文论的"古为今用"、中外文论比较等新问题展开讨论。1993年7月，中国古代文学理论学会于呼和浩特市及包头市举行第八届年会，以"如何扩大视野，更新观念，进一步提高古代文论研究质量"为题，进行国际性的学术讨论。台湾、香港地区著名专家王更生、游志诚、陈志诚，日本学者丰福健二、斋藤希史，韩国学者元钟礼等应邀参加。1995年9月，中国古代文学理论学会第九届年会暨国际学术研讨会在江西南昌、九江召开，有韩国、日本等国家和我国香港地区的学者出席大会，会议的议题之一是"古代文论研究如何进一步开展，以适应中国改革开放的大好形势"。1997年11月，中国古代文学理论学会第十届年会暨国际学术研讨会在广西桂林召开，有美国学者丁肇琴，芬兰学者索妮娅·塞尔俄玛，韩国学者金民娜、金周汉，中国台湾学者李景溁，中国香港学者陈国球，以及日本、马来西亚等国家的专家学者参加讨论，"中国古代文论与当代文论相融合的思考"、"中国古代文论在国外的流播研究"是议题之一。第十一届年会议题是"古代文论与当代文论建设、本世纪古代文论研究回顾与下世纪古代文论研究展望"。以后，历届年会皆不乏外国学者、港澳台学者身影，会议也多冠以"国际学术研讨会"之名，加强与海外学者的联系。比较早地邀请外国学者、港澳台学者与会交流，使中国文论的研究较早地获得开阔的国际视阈，取得颇为可观的研究成果。

再次，关于运用新方法研究传统文论。第四届年会上，多数学者都认为，研究方法迫切需要革新，要打破过去那种陈旧、僵化的框框和模式，对各种新的研究方法都值得研究、吸取其合理部分，但也不要认为新的一切都好，过去行之有效的也都已过时。目前新的研究方法尚在初步介绍、试验运用之中，对此应表示欢迎，但也不要生搬硬套，脱离了文学的特点，陷于虚玄之谈。马克思主义的摹本方法仍有指导作用，不能把过去的简单化教条化等等弊病都加到马克思主义本身上去。会议首先提出的一个中心议题，是如何运用新的研究方法去解决古代文学理论中的一系列问题。这个新的研究方法,就是当时非常流行的"三论",即系统论、控制论和信息论,也可统称为"系统的科学方法论"。而对古代文论研究要不要运用"三论",会上则有不同看法:一是认为必须立即坚决地运用新方法,才能把中国古代文学理论的研究工作大大推进一步,以便更快地取得新的成果;二是主张不必赶时髦,要看看兄弟学科的运用情况再定,如果运用不当,不伦不类,反而不好;三是以为在研究方法上,也可以"百花齐放",原有的大家已经熟练的研究方法应该继续运用,而新的研究方法也不妨试行。1999 年第十一届年会在保定举行,常务副会长徐中玉在大会上发言,总结了 20 年来古文论研究的主要成就和存在的问题,指出今后应继续重视观念的改变,融汇古今中外,走现代化、民主、科学之路,多多做实事求是、切实的工作,鼓励在重要个案方面多出实绩,做什么,怎样做,可各就自己的意愿,分头努力,不必要求统一,积累多了,研究水平就会提高,才可能逐步形成某种体系,力避大言、空论。2001 年第十二届年会在武汉大学举行,针对所谓中国古代文论的现代转换过程中出现的中西文论的比较问题,学会名誉会长徐中玉指出:中西方的文学理论都是我们所需要的,不可妄分高下;会长郭豫适则认为,关于转换问题我们不能过分重视外国的所谓新观点,也无须用外国观点去硬套中国古代文论,要避免把西方标准作为唯一的衡量尺度。学会秘书长胡晓明以新儒家诗学为个案,从马一浮到钱穆再到徐复观,讨论了以中国文化为诗学的认知图式对重建中国文学的思想世界的可能性。这里面都涉及到古代文论研究方法问题。

此外还有少数民族古代文论的研究,也受到学会的高度关注。在第十届年会上,"中国少数民族古代文论研究"为主要议题之一,有学者对近年来少数民族古代文论学科的形成和发展作了理论概括,指出起步于 20 世纪 80 年代初的中国少数民族文论学科以中国少数民族丰厚的文学实践为基础,具有特定的研究对象和任务及独特而完整的知识体系,已形成一支比较稳定的研究队伍,涌现出一批有一定理论深度的族别性的专著和专题论文;《中国少数民族文论概述》的出版,标志着中国少数民族古代文论学科的初步形成;少数民族古代文论与汉族古代文论共同丰富着中华文艺理论的大宝库。而中国少数民族古代文论的生成发展、存在形态、价值地位,中国少数民族古代文论著述中的宗教意识、宗教色彩等,也得到一定的关注。清代壮族文论家郑献甫的诗论在这次会议上得到专题研究。

《古代文学理论研究》丛刊

《古代文学理论研究》是全国一级学科学术团体中国古代文学理论学会的会刊,是目前中国古代文学理论学科唯一的专业集刊。它创刊于 1979 年,是伴随着中国古代文学理论学会的成立,以及中国古代文艺理论学术讨论会(实际是中国古代文学理论第一届年会)的胜利召开而创刊的。第一至十八辑由上海古籍出版社出版,自 2001 年第十九辑起,改由华东师范大学出版社出版。原每年出版一辑。自 2008 年,每年上半年、下半年各出版一辑。现已出版三十八辑,是学术团体中传承最有序的刊物。《古代文学理论研究》自十九辑以前,由徐中玉、陈谦豫主编,第十九辑至第二十五辑,由徐中玉、郭豫适主编,胡晓明任执行主编。自第二十六辑,由徐中玉、郭豫适主编,胡晓明副主编。自第三十三辑起,由胡晓明任主编。

1979 年 2 月,《古代文学理论研究》在上海创刊。在 1983 年召开的中国古代文学理论学会第三届年会上,学会组建了 11 人的《古代文学理论研究》编委会,徐中玉任主编,王文生、包敬弟任副主编。这次会议还决定《古代文学理论研究》为中国古代文学理论学会会刊,编辑部设在华东师范大学,由华东师范大学中文系负责编辑出版。作为两年一次的学术年会的刊物,它完整而持续地见证了一门现代学科从无到有、从发端到兴盛的历程,以事实见证了在新的时代条件下,从前辈手中传到今天拥有 900 多名会员的学术薪传事业。

1949 年前的中国文论界,基本上是西方文论一统天下;1979 年以前的中国文论界,基本上是苏联文论的一统天下。1979 年之后,在马克思主义、西方思想之外,才开始有了中国传统文论的声音。所以,《古代文学理论研究》的创刊出版,是 20 世纪中国思想界一个标志性的事件,它意味着中国文论独立地位的确立,其历史意义十分重大。

作为学会会刊,30 年来,《古代文学理论研究》致力于发掘和整理中国古代极为丰富的文学理论资源,旨在寻找中国古代文学思想的民族特色与重要传统,其努力培养中国文学的研究人才,呼唤建设中国特色的文艺学体系,在 20 世纪 80 年代的文化思想激荡的背景中,在 90 年代的文化反思和文化重建的潮流中,都有着相当重要的参与作用,提供了宝贵的思想资源,推动了中国当代文化的现代化进程。刊物学术内容极为丰富,包含从先秦到近代,从诗文到戏曲小说的所有文学理论现象和问题的探讨。其常设栏目有:先秦诗学、六朝文论、唐宋诗文论、明清小说戏曲理论、文论学术史、域外中国文论等,不仅对于高等学校的中国文学史、文学批评史的教师、研究生学习中国文化传统有用,而且对于古典文学和艺术学的爱好者,对于关心中国文化建设的其他学科研究者,也具有支援作用。其学术文章不仅包括大陆,而且包括港澳台地区、和北美、欧洲的学术论文,深受国际学术界的重视,具有促进海内外学术文化交流的重要意义。

丛刊一向重视国外学者研究中国古代文论的成果。第四辑就发表了莫砺锋翻译的刘若愚撰写的《中国诗歌中的时间、空间和自我》一文。第五辑则有陈熙中译、日本前野直彬著《明清时期两种对立的小说论——金圣叹与纪昀》,及美籍学者邵耀成《试论刘勰二层次的"创作论"》。第六辑发表的更多,有日本学者林田慎之助著,陈曦钟译、周一良校《裴子野〈雕虫论〉考证——关于〈雕虫论〉的写作年代及其复古文学论》;日本松下忠著,李汉超译《袁宏道"性灵说"溯源》;美国学者戴维特·罗依著,王汝梅、张晓洋译《张竹坡对〈金瓶梅〉的评论》三篇文章。第十一辑发表苏联学者Ｂ·Ａ·克利瓦卓夫著,李庆甲、汪涌豪译《论刘勰的美学观》;日本松浦友久著,蒋寅译《中国诗歌的性格——诗与语言》。第十二辑发表日本学者林田慎之助著,张连第译《〈典论·论文〉和〈文赋〉》。第十三辑发表四篇译文:日本学者林田慎之助著,卢永璘译《汉魏六朝文学理论中的"情"与"志"问题》;日本学者青木正儿著,吴鸿春译《中国文学思想史·序论》;法国学者保尔·戴密微著,钱林森译《禅与中国诗歌》;日本学者兴膳宏著,李庆译《〈诗品〉与书画论》。第十四辑发表一篇译文:日本学者斯波六郎著,蒋寅译《中国文学里的融合性》。第十五辑发表美国学者两篇论文:大卫·坡那德著,蒋述卓、柏敬泽译《中国文学理论中的"气"》;夏志清著,苏冰译、张增武校《严复与梁启超:新小说的倡导者》。第十六辑发表美籍学者余宝琳著,马也译《中国"玄学派"诗论》一文。第十八辑发表日本学者横山伊势雄著,张寅彭译《论朱熹的文学哲学一体观》。第十九辑发表日本学者井上一之《沈约的文学理论》。第二十辑发表美国学者宇文所安著,郭茜、陈引驰译《9世纪早期诗歌与写作之观念》。第二十一辑发表美国学者多瑞·莱维著,陈引驰译《中国古代文学理论与批评》。概括而言,以日本学者的中国文论研究成果之翻译为主,兼顾欧美学界。自第二十辑开始,已经设立"域外诗学"、"域外中国文论"、"域外"、"海外中国文论研究"、"域外与地方"、"海外汉学与文论"、"域外研究"等非固定栏目。持续对域外诗学成果的翻译及介绍,是《古代文学理论研究》的一大特色。

重视文论资料的整理、辑佚。第七辑发表张海珊辑梁启超《饮冰室诗话》拾遗;第八辑刊发刘良明辑录《诗品与人品》相关论述资料,蒋凡《叶燮小议四则》等;第二十七辑设有"民国文论集佚"专栏,发表赖高翔《钟嵘〈诗品〉后序》、《〈诗品〉附记》、《〈沧浪诗话〉跋》。第二十八辑发表林山腴《唐前中国文学概要》,陈昌强《〈赌棋山庄词话〉及续编之成书与文献价值》。第三十二辑、第三十三辑连载陆宝树撰、杨焄辑《樵庵诗话》,第三十三辑发表童岭《〈百家诗话抄〉抄录小考》(附:《百家诗话抄》抄录《随园诗话》逐条对勘录),第三十四辑发表焦印亭《〈世说新语〉刘辰翁评点辑录》,第三十五辑发表曾大兴《缪钺先生与曾大兴论词书及相关说明》,文贵平辑录《〈古文集成〉中楼昉的批点》。第三十六辑发表潘中华、杨年丰整理《钱载批点翁方纲诗》,等等,都发掘出可资进一步研究的有价值的文论文献资料。

《古代文学理论研究》凝结着华东师大徐中玉、陈谦豫、郭豫适、胡晓明等老中青三代学者的心血，是海内外中国古代文学理论专业研究者、爱好者交流学术、发表成果的平台。

在全球化的今天，本土的文学资源具有更为重要的意义，在许多人文学科都在回归中国学术传统的时代潮流中，这本刊物长期坚守学术阵地的意义，也越来越突出地表现出来了。

华东师范大学中国文学批评史学科

华东师范大学中文系古代文学教研室自 1951 年建校起，师资基础即相当坚实，徐震堮、程俊英、施蛰存、郝昺衡等堪称资深教授。1956 年，中文系开办中国古代文学研究班，由徐震堮担任班主任，面向全国招生；并邀请汪东、锺泰、吕贞白、金立初等专家开设讲座。1960 年，中文系又继复旦大学后正式开设中国文学批评史课程，并由陈谦豫主讲。1962 年，徐中玉先生还开设《文心雕龙》专题研究课。"文革"结束后，中国文学批评史的教学与研究继续进行。古代文学教研室在本科生课程外，施蛰存、万云骏、马兴荣、郭豫适等人开始招收古代文学硕士研究生，徐中玉则正式招收中国文学批评史的硕士研究生。

1980 年，面对全国高校中国文学批评史专业师资力量紧缺的窘况，教育部决定委托复旦大学和华东师范大学在上海举办"中国文学批评史师训班"，这对华东师范大学中国文学批评史专业的发展，是极大的机遇。该年 3 月，师训班在华东师范大学开班，由复旦大学郭绍虞负责指导，华东师范大学徐中玉、武汉大学王文生担任班主任，华东师范大学陈谦豫担任副班主任。30 名学员，都是从全国各地挑选出来的批评史专业青年教师。被邀请前来授课的有朱东润、许杰、程千帆、施蛰存、钱仲联、吴组缃、王元化、钱谷融、蒋孔阳、张文勋、程应镠、舒芜等。郭绍虞曾经对师训班作过高度评价："华东师范大学和武汉大学受教育部的委托，举办了第一届文学批评史师训班，为这个学科培养了一批中青年骨干力量。"[①]而参加师训班的人也戏称他们是"黄埔第一期"。其间，古代文学教研室的教师和系里不少青年教师选听了师训班的一些讲座。第一届师训班的举办，对华东师范大学中国文学批评史学科的进一步建设起了重要作用。

1985 年，华东师范大学中文系聘请了刚退位的上海市委宣传部部长，著名文学理论家王元化为兼职教授，由陈谦豫协助工作，招收中国文学批评史博士研究生。此后，

---

① 郭绍虞：《照隅室杂著》，上海古籍出版社 1986 年版，第 427 页。

受教育部委托华东师大主办的中国文学批评史师训班师生合影

前排左 6 郭绍虞 左 7 徐中玉

齐森华、胡晓明、谭帆相继招收中国文学批评史专业博士研究生。

王元化(左 2)和他的部分博士生

　　1981 年,徐中玉出版《论苏轼的创作经验》;1985 年他又出版《古代文艺创作论集》等著作。为加强和丰富中国文学批评史课程内容,深入古代文学理论研究,1980 年春,由徐中玉提议,徐中玉任主编,陈谦豫任副主编,编选大型理论资料丛书《中国古代文艺理论专题资料丛刊》,1992 年起,由中国社会科学出版社分编分册出版。该丛书共十五编,历时 30 年,360 余万字,涉及面广,古代文论的研究生、青年教师、原师训班部分学员先后参加了资料搜集和负责编选工作,故丛书编选的过程中,锻炼了学生,培养了人才,对中国古代文学理论的进一步广阔深入的研究,为华东师范大学中国文学批评史学科的发展,具有积极的推动作用。1985年,齐森华出版《曲论探胜》,"虽仅选择了《录鬼簿》《闲情偶寄》《花部农谭》等十几种重要著作逐一洞幽发微,但古代曲论的简要发展历程及其理论精髓却备列其中"(黄霖《20世纪中国古代文学研究史·文论卷》,东方出版中心2006年版)。

　　1989年,陈谦豫出版国内第一部小说批评通史《中国小说理论批评史》,徐中玉称赞该书"实是古代文论研究深化的一种具体表现",黄霖评价说"该著的历史分期研究以及对理论家理论个性的把握都颇有见地","可以看做是中国古代小说理论大家的'群雕像'或'立论集体传记'"(同上)。1990年,方正耀著、郭豫适审订《中国小说批评史略》,由中国社会科学出版社出版;1991年,胡晓明的《中国诗学之精神》,由江西人民出版社出版;1994年,方智范、高建中、邓乔彬、周圣伟合著,施蛰存审订,中国第一部词学批评史的《中国词学批评史》,由中国社会科学出版社出版;1993年,谭帆、陆炜合著《中国古典戏曲理论史》,由中国社会科学出版社出版;1996年,萧华荣的《中国诗学思想史》,由华东师范大学出版社出版。后由华东师范大学出版社统一出版,分别冠名为《中国古典词学理论史》《中国古典诗学理论史》《中国古典小说理论史》《中国古典戏曲理论史》,于2005年出版,再加上陈晓芬《中国古典散文理论史》(2011年出版),形成华东师范大学中国文学批评史学科系列,奠定了华东师范大学中文系批评史学科地位。

　　目前,该学科有胡晓明招收中国诗学、文学批评方向博士、硕士研究生,陈大康、谭帆兼招中国小说及小说批评方向博士、硕士研究生,程华平、李舜华兼招中国戏曲研究及戏曲批评方向博士、硕士研究生,朱惠国、彭国忠招收中国词学及词学批评方向博士、硕士研究生,基本涵盖了中国文学批评史的诸多学科。

徐中玉(中)陈谦豫(左)、齐森华(右)

＊本文作者:彭国忠,华东师范大学中文系教授。

汉语国际教育孜孜奋进的历史回顾

王郦玉执笔

华东师范大学对外汉语学院成立于 2002 年 8 月,是由原人文学院对外汉语系、国际中国文化学院以及对外汉语远程教学中心组建而成的,也是国内最早设立的对外汉语学院。而华东师范大学的留学生汉语教育则始于 1965 年,至今已有 50 年的历史。

一、破茧化蝶的 60 年代

"援越"项目的首批亲历者 在我校汉语国际教育发展历史中,1965 年是一个最为重要的时间点,在这一年,我校留学生办公室成立,学校招收了第一批 210 名越南留学生。但早在 1957 年,我校中文系的陈绥宁老师就响应党中央的号召远赴越南,成为新中国成立以来最早援外,从事国际汉语教学工作的开拓者之一。

陈绥宁在河内师范大学从事汉语教学工作,由此开始了她的汉语国际教育生涯。陈绥宁教授回忆道,当时是为了支援越南而去的。由于身体原因,只去了两年不到,就于 1959 年元月回国了。尽管教学时间不长,但与越南学生建立了深厚的感情。临走时,学生们还送给她一个相册,里面有很多珍贵的合影。

回国后于 20 世纪 60 年代初期,陈绥宁被派到北京大学进修,朱德熙教授是导师。进修结束后她于 1964 年回到学校,并在学校领导下开始参与筹划组建华东师范大学留学生办公室。翌年,即 1965 年是我校留学生汉语国际教育的真正开端。

留学生办公室成立 1965 年初,越南抗美战争爆发。越南劳动党为了日后革命和建设的需要,决定派大批留学生到中国学习。当时我国教育部就指派了国内 20 余所高校承担对这批留学生的汉语预备教育,我校也名列其中,接收了 210 名学生。为迎接这批越南留学生,学校特别成立了留学生办公室进行统筹管理。

在对外汉语学院汪寿明教授撰写的回忆文章《华东师范大学留学生办公室成立(1965 年)》中,清晰地回顾了 1965 年学校留学生办公室成立初的建制:"留学生办公室由中文系原总支副书记过琪鋆任主任,生物系李难任副主任,下设汉语教研室、政治组、实验室及办公室。汉语教研室主任是陈绥宁,副主任是顾逸,教师有从中文系调入的张惠民、张光昌、李玲璞、陈贻恩、范崇俊、朱川、汪寿明，从教育系调入的戴宝君、叶维娜(后改名叶澜)、吴玉如，从历史系调入的王义耀、郑宗育，从二附中调入的徐竹君，从外面借调来的优秀小学教师张平南，还有当年中文系留校的赵惠平、李慧芬、吴碧莲、林明华、陶型传、董天琦；政治组有施鹏飞、吴玉友；实验室有王永生(物理系毕业)；办公室有林月桂、王福康(教育系毕业)等，后又增设数理化组，教师有王吉庆(数学)、钟山(化学)。"

按照当时国家的规定，外国留学生不能超过15人一个班，这200多名留学生被分成了十几个班，而且每个班需要两名老师，所以当时来了很多老师。单单中文系留下的8个老师是远远不够的，于是外办就向本校的教育系、历史系、师大二附中借人，又请来了本市著名的语文老师。这些老师都很年轻，很有朝气，政治上、业务上都很优秀。

由于当时留办的教师们都没有教外国学生的经验，于是，大家在陈绥宁的带领下，群策群力，想方设法，组织教材编写，录语音资料，搞社会实践活动等，并多次同复旦大学留学生办公室举办集体备课和经验分享。当时还积极选派教师，如汪寿明等到全国留学生教育的"大本营"——北京语言学院进修，从方方面面提高这批年轻教师的业务能力和外事能力。

当时，我校的硬件设施还比较一般，于是学校将第二、第三学生宿舍重新改造装修，安装了暖气等，为这批留学生提供了较好的学习和生活环境。为满足留学生在理工科方面知识储备与语言积累的需求，学校特地为部分中文教师培训数理化课程，同时抽调一批数理化专业背景的教师直接教授留学生专业词汇。经过一年的学习，大部分留学生都能顺利进入并迅速融入新的更高层次的学习和生活。

与210个越南留学生的深厚情谊　1965年的210个越南留学生是当年留办教师们接触对外汉语教学工作的首批学生，因此对于这些后来成为我校汉语国际教育的元老们而言，教这批留学生的意义非常深远，也是让他们印象最深刻的。

负责教学和教材编写的陈绥宁老师回忆，鉴于当时的《汉语教科书》比较陈旧，为了解决教材问题，她和范崇俊老师合作，开始着手编写新教材。每编完一课，就立即拿去刻钢板、油印。就这样一面编，一面教。当时编写教材的核心理念是结合形势，突出政治(当时正处在"文革"前夕，强调政治挂帅)。这套教材由于仅仅是为了给越南留学生使用，因此只油印而未正式出版。一年后，很多留学生都能看懂中文原版小说《欧阳海之歌》，学习效果十分显著。

当年的外事政策很紧，社会实践资源也不丰富。在这种情况下，老师们还一直在探索着如何让这210个越南留学生能更加全面地了解和融入中国社会。看中国电影、参观嘉定的农场、举行演讲比赛……这些在今天看似普普通通的课外活动，对于1965

年的中国,对于带领着 210 个越南留学生的年轻中国教师而言,每一次活动都是一次开创,也都是一次冒险。

这批越南学生也很重视友谊。1985 年,越南中央财政部的一位司长来到华东师范大学,要求参观外办并见见 1965 年教过她汉语的老师。学校找到吴碧莲老师和她见面,虽然吴老师并不是当时教过这位司长的汉语老师,但当她们见面时却紧紧拥抱,泪流满面。临走时,她还捐赠给我校 500 美金,感谢老师们对她当年只身来华求学过程中给予的帮助和支持。中越友谊在民间,通过汉语和中国文化这一纽带,紧密相连、世代相传。

60 年代出国汉语储备师资　如果说我校留学生办公室的成立是在"抗美援越"的历史背景下产生的,那么几乎在同一时期由周恩来总理批准,教育部主办的出国汉语师资培训(当时称"出国储备师资"。选拔从中文系毕业的学生,继续到大学外语系学习一门外语,通常是 3 年左右,成为"双语"人才)也如火如荼地开展起来了。1961 年毕业于华东师范大学中文系的吕必松、刘珣等,成为当时的第一批出国储备师资,为我国的汉语国际教育事业作出了重要的贡献。吕必松教授后任北京语言学院院长,国家汉办主任,刘珣教授是国内外知名的影响力很大的汉语教学专家。

对外汉语学院的许光华教授是第三批"出国储备汉语师资"(1963—1966)。他在杭州大学(现浙江大学)中文系毕业后与其他两位同学一同被选到北京外国语学院法语系学习。1968 年,许光华来到华东师范大学。作为出国储备师资,许光华是教育部储备在我校的对外汉语教学人才,因精通法语,被分到了中文系的外国文学组。其间,许光华为中国学生教授外国文学课,参与世界国别史的翻译,并且零打碎敲地给外国人上汉语课。无论教学岗位如何变化,"我从未想过离开对外汉语这个领域,无论是早年'出口转内销',还是后来涉猎历史和文学领域的时期",许光华深情地说。"文革"期间进入出国储备师资的还有中文系语言组的董天琦、徐兰坡老师等。

20 世纪 60 年代的华东师范大学,留学生教育始创,有了一个历史性的开端,并以多种方式培养了一批优秀师资。然而好景不长,"文革"(1966—1976)的到来,使得原本欣欣向荣的留学生汉语教育事业处于停滞状态,原先被抽调出来从事留学生教育的老师们都回到中文系等各自的单位。直到"四人帮"粉碎以后,留学生教育才逐步恢复起来。

二、筚路蓝缕的 20 世纪 80 年代

"文革"后的回归　结束了"文革"的灾难,我校 1980 年开始恢复招收留学生,成为

全国最早恢复招收留学生的学校之一，仿佛一切又回到了原点。当时留学生人数不多，以短期班的形式学习，多在暑假、寒假举行，以美国和日本学生为主。

　　1980年暑假外国学生短期班第一次来华东师大。当时中文系语言组的几乎所有中青年教师都参加了教学工作，甚至还有其他教研室的老师。1980年8月8日拍摄的"华东师范大学留学生暑期汉语学习班结业留念"照，反映了当年情况，十分珍贵。

　　这张照片成为我校1980年恢复招收留学生时的历史见证。过琪銮时任学校外事办公室主任，在"文革"后恢复招收留学生和重组留学生办公室的过程中发挥过重要作用。当时许多老师都是她从中文系、二附中亲点调过去的，包括陈绥宁、林月桂、吴碧莲、徐竹君，还有青年教师徐扬、吴勇毅等。

　　留学生办公室重建后（隶属学校外办），当时专职的师资力量确实很少，起初也就是人称"四大女将"的陈绥宁（教学负责人）、林月桂（一半行政管理，一半教学，主要上报刊课）、吴碧莲、徐竹君（她们是60年代从事过越南留学生教学管理工作的几位有经验的老师）。接着81、82届中文系的徐扬、吴勇毅从中文系被正式调入留办，刘方援藏回来直接进入，徐子亮留校，史世庆从长宁区的中学借调过来，韩伟从外语系调入，之后戏剧学院毕业的杨宝龄又从学校图书馆调入。就这样，20世纪80年代初期，留办的对外汉语教研室有了11位专职教师。

　　正是这样几位老师，既要负责日常的教学工作，又要进行教材编写，还要组织留学生开展各种交流与语言实践活动。由于人手不够，每年短期班都要从中文系借一些老师。而青年教师每个暑假、寒假都要带团（留学生团）去陕西、北京、新疆、云南等地进行文化旅游。以当时的交通条件和管理水平而言，这样的旅行不仅条件相当艰苦，带队老师的辛劳和责任的重大更是自不待言。

当时大多数汉语教师在教学中都会遇到一些普遍的问题,例如在最基础的语言课堂(汉语零起点)上,面对一批才刚刚接触汉语拼音的各国留学生,连最普通的交流都成为教学的巨大障碍。这就迫使老师们不得不想出各种"招数",比如手势、身段姿势、表演等,想方设法让学生掌握复杂的汉语语法,开口说话。有的老师英语用得比较多,就会遭到学生的反对,说老师不公平,偏爱美国学生;更因为不是老师的母语,在使用英语的过程中也可能发生错误,导致学生注意力分散,反而影响了教学效果。

然而,正是这种种"不利"的条件,才促进了教师们教学能力的增长,奠定了我校国际汉语教育的许多优良传统,比如坚持用汉语教汉语,不少老师练就了一身从零起点开始就(基本)不用外语教课的本领。20世纪80年代初,由陈绥宁带领的留学生汉语教研室虽然规模不大,但全体教师却凭着对这份事业的热爱、敬业与责任,爆发出难以想象的"战斗力"。那时候,"四人帮"刚刚粉碎,老师们的精神面貌都很振奋,个个积极向上;学生学习也很认真,学习气氛很浓厚。时任教研组长的陈绥宁更是所有老师心中的一根标杆。她除了正常的教学工作之外,还用大量的个人时间,去培养、指导身边的老师,晚上还抽空对学生进行个别辅导。而所有这些都是没有经济收入的。榜样的力量是无穷的,像陈绥宁一样,其他老师也是每时每刻陪伴着学生。那时,办公、教学、学生住宿都在学校的第三宿舍,老师们除了上课,其他时间几乎都在办公室"坐班",也不觉得累,学生任何时候都能找到老师要求辅导或答疑。那种不计时间、不计报酬的精神着实可嘉。当时教师的听课制度已经建立,每一个进入留办的老师,上午上课,没课就听课,下午常常集体备课,互相交流探讨,从不计工时,也不计较报酬。1986年留校加入团队的林晓勤老师回忆道,当时她跟着陈绥宁等老师听课,历时整整一个学期,通过耳濡目染来学会教学,一些细节的问题,例如每一个语法点到底该怎么讲等,都是通过一次次听课学会的。

除了基本的教学活动,老师们还亲自组织语言实践活动,听京戏,看越剧,请京剧名角和书法家到学校讲课示范,参观工厂、农村,甚至提篮桥监狱。四五个男老师齐心协力,可能就完成了现在需要一整个后勤团队做的事。一群不怎么会英语的老师,带着一群不怎么会汉语的学生,就这么走遍了上海乃至周边、全国的各个地方。这在当时的对外汉语教学界,不能不说是一种开拓、一种奉献。时至今日,我校的国际汉语教育事业,无论是人才培养还是学科建设,在业界仍独树一帜,享誉中外。这些成绩绝对离不开第一批拓荒者们所创造的良好开端。

《基础汉语25课》与《基础汉语续25课》 20世纪80年代,处于百废待兴的对外汉语教学事业,除了面临师资少、专业人才紧缺的窘境之外,主要的困难就是教材的缺乏。由于"文革"前的教材都无法适应新时期的要求,于是,在陈绥宁的带领下老师们开始编纂新教材。

　　起初,陈绥宁联系了林明华等几位老师一起编写教材,教材刚编完一课就拿去教,教了以后再修改,几易其稿,这就是后来的《基础汉语25课》。1983年这本教材由华东师范大学出版社正式出版,"作者"署名是"华东师范大学对外汉语教研室"(直到修订版才写了陈绥宁主编)。这本教材当时影响很大,南方很多大学和社会机构都使用这本教材进行教学。最初这本教材是给短期班使用的,后来长期进修班也使用。当时陈绥宁编写这本教材的理念是很先进的,强调以实践为中心,主张要通过实践学习汉语,由近及远。比如学生刚来的时候,先学习介绍自己,然后介绍自己的宿舍、自己的学校、学校的工厂等等,这些都是结合实际的学习方法。去游览了黄浦江,就编写一课教材——"游览黄浦江",很有即时性。老师们就是按照这样的思路来编教材、教汉语的。另外,教材是以(语法)结构为主编写的,每一课都会有几个语法点作为课文的中心,后面不断地重复。

　　随着学生汉语水平的不断提高,陈绥宁又和众位老师商议,决定编写《基础汉语25课》的续编,也是发动群众,即从事汉语教学的老师们共同编写。前面的选文主要由陈绥宁负责,后面的练习与课外阅读等内容,大家一起去做,最后由刘方老师统稿。这就是1989年出版的《基础汉语续25课》。

　　这套教材经历了数次修改,成为了国际汉语教学史上最重要的教材之一。后来更为成功的,由陈绥宁主编、沈萌萌副主编的《基础汉语40课》(上下册),就是在《基础汉语25课》的基础上重新编写的,秉承的还是那本书的指导思想。但这已是2000年以后的事了。

　　特殊时代背景下的文化传播　"外事无小事,事事要请示",这是周总理的一句名言。刚刚经历过"文革"的中国,乍一打开国门,难免有些"水土不服"。在留学生办公室组织的实践活动中,外国留学生看京剧,参观人民公社、工厂,甚至还参观监狱和旁听法庭,这些经历即使在今天看来,有些也是很"神奇"的。参观访问是一件大事,比如到法院旁听审判,听完后法官会给学生介绍案情和中国的法律,而学生们会在课堂上讨论这个"故事"到底是怎么样的,中国的法律和外国的法律有何差异等,这些都是真实的生活中的案例。正是这些最鲜活的生活场景,构成了那个年代最主要的文化传播活动。

　　除此之外,当时的语言班还有一个保留项目。每当学期结束,学校都会组织留学生晚会,由留学生用汉语表演节目,这似乎就是今天校园文化网景活动"外汉之夜"的前身。那个时候组织一台晚会是很不容易的,每个任课老师都要在自己班上准备节目,而节目的形式与内容,也只能靠老师自己摸索、相互商量,甚至自编自导。比如外国人唱京剧,虽然听上去很新颖,但实际操作起来困难很大。首先京剧使用的语音语调和普通话有很大的区别,为了便于留学生掌握,就只能选择动作多、对话少的片段;

同时还要考虑到中国传统剧目的代表性等等。那时排练的一些节目,虽然许多表演也许都还不是很专业,但仍有两个节目在电视台的比赛中获奖。吴勇毅老师还自己写过相声,跟留学生一起表演。

帮助留学生在真实的社会生活中了解中国社会与文化,是留学生办公室每个老师对文化交流的共识。老师们也经常自己做菜做饭,招待留学生来家做客,如同亲朋好友。直到今天,在 20 世纪 80 年代的那一群留学生中,有很多人仍与老师们保持着联系。

尽管"文革"时期的生活经历,确实在教师的身上留下了特殊的文化印记,但在关乎国家荣誉的对外文化交流活动中,他们始终自信而又热情,不卑不亢,有礼有节,而这反过来也赢得了外国学生的尊重。如当时教研室安排的南京实践学习并不包括参观"大屠杀纪念馆"。但是,有一次几个日本学生主动提出来要去看。看完以后回来大受感动。正是因为第一代留办老师们身上的人格魅力,才能够在那样一个特殊的时代背景下,留下一个又一个经典的文化传播案例。

对外汉语专业的学科建设与科研成果   1985 年,我校成为教育部在全国高校中首批设立对外汉语本科专业的四所高校之一(这四所高校是华东师范大学、北京语言学院、上海外国语学院、北京外国语学院),这也标志着中国高校首次专门设立了培养教授外国人汉语和中国文化的专业。

在成立专业以后,对外汉语专业进一步整合了各方面资源,着力于学科建设和发展。前期对外汉语教研室一批长期致力于对外汉语教学与研究的骨干教师(如陈绥宁、吴碧莲、吴仁甫、赵柳英等),这一阶段也将自己丰富的教学经验进行理论性的研究和梳理,为对外汉语专业开拓了崭新的学术研究高地。陈绥宁主编的《基础汉语 40课》,先后被评为第五届全国优秀教育音像制品奖和第七届全国高校优秀畅销书。赵柳英著有《汉语阅读新编》、《中国旅游汉语》等留学生汉语学习教材。吴碧莲创建对外汉语教研中心专业期刊《汉语教学与研究》并担任第一辑主编。吴仁甫和徐子亮作为国内第一批探索研究国际上汉语教学法的先行者,他们的专著《实用对外汉语教学法》几经再版,已成为国内大部分对外汉语(汉语国际教育)专业本科的必修教程。吴勇毅、徐子亮的论文《建国以来我国对外汉语教学法研究书评》被认为是 1985 年对外汉语教学研究会第二次学术讨论会最重要的论文之一。

与此同时,对外汉语专业也从中文系、外语系引进一批年富力强的骨干教师,完善对外汉语本科专业在中国语言文学这个一级学科下的知识架构,对外汉语专业课程囊括了除教学法以外的包括语言学及应用语言学、汉语言文字学、外国文学、现当代文学、古代文学等不同学科。这些教师们大部分都有自己原本突出的专业研究领域,并在对外汉语专业这片充满朝气的研究热土上结出崭新的研究成果。如:汪寿明从 20

世纪 80 年代开始,也专注于音韵学方面的研究,并颇有建树。他出版了《汉语音韵学引论》、《历代汉语音韵学文选》等著述。其中《汉语音韵学引论》一书还获得了 1995 年上海市普通高校优秀教材三等奖。90 年代初,汪寿明受时任上海市古籍整理出版规划小组组长王元化先生之邀,担任了《古文字诂林》的副主编。《古文字诂林》出版后,已先后获得了上海市哲学社会科学优秀成果一等奖和全国首届中华优秀图书奖。

从法国归来的许光华,除了出版一批法国文学研究成果外,也长期致力于对外汉语教学和研究事业,对我校对外汉语学科建设有着卓越的贡献。其撰写的《司汤达比较研究》至今仍是国内为数不多研究司汤达文学的作品,在当时拥有非常大的影响力;《国外汉学史》一书是"文革"以后第一本系统介绍国外汉学史的教材,对当时对外汉语学院汉学这一学科的建设作出卓越贡献;《法国汉学史》一书至今仍是该领域独一无二的汉学史书。

三、结语

在 1985 年我校中文系设立对外汉语(现更名为汉语国际教育)专业后,1992 年中文系成立了对外汉语专业委员会,两年后文学艺术学院成立对外汉语系(2000 年改为人文学院对外汉语系)。另一方面,留学生办公室的对外汉语教研室发展成为对外汉语教研中心,1993 年学校在对外汉语教学研究中心的基础上,组建了国际中国文化学院(挂靠国际交流处),1998 年独立。2002 年,人文学院对外汉语系、国际中国文化学院和对外汉语远程教学中心合并成立对外汉语学院。

学院现设对外汉语系、汉语言系(外国学生本科)、汉语文化教学中心、对外汉语远程教学中心四个系级教学科研单位,以及应用语言研究所和非物质文化遗产保护研究中心等。

对外汉语学院是教育部国家对外汉语教学基地,国务院侨办华文教学基地(国家级)。1985 年经当时的国家教委批准,我校设立对外汉语(现更名为汉语国际教育)专业,成为全国最早设立该专业的四所高校之一(华东师范大学、北京语言学院、上海外国语学院、北京外国语学院)。秉承"双语、双文化、双能力"的办学理念,经过 27 年的发展,该专业已建设成为国内外具有很高知名度的优势专业,2007 年被教育部列为全国高校重点建设的两个"特色专业"之一。2008 年,国家汉办在我校成立首家国际汉语教师研修基地,基地是国家汉办(孔子学院总部)在中国国内第一个挂牌的单位,以培养国外本土化汉语师资为主要任务。

我校在汉语国际教育和中国文化海外传播的进程中,始终走在国内高校前列,至

2015 年已在美国、意大利、瑞士、比利时等四个国家与外方共建了 9 所孔子学院,取得了良好的声誉和国际影响,成为了国际汉语教师培养和汉语国际教育的中心。

如今,我校汉语国际教育事业的发展已走过 50 年的历史。面对"中国语言文化走出去"的新形势和挑战,我校坚持汉语国际教育和孔子学院建设,在增强国家文化软实力、扩大对外交流和学校国际化进程方面作出了重要贡献,成为我校对外形象的重要窗口。这些当年的骨干教师中大部分人也都年事已高,逐渐离开了工作岗位,但他们对汉语国际教育事业的贡献将始终被我们铭记。《华东师范大学改革和发展规划纲要(2010—2020)》明确提出,要"建设国际汉语教师培训的国家级基地。着力建设一流的对外汉语学院,加强对孔子学院发展的支持,扩大学校在国际汉语教学和中国文化推广领域的国际影响力"。准确地记录和保存汉语国际教育历史,不仅符合学校改革和发展规划纲要的需求,更有助于推动学校跨国、跨地区文化交流与传播,提升文化软实力,实现我校建设世界一流大学的目标。

＊本文作者:王郦玉(执笔),华东师范大学对外汉语学院讲师;王佳宁、刘瞳,华东师范大学对外汉语学院助教。参与访谈和资料整理的,有华东师范大学对外汉语学院学生黄亚欣、胡项杰、梁诗晨等 22 人。

法国史研究室及其学术研究和活动回顾

王令愉

一、被称为"重镇"的法国史研究室

华东师范大学历史系的法国史研究室,是由历史系世界近现代史教研室发展和独立出来的。自改革开放以来,直到 21 世纪初的 30 年来一直处于我国法国史研究的前沿,当时被国内同仁称为法国史研究的"重镇"。研究室拥有一支素质优秀、业务水平高、教学科研能力较强的学术团队。研究室鼎盛时有 9 位成员,其中先后有 6 位教授。王养冲(1907—2008)是第一代学者,陈崇武是继王养冲之后的研究室负责人。尤天然(1939—2004)已故,陈崇武(1932—　　)、洪波(1939—　　)、王令愉(1949—　　)3 位都已退休。李宏图(1958—　　)目前执教于复旦大学历史系。

法国史研究室取得了丰硕的学术成果,发表并出版了在学术界影响较大的学术论文、专著、译编等作品。如王养冲的《拿破仑研究的演进》、《法国资产阶级大革命分期的若干问题》、《法国大革命史编纂学中的进步传统》、《关于罗伯斯比尔评价的史学》等;陈崇武的《罗伯斯比尔评传》、《自由、平等、博爱的口号究竟何时提出?》《巴黎公社时期的国民自卫军》等;尤天然的《论法国历史上的圈地运动》、《英法两国现代化模式中的世俗化过程及其特征》等;洪波的《法国政治制度变迁》、《法国共和政体的建立及其演变》等;李宏图的《法国大革命中的"公民"概念》、《自由的失却与重建——论托克维尔的自由主义思想》等;王令愉的《孔多塞与法兰西第一共和国》、《山岳派、雅各宾派和雅各宾主义》等;王养冲和王令愉合著的《法国大革命史:1789—1794》;王养冲和陈崇武合编的《罗伯斯比尔选集》、《拿破仑书信文件集》,李宏图的《西欧近代民族主义思潮研究》等。这些专著和论文都获得国内外同仁的好评,其中有些多次获得国家级和省部级奖,在学术界颇有影响。在这个基础上,研究室开设了高质量的课程:法国近代史、法国大革命史、法国政治制度史、西欧近代思想史、西方思想文化名著导读等。

法国史研究室十分重视资料的搜集、整理和翻译工作。多年来从国外引进不少相关的图书和资料。陈崇武在法国巴黎高师访问进修的两年期间,用许多时间跑巴黎旧书店和书摊,广泛搜集法国大革命史研究各名家的代表著作,还在巴黎各图书馆复印了不少原始资料。刘佛年校长还特批了一万法郎专供研究室作为向国外购买图书资料之用。这些图书和资料为研究工作和指导研究生写论文提供了很有利的条件。

　　法国史研究室建设和发展得到了学校领导的大力支持和关怀。刘佛年校长和袁运开校长先后多次关心支持研究室工作,亲自听汇报,提建议,出面接待来访的外国专家,特批派遣研究室成员到巴黎高师进修访问。

　　由于上述各方面的努力奋进,终使法国史研究室水到渠成地成为我国法国史研究的"重镇"。

二、法国史研究室在国内外的主要学术活动

　　在国内外组织和参与了具有较大影响和较高质量的学术交流会议和活动,与国际法国史一流机构和史学家建立了经常交流机制。例如曾邀请法国大革命史权威、巴黎一大(Sorbonne)法国大革命史讲座教授索布尔(A. Soboul)先生和继任者伏维尔(M. Vovelle)先生到校讲学,邀请全国优秀的法国史学者参与听讲和讨论。

　　1978 年 4 月,杭州大学在"拨乱反正"后首次举办中国史和世界史两个史学分科的学术讨论会,分别以岳飞和拿破仑为议题。王养冲到会作学术报告"拿破仑研究的演进"。他以翔实、广博的来自国外学术界的资料,深刻评介从拿破仑去世(1821 年)到 20 世纪 70 年代以法国为中心的西方各国对拿破仑的研究。至少与外界隔绝 10 年的两个组的学者聆听后有久旱逢甘雨之感。次年,《世界历史》杂志分 3 期刊登经过修改的报告稿。这是法国史研究室成员初次参与国内的学术活动。

　　1978 年 10 月,在上海金山石化地区举行成立中国法国史研究会的筹备会。我校系研究会的发起单位之一。王养冲在会上介绍法国大革命研究中的马蒂埃学派,并提交论文《拿破仑研究的演进》;陈崇武提交论文《巴黎公社时期的国民自卫军》。这些论文给当时的法国史学界带来新鲜、深刻的印象。

　　1979 年成立的全国性学术团体中国法国史研究会,我校与其他 6 个单位的有关人员负责筹备工作。王养冲提交论文《关于法国资产阶级大革命史分期的若干问题》,陈崇武提交论文《应当怎样评价罗伯斯比尔》。会址设在我校,王养冲被推举为理事、副会长,陈崇武被推举为理事、副秘书长。陈崇武担任研究会的刊物《法国史通讯》主编,由我校承担出版工作。在此后的几年中,陈崇武当选为副会长兼秘书长。尤天然、

1979 年 8 月 30 日哈尔滨师范学院法国史研究会成立大会

前排左 5 为王养冲

　　洪波、李宏图、王令愉先后入会并担任理事。至 2002 年,王养冲当选为研究会名誉会长,李宏图先后当选为秘书长、副会长。2014 年王令愉当选为副会长。

　　1981 年九十月间,我校历史系邀请法国学者阿·索布尔教授到系讲学,历时一个月。索布尔时任法国"罗伯斯比尔研究会"主席团成员和秘书长,兼该研究会机关刊物《法国大革命史丛》(季刊)主编。王养冲自始至终主持讲学。历史系世界史教研室的教师和研究生、本科生,外语系法语专业的师生,以及来自全国 36 所高等院校和研究所的学者参加听讲和讨论。事后,由王养冲把索布尔的讲学内容编成《阿·索布尔法国大革命史论选》一书,正文后附录王养冲撰《论法国的大革命史编纂学中的进步传统》。这次成功的讲学为禁锢多年的中国史学界带来了新信息,深得本校师生和几十个单位的世界史、法国史研究同行赞许。索布尔是陈崇武在巴黎进修期间的导师,他对陈崇武的大革命和罗伯斯比尔研究极其热心,悉心给予指导,使陈崇武获益匪浅。可惜他不幸于 1982 年 9 月 10 日因心脏病突发去世。陈崇武为缅怀导师,回国后撰有题为《索布尔对无套裤汉研究的贡献》的学术论文,介绍索布尔多年潜心研究无套裤汉的丰富成果。论文还对法国大革命中的无套裤汉阶层作了定义和分析,并探究其在大革命中的作用和失败的原因。

　　2003 年,研究室成员李宏图、王令愉参加法国史研究会组织的学术访问团前往巴黎和格勒诺布尔参加由巴黎一大和维齐尔法国大革命博物馆主办的大革命史讨论会。随后在巴黎一大作学术交流,参观大革命遗迹。

法国大革命史专家索布尔教授（前排右5）来华讲学，与法国史研究会同仁合影（1981 年摄于华东师大）

前排右1戴成钧 右3金重远 右4王养冲 右6张芝联 右8刘宗绪 后排右1洪波 右11尤天然

　　从 2004 年起，中国法国史研究会得到法国人文之家、巴黎高师、巴黎一大、蓬多瓦兹大学和瑞士弗里堡大学的有力支持和我校的热情帮助，每年 9 月开学之初都与我校历史系、研究生院和国际关系学院联手举办中法历史文化研讨班，法方称之为"秋季大学"。由多位法国学者为主的各国学者到校讲学。每年开幕式，法国大使馆以及驻沪总领事馆等的官员[1]、巴黎一大和人文之家负责人、来访各国学者等外方人士，我校校长（或副校长）、相关院系负责人都会到场致辞。学员除本校硕士、博士研究生和青年教师外，还有来自全国各高校的学员。不固定地参与其事的还有德国、意大利、俄罗斯、日本学者。法国史研究会李宏图、王令愉每年都始终参与管理和主持工作。

　　研究室的教师和历年培养的博士和硕士研究生的研究面，涉及法国史尤其是近代史的方方面面，如政治、思想、经济、文化、宗教、比较研究和历史人物研究等。例如，王养冲和陈崇武培养的博士生和多位硕士生的学位论文都是属于法国史（尤其

---

① 自瑞士弗里堡大学参与"秋季的大学"后，瑞士驻华大使馆和驻沪领事馆官员也出席开幕式。

是近代史)研究领域中的,而且有不少学位论文质量优秀,为学术界所瞩目。其余学生的学位论文也全都与法国史、尤其是与法国近现代史相关。

1992 年 10 月 8 日,王养冲在杭州中国法国史研究会第四届年会上作学术报告

三、研究室对相关学术热点和重点问题研究概览

我校法国史研究室的研究重点在近代,尤其是大革命史研究。

研究题一:从总体上理解法国大革命

在 20 世纪 80 年代末,陈崇武发表论文《现实的斗争是历史上斗争的继续——积极迎接法国大革命二百周年》(《历史教学问题》1987 年第 5 期)。陈崇武还以法国大革命为例论述了世界近代史的重要命题:资产阶级的两重性(《论资产阶级两重性——以法国大革命为例》,《历史教学问题》1984 年第 2 期)。其立论是:近代史上的资产阶级的"反封建"和"妥协"这两面是并存的;法国大革命的实践、口号、理论,以及代表人物如丹东、罗伯斯比尔、拿破仑等的思想和行事都是两重性的例证;进而探讨两重性的形成原因并作出评价。此外,洪波发表了论文《走向普遍人权的历程——从法国人权宣言到世界人权宣言》,李宏图发表了学位论文《西欧近代民族主义思潮研究——从启蒙运动到拿破仑时代》,赵跃兵发表了学位论文《法国共和二年非基督教化运动的研究》,均获学界前辈好评。

研究题二：关于法国大革命中心人物罗伯斯比尔的研究

《罗伯斯比尔评传》是陈崇武研究法国大革命史和罗伯斯比尔的力作，为中外学术界瞩目。这部专著将罗伯斯比尔非凡生平、深刻思想和革命实践、历史作用和地位作了详尽的研究和评述，弥补了法国传记作家瓦尔特《罗伯斯比尔》（中译本）偏重政治史忽略经济社会观的缺陷，纠正了苏联学者卢金《罗伯斯比尔》的过简、疏漏和错误，因而被公认为国内第一部有相当学术分量的罗伯斯比尔评传。该作获得"国家教委高等教育出版社优秀学术著作奖"（1992 年）、"上海市政府社会科学类优秀著作二等奖"（1994 年）、"国家教委优秀著作二等奖"（1995 年）、"全国社科优秀著作二等奖"（1998年）。

陈崇武在论文《评罗伯斯比尔》提出：罗伯斯比尔不是一般的资产阶级革命家，也不是社会主义的先驱，而是资产阶级革命民主主义者。对此，法国学者戈蒂埃（Gauthier）持有异议。陈崇武针对她的意见写成《再评罗伯斯比尔——与法国史学家弗洛朗斯·戈蒂埃商榷》，连同他自译的戈蒂埃的意见（加标题《对〈评罗伯斯比尔〉一文的意见》）一起发表。论文以史实有力地论证罗伯斯比尔是否反对自由主义，是否具有平均主义思想等问题。该文获得"上海市社会科学优秀论文奖"（1986 年）。此后，戈蒂埃推荐陈崇武担任罗伯斯比尔研究会主办的权威季刊《法国大革命史论丛》（*Annales historique de la Révolution française*）的通讯编委。从 20 世纪 90 年代起，他的名字与法国及各国研究法国大革命的名家并列，每期都出现在刊物的扉页上。这不但是他本人的荣耀，而且是中国法国史学界的荣誉。

陈崇武的论文《马布里启蒙思想与法国大革命》，是研究 18 世纪法国启蒙思想家马布里的为数不多的论文。80 年代他在巴黎高师从事法国大革命和罗伯斯比尔研究时与戈蒂埃的讨论中得悉马布里思想也是罗伯斯比尔的思想渊源。经阅读和思考，深感马布里的思想和著作对法国大革命的各个不同阶段和不同阶层代表人物产生过重要影响。马布里思想与卢梭思想有相似处也有不同之处，称马布里为"法国大革命之父"是有依据的。

陈崇武的论文《罗伯斯比尔与法兰西共和国设想的蓝图》、《罗伯斯比尔政治民主思想的发展》，勾勒出罗伯斯比尔共和思想不同演进阶段内涵。他的论文《罗伯斯比尔早期生活研究》被北京大学选入作为外国史读本的教材《大学历史学论文读本系列·外国史读本》。

编辑《罗伯斯比尔选集》是非常重要的学科基础建设工作，因为选集所收的资料对读者理解其人和雅各宾专政至关重要。1973 年，在陈崇武的主持下，王养冲等教师设法寻求到了若干关于罗伯斯比尔的英译资料，据此翻译了罗伯斯比尔的演讲、论著等。

1979 年后工作条件改善,遂据法文原本补译、校订《罗伯斯比尔选集》。全书包括 30 篇演讲和论著,书后有两篇附录:扼要介绍属于大革命史编纂学进步传统的历史学家对罗伯斯比尔的评论(王养冲撰),从罗伯斯比尔的思想、政策的角度撰写的生平事迹年表(王令愉辑)。

研究题三:对其他法国历史人物的研究

关于对拿破仑的研究

王养冲、陈崇武选编的《拿破仑书信文件集》是法国史研究室的一项重要成果。1974 年,历史系世界史组辑录与拿破仑相关的材料供学生阅读和讨论,次年编成《关于拿破仑》一书,其间陈崇武始终主持全部联络、协调和组织工作。此后,《关于拿破仑》修订和扩大为《拿破仑书信文件集》,共收书信文件 267 篇,书后有 3 项附录,1986 年由上海人民出版社出版。尽管这本 50 多万字的书信文件集尚不足以囊括拿破仑的活动全貌,但不失为国内研究者的不可多得的资料集。

陈崇武的论文《论拿破仑的资产阶级两重性》针对当时有人对拿破仑一味拔高或一味贬低的现象,力图用历史唯物主义思想对他做出全面分析。

关于对西哀耶斯的研究

尤天然和洪波合撰的《西哀耶斯》,是史学界不多见的评介《第三等级是什么》的作者西哀耶斯的传记。《西哀耶斯》主要介绍被边缘化的西哀耶斯的生平、个性以及他在革命洪流中的特立独行之处,尤其介绍了他在革命初期的宣传鼓动作用和雾月政变后提出的经慎重思考的宪法草案。

关于对孔多塞的研究

《孔多塞与法兰西第一共和国》对法国最后一位启蒙思想家、大革命的直接参加者孔多塞做了基本研究。论文论证以孔多塞的共和主义思想和宪法草案为代表的吉伦特共和国,是法兰西第二和第三共和国的典范。孔多塞为大革命做出的贡献不可磨灭。

研究题四:关于“自由、平等、博爱”口号的研究

“自由、平等、博爱”是法国大革命著名的政治口号,它曾在世界近现代史上起过重要的作用,脍炙人口,深入人心。但是许多人包括某些研究法国大革命史的著名历史学家都对口号的形成和提出时间不甚了了。陈崇武的题为《“自由、平等、博爱”口号究竟是何时提出?》的读史札记,展示了作者摘自包括《人权宣言》、罗伯斯比尔的演讲、1793 年宪法、巴黎一些区的会议记录和请愿书、百科辞典、各家关于大革命的论著等的读书摘录,以实证手段提出论断,杜绝了以讹传讹。《巴黎高师导报》编者在为刊出该文写的按语中说:“历史学家陈崇武现在高师从事于法国大革命的研究。……我们

例外地发表这篇超出我们通常工作范围的文章是为了表达对我们中国朋友的敬意,也是作为他们研究法国史成果的见证。"国内外专家对此好评甚多。[①] 中山大学教授端木正在 1979 年哈尔滨法国史研究会成立大会上就曾称这篇论文纠正了我国以往过去在这个问题上的错误提法。当时《历史研究》的张契尼副总编给作者的信说:"文章本来写得很好,能得到国际上的承认。这不但是你本人的荣誉,而且使本刊受到鼓舞。"1982 年《历史研究》第 5 期也作了扼要的报道。1985 年这篇论文获得"上海市社科优秀论文奖"。

陈崇武的《十九世纪末期自由、平等、博爱口号传播到中国》在 1989 年 4 月 12 日巴黎《欧洲时报》发表,简要地向欧洲读者介绍口号的传播过程。关于这个论题,论文《孙中山和毛泽东的"自由、平等、博爱"观》着重介绍孙中山和毛泽东的相关论点,并分析其区别和根源。论文用英语在英国培戈蒙出版社出版。

研究题五:对法国政治制度现代化和经济现代化的研究

洪波的《法国政治制度变迁》一书是我国首部完整而系统地论述 1789 年以来法国政治制度史的学术著作,该书阐明了法国政治制度形成的思想渊源和发展的历史前提、演变过程、发展基本趋向,1993 年由中国社会科学出版社出版。陈崇武的论文《法国政治现代化开端的一项重要举措——大革命头两年(1789—1791)的区域划分与行政改革》则通过宏观和微观的结合论述旧制度下法国行政区划的弊端及其特点;继而阐述大革命头两年的变革。尤天然的论文《法国大革命时期的议会和大众参与》论证了政治现代化的核心问题是民主化,而民主化集中地体现在现代议会。洪波的论文《法国共和政体的建立及其演变》探讨了 1789—1875 年间的法国政体形式演变。他的另一篇论文《雨果的共和思想解读》论述著名作家雨果一生所遭遇的各种思潮的过程,揭示了他紧随 19 世纪法兰西民族前进的步伐,捍卫共和制度的实践和精神。

王令愉有 4 篇论文论述了大革命初期君主立宪派的农业和工业改革、行政和司法改革、宗教改革、贸易税制和金融改革,勾勒出大革命初期掌权 3 年的君主立宪派为除旧立新做出的努力和取得的成果,意在说明君主立宪派的方向,也就是大革命的方向。尤天然的论文《试论法国历史上的圈地运动》,以史料总结法国历史上的圈地运动具有局部、零星、不彻底的特点,并分析其产生的主要原因。他的另一篇论文《英法两国现

---

① 如路德说:"这是一篇杰出的文章(excellent)。"巴迪(Bady,巴黎高师、巴黎七大中文系教授、系主任)说:"文章写得很有意思,很有价值,而且又很简练,建议将文章翻译出来,由我推荐发表。"索布尔对陈崇武说:"很有兴趣地读您的好文章。"白月桂女士(高师教师,巴黎七大图书馆员)则转达了罗尔曼(R. Rohlmann,原法国东方语言学院主任)对陈崇武的称赞。戈蒂埃告诉陈崇武:"看了您文章中针对两位苏联历史学家的疏漏的论述。我认为他们是错误的,您是对的。"当时北大教授张芝联在座。

代化模式中的世俗化过程及其特征》，以英法两国为例从民族国家政权和宗教组织之间相互关系的角度探讨西方现代化模式中世俗化过程及其特征。陈崇武和金晓常的论文《关于法国资本主义近代化的特征问题》，对法国经济现代化总结出有别于其他主要资本主义大国的特征。

研究题六：关于巴黎公社历史和法国史其他方面的研究

在 20 世纪 60 年代初，陈崇武在当助教时发表过 3 篇关于 1848 年法国革命和巴黎公社历史的论文。改革开放后又发表了 3 篇同一论题的论文：《略论巴黎公社民主制的主要特征》《巴黎公社加强法制的几项重要法令和措施》和《巴黎公社时期的国民自卫军》。对巴黎公社尤其是对法国国民自卫军的研究的意义不仅在于学术，而且关乎当时中国的拨乱反正。关于巴黎公社史，还有王令愉的论文《布朗基主义、蒲鲁东主义的失败和马克思主义的胜利——巴黎公社 120 年祭》等。

20 世纪 90 年代中期，当时的法国驻上海总领事石巴胡（Pierre Barroux）先生曾率领事馆文化专员参观历史系法国史研究室图书展览。总领事称赞我校历史系的法国史研究室办得很好，并承诺两件事：1.法国驻上海领事馆藏有的与法国史相关的书籍有多余者拨给研究室；2.在签证上予以优惠、提供方便。"台湾中央研究院"近代史研究所所长陈三井先生在读《法国史通讯》合订本后，对刊物及其他著述给予很高评价。

四、陈崇武薪火相传的学术历程

陈崇武是王养冲教授的学生、助手和学术继承人，1955 年从我校历史学专业毕业后留校执教，先后任助教、讲师、副教授和教授，继王养冲之后担任法国史研究室负责人。其主要精力集中于法国史、法国大革命史与罗伯斯比尔研究和教学。在法国史的科研、教学，以及中国法国史研究会的筹备、组织方面多有贡献。

改革开放以来，陈崇武先后担任了各类职务。主要是：我校历史系主任、上海社科院历史研究所副所长、上海世界史学会会长、中国法国史研究会副会长兼秘书长、全国哲学社会科学基金评审世界史学科成员、上海市高校职称评审组历史学科召集人等；并担任过《法国史通讯》主编，参与法国史研究会成立前后的筹备和日常工作。1992 年由国务院学位办历史学位委员组通过，被批准为继王养冲之后的我校世界近代史专业博士生导师，博士点的研究重点是法国史。

1981 年初至 1982 年底，陈崇武在巴黎高师和巴黎一大进修近两年，收获甚大。他充分利用巴黎高师和巴黎一大大革命史研究所的图书资料，并在旧书店购到法国最有影响的研究大革命史的代表作;在法兰西学院院士、巴黎高师副校长、著名学者巴斯蒂夫人热情帮助下实地考察法国农村的土地所有制、风尚习俗,考察罗伯斯比尔的家乡阿拉斯、罗伯斯比尔历史博物馆、市图书馆及其档案资料;结识了不少研究法国大革命和罗伯斯比尔的专家,如索布尔、路德、伏维尔、戈蒂埃、伊克尼(Ikni)等;赴法进修回国后,向国内学术界介绍巴黎高师的办学特点,向上海市高教局内参提供《情况与建议》。

对陈崇武的学术历程可作如下归纳:

首先,他在法国史研究室的各项工作,尤其是研究工作中起到薪火相传、承上启下的作用,并成为第二代学术带头人。他从毕业后就由王养冲担任其指导教师,一直随堂听指导教师授课,并听他为研究生班作专题报告。陈崇武认为自己几十年来在世界近代史、法国史,尤其是法国大革命史、罗伯斯比尔等研究方面所取得的成绩既得益于王养冲的悉心指导,又受惠于其他前辈的教诲,如吕思勉、李平心、吴泽、陈旭麓、林举岱、刘佛年、陈彪如、徐怀启、冯契诸先生等。另外在巴黎高师进修时听索布尔的"法国大革命史讲座"并参加博士讨论班共一年半。这个难得的学习良机,令他受益匪浅。

其次,陈崇武重视理论和思想对学术研究的指导意义,他的科研成果体现了对理论、史料和现状 3 个要素的正确处理。

例如专著《罗伯斯比尔评传》一书回答的不仅是"罗伯斯比尔究竟是乱臣贼子还是伟大英雄"这样的具体问题,而是着力于阐述一系列重要的理论问题:法国大革命是否必要、合理? 它是历史的倒退,还是历史的进步? 换言之,在 18 世纪末的法国,如果不用革命的办法,能否用其他办法(例如改革)摆脱危机、解决积重难返的矛盾?《罗伯斯比尔评传》用大量历史事实很有说服力地指出:法国大革命是必要、合理、进步的;社会发展需要用革命手段,改革改良是行不通的。反之亦然。中外历史概莫能外。这个论点通过历史事实,驳斥了法国年鉴派某些人认为法国没有大革命同样可以在 18 世纪过渡到资本主义社会,驳斥了沃勒斯坦咒骂法国大革命是一场大灾难的言论,也教育了某些博士生在学位论文中持有否定法国大革命以及类似的错误观点。

其三,陈崇武把马克思主义史学比包括西方史学在内的任何史学都更科学和高明的信念贯彻于学术研究。非马克思主义史学仅能阐明历史事件的发生、时间、地点、经过、结果和主要人物等,却不能解释事件发生的根本原因。这些史学追求的只是事实清楚。这种过于简单的解释源于非马克思主义史学对历史事件根本原因的无知。陈崇武遵循历史唯物主义,坚持要从经济基础和物质利益中去寻找历史事件的终极原因的论点并付诸实践。

其四,陈崇武注意学术研究和教学活动的齐头并进、相辅相成。在进入大学前他曾短期担任过中学历史教师,教学中遇到的疑惑不解处成为入学后他如饥似渴地吸收新知识和新理论的起点和动力。20世纪50年代末和60年代初,他在历史系和政教系讲授世界近代史课程之前,就以法国大革命为试讲内容。教学和研究的结合既提升了教学水平,也锻炼了他学术研究的能力。1959年首次授课即获得好评;1960年获得学校优秀(先进)教育工作者称号。陈崇武先后在政教系承担世界近代史教学工作3年,回历史系后一直担任世界近代史的讲授,并进而从事法国史研究。陈崇武欢迎学生超越自己。他的学生中有多人青出于蓝,成为学术界的骨干。

1989年出版的《法国大革命史词典》是我国唯一的一部法国大革命史专业的词典。中山大学教授端木正担任主编,陈崇武是3位副主编之一。该词典选了9位研究法国大革命史的中国史学家,他们是:沈炼之、杨人楩、王养冲、张芝联、端木正、王荣堂、刘宗绪、申晨星、陈崇武。尽管陈崇武一再辞谢,但主编端木正、会长张芝联两位教授坚持将他列入。陈崇武的学术成果和社会工作使之成为有全国影响的历史学家。

＊本文作者:王令愉,华东师范大学历史学系教授。

硕果累累的非洲史研究

沐　涛

在我国非洲学界,常常把从事非洲研究和对非工作的人称为"黑道上的人",这既比喻为他们的工作对象是非洲黑人,同时也暗喻为工作的艰苦。在华东师范大学历史系,就有一群这样的人,一直在"黑道"上坚守着,从事非洲历史研究和人才培养,在国内非洲学界产生了重要影响。

一、非洲史研究的开创

在中国的世界史学研究界,非洲史研究是应新中国成立后对外工作的需要而产生的。20 世纪 50 年代初,非洲民族解放运动由北向南依次扩展,这不仅在国际社会成为一大热点,也备受毛泽东、周恩来等新中国领导人的重视。但受制于我国学术界过去对非洲了解甚少,更谈不上研究,直到 20 世纪中叶,我国出版的有关非洲史的著作不足 10 本,且几乎都是埃及古代史的译著,这种状况与新中国急于打破西方国家的外交封锁,扩大与新兴国家交往的需求严重不相适应。1955 年 4 月在印度尼西亚万隆召开的亚非会议,实现了中国与非洲国家领导人的首次会面,打开了中国对非外交的新局面。万隆会议后,中国政府加强了对非洲情况的研究。1955 年 7 月中国外交部向中央提出《亚非会议后加强对亚非国家友好关系的意见草案》,建议并要求加强对亚非国家的内外政治动向进行系统的研究,并应选择若干在国际政治中长期悬而未决和经常出现的亚非问题,加以研究。作为国家最高领导人,毛泽东当时曾不止一次对非洲朋友说:"我们对非洲的知识太缺乏了,需要好好研究。"为此,他建议:"应该搞个非洲研究所,研究非洲的历史、地理、社会经济情况。""我们对于非洲的历史、地理和当前情况都不清楚,所以很需要出一本简单明了的书,不要太厚,有一二百页就好。可以请非洲朋友帮助,在一二年内就出书。内容要有帝国主义怎么来的,怎样压迫人民,怎样遇到人民的抵抗,抵抗如何失败了,现在又怎么起来了。"1963 年,中央组织有关部门编写了《关于加强研究外国工作的报告》,其中再次强调要加强对亚非拉国家的研究。为落实此项决定,国务院决定在一批高等院校中根据各自条件,分别开展对亚非拉国家的相关研究。正是在这样的大背景下,我校历史学系开始了自己的非洲历史研究。

我校非洲史研究的开拓者是艾周昌教授。

艾周昌1953年毕业于东北师范大学历史系,同年至华东师范大学历史系任教。1955年重返东北师范大学历史系深造,师从苏联专家瓦·巴·科切托夫博士(主要研究东亚和东南亚历史,在中国曾出版《东南亚及远东各国近现代史讲义》,高等教育出版社,1958年)。从东北师大结业,回到本校历史系后,艾周昌最初主要是从事亚洲史的教学和研究,1956年在《华东师范大学学报》上发表了第一篇论文——《论基马尔革命》。到20世纪60年代初,艾周昌积极响应国家号召,将个人研究的重点转到非洲史方向。

但当时研究的条件极其艰苦,不仅谈不上去非洲实地调研,连一些基本的图书资料也非常缺乏。艾周昌就从有限的俄文资料中摘译有关的非洲历史,并从圣约翰大学留存下来的几本英文非洲史著作中了解和研究非洲历史。1961年7月,丁爵夫从复旦大学历史系亚非史专业毕业后分配至我校历史系工作,壮大了研究队伍,不久成立了亚非史研究室。丁爵夫到我校历史系后,主要从事世界近代史和亚非史的教学和研究,尽管在80年代初调到上海金山石化总厂工作,但仍然参加中国非洲史研究会工作,任理事。

1965年8月6日,艾周昌在《人民日报》发表了《美国对非洲的早期侵略》,在国内反响较大。该文从历史上美国在非洲从事的黑奴贸易、对北非和西非的殖民入侵等史实出发,在国内学术界首次揭示了美国在非洲的早期殖民行径,进而认为:"美国今天对非洲的侵略仍沿袭以往的惯技,一方面搞什么'和平队'、'攀亲戚运动',实行什么'经济援助';另一方面,在非洲许多国家设立军事基地,帮助老殖民主义和各国反动派残酷镇压非洲人民的反帝革命运动,企图实现其独霸非洲的野心。"

艾周昌和他的研究生

左起:余建华　陈晓红　李智彪　艾周昌　舒运国　沐涛　巨永明　张忠祥

"文化大革命"期间,我校历史学系的非洲史研究几乎处于停滞状态。唯一值得一提的是艾周昌参加主编了《世界近代史》。早在1970年,艾周昌就协助林举岱教授,主编了近55万字的《世界近代史》,此书不但成为我校历史系的教材,而且为国内许多高校所采用。再版多次,成为"文革"中和"文革"后中国高校历史系采用的较有影响的教材之一。1973 年由上海人民出版社正式出版,此后又多次修订出版,并由日本东方书店翻译出版了日文版,书中专设两章讲述了"19 世纪中叶以前非洲各国人民仅对殖民主义的斗争"和"非洲人民的反帝斗争"。

二、硕果累累

1976 年"四人帮"被粉碎后,祖国迎来了科学的春天,我校历史学系的非洲史研究工作也得到恢复和发展,亚非研究室成员在 20 世纪 80 年代中期又先后增加了殷一璀和沐涛两位教师。一直到 20 世纪 90 年代,对非洲史的研究主要侧重于中非关系史、非洲殖民史、非洲现代化、非洲文明与文化史、非洲大陆通史等四个方面。

艾周昌在《历史研究》1981 年第 6 期上发表了力作《近代华工在南非》。此文借助于大量的中文档案文献资料和相关英文资料,首次系统研究了 18 世纪下半叶到 20 世纪初华工在南非的来龙去脉。文中一些资料和想法始自 60 年代中叶,"文革"期间大学停课"闹革命",使艾周昌反而有大量闲暇时间钻故纸堆,也是从这篇文章准备开始,对中非关系的研究成为他个人学术生涯的一大重点,也是我校非洲史研究中的一大亮点,特别是关于近代中非关系史的研究。随后,艾周昌和研究室同仁相继写出了 1889 年中刚(扎伊尔)条约与华工(《社会科学战线》,1983 年第 3 期)、《民国时期的中非关系》(《西亚非洲》1984 年第 1 期)、《黑人来华考》(《西亚非洲》1987 年第 3 期)、《埃及穆罕默德·阿里改革在中国的反响》(与沐涛合写,《阿拉伯世界》1987 年第 1 期)等文章。其中《民国时期的中非关系》一文,获 1984 年中国社会科学院优秀论文三等奖。这些文章否定了西方学者关于中非关系在近代曾中断 500 年的论点,认为"葡萄牙殖民者侵入亚非,固然使中非友好关系遭到了破坏,造成了阻隔。但是中非之间的关系,不论是民间的,还是'官方'的接触,都没有中断,只不过是具有新的特点罢了",提出了"近代中非关系有与古代不同的特点",主要是:中非交往的地区从东非和北非逐渐扩大到南非、西非和中非;古代主权国家之间的关系变成了通过殖民国家中介的国家关系;中国和非洲共同遭受殖民压迫,并在反殖民主义斗争中互相同情,互相支持,为中非现代友好关系奠定了坚实的政治基础。

此外,亚非研究室同仁们还发表了一些中非古代关系和现代关系的文章,如《杜寰非洲之行考辨》(艾周昌,《西亚非洲》1995 年第 3 期)、《50 年代中叶中国与埃及的贸易往来及其影响》(沐涛,《阿拉伯世界》1994 年第 4 期)、《万隆会议与现代中非关系的恢复与发展》(沐涛,《历史教学问题》1996 年第 5 期)等。

在长期的研究和资料积累的基础上,推出了中非关系史研究领域中的两部具有重要意义的著作。第一部著作是《中非关系史文选(1500—1918)》(华东师范大学出版社1989年版)。这部文选包括五部分内容:1. 黑人在中国;2. 非洲见闻录;3. 时人论说;4. 华工与华侨;5. 中非外交。艾周昌自述,经过长期的积累,"得百万字左右,从中精选编成此书"。曾任外交部副部长、中非人民友好协会会长的宫达非给予高度评价:"艾周昌同志广搜博采,孜孜不倦,倾十余年之心血,编注了《中非关系史文选》,为研究我国同非洲大陆的交往史辑集了宝贵的资料,为增进中非人民之间的了解和友谊作出了贡献。"第二部著作是艾周昌与沐涛合著的《中非关系史》(华东师范大学出版社1996年版),这是中国学者撰写的首部完整的中非关系史的著作,为国家教育委员会"七五"研究课题和国家新闻出版署"八五"重点图书。该书把中非关系划分为三个时期:第一时期即古代时期(公元前2世纪至公元16世纪初),这一时期的中非关系(外交、贸易和文化交流)是和平友好和平等互惠的;第二时期即近代时期(16世纪至1949年),这一时期的中非关系受到西方殖民主义的控制,表现为一个不能自主的半殖民地中国与非洲国家殖民当局的关系;第三时期即当代时期,中非全面深化政治、经济和文化关系,成为南南合作的典型。艾周昌在阐述近代中非关系时,驳斥了西方学者关于近代中非关系"五百年"中断说,以大量的历史事实证实中非在近代存在,只是表现出不同的形式和内容。《中非关系史》的问世,产生了较大的学术影响,成为中非关系史研究中不可或缺的奠基性著作。

在对非洲殖民史的研究方面,1980年艾周昌还发表了《关于近代非洲殖民史研究的几个问题》(《河南师大学报》1980年第6期)一文,着重阐述了西方向非洲殖民扩张的动因和殖民史的阶段划分问题,认为"是'黄金热'所促成,其目的是要积累更多的货币财富,以加速资本主义的发展";对非洲的殖民侵略史主张分作两个时期:"第一时期为16世纪至19世纪中叶,它以奴隶贸易为主要特征,辅以局部的领土占领。如葡占安哥拉、莫桑比克,荷、英侵占南非好望角殖民地;法国侵入阿尔及利亚等。这个时期,欧洲殖民者所占非洲领土面积不到10%。第二时期开始于19世纪中叶,直到第一次世界大战为止,这是以侵占和瓜分非洲为主要特征的时期。"

1982年由人民出版社出版了艾周昌和程纯合著的《早期殖民主义侵略史》,该书对西方早期殖民主义的兴起和衰落作了比较系统的叙述,包括对非洲的殖民入侵和被压迫的各国人民的反抗斗争都有阐述,在1984年获得上海市哲学社会科学优秀成果三等奖。后来艾周昌又发表了《恩克努玛》一文(与覃星合写,《世界历史》1982年第6期),对加纳民族解放运动领导人和国家独立后首位总统恩克努玛做了很高评价,认为他不仅是非洲有名望的领导人之一,而且是一位有影响的思想家。

在对殖民主义进行批判的同时,艾周昌对殖民主义的深层次影响也做了较为系统的研究,包括它所引发的非洲自身的变化,即现代化的研究。1991年,艾周昌发表了

《殖民地时期加纳土地制度的变化》(《西亚非洲》1991 年第 5 期),对 19 世纪中叶到 20 世纪中叶加纳的百年土地制度变迁做了系统考察。同年又发表了《19 世纪非洲国家改革散论》(《铁道师院学报(社会科学版)》1991 年第 1 期)。在这些研究的基础上,我校历史系亚非研究室逐渐将研究重点转到非洲现代化方面。1995 年申请到了国家哲学社会科学研究基金课题"南非现代化研究"(艾周昌任项目负责人),1996 年申请到了中国教育部社科基金课题"南非对外关系研究"(沐涛为项目负责人)。以这两个课题为切入点,相继发表了《南非的现代化和传统文化》(艾周昌,《华东师范大学学报(哲学社会科学版)》1996 年第 1 期)、《浅论矿业革命对南非社会经济发展的影响》(沐涛,《华东师范大学学报(哲学社会科学版)》1996 年第 6 期)、《南非的工业化道路及其经验教训》(沐涛,《社会科学月刊》1997 年第 8 期)、《关于非洲法系的若干问题》(艾周昌,《西亚非洲》2002 年第 1 期)、《渐进论思想的历史演进》(艾周昌,《社会科学》2003 年第 9 期)、《以马克思主义发展观指导发展中国家现代化研究》(艾周昌,《现代化研究论坛》,2009 年)等文章。2000 年 11 月,华东师范大学出版社出版了艾周昌、舒运国、沐涛和张忠祥合著的《南非现代化研究》,该书分 9 章对非洲大陆经济最发达的国家——南非的现代化之路,做了细致的剖析。2003 年华东师范大学出版社又出版了沐涛撰写的《南非对外关系研究》。

艾周昌对非洲文明和文化的研究主要始自 20 世纪 90 年代中期以后,一个重要背景是回应亨廷顿提出的"文明冲突论"。1995 年他接受了中国社会科学院"八五"重点研究课题"非洲黑人文明研究",由艾周昌负责,参加该课题研究的主要成员除沐涛外,还有来自上海师范大学的舒运国和张忠祥教授,来自湖南师范大学的陈晓红教授,此后出版的成果主要有:《非洲黑人文明》(艾周昌主编,中国社会科学出版社 1999 年版)、《非洲黑人智慧》(沐涛、张忠祥合著,台北国际村文库书店出版公司 2000 年版)、《走进黑非洲》(艾周昌、沐涛合著,上海文艺出版社 2001 年版)。

有关非洲通史性著作的撰写,在某种程度上体现了我校历史系非洲史研究在全国该领域的地位和作用。1990 年,受当时国家教育委员会的委托,艾周昌和北京大学亚非研究所所长陆庭恩教授联合编著了《非洲史教程》(华东师范大学出版社版),作为高等学校文科教材。由于此书结构简明扼要,历史发展脉络清晰,资料丰富,观点新颖,因此出版后,受到国内各高校的广泛欢迎,成为非洲史教学中最受欢迎的教材。

编撰一套多卷本《非洲通史》,是中国几代非洲史学者的奋斗目标。1984 年召开的西亚非洲史研讨会上,中国社会科学院世界历史所所长朱庭光倡议编写一部《非洲通史》。从 1985 年开始,艾周昌又和陆庭恩教授共同负责,主持国家哲学社会科学"七五"重点研究项目"非洲通史",组织全国非洲史研究人员编写三卷本的《非洲通史》(古、近、现三卷),1990 年按期完成,共 192 万字,1995 年由华东师范大学出版社正式出版。《人民日报》对此书的评价是"填补了中国对非洲史研究中的一项空白,也标志着中国对非洲问题的研究进入了新的阶段"。出版后,该书先后获得了诸多的奖项:1993—1995 年上海市优秀图书一等奖,1996 年中国图书优秀奖,1994—1995 年上海市社会科学优秀著作二等奖,教育部普通高校第二届人文社会科学研究成果一等奖,国家哲学社会科学研究基金优秀成果三等奖和华东师范大学首届原创图书奖等。

　　从 1978 年起,艾周昌开始带研究生,至退休共为国家培养了近 20 名非洲问题方向的研究生,桃李满天下。其弟子被北京大学前副校长何芳川教授戏称为"艾兵团"。现今分布在国内其他高校或研究机构仍然从事非洲问题研究的较有影响的弟子包括:上海师范大学非洲研究中心舒运国教授、上海市世界史研究会会长潘光研究员、中国社科院西亚非洲研究所李智彪研究员、山西大学李忠人教授、上海社科院国际关系研究院余建华研究员、湖南师范大学陈晓红教授、上海师范大学历史系张忠祥教授和上海社科院历史研究所王建研究员等。

　　1995 年 10 月,艾周昌作为中国非洲史研究领域的奠基人之一、中国非洲史研究会名誉副会长,告别了工作 40 多年的教学岗位,在我校历史系光荣退休,亚非研究室主任一职由沐涛教授接任。

三、再续辉煌

　　进入 21 世纪后,全球对非洲的关注度大大提升,出现了高温不退的"非洲热"。自2006 年中非合作论坛暨北京峰会以来,世界上各种与非洲有关的峰会接连召开。"非洲热"折射出非洲在全球的重要地位和作用在加强。出于国际政治和经济发展的需要,世界各国进一步认识到非洲在国际大家庭中具有不可替代的重要作用。我校的非洲史研究同样迎来了新的发展机遇期。

　　首先,学校重视,机构更新。2010 年初,根据第四届中非合作论坛达成的《沙姆沙伊赫行动计划(2010—2012)》中国政府关于教育内容的承诺,中国的 20 所高校与非洲20 所高校展开"一对一"的校际合作活动,我校作为中方 20 所高校之一,与坦桑尼亚达累斯萨拉姆大学签署"一对一"合作协议,开展历史合作研究和学生联合培养。2010年 6 月,经校长办公会议批准,以历史系原有的亚非研究室为主体成立了华东师范大学非洲研究中心,挂靠历史系,并举行了挂牌仪式。2011 年 5 月,又将研究中心更名为非洲研究所,并在其下成立了华东师范大学—达累斯萨拉姆大学坦桑尼亚联合研究中心。该所现有研究人员 5 人,其中教授 3 人,副教授 1 人,讲师 1 人;校外兼职教授 8人;拥有非洲历史文化等方面图书资料近万册。

研究所不再局限于非洲历史的研究,而是进一步扩大到整个非洲问题的研究。

其次,加强与非洲的对接活动和友好交往。如派代表出席2006年第三届中非合作论坛暨北京峰会,参加外交部主持的中非合作论坛后续行动文化合作研究,承担上海世博会非洲联合馆的主题演绎工作,从2009年起,几乎每年组团访问埃塞俄比亚、乌干达和坦桑尼亚等东非国家,从事学术交流和实地调研工作,与坦桑尼亚达累斯萨拉姆大学和阿鲁沙曼德拉理工学院、乌干达麦克雷雷大学、埃塞俄比亚亚的斯亚贝巴大学等单位建立了较为密切的联系。与此同时,研究所也几乎每年接待来自这些国家的访问代表团。互访的增多不仅增加了对非洲的感性认识,也收集了大量的第一手资料,为提高研究水平和人才培养质量创造了条件。

第三,开展联合研究和人才培养。从2005年开始,我校历史系不仅招收非洲史方面的硕士研究生,也开始招收博士生,包括接受非洲的留学生。在培养的方式上,一个重大变化是把学生送往相关非洲国家或世界其他国家进行联合培养,时间从半年到一年不等,并利用华东师范大学与法国高师集团的中法联合培养计划,先后输送了3名博士生到巴黎高师和里昂高师进行联合培养,获得双学位。

* 本文作者:沐涛,华东师范大学历史学系教授。

中国近现代史学史研究与学科建设

胡逢祥

在历史学诸多的分支学科中,史学史是一门相对年轻的学科,它在国内学林的立足,迄今不过百年光景。至其研究范围向中国近现代领域的拓展,则要更晚些,大致民国时期,仅少数人对此有所触及,直到 20 世纪 60 年代以后,才逐渐形成规模。华东师范大学历史系史学理论与史学史学术团队便是开启这一学术新领域的重要拓荒者。

一、筚路蓝缕,以启山林

新中国建立以后的最初 10 年,中国近现代史学史的研究从总体上说依然比较沉寂。这主要是因为当时史学界的注意力大多转向了学习运用唯物史观、重新认识历史和批判非马克思主义史学方面,学术讨论的重点也多为与社会革命联系较密的宏观历史理论问题,如中国古代社会史的分期、封建土地所有制的形式、资本主义萌芽、农民战争的性质和作用、汉民族的形成与民族关系,以及历史人物的评价等。而对史学史这类专业化特强的学科史研究,则往往因其看去与现实问题隔得稍远而不遑顾及。当时的高校历史系很少开设这门课,有的教师还因开设此课在 1958 年教育革命时被指责为"搞冷门",与火热的现实斗争不协调而不得不中辍,便说明了这一点。在这种情况下,近代史学史的研究自然难有大的作为。此期,不但杂志发表的有关论文寥寥可数,涉及面也颇狭,以致无法形成一种可观的规模。这种状况,直到 20 世纪 60 年代初才有所改观。

1961 年 4 月全国文科教材会议后,教育部高等学校文科教材编审办公室委托吴泽先生在华东师范大学历史系组织力量编写中国近现代史学史教材。时任历史组编审组长的翦伯赞还亲自在北京民族饭店召开座谈会,专门讨论了中国近现代史学史编写的一些原则问题,范文澜、吕振羽、侯外庐和尹达等都应邀出席了会议。这项计划的实施,有力地推动了国内近代史学史研究工作的开展,也标志着该学科的建设进入了实质性的启动。

按照会议精神,我校历史学系于同年 7 月成立了由吴泽主持的中国近现代史学史编写组,最初成员包括袁英光、刘寅生、张若玫、林正根、林绍明、桂遵义、黄丽镛等,依据当时的条件,决定先编写鸦片战争至"五四"运动期间的近代史学史,具体步骤为:

第一步,摸清主要著作的各种版本和一般史学资料存在情况,广泛搜集资料,全面编出各家各派史学著作年表;第二步,编写资料长编,对有关资料进行辨伪、校勘、考异工作;第三步,在长编基础上探索各家各派史学思想、史学成就,结合主要史学著作作出专论,予以总结、评价;第四步,在大量具体的长篇、专论的基础上,根据大纲的内容和章节顺序,扣紧马克思列宁主义理论原则、史学史的任务和对象以及和教学有关的各项方针政策,进行高度的概括,简要地编写出教科书来。

编写组深知,由于这是一项开创性的学术工作,"中国近现代史学史过去毫无基础,没有一本著作乃至小册子或一篇文章(不论是资产阶级的或马克思主义的)可供参考,一切有关编写工作,都得从头做起,亲自'入山砍木',困难确是较多的"。[1] 因此,从一开始,他们就把力量集中到资料的系统搜集和整理方面,为了取得某些活材料,他们还专程到北京、苏州、杭州等地开展调查采访。特别是对后者,吴泽极为重视,曾在致其师吕振羽函中言及其中的甘苦:"最近我在着手搞章太炎,困难很大,后期十四年年谱没有,文章在老太太(指章夫人汤国梨)手中,不肯拿出来,不易写全。我们去苏州几次,看到一些原稿,但无法抄录运用。魏源的孙女儿在上海,屠敬山的儿子也在上海……调查研究工作是写好这本书的重要关键。去年秋季,曾和束老(束世澂)去杭州调查研究东南派柳诒(翼)谋、缪凤林、张其昀的情况,摸出了一大系统,特别是'时空派'张其昀的一套兴趣很大。"

经过一年的努力,编写工作取得了相当进展,大体"完成了中国近现代史学史上主要代表人物和学派的著作年表,约 8 万字;完成了魏源、康有为、夏曾佑、王国维、陈垣、西北历史地理、明史研究、古史辨派、社会性质和社会史论战等资料长编和秋泽修二法西斯史学的资料编译,以及完成魏源、康有为、徐鼒等等专论,基本上探索出了各家各学派史学的中心论旨及其学术体系。同时,编订了中国近代史学史大纲(四修),总共70 万字左右"。此《大纲》今虽不可见,但对其基本内容及教材编写的关注点,吴泽在致吕老的信中也有述及,兹转录如下:

"大纲,近代史学史分二期,以戊戌划线。对象分两大类,即史学思想部分和史料目录部分。前者分史观、史论、史评三项,以史观为中心;后者分史纂、史料、史目三项,以史著(史目)为中心(史料、史目……等史学辅助课目,兼及历史地理、考古等,而以史料为主要辅助课目)注意历史地理和元史、明史、南明史的爱国主义和'反满'斗争的特

---

[1] 华东师范大学中国近现代史学史编写组:《中国近现代史学史编写工作汇报和今后工作计划》,1964 年 5 月。上海市档案馆藏档,编号:B243-2-480。

点和史学传统;注意资产阶级改良派对日本政变、彼得政变和法国革命等近代革命史的研究,害怕法国革命路线,走日本、彼得变法维新路线;注意资产阶级革命宣传法国革命,反对维新政变的革命史的研究;注意革命派和改良派研究世界史,如黄遵宪于写《日本国志》向西方学习,走资本主义道路,……历史教科的编译掀起,同盟会编的和江楚官书局编的两大片,夏曾佑的《中国古代史》便是其中的首创者。史纂史上起了一大变革。史观,着重阐解魏、康辈《春秋》'公羊三世说'历史进化观——反正统学术思想文化的武器,注意魏到黄遵宪,到康有为,到崔适,到古史辨的演变;注意中国传统的历史进化观点和严复译《天演论》的外国资产阶级的社会进化论或历史进化论在中国的传播,及其和传统历史进化观点的关系的演变;注意前者的形而上学哲学的特质和后者的生物科学的特质及其移用到社会历史领域中的庸俗化和反动性;注意前者反正统的进步性及其局限性,以及后者在中国所起的作用,以严复、梁启超为重点;注意资产阶级历史进化论从严复、夏曾佑、梁启超及至胡适派的分化演变轨迹。"

1962 年 8 月以后,因教学和科研需要,张若玫、林正根、林绍明三位老师先后离开编写组,吴泽先和袁英光、刘寅生被抽调参与《辞海》审稿年余,致使编写工作一度进展缓慢。但尽管如此,至 1963 年底,编写组在担任繁重教学和其他科研任务的同时,仍勉力完成了黄遵宪、崔适、世界史和革命史研究等资料长编近 20 万字,《中国近代史学史参考资料》的选目、节录、小传和提要工作等 38 万字。公开发表了《魏源的变易思想和历史进化观点》(吴泽,《历史研究》1962 年第 5 期)、《康有为公羊三世说的历史进化观点研究》(吴泽,《中华文史论丛》第一辑,1962 年 8 月)、《魏源〈海国图志〉研究》(吴泽、黄丽镛,《历史研究》1963 年第 4 期)、《徐鼒的史学思想》(袁英光,《华东师大学报》1964 年第 2 期)等多篇有分量的近代史学史专题论文。此外,吴泽还亲自开设了《中国史学史专题讲座》,编了约 15 万字的讲义和参考资料。编写组勇于开拓的学术创新精神和脚踏实地的工作,不但使原本荒寂的中国近代史学史领域渐生绿意,也为后续的研究和学科建设打下了基础。

1964 年 5 月,编写组在总结前期工作的基础上,对下一步工作做了调整,计划在一年内完成《中国近代史学史》和《中国近代史学史参考资料》的编写任务,然后再用一年时间,到 1966 年完成《中国现代史学流派》的教材编写。

但不久,形势的变化使该计划被迫中断。1965 年下半年对《海瑞罢官》的批判和紧接着的"文革"动乱把整个社会的教育和学术事业拖到了崩溃的边缘。在这场浩劫中,不但编写组被解散,连辛勤积累数年的资料长编也多遭毁弃。中国近代史学史的学科建设由此跌入了长达 10 年的冰封期。

二、新时期中国近现代史学史学科建设的排头兵

"文革"结束后,经过一系列拨乱反正,学术研究重新走上了正轨。1978 年,历史学系恢复了史学史研究室的建制,在吴泽的带领下,原编写组成员袁英光、刘寅生和桂遵义等三位都是史学史编写组的元老。袁英光 1952 年从我校历史系毕业留校任教。他曾长期从事隋唐史研究,著有《隋唐五代史讲义》(合著)、《唐太宗传》(1984 年版)和《唐明皇传》(1987 年版,以上两书均与王界云合作,由天津人民出版社出版)等。刘寅生,1952 年毕业于复旦大学历史系,1954 年调入华东师大从事历史教学法教研室。桂遵义 1959 年从我校历史系毕业留校任教。三人皆于 20 世纪 60 年代初加入史学史教材编写组。研究室重整旗鼓后,围绕着三个重点方向展开了中国近代史学史的学科建设。

首先是恢复停止多年的中国近代史学史教材编写工作。为加快进度,研究室教师和新招的研究生全都分工投入了专题研究,发表的专论有吴泽的《蔡东藩与〈中国历代通俗演义〉》(见 1979 年 6 月 15 日《文汇报》)和《王国维周史研究综述》(包括多篇系列论文)等。袁英光的《夏曾佑与〈中国古代史〉研究》、《魏源与〈圣武记〉》、《夏燮〈中西纪事〉的爱国主义史学思想》、《夏燮与〈明通鉴〉》和《周济与〈晋略〉》,刘寅生的《魏源与晚清时期的明史学》,桂遵义的《论中国马克思主义史学的诞生》,张承宗的《缪荃孙与清史研究》,盛邦和的《论黄遵宪的史学发展道路》,童浩的《魏源与〈元史新编〉》,胡逢祥的《梁廷枬史学研究》、《鸦片战争时期中国的世界史地研究》、《梁启超史学理论体系新探》和《洪钧与〈元史译文补正〉》,张文建的《柳诒徵的史学研究》等。这些论文的内容,后来大多纳入了教材之中。

1989 年 5 月,吴泽主编、袁英光和桂遵义著的高等学校文科教材《中国近代史学史》(上下册)由江苏古籍出版社正式出版。此时,距 1961 年接受教育部任务已整整过去了 28 年。在时间的流逝中,28 年固然是"弹指一挥间",但对一个人的生命而言,又有几个 28 年呢? 史学史编写团队的成员,用他们最富精力的年华,向学术界奉献出这一集体智慧的结晶,为中国近代史学史的学科建设铺下了第一块厚厚的基石。对此,他们无怨无悔。

作为国内出版的第一部系统研究中国近代史学史的拓荒之作,该书凡 80 万字,依据近代社会变迁与史学发展的特点,将 1840—1919 年之间的中国史学发展史厘为三编,分阶段具体论述了其间封建史学日趋没落,代表时代进步潮流的地主阶级改革派史学、资产阶级改良派史学和革命派史学相继兴起,以及科学的马克思主义史学在中

国的初期传播和发展过程,力求抓住各时期史学流派相互斗争的主线,深入揭示近代史学波浪型曲折推进的历史真相及其与时代阶级斗争的内在联系。该书的最大特点是资料丰富,论证详赡,书中每一章节几乎都是一篇扎实的专题论文,且对近代新旧各派史学的主要代表人物、史著乃至某些历史辅助学科发展状况皆有所论列,尤详于各时期史学思想演变及其特征的剖析,这就为后人的进一步研究提供了较坚实的基础。当然,此书也存在一些不足,主要是全书的框架结构基本上为"文革"前所拟定,有些地方尚未能充分展现 20 世纪 80 年代学术界对近代史学的研究风格。如西方史学的输入及其影响,是中国近代史学发展史上一个非常值得注意的因素,书的前言虽也谈到了这点,但实际论述却很不够。此外,从全书的布局看,各章的专题论文色彩过浓,相互间的关联有时反显得不够紧密。但无论如何,它对这一研究领域的开创之功是难以磨灭的。出版后,其原创性尤为学术界所认可,被林甘泉《二十世纪的中国历史学》一文列为新时期出版的几种"重要史学史专著"之一。(林甘泉《二十世纪的中国历史学》,《历史研究》1996 年第 2 期)

其次是《中国历史大辞典·史学史分卷》的编纂。1978 年,中国社会科学院发起组织全国相关单位和专家成立了《中国历史大辞典》编纂委员会。次年 9 月,吴泽被任为大辞典副总编,并与南开大学的杨翼骧共任史学史分卷主编,袁英光、刘寅生和桂遵义为副主编。由杨先生具体负责古代部分,吴泽负责近代部分(1840—1911)。接到任务后,我校研究室的全体人员立即投入到这一学科基本建设的工作中。为了寻访相关的图籍资料,他们不仅跑遍了上海市图书馆和各高校图书馆,还远赴北京、南京、杭州、嘉兴、南昌等地图书馆进行翻检。经过数年努力,终于在 1983 年底由上海辞书出版社出版,成为《中国历史大辞典》各分卷中最早发行的一册。

《中国历史大辞典·史学史分卷》的出版,是对晚清时期史书编写和存佚情况的认真清理,从而为相关研究提供了一张比较可靠的"文献清单"。出版后,很快引起了学术界同行的关注,曾获上海市首届哲学社会科学优秀著作奖。1986 年还被台北的一家出版社改头换面,题为《中国史学史辞典》翻印出版。同时,这一编写过程也训练了一批年轻的参与者,为他们日后从事中国近代史学史研究打下了坚实的专业基础。

第三是中国近现代史学文献的整理和编集。史学史研究室先后编辑出版了《中国近代史学史论集》上(华东师范大学出版社 1984 年 6 月版)、《王国维学术研究论集》三辑(华东师范大学出版社 1983—1990 年版)、《何炳松论文集》(商务印书馆 1990 年版)、《何炳松纪念文集》(华东师范大学出版社 1990 年版)和《中国当代史学家丛书》(纳入该丛书出版的有吕振羽、陈垣、李平心、贺昌群、吴晗等史论集和吕思勉《史学四种》等)。而在这方面最具分量的,则是《王国维全集》的整理编纂和校点。

王国维是中国现代"新史学的开山",在学术史上具有十分重要的地位。关于他的著作,前人所集以罗振玉编《海宁王忠悫公遗书》、赵万里编《海宁王静安先生遗书》、台北文华书局版《王观堂先生全集》和大通书局版《王国维先生全集》几种最具规模,但遗文逸篇仍复不少,距真正的"全集"都有相当距离。鉴于此,史学史研究室在吴泽的主持下,于1978年正式启动重编《王国维全集》的工作。此后数年,在北京图书馆、上海图书馆以及全国各地有关学者的热情支持和帮助下,经袁英光、刘寅生等奔波各地寻访,各类原始材料的征集基本完成。全集原拟由中华书局分卷陆续出版,并于1984年首先出版了由刘寅生、袁英光编注的《书信》卷。但80年代后期,由于受到经费困扰和几位老教师相继退休,编纂工作一度陷于停滞。直到1997年,才在浙江教育出版社的资助下,重新调整力量,建立了以王元化为主任、傅璇琮为副主任的整理出版工作委员会和我校史学研究所新任所长谢维扬为主编(后期又增补房鑫亮为主编,胡逢祥、邬国义等为副主编)的编辑委员会,确定了新的编纂体例和目标,从而使整个编纂工作在资料搜补和编校等各方面都出现了新的局面。又经10年辛勤,至2007年方全部完成交稿。

《王国维全集》的编纂出版,始终受到学术界及有关各方的热情关注和资助。项目启动不久,即被列入国务院古籍整理规划小组"古籍整理出版九年规划(1982—1990)"。1997年以后,又被连续列为国家古籍整理出版"九五""十五"和"十一五"重点规划项目。后期还得到了国家出版基金和我校"985"项目的资助。2009年底,新编《王国维全集》由浙江教育出版社和广东教育出版社联袂推出。至此,这部经中国史学研究所耕耘30年,凝结了两代学人集体心血的古籍整理硕果终获面世。

全集凡二十卷,包括王氏著译十九卷(含译作、校注类文字),附录一卷(收入王氏有关传记资料和著译年表)。总字数达800多万,较前述规模最大的大通本"全集"陡增500万字,增收部分主要为译著(约四卷)、《水经注校》(分上下两卷)、《书信日记》(一卷),以及《教育学》、《词录》、《罗振玉藏书目录》、《齐鲁封泥集存》、《东山杂记》、《二牗轩随录》、《阅古漫录》、《流沙坠简》(王氏所著部分)、《乾隆浙江通志补》、《经学概论》、《元朝秘史地名索引》、《两汉魏晋乡亭考》等十余种著作和一些散佚的诗文作品,约占九卷。从总体看,不仅其内容远较前此各家所编王氏著作集为全,还具有以下两个显著特点:文献搜罗力求其广,鉴别抉择力求其精;第一次完成了对王国维论著全面系统的点校。《王国维全集》整理校点的质量获得了学术界的普遍认可。出版后迭获上海市哲学社会科学优秀著作一等奖(2010年)和教育部高校科学研究人文社会科学优秀成果二等奖(2013年)。2014年9月,又在凤凰网、凤凰卫视联合岳麓书院举办的"全球首届华人国学大典"荣获"国学成果奖",成为其中"集部"的七个奖项之一。

除以上三方面工作外,史学史学科点还在全国首先开始培养中国近现代史学史研究的后继人才。1978年本学科点的首届研究生招生,本来也包括古代史学史方向,但考虑到近代史学史学科建设的急需,几位研究生全都按导师的意见选择了近代为主攻方向。1981年,经国务院学科评议组批准,本学科点成为国内首批史学史博士点,从这里开始培养了国内最早的一批中国近现代史学史的博士,为推动本学科梯队的规模建设作出了贡献。

三、不断拓展,推出学术研究的新境界

学术探索是无止境的。《中国近代史学史》编成出版后,史学史研究团队的成员并未止步在原有的成绩上,而是再接再厉,以更为宽广的学术视野,致力开拓新的领域与境界。这主要表现在以下几方面。

一是继续拓展中国近现代史学史研究的纵深度。

《中国近代史学史》虽然勾勒出了中国近代史学发展的基本线索和面貌,但仍有一些史学发展要素或领域未能触及。为此,史学史研究室的胡逢祥和张文建于1991年9月推出了《中国近代史学思潮与流派》(华东师范大学出版社版)一书。该书一改过去史学史著作多以史家和史著为主线的论述方法,将1840—1919年之间的主要史学思潮归纳为鸦片战争时期的经世致用思潮、洋务思潮影响下的史学、20世纪初的新史学思潮、辛亥革命时期的国粹主义思潮、"五四"时期的史学思潮等,加以讨论,试图从社会思潮、民族心理、中西文化交流、传统意识的影响等更为广阔的文化背景中,抓住社会群体性的史学现象为主脉,更深入地揭示其演变的趋势。对于近代史学流派的界定,《中国近代史学史》比较偏重以学派的政治特征为依据。本书则更强调以史学流派本身的理论和治学特点为标准。该书的出版,颇获学术界同行重视,《历史研究》发表许殿才的书评,称其"选取新的角度,对于近代史学思潮与流派进行系统阐述,通过把握近代史学的变迁大势,揭示其规律与特点,为近代史学研究做了一项很有意义的工作"(许殿才《〈中国近代史学思潮与流派〉读后》,《历史研究》1994年第5期)。新近出版的《20世纪中国史学编年》也评价道:"该书是出版较早、价值较高的史学思潮与流派史,具有开拓性。"(王学典主编《20世纪中国史学编年》(1950—2000)下册,商务印书馆2014年版,第735页)

桂遵义于1992年11月出版的《马克思主义史学在中国》(山东人民出版社,周朝民、朱政惠、王东、周一平等也参加了本书的部分专题研究),较系统地论述了"五四"运动至1956年间马克思主义唯物史观在中国的传播和中国马克思主义史学的形成发展史,对各个历史时期的马克思主义史家及其史学活动和代表性史著作了比较细致的叙述,是当时国内最为全面地反映中国马克思主义史学发展史的专著。周朝民、庄辉明、

李向平编著的《中国史学四十年(1949—1989)》(广西人民出版社 1989 年 6 月版)则是国内第一本较系统地梳理当代中国史学发展线索的作品,盛邦和主编的《现代化进程中中国人文学科·史学卷》2005 年 4 月由上海人民出版社出版。该书一定程度上反映了本学科点当时对现代史学史一些问题的新思考。

除此之外,本学科点还对不少近现代史家作了深入的专题研究,出版的著作有袁英光的《王国维评传》(上海人民出版社 1999 年版)及其与刘寅生合编的《王国维年谱长编》(天津人民出版社 1996 年版),盛邦和的《黄遵宪史学研究》(江苏古籍出版社 1987 年版),朱政惠的《吕振羽和他的历史学研究》(湖南教育出版社 1992 年版)和《史之心旅——关于时代和史学的思考》(华东师范大学出版社 1996 年版),张耕华的《人类的祥瑞——吕思勉传》(华东师范大学出版社 1998 年版)和《吕思勉先生年谱长编》(上海古籍出版社 2012 年 12 月版),房鑫亮的《忠信笃敬——何炳松传》(浙江人民出版社 2006 年版)。特别是其中的《吕思勉先生年谱长编》,汇集了不少外界未见的残存日记、信函、随笔、杂文、时论以及一些家属、个人传记资料,十分难得。

二是从空间上拓宽视野,特别是加强了中外史学交流与海外中国学的研究。

近代以来,随着中外交通的日趋发达和整个世界联系的日益紧密,史学发展也进入了一种多元文化交相冲突和磨合的状态中。为更好地把握这一过程及其发展趋势,本学科点的盛邦和在多年访日,从事中日文化比较的基础上,撰写出版了《东亚:走向近代的精神历程——近三百年中日史学与儒学传统》(浙江人民出版社 1995 年 10 月版)。全书通过中日史学与传统文化走向近代过程的比较,探究两国文化及其史学的演变轨迹。而邬国义编校的《史学通论四种》(华东师范大学出版社 2007 年版)则对日本明治史学家浮田和民《史学原论》的四种汉译本作了编注。该书的出版,不但为学界研究晚清时期日本近代史学的输入提供了稀见文献,书前的代序言《梁启超新史学思想探源》一文对 20 世纪初梁启超的史学理论来源作了详细梳理,也甚见功力,良足参考。

史学史本质上是学术史的一种,它的发展,离不开其他人文学术乃至整个文化史的背景。鉴于此,本学科点的研究一直比较关注其与政治史、思想史和社会史的联系,并注意将之与学术史和文化史的研究结合起来。如路新生的《中国近百年疑古思潮研究》(上海人民出版社 2001 年版)就对龚自珍、魏源,直到胡适和顾颉刚的“疑古”思想及其经、史学作了较详细的讨论。王东的《客家学导论》(上海人民出版社,1996 年版)除讨论“客家学”的学科对象及其理论方法和基本问题外,也对“客家学”的研究史和史学家罗香林在这方面的成就有所回顾。

胡逢祥的《社会变革与文化传统——中国近代文化保守主义思潮研究》(上海人民出版社 2000 年版),在对国粹派和学衡派等文化保守主义理念及学术活动的考察中,对其相关的史学活动特征也作了相应的探讨。盛邦和的《解体与重构——现代中国史学与儒学思想变迁》(华东师范大学出版社 2001 年版)则是对 20 世纪中国文化史学流派及其观念的系统考察。

　　此外,在近现代史学史文献资料的搜集整理方面,近年亦有不少新的拓展。除已出版刘寅生和房鑫亮编《何炳松文集》(五卷,商务印书馆 1996 年版)、房鑫亮等编《苏渊雷文集》(四卷,上海人民出版社 1999 年版)、张耕华参与整理的《吕思勉文集》(26 册,约 1 000 万字)、邬国义等编《刘师培史学论著选集》(上海古籍出版社 2006 年版)外,还有邬国义编的《冯承钧文集》(三册,上海古籍出版社 2015 年版)和张耕华参与编纂的《吕思勉全集》(30 余册,约 1 200 万字),亦将由上海古籍出版社出版。

　　回顾半个多世纪以来我校历史系史学理论与史学史学科点在中国近现代史学史研究方面所走过的道路,我们深深感到:创新固然是学术发展的驱动力,但坚持深耕勤作,更是学术研究成果形成其长久生命力的根本,只有把创新的思路与脚踏实地的工作精神结合起来,才能把我们的学术事业不断有力地推向前进。

＊本文作者:胡逢祥,华东师范大学历史学系教授。

第二次世界大战史研究及学科建设的发展历程

郑寅达

华东师范大学历史系的世界现代史学科点在国内史学界小有名气。全国世界现代史研究会华东片区的负责人集中在这里,开设的《二十世纪世界史》课程成为上海市精品课程,其中的《世界现代史》课程被"超星"学术网站全程拍摄,在网上播放,获得普遍好评。《世界现代史》课程的片断《第二次世界大战起源》,成为第二批入选的国家精品视频课程,也获得好评。编写的《世界现代史》(王斯德主编)和《世界当代史》(王斯德和钱洪主编)教材,由高等教育出版社出版,20 余年来一再重印,至今仍被不少高校采用。由潘人杰、郑寅达主讲的《世界现代史》课程 43 讲,钱洪、郑寅达、余伟民主讲的《世界当代史》课程 43 讲,在中央教育电视台播放,其中《世界现代史》课程获得教育部颁发的"全国首届电教教材评比三等奖"。开创这一良好局面的,是李巨廉教授、冯纪宪先生、王斯德教授、潘人杰教授、钱洪教授、郑寅达教授等为核心的学者群,一个令不少同行羡慕的群体。正是他们的拼搏和努力,使我校的世界现代史学科在强手如林的国内脱颖而出,赢得了稳固的发展空间。开创蓬勃向上新局面的突破点,是从第二次世界大战史研究开始的。

开创

世界现代史是个年轻的学科,1978 年中共十一届三中全会后,我国的社会科学迎来了发展的春天。当时我校历史学系世界现代史教研室的主干人员,都是解放后新中国培养起来的一代史学工作者。经过"十年动乱",他们深感自己耽误了做学问的最佳年龄段,经过严冬的人才会体会到春天的温暖。虽然当时他们都已是 40 岁上下的人,但大家都十分珍惜这个付出沉重代价后到来的新时代,决心团结协作,为发展我国的世界史研究作出贡献。没有老先生带路和提携,增加了起步的难度,但阻止不了勇敢者拼搏的步伐,科学研究本来就没有什么捷径可走,勇敢拼搏者的拼搏惯性,也许会比顺境者更为强劲持久。

在起步阶段,以李巨廉为首的学术群体,重点抓住了三个环节。

第一,强调团队精神。

当时世界现代史教研室的主体力量是中年学者,包括李巨廉、王斯德、冯纪宪、潘人杰、钱洪,如何实现"强强联合",发挥群体的优势,协同攻关,成了大家共同关心的问题,并很快达成共识。潘人杰曾经讲过一句形象生动的话:"人无完人,我们在学术上都有各自的缺点和优点,犹如有人手臂粗壮,有人腿部有力,但是一旦组合起来,就能达到手腿都健壮有力的效果。"李巨廉在求学和工作时,曾经通读过《列宁全集》,其中的不少篇章,还研读过数遍。他自己对苏联历史也很感兴趣。如果选择单兵作战,他就会专攻广义的苏俄十月革命史。然而,由于各人掌握的外语语种不一,以苏联史作为大兵团作战的"战场",很难发挥出优势。经过反复研讨,大家决定选择需要知识面较广和运用多个语种的第二次世界大战史,作为集体研究的中心课题,其中又以二次大战起源作为首先突破的重点。

左起:潘人杰　王斯德　朱庭光　李巨廉　钱洪

第二,强调放眼世界。

人类历史上空前规模和惨烈的第二次世界大战是怎样打起来的? 几十年来,西方国家和苏联通过公布档案、发表回忆录、撰写论文和出版专著,各自从不同的立场进行阐述,众说纷纭,某些方面的研究相当深入。我国的研究起点比较低,加上"十年动乱"的摧残,更为闭塞落后。因此研究团队强调要放眼世界,利用团队协作的多语种优势,首先摸清国外学界对第二次世界大战起源的研究状况和动态。这方面的努力成果,反映在：1979年《世界史研究动态》第7期发表的《近十五年来苏联有关第二次世界大战史书籍的情况》（田娟玉、李巨廉）；1985年刊登在《第二次世界大战起源研究论集》上的《苏联史学界关于二战起源的研究动态》（俞新天、徐筠）、《西方史学界关于二战起源的论争述评》（潘人杰）、《日本史学界关于太平洋战争史的研究动态》（金仁芳）等。注重放眼世界，我们的研究一开始就站在较高的起点上。

第三，强调实事求是。

针对当时我国世界史学界存在"左"和简单化、公式化、概念化的偏向，研究团队强调实事求是的研究原则。所谓"实事"，就是要从收集原始的历史档案材料出发；所谓"求是"，就是要解放思想，站在史实的基础上，以马克思主义的观点去研究和阐述第二次世界大战的历史。为此，研究团队利用协作的多语种优势，首先致力于收集、整理和翻译各国有关第二次世界大战起源的历史档案材料，计划从英、俄、日、德、法五种文字的资料中，编译出版相关历史文件资料集。

航向已经确定，团队也已成型，然而起步的路程还是相当艰难的。

在拥有知名老学者的群体中，依靠老学者的地位和影响，轻而易举就能获得大量的学术资源，起步时就站立在学术制高点上。而我校世界现代史学术团队，只能从零开始。

1978年11月，李巨廉和王斯德出席在苏州召开的全国性世界史学术会议，他们及时抓住机遇，向全国同行通报了我教研组准备以第二次世界大战起源作为研究重点的计划和初步实践。这一通报不仅引起同行们的重视，也获得当时中国社会科学院世界历史研究所领导朱庭光同志的肯定。

朱庭光同志很具战略眼光，认为第二次世界大战的研究工作有很大的发展空间，不仅能够有效提升我国的世界史研究工作的水平和影响，对当时我国政府的和平外交工作、力避新的世界战争的努力，也有很强的借鉴作用。他充分利用中国社会科学院世界历史研究所的学术地位和影响，要求在全国范围内推动第二次世界大战史研究，进一步向广度和深度发展。这一情况不啻为我校世界现代史学术团队提供了很好的发展机遇，同时也提出了更高的要求。勇者不惧挑战，变挑战为机遇，通过拼搏提升自己的学术水平和地位。

1979年7月在哈尔滨召开的首次全国第二次世界大战史学术讨论会，我校的研究团队不仅参与了会议的筹备工作，而且在学术上作了充分的准备。在20世纪70年代末和80年代初，我们每次出席有关的全国性学术会议，都会把团队成员撰写的学术论文打印后装订成册，提交给会议。这一做法在当时尚属创新，当即引起与会者关注。由于文章质量较高，往往引发同行们索要，一时让人产生"洛阳纸贵"之感。

哈尔滨会议是我国第二次世界大战史研究发展标志性的开端。在学术自由的气氛下,会议打破传统的禁区,首次就一系列问题展开大胆的探索和评价,这些问题包括《苏德互不侵犯条约》和苏联1939—1941年外交政策的评价,苏联在战争初期失利的实况和原因,20世纪30年代西方国家绥靖政策的本质和根源,对美英开辟第二战场的认识,对美苏《雅尔塔协定》以及苏联出兵中国东北的认识等。会议还就第二次世界大战战前世界矛盾、战争根源、如何理解"战争是政治的继续"等理论问题,开展了有益的讨论。可以说整个20世纪80年代我国第二次世界大战史研究中多数的重大争论问题,在哈尔滨会议上都提出来了。

我校学者以积极的姿态参加这次会议,全部的中年教师,包括李巨廉、王斯德、冯纪宪、潘人杰、钱洪等,全体出席,并在会议中充分表现了实力。钱洪在分组会议上,就苏联签订《苏德互不侵犯条约》问题谈了自己的看法,认为这一举动也包含了对希特勒德国实施绥靖政策的因素。当天晚上,朱庭光亲自与钱洪沟通,希望他在第二天的全体会议上作大会发言。一石激起千重浪,学者们展开了充分的讨论。我校的李巨廉和王斯德等也明确谈了自己的不同意见,把我校学者之间真诚地切磋砥砺学问的过程,鲜活地展示在国内学者面前。王斯德论文《论苏德互不侵犯条约》发表于《红旗》杂志内部文稿1979年第10期和《世界史研究动态》1979年第8期。一时间,我校中年学者的实力引起全国世界现代史学界的关注:那里有强大的团队,也有各有特色的个体。

随后,我校学者又参与了筹办1980年6月在昆明召开的第二届全国第二次世界大战史学术讨论会。从这次会议开始,历次全国学术讨论会会议简报的编纂工作都由我校的钱洪主持,每次出席会议的我校研究生,都成了采集会议学术动态并写作稿件的主力军,在这次会议上,成立了中国第二次世界大战史研究会,李巨廉当选为研究会的秘书长(1982年起为副会长兼秘书长),我校二战史研究室成为中国第二次世界大战史研究会的会址所在地。研究会秘书处不仅处理研究会的日常事务,还利用有限的活动经费,推动全国范围的二战史研究工作。由李巨廉主编的中国二战史研究会会刊《二战史通讯》别具特色,刊登反映国外史学界新史料、新观点和新成果的译文。在当时的条件下,这些译文无异于流入沙漠的泉水,受到全国相关学者的欢迎和好评。

在这个阶段,我们教研室公开发表的论文有:1979年《世界历史》第5期发表《关于二次大战前史的若干问题》(李巨廉、潘人杰);1980年《华东师范大学学报》第6期发表《一九三九年英法苏谈判初探》(李巨廉);1980年《华东师范大学学报》第1期发表《战前纳粹德国的对英政策》(李巨廉、郑寅达);1982年《历史研究》第6期发表《论太平洋战前美国远东战略及其演变》(王斯德、李巨廉)等。

发展

从 1983 年起,我校历史学系《第二次世界大战史研究》进入了发展时期,成立了第二次世界大战研究室。1983 年 1 月,李巨廉被确定为全国哲学社会科学"六五"期间世界史学科规划小组成员。同年 6 月,我们的《第二次世界大战起源研究》被确定为"六五"国家重点科研项目。同年 10 月,我校举办了第二次世界大战起源全国专题学术讨论会。朱庭光和中国社科院世界历史研究所的第二次世界大战研究团队全体出席,军事科学院、国防大学的前身军事学院、北京大学等 23 个单位的学者出席。

20 世纪 80 代的中、后期,在承担国家重点科研项目的研究工作期间,我校历史学系相继发表了一系列有关二次大战起源的研究成果。

1986 年 11 月华东师范大学出版社出版了由王斯德、钱洪主编的《第二次世界大战起源研究论集》。该书收入科研点的 16 篇论文和 3 篇学术动态评述,内容涵盖了:《两次世界大战起源的比较研究》(潘人杰、李巨廉),《中国抗日战争与世界主要大国的战略演变(1931—1941)》(王斯德、陈兼),《纳粹德国的外交战略(1933—1939)》(郑寅达),《纳粹德国的军事战略和战争准备(1933—1939)》(郑寅达、李巨廉),《略伦德日意轴心国集团的形成》(陈兼),《和平主义与绥靖》(邵汝),《两次大战之间的英国和平主义运动》(钱洪、潘卫东),《二次大战前夕英国的对外政策》(王斯德),《二次大战前英国的军备政策》(倪培华),《试论法国巴尔都外交》(陈石),《论 1939 年英法苏谈判》(李巨廉),《略伦苏德战争初期苏军失利的原因》(钱洪),《苏德战争前夕苏联对外政策》(俞新天),《二次大战前苏联军事战略思想》(余伟民),《论 1933—1937 年罗斯福的对外政策》(冯纪宪),《试论两次大战间美国的军事战略和军备政策》(魏楚雄),《苏联史学界关于二战起源的研究动态》(俞新天、徐筠),《西方史学界关于二战起源的争论述评》(潘人杰),《日本史学界关于太平洋战争史的研究动态》(金仁芳)。

此外还有未收入的《1937—1941 美国对德政策》(陈兼发表于《历史研究》1983 年第 4 期),《1939 年希特勒开战决策初探》(李巨廉发表于《世界历史》1987 年第 1 期)等论文。

为加强学术研究的基础工作,推动青年学者投身于第二次世界大战起源的研究工作,我们计划编纂出版一套三卷本的《第二次世界大战起源历史文件资料集》。我们通过各种关系,尽可能地收集资料,复印当时尚属于"内部资料"的外文版《英国外交文件集》、《德国外交文件集》、《国际事务文件集》等资料。这些书籍,有些收藏在国家图书馆,但作为内部资料不得借阅,有些在外交学院或国际关系学院,分别由外交部等相关

年青一代加入研究梯队

左 1、左 2、左 5：陈石　陈兼　郑寅达

部门管辖,有些在军事单位。我们克服各种困难,多方疏通求情,总算复制成功。结果是,自 1937 年 7 月到 1939 年 8 月的时间段内,我校拥有的相关资料,竟然是国内最为齐整的。由于当时科研经费比较紧张,复印以后的装订工作全部是自己来完成。李巨廉亲自动手,从家里拿来手摇钻等工具,打洞、穿线、定型,全部自己完成,令旁边的青年教师深受鼓舞和感动,复印之后是挑选、翻译、校对、编纂和加注释,1985 年由华东师范大学出版社出版由李巨廉和王斯德主编的第二卷,覆盖时段为 1937 年 7 月至1939 年 8 月,内中收录 346 个档案文件,共 65 万字。

1987 年 6 月,由李巨廉主持的《第二次世界大战战略问题研究》,被确定为国家教委“七五”重点科研项目。

在这个阶段,我们形成了从更高、更广、更深层次去考察和分析二次大战起源的理论认识,这集中反映在潘人杰、李巨廉在 1989 年第 1 期《世界历史》杂志上发表的《时代、格局和人——关于世界大战起源问题的若干思考》一文中。

延伸

从 20 世纪 90 年代开始,第二次世界大战史研究进入了发展延伸时期。

首先从以第二次世界大战起源为研究重点开始,扩展延伸到对整个第二次世界大

战的研究,发表了诸多成果,除论文之外,出版的著作主要有:

《第二次世界大战——专题述评》(李巨廉、潘人杰著,华东师范大学出版社 1990 年 4 月版)。该书是受国家教育委员会委托编写的高校历史专业教材,同时也是一部第二次世界大战史的学术著作。该书不同于一般的历史专业教材,而以十大专题——(1)世界大战的起源;(2)纳粹德国走向战争之路;(3)西方国家的绥靖政策;(4)1939 年的欧洲;(5)从九一八事变到珍珠港事变;(6)国际反法西斯同盟;(7)中国抗日战争在世界反法西斯战争中的地位;(8)第二次世界大战的军事战略和战争样式;(9)第二次世界大战的战争经济;(10)第二次世界大战的结局和影响——进行深入的探讨和论析,书末还附有一篇题为《我国第二次世界大战史研究概况》的评述。此专著出版后,在我国有关学界引起关注(详见军事科学院徐晓村研究员撰写的书评——读《第二次世界大战——专题述评》,载于 1993 年第 3 期《军事历史》杂志)。

《第二次世界大战百科辞典》(李巨廉和复旦大学历史系教授金重远主编,上海辞书出版社 1994 年 7 月版)的 16 位撰稿人中,我们研究室(包含在读研究生)有 10 人。该书是我国首部关于第二次世界大战的综合性辞书,荣获首届全国辞书三等奖。

1995 年纪念世界反法西斯战争胜利 50 周年时,我们研究室除了发表多篇论文外,出版了三部著作:《希特勒的战争谋略——乖戾的军事天才》(李巨廉著,上海人民出版社),《亚太地区反对日本法西斯侵略的斗争(1931—1945)》(李巨廉、王斯德主编,上海远东出版社),《会议桌上的世界——第二次世界大战中大国安排战后世界纪实》(郑寅达著,上海人民出版社)。此外,还有《血碑——震撼全球的两次大战》(李巨廉著,西苑出版社 2000 年版)。

从 20 世纪 90 年代开始,我们研究室的研究重点,从第二次世界大战起源延伸转入如下两个战略方向。

一个是扩展深入对法西斯主义的研究。

法西斯主义(包括思潮、运动和体制)是 20 世纪的重大历史现象。第二次世界大战就是由法西斯国家发动侵略而引爆的,因此研究法西斯主义是第二次世界大战研究的一个重要中心课题。在我国史学界,对法西斯主义的研究十分薄弱,早在 1980 年的全国世界史研究动态会议上,齐世荣教授就提出要开展这方面的研究。我们在 20 世纪 80 年代开始第二次世界大战起源研究时,就注意到这一点,并由郑寅达分担了对德国法西斯问题的研究,但当时注意的重点是放在法西斯夺取政权后的对外侵略和军事战略等方面。1984 年 11 月,在朱庭光的倡导下,中国社会科学院世界历史研究所主持在烟台召开全国关于法西斯主义问题的第一次专题学术讨论会,李巨廉和郑寅达受邀出席。经过我国史学界众多同仁两年多的努力,终于出版了我国第一部关于法西斯主义的专题论集《法西斯主义与第二次世界大战》(朱庭光主编,华夏出版社 1988 年 4

月版)。此后,在朱庭光指导下,中国社会科学院世界历史研究所由陈祥超研究员具体主持的法西斯主义研究课题,于1986年和1991年分别列入"七五"国家重点科研项目和中华社科基金重点项目。我校李巨廉和郑寅达受邀参加了此科研项目有关德国方面的工作。

李巨廉(左)与朱庭光(中)、齐世荣(右)合影

1991年4月,由重庆出版社出版了朱庭光主编的《法西斯新论》。此书是我国第一部对20世纪法西斯主义思潮、运动和夺权之路(包括意大利、德国和日本),以及法国、西班牙、葡萄牙和巴西的法西斯运动,进行探讨性研究的学术专著。李巨廉和郑寅达及邸文(世界所研究员),承担了其中的第三章"德国纳粹党的纲领和派别"和第四章"德国纳粹党同主要社会阶层的关系及其性质"的撰写。

此后,我校的李巨廉和郑寅达进一步深入参加了世界历史研究所此项法西斯主义研究课题的工作。在朱庭光指导下,我们转入对我国世界史学领域处于空白状态的法西斯体制的研究。经过几年的努力,终于在1995年4月由上海人民出版社出版了54万字的学术专著——《法西斯体制研究》(朱庭光主编,李巨廉、陈祥超、孙仁宗副主编)。此书共三编12章,按德、意、日的顺序,每个国家一编。第一编"德国法西斯体制",含"纳粹体制的确立"、"纳粹政治体制"、"纳粹经济体制"、"纳粹文教体制和社会控制机制"等四章,由李巨廉、郑寅达及邸文三人撰写,全书由李巨廉统稿。《法西斯新论》和《法西斯体制研究》这两部专著,至今仍然代表着我国学术界在这一领域里的最高水平。

我研究室延伸转入的另一个战略方向,是从人类战争与和平历史运动这个更广、更高的视角,去考察第二次世界大战。

1995 年纪念世界反法西斯战争胜利 50 周年时,李巨廉发表了这方面研究的第一篇论文——《战争历史运动坐标上的第二次世界大战》(刊于《世界历史》1995 年第 4 期)。同年,在《学术月刊》的"二次大战与人类进步"特辑,他发表《二次大战对战争历史运动的划时代影响》。

经过几年的努力,李巨廉在 1999 年 12 月出版了一部 29 万字的专著——《战争与和平——时代主旋律的变动》(学林出版社)。该书从人类历史发展的总体上,对战争与和平的历史运动作宏观考察。时间跨度从远古到当今,重点放在 20 世纪。全书共六章:1. 人类战争的起源;2. 战争的历史运动;3. 世界大战——20 世纪的历史现象;4. 二次大战后的战争风云;5. 新的有限战争时代;6. 和平运动与和平研究。该著作于 2000 年获得上海市第五届哲学社会科学优秀成果著作类三等奖。此后,李巨廉又在 2000 年第 1 期的《华东师范大学学报》上发表了《人类战争运动的历史趋势及 21 世纪世界大战可能性析论》。2000 年前后,李巨廉名义上离开了教学与科研舞台,然而,学者的余热继续发挥。2005 年纪念世界反法西斯战争胜利 60 周年时,李巨廉应约在《史学理论研究》(2005 年第 3 期)发表论文《战争与和平历史运动的转折——一个中国学者对第二次世界大战的思考》。2006 年,李巨廉受聘担任国家社会科学基金军事学项目《世界军事革命史》编审委员会委员。2012 年,三卷本的《世界军事革命史》由军事科学出版社出版。该书的出版说明写道:"尤其是李巨廉教授,多次与主编进行沟通和探讨,写下长达数千字的信件,阐明自己的学术观点和意见,对本书纲目的拟定、军事革命的划分及其历史分期、资本主义体系与军事革命的关系等重大基础理论问题,提出了十分宝贵的意见和看法,为本课题组所采纳。"

李巨廉(左 4) 潘人杰(左 2) 钱洪(左 5)同军方学者在一起

　　回顾第二次世界大战史研究和学科建设的发展历程,精神振奋,感受良多,欣慰不已。当今不少人已年老退休,但壮心犹存,他们仍以各种途径和方式为历史研究和历史教育事业作出不懈努力。

　　* 本文作者：郑寅达,华东师范大学历史学系教授。

我国俄语教学与科研的重镇

史　琳　杨庆媛　何敬业

十年浩劫过后,我国的高等教育百废待兴,各个学科亟须重振"文革"中严重破坏的教学质量。在这样的大背景下,1981 年 4 月全国高校俄语教育座谈会在华东师大召开。选择我校作为这次重要会议的承办单位,体现出国内俄语教学界对我校俄语系科研与教学强大实力的肯定。这次大会对于高校俄语教学在当时形势下的拨乱反正起了重要的作用。会后,中国俄语教学研究会应运而生,我校众望所归地成为中国俄语教学研究会副会长单位。这份荣誉的获得并非浪得虚名,而是俄语系几代师生经过近 30 年的孜孜不倦的辛勤工作和学习才在俄语界树立的名望。

中国的俄语教学的起步要追溯到清代。早在康熙年间,理藩院就开设了俄罗斯文馆,随后又出现了京师同文馆、京师大学堂等对中国俄语教学起到基础作用的机构。而中国现代俄语教学步入大规模发展时期则是新中国建立之后。1951 年,全国已有 36 所学校设立俄语系。1952 年,华东师范大学经调整院系后,外文系即设立了俄语专业,后正式定名为俄罗斯语言文学专业,直至扩展为俄语系。

我校俄语系能成为中国俄语教学和科研的重镇,靠的是三大优势:认真负责的教学传统、严谨扎实的学术研究和勤恳高效的社会服务。

新中国成立后,国家非常重视师资队伍的培养。由于历史原因,俄语教师的需求十分紧迫。我校为师范类重点大学,当仁不让地挑起了培养师资的重担。但是,现实的困难是很大的。建立之初,俄语专业教师十分匮乏。外文系首任系主任,外语界大师级人物周煦良先生四处寻找合格教师并亲自带头上课。尽管初期的教师来源非常复杂,教学经验基础薄弱(有东北的中长铁路的懂俄语的职工、有转行的英语教师、有苏南师专的毕业生、还聘用了两位苏侨等等),但是大家工作热情都很高涨,边教边学,为教学呕心沥血,治学严谨,谦逊,愿意为学生付出一切。这些作风为形成俄语专业优良的教学传统打下了基础。

1953 年,随着俄语学科的发展,学生和年级的增加,俄语专业的教师队伍逐渐扩大,又先后从华东革大、上海市中苏友好协会办的俄语班中聘请了几位毕业生及多位外籍人士执教。1956 我校第一届俄语本科学生毕业,一部分优秀的学生留在师大教书,大大增强了师资力量,缓解了师资缺乏的压力。至 1956 年底,全国高校俄语专业教师总共才2 000人左右,而20世纪60年代在我校任教的俄语教师就已达40多人。他们当中有从外事部门调入的梁达、郝立夫妇,有先后归国的留苏语言文学副博士朱逸森、赵云中、倪蕊琴、冯增义,有担任过苏联专家翻译,语言功底出色的郑文樾、章秉孚及国内研究生倪家泰、童宪纲、马岚等;学校也为俄语系每年留下部分优秀毕业生,他们组成老、中、青相结合的完整教学梯队。这些语言文学水平较高又有献身俄语教学事业精神的教师开设了许多新的专业课程,大大提高了学生的质量。

1957年上半年,我校外文系迎来了第二任系主任马勤同志。他1936年参加革命,毕业于延安抗日军政大学俄文大队,曾任上海俄专副教务长。马勤对俄语教学提出了许多改革措施,做出一些大胆尝试:如对于语言基础薄弱的低年级学生也开展大量阅读,虽然困难,但提倡"跳一跳,把果子摘下来"的精神。这样做的目的是让同学们花大力气发挥自己的最大能力,以增加学习压力来促使他们进步。又如他主张"滚雪球"式的教学方法,要求师生在学习过程中多积累,积少成多。他还要求俄语系所有的专业老师用俄语授课,学生的毕业论文必须用俄语写作。他的目的就是重视师生的外语语言表达能力。全校或全系开大会,他要求外籍教师出席,每个外籍教师身旁安排一位青年教师翻译会议内容。这种"苦逼",让老师们看到自己的语言差距,从而不断地努力学习,提高自己的业务水平。我校俄语专业比较早地实行了听说课上的苏联原版电影教学。他还提出设立口语考试。在当时由于种种主客观原因而偏重于书面语言及理论教学的状况下,提出这样防止哑巴语言的教学理念是很有前瞻性的。

这些教学设想和改革,在以郑文樾为教研室主任的教师们的细致、耐心、踏实的教学实施中得以落实、贯彻,收到很好的效果。

结合编写教材提高教师自身的学术水平和教学质量成了我校俄语教学的一大特色。教材的编撰不仅直接关系到教学的发展态势,而且影响着各代学生的学习过程。俄语教师编写教材参与时间早,积累的经验丰富,成果丰硕。办系初期,当时没有现成教材,老师们就为低年级的学生自编了一套由近及远、由易到难、由具体到抽象理念的教材,这样反而更符合师大学生的实际情况,非常有益于培养学生。从60年代起,他们除了本专业使用的各种教材外,还多人次地参加编写不同时期多种版本的高校专业《俄语》教材。此外,他们参与编著的《现代俄语理论教程》、《20世纪外国文学作品选》、《俄语高级口译技能训练与实战演练教程》等等著作得到一致好评。同时,他们发挥师范学校与中等教育联系紧密的特点,参与编写全国中学通编教材《俄语》(人民教育出版社)。1993年,张鸿瑜参加了上海市中小学课程教材改革工作,他执笔编写的选修课本《俄语》被定为全国推荐书目。《国际中学生俄语奥林匹克竞赛》、《中学百科全书——外语卷(俄语部分)》等书籍的出版也为我国中学俄语教学的系统化、规范化作出了一定的贡献。

20世纪60年代中苏关系恶化,高校的俄语教学也面临着考验。"文革"结束后,随着绝大多数中学停止俄语教学,首当其冲的问题就是生源急剧减少,给俄语学科的继续发展带来客观的巨大困难。回顾新中国的俄语传播史,在建国之初经历过雨后春笋般的发展,整个50年代,在中国的外语教学园地里俄语几乎一枝独秀。但随着中苏关系的恶化,俄语教学进入了瓶颈期。20世纪80年代后,随着改革开放与社会发展的需要,中国的外语教学又迎来了新一轮空前高涨的繁荣发展。但是,当时大多数人的目光主要都投向世界通用的英语。1980年,赵云中教授参加了在青岛召开的全国外语教材工作会议,在会议中他明确提出:"俄语是世界性语言之一,中苏两国是近邻,而且都是大国,所以无论世界局势如何变化和中苏关系如何发展,以战略的眼光看,俄语对于中国都是一种重要的交际工具。"大会简报报道了这篇文章,此后不久的高教文件中也把俄语置于英语之后成为第二个外语语种。我校俄语系的教师们对于专业的执着是他们献身俄语教学事业的精神支柱。即使有一阶段社会对于俄语专业的冷漠偏见也没有让他们放弃,依旧勤勤恳恳,扎扎实实地做着俄语教学工作,从事着相关的学术研究。

我校俄语系的教师不仅教学认真负责、精益求精;对学生的思想品德一贯抓得很紧,生活上更是关怀备至。高维彝早在1978年就以教书育人的优异业绩成为上海市"三八红旗手"、1997年获得上海市教育战线先进工作者称号;冯天向于1997年荣获上海市育人奖;许多教师都获得过校级表彰。即使退休以后,俄语系的老教授们仍然积极参与关心下一代大学生的工作。如朱逸森多次获得学校关心下一代工作委员会的嘉奖。

我校的校训是"求实创造,为人师表",师大俄语系的教师们很好地诠释了这8个字。俄语系的各位教师在学术科研起步很早。他们的科研工作在20世纪70年代前比较多的是结合教学需要的教材与论文。进入改革开放时期以后,俄语系教师们的科研成果呈现井喷状态。赵云中、朱逸森、冯增义三位留苏归国的老教授首先做出表率。他们在俄语语言学、文学和翻译等领域的学术研究非常引人注目,科研成果非但量大而且涉及面广,《现代俄语理论教程》、《短篇小说家契诃夫》、《陀思妥耶夫斯基论稿》等高质量的作品屡次获得上海市级以上奖项。俄语系先后有王冀刚、冯增义、徐振亚、高维彝、曹国维等教授获得中国资深翻译家荣誉称号;朱逸森、徐振亚两位教授先后担任上海翻译家协会副会长。在第一代老教授之后,曹国维的现当代俄罗斯文学作品和徐振亚的19世纪俄国文学经典作品的译介与研究,都在国内享有盛誉。徐振亚教授因此于2006年荣获俄罗斯政府颁发的"高尔基奖状"。全系俄语文学及社科作品的翻译总量达到千万字以上,每年都有许多论文与专著发表出版。

词典是学习外语的必备工具。双语词典的编撰是外语科研的重要门类。编著者不仅需要有强大的外语知识功底,同时还要具备坚持不懈的精神。1992 年由冀刚、江鹏、陈照南、余震球等人编写的《俄语前置词用法词典》,2004 年、2005 年连续两年张鸿瑜、刘玉琴分别参与编写的《新简明汉俄词典》和《俄汉新词词典》都是重要的科研成果。在老教授们的带领下,几乎所有的教师都参加了翻译和科研的实践活动,这非常有利于俄语教学水平的提高。

赵云中毕生耕耘在俄语语言教学研究的领域里。他的突出成绩使他在 1992 年荣膺俄罗斯政府颁发的国家级奖章"普希金奖章"。苏联解体后,赵云中开始乌克兰史研究。此时他已经重病在身,但为了完成自己的心愿和许诺下的责任,一直抱病坚持工作。他专攻了乌克兰语,长期走访乌克兰社会。正是这种坚持不懈的精神才使一部大作《乌克兰:沉重的历史脚步》于 2005 年问世。这部著作的诞生花费了他的十年心血。由于乌克兰曾经是苏联的主要加盟共和国,因此单独的乌克兰史研究在中国几乎是一片空白,他的专著成为第一部出自中国作者笔下的乌克兰史。因此书的特殊意义,2008 年 1 月 17 日,乌克兰总统发布 33 号总统令,授予赵云中教授乌克兰三级"功勋"勋章。

在上海,我校俄语系师生承担社会服务是有口皆碑的。

1987 年 6 月至 1993 年,张鸿瑜、高维彝、冯天向、施国安等主持了上海人民广播电台的俄语教学节目,先后播出了《基础俄语第一册》、《基础俄语第二册》、《提高俄语》、《伊万诺夫的一家》等,编播俄语国庆、春节特别节目、听力插播等。该类节目的影响通过莫斯科广播电台的采访传到了国外。广播教学的开放形式为社会培养了许多俄语人才。

俄语系教师集体又以知识面广、口语表达精准,多次出色地完成国家、上海市各级政府交办的口笔译任务。无论是陪同各种代表团出访还是在国内接待以俄语为工作语言的来访,他们都以精湛的翻译语言高质量地完成任务,博得社会赞誉。如 1989 年贝文力承担了朱镕基市长接见莫斯科大剧院芭蕾舞团的翻译,1990 年曹国维作为翻译陪同上海副市长出访列宁格勒,1992 年张鸿瑜担任了黄浦区长会见白俄罗斯明斯克市代表团的翻译,1992 年徐振亚、曹国维、张鸿瑜、章昌云等参加了市长徐匡迪会见俄检察署代表团俄国总监、检察长以及 1993 年上海市人大宴请吉尔吉斯斯坦政府代表团的翻译工作,2007 年高维彝、张鸿瑜、冯天向、章昌云等参与了特奥会的口译工作,以及市外办的《今日上海》刊物,2013 年阿拉木图、上海司法鉴定国际会议书面翻译等等。

教书育人,其主导力量在于一支德才兼备的师资队伍。我校俄语系的大多数教师都是身体力行的。俄语系的绝大部分教师都在这里工作到退休为止。他们勤勤恳恳,呕心沥血为国家的俄语教育事业付出了自己所有的青春年华,培养出了一代又一代俄语人才。他们踏踏实实,默默无闻,在学校,在学界总是低调处事,但他们的贡献又是如此之大,影响了整个中国的俄语教学事业的发展。我校的教师们就像是春雨一般,润物无声。而俄语系对国家的最大的贡献,就是经过他们培养的数以千计的学生散布在国内外各个岗位上,为社会提供最好的服务!

＊本文作者：史琳、杨庆媛,华东师范大学外语学院俄语系学生;何敬业,华东师范大学外语学院教授。

优秀英语听力教材 *Step By Step* 练成记

陆　影　何敬业

　　这是一套家喻户晓的书，特别在英语学习者当中影响巨大。从初版到现在，它的总印数达到了令人赞叹的 2 183 万多册，其中有一册竟重印了 70 次。

　　这是一套具有创新理念和具有相当学术水平的书，它的影响力和对高校专业英语教学的贡献是公认的，因此它当仁不让地获得了各种嘉奖和荣誉，其中包括"国家教委高等院校优秀教材一等奖"、第五和第七两届"全国高校出版社优秀畅销书一等奖"、入选教育部"十一五"普通高等教育本科国家级规划教材、2010 年由相关部门通过民意调查入选我国"60 年 60 本英语教育图书"……至于各类地方性的奖励更是不胜枚举。

　　这套书就是 *Step By Step* 及其后续的两个版本，它的作者是外语学院的张民伦教授和她领导的教学科研团队。

　　20 世纪 80 年代对英语听力的强化教学似乎脱离不了传统的模式，老师们坐在教室最后的小隔间里，学生们只能通过耳机听到老师的声音，同学们常常戏称：一学期的课下来都没见过教师的庐山真面目。

　　张民伦却是打破传统的一位，第一堂课就站在教室前面与大家交流，幽默不失优雅,有着极强的人格魅力。学生对她的第一印象往往是,严格但又有亲和力。一位学生回忆:"回想 13 年前,第一次去语音室上听力课,是一位头发灰白、戴精致眼镜,身材瘦削却神采奕奕的女士,一开口却是声音洪亮,'大家好,我是张民伦,很高兴成为今后两年内大家的听力指导老师,你们是我新世纪的第一批学生,也是我在退休前执教的最后一届学生,咱们可是有缘分的啊。'张教授给我们这些刚进大学的本科生上听力课,要求严格,态度却很和善。"她授课很关注学生的需求,要求学生们课后听收音机把当日的 BBC 和 VOA 新闻听一遍,写成新闻短条笔记,并在下堂课上复述、交流。张老师治学严谨,她自己也坚持每天听新闻,因此对这项作业学生更不敢懈怠了。张老师提出 authentic listening 的全新理念,使用现场的真实录音,让学生"身临其境",掌握真正地道的英语语言。这样的教学新颖有效,为学生们营造了英语环境,使他们获益匪浅。

张老师常说,"听,是融会贯通的。听力不能为了听而听,学语言是要巩固好的内容,而很多内容听过就过,太可惜了!"于是,基于 content based 这样超前理念的 84 版 *Step By Step* 应运而生。

教学·思想以人为本,独立创新

翻看 *Step By Step* 这套教材从 1984 年的初版到 21 世纪的 *Step By Step* 3000 版,教材的材料选取、题目设置、内容形式等无不体现"以人为本"的教学态度。教材在编写过程中结合了学生不同阶段的学习水平,不仅切实有效地使学生获得听力技能上的提高,也可引导学生发展自我、认识世界。从听力技能的层面上讲,每个单元开篇的微技能训练为学生消除了可能产生的听力障碍和心理问题,更大程度上,可点燃学生的自信心并激发他们对听力训练的渴望。而后,种类多样的听力内容,或讲座,或对话,都促进学生综合运用听力技能。从自身发展的层面上讲,教材选材广泛、内容丰富,有新闻、有文学、有生活趣事、有历史轶闻。学生通过听力训练,可听新闻、知天下、赏文学、爱生活。每个单元的主题始终变更,但相互关联。一环扣一环,如精心策划的关卡,学生得以身临其中,从发展自我到认识周遭世界,同时也享受着通关过卡带来的挑战和满足。从教材的编写上可体现出"以人为本"的态度,从对团队成员的挑选上亦可看出张民伦对这一态度的执着。张老师十分注重师生之间的关系,并从对这一关系的入微观察得出老师是否为学生着想。这支团队里几乎每位成员都教过精读。精读课作为一综合性的阅读课堂,老师在课上需要与学生进行各式各样的互动。张民伦老师便是通过对课上的各类互动进行观察、判断,并选出了团队的成员,这样就锻炼和造就出一支年龄结构合理的专业队伍,保障了这个领域的可持续发展。

张民伦的"听、说分家"的教学思想具有"超前性"。在1980年代以前,高校英语专业不存在单独的听力课。1984年,初版的 *Step By Step* 问世。这套将听力定为主角的教材后来也成了国内众多高校的英语听力教材,因此,张老师可谓带领了我国英语听力学科的起步建设。"听、说分家"是张老师坚持的教学思想,即使在主流理念并不十分认同这种观点的情况下,她依然坚守原则,将这理念贯穿于自己的编写工作中,始终如一,毫不动摇。她坚信,听力具有独立性,若要提高听力水平,它便不能作为其他教学内容的附属品存在。倘若听说合一,听力只会停留于生活表层,既不系统亦无法深入。同样,听力若与阅读、写作结合,学习者便无法从深度及广度上认识听力。曾经有出版社请她编写一套与精读教材相配套的听力书。但张民伦在编写完第一册 *Step By Step* 的初稿之后,已经深刻意识到听力教材必须坚持走独立性的道路,她果断拒绝了出版社提出的"与精读教材配套"的要求,放弃了多出一套教材的机会。她毅然决然不为名利,不怕多费心血,只求听力书可以独立自成教材,造福于英语学习者。在 *Step By Step* 取得巨大成功后,张民伦毫不固步自封,又在思考如何突破原有的理念继续发展。在带领团队精心编写高质量的教材的基础上,经过与出版方进行多次的争论、说服乃至辩驳后,一套全新的、独立的英语听力教材终于在1998年问世。这就是后来荣获全国普通高等学校优秀教材一等奖等诸多奖项的 *Listen This Way*。

学无止境,教更无止境。对于教学改革和教材创新,张民伦始终积极支持。在 *Step By Step* 2000 的前言里她明确指出:*Step By Step* 2000 是 *Step By Step* 的延伸,更是它的超越。当初出版社向团队提议,编写 *Step By Step* 2000 时可将初版 *Step By Step* 里的形式整体保留。张民伦老师谢绝了这个提议。她认为过了将近20年,我国的英语教学现状已经与前不同,教材无论从内容上还是形式上都需要彻底改变,方可与时俱进。因此,除了保留一单元一主题这个结构外,*Step By Step* 2000 不是初版稍加粉刷亮白的第二版,而是掀瓦去墙,彻底翻新改建。这套听力教材的内容丰富多彩,涉及古老的历史和当今的世界。它的变更与世界面貌的发展息息相关,仿佛鲜活的血脉,永远都在流动,没有静止的时刻。除了材料与时俱进外,编写团队选取材料的方式也非东拼西凑。张民伦认为,若只是将他人的东西照样搬至教材中来,便失去了编写的意义。因而,选材既需跟随这个变化迅速的世界,也需站在前人的肩上往上攀登。材料的选取无不通过团队精挑细选,对所有材料进行评估、分析并汇总而成。那一沓又一沓的材料被标上不同的符号以示采用与否,画上符号之前所经历的讨论、分析、判断等过程都是集体智慧的体现,使得每页轻薄纸张的教材变得非常厚重。

如果说张民伦是团队的灵魂人物,那么,团队编写出的教材则是她对于英语听力教学思想的物质呈现。回顾她的教学生涯,"以人为本"的教学态度及"听、说分家"、

"与时俱进"的教学原则随处熠熠生辉,经受着时间和实践的考验,其菁华启迪后来者并被传承下去。

理念推陈出新,团队后继有人

张民伦教授坚持认为"课上得好的老师才编得出好的教材"。她自己绝对身体力行。即使是她长期担任外语学院院长期间也仍旧不脱离教学第一线。在 *Step By Step* 教学和教材编写的团队组建过程里,她选择了两位优秀的精读老师和自己的一位得力门生。她说,听力课老师首先一定要教得好精读,课堂实践是编写教材的基础。作为团队成员之一的张锷老师回忆,"当时我还只是个初出茅庐的小卒,张老师主动来找我,说自己正在编写一套听力教材,想邀请我加入她的团队。当时我绝对是受宠若惊的。答应下来也更加不敢懈怠,张老师也一直很鼓励我。张老师很尊重我们每个人,她就是觉得既然我请你进入了这个团队,那都是主人。"

张民伦的团队里有老中青三代优秀教师,团队成员互相信任,充分民主,和谐地讨论教材的一切编写问题。团队氛围相当融洽轻松,富有'小资情调'。以至如今回忆起来,张锷老师仍难掩愉快心情:"我们常常在必胜客开一天的会,轻松愉快,休息时也聊些家长里短,工作时争得面红耳赤也常有,但都是为了好的听力材料。"编写听力教材,最花时间的就是找材料,但是在这样一个温馨平等的团队里,大家永远其乐融融、团结一心,才最终编撰出如此经典的 *Step By Step/Listen This Way* 等优秀教材。作为主编,张民伦一向万事亲力亲为:自己整理材料、跟组员讨论、跑出版社……对材料的选取,团队要求很严格,张民伦有自己的思路,也有自己坚持的原则,但也常在此基础上博取众长,做出修改。徐卫列老师回忆说:"张老师特别尊重我们,只要我们能够说服她,她都会采纳,完全没有一点居高临下的架子。现在想想那个时候就是一遍遍地听、写、整理、研究,虽然工作很多很繁重,但是一听到要开会还是会很开心地马上跑去。"纵使遭遇瓶颈,张老师也会淡然抛出一句:"走,我们去大连。"劳而有逸,让团队更为融洽,亦更好地前行。即使有"队友"调离开华东师大,依然只是"离开学校,但不会离开团队",大家都不为名利只为教育。

纵使第一、第二版的 *Step By Step* 和 *Listen This Way* 获得了诸多殊荣,张民伦始终专于治学而淡泊名利,更关注对于青年教师的提携培养。到 21 世纪,她逐渐隐退幕后,但仍时时挂念着自己的团队,并一直希望吸纳更多的年轻力量,传承好这支优秀的团队和严谨又不刻板的治学作风。

张民伦(左 2)

严谨治学，淡泊名利

问及对张民伦的最初印象时，很多人可能脱口而出"严格、认真"。的确，张民伦在学术上的严谨认真早已有口皆碑。她对工作充满激情，像使出全身劲儿般地投入其中，一直站在教学的第一线，亲自参与到教学实践当中，从不懈怠。

20 世纪，电脑及各种搜索网站尚未普及，张民伦作为教材主编，自己到处找材料，接着一遍一遍地听，听时用铅笔一个字、一个字地写下来。到了 21 世纪，虽然电脑已经普及，但她依然保持了这一习惯，手握铅笔，在纸上"沙沙沙"地来回涂写、修改。团队成员笑言：张老师不仅喜欢用铅笔写字，还特别喜欢收音机。她每天坚持用收音机听新闻，从 BBC 到 VOA，并鼓励学生应坚持天天听。有学生曾回忆道：张老师要求他们每天课后听新闻，第二天课上需复述。这是无法作弊的一项。跨入千禧年的那一天，张民伦就要求团队成员牢牢守在录音机前，录下并翻听各国对千禧年的报道。那天一大早，她自己便打开收音机，坐在收音机跟前边听边录，录后又来回听。与其说她与收音机有一段难解的情缘，不如说她为工作投入了无限的激情。

凡是触及教学的事，张民伦坚持自己的原则，说一不二，魄力十足。出版社不满意材料出现"yep"等不正式的口语表达，并多次想让团队删除这些所谓"不规范的字眼"。

张民伦同他们据理力争,不知来回切磋磨合了多少回,经常打一两个小时的电话只为争取一个"不规范的单词"的存在权。为了保证语言的真实度,张民伦不轻易低头。她热爱教学,热爱学术,淡泊名利,为人低调。她珍视自己的教学作品,但不主动将它们推至领奖台上。有多少人曾建议张民伦报名参加各类优秀教材的评选,但她往往摇头说不。不为名利的张民伦,只希望编写的教材可以为广大英语学习者使用。但天道酬勤,1999 年院系主动推荐使用才两年的 *Listen This Way* 参加优秀教材的评选,便誉满归来,获得各方一致好评。团队编写的教材陆续获得各种奖项,但是这支队伍一如既往不骄不躁,仍在一步一步攀登更高的高峰。而定格在人们脑海里的张民伦教授,仍然是凝神静听收音机,手握铅笔在纸上划动的平凡而感人的形象……

＊本文作者:陆影,华东师范大学外语学院英语系学生;何敬业,华东师范大学外语学院教授。

澳大利亚研究中心的 30 年

侯玮婷 陈 弘

2010 年 10 月 28 日,上海世博会澳大利亚馆二楼金合欢厅里人头攒动,济济一堂。由华东师范大学澳大利亚研究中心主办的第十二届中国澳大利亚研究国际学术研讨会在这里举行欢迎大会。墙上,研讨会主题"变化与挑战"显得格外引人注目。是的,华东师范大学澳大利亚研究中心从无到有,历经多少变化与挑战、几度风雨洗礼,如今已是国内外首屈一指的澳大利亚研究机构。澳大利亚资深外交官、驻沪总领事馆总领事孔陶杰在致辞中回顾了多年来和中心的密切合作和交往,高度赞扬了中心深远的影响力和在澳大利亚研究界的重要地位。站在这个洋溢着欢笑的宴会厅里,看着会场上来自中国、澳大利亚、美国、日本等各国澳大利亚研究领域的近 200 位顶尖学者们,中心负责人陈弘、侯敏跃露出了满意和欣慰的笑容。这样的场面也让中心的创始人黄源深教授心潮澎湃,感慨万千。

筚路蓝缕,以启山林

1979 年,黄源深作为改革开放以后国家教育部首批遴选公派出国的留学生,来到悉尼大学攻读硕士学位。他博览群书,深入研读,在澳大利亚文学评论权威、悉尼大学校长利昂尼·克拉默教授的指导下,对澳大利亚文学和文化作了扎实的研究。1981 年,黄源深学成回国,继续在华东师大任教。

我校外语系在英美文学教学与研究方面有着深厚的积淀,也培养了不少人才。而黄源深却决心另辟蹊径,开展澳大利亚文学教学和研究,介绍澳大利亚文学,培养澳大利亚文学研究人才,建立澳大利亚研究中心。这个想法在当时还是非常超前的,很少有人能意识到澳大利亚对中国的重要性,也很少有人能理解黄源深的这番苦心。

一般人都认为,华东师范大学连个美国研究中心都没有,何必设立澳大利亚研究中心呢。而黄源深却看到了中国与澳大利亚政治、经济和文化关系的灿烂前景。他认为,澳大利亚蕴含着丰富的文学宝藏,通过文学,中国的年轻一代将能够全面、深刻地了解澳大利亚;对澳大利亚文学作品的研读,是促进两国人民,尤其是青年学子间理解和友谊的重要途径。

他首先想到的是开设澳大利亚文学课。但是,由于谁都没有听说过澳大利亚文学,这门课居然没有一个人报名,系领导正决定要将其取消,黄源深却说:"让我去试一下再说吧。"于是,在英语系学生一次公共课考试结束后,他到了考场。学生们有的在对答案,有的在收拾书包准备离去。黄源深赶紧说:"同学们,利用大家一点时间,介绍一下一门新的文学课程——澳大利亚文学。""澳大利亚文学"? 迄今仅了解英国文学和美国文学的学生们觉得又新奇又疑惑。黄源深继续说:"澳大利亚是一个新兴的西方国家,充满魅力。但是,除了人们熟知的袋鼠和羊群,澳大利亚还拥有世界一流的文学家。"就这样,从澳大利亚的风土人情到文学的沿革,从丛林时代的亨利·劳森,到诺贝尔文学奖得主帕特里克·怀特,黄源深言简意赅、生动风趣的叙述打动了在场的学生们,激起他们强烈的好奇。同学们走上讲台,要求选修澳大利亚文学课。一张薄薄的登记纸,开创了华东师大澳大利亚文学教学的先河。

从最初的14个人的班级开始,黄源深播下了澳大利亚文学研究的种子,他扎实的英语语言功底、丰富的文学理论知识,对澳大利亚文学与文化深入细致的了解,使他的"澳大利亚文学选读"在学生中有口皆碑,许多同学慕名而来,"蹭课者"也越来越多。小教室挤不下了,有同学就站在过道里听,而最后,就连过道也渐渐满了,不得不换个大教室,听课人数多达120多人。

然而,黄源深苦心孤诣筹建着的华东师大澳大利亚研究中心,尽管汇集了历史系、教育系、经济系、地理系等系科的学者,开始了踏踏实实的研究工作,但成立中心的申请却一直未得到学校正式批准。1986年,中澳外交关系澳方的奠基人澳大利亚前总理高夫·惠特拉姆访问中国,在北京受到了邓小平的接见,他到了上海,指明要访问当时尚未批准成立他却早有所闻的华东师大澳大利亚研究中心。这引起了上海市政府的高度重视,要求华东师大认真接待惠特拉姆。见此情形,学校立即同意成立澳大利亚研究中心,由黄源深负责具体接待。当时已来不及准备,情急之下,便由外语系办公室主任从校办厂找来一块木板,刨一刨,漆一漆,写上中心的名称,挂在临时征用的外语系资料室门口。华东师大澳大利亚研究中心,就这样戏剧性地诞生了。

惠特拉姆兴致勃勃地参观了新生的澳大利亚研究中心,见有关澳大利亚的资料不多,主动允诺资助一些图书,并答应回国后尽快办理。3个月后,3大箱子澳大利亚书籍如期而至。这是中心第一批关于澳大利亚的资料。年复一年,书籍渐渐增多,日积月累,汇成了一个小小的澳大利亚书籍图书馆,不但给本校的教学、科研带来方便,也使全国澳大利亚研究者受惠,各地上门寻找资料和求助者络绎不绝。我校的澳大利亚研究,也在中心的组织和带动下积极开展起来。

发展壮大，敢为人先

　　从成立伊始，华东师范大学澳大利亚研究中心就是一个跨学科、跨系所的综合性国别研究机构，成员来自我校外语系、历史系、经济系、教育系和地理系。这种跨专业的学术背景，即使是在当时的欧美研究界也比较少见。正是由于这个得天独厚的研究背景，华东师大澳大利亚研究中心的研究领域，从一开始就呈多样化态势。

　　与此同时，中心敢想敢闯，敢为人先，在中国澳大利亚研究的荒野上踏出了一条新路，创造了我国澳研史上的数个第一。在黄源深的主持下，中心编写出版了国内第一套《澳大利亚研究系列丛书》，包括黄源深、陈弘的《当代澳大利亚社会》，郑寅达、费佩君的《澳大利亚史》，沈仲梦等的《澳大利亚经济》，王斌华的《澳大利亚教育》和侯敏跃的《中澳关系史》，以及黄源深、陈弘的《从孤立中走向世界：澳大利亚文化简论》(后被收入周谷城主编《世界文化丛书》，由浙江人民出版社和台湾淑馨出版社分别出版)。这套书在当时的背景下，被视为"稀缺资源"，成了人们了解澳大利亚的"指南"。1986年，我国第一部系统介绍澳大利亚文学的《澳大利亚文学选读》由黄源深主编、湖南教育出版社出版。澳大利亚文学研究权威、悉尼大学校长利昂尼·克拉默教授认为："这本选集提供了文学发展历史的概貌……将会在很长时期内成为人们学习澳大利亚文学的一部十分有用的教科书。"的确，如她所说，此后很多大学都把这本书用作澳大利亚文学课程的教材。1988年，黄源深招收了我国第一批澳大利亚文学硕士研究生，开创了澳大利亚文学研究人才培养的历史。1991年，中心发起召开了我国第一个澳大利亚文学研讨会："怀特作品研讨会"。1997年由黄源深撰写的我国第一部《澳大利亚文学史》出版，这是一部系统、权威、富有独创性的著作，自出版至今一直是学者研究澳大利亚文学的必读书。澳洲的《澳大利亚书评》杂志称该书为"中国澳大利亚文学研究的里程碑式的著作"。另据有关学者统计，2000至2004年间，全国出版的外国文学图书为11 282种，《澳大利亚文学史》在被引用最多的30本书中名列第19，考虑到我国外国文学研究仍以英、美、法、俄等大国为主，澳大利亚文学处于边缘位置，《澳大利亚文学史》能引起那么大关注，实属罕见。该书的最新修订版已由上海外语教育出版社于2014年11月出版。

　　与此同时，中心抓住了进一步发展的机会，与澳方展开了全面合作。1985年起，华东师范大学澳大利亚研究中心与澳大利亚拉筹伯大学建立合作伙伴关系。中心向拉筹伯大学派送访问学者。20世纪90年代初，陈弘、侯敏跃等青年研究人员受惠于此，得以赴澳大利亚进行访学和研究。这在当时高校里年轻教师出国名额奇缺的背景下是难得而可贵的机会。通过这样的访学,中心培养起了一支语言功底好、学术素质高且对澳大利亚研究怀有浓厚兴趣的学术队伍。中心在澳大利亚研究方面所取得的骄人成绩,得到了澳大利亚政府的赞赏和关注,随之获得了澳大利亚外交部属下澳中理事会的宝贵支持,包括多批次无偿提供图书资料,资助和邀请澳大利亚著名作家和学者等前来从事为期半年至一年的教学工作,以及资助召开学术研讨会和人员交流。1995年,在澳大利亚联邦成立一百周年将至之时,华东师大澳大利亚研究中心和拉筹伯大学的"澳大利亚联邦进程中华人的作用"的合作项目,得到了澳大利亚政府50万澳元的资助,被列为当年全澳大利亚获政府资助最多的项目,审核结论上说:"华东师大澳大利亚研究中心的参与,将增加研究的深度。"这一项目为中心进一步开展多层次、全方位的教学和研究工作创造了条件。中心成员也因此有更多机会赴澳从事项目研究和学术交流。

在黄源深的带领下,华东师大澳研中心成功举办了多次重大学术活动,包括第三届中国澳大利亚研究国际学术研讨会、澳大利亚诺贝尔文学奖得主帕特里克·怀特作品研讨会、澳大利亚书籍在中国出版情况学术讨论会等,得到了包括时任上海市常务副市长徐匡迪等上海市政府领导和澳大利亚驻华大使、驻沪总领事的支持。

1998年,我校外语学院英语系正式设立英语语言文学博士点,华东师大澳研中心开始正式招收澳大利亚研究方向博士生。自此,我校的澳大利亚研究开始朝着更高的目标迈进!

百尺竿头,更进一步

黄源深教授是一位具有远见的学者和领导者,早在澳大利亚研究中心成立的开始,他就已经重视中心的梯队建设,关注青年学者的培养。国内不少国别研究中心、研究所往往忽视这一点,在领衔教授离校或退休后,常常陷入后继无人、难以继续发展的困境。30年来,在黄源深的精心栽培和悉心指导下,华东师大澳研中心日益壮大,学科重心从文学、文化研究日趋多元,研究领域不断拓展,涉及历史、经济、文化、政治、国际关系、社会、教育等。教学课程越来越完善,教学队伍不断壮大。2001年起,陈弘、侯敏跃开始接过黄源深老师传下

黄源深(中)侯敏跃(右)陈弘(左)

的接力棒,全面负责华东师范大学澳大利亚研究中心的各项工作。

2003年,中心与拉筹伯大学合作举办全球化时代亚太地区市民社会与文化多样性学术研讨会,这是中心研究领域拓展到文化、社会和政治研究的重要标志,黄源深也欣然到会,作了关于澳大利亚多元文化的主旨发言,其思想深刻,观点犀利,得到中外学者高度评价。2010年,中心成功举办了第12届中国澳大利亚研究国际学术研讨会,吸引了近200名来自世界各地的澳大利亚研究专家学者,上海世博会澳大利亚馆为本次会议专门举办了欢迎宴会,澳大利亚驻沪总领事、澳大利亚馆馆长等亲临会场,北京大学胡壮麟教授盛赞组委会的"非凡组织能力",澳大利亚 Griffith 大学的中澳关系权威 Colin Mackerras 教授评价本次研讨会是"最好的一次",对中心为促进中澳友好关系所作出的贡献给予了高度肯定。

目前,中心负责人陈弘、侯敏跃学术成果丰富,在国内外具有较大的影响力。从1988年招收第1届硕士研究生开始,迄今为止,华东师大澳研中心已培养博士十几人、硕士百余人,其中的博士毕业生们已成为当今国内澳大利亚文学研究的中坚。陈弘担任中国澳大利亚研究会副会长、中国人民对外友好协会下属中国—大洋洲友好协会理事会理事、欧洲澳大利亚研究学会理事等。

中心目前有10多名中青年教师从事澳大利亚研究工作,承担国家级、上海市和横向项目多项。目前,中国澳大利亚研究的门户网站"中国澳大利亚研究网"设在华东师大澳大利亚研究中心,由陈弘担任主编,由中心负责内容编辑、维护和管理。

华东师大澳研中心举办的"华澳杯"中澳友好英语大赛已经成为国内一项金牌英语赛事,享有很高的社会知名度。中心的学子们也在各个场合担负着促进中澳友好和交流的使命。2014年4月,现任澳大利亚总理托尼·阿博特率一支600人的大型代表团访华,进行贸易合作洽谈。华东师大澳研中心的学子全程参与了此次活动上海站的筹备和接待工作,以其扎实的英语语言能力和丰富的澳大利亚知识获得了澳大利亚政府有关方面的赞叹和好评。

目前,与中心有合作关系的澳方院校有墨尔本大学、昆士兰大学、拉筹伯大学、莫纳什大学、迪肯大学、斯威本科技大学、西悉尼大学和美国的圣奥拉夫学院等。中心的研究生们受益于此,得以有机会赴澳大利亚和美国进行课题研究。中心与拉筹伯大学的合作交流是一个有远见的、双赢的项目,目前已经越来越成熟。拉筹伯大学每年均派遣学者和学生来中心讲学和交流,而中心的研究生和教师也获得该校的支持,赴该校从事研究和学习。

下一个十年、二十年、五十年,华东师大澳大利亚研究中心都会在国内外国别研究领域占据重要的位置,并会不断发展壮大。这条曾经坎坷崎岖少有人走的小路已变得宽阔,路边的风景让人驻足。回头看,发现最初踏上这条小路的人确实是独具慧眼、披荆斩棘、不畏艰难的。黄源深就是一位有胆识的人,他的学生陈弘和侯敏跃也是如此,后来的澳研学子也是,整个澳研中心都是。抚今追昔,中心主任陈弘说:"习近平主席在2014年访问澳大利亚时曾经引用一句澳大利亚谚语:没有梦想就会失去方向。确实,我们中心几代人都心怀梦想,立足华师大,为中国澳大利亚研究的美好未来不懈努力着。"

＊本文作者:侯玮婷,华东师范大学澳大利亚研究中心硕士研究生;陈弘,华东师范大学澳大利亚研究中心副教授。

大学英语听力规范化课程创建记

虞世航　洪玉馨　何敬业

在 1980 年代之前,中国的高等教育里还没有"大学英语"这个提法。那时,即使在有名的大学里,非英语专业的大学生也只能学习零起点的"公共英语"。由于历史原因及客观条件的限制,"公共英语"的教学只重读、写而轻听、说;在国际音标、语音知识以及语法方面与中小学英语教材还存在许多重复。但是,随着改革开放政策的实行,四个现代化要求迅速提高我国的外语特别是英语的总体水平。面对这个要求,高校学生首当其冲。

顺应时代潮流,抓住正确的大方向

1978 年,时任华东师范大学党委书记的施平同志高瞻远瞩地指出:涉及全校学生英语水平提高的大学英语教学必须进行改革试点,要从根本上打破旧的框框,走出一条全新的路子。袁运开校长也不止一次地在各种讨论教学改革的会议中指出,"大学英语"要花大力气抓,因为这事关全校学生的大事。于是,一系列有效而符合实际的教学改革措施提出并逐步实行。如率先对理科专业的学生进行英语强化教育,让他们的学制改为五年,增加一个学年重点突击英语,并实行因材分班分级施教。全校的大学英语试点以学生原有英语水平分为 A、B、C 三个组别编班,分别由吴稚倩、李慧琴、蒋范琛担任负责人,课程也各有区别。这些特殊的措施都是前所未有的,效果良好,使得学生的英语水平迅速明显提高。后来,这项举措还推广到文科学生,并为日后的全国高校英语四、六级测试打下坚实的基础。此时,全中国的大学英语教学进入了全面革新阶段,而华东师大的英语教学改革已然领先一步,初见成效。1986 年,原先的公共外语教研室升格为大学外语教学部,凸显了学校对大学外语教学改革的重视落实到组织结构的层面,更对师资从量到质的提升提供了保障。

李慧琴就是在 1983 年留学美国归来时加入到大学英语教学的改革实践中来的。从 1964 年大学毕业后就耕耘在大学英语教学领域的李慧琴,看到了 1977 年恢复高考制度后在录取成绩中外语学科所占比重的变化:从初期的"外语专业加试外语"到

1979 年的"报考重点院校的外语成绩先按 10％计入总分"，再到 1983 年之后的外语成绩百分之百计入总分。通过分析，她敏锐地感觉到，英语正在逐步发展成为一门规范、实用、主流的重要学科。学生英语基础水平的提高，使得高校英语教学的环境已经不同往昔。可是，当时的大学英语教学在很大程度上仍然停留于重书面教学而轻实践运用，如此往复，必将成为孕育哑巴英语的温床，英语水平总体仍难以突破。而哑巴英语正是牵制真正掌握英语的瓶颈。很多书面考试成绩不错的学生却一点也听不懂或说不出一句英语口语，理论和实践严重脱节。要彻底改变这种状况，必须把大学生的英语听说能力作为突破口。

1984 年，我校首次在全校为非英语专业开设了大学英语听力课程，一个独立的教研单位——"大学英语听力教研室"成立了。李慧琴成为了教研室主任。教研室成立之初，其成员仅有她和另一名教师两个人。即使后来陆续发展到 6 名教师，面对全校的学生，教学任务的艰巨仍然可想而知。大学英语教学改革的号角虽已吹响，但长期沿袭传统的教学现实却使得莘莘学子们仍在原地踏步。开始时，连教学安排都是步履维艰，只能在晚上增加一个课时，学习成效很不明显。就在李慧琴为此苦思解决良策之时，她接到了全国统编大学英语教材的听力教材的编写任务。她隐隐感到，教材的更新或许能成为改革大学英语教学的一个契机。

李慧琴在工作中

然而这时的李慧琴，并没有足够的自信和周密的计划。大学英语的听力单独分册教材是一个前人鲜有触及的课题，而且她自己更缺乏编写教材的经验，扛下这份教材编写任务，可谓责任重大、直面挑战。但是时代的改革潮流在推着她前行，李慧琴没有其他选择，她毅然决心闯关。在迎接挑战的道路上她并非单枪匹马，她的大学同窗虞苏美教授与她一起担任主编，他们带领了一个有老、中、青教师参加的教材编写组共挑重担。

在创新的道路上既无捷径，也不会一帆风顺。1985 年 6 月，李慧琴以讲师身份参加了外语教育出版社召开的一次教研会议。参加这次会议的大多为来自国家教委以及国内各大高校的专家、教授。虽然在众多前辈面前发言使她略带紧张，但李慧琴仍然提出了自己经过思考的创新见解，要重视大学英语听力的教学理念。谁料她话音刚落,与会的一位名牌大学教授便当众提出了尖锐的反对意见。在如此重要的会议上当众遭到质疑,让李慧琴有些不知所措。但是,慧眼识珠的教材总主编,复旦大学董亚芬教授的一句鼓励,让她重拾信心:"我听听蛮好的,李慧琴蛮有思想的,胆子大一点么。"就是这句亲切的鼓励,为李慧琴重启了一扇希望的大门,让她刻骨铭心,每每回忆起来,仍然热泪盈眶。前辈的一句话,不仅激励了当时的她,甚至还影响了她之后的工作生涯,使得李慧琴在培养后辈教师时,也总是以鼓励为主。

为了尽快填补学科空白,李慧琴大胆地决定先将美国经典教材 Streamline English 引入课堂。这无论对从未接触过原版教材的学生们,还是李慧琴本人,都无疑是莫大的挑战。与此同时,李慧琴奔波于各种书店和图书馆,通过翻阅海量书籍,将编写听力教材的素材一点一滴地积累起来。功夫不负有心人,在虞苏美、李慧琴主编的领导下,汇合整个教学部编写组的努力,《大学英语听力教程(1—6 册)》(暨教师用书)终于在 1990 年 6 月由上海外语教育出版社正式出版。该教材在全国高校广泛使用,受到全国 700 多所高校师生的一致好评。这是华东师范大学大学外语教学部对全国高校大学英语听力教学的重大贡献。此后,教学部不断充实编写力量,在教学实践中对这套教材几次改版,以其优异的质量使得国内上百所高校乐于沿用至今。李慧琴又带领教学部的团队,陆续主编出版了《速而准听力教程》、《中学英语分级听力(1—7 册)》(暨教师用书)、《英语听力基础(上、下册)》、《大学英语听说广播教程(上、下册)》等英语听力教材,为大学英语同时为向社会普及英语教学作出了杰出的贡献。

好教材和好教学形式合成规范化课程建设

自 1984 年大学英语听力教研室成立之后,李慧琴不仅在教材编写上深入探索,更在教学形式上勇于创新。她始终坚信,一套兼收并蓄的课程必须做到知行合一,充足的教学资源是一方面,良好的教学方法更是不可或缺。20 世纪 80 年代中期,改革后的大学英语课程还未在全校推行,而是仅在一些专业实施试点教学,李慧琴的授课时间也仅局限于非常规时段(早晨 6 点 45 分或晚间)。学生们求知若渴却无奈条件有限。在这样的教学环境中,李慧琴体悟到,一定要使学生对听力有持续的兴趣,才能使学生的听力水平不断提高。她觉得必须增加课外英语活动相对于传统课堂教学的比重。为了加紧推进大学英语听力规范化课程建设,李慧琴富有前瞻性地首创了"40% 启发式课堂教学+60%课外活动"的教学形式,让哑巴英语成为能够学以致用的实用英语。

对于 40%的启发式课堂教学,李慧琴提倡必须抓住三个环节:1. 上好第一堂课;

2.从培养学生听的能力入手,因材施教;3.重视 Oral Practice 部分的练习。在这种消除学生思想障碍,激发持续学习听力课程的热情的教学新模式的推动下,学生们对于英语学习的热度也逐步攀升,借着这股东风,李慧琴加紧组织开展多项"第二课堂"的英语课外活动。设立"听音室"是最具有建设性意义的活动之一。

在计算机技术尚未流行的 1980 年代中期,我校的学生们就可以走进一片专属于英语听力的小天地,通过教研室老师收集和制作的成百上千盘英语磁带,享受到与当今大学生无异的海量英语听力资源。在原版听力资料不易获得的大环境中,这样优越的英语听力环境自然使得全校学生倍加珍惜。听音室成立以来,每日座无虚席。教研室的老师们为值班无形中增加了许多工作量,但大家一心一意为了提高全校学生的英语听说水平而毫无怨言。李慧琴也常常亲自去听音室值班,在自己辛勤创建的小天地中挥洒汗水,播种知识。

大学英语听力教研室还倡议学校建立师大外语广播台,举办英语演讲比赛、英语歌曲大奖赛、口语比赛等等,充分调动学生学以致用的积极性,掀起了一股校园英语热。校刊上的英语课外听力节目预告成了全校学生关注的热点栏目。为了收集更多的英语听力比赛奖品,李慧琴提议各个院系上交一定数量的音带,并在举办各类比赛时以奖品的形式赠送给学生,用她的话来说,这也是"取之于民,用之于民"。自 1986年起,更增设了一年一度的"英语听力大奖赛",参赛人数往往逾千人,可谓盛况空前。教研室将这样的教学实践持之以恒,收集的音带达到过 2 000 盒之多。正是这种坚持,创造了一个前所未有的轻松活跃的英语学习氛围,让学生们的英语听力成绩在不知不觉中得到了长足的提高。

不畏困难闯新路,甘当红烛燃千炬

李慧琴带领团队在大学英语听力课程建设中获得的丰硕成果,既体现了她对于听力教学的独到见解,也展示了建设这项新课程的崭新理念。她深知发挥团队力量的重要性。在组织教学过程中,李慧琴对后辈教师严格要求是她坚守的职业原则。她明白,所谓大学英语听力规范化课程,不仅课程形式要规范,对学生的要求要规范,对教师的规范化要求,更是不容忽视。李慧琴领导的大学英语听力教研室总是把听力师资队伍的自身建设放在首位。没有好教师,一切教学创新无从谈起。基于这样的原则,她以身作则严格要求自己和教研室的教师必须做到:1.有责任感,对得起学生,对得起自己;2.严格抓学生出勤率;3.必须批改作业,并登分入册;4.做有心人,对学生要有感情投资;5.要运用启发式教学方法,因材施教。

　　李慧琴对教学的认真态度赢得学生们的热烈反响。提起当年自己的课堂情况,李慧琴难掩自豪。"即使讲座课放在几百座位的科学礼堂也是座无虚席","上课时满满的教室里鸦雀无声"。如此井然的课堂秩序得益于李慧琴独特的课堂控制方法:如她在讲座课前留出五分钟,让学生聊完与课堂教学无关的内容。加之教学内容翔实,形式生动,自然能够吸引学生认真听课。在她看来,学生英语听力成绩的提高,除了需要依靠一整套科学的管理机制,也需要通过学生与老师的双向努力来达成。而在很大程度上,只有老师正确地引导,才能使学生的学习过程事半功倍。因此李慧琴总是全身心地投入到教学工作中去,恪守作为一名教师的职业信条,潜心钻研各项教研任务,精心组织教学内容,勇于探索与改革教学方法。她一心扑在教学工作上,常常在晚间也跑到学校加班加点,对工作百分之一百二十地投入。李慧琴的辛勤劳动和在大学英语听力教学上的突出成绩也获得了学校和社会对她的肯定、褒奖。她先后获得的众多荣誉称号中,有 1992 年度上海市"三八红旗手"、1995 年首届香港伯宁顿中国教育基金会颁发的"孺子牛全球奖"荣誉奖等等。她牵头的大学英语听力规范化课程,也于1989 年 11 月获得了由国家教委颁发的普通高校优秀教学成果国家级优秀奖。这是国家教委给予高校课程的最高肯定。

　　但是,面对荣誉,李慧琴教授总是很谦虚地把成绩归功于集体和时代。她更看重因大学外语教学部集体努力而带来的成绩。在李慧琴为首的大学英语听力教研室的努力下,教学相长,成效显著。我校的大学英语听力水平在测试中连续 7 年名列部属院校前茅,平均分远远超重点大学的平均成绩。如在 1996 年的全国大学英语四级听力考试中,我校以平均分 15.35 分(满分 20 分),高出全国平均 5.67 分之多,相比全国重点大学的平均 11.81 分还高出 3.54 分,荣登榜首。这殊荣毫无疑问应该主要归功于由李慧琴教授领衔的我校大学英语听力教研室。

* 本文作者:虞世航、洪玉馨,华东师范大学外语学院英语系学生;何敬业,华东师范大学外语学院教授。

始建地理系　回归地理学

徐天芬

　　1942年，当我在中央大学附属中学初中二年级读书时，就认识了王文瀚、周淑贞老师。周老师教的地理课内容丰富，深深地吸引了我。这是我与地理学的初缘。5年后，我以优异成绩直升中央大学。最后，我选择了王文瀚、周淑贞老师毕业的地理系。从此，我和地理学结下了不解之缘。名师荟萃的中央大学地理系为我打下了扎实的地学基础。1951年大学毕业后，我被分配到刚建立的华东师范大学，加入创建地理系的队伍。地理系的五位初建者中就有王文瀚老师，我们从师生变成了同事，在教学中我担任了王文瀚老师的助教。1953年，我有幸被选为全校首批出国留学生，由此开启了我从事综合自然地理教学和科研的学术生涯。1972年2月我被调到新组建的校自然辩证法研究机构，从事自然观中的天体演化学研究。虽然离开了地理系，但是与地理学的不解之缘驱使我发挥哲学理论的优势，立足新的高点，从20世纪80年代初开始涉足人地关系的理论研究，为复兴我国人文地理学作贡献。退休后，年届八旬时，我参加了资环学院老教授协会的活动。每当我和地理系的老同事、老朋友相聚时，就有一种"回娘家"的亲切感。

一、华东师大地理系的初建

　　1951年，我校初创时，其他系都有并校前的基础，唯独地理系白手起家，只有5位教师，其中3位授课教师是：苗迪青（地质学）、王文瀚（气象气候学）和褚绍唐（地图学），两位助教是：叶学齐（浙江大学地理学刚毕业）和我。最初的"设备"是一间办公室、几张桌子和几把椅子，用"家徒四壁"形容一点也不为过。

　　我们就在这样简陋的条件下开始艰苦的创业历程。1951年10月华东师大招收第一届大学生，地理系招了19名，其中包括项立嵩（提前毕业留系当干部）。学生进校后，对3位授课老师都比较满意。苗迪青先生早年留学日本攻读地质学，解放前长期在大学任教，有教学经验；王文瀚先生语言生动，教学效果好；褚绍唐先生的地图课内容丰富，以他翻译的剑桥大学地理学教授斯特尔斯所著《地图学投影法》为蓝本，而且

1952 年华东师大地理系部分师生合影

前排自左至右：徐天芬　王中远　周泽松　朱季文；后排自左至右：
叶学齐　唐蟾珠　王文翰　陈杏芬　苗迪青　吴泗璋　项立嵩

能在黑板上徒手绘出各国地图，所以很受同学们欢迎。但是，只能开出三门课毕竟是远远不够的，所以校、系多方招聘授课教师，终于先后聘请到了吴泗璋（地球概论）、刘象天（中国自然地理）、钱今昔（外国经济地理）等多位教师。助教还是只有我和叶学齐二人，需要辅导多门课程。当时我是代系主任苗迪青的助理，因他住在校外，不能常在校，所以全系的行政和教学管理等事务常落在我一个人身上。我曾调侃自己：既是勤杂工又是系主任，还是"万能"助教。我校地理系初建时的艰辛可见一斑。

　　可喜的是，1952 年迎来了全国大规模的院系调整，地理系尤为幸运，因为全国屈指可数、实力雄厚的浙江大学地理系将充实我系。校方非常重视这件大事，把我临时调到校人事部门，帮他们搞好此项工作。后来，我和校人事部门的领导一同前往上海火车站迎接以系主任李春芬教授为首的浙大地理系老师们，这一激动人心的时刻让我至今难忘。为了扩大办公和教学用房，校方拨给我系一套独立的平房，坐落在办公楼和老图书馆之间，它称得上是新地理系奠基的象征。

　　李春芬接任华东师大地理系主任后，凭借他的学术地位和人格魅力，除严钦尚和陈吉余先生外，又先后聘请到了一批地理学界著名的学者、教授，他们是胡焕庸、周淑贞、严重敏、金祖孟、程璐等。这些名师很快就成为地理系的栋梁和学科带头人。与此同时，又迎来了毕业于北京师大、东北师大、西南师大等校地理系的多名优秀年轻人才，进一步充实师资队伍。在短短几年中，我校地理系迅速发展壮大，在全国地理学界声名鹊起。

1956年地理馆正式建成。它地处校园中轴线上,居理科五馆的中央位置。堪称华东师大的标志性建筑。从此,地理系有了名符其实的家。

二、开创综合自然地理为农业服务之途

1953年暑期后,我校选定5名首批留学苏联人员,我是其中之一。当时,李春芬高瞻远瞩从我系学科发展需要出发,鼓励我学习综合自然地理学,这正是苏联地理学领域的强项,我欣然接受。1954年10月我进入苏联列宁格勒大学(今圣彼得堡大学)地理系,师从苏联科学院院士、著名地植物学家和自然地理学家索恰瓦教授,攻读副博士学位。留苏期间,在理论学习的同时,先后多次参加野外考察活动,其中包括跟随著名景观学家伊萨琴科教授,从黑海东岸索契地区的湿润亚热带景观,一直考察到高加索山区的冰川景观。最后还参加了中苏黑龙江流域综合考察工作,并据此撰写了我的学位论文。宝贵的留学经历,锤炼了我从事综合自然地理教学、科研的功底。

留学归来担任自然地理教研室主任后,我便积极组织人力投入这方面的工作。我和潘明友、郭蓄民首先开设了自然地理基本问题和景观学等综合自然地理学方面的课程,引入道库恰耶夫、贝尔格、索恰瓦、伊萨琴科等苏联学者的学术观点和理论体系。综合自然地理学的理论课受到学生们的一致欢迎,普遍反映扩大了地学视野。此后,综合自然地理学被列入地理系学生的必修课。同时,我逐渐认识到综合自然地理学也应该从理论到实践,如开展综合自然区划工作就是综合自然地理学理论联系实际的重要手段。

1962年机遇来临。这一年江苏省农业区划委员会正式成立,中国科学院南京地理研究所所长周立三任副主任委员。农业区划需要以综合自然区划为基础,所以周所长就与我校地理系李春芬主任商定,由我系自然地理教研室和南京地理所自然地理研究室共同承担江苏综合自然区划的任务。为此,正式成立江苏省综合自然区划工作组,最初由7人(上海4人、南京3人)组成,我任组长。

在野外调查前,我们作了充分的室内准备工作。其中最重要的是确定区划原则。首先,综合自然地理区划以地域分异规律为理论基础,所以地带性与非地带性相结合的原则无疑是综合自然地理区划的基本原则。其次,在不同等级的自然综合体中起主导作用的自然因素不同,按主导因素划分区域是综合自然区划的重要原则——主导因素原则。再者,每个自然综合体都有其发生、发展的过程,所以发生学原则既根据发生上的一致性划分区域,也是综合自然区划的重要原则。除上述以学科角度确定的区划原则外,我们认为,为农业服务的综合自然区划必须增加联系农业生产的原则。在实

地调查中要注意农业生产因自然条件不同而产生的差异性,把对农作物有重要影响的积温作为划分区域的重要指标,并重视灾害性天气、土壤盐渍化危害农业生产程度的分析,最后要对各级自然区域作出农业评价。

1963年,我们正式启动野外实地考察,足迹遍及江苏省南北各地,收集了大量资料,全面掌握了全省各地气候、地貌、水文、土壤、植被等自然地理条件,以及各自然地理要素相互影响的综合特点,并在调查农业生产现状的前提下初步分析农业发展的前景。最后,我和蒋长瑜、南京地理所的董雅雯和陈家其4人完成了江苏省综合自然区划的总结报告,为江苏省农业区划提供了必要的依据。

此项工作开创了综合自然地理学为农业服务的途径,也推动了该学科教学和理论的发展。工作结束后,我撰写了论文《试论综合自然地理区划的原则及其贯彻的方法——以江苏省为例》,发表在《华东师范大学学报(自然科学版)》1964年第2期。系主任李春芬自始至终关心和支持我们的工作,审阅总结报告,进行理论指导。他也曾发表论文《以江苏省为例探讨平原省区自然区划中的几个问题》,着重论述区划中有关等级单位系统、低级区域单位的界线标志以及人类经济活动对区划的重要意义等问题。这对我们的工作有重要的指导意义。

三、为复兴我国人文地理学作贡献

20世纪50年代,我国地理学深受苏联地理学二元论的影响,也出现自然与经济分离的"纯自然"与"纯经济"的倾向,并以经济地理学取代人文地理学,使人文地理学其他分支的发展受阻。这一状况在我国一直延续到20世纪70年代末。在著名的人文地理学家李旭旦教授的大力倡导下,我国人文地理学才开始复兴。深深的地理学情结促使我也迈上了这条复兴之路。当时李旭旦特别强调研究人地关系理论的重要性,这对我是莫大的启发。我认为自己的优势在于已经拥有开展综合自然区划为农业服务的经历,又掌握了自然辩证法的理论思维方法,这为我研究人地关系论提供了有利条件,我决心从这方面努力,积极参与我国人文地理学的复兴。

1981年10月,中国自然辩证法研究会成立大会暨首届自然辩证法学术年会在北京召开。这是一次规格高、规模大的盛会。开幕式上宣读了中国科学院院长卢嘉锡、科协副主任茅以升等多位领导人的贺信,李昌副书记到会讲话,中国社会科学院副院长于光远在开幕式和闭幕式上都作了重要讲话。最后,大会选举于光远为研究会理事长,周培源、卢嘉锡、李昌、钱三强、钱学森等为副理事长。大会收到论文670多篇,评选出208篇作为大会交流论文。最后选出30篇汇编成《自然辩证法论文集》,1983年

10月由人民出版社出版,1984年第17期"自然辩证法学报"上对论文集作了报道,并选出15篇论文做了重点介绍。

我应邀参加了这次大会,交流论文《论人地关系的辩证法》被选入《自然辩证法论文集》,并在"自然辩证法学报"上作了介绍:"论文在理论和实践的结合上阐述了马克思主义关于人和自然和谐发展的重要性。"我国现代人文地理学奠基人胡焕庸教授也对论文有很高的评价,认为"该文是一篇重要的学术论文,起到了总结过去、开创未来的作用"。

论文《几种人地观的评述》发表于《自然信息》杂志1982年第2期。我在文中第一次提出"人地观"概念。简单地说,人地观就是对人类社会与地理环境关系的总看法。文章的基本观点得到李旭旦的赞赏,他鼓励我继续研究下去。1983年6月中国地理学会人文地理专业委员会成立,李旭旦任主任委员;10月李旭旦推荐,我被聘为该专业委员会委员。

联合国教科文组织1971年发起的"人与生物圈计划"旨在预测人类活动引起的生物圈变化,以及这种变化对人类自身的影响,并研究如何保护生物圈,保护人类的生存环境。人与生物圈的关系其实就是人类与自然环境的关系,也是人地关系的研究内容。1983年6月在全国首届地学辩证法学术讨论会上,我递交的论文《从生物圈到智慧圈》就是试图从人与生物圈关系角度探讨人地关系问题。文章首先阐述生物圈、人类圈、技术圈和智慧圈的发生发展,它们之间相互关系;然后指出技术圈破坏生物圈的现状和原因;最后,讨论了完善智慧圈以改进技术圈从而拯救生物圈的问题。文章发表于中国生态学会主办的《生态学杂志》1984年第2期。

全国高等师范院校自然辩证法教学讨论会1980—1986年期间每两年召开一次。在这4次会议上我都以领导小组成员的身份呼吁与会者,在自然辩证法自然观的教学中,给人与自然关系的内容以足够的课时,并介绍我们研究室这方面的教学经验。此后,在我们制订的教学大纲和编写的自然辩证法硕士生教材(《自然辩证法总论》,曾近义、徐天芬、解恩泽、柳树滋主编,山东人民出版社1990年版)中,人与自然关系的内容均占一定的篇幅。

1983年12月在全国首届自然观学术讨论会上,我讲了应该重建人与自然是有机统一体观念的问题。我认为,在"人定胜天"思想指导下,人们违反自然规律改造自然的结果,是一次次遭到自然界的无情惩罚。所以,只有重新建立起人与自然是有机统一体的观念,人类才不会以主人自居奴役自然,人类才能与自然和谐相处。文章以"人与自然是有机统一体"为题发表于《华东师范大学学报(哲学社会科学版)》1984年第3期,当年新华月刊和高等学校文科学报文摘等杂志都刊登了论文摘要,同时文章还被收入广州暨南大学《自然辩证法论文集》。

《人地观的历史发展和马克思主义人地观初探》是我的一篇总结性论文,发表于《华东师范大学报(哲学社会科学版)》1985年第3期。文章首先剖析历史上各种不同的人地观及其所起的作用,如德国地理学家拉采尔的地理环境决定论、法国地理学家维达尔·白兰士和白吕纳的人地相关论、俄国学者革命家普列汉诺夫关于地理环境通过生产力影响人类社会发展的观点等等。文章指出,只有用马克思主义生产力理论分析人类社会与地理环境的关系,认识到人地关系是一种动态、对立统一的和互为因果的关系,才能建立正确的人地观。文章正是从这三方面展开了马克思主义人地观的探讨。

我国国民经济第六个五年计划把人文地理学作为需要重点发展的学科之一。为此,1984年暑假期间教育部和中国地理学会人文地理专业委员会在北京联合举办了首届人文地理研讨班,我校地理系1984—1985年也开办了人文地理助教研修班。我应聘在这两个班讲授人文地理学的理论基础,探讨人地观的发展。向来自全国各地的青年教师、人文地理教学和科研的接班人传授人文地理学理论是我的责任。学员们对我的讲授普遍反映"内容丰富,深受教益"。最后,北京人文地理研讨班的讲稿列入李旭旦主编的《人文地理论丛》,1985年由人民教育出版社出版。

发表论文、宣讲观点、培养接班人是我在20世纪80年代我国人文地理学复兴时期所做的三项工作。光阴荏苒,匆匆已过去30年,如今我国人文地理学已蓬勃发展。在地理学界缅怀我国著名人文地理学家李旭旦为复兴我国人文地理学作出卓越贡献时,我也感到十分荣幸,因为李旭旦曾经是中央大学(新中国成立后改名为南京大学)地理系系主任,是我的老师,在我国人文地理学复兴时期我是他的追随者。正如我是华东师大地理系的始建者之一一样,我也是为我国人文地理学最初的复兴贡献力量的研究者之一。我曾在回顾往昔岁月时说过:"为后人创业,不求立丰碑,只盼理想早实现。"今天,我已从创业看到了理想的实现,感到十分欣慰。

＊本文作者:徐天芬,华东师范大学地学部教授。

地理学科建设的传承与创新

张　超

学科建设是当前华东师范大学建设高水平研究型大学的重要载体,也是培养创新教师和创新学生的重要平台。我校地理学科的老一辈地理学家和地理教育家所建立起来的一系列精品学科,为地理学科建设的传承与创新奠定了坚实的基础,是一笔宝贵的财富。

时间过得真快,我从 1955 年进入华东师大地理系学习到留校任教至今已近 60 年了。毕业留校后,根据教学需要,在校内选修了热力学与分子物理、高等数学、概率论与数理统计等课程。在校外又安排我在同济大学、复旦大学、南京大学,进修了流体力学、气象学、天气学、气候学等课程。1984 年 10 月到 1986 年 1 月,我在美国加州大学伯克利分校任高访学者,之后又分别赴美国、日本、加拿大、英国和中国香港、澳门、台湾地区进行大气环境、人文地理、区域发展、数量地理、地理系统工程等方面的学术交流,从而开阔了眼界,为地理学科建设增长了才干。1992 年至 1998 年任我校地理系副主任、主任,1991 年至 2000 年任教育部理科高校地理教学指导委员会副主任兼地图、遥感、地理信息系统教学指导组组长。曾任数届上海市气象学会副理事长、中国地理学会数量地理专业委员会主任、地理学报编委、全国高校计量地理和地理信息系统教学研究会主任、上海市浦东新区城市建设科技委员会技术顾问、上海市信息化委员会专家指导委员会委员等职,这些学术兼职为学科建设方向的确定、责任感的加强及学科建设实践提供了帮助。学科建设的传承与创新和科学研究是紧密联系的。我先后主持了"人口地理学中的数学模型"、"上海市农业 GIS"等国家自然科学基金,863 子课题,教育部、上海市科委、信息委、建委、农委等十余项重大科研项目,为学科建设提供了学科前沿的内容、方法、实践应用的创新。舍此,可能使学科建设则成了无源之水,无本之木。

回顾几十年来,从气象气候、计量地理到地理信息系统的学科建设历程,所留下的脚印,既有困苦和汗水,也有甜蜜和振奋。

一、气象气候学科建设中的传承与创新

气象气候是认识地理事物的重要窗口。在地理教学中,气象学与气候学历来是主

干课程之一。早在 1977 年，教育部在上海召开全国地学教材会议，经讨论决定，由我校的著名地理学家、气象气候学家周淑贞教授任气象学与气候学教材主编，我有幸作为周淑贞指导培养的青年教师，参加教材体系建设的调研、讨论，并承担气象部分、实习教材部分的编写。教材于 1979 年由高等教育出版社出版，是我国高校地学类最早完成的讲授与实习配套教材，为全国高校地理系及其相关专业采用。以后分别在上海、广州、长春、兰州、昆明等地，举行过教材评价、分析会议，在广大师生的教学实践中，该教材得到了充分肯定。至今教材已由高等教育出版社发行三版，印数达几十万册，培养了一代又一代的学生，并获全国优秀图书奖（1982 年）、国家教委颁发的优秀教材二等奖（1988 年）。本教材于 1996 年又在台湾明文书局以繁体字出版，供台湾高等学校地理、气象专业作为教育用书。记得在有关的学术会议上，多次有人问我，这本教材为什么能成为经久不衰的精品教材？我认为，关键是教材体系和内容建设中的传承与创新。早在 20 世纪 30 年代，我校胡焕庸教授就出版了《气候学》一书，首次在中国介绍了德国气候学家柯本的气候分类法。周淑贞在总结其几十年教学经验和科研成果的基础上，率团队克服种种困难，建立了以气候为重点、气象为气候的物理基础、天气为气候的天气学基础、大气环流为纽带的创新教材体系。学科的各部分有机联系，环环相扣，地理学科特点的方向明确，整个内容被"盘活了"。其次是学科内容的与时俱进，基础理论部分立足学科前沿，应用部分论述了全球气候变化、城市大气环境、世界气候分类的新方法等最新的国内外研究成果的内容。再就是周淑贞以自己不辞辛劳的奋斗精神，鼓舞了她率领的团队，营造了团队协作、艰苦奋斗的氛围，体现了那种所谓"晨钟暮鼓，青灯黄卷"、"不用扬鞭自奋蹄"的拼搏精神。

城市气候研究及其分支学科的建立，既是气象气候学科建设和创新的重要组成部分，也是我校为这一学科建设作出的杰出贡献。早在 1959 年，上海市气象局、同济大学和华东师大共同合作了一个项目，针对上海城市规划和房屋建筑的需要，在全市布置了 26 个气象观测点，进行连续三昼夜的不同高度、不同下垫面特点、多要素、逐时多层次的气象观测，获取了城市气温、湿度、风向、风速等宝贵资料。我当时参加了这项工作，这为我以后进行城市气候研究打开了思路。"文革"结束以后，以李春芬教授为理事长的上海市地理学会请我作一次学术报告，当时的题目就是上海城市气候。1979年，学校对该项研究十分重视，并给予支持，但没有项目经费，只是免费调派三部汽车，我带领了数十名学生，在上海市进行定点和流动观测，在野外的伙食费都是自掏腰包，从而获取了宝贵的资料，最终绘制了第一幅"上海城市气温分布图"，后为上海市城市地图集采用。我们在周淑贞率领下，一起对城市气候进行了深入研究，发现了城市气候的"五岛"［城市热岛、干岛、湿岛（交替）、雨岛、混浊岛］效应。中央气象局、中国科学院陶诗言院士在美国参加学术会议时，面对"中国是否有人在搞城市气候研究"的问题,他介绍说,"中国华东师范大学的周淑贞、张超在做这方面的工作。"后我和周淑贞多次获得了参加国际城市气候学术会议的机会,得以发表我们在城市气候和城市大气环境方面的研究成果。记得有一次在上海市气象局遇到陶诗言先生,他曾对我说:"你们要把城市气候研究和城市大气环境研究结合在一起,一定能做出开拓性、创新性的成果。"他竖起大拇指勉励我们要坚持这一方向,同时还要求我写一本"城市气象观测规范"的书,以推动在全国开展这一工作。此后,我们承担国家自然科学基金、上海市政府有关城市气候和城市大气环境的多项课题,由我主持的课题就有"上海城市气候的街谷效应与大气环境"、"上海市大气扩散参数实测试验"、"上海城市热岛效应及其对策研究"、"上海市大气环境区划与大气污染防治对策"等多项重大课题。在上海城市气候街谷效应的研究中,运用了气象梯度观测、污染实测、风洞试验、数值模拟等相结合的方法,这在国内尚属首次,研究成果被专家评审为"具国内外先进水平"。为浦东新区开发而做的大气扩散参数试验,观测地点选在浦东新区张江和市区的街道。我们用施放平衡气球、多点经纬仪跟踪观测,模拟大气扩散;用施放探空气球、地面接收信息,研究大气层结,这些在国内大城市中也属首次。冬夏各观测一次,每次连续15天,每天观测时间与常规气象观测时间相同。每次出动数十人,真可谓工程浩大,十分艰苦。当时束炯不仅负责平衡气球的观测分析,还负责氢气瓶、氮气瓶的搬运以及平衡棚的安全,那种为科研奋不顾身的身影,还历历在目;在一个严寒的冬天,由北京大学气象系毕业、在部队从事天气预报多年后来校任教的李朝颐老师,穿着蓝色土布劳动大衣,在村道旁的小屋顶上架起了经纬仪,进行观测,记录数据,那刺骨的冷风、小屋顶的危险、施展不开的手脚丝毫没有影响到李朝颐,还在聚精会神地旋动经纬仪按钮,让人见了十分感动;一个炎夏的中午,王远飞在南市区一个住宅的屋顶上,架起经纬仪进行观测,为方便观测竟然扔掉草帽,光着上身,任由烈日炙烤,实在让人见了难忘啊。观测队伍中还有其他教研室的老师和办公室、实验室的青年同志等。城市气候研究成果的取得是和团队的协作、拼搏奋斗分不开的。他们是实实在在地为我校学科的建设作出了贡献。正是在这些研究成果的基础上,发表了专著《城市气候学导论》(周淑贞、张超,华东师范大学出版社,1985年)及论文《上海城市热岛效应》(周淑贞、张超,《地理学报》,1982年)等论著。这些成果,被国际地理联合会(IGU)城市气候专业委员会表彰为"是热带、亚热带地区城市气候研究的优秀成果之一",该专业委员会主任OKe教授专程来我校讲学,并称赞华东师大城市气候的研究成果。在日本京都参加国际城市气候与建筑的学术会议时,周淑贞被称为城市气候研究全球五位老专家之一,她的照片被放大投影在会议大楼的墙壁上。这样的学术地位,使我为之振奋。

　　在气象气候学研究和教学实践中,我逐渐认识到建立地理气候学的重要性,它是地理学和气候学相结合而产生的一门新兴学科。对地理气候的研究,可以认识气候变

周淑贞在工作中

化规律及其在地理区域自然景观形成中的作用,从而为利用气候资源、发展生产提供重要的科学依据。我利用在美国任访问学者的机会,分析地理气候学在国外的研究现状,并搜集了全球 130 多个气象台站的经纬度、海拔高度、各月平均气温、降水等气候资料。经过深入的分析研究,并结合相关的科研和教学实践,于 1989 年由国家气象出版社出版了专著《地理气候学》(张超等),填补了我国在这一学科的空白。回顾研究实践,深感地理气候的形成是一个复杂的过程,它不仅包括知之较多的大气性状,而且包括知之甚少的海洋与冰体的性状,以及地表的变化。除了一些物理因素,还存在着对气候有影响的生物化学过程的作用,以及人类活动对气候的影响。实践证明,脱离下垫面来谈大气物理过程,是不能解决气候问题的。例如美国东南部是否算季风气候,我国青藏高原对亚洲气候影响如何,为什么有近海沙漠,澳大利亚气候为什么会表现出环带状分布,以及当前全球气候变化和对策等,都需要结合地理环境,认知和分析气候成因,并利用气候资源造福人类。记得有一次在北京开会,正好和中国科学院施雅风院士同住一个房间,他告诉我,曾在书店购买了一本我编著的《地理气候学》,并对论著的内容和方向加以肯定,使我倍受鼓舞。

二、我国计量地理学的诞生和发展

20 世纪 60 年代,美国发生了一场地理学的"计量革命",那时我国正在进行"文革"。"四人帮"倒台以后,邓小平同志提出高等教育要引进一些国外教材。在地理教学中引进教材感到困难的除了外语以外,就是地理数学模型,特别是人文、经济地理中的数学模型,我国学生没有接触过,而当时要获得一本国外教材也是很困难的。记得有一次商务印书馆的一位同志,曾给我写了一封信,说是在香港的书展上,发现有一本标有"世界名著"的《计量地理学》,这勾起了我的心思,很想看看这本书,动了很多脑筋,也没有得到。后来当我得知首都图书馆珍藏这本书时,急忙到上海市革命委员会,开一封介绍信,专程去了北京。不料这本书在首都图书馆是不让外借的,我就把上海市革命委员会的介绍信给管理员看,好说歹说,让我借出去看了一个晚上,第二天早上就归还。那时中国刚有复印,还在全国举办过复印学习研讨班,我校有一位老师参加过这个班,他让我去找他在工业部的一位学习班同学,帮助复印,于是熬了一个通宵才把这本书复印好。书稿到手后,通读了全书,我的第一个印象是这本书很好,大家都应该看一下。我回校后就将该书扫描油印,并邮寄分发到全国各高校地理系,让大家一起分享。当时也有老师说我太傻,怎么能把这么难得的资料分发给其他人呢,但是我的唯一想法就是推动计量地理学这门学科,尽快在全国高校相关院系加以发展。正是基于这一想法,在我校地理学的教学计划中,率先开设了高等数学、概率论与数理统计、线性代数、计量地理学等系列课程,后被全国高校许多地理系所采用。这一课程体系的确立和教学实践,得到了李春芬、胡焕庸、周淑贞等老一辈地理学家的大力支持,这是十分难能可贵的。此后,在教育部制定的我国高校地理学专业教学计划中将计量地理学列为必修课程。1980 年,在教育部理科地理教材编审委员会的杭州会议上,确定由华东师大张超负责计量地理学科组,其成员还有南京大学的林炳耀教授,东北师范大学的杨秉庚教授。张超执笔分别编写了综合大学地理系和师范大学地理系"计量地理学"教学大纲,使这一学科得以确立,并稳步发展。为了进行教材建设,在李春芬的支持下,先是编译出版了《计量地理学导论》(张超、张长平、杨伟民,高等教育出版社,1983 年)一书,接着在国家自然科学基金"人口地理学中的数学模型研究"等多项与此相关的科研项目支持下,发表《概率论与数理统计在地理学中的应用》(张超等,计量地理专辑,华东师范大学出版社,1983 年)等多篇论文。在此基础上,编写出版了《计量地理学基础》(张超、杨秉庚,高等教育出版社,1984 年)、《计量地理学基础实习和计算程序》(张超、余国培、张长平、沈建法,高等教育出版社,1984 年)两本统编教材。该教材 2000 年出版了第 2 版,使用至今,其主要贡献是首次将概率论、数理统计、多元分析方法系统地引进教材当中,推动地理科学迈向数量化的进程。并同其他课程一起,培养了一大批地理优秀人才,当时在全国被誉称为"青年地理学家"的俞立中教授、王铮教授、沈建法教授等,都是这一时期我校地理系毕业生。记得当时中国科学院地理研究所、地理综合考察委员会等单位,都曾向我表示过需要华东师大地理系的毕业生。一次在英国进行学术访问时,遇到中国留学生,他们有的并非来自华东师大,甚至有的并非自地理专业,但他们说,为便于学习和工作,他们出国时竟携带我主编的这两本书,这使我深受感动。

正是在地理学"计量革命"的基础上,地理学的区域科学分支开始萌动。事实上,社会经济发展面临着人口、资源、环境和区域发展（PRED）问题的严峻挑战，同时，地理学在内容上的社会化、经济化、定量化的发展趋势也日益明显。我们清楚地认识到地理学本来就是区域性和综合性见长的学科，只是因为地理学科分化变细，自然和人文分离的地理发展"二元论"，才导致地理学发展的危机。在这一背景下，我有幸参加国家下达给华东师大地理系的"南方山地综合调查"的项目。与此同时，也开展了国土规划、区域规划和区域发展战略的相关研究，并出版发表了《计量地理在生产布局中的应用》（张超等，科学出版社，1988 年）、《人口迁移理论与模型》（张超、沈建法，华东师范大学学报，1989 年）等多篇论文，在此基础上，出版了专著《区域科学论》（张超、沈建法，华东理工大学出版社，1991 年）。区域科学是研究区域开发、规划、管理、决策的应用科学，该书构建了基础理论（区域系统、区域经济、空间经济、区域发展、空间相互作用等理论）、应用理论（经济区划、区域规划等理论）、区域科学方法和工具（区域系统模型、计算机应用为核心的决策支持系统）、区域科学应用研究（应用开发实例）等较为完整的学科体系，提出了一些新的理论和方法。该书被列为"中国软科学丛书"第一批书目，为该学科在我国的建立和发展，作出了具有开拓创新意义的贡献。

　　如前所述，地理学以"综合"见长，这一点同系统科学强调的"系统研究"不谋而合。当我从美国加州大学任访问学者归来，知道上海、北京一些地理学者分别请上海交大、清华大学的系统工程专家作报告，希望将系统工程方法应用于地理学研究。同时结合我自己的学习和研究实践，深深意识到，在地理学科建设中，应该把地理事物从现状分析推向未来预测、规划和决策应用。为此，需要建立"地理系统工程"这一学科。在参与南方山地考察、调研过程中，我率领部分研究生，亲赴浙江欠发达地区开化县，开展区域发展和规划研究，对开化县的人口、农业、工业、交通、能源、社会经济发展等多方面进行研究，并完成该区域的现状分析、预测、规划模型的建立、决策信息系统的支撑等。再结合我承担的国家自然科学基金项目"数学方法和计算机在地理学研究中的应用"等多项研究课题，发表了《论地理系统工程》等多篇论文，在此基础上出版了专著《地理系统工程》（张超、沈建法，科学出版社，1993 年）。该书在体系建立、模型系统、信息系统、决策应用等方面，均有所创新。时任科学出版社地学编辑部主任姚岁寒编审曾告诉我，著名地理学家、地图学家、我国 GIS 奠基人、中国科学院院士陈述彭教授曾对他说：《地理系统工程》一书，是科学出版社 1993 年度出版的地学论著中三本优秀图书之一。中国地理学会也曾将该书寄给时任中国科协主席、中国科学院院士钱学森教授，以表明中国地理学界研究地理系统工程的初步成果。此后不久，我收到钱学森教授给我的来信，并给予勉励，同时还给我寄来他发表的关于地理复杂巨系统处理方法的两篇论文，使我对地理复杂巨系统的方法论进一步明确了方向，坚定了信心。事后，我还以中国地理学会数量地理专业委员会主任的名义，在我校数学馆主持召开该方法论的研讨班,请钱学森教授的学生于景元教授、汪成为教授作报告并进行研讨,全国 80 余人参加了为期 10 天的学习研讨,这对该学科的建立和发展起了很好的推动作用。

1990 年华东师范大学召开的国际地理联合会计量地理学术会议

张超(主持人,左 2) 袁运开校长(左 3) 费歇尔教授(IGU 数学模型组主席,右 1) 俞立中(左 1)

　　所谓地理系统工程,就是以系统论、信息论、控制论为工具,将其应用于地理系统的建模、分析、预测、决策、规划、管理和控制,是自然地理学、人文地理学和地理信息技术科学相互渗透的一门新的学科。地理系统工程的名字虽然是我这样称谓的,但它的思想是从老一辈科学家传承下来的。我国著名地理学家、气候学家、曾任中国科学院院长的竺可桢教授早在 20 世纪 20 年代就提出:"组织各种地理要素成为系统,以人类为前提,而使之贯成一气。"到了 60 年代他又明确提出:"地理学是研究地理环境的形成、发展与区域分异以及生产布局的科学,与国民经济建设的各部门有着极其密切的关系。"我国著名系统科学家钱学森院士也指出,"地理科学是自然科学与社会科学的汇合","地理科学对于社会主义建设来说,是一门迫切需要的科学"。同时他又提出地理系统和地理建设问题,"地理系统包括非生物、生物和人,三个部分互相关联、制约和相互作用","地理建设就是使地理系统和社会系统协调发展的生产活动"。我国著名地理学家、我校的李春芬和胡焕庸分别在区域地理和人口地理的研究中,发现了区域系统中"区域特征形成的主要因子、次要因子及其矛盾统一",以及人口、自然、经济区域系统划分的"胡焕庸线",这是我国唯一用地理学家命名区域划分的地理界线。正是这些传承的基础,给我增添了学科建设创新的动力。

三、地理信息系统(GIS)学科建设与研究实践

地理学的"计量革命"使地理学科的建设与发展如虎添翼,同时它也孕育了 GIS 的诞生。学科建设常常需要一种危机感和紧迫感。1992 年,我在美国华盛顿参加国际地理联合会(IGU)召开的世界地理大会。当时,与会代表除美国外,我国是第二大代表团,中国代表有 100 多人。会议的名誉主席是时任美国总统的老布什。我们住在白宫旁边的乔治华盛顿大学,由于参会人数众多,分成若干专业组进行学术交流。我们的学术报告已充分反映我国地理学研究的学术成就,和国外比较,并未显现有多大差距。但到会议末期,我们参观了会议举办的地图、遥感、地理信息系统展览会,美国有关高校演示它们利用卫星遥感、GPS、GIS 等先进地理信息技术,制作全球图、大洲图、国家图乃至城市交通图等,以及地理信息技术在生产建设、环境保护、国土整治等领域的应用。我校的俞立中教授、沈焕庭教授和我都参观了这一展览会,对地理信息技术与相关学科的迅猛发展,既感到无比振奋,但也深感这一学科领域和国外比较差距较大。中国地理学会在美国就召开了有关人员会议,商讨这一学科建设问题。我当时任教育部全国高校理科地理教学指导委员会的副主任,并兼任地图、遥感、地理信息系统教学指导组组长(指导组挂靠华东师大),深感责任重大。回国后,在北京召开的一次地理教学指导委员会议上,决定在高校有关专业开设 GIS 课程,并由华东师大张超牵头,北京大学、南京大学参加,一起编写地理信息系统教材,供全国高校有关专业使用。接着我又借去英国进行学术交流的机会,搜集 GIS 有关资料,同时又参考了美国乔治华盛顿大学 GIS 教材的内容,结合我主持的上海人口地理信息系统建设实践,以及有关单位建设的北京市水土流失信息系统、我国地貌、区域旅游、县域规划等信息系统建设实践和研究成果,构建了 GIS 理论、技术、应用实践的教材体系,编写出版了高校统编教材《地理信息系统》(张超、陈丙咸、邬伦,高等教育出版社,1995 年),该教材获教育部全国优秀教材二等奖(1996 年)。接着又由华东师大组织编写了"面向 21 世纪课程教材"《地理信息系统实习教程》(张超、王远飞、李治洪、何洪林,高等教育出版社,2000 年)的配套教材。实习教程以 GIS 软件应用开发为主线,以学生的操作实践和创新能力培养为目标,构建了地图数字化、数据处理、空间数据库、空间分析、产品输出以及 GIS 与遥感,网络 GIS、GIS 工程设计为主线的教材体系,该书的出版深受广大师生的欢迎,他们在网络上表达了由衷的赞誉。

随着我国教育事业的发展,教育改革的力度也越来越大,教育部全国高校理科地理教学指导委员会在兰州召开的一次会议上,地理学科分设地理学专业(一级学科设

1998 年的 GIS 与计量地理学术会议

张超(右 3) 沈建法(左 3) 王铮(右 2)

专业)、地理信息系统专业(含地图、遥感)、资源环境与城乡规划管理三个专业,这引起了一些院校的争议。后来教育部有关部门在北京召开全国高校地理系主任会议,经过讨论,最终确定的还是这三个专业,并由我主持起草了 GIS 专业设立的目标、条件和措施的规范性文件。我校是全国较早设立 GIS 专业(1996 年)的地理系之一。

我还为华东师大设立地理学人才培养基地竭尽了全力。过去人才培养基地都设在综合性大学,而要设立在师范大学尚属首次。当时我校王建磐校长率队到北京向教育部汇报并争取基地设立。我作为基地评审组的成员,在参加地理学科四人组投票中全票通过;在参加理、工、农、医大组的 21 人投票中,华东师范大学地理学人才培养基地获得 19 票,高票通过。这些经历和实践,令人难忘。

GIS 的学科建设和信息时代的浪潮涌动,息息相关。1993 年,时任美国总统的克林顿发布"建立国家信息基础设施"的总统令,这一信息设施被称之为"信息高速公路";1994 年,克林顿又发布了"建立国家空间信息基础设施"的总统令,这一设施有人称之为"地学信息高速公路"。这是由于所有信息的 80% 以上,均与地理空间位置有关,增加这"空间"二字,实际是为解决高速公路上跑的什么车、运的什么货的问题,这一点对地理学科的信息化建设非常重要。1998 年,时任美国副总统的戈尔,提出了"数字地球"的概念和实施计划,引起我国国家领导人的高度重视,并向我国 GIS 发展的奠基人陈述彭院士了解情况。接着我国有关部门也相应提出了地理空间信息基础设施的发展对策。从学科建设的角度来看,这时的地理信息系统发展之快、应用之广、影响之深刻,是其他学科所无法比拟的。这时的 GIS,已从传统的应用领域如行政事务、军事、教育以及公共事业等进入到商业领域的银行、金融、服务、运输、物流、房地产和市场分析等,同时 GIS 为个人提供所需的地理信息服务,因此,GIS 作为应用技术,已成为当代信息产业的重要组成部分。在上海市政府的领导下,推动了上海各相关委办局及区县进行地理信息系统建设。华东师范大学地理信息科学教育部重点实验室成立后,积极参与该项宏大的建设工程,拓展了 GIS 应用,包括城市规划管理、房地产管理、交通管理、城市应急管理、商业区位分析、水务管理、文物管理等。由我主持的课题有:移动 GIS 应用、上海农业 GIS、人口管理、浦东劳动局网络管理、信息管线网络管理、区县 GIS 建设规范、上海市地理信息共享标准、固体废弃物管理等,它涉及众多领域,从而拓展并加强了 GIS 应用。特别是在区县 GIS 建设中,协助上海市信息化委员会,先在徐汇、静安、普陀、宝山、浦东新区作为 GIS 建设试点,目前已推广到所有区县。这些工作对 GIS 学科建设和 GIS 专业的学士、硕士、博士、博士后的创新人才培养,起了至关重要的作用。在一次学术会议上,一位科研单位的中科院院士曾指出"上海市地理空间信息的人才高地是在华东师大",听了以后,我深受鼓舞。正是在上述科研和教学实践的基础上,由我负责主编出版了《地理信息系统应用教程》(张超、束炯、吴建平、王远飞,科学出版社,2007 年)一书,该书符合中国 GIS 教学研究会关于加强应用实践的需求,是承担国家 GIS 精品课程建设项目的研究成果,也总结了地理信息科学教育部重点实验室在上海城市 GIS 建设中的研究成果。接着,又在上海市信息化委员会的领导下,为实现上海数字化城市建设的总体目标,提高上海市 GIS 建设、应用和管理水平,编写并出版了《城市地理信息系统原理、应用和项目管理》(上海市信息化委员会、张超主编,科学出版社,2008)一书。全书分为基础篇、应用篇和项目管理篇,其中应用篇是经上海市信息化委员会组织了上海市政规划、土地环卫、园林绿化、商业、农业、区县信息化办公室等许多单位,提供了 GIS 系统建设、管理的素材。它反映了上海较高水平的 GIS 建设、应用和管理水平,并从另一个侧面,把 GIS 学科建设和数字城市、电子政务、社会经济发展紧密地联系起来。

四、几点体会

地理学科建设应根据国家建设、人才培养和学科发展的需要,摆准方向。方向摆准了,学科发展会由弱变强,强的更强;方向发生偏差,学科就会由强变弱。我始终坚信,我校的地理学科有条件、有能力坚持传承与创新学科建设方向。这也许就是解不开的师大情结,加上责任感和使命感使然。

学科建设无坦途。方向对于行动十分重要。时代在发展,环境在变化,地理科学信息化的发展新趋势在涌动,要求我们在学科建设中,重新发现地理学与科学和社会的新关联,加强地理学科的基础研究,改进地理学科的对地观测技术,认清信息技术和地理学对科学认知的贡献、地理学对决策的贡献以及个人和集体应负起加强地理学科的责任等。这些,正是我们几十年来,呕心沥血、精心追求的难点所在。我们不能像生产"苹果"电脑那样来建设学科,因为生产"苹果"的天才们,他们是走在需求的前面,以创新产品来激发需求。我们不能把自己看成是"天才",必须根据发展的需求,坚持正确方向,一步一个脚印地前行。我们坚信一定能为地理学科增光添彩,只是在不经意间,也许会培养出生产"苹果"那样的人才。

学科建设呼唤强有力的建设团队。地理系统是一个复杂巨系统,从地理信息技术来看,就包括对地观测技术、量化技术、地理信息系统技术和网络技术等;从地理建设来说,它就是服务于社会主义建设的地理环境建设。再说现在是全球化时代、信息化时代。这些特点,决定了地理学科建设的复杂性和艰巨性,学科建设的模式要与时俱进,进一步发挥团队的作用,进而形成协作共赢的局面。

创新人才培养是学科建设重要目标之一,20世纪80年代以来,华东师大校园里成长起来的一大批青年地理学家,已经给了我们地理学科建设很大的鼓励和启示。

长江后浪推前浪,我们应该继续努力。

* 本文作者:张超,华东师范大学地学部教授。

传承地貌学优势
开创城市自然地理研究

许世远　梅安新　朱　诚　王　铮

一、高起点建设一流的自然地理学科

地理学是门学科分支众多的学科,自然地理学具有核心学科的地位。任何优秀的地理教学与研究单位,地貌学是自然地理领域最不能替代的、最具代表性的标志性学科。1952年,全国院系调整,在国内外享有盛名的浙江大学地理系,整体搬迁到在圣约翰大学、光华大学和大夏大学基础上集成的华东师范大学,李春芬、严钦尚、陈吉余和郑家祥等自然地理学名师带来了一股欣欣向荣的学术新风,形成了以严钦尚教授为首的坚实的地貌专业教学科研团队,开启了高起点地建设我校一流自然地理学科的新篇章。回顾历史,展现我们建设所走过的道路与文脉传承。

1. 地貌学科建设始终瞄准国际学术前沿与国家需求,遵循研究型大学的办学思路。以科研带动教学,紧密围绕国民经济建设需要,依托国家项目,开展区域和部门地貌研究。例如,承担了浙江和山东两省地貌区划、陕北风沙地貌、新疆综合考察,以及长江三角洲和我国东部河口海岸地貌调查等国家重大项目,严钦尚提出了中国沙漠"沙是就地而起"的就地起沙学说,接着相继成立地貌教研室和河口海岸研究室,掀起了我校地貌学科建设的大发展,创建了我国第一个地貌专业。1959年招收全国首届地貌专业本科生,同时,我校地貌学被批准为新中国首届实行导师制的研究生招生单位。

2. 地貌专业方向明确,特色鲜明。注重地貌学与水文学结合,我校自然地理学形成了中国河口海岸学科;并结合国家建设需要,将坡地作为地貌主要方向。长期实践表明,地貌学研究的关键是坡地演变,因此,确立坡地地貌为重点,是抓住了地貌学理论的核心问题,这也有助于我国第一个五年计划后兴起的大规模经济建设。以交通网络为关键的道路工程治理所要解决的实际问题以及国民经济许多部门的发展需要大量的坡地研究和治理的技术人员。严钦尚主持撰写的《坡地研究大纲》,与同期国际上英国Kirkby提出的坡地研究、奥地利Scheidegger提出的理论地貌学同步;而我校重视实地调查第一性资料收集,密切结合工程实际,力求解决铁路边坡灾害与治理、河港和海港选址与泥沙淤积等实际问题的优势更为突出,特色鲜明。可惜因轰轰烈烈的"文革"而中断了。

3. 地貌学课程体系完整,内容丰富。从理论、方法到实践,我校全面设置地貌专业及其相关学科课程,包括普通地貌学、部门地貌学(河流、海岸、冰川、风沙、岩溶和重力地貌)、应用地貌学(砂矿、工程和农业地貌)、区域地貌学、地貌制图学、第四纪地质学、孢粉分析、水文地质与工程地质学、陆地水文学、海洋水文学、水力学、河流动力学等课程,自编地貌学、坡地发育原理等相应所需教材、讲义。为配合教学、科研,建成了河流地貌实验场、简易风洞、波浪槽和孢粉分析、土质土力学等设施与实验室。"文革"后,以严钦尚为首,许世远、梅安新、刘树人、项立嵩、钱宗麟和潘明友等为骨干的强大地貌学教科队伍,与华南师大著名地貌学家曾昭璇团队合作撰写出版《地貌学》,荣获1988年国家教委高校优秀教材一等奖,至今仍被广泛使用,影响深远。

1978级地理专业本科生庐山自然地理野外实习

4. 创新地貌学,开拓新学科。20世纪60年代初,严钦尚等系统地总结了地貌研究三结合原则:地貌与地质、经济与技术科学结合,物质分析与形态分析结合,定性分析与定量分析结合;以及地貌类型识别的综合标志:形态、成因、物质和年令。在此基础上,应对国家能源急需,70年代起,我们开拓了现代沉积研究。重视沉积物分析及其界面过程的探讨,强调沉积物的结构、构造分析与其理化性质和生物组合特征相结合;沉积物界面转化,以物理作用过程为主,转向结合生物地球化学过程的综合集成研究,建立了长江三角洲、海岸与风暴沉积等系列沉积模式,提出了长江三角洲沙岛并岸的阶段性发育规律。1990 年代以来,可持续发展问题突现,我们在沿海城市地区工作中发现,气候、地貌、水文、土壤、植被等各自然地理要素中,人类活动烙印不断增强,形成了两个自然格局思想,在全球变化的背景下,提出并构建了城市自然地理学理论框架,编制出版《上海城市自然地理图集》。21 世纪以来,在地球系统科学指导下,通过对河口三角洲地区人地交互复杂环境下的物质循环过程、城市河流污染整治和灾害风险防范等项目的持续研究,不断地深化和发展城市自然地理学理论内涵和实用意义。

20 世纪 80 年代初我校教授与施雅风院士等在天山现代冰川国家野外定位观测站

5. 培养学生从严要求,因材施教。1959 年,对通过严格选拔考试录取的 4 名首届地貌研究生,在严钦尚主持下,实行双导师制,强化坚实专业基础理论,确定冰川、风沙、河流和河口海岸 4 个主攻方向,分别参加我国西北高山冰雪利用、风沙治理、南水北调和海岸带调查等国家重大攻关项目,在国内顶级科研团队和施雅风、朱震达、叶汇和陈吉余等一流科学家为合作导师的共同培育下,取得了可喜的效果。如研究生毕业论文《中国天山现代冰川作用研究》,被施雅风院士评为中国第一篇全面深入研究现代冰川作用的综合性论文,也为竺可桢先生《中国近 5 000 年气候变迁初步研究》要文提供了现代冰川进退变化等重要论据。研究生毕业后,他们大多数迅速成为高校、科研院所相关专业的中坚力量。

对本科生的培养,在重视学好专业基础理论课的同时,十分强调结合科研安排生产实习。如在严钦尚、郭蓄民、刘树人、黄锡荃和陈业裕等老师带领下,1959—1964 届学生多次参加铁道部宝成铁路和鹰厦铁路沿线边坡路基稳定性研究生产实习,通过严格的培训与锻炼,数十名学生毕业后分配到铁道部所属设计院所和基层单位工作,多能迅速适应成为技术骨干,获得设计、生产单位的高度评价。

通过多年的努力,我校地貌专业产、学、研相结合,呈现出一派欣欣向荣的景象。学科体系完整,队伍结构合理,设备先进,理论与实际紧密结合,在学术界产生较大影响。1961 年,我校承办中国地理学会地貌学术会议,汇聚了全国科研院所和高校著名地理、地貌学家,共商我国地貌学的建设与发展问题;我校提交的《我国地貌学研究中若干观点的讨论》《关于编制地貌类型图若干问题的探讨》等论文,引起了广泛的反响与好评。

地貌专业发展受到"文革"冲击,1971年我校"海洋地质地貌"专业学员及部分教师被并入同济大学。"文革"后,在刘树人等努力下,华东师大重组地貌专业队伍。倡导成立全国第一个高校教学研究会——全国高师地貌教学研究会,严钦尚、许世远先后任会长,分别与陕西师大、华南师大、贵州师大与云南师大等校地理系合作承办黄土、海岸、岩溶等地貌专题教学研讨会,大大地推动高师地貌教学水平的提高,也为其他后续成立的全国各类教学研究会起了带头示范作用。

随着国民经济和学科发展需要,以地貌为核心的自然地理学,主攻方向不断拓展,研究重心转向现代沉积与地理环境演变,先后成立了比较沉积研究所、环境研究中心,严钦尚、许世远、陈振楼相继出任所长和主任,紧密结合资源环境等国民经济重大问题,深化内涵,扩大领域,取得了一系列重要成果,将理论及应用水平推向新的高度。1981年我校自然地理被国务院批准为首批有权授予博士学位的学科,1985年设立自然地理博士后流动站,1988年自然地理学被国家教委列为重点学科,1990年增设地貌与第四纪地质博士点,2000年自然地理学入选上海市"重中之重"重点学科建设计划。与此同时,20世纪80年代末期以来,随着人类活动城镇化加剧,我们在为上海等城市建设服务实践中,酝酿着城市自然地理学的诞生,创新成果不断呈现。

二、率先开展现代沉积研究,建立风暴沉积等系列沉积模式

沉积环境研究主要是识别沉积物的地貌单元,探讨在某一特定沉积环境中,它所经受特有的物理、生物、化学等方面综合动力作用过程,即具有独特的地貌作用过程,从而产生了具有各种特征的沉积物。地貌作用过程将侵蚀、搬运和沉积三者视为有机联系的统一整体。其中沉积作用过程涉及其边界条件、物质组成、介质特性、运动形式与强度、地球化学元素和生态特征等多种环境要素。因此,探讨地貌作用过程的深化,必须从物理过程为主,转向结合生物地球化学过程,综合进行分析研究,引进数、理、化、生相关学科理论与方法,才能增添地貌学新的活力,研究成果才会产生质的飞跃。

20世纪70年代以来,我们率先开展了现代沉积系列研究,在以长江三角洲为中心的我国东部河口海岸地带,开展了大规模实地调查研究,采获大量沉积物表层和柱状样品,进行生地化多种实验项目分析,并运用遥感、同位素测年和数理统计等多种技术手段,取得了风暴沉积序列模式等现代沉积系列创新成果。

1. 领先建立滨岸风暴沉积序列模式。1978年,首次在上海潮坪中发现风暴沉积。

1981 年 14 号强台风作用期间,在狂风、暴雨、大浪等极端恶劣天气条件下,许世远、邵虚生冒着生命危险现场观测了杭州湾北岸特大台风暴冲淤作用过程,获得了大量沉积物样品与垂向剖面等系列第一性资料,而风暴沉积正是国际上关注的问题,在英国北海油田有所发现,但未建立标准模式。我们的这一突破,后来被孙枢院士评价为:"这不仅在国内是前所未有的,就是在国际上也是闻所未闻。"正是在这些珍贵资料基础上,许世远等人在"长江三角洲地区风暴沉积和地貌发育"、"长江口地区风暴沉积"等国家自然科学基金和国家教委项目资助下,深入开展长江三角洲地区风暴沉积研究。在国际上首次结合水动力观察资料,系统地提出了风暴沉积的地貌、结构、构造、矿物、孢粉和有孔虫等沉积相识别标志数据与特征,建立了风暴沉积层序;论证了风暴沉积与常态沉积相间分布构成的韵律性层理,不仅证实了在正常浪基面以上的滨岸带,风暴沉积有可能发育与保存,而且也说明了像台风暴潮这类突发事件,历时虽短,但地质意义重大。他们进而建立了长江三角洲风暴沉积序列模式,并对我国滨岸风暴沉积的基本特征、成因、区域差异和沉积模式等问题作了有意义的探讨,丰富和发展了现代风暴沉积研究内容。王鸿祯院士等认为"这是近年地学领域中的一份重要专著……是对沉积学和地貌学的一个重要贡献"。许世远、陈中原、俞立中、郑祥民、陈振楼等人的研究成果"长江三角洲风暴沉积与环境演变"获 1998 年教育部科技进步二等奖。

1988 年我校承办国际海岸环境学术研讨会,N. P. Psuty 等中外专家考察崇明东滩

2. 提出长江三角洲沉积相识别标志特征和沉积模式。根据沉积物的结构、构造、理化性质及生物组合等沉积相识别标志特征,长江三角洲沉积体系由三角洲平原相、前缘相、前三角洲相和三角洲伴生相,以及湖沼、河漫滩、河床、河口沙坝、侧翼边滩和前缘斜坡等 10 余个亚相组成。三角洲主体自陆向海依次分布,随着沉积环境的变化,相应发生相变:沉积物粒度变细,分选性渐差;有机质含量增高,颜色变暗;沉积构造由多种层理转化为水平层理;海相生物属种个体增多,底栖生物活动痕迹明显,植物碎屑减少等特征。

长江三角洲沉积垂向层序沉积相分布,自上而下依次出现三角洲平原相、前缘相和前三角洲相。沉积物的结构、构造和地化生物等相识别标志特征的垂向渐变规律十分明显:沉积物粒度细—粗—细,分选性差—好—差,颜色深—浅—深,有机质含量多—少—多,沉积构造水平层理—交错层理—水平层理;陆相生物含量不断减少,有孔虫、海相介形虫明显增加。王靖泰、许世远、郭蓄民、李萍等人的研究成果"长江三角洲发育过程和砂体类型"获 1979 年上海市重大科技成果奖。

3. 论证不同类型海岸沉积模式。对于我国广泛分布的淤泥质海岸而言,上海潮坪具有一定的代表性。早在 20 世纪 70 年代,对上海潮坪开展多年不同时期定点观测和沉积物样品实验数据分析表明,潮坪沉积物自海向陆的分布规律是:平均粒径减小,含泥量增加,分选性变差;沉积构造潮上带以块状、水平层理为主,潮间带水平透镜状层理、砂泥交互层理、波纹和水平脉状层理。与英、法等国的北海潮坪相比,上海潮坪具有沉积物粒度细、生物扰动弱、潮沟规模小和人字形交错层理少见等特点。这与上海面临广海的低能缓坡带和长江丰富的细颗粒泥沙供应等因素有关。

根据对普陀岛现代海岸各类沉积环境长期现场调查及其样品测试数据分析,滨岸沉积物的纵向和横向分布规律是:在岛的东岸沙滩,从岸向海,碎屑物粒度呈现由粗变细的演化序列;在岛的西岸,则发育粉砂质泥滩,建立了我国第一个同岛两侧分异的海滩沉积模式。严钦尚、许世远、邵虚生、项立嵩等人的研究成果"现代海岸及河流沉积"获 1985 年国家教委科技进步二等奖和 1987 年国家科技进步三等奖。

4. 倡导比较沉积研究,探索将现代沉积应用于矿产资源勘探。20 世纪中叶以来,随着世界对能源的迫切需要,使沉积学得到了飞速发展。实践表明,沉积研究成果的应用,可极大地提高矿产资源的勘探效率。由于现代沉积相带横向上的变化,可与古代沉积相带垂向上的变化相对应,在现代沉积环境中,复杂的营力作用可以直接观测,其作用后果在沉积物中如实地反映出来,故沉积学研究出现了以现代沉积为"矢",射古代沉积之"的"的趋向。著名石油地质学家田在艺院士对我们的现代沉积,特别是风暴沉积研究成果予以高度评价。云南地科所利用上海潮坪研究成果,推断某煤田属潮坪环境控煤,煤层面积大而稳定,故放稀了勘探网密度,缩短了勘探周期,节省了大量投资。

严钦尚、张国栋、项立嵩等人对苏北含油气盆地第三系沉积环境的研究,成功地运用比较沉积分析法,将现代沉积环境比较资料应用于地层单元的古地理解释。利用它取得了阜二段、阜四段曾遭受海侵的证据,恢复了当时属于河口湾沉积体系,具有岸外浅滩亚相类型和河口湾浅部、半深部与岸外斜坡等沉积亚相,并指出前者是有利于油气储集的相带位置,后者则有利于油气储集的相带较狭。相关研究成果为以后大港和胜利油田、三水盆地的开发提供了理论基础。严钦尚、王铮等还发展了一种沉积盆地评价和油气资源估算的最优化模式,做了数值摸拟研究,对确定东海平湖、春晓、天外天等盆地油气资源评价作出了贡献。

三、深化地理环境演变研究,揭示长江三角洲阶段性发育规律

三角洲往往是人类经济最活跃的地方,长江三角洲则是中国经济最核心地区之一。20 世纪 50 年代,美国密西西比河三角洲现代沉积研究发现,三角洲平原、前缘和前三角洲环境常发育有良好的油气生成、储存、覆盖的沉积条件。在此理论影响下,科威特、委内瑞拉和美国等国的石油勘探实践证明,古三角洲中往往蕴藏着丰富的油气资源,从此掀起了全球研究三角洲热潮,三角洲成为地理学研究的重大课题。

长江三角洲发育的研究,早已引起人们的广泛注意,从地质、地貌、河口水文等不同角度进行探讨,取得了不少成果。在此基础上,许世远等人在"长江三角洲滨岸湿地季节性冲淤变化及其环境效应"、"上海滨岸沉积物组成、运移规律及其环境影响"和上述长江三角洲沉积、地貌发育等数个国家自然科学基金项目的支持下,通过对长江三角洲长期野外调查、实验测试,以及全新世地层、沉积相和历史考古等大量资料的综合分析,深化了对该地区沉积环境演变的认识,提出了长江三角洲属于河口沙岛并岸的三角洲沉积类型。

1. 论证长江三角洲阶段性发育模式。在长江三角洲沉积系列研究的基础上,进一步论证了全新世长江三角洲发育过程,自最大海侵以来,至少经历了 6 个发育阶段,相应地形成了红桥期、黄桥期、金沙期、海门期、崇明期和长兴期等 6 个亚三角洲。每期亚三角洲沉积体系主要由三角洲平原相、前缘相和前三角洲相等沉积相组成。各期亚三角洲主体河口砂坝,自老至新,从西西北向东东南推进,在平面上呈雁行排列,在剖面上依次退履叠置,在时间上互相重叠衍接,中间不存在明显的侵蚀破坏阶段。

各期长江亚三角洲皆经历了孕育、成长和衰亡的发展过程。其主要标志表现在:河口沙坝形成,河道分叉;沙岛出露,河口束狭,汉道南兴北衰;北汉道淤塞,沙岛北并,

河口南偏,亚三角洲衰亡,三角洲由建设期转化为破坏期。与此同时,下期新亚三角洲已在南汊道孕育形成,整体向东偏南伸展,三角洲发育的阶段旋回性表现明显。这主要取决于长江三角洲属于河流—潮流型三角洲,受长江强大的径流与潮流的相互作用控制,潮波传播方向、科氏力和自北向南的沿岸流,是造成长江口不断南移、三角洲沉积逐渐向东东南偏转推进的重要因素。许世远、严钦尚、郭蓄民、邵虚生、洪雪晴等人的研究成果"长江下游及三角洲地区地貌与沉积环境研究"获 1991 年国家教委科技进步奖。此外,1990 年王铮等人建立一个理论地貌学模型,对三角洲的形态发育作了有意义的探讨。

2. 揭示长江三角洲独持的不对称伴生沉积体系,发现考证了长江三角洲南翼发育的古复合弯曲沙嘴。长江三角洲主体部分的定向发展,造成长江南、北两侧三角洲伴生沉积体系发育的差异性。江南海岸以波浪作用为主,全新世最大海侵以来,相应地发育了多期滨海沙堤,沿岸线从江阴向东南呈弧形散开。江北海岸随三角洲主体向东东南偏移,长江口对北岸的控制作用减小,被废弃的北汊道河口常转化为河口湾,在涨、落潮流反复的辐聚、辐散作用下,形成大片独特的辐射砂洲沉积体系。

严钦尚等采用水系分析与沉积相结合的研究方法,发现、考证了杭州湾北岸岸线变化规律。证实了距今 7 000—4 000 年间,长江三角洲南翼发育了复合弯曲沙嘴,内侧分布着潟湖。在沿岸潮流和南下沉积物流的交互作用下,弯曲沙嘴成长过程中经历了多次冲淤变化,总的趋势是逐渐向南推进,最终把大、小金山包进弯曲沙嘴范围内,沙嘴末端弯钩转向西北,形成反曲沙嘴,阐明了在海侵过程中扇形三角洲的一种发育模式,从而纠正了某些研究者根据南宋《橄水志》所载传说来推断史前古岸线的演变的结论。

3. 阐明长江三角洲与国内外大河三角洲发育的共同性与差异性。世界三角洲类型多种多样,结构复杂。根据地貌类型、发育因素、形成时期,以及沉积物的结构、构造和生地化组合等沉积相基本特征,各大河三角洲发育具有共同性;但从形态、成因和沉积相等不同角度进行分类比较,则呈现各三角洲发育的独特性。长江三角洲不同于湄公河、尼日尔河等三角洲,它不是一个单一的三角洲体,而是由许多亚三角洲所组成。它的各亚三角洲体也不像黄河、密西西比河那样互相交错、排列无序,而是从西西北向东东南有规律地发展,河口沙坝在平面上呈雁行排列,在剖面上依次退覆叠置。同时,长江三角洲伴生的弶港辐射沙洲和钱塘江河口沙坝的出现,更显示了长江三角洲发育类型的独特性。

对于中国沿海大河三角洲而言,长江三角洲与黄河、珠江等其他三角洲的沉积旋回、基底构造、形成年代、沉积层序和沉积特点等方面具有可比性,但其形态类型、沉积相组合和发育程度颇有差别,主要表现在各三角洲形态类型和沉积相组合等方面的差别,反映了各河口地区水动力变化的不同特点。因而,根据河流、波浪和潮流作用的相对强度及其所形成的沙体组合特点,可将中国沿海大河三角洲分为潮流—河流型、河流型、河流—波浪型和波浪型等三角洲类型。

4. 建立长江三角洲地貌分类系统,编制上海市地貌图。我国东部广大平原地区地势平坦,地表起伏小,在河、湖、海与人类活动等多种因素相互作用下,地貌组合类型复杂。因此,长江三角洲地貌类型的区分,较多地考虑地貌形成的外营力过程及其作用方式、性质和强度,重视沉积相分析,把地貌成因类型的平面分布与沉积相的垂向层序有机地统一起来,结合人类生产活动的作用影响,逐步建立了长江三角洲地貌分类系统。

通过上海地区地表和钻孔沉积物结构、构造、生物和地化等相标志特征,以及沉积层序等资料的综合分析,将全区地貌划分为三角洲平原、滨海平原、湖沼平原、潮滩、潮沟、拦门砂和贝壳堤等30余个二级地貌形态类型,编制了上海市地貌图,把陆上部分与水下地貌联系成为统一的整体,丰富了平原地貌图内容,克服了传统地貌学偏重于形态的倾向,增强了平原地貌图的科学性和实用性。许世远、严钦尚、陈中原、俞立中、洪雪晴等人的上述系列研究成果"长江三角洲环境演变"获 1995 年国家教委科技进步奖。

四、应对全球变化,构建城市自然地理学理论框架

20 世纪 80 年代以来,随着全球变化和可持续发展问题的突出,城市成为人地关系最为复杂的地带。城市发展导致原有的水系规范化、地貌平整化、植被被替代、气候的自然下垫面改变为城市建筑群,作为人们生活水源的河湖遭受污染……然而,河湖水系还存在,地貌还存在,植被还存在,气候还存在,只是一个新的自然地理格局出现了。这意味着一个新的城市自然地理学科的产生。

华东师大是最早开展城市自然地理研究的单位之一,从早期对城市地貌、城市气候、城市水文等自然地理要素的探讨,扩展到对城市土地利用与覆盖,以及地球系统中生物地球化学过程的全面研究,从而对城市自然地理某些独特规律有所认识。在此基础上,在国家级和省部级多个项目资助下,我们进一步对城市自然地理理论与实证进行研究和探索,不断总结和探索城市自然地理学的科学范畴和系统理论,于 20 世纪 90 年代初步建立了以地球系统科学为指导、全球环境变化为背景的城市自然地理学理论框架,形成了一批具有创新特色的研究成果。

1. 提出"两个自然格局"思想。在地理学发展历史中,自然地理学一直发挥着基

础学科的作用。城市自然地理学问题的出现,是人地关系演变的一个新阶段。传统自然地理学中的地貌、水文、土壤、气象气候、生物等非人类的自然因素,在地球环境的发展历史中,创造了自然地理的基本格局,我们称它为"第一自然格局"。随着人类活动的加剧,特别是 20 世纪末期以来,人类改造自然的能力突飞猛进,导致全球气候变暖、土地荒漠化、热带雨林消退、物种减少等一系列全球性环境问题相继出现,改变了地表"第一自然格局",形成了"第二自然格局"。城市是人类活动的中心和密集区,人类在此创造出了过去没有的自然地理现象:下垫面性质的变化改变了局地的能量平衡和水分平衡,大量能源的消耗产生了人为热的排放和空气污染,最为明显的城市热岛效应所产生的城乡温度差异,在一定程度上改变了原有的地带性规律;渠道化、没有河漫滩的城市河流的物质输移规律和洪水泛滥行为不同于自然河流。由于"第二自然格局"的出现,城市自然地理学不是传统的自然地理学涵义的顺延,而是一门新兴的交叉基础应用学科。城市自然地理概念的提出得到了章申、施雅风等院士专家的充分肯定与高度评价。

许世远(左 2)与博士后青年学者陈振楼、刘敏、高效江(中科院涂光炽、叶连俊、章申三位院士的博士生)

2. 论证城市自然地理学研究对象、内容、任务及方法。城市自然地理学是以城市为研究对象。城市作为一个高度综合的复杂系统,主要研究城市系统各自然要素时空分布特点和规律及其演变过程、各要素之间相互耦合作用与驱动力机制;探讨城市多种环境介质交互作用、多类界面汇集的复杂地理过程,对城市自然环境要素演变所构成的压力、效应和潜在危害,以及对全球和区域环境变化的响应;进而对城市可持续发展作出评价、模拟、预测和调控。当前重点研究城市复杂系统中人与自然要素相互作用的过程、机制、互馈与效应。主要任务是研究城市自然地理环境的变化特点、发展动向和存在的问题;探求城市资源利用与环境负载矛盾;寻求合理的利用与改造途径,以及整治方法,谋求人—地关系协调发展之路。城市自然地理学涉及地貌学、气象气候学、水文学、土壤学、土地覆被学、生态学、环境科学等自然学科,同时涉及城市规划、经济学、社会学等人文学科。因此,城市自然地理学的发展,除了要充分吸取传统成熟的地学研究法外,还需依托相关交叉学科理论与方法的进展,借鉴系统论、协同论等方法论学科的思想;地理信息系统、地理遥感、地理计算等地学应用型学科的发展,也为城市自然地理学的发展与深入研究提供了技术支持。王铮等人对可持续发展的综合研究成果,获 2002 年教育部高校科技进步二等奖。

3. 研制出版《上海城市自然地理图集》。地图往往是不少地学研究工作的起始与总结,标志着该项工作的研究深度与发展水平。21 世纪初,世界范围内未见城市自然地理图集情况下,我们在对上海地区地貌发育、岸线演变、城市热岛、河湖水系、人口迁移、城市扩张与土地利用等长期积累的丰富资料基础上,按照"第二自然格局"思想,通过不断地实践与分析,研制出上海市人口密度、气候五岛效应、土壤类型、古沙嘴演变、地貌类型与区划、城区土地利用变化、沉积物结构、重金属和有机污染物分布等 30 余幅系列图,基本代表了城市自然地理早期研究成果。每幅图既保存着"第一自然格局"背景的痕迹,又具备人类活动的强烈烙印,反映了"第二自然格局"特性。各幅图之间紧密联系,呈现出统一复杂的城市自然地理综合体。尽管该图集缺少城市碳循环等重要内容,但它仍基本给出了上海城市自然地理概貌特征,为上海城市规划、管理与发展提供科学依据,也具体地确定了城市自然地理学科的主体内容。该图集引起了我国遥感地图学泰斗陈述彭院士的关注,他在地理学报上发表《上海城市自然地理图集》读图心得,给予热情的肯定与好评。

五、以地球系统科学为指导,加强城市自然地理理论实践研究

自 20 世纪 90 年代以来,我们在多项课题资助下,依托国家"211"和"985"工程平台建设,立足上海,辐射中国东部沿海城市,开展了城市河流污染整治、滨岸潮滩物质循环、城市不同介质环境风险和城市灾害风险等多项城市自然地理理论与实践研究,取得了不少可喜进展。

1. 创建城市河流污染治理新模式。城市河流污染是全球范围内普遍存在的突出环境问题之一。上海苏州河在我国以河水黑臭、污染历史最长、污染程度最重、整治最困难的城市河流著称。许世远、俞立中、周乃晟等在"苏州河底泥污染特征、三维空间

分布及其水质影响""苏州河沿岸资源环境结构与污染底泥三维分布研究"和"苏州河底泥对水环境影响及其处理对策"等上海市"九五"攻关和上海市教委项目的资助下,开展了大规模苏州河污染源调查,大量水体与底泥分析表明,底泥污染与整治是城市河流污染治理的难点和关键。通过对底泥的采样分析,探讨了苏州河底泥的主要污染物类型、含量水平和空间分布规律;采用最新的底泥勘测和 GIS 建模技术,评估了苏州河底泥疏浚土方量;提出了 5 种河流污染底泥整治方案,并筛选出开挖疏浚、覆盖砂石和曝气复氧相结合的方式是苏州河治理的最有效方法;运用 WASP4 模型对苏州河河水动力和水质进行模拟,预测了引清和截污两种治理措施的效果,提出了城市河流污染治理的新思路。这不仅为全面有效地整治苏州河提供了科学依据,也为其他特大型城市河流污染整治提供了一系列原创性的独特思路与方法。刘昌明院士认为:"研究成果充分体现了地学特色……澄清了苏州河黑、臭的症结所在底泥问题……苏州河有望彻底变清。"许世远、俞立中、陈振楼、周乃晟、郑祥民等人的研究成果"苏州河沿岸资源环境结构与污染底泥三维分布研究"获 1999 年上海科技进步二等奖。

2. 探索河口潮滩复杂环境条件下物质循环过程。河口滨岸潮滩是一个典型的海陆交互作用地带,是一个多功能的复杂生态系统,具有独特的生态价值和资源潜力。研究这一复杂巨系统内营养盐的迁移转化过程及其影响机制已经成为当前自然地理学和河口近岸环境地球化学等领域内的热点问题之一。许世远、刘敏等依托国家自然科学基金重点项目"长江口滨岸潮滩复杂环境条件下物质循环研究"和"城市 LUCC 对多环芳烃多介质循环过程影响机理及模拟研究"等资助,围绕长江河口滨岸潮滩界面营养盐的环境生物地球化学过程及其生态效应这一重大科学问题开展研究:采用物理过程与化学过程、生物过程相结合的研究思路,注重潮滩生态系统多过程中关键界面对营养盐物质循环影响研究;分析了长江河口潮滩营养盐的时空分布与累积特征;揭示了长江河口潮滩沉积物—水界面营养盐的迁移交换与机制;论证了长江河口潮滩沉积物营养盐的吸附动力学过程;提出潮滩营养盐的环境生物地球化学过程的物理格架是一个受潮汐作用影响的"干湿交替"作用模式;建立了适宜于潮滩营养盐等物质循环研究的实验模拟体系。从而为长江口以及我国其他河口滨岸潮滩资源的合理开发利用、环境管理和污染治理提供科学依据。刘敏、侯立军、施华宏、杨毅、许世远等人的研究成果"河口潮滩持久性有机污染物(POPs)的环境行为与生态风险"获 2014 年教育部高等学校科学研究优秀成果奖——自然科学奖二等奖。

3. 开展沿海城市灾害风险评估与防范研究。近 20 多年来国际减灾战略的实施表明,在预防、防备和减灾工作中,灾害风险评估是其核心。沿海城市是人口、产业、财富高度集聚的黄金地带,是全球变化响应最为强烈的区域之一。城市灾害风险直接威胁着生命财产安全,随着防灾标准的不断提高,常规强度灾害已不会产生严重影响,而

2005年国际地理学联合会执委会和中国地理学会常务理事会专家调研考察我校地理系

极端灾害将成为灾害风险研究的重要方向。许世远、俞立中等人依托国家自然科学基金项目"中国沿海地区自然灾害风险评价体系研究"和"沿海城市自然灾害风险应急预案情景分析"等资助,系统地开展了城市灾害风险理论、方法和实证研究,构建了基于情景分析的沿海城市自然灾害综合风险评估的理论和方法体系;提出了不同情景组合下的风险表达与空间展布方法,构成多维风险情景系统;建立了基于情景模拟的孕灾环境稳定性、致灾因子危险性、承灾体脆弱性评估方法与范式;开展了以灾害应急预案体系构建、算法设计与工具集研发为核心的基于情景分析的灾害应急预案编制;探讨了不同时空尺度灾害风险系统结构,针对不同灾害类型进行了实证研究区风险评估、区划与应急响应研究,为上海、浙江和天津等省市防灾减灾战略实施、城市公共安全规划等提供了重要依据。王军、尹占娥、叶明武、殷杰、李响、许世远等人的研究成果"城市自然灾害风险评估与应急响应方法研究"和"城市自然灾害风险评估研究"分获2014年上海市第十二届哲学社会科学优秀成果奖著作类一等奖和二等奖。

应当指出,上述城市自然地理学理论与实践研究系列成果曾在中国地理学会首届近千人学术会议"海峡两岸地理学术研讨会"(2001年)、"环境变化的城市视角:科学、暴露、政策与技术国际学术会议"(2004年)和"国际地理学联盟执行委员会工作会议暨中国地理学发展国际研讨会"(2005年)等国内外重要学术会议上交流,引起了众多学者的广泛兴趣与充分肯定。2009年,城市自然地理作为我国自然地理学最新学科成果获得学界推崇。2015年,许世远获我国地理界最高荣誉"中国地理科学成就奖",这是对我校自然地理学科发展水平的高度认可,也表明城市自然地理学具有很强的发展潜力与生存空间,有待进一步开拓、创新。当前,已进入未来地球时代,我们必须坚持以地球系统科学思想为指导,更深入地开展城市自然地理学研究,为更好地实施我国城镇化建设和可持续发展作出贡献。

＊本文作者:许世远、梅安新,华东师大地学部教授;朱诚,南京大学地理与海洋科学学院教授;王铮,中国科学院政策管理研究所研究员。

群策群力开拓海岸动力
地貌学学科领域

王宝灿

一、开创海岸动力地貌学研究　服务国家经济建设

在天津新港开启中国海岸动力地貌探索研究之路

1959 年，交通部和天津新港港务局为查明天津新港的泥沙来源，邀请国内有关院校和研究机构的科研人员，组织了海洋水文测验和岸滩地质地貌勘查队，开展多学科综合调查研究，为新港扩建提供依据。

沿渤海湾淤泥质岸滩的勘查工作分为南、北二队：南队负责黄河口至海河口之间的岸滩，北队负责滦河口至海河口之间的岸滩。以华东师范大学河口研究室师生为主体的调查队负责黄河口至海河口之间岸滩的勘查任务，由我任队长，陈吉余老师任顾问，恽才兴和虞志英等参与调研工作。当时，黄河三角洲海滨是一片荒凉的盐沼地，交通工具是双腿。每当调查工作地区转移时，我们要将随身携带的勘探工具和背包租用牛车拉。每到新的调查工作地点，借用村政府办公室，再铺层稻草或麦秆就是通铺床。洗脸擦身一盆水，三餐主食窝窝头。历时一个多月，我们在渤海湾南部淤泥质岸滩取得了大量的沉积物剖面资料，为揭示岸滩发育的历史过程和现代冲淤动态提供了科学依据。最后，我参与编写的《天津新港泥沙来源调查研究报告》(1960 年)由中国科学院青岛海

1959 年 5 月在塘沽新港港务局门前留影

左起：虞志英 陈吉余 恽才兴 王宝灿

洋研究所编印。

为连云港扩建解疑释惑

连云港位处海州湾南岸,它是陇海铁路的起点,虽然该港口扩建已列入议程,然而有一种争论认为连云港泥沙回淤量太大,可否扩建为大型港口尚存在疑虑。1965年受连云港港务局委托,我校河口研究室对连云港泥沙回淤的来源和回淤量进行调查研究。我们将调查范围向北扩展至山东省日照县石臼所的基岩——砂质岸滩,向南则延伸至江苏省滨海县废黄河口三角洲岸滩。

为揭示岸滩的沉积结构和演变过程,我们采用手摇钻勘探,取得了大量标志岸滩变化的沉积物样品,经实验室分析和绘制沉积剖面图,显示出海州湾岸滩是在沙堤—潟湖地貌体系的基础上覆盖淤泥沉积物,反映两种截然不同的物质来源。此外,底质粒度分析也显现,从废黄河口至海州湾沉积物粒径由粗变细的趋向,表明上覆的淤泥沉积物来源于废黄河口。可是由于"文革",我们的研究工作不得不搁置。

1973年,周恩来总理提出"三年改变港口面貌"的号召。连云港港务局立马派人专程来校,要求河口研究室在15天内提供有关连云港泥沙来源的调研报告。当时主管领导指定由我负责编写。我们根据历次海洋水文测验成果,对岸滩沉积地貌的演变原因进行了论述,并结合历史时期黄河下游变迁的史料记载,指出连云港和海州湾岸滩的淤泥沉积层是历史时期(1128—1855年)黄河下游南迁夺淮入海所造成的。1855年黄河下游北迁到山东利津流注渤海后,连云港的泥沙来源已骤然减少。我奋战了13个日夜完成《连云港地区的泥沙来源和回淤量初步估算》调研报告,并随即到新埔(连云港市政府所在地)参加港口扩建讨论会,我在会上作的报告中陈述了连云港地区的泥沙来源和可以扩建的看法。

此后,虞志英课题组一直跟踪连云港扩建工程开展调查研究。一唱雄鸡天下白,原先仅满足5 000吨级船舶的港口如今已发展成拥有44个生产性泊位,其中10万—15万吨级泊位6个,30万吨级泊位1个,2013年全港货物吞吐量达到2.02亿吨的大港。

突破杭州湾北岸建港禁区,为上海金山石化总厂选建码头

杭州湾北岸是强潮海岸,浪高流急,大、小金山岛屿之间形成的一条金山卫深槽仍处于不同强度的冲刷状态,导致其邻近的水下岸坡地形变化较为复杂,因而曾有建港禁区之说。1981年金山石化总厂二期工程必须在厂区邻近的纬八路岸段建造化工专用码头。由于金山卫深槽的动态变化比较复杂,承担码头设计的上海第九设计院提出"闸式码头"的建港方案。这个方案是在陆域开挖港池,依赖港池口建闸来防御波、流

和泥沙淤积的影响。但是,在闸外水下岸坡上开挖的进出港航道的稳定维护是个问题。在上海市建委主持的建港讨论会上,我们建议在该建港方案实施前,在该岸段的水下岸坡进行挖槽试验,测定泥沙淤积速率,得到领导采纳。据试挖槽的泥沙回淤速率计算,表明该建港方案的航道将产生较严重的泥沙回淤,因而否决了原方案。我们建议采用"岛式—栈桥"的建港方案,并负责水文测验和金山卫深槽冲淤动态分析。课题组于 1982 年 6 月编写了《上海石化总厂二期工程前沿的海滩水文、泥沙概况及海滩航道回淤量估算》报告,1983 年 3 月编写了《杭州湾金山卫深槽演变的趋势》报告,为"岛式—栈桥"建港方案提供依据。实践证明,我们的建议取得预期效果,在 1984 年 5 月上海科技大会上,市教卫办毛经权在报告中指出:"……如华东师大河口海岸研究所为金山石化总厂二期工程原料码头建港方案和选址进行研究,经过调查分析测试,建议该厂将原来准备采用的广角型闸式码头方案改为外岛式码头方案,这样可减少挖泥沙的费用 200 万元/年,节约码头建造费用 1 000 万元,现经有关领导部门审定,被工厂采纳。"

令人欣慰的是,1985 年,上海石化 5 000 吨级化工码头建成。此后,在河口海岸研究所的科技支持下,20 世纪 90 年代上海石化又在厂区岸段建设了 25 000 吨位的煤码头。

课题组研究金山石化总厂二期工程化工专用码头的选址

二、创建海南岛海岸动力地貌研究基地

1983 年 4 月接交通部水运规划设计院石衡总工程师来电,邀我赴海南岛海口市对秀英港的自然条件进行踏勘,并为该港口扩建拟定调查研究计划。我赴现场勘查一周后,拟定了港口扩建的调研计划,经校科研处签章后寄送委托单位。不久,接交通部水运规划设计院正式通知,委托我校河口海岸研究所开展海口秀英港扩建的调研工作。

1984 年我率领一支由 20 名科技人员(包括 8 名研究生)组成的调查队开赴海南岛。当时,港务局领导对来自师范大学的调研人员似乎也有一点疑虑,然而,当我们带上调查资料、图件向该港务局领导作汇报后,他们连连称赞,还加码请我们到万宁县协助调查小海潟湖潮汐通道淤堵的原因。从此,我校河口海岸研究所在海南港口和航道管理单位留下了良好印象。

1988 年海南岛建省,掀起了开发港湾、兴建港口、发展航运事业的热潮,我们受海南省交通运输厅委托,开展海南省深水港预可行性调查研究,海口新港航道整治研究,万宁县小海潟湖调查和文昌县清澜港航道整治研究。

为了对海南岛沙质海岸开展系统研究,1992 年 12 月 10 日经我校袁运开校长批准,决定在海南岛成立华东师范大学海南海岸带资源开发研究中心,并任命我为该研究中心的法人代表。1994 年 7 月校党委书记陆炳炎赴琼考察时拜访海南省委书记、省长阮崇武,阮省长建议华东师大在海南建立实体等研究项目。

研究中心成立后,除承接为生产建设服务的调研外,我们也注重动力地貌过程的基础理论和岸滩冲淤动态与工程整治相结合的研究。

近 30 年来,研究中心在海南岛港湾海岸研究中取得了一些重要成果,具体表现在以下几个方面:

揭示琼州海峡距今一万多年前曾是"陆桥"

1993 年 5 月和 12 月承接某石油投资公司的委托,为拟建在琼州海峡南岸的石化工业港的外航道选线。我们与地矿部第一海洋调查大队合作,通过浅地震剖面仪、旁侧声呐仪探测和沉积、地貌综合分析,除推荐可辟为巨型油轮航行的航道选线外,还揭示其海床下有埋藏谷地的痕迹。根据其埋藏的深度、被下切的沉积地层结构及其与上覆沉积层之间的层序分析,并与周边海床沉积层的形成年代对比,研判该埋藏谷地为距今 10 000 多年前晚更新世冰期低海面时河流下切所留下的痕迹。由此推断,当时

琼州海峡曾露出海面,成为雷州半岛与海南岛之间的"陆桥"。

拟定文昌市清澜潮汐通道整治方案

沙堤—潟湖—潮汐通道地貌体系见于海南岛许多岸段。沙堤内侧屏蔽的潟湖水域,形成咸、淡水交汇的独特生态系统,既可发展水产养殖,又是沿岸渔船停泊和避风的港池。有些沟通潟湖与外海水体的潮汐通道还可辟为千吨级轮船的航道。我们曾受托,对澄迈县的东水港(边湾)潟湖、万宁县小海潟湖、陵水县的新村潟湖和黎安潟湖进行调查研究。尤其是在文昌市八门湾潟湖潮汐通道开发整治的调研工作中,我们通过地质地貌调查和水文观测提出将清澜港原3千吨级码头和航道扩建为5千吨级码头和航道的整治工程:一方面清澜潮汐通道西侧建造一条向南延伸的潜坝以加大落潮流对潮汐通道(航道)的冲刷和维护水深的作用;另一方面,在潮汐通道东北侧岸段建造拦沙丁坝,阻截来自东北向的沿岸漂沙进入航道。整治后的航道水深检测证明,整治方案达到预期的效果。2013年,该航道正在进一步拓宽和浚深为万吨级船舶的航道。

三亚旅游区岸外景点选址

1998年海南省三亚某公司拟在南山岸外海滨建造一尊高108米的观音菩萨塑像。我们开展了南山岸外海滨的潮流、海底底质、底床冲淤动态等调查研究,并进行了浅地震剖面勘探。经综合分析研究,我们建议将佛像的基座建造在岸外100米海域的花岗岩暗礁上。而今,这尊慈祥和蔼的观音菩萨塑像,高耸于微波荡漾之中,成为三亚旅游人见人爱的福地胜景。

三、为申请"河口海岸国家重点实验室"和"自然地理重点学科"不负使命

1986年初,陈吉余所长通知我、恽才兴和虞志英听取国家计委来校介绍有关申请国家重点实验室事宜。我们河口海岸研究所将与国内少数知名的综合性大学和工科大学一起参与申请竞争。次日,陈吉余指定我负责撰写申请书,我顿感压力沉重。

我根据河口海岸学科的研究特点,我们研究所与生产建设相结合所取得的成果,在科研实践中领悟的尚待深化研究的问题,再三琢磨推敲,确定以《河口、海岸动力沉积和动力地貌综合实验室》为主题编写申请书,并拟制了多学科综合研究模式。1986年4月初,陈吉余指派我和三位同志赴北京出席由国家计委和教委召开的答辩会。虽然"师范"高校在传统看法上是培养教师的学府,参与申请创建国家重点实验室处于

弱势,可是我们的学科特色鲜明,与国家的海岸带开发紧密关联,加之通过引领和指导全国海岸带调查已彰显我研究所在国内河口海岸学界的排头兵地位。

分组答辩时,我们与南京大学、厦门大学、清华大学—北京师大(二校联合申请一个项目)的代表为一组。当主持小组答辩会的部委领导话毕,我就争先发言陈述,阐述河口海岸学科的特点,研究的重要性与必要性,展示我们研究所为国家需求和生产建设服务所获得的表彰,30 分钟的陈述获得会议主持人和与会代表的好评。第二天获知,我们的申请书得到认可。返校后,我向所长陈吉余教授作汇报,并将正式申请书呈请袁运开校长审阅和签章。1986 年 4 月 27 日我带着申请书赴京呈交国家教委科技司。此刻我如释重负,倍感喜悦,因为河口海岸研究所有望增添翅膀,展翅高飞。1989年,河口海岸动力沉积与动力地貌综合国家重点实验室获准筹建。

1987 年初接校部通知,由河口海岸研究所和地理系联合撰写《自然地理重点学科》的申请书,经两个单位的领导决定,申请书由我负责撰写。申请书以河口海岸国家重点实验室申请书蓝本为基础,扩充融合地理系的学科特长和优势,在校领导和职能部门主持下,经过补充修改,最终定稿。

重点学科申请答辩会在北京远望楼举行。当时,自然地理学、海洋物理学、大气物理学均归属自然地理学科组,同一答辩组的院校代表有北京大学大气物理系的谢义炳院士兼组长,还有中国海洋大学海洋物理系文圣常院士、南京大学大地海洋科学系杨怀仁教授等。评审会有严格规定,各申请单位的代表不得向外通风报信,不接待来访者。据说当时有些高校派专人探询评审信息,因为重点学科与重点大学有密切关系。

记得我们的申请书有"连云港的自然条件和泥沙来源的分析研究,对连云港港口航道扩建作出贡献"的叙述,谢义炳院士对此提出质疑,甚至认为我是夸口。对此,我当即引用新华日报对我们研究所为连云港扩建作出贡献的报道作佐证。南京大学杨怀仁教授也表示所引用的报道情况属实。1988 年,华东师范大学自然地理重点学科获得批准。

* 本文作者:王宝灿,华东师范大学地学部教授。

情 系 河 口

沈焕庭

日月流转,沧桑巨变,转瞬间已至耄耋之年。笔者工作后经历了地理、海洋、河口三个不同学科的转换,主要是客观需要。自步入河口研究领域后,至今足迹已遍及北达鸭绿江口,南至北仑河口,并以长江河口为主要研究基地,不断追踪学科发展前沿,理论联系实际,倡导和践行物理、化学、生物过程研究相结合。通过参与全球研究计划,承担"七五"、"八五"、"九五"、"十五"攻关和国家自然科学重大、重点基金项目研究,对河口动力、水沙输运、盐水入侵、冲淡水扩展、河口最大浑浊带、物质通量、陆海相互作用、人类活动对河口环境影响、河口开发利用等重大问题进行了一系列开拓性和前瞻性研究。回顾数十年河口研究生涯大致可分为六个台阶,每一个台阶顺应国家需求和本学科的发展趋向,发挥自身的专业特长,兢兢业业投身科研,又跟踪学科国际热点,发挥我国大河河口类型丰富的优势,探索新生长点,助力河口学科创新发展。

第一台阶:从 20 世纪 60 年代末步入河口领域开始,
重点研究增深长江河口通海航道问题

1969 年我由海洋水文气象教研室转入河口研究室工作,开始步入河口海岸研究领域。1970 年代初,国家发出"三年改变港口面貌"号召,作为上海港咽喉的长江河口通海航道,急需增加通航水深,首期目标是从 6 米增深到 7 米。笔者参加了可行性研究。对长江口的潮汐潮流、径流、盐淡水混合、余流、泥沙输运与河槽演变规律进行综合研究后,提出疏浚南槽方案。该工程 1975 年竣工后一万吨级海轮可全天候进出,两万吨级海轮能乘潮进出上海港。研究成果进一步阐明了长江河口发育演变的动力机理,深化了对长江河口发育规律的认识,还为长江口深水航道建设和综合治理规划制订提供了重要科学依据。

第二台阶:从 20 世纪 70 年代末开始,研究
南水北调和三峡工程对长江河口的影响

笔者从 20 世纪 70 年代末开始,结合长江流域重大工程建设,开展南水北调、三峡工程建设对长江河口环境与生态影响预测研究,重点研究对长江河口盐水入侵的影响,为该两项工程的决策、设计和建设提供科学依据。

我国南方水多,北方水少,为了解决北方干旱问题,1976 年水电部编制了《南水北调近期工程规划》,提出南水北调东线方案。各界就该方案对环境的影响提了不少质疑,其中重要一点是会不会加重长江河口的盐水入侵,从而影响河口地区特别是上海的生活和工农业用水。在此背景下,1978 年 7 月中国科学院在石家庄召开南水北调及其对自然环境影响科研规划落实会议,确定华东师范大学河口海岸研究所负责对长江河口影响的研究,研究重点之一是南水北调对长江河口盐水入侵的影响。

在广泛收集资料和整理我所已积累的长江口多次水文测验资料基础上,抓住 1979 年 2 月下旬至 3 月上旬长江河口盐水严重入侵时机,组织长江口 9 个观测站对大、小潮每小时的盐度观测,取得了长江河口大范围同步的盐度时空变化资料。在大量调研的基础上,对长江河口盐水入侵的影响因子和时空变化规律进行了系统分析,就东线南水北调对长江河口盐水入侵的影响进行预测。研究表明,按东线方案调水,会加重长江河口的盐水入侵,直接影响上海市和江苏省部分地区的用水,并率先提出大通站控制流量的概念和对策。此研究成果得到水电部的认可与采纳,成为南水北调规划设计的重要依据之一。1981 年宝山钢铁厂的科技人员还从此项研究中找到了从长江引淡水的理论依据,放弃了原来的淀山湖取水方案,1985 年成功地在宝钢附近的长江河口边滩上建成避咸蓄淡水库,解决了宝钢工业用水。

三峡工程规模宏大,举世瞩目,尤其是对生态与环境的影响更引人关注。"长江三峡工程对生态与环境影响及对策研究"是由国家科委下达的"六五"、"七五"攻关项目,由中国科学院组织有关科研机构和高等院校共 38 个单位的 600 多位科研人员参加,共设 11 个二级课题和 65 个三级课题,分 1984—1987 年、1988—1990 年两期进行。笔者为项目组成员、二级课题"三峡工程对长江河口生态与环境影响与对策研究"和三级课题"三峡工程对长江河口盐水入侵影响研究"的负责人之一,任项目研究报告、论证报告、论文集、图集编委,负责编写三峡工程对河口生态与环境影响。通过研究提出的"三峡工程对长江河口盐水入侵有利有弊,利在枯水期流量增加使长江口盐度峰值削

减,弊在 10 月流量减少使河口盐水入侵时间提前和总受咸天数增加"等结论被报告采纳。此外,笔者还参加上海市科委项目"三峡工程对长江河口及上海地区生态环境影响与对策研究",负责国家计委立项的国家 98 高科技项目"三峡工程对长江河口及其邻近海域环境及生态系统影响的研究"、上海市 2001 年重大决策咨询课题"三峡工程与南水北调工程对长江河口水环境影响问题研究"。"长江三峡工程对生态与环境影响及对策研究"获中国科学院 1989 年科技进步一等奖,"三峡工程与生态环境"系列专著获中国科学院自然科学二等奖,笔者为系列专著编委,"三峡工程与河口生态环境"主笔之一,"三峡工程对长江河口及其邻近海域环境及生态系统的影响研究"获国家海洋局 2002 年海洋创新成果二等奖。

第三台阶:从 20 世纪 80 年代中期开始,倡导和践行河口物理化学生物过程的综合研究

笔者在研究中逐渐感悟到,研究河口融入水动力学内容,将动力、地貌、沉积相结合是很有价值的,使我国河口海岸研究一起步就驶上快车道,并提高了解决生产实际问题的能力。但这三者的结合主要体现的是物理过程,必须同时研究化学、生物过程对它的影响。此外,河口环境恶化已日显突出,其中很多是与化学、生物有关的问题。故从 20 世纪 80 年代中期开始,笔者与有关单位合作和培养研究生,积极开展化学、生物过程研究,倡导和践行物理过程、化学过程、生物过程研究相结合,先在河口最大浑浊带课题研究中尝试,得到同行的肯定与鼓励。

笔者与郭成涛、朱慧芳等在 20 世纪 80 年代初,结合长江河口通海航道的开发利用,开始对最大浑浊带进行专题研究,在 1984 年发表了我国第一篇专门讨论河口最大浑浊带的论文《长江河口最大浑浊带的变化规律及成因探讨》。20 世纪 80 年代末笔者与潘定安等在国家自然科学重大基金的支持下,又专门列题,以长江河口最大浑浊带为主要研究对象,以物理、化学、生物过程研究相结合的学术思想为指导,与本校化学系陈邦林、夏福兴等,杭州大学(现并入浙江大学)阮文杰、张志忠、蒋国俊等,东海水产研究所陈亚瞿等合作,对河口最大浑浊带进行深入的综合性研究。经 5 年多的共同努力,取得了一批具有开拓性和创新性的研究成果,出版了我国第一部有关河口最大浑浊带的著作——《长江河口最大浑浊带》(沈焕庭、潘定安著,海洋出版社,2001 年),在河口学发展道路上迈出了坚实的一步。

第四台阶：从 20 世纪 90 年代末开始，跟踪河口国际前沿研究

结合 IGBP（国际地圈—生物圈研究计划）中的两个核心计划（JGOFS—全球海洋通量联合研究、LOICZ—海岸带陆海相互作用研究），在两个国家自然科学重点基金的支持下，相继开展河口物质通量和陆海相互作用研究，代表性研究成果为《长江河口物质通量》（沈焕庭等著，海洋出版社，2001 年）和《长江河口陆海相互作用界面》（沈焕庭、朱建荣、吴华林等著，海洋出版社，2009 年）。

物质通量是 JGOFS 和 LOICZ 的重要研究内容，它对研究全球变化、认识地球系统的复杂性和功能具有重要意义。作为全球开展的研究计划，首先要研究局部尺度（local scale）的物质通量，然后在区域尺度（regional scale）以及全球尺度（global scale）上进行综合与集成。我国于 20 世纪 90 年代在国家自然科学基金委员会和中国科学院的支持下，相继开展了东海海洋通量、南海碳通量、渤海生态系统动力学等一系列重点项目研究，但对河流输入海洋的物质通量研究甚少。据 Garris 和 Mackenzie（1971）估算，每年由陆地进入海洋的物质约为 250×10^{14} g（即 25 亿吨），其中约有 85％是经河流搬进海洋的。可见，河流的入海物质通量在陆地的入海物质通量中占有重要地位。

1998—2001 年，笔者带领研究生开展了长江河口物质通量研究。以往国内外文献都将河流进入河口区的物质通量视作入海物质通量，忽略了河口的"过滤器效应"。实际上河流输入河口区的物质在河流与海洋等多种因子的作用下发生了一系列的量变和质变，直接影响河流的入海物质通量。本项目通过大量的现场观测和室内分析，运用数学模拟、GIS 和 DEM 等先进技术手段，首次对长江河口的水、沙和氮、碳、磷、硅等生源要素通量进行了较全面、系统的研究，出版了我国第一部有关河口物质通量的著作。在研究中将物理过程、化学过程、生物过程研究相结合，并把河流入河口区通量和入海的通量两个不同的概念严格区分开来，既研究了长江进入河口区的水、沙和碳等生源要素通量的变化规律，又探讨了这些物质进入河口区后在河海多种因素相互作用下发生的变化，最后构建了泥沙和营养盐的收支平衡

沈焕庭在美国华盛顿参加全球海洋通量国际学术研讨会（2003 年）

模式,得出了包括入海断面在内的若干典型断面不同时间尺度的通量,这是具有开创性的研究成果。

海岸带是地球四大圈层相互作用、各类界面的汇集地带,它在全球物质循环中扮演着重要角色。LOICZ主要研究自然变化和社会经济发展等人类活动对海岸带环境和生态的影响,为海岸带综合管理和近海环境与资源可持续利用提供科学依据。入海河口表征陆海相互作用的若干界面—潮区界面、潮流界面、盐水入侵界面、涨落潮优势流转换界面和冲淡水扩散界面等是陆海相互作用反映在河口的重要特征。这些界面既受自然因子的作用,又愈来愈受到人类活动尤其是沿江重大工程的影响。研究界面的形成与变化及其对重大工程和海平面变化的响应能揭示陆海相互作用的机制,阐明河口区环境对人类活动和全球变化的响应途径、作用过程、动力机制及未来变化趋势,从而为海岸带特别是河口地区的开发利用提供科学依据。

2003—2006年笔者与朱建荣、吴华林带领研究生在国家自然科学重点基金支持下,开展"长江河口陆海相互作用的关键界面及其对重大工程的响应"研究。以长江河口为研究基地,选择潮区界面、潮流界面、盐水入侵界面、涨落潮优势流转换界面和冲淡水扩散界面等几个对陆海相互作用响应敏感的典型界面作为研究对象,在研究过程中,除进行大量的现场观测外,还利用先进的三维数值模式和物理模型对三峡工程、南水北调工程、河口深水航道工程等重大工程建设以及海平面变化对上述界面时空变化规律的影响逐个进行详细的模拟,并对数个工程和海平面变化对不同界面的综合影响进行模拟分析,提出了一系列创新性的见解。

第五台阶:从21世纪初开始,研究上海水源地和防御岸滩侵蚀问题

近二三十年来,我国经济高速发展,在流域和沿海高强度开发下,河口地区的环境与生态遭受严重损坏,带来的负面影响日益严重,如污染物激增、盐水入侵加剧、滩涂湿地丧失等,这些问题如不重视和解决,将严重影响我国社会经济的持续发展,祸及子孙后代。针对上海和长江口的实际情况及需求,从2002年起,笔者等与有关单位合作开展了"上海水源地环境分析与战略选择研究"和"长江河口段岸滩侵蚀机理及趋势预测研究",代表性研究成果为《上海长江口水源地环境分析与战略选择》(沈焕庭、林卫青等著,上海科学技术出版社,2015年)。

濒江临海以水而兴的上海是一个特大型城市,随着城市发展和人民生活水平的提高,城市供水的需求量将大幅度增加,对水质的要求也愈来愈高。根据联合国专家组预测,上海是21世纪严重缺水的六大城市之一。其实,上海的淡水资源并不少,但由

于污染严重和盐水入侵,成为典型的水质型缺水城市。

　　黄浦江长期以来一直是上海的主要供水水源,由于人们没有善待这条母亲河,自20世纪70年代以来,下游水质逐年恶化。1990年,几位资深专家不约而同地提出开发青草沙水源地的建议,但当时建设条件还未成熟,故未被决策部门采纳。1992年陈行水库建成投产,成为上海市供水的第二水源,1996年又实施二期工程,取水规模达到130吨/天。由于受岸线和滩地的限制,库容量不大,仍无法满足上海的需求。在此背景下,2002—2003年笔者与朱建荣、茅志昌、李九发等联合上海市环境科学研究院、上海市环境监测中心,在上海市环境保护科学技术发展基金支持下,开展了"上海水源地环境分析与战略选择研究",提出了上海水源地战略选择的六个原则,对三个可比选的水源地的主要优缺点作了对比,提出上海水源地的重点应从黄浦江向长江口转移,青草沙水源地是在本市管辖范围内最佳的水源地。此成果获上海市科技进步二等奖。

　　2005年12月上海市水务局主持召开了"上海市长江口水源地评估审查会",推荐青草沙水库方案。青草沙水源地工程2007年开工建设,2011年6月投入运行,给上海市人民带来了清澈优质的自来水。

　　海岸侵蚀已经成为21世纪全球变化中的一个重要问题。世界上有70%的淤泥质海岸遭受侵蚀,我国的三角洲及平原海岸也有70%处于侵蚀状态。在20世纪50—80年代,我国入海河流每年携带20亿吨泥沙入海,占全世界入海泥沙的10%。黄河多年平均输沙量为11亿—13亿吨,但自1972年以来,在人类活动的影响下,下游断流日趋严重,导致入海泥沙锐减,年输沙量只有以前的1/7。长江入海输沙量在20世纪70年代以前近5亿吨,1990年代比1960年代减少了1/3,比1980年代减少21%。

　　入海泥沙减少导致原淤积型的海岸涨速减缓,转化为平衡型或侵蚀型。黄河三角洲从过去快速淤涨变为大面积侵蚀后退,对胜利油田等构成严重威胁。长江口淤涨速率也在减缓。2003—2005年笔者和茅志昌在国家自然科学基金资助下,带领研究生开展"长江河口段岸滩侵蚀机理及趋势预测"研究,取得了一些颇有价值的研究成果。

第六台阶:从2008年正式退休开始,总结研究成果和思考学科发展

　　退休是人生的一大转折。退休后可按自己的意愿做自己喜爱的事、自己能做的事、必须自己做的事和对社会有益的事。不为稻粱谋,不作名利求,择善而从,量力而行。我最有兴趣、花费时间最多的是运用多年人生历练与岁月厚积的智慧,总结河口研究成果和思考河口学科发展。

1. 总结河口研究成果

退休后合作出版两本论著：《长江河口水沙输运》和《上海长江口水源地环境分析与战略选择》。编写这两本书的初衷是什么？

我到河口所工作后，曾参加和承担许多应急性的调研和防御治理的项目，如1968、1969 年上海自来水水质调研，1969 年黄浦江苏州河黑臭和污水截流排污研究，1971年宝山地区护岸保滩工程自然条件分析与规划研究，1972 至 1975 年的长江口 7 米通海航道的选槽与建设研究。另外有"九五工程"（远望号码头）改址、"728 工程"（苏南核电厂）选址、长江口三沙治理及上海新港区选址等研究。

上述这些研究，编写了不少研究报告，发表了多篇论文。由于该时期的研究都是直接为生产服务，需要什么就研究什么，粗看是散乱和互不相关的，但从科学角度看是有内在联系的，其内容都与水沙输运有关。如能将这些研究成果以及后续的相关研究成果综合、梳理、补充和总结，既能提升学术水准，也便于后人了解在这一研究领域已做的工作和尚需进一步探索的问题，避免后人做不必要的重复研究。为此与李九发教授合作撰写了《长江河口水沙输运》一书。此书获得由国家海洋局、中国海洋学会、中国太平洋学会、中国海洋湖沼学会联合颁发的 2013 年度优秀海洋科技图书奖。

长江作为上海城市供水的第二、第三水源，经历了一个比较漫长和曲折的过程，笔者也参加了工程的可行性研究。青草沙水库的建成对全面扭转上海水质型缺水城市局面作出了突出贡献，但也必须清醒地认识到，青草沙水库建成后仍存在诸多新问题、新挑战。尤其值得高度关注的是，如何防止长江口和黄浦江水质恶化，减少盐水入侵的危害，改善和防止库内的富营养化等，我们要给予高度重视，及早考虑对策，采取措施，积极应对，尽可能防患于未然。为此与林卫青合作，在 2003 年完成的"上海水源地环境分析与战略选择研究"报告的基础上经修改、补充、提炼，撰写了《上海长江口水源地环境分析与战略选择》一书，对新形势下上海水源地开发与保护提出了建议。

2. 思考河口学科发展

20 世纪 50 年代苏联专家 И·В·萨莫伊洛夫的巨著《河口学》（1952 年）及 1957年他在中国科学院与华东水利学院（现河海大学）联合举办的河口学报告会上讲授的《河口演变过程的理论及其研究方法》，对推动我国河口研究起了重要作用。

1957 年，华东师范大学成立了河口研究室，这是我国现代河口研究起航的标志。陈吉余先生结合我国河口海岸的特点，在河口海岸地貌的研究中融入了水动力要素，倡导地貌与动力、沉积相结合。

近 60 年来，我国河口研究在老中青三代河口科技工作者的共同努力下，在河口开发治理的应用研究方面取得了令人瞩目的进展,不仅解决了一系列生产建设中的重大问题,而且对河口拦门沙、河口冲刷槽、河口分叉、河口潮波变形、河口环流、盐水入侵、冲淡水扩展、最大浑浊带、河口锋、物质通量、陆海相互作用、河口发育模式、河口分类等理论问题的研究也取得可喜的进展,提高了河口学的科学水平。但是基础研究的深度和创新性与国际先进水平相比,仍有较大差距。近二三十年来,我国沿海经济高速增长,在高强度的人类活动影响下,入海河口的生态遭受严重损害,如入海泥沙剧减、污染物激增、滩涂湿地大量丧失、淡水资源匮乏、水产资源退化等,河口学面临前所未有的挑战。

从国际上看,1966 年美国伊本主编的《河口海岸动力学》和劳夫主编的《河口湾》,1973 年英国 K. R. Dyer 著的《河口学:物理导论》,1976 年美国 C. B. Officer 著的《河口及毗连海域的物理海洋学》,1977 年英国 D. M. Mc Dowell 和 B. A. O'Connry 著的《河口水力行为》等,这些 20 世纪 60 和 70 年代代表性著作的主要视角是河口的物理过程。可是河口区是自然综合体,河口过程是物理、化学、生物过程三者结合和相互作用的综合过程。如仅考虑物理过程,忽略了河口学的综合性质,便不可能从根本上揭示河口过程的内在规律。因此,河口学要根据其研究对象的属性和面临强大人类活动的挑战,构架与之相应的河口学综合学科体系。这个体系的初步框架如下图所示。

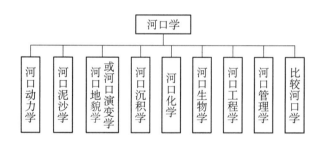

我国河口类型众多,为河口研究提供了得天独厚的自然条件,快速的经济发展使河口健康遭受严重损害,出现了诸多的新问题,政府对环境与生态愈来愈重视,为河口科技工作者提供了大展宏图的好机会。尤其是年青的同仁任重道远,要发扬优良传统,在前人研究的基础上,勇于开拓创新,敢为人先,坚持多学科交叉融合,崇尚实践,加强基础理论研究,将应用研究植根于基础研究和翔实数据的沃土之中,为建立和完善具有我国特色的河口学综合学科体系,攀登国际高峰,为河口地区自然资源的持续利用、生态环境的保护与修复提供更充分的科学依据,让河口给人类带来更多福祉。

* 本文作者:沈焕庭,华东师范大学地学部教授。

河口海岸学科工程应用的
探索与创新

虞志英

河口海岸学科是一门新兴学科。华东师范大学河口海岸研究所经过半个多世纪的创新发展,至今已形成集水动力学、沉积学和地貌学为一体的综合学科体系。在研究方法上突破了传统地理学范畴,形成宏观与微观研究相结合、历史过程与现代过程相结合、定性描述与定量分析相结合的技术路线。特别是学科坚持走理论研究与实践应用相结合的道路,不断探索和创新,为国家沿海重大工程建设作出重要贡献。

我长期从事与大型海岸工程如港口航道、围海造地、护岸保滩、核电站取排水、海底油气管道登陆等工程有关的河口海岸动力地貌研究,先后主持和参与了连云港深水港扩建泥沙来源和回淤研究、江苏田湾核电站取排水工程岸滩稳定性、废黄河三角洲深水港选址、长江口 12.5 米深水航道河槽演变、洋山深水港工程后海域动力沉积和海床冲淤稳定性、杭州湾北岸临港重工区港口群选址、平湖油气田海底油气管登陆段海床稳定性、长江口长兴江南造船厂和中海修船基地岸线稳定性、上海"十一五"滩涂资源开发等数十项工程的可行性研究。为工程规划、设计提供科学依据,得到工程建设部门的广泛采纳,创造了巨大经济和社会效益。

我与课题组在长达数十年科学实践中,在河口海岸动力地貌理论研究及其应用和理论上均有所创新,成绩不菲。回眸总结,比较突出的大体有五个方面。

一、连云港淤泥质海岸演变、冲淤模式研究及其应用

连云港位于江苏北部,是贯穿我国中部东西向大动脉——陇海铁路的终点港,是欧亚大陆桥的东方桥头堡,地理位置十分重要。连云港始建于 1934 年,由于毗邻海州湾南部淤泥质海岸,泥沙淤积问题长期困扰港口港池和航道水深,仅能停靠 3 000—5 000 吨级船舶。1973 年周恩来总理提出"三年改变我国港口落后面貌"的号召,江苏省连云港建港指挥部正式成立,组织全国力量建设连云港。我校河口海岸研究所对连云港的研究有一定基础,曾多次在连云港进行水上和陆上考察,理所当然地成为连云

港科研的主要支撑单位之一。

1. 通过对山东日照—连云港—苏北废黄河口长达数百公里的淤泥质海岸动力地貌调查和长期定位观测,取得了大量的第一性资料。在此基础上,结合黄河尾闾历史变迁的史料记载,重塑海岸发育历史演变,厘清了连云港地淤泥质海岸的发育演变与历史时期(1128—1855 年)黄河尾闾在苏北入海前后的关系,得出结论:自黄河北徙回归山东入渤海以后,随着废黄河口泥沙补给的枯竭,本区海岸已由淤涨过程转入侵蚀后退过程,经过一个多世纪以来的冲淤调整,已处在"泥沙来源减少、冲淤相对平衡、局部略有冲刷"的自然环境之中。这为连云港扩建深水港提供了重要的基础依据。在1973、1978、1979 年由交通部和江苏省连云港建港指挥部召开的连云港第一、二、三次回淤分析会议上,王宝灿和我作了研究成果的介绍,得到以严恺院士、刘济洲院士为首的全国著名专家和工程技术专家的一致认可。1978 年 4 月 1 日由江苏省革命委员会和交通部部长叶飞签发的向国务院上报的《连云港建港规划报告》,再次将"连云港自黄河改道后河流泥沙枯竭,冲淤相对平衡,局部略有冲刷"的结论作为连云港建 5 万—10 万吨级大型深水泊位的理论和技术依据。

"泥沙来源减少,冲淤相对平衡,局部略有冲刷"区区三句话的关于连云港淤泥质海岸演变的一个结论,奠定了连云港建深水港口的理论基础。经过数十年连云港深水港扩建的应用实践证明,这个结论是正确的。

2. 阐明了淤泥质海岸沿岸水动力和泥沙运动时空分布特征,建立了岸滩冲淤的动力机制和冲淤模式。进入 20 世纪 80 年代以后,随着连云港新港区工程上马,关于该海域淤泥质海岸泥沙运动机理和冲淤预测模式的问题又摆上研究日程。我们与当时的连云港建指挥部规划科长金镠工程师(华东水利学院研究生毕业,后任规划处长、副指挥、指挥)精诚合作,在专业上相互取长补短,取得了不少有价值的研究成果。

第一,在连云港海洋站进行长达 10 多年逐日定点含沙量观测,取得了数以万计的含沙量资料,并与同步观测所得的风速和波高资料进行相关分析;同时对不同水深的观测数据进行了多元回归分析。由于现场观测资料时间跨度长,分析结果有广泛代表性和可信度。结果表明,连云港地区水体的含沙量高低与所在海岸风、浪强度呈良好的线性关系,风浪掀沙是含沙量呈增高的主要动力因素。由于泥沙颗粒细,一旦被掀动悬扬进入水中沉降较慢,将被潮流搬运。因此在淤泥质浅滩区泥沙运动性质,符合"波浪掀沙,潮流输沙"的基本规律,为研究本区浅滩区泥沙运动奠定了基础。

第二,通过波浪观测资料推算出波浪破碎点深度和破波带宽度,以及岸滩不同部位经受破波作用的频度,得出不同来波条件下岸滩不同部位波浪冲刷强度分布。在破波带以内波浪冲刷强度最大,成为含沙量最高区域,又称"浑水带";在破波带以外,波浪对岸滩冲刷作用减弱,以潮流扩散作用为主。源于破波带内的悬浮泥沙在潮流作用下平流和扩散运移,并随着向海方向旋转流的加强,使含沙浓度较快降低。据此,提出了淤泥质海岸近岸水体含沙量横向分布的定量计算表达式。在此基础上,还完成了淤泥质海岸水动力特征、侵蚀堆积动力机制及剖面模式的研究。此项成果为连云港港口西大堤工程、深水航道改线工程等提供了规划和设计依据,受到了学术界、工程界的重视和好评。1985年8月,国际著名的水力泥沙专家、清华大学教授钱宁院士认为:"……结合野外波浪观测资料及室内试验成果建立了海滩演变的动力模式及冲淤计算方法,在理论上有所创新,提供物理图式清晰可信,反映了较高的学术水平。……创造了岸滩演变研究,为筑港工程服务的良好典范……"此外,中科院汪品先院士如此评价研究成果:"……通过多年观测,多学科研究……既对淤泥质海岸演变作了基础理论研究,又对海岸工程的后果提出实际的预测和对策、建议……体现了我国淤泥质海岸研究新水平的一项重要成果……"中科院院士、南京大学教授王颖院士评审认为:"……尤其在工程建设对淤泥质海岸环境影响预测分析方面做到独到的贡献。本人认为该项目与多学科交叉结合而形成的一项新型的先进科研成果,在淤泥质岸滩发育动力机制方面达到国际水平。"

目前连云港已拥有44个生产性泊位,其中10万—15万吨级泊位6个,30万吨级泊位1个。2013年全港货物吞吐量为2.02亿吨,集装箱吞吐量达到548.8万TUE,通向世界四大洋五大洲,已成为真正意义上亚欧大陆桥的东方桥头堡,名符其实的国际大港,目前可航行30万吨航道亦已基本建成。鉴于我们数十年来在连云港深水港建设中作出的贡献,连云港市市委和市人民政府领导向我校赠送了"科技先行攀高峰,援建港城结硕果"的锦旗,还向主要科研人员颁发了"建设连云港有功人员"称号的荣誉证书。成果获得国家教委、上海市人民政府科技进步二等奖各一项,交通部科技进步奖一项。2009年笔者被连云港人民政府和江苏省交通厅聘为连云港30万吨级航道工程技术专家。

1991连云港市委秦书记(右5)到校赠送锦旗和奖状
张瑞琨(右6) 王宝灿(右7) 金镠(左2) 虞志英(左3)

二、江苏省田湾核电站海水取排水口地形稳定性研究

田湾核电站是我国第三座大型核电工程,选址在江苏连云港南部的洋山岛沿海。核电站海水取排水工程是保证核安全运行的关键工程,根据国家核电安全局提出的要求,承担单位需要有甲级资质证书,可是我们单位缺乏资质证明,江苏核电公司对我单位在连云港的工作业绩水平进行了调研评估后,才专门发文特批委托我们承担。河口海岸研究所组成了由我任组长,刘苍字、陈德昌、薛元忠、唐寅德、张国安等共同组成的研究小组,在原有对连云港长期调查研究的基础上,对核电工程区域进行大比例尺的地质、地貌、沉积物、水下地形测量和波浪、潮流调查,综合分析,完成了工程区动力地貌研究报告。江苏核电公司1999年,同意该研究报告供有关设计单位作为设计依据采用。江苏田湾核电站自一、二期工程建成后,长期正常运行至今。

三、上海临港工业区系列海运码头和海底油气
管道登陆段海床稳定性研究

上海临港工业区是上海市新辟的新兴先进装备制造业基地,位于浦东新区南汇沿海。为了满足基地海上运输需要,必须在工业区沿海建造一系列专用运输码头。由于工业区处在长江口和杭州湾交汇地带,水流和泥沙运动十分复杂,地形多变。历史时期,由于受长江口入海汊道分流分沙变化的影响,南汇咀两侧岸滩地形出现多次冲淤交替,即东滩冲,则南滩淤;反之东滩淤,则南滩冲的冲淤转换现象,这种冲淤交替被称为"摇头沙"。岸滩前沿水深的不稳定性,阻碍工业区沿岸海运码头的建设。为确保码头前沿取得稳定水深环境,我们对南汇咀地形历史演变的原因进行分析,发现了南汇咀南北两侧的冲淤交替主要受长江口下泄分流分沙变化的影响。随着南汇咀人工半岛和南汇东滩围垦工程的实施,已人工稳定了南汇咀两侧0米滩线,很大程度上抑制了南汇咀滩槽泥沙交换量。此外,随着长江口下泄泥沙的减少,加上围堤工程的拦沙作用,进入杭州湾的泥沙减少,杭州湾北岸冲刷有所加剧,这有利于临港工业区岸滩的稳定。这一结论为南汇沿岸海运码头的建设提供了理论依据。

目前,临港工业区的芦潮港新车客渡码头、大电气码头、重机码头、海洋工程码头以及东区2万吨运输码头均已相继建成投入使用,码头前沿水深保持良好。其中芦潮港前沿水深已有过去的8米增加至10—11米,反映了冲刷环境的持续稳定。此项研

1993 年 9 月杭州湾考察滩地现场

左起：虞志英 余绍达 许世远 陈德昌 彭加亮 陈中原 李金安 唐寅德

究成果还为同一地区的平湖油气田海底输油气管道南汇登陆段和液化天然气输气管道登陆段建设的海床稳定性提供了科学依据。工程完成后已安全运行至今，为确保上海市日益增长的工业、民用用气安全作出了贡献。

四、上海国际航运中心洋山深水港动力地貌研究

上海国际航运中心洋山深水港是我国近年来新开辟的深水大港，地处长江口外的崎岖列岛的小洋山岛链，已完成一、二、三期工程，建有 16 个深水泊位。前三期工程后，小洋山与大洋山之间海域的冲淤态势发生了变化，那么规划中的第四期工程对颗珠山汊道是堵还是留需要予以论证。2005 年，我负责的科研团队对建港一、二、三期堵汊工程前后的水沙运动和冲淤规律进行机理分析，指出港区海域因工程引起的水下地形变化与潮动力场间存在着非线性响应特征，一、二、三期堵汊工程引起的海床的冲淤变化与堵汊前后进入主通道海域的潮量沙量密切相关，提出了保存颗珠山汊道是保证拟建西港区（即四期）水深及已建一、二、三期港区减淤的观点。研究结论获专家评审肯定。目前洋山港一、二、三期港区运营正常，四期工程正在建设中。

五、长江口深水航道治理工程科研工作

1998 年长江口深水航道治理工程正式启动,历经一、二、三期工程,于 2010 年工程交工验收。其间,我校河口海岸研究所和国家重点实验室,作为工程的主要科研单位之一,由虞志英、恽才兴、何青、李九发等组成的科研团队承担了繁重的科研任务(合同项目 12 项),整整经历了 12 个年头。

长江口深水航道课题组

在工程开始后的前 3 年(1998—2000 年),从基础资料调查入手,并在徐六泾、横沙和口门的佘山 3 个站点同步进行了连续 3 年的含沙量观测,填补了长江口不同地区长期连续含沙量资料的空白。12 年间,始终跟踪工程进展,先后向建设单位提交科研报告 15 份(册)。其中主要的具有创新性的研究成果有:(1)2000 年完成的"一期工程前后北槽河段冲淤分析",及时为一期完善段工程提供了科学依据;(2)2004 年提交的"长江口北槽口外水下地形,沉积环境变化和对三期外航道的影响"研究报告,以二期导堤工程后对口外流场的影响,分析了三期外航道不淤、少淤的原因,为三期工程建设提供了重要依据;(3)2007 年为深水航道上延而进行的"长江口南支、南北港分流口海床演变分析"研究,论述了南北港分流口新浏河沙、中央沙护滩工程和南沙头限流工程的必要性和迫切性;(4)2010 年一、二、三期工程基本完成后进行了"长江河口近期水沙变化及河势演变基本特征"分析研究报告,从工程后宏观水、沙环境及河势演变上进行分析,为整个"长江口深水航道工程项目的自我评价"提供了论证。

长江口深水航道治理工程的科研工作得到建设部表彰。2006 年获中国航海学会（代交通部）科技进步特等奖单位之一，我校河口海岸研究所也是 2011 年交通部"先进集体"成员单位之一。

半个多世纪的科学探索和实践，既饱尝过荒滩和风浪的煎熬，也品味过科研成果开花结果的喜悦。依靠科研团队的协同攻坚，在河口海岸工程应用方面取得了一些成就和创新，内心感到十分欣慰，在有生之年，还会力所能及，为心仪的河口海岸事业贡献余生。

虞志英与陈吉余

＊ 本文作者：虞志英，华东师范大学地学部教授。

地理学遥感应用学科的创建与发展

梅安新　　徐建刚

　　"地理学的实验室在野外",这是地理学家长期以来从实践中得出的至理名言。地理学的先驱们为了摸清地球的面貌和地理规律,长年累月、历尽千辛万苦考察千山万水,使我们对自己的星球有了较清楚的认识。

　　重视野外考察,收集第一性资料是地理工作者的优良传统。华东师范大学地理系秉承这一优良传统,组织教师、学生参加国内重要的野外考察活动,如新疆综合考察、治淮、全国地貌区划、云南综考、长江三角洲地理综合调查、全国海岸带考察、南方山地考察……可谓是"踏遍青山"。

　　然而,随着科学技术的发展,人们的视野也随之扩大,发现单纯的野外考察也存在不足之处。野外考察得来的数据虽然详尽可靠,但是,人们所付出的劳动和所得的成果往往不成比例;另外,"不识庐山真面目,只缘身在此山中",大量的野外调查,其结果往往缺乏对宏观整体的把握。遥感技术的出现极大地改善了这一状况。

巡天察地　　创新转型

　　1977 年秋天,随着"文革"的结束,我校地理系刘树人、梅安新两位老师去北京进行学术调研,拜访了陈述彭院士。从陈先生出示的美国第一颗地球资源卫星(ERTS)的图像上,他们惊讶地发现,考察了多年还未能窥其全貌的许多地貌宏观特征和界线却非常生动直观地显示在图像上。这意味着,如果将遥感图像与野外考察结合起来,将可以大大地节约和减轻野外考察的时间和工作量,他们敏锐地感到地学研究的方法将掀起重大的变革,从徒步考察时代向天地结合时代转变。与此同时,他们还了解到"遥感"作为一门独立的新兴学科,20 世纪 60 年代初才在美国出现,70 年代中期在中国开始发展。过去航空相片的应用虽然已有数十年,但发展速度始终比较缓慢,只有在较高分辨率的大视野的卫星图像出现后,才发生了质的变化。回校后,两位老师向袁运开校长和科研处作了汇报,得到他们的支持,并采取了 3 项措施:

1. 派部分教师到北京学习取经。

2. 当年秋冬主办"全国高师遥感技术学习班",邀请国内知名专家和校内有关学科教师作报告,介绍遥感技术基本原理和方法,探讨遥感技术如何在地理学的科研、教学中应用。来自全国各省区的师范院校地理系教师 40 多人参加了学习班,他们以后都成为各高校的遥感教学、科研骨干。

3. 在袁运开校长的支持下,联合校内有关系科、专业教师研究开展遥感协作科研,由科研处主持,成立了由地理系、河口所、物理系参加的校遥感协作组,万加若教授为负责人。

1978 年上半年,应山西省水利厅的邀请,我校地理系在山西省交城县举办遥感技术讲习班,由梅安新老师主讲"遥感技术",为山西省培养遥感技术骨干,同时进行卫星图像示范解译与野外验证。对遥感图像特征结合地貌、水文分析表明,晋中盆地汾河两侧支流水系发育不对称:西侧冲积扇向南偏转,古冲积扇靠北;东侧各支流冲积扇向东北偏转,古冲积扇靠南,这些古冲积扇是浅层潜水埋藏最优良的区域。晋中水利局经 3 个月打钻证明该遥感地学分析完全与实际符合,按此规律指示区域,找到浅层埋藏潜水,初步显示出遥感地理分析强大的生命力。同年下半年又应国务院长江流域规划办公室邀请,在丹江口举办遥感技术讲习班,向技术人员传播遥感知识。后来这两个单位都成立了单独的遥感专业队伍。

与此同时,由地理系黄永砥老师研制、试验的多谱段遥感图像彩色合成印刷法和多层曝光合成法等取得成功,他设计的"简易光学彩色合成仪"由校办厂批量生产,销往全国各地。这些方法在全国推广,使一些单位利用原有的摄影、印刷设备或购买简易合成仪即可进行遥感图像的光学处理,推动了遥感影像在全国的普及使用;由电子系沈成耀老师等研制成的 21 厘米微波辐射计在全国遥感会议上获得好评,并得到国家科委相关部门的重视。

1978 年下半年开始,我校地理系为本科生开设了"遥感概论"课程。1979—1981年期间,梅安新分别为同济大学海洋地质系、复旦大学历史地理研究所的研究生和本科生开设"遥感技术在海洋沉积研究中应用"和"遥感概论"等课程。

1978 年冬,中国空间科学学会在上海召开"空间遥感科学分会筹备会议",由万加若、梅安新代表华东师大参与发起成立"中国空间科学学会空间遥感分会",并分别当选为副理事长、理事兼秘书。此后,我校地理系多次参与全国几个一级学会联合筹备(第一届—第八届)遥感学术研讨会,扩大了华东师大在遥感学术界的影响。

华东师大遥感协作组还接受相关学会邀请,在 1978—1979 年期间,由梅安新、黄永砥分别到"中国海洋湖沼学会"青岛会议、"中国地质学会"长沙地质遥感会议、"中国海岸带调查"温州会议和萧山会议等介绍遥感技术应用和彩色合成技术,推广遥感技术应用。

在此基础上,为了更好地发挥学校多学科的优势,1982年由地理系、电子系、河口所联合成立"华东师大遥感研究中心",万加若任中心主任,刘树人为中心副主任。

随着遥感技术的深入发展,大家愈来愈体会到应用遥感技术解决地理学实际应用问题的重要性,它代表地理科学向信息采集自动化、信息分析数字化、信息显示可视化发展的新方向,并认识到学科发展需要建设一支稳定的科研队伍。通过几年的发展,地理系已经形成一支稳定的遥感应用科研团队,并吸收本校和兄弟院校毕业研究生充实队伍。1984年10月26日在华东师大遥感研究中心的基础上成立"华东师范大学遥感技术与应用研究所",报国家教委科技司备案,由学校划拨遥感专职编制,挂靠在地理系,刘树人任所长。1995年梅安新教授接任所长。这一支队伍在国家科技攻关项目中取得显著成绩。

在遥感技术与应用研究所的基础上,1993年12月国家教委批准华东师大创办成立"城市与环境考古遥感国家教委开放研究实验室",明确城市遥感和考古遥感作为两个主要应用方向,梅安新任主任,刘树人任学术委员会主任。1997年,蔡孟裔任实验室主任,梅安新任学术委员会主任。1999年7月18日,王铮任实验室主任。2002年束炯任实验室主任,叶大年任学术委员会主任。2003年8月19日,"城市与环境考古遥感国家教委开放研究实验室"顺利通过验收,并经教育部批准更名为"地理信息科学教育部重点实验室",使遥感与地理信息科学更密切结合,地理学发展的信息化、数字化、可视化方向更为明确。2009年9月,"地理信息科学教育部重点实验室"成功通过教育部组织的重点实验室评估。

硕果累累　屡获高奖

在国家教委科技司的具体指导下,由北大、华东师大、南大、北师大、东北师大等部属高校成立了"中国高校遥感应用联合协作组",并从一开始就瞄准了国家高端科技攻关。1981—1982年,山西省农委确定开展全省农业遥感调查,摸清全省农业自然条件资源,并由省农委与国家教委科技司牵头设立项目,该项目被列为国家科委"五五"科技攻关计划。国家教委组织"中国高校遥感应用联合协作组"及山东大学、北京农业大学(现为中国农业大学)、南京林业大学等8所高校联合攻关,首先对山西省农委技术干部进行遥感技术培训,在全省全面铺开之前以祁县为中心,把晋中盆地作为试点。我校刘树人、梅安新、益建芳等参加讲课、试点全过程。此时适逢"亚洲遥感协会"第二届大会将在北京召开,8所高校接受华东师大提议,在晋中盆地试点成果总结的基础上,出版一本遥感图集。大家和科学出版社的编辑一起仅用60天时间,即在华东师大地理系完成编辑、印刷并由科学出版社出版《陆地卫星像片太原幅农业自然条件目视解译系列图》，作为我国第一本出版的大型遥感解译图集，参加大会交流。不仅在亚洲及欧美各国产生较持久的影响，而且还荣登国外遥感机构和著名大学书架。

在研究的基础上编辑了《内蒙古赤峰市草场资源遥感解译系列图》（1987 年）、《山西省地下水资源遥感解译图》（1992 年），由科学出版社出版。《内蒙古草场资源遥感调查研究》项目出版了 3 本专集。华东师范大学学报自然科学版还为遥感出版了 2 本专辑。这些成果反映出遥感研究与地学分析的结合、与地理信息系统应用的有机结合。

遥感研究重要成果与教学相结合，使科学研究促进教学质量的提高。2001 年由华东师大梅安新教授、北京师大彭望琭教授和刘慧萍教授、北京大学秦其明教授合编的 21 世纪教材《遥感导论》，由高等教育出版社出版，迄今为止是全国同类教材中使用最广、发行量最大的教材。2003 年 10 月益建芳主编的《遥感学》获"国家理科基地创建名牌课程"支持。由梅安新主审兼副主编、吴健平参加编写的《空间信息产业化现状与趋势》，2004 年由科学出版社出版。梅安新等主编的区域遥感应用国际论坛《高分辨率卫星遥感应用专集》2008 年 4 月由广东省地图出版社出版。吴健平、周坚华、张立等也各有专著出版。

1982—1987 年期间，遥感团队与兄弟院校一起承担了国家"五五"攻关"山西省农业遥感"、"六五"攻关"内蒙古自治区草场资源遥感"、"七五"攻关"'三北'防护林遥感"、"Landsat 与 Spot 图像信息应用评价研究"等项目和课题，在遥感解译的基础上，每年野外实地考察路线都在 3 000 公里左右，累计行程超过 1 万公里，包括山西省 100 多个县市、内蒙古自治区的 40 多个县市。

这些研究得到国家各部委的充分肯定，1986 年 5 月受到国家计委、国家经委、国家科委、国家财政部的联合表彰。研究成果获得国家级科技进步二等奖 1 项，三等奖 1 项，省、部委奖 8 项（一等奖 7 项，二等奖 1 项）。其中，国家"六五"攻关项目"遥感在内蒙古地区草场资源调查中的应用研究"获内蒙古自治区政府颁发的 1987 年内蒙古自治区科技进步一等奖和 1987 年国家科技进步三等奖；"七五"国家攻关项目"内蒙古草原牧场防护林区遥感调查研究"获国家教委 1993 年科技进步一等奖，这两项的技术总结报告均由梅安新执笔。

在上海城市遥感方面，1987 年上海遥感办公室成立，我校梅安新、刘树人被聘为专家组成员，并由"华东师范大学遥感技术与应用研究所"和"城市与环境考古遥感国家教委开放研究实验室"承担了数十个城市遥感综合课题，涉及城市发展多时相遥感动态研究、土地利用遥感调查、遥感评估水灾损失、交通遥感调查、固体废弃物分布、建筑密度、建筑容积率、环境质量遥感评估方法研究、城市绿化和三维绿量研究等。其中,梅安新、吴健平、徐建刚、朱履喜等承担的 1947—1997 年(后来扩展到 2002 年)上海城市扩展和土地利用变化、上海市真如地区土地利用多时相变化等,所用遥感时相之多、解译之精细,国内外均未见过,做了前人没有做过的工作。相关论文和成果在多个国际学术会议上作过报告,得到陈述彭院士的高度评价;上海城市扩展和土地利用变化成果图件被选入 1997 年出版的《上海市地图集》,部分数据提供修订上海城市总体规划作依据;该成果还被选入联合国亚太经济与社会委员会资助项目"上海城市发展与环境保护"报告(英文稿);韩雪培应用遥感技术完成的上海市区高层建筑分布图、建筑密度图、建筑容积率图都是国内第一次。"上海市航空遥感综合调查研究成果"获 1993 年上海市科技进步二等奖。

我校地理系遥感学科所取得的成果表明,地理学信息化方向具有强大的生命力和广阔的前景。

开放培养　学用相长

我校地理系遥感专业 1983 年开始招收研究生,研究生的培养采取以下措施:

1. 天(遥感)与地(地学分析)结合培养复合人才。坚持实践验证、能力培养、计算机技能(二次开发能力)与地学分析及遥感信息相结合。

2. 在培养遥感研究生的同时,注意学科融合,遥感与地理信息系统相结合,并于 1985—1988 年在地理系培养出第一个 GIS(地理信息系统)专业硕士研究生。

3. 开放培养,扩大知识面。放手让研究生接触实际,利用与其他高校联合攻关、联合组队野外考察机会,各校研究生们可以接触其他学校老师,学习各校老师所长,扩大了研究生们的知识面和视野。

4. 使研究生具备有较强的室内解译能力与野外考察能力,并将两者结合起来。

5. 在校内首先提倡研究生作开题报告,聘请老师对论文立题依据、研究基础、技术路线等进行全面论证,为学生把关。

6. 每一篇论文必须以实际研究工作为基础,学用结合,有明确的应用效果。

通过这些措施,提高了研究生较强的独立工作能力,效果显著。1987 年梅安新获得华东师大优秀研究生导师奖。

学术交流　扩大影响

遥感作为新兴学科,从一开始就非常注意学术交流。

在国内交流方面:

1979—2006 年,梅安新积极参加中国空间科学学会空间遥感分会、空间遥感专业委员会理事承办的多次学术交流会议的筹备活动;1983 年,担任高校遥感联合应用中心学术委员会副主任;1984 年,参与中国空间科学学会空间遥感分会杭州会议,集体建议"风云一号"卫星上增加海洋通道,获得国家科协颁发的"优秀建议奖";1988—2002 年,被推选为高校遥感教学研究会第三、第四届会长和第五届名誉会长;1991 年,被评为"中国空间科学学会第三届学会先进工作者";1996 年,被长江三角洲可持续发展院士调查团聘请为专家;2001 年、2002 年被聘为上海科技进步奖评审专家;2003 年,被聘请为"中国遥感应用协会"顾问和专家委员会常务理事。2010 年 8 月,我校"地理信息科学教育部重点实验室"与中国遥感应用协会环境遥感分会合作承办,在华东师大举行中国遥感应用协会环境遥感论坛。由于积极参与中国遥感应用协会各项学术交流并提供建议,梅安新于 2012 年 3 月获得"1996—2011 年度中国环境遥感应用突出贡献奖"。

在国际或境外交流方面:

1985 年 8 月,日本京都召开的第十五届国际草地学大会,梅安新代表中国高校代表团在大会上发言。1986 年 5 月,在美国明尼阿波利斯—圣保罗举行的北美地理学年会上报告论文。1987 年 10 月,在北京香山举行的"中、法 SPOT 卫星数据研讨会"上,梅安新任大会主席之一。1992 年和 1994 年分别应德国不来梅大学(Bremen University)和英国利物浦大学(Liverpool University)邀请讲学、交流。1998 年出席在香港中文大学召开的地理信息国际研讨会。2003 年,出席香港城市信息大会,并作报告。

2004 年 5 月,我校"地理信息科学教育部重点实验室"主办"环境变化的城市视觉:科学、暴露、政策与技术"国际学术会议,并与中科院共同举办"上海地区可持续发展的问题与对策"院士咨询研讨会。2008 年 4 月根据在深圳举行的区域遥感国际论坛的论文报告,会后梅安新主编出版论文集。2008 年 12 月 11—12 日,"地理信息科学教育部重点实验室"举办"Web and Wireless Geographical Information System 2008"国际会议。2011 年 6 月 24—26 日,"地理信息科学教育部重点实验室"承办第十九届国际地理信息科学大会。

通过这些交流,促进了实验室成员视野的扩大和国际化。

梅安新(右2)指导德国不来梅大学研究生

实际应用　续谱新篇

在遥感研究中,不但注意从学科上把地理学、遥感、地理信息系统等有机结合,作为基础应用学科来说,十分重视产学研结合和实际应用。如将地理遥感应用于风景区规划、城市绿化调查等方面,解决了许多实际问题,也扩大了遥感学科的应用领域。

在风景区规划方面,与同济大学风景旅游合作,为11个省、区的16个景区作规划。遥感技术不仅提供规划范围内的卫星图像,增加可视化效果,而且为规划提供地面工作较难获取的信息、数据和专业图件,并从遥感和地理信息系统角度为规划提供理论方法支持。如黑龙江五大连池风景区规划中应用了遥感数据,作出了原来没有的地貌类型图、土地利用图、熔岩流分布图、植被类型图,在熔岩流覆盖区内找出花岗岩低台地,解决了不能在熔岩覆盖区内进行旅游设施布局的问题;结合GPS定位和三维立体动态显示,使规划建立在定量化、可视化、数字化的基础上。该规划获得中国城市规划协会和上海城市规划协会颁发的"2011年度全国优秀城乡规划设计奖——风景名胜区类二等奖"和"风景区优秀规划奖"。

遥感在城市园林绿化调查、规划中也得到大量的实际应用。自1996年至2012年的15年中,地理遥感团队只用极少数人力就完成全国8个省26个城市的遥感绿化解译,为这些城市向建设部申报"国家级园林城市"提供高精度的数据和技术支持,也为这些城市的绿地规划提供数据和图件。其中,大多数城市已被国家建设部(现住建部)批准为"国家级园林城市"或"国家级卫生城市",在此基础上部分城市应用遥感解译结果建立城市绿化地理信息系统,促进数字城市、智慧城市建设。

另外,华东师大的遥感考古方向起步也较早,1997 年刘树人教授代表"华东师范大学遥感技术与应用研究所"与国家文物局历史博物馆、中科院数字地球中心郭华东院士等合作成立"遥感考古联合实验室"。

<h2 style="text-align:center">转型扩容　枝繁叶茂</h2>

从 20 世纪 80 年代我校地理系几个人的遥感专业队伍到"遥感技术与应用研究所"、"城市与环境考古遥感国家教委开放研究实验室",再到转型、扩容成 30 多人队伍的"华东师范大学地理信息科学教育部重点实验室",已是枝繁叶茂。学术领域包括地理学许多分支学科的内容,如自然地理学、地理计算数学、信息科学等,每年招收博士和硕士研究生 40 余人,迄今已培养了 100 多个博士和 400 多个硕士。

在学校"985 工程"和"211 工程"等支持下,实验室自行研发和引进了一批先进的仪器设备,包括高维实景采集系统、极轨遥感卫星数据接收系统、地基太阳辐射监测系统、大气红外辐射干涉仪、高性能计算机集群、RTK GPS 接收机等,已具备良好的科研条件。

美国《布鲁金斯日报 Register》1986.9.16 第一版刊登 记者对梅安新的采访报道:中国教授谈中美文化差异

近年来实验室先后承担了多项国家"863"计划、"973"计划、水专项、自然科学基金、省部委重大(点)以及企事业委托项目,完成课题数百个,出版著作 100 多本,每年发表三大检索收录论文 100 余篇,年均研究经费不下数百万。

实验室面向国家和地方的需求,着眼于国际地理信息科学领域的前沿动向,坚持"立足上海、面向全国、接轨国际"的发展方向,围绕应对全球变化、构建和谐城市的时代目标,在地理计算与空间分析模型、地理信息获取与应用服务、环境遥感与数据同化、环境演变与人地关系重建以及城市环境灾害过程与公共安全等方面开展研究。

在转型扩容的同时,整个团队始终坚持遥感解译与野外实地考察相结合,坚持地理学的传承和发展特色,抓住地理学信息化、数字化、可视化的方向,为地理学注入新的活力,保持强大的生命力,展现宽广的前景。

*本文作者:梅安新,华东师范大学地学部教授;徐建刚,南京大学数字城市与规划工程技术研究中心教授。

在海洋遥感应用领域锐意
进取和开拓创新

恽才兴

中国开展卫星遥感研究起始于 1975 年。1978 年 7—8 月国家主管部门在北京大学举办了中国第一期遥感研究干部培训班,鉴于建立华东师范大学遥感技术及其应用研究平台的需要,我有幸参加了培训班,认识到遥感应用这一高新技术不仅是全面探测地球表面资源与环境时空分布的有效手段,而且对地球科学、海洋科学的建设与发展是有力的技术平台。1979 年我校河口海岸研究所组建了遥感研究室。本文以"在海洋遥感应用领域锐意进取和开拓创新"为题,重点展示遥感研究室科技团队在河口海岸学科领域探索发展卫星遥感应用技术,开展多学科交叉和为国民经济建设服务的成功案例。

一、围绕长江口深水航道建设,率先开展悬浮泥沙遥感定量研究

长江是我国第一大河,它的航运价值是享誉世界的黄金水道。1958 年起,国家组织三代科学家对长江口深水航道开发和建设进行了长达半个多世纪的多次科学调查研究和论证。我作为该项任务的主要参与者之一,进行长期跟踪,充分发挥我校河口海岸动力、沉积、地貌综合研究的特点和优势,通过现场长期观测资料的分析和研究,系统测算了河床冲淤变化定量数据和时空分布,总结了长江河口演变基本规律,撰写了两本专著——《长江河口近期演变基本规律》和《图说长江河口演变》。前者是在积累半个世纪第一手调查资料的基础上,侧重从动力地貌角度揭示长江河口近期演变过程,并对长江河口治理提出了十个方面的认识和建议;后者是针对长江口深水航道建设中的泥沙淤积难题,利用卫星遥感监测新技术,定量分析了长江河口悬浮泥沙时空分布、输移扩散的方向及路径、河口最大浑浊带的淤积部位等关键问题。经过国家"六五""七五""八五""九五""十五"五期科技攻关项目及两项"863"项目的逐步深化精炼锤练,为我国沿海水域高浓度悬浮泥沙遥感定量研究奠定了理论基础,相关的研究成果除被国内外引用外,还广泛应用于沿海港口工程建设的选址和决策。悬浮泥沙

遥感系列定量研究成果获国家科技进步二等奖和交通部科技进步一等奖,并于2011年2月出版了《海岸带及近海卫星遥感综合应用技术》和《长江口近岸水域卫星遥感应用技术研究》两本专著。

二、应用卫星遥感信息和地形数字化技术服务沿海工程选址和决策

从1981年起,我校河口海岸研究所遥感室科技团队先后承担国家"六五"、"七五"、"八五"、"九五"、"十五"、"十一五"国家科技攻关和"863"、"921"等与遥感直接相关的国家重点科技项目,将遥感信息和地形数字化技术广泛应用于港口、航道、电厂规划、水源地、取排水口等沿岸工程的选址和工程可行性论证。涉及范围北起鸭绿江河口,南达广东沿海,足迹遍及辽河三角洲、锦州港、京唐港、黄骅港、连云港、苏北辐射状沙洲、长江口、杭州湾、象山港、三门湾、台州湾、乐清湾、温州港、闽江口、厦门湾、珠江口伶仃洋、广东江门及茂名港等近20多个海域,留下了中国海岸工程建设选址决策科学考察足迹及研究成果的记录。

现举三个成功案例:

1. 鸭绿江河口丹东新港选址

我国卫星遥感技术应用于港口航道选址起始于丹东新港建设的可行性论证项目,当时海洋科学界与海洋工程界不少同志对选择鸭绿江河口西水道建港存在疑虑。鉴于中朝边界历史原因,鸭绿江河口长期缺乏水文、地形勘测资料。为此,辽宁省交通厅和丹东市政府委托我校河口海岸研究所利用多时相卫星像片对鸭绿江河口西水道建港问题展开科学论证。1983年夏,全国河口海岸学会和港口航道学会在丹东联合召开的会议上,我校河口海岸研究所遥感研究室利用18套不同日期的卫星遥感信息阐述了鸭绿江河口径流来沙、潮流输沙、风浪掀沙、滩槽稳定性、冬季海冰状况等五大关键问题,为交通部对丹东新港建设的决策提供了科学依据。这项科研任务的圆满完成,不仅为丹东市以港兴城奠定了基础,而且为卫星遥感解决水运事业规划和涉水工程前期可行性论证开辟了一条新的技术途径。本人受聘担任丹东新港建设专家组成员长达10年以上,完成的科研成果及专家咨询意见受到当地政府和工程部门的好评。

2. 黄骅港——淤泥质海岸"浅水深用"建港科学论证

黄骅港地处渤海湾西南岸,北距天津港105公里,南至黄河入海口156公里。该处地广人稀、环境容量大、远离大城市,交通枢纽干扰少,距中国北方大型优质煤田(神

木煤田)路程最短。为开辟中国西煤东运第二大通道(第一大通道为大同－秦皇岛铁路)和发展矿、路、港一体化的经营模式,国家决策在河北省南部沿海建设一个年出口煤炭1亿吨的大港。基于该港位于现代黄河三角洲的北缘,港口布置在开敞浅缓的淤泥质潮滩,在波浪及潮流共同作用下,泥沙运动活跃,海床冲淤多变,这给港口航道工程建设带来相当大的风险。该工程经过长达8年的科学论证(1987—1997年),本人担任河北省黄骅港建设指挥部专家组成员长达10年。我校河口海岸研究所经过现场调查研究和卫星遥感图像分析,论证了黄河入海泥沙对建港的影响、海区风天含沙量的活动范围、近岸波浪作用强度、岸滩冲淤变化过程、港口平面布置形式等关键问题,提交的研究报告受到交通部领导、港口建设部门及地方政府的赞赏和好评。

3. 连云港深水港区选址决策

根据江苏省沿海港口发展规划,2005年连云港市按照连云港"一体延伸、向南北两翼拓展、合理开发有限岸线战略资源的构想",开展了连云港港口总体建设规划及深水港区选址研究。笔者承担了交通部水运规划设计院委托的"连云港市海岸线利用遥感技术开发研究"项目(2005—2006年),充分利用历史海图及系列卫星图像数据,定量分析了连云港市海域岸滩稳定性和悬浮泥沙场时空分布规律,提出了连云港海区南翼作为深水港(30万吨级航道)宜港岸段和埒子口作为规划港区的决策建议。

三、海洋遥感应用走出国门,为"南南科技合作"开创了先例

"八五"期间,我校河口海岸研究所遥感研究室受联合国亚太经社会地区遥感组织和中国国家遥感中心委托,笔者与任友谅、胡嘉敏组成中国专家组于1986年及1988年期间先后承担斯里兰卡海岸带环境遥感及马尔代夫珊瑚礁资源遥感两项国际合作示范项目,该项任务为我国海洋遥感应用领域进行"南南合作"开创了先例。鉴于两项任务完成比较出色,研究所受到国家科学技术委员会遥感中心的表彰。

四、承担国家海洋局"908"重大项目,利用遥感 揭开我国南沙群岛的神秘面纱

南海海域辽阔,我国传统疆界线以内的面积近200万平方公里,占我国海洋国土面积300万平方公里的2/3。若以我国濒临海域面积473万平方公里估算(南海面积

354万平方公里),南海海域面积为我国濒临海域面积的76%,相当于我国边缘海(渤海、黄海、东海)面积总和的2.8倍。鉴于南海地处太平洋和印度洋航路的要冲,其航运资源、海洋油气资源及海洋渔业资源富集,已成为当今相关国家争议的地区和共同关注问题的焦点。为了维护我国的海洋权益,在"十一五"期间,本人作为国家卫星海洋应用中心特聘专家,承担了国家海洋局"908"项目南海岛礁卫星详查专项,并取得了前所未有、极其宝贵的系列成果,如利用高分辨率卫星遥感图像编制的《南海岛礁图集》和"南海形势分析报告"等,该项研究成果已提交国家职能部门广泛应用。

恽才兴在"海军收复西沙群岛纪念碑"(1946年11月24日立)前

1981年至今,我校河口海岸研究所遥感研究室为发展我国海洋遥感应用领域,先后承担和参加海洋遥感国家科技攻关项目和重大专项10项以上,特别是2000年以来,我国先后发射了海洋水色卫星(HY-1A,HY-1b)和海洋动力卫星(HY-2),笔者于2002—2009年和2010—2013年组织相关单位科技人员进行了应用跟踪研究,并编写了我国第一颗海洋动力卫星(HY-2)遥感探测器的技术应用指南。实践表明,河口海岸学科开拓探索遥感技术应用对于提升河口海岸近代演变研究和为国家沿海港口航道建设、环境监测管理和国防建设服务大有作为。

* 本文作者:恽才兴,华东师范大学地学部教授。

河口海岸科技团队的建设与发展

胡方西

河口海岸研究所(现已升格为河口海岸科学研究院)是一个既有战斗力又和谐融洽的大家庭,它拥有一支战力强、敢啃硬骨头、善打胜仗的科技团队。本文记叙的是这支团队的成长过程,以及截至 20 世纪 90 年代我亲身经历的几项重大科研项目的成功范例和一些难以忘却的轶事。

陈吉余教授是中国河口海岸学科的创始人和开拓者。自 1957 年创建我国第一个从事河口海岸研究机构——华东师范大学地理系河口室至今近 60 年时间里,陈吉余始终站在学科的前沿,以广阔的视野,从地球系统的观点审视河口海岸问题,将沉积、地貌和动力相结合,开创了河口海岸学科,并获国家批准建立了我国第一个涉海的地学国家重点实验室。在原有学科的基础上又融入了生态环境研究,应用遥感、数模等多种研究手段,进行多学科的交叉渗透,使我校河口海岸研究所在全国同行中一直处于领先地位。陈吉余也因此获得全国五一劳模奖章。强将手下无弱兵,在陈吉余教授带领下,这支科技团队始终以服务国家战略为己任,敢打硬仗,勇为人先,敢担风险。即使在"文革"困难环境下,也坚持科研不放手,在囿于殿堂学术孤芳自赏的氛围中敢于走出殿堂直面生产实践,为国家港口航道、上海石化码头建设、海岸防护工程服务。"文革"结束后的 1978 年,就荣获全国科技大会奖和全国交通战线先进集体奖。这些荣誉给这个科技团队的精神风范作了最好的注释。在荣誉纷至沓来的光环下,科技团队信心倍增但头脑冷静,不歇脚止步,又义无反顾勇担引领全国海岸带综合调查大任,牵头联合名牌大学攻坚国际河口海岸学科前沿热点课题。

一、河口海岸科技团队的形成

陈吉余是位帅才,他深知,如果没有一支强大的多兵种的科技团队,单枪匹马是完不成重大任务的,也不可能形成气候的。因此从 1957 年开始至今他始终为培养、完善、提高这支科技团队劳心费神。1957 年,河口室刚成立时,陈吉余任主任,全室只有 6 人,其中恽才兴、梅安新、虞志英是他的学生;此外还有科学院地理所的两位同志,基本上都是地理专业出身的。1962年,河口室改为河口海岸研究室,增加了地质研究人才,科研队伍达20人左右,成为高教部直属的18个研究所(室)之一。当年,陈吉余首批招收尤联元、姚超奇为研究生,1964年再招收研究生贺松林、伍贻范。1968年又有地理系水文气象教研室部分人员并入,增强了水动力研究力量,从而构成动力、地貌、沉积相结合的人才结构。这支队伍具有强烈的团队精神,艰苦创业,开拓创新,特别是具有一腔爱国之心。这一团队在陈吉余的带领下,以长江口、杭州湾为主要科研基地,先后完成了有关部门委托的"长江三角洲前缘水文地质调查"、"长江三角洲地理普查"、"长江口动力地貌调查"等重大任务,锤炼了一批科技人才。"文革"中科研工作虽受到严重影响,但科研人员仍排除干扰,坚持深入生产第一线,先后在上海石化总厂选址及陈山码头选址、浙江炼油厂码头选址、长江口航道选槽和连云港回淤研究等国家级工程建设项目中作出重大贡献。

　　1978年,科技界的春天到来了,陈吉余代表学校参加全国科学大会。天酬人勤,河口海岸研究室(当时尚未扩建为研究所)因"在国家科学技术工作中作出重大贡献",荣获全国科学大会奖(按:"文革"期间华东师范大学与上海师范学院合并,校名为上海师范大学,获奖时校名尚未改回华东师范大学)。同年,研究室还获得"全国交通战线科技先进集体"奖。在"文革"后不久,一个师范院校的小小研究室能够吸引全国科技界的眼球,并获得国家交通部的青睐,表明陈吉余及其科研团队在"文革"艰难环境下对科研为国家服务的坚定信念、科研与生产实践相结合的执着追求。荣誉对团队是一个鼓励和肯定,华东师大河口海岸研究室在全国地位迅速提高,美国、荷兰、日本等国的相关机构相继与我所签订合作研究协议,这为提高科技团队的数量和质量提供有利条件。1978年,经高教部批准,河口海岸研究室扩建为研究所,下设河口、海岸、沉积、遥感四个研究室,科技人员增至40多人,同年又被评为上海市劳模集体。

　　为适应服务国家、拓展研究领域的人才需求,陈吉余审时度势,采取多项措施:其一,筑巢引凤,连续几年在国内广收本学科奇缺人才;其二,积极招收研究生,还不拘一格从数、理、化、生学科招收应届毕业生攻读研究生;其三,积极联系和争取名额,派遣在职科研骨干到国外进修或从事合作研究,提升业务素质;其四,让科技人员在国家级项目任务中经风雨见世面,

1978年河口海岸研究室获全国科学大会奖

在服务国家的实践中提高研究水平。当年在陈吉余不断呼吁和奔波下,海岸带及滩涂资源的重要性日益受到国家关注,河口所在引领和推动全国海岸带调查中起到十分重要的作用。上海市有关领导确定,由市科委和华东师大共同领导,依托河口海岸研究所成立了上海市海岸带资源开发中心,于1985年1月24日正式挂牌。记得当时贵宾云集,到会来宾中有副市长刘振元,市科委主任陈祥禄,国家海洋局局长严宏谟,以及上海市有关委办局和学校领导等。诺贝尔奖获得者杨振宁教授及美国纽约州立大学石溪分校海洋研究所所长舒贝尔也应邀参加成立大会。其间,与会来宾目睹河口所已有一支70余人的科研队伍,这在20世纪80年代国内高校中也是屈指可数的大所,令人啧啧称羡。更可喜的是其人员结构、科研素质和团队精神都达到空前的高度。国内同行认为,陈吉余之所以能在河口海岸领域中流击水,激扬文字,独领风骚数十年,固然有他那高超的统领能力、高度的社会责任感及深厚的知识功底和开拓进取精神,同时与他手中拥有一支由国内同行戏称为"金刚"、"罗汉"等组成的团队密不可分。

国内河口海岸界素称华东师大河口海岸研究所有"四大金刚",指的是王宝灿、沈焕庭、恽才兴、虞志英。其中,王、恽、虞是河口室的开室元老级人物,陈吉余的身边重臣;沈焕庭则是从地理系海洋水文专业合并而来。他们分别是河口所海岸、河口、遥感和海岸工程等方面的领军人物,并多次辅佐担任所、室的领导工作。这四位"金刚"在学科建设的功绩都在本书有专文详述,在此不复赘述。

"罗汉"泛指我所科研团队中的一批中坚力量。他(她)们一般是本校毕业到外校进修,或者是外校相关专业毕业分配或调入本所的。他(她)们在各自领域研究中功底深厚,身手不凡,因为人数众多,这里只能从专业领域简略点拨一些。从事沉积地质学研究的有竹淑贞、刘苍字、吴立成、吕全荣、董永发等。其中,竹淑贞毕业于西南联大,抗战时就加入中国共产党,到河口海岸研究所长期担任副所长,辅佐陈吉余,对所、室的发展作出重大贡献。刘苍字毕业于地理系,留校即分配到河口室工作,曾到南京大学和美国圣路易斯大学访问进修,长期从事河口海岸沉积研究,在国内同行中颇有知名度。从事水动力研究的人员较多,其中有潘定安、朱慧芳、胡方西、李身铎、谷国传、劳治声等。潘定安长期从事长江口研究,是改革开放后本所派往国外进修第一人,在河口盐淡水混合等方面颇有深入研究。朱慧芳毕业于华东水利学院,专攻波浪,留校任教,后调入我校弥补了我所这方面的专业缺门。胡方西、李身铎、劳治声均参加过1958年至1959年的全国海洋普查,是海洋调查的专业级人才。谷国传是从海军转业到我所的,工作任劳任怨,吃苦在先,人称"拼命三郎"。地貌研究领域有曹沛奎、徐海根、陈德昌等。曹沛奎做事认真仔细,地貌制图能力很强,海图对比是他的独门绝技。徐海根对长江口水下地貌演变研究颇深,人称长江口滩槽演变研究"水鬼"。

当时所里还有几个笔杆子,如胡辉、金庆祥、贺松林等。胡辉是上海市海岸带总报告的撰写者之一,还参加全国海岸带调查总报告统稿工作。金庆祥行文潇洒,走笔如神,后调至华东师大出版社任副总编辑,到出版社工作后仍为我所出版各类学术专著费心劳神。贺松林"文革"前和"文革"后两度师从陈吉余攻读研究生,1981年留校,当时在群体中是唯一硕士研究生出身的。

另外,河口所还拥有一批具一技之长,甘为人梯,乐当配角,不显山露水,为全所科研工作作出重要贡献的众多人物。如从事潮汐能研究的郭成涛,从事水声研究的郑昌武,搞港口工程的柳仁锭,长期从事实验室工作的严肃庄、邱佩英、杨蕉文、华棣等。还有为组建我所水工模型室付出辛劳的何满生、李兴华、严宏昌等。

此外,我们也不能忘记为科研团队辛勤服务的后勤和实验人员,他(她)们默默无闻,勤勤恳恳,无论野外出海还是内业分析都扛起大量工作,是团队不可缺少的力量。

二、团队战斗成功范例

1. 全国海岸带和海涂温州试点调查

海岸带是海洋与陆地的过渡地带,入海河流通过河口将流域物质输送到海洋,而外海潮波又将海洋物质和能量通过河口进入近海河段。因此,海岸带是水圈、岩石圈及大气圈相互作用最为激烈的地带,又是生物圈及人类活动最为频繁的地区。因此,海岸带和海涂资源综合调查具有极其重要的科学价值和国家需求。

早在20世纪60年代初,陈吉余教授与青岛海洋研究所的尤芳湖教授联名向上级建议开展海岸带科学调查,受中央有关部门重视,国家科委与海军有关方面立项"0701",并于1963—1964年在温州进行了一次海岸带调查。由于当时经济实力、技术能力的局限和对海岸带的国家战略的认知不足,调查项目和区域范围都存在很大的局限性。

"文革"后,全国重新启动新一轮科技发展规划纲要,陈吉余以敏锐的眼光看到海岸带开发在国家发展战略中的重要性,立即上书国家科委和国务院有关部门,力陈开展海岸带调查的意义,得到国务院有关部门采纳。1979年,国务院以国科二字465号文下达开展全国海岸带和海涂资源综合调查任务。尔后,中科院在浙江萧山召开会议,确定由中科院东北林业土壤研究所与华东师大河口海岸研究所联合主持这项工作。1979年4月在杭州召开有国家科委、国家海洋局、国家水产总局和国家农垦局代表参加的"全国海岸带和海涂资源综合考察温州试点工作准备会议",确定这一科研项目与全国科学发展规划第24项中的海岸带调查相结合。会议就组织形式、考察项目、成果内容、参加单位、物质条件和资金安排等进行讨论,最后确定由华东师大河口海岸研究所和中科院东北林业土壤研究所负责于 1979 年 5 月开始在温州进行全国海岸带和海涂资源综合调查试点。全国共有 40 多个单位参加,其中有国家海洋局二所、中科院海洋研究所、海军东海舰队海测大队、温州水警区、温州市水利局等。

为保障这项庞大的系统工程,成立了领导小组和组织架构。陈吉余任队长,副队长是中科院林土所的宋达泉、海洋二所的肖易寒、温州市副专员王权,下设秘书组和六个专业组——水文气象组、地质地貌组、滩地沉积组、土壤组、生物组和土地利用组。

温州海岸带试点调查是我所荣获全国科技先进集体后承担的第一个事关国家战略的重大战役,也是考验我所作为河口海岸科研领域排头兵地位的试金石。我所为完成此项任务,陈吉余亲自挂帅,在现场部署指挥,并尽遣精兵强将,由支部书记罗宗德和曹沛奎任职秘书组,由王宝灿教授任滩地沉积组组长,胡方西任海洋水文气象组组长,野外实验室组长由严肃庄担任。在陈吉余所长带领下,整个团队通力合作,分工明确,各负其责,与外单位参测人员密切协作,顺利完成调查任务。

·当时国家经济比较困难,这么大工作量的调查,启动经费只有 10 万元,其他主要由参测单位自筹解决,温州地区政府对此项工作也给予极大支持。副队长王权曾任温州多个县的一把手,时任地区副专员,他专门协调解决试点调查中的后勤保障和下属各地政府配合问题,最大限度地利用当地政治、经济、科研和后勤资源,抽调市属水利局、水产局、水警区、港务局等单位的领导和工作人员编入到队委和各专业组,从而充分调动了地方积极性,既发挥专业团队的骨干功能,又接地气切合地方海岸带资源开发的需求,把这次试点调查当作一场人民战争。

海洋水文气象组是温州海岸带调查六个专业组中调查水域最广、任务最重、参加调查人员最多(逾 200 人)的专业组。有国家海洋局二所,东海舰队海测大队王才全等 50 余名官兵,海军温州水警区 160 多名官兵及 4 艘高速炮艇,福建师范大学,浙江省水文队、气象局,浙江省河口海岸研究所等。我校河口所有谷国传、韩明宝和胡方西参加。胡方西担任专业组组长,王才全担任副组长。胡方西在学生时期就参加过第一次海洋调查,经历过几乎是军事化的严格训练,在河口所工作期间也组织过多次调查,业务功底还是有的。但是到了温州,面对近 200 人的队伍,如何协调行动还是第一次。完成任务的关键是充分调动东海舰队海测大队和海军温州水警区这两支骨干力量。胡方西曾给海测大队上过专业课,海测大队队长王才全是胡方西的学生,大家工作上志同道合,相处非常融洽,所有调查都按计划完成。凭借水文知识和工作经验,我们尝试观测方法创新,我们有几艘高速快艇,航速达 28 节(相当于 50 千米/时),比我们一般的调查船不到 10 节航速快得多,可以在常规调查基础上再进行快速准同步调查,获取更多的海洋水文要素空间分布数据。这种国内同行首次使用的快速准同步观测的方法得到浙江省水利厅、山东海洋学院等有关专家的赞许。最后,我们编绘了《温州瓯海区水文图集》和《温州海区潮流图》各一册共 117 幅,并编写了《温州瓯海区水文基本特征》报告。其速度之快,效率之高,如果没有团队的通力协作是根本做不到的。

这次温州海岸带试点调查从 1979 年 5 月 15 日开始,经过 8 个多月的现场调查、计算分析、图件编制、报告编写,于 1980 年 1 月 16—24 日在温州雪山召开交流汇报会,共提交调查报告 22 篇。其中,我校河口所主编的报告有:《温州海区海洋水文基本特征》(胡方西等编写)、《温州海区海岸和潮间带基本特征》(王宝灿等编写)、《温州海岸带沉积物特征》(董永发等编写)、《温州海区冲淤计算和泥沙平衡初步分析》(曹沛奎等编写)。陈吉余、宋达泉的总结报告就温州海岸带资源的综合利用原则、温州海岸带资源的数量和质量、统筹规划、因地制宜利用开发提出建议。1980 年 6 月正式提交基本资料整编、专题调查报告和海岸带图志,温州海岸带试点调查圆满结束。此项任务的成果轰动了河口海岸学界,国家有关部门决定在全国沿海 13 个省市全面开展海岸带调查,并于 1980 年秋在北京召开全国海岸带调查准备会,会上全面展示了温州海岸带试点调查三大成果,并以温州海岸带调查试行规范为蓝本,完善全国海岸带调查规范。全国海岸带和海涂资源综合调查领导小组委托陈吉余编制《全国海岸带和海涂资源综合调查规范》。

温州海岸带试点调查起到了宣传队、播种机的作用,提高了国家海洋战略的认知,还为全国培养了一批海岸带调查和管理人才,为 80 年代开展全国海岸带调查打下了坚实基础。由于我校河口所在海岸带资源开发利用研究方面成绩优异,1982 年获中科院科技进步二等奖,1984 年上海市人民政府授予华东师范大学河口海岸研究所"一九八三年度模范集体"称号。1986 年,项目获国家教委"优秀科技成果"奖。

一个只有几十人的师范院校研究所敢于担当大任,并且以成功的实践推动后续的全国海岸带调查,使我校河口所声名大振,作为国内河口海岸学界的排头兵实至名归。

2. 上海市海岸带和海涂资源调查

上海市东临东海,毗邻杭州湾,又是世界巨川长江入海口所在,全市大陆岸线 172 千米,岛屿岸线 277 千米,海岸带资源的开发和保护对于上海社会经济可持续发展至关重要。上海市海岸带和海涂资源综合调查是在温州海岸带调查的推动下,根据国务院国科(79)465 号文,在上海市科委领导下,组织全市 61 个科研单位、高等院校和生产部门 580 名科技人员,于 1980—1986 年对上海市气候、海洋水文、陆地水文、地质、沉积、地貌、海洋生物、海水化学、土壤、植被、土地利用、海洋工程、海洋遥感、社会经济、测绘与制图等 15 个项目,按全国统一规程开展外业和内业工作,分别编写各专业报告和图集、资料汇编。这是"文革"后上海市海岸带水域和陆域最完整的资源调查,具有有行于当下、利在千秋的划时代意义。

河口所是这次海岸带调查的发起单位和主力军。陈吉余担任上海市海岸带调查领导小组副组长和技术指导组组长,所党总支书记曹功加任调查办公室副主任,负责日常工作(后期由虞志英教授负责)。河口所几乎是全体出动参加调查。河口所牵头负责海洋水文、浅滩地貌、沉积地质专业组,还派员参加遥感应用和地形测量专业组。海洋水文组由胡方西任组长,李身铎、潘定安及东海分局测量大队大队长严志明、东海舰队海测大队队长王才全任副组长。东海分局测量大队40多位队员和4艘测量船以及东海舰队海测大队40多名海军战士参加调查。浅滩地貌组由我所徐海根担纲,市水利局周俊德任副组长,带30多位职工参与现场调查。刘苍字是沉积地质专业组组长。

一场空前规模的会战在长江口、杭州湾展开。时间紧,任务重,在1980年代,通讯联络困难,调查船和仪器设备条件差。河口所租借高桥两家小旅馆供调查队员在前后航次间歇期临时休憩用,并设立现场指挥部,书记曹功加坐镇指挥调度。调查办公室在外高桥的上海海洋地质局大楼设临时水样分析实验室,每逢样品集中上岸,就夜以继日加班。

海洋水文专业组于1981年7月、8月及11月、12月在长江口西起徐六泾东至口外水下三角洲前沿以及杭州湾水域进行了大规模水文测验,首次动用14只船对长江口从南汇咀到苏北启东咀的大封口断面进行连续27小时(洪枯季、大小潮共四个测次)的同步水文观测,还沿长江口北港、北槽、南槽三条水道进行纵向准同步水流、含沙量、盐度观测,取得的资料是长江口和上海市近海水文最全面的基础数据,对于研判长江口河槽演变特点,为90年代长江口深水航道选槽提供了至关重要的决策依据。这次调查为掌握长江口和杭州湾水域的流场、泥沙场、盐度场、河口河槽演变和底质分布规律提供了大量极其重要的数据资料,为客观评估高强度流域人类活动对长江口和杭州湾生态环境的影响提供科学依据。

上海市海岸带和海涂资源综合调查项目获1988年度上海市科技进步一等奖

现场观测是上海市海岸带调查的第一步,是重活、累活、体力活,而接续的内业工作(数据资料的整编、计算、分析研究、编制成果报告等)则是细话、脑力活。我所科技团队齐心协力,分工明确,各负其责,按规定的时间节点有序工作,1986年提交成果报告。1989年,项目获"上海市科学技术进步奖"一等奖。

海岸带调查是服务国家战略的任务,必须严格执行国家档案规定,否则,再好的调查成果也是一堆废纸。当时建立档案材料的技术手段比较落后,没有计算机,没有打印机,只有敲打字幕键盘的打字机,要把海量的原始记录、计算分析报表、研究报告和图件完整有序地保存,全靠一笔一画誊写、绘图,任务非常繁重。我所谷国传、周家庆按海岸带规范要求,在校档案室指导下设计归档方案,在各专业组配合下,完成几十卷档案存入校档案室。这批档案每一页纸都凝结着河口所科技人员的汗水和心血,为后人研究和有效使用提供了极有价值的信息。这批档案也是建所以来资料归档最完整、规范的档案。为此,我校河口所还史无前例获得市档案局的奖状表彰。据校档案室负责人反映,这批档案是归档后得到查阅最多的科技档案之一,是校档案馆的珍贵之宝。

1986年10月13日国务院批准《上海市城市总体规划方案》,市科委主任陈祥禄为上海市海岸带资源调查报告作序说:"本报告对制订上海市城市总体规划有重要的参考意义。"在上海市海岸带开发利用的精彩华章(如利用南汇滩涂新建浦东国际机场、青草沙水库、长江口深水航道选槽、连接浦东和崇明岛的隧道工程等)中,上海市海岸带调查研究成果都为后续的专题决策研究起到了启示先导作用。我们相信,在今后的海岸带开发利用和保护中,它仍将显示其利在千秋的宝贵价值。

在取得上海市海岸带调查丰硕成果的同时,我所还与全国沿海13个省市密切合作,共同编著全国海岸带调查成果:《中国海岸带地质》(陈吉余、吴立成等)、《中国海岸带地貌》(陈吉余、刘苍字、曹沛奎等)、《中国海岸带水文》(胡方西、谷国传等)。陈吉余、胡辉还参加了全国海岸带和海涂资源调查总报告的撰写及统稿工作。

3. 国家自然科学重大基金项目研究

1988年,我校联合山东海洋学院、中山大学成功申请国家自然科学重大基金项目——中国主要河口沉积动力过程及其应用研究。这是河口海岸学科首批列入自然科学国家重大基金项目,由陈吉余领衔主持。项目总经费虽然只有120万元,但是它标志着中国河口海岸学界开始向国际河口海岸研究的前沿热点发起挑战了。项目研究对象是特点各异的世界级大河河口——长江口、黄河口、珠江口,下设4个课题:河口最大浑浊带、河口锋、水下岸坡不稳定性、陆架水入侵。这四个课题都是当时国际海岸河口学界研究的前沿热点,具有很大的难度和挑战性。我校河口所负责承担前两个课题。

河口最大浑浊带课题由沈焕庭任课题组长,化学系的陈邦林、夏福兴等参加最大浑浊带的化学过程研究。河口锋课题组由胡方西负责,另外邀请东海水产研究所的陈亚瞿、顾兴根等参加课题海洋生物方面的研究。

从项目参研人员的专业结构看,除了水文、地貌、沉积的专业人员外,还融入了生物、化学、数理方面的人才。田汝成、时伟荣都是在国外主攻河口化学的博士后。我们的研究技术路线从以往的动力—地貌—沉积三结合演进到融入化学、生物、物理的多学科交叉渗透。

长江口的最大浑浊带研究已有较好的基础,而河口锋课题研究的底子相对单薄,我们一方面深入学习借鉴国外河口锋研究成果,另一方面广泛收集1958年以来长江口水域的水文、化学、生物、底质等资料和图件。经过对课题研究目标和长江口环境特点的分析,决定把课题聚焦于长江口冲淡水扩散、外海高盐水入侵和长江水下三角洲发育三大要素的相互关系,因此,外业调查部署必须有所突破。

首先,外业调查必须是涵盖水文、地貌、沉积、生物、化学等要素的多学科综合调查,调查范围必须适当向东海、黄海延扩。在当时的科研条件下,我们惯常使用的几十吨位的调查船显然无法使用,需要借用正宗海洋调查船。1988年夏,胡辉和胡方西拜访东海分局,商借一艘较大的、配备有几个实验室的调查船。东海分局是我们开展上海市海岸带调查的协作单位,分局给予大力支持,调度指挥处叶处长当即从东海第四调查大队调一艘1000吨级的"海监42"供我们使用,并负责全程的陆上和海上指挥和联系,最终东海分局只是象征性地收了几万元燃油费。

1988年夏开始,我们使用这艘船搞了四次调查,每次调查8—10天,其中一次还恰逢1989年长江特大洪水汛情。为了掌握长江河口锋的资料,调查范围最远到东经124°30′,这在河口所以往海上调查是前所未有的。课题组参测人员日夜奋战,并与调查船上至船长、政委,下至水手、伙夫建立良好关系,工作和生活打成一片。课题组参测人员严谨的科学态度和吃苦耐劳的精神深得调查船官兵的赞誉。我们还请华东师大有线电视台上"海监42"调查船摄录海上调查全过程,并编制一集颇为珍贵的河口锋研究录像带。

"海监42"号调查船解决了调查水域水文、化学、生物等要素分布的空间问题,我们还需要一个定点的、较长时间系列的、多要素连续观测资料。我们的目光盯在长江口的"引水船"上。顾名思义,"引水船"是用来接送上海港的引水员到境外货轮和客轮进出上海港的,庄严地象征我国主权权益。"引水船"常驻北纬31°04′、东经122°06′,有两艘约3000吨位的"沪港引2号"和"沪港引3号"轮流值守在长江口,10天一轮换。在这个位置利用相对固定的引水船进行连续观测是十分理想的。于是我们怀着试探的心情造访了上海港引水管理处的老站长、我国引航界权威陈文忠先生,出乎意料,他一口答应并指示有关人员无偿提供引水船和各种设施。引水船具备完善的工作环境和生活设施,船方还腾出宽敞的休息室暂作实验室用。就这样我们先后4次、每次10天利用引水船作为定点观测站,施放各类自动记录仪,连续取样,取得了较长时间系列、极有价值的资料。

河口锋课题研究采用多学科交叉渗透的技术路线,当时河口所在海洋生物领域比较薄弱,我们就诚邀东海水产研究所环境研究室参加河口锋生物方面的合作研究。另外又请东海分局海洋环境监测中心承担河口化学方面的调查。这两个单位都抽调精兵强将,自带仪器设备,参加了 4 次海上调查。东海水产研究所陈亚瞿、沈新强等多位研究员还共同参与了河口锋课题报告的编写。

经过多年努力,河口锋课题圆满完成项目组规定的任务,首次对长江口水系及锋面进行系统分类,揭示了各类锋面的空间结构,具有创见性地提出了长江河口存在两个过滤器效应的见解。

这个重大基金项目最终通过国家级验收。我校河口所承担的两个课题(河口最大浑浊带研究、河口锋研究)的五个评价指标均获得最高的 A 级评分。在项目研究过程中及项目后,两课题组科研人员在国内外有影响的杂志上发表了数十篇论文,还出版了几部专著,如沈焕庭、潘定安著《长江河口最大浑浊带》(海洋出版社,2001 年);胡方西、胡辉、谷国传等著《长江口锋面研究》(华东师范大学出版社,2003 年)。后者获国家新闻出版总署奖,这是河口所第一次、华东师范大学出版社建社以来第二次获得此类奖项。

这个重大基金项目的成功,进一步提升了我所的理论研究水平,也完美展示了我所在国内河口海岸学界排头兵的风采。

＊本文作者：胡方西,华东师范大学地学部教授。

秉持经济地理学学科价值
积极服务于经济发展实践

殷为华

一、经济地理学的学科创建

1951 年浙江大学地理系迁入华东师范大学。1952 年留学瑞士苏黎世大学研究生部人文地理专业的严重敏，受聘担任华东师范大学地理系副教授，并负责创建经济地理教研室和担任教研室主任。1953 年程潞从华东行政区财经委员会调至我校地理系，主要从事经济地理学的研究和教学。随后，钱今昔、杨万钟、陆心贤、金兆华、刘君德等相继加入地理系经济地理学的教学团队。

其中，严重敏教授是中国城市地理学的开拓者和奠基人，1980 年起任我校西欧北美地理研究所所长；曾担任中国地理学会世界地理专业委员会副主任、上海城市经济学会常务理事等。程潞作为国内著名的地理学家和教育家，历任经济地理教研室副主任和主任、地理系副主任、人口地理研究所所长；1979 年后，他还先后担任了国家地理学会人口地理委员会委员、国家教委自然科学委员会委员兼地理组副组长、中国地理学会副理事长、中国科学院自然资源研究会委员、上海地理学会理事长、上海市土地学会副理事长、上海市人民政府农业区划委员会委员兼顾问组组长等重要学术职务。1956 年，杨万钟完成了中国人民大学经济地理研究生班的 3 年学习，进入我校地理系，担任经济地理学的教学和助教工作；他历任地理系副主任、华东师范大学国土开发与区域经济研究所所长、长江流域发展研究院常务副院长；曾担任全国经济地理研究会常务理事、上海地理学会秘书长、上海市人民政府决策咨询专家、上海市城市规划管理局专家委员会委员等。

在严重敏、程潞等老一辈经济地理学家的带领下，我校地理系的经济地理学学科发展历经了从无到有、从弱到强，不断拓展相关学科分支，逐步形成了城市地理学、农业地理学、工业地理学等优势领域的老中青学术梯队。在我校地理系砥砺奋进的数十载，经济地理学的学科带头人和大家栉风沐雨、拼搏努力，共同铸造了该学科的雄厚实力。

二、经济地理学的教学和教材建设

（一）科学设置课程体系

20 世纪 50 年代，我校地理系处于组建初期。由于受到当时政治形势的影响，我国地理学的人文地理学中只有经济地理学可讲授。限于本国的理论研究积累和实践资料很少，经济地理学的学科建设主要受苏联学派的影响，其教材内容也主要引用苏联的观点，学科研究对象陷入生产关系与生产力的争论之中。在教学内容上，经济地理学较多集中于生产力结构与布局方面，课程设置除了中国经济地理之外，严重敏还开设了经济地理学导论及工艺技术经济等课程。为了加深对教学知识的理解，教师带领三、四年级学生进行相关的野外调查和教育实习，重点包括淮南煤矿和农村、上海工业及中学教学。在此过程中，严重敏提出"经济发展必须搞好城市规划与建设。其中，城市的位置、职能及其对外联系应当成为城市地理研究的重要方面"。然而，当时的经济地理学学科主要是服务于国家工业发展需要，致使城市地理学的教学与研究尚未得到应有重视。

（二）探索创新教学方法

经济地理学专业的任课教师在教学实践中，重视激发学生对实践性很强的经济地理产生学习兴趣，引导学生尽可能掌握教材上的知识，并注重课本知识"引申"到实践中的检验结果。他们经常指出：所讲的经济地理学问题还有哪些发展的可能，还有哪些需要进一步学习？哪些问题重要但没有解决，有待师生一起深入研究。与此同时，大家认为教学方法设计和教学语言艺术均需要改进和提升。程璐教授曾对大家提出"教学是一门艺术，高校教师应当重视教学方法的创新"。例如，他在讲授"区域经济地理学"课程时，创造性地采用了专题教授法，有效地将讲授内容与教学方法结合起来，让学生对专业课中的科学问题进行主动思考、讨论、归纳解决方案，以激发他们对科学知识产生浓厚兴趣，培养他们的科学精神。该方法经《光明日报》全国报道后，引起了国内高等教育教学改革的高度关注和积极反响。

（三）积极参与教材编写

我校地理系是参与国家高等师范教育中编写经济地理学教材的重要单位之一。1961 年，中国地理学会经济地理专业委员会上海会议，总结了建国以来经济地理学发展的经验和教训,倡导学科和教材建设要多学习包括资本主义国家在内的国际先进经验。

随着"文革"的结束,中国经济地理学迎来了学科建设和发展的春天。以严重敏、程璐、杨万钟、陆心贤等为代表的经济地理学人,为经济地理学科的教学和教材建设倾注大量心血。1978 年 8 月,杨万钟老师代表华东师范大学参加了教育部在北戴河召开的高等院校教材建设座谈会,并被推选为全国高等师范院校教材编写计划方案的负责人。他牵头负责起草的相关编写计划方案经过讨论后获得正式通过。1978 年 10月,教育部全国高等师范院校教材编写会议在上海嘉定召开。杨万钟受大会委托召开地理组的教材编写讨论工作,并确定了 12 门课程的主编单位。其中,我校作为主编单位之一,由程璐教授和杨万钟教授担任主编或副主编主持出版了《中国经济地理》《经济地理学原理》《经济地理学导论》等教材,享誉国内。尤其是《经济地理学原理》《经济地理学导论》等精品教材,成为我国高校地理专业、区域经济专业本科生教学长期使用的高质量教材。因此,自 20 世纪 80 年代至 90 年代中期,以上相关教材先后多次再版,在全国高等师范院校和财经院校得到广泛使用和一致好评,为推动提高中国经济地理学的教学质量发挥了重要作用。由此华东师范大学也成为中国经济地理学的教学中心。

杨万钟(左 4)与《经济地理学导论》教材编写组成员(1997 年)

(四)精心培养专业人才

我校地理系的经济地理学教师,始终坚持教书育人的指导思想,充分发挥经济地理学学科优势,依托"经济地理学原理"、"经济地理学导论"、"中国经济地理"等多门课程,建立了一支体现我校地理学实力和特色的师资团队。以严重敏、程潞等老一辈经济地理学教授为引领,杨万钟、陆心贤、华熙成、黄锡霖等教师通力合作,始终践行"学高为师、身正为范"的大学教育精神,兢兢业业,致力于为国家和上海培养经济建设需要的经济地理学人才。无论是高等院校的规范培养,还是政府部门业务骨干的社会培训,都坚持引导学生不仅能够获取课内外的知识和高度求知的自觉性、主动性和独立性,而且注重启发大家要学会分析批判地学习、捕捉关键问题并创新解决问题的方法,使得经济地理学的学生能够逐渐成为"知识面宽、基础扎实、业务能力强、富于创新的"高级人才。

我校地理系的经济地理学教师团队,不仅传授学生以智慧和知识,更注重培养学生的人品和道德,相继培养了数十名硕士研究生,毕业后很快成为各部门和行业的业务骨干。与此同时,该团队承接国家计委委托华东师范大学培训全国国土干部的繁重教学任务,先后担任共 12 期国土干部培训班的主讲教师,培训中央、省区市国土干部共计 560 余人,这为国家"六五"和"七五"时期,培训了一大批国家建设急需的懂专业队伍,促进了我国随后开展的一系列国土整治与规划实践工作。

三、经济地理学的理论发展

经济地理学是一门研究经济地域系统的形成过程、结构特征、发展趋向和优化调控的学科,是由地理学和经济学交叉而成的,介于自然、经济、技术三者之间的边缘学科。长期以来,经济地理学的学科理论研究形成了"区域研究传统、人地关系研究传统、区位研究与空间分析传统"。我校地理系的经济地理学具有较强的学科优势,以程潞、杨万钟、陆心贤等组成的经济地理学教研室团队,依托中国地理学会经济地理专业委员会和《地理学报》、《经济地理》及《上海城市规划》等杂志平台,以推动我国经济地理学学科理论的发展为核心,先后发表了一系列重要的学科理论和实证研究论文。

农业地理研究始终是我校经济地理学的重点方向之一。程潞等经济地理学家认为"农业地理学是我国最为发展的部门经济地理学科"。他带领相关教师长期致力于我国农业自然条件研究、特定地域农业类型研究、区域农业地理研究和农业区划研究,针对农业的部门结构和作物结构,农业生产布局的格局和商品基地的建设,提出了农业发展的战略方向和主要措施,比较全面系统地揭示了我国农业地域分异规律,展示了我国农业地理学研究水平。程潞等先后发表了相关重要学科论文和学术著作,主要包括:《合理开发利用自然资源并因地制宜开展国土规划》、《我国国土规划问题》、《论我国糖料作物的生产布局》、《云南滇池区域之土地利用》、《四川龙溪河之土地利用》、

《江苏省苏锡地区农业规划》《我国农村人口移动问题》《上海市经济地理》《上海市农业地理》等。与此同时，他提出"在开发利用土地、海洋、气候、水、生物等资源的同时，必须注意生态环境治理和资源保护，不能只顾眼前和局部利益，忽视长远和全局利益，应因地制宜分区划片进行国土整治与规划工作"等真知灼见，至今仍具有重要的实际指导意义。

工业地理学和经济区划研究是我校经济地理学的重要特色领域。杨万钟长期从事工业结构与布局、产业结构调整与城镇体系优化的研究，并在实践中提出了"实现产业结构、产业布局、产业政策一体化"的重要理论观点。自 20 世纪 80 年代中期以来，以杨万钟、陆心贤等经济地理学人为代表，基于工业地理和经济区划等课题研究基础，在《地理学报》《经济地理》等我国重要核心期刊先后公开发表了相关学术论文 40 余篇，产生了重要的学术影响，发挥了显著的指导作用。主要代表性研究成果包括《关于上海钢铁工业合理发展与布局问题初步研究》《关于我国经济区划若干理论问题的探讨》《关于我国经济区划方案刍议》《沪宁杭地区钢铁工业合理布局问题系统研究》《产业结构、产业布局和产业政策一体化》《上海工业结构与布局研究》《上海经济区区域经济研究》《上海城镇体系研究》《二十一世纪上海产业布局模式》《上海产业发展与枢纽工程建设研究》等。

四、经济地理学的实践应用

我校地理系经济地理学学科的教学和研究队伍，长期关注我国经济社会发展的重大现实问题和未来发展需要。他们坚持真理，注重实际，敢讲真话，始终强调经济地理学必须在大量实际调查的基础上，联合学术界和政府部门开展一系列的实证研究。他们秉持"经济地理学的学科价值关键在于关注实践、投身实践、反思实践"的原则，坚信经济地理学能帮助政府解决制约地方经济社会发展的"瓶颈"问题，主动服务于国家和地方经济发展实践的重大需求，同时也必将有力地促进经济地理学学科方向的拓展和研究队伍的成长。

1958—1959 年我校地理系受国务院长江流域规划办公室的委托，对长江下游沿岸和长江三角洲地区的自然环境和经济状况进行了全面深入的勘察和调查工作。广大师生在为社会主义建设服务的实践活动中，开始认识到经济地理学对中国经济发展实践的科学指导能力，同时也为丰富中国经济地理学实践积累提供了难得的机会。面对上海市郊县的扩大，受上海市城市规划设计院的委托，1960 年我校地理系组织教师和高年级本科生，对新设立的郊县辖区进行了实地调查和相关县城建设和发展规划研究。受苏南地区主要城市政府的委托,1962—1964 年,严重敏带领青年教师进行了苏南城镇发展的调查工作,并完成了苏南地区城镇发展报告,为开创中国城市地理学研究奠定坚实的实践基础。与此同时,由程潞牵头组织青年教师完成了上海农村工作委员会下达的上海大郊区农业专题调研任务。此项工作的价值在于,针对中国特大城市上海发展工业经济的实际需要,研究郊区农业与工业的合理分工问题,有效地解决为上海工业提供原料和为市民生活提供农产品的实际需求,这也为我校地理系经济地理学开辟了"农业地理和农业区划"的重要实践方向。由杨万钟带领青年教师对江西省进行了省域资源环境的 3 年调查研究,并完成了指导江西省各地区经济发展和产业结构与布局规划的相关对策建议。

由于"文革"的影响,1965—1972 年经济地理学的实践调查被迫停止。从 1973 年起,程潞又重新组织地理系中青年教师,重点对上海郊县、江西省和浙江省的县市进行了农业生产条件、区域农特产品生产等进行了调查研究,撰写出版了农业地理专著,为政府农业主管职能部门提供决策参考。

改革开放后,国家组织有关专家组建了全国农业区划委员会,并在各省(市、自治区)组织力量开展农业区划的调查研究。重点对各地域的地形、土层厚度、土壤类型、水资源状况、当地生产生活等进行综合评价,根据国家和区域经济发展趋势要求,提出各地农业经济发展的重点方向和农产品的专业化生产基地建设意见。程潞不仅参加了全国农业区划委员会的指导工作,而且负责组织中青年教师开展上海市和江西省的农业区划、浙江省沿海县市的海岸带土地资源开发利用规划等研究工作,提出了相关地区的农业区划方案和海岸带土地资源科学开发方案。1979 年程潞与其他专家共同完成国家农委和科委"中国综合农业区划"重大课题,荣获国家科委科技进步一等奖。1979—1990 年,程潞主持了上海市人民政府立项的"上海市农业区划和农业规划"、"上海市综合农业区划"、"上海市乡镇企业区划"等一批重大研究课题,荣获国家农委科技进步二等奖。随后,继续对上海郊县乃至长江三角洲地区的农业经济发展实践提供了系统化指导作用。

20 世纪 80 年代中至 90 年代末,由杨万钟担任组长,陆心贤、华熙成、黄锡霖、张绍飞、谷人旭、沈玉芳等组成的老中青经济地理学研究团队,先后承担了国家自然科学基金、国家"六五"哲学社会科学重点项目、国家计划委员会、教育部、上海市人民政府计划委员会、上海市人民政府科学技术委员会、上海市人民政府发展研究中心及上海市普陀区政府等机构和部门的科研课题 20 余项。重点课题包括:"上海市工业布局延展模式研究"、"上海钢铁工业企业合理布局研究"、"上海化学工业发展战略与合理布局研究"、"以技术进步促进上海工业结构调整合理化的研究"、"上海工业结构与布局研究"、"沪苏浙皖地区区域发展及模型研究"、"上海城镇体系研究"、"上海建成'三个中心'的产业发展目标预测研究"、"长江经济带建设中上海的'龙头'作用研究"、"上海国际航运中心建设问题研究"、"上海及长江流域地区经济协调发展研究"等。相关成果先后获得过上海市科技进步二等奖(一次)和三等奖(两次)、国家教委优秀教材二等奖、上海市决策咨询研究成果二等奖以及上海市城市经济科研成果一等奖等。

　　长期以来,我校的经济地理学研究,在"工农业生产与布局、城镇体系建设、区域经济发展战略"等方面积累了大量研究成果,不仅为地方政府科学制定经济发展规划提供了重要的决策依据,也为城市与区域规划、产业布局理论提供了深厚的实践基础。例如,程潞针对我国农业发展面临的生态失衡、水土流失严重等严峻问题,向国家有关部门提出"按照农业生产地域分布规律,合理安排农业生产与布局的对策建议",为我国生态环境的修复作出了应有的贡献。杨万钟牵头承担的上海市科委"关于上海钢铁工业合理布局问题的研究"课题,在实地考察的基础上,做到定性与定量相结合,其扎实的科研成果对上海宝钢的建设上马起到了重要的决策参考作用;1983年杨万钟代表课题组提交的《关于上钢二厂线材车间迁址的建议》,主张"上钢二厂线材车间项目不宜再上马"的观点,得到了国家计委、冶金部和上海市长的批复和认可。这充分说明经济地理学可以在我国工业发展与布局实践创新过程中发挥重要的学科价值。

《上海经济区区域经济发展战略研究》(杨万钟承担)课题成果评审会(1991年)
前排：左4原上海市市长汪道涵　左3严重敏　左5程潞　左7杨万钟
后排：左1黄锡霖　左2张超　左3许世远　左5刘家英　左6陆心贤

＊本文作者：殷为华,华东师范大学地学部副教授。

中国行政区划研究中心发展纪实

刘君德

1990 年 5 月底,一个春光明媚的日子,在华东师范大学小礼堂,来自国家民政部的行政区划地名管理司、上海市政府和江苏省民政厅的领导、复旦大学谭其骧教授等外校著名专家,以及我校袁运开校长,老一辈地理学家胡焕庸教授、李春芬教授等欢聚一堂,隆重举行中国行政区划研究中心揭牌仪式。

这个经过国家主管部门(民政部)批准成立、迄今中国唯一的行政区划研究机构已经有 26 个年头。回顾历程,在民政部支持、区划地名司指导、华东师范大学领导下,我们克服困难,积极努力,开拓进取;坚持科学实践,在实践中创新理论,以理论指导实践;潜心研究,服务于政府与社会,在科学研究、新兴学科建设、高层次人才培养等方面取得可喜成绩,为推进我国行政区划事业作出了积极贡献。

一、潜心研究 服务社会 创新理论

据不完全统计,1990—2013 年,中心承担的科研项目达 200 多项,直接的行政区划项目达百余项。项目除来源于国家自然科学基金、国家社科基金、教育部社科和博士点基金、上海市社科基金等之外,更多的来源于国家民政部及省(区、市)地方政府的行政区划调整改革、规划决策咨询论证项目,中心均较好地完成了任务。

1. 一项基础性工程

中心成立之后,在时任民政部区划地名管理司张文范司长的建议与支持下,立即着手开展了《中国行政区划文献目录》的编撰。1990 年的盛夏,中心与校图书馆同志冒着闷热、酷暑,历时两个月,从浩繁的典籍、史料中沙里淘金,去伪存真,筛选近万条目,编撰成册,征求意见后由 1991 年由华东师范大学出版社出版。此为我国首部《中国行政区划文献目录》,是行政区划研究的一项基础性奠基工程。

2. 重要项目的例举

从地域分布来看,中心承担的面向地方政府与社会实践服务类项目主要集中于上

海、江苏和海南等省市。

——服务于上海市和浦东新区行政区划改革的系列研究

中心地处上海，理应多为上海服务。在我主持的 40 多个行政区划项目中，近 60%是为上海市及其浦东新区服务的。主要有："上海市行政区划战略研究"、"浦东新区建置镇行政区划调整规划"、"洋山深水港管理与营运体制研究"、"上海市海域无居民海岛命名更名研究"、"上海郊区乡镇政区地名保护研究"、"新浦东新格局行政体制改革设想的研究报告"等。这些成果为市委、市政府对上海市，尤其是浦东新区的行政区划体制改革起到了良好的决策咨询作用。"上海市行政区划改革与浦东新区建制镇区划调整及城镇发展战略研究"获上海市决策咨询研究成果一等奖（2001 年）。

2000 年 3 月，民政部在北京组织了由吴传均院士领衔的专家组对我等承担的"创建国际化大都市的行政区划思考：以上海为例"进行了评审，认为"这是多年来我国有关大都市行政区划改革最重要的研究成果，填补了该研究领域的空白"。民政部"采纳了该研究报告的战略构想，其重要观点将作为制定全国大城市行政区划改革的主要参考依据之一"。

2010 年南汇划入浦东，面临着大浦东行政区划格局与体制的新问题。应上海市委研究室、上海市决策咨询委员会的恳切邀请，该年 4 月我主持承担了"新浦东行政体制改革研究"的课题，历时 2 个月的紧张工作，完成了《关于新浦东新格局行政体制改革设想的研究报告》，针对南汇划入浦东可能出现的新问题，及时提出了"新浦东"行政体制结构改革的"大街区、大市镇、大开发区管委会"的设想，引起相关部门和高层领导的重视和充分肯定。

——服务于海南省行政区划规划与调整改革系列研究

海南省是中心为外省提供咨询服务最多的省份之一。从全省的行政区划预测、规划，到海口、三亚、儋州、洋浦开发区，都留下我们工作的足迹。2003 年完成的《海南省设市预测与规划》报告，强调指出省域北、南、西、东、中的政区空间格局的构建与培植的重要性、迫切性，并建议增设三沙市。2005 年按照国家的部署，又开展了"海南省行政区划规划"工作。其间分别开展了洋浦开发区与儋州市、三亚市、博鳌与琼海市行政区划体制的调查论证，以及琼山、澄迈等地的项目调研。最为重要的是海口—琼山"分治"与"合治"的研究论证。

省会海口与琼山是两个"同城双府"城市，即使多次去过海口的人，也很难找出这两个城市的分界线，属于典型的行政分治型都市区。围绕"分"还是"合"长期存在争论，连省委、省政府高层也曾经分为"两派"。1993 年和 2002 年我先后两次应邀前往海口与琼山。两次论证的相反结论居然都被省委、省政府采纳，都获得国务院批准实施，说来实在有趣。

1993年调查的结果是主张"分治",我们权衡了海口与琼山分与合的利弊得失,按照有利于经济发展、有利于安定团结、兼顾各方利益的原则,借鉴国际经验,向省委、省政府推荐了"市—市并列"模式(两府分治、合作共赢)方案,我们提交的《大海口地区市县利益冲突与行政区划调整》报告的建议迅速被省委、省政府采纳,1994年国务院批准琼山撤县设市,省政府职能部门做好两市发展中的矛盾协调工作,一时间海口、琼山两市的经济和社会都获得长足发展。

随着海口和琼山分治发展中矛盾的增多,且愈演愈烈,2002年7月我第2次被邀请前往调查论证。在深入听取各方面意见的基础上,根据新情况、新问题,提出了新的《论证报告》。对海口—琼山从城乡合治→城乡分治→市市并列的演变发展规律进行了理性分析,根据中国国情和海南实际以及省会城市海口市的规划建设要求,得出新的结论:走向新的城乡合治。建议两市合并,并提出了具体的合并划界方案,很快又被省委、省政府采纳。不到3个月,即2002年的10月国务院正式批复海口市区划调整的新方案,琼山改设为区,重新划分了区界。

这个案例说明,在中国行政区经济运行时期,两个城市"同城双府"格局,采取国外普遍的跨行政区界合作治理模式难以取得成功,大都市区多中心的行政格局,行政区划的"刚性"特质决定了"空间调整"是解决问题的主要途径。

——服务于江苏省苏锡常地区和苏中地区的行政区划改革调整探究

"江苏省苏锡常地区行政区划战略研究"是区划中心成立之后,依据国务院李鹏总理关于"对行政区划这个大问题,民政部要从战略上去考虑,要高度重视这一工作"的指示精神,首先开展的重大项目。中心及时成立了课题组,组织了校内多名研究人员参与研究,在民政部区划司和江苏省民政厅陪同下,于1990年11月至1991年2月初赴苏州、无锡、常州及其所属12个县市开展全方位的行政区划和经济社会发展以及城市规划建设的综合性调查,持续3个月。经过对大量资料的全面分析、潜心研究,针对苏锡常地区经济发展中的问题,寻找与行政区划体制的关联因素,从战略上思考作为经济比较发达的苏锡常地区行政区划体制改革的方案,同时也为未来中国都市区域政区改革提供方向性建议;1992年2月全面完成课题任务,向国家民政部和江苏省民政厅提交了《江苏省苏锡常地区行政区划改革综合研究报告》和《专题研究报告》。"苏锡常地区行政区划战略研究"成果荣获首届(1995年)全国高校人文社科优秀成果一等奖。

"江苏省'三泰'地区行政区划调整研究",这是一个亟待解决的地区性行政区划调整难题,先后有多批、多学科专家和各界人士采取各种方式论证、呼吁多年未果。受民政部和江苏省民政厅委托,中心承担了该项研究课题。在江苏省民政厅区划处同志的陪同下,我于1991年5月下旬赴泰州考察调研,听取汇报,并与市各有关部门的负责人、老同志和市级领导分别座谈,广泛了解情况,充分听取意见;6月初又去泰兴、泰县调查。10月底,向民政部和江苏省民政厅提交了《加快苏中地区经济发展的重要一步——合理调整"三泰"地区行政区划》研究报告。课题组在错综复杂的矛盾中寻求科学结论:扬(州)泰(州)分治,港城一体。又经过艰难曲折的工作,1996年7月,国务院批准"同意调整扬州市行政区划。撤销县级泰州市,设立地级泰州市,将扬州市代管的泰兴、姜堰、靖江、兴化4个市划归泰州市代管"。长达40多年的泰州区划老大难问题终于获得圆满解决。

——服务于广东省新型城镇化规划的行政区划战略研究

2013年,中国城市规划设计研究院开展广东省新型城镇化规划项目,涉及行政区划问题,7月下旬深圳分院来电,恳切希望我能承担该项目的专题研究,8月中要求在深圳汇报交流。考虑到这是贯彻党的十八大精神,区划中心首次介入中规院合作研究省级新型城镇化规划,既是积累省级区划改革研究工作经验的机遇,也是展示中心水平与实力的好机会,我当即答应。

我经过紧张工作与集中思考,迅速把握广东省情和省级行政区划演进的规律和城镇化与行政区划关系中的突出问题,以未来中国行政区划改革的大方向和新型城镇化战略为依据,运用新近提出的"权力+空间=生产力"的理念,从战略高度提出了广东省行政区划改革的思路、重点与调整的方案设想;强调"以法规为依据,以改革为核心,以问题为导向,以经验为借鉴,以服务于广东省推进新型城镇化为目标,以珠三角为重点,立足长远,面对现实,构建理念先进,有利发展、方便管理,'法定政区'与'区域行政'有机结合,可持续、相对稳定的广东省'省→市、县、区→基层乡镇、街道(社区)'三级层次的政区垂直结构和空间结构体系";突出了珠三角城市群区域行政体制的创新。在短时间内提交了《基于新型城镇化的广东省行政区划调整与改革研究报告》,获中规院和广东省建设厅好评。

——国家社科和自科等基金项目

首项国家社科项目:"市场经济下中国行政区与经济区关系研究"(1993—1995)。如果说苏锡常的研究主要专注点是都市区行政区划改革的战略性研究,着重于行政区划改革的实践性,那么该项社科基金项目则侧重于行政区与经济区关系理论的探讨。由于有苏锡常、长三角地区研究的实证基础,使项目成果的理论分析阐述具有相当说服力。成果顺利通过验收,按时结题。

相呼应的国家自科项目:"我国国民经济分级调控空间组织模式可行性方案研究(1998—2000)"。提出了"中央—省区""中央—经济区"和"中央—中心城市"三类相互衔接、紧密联系的调控模式。2000年按时结题。

此外,我主持的与行政区划体制相关的各类基金项目还有:"大城市城郊结合部行政管理体制综合研究"(国家社科,2001 年)、"大中城市文明城区创建与区级行政管理体制改革研究"(国家社科,2003 年)、"大中城市街道行政社区空间结构分析与组织制度创新"(国家社科,2011 年)、"中国大都市区公共行政组织与管理模式研究"(教育部,2000 年)、"我国县下辖市研究"(教育部,2005 年)等都顺利完成。

3. 区划理论的创新

30 多年前,我在皖南山区考察等科研实践中感悟到中国区域经济存在着一种特殊现象,称之为"行政区经济"现象,并在多次调研和课题评审会、学术研讨会上进行阐述,得到认同;也有意识地在研究生课程教学中进行剖析。为此,确定我的首位博士生舒庆对这一新理念进行系统研究,1995 年完成了他的博士论文——《中国行政区经济与行政区划研究》。论文对行政区经济的概念表述与相关理论进行了比较全面、深入的探讨。我们的相关论著《中国行政区划的理论与实践》(刘君德、周克瑜,华东师范大学出版社 1996 年)出版后引起了学术界和政界的关注。国内外许多论文、专著的文献中引用了"行政区经济"理论概念,在一些高层政府机关(如原国家计委)和领导的文章、讲话中也有引用。

行政区经济理论的核心要义可以表述为"指由于行政区划对区域经济的刚性约束而产生的一种特殊区域经济现象"。它表现有五大特质:一是企业竞争中渗透着强烈的地方政府经济行为;二是生产要素跨行政区流动受阻;三是行政区经济呈稳态结构;四是行政中心与经济中心的高度一致性;五是行政区边界经济的衰竭性。行政区经济同时表现为行政性、封闭性、两面性和过渡性的四大特点。进入 21 世纪,中国的地方政治经济环境发生深刻变化,市场力量逐渐在资源配置中起基础作用,行政区划对区域经济的刚性约束作用正在逐步弱化。为此有必要对行政区经济作新的更加全面的诠释。"从本质上看,行政区经济是中国特定时期,地方政府的'权力'及其'空间投影'(行政区域),在与'市场力'相互制约、博弈(封闭与开放、竞争与合作)的过程与综合。"

行政区经济理论生长于改革开放之后的中国土壤,有其特定的政治、经济、社会、文化和地理背景;其概念、理论内容、体系结构是我们在长期的科研实践中,经过梳理、提炼,并经实践验证的原创性科学理论。

4. 社区理论的派生

从发现"曹家渡现象"谈起。21 世纪90 年代初,我在曹家渡16 路电车上偶然观察到一个现象:同属于曹家渡地区的静安、长宁、普陀三区在城市景观上的极不协调。普陀区建好了,静安区拆光了,长宁区却按兵不动,这一现象随即引起我的关注与思考。这是为什么？经过现场调查考察，发现由于三区的行政分割，导致规划不协调、建设不同步、形态不规则、管理难统一的问题。进一步分析，在"行政区经济"运行下，由于推行"两级政府、三级管理"体制，三个中心城区政府对曹家渡地区的定位差异，政区空间的"刚性约束"使原本与徐家汇齐名、有"沪西小上海"之称的曹家渡地区相对"衰落"，其在上海市中心城区的地位下滑。这一现象在世界大城市发展中极为罕见，我把它称之为"曹家渡现象"。这一发现进一步验证了"行政区经济"理论，也引起政府和同行的关注。上海市社联为此专为我立了一个重点课题——"曹家渡地区的行政分割及其整合研究"。

　　"城市行政区—社区"结构体系论的形成。"曹家渡现象"的发现使我们在行政区经济理论思想体系中派生出"行政区—社区"结构体系理论。这也是"中心"成立后，积极参与"社区建设"研究的导因之一。1999 年，在国家关注社区建设的高潮中，在民政部社区建设与基层政权管理司张明亮司长支持下，我校成立了"中国城市社区建设研究中心"。受行政区划和行政区经济理论的影响，我提出了"行政社区"的概念和构建中国特色大城市"行政区—社区"管理体系的架构，在城市社区发展实践中得到验证，并通过申报国家社科基金项目"大中城市街道行政社区空间结构分析与组织制度创新"的研究得以系统和深化。其成果《中国大城市基层行政社区组织重构——以上海市为例的实证研究》(刘君德，东南大学出版社)于 2013 年出版。

　　我们在长期科研实践经验基础上独创的"行政区经济"和"行政区—社区"理论思想，为(区域)人文—经济地理学新兴学科的课程建设和高层次人才培养奠定了重要基础。

上海徐家汇社区考察(2001 年 10 月)

二、高层次人才培养　新兴课程建设　推进学术交流

1. 高层次人才培养

中心成立之后,先后招收行政区划、社区方向的硕士、博士研究生各50余名,出站博士后8名,合计百余名。我们十分注重在实践中培养的方针,带领研究生参与大量课题研究,在与导师互动、切磋中提高理论水平和实际工作能力,并逐步走上开拓、创新之途。我们还吸纳了部分非地理专业硕士、博士毕业生,他们来自中文、历史、经济、法律、社会学、商业经济与管理等专业,通过专门的教学与实践,成为富有特色的跨学科人才。

多年来,中心培养了舒庆、靳润成、张俊芳、华林甫、陈占彪、李建勇等一批行政区划及社区领域的高层次人才,广泛分布在全国各地高校科研机构和政府机关等,作为行政区划—行政社区的种子在全国许多岗位生根发芽,推进新兴学科发展,传播相关理论知识,辛勤耕耘,发挥作用,扩大影响。

与博士后、博士生讨论规划问题

2. 新兴课程建设与教学成果

新学科、新课程建设是中心成立之后努力追求的一个重要目标。应当指出,我国以方志为代表的传统区域地理学在1949年后,虽然以各类"区划"工作实践带动学科发展取得不少成绩,但与自然地理、人文地理学相比相对滞后,在理论研究和实践深度

方面都远远不够,也不适应新时期国家对区域地理人才的需求。我们坚持在科研实践基础上,在教学及师生互动过程中,探索新的学科,开设和建设新的课程——政区地理学和社区地理学,培养该领域的高层次人才。从 1991 年起招收政区地理(2000 年起招收社区地理)新方向的硕士、博士生以及博士后。经过多年的努力积累,在政区地理、社区地理新课程建设方面取得突破。1998 年申报的"区域地理学新方向的创建与高层次人才培养"获上海市优秀教学成果一等奖殊荣。

　　新课程建设是以大量著作出版为根基的。20 多年来,中心组织出版了近 40 部,约千余万字。其中代表性的有《中国行政区划的理论与实践》(刘君德主编,华东师范大学出版社,1996 年):为我国首部将行政区划现实问题与理论结合、具有原创性的科学著作,获上海市哲学社会科学成果优秀著作二等奖(1998 年);《中国政区地理》(刘君德、靳润城、周克瑜编著,科学出版社,1999 年):为首部政区地理学专著,具有填补学科空白的意义,获首届教育部人文社科优秀著作三等奖(2003 年)。这两本专著至今仍有一些高校作为研究生教材使用。《中国政区地理》的姐妹篇《中国社区地理》也由科学出版社于 2004 年出版(刘君德、靳润城、张俊芳编著);《中国行政区经济与改革丛书》(刘君德主编,共五册,华东师范大学出版社,2000—2002 年):揭示了以"行政区经济"和"行政社区"的理论思想为主线,对中国区域经济和社区问题进行研究的成果,并首次将中国行政区划和国外进行比较分析;《当代中国城市—区域权力·空间·制度研究丛书》(刘君德主编,共 20 册,东南大学出版社,2015 年):为新近出版的、国内首部从权力·空间·制度及其相互关系视角,探究与论述中国城市—区域问题的大型综合性研究丛书,被列入"十二·五"国家重点图书出版项目,也是区划研究中心成立以来,我和一批博士、博士后长期合作,理论和实践成果的展示与提升。2010—2012 年我还主编了作为国家一项重要文化工程的《大辞海·中国地理》卷,130 余万字,其中政区条目内容占 60%。

3. 推进学术交流

　　中心成立 25 年来,积极开展学术交流。我先后应邀访问过美国、加拿大、日本和英国以及我国的香港、台湾的一些高校,与加拿大蒙特利尔大学、美国阿克伦大学、英国诺丁汉大学、澳大利亚悉尼科技大学等有过项目合作。特别是近期与澳大利亚悉尼科技大学中国问题研究中心共同实施的"中国权力地理:城市扩张和行政体系"合作项目(澳大利亚国家自然科学基金项目)富有成效。2015 年 9 月,在我校成功举办了"中国行政区经济与行政区划国际学术论坛",来自海内外的数十名学者和民政部及相关地方政府的官员积极参与研讨,为新时期进一步推进中国行政区划改革集思广益、献计献策。多年来,我还在国内的许多高校和政府、社区等做过许多场大型报告;接受过多家报社的采访。通过交流,广泛传播行政区经济理论思想,探究中国行政区划和社区体制改革,不断提升中国行政区划研究中心的影响力。

2015 年 9 月中国行政区经济与行政区划国际学术论坛

刘君德访问美国旧金山湾区政府协会

三、司校共建　共创未来

　　(1) 为推进司(民政部行政区划地名管理司)校共建,重振中心而奔波。党的十八届三中全会《决定》中明确提出"优化行政区划"、"完善设市标准"、"有序改市"以及推进"新型城镇化"战略等重要思想,使我预感到以"省直管"、推进新型城镇化为核心的中国行政区划事业将进入一个新的发展时期。就在此时(2013 年),民政部一位处长来学校了解区划研究中心的情况,传递区划改革任务的相关信息,燃起了我重振行政区划中心的冲动!在这之前,我曾经向校党委书记、校长汇报中心的情况,提出中心改革与"交班"的设想建议,得到支持与肯定。2013 年冬季,我应邀赴京参加民政部区划司"设市标准"的座谈会,会后主动请战,回校组织力量积极开展设市标准方案的研究。春节前的一个月,我和曾刚教授共同组织了我校及上海财大、华东理工、苏州科技学院、浦东改革发展研究院等单位的教授、博士等以及研究生投入研究,经日夜工作,交流讨论,赶在民政部规定的时间点提交了研究报告:《关于"撤县设市""镇升格设市""设置标准"方案的分析研究报告》。报告的核心观点以 5 篇论文形式在《江汉论坛》(2014 年第 3 期)"中国县级市制"研究笔谈专栏发表,产生积极影响。

为了让民政部区划司新任领导充分了解我校区划研究中心的情况和改革设想,取得支持,2014 年 9 月 15 日我专程赴京向区划司领导汇报工作。柳拯司长充分肯定了中心多年来在理论和实证研究、咨询服务等方面的成果,给予高度评价;十分赞同提出的改革设想,并提出了两点中肯建议:"第一,加强理论研究,更好地为各地政区调整提供理论支撑;第二,为区划体制改革的论证、审核提供全过程的服务。"柳司长对中心工作的积极评价和两点建议给了我鼓舞和信心,回到学校,立即将情况向领导汇报,提出"司校共建'中国行政区划研究中心'的建议"。我们得到校党委童书记的支持,并很快得到柳司长"支持共建"的回复。2014 年 12 月我顺利交班。2015 年初,达成由民政部委托区划地名司与华东师大"共建"的合作协议。我们的奔波努力,终于成为现实。

新时期民政部支持下的"司校共建"将为中国行政区划研究中心搭建更好的平台,为中心的改革发展增添了巨大动力和活力,为将中心建设成为国内一流研究机构创造了体制基础。

(2) 交班后两场有影响的报告。2014 年 10 月 21 日我应邀去杭州,为民政部区划地名司举办的"贯彻新型城镇化要求,优化行政区划设置专题培训班"讲课,作了题为"中国行政区经济的实践与理论——兼谈中国行政区划改革"的报告,从自身经历和所做的课题案例出发,深入浅出地讲解了我们原创的中国行政区经济的实践与理论发展过程以及最新的理论思想,得到参加培训的各个省(区市)民政厅和区划处领导的肯定和积极反响。2015 年 6 月 3 日应陕西省民政厅邀请,为西部 10 省区(市)民政部门分管区划的同志作了"刚性约束→合作治理:基于行政区经济理论的西部省区政区的改革与发展"的报告。我运用行政区经济理论,对如何以丝绸之路经济带、长江经济带国家战略为核心和契机,统筹西部区域战略和各省区市的定位,积极推进行政区划改革,创新跨区域合作治理模式,以及各省区市区划改革的重点等问题进行了分析,提出了相关建议,受到与会同志的欢迎。两场报告进一步扩大了中国行政区划研究中心在全国民政部门的影响力。

刘君德在上海市地名学会做报告

25年来,我们充分发挥中国行政区划研究中心这一金字平台,不断开拓进取,求实创新,无论在科研方面或在学科建设、培养高层次人才方面,都可以说是硕果累累,并被学界和民政部门认可。我的体会是:

1. 抓住机遇,在实践中准确把握、深刻认识中国国情,找准问题,确定新方向,并持之以恒、坚持不懈,是人文(区域)地理学新学科创新发展之道。

2. 面向问题,面向实际,坚持为社会实践服务,跟踪前沿,潜心研究,创新理论,是立于不败之地、保持学科领先地位的源动力和生命力。

3. 不拘一格培养人才,坚持教与学相长、师与生互动,充分挖掘"学生"潜能,是新学科发展的重要门路,也是在编制少、任务重的情况下中心的主要依靠力量。

4. 在实践中思考探索,以"区域地理学"为根基的多学科交叉、融合,是"行政区经济"和"行政区—社区体系"新理论构建的主要路径和经验。

回顾过去,我们的成绩不少,甚至于相当辉煌;面对现实,在日新月异的全球化时代,我们的差距犹存,压力不小;展望未来,行政区划新的理论体系需要不断完善、深化,为社会实践服务的方向需要强化,新学科建设需要更多学科参与并迅速与国际接轨。

任重道远,前景光明。中国行政区划研究中心的发展寄希望于新的一代!

* 本文作者:刘君德,华东师范大学地学部教授。

教育与地图科学联手的一项创举

黄永砥

我国是世界上人口最多的国家,教育是当今中国最重要的问题之一,也是全世界关心的问题。人口素质的提高对今后我国社会的发展将具有关键性的作用。1994年召开的全国教育工作会议,动员各级政府进一步落实教育优先发展的战略地位,开创教育工作的新局面。《中国教育地图集》(下简称《图集》)出版之时,当时的国家教育委员会朱开轩主任在该书的序言中这样写道:"结合贯彻中央召开的全国教育工作会议精神和实施《纲要》的任务,我认为,编辑出版《图集》是研究我国教育发展现状、趋势及经济、人口和社会发展相互关系的一项重要的基础性工作。这册《图集》对全面了解我国教育状况和制订面向下个世纪教育发展战略具有重要的参考价值……同时,《图集》在帮助台、港、澳同胞、海外侨胞对祖国大陆教育事业的了解,向世界各国介绍中国教育成就等方面,也有较好的价值。"

地图作为人类一种新的科学语言——图形语言,能直观、概括、综合、科学地反映各种自然、社会、经济的专题现象而受到人们的普遍重视与欢迎,成为社会生活中不可缺少或不可替代的重要工具,也成为当今信息时代的特征。中国科学院陈述彭院士在看了这本《图集》的样本后曾说:"指挥打仗不能没有地图,指挥教育也不能没有地图。我到过世界不少国家,但没有见过一本专门以教育科学管理为内容的国家综合性地图集。因此,《图集》的出版是教育与地图科学上的创举,不仅对促进教育事业的发展作出了贡献,而且为地图的研究和应用开拓了又一个新的领域。"

尽管一晃已十几年过去了,但当年我们编制这本地图集的一些往事至今还历历在目。

义不容辞的光荣任务

1992年底,时任国家教委主任的中共中央政治局委员李铁映同志来校视察工作。在校领导的陪同下,参观了地图研究所。在参观过程中,对重点师范大学如何为教育事业的发展作贡献表现出极大的关注。当即询问:"我们很久以来就想编一本《中国教育图集》，你们行不行？"对此，我们立即以十分肯定的语气说："行！这是我们作为师范大学专门从事地图方面的教学、科研工作者义不容辞的责任，再艰巨的任务也一定要完成。"当时在场的袁运开校长欣然地接下了这个机会难逢的任务。李铁映同志转而对校长说："这项任务可是没有经费计划的呀！"校长说："只要是国家的需要，有中央的支持，相信他们一定能出色地完成任务。"

不到一个星期，我们就迅速地写出了《图集》的编图大纲，由学校上报国家教委。然而出人意料的是，1993年元旦刚过，我就接到了袁校长的电话："国家教委的国家教育发展中心（下称发展中心）年前已将编图任务交了某个大学了，且计划已经在进行中。"还说："不管你们参不参加他们的工作，你还是要亲自向教委作个汇报。"

就这样，我仅仅是带着汇报了事的心情来到教委。不巧当时发展中心郝克明主任正准备赴美参加会议，不来上班，而这事又是她亲自抓的，只好请发展中心代为约见。当天很快我即得到通知："明天中午12时郝主任要会见你，但她只能挤出一个小时的时间。"

郝克明主任是位精干爽快、办事利落的领导。她耐心、认真地听了我介绍编制《图集》的构思，当我提出我们接受这任务是"自带干粮、不吃皇粮"时，她特感兴趣，反复认真地询问。我说："按常规接受一个课题，必须先申请立项，待国家下达经费后才能开始工作。这势必受到各种条件的约束而延误时间，3至5年也完不成这样大型的《图集》。而'自带干粮、不吃皇粮'即可先上马，通过自己的工作成果来取得社会与领导的认可，进而取得社会效益。也就是说我们一定要靠自己的努力高质量地完成任务，才能确保我们所编的《图集》得到社会和广大读者的喜爱，我们的《图集》才能'卖'得出去，这既符合市场经济规律，又能给自己带来无形的压力和动力。"接着，郝主任还关心地问："你们知道要带多少干粮吗？"我说："40万—50万元左右。"她说："这远远不够啊，我们才编了三幅图就花了十几万，这本图集少说也要120万。"我说："其余部分就是靠脑力和体力了，在全所同志的共同努力下，一定能克服困难，保证《图集》的早日问世。"不知不觉间我们竟然谈了近3个小时。终于郝主任信任地将《图集》的编制任务转交给了我们。

紧张而艰巨的工程

1993年6月，编制《图集》这一特殊的攻坚战正式拉开了帷幕。此前，我们曾历经十余年的努力，已编制了十几种专题地图集或地图，但接受这个任务后，我们却感到了它的分量是那么地沉甸甸。这种分量，一方面是体现在意义的重大，迄今为止，我们国家作为国家一级的专题地图集，已有《人口地图集》、《农业地图集》、《经济地图集》等问世，但作为反映全国数十年来教育领域的地图集，这还是第一次。我所虽有较广泛的国际学术交往,但在我们访问过的美、加、日、德等发达国家中,都从未见过有单独反映教育的国家级地图集。因此,可供参考借鉴的经验极少。那么,以地图为主要形式反映教育这一特殊的领域行不行? 这只得靠我们的奋力摸索;另一方面则体现在任务的艰巨。作为一本全面反映我国教育内容的大型国家地图集,编制工作是十分紧张和艰巨的,整本《图集》总数量达到 176 页,由 200 多幅地图及 300 多幅统计图表组成,信息量十分庞大。从年鉴、报表、各种介质的统计数据中,要精选出从幼儿教育到研究生培养,从普通学历教育到职业教育、成人教育,包括教师、学生、学校、设备等一整套的数据,数据收集时间的跨度最早选自 1903 年,最新选用到 1994 年,前后时间跨度达一个世纪。此外,还包括了各级教育到 2000 年发展趋势的一些预测数据,以及中国与世界各国(地区)教育发展水平的比较,其中约有三分之一的资料是首次公布的。所有这些数据,其信度、效度均需要经国家教委、国家统计局有关部门的论证、核实。据统计,起码有上千万个数据必须进行综合分析处理,直至把一个个清晰的数字填写在地图上。为了更好地将我国的教育成就在国际上进行交流,对《图集》的标题及部分文字都作了中英文对照。可想而知,那将会是怎样一种工作情景。为此,参与工作的同志放弃了节假日、牺牲了休息、忘记了酬劳……完全把自己融入了图集的编制过程中。

当时的工作条件十分艰苦,没有空调,没有制图软件,200 多张地图和 300 多张统计图表都是用手工刻图的方法描刻出来的,工作量之大难以形容。为了使《图集》更为直观、更为现代、更为丰富多彩,我们动足了脑筋,创造了许多图像分析的表达方法。有的同志甚至连续几天吃住都在实验室,没有了寒暑假,《图集》的编制几乎成了大家生活的全部。

我们"自带干粮、不吃皇粮"的做法,虽得到了有关部门的赞赏,但同时也使得我所的经费常陷入十分紧迫的窘境,甚至到了难以维持日常开支、无法进行正常出差开会的地步。不过我们都认为,只要《图集》能早一天送到需要《图集》、热心教育事业的人们手中,这就值了。

为了《图集》早日出版,我们还经常驻厂工作,与印刷厂的工人一同修改图版,加班加点。有的工人过意不去:"我们加班加点有加班费,你们也没日没夜地干呀……"下面的话也许是想问能拿多少加班费? 的确,在商品经济的社会,似乎许多东西都在用金钱去衡量,但又确确实实有着金钱无法衡量和取代的东西。

分享成果的喜悦

经过全所同志的奋力拼搏,《图集》终于在 1995 年 6 月正式出版了。它以内容丰富翔实、新颖的编排方式和国际先进水平的计算机制图技术引起了人们的广泛注意。《图集》的内容涉及中国的政治、经济、人口资源一直到教育本身。从初等教育、中等教育到高等教育,以及横向的基础教育、普通教育、职业教育、成人教育等。有历史的、也有规划的,还有国外的横向联系。《图集》的编排设计主要是以地图和图表这样一个雅俗共赏的形式来反映新中国50年来教育事业发展的全貌。在编排上,既有时间序列的轨迹,又有空间分布的地域差异,既可用来比较各省、市、自治区的教育业绩,也能够发现规划布局中的问题。在编制《图集》的过程中,又大量运用了20世纪90年代国际先进水平的计算机制图技术(当时国内尚没有专门的地图制图软件)和制版印刷工艺,使《图集》能够充分体现科学性和艺术性的统一,同时又大大缩短了编制周期,在不到两年的时间内完成了以往需要5—8年时间才能完成的工作。至于《图集》所产生的社会效应如何,还有待舆论的评价与实践的检验。以下仅仅是从几次相关的会议和媒体的报道中摘出的评论:

中国科学院院士、《图集》评审组组长陈述彭教授在《图集》评审会特意提出:"参加《图集》专家评审组的许多同志都是国内教育界、地图界的著名学者,大都主持过许多大型图集或科研成果的评审。我们对《图集》的鉴定意见和评语是十分严肃慎重和经过反复推敲的。经过大家评审研究,一致认为,应该为这本《中国教育地图集》写上'具有国际领先水平'的评语,这是迄今为止我们为中国已出版的各种地图集首次写上这样高的评语,这也确实反映了《图集》的质量和水平。"

袁运开校长、叶澜副校长了解编制《图集》情况

《中国教育报》(1995.12.23):"江泽民总书记和李鹏总理最近分别为上海科学技术出版社新出版的《中国教育地图集》题词。江泽民的题词是:'希望这本地图集的出

版能有助于大家了解中国教育的历史与现状,真正树立科教兴国的思想。'李鹏的题词是:'《中国教育地图集》为发展教育事业作出了贡献。'"

国家教育委员会朱开轩主任,在《图集》的序言中写道:"这本《图集》对于我国各级领导机关、业务部门、科研机构、学校和有关专家学者了解国情、省情、县情,从实际出发制定政策、计划和进行科学研究,建设有中国特色的社会主义教育,将起到重要的参考作用。"

全国人大常委会教科文委杨海波副主任在《图集》出版座谈会上说:"……我建议送一部分给省委书记,让他们经常翻一翻,考虑(教育)这个问题,从思想上真正树立科教兴国的观念。"

全国政协教科文卫黄辛白主任在出版座谈会上说:"《图集》是教育和地图科学上的一个创举,内容很丰富,编辑印刷非常精致,出版及时。"

国家教委、国家教育发展研究中心郝克明主任在出版座谈会上说:"我要向所有为《图集》作出奉献的编辑和绘图专家表示衷心地感谢!两年来,他们不仅没有假期,牺牲了无数个晚上和星期天的时间,冒着酷暑严寒,在极其艰苦的条件下工作。这使我想起千百万工作在教育战线上的人们,不正是他们用青春和生命支撑着我们祖国的为本之业吗?"

中科院地图院士陈述彭教授专门撰写了述评:"《图集》编制速度之快也是国内从未有过的。新中国成立以来,我们编的大型地图集不少,一般都要经过七八年的时间,而这本《图集》仅用了两年的时间就编出来了。据我了解,他们有些人还都兼任着繁重的教学和科研工作,因此,用'呕心沥血'表述他们这两年的工作,可以说是一点也不过分。这种对工作对事业的奉献精神不是用市场经济的价值规律可以简单计算出来的,我看这也可以说是中国特色。"

在《图集》出版座谈会上,联合国科教文组织的官员,看了样图后,立即表示要与国家教委进行这方面合作研究的意向。

1996年12月,该《图集》获得上海哲学社会科学优秀成果一等奖。

1997年3月,该《图集》又获1996年度国家教委科技进步一等奖。

回首往事,这本《图集》之所以能顺利地出版,并受到广大读者特别是教育界的重视和欢迎,这完全是大家共同努力的结果。如果没有那么多单位、部门的协调和支持,如果没有每个参与者精心而一丝不苟的工作,绝不会有这么完美的结晶。

* 本文作者:黄永砥,华东师范大学地学部教授。

生态科学求索路　环境学科创业史

阎恩荣　李俊祥

　　2014 年 6 月,华东师范大学根据教育部关于学科建设大部制试点的意见,决定将包含生态学、环境科学和环境工程专业的环境科学系,以及上海市城市化生态过程与生态恢复重点实验室、天童国家森林生态系统野外科学观测研究站,合并成立生态与环境科学学院,学院拥有生态学和环境科学与工程两个一级学科,独立建制,隶属地球科学部。原环境科学系首任系主任、著名生态学家宋永昌教授认为建院十分有利于生态学和环境科学两门学科的协同发展、融合创新,希望依托地球科学部的强大后盾,进一步与我校化学、生物学、经济学、社会学等学科合作,共同创建多学科交叉融合的学科高原,攀登生态学和环境科学的高峰。

一、生态学科的传承

　　我校生态学科在我国生态学界一直享有良好的学术声誉。1981 年经国务院批准成为国内首批拥有生态学博士、硕士学位授予权的单位;1996 年被确定为上海市教委重点学科;2001 年被确定为上海市重点学科;2002 年被批准为国家重点学科。“千仞之山,起于垒土”,华东师范大学生态学科今日的成就,离不开先辈们的学术积累和贡献。

　　我校生态学科的奠基者钱国桢和陈彦卓两位教授,分别主持动物生态学和植物生态学。钱国桢教授于 20 世纪 50 年代曾在苏联进修生态学,尤专鸟类生态,他开拓了中国动物群落生态学及生理生态学两个研究领域。1981 年钱国桢主编的国内第一部《动物生态学》问世,同时,他还主持翻译了 Odum 的《生态学基础》,这两部书成为当时国内生态学的主要教科书,对早期推动我国生态教学和研究作出了贡献,培育了一大批生态学者。他的学生们继承了钱国桢的科学实践,将动物生态学研究拓展到分子生态学、保护生物学、湿地生态学、行为生态学、野生动物管理与保护、人畜共患病及生态安全等研究领域,取得了丰硕成果。这些研究主要是在生命科学院动物生态研究室中完成。

　　陈彦卓教授 20 世纪 40 年代曾任教于圣约翰大学,从事上海及长江下游地区的植物分类研究,是国内最早开展孢粉研究的学者。1956 年我校受教育部委托,承办由苏联专家莎芭琳娜主持的"植物地理学进修班",陈彦卓担任班主任,并组成中方导师组,宋永昌担任教学秘书。进修班为中国植物地理学教学与科研培养了一代骨干教师,对中国植物地理学研究作出了突出贡献。

　　进修班结束之后,陈彦卓在生物系建立了"植物生态学与植物地理学学科小组",成员有宋永昌、冯志坚、张绅和史家樑。在陈彦卓领导下,1956—1964 年间,先后进行了太湖洞庭东西山、安徽九华山、武夷山脉(崇安、邵武和建阳山区)、江西庐山、浙西龙塘山、浙南昂山等地的植被和资源植物调查,以及由中国科学院组织的为寻找热带经济植物——三叶橡胶、咖啡等宜林地的云南热带、亚热带生物资源综合考查(1960—1961 年)。此外还带领研究生、进修生到西天目山、厦门滨海红树林、新安江库区等地进行野外实习。这些调查和研究为我国植被分类和分布作出了重要贡献,为我校生态学科的发展奠定了坚实基础。

　　1976 年"文革"后,学术研究恢复,中国科学院植物研究所发起编写《中国植被》。鉴于我校在亚热带植被研究的成绩,宋永昌应邀参加南方片编辑组工作,1977—1978 年间数次赴北京参加《中国植被》的编写和汇总。1980 年吴征镒院士主编的《中国植被》正式出版,该书在国内外影响甚广,曾获国家书籍出版一等奖和国家自然科学奖二等奖。宋永昌相继又参加了由侯学煜院士主编的《1:100 万中国植被图》的编制,具体承担上海幅的任务,此项研究亦曾获国家自然科学奖二等奖。在《中国植被》编写工作的推动下,1977 年 6 月宋永昌和中国科学院植物研究所王献溥、胡舜士共同进行浙江泰顺乌岩岭的植被调查,先后发表了《浙江泰顺县乌岩岭常绿阔叶林的群落分析》、《广西常绿阔叶林的聚类分析》、《广西常绿阔叶林的极点排序》等论文,由此开启了具有华东师大特色的中国常绿阔叶林研究。

　　改革开放后,我校选派宋永昌前往西德格丁根大学进修,那里是法瑞学派的研究中心。1980—1982 年间,他师从该大学植物系统与地植物学研究所 Ellenberg 教授研修植被生态学,兼及城市生态学。其间参与位于格丁根市郊"135 号石灰岩山地生态系统定位研究"项目,通过实地调查、课堂教学,以及北德、南德、瑞士等地的野外实习,系统学习了法瑞学派的理论和方法。此外,通过对格丁根市区到郊区树生地衣分布的调查,在城市环境指示植物方面积累了经验。在此期间,完成了"Die raumliäche Ordnung der Vegetation China's"(中国植被空间排布)的写作,并与 Dierschke 教授于 1982 年共同发表了"Die Vegetation derUntersuchungsfläche des SFB 135und ihrer Umgebung im Göttinger Wald. -Kurzmitt. Sonderforschungsber. 135"(格丁根森林 135 号特定研究样地及其周边的植被)和"Vegetationsgliederung und kleinrumige Horizontalstruktur eines submontanen Kalkbuchenwaldes"（亚山地石灰岩森林植被构建和小尺度的水平结构）。这些工作为他回国后开展常绿阔叶林生态系统定位研究和城市生态学研究奠定了理论和实践基础。随着出国进修人员的相继返校，华东师大生态学专业已成为与国际上主要生态学派建立交流联系的单位。

1985 年宋永昌挑起了生态学科建设的担子。他全身心地投入，花费了大量的时间和精力，通过积极吸引国内外资源和开展国际合作，加快学科发展，在植被生态学和城市生态学等领域奠定了系列学科高地。在他努力协调下，华东师大生态学 1996 年首先被确定为上海市教委重点学科，相继又被确定为上海市重点学科；在他退休前又被批准为国家重点学科。由于宋永昌在科学研究和学科建设中的突出贡献，他于 1987 年开始担任第三届中国生态学会常务理事，1991—2005 年又连续担任中国生态学会第四届、第五届和第六届副理事长；1982 年起，历任上海市生态学会秘书长、副理事长和理事长。任内积极组织学会的学术及咨询活动，推动华东师大成为国内生态学研究中心之一。

二、环境科学系的创建

20 世纪 70 年代，环境保护和污染治理开始引起人们的关注，在刘佛年校长和袁运开校长的支持下，经上海市科委批准，我校于 1978 年成立了跨生物、地理和化学三系的环境科学研究所，这是上海高校中最早成立的环境科学研究机构，第一任所长由生物系堵南山教授担任，副所长是化学系方禹之。同时在学校科研处设立资料室，由数名来自不同专业（包括外语专业）的毕业生负责国内外有关资料的搜集、翻译，并出版《环境科学研究》季刊。研究所这一时期主要承担污水微生物处理，以及宝山钢铁厂选址的生物、土壤背景调查与评估等项目。继而参与由上海市环境保护局牵头的国家"六五"重点攻关项目"黄浦江污染综合防治规划研究"，承担其中的子课题"淀山湖水环境容量和规划方案研究"。

1982 年春，宋永昌从德国回到华东师大，时值环境科学研究所启动淀山湖研究项目，为加强科研力量，学校于该年 12 月同时任命郑家祥和宋永昌为环境科学研究所副所长。1984 年因方禹之另有任命，淀山湖课题的研究任务交由宋永昌负责。课题于1985 年通过评审鉴定，"专家一致认为是国内先进水平"。随后又受上海环境保护局委托，进一步开展了"淀山湖富营养化及其防治研究"，为淀山湖水环境保护，特别是富营养化防治，提出了科学建议。

20 世纪 80 年代中期，环境保护和污染治理已成为各方关注的焦点，专业人才培养刻不容缓。1986 年遵循教育部指示，学校决定在原环境科学研究所基础上组建环

淀山湖富营养化及其防治研究课题组主要研究人员合影(1989年)

境科学系,首批教职工队伍共14人。宋永昌被任命为系主任,来自地理系的王云和化学系的韩玉莲为系副主任,实行系所合一,独立建制,并于当年夏季招生。建系之初,条件甚为简陋,不足30平方米的系行政办公室兼作教师办公室,原生物站的几间简易平房成为实验研究场所,学生实验则借用兄弟系的实验室。仪器设备除随使用人转拨外,需靠争取课题经费添置。虽然如此,但环境科学系的师生们团结一致,意气风发,在搞好教学的前提下,四处争取课题。1986—1996年期间,先后承担了淀山湖、长兴岛和太湖主要入湖河道、上海市废弃物处置、上海市土壤环境背景值调查、上海市大气污染、CO_2生物固定、城市生活污水处理等一系列科研项目。通过这些项目研究,不仅缓解了设备短缺和经费的不足,更锻炼了队伍,提高了教学和科研水平,加强了学科间的联合。一些项目成果先后获得多项国家级、省部级奖项,例如:"中国土壤环境背景值研究"(1996年)获国家科技进步二等奖;"长兴岛生态环境保护和资源合理开发的战略研究"(1992年)和"淀山湖富营养化及其防治研究"(1992年)获上海市科技进步三等奖;"淀山湖水质监测和富营养化对策研究"(1998年)获上海市科技进步二等奖;"迈向二十一世纪上海城市绿化发展的研究"(1996年)获国家建设部科技进步二等奖;"采用厌氧-耗氧系统处理废水的试验研究"(1986年)获上海市科技进步三等奖;环科系也被评为1986—1995年上海市环境保护先进集体。这些奖项不仅为我校赢得了良好的学术声誉,也奠定了华东师大环境科学专业在国内的地位。

　　与此同时,宋永昌带领全系师生积极开展国际学术交流,先后与联合国教科文组织以及德国、日本同行进行合作研究,进而从他们那里得到智力和仪器设备的支持。例如,联合国教科文组织资助了原子吸收分光光度计,德国方面赠送了硫元素测定仪,日本方面赠送了大气成分监测仪,成为当时环科系的"三大件"。

我校环境科学系建系之初,即重视与国内高校环境科学专业系所的联系,积极参加国家教育部门组织的有关教学计划和教材的交流讨论。1990年,国家教育委员会正式成立了首届高等学校理科各学科教学指导委员会,我校环境科学系是下属的环境生物学与生态学教材建设组和环境规划与管理教材建设组的成员,参与国内有关专业设置、教材和实验基地建设的讨论。在环境科学专业的教学计划中,率先列入了城市生态学和生态工程课程。早期的这一决策为日后我校环境科学系具有"生态特色的环境科学专业"画下了浓重一笔。此外,环境科学系建系伊始就十分重视野外实习基地建设,宋永昌选定在浙江宁波天童国家森林公园内建设生态试验站,经过几届领导和师生努力,终于在十多年后成为国家森林生态系统野外科学观察研究站。

1996年,环境科学系隆重举办了建系十周年庆典和学术活动,当时已有正副教授(研究员)12人,兼职教授10人,形成了植被生态学、城市生态学、环境地学、环境微生物学、环境化学、环境生理学、环境毒理学以及环境管理与评价等几个研究方向。随着水污染、固体废弃物污染物的类型多样化、污染程度加深,采取环境工程措施处理和治理环境污染物开始逐渐盛行,环境管理与环境工程结合成为环境治理的主流方法。我校环境科学系及时把握动向,重视加强环境工程的师资力量,开始承担苏州河、黄浦江上游等一系列水污染综合治理项目,以及国家863、973、水专项等国家级重点、重大项目,经过多年努力,极大地充实、锻炼了环境工程专业的科研和教学队伍。2011年环境工程专业应运而生,开始招收本科生。自此,我校环境科学系又拥有了环境科学与工程一级学科的博士学位授予权,教学、科研和学科建设再上新台阶,向更高层次迈进。

由于宋永昌所带领的环境科学系在上海市生态环境建设中的突出成绩,他早在1985年就被聘为上海城乡建设规划委员会环境建设专业委员会委员,1988年被聘为上海市建设委员会委员兼环境委员会委员,1991年被聘为上海市建设委员会科学技术委员会委员,1996年被聘为第四届上海市建设委员会科学技术委员会委员、园林绿化委员会副主任。担任上海市园林管理局"迈向21世纪上海市城市绿化发展研究"顾问,并于1995年被评为上海市劳动模范。

三、生态学与环境科学的结合

现代生态学是研究生命系统(动物、植物、微生物以及人类)与环境系统(包括自然环境和人为环境)之间相互作用规律的科学。环境科学是研究人类在其生存发展中与环境相互关系的科学,亦即研究人类的生产、生活与环境系统间的相互作用。这两门学科间具有紧密的内在联系,生态学的理论和方法可以用来解决环境问题,环境科学则重视研究人类生存发展面临的生态问题,促进和拓宽了生态学研究领域。由于它们都强调理论联系实际,使它们在发展过程中必然互相结合和互相促进。环境科学系的建立为这种结合和协同发展建造了良好的平台。根据研究积淀和现实形势,环境科学系的生态学确定的两个研究重点是:植被生态学和城市生态学。

植被生态学:华东师大生态学的一面旗帜

上海地处亚热带北缘,华东师大的植被生态研究即以我国亚热带植被、特别是常绿阔叶林为重点。常绿阔叶林是在亚热带湿润气候条件下发育的独特植被类型,是重要的基因库和物种起源中心。我国常绿阔叶林分布范围最广,类型丰富多样,是全球常绿阔叶林的主体,是国家的宝贵自然资源,但在人口密集、经济发达、人类活动历史悠久的亚热带地区,森林破坏严重,急需加强保护、有效恢复和合理利用。宋永昌从1985年起,在国家自然科学基金资助下,带领研究组进行"华东区常绿阔叶林生态系统的资源现状及其利用和保护对策"研究,选择重点地区进行补点调查,并将法瑞学派的方法以及数量分类方法引入常绿阔叶林研究,吸取各学派之长,建立我国亚热带植被研究方法和分类体系。利用1995年和1999年两次到台湾东华大学讲授植被生态学的机会与台湾同行徐国士教授等合作进行台湾植被调查,完成了"台湾常绿阔叶林主要类型及其与大陆常绿阔叶林的关系",以及"A Scheme of Vegetation classification

宋永昌(左2)在台湾与徐国士教授(右2)一起进行野外调查

of Taiwan，China"（台湾植被分类纲要）的写作，建立了两岸协作研究常绿阔叶林的纽带。与此同时，从 1995—2000 年又和日本宫胁昭教授等合作开展"中国东部和日本中西部常绿阔叶林比较研究"，调查了日本的常绿阔叶林，发表论文"Broad-leaved evergreen forest in central Japan in comparison with eastern China"（日本中部常绿阔叶林和中国东部之比较）。

宋永昌（左 1）和日本宫胁昭教授（右 4）的研究组在野外调查

为了追溯中国东部常绿阔叶林变迁历史，在博士点基金资助下，宋永昌带领研究生们一起进行了中国东部地区 500 年来植被演变与环境变化的研究，发表论文"The historical shift of the evergreen broad-leaved forest in East China"（中国东部常绿阔叶林历史变迁）（1999 年），揭示了中国东部有史以来气候变化和植被变迁，特别是近 500 年来常绿阔叶林带的迁移。

现代植被生态的研究已从定性走向定量，从描述走向试验。为适应这一发展趋势，宋永昌十分重视野外实验基地的建设。20 世纪 80 年代初即以宁波天童国家森林公园作为长期定位研究和教学基地，结合国家自然科学基金资助项目"亚热带常绿阔叶林实验植物群落学研究"开始建站。借主办"35 届国际植被学会学术讨论会"之机，正式设立了天童生态实验站。1996 年和 2000 年又经两次扩建，生态站渐具规模，宋永昌的学生王希华担任站长。

生态站建设得到当地林场的大力支持，生态站也积极为当地生态环境建设服务。针对当地马尾松林松材线虫危害，利用植被演替和潜在植被的理论，与林场合作进行林相改造，实施常绿阔叶林的恢复与重建，成果得到当地林业主管部门的赞誉，并获得推广应用。这也为宋永昌主持的国家自然科学基金重点项目"受损常绿阔叶林生态系统退化机制的研究"(2002—2005年)做了铺垫,其研究成果已汇编成《中国东部常绿阔叶林生态系统退化机制与生态恢复》(2007年)一书出版。该重点项目不仅进一步夯实了我校在常绿阔叶林研究领域的领先地位,也锻炼了常绿阔叶林研究队伍,如王希平的生态恢复研究、闫恩荣的常绿阔叶林功能生态学研究等。

2005年,在"国家生态系统野外科学观测研究网络"遴选国家台站时,天童生态站被批准成为第一批国家18个森林站中的一员,也是教育部入选四校(其他三校:北京林业大学、中国农业大学、武汉大学)之一。天童生态站进入国家野外台站后,在站长王希华主持下,进一步改造基础设施,添置仪器设备,目前该站的建设水平已进入国内同类野外生态站的先进行列。它除承担国家站的监测、研究、推广外,也是我校环境科学系、生命科学学院、上海和外地一些高校的学生实习基地,以及研究生的教学研究基地。

随着新科技新设备的不断涌现,植被生态学研究也向宏观和微观两方面深入发展,宋永昌教授指导博士生李俊祥运用"3S"技术进行了中国东部五省一市植被分布与制图的研究;另一方面,在自然科学基金项目"青冈林适应生态学研究"中采用分子生物学技术,研究了常绿阔叶林优势树种广泛适应的种群遗传机制和表型可塑性,相关研究"亚热带植物遗传多样性及其保护研究"获得上海市自然科学三等奖(2010年)。该领域的研究在他的学生陈小勇教授持之以恒的探索下,分别在生境片段化过程中常绿阔叶林植物种群的遗传结构和种间关系等方面进行了深入拓展,发展形成了保育生物学和分子生态学研究方向,现已成为我校植被生态学研究的另一亮点。

宋永昌的研究团队非常重视国际学术交流,从1985年起即与日本宫胁昭(Miyawaki)教授和大泽雅彦(Osawa)教授、美国的Box教授,以及瑞士、奥地利、意大利、法国等许多国际植被学会成员保持经常交流联系,并开展了合作研究。1987年环境科学系成立次年即举办由国际植被学会秘书长Dierschke教授主讲的为期6周的"植被生态学讲习班"。1992年,受国际植被学会委托,承办主题为应用植被生态学的"第35届国际植被学会学术讨论会"。与国际植被学界建立了广泛联系,提高了华东师大植被生态学的知名度,奠定了中国常绿阔叶林研究在国际上的地位。

宋永昌在过去30多年中,指导研究生们从个体、种群、群落、生态系统以及景观等多个层面,开展我国东部常绿阔叶林生态学的研究。研究成果得到国内外学界的肯定,先后发表学术论文和著作近百篇(部),研究成果得到广泛引用。由于宋永昌在植被生态研究中的突出贡献,曾任国际植被学会咨询委员会委员;1983—1999年历任中国植物学植物生态专业委员会副主任,担任《植物生态学报》编委。2003年在他退休之前组织召开了中国亚热带常绿阔叶林研究与保护第一次学术会议,"中国常绿阔叶林研究"成果获得了教育部自然科学成果奖二等奖,又一次为我校常绿阔叶林研究增添了亮丽色彩,因而也就成为了师大生态学的一面鲜艳旗帜。

城市生态学：中国城市生态学研究的先驱

城市生态学研究作为一门学科,始于 20 世纪三四十年代的美国,当初侧重于从社会、经济的角度研究城市发展。而作为生态学的一门分支学科则源于二战后的德国,到 20 世纪 70 年代逐渐以研究城市生物与环境生态关系为主要内容,形成以 H. Sokkup 教授为代表的"柏林学派",盛行于欧洲。时值宋永昌在德国格丁根大学访问进修,聆听了 Ellenberg 教授讲授的"城市生态学"。凭着对新兴学科敏锐的判断力,宋永昌认识到城市生态学将会是生态学发展的一个重要分支,为此,他利用各种机会作进一步考察。1980 年出席了由 Sokkup 教授主持在柏林召开的欧洲首次城市生态学会议,对城市生态学研究的前沿和动态有了直接认知;随后又分别拜访了当时西德从事环境指示生物研究的著名学者 Steubing 教授和 Follmann 教授,了解并体验了他们的研究内容和方法。

宋永昌(左)与 Sokkup 教授(右)在欧洲首次城市生态学会议上

宋永昌(左)与 Steubing 教授(右)在野外讨论生物监测

  1982 年宋永昌回到学校后,开始在国内宣传城市生态学,并应邀在中国生态学会举办的全国生态学讲习班上介绍城市生态学。1983 发表《城市生态学简介》一文,系统地介绍了城市生态学研究的七大方向:(1)城市化过程的研究;(2)城市化对环境影响的研究;(3)城市化对生物的影响以及生物对城市化的反应的研究;(4)城市环境对人类生理、心理健康影响的研究;(5)城市综合体的研究;(6)城市生态系统与农村生态系统间关系的研究;(7)城市生态系统的评价和监测。这被认为是中国最早系统论述城市生态学以及如何在中国开展城市生态学研究的文献,也是最早提出城市生态系统研究需要多学科交叉协作的论著之一[①]。在他和复旦大学周纪伦教授、北京大学陈昌笃教授等推动下,1984 年中国生态学会成立城市生态学专业委员会,并在上海召开第一届大会,周纪伦当选为专业委员会主任,陈昌笃和宋永昌当选为副主任,开启了城市生态学研究在中国的蓬勃发展。

  20 世纪 80 年代,上海市社会经济进入快速发展时期,随之而来的是在城市建设中出现诸多生态环境问题,这对刚成立的华东师大环境科学系既是严峻的挑战,也是难得的机遇,促使全系师生们积极投入上海市生态环境问题的研究。在完成了有关水源地保护的"淀山湖水环境容量和规划方案研究"和"淀山湖富营养化及其防治研究"后,联系上海岛屿建设、废弃物处置、土壤保护、大气污染生物监测、水污染治理等,相继开展了"长兴岛复合生态系统研究"、"上海市废弃物老港处置场生态规划与复垦研究"、"上海市土壤环境背景值调查研究"、"CO_2生物固定和产品利用的预研究"、"利用光合细菌处理有机废水研究"等项目的研究。与德国吉森大学 Steubing 教授合作进行"上海大气环境生物监测研究"。与此同时,聘请 Steubing 为环境科学系客座教授,为研究生开设生物监测讲座和实验。后来,这些工作在宋永昌助手顾咏洁的持续努力下,形成了我校环境科学系的生物监测和污染生态学研究领域。宋永昌的学生由文辉则将生物对城市环境的指示作用进一步拓展到土壤和水域生态,形成了环境科学系的土壤生态学和水域生态学的研究方向。2000 年承担的苏州河底泥疏浚的生态学研究项目,从"时、空、量、构"四个方面研究了苏州河的水文、水质、底泥和生物群落的现状及其相互作用和因果关系,提出底泥疏浚有利于着生生物、底栖动物群落的生存和生态系统的恢复,为苏州河底泥疏浚工程提供导向性建议;项目提出的生态工程方法为河流、水域就地净化提供了新的方案,并在后来的水污染生态工程治理中广泛应用,这方面的研究现已发展成为生态工程研究方向。

  伴随着城市化推进所带来的生态环境负面影响,建立宜居的生态城市和实现可持

---

① Wu et al. 2014. Urban ecology in China: Historical developments and future directions. *Landscape and Urban Planning*, 125: 222 - 233

续发展已成为世界各国城市建设与发展的主旋律。20 世纪 90 年代初宋永昌再次把握城市生态学发展脉络,提出建设上海生态城市的建议。1995 年由上海市教委立项,开展"生态城市指标体系与评价方法研究",为上海市建设生态城市提供目标和方向。课题组提出的建设"结构合理、关系和谐,功能高效"的城市生态系统理念,制定的一套生态城市建设指标体系,在中国生态城市建设中起到了引领和推动作用。

城市绿化既是城市名片,又与城市生活质量息息相关。20 世纪 80 年代上海市绿化面积存在巨大缺口,是上海市生态环境改善的短板,我校环境科学系利用专业优势积极投入迈向 21 世纪的上海城市绿化发展研究,承担一系列研究课题。早在 1987 年宋永昌即上书上海市领导,提出建设环境保护林建议。上海市环城绿带建设为这一设想提供了难得机遇,90 年代中期先后由王希华、达良俊两位老师负责,会同园林绿化局和日本生态中心宫胁昭教授合作开展生态保护林的建设试验。此后为了将此项研究成果推广和发展,达良俊在市区和郊区建立了近自然林样板,得到园林部门肯定,这一理念和技术已在许多城市推广和应用。新世纪之初宋永昌及时把握城市绿化发展的方向与机遇,提出建设城市森林的概念。2001 年先后承担上海市农委"上海城市森林规划"和上海市科委与国家科技部重点项目"上海现代城市森林发展研究"两项课题,前者由宋永昌主持,后者由宋永昌和中国林科院彭镇华教授共同主持,开展为期 5 年的攻关,研究成果奠定了上海城市绿地系统的总体格局和实施方案,已在上海城市绿地系统规划和建设中得到了体现,也为申请 2010 上海世博会在城市绿化方面提供了强有力的支持。在项目执行期间,由上海市农委、农林局和华东师大共同主办的"城市森林与生态城市建设国际研讨会",有来自德国、英国、美国、新加坡等 200 多位国内外学者和二十几家外国驻沪总领事馆官员出席,并为上海的城市森林和生态城市建设建言献策。大会成果经凝练后,出版了专著 *Ecology, Planning, and Management of Urban Forests: International Perspectives*(《城市森林的生态、规划和管理:国际视角》),极大地增强了我校城市生态学学科在国内外的影响。

以上海为龙头的长江经济带发展规划的启动,为城市生态学的发展提供了黄金机遇和宽广舞台。宋永昌提出,我校的城市生态学研究不仅要立足上海,还要服务长三角。早期他的学生王祥荣开展了杭嘉湖城镇发展区域生态服务功能与调控研究;近年来达良俊和李俊祥等围绕特大城市及城市群的发展,进一步开展城市土地利用与城市群增长、城市区域景观格局、城市热岛、城市杂草、城市生物多样性、植物物候等研究,将城市生态研究应用于国家新型城镇化建设。

城市生态学以解决城市发展中的生态环境问题为主要目标。宋永昌带领的科研团队多年来坚持不懈努力,一直致力于服务上海市城市生态环境建设,先后开展了水污染治理和水源保护、大气污染生物监测、垃圾堆场生态复垦、城市土壤污染、绿地系统建设、岛屿生态环境保护和合理开发等有关建设生态城市的研究,在实践中逐渐形成以生态环境综合研究的特色,使华东师大成为沪上乃至全国生态环境科学研究领域的知名高校。进入新世纪,又有一些研究成果获奖,如:"上海及其周边地区植被恢复与生态建设"获 2003 年上海市科技进步二等奖,"宝钢绿地资源评价与生态群落构建研究"获 2003 年上海市科技进步三等奖等,2000 年由宋永昌主编出版的教材《城市生态学》获上海市优秀教材奖。多年来在城市生态学理论探索和实践应用上取得的成果,以及为地方生态环境建设方面作出的贡献,得到了各界的支持和赞赏,建立了华东师大城市生态学研究的品牌和声誉,为进入上海市重点实验室奠定了基础。2005 年宣布筹建"上海市城市化生态过程与生态恢复重点实验室",2008 年建成并正式挂牌,这是当时国内仅有的城市生态学研究的省部级重点实验室。在王开运教授和国家"千人计划"特聘教授象伟宁两届实验室主任的领导下,重点实验室的建设取得长足的进展。如今,与中国科学院"城市与区域生态学国家重点实验室"和中国科学院"厦门城市环境研究所"并称为中国城市生态学领域的三大研究中心。

宋永昌在 70 岁退休后,仍健步在山区野外,虽已耄耋之年,仍热情不减当年。他花费 5 年多的时间完成了 250 万字的专著《中国常绿阔叶林:生态、保育和恢复》2014年由科学出版社出版;近期又应出版社要求正在修订他的另一部专著《植被生态学》。漫漫六十载生态科学求索路,悠悠三十年环境学科创业史,宋永昌和他的同事韩玉莲、史家樑、翁恩琪、方如康、徐亚同、祝龙彪,以及已故的王云和龚书椿等老一辈环科人,传承并发扬了我校生态学科的传统,实现了生态学和环境科学两大学科的协同发展,开创了我校环境科学的新篇章。近 30 年来,环境科学系为国家培养了一批批生态学、环境科学的专业人才,如今多已成为国家生态学、环境科学领域的中坚力量。

＊本文作者：阎恩荣、李俊祥,华东师范大学生态环境科学学院教授。

为国家辞书事业献力

蒋长瑜

大型综合性辞书《中国大百科全书》、《辞海》和《大辞海》均为国家重大文化工程，在广大读者心目中，被誉为"知识的海洋"、"没有围墙的大学"。在我国区域地理学奠基人李春芬教授带领下，华东师范大学西欧北美地理研究所成为上述辞书世界地理学科的主编单位。20世纪80年代中期，本人作为李春芬的助手，全力以赴投入《中国大百科全书》第一版世界地理卷的编纂工作，这是我为国家辞书事业献力并结缘的开端。1996年后，我遵照恩师生前的嘱咐，先后应聘担任《辞海》第五版、第六版，《中国大百科全书》第二版以及《大辞海》等各部辞书世界地理学科的主编，倾力为这些宏大文化工程"添砖加瓦"，付出辛劳。我为此感到荣幸，值得回顾。

良好的开端

1978年，我国首部百科全书的编纂出版工作正式启动。这项文化工程——《中国大百科全书》第一版涵盖66个学科和知识领域，经15年艰辛编纂历程，先后按学科分卷出版，总共74卷，为我国出版史上规模最大的工具书。

《中国大百科全书》第一版世界地理卷于1985年起步。该卷从自然地理、人文地理或两者结合的角度，运用地理学分析综合、归纳概括、区域对比等方法，展示世界七大洲、四大洋、200多个国家（地区）的概貌及其内部差异，并阐明世界主要城市和各种自然地理、人文地理事物的特点。我校李春芬担任世界地理卷编委会主任。当时，由李春芬创建并领导的我校西欧北美地理研究所已逾20年，研究外国的课题、论文、专著、译著等硕果累累，这是我所编纂世界地理卷的扎实基础。全所成员均参与该卷条目编撰工作，严重敏和钱今昔先生为编委会委员。同时，李春芬作为中国地理学会副理事长和世界地理专业委员会主任，召唤全国著名院校、研究单位的专家、学者参与这项百科事业，组成了一支健全的作者队伍。

我在李春芬引导下，为世界地理卷编纂倾注了近五年时间。首先，作为全卷主要作者之一，在全面搜集国内外资料的基础上，撰写了我份内北美洲、南美洲条目，撰稿量居全卷前茅。然后，作为该卷北美洲分支副主编和四大洋分支审定人，对两分支的全部条目作了审核、修改。二年后，全卷 200 万言的稿件集中我校，我开始辅佐编委会主任李春芬投入更繁重的审改定稿工作，从科学概念、资料更新直到文字表达、标点符号，逐条逐句逐字审核。最后，按中国大百科全书总编委会和出版社要求，尚需撰写全卷最重要的卷首文章。大百科全书各卷的卷首文章一般均由该学科的带头人撰写。当时李春芬因工作繁忙，且身体欠佳，他信任我、鼓励我撰写此文。我欣然接受了，但心中不免紧张，以不足 2 万字的篇幅概论世界自然、人文和经济，确实不易。李春芬不断指导我，对文章的观点、结构、内容一一指点；我据此写出初稿后，又按李春芬的要求，反复修改。最终以"全球海陆分布与地表形态"、"全球地理环境的结构"和"世界经济的地区格局"三大专题定稿。文章获得大百科全书总编委会和出版社的肯定。

世界地理卷全部文稿送往出版社后，社方又聘我担任特约编辑。首要任务是选取反映世界各地区典型自然、文化景观照片。为此我专程赴京，在新华通讯社、《世界知识画报》编辑部等单位资料库数以万计的照片中，精心核选出 500 余张用于世界地理卷。第二项任务是经出版社编辑加工后印出的全卷清样稿，请我再作最后审阅。

1992 年 4 月，《中国大百科全书》第一版世界地理卷终于如期出版。1994 年荣获第一届全国优秀地理图书二等奖。我获得了国家新闻出版总署颁发的荣誉证书。这段百科全书编纂经历锤炼了我编纂辞书的功底，是我与辞书结下不解之缘的良好开端。

与《辞海》结缘

《辞海》是集字、词、百科词目于一身的大型综合性辞书，凝结了一个世纪几代学人的智慧和心血。1936 年问世以来，历经修订，已出版了六版。自 1979 年建国 30 周年之际出版第三版起，决定每隔 10 年修订一次，均在国家"大庆之年"即 1989 年、1999 年、2009 年出版。各版《辞海》深受广大读者厚爱，"对不对查《辞海》"已成为读者的一句口头禅。

李春芬是《辞海》第三版、第四版编委和学科主编，还是 1987 年出版的《辞海》世界地理分册主编。1996 年后，我开始接班，为实现恩师遗愿而努力。从《辞海》第五版到第六版，再到新版《大辞海》，我一直在为这项国家重大文化工程奉献力量，与《辞海》结下了深深的情缘。

《辞海》世界地理学科词目的设定与大百科全书基本相仿，但释文内容各具特点，难度不一。《辞海》词目字数远少于大百科条目，要求释文高度简练、扼要，以"加拿大"

条为例,两者字数分别为 900 和 10 000。为此,我在编撰过程中,无论是作为主要作者撰写词目,或是作为主编修改、审定词目,始终坚持"一丝不苟、字斟句酌、作风严谨"的"辞海精神"。面对若大的变化万千的世界和从自然到人文的庞杂内容,终日花费大量时间查阅国内外权威书刊,搜索各国重要网站,反复对比核实,确保资料正确,并严格遵循我国对外方针政策。这真可谓一个"千锤百炼、精雕细琢"的历程。

《辞海》世界地理学科的作者队伍除我们华东师大外,还包括中科院地理所、南京大学、东北师大、中国社科院拉美所等单位。随着时光流逝,老一辈作者因年迈体弱逐步退出,作者队伍面临着新老更替。因此,我们还肩负着承上启下、带领接班人的职责。我首先在本校物色中青年作者加入《辞海》编撰队伍。通过请他们试写样条,反复传授"辞海精神"以及说明与撰写论文的区别;全面投入第六版词目撰写工作后,我更通过逐条修改甚至重写,并当面传授,使中青年作者们逐步适应了《辞海》工作的要求,完成撰稿任务。

蒋长瑜出席《辞海》(第六版)出版总结表彰大会

2009 年国庆 60 周年之际,《辞海》第六版正式出版。中央宣传部、新闻出版总署于 2009 年 12 月 8 日在北京人民大会堂隆重召开《辞海》第六版出版总结表彰大会,我应邀出席,受到中央领导接见。

《大辞海》是又一项国家级文化工程,被新闻出版总署列入"十一五"、"十二五"国家重点图书出版规划。这部特大型综合性辞书是以《辞海》为基础的原创性文化精品工程,继承《辞海》的优点,并加以拓展,以增收《辞海》尚未涉及的新领域和各学科的新词新义为重点,适当补充缺漏。先按学科分类编排出 38 个分卷,于 2015 年出齐,然后再按音序编排出版汇编本以及电子版和网络版。

《大辞海》世界地理卷主编由我与中科院地理所毛汉英先生担任,于 2012 年开始编撰。由于地理学未能单独立卷出版,总编委会决定将其主要内容编入世界地理卷中,这使我们的工作量倍增,作者队伍扩大。经反复甄别、斟酌,最后定下地理学词目1 400 条,世界地理词目 4 100 条,合计 5 500 条。我们华东师大挑起了重担:撰写、修改和审定地理学词目的 3/4,世界地理词目的 1/3。其余词目由中科院地理所、中国社科院拉美所、东北师大等单位分担。

我校承担的地理学词目包括地理学科、地理学家、自然地理和区域地理等,其中主体是自然地理词目,涉及地形、水文、气候、土壤地理、生物地理、环境地理、医学地理、地图、地理信息系统等多个分支学科。我校资环学院10位各学科教授、副教授积极支持《大辞海》地理学词目的撰写、修改工作。在他们潜心创作、反复锤炼的努力下,不仅如期交稿,且质量上乘,我审核后认为基本符合《大辞海》的编撰要求。世界地理词目由我带领几位中青年作者承担撰写和修改工作,主要是欧洲、大洋洲和北美洲词目。因新增词目较多,工作量颇大,但在大家百般努力、精心磨砺下,我们以一年多时间圆满完稿。

最后,我作为主编又花费大半年时间对全卷词目作了审核,终于为120万言的巨著划上了句号。2014年底,多年的辛劳结出硕果,《大辞海》世界地理卷正式出版,内心深感欣慰。

重登大百科之"山"

有人把参加《辞海》编撰工作喻为"下海",我则把投入大百科编撰工作喻为"登山"。用"大海"和"高山"来比喻这两项浩瀚文化工程很恰如其分。

1995年底,《中国大百科全书》第二版经中共中央、国务院批准正式立项,并列为"九五"、"十五"国家图书出版规划的重点工程。该全书的编纂和出版方式要与世界主要百科全书接轨,条目不按学科分类,而是按条目的汉语拼音统一排序,为中国第一部符合国际惯例的大型现代综合性百科全书。新世纪初,中国大百科全书出版社负责人亲临家门,送来了请我担任第二版世界地理学科主编的聘书,由此开启了我重登大百科之"山"的行程。

我们的工作从组建作者队伍开始。第一版世界地理卷的资深作者们无疑是第二版的基础,通过协调确保了华东师大、中科院地理所、南京大学、东北师大、南开大学等原编写单位的作者;同时,由于时光已流逝近20年,也作了必要调整,增加了中国社科院拉美所、中国极地研究中心等编写单位,以及部分中青年作者。

鉴于第二版在编纂体例和出版方式的重大变更,按总编委会要求,我们世界地理学科需要大幅度增加条目。我与副主编毛汉英先生合作,与各编写单位作者反复商议、研究和修改,以扩大涵盖面为中心,最后拟定近4 500条,约相当于第一版世界地理卷条目的3.7倍;其中世界各国(地区)的城市设条增加最多,约有2 000多条。条目的平均字数则应少于第一版,这意味着需要用更简练的文字撰稿,但由于总条目数大幅增加,故第二版世界地理学科的总字数肯定超过第一版世界地理卷。

第二版条目释文编撰要求很高,既强调科学性、权威性与通俗性、可读性并举,对我们世界地理学科来说还需突出自然与人文的综合性。编撰工作于 2002 年全面展开。我依然重担在身,既是主要撰稿者,撰稿量近 30 万字,居全学科之首;更肩负主编重任,需要审定全学科条目稿,并带领我校初次参与大百科工作的中青年作者队伍。

在两年多的编撰进程中,大家始终遵照"爱国奉献、团结协作、科学求实、开拓创新"的"百科精神",克服诸多困难,全身心投入,多数作者保质保量如期完成撰稿任务。

2005 年 4 月,第二版世界地理学科条目已进入后期修改定稿阶段,也是我作为主编履行职责的关键时期,大部分条目稿件已传入我的电脑邮箱。不料,一场意外的严重车祸几乎置我于死地,头部大量出血,人完全昏迷,被送入华山医院重症监护室抢救……我的主编工作全部停顿,这对大百科全书第二版的影响非同小可。按国务院、新闻出版总署审批定下的计划,《中国大百科全书》第二版应在 2008 年正式出版。由于第二版是按条目汉语拼音字母编排,如果世界地理学科条目因我受伤不能如期定稿送往出版社的话,必然影响全书的出版。社方负责人焦急万分,不时来电关心和询问我的伤情治疗状况。我躺在病床上的心情可想而知,好在手术治疗尚算顺利,脑部未淤血。住院一个半月后,出于对大百科全书强烈的责任感,我未等痊愈提前出院了。回家休养不久,便坐在电脑前开始修改稿件,尽管炎症和脑震荡后遗症尚在。在智力、体力严重受损的情况下,我依靠意志和毅力,顽强坚持工作,甚至还赴京与社方和部分作者商议文稿事宜。值得庆幸的是,到 2006 年大功基本告成,总字数近 240 万言的世界地理学科全部条目纳入出版社编辑加工顺序。我终于又登上了大百科之"山"。

2009 年 3 月《中国大百科全书》第二版共 32 卷正式出版发行了!中国大百科全书出版社一位副编审在公开刊物上发表一篇题为"时代辞书精华,地理权威力献"的文章,对《中国大百科全书》第二版世界地理学科部分作了全面评价。作者认为:"世界地理条目用最简练的文字,写出了涵盖面最广、综合性最强、最富有时代信息、最严肃、最必要的内容,是为世界辞书的一大贡献,为中华民族文化发展史树起一座新的丰碑。"

2009 年 8 月 26 日,我应邀赴京出席了中央宣传部和新闻出版总署为《中国大百科全书》第二版正式出版召开的总结表彰大会,受到中央领导同志接见,并作为 14 名代表之一登上人民大会堂主席台领奖。

在为以上大型综合性辞书献力之余,我还参与了多部其他各类辞书的著、译工作,如编著《世界各国知识图典》(浙江摄影出版社 1996 年)等,翻译《青少年科学百科全书》(上海译文出版社 1997 年)、《环球旅游图集》(上海辞书出版社 1999 年)等。为迎接 2010 年上海世博会召开,我作为编写组长之一,参与了由市政府领导主持的《上海百科全书》编写工作(上海科技出版社 2010 年)。近 30 年来倾注各类辞书事业的经历,在我的学术生涯中留下了难以忘怀的一页。国家繁荣、民族强盛,需要文化兴盛的支撑,这正是我们工作的价值和意义所在。如今虽已年届古稀,但与辞书事业结下的深深情缘,令我依然难割难舍。2015 年 4 月我接受请我担任《辞海》第七版学科主编的聘书,应邀出席了由市委、市政府领导主持的《辞海》第七版启动大会。我将为站好最后一班岗而努力。

《中国大百科全书》第二版出版总结表彰大会

左 1 为蒋长瑜

* 本文作者：蒋长瑜,华东师范大学地学部教授。

世界一流代数科研团队的崛起

邱　森

华东师范大学数学系代数教研组重建于 1977 年。在代数学家曹锡华教授带领下，自 20 世纪 80 年代起，世界一流的论文、专著层出不穷，逐渐成为国内公认的最强的代数研究单位之一，在国际上也颇负盛誉。著名代数学家、代数 K 理论的奠基者 H·巴斯访问华东师大数学系后写道："华东师大数学系给我留下了很好的印象，特别是代数小组，在某个富饶而活跃的数学领域里建立一个受过良好训练而且互相交错的核心，看来是当前情形下很有效的发展模式。"我们的崛起不是偶然的，同样也要经受种种艰难险阻，要付出代价。创业的成功有各种有利因素，有规律性，是锲而不舍，奋力拼搏出来的。

瞄准世界主流方向，作出一流科研成果

曹锡华先生说："搞科研要抓三件事：一是选择研究方向；二是形成一支老中青结合的科研队伍；三是培养高质量的研究生。"如果搞自己熟悉的老方向，虽可以快出论文，但成不了大气候。于是他说："要搞就要搞当今世界代数的主流方向，要做就要做世界上共同关注的热点问题。"那么究竟如何搞呢？1977 年科学规划大会上，他遇见了中科院的万哲先先生（现资深院士），谈及代数该怎么搞，两人决定从李型单群着手。于是就在那年组织了一个全国性的李型单群讨论会，地点放在北京师范大学，大家轮流报告 Carter 的著作《李型单群》，曹先生带了陈志杰、邱森、刘昌塄、吴良森去参加。这次为期一个多月的讨论班，使我们初步了解了 Chevalley 群的构造。通过交流，我们结识了国内代数界的同行（其中也有后来引进华东师大的中国科大研究生肖刚）。老一辈学者的治学态度和方法也给我们留下深刻的印象。有一次一个报告人在推导过程中被问住了。他说：我心里是知道的，就是说不出来。万哲先先生就说："真正理解的东西是一定能说清楚的。"讨论班结束时，他还对我们说，回去后一定要把李型单群好好再读一遍。的确，学习数学不能什么都学过，什么都说不清楚，要力求达到实质性的理解，扎扎实实地打好基础。那时候我们还不知道代数群是什么。回校后，曹先生

组织讨论班,带领大家学习陈志杰从俄译本转译的 Steinberg 所著的《Chevalley 群讲义》(原著是英文讲义,当时国内无法得到)。Chevalley 群是代数群的雏形。随后,自然就转向了代数群。

代数群是当时国际上代数学研究的一个主流方向,难度大,要补的基础多,不容易拿出成果。为了尽快赶超世界数学先进水平,曹先生毅然选定了代数群的方向。

1978 年曹先生招收了第一批研究生,他们都很用功,能力又很强。像王建磐、时俭益都没有进过大学数学系,只是在"文革"期间自学了许多数学课程。研究生的方向是代数群,曹先生亲自开设一些基础课,为学习代数群做准备。他上课从来不用讲稿,全凭记忆娓娓道来,这对学生的理解掌握很有帮助,但也需要他对所讲内容有深刻理解、熟练掌握,需要花费大量时间和精力认真备课。1979 年开始学习代数群,为了加深对代数群的理解,请来了香港中文大学的黎景辉博士作更深入的讲解。黎景辉只讲了两个星期。他很热心,除了上午讲代数群外,还提出下午可以再增加讲座。在讲座上,他介绍了当时最新最出色的工作"Deligne-Lusztig 特征标"以及他老师 Langlands 的"Langlands 纲领"。人们认为这个纲领将会推动今后数学的发展,是 21 世纪理论数学的主流方向之一。这大大地开阔了我们的眼界。

1980 年 Humphreys 教授讲学合影

两年过去了,代数群的基础知识是学好了,但是压力有增无减。不但一篇论文也没有,就连怎么写论文也没有门。研究生要进入读文章做研究写论文的阶段了,怎么迈过这道坎呢?曹先生知道,正如他在美国的博士导师、群表示理论的权威 Brauer 那样,一个杰出的数学家往往可以在很短的时间内把你引向最新最有广阔前景的数学前沿,去钻研最新最热点的问题,而不是在一个狭小的天地里去想一些小问题。于是

1980年请来了美国代数学家Humphreys,在两个月的讲学中,他讲了用层上同调方法来讨论代数群的表示问题,介绍了世界上代数群表示理论的最新研究成果和动态,有的还是他到师大后刚收到的论文预印本,一下子把我们带到了世界代数群研究的前沿。最可贵的是他还提出了不少研究课题,其中有世界难题,也有猜想。机会总是留给作好充分准备的人们。一个难题"Weyl模的张量积是否都有Weyl模滤过?"被硕士生王建磐解决了。王建磐来自福建山区,高中毕业后就插队农村,当过中学民办教师和县剧团编剧,完全靠自学学习了大学数学系的课程并考取了研究生。他的文章发表在美国《代数杂志》上,得到国内外同行多次引用,受到国际同行的好评。这是我们打响的第一炮。我们相信,一定还会有第二炮、第三炮……研究生叶家琛根据Humphreys的讲学内容,产生了想法,研究李型有限群的Cartan不变量。他从最简单的7元域上3阶特殊线性群出发计算Cartan不变数矩阵,通过一年多对有限域上低阶特殊线性群、特殊酉群和辛群的第一Cartan不变量的计算,发现一些规律性的东西,又花了一年多时间,发现并证明了一个关于如何确定每个Weyl模的全部不可约合成因子的重要定理,这个结果向代数群表示理论中的Kazhdan-Lusztig猜想迈进了一大步,在国际群论会议上被称为近几年来代数群模表示论方面的三大成果之一。这个结果也构成了他的博士论文的基本内容。

1982年王建磐通过了博士论文答辩,成为我国国内培养的首批18位博士之一,也是曹先生的第一个博士生。1984年毕业的叶家琛是曹先生的第二个博士生。叶家琛的经历也很坎坷。大学期间遇上"文革",后被分配到三线当教师。考取研究生时已经拖儿带小,有了很重的家庭负担。生活的艰辛可想而知。当我们问他:"博士生的这几年你是如何坚持过来的?"他说:"就是不要想得太多。那时诱惑少,杂念也少。"

奇迹就是这样由平常人用平常心创造的。国内很多同行都说,你们代数群方向选得好,Humphreys请的好。我们还得加一句:这是改革开放好。如果没有改革开放,仍然走老路,哪有今天这一切。

引进人才提携后人,铸造一流科研团队

起步时,代数教研室的科研力量是相当薄弱的。仅在1963年曹先生在第一届五年制的大学生中开设了李代数课程,并在1964年指导当时的大学生邱森写了关于低维复与实可解李代数分类的文章,发表在华东师大学报上。改革开放后,曹先生决定通过请进来、派出去,大力发展研究工作,并通过培养研究生等来铸造世界一流的科研团队。

1978 年在曹先生建议下,当时的系领导克服了种种障碍引进了沈光宇。他是北京大学段学复院士的开门弟子、国内首批研究生,从事模李代数的研究。分配宁夏工作后因肺结核复发,病愈回沪,失业在家。虽身处逆境,对学问研究兴趣不减。在文献资料极其匮乏的条件下,发现了新的单模李代数,撰写了多篇论文,均为当时国际领先的研究成果。可是身处"文革"动乱时期,无法发表。他一进华东师大就为首届研究生开设"李代数及其表示论"课程,同时坚持科研。对他来说,在改革开放的环境下,获得更大的成就只是时间问题。

为了让中青年教师到国外进修,曹先生说:"你们的课我顶下来,你们快出快归。"1979 年陈志杰,1981 年邱森、刘昌堃,先后赴法国和美国进修,并按时学成归国。

王建磐于 1981 年获硕士学位并留校工作,1982 年考取本校在职研究生并于当年获得博士学位。

1984 年肖刚来到了华东师大。肖刚也是在苏北农村插队的,全靠自学完成了大学数学系的课程,并自荐且经面试后破格录取为中国科大的研究生。后来他的导师曾肯成教授安排他到法国留学学习代数几何。陈志杰在李型单群讨论会上认识了肖刚,两人在法国见面过几次。因此陈志杰回国后曹先生就建议他争取肖刚到华东师大来工作。陈志杰曾写信去法国动员肖刚毕业后到华东师大来,并向他介绍了华东师大的学术环境。肖刚在探亲回国时也与陈志杰见过面,谈起过到师大工作的可能性。1984 年 2 月肖刚获得法国国家博士学位(法国旧学制,相当于我国的博士后),不久就归国,到了北京后他表示愿意到华东师大,部里当即分配他到华东师大报到。他的博士学位论文对亏格 2 的纤维化作了系统的研究,获得了一系列分类结果,特别是证明了一个重要猜想以及对不规则的亏格 2 纤维化进行了完整的分类,被推荐到著名的黄皮书论文集《数学讲座丛书》发表。该书是这套丛书里第一本中国人写的专著。

1985 年时俭益在英国取得博士学位后回到华东师大。他也是高中毕业后到安徽农村插队的,后来到历史系读了培训班,分配在图书馆古籍组工作。工作之余自学了大学的数学课程,终于以优秀的成绩考取了数学系研究生,硕士毕业后被派到英国攻读博士。他的研究方向是与国际权威 Lusztig 的猜想有关的。他大胆尝试用自己的创新方法攻克了难关,解决了 A_n 型仿射 Weyl 群的胞腔分解问题。在博士论文的基础上又增加了三章写成的专著《某些仿射 Weyl 群的 Kazhdan-Lusztig 胞腔》,被推荐到著名的黄皮书论文集发表。

由于选留了优秀研究生、引进优秀人才和送到国外学习的教师陆续归来,代数组逐渐形成了一支老中青相结合的科研团队,其科研方向主要有代数群与量子群、代数几何、李代数和型论。几个方向相互渗透,紧密合作,共同培养研究生,组织讨论班,在各自的方向上都有突破。

1985 年 5 月代数教研组合影

前排左起：沈光宇 朱福祖 李汉佩 曹锡华 黄云鹏 陈志杰；后排左起：
韩士安 肖刚 时俭益 邱森 邵幼瑜 吴允升 王建磐 张维敏 赵兰

在代数群和量子群方向：

曹锡华、王建磐的专著《线性代数群表示导论》由科学出版社出版，是国内第一本系统论述代数群表示的专著。

王建磐与美国代数学家 Parshall 长达 10 年的合作，在量子群的结构、表示、上同调等问题上均有重要建树，他与 Parshall 合著的《量子线性群》由美国数学会出版，是世界上第一本用坐标代数及其余模的观点研究量子群及其表示理论的专著。

时俭益回校后，继续研究代表当今代数学研究的重点方向之一的代数群与 Hecke 代数的 Kazhdan-Lusztig 表示理论，而他所研究的 Coxeter 群的胞腔理论正是该方向的核心。他所引进的仿射 Weyl 群符号型概念已经被国际学术界正式命名为"时排列"，成为当今的研究热点。

在代数几何方向：

肖刚回国后在代数曲面的多典范映射以及曲面地理学的研究方面都有重要的成果。尤其是用"初等"的方法构造出一批单连通的正指数代数曲面，否定了有些人认为这样的曲面可能不存在的所谓"分水岭猜测"。陈志杰正是在他的工作的基础上构造了一大批例子，基本上解决了一般型曲面的存在性问题。因此肖刚被誉为"最活跃的曲面地理学家"。他把这些成果总结在专著《代数曲面的纤维化》（上海科技出版社出版）。后来他又从事曲面自同构群的研究，证明了曲面自同构群的阶有一个与陈数成线性关系的上界,这个结果发表在公认的顶级国际数学专业期刊 *Ann. Math.* 上。

在李代数方向:

沈光宇关于 Cartan 型阶化李代数的阶化模的工作被国际权威专家称为开创性工作,其中著名的沈氏混合积最近被国际同行称为沈- Larson 函子。

邱森引用了沈光宇的结果,借鉴代数群表示中 Jantzen 的方法(不同于国外所用的方法),独立地完成了 Cartan 型限制李代数的主不可分解表示的工作,并计算了 Cartan 阶化李代数的上同调群。

型论方面:

朱福祖培养出了好几位优秀硕士生,如秦厚荣和徐飞后来都获得了杰出青年基金,江迪华到美国深造,在 Langlands 纲领方面得到了很好的成果。他和研究生一起彻底解决了不可分二次型与不可分解二次型的关系问题。当他年逾 80 时还在《中国科学》上发表论文。

左起:叶家琛 曹锡华 王建磐 时俭益

代数教研室是一个和谐的团队,大事小事不分你我,大家都会主动去做。由于当时获得国外的先进资料很不容易,因此王建磐、陈志杰等一起把多方收集来的有关代数群表示的珍贵外文文献收集成几册论文集,印出来供全国同行分享。当时复印费用太贵,只能采用扫描油印的方式。不少文章的字体很小,如果扫描机操作不当就会变得模糊不清。这时王建磐便亲自操作以保证精度。印好后他们又用三轮车一车车从印刷厂拉到办公室,包装好后再拉到邮局寄出。从这件小事也能看出创业的艰辛。

甘为人梯事业为上，培育新人师德为先

在首届研究生刚入学时，曹锡华说："我们都是铺路石子，要给研究生助把力。"我们这一代有责任并且应该在教书育人方面多做些工作，使得一代更比一代强。

我们选教材、编讲义着力研究生的课程建设，其中不少课程都触及到目前世界上科研的前沿问题。正式出版的研究生教材有陈志杰的《代数基础》和曹锡华、时俭益的《有限群表示论》，后者还获得 1995 年国家教委第三届高校优秀教材一等奖。还有油印讲义如陈志杰的《层、概形与层上同调》《代数曲面讲义》，王建磐的《代数几何学基础——簇论》等。

我们探索研究生的培养模式，总结了首届研究生的实践经验：一是加强基础，形成两年打基础、一年写论文的模式。当时我们的研究生看到有的专业的研究生不到两年就把硕士论文写好了，有些着急。曹先生就勉励大家，要沉得住，要打好基础，不要急于求成。事实上正因为我们把基础打好了，Humphreys 才能在短短两个月里把我们带到世界代数群表示的前沿。二是搞好讨论班，讨论班是一种很好的教学方式。Humphreys 讲课后，我们组织研究生整理讲稿，轮流报告，使大家逐步达到实质性的理解。当时研究生王建磐、时俭益和叶家琛等就是从中选定研究课题，取得成果的。三是抓好论文方向。学生中蕴含着巨大的创造力，他们会产生种种独特的、人们意想不到的想法，会创造奇迹。在学生选择论文方向时，导师要大胆放手，鼓励学生发力突破创新，并为他们创造条件。

曹锡华的 1988 届博士生席南华于 2009 年被评为中科院院士，现任中国科学院数学与系统科学研究院学术院长。他是以大专学历入学的，非常年轻，又很勤奋。他挤时间跟读上一届研究生课程，完成了硕士生课程。博士阶段曹先生放手让他跟刚回国的时俭益做胞腔分解，时俭益指导他做当时该方向最新的问题。他与 Lusztig 合作解决了该问题，完成了博士论文。2007 年他获得了国家自然科学二等奖。这是又一个成功的范例，充分反映了华东师大培养代数研究生的能力与水平。

在研究生培养工作中德育相当重要。曹先生说："教师要多接触学生，才能搞好教学。"他身体力行。一次讨论班上一个研究生讲了半个小时还是不知所云，曹先生不得不中断了他的报告。曹先生后来对他做了不少工作，端正他在学习上不认真的态度。

接触学生、了解学生、熟悉学生，用心为学生创造良好的学习环境和研究条件，使得代数方向的研究生成果累累，新人辈出。除了前面提到的王建磐、时俭益、叶家琛、

1986 年在重庆举办的全国代数会议上的合影
左起：邱森　朱福祖　曹锡华　陈志杰　江迪华

席南华外，还有翁林、刘先仿获得钟家庆研究生论文奖；谈胜利、孙笑涛、秦厚荣、陈猛、徐飞、芮和兵先后获得国家杰出青年基金，谈胜利还获得了联合国国际理论物理中心的 Hirzebruch 奖（这是第二位获得此殊荣的中国学者），2014 年入选国家"万人计划"的"百千万工程领军人才"。

　　鉴于在教学科研、教书育人和团队建设等方面作出的突出成绩，代数教研室于 1985 年获得了上海市模范集体的称号。该室的教师在 20 世纪的八九十年代还获得过许多先进个人称号，例如：曹锡华、邱森获上海市优秀教育工作者称号；王建磐获全国劳动模范称号；时俭益获上海市科技精英称号；时俭益、王建磐获得求是科学基金会杰出青年学者奖；王建磐、时俭益和肖刚都获得了霍英东教育基金会高校青年教师奖；他们还分别是作出杰出贡献的中国博士、硕士以及优秀归国留学人员。

　　曹先生人好、气量大。他的形象使我们终生难忘，他的事业心和师德对我们每个人的人生都产生深刻久远的影响。同样，我们也都以曹先生为榜样去影响学生。这种事业为上、师德为先的精神代代相传，使代数教研室和我们的事业经久不衰。

深入课程教材改革，造就更多创新人才

　　数学大师陈省身教授 1985 年来数学系时题词——"二十一世纪的数学大国"。我

们大家都很清醒,从整体上看,我们和世界先进水平的差距还很大,我们必须继续奋斗,在代数领域里拿出更多开创性工作到国际上去拼搏,在教学中要更好地培养各种层次的人才,培养更多领军型的创新人才,才能实现数学大国梦。曹先生在 1960 年就重视从大学生抓起,成立二年级学生课外小组,组织矩阵论讨论班,取得了良好效果。1998 年起,陈志杰对一年级基地班的代数基础课进行了较为大胆的教学内容改革,把原来三门基础课中的"高等代数"和"解析几何"两门课整合成一门课,并编写讲义供试点用。这一试验被列入教育部国家理科基地创建名牌课程项目,教学改革也取得了初步成效。接着,他着手课程教材改革,作了大量调查研究,多次跟系内代数与几何方面的专家和有经验的基础课教师探讨改革方案。新教材写成后,他亲自上课进行试验,边试验边修改。例如为了体现计算机进课堂的趋势,他除了在教材中加入使用计算机数学软件的内容外,还亲自指导学生实践。他主编的教材已由高等教育出版社出版,被全国十多所高校采用,取得了较好的声誉。因此他获得了上海市名师和全国模范教师的称号。

长江后浪推前浪,我们代数教研室正在改革的道路上继续迈出新的步伐,努力为华东师大、为我们的事业再创新的辉煌。

* 本文作者:邱森,华东师范大学数学系教授。

"数学分析"课程建设纪事

郑英元　毛羽辉

　　"数学分析"是数学系的一门最重要的基础课程,每周 6 学时(包括讲授 4 学时、习题课 2 学时),横跨一、二年级 4 个学期(后来缩减为 3 个学期),总共 432 学时(缩减后为 324 学时)。它是函数论、微分方程、高等几何、概率统计、计算数学、运筹学与控制理论等诸多数学专业 20 余门专业课程的不可或缺的基础,故有人把"数学分析"称为数学系的一门"超级大课"。由此可见,承担此门课程教学任务的教师所负的责任必定是相当巨大的,本文作者在退休前曾有幸多次担任"数学分析"的主讲教师,并参与了教材编写工作的全过程。

　　要想建设好"数学分析"这样的一门数学课程,除了讲授、习题课组织、课后复习指导与答疑、习题布置、考试设计等诸多环节需精心安排外,还必须有一本好的教材相配套。本文后面着重介绍我们数学系在近 50 年来是怎样重视编写"数学分析"系列教材的。

　　在 20 世纪 50 年代之前,数学分析教学长期以来有两种体系。一是以欧洲大陆,特别是德国数学家为代表的观点,他们追求以严格的数学概念为基础,强调系统的逻辑性,或者说数学分析应该从"$\varepsilon-\delta$"开始学习,其代表作是:柯朗(Courant)的《微积分学》(即朱公谨先生翻译的《柯氏微积分》)。另一种是当时流行于欧美的从计算与应用入手的体系,其代表作是:奥斯古德(Osgood)的《奥氏初等微积分学》和《高等微积分》。

　　在 1952 年我国高等院校调整以来,华东师范大学数学系的"数学分析"课程的大纲和教学均确立了以"$\varepsilon-\delta$"为起点的教学体系,在我国高等师范系统内一直处于领先地位。它的成功主要归于下面几个因素。

强大的数学分析团队

　　(1) 1952 年院系调整,当时国内一批很有实力的教师来到了华东师范大学数学系。在分析学方面主要是从同济大学来的一批教师,他们构成华东师大数学系数学分析团队的最初的主要成员。他们是:

程其襄,1943 年获德国柏林大学数学博士。1946 年回国,即被同济大学聘为数学教授,数学系主任。1951 年,又兼任理学院代理院长。1952 年院系调整时来到华东师大担任数学分析教研室主任。并曾多次亲自讲授数学系一、二年级的"数学分析"课程。

吴逸民,1952 年院系调整时来到华东师大数学系,在华东师大期间长期从事"数学分析"课程教学。1962 年调往上海工学院。后来担任上海大学数学教授。

陈昌平,1948 年毕业于同济大学数学系。1952 年院系调整时来到华东师大数学系,被聘为华东师大数学系教授。在 1966 年以前多次担任"数学分析"课程教学。

除此之外,还有来自交通大学的周彭年、林克伦,圣约翰大学的魏宗舒、陈美廉等等。

(2) 1952 年至 1966 年华东师范大学数学系的数学分析团队继续壮大。这主要是从 1953 年举办的四届"数学分析研究生班"开始的,它不仅为国内高等师范系统培养了大批分析学方面的骨干人才,同时也带动本系分析学方向的青年教师学业水平的提高。特别是有一大批由本校数学系培养的学生和从北师大、复旦输送来的青年教师。他(她)们都在不断地充实华东师大数学系数学分析团队,形成老中青相结合的强大队伍。其中先后进入数学分析团队的有:林忠民、郑英元、曹伟杰、张奠宙、许明、陶增乐、茆诗松、李惠玲、毛羽辉、徐钧涛、杨庆中、华煜铣、胡启迪、宋国栋、吴良森等等。他(她)们在 1977 年后都取得教授或者副教授的职称。1992 年后他(她)们陆续退休。但是从 1982 年开始这支团队补充了许多具有硕士、博士学位的新鲜血液,现在他们的职称均为教授或者副教授。

数学系的数学分析教研室在 1958 年以后逐步解体,并先后孵化出函数论教研室、微分方程教研室、概率论教研室、计算数学教研室、控制论教研室和运筹学教研室。虽然数学分析团队分布在不同的教研室中,但依旧承担着"数学分析"课程的教学,并彼此保持着紧密的联系和优良的传统。

负责制定"数学分析"教学大纲

(1) 1954 年教育部委托我系程其襄教授起草高等师范院校数学系用的"数学分析"教学大纲。1955 年暑期,教育部在华东师范大学召开的全国高等师范院校教育大纲讨论会上通过这个大纲。1956 年此大纲由人民教育出版社正式出版发行。从而奠定了中国高等师范系统"数学分析"教学的基本体系。

(2) 1980 年 5 月教育部在上海召开高等学校理科数学、力学、天文学教材编审委员会扩大会议。会前教育部委托华东师范大学草拟高等师范院校"数学分析"大纲,交由大会审定。郑英元受命在 1956 年大纲的基础上，根据当时的要求草拟了供高等师范院校使用的"数学分析"大纲供大会讨论修改。这份大纲经与会代表讨论修改以及编委会审定后，于 1980 年 8 月由人民教育出版社出版。

编写《数学分析》教材

（1）华东师范大学数学系编《数学分析》（第一版）的问世前后

华东师范大学数学系从 1953 年开始举办以程其襄教授为主要导师的"数学分析研究生班"，程先生在研究生班的经典课程是《分析选论》。他在课程中特别强调基本理论的严格性和系统的逻辑性。正是这些概念确立了华东师范大学"数学分析"教材的基本理念。

虽然我们曾多年采用苏联教材，但同时力图编写符合中国国情的教材。如在 1960 年前后，编写"一条龙"教材，1965—1966 年间由程其襄、林克伦、华煜铣等参加编写的《数学分析简明教程》等等。由于种种原因都未能成功出版。

1977 年，教育部在上海宝山召开高等学校理科教材大纲讨论会，我校在分析方向参加这次会议的有：程其襄、李锐夫、张奠宙等。在这次会议上确定四个学校编写《数学分析》教材，我校负责编写高等师范院校统一使用的《数学分析》教材，其他三个都是综合性大学（复旦、武大、吉大）。

1978 年 5 月我系正式启动编写工作。第一项任务是系领导委派郑英元和徐钧涛去武汉，参加武汉大学编写的《数学分析》教材审稿会。我校和四川大学是主审单位。同时组织我系的"数学分析教材编写组"，由程其襄教授担任主编，参加初稿各章编写的有：陈昌平、陈美廉、郑英元、徐钧涛、曹伟杰、杨庆中、黄丽萍、宋国栋等。初稿写出后，经程其襄、周彭年、郑英元修改定稿，由郑英元执笔整理。黄丽萍参加了本书下册部分初稿整理工作。本书审稿会于 1978 年 10 月在上海建国饭店举行，由北京师范大学和武汉大学担任主审。

华东师范大学数学系编《数学分析》上册第一版（初稿）又根据 1980 年 8 月公布的大纲作了修订，并于 1980 年 9 月由人民教育出版社正式出版发行。《数学分析》下册第一版则于 1981 年 6 月同样由人民教育出版社出版发行。

由于我们编写的《数学分析》在取材、体系、可读性诸方面比较切合我国教学实际，从而使用范围几乎遍及全国各高等师范院校（含各地的师范专科学校和教育学院），某些高等院校的力学专业或计算机专业也采用本书作为教材。从 1980 年到 1990 年出版社几乎每年都重印 2 万册左右。1987 年国家教委第一次对全国高等院校出版的教材进行评选时,本书荣获最高等级的"全国优秀奖"(全国高等学校数学专业教材中获此殊荣的仅10本。我校除了本书之外,获得此项殊荣的还有冯契先生的哲学教材)。

系主任曹锡华与《数学分析》第一版编写组成员合影(周彭年因事缺席)
前排左起:陈昌平 陈美廉 曹伟杰 曹锡华 黄丽萍 程其襄
后排左起:郑英元 宋国栋 杨庆中 徐钧涛

配合《数学分析》教材的使用,郑英元于1982年为我校"分析进修班"教师开设"数学分析教材选讲"(一学年)。1988年毛羽辉、宋国栋为我校助教进修班教师开设"数学分析教学研究"讲座。我们也走出去赴各地讲学,如1983年郑英元受广东省教育厅邀请在肇庆为广东省师专和教育学院教师讲课;胡启迪和毛羽辉应邀在承德为河北"师专教师暑期讲习班"讲课;郑英元和杨庆中应"全国师专数学教学研究会"邀请在江苏盐城为与会师专数学分析教师讲课。这些讲课主要介绍我们编写的数学分析教材的使用要点,讲解难点。听课者普遍反映良好。此外,我们还多次被邀参加数学分析教材与教学的研讨会,以介绍我们的观点和教材,并作专题报告。

(2)华东师范大学数学系编《数学分析》(第二版)

经过几年的使用后,为满足数学专业课程改革的需要,我们认为对第一版《数学分析》中的某些内容作出适当增删和调整是必要的。对此,得到高等教育出版社的支持。

根据编写第一版教材的情况,在数学系领导支持下,组织了更为精干的编写组开始编写第二版《数学分析》,编写组由程其襄(主编)、郑英元(负责全书统一整理工作)、毛羽辉、宋国栋等四人组成。在第二版中我们增加了一些前瞻性的内容,删去了一些相对次要的内容,以保持教材总体分量上的平衡。其中部分内容,程其襄先生还亲自撰写。此外,还增加了一些用小字编排的内容(包括附录中由张奠宙编写的"微积分简

史")供有余力的师生选择使用。华东师范大学数学系编《数学分析》(第二版)上册于
1987 年 12 月完成初稿，提交审稿，1990 年 2 月完成修改稿，1990 年 3 月正式出版发
行。下册于 1988 年 6 月完成初稿，1990 年 6 月完成修改稿，1991 年 10 月正式出版
发行。

《数学分析》第二版编写组在讨论

左起：宋国栋 程其襄 郑英元 毛羽辉

(3) 编写高等师范专科学校《数学分析》教材

我们在编写第二版《数学分析》的同时，应高等教育出版社的要求，根据国家教育
委员会师范司 1988 年审定的二年制高等师范专科学校《数学分析》教学大纲，郑英元、
毛羽辉、宋国栋又合作编写了适应于高等师范专科学校使用的《数学分析》(上、下册)
教材。该书是在华东师大数学系编《数学分析》(第二版)的基础上修改而成的。程其
襄教授始终关心本书的编写工作。该书由高等教育出版社于 1990 年 8 月出版发行。

(4) 华东师范大学数学系编《数学分析》(第三版)

在《数学分析》(第二版)出版发行 10 年后，应高等教育出版社提议，我们重新组织
编写第三版《数学分析》，该书将列入高等教育出版社"面向 21 世纪课程教材/普通高
等教育'九五'国家教委重点教材"的出版计划。

第三版的编写组由吴良森(主编)、毛羽辉、宋国栋、魏国强、庞学诚、胡善文等 6 人
组成。在继承第二版总体结构和编写风格的基础上，在现行数学分析教学大纲的范围
内对一些内容进行适当调整和增删；同时考虑到近代数学分析教材的发展潮流，适度
地反映这方面的进展情况，以适应对 21 世纪新教材的要求。

程其襄、陈昌平、张奠宙阅读了第二十三章主要内容的初稿(流形上微积分学初
阶)，并提出了宝贵的意见。郑英元教授对第三版的修订更是提出了许多积极的建议。

华东师范大学数学系编《数学分析》(第三版)上、下册于 2001 年 6 月正式出版

发行。

（5）时光又过去了 10 年，华东师范大学数学系编《数学分析（第四版）》（上、下册）于 2010 年 7 月由高等教育出版社出版发行，此版的编写组成员是：庞学诚（主编）、柴俊、胡善文、吴畏、毛羽辉。

相对于第三版，本版修改内容主要有：针对以往极限理论的内容过于集中、滞后的问题，这次通过提前给出"致密性定理"，使得闭区间上连续函数的全部性质能在第四章证明完毕；针对目前很多大学不再单独开设数学分析习题课的现状，本次改版适当增加了稍有难度的例题，以期对学生解题能力的培养有所帮助；根据对第三版的使用反响，本版对选读和必读的内容作了适当调整。

综上所述，从 1980 年《数学分析》（第一版）出版开始，每隔 10 年都根据当时的教学需要进行修订再版。至今已连续出了四版。它引领了我国高师系统"数学分析"教学近 40 年。

编写《数学分析》辅助教材

我们在编写《数学分析》第一版至第四版的同时，还编写了以下一系列的辅助教材。

（1）为配合数学分析课程教学，由郑英元、毛羽辉、宋国栋合作编写《数学分析习题课教程》（上、下册）。它由高等教育出版社于 1991 年 8 月出版发行。国内习题课方面的书籍不多见，我们的初衷是给担任此项教学任务的青年教师提供素材，以保证习题课的教学质量。时至今日，尚有一些学校的"数学分析精品课程"规划中，仍把本书作为参考书目列入其中。

（2）为配合数学分析（第三版）的课程教学，由吴良森、毛羽辉、韩士安、吴畏合作编写了《数学分析学习指导书》（上、下册）。它由高等教育出版社于 2004 年 8 月出版发行。本书每节内容包括：内容提要、释疑解惑、范例解析、习题选解四部分；对每章末的总练习题给出提示或解答；在各章后增设测试题（A、B 双卷），书末附有测试题的提示或解答。本书因与数学分析（第三版）教材紧密配合，深受学生和授课教师的欢迎。

（3）由吴良森、毛羽辉、宋国栋、魏木生合作编写了《数学分析习题精解》。它由科学出版社于 2002 年 2 月和 2003 年 9 月分别出版发行了"单变量部分"和"多变量部分"两个分册。本书主要是通过典型例题来陈述数学分析中的典型解题方法和技巧。选题以中等难度为主；例题和习题中还选入了一部分理工科大学、师范院校的研究生入学试题。特别希望本书对准备报考数学专业硕士研究生的读者有所助益。

（4）为配合数学分析（第四版）的课程教学，由毛羽辉、韩士安、吴畏合作编写了《数学分析（第四版）学习指导书》，其上册与下册由高等教育出版社于 2011 年 6 月与 2012 年 1 月分别出版发行。此书的章节结构与 2004 年版的《数学分析学习指导书》相同。其特点是，本书中的例题和习题的解题过程更趋完整，以利于学生的正确认知；教材中习题给出解答的数量比 2004 年版要更多一些（与其被别人盗版出"习题全解"，不如我们自己主动出手，也能保证题解的正确性）。

（5）这段时期内另外一项任务是"数学分析"网络课程的建设。

毛羽辉在 20 世纪末，为数学系写过一本函授"专升本"教材《数学分析选论》，于 2003 年 9 月交由科学出版社正式出版发行。

同一时期，华东师大网络学院成立，其中数学专业需要建设的第一门"专升本"网络课程，就是数学分析。毛羽辉（当时已退休）接受了数学系的委托，进行此课程的建设。《数学分析选论》一书作为现成的文字教材，我们择要地制作成链接式的阅读网页，作为学生的自学平台；同时还伴有多处有声指导和完整的视频讲授。此项任务于 2002 年末完成，并通过专家评审合格，发给合格证书。

（6）这里还要指出由张奠宙、宋国栋等翻译，李锐夫、程其襄等校的 G·波利亚和 G·舍贵的名著《数学分析中的问题和定理》（第一卷 1981 年，第二卷 1985 年均由上海科学技术出版社出版）是提高数学分析理论修养的重要著作。

获奖展台（学校一级的奖励不计入内）

（1）前面已经提到的第一版《数学分析》荣获全国高等学校数学专业教材"全国优秀奖"。

（2）1989 年，在上海市普通高等学校优秀教学成果评审中，郑英元、毛羽辉、宋国栋的"数学分析教学与研究"被评为上海市 1989 年优秀教学成果特等奖。虽然由于历史原因，1989 年未能相继举办全国高等学校优秀教学成果的评奖活动；但毛羽辉和宋国栋仍然获得上海市优秀教学成果特等奖。

（3）鉴于我们在编写数学分析基础教材和配套读物上的有效业绩，上海市教育委员会于 2004 年 9 月授予吴良森、毛羽辉"2003 年度上海市优秀教材评审一等奖"。

（4）2005 年 11 月，我们的参评项目"《数学分析》系列教材编著和网络课程建设"，荣获上海市教学成果奖（二等奖）。

结束语

　　60 多年来,跨越两个世纪,我们有幸参与了"数学分析"课程的各项建设,包括各个教学环节、《数学分析》第一版至第四版的编写全过程,值得留作纪念。我系老中青三代学人相继投身于这项浩繁的编写工程。有幸不辱使命,我系编写的《数学分析》教材每年发行数万册,在全国众多高校中有着良好的声誉和较高的采用率。在收获成果的同时,我们理应衷心感谢数学系历届领导的关心、本系同事和外校同行的支持,还有出版社有关部门的悉心策划和有效组织。

＊本文作者：郑英元、毛羽辉,华东师范大学数学系教授。

对偏微分方程和数学
教育的卓越建树

汪礼礽等

　　陈昌平教授在华东师范大学数学系工作 50 多年,构建了一支数学系研究偏微分方程的团队,培养了不少优秀人才,并解决了某些极有价值的课题,出版了一些专著或编著;走出去,请进来,开创数学教育新天地,并成功主编了一整套上海中小学数学教材。陈昌平先生对数学系的偏微分方程和数学教育的学科建设与发展作出了重大贡献。

陈昌平

偏微分方程研究的起步

　　1954 年暑假,陈昌平先生参加了由中国科学院数学研究所吴新谋教授主持的数学物理方程讲习班。陈昌平回校后即开始从事偏微分方程的研究。

　　1959 年为贯彻落实"整顿、巩固、充实、提高"的八字方针,高校系统提倡教学内容要现代化,联系实际,为社会主义建设服务。华东师范大学数学系成立了微分方程教研室,由陈昌平先生担任教研室主任。

　　陈昌平与钱端壮教授、周彭年先生一起组织了一般偏微分算子、非线性椭圆型方程和非线性抛物型方程的讨论班,全面开展偏微分方程的学科建设与学术研究。陈昌平还带领教研室教师认真研读科朗(Courant)的《数学物理方法》与索伯列夫(Sobolev)的《泛函分析在数学物理中的应用》,并组织教师赴复旦大学旁听专业课。

　　从此,我校数学系的偏微分方程的学科建设得以顺利进行,很快为大学生开设了专业课程,特别是《数学物理方程》(数学系)和《数学物理方法》(物理系)这两门新课。

　　偏微分方程的研究工作也很快走到了国内研究的前沿。在此期间,一批年轻教师得到了成长,进入了偏微分方程理论研究的领域,在椭圆型方程与抛物型方程等各方面都做出了优异的成绩,同时深入实际,参与课题,取得了良好的成效。

　　陈昌平本人追踪研读瑞典青年数学家赫尔曼德尔(L. Hörmander)关于一般偏微分算子的论著与相关文献,废寝忘食,夜以继日。1962 年 9 月陈昌平的论文《关于亚椭圆型方程的一些准则》在《数学学报》上发表,此文拓广了赫尔曼德尔有关亚椭圆型方程的范围,显示了中国青年数学家迎头赶上国际数学主流的雄心和潜力。这篇论文包含三项成果:

　　(1) 在戈鲁姆和格鲁辛于 1961 年把赫尔曼德尔关于亚椭圆型方程的代数型判别准则推广到分析型,提出光滑化判别准则以后,陈昌平进一步推广到比光滑化更弱的 Hörder 连续性判别法则,这相当于再次拓广了"亚椭圆型方程"的集合;

　　(2) 苏联数学家希洛夫曾提出一个代数型的 GB 型判别准则,对此陈昌平则进一步提出便于应用的分析型极限形式的判别准则;

　　(3) 利用(2)中的结果,陈昌平对赫尔曼德尔关于椭圆型方程的一个判别准则给出了一种新的比较简单的证明。

　　1978 年在四川省峨眉山市召开的第一次全国偏微分算子学术会议上,陈昌平被推选为一般偏微分算子研究方向的全国带头人之一,与陈庆益等共同主编《一般偏微分算子论文选集》(英文版,内部发行)。

　　"文革"后重建的微分方程教研室在陈昌平的带领下重新组织各种讨论班,并选派教师到中国科学院、北京大学进修,我校数学系的偏微分方程研究又呈现一派新面貌。陈昌平带领下的微分方程教研室,曾被评为上海市教育系统先进集体。

　　陈昌平不仅自己潜心钻研,作出科研上的突出成绩,同时带领蒋鲁敏、徐元钟等人在具有退缩型方程解的延拓性与常系数偏亚椭圆型方程等方面做了相应的工作,并在第一次微分方程、微分几何国际讨论会上报告。进入 20 世纪 80 年代中期以后,数学系的偏微分方程学术研究更是成绩斐然。在非线性发展型方程的研究方面,有陈昌平和 Von Wahl 合作的低维 Sobolev 空间双曲型方程的研究,有陈昌平与蒋鲁敏在拟线性与非线性抛物型方程整体解的研究,有汪礽礽关于非线性 Schrödinger 方程的研究;

在椭圆型与抛物型方程及自由边界问题的研究方面,有王学锋的关于拟线性椭圆型与抛物型方程的具间断定解条件的问题等研究以及关于无限维动力系统的研究。所有这些工作都十分出色。

华东师范大学数学系微分方程教研室合影(1984 年)
前排左起:蒋鲁敏 许明 陈美廉 陈昌平 王辅俊 徐钧涛 汪礼祕
后排左起:汪志鸣 林武忠 王学锋 张九超 谢寿鑫 糜其明 徐元钟 王继延

1979 年之后,陈昌平陆续招收了多届研究生,在陈昌平的精心指导与王学锋、蒋鲁敏等教师的悉心辅导下,众多研究生在偏微分方程的研究上都取得了较好的成果。其中有王继延与张鹭平关于带有算子系数的 Fuchs 型方程的 H_λ 解的研究,有汪元培关于$(1+t)^a$因子对双曲型方程整体解的存在性影响的研究,有胡钡关于障碍问题及抛物型 Bellman 方程周期解稳定性的研究等,这些工作与成果都获得同行好评。

陈昌平先生不仅在偏微分方程的学术研究上有很高的造诣,而且教学水平极高,“文革”前他上微积分课的精彩场景使所有听过他课的学生们毕生难忘。他上课时只带粉笔,边讲边写,一堂课结束,黑板上留下一排排整齐的板书,既不多余也不需要补充。讲课时由提出问题开始,分析问题、解决问题,层层深入,环环紧扣。阐述理论前,总是从浅显的例子、直观的图形入手,像剥笋一样,层次分明,步步深入,把要点剖析得清楚明白。学生都说听他的课是一种享受。他不仅自己上课出色,还带教了一批学生。后来被评为教育系统全国优秀教师的许明、担任过数学系主任和上海市教育考试院院长的胡启迪以及一直是数学系教学骨干的杨庆中等,都曾是他的学生。

陈昌平密切关注微分方程发展的新动向,年近 60 时,清晰地看到发展的大趋势,立即从原来的偏微分算子研究领域转到非线性发展方程的方向上来。1980 年 10 月至 1981 年,在西德拜罗伊特大学当访问学者期间,他与此领域的专家冯·瓦尔教授合作完成了一篇论文《低阶索伯列夫空间中拟线性波动方程的初边值问题》,该论文1982 年在西德的国际著名数学杂志《纯粹与应用数学杂志》337 期上用德文发表。这篇论文包括三项成果:

(1)利用低阶索伯列夫空间的先验估计方法,证明了 4 维欧氏空间(3 维空间加 1维时间)上拟线性波动方程的初边值问题的局部(指在局部时间内)可解性;

(2)在对解函数作出 $s+1$ 阶索伯列夫空间内的先验估计以后,只要加上相当弱的相容性条件,(1)中构造的局部解就可延拓到整个 t 轴($t>1$),即可得到全局解;

(3)特别对于非线性弹性动力学方程组的混合问题,将初值延拓即可构造出全局解。

众所周知,索伯列夫空间内的先验估计方法是非线性发展方程的主要工具,局部解拓展成全局解是该方程理论具有强大威力的方法。陈昌平的这篇论文熟练地运用各种数学工具与方法,反映出他深厚的非线性泛函分析基础和迅速赶上国际先进水平的实力。

作为学术带头人,陈昌平继续指导和组织教师研读非线性发展方程新论著。20世纪 80 年代,他指导的研究生和教师在《数学学报》、《偏微分方程》等杂志上发表论文11 篇,在《华东师范大学学报》及其他刊物上发表论文也有十多篇。他培养的学生中涌现了王学锋、徐元钟、汪礼礽、蒋鲁敏、王继延等多名教授与副教授,还有在国内外较著名的学者胡钡、余王辉、李用声等人。自 1985 年以后,陈昌平主持的偏微分方程的研究方向多次得到国家自然科学基金资助。

1992 年 4 月在陈昌平关注和王学锋等教师的多方努力下,我校数学系举办了"中日偏微分方程、泛函分析及相关问题研讨会"。该研讨会由陈昌平主持。来自国内各高校的众多著名学者与会,80 多位中日专家研讨交流非线性发展方程与自由边值问题方面的研究成果。会议出版了论文集,共收入 50 多篇论文。这次会议进一步扩大了华东师范大学数学系偏微分方程在国内外学术界的影响。

陈昌平还在 1982—1989 年期间担任全国微分方程教材编审组副组长,并一直担任《偏微分方程》杂志编委。

陈昌平十分重视教材建设,作为全国微分方程教材编审组副组长,他还承担了编写师范类院校适用的《数学物理方程》教材的重要任务。他组织成立了以他为主编的

中日偏微分方程、泛函分析及相关问题研讨会与会人员合影(1992年)

《数学物理方程》7人编写组,切实进行编写工作。在分工会上,他不仅承担终审统稿责任,而且主动提出编写两个附录(柯西-克瓦列夫斯卡娅定理和历史简介)。经过长达4年的时间,七易其稿,不断补充修改,该书在1989年初由高等教育出版社出版,被许多高校采用作为《数理方程》课程的教材。

国家教委理科数学力学教材编审委员会微分方程编审小组会议合影于武汉大学(1989年)

转战数学教育

改革开放给中国的教育事业,特别是中小学基础教育事业带来了勃勃生机。1978年教育部从"文革"后第一批经高考录取的优秀生中选拔了 200 名学生派赴法国留学。1979 年法国教育部为了妥善安排这些学生进入各专业学习,请我国教育部委派高等学校业务教师 4 名(数学、物理、化学、生物各 1 名)到法国去协助他们工作,陈昌平就是其中之一(另外 3 名由北京大学等 3 所学校派出)。为了做好这一工作,4 位教师深入到法国一些大、中学校调查研究,对法国的教育情况有了比较全面和深入的了解,为中国学生顺利完成留学任务创造了良好的条件。

20 世纪 80 年代,陈昌平与其他高校的几位教师受教育部委派,前往加纳等 8 个非洲国家,商谈这些国家派遣留学生来华留学事宜。陈昌平往返途中经过法国巴黎时,又与几所师范院校进一步加强了联系。1980—1981 年他去西德拜罗伊特大学访问、进行合作研究,又对德国现代数学教育理论和中小学数学教育的情况作了详细了解。

1987 年国家教委成立"全国中小学教材审定委员会",聘请陈昌平担任审定委员。从此陈先生与国内的数学教育专家也建立了广泛的联系,开始了对数学教育的国际比较研究和中小学数学课程研究。

作为审定委员的陈昌平,认为如果我们还继续陶醉于奥林匹克金牌的耀眼光辉,还继续迷恋于追求中考、高考的高分而固步自封、停滞不前,那么我们难免会受到历史的惩罚。这种危机感使他萌生了一种愿望,即把他所知道的有关发达国家数学教育的现状、特点与新见解介绍给中国的数学教育界,以期获得他山之石、可以攻玉的效果。

1986 年,数学系成立数学教育研究室,作为兼职研究员的陈昌平与张奠宙、唐瑞芬一起,联合数学教育教研室的原成员,立即开始一系列的具有战略意义的基本建设,缓解了当时研究生教育青黄不接的局面,也结束了教材教法组只有教学没有科研的情形,团结协作,开拓教学、科研、社会服务、对外交流等多方面的工作,共同打造一支学术舰队。

为应对当时研究生专业基础课教材的贫乏困境,数学教育研究室组织了两个讨论班,直接研读原版的国外教材,轮流报告和讨论。其中一个讨论班就由陈昌平主持,阅读荷兰数学教育家弗赖登塔尔(Hans Freudenthal)1973 年著的 *Mathematics As An Educational Task*,这本书相当难读,但是很有启发性。其中谈到数学有两种:思辨性的数学和程序性的数学。程序性的数学往往是接受、记忆和熟练,而思辨性的数学需要探究、发现和理解,这样的分析使人茅塞顿开,对数学教学很有指导价值。该书后来

经陈昌平、唐瑞芬等编译,以《作为教学任务的数学》为书名,1995 年由上海教育出版
社出版。

　　数学教育研究室成立以后最重要的事情是邀请著名荷兰籍数学家和数学教育家
弗赖登塔尔访华,这件事情即是陈昌平先生全力促成的。当时经费有限,陈昌平说要
请就请最好的,这一想法富有远见,完全正确。早在 20 世纪三四十年代,弗赖登塔尔
就以拓扑学和李代数方面的卓越成就而为世人所知。从 50 年代起,他把主要精力放
在数学教育方面,发表了大量专著,也开展了广泛的社会活动,他在 1967 年到 1970 年
间任国际数学教育委员会 ICMI(International Commission on Mathematical Instruc-
tion)的主席,组织召开了第一届国际数学教育大会(ICMI - 1),创办了《数学教育研
究》(*Educational Studies in Mathematics*)杂志,在国际范围内为数学教育事业作出了
巨大的贡献。由于这些业绩,人们说"对于数学教育,在上半世纪是克莱因(F. Klein,
几何学家)做出了不朽的功绩,在下半世纪是弗赖登塔尔做出了卓越的成就"。就是这
样一位伟大的数学教育家在 1987 年以 82 岁的高龄来到华东师大讲学,传述他对数学
和数学教育的主要观点,听众除了华东师大的教师和研究生,还有来自各兄弟师范院
校数学系的教师,以及上海的部分中学老师。弗赖登塔尔在我国数学教育界引起轰
动。结束上海的访问后,弗赖登塔尔又去北京做了几次演讲。他在上海和北京的演讲
后来以 *Revisit to Mathematics Education — China Lectures* 为书名,于 1994 年由 Klu-
wer Academic Publisher 公司出版,1999 年由人民教育出版社刘意竹先生翻译成中文,
书名是《数学教育再探——在中国的讲学》,由上海教育出版社出版。

　　荷兰数学家弗赖登塔尔来华讲学获得了极大成功,开创了数学教育的新天地,更
好地促进了数学系数学教育的发展,陈昌平功不可没。

　　多年来,陈昌平由于指导数学教育与数学哲学专业研究生的需要,对我国中小学
教育的现状和历史作过深入的了解,并通过各种途径对一些发达国家的数学教育的现
状和历史进行过比较详细的调查研究,由此产生了他关于数学教育的鲜明的观点。他
深深感到,我国的数学教育工作虽然有着自己的特点和长处,我国学生在数学基本知
识和基本技能方面得到了较好的学习和训练。可以说,在这方面走在世界的前列,这
种长处是值得我们努力保持的。但是,另一方面,我们的工作由于受到了片面追求升
学率这个紧箍咒的严重束缚,或许还添上别的一些什么原因(例如近年来搞得泛滥成
灾的数学竞赛),越来越陷入窄而深的方向,以解难题、偏题、怪题为荣,还竟然以"培养
突出人才"来标榜。这种状况,拿来同一些发达国家比较,就显出了我们的工作保守有
余而开拓无力的窘态。他指出了发达国家教育改革方面值得注意的动向:美国在数
学教育研究中所表现出来的强烈的时代感、对信息社会与工业社会的数学教育特点的
异同研究及对新世纪数学教育应有风貌的探索中所显示的热情;法国对数学教育现代

化与民主化的执着追求和对教学实施中许多新见解的提出(如对图象—包括荧屏演示—的重要性及其做法的论述);德国对皮亚杰理论的推崇与贯彻以及对数学教育和数学史所抱有的人文主义态度;日本的使用"数学素养"和"数学思维"的交互并去确定数学必修课与选修课范围和内容的理论。他认为,这些方向都可供我们学习与思考。

1990 年,上海市教育局因数学教师培训而需要教材。于是陈昌平和黄建弘、邹一心一起,邀请了其他 8 位老师,参考了由上海市教育局师教处支持论证并通过的师资培训教学大纲,从 1990 年开始到 1994 年,经过 4 年时间,撰写了《数学教育比较与研究》一书,这本书不仅是上海地区数学教师培训教材,后来也成为全国中小学教师继续教育的数学专业教材。这本书的写法是汲取教育资料之精华,分成"学制与课程设置"、"教学大纲"、"教材特点"、"教学特点——回顾与展望"四大部分,对法、德、日、俄、英、美六国的数学教育用一国一章的方式进行介绍,让读者自己与中国的状况加以比较。如果读者结合自己的教学实践通过思考能获得点滴启发,就认为这种介绍工作达到它的目的了。这种把判断留给读者的想法,也正是陈昌平一贯的教学风格。他主编的这一本书在上海师资培训实验基地、原上海教育学院数学系以及上海各区、县多次举办的教师继续教育培训班上用作教材,效果良好,广受赞誉。1999 年国家教育部师范司专家推荐这本书为全国继续教育的教材,2000 年 5 月原书的修订本由华东师范大学出版社出版。

1988 年起,陈昌平还担任了上海市中小学课程教材改革委员会的数学教材的主编,主持编写了发达地区版的从小学一年级直到高中三年级的数学课程的全套教材、教学参考书与习题册,共 36 本。上海课程改革的指导思想和目标是减轻学生负担,鼓励学生发展多方面的兴趣,参与多方面的活动,努力朝着具备优良品德、健全体魄和丰富知识的方向发展。陈昌平认为必须改变现行的以"升学—应试"为中心的中小学课程教材体系,使数学教育从应试教育的轨道转到提高国民素质的轨道。为了达到这个目标,明显要减少数学教学课时,精简(同时也补充)部分教学内容,并对教学内容重新安排处理。这套教材的编写相应采取了一种新思路,就是陈昌平提出的"套筒式"结构理论。全套教材的内容分为核心部分(必学)、拓广部分(选学)、发展部分(自学)3 个部分。对小学的整数、小数、分数教学作了重新处理,把小学和初中的初等几何教学设计为直观认识、操作说理、推理论证三个有机整合的阶段;对高中的内容作了较大的增删,减少了传统的代数、三角、解析几何的繁琐内容,增加了微积分、统计和概率的内容,将向量内容单独设章。此外,小学四年级起引入计算器,与笔、纸计算同步进行学习,计算机在初中、高中作为必修课开设。

陈昌平先生对于教材书稿,仔细阅看,附上贴纸,写上他的具体修改意见。他还亲自执笔编写部分章节教材,在内容处理上十分要求认真严谨,在组织安排上十分重视时空保证,确实做到了呕心沥血,精雕细刻,深为广大教师钦佩,广为传颂。

这套教材的编写成功,使陈昌平先生领导的上海中小学课程教材改革委员会数学教材编写组 1994 年荣获数学教育最高奖——第二届苏步青数学教育奖。

数学教材编写组合影
前排左起：何福昇　李汉佩　陈昌平　周齐　胡平
后排左起：忻再义　吴炳煌　邹一心　许鸣岐　忻重义

教材编完后,陈昌平还是情有独钟于几何课程改革,他念念不忘用坐标向量几何代替综合立体几何。为了证明坐标向量几何的优越性,已逾古稀之年的他将 1991—1994 年高考全国卷与上海卷所有的 8 道立体几何试题都用坐标向量法解了一遍。1995 年 8 月,他在给上海市教委高中调研员的信中强调两点：

（1）坐标向量法的突出优点是节省思维,方法现成而规范,不需要挖空心思去找关系,一般建立坐标系后就可计算,由计算结果即得几何结论;

（2）综合立体几何的方法已是强弩之末,再也没有发展前途了;相反,坐标向量法是初生牛犊,是新方法的起点,以后在大学数学中或数学应用中都用这一套方法。他认为不要再拿综合法去为难学生了,让他们学点有生命力的生动活泼的东西。

中肯的语言、殷切的期望表露了陈昌平为了千百万青少年学生生动活泼地成长而呕心沥血的一腔衷肠。陈昌平先生的愿望,正在许多继承他事业的教师和青年学生手里发扬光大。

陈昌平还主持组织数学系部分教师,阅读多本国外数学教育专著,并编译出版。其中有 1995 年由上海教育出版社出版的《作为教学任务的数学》,该书编译自数学教育家弗赖登塔尔 1973 年著的 *Mathematics As An Educational Task*;1999 年由上海教育出版社出版的《数学教与学研究手册》，该书选译自数学教育家 Douglas A. Grou-ws 等主编的 *Handbook of Research on Mathematics Teaching and Learning*。

陈昌平一生在教学和科研上都有突出的成就，对中国的数学研究和数学教育事业都作出了卓越的贡献。这与他本人一生勤奋、作风严谨、对教学精益求精、对著书一丝不苟的作风有关。

1994 年 5 月陈昌平与邹一心应邀参加了"21 世纪国际基础数学教育会议"，并作"中国的数学教育和上海的课程改革"专题发言，该会由苏州大学主办，与会的有来自中、美、英、澳大利亚等国的专家学者。当时陈昌平先生病魔开始缠身，仍坚持书写发言稿，后因健康因素，由邹一心一人参会发言。

1997 年起癌症不断折磨着陈昌平，在其志同道合的夫人李汉佩先生的悉心护理下，自信、坚强的性格使他经过化疗、服药和休养调理后一次又一次地战胜了病魔。即使在重病期间，他对中国数学教育状况的关注从未减少，对广大青少年学生的困境深表同情，并坚信经过长期奋斗一定会出现光明的未来。人民教育出版社的老前辈、著名编审张孝达先生是他在全国数学教育研讨中结识的挚友。2002 年 7 月 24 日张孝达在给陈昌平的信中写了这样一段话："自与您相见相识以来，您的学识文章，为人待人，不仅令我崇敬，更是引为知己，相见恨晚。……从信中还知道您在与病魔拼搏的同时，一直关怀着我国的数学教育。……我们已为此奋斗了廿多年，虽收效甚微，但无论如何，现在教育部已制定了《基础教育课程改革纲要（试行）》并颁布施行。我深信，滚滚长江东流去，历史总会向前发展的。"

人生得一知己足矣。陈昌平先生虽已仙逝，他的知己、同事和学生会一代一代奋斗下去，中国数学教育事业前途必定灿烂光明。

*本文作者：汪礼礽、蒋鲁敏、邹一心、王学锋、王继延，华东师范大学数学系教授或副教授。

控制理论教研室的创建实践

胡启迪   袁震东

"控制理论"是应用数学的一个分支,"运筹学与控制论"已被列为数学类下的一个博士点学科。在"系统科学"类下,它又以"系统分析与集成"名称列为博士点学科。追溯到 40 多年前,说要在师范大学的数学系,建设"控制理论"学科,真有点不可思议。那么当年一批 30 岁上下的华东师大数学系青年教师,是怎么走上创建新学科之路,又如何在新时期发展、成长为一支在国内外有一定影响的控制理论队伍的呢? 其中创业精神和创建历程,足以使我们欣慰:无悔此生。

历程:实践中踏出一条路

(一) 在实践中摸索。1971 年华东师大首批工农兵学员进校,在特殊历史时期,"数学要为生产实际服务"成为当时的现实任务,于是师生结合去社会调查。回来后,数学系确立了联系实际的几个方向,并把师生按几个方向分组。其中"自动化实践小分队"一脉,就是今天"控制理论"教研室的源。当时自动化实践小分队,由 13 名工农兵学员,和一批以 20 世纪 60 年代初毕业为主体的青年教师组成,他们分别来自微分方程教研室(杨庆中、毛羽辉、胡启迪)、概率统计教研室(陈淑、袁震东、阮荣耀)、函数论教研室(陈效鼎、汤羨祥)和政工干部(徐振寰)。自动化实践小分队的教师全面承包了 13 位工农兵学员的教学、课题、开门办学等整个教学活动,这是团队的起步阶段。有两个项目成为组织教学的典型产品:(1)在制造业的模具生产中,正显露数控线切割机的作用,它是专用计算机的应用。生产过程中需大量编制各种曲线的程序,涉及几何图形和微积分思想的教学。当时就选定位于徐家汇的上海交通电器厂为开门办学基地。(2)在调查上海造船工业情况时,发现船体钢板型线的切割是个重要工艺,如何制造专用计算机来自动切割各种型线的钢板,成为一个技术革新项目。我们就选它为典型产品来带动计算机及电子技术的教学,造机基地设在丽娃河畔的外语楼里,前后花了一年多时间,自行设计、制造,移交上海造船厂使用。我们从此阶段业务实践中认识到:实现自动化的利器是计算机,计算机应用是个广阔天地,数学是可以有所作为的。尽管当时上海的计算机水平还十分低下,数学的使用还十分初级,但我们看到了计算机学科发展的前景。

1972年后,五校合并,华东师大进入上海师范大学阶段。合并后教师队伍扩大,上海半工半读师院的郑毓蕃、周玉丽、俞德勇以及上海师院、上海教育学院的教师充实到自动化实践小分队来。1973年第二届工农兵学员入校,人数达40人左右,形成了专业规模。根据教学实践的特点,自1974年起更名为"数控班",教师的实体为"数控组",由胡启迪任组长,徐振寰任支书。此后逐年招生,形成1974级、1975级、1976级数控班。此阶段联系实际的课题数在摸索中扩大,计有上海石油加油站的计算机实时监测课题,上海调节器厂的计算机控制单晶硅拉制项目,上钢五厂力学持久机温度群控的数学模型设计项目,以及由此进一步推广、发展的系列项目,上钢十厂冷轧钢板计算机实时控制厚度的数学模型项目,玻璃瓶十厂、闵行电机厂、胜利油田的计算机应用项目等。

1977年五校合并时期数控组教师合影

前排左起:张文琴 曹伟杰 陈淑 周玉丽 吴蕴辉
中排左起:汤美祥 杨庆中 李承福 徐振寰 胡启迪 徐春霆 郭荣源 王家声 季康财
后排左起:顾云南 马国选 黄金丽 陈效鼎 阮荣耀 郑毓蕃 刘俊杰 毛羽辉 袁震东 黄国兴

在培养工农兵学员时期,五届"数控班"学员,除基础数学外,侧重在生产中的计算机应用,得到实践训练。五届毕业生,除哪里来到哪里去外,留沪的毕业生,成为改革开放初期,高校基础数学教师队伍的补充。

（二）捕捉到新学科的精髓。我们在辛勤承担工农兵学员的培养工作中,始终不忘历史使命:在经典的数学学科中,开拓为生产实际服务的领域;在广泛实践基础上,提炼和升华新的学科理论。我们认识到,如果仅仅为实践而实践,忘却了数学,忽视了理论的推进,那就失去了数学工作者的职责。在大量实践的摸索中,到了"文革"后期,有三股力量促成我们捕捉到新学科的精髓:(1)学习了国外文献资料。组内教师组织讨论班,以古特温的《控制论》和绪方胜彦的《现代控制工程》为教材,系统接触了现代控制理论,并开始阅读和讨论各种国外的论文。(2)寻师访友,找到知音。20世纪60年代,现代控制论在欧美学术界受到空前的重视。钱学森院士最早提出中国科技界应重视这片新兴领域。结合国家的"两弹一星"任务,根据国防建设和学科发展的需要,在钱学森的倡议下,1962年在中国科学院数学所成立了控制理论研究室,关肇直院士负责组建并亲任研究室主任。我组教师走访了该室,受到了很大启发。(3)对联系实际项目的聚焦。我们参加了许多计算机应用项目的实践,经历了从"数控"到"群控",从"程序控制"到"过程控制"的摸索,最后聚焦到对生产过程对象实施计算机实时控制时所需设计的整套数学模型,作为我们可以发力的地方。以上三股力量,促使我们思想升华,找到了结合点,捕捉到新学科的精髓,即现代控制理论。现代控制理论是生产过程计算机实时控制所赖以需要的基础理论。其所需要支撑的数学工具极其广泛,包括分析、代数、概率、统计、方程、计算科学等多方面知识。这个理论所适应的科学技术是计算机、通讯、控制,即简称"三C"(Computer、Communication、Control)技术的发展。在控制理论界,一般都认为,现代控制理论的发展应以卡尔曼(Kalman)在1960年提出能控性、能观性及系统状态方程等概念为起点,以卡尔曼滤波、庞德里亚金的最大原理和别尔曼的动态规划为主要内容。这个理论自身又有其内在的联系,涉及系统建模、系统辨识、最优控制,和线性、非线性控制系统理论。此时,我们毫不犹豫地把我们在华东师大数学系开拓的新学科,冠名为"控制理论",那时正值"四人帮"垮台后的1977年,我们迎来了"科学的春天"。我们以新的激情,迎接新的时代。

先与学界广泛联系,开展合作交流。我们与上海交大张钟俊教授、华东化工学院蒋慰孙教授为代表的自控界权威,开展学术交流,找到共同语言。在20世纪70年代末80年代初,中国的工程界及大多数工科院校的教师,对现代控制理论还十分陌生,有的认为这些都是数学上的结果,"好看不实用",工程上还是使用传统的PID方法。正如张教授有趣地说到,"文革"中搞"控制理论"在自控界被视为脱离实际而批判,但在数学界却视作联系实际。他说,现在"四人帮"被打倒了,我们可以联手合作发展了。同时我们与上海数学界合作,主要是复旦大学李训经教授的"最优控制"组和上海交大应用数学系的张克邦、何焕熹等合作。70年代末,我们在上海科学会堂,代表上海数学会连续举办多次讲座和培训班,为上海工业界、高校等普及控制理论学科以及计算机应用,受到广泛欢迎。

我们随后又在全国范围内找到了合作伙伴。在同样的历史条件下,南开大学数学系和厦门大学数学系的部分教师,和我们一样,走了类似的路,成立了独立的控制理论队伍。打倒"四人帮"后,相互交流时,有相见恨晚之感,坚定了创建新学科的决心。1977年以厦大、南开和我校为发起单位,在刘佛年校长的支持下,在我校召开了一次具有全国规模的"控制理论及其应用学术交流会",热气腾腾,为"科学的春天"增加了春色,并载入我国控制理论发展史册。许多自动控制的名家与数学家在会上发言,数学家王柔怀教授(吉林大学)、王寿仁教授(中科院数学所)等肯定了我们室对于LQG(线性、二次、高斯)控制系统的研究成果和现代控制理论的研究方向。会议建议,恢复全国自动化学会的活动,今后以自动化学会的名义,每一年半定期召开"中国控制理论及其应用学术年会",轮流在各地举行,首届定在1979年在厦门召开,由厦大承办。由于参加者十分踊跃,以后又改为一年召开一次,会议名称改为CCC会议(China Control Conference)。我室老师积极参加,几乎每次年会都能见到我室教师的研究成果。我们还决定组织全国现代控制理论讨论班,由中科院控制理论研究室负责牵头,1978年暑假在北航办班,我室成员几乎倾巢而出,渴求新知。

1978年暑期在北航参加全国现代控制理论讨论班的教研室成员
　　前排左起:周玉丽　陈淑
　　后排左起:阮荣耀　杨庆中　郑毓蕃　胡启迪　马国选　毛羽辉
陈效鼎　袁震东

　　（三）在坚持中前行。正当我们经过多年摸索，找到"控制理论"入口时，大环境给我们提出了新的挑战：文革后，"拨乱反正"，合并的五校，除半工半读师院外，已恢复原貌，教师也回归原校，华东师大数学系正恢复元气，奋发向上。那么近 10 名控制论组教师何去何从？特别是培养教师的华东师范大学为什么要搞控制论？我们并不纠缠具体的争论，坚持"实事求是"、"一切从实际出发"。我们的认识是：多年的探索来之不易，一切有意义的实践来自于坚持。我们已开了头，迈了步，那就应义无反顾地走下去。我们也清楚，我们的教研室与别的室不同。老学科都有老教授、权威，这是不可多得的财富，而我们没有学术权威。老学科都有现存的基础理论，我们新学科，没有现存体系，一切需要自己从头去认知、吸收、建立。因此，我们要前行，必须坚持实践、集体协力、取众之长、各尽其责、整体协调。学科的成长与发展，必定是集体的成果。作为室主任的我们也自勉，必须协调各方、驾驭全局，这是事业成功之所需。时任系领导郑启明等尊重我们的选择，也对我们特别信任。尤其是系主任曹锡华教授，一直关心我们的发展，这些我们都不能忘却。

　　这样，控制理论教研室与系的其他 7 个教研室（代数、几何、函数论、方程、计算数学、运筹、中教）在新的历史时期并肩启航了。

1979 年参加全国控制理论及其应用学术年会（厦门）后与关肇直院士合影

左起：李训经（复旦）袁震东 阮荣耀 关肇直 郑毓蕃 胡启迪

成果：乘改革开放之帆远航

正当我们整队启航时，全国出现了改革开放大好局面。我们这批 40 岁上下的中青年队伍，正有用不完的劲，全身心投入到学科的建设中去。室里为此作了如下部署：(1)处理好系与室的关系。教研室是系的一个基层组织，要确保学科发展，必须有积极为系的基础教学作贡献的意识。我们主动承担了本系基础课教学。恢复高考后 77 级"数学分析"教学，就由我室打头炮，分两个中班，由胡启迪、毛羽辉分别主讲，汤羡祥、周玉丽辅导。此外，教研室每年还满负荷地承担外系的"高等数学"教学。(2)开展学科讨论班。提高室的学术水平，建立两个学科组，一个是系统辨识与自适应控制，由袁震东、阮荣耀、汤羡祥、周玉丽、陈淑等组成；另一个是线性系统理论与最优控制，由郑毓蕃、胡启迪、陈效鼎、杨庆中、毛羽辉等组成。(3)让一些骨干早日"走出去"。利用开放机会，尽快接触世界控制科学的前沿。1979 年袁震东就赴德国参加了 IFAC 召开的系统辨识会议，并认识了以后出国进修的导师。1981 年秋，袁又赴瑞典林雪平大学做访问学者，师从控制论专家莱纳特·荣教授。80 年代初，郑毓蕃赴加拿大多伦多大学，在国际著名控制理论教授 Wonham 指导下进修，成为其学术生涯的一个重要转折。(4)创造条件"请进来"。让国内外专家为室里的师生讲学。比较有影响的有英国 Salford 大学的控制理论专家 Fletch 博士的系统讲课。另有 Kalman 教授(Kalman 是线性一般理论和卡氏滤波器的创立者)、Wonham 教授、瑞典皇家科学院院士 Ljung 教授、美国陈启宗教授以及中科院的陈翰馥院士、韩景清研究员等都访问过我室并讲学。

由于大家努力，乘改革开放之帆远航，我们在学科建设上取得以下成果。

(一)控制理论的教学成果

(1) 承担拔尖生的专门化教学。当时在 77 级、78 级四年级学生中，专门挑选了一些优秀生，进入控制论课程的学习。如韩正之(现是上海交大教授)、谈明德(现在美国加州)、吕美润(现在美国德州)、王珂(现在瑞典爱立信公司总部)等拔尖生，以后都在国内外获取博士学位，并在控制理论领域很有作为。

(2) 从无到有建设了一批本科教育的选修课。供数学系高年级学生选修。计有："现代控制理论引论"、"线性系统理论"、"系统辨识"、"最优控制"、"自适应控制"、"系统工程及其应用"、"系统科学初步"等课程。有些课程不仅在数学系开，而且在电子系、计算机系等开设，引起学生很大兴趣。有些学生由此走上了对控制论兴趣的道路，报考了研究生和到国外深造。这些课程我们都相应编写了讲义，进而出版了教材和专著多部,其中由毛羽辉执笔的《现代控制理论引论》,影响尤为广泛。

(3)承担改革开放后培养第一批控制理论研究生任务。这是一项可称颂的成果。当时我们队伍本身还在学习新学科的过程中,可见任务之艰巨。为此成立了由阮荣耀、袁震东和郑毓蕃组成的研究生教学小组,挑起边教边实践的研究生工作重担。1978年春,经过严格的笔试和面试,录取了陆吾生、陈树中、王行愚、胡仰曾、张有鋐等5位研究生。他们是"文革"前和"文革"中分散在各地基层的有为青年,研究生的招考为他们提供一个展示自己才能和进一步深造的平台。入校后,他们学习勤奋,讨论班报告准备充分,最后毕业论文都各具特色,受到答辩专家的好评。研究生教育也促使导师们更加关心控制科学的最新动态,增添了教师科研的动力。1983年,我室与运筹学教研室一起,被正式批准为"运筹与控制论"学科硕士点。此后,每年招收5至6名研究生。第一批及后来招收的硕士研究生,毕业后都有出色的表现,成为优秀的学者、企业骨干或创业合伙人。如陈树中留校充实控制论队伍;王行愚成为华东理工大学校长;陆吾生是加拿大维多利亚大学电子和计算机工程系终身教授,并于1999年成为美国电气和电子工程师协会会士(IEEE Fellow)。陆吾生著作丰富,经常回国讲学,深受学生们的欢迎。

(4)系统科学博士点的获得。20世纪80年代末,国务院学位办同意在中国建立一个与数学、物理、化学等大学科平级的一级学科"系统科学"。鉴于以郑毓蕃为代表的,在分散大系统及非线性控制系统的代数方法(法国学派)研究上走在前沿,引领潮流,终于在1994年获得"控制与智能系统"的博士学位授予权,并招收了第一届博士研究生。后因学科名称规范,更名为"系统分析与集成"。至此,我校控制论学科的创建,迈上新台阶。几年以后,我校又获得了系统科学一级学科博士学位授予权,以及系统科学博士后流动站。

控制理论教学成果的核心是培养了一批控制理论人才,当今他们大部分仍活跃在控制科学的业务领域。

(二)控制理论的应用研究成果

我室的科学研究是从现代控制理论的应用起家的,注重应用既是我室的特色,也是赖以发展的依据。特别是LQG控制系统的研究成果,影响深远。其中有代表性的是两个例子。一为由郑毓蕃在上海调解器厂完成的单晶硅拉制过程的计算机闭环控制的数学模型设计。这个成果日后又在中科院冶金所得到拓展,成为我国成功地将现代控制理论应用于生产过程实时控制的第一例工程项目。中国科学院同行对此项目评价很高。20世纪80年代,这个控制案例被编入清华大学自动控制教材,并获得上海市科学大会奖。另一例为我室与上钢五厂计算中心(以夏天池工程师为代表)长期合作,技术革新,使计算机控制生产过程项目接连开花。先是郑毓蕃、王家声完成了上钢五厂力学持久机计算机温度群控的数学模型设计。接着阮荣耀、胡启迪、汤羡祥、王新伟等在上钢五厂又成功地完成蠕变炉群控、灶式退火炉及电渣重熔的生产过程计算机实时控制温度的数学模型项目。这些项目用一台小电脑替代了多套用 PID 经典控制理论设计的老设备,不仅降低了成本,而且提高了控制精度,从而改善了产品质量。我们与上钢五厂一起,多次获得了"上海市科技成果奖"。

应用成果还拓展到社会系统。20 世纪 80 年代初,胡启迪与杨庆中一起,长期与我校人口所桂世勋教授合作,在上海市人口预测、人口普查、人口迁移、人口控制等课题上用现代控制理论方法,做了定量研究,提交了有关论文,并与宋健、于景元在全国人口控制论方面的研究工作相呼应。结合教育系统的特点,胡启迪又就系统科学在教育系统中的应用方面做了普及工作。记得 80 年代初的某天,校长刘佛年教授,把胡启迪请到他家里,听取关于系统科学、系统工程的一系列介绍,并探讨、研究了在教育科学领域的应用,在其启发下,做了以下工作:(1)承接国家教育部委托的语、数、英等科目在义务教育阶段教育质量系统调查工作,在我国首次完成了大规模学科抽样评价。数学方面的成果,与中教组一起获得 1990 年国家教育部科技成果一等奖。(2)在教育科学院、教育管理学院,多次为研究生、大学生开设"系统工程及其在教育系统的应用"课程,并编写讲义。(3)与教科院合作,参加教育部"全国人才预测与规划"大课题;(4)在全国的教育系统工程专业委员会范围内,与天津大学、华中理工大学、西安交大、上海机械学院一起开展学术交流工作。

合作研制中国 CCSCAD(中国控制系统计算机辅助设计)软件系统。20 世纪 80 年代中期,由中国科学院牵头组织,我室主要承担"线性多变量控制系统"部分,阮荣耀、王新伟、郑毓蕃、陈效鼎、陈树中、王珂及研究生陈曙玲等参加了项目的设计和编程。该项目我校获得了国家教委科技进步二等奖。

此外,以中国电工厂"热处理系统"为背景的控制模型,与市建委合作的"上海市市内高速公路实时模拟系统",与航天部研究所研制的"导弹实时数字模拟系统"等项目都取得了相应的应用成果。

(三)控制理论的理论研究成果

中国科学院的郭雷院士等在 20 世纪 90 年代一次国际自控联合会大会上,作了"自动控制在中国的某些近期发展"的报告,向世界各国控制论界介绍了我国近 20 年自动控制理论的进展,其中提到华东师大的研究工作,正是我室理论成果在当时的一个缩影。

1. 利用微分线性向量研究了非线性可观察性问题,并用统一的方法处理了线性与非线性逆(郑毓蕃、曹立,1993)。

2. 利用某些非线性特性,开发了"自抗扰控制器"(韩正之,1988 年)。

　　3. 20 世纪 80 年代中期,袁震东及合作者研究了线性随机系统"黑箱"传递函数的辨识问题,证明了传递函数估计的协方差等于信噪比的渐近公式。

　　20 世纪八九十年代我们室教师在国内外控制论杂志发表或在国际学术会议、全国学术会议上发表的学术论文有 300 余篇,并完成了近 10 个自然科学基金项目。到了 2005 年左右,我们又关注"复杂系统及系统复杂性"的研究,特别是对群体行为(Swarm)及协调控制(Cooperative Control)问题的研究。为此 1995 年国务院学位办决定成立系统科学学科评议组,郑毓蕃被提名为评议组成员,直至 2007 年。

　　积极参加社会学术活动,扩大对外交流,是开展理论研究的重要阵地。国际上有一个"网络与系统数学理论(Mathematic Theory of Network and Systems)",简称为MTNS 的系列学术会议。其核心成员是控制理论方面的数学家,每两年举行一届会议,1986 年在美国亚利桑那召开的 MTNS 年会上,郑毓蕃被邀请作了 45 分钟大会报告。他还参与亚洲控制会议的筹办,并担任第三届亚洲控制会议主席,积极参与中日、中韩、中瑞(典)等双边控制论峰会。1988 年 IFAC 第八届系统辨识国际学术会议在北京召开,袁震东(第七、八、九届系统辨识会议国际程序委员)与各国程序委员一起,参加了会议论文的选录。在上海地区,在上海数学会旗下,我们与复旦数学系控制论组联手,促进上海控制理论的发展,开展了许多学术活动。特别在 1992 年由李训经和胡

1992 年在我校举办的学术讨论会

启迪负责,在我校举行了"CSIAM系统与控制数学分会成立暨学术讨论会",全国众多专家出席,算是一次控制数学盛会。

我室融入系统科学的创造,积极参与学会工作,推动学术活动。为促进系统科学的发展,在钱学森和关肇直的直接推动、组织下,我校凝聚了全国工业控制界、数学的运筹控制界、经济管理界和各行业系统管理界人士,于1980年在北京成立了"中国系统工程学会",鉴于华东师大在控制理论做出的积极工作,胡启迪被选为首届理事。20世纪90年代,中国工业应用数学学会(CIAM)成立,袁震东被选为CIAM理事会理事。90年代中,郑毓蕃增补为中国自动化学会理事。相当长一段时间里,胡启迪在数学会、系统工程学会,袁震东在CIAM、自动化学会,积极参与工作,扩大华东师大影响,促进全国交流。

感悟:创业精神永存心间

当我们这批年逾古稀的人,回望40多年来新学科的创建历程,深深感到:我们的创建历史是无法复制的,但创建过程中所揭示出来的精神、规律是完全可以借鉴和再实践的。当年在特殊的历史时期,被"联系实际"的大浪卷进潮流,改变了队伍中每个成员的原有知识结构与专业方向。这种改变,开始有些被动和不经意,但在与工程问题广泛接触中,找到了新学科的前进方向时,我们又如此兴奋,以中国自己培养的一代知识分子特有的勤奋和奉献去探索新的路程。恰逢中国出现全面改革开放大好局面,"天时、地利、人和"造就了创新之路的成功。由此启示我们,在人才培养道路上,打破理、工、文、管(理)割裂的弊病,重视"问题导向",引导创新意识,也许能给"钱学森之问"的破解,有所参考。实际上在发达国家,这种知识结构的不断转型,在人才培养途径上,是常见的现象。不少人本科是数学,博士修工程,后又在企业搞实际应用,在科研院所兼职。我们应用好这种人才流动、知识结构更新、自主创业的良性机制。由此审视我们控制理论原创队伍的嬗变,也不足为奇。随着社会发展、学科进步,除一部分人坚守原阵地,作出新贡献,还有一部分人,带着"系统控制"的理念,向社会辐射、渗透,走向新岗位。虽然原创队伍身处各方,但当年在创建控制理论学科时的艰辛历程,奋发进取,精诚合作,成为我们一生的宝贵财富。深感要确保一个集体的创业成功,是需要一种创业精神,这种精神包含以下要素:

坚持实践与科学创新的精神。我们的成功来自于实践,谁也没有给我们设计好一条前进的路线,都是我们脚踏实地边实践、边探索、边校正、边前进,实时控制,走向彼岸。在实践过程中社会的风云变化,环境的多种诱惑,干事的磕磕碰碰,师生的不同要求,都需要我们面对。每逢转折关头,"下面怎么办?"的问题,经常会困扰我们。此时唯有咬咬牙、坚持住,才能确保我们的成功。贵在坚持,弥足珍惜。我国 20 世纪 70 年代以前的自动控制教育研究与现在的控制理论教育研究比较,发生了翻天覆地的变化,取得巨大的进步。我们室从控制理论中 LQG 系统的应用出发,发展到对系统辨识自适应控制、鲁棒系统、群体行为及协调控制、大系统、复杂系统理论的研究,是一个不断追求创新的过程。90 年代末大数据和智能控制兴起,我们室的部分师生又投入到数据挖掘、智能判计算(如遗传算法、神经网络、专家系统)等领域研究,并在宝钢研究所取得初步成果。如果没有创新精神,控制理论难以发展。敢于抓科学前沿问题,也是创新的表现。因为控制论本质上是一门技术学科,它与数学、工程技术、生物医学都有着密切的联系。技术是飞速发展的,它的理论必须不断更新。

艰苦奋斗与乐于奉献的精神。探索的路上,困难多多,当年的年轻人,只知排难,不计名利,搞科研与"钱"没半点关系,最大荣誉是一张大红喜报,关心的是事业的成功。为此,日夜奋战,全身心扑在岗位上。不管是远在吴淞的上钢五厂,还是外地的胜利油田,只为找到课题而乐,不惜每次路上耗费的漫长时间。当时去市计算中心和华东化工学院机房上机,因用机紧张,多半排在半夜里,程序和数据要用穿孔的纸带,用光电机输入,时常为打错一个孔,而重新排队登记上机。在学科创建中,总有些人走在前面,披荆斩棘,攀上险峰,他们的学术成果为学科增彩,为此奉献了许多心血、心智。同时为了学科发展,需有一个总体布局,创造条件让一些同志先去国外进修,这样留下的同志又乐于挑起研究生工作和基础教学的担子,保证学科发展不断线。讲奉献,你忙我顶,有难同当,凝聚了创业的人心。

相互关爱与团结协作的精神。我们室青年教师多,配偶分居两地多,居住条件困难多。虽然大环境比较艰苦,但作为基层组织,总是竭尽所能,关心他们,尤其是徐振寰同志,有颗善良关爱之心,做了很多工作。我们经常一起家访,了解困难,并积极向上反映,最终解决了所有两地分居问题,并改善部分人的居住困难问题。事业的发展,少不了同志间的互爱与协作,尤其学科的创建需倾团队之力,而非一个人所能完成的。作为一个管理者,要用人之长,避其所短;作为个人,要学人之长,摆正位置。营造协作、团结的氛围。牢记"合则进,散则衰"的道理。这是保证集体创业成功的润滑剂。

发轫于 20 世纪 70 年代初的华东师大数学系控制论创建实践,是由一群毕业于 60 年代初的青年人开拓的。他们所体现的集体创业精神是:坚持实践与科学创新、艰苦奋斗与乐于奉献、相互关爱与团结协作。这些精神永远闪耀在创业者的心间。

2015 年 4 月老战友合影

左起：陈树中　陈效鼎　胡启迪　杨庆中　毛羽辉　阮荣耀　郑毓蕃　袁震东

＊本文作者：胡启迪，上海市教育考试院教授；袁震东，华东师范大学数学系教授。

数学教育学科发展纪事

赵小平

华东师范大学数学系对数学教育的研究,从 1951 年建校时算起,已经走过了风雨 60 余年。当年的一棵青涩幼苗,今天已经枝叶丰茂,成长为一个国内领先、国际知名的学术群体。回顾往事,让我们列举几个关键的时刻和事件,看看几代人奋发图强、勇攀高峰的精神风貌。

《数学教学》影响全国

1951 年华东师范大学成立,数学系就设立了由原光华大学副教授徐春霆领衔的数学教育教研组。徐先生精于初等数学研究,一本难题荟萃的《金品几何》被他玩得滚瓜烂熟,被公认为上海滩的解题活字典。1956 年,数学系先后从华东师大一附中调来郑锡兆,从上海中学调来余元希,他们都有很高的声望。加上 1954 年留校的年轻教师郑启明,队伍初步形成。

在意气风发的 50 年代,知识分子以高涨的热情投入国家建设,为培养新中国优质的中学数学教师,整个数学系都关心数学教育这门边缘学科。一个标志性的事件,就是《数学教学》杂志的创刊。

时任数学系主任孙泽瀛教授建议创办的《数学教学》杂志于 1955 年创刊,这是新中国最早创刊的杂志之一。李锐夫教授兼任《数学教学》杂志的第一任主编,他以庄重的隶书亲自题写了刊名。翻开早期的《数学教学》杂志,可以见到许多著名数学名家的文章。其中包括孙泽瀛、李锐夫、程其襄、雷垣、钱端壮、钱宝琮等先生诸多深入浅出、通俗易懂的文章。《数学教学》杂志的日常事务主要由副主编余元希承担。余先生善饮,属于"李白斗酒诗百篇"一类的学者。在《数学教学》编辑部,常见他嘴上含着一支粗粗的雪茄,面前一杯热气腾腾的浓茶,手上拿了一支蘸上红墨水的毛笔,批批改改,勾勾画画,一会儿就使杂乱无章的稿件手到病除、起死回生。《数学教学》杂志发行之后广受好评,成为影响中国数学教育的一个重要平台。

杂志在"文革"时期被迫停刊,直到 1979 年复刊,仍由李锐夫担任主编。1987 年,张奠宙接任杂志主编 21 年,2008 年之后,主编之职先后由赵小平、鲍建生担任。而实际承担繁重编务的主要是邹一心、李俊、忻重义、胡耀华等常务副主编。

《数学教学》编辑部主要成员合影

前排左 2 起:张奠宙 邹一心
后排左起:忻重义 赵小平 李俊 胡耀华 鲍建生

　　1986 年陈省身先生为《数学教学》杂志创刊 30 周年题词——"廿一世纪数学大国",寄托着大师对《数学教学》杂志和我国数学事业的殷切期望。

　　创刊至今整整 60 年了,《数学教学》是华东师大数学教育方向一张靓丽的名片,至今保持着全国性的影响力。

"数学教育"学术舰队启航

　　"文革"结束后,数学教育团队重新集结。此时郑启明已担任华东师大教务长,后又调任国家教委督导司司长。数学教育方向除了原有的余元希、徐春霆、刘鸿坤外,又调来了邹一心、许鑫铜、田万海等中年教师,加上青年教师赵小平和李士锜。这段时期,主要由刘鸿坤、田万海、邹一心和许鑫铜等中年教师挑起数学教育方向的大梁。

　　1981 年,华东师大获得"数学史与数学教育"硕士授予权,这对数学教育方向是一件里程碑式的大好事,同时对这个方向的学科建设也是一个巨大的挑战。如何在更高的水平上建设数学教育方向的学科体系,如何培养数学教育方向的研究生,当时国内

并没有现成的经验可借鉴。时任数学系主任的胡启迪借鉴20世纪50年代数学教授
兼搞数学教育研究的传统,作出了一个影响深远的战略决定:成立"数学教育研究
室",延请专业教研室精英陈昌平、张奠宙、唐瑞芬等为兼职研究人员,联合数学教育教
研室的原成员,共同打造一支学术舰队。虽然新成立的研究室没有经费、没有编制、没
有办公室,但是体制上的改革,立即呈现出强盛的活力,开始了一系列具有战略意义的
基本建设。下面列举几件影响较大的工作。

　　第一件大事是邀请当代著名的荷兰数学家和数学教育家弗赖登塔尔(Hans
Freudenthal)来校讲学。这件事情是陈昌平促成的,当时经费有限,他说要请就请最好
的。早在20世纪三四十年代,弗赖登塔尔就以拓扑学和李代数方面的卓越成就为世
人所知。从50年代起,他把主要精力放在数学教育方面,发表了大量专著,开展了广
泛的社会活动,在1967年到1970年间任国际数学教育委员会 ICMI(International
Commission on Mathematical Instruction)的主席,组织召开了第一届国际数学教育大
会(ICME-1),创办了《数学教育研究》杂志,为国际数学教育事业作出了开创性的贡
献。1987年冬,82岁高龄的弗赖登塔尔在华东师大数学系讲学3周,这是我国第一次
比较系统地了解数学教育的国际前沿研究。诸如"数学化"、"再创造"、程序性数学与
思辨性数学、数学的学科形态与教学形态等观点,一一呈现在我们眼前,令人茅塞顿
开,对我国数学教育研究的影响深远。弗赖登塔尔在上海访问期间,唐瑞芬是他的翻
译,为了更准确、更顺利地翻译弗赖登塔尔带有浓重德语腔的英语,唐先生事先花了很
多时间研究他的讲稿和其他著作,了解他的基本思想和观点,因此唐先生自然成了研
究弗赖登塔尔教育思想的专家。

　　弗赖登塔尔在上海的报告稿以 *Revisiting Mathematics Education：China Lectures*

左起:弗赖登塔尔　维斯灵女士　唐瑞芬　张奠宙

为书名,1994年在荷兰的 Kluwer
出版社出版,又在1999年以《数学
教育再探:在中国的讲学》为书
名,由上海教育出版社出版。

　　第二件大事是承接了国家教
委委托的"1987年全国初中数学教
学抽样调查"项目。当时,国家教
委基础教育司为了九年制义务教
育的推行,委托华东师大在全国范
围内对初中数学、语文、外语三门
学科的教学、师资、管理和硬件等
情况作调查。数学系负责该项目

的数学部分,由数学系主任胡启迪和教研室主任田万海负责,许鑫铜、赵小平等参加。在全国 15 个省、直辖市、自治区抽取了 5 万多名学生作为调查样本,通过数学测试和问卷调查等方式调查学生的数学学习水平、学习方法、学习条件、家庭经济、家长、家务等信息;对样本学生的教师和教育主管部门进行问卷调查和访谈,了解数学教师的工作量、工作条件、经济收入、教研机制、学历和进修机会,以及学校的场地、设备、图书、经费等情况。然后将获得的海量数据和信息进行统计分析,得到很多有价值的结论。项目结题时,国家教委聘请苏步青先生为答辩委员会主任,对该项目的"科研报告"和"咨询报告"进行了严格的质询和答辩。1990 年,研究成果《全国初中数学教学调查与分析》由华东师范大学出版社出版。1991 年,该项目获得国家教委科技进步一等奖。

第三件大事是数学教育学科的研究文献建设。从 1985 年开始,数学系招收"数学史与数学教育"硕士研究生,导师和学生一起举办讨论班,阅读英文原版的数学教育著作,消化之后进行翻译或改编,交付出版,使华东师大数学系迅速成为国内数学教育研究的学术资料中心。当时主要的出版物有:由陈昌平等从弗赖登塔尔 1973 年原著编译的《作为教学任务的数学》,1995 年由上海教育出版社出版;由张奠宙、唐瑞芬、刘鸿坤合著的《数学教育学》,1991 年由江西教育出版社出版(其中包括当时我们团队的一些最新研究成果);由张奠宙、邹一心等编写的《现代数学与中学数学》,1991 年由上海教育出版社出版;由张奠宙、戴再平、唐瑞芬、李士锜等主持编写的《数学教育研究导引》,1994 由江苏教育出版社出版;由田万海主编,赵小平、李俊、汪纯中等参与编写的《数学教育学》,1993 年由浙江教育出版社出版;由田万海主编的《数学教学测量与评估》,1995 年由上海教育出版社出版;由张奠宙编著的《数学素质教育设计》,1995 年由江苏教育出版社出版;由唐瑞芬等编译的《数学教学理论是一门科学》,1998 年由上海教育出版社出版;由陈昌平等选译的《数学教育学研究手册》,1999 年由上海教育出版社出版;由张奠宙、丁尔升等译的《国际展望:九十年代的数学教育》(ICMI 研究丛书之一),1990 年由上海教育出版社出版;李士锜编著的《PME:数学教育心理》,2001 由华东师大出版社出版。

这些著作的密集出版,为我国数学教育方向的科学研究、研究生课程建设和教师教育起到了启动和奠基作用,影响深远,也标志着数学系组建的数学教育学术舰队的初战告捷。

在国际交往中建设学术高地

1. 开办国际交流的平台

数学教育虽然只是从属于教育学的三级学科,但是由于数学学科具有高度的国际可比性,因此数学教育的国际交流活动异常活跃。国际数学教育委员会(ICMI)是联合国教科文组织领导下的权威组织,但由于种种原因,在这个重要的国际舞台上以前几乎听不到中国人的声音。1980 年,我国第一次派代表团参加第四届国际数学教育大会(ICME-4),华罗庚先生应邀作大会报告,我系曹锡华先生是代表团 6 个成员之一。1986 年,中国在 ICMI 的代表权问题获得解决。1988 年,在匈牙利布达佩斯举行第六届国际数学教育大会(ICME-6),张奠宙获得会议资助得以参加;1992 年,在加拿大魁北克举行第七届国际数学教育大会(ICME-7),张奠宙、唐瑞芬两位教授又获得会议资助得以参加。我国数学教育跻身国际舞台的道路从此开通。

左起:ICMI 主席古兹曼 唐瑞芬 ICMI 秘书长 M·尼斯 张奠宙

1994 年,华东师大获得了主办"ICMI-中国数学教育国际会议"的资格,我们从国际会议的参加者成为主办者。这次到会的境外学者有 100 多人,国内学者有 80 多人。出席的嘉宾有:起草著名"柯克克洛夫特报告"的英国柯克克洛夫特爵士,美国数学教师协会主席拉本,ICMI 副主席李秉彝,ICMI 秘书长 M·尼斯,ICMI 前副主席奈布勒斯神父,日本数学教育学会会长泽田利夫,韩国数学教育会长朴汉植,荷兰弗莱登塔尔数学教育研究所所长德·朗治等国际数学教育界重量级人物。上海市副市长谢丽娟在开幕式致辞,上海市教委副主任张民生作大会报告。尽管当时物质条件比较差,但经过我们的努力,会议获得圆满成功,我们也积累了主办国际会议的经验。

2002 年,国际数学家大会(ICM2002)在北京举行,数学教育卫星会议安排在西藏拉萨,主要组织工作由我校王建磐、徐斌艳、李俊等担任。这次会议的部分报告收集在由王建磐、徐斌艳主编,华东师大出版社 2004 年出版的专著 *Trends and Challenges in*

ICMI 历届华人执委

左起：张英伯（北京师大） 梁贯成（香港大学） 张奠宙 李秉彝（新加坡） 王建磐

Mathematics Education 中。以后，我们还主办过多次区域性和专业性的国际会议，如 2005 年的"第三届东亚数学教育大会（ICMI - EARCOME - 3）"，2011 年的"中小学数学教材国际研讨会"，2013 年的"未来十年中国数学教育展望国际研讨会"等，这些会议主要由王建磐、李士锜、李俊、徐斌艳、汪晓勤、吴颖康等中青年组织操办。通过这些会议，更多的国际数学教育界同仁了解了中国，认识了中国华东师大的数学教育团队。

2014 年，经中国科协和外交部批准，中国数学会授权，由王建磐教授领衔，以华东师范大学和上海市数学会的名义，向 ICMI 递交了申办 2020 年第 14 届国际数学教育大会的标书，与我们竞标的城市是悉尼和檀香山。经国际数学教育委员会执行委员会（ICMI EC）组成的考察团实地考察和比较，最后通过投票决定，上海获得了 2020 年第 14 届国际数学教育大会的举办权，这将是我国数学教育界的一大盛事。

2. 在国际学术活动中争取重要角色

1995 年，张奠宙教授被推选为 ICMI 执行委员会的委员（1995—1998 年），这是中国人第一次进入这一权威组织的领导机构。紧接着，王建磐被推选为下一届的执行委员（1999—2002 年）。华东师大的教授连续担任 ICMI 执委，为世人瞩目。在每 4 年一次的国际数学教育大会（ICME）上，张奠宙、鲍建生、李士锜、徐斌艳等先后担任过国际程序委员；唐瑞芬、张奠宙、徐斌艳等担任过重要职务；王建磐主持过中国数学教育的国家展示；张奠宙、李士锜、徐斌艳等作过 45 分钟报告。我们团队的成员越来越多地出现在国际数学教育大会的讲坛或重要位置上。

3. 形成中国数学教育研究的国际团队

在 2000 年的 ICME - 9 上,最令人关注的是"华人数学教育论坛"的设立,我校王建磐位列其中。世界各地的华人学者从不同的视角互相切磋,共同研究,既立足中国现实,又具有国际视野,其研究方法和研究成果成为 21 世纪数学教育研究的范例。

总之,通过国际交流,我们的学术水平、交流水平和管理水平都有了显著提高,华东师大数学教育学科成为"国内领先、国际知名"的数学教育研究中心。

招收我国第一批数学教育博士生

1998 年,华东师大获得教育学一级学科博士点,数学教育方向也可以招收和培养博士研究生。而此时陈昌平、张奠宙、唐瑞芬、田万海等教授都已超过 60 岁,按制度已不能申请博士生导师,时任华东师范大学校长的王建磐教授毅然挑起这副担子,并聘请了上海教科院副院长顾泠沅研究员兼任博士生导师。第一批招收了鲍建生、李忠如、易凌峰 3 位博士,为各师范大学招收数学教育方向博士生开了先河。到 2014 年止,在这个博士点上约有 50 人获得博士学位,他们来自全国各地,包括台湾、香港和澳门,毕业后大多在各地的大专院校、教育研究部门和中学工作,其中至少有 12 人晋升了教授,16 人晋升了副教授,成为所在单位研究和教学的骨干。

继王建磐、顾泠沅以后,陆续有李士锜、鲍建生、汪晓勤、熊斌等获得博士生导师资格,这个学科点已成为国内学术影响力最强的博士点之一。

发挥学术优势,服务基础教育服务

华东师大数学教育方向一贯重视将数学教育的理论与我国的教育实践相结合,积极参与基础教育的改革,在实践中发挥学术优势,确立社会地位。以下几项活动值得一提:

1. 在国内举办数学教育高级研讨班

在教育部人事司的资助和我校"华东师资培训中心"的协助下,从 1992 年到 2006 年,我们连续 15 年举办全国范围的数学教育高级研讨班,集全国的数学教育专家共同研讨中国数学教育领域的重要问题,及时传播研究结果,成为引领我国数学教育改革历程的真实记录和风向标,张奠宙、唐瑞芬组织并全程参与了所有研讨活动。

2. 编制中学数学教材

早在 1960 年,由数学系系副主任郑启明牵头,成立"上海市中小学数学课程革新委员会",其中苏步青先生担任主任委员,郑启明和姚晶(时任上海市复兴中学校长)担任副主任委员,谷超豪(复旦大学数学系教授)、余元希、唐秀颖(时任上海中学校长)、赵宪初(时任育才中学校长)等著名数学家和数学教育家担任委员,在全市范围内组织精兵强将,编制了《上海市中小学课程革新方案》和整套共 18 本中小学数学革新教材。但由于新编教材的内容变化较大,教学要求较高,在试验中遇到很大困难。从 1962 年开始,根据上级的指示,原班人马在吸取经验教训的基础上,又开始编写上海市中学数学教材。到 1965 年,初中的 6 本数学教材出齐,试教效果很好,受到教师和专家的普遍好评。这些工作使华东师大数学系成为我国中小学数学教材建设舞台上的重要角色。

改革开放以后,上海和全国的基础教育课程和教材都经历多次大幅度改编,我们的团队都积极参与,并承担重要角色。

(1)上海一期课改数学教材。从 1988 年开始,由陈昌平教授任主编,邱森教授任编写组组长(邱森调离华东师大后,邹一心任组长),刘鸿坤、邱森任高中教材副主编,邹一心、许鸣崎任初中教材副主编,数学系何福昇、忻重义等教师参与,编写了"上海一期课改数学教材"。这套教材从小学到高中共 26 册,1991 年秋季在全市范围内推广使用,编写组于 1994 年荣获第二届苏步青奖的团体奖。

(2)上海二期课改高中数学教材。上海从 1998 年开始,根据新颁布的《上海市中小学数学课程标准》重新编写数学教材。我们接受了编写二期课改高中数学教材的任务,由袁震东教授和赵小平担任主编和副主编。从 2005 年秋季开始,这套教材(连带练习册和教师参考书共 21 册)在上海市的高中全面使用。

(3)全国初中数学教材。21 世纪以来,我国中小学教材采用了"多纲多本"的体制,时任华东师范大学校长王建磐担任主编,组织编写全国的"义务制教育课程标准"的初中数学教材。这套教材由王继延教授和唐复苏(苏州大学数学系教授)任副主编,华东师大出版社出版。经"全国中小学教材审定委员会"审定通过,在全国发行,使用至今。

在跨世纪前后的十多年里,我们团队领衔的三套中学数学教材都能在中学数学教育中发挥重要作用,这充分说明了我们在中小学数学课程教材方面的研究能力和服务水平已经达到了更高的层次。

3. 中学数学骨干教师培训

20 世纪 90 年代开始,我们在全国各地举办研究生课程班和各种教师培训班,出版了十几部培训教材和几十门网络课程,都成为各地各级教师培训的重要学习资料。

4. 成立"国际数学奥林匹克研究中心"

20世纪80年代,刘鸿坤与上海的一批数学特级教师创办了"上海市数学业余学校",聚集全市的数学优秀生参加一些具有挑战性的数学活动和竞赛,很多学生从这里走向全国、走向世界、为国争光。熊斌毕业留校后也参与了此项工作,很快在全国的数学竞赛圈里声名鹊起,成为核心人物。他们多次率团参加国际数学竞赛,中国中学生的成绩令世界瞩目。但近年来,由于数学竞赛活动被功利化,受到社会舆论的围剿,眼看稀少珍贵的数学智优生教育资源危机重重,华东师大数学系于2008年成立"国际数学奥林匹克研究中心",把全国最优秀的数学竞赛指导老师聚集在一起,为中国的未来数学爱好者保留一席学习园地,为中学生的国际交流保留一个通道。这项工作受到国家自然科学基金委、中国数学会普及工作委员会、国家数学奥林匹克委员会、华东师大和很多重点中学领导的支持。

斗转星移,潮起潮落,我校数学教育团队在不知不觉中进行着新老更替。现在活跃在舞台上的主要是60后、70后的中青年,他们大多是新世纪以后入职的,他们都有国外学习经历,见多识广,生机勃勃。这支年轻队伍的学历水平无疑是我们团队发展历史中最强的,他们正肩负着把前辈开创的数学教育事业继往开来的使命。

数学教育团队全家福

前排左起:王继延　刘鸿坤　唐瑞芬　李汉佩　张奠宙　顾泠沅　邹一心　许鑫铜
中排:李俊(左1)　吴颖康(左2)　赵小平(左4)　程靖(右1)
后排左2起:王建磐　忻重义　柴俊　李士锜　鲍建生　汪晓勤

＊本文作者:赵小平,华东师范大学数学系教授。

统计学专业的建立与发展

茆诗松

1983 年 8 月的一天,校长袁运开教授传呼数学系概率论与数理统计教研室主任茆诗松在文史楼草坪见面,告知,今接教育部批复,同意在我校设置"数理统计专业",并即刻办理招生与教学事宜。袁校长还告知,我们已与数学系商妥,数学系今年已招三个班120人,现分一个班为数理统计专业班。茆问是否要征求学生同意,袁校长说:"按此发录取通知书,进校后若有异议再作适当调整。"9 月新生入校,进入数理统计班的 42 名学生无一提出异议,另有一名数学专业新生要求进数理统计班也获数学系同意,他们欣然接受这个新专业。就这样,数理统计专业在我校宣告成立。

背景

统计学是古老学科之一。新中国成立后在我国高校中先后设立了 100 多个统计专业,但都是按苏联计划经济要求建立的。他们认为"统计学是社会科学,有阶级性","抽样是唯心的",抽样调查被禁止使用,数据全部按政府系统由下而上一层层上报和汇总。这种统计专业已不能适应市场经济的需要了。在西方各高校中早已没有此种统计专业。这是因为在 19 世纪末和 20 世纪初,随着工农业的发展,近代数学进入了统计学,对统计学的基本概念给出了精确的描述,总体被描述为一个分布,样本被解释为一组相互独立的随机变量。统计学被认为是方法论,在经济领域和工农业生产中都可使用。思想解放了,各种统计思想产生了,各种统计方法逐渐被开发出来并不断完善。它们是参数估计、假设检验、试验设计、抽样调查、回归分析、多元分析、时间序列分析、决策函数、贝叶斯统计、非参数统计等。这些统计方法内容异常丰富、方法别具一格、思想不断升华。就这样,西方把政府统计推进到推断统计,大大促进了西方的工业、农业、军事和科学技术的发展。日本工业在短期内能赶超美国,统计方法是助了一臂之力的。可在西方仍然把推断统计称为统计学,而在我国,为了与强力的政府统计区别开来,把推断统计称为数理统计。

为了适应社会需要,西方纷纷成立(数理)统计系。世界第一个统计系是 1900 年在英国伦敦大学建立的,随后几十年中又先后建立了 45 个统计系,在美国几乎所有高校都设立统计系。它们招收了大量的本科生和研究生,并普遍为外系开设统计课程,教材也有深浅不一的版本。他们的学生很容易找到工作。英国的一份联合招生广告说:"一个系统训练过的统计学家的职业技巧能够被社会各部门采用的机会就像医生对人民一样。"就是在经济危机时期,统计毕业生也容易找到合适的工作。

相比之下,我国在这方面还较落后。新中国成立之初,从国外回来的统计学博士全国仅有屈指可数的几个人,他们是:许宝騄(北京大学)、徐钟济(中国科学院)、魏宗舒(华东师大)、戴世光(中国人大)。当时百废待兴,无暇顾及统计学的发展,无一本教材,全国无一所高校开设"概率论与数理统计"课程。直到 1956 年"向科学进军"时,北大率先开设此课,我校是在 1959 年成立"概率论与数理统计教研室",并开设此课的,内容以讲概率为主,统计学时不到三分之一。

申报

在上述调查的基础上,茆诗松等教师向数学系和校长提出设置数理统计专业的想法,立即得到数学系与校长的支持,并于 1980 年 12 月由学校向教育部提交《关于我校数学系增设"数理统计专业"的报告》。当时我们概率论与数理统计教研室有教授 1 名,副教授 2 名,讲师 9 名,除完成正常的教学任务外,先后为国内一些工厂、研究所用统计方法解决了一批实际课题,譬如军用橡胶件的配方,合金钢与玻璃膨胀系数的匹配,抗菌素新菌株的选择与确定新工艺参数等问题。为推广试验设计方法,1975 年,以上海市科学技术交流站的名义组编了《正交试验设计法》一书,由上海人民出版社出版。我们还利用暑假为部分高校教师举办多次数理统计大型培训班(每次百人以上)缓解国内师资缺口。

茆诗松(中)与郑伟安(右)、周纪芗(左)在讨论

在 1980 年前后我们还接受了两项任务。一项是经教育部特批录取自学成才的青年郑伟安为数理统计专业的研究生,由魏宗舒教授和茆诗松、何声武组成指导小组。经郑伟安的刻苦钻研,两年完成毕业论文,通过答辩,后经校学位委员会第一次会议批准授予硕士学位。之后又在法国获得法国国家博士学位,被学校评为教授,被国家学位委员会批准

为师范院校教师办班的我系部分教师

左起：茆诗松 周纪芗 魏宗舒 何声武 吕乃刚

为第一批博士生导师。

　　另一项任务是受高等教育出版社委托，为师范院校数学系学生编写《概率论与数理统计教程》。该书由魏宗舒教授主编，汪振鹏与吕乃刚为主协助编写，此外周纪芗、林举干、王玲玲也参与编写了部分章节。该书把离散分布与连续分布分章编写作为特色，适应师范性特征，1983 年出版后很受欢迎，年年重印，选用学校逐渐增多，至 2008 年共加印 38 次，发行 40 多万册。后经汪荣明和周纪芗修订，又印刷出版了 10 多万册，至今还在使用。与此同时，全教研室教师还共同编写了《概率论与数理统计习题集》，也由人民出版社出版，供教学之用。

　　完成上述工作不仅扩大了影响而且也充实了自己。

实现

　　申报设置数理统计专业的报告送至教育部后的两年多时间内毫无声息，其间我们多次去教育部问询，答复是：这是非师范专业，你们回去努力去办好师范专业。我们回答说，我们还有余力，多为国家办新专业，为国家多培养一些急需人才，希望考虑教师的积极性。最后的答复是："回去等待吧！"看来我们之间在认识上还存在差距。

　　在等待的同时，我们教研室的教师，主动到工厂去普及数理统计方法，为提高产品质量和产品的可靠性做了不少工作，受到工厂和市经委的重视，同时也形成了研究方向：试验设计与可靠性统计。当时上海市经委质量处与数学系商量从 1982 年开始开办二年制全脱产的数理统计职工专修班,一共办了四届。毕业生中有的成为上海市技术监督局的处级干部,不少成为企业质量管理部门的骨干。

我们等了两年半之后,1983年发生了两件事,终于等到了转机。

1983年初教育部科技司下发了一个通知,征询国际上新兴学科发展情况。我们得知后就看到上下沟通的机会来了。我们努力收集英美在统计学上近期迅速发展的情况(见前所述),还指出,统计已成为西方社会上的一种职业,特别在工业、经济和制药业的需求很大。相比之下,苏联仍处于保守思潮之中,很难摆脱"统计学是社会科学"的束缚,但还是有一些进步,编辑出版了一些西方数理统计书刊,出版了《工厂实验室》、《经济与数学》等杂志,定期发表一些数理统计研究与应用的文章,又先后制定了在工业中使用的统计方法标准62个(至少)。看来,各种统计方法已较为广泛地应用于苏联的工业界。我们将上述情况详细地写成《数理统计情况的调查报告》,并以魏宗舒、茆诗松、周纪芗、吕乃刚联合具名寄到教育部科技司,那是1983年4月20日的事。没隔多久,该司把此调研报告铅印发送至教育部各司局和有关高校,我们也收到一份。这份报告为上下沟通认识起了桥梁作用,也为在我校设置数理统计专业作了舆论准备。

另一件事发生在1980年,那年国际统计学会召开年会,首次邀请中国统计学会派人参加。在中国有两个统计学会:一个是"中国统计学会",挂靠国家统计局,半官方性质,财大气粗,下属一百多所高校中的统计系(与教育部商定)都由它管理,专门从事政府统计研究和人才培养。"四人帮"被打倒后开始与国际统计学会建立了联系。另一个是"中国概率论与数理统计分会",是中国数学会下的一个分会,挂靠中国科协,是民间纯学术团体,靠会员费维持正常活动,与国际统计学会无任何联系。当时年会通知下达到中国统计学会,他们派局长带队和两名官员参会。在会议期间,许多外国统计学者都主动示好,问到中国著名统计学家许宝骙教授(北京大学教授,1910—1970年)的情况,三位代表表示惊讶,答不上来,他们根本不知中国还有这一位世界著名的(数理)统计学家,这很有损于我国形象,本可以加分的事变成减分的事。让三位代表更感慨的事是大会学术报告中大多数(80%以上)内容都听不懂,似乎到了另一个世界,因为大会的学术报告大多涉及数理统计。三位代表回国后很有感触,对国内统计界作了研究,他们发现,在国外统计学与数理统计是一家,可在中国被人为地分为两家,这种落后现象迫切需要解决。从这时开始中国统计学会开始吸收少量数理统计学家参加学会工作,在国内财经院校统计系开始允许讲授西方统计学(他们这样称呼数理统计)。后来他们深知需要经过系统的西方统计训练的大学生参加抽样调查和数据分析等工作,这方面人才在统计局系统缺口较大。国家统计局与教育部商定,由国家统计局出资2×300万元资助两所高校(后定为复旦和南开)建设西方统计学专业。

上述两件事使教育部认为在高校设置数理统计专业的时机成熟了,故在 1983 年 8 月决定在华东师大、复旦大学和南开大学设置数理统计专业,并即刻招生。这就发生了本文开头的一幕。消息传到教研室,教师们兴奋异常,3 年的奋斗终于有了结果,从此"政府统计"一统天下的局面冲破了。第 2 年(1984 年)北大也获准设立数理统计专业,在这几年内,教育部先后批准全国 11 所高校设立数理统计专业。统计学在中国大地上获得了新生,我们将在祖国四化建设中耕耘新的天地。

课程设置

专业批准了,课程如何设置呢? 复旦和南开的数理统计专业是为统计局服务的,毕业生将来要去各级统计局工作。我们无此约束,我们要为全社会服务,为工厂、研究院和各类学校培养合格的统计人员和教师,他们不仅可去各级统计局工作,还可去政府各机关和计算中心工作。根据这些想法和英美统计系的样本去设置本专业的课程。

一天茆诗松在丽娃河桥上遇见曹锡华教授(数学系系主任),他告诫我们:"我支持你们办数理统计专业,但你们不要对新生减弱数学分析与高等代数两门课的基本训练,这是他们能否再深入发展的关键,而且一、二年级是学习掌握这些基本工具的最好时机,错过了就再也没有机会了。"我们教师都同意曹先生的一片忠告,数学分析与高等代数两门课与数学系新生同堂上课,使用同一张考卷。一年级下学期还一面学描述性统计,一面学计算机的编程,后来还进一步学有关的统计软件,二年级开始学习概率论、数理统计,三、四年级学习常用的统计方法,并将统计软件贯穿其中。此外,还开设经济学、管理学等课程。这些课程的设置为学生将来就业和考研做好了准备。多年试行下来,这些想法基本可行,学生就业状况很好,一年比一年好,不愁找不到工作。数理统计为第一志愿被录取的新生逐年增加,如今新生全是第一志愿录取的。社会了解了我们,这是对我们最大的鼓励。

独立成系

数理统计专业成立后遇到的第一个矛盾就是成果的评价问题。数学传统的评价标准是形式逻辑推理,谁能解难题谁的水平就高,难度愈大水平愈高。统计不仅要看推理能力,还要看归纳能力,更要看解决实际项目的能力。对实际项目谁能提出新的统计思想和统计方法解决它谁的水平就高。两种评价标准在教师升等考核中经常会发生碰撞。为了避免此种碰撞,使数理统计专业能健康发展,我们提出从数学系分离出来,独立成系,直属校部领导。这事得到校和系领导的支持。由于成立专业要教育部批准,而成立系只要校部批准即可,因为系只是管理机构。就这样数理统计系(简称数统系)于 1984 年 12 月宣告成立。恰逢茆诗松作为访问学者出国,系主任暂缺,副系主任周纪芗主持工作,1986 年茆诗松回国后被任命为第一届系主任。

数理统计专业与数学专业是否一定要分开设系呢? 这在国内尚有不同看法,可在国外都倾向于分开设系,这对统计发展有利。英国统计学家 G. Box 有一句名言:"统计离数学愈远愈好。"当年学校给 Box 的统计系有两个去处:一个在数学楼,另一个在计算机楼。Box 讲了上面这句话后,我们选了后者。我们理解 Box 的意思是按数学思维方式是办不好统计系的。在西方是如此,在我国也可能是如此。这一想法在我国实践中也逐渐被接受。

离开数学系后,统计系应该如何办? 这是需要在实践中不断探索的问题。中国这么大,需要是广泛的,不能只有一个模式,要百花齐放,要以我国实际为背景,努力开拓新的统计方法和理论,办出特色来,把根扎在中国大地上,不能把根扎在外国文献上。

设立编辑部

几乎在数理统计专业设置被批准的同时(1983 年),又传来《应用概率统计》杂志获国家出版局批准的消息,并且要求在一年内出版创刊号。这在当时被称为"双喜临门"。大家欣喜如狂,但又感到责任重大,要让概率统计的研究在我国大地上活跃起来。

这事的来龙去脉是这样的。"四人帮"被打倒后,思想得到解放,与西方交流日益增多,发现我们与西方的差距很大,特别在统计学研究方面,国外仅统计学方面就有数十本专业刊物,每年发表大量研究论文,新思想与新方法不断涌现。为了推动概率论与数理统计在我国的发展,同行们都认为在我国需要有一本概率与统计方面的学术刊物,作为一个学术交流园地,发表我们自己的研究成果。为此在中国概率统计学会的历届年会上都要讨论,特别是老一辈概率统计学者很关心这件事,想用他们的影响做成此事。我系魏宗舒教授也特别积极,经常与我们商讨此事。做成此事的关键在于两点:一是申请刊号,另一是筹办经费。在 1982 年的学会年会上讨论终于有了共识。北京的同行负责申请刊号,他们想通过中国数学会与中国科协向国家出版局申请刊号,这是一条最快也是最容易实现的路径。另外,由华东师大筹办编辑部,并请魏宗舒教授出任主编。回校后,我们向袁校长作了汇报,袁校长很支持,这对发展我校数理统计专业十分有利,经过讨论,袁校长答应了几点:校部给编辑部一个专职编制;编辑部设在我校数理统计系内,其开办经费由师大支付;杂志发行后的亏损经费师大支付一半,另一半请学会设法解决。学会对师大的支持表示十分感谢。这样一来,万事俱备只等刊号批文早日下达,就可以开始行动了。不久,北京来电告知,刊号(CN-1256)已经批下,为季刊,要求在一年内出版首期,否则刊号无效,请速办理出版事宜。我们得知后也很兴奋,这可以使我校概率论与数理统计在全国形成这方面的研究中心之一。

为了尽快使《应用概率统计》在上海能如期出版,我们加速工作。一面向上海出版局登记,获得在上海出版的认可,一面筹办编辑部,在当年毕业生中留一名专职编辑,并请何声武教授任编辑部主任,筹办征稿、印刷、邮局发行、封面设计等工作,该刊由华东师大出版社印刷与出版。不幸的是魏宗舒教授突然被涉及一案子,当时尚未了结(后因事实不清、证据不足,上海法院决定销案归档,永不再提,学校也恢复其名誉),袁校长告诉我们,在案子尚未了结的情况下,让魏宗舒教授担任主编不合适,请转告学会另请主编,但师大已答应的事项不变。后学会尊重师大的意见,改请北大江泽培教授出任主编。以后形成惯例,主编由学会指定,师大出一个副主编主持日常工作,编辑部全由师大统计系负责。

1985年8月,经过大家的努力,尤其是何声武教授的努力,《应用概率统计》杂志创刊号终于出版了,得到国内外的好评,发行量逐年增加后趋于稳定。困扰我们的最大问题是每年亏损二万元如何补足。我校科研处拨款一万元,另一半的经费学会来源得不到按时汇达,因此我们在上海也到处寻找资助,其间上海翻译出版公司资助4年,上海质量协会资助3年,上海的一个公司也资助了2万元,以后又收取版面费,就这样杂志渡过了难关,此时华东师大出版社也发展壮大了,以后的亏损全由出版社资助。亏损问题终于有了归宿后,才考虑增加稿费,改善印刷纸张质量等问题。该杂志至今(2014年)已出到第30卷,每卷4期,受到国内广大读者的欢迎。经过大家的努力,该杂志已成为国内核心刊物之一。华东师大统计系也更为壮大了。

出版教材

改革开放以来,随着经济的发展,需要大量经过系统训练的数理统计人才。近几年教育部已在一些高校设立该专业,为了促进数理统计人才的培养,迫切需要解决专业教材的问题。教育部于1984年在杭州召开数理统计教学座谈会,会上除交流教学经验外着重指出,组织国内专家编写和出版一套数理统计专业教材是当务之急,并委托我系茆诗松负责此事,还发函请华东师大出版社协助出版。回来就与华东师大出版社商谈,他们表示将鼎力相助,并表示"你们编写一本,我们出版一本"。有了此后盾,我们邀请校内外专家编写一套"数理统计丛书"。从 1986 年开始,先后出版了 8 本教材。它们是:《数理统计》(茆诗松、王静龙),《随机过程导论》(何声武),《回归分析》(周纪芗),《试验设计》(王万中),《非参数统计》(陈希孺、柴根象),《实用多元统计分析》(方开泰),《时间序列分析》(安鸿志),《基本统计方法教程》(傅权、胡蓓华)等。这套教材出版后受到教师欢迎,很多学校选用,解决了应急之需。

虽然这套教材的编写与出版解决了新专业教材的燃眉之急,但是社会需求是多方面的。随着我国四化建设的展开,非师范专业、经济管理类专业及其研究生纷纷提出开设各种统计课程的需求,市场上各种统计方法的书也多了起来,我系教授也受到各方面的邀请,编写了 20 多种各级教材与专著。

我系教师能编写这些教材与专著不仅是多年科学研究的成果,也是教师深入实际的成果。书中大量例子都是教师解决实际问题的浓缩。如《抽样调查的方法和原理》、《质量管理统计方法》等书都是作者长时间深入实际和深入思索的结晶,一些概念和结论都通过生动的事例获得更好的解释。其中一些教材还获了奖或被推荐,如《概率论与数理统计》2002 年获教育部优秀教材一等奖,《高等数理统计》被推荐为全国研究生教材等。

这些教材与专著的出版不仅壮大了我系师资队伍,而且也丰富了教学内容,提高了教学质量。其中不少书还出了第二版或第三版,至今还在社会上流通使用,社会影响较大,很受广大教师与学生的欢迎。

人才培养与科学研究

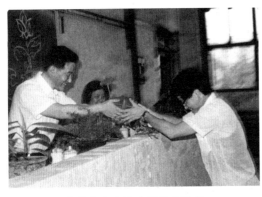

茆诗松为本科生授毕业证书

我系"概率论与数理统计专业"都是首批被批准为硕士点和博士点的,还与数学系合建博士后流动站。30 多年来已培养 6 名博士后,50 多名博士生,500 多名硕士生,1 400 多名本科生,100 多名二年制专修科毕业生。如今他们大部分在祖国的高校、银行、证券、保险、咨询公司、调查公司、统计局、政府机关、各企业实业界等行业工作,很多成为各单位的骨干、教授、院长、系主任、博士生导师、公司总监、总经理等,为国家的发展作出贡献。还有一部分人出国深造,其中已有部分回国担任要职。

1987 年我系数理统计专业被国家教育部确定为高等学校重点学科,这是对我系科研成果的一种肯定,也推动了我系的科学研究,我系随机过程、多元分析、可靠性统计、应用统计等方向在全国也处于领先地位。

1994 年申请的保险学专业获教育部批准,当年就招收本科生。保险学中很多问题与概率统计有关,这些问题的研究可以推动概率论的发展。我们看到这一点,就申请在我系设立保险学专业,并确定以精算和风险管理的研究为主要方向。学生的就业形势也很好。

1986 级硕士毕业合影
前排左起:吕乃刚　茆诗松　魏宗舒　林举干　何声武;
后排左起:张雪野　周玉丽　　右起:周纪芗　蒋戚宜

自统计系成立后,教师们申请了多项国家自然科学基金、国家社会科学基金、教育部博士点基金,在随机过程、随机分析、多元分析、可靠性统计、抽样调查、试验设计、风险评估、质量管理等方面获得一批研究成果,包括我们培养的学生留校当教师后也是成果丰硕。如茆诗松与王玲玲参加了可靠性的多项标准的制定工作,其中"寿命试验和加速寿命试验数据处理方法"1980 年获电子工业部科技成果一等奖、国防科工委重大技术改进成果二等奖,"彩色电视接收器综合标准化"1990 年获电子工业部科技进步一等奖,"正态分布区间估计系数表"1992 年获航天部科技进步二等奖,何声武等的"半鞅与随机分析"1995 年获国家优秀图书特别奖,梁小筠参加的"上海市人口抽样调

查与方法、体系及应用研究"于 1998 年获国家统计局科技进步一等奖等,我系培养的
研究生郑伟安的"随机分析及其应用"1987 年获国家自然科学三等奖,濮晓龙等的"现
代鉴定试验理论方法研究"于 2006 年获全军科技进步一等奖,汪荣明的"破产概率中
若干问题的研究"于 2004 年获上海瑞士再精算科学奖二等奖等。

名称变迁

概率与统计是两个研究方向,其联系密切,在我国又常融为一体,相互促进。1990
年前后,一些同行教师提出,若用"数理统计专业"名称那把概率论放在什么位置呢?
为调动概率论方向教师的积极性,他们向教育部提出建议把"数理统计专业"改为"概
率论与数理统计专业"。当时教育部理科司向我们征求意见,我们认为:统计是一种
职业,突出统计是为了以后大学毕业生更容易找到合适的工作,这并不影响概率论的
研究,硕士与博士专业仍然可称为概率论与数理统计。对两种不同意见,教育部特地
在北京师大召开了一次专业名称讨论会,会上两种意见充分表述。后在教育部理科司
同志的协调下双方妥协,专业定名为"统计与概率专业"。又过了几年,教育部要调整
专业,过窄的专业要合并,在专家会议上决定使用"统计学专业"这一名称,并把它作为
一级学科(与数学并行),下设两种学位,在财经院校可授"经济学学士",在理科院校可
授"理学学士"。他们都学数理统计和计算机统计软件,但后续课程可有所侧重。我们
仍向理科方向培养。不久我系教师大会上通过,与教育部同步,把专业名称改为"统计
学专业"。这一名称一直沿用至今。

统计系成立至今已有 30 年了,三十而立,目前已是五脏齐全的系科。它的成长过
程步步艰辛,但我们乐在其中。在校部的领导下,全体教师团结一致,尽心尽力,一步
一个脚印建设统计系。能如此发展是顺应了我国建设的需要,也跟上了世界学科发展
的步伐。统计系的老教授们看到这一成长过程心里都得到了安慰,我们为华东师大的
建设添了一块砖。如今统计系已汇聚了更多的人才,设立了很多研究项目,众多大学
生、研究生会聚一堂,学校里还专门盖了一幢统计楼,统计系会愈来愈兴旺。

＊本文作者:茆诗松,华东师范大学统计系教授。

"精密光谱科学与技术"
国家重点实验室的建立

丁良恩

激光的发明及其在光谱学中的使用,使得在物理学和科学技术发展中起重要作用的光谱学发生了革命性的变革。半个世纪以来,已在该研究领域内颁发了多次诺贝尔奖。身处华东师范大学的从事光学和光谱学教学和研究的三代人,始终注视和瞄准着光谱科学和技术的发展前沿,在一段时期的特殊政治环境和非常艰苦的条件下,作出了许多正确的判断,采取了诸多有效的措施,从跟踪到创新,迅速地从传统光谱学研究跃入到激光光谱学研究,再进入到精密光谱学研究阶段,取得了国内外同行瞩目的成果,并以正确定位、鲜明特色、丰硕成果和充满活力的队伍等优势,于 2007 年进入令人向往的国家重点实验室行列。

奠定分子光谱学的坚实基础

我校光学学科创始人为我国著名光学和光谱学家郑一善教授。当获悉中华人民共和国即将成立之际,身在美国深造和任教的他,为报效祖国和振兴国家教育事业,毅然于 1949 年返回祖国,在我校建立了分子光谱学教研室、研究室,积极开展了分子光谱学、红外光谱学等方面的研究,并撰写了我国第一本分子光谱学方面的著作《分子光谱学导论》,在该领域内起到了很好的推动作用(详见华东师范大学出版社出版的《师魂——华东师范大学老一辈名师》,第 346 页)。在郑先生指导下,一批二三十岁的青年教师黄贡、林远齐、郭增欣等自行设计和研制了红外分光光度计和长度为 10 米的多程吸收池等研究分子光谱的重要仪器设备。前者还

郑一善教授 80 寿辰留影

获得了教育部颁发的奖项。"文革"期间,仍努力坚持开展艰苦的研究工作,例如承担了国防科工委下达的激光大气传输研究项目,随后又将高灵敏分子光谱技术应用于大气环境监测领域,开展了大气远程污染监测的研究,并获得了上海市政府重大科技成果奖项。这些先期的奠基性工作不仅取得了一批很好的成果,而且培养了一批长期在该领域内从事创新性研究工作的青年。

开启激光光谱学的大门

改革开放的春风使大家深感再也不能闭关自守了,必须迅速培养一大批能从事创新性研究的科技人才,并尽快赶上国际科技先进水平,必须聘请国际顶尖的科学家来华指导科学前沿研究。郑一善于 1979 年邀请了激光发明人之一、激光光谱学开创者、美国斯坦福大学教授 A. L. Schawlow(肖洛)来我校进行半个月的讲学和访问。这在当时我国的光学界引起极大轰动。来自北大、清华、北京物理所、复旦大学、上海技术物理所等高校和研究所近 90 位教师和研究人员听取了他的激光光谱学系列讲座。他对激光和激光光谱学细致的讲解、创造性的科学思维以及严谨的治学态度让大家感受到一股春风迎面而来,开阔了眼界,打开了思路,真是受益匪浅。从一个侧面映射出科学春天的来临。肖洛教授被聘为我校名誉教授。1981 年肖洛获诺贝尔物理学奖。1984 年肖洛再度在我校举行了系列讲座,对我国和我校激光光谱学的研究和发展,起到了极大的推动作用。

激光光谱学讲习班全体人员与肖洛教授夫妇合影

　　改革开放后,在郑一善教授推荐和物理系领导支持下,沈珊雄、夏慧荣和严光耀等青年教师率先走出国门,赴美国斯坦福大学和加州大学作访问学者,接着又有多名青年教师先后分别赴美国、德国、加拿大、意大利等国的世界知名大学和研究机构进行进修和合作研究。他们的足迹几乎遍布了国际顶尖的光学与光谱学实验室,其中包括:美国斯坦福大学的肖洛实验室、美国国家标准局的 Hall 实验室、美国加州大学的沈元壤实验室等,他们在国外如饥似渴地吸收新鲜养料,不分昼夜地辛勤工作,取得了出色的研究成果,得到了杨振宁、肖洛等著名科学家的高度赞扬,并见诸媒体报道。肖洛向杨振宁介绍说:“他们开始的几个月是熟悉有关仪器和课题,而后就很快独立开展研究工作。”他还在向世界银行贷款办的报告中指出:“这些教师的职称还很低(注:因“文革”的历史原因,时任助教),但他们的水平和能力至少与美国的副教授相当。”呼吁提高他们的职称和改善工作条件。1981 年,肖洛教授以激光光谱学的出色的成就获得了诺贝尔奖,在其获奖演讲所包含的研究成果中,列出了夏慧荣、严光耀等与其合作完成的 3 篇重要论文,涉及双光子光谱新规律及高分辨激光光谱新方法,他们为获奖涉及的有关成果作出了一定的贡献。1982 年郑一善应邀在美国第 38 届国际分子光谱学会议上作了题为“华东师大分子光谱学研究的进展”的大会报告,受到了与会学者的高度关注。

分子非线性激光光谱学的创新研究

　　进入 20 世纪 90 年代后,在以王祖赓、夏慧荣等为代表的一批学成归国的学者带领下,大家积极开展了分子激光光谱前沿研究,开拓了新的技术途径,发现了诸多新规律和新机制。值得记忆的是,鉴于当时实验室经费和实验条件的限制,许多实验都是在老师们自制的小型激光装置上进行并完成的。当研究成果投稿到国外杂志时,外国学者提出了为什么运用这么低输出的激光功率来进行高要求实验的问题,当他们得知我们当时的具体情况时很为感叹。随着工作条件的改善,研究工作得到快速深入,创新性成果不断涌现,并逐步形成了高激发态、高分辨、高灵敏分子光谱学的研究特色。在深入开展分子非线性激光光谱学研究的基础上,王祖赓和夏慧荣教授等总结了所开展的分子激光光谱效应的研究成果,包括所发现的分子高分辨双光子光谱的新规律和新机理、多种产生新的受激和相干辐射的新机制、统一的理论处理等,撰写了英文专著 *Molecular and Laser Spectroscopy*(分子光谱学与激光光谱学),并于 1991 年由国际著名的 Springer 出版社出版。这是中国学者在该出版社出版的第一本物理学方面的专著,肖洛教授专门为该专著作序。相关研究成果“分子非线性光谱效应”获得了国家教委科技进步（甲类）一等奖（获奖人为王祖赓、夏慧荣、秦莉娟）。在分子量子干涉效应的实验研究中也取得了突破，并于1999年获国家自然科学三等奖（第二单位）。与此同时，还将研究工作拓展到与相关高新技术和应用紧密联系的前沿领域，例如：实现了光外差灵敏光谱方法、构建了刚属起步的量子保密通讯的实验装置等。

经历二三十年的建设，当年一支年轻的研究队伍已磨练成一支富有研究经验的中年学术带头人和重要的研究骨干队伍。他们在基础科学研究中富有创新思想，敢于在

王大珩院士视察实验室

学科前沿开展挑战性研究，同时又能在技术和应用研究中取得显著成果。正如前全国科协主席和光学学会理事长王大珩院士在视察实验室后所写："我高兴地看到一个富有朝气的光学研究室……造就了一批既有科学思想又能实际动手的科学工作者。"前国家自然科学基金会主任张存浩院士题词："从你们的实验室，我看到了基础科学研究的威力，涓流将扩展为大江大河。"

在精密光谱学方向上的攀登

基于光场精密控制的现代精密光谱学和测量技术提供了其他研究手段和技术平台尚无法达到的频率—时间及空间的超高精度、超高分辨率和超高灵敏度，它已成为发展重要前沿和高新技术及其应用的基点和关键。

以马龙生为代表的一批研究人员在该方向作了长期艰苦攀登，在自主创新研究和长期国际合作中取得了卓越的创新研究成果。早年，马龙生作为第一申请者，在光外差光谱技术方面先后获得了多项美国专利。随后，在光场时—频域精密控制、光学频率梳研制、光外差—磁旋转—速度/浓度调制光谱技术等多个最前沿的研究方面取得了极具创新性的研究成果。特别是用自制的飞秒激光光梳会同国际计量局和美国国家标准局等所研制的飞秒光梳进行了比对，得到频率测量精度达 10^{-19} 的最好结果。研究结果发表在 Science（2004年）上，引起了国际上高度重视，获得了广泛好评。上述部分成果获得了2005年上海市科技进步一等奖和2006年国家自然科学二等奖（获奖人为马龙生、毕志毅、陈扬骎、杨晓华）。值得记叙的是，2005年美国国家标准局实验室（JILA）John. L. Hall 以精密光谱学的成就获得了诺贝尔奖，马龙生先前长期参与

了其中有关研究,并有两篇合作论文在该诺贝尔奖公告中被引用,为获奖涉及的有关成果作出了一定的贡献,并被邀出席了2005年度诺贝尔奖颁奖典礼,2010年6月马龙生获得了由IEEE‐UFFC‐IPCS每年度评选的国际Rabi奖,以表彰他"在发展光钟、飞秒激光光谱和将光学频率测量精度推进到19位方面作出的决定性贡献"。

马龙生与 Hall 博士在诺贝尔奖颁奖典礼上的合影

新一代学术带头人及新的征程

长江后浪推前浪,20世纪成长起来的学术带头人和研究骨干已进入二线和退休阶段,他们不仅在实验室建设和发展关键时刻作出了不懈的努力和卓越的贡献,而且以宽阔的胸怀、不失时机地引进和培养了新一代的学术带头人和研究骨干。例如曾和平(国家杰出青年、长江学者、终身教授)、张卫平(国家杰出青年、长江学者、终身教授)、张增辉(千人计划)、印建平(终身教授、上海市优秀学科带头人)、黄国翔(终身教授、上海市优秀学科带头人)、徐信业(上海市优秀学科带头人)和孙真荣(上海市优秀学科带头人)等一批优秀学术带头人,已传承了实验室求实创造的传统,成为实验室新的建设和发展的中坚力量,开拓和发展了实验室的研究方向(例如时—频域精密光谱学、原子分子精确调控光谱学、单光子操控和深测技术等),凸现了三高(高分辨、高精度、高灵敏)精密光谱学的特色,并取得了一系列创新研究成果。实验室建设和发展进程中始终得到中科院上海光机所徐至展院士的关心和直接指导。徐至展院士长期担任我们实验室的学术委员会主任,在把握实验室发展方向和队伍建设上起到至关重要的作用。学校特别聘请了徐至展院士为双聘院士和终身教授。在2007年新建的国家重点实验室中，曾和平教授为实验室主任、徐至展院士为学术委员会主任。由此，"精密光谱科学与技术"国家重点实验室这艘新的航船开始了任重而道远的新征程。

※本文作者：丁良恩，华东师范大学"精密光谱科学与技术"国家重点实验室研究员。

亮丽的核磁共振学科

杨 光

2015年8月,华东师范大学"上海市磁共振重点实验室"承办的第19届国际磁共振大会在中国上海举行。国际磁共振学会(ISMAR)每两年举办一次的国际磁共振大会是国际磁共振领域最重要、最高水平的全球性学术会议之一。该会议首次在中国大陆召开,吸引了来自30多个国家的近700位科学家参会。从2013年代表中国通过竞争击败对手获得了会议的举办权,到今年成功地举办了会议,既反映了近年来我国磁共振事业的迅速发展,也映衬了实验室科研水平和国际影响力的提升。实验室能有今天的局面,是几代人共同努力的结果。实验室的发展过程,也是我国科技发展的缩影。抚今追昔,令人感慨,发人深思……

一鸣惊人,打造中国第一批核磁共振波谱仪

提到华东师大核磁共振专业的发展,就不能不提专业的创办人邬学文先生。1952年,邬先生于上海交通大学毕业后,进入华东师大物理系的普物实验室工作。1958年,大跃进开始,在国家"向科学进军"的号召下,大家开始寻找"放卫星"(1957年苏联人造卫星上天,当时把做出有重大影响的成果都比喻为"放卫星")的途径。系里陈涵奎搞微波测量线,匡定波搞水声探测器,还有人搞核物理仪器等。邬学文也积极向国内的专家学者咨询,探索专业发展道路。后来,在华东纺织工学院程守洙教授的建议下,决定将当时国际上发现不久的核磁共振现象作为突破口。

要研究核磁共振现象,首先要有核磁共振波谱仪。当时,国内没有,也无法进口核磁共振波谱仪设备。邬先生头脑灵活、动手能力强,决定自己搭建核磁共振谱仪。他和黄永仁、章群、潘麟章等夜以继日地共同努力,终于建立了我国第一台自己制造的连续波宽谱线核磁共振波谱仪。虽然是电子管式的,北京大学等都没有搞成,而华东师大搞成了,名声大噪。以此为契机,物理系于1960年成立波谱教研组(305教研组),邬学文任主任。时任系副主任的杨希康非常支持波谱专业的发展,迅速组织精兵强将充实波谱教研室的力量,集中了黄永仁、章群、潘麟章、卫干霖和实验员赵锦乾。他们

或具有坚实的理论基础,或具有很强的动手能力。1960 年,第一次招收波谱专业三年制研究生班,有马利泰、钟心懋等 4 名研究生。1961 年,北大毕业的王东生来加盟,陈家森到苏联留学专攻电子自旋共振。至此,我校波谱学科初具规模,和厦门大学、北京大学以及武汉数学物理研究所等单位一起,成为我国核磁共振事业的发起单位。

教研组成立之初,可谓一穷二白,要设备没设备,要教材没教材。但当时创建专业的元老们并没有气馁,凭着对事业的热爱,开始白手起家建设专业。没有教材,一方面向兄弟单位求助,引进了北大相关专业的部分教材;另一方面,自己组织力量翻译俄文资料,编写教材,经过几年的努力,初步完成了波谱专业的课程建设。1964—1965 年连续招收了两届波谱专业本科班。没有仪器设备,就自己动手研制相关的设备。在观察到核磁共振信号后的几年时间里,先后研制成功了"宽谱线核磁共振谱仪"、"自旋回波核磁共振谱仪"及"纯四极共振谱仪"等仪器。可以说,我校核磁共振仪器技术研发的传统特色在当时就初步形成了。

随着波谱教研室谱仪技术的逐渐完善,邬学文产生了要将科研成果转化的想法。这在当时的大环境下,相当难能可贵。经过沟通,时任校党委副书记的杨希康拍板,波谱组与校办厂合作生产"宽谱线核磁共振谱仪"等设备。在波谱专业老师的指导和积极参与下,校办厂的生产很快取得了成功。由于国内同类设备严重匮乏,产品迅速销售了 50 多台,为全国高等院校的近代物理实验创造了实验仪器条件。1964 年,上述产品参加了"教育部科研成果展览会"和"全国工业新产品展览会",展出时间历时 1年。自旋回波谱仪与纯四极共振谱仪获得全国工业新产品展览会三等奖,影响广泛。同期,波谱学专业还针对这些产品的使用举办了多期培训班,华东师大的核磁共振在国内声名鹊起。

在宽谱线核磁共振谱仪研制成功之后,波谱组就试图与上海科学仪器厂合作,研制高分辨核磁共振谱仪。实现高分辨要克服锁场稳频、样品旋转和匀场等多项技术难关,以当时的条件,难度极大。为了完成科研攻关任务,邬学文亲自带领青年教师每天在实验室工作到深夜 12 点。有不少人因为无法承受这样的工作强度和难度,离开了波谱专业,但主要的技术骨干和邬先生一起坚持了下来。1965 年,成功研制出"边带振荡相对稳定核磁共振波谱仪",大大提高了谱仪的分辨率,实现了对化学位移的观测。1965 年,该谱仪参加全国仪器仪表展览会,获得新产品奖。

改革开放,引领中国核磁共振事业复兴的带头羊

正当波谱专业迅速发展之时,"文革"开始了。国家的各项事业遭到了空前的挫

折,我校核磁共振专业也不能幸免。邬学文被扣上"反动学术权威"、"年轻资产阶级代表"等帽子,开始到校办厂的半导体车间接受监督劳动。陈家森老师也成了"修正主义苗子",核磁共振仪的技术研发受到严重冲击。不过,在"文革"期间,波谱专业的老师们仍然坚持利用自己的知识为社会服务。邬学文在半导体车间做半导体测试期间,自己动手做了不少测试设备,对生产的半导体集成电路进行测试;陈家森在"电子工业翻身仗"期间,利用自己的专业知识,对来自服装厂、玻璃厂的工人进行培训,与国毛七厂合作,研发 MOS 集成清纱器。而当时受冲击较小的其他老师,则坚守在物理系,留住了波谱专业的仪器和架构。潘麟章、俞永勤等人研究四极共振探测塑料地雷,而陈越民则利用核磁共振研究白血病的早期诊断……他们都为波谱专业的延续作出了贡献。

1976 年"文革"结束后,陈家森、潘麟章、陈越民和俞永勤等利用当时自制的设备,在医学、生物和国防安全等领域开展科研工作,取得了一定进展,得到了社会认可。在此基础上,他们会同校办厂和上海有机化学研究所,为全国高校举办了两届核磁共振培训班,培训基础理论、实验方法和应用,取得很好效果。中国科学技术大学施蕴渝院士就是我们培训班的第一批学员。1978 年,全国科学大会召开,核磁共振被列为规划发展的重点。物理系领导认为,恢复波谱教研组的时机已成熟,决定请邬学文重新出山,带领大家开展教学科研工作,编写翻译了《波谱学概论》《核磁共振波谱学》《实验核磁共振波谱学》等多本教材。同时,开始招收波谱专业本科生。波谱专业的发展进入了新的阶段。

随着中国的改革开放,对外交流的大门也逐渐打开。20 世纪 80 年代,黄永仁留学瑞士,师从诺贝尔奖获得者 R. Ernst;邬学文到美国布朗大学、麻省理工学院进修、访问。我校的核磁共振专业视野第一次拓展到了国际磁共振界,也直观地感受到了国内核磁共振事业发展与国际先进水平的巨大差距。面对这种差距,1979 年到 1984 年间,面向全国高校和科研院所,开办了 5 届核磁共振讲习班。当时受邀来讲习班讲课的,不仅有北京大学虞福春、医工院易大年这样的国内知名教授,还有诺贝尔奖获得者 R. Ernst 与 J. S. Waugh,A. Pines 等国际核磁共振领域的大腕。后来国内磁共振领域的很多知名学者,如叶朝辉院士、施蕴渝院士等都曾是这些讲习班的学员。可以说,在这个阶段,我校核磁专业为国内核磁共振事业的复兴作出了重大贡献。

随着核磁共振事业的复苏,大家有了研发更高端的核磁共振技术的梦想。1982 年,邬学文组织研发和生产了第二代高分辨核磁共振波谱仪,这一代谱仪采用了半导体和小规模集成电路技术,技术水平比第一代有明显提高。该谱仪先后获得了国家教委优秀科技成果奖、国家经委优秀新产品奖等多个奖项。

当时,袁运开校长等学校领导也非常重视波谱专业的发展,为专业的发展提供了

1982 年诺贝尔奖获得者 R. R. Ernst 来华东师大核磁共振讲习班讲学

不少机会。1985 年,通过世行贷款引进了当时国际上最先进的 MSL – 300 核磁共振谱仪,实验室的设备条件一下子达到了国际先进水平。同时,波谱专业还从南京大学引进了从事高分子材料研究的王源身教授,专门从事核磁共振在高分子物理中的应用研究;黄永仁教授从国外学成归来之后,专门从事核磁共振理论方法研究。我校波谱专业逐渐从以单一仪器技术为主,发展成为兼顾仪器技术、实验方法与应用研究的综合团队。

邬学文在多功能核磁共振波谱仪控制台前(1986 年)

与此同时,实验室恢复招收研究生,并开始培养博士生。1984 年起,邬学文开始担任华东师大副校长、研究生院院长的领导职务,日常事务相当繁忙。但他仍然非常重视研究生的教学,亲自担纲波谱专业的研究生进入专业后的第一门课——"波谱学导论"的教学任务。一周 6 课时的教学,邬学文从来不请别人代课。他的讲解生动形象,注重物理意义,与当时常见的满堂灌风格迥异,激发了很多同学对核磁共振的兴趣。他的一名学生说:"邬先生对物理理论的深刻理解和清晰的表述,使我耳目一新,这些深切的印象,是我后来努力钻研核磁共振的动力……这对我的一生是意义深长的。"这其实也是他众多学生的共同体会。

为了更好地培养学生的动手能力,他也亲自带学生在 MSL－300 上做核磁共振实验。在当时的国民经济的发展水平下,MSL－300 的价格简直是天文数字,但邬学文并没有因为害怕仪器损坏而限制学生使用仪器。反而鼓励学生说:"用来买这台仪器的钱,存在银行里拿拿利息,加上维持仪器运转的钱,每天都有 1 千多元。所以你们在这台机器上学习一天,就相当于赚了 1 千多。"当时研究生一个月的生活补助不过区区数十元,邬先生这个形象的说法,不仅给同学们留下了深刻的印象,也切实激励了学生们努力学习仪器技术。当时华东师大的 MSL－300 可以说是国内核磁共振谱仪中利用率最高的,机器 24 小时运行,无论白天黑夜都有学生在机房里做实验。几年时间里,产生了大量科研成果。大概就是从那时起,实验室就形成了宽松的仪器设备管理体制:只要学生能够通过相关的考核,证明他可以安全地使用仪器,就可以自由地操作仪器。这一传统延续到了今天,培养了一代又一代不但熟悉核磁共振理论方法,也熟悉仪器设备操作,甚至熟悉仪器结构,进而可以参与仪器研发的学生。这个时期的很多学生,后来都成为国内外一些知名公司、研究机构的技术与科研的骨干,其中有不少人,如陈群、李鲠颖、杨光、李建奇、蒋瑜等,后来也成了实验室的中坚力量。可以说,这一阶段的发展为波谱学专业后来先后成立教育部光谱学与波谱学重点实验室、上海市磁共振重点实验室打下了坚实的基础。

为了促进国内核磁共振事业的进一步发展,在邬学文积极推动下,成立了中国物理学会波谱学专业委员会。由于邬学文在波谱专业领域的突出贡献,他在 1988 年至 1996 年期间,担任了中国物理学会波谱学专业委员会主任。

人才辈出,上海市磁共振重点实验室的建立和发展

以邬学文为代表的老一辈,非常重视年轻队伍的培养和事业的传承。早先,邬学文尽力挽留了博士毕业、非常想出国深造的李鲠颖,把他作为核磁共振仪器技术研究方向的接班人;之后,邬学文又亲自写信给在日本留学的陈群,鼓励他回来报效祖国、报效母校。现任华东师大校长的陈群教授至今没有忘记,在一个雨天,他的两位导师——邬学文、王源身教授是怎样冒着雨到机场迎接他从日本归来的。后来,他又说服博士毕业准备去软件公司工作的杨光留校工作。杨光清楚地记得当时邬先生一句话"我不反对你去公司工作,但你能不能不要放弃核磁共振",是怎样在瞬间打动了

他……

1994年,陈群担任了实验室主任,他不仅利用自己的学科交叉优势,在固体核磁共振应用,特别是在高分子材料中的应用方面做出了富有特色的研究工作,还使实验室在项目争取和成果产出方面的表现十分突出,成为学校的亮点。由于他学术影响力和领导水平不断提升,先后担任了多个学术团体的领导工作,以及走上了华东师大副校长、校长的领导岗位。李鲠颖则继承了实验室谱仪技术研发的传统,研发了国内第一代全数字核磁共振波谱仪、第一代全数字磁共振成像谱仪,努力将仪器技术研发及产业化推向新的高度,成为国内磁共振技术研发的代表人物。2005年,上海市磁共振重点实验室成立,李鲠颖任主任。在同事眼中,他是个典型的工作狂,一年365天,至少360天在实验室。遗憾的是,他为了工作,忽视了自己的健康,于2012年英年早逝。杨光则在团队中发挥了骨干作用,不仅研究工作卓有成效,而且担任了实验室副主任。

邬学文与他培养的部分博士合影(1998年)

左起:杨光 陈群 李鲠颖 邬学文 许亮 谢海滨

上海市磁共振重点实验室的成立,把我校的磁共振事业的发展推上了一个新的台阶。实验室引进了西门子3T磁共振成像系统,进行功能磁共振成像的应用研究,吸引了长江学者郭秀艳、国际知名磁共振成像专家Mark Haacke的加盟;引进了包括两台600 MHz宽腔固体核磁共振波谱仪等在内的多台先进的核磁共振设备,引进了Jean Paul Amoureux这样的知名固体核磁专家,引进了姚叶峰、胡炳文等一批年轻有为的青年学者……

目前,我校的核磁共振专业已经形成了核磁共振波谱与磁共振成像兼顾、科学研究与技术研发并重的局面,成为国内核磁共振科学研究、技术研发、人才培养的重要基地。实验室在各个领域中取得了一系列亮丽的成果：

实验室开发了一系列用于蛋白质结构研究的脉冲技术，大幅提高了核磁共振解析蛋白质结构的精确度；

在国内率先使用固体核磁共振技术研究结晶型高分子固体电解质，研究结果有助于促进结晶型高分子固体电解质在锂电池上的应用，从根本上避免锂电池的枝晶短路现象，大幅度地提高了锂电池的安全性；

在功能磁共振成像应用领域，结合行为学任务，系统探索了不公平感、共情、后悔等人类社会心理的调节因素及神经机制，揭示了特定关键脑区在自我相关加工、社会信息整合、社会规则背离探测等方面扮演的角色，发表了一系列高水平论文；

在技术研发方面，实验室与卡勒幅公司合作研发的各种型号的医用磁共振成像系统已经在市场上销售近 80 套，价值过亿元；而孵化的纽迈公司针对不同客户研发了 10 多套不同用途的低场核磁共振分析仪，年销售数千万，已经成为国内低场磁共振领跑者。

实验室已经从几个人的教研组发展成教师、研究生总数近百人的核磁共振科研与人才培养的基地。

负责 ISMAR 2015 组织工作的实验室教师与学生志愿者合影

抚今追昔，不难发现，无论是实验室也好，国内的核磁共振事业也好，都和祖国的发展与命运息息相关，正所谓"国运兴，则磁共振兴"。相信随着祖国的经济繁荣和各项事业的蒸蒸日上，今天振翅欲飞的实验室，明天一定会飞得更快，更高。

* 本文作者：杨光，上海市磁共振重点实验室副教授。

《物理教学》杂志几代人的传承

钱振华

我们学校理科每个系差不多都办有一本教学杂志,比如《数学教学》、《物理教学》、《生物教学》、《化学教学》等等。其中由物理系办的这一本《物理教学》却有点特别,杂志封面赫然写着——中国科学技术协会主管、中国物理学会主办。这两个不同凡响的头衔,标明这是国家一级管办的杂志,怎么就落户在华东师范大学,交由物理系承办呢?今天我们就来说说有关这本杂志几代人传承的故事。

《物理教学》的前世今生

杂志封面显示由中国物理学会主办

《物理教学》杂志最早出刊是在 1958 年,那时我们国家正处在轰轰烈烈的大跃进运动之中。那年在物理系工作的邬学文先生还只是个 30 岁刚出头的青年教师,与其他师生员工一样积极投身到大跃进的洪流之中。响应学校号召,他提出办杂志作为"放卫星",为教学大跃进服务。这一想法很快得到学校、系的支持,杂志也就这样风风火火地办了起来,由时任系主任张开圻教授担任主编。记得这是一本不定期出刊的杂志,大致一季度出一本,主要面向中学教学,当时杂志不多,还是很受中学一线教师的欢迎,每期发行有几千册。这份物理教学杂志办了大概有两年,一共出了有 7 到 8 期。1960 年由于自然灾害等原因,全国各种物资普遍缺乏,文教用品中纸张最缺,为保证大

中小学课本及其他重要报刊的出版,我们这一类杂志决定暂时停刊。说是暂停,以后

多年没有恢复出刊,再后来"文革"开始,当然这类杂志根本就谈不上复刊,亦就无人问津了。

《物理教学》杂志的复刊是到了"文革"结束之后。1978 年刚刚粉碎了"四人帮",为实现四化振兴国家,各行各业都正面临恢复发展的重大任务。科技文教战线进入了科学的春天。大学开始招生,重新恢复高考制度,学校各方面工作正逐步恢复并走上正轨,大家对学校对国家的发展充满着希望与信心。正是在这百业待兴的日子里,还是邬学文提出要恢复《物理教学》杂志,并很快联络了系里的几位同事一起来操办这件事。经联系得到上海教育出版社的支持,决定先出不定期丛刊,再办正式杂志的复刊手续。我还清楚地记得,邬先生邀我参加一起办杂志的事,他说同意参加就先要为杂志写篇稿,我们是办一本同人杂志,大家志同道合办好杂志。当时是不仅没有任何津贴报酬,也不计任何工作量,只是喜欢参加,就业余多做一份工作而已。这本丛刊从1978 年到 1979 年一共办了 7 辑,由上海教育出版社出版发行,由于当时没有其他同类刊物,大家又急于寻找各种书刊学习,求知的欲望非常高,因此刊物一出就很受欢迎。

杂志正式作为中国物理学会主办的期刊,正式定为双月出版的双月刊,那是 1980年的事了。1978 年 8 月中国物理学会在江西庐山召开年会,这是我国物理学界在打倒"四人帮"后的一次拨乱反正的盛会。会议决定恢复教学委员会,并应尽快恢复"文革"前由物理学会出版的为教学服务的刊物,如深受大家欢迎的《物理通报》。物理学会有重视教学的传统,很快理事会决定以学会名义出版有关物理教学的刊物。我系许国保教授与邬学文参加了这次会议,当学会听说上海已出了《物理教学》的刊物,学会就决定委托华东师范大学(当时五校合并称上海师范大学)负责,上海市物理学会给予积极支持。会后,中国物理学会的这一建议,为我们学校接受,双方商定,自 1979 年起《物理教学》作为中国物理学会刊物出版,先不定期出版,编辑部设在华东师范大学。不久中国物理学会确定由我校许国保任杂志主编,我校邬学文、宓子宏,以及复旦大学、同济大学等多名成员为副主编。还有来自全国各地区高校、中学及人民教育出版社的成员为编委,组成一个比较有代表性的编辑委员会。1979 年暑期,中国物理学会在浙江莫干山召开了第一届编委会,会议决定,《物理教学》的读者对象以中学物理教师为主,兼顾大学物理系基础课师生。

杂志刊出内容包括以下几个方面:1. 介绍物理学科新发展、新成就;2. 阐述物理学基本概念、基本规律与教学体会;3. 物理课程教材和教学方法的处理和研究;4. 演示实验、学生实验教学及仪器研制经验;5. 物理学史;6. 国外物理教学情况介绍。

1980 年下半年,杂志被确定为定期出版双月刊,1984 年又决定改为月刊。其中1982 年,由于读者对象人数的不断扩大,学会又决定增办《大学物理》杂志,我们《物理教学》杂志定位为专为中学物理教学服务的刊物。

《物理教学》几代主编的人脉传承

从 1979 年作为中国物理学会期刊开始到 2016 年,我们《物理教学》杂志已经走过了 37 个年头。杂志主编几经更替,首任主编许国保由于年事已高退任后,80 年代后期,由长期担任基础物理教学的原副主编宓子宏教授接替。宓子宏很热心,而且任职时间长,又结合自身专业,对杂志发展作出了十分重要的贡献。不幸的是宓子宏主编于 2004 年病故。在这困难时刻,原校长、物理系出身的袁运开教授虽已退休,临危受命,同意担任主编为杂志把关,而杂志的具体工作则由常务副主编钱振华教授负责。2009 年编委换届,又由钱振华接替主编工作。又经 5 年一届工作,到 2014 年,当年作为最年轻的、仅为助教职称的第一届编委钱振华也年满 75 岁了。经换届,如今杂志主编工作的接力棒又传递给了华东师大现任校长陈群教授手中。老编委到这一届基本已全部退任,新一届编委基本上都是中青年,由基础比较扎实、教学经验比较丰富的大学和中学一线教师担任。

物理学会领导(左 2)向陈群(左 1)颁发聘书(右 1 为钱振华)

《物理教学》的各届主编与全体编委在过去的几十年中,都努力而勤奋地工作,为提高质量更新栏目,大家约稿组稿,亲自撰稿,把杂志办得有声有色,成为这一领域的核心期刊,中国科协的优秀期刊,为提高中学物理教学质量和提高中学一线老师的教学水平作出了贡献。21 世纪初,杂志编辑部与香港数理教育学会还联合编辑出版了英文版的选辑。在这基础上,2004 年上海教育出版社出版了两地合编的《汉英双语物理教学读本》,这本汉英对照的文集对于推进我国的双语教学,提高专业英语的阅读水平作出了有益的贡献。这项工作也极大地扩大了杂志在海内外的影响。编辑部在出版刊物的同时,从 1982 年开始与学会一起召开了"全国中学物理特级教师(部分)会议",到 2013 年共召开了 7 次这样的特级教师会议,为交流经验、讨论问题、提高专业知识,提供了一个很好的平台。为了关心青年教师的成长,在学会与编辑部的共同主持下,举办过 5 届"全国青年教师教学大奖赛",鼓励青年教师钻研教学,相互学习取长补短,不断提高自身的教学水平。这些活动在为教师服务的同时,也扩大了杂志的影响,使《物理教学》杂志在中学物理教学领域,成为一本大家认可、比较有威信的教学杂志,全国年发行量最高时达 14 万册。这些年各地办起的同类杂志多了,加上网络信息的发展,纸质杂志发行量逐年有所下降。不过,《物理教学》杂志现在还是同类期刊中发行数较高的一本。

《物理教学》部分编委合影

办好一本杂志不易,几十年如一日地办得精彩出色,得到读者的认同,那就更不容易了。《物理教学》杂志经过几代人的传承,始终如一地保持特色,坚持创刊时定下的宗旨,为教学服务,为读者服务,这与这本杂志所在学校的学风、老一代主编与一些资深编委们的个人品格的传承是分不开的。许国保先生治学的严谨作风是出了名的,他翻译国外教材、编辑杂志都一丝不苟。许先生当我们杂志主编时年事已高,但他不是挂名而不管事的名义主编,每期 10 余万字稿件他都一一过目审阅,决不马虎。邬学文先生大家知道他的专业是波谱,是这方面专家,后又担任学校副校长。但他作为师范大学的教师,从青年时期开始就十分关心教学,善于教学,对中学教学也非常热心,提出办中学教学杂志,亲自动手,没有他的提倡创办就没有这样一本杂志。还有宓子宏教授把大部分精力放在了这本杂志上，兢兢业业办好这本杂志，为杂志付出了很多。袁运开老校长虽已退休在家，身体又不好，但当学校需要就毅然顶上主编工作，一干又是五年。所有这些《物理教学》杂志主编的人脉传承，也从一个侧面反映出我们华东师范大学几代人精神品格的传承和为国家基础教育事业作贡献的文脉传承。

＊本文作者：钱振华，华东师范大学电子科学技术系教授。

微 波 掀 巨 澜

安同一

常言道："江山代有才人出，各领风骚数十年。"一个学科的发展往往也是这样。原来平稳发展、默默无闻的学科，在社会发展需求和一定的主客观条件下，会突然走上前台，生龙活虎地表演一番，给人留下难忘的印象。华东师范大学的无线电物理（微波）学科的发展就有过这样的经历。

在"向科学进军"中崭露头角

在"向科学进军"、"十五年赶超英国"的号召下，我校 1958 年 8 月 15 日成立科学研究"大跃进"指挥部。副校长刘佛年任总指挥，党委书记常溪萍、陈准堤任政委，掀起了群众性的科研热潮。传统的教学秩序被打乱，大批青年教师和学生，走出课堂，走进实验室，走向社会，夜以继日地搞科研。我记得，我作为物理系三年级本科生就参加过搞核物理的盖革计数器、用马弗炉烧制铁氧体做水声收发传感器等工作。工作紧张时，有时夜里不回寝室睡觉，在校园共青场马路边直径 2 米的空水泥管中坐着打个盹，又回到实验室干活。

大搞科研运动中，最早脱颖而出的是"三厘米微波测量线系统"项目。1958 年 8 月底接到上海市计委下达的任务，我校和亚美电器厂联合攻关，由陈涵奎教授牵头，参加者有我校青年教师万嘉若、沈成耀和金工师傅黄世才，以及亚美厂的徐钫、郑又成、陶金陵等。科研攻关组中只有陈涵奎在美国留学时接触过微波测量线，其他人连微波都不懂。而且，测量线结构复杂、金属加工工艺要求很高，车、钳、刨、铣都用到，难度可想而知。但是，精神的力量是巨大的，他们以一套捷克生产的三厘米波导测量线系统为样板，经过一个月的日夜奋战，解决了测绘、加工、装配、调试过程中的许多技术难题，成功研制出我国第一套自制三厘米波导测量系统，向国庆节献礼。后来，由亚美厂牵头，华东师大、电子所、复旦等参加，经过不断改进，仪器的技术指标达到了国际先进水平，为我国微波技术的发展，提供了必要的实验条件。电子工业部也因此于 1959 年确定上海亚美电器厂为微波仪器的专业生产厂。

这年秋天,我校开始招收第一批三年制研究生班,招研究生最多的是主搞微波的电子学专业,共招了8名研究生,本人也在其中,导师是陈涵奎教授。同时,在58级本科生中分派一个班攻读微波专业,其中不少人后来成为上海市微波工业和科研单位的骨干。

我校由于微波学科影响的扩大,受到市科委的重视,于1960年成为新成立的主搞微波的上海市电子学研究所的挂靠单位。当时电子所的所长由市科委主任徐鑫兼任,而华东师大的党委第二书记陈准堤、物理系副主任杨希康和陈涵奎教授任副所长。由于雷达的需要,微波技术在第二次世界大战期间取得了长足的进展,成为时髦的学科前沿。战后,微波技术的发展重点转向通信和电视。上海电子所的构成也反映了这一特点:一室搞雷达发射机,二室搞圆波导通信,三室搞微波电子管,四室搞微波信号发生器……。那一时期,声势最大的当数圆波导通信,美国、英国、苏联都在搞,苏联还有人把它称为"共产主义的通信方式"。杨希康抓此项目,从北京中科院电子所拿来全套图纸,上海顺昌铜厂拉制圆波导,金鑫铜厂拉制矩形波导,中国仪器厂做波导元件,在我校地理馆三楼走廊顶部,敷设了一条紫铜的圆波导管试验线,全长百余米,成为当时科研的一大景观。二室的万嘉若、沈成耀以及一批青年学生,把黑白电视信号载在三厘米微波上,通过波导管,从物理馆经过地理馆一直送到生物馆,实现了电视信号的圆波导传送。

后来上海市调整了科研布局,电子所搬到嘉定,挂靠到上海市科委直接领导的上海科技大学,主要任务搞气象雷达,圆波导通信也下马了。我校虽然只留下一个微波研究室,但大搞微波在上海市造成了巨大影响,名气胜过交大、复旦。不仅建造了我校当时校园里建筑面积最大的物理大楼,而且培养了一批微波技术人才,陈涵奎也成为上海市著名的微波领军人。1961年教育部下达华东师大共16个专业,其中就有无线电物理专业。上海市1958年开始筹建电子学会,陈涵奎担任筹委会副主任。1961年8月电子学会正式成立时,陈涵奎教授担任副理事长兼学术委员会主任,还同时担任学会主办的无线电业余进修学院的副院长。陈涵奎教授在学会工作中花费了不少精力,在培养人才、发现人才和发展上海市电子工业、电子科学技术方面作出了积极贡献,同时也奠定了他在上海市的学术地位。1961年陈涵奎担任微波研究室主任和华东师大自然科学研究委员会副主任。1962年他出席了广州会议,聆听了周恩来的教诲,1963年周恩来在上海又接见了他,1964年他当选为第四届全国政协委员,是当时委员中最年轻者之一。这一切都激励着陈涵奎教授决心努力工作,报答党和国家的知遇之恩。1963年1月,上海电子学会举行第一届年会,在论文集上发表的近百篇论文中,华东师大微波方面的论文有11篇。1964年中国微波学会在上海成立,陈涵奎当选为副主任委员。与会代表专程到华东师大参观微波实验室。展出的圆波导通信线、

H波导、高包线、镜像线、周期圆柱阵等新型传输线,8毫米电铸波导,8毫米双腔稳频信号源,体效应振荡器等,令代表们大开眼界,并为之惊叹:"怎么师范大学也能搞这些东西?"他们希望华东师大微波的研究成果尽快在国防和生产方面得到应用。从1958年到1965年,是我校无线电物理学科第一次崭露头角的辉煌时期。现在看来,这首先是由于1957年世界上第一颗人造卫星上天,中国看到了差距,下决心大力发展两弹一星,微波技术受到青睐。其次,由于我国原来微波技术基础差,上海就没有几个人懂微波,而我校却有个美国名牌大学出来的微波博士。两者一拍即合,造就了一段佳话。

可惜,好景不长。1966年"文革"爆发,我们遭到了十年浩劫!微波学科的发展受到严重挫折。陈涵奎是物理系第一个被冲击的"反动学术权威"。造反派认为,华东师大不应该搞尖端科技,应该搞"三机一泵"和"养猪学"。1972年,陈涵奎等微波骨干被扫地出门,调到上海科大,其余的研究人员虽搞过一阵卫星通信用的宽带行波管,但没成气候,我校的微波学科在"文革"中几乎烟消云散了。

陈涵奎主持1962年年会

乘"改革开放"东风再铸辉煌

"文革"结束后,拨乱反正,改革开放,中国迎来了科学发展的春天,我校的无线电物理(微波)学科也迎来了发展的第二春。在校系领导的支持下,原先分散了的搞微波的沈成耀、张锡年、安同一、储雪子、周学松、火真棣、毛嘉亨等老人马再度集合起来,重新组建微波组。1978年从上海科大请回了陈涵奎教授,又先后从上海科大调回搞微波电路的沈秀英、搞微波雷达及通信的殷杰羿,调来搞微波能应用的吴鼎,使微波学科团队有了相当实力。1979年4月,陈涵奎出任新成立的华东师大学术委员会副主任和上海市高校职称评议委员会电子学与自控组副组长。同年,教育部批准我校成立微波研究室。

为了把微波学科再次推到国内前列,陈涵奎几次三番召集微波学科的骨干分析形势,研讨对策。"文革"耽误了我们10年,华东师大的微波学科已不那么惹人注目;国内不少高校和研究单位都在搞微波;雷达、通信、遥感、微波测量等都已有实力雄厚的牵头单位;放弃微波,转去搞半导体、计算机、激光等新兴学科,又嫌改行太晚。经过深思熟虑,陈涵奎提出振兴华东师大微波的学术战略思想:"把微波与计算机技术结合,解决国民经济中重要实际问题。"他于1979年开始招收硕士研究生,1982年开始招收博士研究生,以电磁问题的数值计算为主攻方向。不懂新技术,就采取"借鸡生蛋"的办法,请国际权威学者来讲学。1979年他请来美国工程院士戴振铎,先后在清华大学、西安电子科技大学和华东师大开班,每班讲1个月,讲电磁理论和并矢格林函数,由我校教师安同一、周学松当助教。由于刚开始改革开放,外国人讲学很新鲜,全国许多大学、研究所、工厂的同行们都纷纷前来听课,声势浩大,影响深远。1982年,又请矩量法权威、美国工程院士哈林登到我校和电子部14所讲电磁问题的矩量法;请英国皇家学会院士柯伦到我校和西北工大讲微波六端口技术。借改革开放东风,陈涵奎再次把我校微波学科推上了引领国内微波发展潮流的地位。

戴振铎(右)讲学时与安同一合影

在"引进来"的同时,还"走出去",扩大我校微波学科的影响。陈涵奎先后到美、英、德、日等多国出访或参加国际会议,介绍数字微波在建筑物对电波影响方面的研究工作,介绍中国在微波应用方面的发展情况,很受欢迎,而且结交了不少国际知名专家,几年中来校访问的不下10名。戴振铎成了我校的名誉教授。哈林顿还曾邀请陈涵奎与他联合申请美国科学基金,研究建筑物对电波影响。为了培养新生力量增强学科发展的后劲,本学科又注意选派中青年出国深造。1979年11月,安同一得到英国文化委员会的奖学金,作为访问学者到英国伦敦大学学院(UCL),与英国皇家学会院士、微波测量权威柯伦合作,研究基于六端口技术的微波网络分析仪,着重研究接收端口信号的高灵敏、高可靠、响应快检测器。在柯伦教授的建议下,利用精密仪器对英国马可尼公司生产的肖特基检波器,进行了仔细的测试。得到的肖特基检波器在一定温度下的精确检波规律,有助于实际使用时作非线性补偿。另外,为提高检波灵敏度,设计了双肖特基管检波器,它能消除谐波的干扰,并由马可尼公司制成样品。柯伦教授说,这至少在英国是第一次。与此相关的两篇论文发表在著名杂志 PIEE 上。为此,UCL 还给予安同一名誉研究员称号。

陈涵奎在领导本单位的研究工作中,极力主张"面向应用",十分重视解决国民经济中重要的实际问题。1980 年,上海市打算通过中外合资在中山西路仙霞路口建造一座高 98 米的 26 层高楼虹桥宾馆,它将超过国际饭店成为当时上海的第一高楼。但虹桥宾馆的地点距离上海广播电台 990 千赫频道的发射天线 860 米,不到 3 个波长。对宾馆建成后会不会影响电台的广播发生了争议。按照苏联的规定,发射天线附近不允许造高楼。"虹桥宾馆能不能造?"市计委通过市科协把论证的任务委托陈涵奎研究解决,要求 1 个月内完成。他勇于面对困难,毫不迟疑地接受了任务。他带领研究生,用两种不同方法从理论上进行研究;又让张锡年、储雪子等加工了缩小 2 500 倍的宾馆铜模型,在微波频率下进行模拟实验测量。理论分析和实验结果表明,孤立高楼对电波有一定影响,但不会形成阴影区,影响最坏的方向,辐射场强的减弱不大于 2.3 分贝。该研究结果使市政府决策有了科学依据,受到市领导的表扬。相关论文被评为1980 年上海市优秀论文,在《中国科学》上发表。

1981 年 12 月,新中国设立第一批博士学科点,这是我国学科建设中的里程碑。华东师大的微波学科荣幸地成为全国 6 个无线电物理博士点(北大、复旦、南京大学、华东师大、中山大学和兰州大学)之一,陈涵奎任博士生导师。

1983 年秋,陈涵奎虽已年过花甲,还坚持响应"科学家要到实际工作中去找课题"的号召,身体力行,带领一批中青年教师和研究生走出校门,到市科委、广电所、工厂去"找课题"。上海电视台了解到该台的八频道电视在宝山、金山和闵行等重要工业区收视效果不好,"屏幕上老下雨"(电视信号太弱的表现)。而八频道电视是广播上海市节目的主要频道。他认为这是一个十分值得研究的问题,立即与广电所联合申请上海市重大科技项目的立项。华东师大主要搞理论分析和模拟测量,广电所搞野外实测和工程施工。他立马和博士生孙乃华一起,用一致性几何绕射理论和矩量法,对八频道电视发射天线进行全面而详细的理论分析,这也是国际上第一次把几何绕射理论应用于分析柱形反射体电视天线,这方面的研究发表在著名杂志 TIEEE 上。他又组织张锡年、朱守正等加工了电视发射塔缩尺模型,架在物理大楼平坦的楼顶上进行模拟测量,并让青年教师和研究生与广电局技术人员一起,以发射天线为中心,在距离中心 5 公里、10 公里和 15 公里的圆周上驱车选取合适的实测点,用接收机进行耗时 1 个多月的实测,甚至还租用了直升飞机在空中进行了航测。把实测的电视发射天线方向图与理

张锡年(右2)参加直升飞机航测

论结果进行对比和分析,发现了存在问题的原因,提出了几种解决问题的方案。

最后,会同上海广电局,商定采用改变发射天线馈电方式的改进方案。由于这是一项必须成功、不能失败的硬任务,所以事先进行了周密的理论分析和模拟实验,验证了方案的可行性。1986年9月,电视台利用暂停广播的半天时间,对发射天线的馈电系统进行了突击改装,一举成功。改装后,金山、闵行和宝钢地区的八频道彩电收看效果立即获得显著改善,群众反映很好,纷纷感谢市里为老百姓办了件好事。该项目取得了很好的社会效益,项目鉴定会由国家广电部前部长李强院士主持,上海市副市长刘振元等参加,1988年获上海市科技成果二等奖。

八频道发射天线改进鉴定会

左起:袁运开　刘振元　李强　陈涵奎　陈昌禄

微波和计算机结合的另一方面,就是计算机辅助微波测量CAT。前面提到的"三厘米微波测量线系统"曾帮助我校微波学科掘到了"第一桶金"。想不到30年后它会再立新功。20世纪70年代初美国发明了微波自动网络分析仪,实现了快速、扫频的微波自动测量,但价格贵得出奇,不是一般单位所能承受。1983年,清华大学首先发明了单板机驱动多圈电位器的微波测量线。我校微波室的工程师毛嘉亨动手能力极强,看到清华样机后,立即把它拓展到其他频段,拓展到同轴测量线和八毫米波导测量线,并研发出由电脑控制步进马达带动测量线探头采集数据、由电脑显示结果的新一代测量线。毛嘉亨、储雪子和安同一还编写了计算机辅助微波测量(CAT)的讲义。1986年暑假,受国家教委委托,我校举办了"近代无线电实验(微波部分)讲习班",有高校同行30人来听讲。后来,储雪子开发了微机化自动测量线系统,向复旦大学、武汉大学、四川大学、厦门大学等多所高校批量提供。12月,三厘米自动测量线通过鉴定。由于当时毫米波段还没有网络分析仪,毫米波测量线的自动化可以大大提高测量速度和精度,有重要现实意义。1988年,安同一携带八毫米波导自动测量线到美国纽约参加微波理论与技术(MTT)国际微波会议并展出实物时,颇受欢迎,多拉多公司希望华东师大能提供相关产品。1988年4月,微波自动测量系统(八毫米波导测量线、三厘米自动测量线、天线方向图自动测量仪)通过鉴定。1991年7月,微机化微波自动测量系统获得国家教委科技进步三等奖。

在陈涵奎的带领下,原来默默无闻的我校微波学科,30年中两度走上前台,生龙活虎地表演了一番,走在了国内同行的前列,引领了学科发展的潮流:1958年把微波技术引进了上海,1979年把数字微波引进了中国。这一切,给人留下了难忘的印象。

后记

1988年,陈涵奎教授离休后退出了学术舞台。跟随他30年的老人马,如张锡年、安同一、储雪子、沈秀英、毛嘉亨、殷杰羿等也先后在90年代退出学术舞台。他们在微波能应用、微波测量、微波遥感、地波雷达等方面在国内微波界有一定影响。例如张锡年和吴鼎在微波能应用方面做了大量工作,组织多届全国年会。殷杰羿在雷达和微波遥感方面做了不少实践工作,国内有名。安同一与波谱研究室的王源身教授合作,参加潜艇隐身技术的研究,这是我校少有的重要军工项目,前后获得近200万元的科研经费,还获得了中船公司科技进步一等奖。沈秀英在微波固态电路方面经验丰富,中科院微系统所曾聘她做技术指导。储雪子在微波介质测量方面、黄贡在亚毫米波技术研究方面国内知名。不过,这些影响已不能与当年陈涵奎的影响相比。令人遗憾的是,由于种种原因,我校微波学科失去了国内领先地位,曾经掀起巨澜的微波,渐渐变得风平浪静。

微波学科部分人员 2011 年聚会
左起:张锡年 朱守正 安同一 黄贡 伏寿椿 储雪子 沈秀英 陈素英 毛嘉亨

　　回顾我们微波学科的发展,我感到历史机遇即"天时、地利、人和"是决定学科发展成功与否的关键。"天时"是大形势,是社会需求。"向科学进军"和"改革开放"是"天时"。领军人才和物质条件是"地利",学科团队的密切配合是"人和",三者缺一不可。

　　进入 21 世纪后,现在的情况是:首先,全国正在形成共筑"中国梦"的大形势,虽然微波的应用已经普及到家家户户,如微波炉、电视和手机,但在航天、国防、清洁能源、反常材料等领域还有可能发挥作用;其次,亟须领军人才审时度势、扬长避短提出恰如其分的任务(例如把微波技术和微电子系统结合起来也许会开辟新天地),从而在政策和软硬件条件上得到支持;第三,对工程学科的微波来说,不仅学科团队内部不能单打独斗、孤军奋战,必须形成一个能文能武、团结奋斗、能够攻坚克难的"戏班子",而且还要善于"借助外力",与应用部门或其他研究单位密切合作,各尽所能,才能搞出有影响的成果来。

　　我衷心祝愿华东师大的微波学科有朝一日能再掀巨澜!

＊本文作者:安同一,华东师范大学电子科学技术系教授。

半导体 30 年

许春芳

从 1970 年到 20 世纪末的 30 年中,我校的半导体学科从无到有,从小到大,在半导体器件和半导体应用方面有过许多亮点,特别在半导体器件可靠性、真空微电子和新型半导体器件等方面在上海市乃至全国形成了较大影响。在建设队伍和培养学生方面也成绩显著,锻炼出一批科研和教学的骨干,培养了一大批半导体专业人才和优秀学生,为后来建立我校半导体学科的博士点和上海市重点学科打下了稳固基础。

建设半导体器件研制线和实验室

1946 年世界第一台电子计算机研制成功,它主要由电子管组成,有 30 吨重,篮球场那么大。1947 年第一只半导体晶体管在贝尔实验室诞生,从此电子科学技术进入飞速发展的时代。到了 20 世纪 70 年代,以计算机为核心,以半导体集成电路为基础的信息技术革命,使电子产品及机电系统,向体积小、耗电少、成本低、功能强、使用方便、可靠性高的方向发展,并且迅速向各个领域渗透。世界科技革命的浪潮,也必然波及到我国。1969 年上海市部署抓计算机和半导体。上海元件五厂是我国最早拉起了半导体生产线的企业,不但试制出了晶体管,而且开始研制运算放大器。复旦大学建立了半导体专业和集成电路的生产线。我们华东师大也想急起直追,物理系的工宣队抽调了许国保、王济身、陈家森、顾元吉、章群、杨为民、张蓓榕、汤世豪、陈琳等人,开始搞半导体。先是到工厂和复旦参观、学习,然后在物理楼二楼逐步建设研制线。顾元吉负责搞去离子水设备,章群搞测试,王济身查阅外文资料及负责硼扩散工艺原理,陈家森在工厂里利用已有生产线研制 MOS 晶体管。没有基础,经费很少,需要发扬自力更生、艰苦奋斗的精神。范焕章用黄鱼车从几十里外拖来了可控硅扩散炉;负责设备的杨为民买来了耐火砖、电热丝及炉管等器材,在走廊里带领大家一起制作了 6 只氧化扩散炉;顾元吉等制作了全套去离子水设备,那是用塑料管和塑料焊条由压缩泵和热吹风一点一点焊出来的;买不起温度自动控制设备,赖宗声和汤世豪等就用实验室的电桥、变压器、热电偶等组合起来控制氧化扩散炉的温度。这样,用了不到 3 个月的时间,物理楼中部二楼一条研制线就有了雏形。五校合并后,人员和设备得到充实,人数最多时达 108 人,号称 108 将。

2015 年 1 月祝贺老教研组长孙沩百年华诞

我们共同建成了包括材料制备(如当时在物理系金工场的拉单晶、切、磨、抛等)、管芯制造(如扩散、氧化、光刻、蒸发、外延等)、后工序(如检测、划片、热压、封装、例行试验等)及制版等,再加陈家森等建立的 MOS 集成电路试制室,一条半导体器件研制线就相当完整了。杨为民、曹尔第等建设了全套后工序加工线,包括检测、划片、热压、封装、器件参数总测台和例行试验等设备。韩宝麟、贺德洪等负责制版;吴仲庆、张成华等负责硅单晶生长和切、磨、抛等材料的制备;许春芳、朱世昌和实验人员一起利用机械泵、扩散泵及玻璃钟罩等搭起了真空蒸发台;王能和陈永兴等承担了线上的测试设备及维修工作;教研组副组长王成芳是我们组里唯一熟悉化学的老师,她一边准备半导体化学课,一边负责研制线上多种化学试剂的安全使用。教研组副组长忻贤坤负责工艺线的管理及教学、科研与生产各项工作的协调。那时,大家干劲十足,一般情况都是晚上 11 点钟才离开物理楼。大家以为国家争气的精神攻坚克难,用实际行动造出晶体管。这条研制线生产的 3DK3 晶体管合格率高,性能指标先进,提供给上海电表厂军工项目使用,到 1976 年累计获益近 100 万元,为我们赚取了第一桶金。在此基础上,对研制线上的主要设备进行了更新。同时,林润清带领实验人员,根据教学需要,利用物理系的设备条件,在物理楼东部二楼组建了半导体测量实验室。后来范焕章、李琼、汪宗禹等又将部分科研成果充实到实验室,如 MIS 结构准静态 C—V 测试、介质膜击穿特性测量等,使测量实验室初步适应了教学与科研的需要。

1973 年受上海市仪表局的委托，我们举办了"半导体技术培训班"，为上海企业界培训了第一批技术骨干。这一线一室在教学和科研中都起了不可或缺的作用。

半导体器件可靠性研究国内领先

集成电路研制线和测量实验室为半导体学科的发展提供了必要的硬件基础，除了研制成功 3DK3 晶体管，还有一些运算放大器和开关电容低通滤波器，交给工厂生产后，取得了显著的经济效益，我校也成为上海集成电路研制和开发的重要单位之一。

但集成电路的研制与生产，毕竟不是我们的强项。高校比较适合于搞探索性的或吸收再创新的研究工作以及生产实践中的共性问题。经过几年摸索，到 20 世纪 80 年代中期，我们半导体学科在半导体器件可靠性、半导体器件物理和界面物理及新型半导体器件等方面在上海市乃至全国形成了较大影响。

年逾花甲的教研室主任孙沩于"文革"后加入了中国共产党，她带领桂力敏、汪宗禹、茅有福、张蓓榕、范焕章等中青年教师认真阅读文献，积极倡导开展半导体器件可靠性研究，从工艺控制和失效分析入手，先后承担了上海市科委、国家教委及电子工业部下达的 10 多个研究项目。其中"微电子测试图形及其智能测试装置"和"方形阵列数字式四探针测试仪"，分别获得上海市科技进步二等奖和上海市重大科技成果三等奖，茅有福研制的温度、湿度双功能传感器，获得两项发明专利，"半导体器件失效分析"获国家电子工业部二等奖。我们出版了《微电子测试结构》一书，在上海、北京、江苏等地办了 6 次培训班，培训了一千多名技术人员，有效地提高了产品的合格率和可

第三届全国可靠性物理学术讨论会在华东师大举行

靠性。由于我们的工作达到了国内领先水平,教研组成为"中国电子学会可靠性物理学组"的组长单位,1988 年 11 月在我校主持召开了全国第三届可靠性物理学术交流会。1990 年 5 月可靠性物理学组被中国电子学会评为"先进学组",并授予我们电子科学技术系"精诚合作,风格永存"的先进集体锦旗。

真空微电子研究多有创新

另一个重要的亮点是真空微电子。在 20 世纪 80 年代末真空微电子器件受到国际上重视,它具有真空管的超高频、超高速、抗辐射、耐高温等特点,又兼有半导体的微型化、集成化的优点,但开展研究难度大,不但要求超高真空条件,而且工艺复杂。学术思想活跃,科研中敢于碰硬的李琼和徐静芳于 1989 年开始从事此项研究,并带领青年教师和研究生走在国内真空微电子研究的前列。

在国家科委、国家自然科学基金会和市科委的资助下,与上海真空电子器件有限公司和上海微系统研究所(原上海冶金研究所)合作,利用了低能离子注入技术和特殊的减薄工艺,研制成了超浅结(深度小于 300 埃)的硅 pn 结阵列反向击穿型冷阴极,经试验获得了良好的超薄三极管阵列真空电子发射特性,起始电压达到国际上文献报道的先进水平。利用独立开发的微机械加工技术进行了大量硅微尖锥阵列的制作和场发射性能研究。电子发射性能达到了当时国际水平。还对金刚石薄膜场发射冷阴极发射机制和场发射冷阴极稳定性、可靠性进行了研究,受到国际同行的关注。又用碳纳米管制作成场发射冷阴极并和上海微系统研究所、上海无线电七厂一起研制成了原理性冷阴极场发射平板显示器的样品,这在国内还是首次。那时,几乎每年国际真空微电子会议上都有我们的论文发表,并被收录到 J. Vac. Sci. Tech. B 上。

课题组共完成了 1 项国家科委项目,4 项国家自然科学基金项目,3 项上海市科委项目,和一些国内合作单位项目,并且都通过了鉴定。鉴定意见认为:硅场发射阵列研究工作已经进入世界先进行列。锥状金刚石场发射阵列冷阴极富有首创性。多篇论文发表在国际和国内刊物上。研究中开发的场发射器件测试系统转到虞华真空设备科技有限公司生产,供应全国研究机构。

走在国内半导体微机械系统研究的前列

20 世纪八九十年代,另一个高科技微机电系统(MEMS)开始热门起来。MEMS

主要包括微型机构、微型传感器、微型执行器和相应的处理电路。它融合多种微细加工技术和信息技术。正是 MEMS 的发展，才可能将无人飞行器做得如苍蝇、蚊子大小，微型机器人可以在人体内工作。由复旦大学的鲍敏航、上海冶金研究所的王渭源和我校赖宗声联合向国家申请，在国家自然科学基金重点项目的资助下，他们先后在国内开展"半导体微机械系统基础研究"，获上海市科技进步二等奖。赖宗声所承担的国家九五科技攻关项目"集成角度传感器及微机测量系统"和"微机械微波微型元件和电路研究"也通过鉴定，达到国际先进水平。这些任务的完成，不但奠定了我们在 MEMS 领域中的重要地位，也为申请博士学位授予权充实了学科建设内容。后来，赖宗声成为上海市优秀学科带头人。

赖宗声在工作

荣膺全国三八红旗集体

在 20 世纪 80 年代，基于我们教研组女教工占 2/3 以上的特点，党支部提出了争取"三八红旗集体"的目标，不但女同志积极响应，而且得到男同胞的大力支持。在教研室内形成一股积极向上的力量。如王济身，1946 年毕业于大夏大学物理系，她和孙沩是我们申请半导体物理和器件物理硕士点的学科带头人。她不多言，但学术思想活跃，带领中青年教师积极开展半导体界面物理和薄膜物理研究，先后完成两项国家自然科学基金项目和两项上海市科委项目，发表的《等离子淀积氮化硅薄膜中氢原子状态研究》等两篇论文都被收入 SCI 检索系统。在科研基础上，她率先主讲研究生的半导体物理及薄膜物理课程。她所写的《MIS 结构不稳定性》一文在国内半导体界面研究中被广泛应用。教研室副主任徐静芳家中上有年迈的老母亲，下有 3 个女儿，她不但和丈夫李琼努力克服各种困难，安排好家务，教育好孩子，而且在教学科研中，敢闯，敢干。在运算放大器、V－MOS 功率器件、气体传感器、真空微电子等研究方面，敢为人先，带领其他教师及研究生完成了多项国家任务。张蓓榕为人低调，谦虚谨慎，不但在本科的工艺物理和晶体管原理的教学中辛勤耕耘，同时立足工艺实验室，作了许多稳定工艺的工作，使工艺实验室满足教学和科研的需要。王云珍在上海市科委支持下,所研制的掺氧多晶硅薄膜用于功率器件表面钝化,提高了 3DD12、3CA10 等晶体管的击穿电压和降低了漏电流。她对学生关心备至,经常在节假日邀请学生到家里,嘘寒问暖,消除了学生们远离父母的孤独感。她在研究生教学中,根据学生的特点,从严要求,深入细致地指导,获得学生们的一致好评。桂力敏先后担任过电子系副主任和学校妇委主任的工作,在完成繁忙的社会工作同时,她和孙汭一起进行可靠性物理研究,在组织队伍、争取项目等方面做了许多工作。在实验室和工艺线上顶岗的女职工,努力学习,刻苦钻研技术,保证了教学和科研的需要。经过努力,1982 年教研室被评为"上海市三八红旗集体",1983 年被评为"全国三八红旗集体",这在全国高校的理工科教研室中是很少见的。

2012 年半导体组部分教职工过年聚会

左起:桂力敏 贺德洪 钮建昌 余淑兰 王云珍 许春芳 徐静芳 李琼 茅有福 张蓓榕 杨荷金 葛小燕

辛勤耕耘,花开满园

自 1970 年至 2000 年,我们先后培养了半导体技术专业、固态电子学专业、微电子学专业的大学生和半导体物理与器件物理硕士研究生共 1 000 多人。

微电子科技的迅猛发展令人目眩。按英特尔创始人摩尔的预测:在单个芯片上集成的元器件数量每两年翻一番。如 1971 年 4004 处理器的每个芯片上有 2 300 个元器件,1997 年奔腾 Ⅱ 处理器上有 7.5 百万个。目前,最先进的集成电路芯片上已含有 17 亿个晶体管。因此,器件、整机和系统的界线越来越小,往往在一个米粒大小的芯片上集成了几个系统。因而在新科技革命急速发展的情况下,如何使学生的知识和技能适应社会实践的需求,在毕业后能迎接生产和科研的挑战,这是摆在我们专业面前的严峻问题。

教研组开展了深化教学改革的讨论,一致认为不能就事论事教知识,要锐意改革,让学生通过专业学习和研究,学习"以不变应万变"的本领,也就是利用在校期间的各种有利条件,努力提高学生的智商、情商水平及独立工作的能力,还要重视训练终身学习的能力。

1. 让学生学好"看家本领"的几门课程

我们一方面要教育学生学好全系的基础课,如电子线路及实验、计算机基础及计算机语言、普通物理、高等数学等课程;另一方面,我们在 3 门专业基础课的教学上改进课堂教学,调动学生的学习主动性和积极性。一般来说,我们采取几个步骤:一是教师提前让学生思考提问;二是学生自学教材,翻阅参考书,作好课前准备;三是课堂讨论,在学生充分讨论基础上,教师讲评时只需要引导思维过程,指出和突出重点,突破难点;四是通过做好习题及实验,使学生所学知识得到进一步巩固、深化和提高。

学生反映这样的学习印象深刻,学得扎实。已经工作多年并有突出表现的 92 级校友蔡彦及翁丽敏回忆说:"在校学习的半导体理论基础课程和完整系统的技能训练,帮助我们对整个产业有全面而深刻的理解与掌握,也帮助我们有了今后不断学习钻研的本领。"

2. 全方位向学生开放科研工作室、测量实验室及工艺实验室

为了让学生得到全面的锻炼和提高,除了研究生有明确的导师外,每个本科生也有明确的指导教师,并从三年级开始进入实验室,在学习专业课的同时,有的同学可参加教师的课题研究,也可以利用实验室中的条件进行自己感兴趣的实践活动。实验室不但全天开放,而且不少学生有实验室钥匙,可以自由进出。我们对学生充分信任,学生在教师指导下参加真刀真枪的国家任务,积极性都很高。晚上物理大楼二楼东部和中部的实验室,经常灯火通明,直到深夜,忙碌的学生常常被物理楼的管理人员催促回宿舍休息。

学生从查资料、立题、确定方案到做实验,对外联系、写论文、做报告等等经历各个环节,不但得到了全面的锻炼和提高,而且增强了对国家和社会勇于担当的主人翁精神,综合地提高了学生的情商和智商。这些对学生在今后人生道路上都起到积极的作用。

3. 教师用心教,学生用心学

这里教师"用心教"不单是上好课,改好作业,更重要的是作为专业课的教师,有条件用心观察每个学生的特点,根据学生的情况,提出学好的建议,然后创造条件让学生

积极主动学习。我们教师对待身边的学生像对待自己的孩子一样,随时随地教书育人,帮助学生解决各种实际困难。研究生丁瑞军因先天性色弱,开展研究工作有些困难,导师桂力敏根据他的情况为他选择了适合的研究项目,不但使他顺利完成学业,而且为他就业推荐适当工作。丁瑞军现在是中科院上海技术物理研究所研究员,博士生导师,主持和参加了多项国家重大课题研究,为红外焦平面技术的应用和发展作出了贡献,并获国家科技进步二等奖一项,省部级科技进步奖 5 项。我们学科的毕业生,不但有表现突出、成就显赫的代表人物,而且普遍受到用人单位欢迎,在各自的岗位上挑大梁,为国家建设和电子信息科技发展作出了贡献。

我们体会到在教育中,要以好的教风来培养好的学风,只要教师用心教,学生就能用心学。教师为学生出一个好点子,就可能使学生受益终身。

后记

回顾我们学科的发展,有如下几点体会。

1. 科研、生产、使用单位三方协作容易出成果,而且 1＋1＋1＞3。

李琼等率先研制了平板型等离子体工作台科研样机,它可以进行薄膜的淀积和刻蚀,所淀积的氮化硅薄膜试用于器件表面钝化,取得了良好的效果。在此基础上,我们与上海元件五厂、浙江玉环电子设备厂及上海冶金研究所密切合作,根据生产实际的需要,分别研制了等离子体淀积台(DD－P250)和等离子体刻蚀台(DK－P200)生产样机,使产品合格率和可靠性有明显提高。不到一年,在全国 80 多个半导体企事业单位得到推广应用。走产学研三结合的道路,在结合中,大家目标一致,以诚相待,协商互补,各显神通,一定会达到合作共赢的结果。

2. 根据学科综合规律,发挥科学协作精神容易争取项目、出成果。

半导体应用研究牵涉的学科内容十分广泛,如材料、物理、化学、电子、信息、各种检测等等,完成一项任务,需要多学科交叉、多学科立体作战。这不仅要求教师有广泛的知识和技能,更要求大家自觉发挥科学协作精神。要利用高等学校文理生地皆备、热力光声电皆能的多学科优势,向邻近学科的教师学习,相互取长补短,开展合作研究,在不同学科的交叉点、结合点上下功夫,在科学协作中迸发火花。1990 年前后,我国开始大量进口大规模集成电路,但由于没有标准的测试仪器把好进口器件的质量关,个别国家将低档大规模集成电路器件卖给我们,影响了整机质量。我校电子科学技术系信息组的翁默颖负责研制成功"CAT－IC测试专用计算机系统",该测试系统于 1993 年通过鉴定,为国内首创,达国际先进水平,获上海市科技进步三等奖。这个系统用于上海无线电 18 厂,对于筛选器件、降低成本起了很好的作用。多学科综合优势是高校的特长,而且,综合和交叉学科方面的项目,容易申请到经费。我们和相关学科的教师不是"老死不相往来",也不搞"庸俗关系",而是在共同报国的大目标下,相互学习,共同申请,共用费用,共享成果。这样综合和交叉的合作才是牢固的。

3. 我校半导体学科起步晚,缺少权威级人物,就走出去,请进来,向权威学习。

我们经常去复旦大学登门拜访谢希德院士,她始终关注、支持、指导、推荐我们进行半导体器件物理和界面物理的研究,是我们的良师益友;我们聘请北京半导体所的王守觉院士为兼职教授,他多次往返北京和上海之间,来指导我们半导体器件及集成电路的研发;我们聘请了原上海冶金研究所所长邹世昌为兼职教授。联合培养研究生,不仅增加了研究人力,并使我们可以很方便地使用研究所的离子注入机、高性能分析仪器等先进设备。联合进行了 SOI 结构和真空微电子课题研究。聘请上海市传感器专业委员会理事长王渭源研究员为兼职教授,指导我们和上海冶金研究所合作开展传感器的研制。1989 年 10 月在我校召开的第七届全国半导体物理学术会议上,有黄昆、谢希德等 6 位院士来我校,更是我们向权威学习、广交朋友的好机会。我们向这些权威学习,和他们结合,大大提高和壮大了教学和科研的力量。21 世纪初,我们学科请来了褚君浩院士,如虎添翼,不仅建立了博士点,还成为上海市的重点学科。

4. 发挥党员的先锋模范作用。

20 世纪七八十年代,半导体党支部的党员数占教职工人数的 1/3 左右,党员不但是教学科研的骨干力量,而且都能严格要求自己,在做好本职工作的同时,做好群众工作。有的党员敢于挑起大梁,勇闯学术前沿,有的党员在科研中,任劳任怨,甘当配角。党员的先锋模范作用是我们做好各项工作的基础。在一个集体里,男女老少,各人性格不一,特长不一,水平不一,党支部提倡在大前提下,相互关心,做到"学人之长,容人之短,帮人之难"12 个字。目标和环境是调动大家积极性的两个最重要的因素,除了设备仪器等物质条件外,用这 12 个字来处理好教研室内部的人际关系,就是为人成长,做好各项工作创造一个良好的软环境,不但达到团结协作,取长补短,形成合力做好工作的目的,而且有利于调动大家的潜能和创造精神。如 1986 年至 1995 年期间全室完成国家科研项目 15 项,多数成果鉴定为国内首创或达国际先进水平。

* 本文作者:许春芳,华东师范大学电子科学技术系教授。

电子科学信息学科初创期的成就

翁默颖　王成道　殷杰羿

　　1960 年,在向科学进军的热潮中,华东师大物理系建立了 301 教研组,培养无线电电子学专业的五年制本科生。第一任组长是万嘉若教授。他也是上海市电子学会信息论学组的组长。教研组还有马幼源、陆瑞源、郭三宝、曹揆申、张汝杰、包新幅、王成道、马贞洁、王凯、钱菊娣等人。万嘉若牵头搞了国内第一套圆波导电视信号传输实验系统,与陈涵奎教授合写了全国师范院校专业用书《无线电基础》(上、中、下三册)。"文革"前,我校有名的"物五学风",学生们竞相背大书包、抢位置、抓紧读书,就出自无线电专业。20 世纪 70 年代开始培养工农兵学员,设电视专业班,也有部分教师到工厂搞电视机,搞上海市彩色电视大会战。改革开放后,出现了许多新兴学科,我们学科被正式命名为"电子学与信息系统"。1982 年,万嘉若牵头获得了硕士学位点,翁默颖、王成道、陈康宏、王凯等协助培养研究生。学校又把信息技术与地理系遥感结合,搞遥感信息处理,由万嘉若、陈康宏、王成道等建立遥感信息处理中心。不久,万嘉若被学校调去担任教育信息技术研究所所长。翁默颖根据上海市的需要,在智能测试仪器研制方面多有建树。1986 年,我校从上海科大调回殷杰羿教授,又开辟了通信和雷达方向。

为上海黑白电视机创造辉煌

　　电视机现在已经走进千家万户,成为人们的生活必需品,有的人家还拥有好几台。但是,在 20 世纪 70 年代它还是家庭的奢侈品。20 世纪 50 年代国际上出现了电视机。由于政治宣传和文化生活的需要,中国到 70 年代初才开始大力发展电视机产业。最初大批量生产的是荧光屏相当于连环画小人书大小的"小九寸"晶体管黑白电视机。由于小巧价廉,逐步进入家庭。可是,电视机的电气性能和图像质量存在严重缺点。不仅荧光屏上有竖直干扰条纹、横向几何畸变,更严重的是,汽车路过或开关电灯时的电火花干扰,会使荧光屏上图像发生剧烈跳动,干扰源消失后几秒钟才能重新稳定。又因电子电路设计不善,元器件损坏率高,修理电视机成为家庭的累赘。华东师大物理系的翁默颖教授等在下电视机厂劳动中发挥所长,解决了一系列技术问题,为上海生产的电视机创造了辉煌。

1. 解决关键技术问题,树立电视机上海品牌

"文革"期间,规定教师下厂劳动,改造思想,而且是自寻工厂。翁默颖和上海师院并校来的朱鸿鹤教授先后来到上海无线电四厂,参加车间劳动。在车间里,板凳还未坐热,厂领导就找到他们,要他们到设计组去,解决电视接收机中许多技术难题。尽管朱鸿鹤是交大 51 届的优秀毕业生,翁默颖是物理系电子仪器高手,都是电子技术专业教师,但以前都没有接触过电视机。当他们得知厂里的困难后,毫不犹豫地接受了任务。

进入设计组后,他们首先熟悉电视接收机的原理,仔细研究它的实际工作过程,测量各工作点的电压变化,测量电路关键部分中电流的变化历程。很快发现,现有书本介绍电视机工作过程的错误甚多,必须重新认识电视机实际工作过程,找出问题症结,然后对症下药。几年中,他们查资料、测电路、搞设计,解决了一系列技术问题,使上海生产的电视机成为名牌产品。

下面列举两个例子:改进行扫描电路,使图像透亮;有效抑制电火花干扰。

针对荧光屏上出现的竖直干扰条纹、横向几何畸变的问题,他们发现,若行扫描电路的行输出管和阻尼管质量不高,就会引起这些问题。这是由于在行扫描前半行的起始端和末端叠加了行频干扰。为解决此问题必须减小晶体管结电容、扩散电容,提高行输出管通过反向电流的能力。原来的产品行业标准不够,必须重新制定行输出管和阻尼管质量的行业标准。生产厂按要求提供产品后,竖直干涉条纹淡化或消失,畸变也消失,清晰度提高,图像透亮了。

电视节目看到精彩处,汽车路过或开关电灯的电火花干扰会使荧光屏上图像发生剧烈跳动,干扰源消失几秒钟后电视图像才能重新稳定,令人十分烦恼。这在当时是国内电视机的通病。为了解决这个难题,他们多次赴上海科技情报所查阅国外资料。看到日本杂志有一篇报道称,日本新高铁开通后,由于机车产生强烈电火花干扰,使铁路沿线十余公里范围内的电视机都受到影响,图像剧烈跳动。经过全面测试,发现高铁电火花是广谱电磁干扰。这是一份有价值的测试报告。翁默颖等发现,强烈电火花干扰进入电视机通道后,放大器不能正常工作,破坏了行脉冲的周期性和稳定性,导致图像乱作一团。他们就在通道中加高频和低频陷波电路,还采取了行同步脉冲群进行频率自动控制,效果明显,使电视机抗电火花干扰的能力大大提高,图像不再抖动。上海无线电四厂生产的电视机具有抑制电火花干扰功能,是我国电视机产业界的首创者。他们还向上海无线电十八厂推广,使上海电视机抗电火花和抗低频交流干扰处于

全国领先地位。

　　一系列技术问题的解决加上上海工厂对电视机工艺设计、结构设计、美工设计等精益求精,使上海电视机成为名符其实的名牌产品。陕西宝鸡、广东佛山、四川绵阳常有技术人员到上无四厂、上无十八厂请求技术支援。

　　上海电视机走红是厂校挂钩的成功范例。事实证明,厂校挂钩更有利于研发高科技优秀产品。上海晶体管电视机产品取得瞩目成绩,新华社记者曾驻厂调查,在总结上无四厂许多成功经验时,突出强调一条,就是实践厂校挂钩模式,利用双方长处,加快开发优秀科技产品。上海电视机成为名牌产品,就是厂校挂钩的成功范例。

2. 编著《晶体管电视接收机原理与设计》

翁默颖在工作中

　　翁默颖和朱鸿鹤在提高上海电视机产品质量的过程中,掌握了大量第一手技术资料,接触了不少先进理念。后来,四机部为了推广电视机技术成果,成立了编写组,他们是主要成员。1979 年由中国邮电出版社出版了专著《晶体管电视接收机原理与设计》(上、下册),上册就印了 26 万册,大受欢迎,1982 年被中国出版工作者协会评为全国优秀科技图书。

智能化测试仪器的研制

　　20 世纪 80 年代,彩色电视机得到飞速发展,急需一种以直观方式评估彩色电视机质量的测试信号源——彩色电视测试卡。翁默颖与青年教师夏永平、李培健设计出以 Z-80 微处理器为核心的彩色电视同步信号和彩电测试卡发生装置。他们尽可能地"以软代硬",用软件直接产生信号或者用软件简化控制电路,实现了系统的小型化、高可靠、低成本。改变软件即可方便地改变测试卡图形的排列和图案的内容而不必改变硬件结构。同样,只需修改同步信号程序便可以产生各种非标准同步信号和测试卡。相关研究论文 1986 年 11 月发表在《电子科学学刊》。后来,由上海无线电仪器厂做成产品,先后获得电子部科技进步二等奖、上海市科技进步三等奖。

20 世纪 90 年代,上海电视机进入集成电路时代。1990 年,上海市科委下达任务,要求我校研制集成电路测试专用计算机系统"CAT-IC",提供给上无十八厂使用。翁默颖、汪宗禹、沈建国、马潮和一批研究生参加研制。我们采用国际上先进的测试软件 Wave Tek。测试系统的总成采用先进的双总线结构,系统中各台仪器设备都带有 GP-IB 总线。为防止各种干扰源,我们用浮地系统有效抑制共模电压影响,用光电耦合器件对 PC-IB 进行有效隔离。我们还在软件上做了改进,既保留 Wave Tek 的优点,又大大提高 GP-IB 的运行速度,并为用户提供十分友好的界面。在上无十八厂使用,情况优良。1996 年获上海市科技进步三等奖。

计算机与通信网络结合、电视的数字化,需要大量数字/模拟混合电路。为了更好地测试数/模混合集成电路,上海市科委又与我校联系。1994 年,翁默颖、黄昶、陈泽宇、顾文荃等再次接受科委的任务"建立数/模混合集成电路的测试理论和方法"。按照 IEEE 提出的测试系统的标准框架,自动测试系统要包含广泛应用(ABBET)测试环境,使系统内软硬件之间及软件之间能数据交换,还要有人工智能和专家系统(AI-ESTATE),使测试系统与人工智能系统进行数据交换。他们设计的测试系统不仅满足上述二组软件接口标准,硬件方面还采用 VXI 同步总线结构,保证各模块处于严格的同步工作状态,使测量结果稳定正确。他们将计算机、仪器、数据分析、过程通信、用户界面等各种软硬件资源结合起来,组成虚拟测量仪器,使用户可按需随意搭配仪器。该项目极具应用前景。

在智能信息处理方向作贡献

1982 年获得硕士点授予权后,为了培养研究生和科学研究,急需建立"图像处理实验室"。校办厂生产的"DJS-130"计算机,输入设备只有穿孔纸带机,输出设备只有电传打字机,厂方也急需开发外部设备。在万嘉若的领导下,与校办厂合作研制高密度滚筒式的图像输入输出设备,改制了以电视机为快速图像输出设备。经王成道、陈康宏、汤锦生等人共同努力,完成了"DJS-130 计算机小型图像处理系统"。输入一幅模糊图像,经过系统处理,能输出一幅清晰图像,得到专家的好评,通过了鉴定。这项工作也为日后引进大型图像处理系统打下了基础。

1985 年,校领导想把地理系遥感的优势与电子系信息处理的优势结合起来,由万嘉若牵头,利用世界银行贷款,引进了大型"计算机图像处理系统",放在电子系。既为我们信息处理方向科学研究和研究生教学提供了很好的平台,也对地理系、河口所遥感研究工作起了很大作用。陈康宏在图像处理系统的管理、维护和开发应用方面做了

万嘉若(左 2) 王成道(左 3)

很多工作。在遥感应用方面,王成道与地理系梅安新、黄永砥,河口所恽才兴等人多次合作研究。其中,黄永砥与王成道合作的"气象卫星 HVHRR 数据同陆地卫星 TV 数据复合方法与应用",梅安新与王成道合作的"LANDSAT 与 SP T 等遥感信息综合评价研究",是国家"七五"攻关项目,均通过国家验收和国家科委主持的专家鉴定,达国际先进水平。

智能信息处理方法研究,王成道申请到两项面上自然科学基金项目"神经网络应用模型"和"户外运动物体(3D)识别与运动姿态理介 HMM"。他还参加了万嘉若的国家自然科学基金项目"信号处理与模式识别新方法",通过了自然科学基金委组织的专家鉴定,达到国际先进水平。

20 世纪 90 年代,微机的出现和普及,为智能信息科学的应用提供了物质基础,促进了研究生的培养与科研相结合。王成道的研究方向转到把虚拟现实方法和人工智能方法相结合,应用在智能交通方面。取得主要成果有:1. 为"无锡江南汽车驾驶模拟公司"研制的主动式三维汽车仿真系统,已交付使用,效果良好。2. 市科委项目"上海公交问询智能系统",已通过科委鉴定,达国际先进水平。3. 上海科委项目"智能导航系统",已通过科委鉴定,达国际先进水平。前两项成果被收录在"1997 上海科技年鉴"(华东师大总共有 6 项入选)。参加上述项目工作的还有张平波等人。1997 年,"公交问询智能系统"参加了上海第四届科技博览会,展出期间受到了与会者的特别注意和欢迎,该摊位前通常挤满了人群,纷纷称赞这一设计构思新奇,功能先进。

90 年代后期,刘锦高等年轻一代,在信息显示与测试设备方面作了不少工作,例如他们研发的"三维体扫描大型显示设备",是国家科技部、上海市重点攻关项目,上海市科委组织验收,水平为 A。"高频地波雷达海况探测数据处理与校正",属国家 863

子课题,国家 863 办公室组织验收,水平为 A ,获教育部科技进步一等奖。

海洋遥感遥测系统的研制

从 20 世纪 80 年代起,电子信息学科的部分老师投入海洋遥测系统的研制,做出了骄人业绩。1983 年,沈成耀、顾浩然、殷杰羿等研制成 L 波段辐射计(无源雷达),在杭州湾海域进行实际航测,在部分海域发现有大片油污。这是国内首台装置,已交付国家海洋三所使用。

殷杰羿在胶州湾航测出发前

1985—1989 年,殷杰羿带领郑正奇、刘锦高、姚萌、王成发等完成了国家七五攻关课题"海洋环境监测的 C 波段散射计研制"。分别在胶州湾和杭州湾实测和比对,效果满意。经国家级鉴定,达到当时国际先进水平。

1992 年,殷杰羿带领郑正奇、刘锦高、姚萌、王成发和复旦大学的博士生等完成了国家自然科学基金项目"检测海况的 Ku 波段散射计的研究"。实测结果与金亚秋院士提供的模型进行了比对,效果满意。1997 年殷杰羿、郑正奇、刘锦高等完成国家教委重点科技项目"高频地波雷达探测海浪要素",经杭州湾海域实测,效果满意,经国家教委组织 863 专家等鉴定,确认属国内先进。1997—2001 年,郑正奇、殷杰羿完成国家 863 重大科研攻关课题"测浪要素的 Ku 波段测高雷达";刘锦高、朱守正、殷杰羿完成国家 863 重大科研攻关课题"高频地波雷达海况探测数据处理与校正"。进入新世纪,殷杰羿等老一辈逐渐退出舞台,郑正奇等年轻一代开始走上前台。

我校电子信息学科不仅在科研方面有出色表现,而且承担了电子科学技术系全系的公共基础课教学工作。更值得一提的是,翁默颖、钮建昌等人热心为革命老区办大学,创造了"枣庄办学模式"。从 1988 年到 1992 年,在山东省枣庄市办了一个联合大学。由枣庄市出钱、提供硬件条件,华东师大提供师资、教学管理,为枣庄市培养电子技术大专人才。革命老区生活比较穷困,吸引不了大学毕业生,出去上学都不愿回来,我们就雪中送炭,解决枣庄对电子人才的渴望。枣庄市长生动地把它称之为"借鸡生蛋"。

进入 21 世纪后，我们的学科又有新的飞跃。褚君浩院士成为我们电子科学技术学院的院长，有了一级学科博士点，有了上海市重点实验室，一批年富力强的精英们正带领大家向新的高峰攀登。

﹡本文作者：翁默颖、王成道、殷杰羿，均为华东师范大学电子科学技术系教授。

计算机系科学研究的创新历程

陶增乐　黄国兴

　　作为计算机系成立时 36 名员工之一和分别担任过计算机系第二和第四任系主任的我们,这次受学校老教授协会的嘱托来回顾一些计算机系当年开展科学研究的人和事。抚今追昔,感慨万千,当年计算机系的老师们在做好教学工作之余对科学研究的热情,不计名利的忘我工作,同事间友好合作的团队精神,都使我们难以忘怀,没有他们的付出,我校的计算机学科就不可能有今日的辉煌。限于能力,我们只能把计算机系发展过程中与科研项目开发研究有关的、印象深刻的人与事记录于后,以志纪念。

　　20 世纪 70 年代,国内一些在计算技术方面有实力的大学都开始设计和制造数字电子计算机。我校数学系造出了可以运行 ALGO60 程序语言的 725 计算机,我校科教仪器厂还成为国内第一批能造出第四机械工业部联合设计的 DJS - 130 计算机的单位。在由第四机械工业部(后改名为"电子工业部")和清华大学牵头的国产 100 系列小型电子计算机联合设计组和国产 200 系列大型电子计算机联合设计组中,都有好几位华东师大的教职员工。如计算机系的首任系主任张东韩老师(后任美国罗切斯特理工学院 RIT 教授)参加了 DJS - 220 大型电子计算机联合设计,其中容错部分的设计得到了大家的赞赏;王西靖老师参加了国产 DJS - 100 系列小型电子计算机联合设计组实时磁盘操作系统(RDOS)的研究。当时全国唯一的国家计算机总局 DJS - 100 系列计算机软件测试中心也设在华东师范大学。正是这些基础,为计算机系的成立创造了良好的条件。1979 年 5 月,教育部正式发文批准华东师范大学成立计算机科学系。在 20 世纪 70 年代,一所师范大学要办计算机学科这样类型的工科专业确实会有不少困难和非议,但当时的华东师范大学却凭借着实力成为全国为数不多的有计算机系建制的大学之一,也是国内计算机学科第一批有硕士学位授予权的学校之一(1980 年计算机应用、1985 年计算机软件)。

　　计算机系的成立为此后的教学和科研提供了一个坚实的发展平台。建系初期教职员工有 36 名,其中 18 位来自我校物理系计算机教研组,他们成为了计算机系硬件和应用各个方向的研究和教学骨干;另外 18 位来自我校数学系的造机组和软件教研组,他们成为了计算机系软件和应用各个方向的研究和教学骨干。计算机系成立之初正是国家大力发展电子科技的年代,计算机专业是高中毕业生向往的专业,每年招生

计算机系首届毕业生与教师合影

的平均分在学校总是名列前茅。

计算机系组建初期,虽然大部分老师的年龄都属于中青年,但他们充分发挥自己的聪明才智,勤勤恳恳、兢兢业业地工作,系里的科学研究也达到了新的高潮。由系主任张东韩老师和计算机体系结构教研室主任张汝杰老师负责的课题组,把微程序技术和容错技术应用到计算设计中,成功研制了国内第一台小型容错计算机 DJS－112 并交由电子工业部直属的常州无线电二厂生产。这个成果填补了国内小型容错计算机的空白,获得电子工业部科技成果二等奖。

20 世纪 70 年代末,由何积丰和刘淦澄老师负责,计算机应用教研室全体成员参加的项目"计算机辅助电子工厂企业管理系统"首开计算机辅助企业管理的先例。他们在内存只有 64 K 的国产小型计算机 DJS－130 上硬是用汇编语言实现了一个有6 500 名员工的大厂的管理系统,工作量之大、困难之多难以想象。举个简单的例子,设计系统时材料的计量单位就有从贵金属的"毫克"到一般钢材的"吨"、从液体的毫升到板材的平方,如此等等,库房管理中器件出入库处理的复杂性可想而知。这个项目研发成功后,作为电子工业部当年在北京展览馆展出的重点项目,排在展厅通道的第一位置,展位对面是王选院士和山东潍坊计算机厂合作的、著名的激光汉字照排系统。"计算机辅助电子工厂企业管理系统"获电子工业部 1981 年度科技成果一等奖。

在 20 世纪 70 年代,计算机的输入/输出设备以光电纸带机和国产 55 型电传打字机为主,由王能老师和张福民老师负责的课题组接受了电子工业部的重大攻关研究项目。他们消化吸收国内外相关技术资料并结合国内实际需求,经过一年多的努力,终于完成了国内第一台汉字显示器的设计并造出了样机,圆满完成了电子部攻关研究项目并得到表彰。许多年长一点的计算机领域的工作者记忆中风行一时的"国光"汉字终端,就是按照王能和张福民老师的样机由常州无线电二厂生产的。之后在银行广泛使用多年的九英寸小型汉字显示终端,也是样机的改进型。

1982年,由何积丰、黄馥林老师负责的课题组自行设计,完成了以"SYSTEM R"为蓝本并用程序设计语言 C 完成数据描述语言(DDL)和数据操纵语言(DML)中所有功能的关系数据库管理系统 ECNIS,该关系数据库运行在伯克利 UNIX V 操作系统环境下并能容纳国标汉字编码。ECNIS 是国内第一个投入商业运作的关系数据库系统,在当时引起了国内许多推进信息化先行单位的注意,他们向华东师范大学购买了这一软件并安装在当时的 68000 小型计算机上。该系统的用户包括北京中日友好医院、山东省纺织厅、江西省供电局、云南省经济委员会等多家单位,云南省经济委员会使用 ECNIS 开发的"省经济信息管理系统"还获得了云南省科技成果三等奖。1985年上海市评选近年来的优秀软件,关系数据库系统 ECNIS 荣获优秀软件一等奖。

除了填补国内的多项空白,计算机系也积极寻求和国外公司开展高层次合作,由李玉茜和徐国定老师负责的软件工具研发团队与日本富士通公司进行了多年合作。他们为富士通公司生产的"大中型计算机"研发了能把程序流图和程序设计语言互相转换的 YACGEN、YPS 中文系统工作平台、YPS 中文系统编译器等高水平工具软件。这项工作要求团队成员不但要有良好的编译原理基础,也要有对相关程序设计语言深刻的理解。这个合作项目总经费达 4 550 万日元,在当时情况下这笔钱也是学校可观的"外汇收入"。计算机系研发团队开发的这些工具软件一直在富士通公司生产的机器上使用,直至 20 世纪末这类机器转型。团队的出色工作赢得了富士通公司技术人员的赞赏和尊敬。

计算机系刚成立时和国内大部分院校的计算机系一样,教学实验仪器缺乏。由张汝杰老师领导的课题组研制的数字逻辑、计算机组成等教学仪器也成为同行中的佼佼者而行销全国。这些教学仪器成为当时许多企业和学校合作的首选产品。与此同时,计算机系的硬件教研室还尝试把计算机技术用到企业生产线的自动控制中。在此期间他们还自行设计制作生产线上的传感测量仪器。在这些工作中为计算机学科培养了有良好基础的计算机硬件技术人员。

我校计算机系的老师对科研的刻苦钻研精神和踏实的工作态度,在电子工业部也获得了很高的认同。由于大家的出色工作,计算机系获得多项部级科技成果奖和上海市奖励。当时系里的青年教师,都为能从这些项目带头人身上学到做学问和做人的真谛感到由衷的高兴,也为能成为这些部级项目的参加者而感到自豪。

20 世纪 80 年代中后期,国家对计算机产业的发展战略作了调整,国外的微型计算机很快占领了国内市场,由于种种原因,计算机系的发展陷入低潮,昔日的辉煌逐渐淡去。那时确实很艰苦,计算机人才留不住、进不来是全国性现象,我们师范大学更是雪上加霜。在这种情况下,计算机系老师们清楚地意识到,我们只能发扬"自力更生"的精神,靠自身的努力求生存求发展。于是乎计算机系就有了支持长华计算机研究所研发高科技产品贴补教学科研的决定;于是乎我们就坚定不移地启动了院士的申请工作,踏上了漫长的计算机应用博士点申报之路;于是乎我们就有了集中所有资源以求一搏的"示范性软件学院"申请之举……在那些刚开始似乎毫无希望的行动中,计算机系的师生付出了难以想象的努力和发扬了屡遭冷遇却痴心不改的坚韧秉性,大家同舟共济众志成城,向着目标坚定前行。

　　随着21世纪的到来,所有的付出换来了丰硕的成果:师范院校中唯一一所国家级示范性软件学院诞生;计算机应用技术博士点申报成功;何积丰教授当选为中国科学院院士……这些重大事件是我校计算机学科进入新一轮发展高潮的里程碑。由于近年来这个学科里同仁们的努力奋斗,只用了短短几年时间,就使这个学科无论在学科带头人的学术水平还是科学研究的数量和质量方面,都能和国内一流大学媲美。

　　何积丰院士成为国家级重点基础研究"可信计算"和"物理—信息融合系统(CPS)"等项目的首席专家。他在形式化方法、高可信与信息安全、并发程序设计理论等领域成为国际一流专家。由何积丰院士任院长的我校软件学院在最新一轮的学科评议中排在全国软件工程专业第6位,这个结果的取得说明华东师范大学进入了全国软件工程专业的第一梯队。何积丰院士还是上海市科技功臣、上海市师德标兵、上海市劳动模范,他的人品也为学术界称道。

何积丰(前排右1)在系庆30周年大会上

　　王能教授作为一名有国际影响的网络通信和通信协议专家,他除了承担计算机系的教学科研工作外,还是欧洲共同体通信标准化协会的专家组成员。他半年在计算机系工作、半年到欧洲工作,这个工作一直延续了将近20年。

王能在欧共体工作

　　王能教授在欧共体的工作是为通信设备是否符合协议设计测试案例。可以这样说，由于王能教授的出色工作，华东师范大学计算机系也为移动通信从 2G 到 4G 的发展出了力。王能教授多年来一直是上海市信息化在通信和信息安全方面的资深专家、上海市师德标兵。他的学问和为人在我校乃至上海计算机界有口皆碑。

　　计算机系成立至今已经有 36 个年头了，回眸 20 世纪七八十年代的辉煌都历历在目，让人感慨万千。目前计算机学科的飞速发展也让人感到欣慰。我们曾经为计算机系辉煌的过去自豪，也曾为计算机系的发展思虑，现在又在为计算机系的重新崛起而感到欢欣鼓舞。

计算机系成立 30 周年时六任系主任合影

左起：吕岳　黄国兴　刘淦澄　张东翰　陶增乐　杨宗源

让我们一起来回味当年创造辉煌的老同事的艰辛和喜悦,也祝愿计算机系的新人们在新的时期以更大的热情投入计算机学科建设,获取更加灿烂美好的明天!

＊本文作者:陶增乐、黄国兴,华东师范大学计算机科学技术系教授。

科技创新研发特种试剂

吴斌才

化学试剂是新技术发展不可缺少的功能材料和基础材料,是科研开发、公共安全与人民健康及国民经济发展等必须的支撑条件。随着生物医药、新材料、电子信息、分析测试、环境保护等领域的发展,需要大量的各类特种试剂。特种试剂品种多、用量少、应用广、研发难度大,它在我国化学试剂领域有着举足轻重的地位。"十二五"期间化学试剂发展计划中指出,要逐步形成既有效益的大品种,又有科研急需和特色的小品种系列。

近年来国际上化学试剂行业由于科学技术的不断发展而呈现高速发展趋势,流通的化学试剂品种已达6万多种。国际上著名的试剂大公司如西格玛—奥德里奇、东京化成等在主要产品门类、品种、规格等方面已能系列化供应。

与此相反,我国化学试剂产业虽经60多年的发展,却由于种种原因,产品的品种少,现有试剂仅约为12 000种,而常年生产的仅3 000种左右,特别是高科技发展所需的特种试剂等不仅品种少、质量差,而且不能配套,无法形成系列化的产业规模。因此,我国化学试剂整体水平与国外相比差距较大,严重影响了科技和经济的发展。为此,研发一批满足我国科技发展具有一定国际竞争能力的中高档特种试剂系列配套品种,促进高新技术成果产业化极为必要。

我校特种试剂的研究与开发始于1978年。在刘恒椽教授和吴斌才教授带领下,数十年来坚持基础研究与应用研究相结合,研制开发了8个门类总计900余种特种试剂。很多品种国内外未见报道。在近800个单位的稀土、钍、铀、镁、铅、铬、镉、铜、锌、铋、汞等元素的测定及核心中间体制备中得到广泛应用,不少品种形成系列和特色,在国内外享有一定声誉,并有6种产品先后打入日本及欧美市场,具有良好的经济及社会效益。同时,在特种试剂的合成理论及其应用方面进行了深入、系统的研究,取得了一系列重要成果。如首创不对称—变色酸(双)偶氮腓(肼)酸型等系列试剂400余种;成功合成了几十种特效性和具有综合功能的代表性试剂,顺利解决了长期困扰我国不能分别检测稀土元素总量、轻稀土元素和重稀土元素的困难,使我国在稀土元素分析方面取得重大突破,极大地促进了我国稀土资源的开发和利用。特别是有关构效关系的研究,对稀土及其伴生元素测试方面性能的改进,对同类衍生物的合成提供了有价值的科学依据。在国内外核心刊物上发表学术论文 200 余篇；多年来承担并主持国家自然科学基金及国家部委、上海市科技发展基金项目 16 项；有 18 项成果通过省市级鉴定；先后获得国家发明奖三等奖 2 项，国家部委及省市重大科研成果奖 17 项，授权发明专利 5 项，申请发明专利 3 项；多项成果填补了国内空白。稀土元素、镁和铋的检测方法，被国家一机部和冶金部定为部颁标准试剂。我校特种试剂的研发在学术上、应用上对全国都产生了重要的影响。

坚持以市场为导向，开发技术含量高的特种试剂

坚持高等学校科研工作的方向与定位，科研工作一定要有自己的特色，必须实现为经济建设服务，使科研成果尽快转化为生产力。坚持在选题、立项方面不去搞市场上重复的大路品种，着力抓好眼前和长远都需要研究开发的品种，努力发展科研急需的具有科技优势、一定技术难度的系列小品种，不仅要有创新性，拥有自主的知识产权，还要尽可能走向世界市场，逐步形成研发特种试剂的专业化能力。

研制开发的重点一开始就定位到技术含量高、附加值高的特种分析试剂。有工业维生素之称的稀土资源在我国分布广、储量丰富，并有广阔的应用前景，因而对材料中稀土元素的测定必然提出更高更新的要求。1976 年 5 月，承接第一机械工业部关于稀土攻关协调会议的项目。根据我国稀土量大面广的国情，设计并合成了国内外未见报道的新系列稀土试剂 40 余种，不少成果经国内机械、冶金、地质、农业、环保、原子能等系统近 600 个单位 5—10 年的实际应用，性能稳定、效果明显，有近百万元的经济效益和十分良好的社会效益。江西龙南矿的稀土测试，原分析操作流程长，分离效果差，不仅影响精确度，还要使用有毒溶剂，既污染环境，且分析成本高，难以推广。而采用新稀土试剂后，工作效率提高 20 倍，测试成本降低 15 倍，还可解决成批样品的分析。在冶金系统应用后，对提高产品质量，减少元器件及成品的报废起到了很大的作用。新试剂的价格，仅为德国进口试剂的十五分之一，且各项分析性能明显优于进口试剂。

科研工作要有活力，有后劲，不能仅满足于出论文作报告，唯有不断开发新产品、取得新成果，形成新的增长点，才能立于不败之地。因此，在产品研制开发过程中，必须要有超前意思、忧患意识。本着"研制一批、开发一批、构思一批"的思路，使科研开发的创新能力不断跨上新的台阶，做到要比市场上同类产品性能优异，且开发要超常规、抢时间、争速度。由于这些试剂品种繁多、批量很小、技术要求高、生产步骤长，一般大厂难以承担这类试剂生产，而这些试剂又恰恰是社会十分需要的，既适合我国国情，又填补国内空白，减少国家外汇开支。在条件差、人员少的情况下，大家齐心协力

攻克一个个难关。一方面在本校的生产实验基地华东师范大学化工厂进行中试及批量生产，又在崇明及宜兴建立联营厂，扩大生产规模；另一方面走出国门，到日本同仁化学研究所等单位进行考察，开展技术贸易合作。除此之外，还以走访、发函等多种形式展开市场调查和应用单位合作，了解产品的使用情况，上门为用户进行技术服务，在实施过程中更趋完善。同时又不辞辛劳到江苏、浙江、山东、广东、江西、福建、四川等地举办推广应用学习班 10 多期，参加人数达 1 600 多人。经过多年努力，使这些科研成果在国民经济中发挥较大作用。由于这类试剂不受中小实验室条件限制，操作方便，测定简单，结果准确，成本低廉，所以应用广泛。广大用户普遍反映华东师范大学研制的新试剂，有优势、有特色，优于国内外现有试剂，达到国际先进水平。冶金部门还将其应用到炉前的快速分析中，使分析水平达到秒计时领域。1982 年在包头召开的稀土汇报会上，冶金部领导在向时任副总理方毅的汇报中，介绍了华东师范大学稀土分析的成果，得到了中央领导的鼓励和赞扬。

在完成国家科技部和上海市科委下达的"材料分析用特效灵敏试剂的研制和开发"项目中，为提高灵敏分析试剂的性能（灵敏度、选择性等），从分析试剂结构与性能的关系着手，引入各种分析功能基团，以达到与试剂分子骨架的优化组合，不仅在结构上创新，而且在应用上颇具独创性。同时为了对已合成的灵敏分析试剂的性能进行验证应用，以组织实施，投放市场，将有关试剂分发给宝钢钢研所、上海材料研究所、上海医药工业研究所、大连机车车辆厂等 60 余个国内有影响的单位验证使用，效果明显，对某些特定元素的测定方面获得较好的效果，而且有所发展，达到一剂多用的目的。

由于研制开发这类试剂产品完全结合我国资源特点，投资少、见效快，符合我国产业发展方向。特别在避免使用有毒溶剂、减少环境污染方面有很好的效果，具有十分明显的社会效益。经国家科技部和上海市科委组织国内同行专家鉴定，一致认为这些试剂结构独特、技术新颖、应用广泛、效果明显，不仅灵敏度高、而且选择性好，综合性能超过国内外同类试剂。2001 年华东师范大学化工厂部分试剂产品经中国国际贸易促进会和法国科技质量监督会联合向国际市场推荐为中国高质量产品。

除了以市场供求趋势为导向，研制高质量、小品种、系列化的特种新试剂，吴斌才还将研发和生产的这类特种试剂进一步推向市场，加强这类特种试剂重要性及品种宣传，以扩大影响。他 1984 年参加全国科学技术奖励大会，受到科技部和国家教委的嘉奖，1985 年参加我国"七五"稀土发展规划的修订及筹建高校稀土科研开发中心，多次参与上海市化学试剂创新与发展行动计划及"十五"、"十一五"、"十二五"上海市化学试剂发展计划的制订。他数十次参加国内外重要生物医药、化学试剂展览会，以展示华东师范大学在特种试剂研发方面的优势和特色，体现了上海的综合实力，扩大了国内外影响。

坚持以项目为纽带，加强"产学研"与"科工贸"结合

在科技创新、研制开发过程中，与上海科学器材公司、上海康鹏化学有限公司和上海沪试化工厂合作，实现科、工、贸结合，以调动各自优势，充分发挥产、学、研结合的有效机制和作用，由过去单纯的技术转让到优势互补，共建联合实验室，为新试剂的研制开发，为扩大中试投产，为保证化学试剂产品的工艺实施和质量提高创造条件。同时又十分重视市场调研、收集国内外信息、选择有市场前景的项目，各种分类试剂如材料分析用、环保分析用、有机合成用的特种试剂的立项、方案设计、技术工艺、可行性论证等力求完美，缩短试制周期，避免走弯路，开发一个成功一个。课题组不满足已取得的成绩，为加快科技进步和科技产业化进程，对有发展前景的项目跟踪到底，搞深搞透，在发展特种试剂，振兴化学试剂产业，繁荣化学试剂市场方面多作贡献。

在"高端氟化试剂的系列研制与开发"的项目中，通过调研充分认识到我国有充足的氟资源，但缺乏性能优异的氟化试剂。科研部门和药品生产上的需求只能依靠进口试剂解决。氟化试剂具有品种多、应用范围广、技术难度大、附加值高等特点。药物、电子材料、染料等行业对高端氟化试剂需求日趋迫切，它是精细化工产品上档次、高效能发展的重要方向。为此，在吴斌才带领下，利用上海氟化学研究的优势，联合上海化学试剂研究所、中国科学院上海有机化学研究所、上海试四赫维化工有限公司、上海沪试化工厂等单位，进行产学研强强联合，坚持创新性、系列化品种开发，形成特色和优势，坚持有技术难度的高端试剂的开发，走向国内外市场，坚持科研用小批量品种和大品种的结合，满足市场需求。着力解决这类试剂合成路线长、提纯难、收率低、原料有毒、难以工业化的难题。

目前已研发社会急需的高端氟化试剂 70 余种，其中 30 余种为国内外未见报道，产品包括含氟手性试剂、含氟专用试剂、含氟特效试剂、含氟表面活性剂、亲核氟化试剂等。不少产品采用全新的适合工业化的合成方法，不仅收率高，且原料易得、避免使用有毒原料、设备条件不苛刻，充分体现科技创新和自主知识产权，是一类具有新生长点，有优势的试剂品种。特别是上海作为国家新药开发的一个重要基地，而该类试剂在新药开发中有广阔的应用前景。部分产品已出口，取得 5 800 余万元的经济效益和良好社会效益。已申请发明专利 9 项，授权发明专利 3 项。缩短与国外先进水平的差距，为提高市场竞争力奠定基础。

康鹏化学有限公司作为民营高新科技企业，在氟化学品的研究开发中有较好的基础和信息优势，国内外也有一定影响。课题组在"新型特种试剂的系列研制与开发"的

项目中,与康鹏化学有限公司和沪试化工有限公司进行有效合作,在原来研究成果基础上,瞄准世界先进水平,在创新上下功夫,研发有技术难度的特种分析测试试剂及药用配套试剂。根据我国国情,研发了一批性能优异、操作简便、结果准确、灵敏度高、易于推广的材料分析、稀土分析、环保分析用特种试剂,以及科研用各种多取代含氟试剂,促进成果向产业化转化,产品投向国内外市场。

在试剂研发工作中,研制和开发各种类型(包括变色酸偶氮类、噻唑偶氮类、喹啉偶氮类、三氮烯类、二安替比林类、荧光酮类、卟啉类等)材料分析、稀土分析和环保分析系列试剂,并进行系统的性能研究与筛选工作。在镁、钯、铜、锌、汞、铅、镉、钍、铬等分析中获得应用和推广。如材料分析、稀土及环保分析用灵敏分析试剂中的BTASTP能在强酸下测镉,选择性好,比耳定律宽 $0—50\ \mu g/25\ mL$,允许包括贵金属离子等的共存离子存在,允许量大;4-BPA-TB能在高氯酸介质中测铋,选择性好,大多数共存离子达到毫克级,测定简便;CPFDAA 与镉形成的络合物稳定,灵敏度高,选择性好。经查新结果,表明这些特种试剂均未见有相同结构的文献报道。而含氟有机合成用试剂的质量指标,包括外观、色泽,特别是含量均达到并超过奥德里奇的质量指标。

现已研发社会急需的新特种试剂 110 余种,其中有 25 种国内外未见报道的新颖结构特种试剂,不少产品体现科技创新和自主的知识产权,并在材料、医药、农药、电子工业特别在环境污染控制的分析检测中获得广泛应用。其中 30 余种产品已被外商认可。经测试各项指标均符合出口标准。产品已批量生产,打入日本及欧美市场,初步创造 860 余万元的经济效益和明显的社会效益。项目总体达到国际先进水平。

以上两个项目已分别获得 2003 年度和 2007 年度上海市科技进步奖三等奖,占上海市化学试剂研究领域获奖总数三分之二。

多年来,吴斌才教授先后荣获经委、冶金部"全国稀土推广应用先进工作者",国家教委、人事部"全国优秀教师",上海市"实施发明成果优秀企业家","上海发明事业优秀工作者"以及中国石油化工系统"全国化工优秀科技工作者"等称号。同时被收编入英国剑桥、美国人物传记研究所的《世界名人录》。

自 1996 年以来,为了加大科研投入,上海市科委设立科研研制开发攻关专项,以促进化学试剂创新和发展,特别对有较高水平、用量少、品种多的科研用中高档特种试剂加大扶植力度,以促进高新技术成果产业化。以我校为主的科研团队所申报项目已连续 10 多次获得市科委的技术支撑和重点支持,不但创造较大的经济效益,也提升了上海特种试剂研发的整体科技优势。为此国家科技部把华东师范大学列为我国特种试剂研制开发基地。

作为上海试剂资源共享服务协作的战略联盟的发起单位,华东师范大学凭借几十年来工作积累及技术条件的支撑,将继续为我国化学试剂发展作出应有贡献。

* 本文作者：吴斌才,华东师范大学化学系教授。

创建化学系第一个博士点

何品刚　鲜跃仲

　　我校化学系分析化学学科在方禹之教授和金利通教授的积极努力和一些专家、领导的支持下，于1996年被国务院授权为二级学科博士点。这是化学系获得的第一个二级学科博士点，也是当时全国师范院校中唯一的分析化学学科博士点。他俩作为化学系分析化学学科仪器分析的奠基人，从事分析化学教学和研究数十年，在电分析化学、化学修饰电极和生物传感、环境监测仪器及方法、毛细管电泳分离分析、光谱电化学及电致化学发光分析等领域，取得了丰硕的成果。他们在DNA电化学探针、化学修饰电极的应用、超微电极在神经递质检测和心肌细胞损伤及修复中的应用、活体中一氧化氮电化学生物传感和毛细管电泳—电化学检测等方面的研究做了具有开创性的工作，研究成果丰硕。在国内外重要期刊杂志上发表论文900余篇，出版编著16本；完成国家"九五"、"十五"、"十一五"重大科技攻关项目，国家自然科学基金、部委、省市级项目，国际合作项目等100余项；获国家科技进步奖、国家科委星火计划奖、国家教委科技进步奖、上海科技进步奖等近30项，获国家专利50多项。在他们的带领和全组同志的共同努力下，我校分析化学学科在国际、国内具有相当大的影响力。2015年

方禹之、金利通（后排左3、左4）与分析化学博士点早期毕业生合影

2月2日,爱思唯尔(elsevier)发布2014年中国高被引学者榜单(榜单覆盖科学、技术、医学、社会科学、艺术与人文等38个学科领域),1651名最具世界影响力的中国学者"榜上有名"。化学领域的高被引学者有120余位,方禹之、金利通入选。高被引学者的遴选标准是研究者作为第一作者和通讯作者发表论文的被引总次数在本学科所有中国(大陆地区)的研究者中处于顶尖水平。

师之楷模桃李红,科研领域铸豪情

　　方禹之1953毕业于华东师范大学化学系,1985年晋升为教授,1990年被国务院学位委员会批准为博士生导师。曾任华东师范大学化学系副主任、华东师范大学教务长、环境科学研究所常务副所长、上海市高等学校环境治理协作组大组长、全国直属高校师资管理研究会秘书长、上海市第八届政协委员、政协教育委员会副主任、中国分析仪器学会电分析仪器专业委员会主任、上海市化学化工学会分析化学专业委员会主任、上海市分析测试协会理事长,担任多种学术杂志编委,并多次受国外知名杂志邀请撰写综述,审阅稿件。他是国内最早从事电分析化学及电分析仪器研究和研制的知名学者。长期从事分析化学的新技术新理论新仪器、电分析化学及生物电分析化学、化学修饰电极、光谱电化学、电致化学发光分析、高效毛细管电泳—电化学检测以及计算机在电分析化学中的应用等的研究。他以学识渊博、治学严谨、襟怀坦白、热心助人、和谐可亲的高尚人品和教学风范,博得化学系广大师生的崇敬和爱戴,在我国教育界和分析化学界享有盛名。

　　他在科技研究成果方面更是硕果累累,在国内外重要刊物上发表论文400余篇,出版编著13本,承担了国家自然科学基金及其他国家级科研项目19项,获国家部委、市级以上科研成果奖9项,其中JSPS-602获市科学技术进步二等奖、JPSJ-603获市经委新产品二等奖、黄浦江污染综合防治规划研究获国家技术进步二等奖(排名第三)。1990年被国家科委、国家教委评为全国高等学校先进科技工作者,1998年获宝钢优秀教师一等奖。

　　他是我校分析化学学科的创始人之一,带头为化学系创建了第一个博士点(分析化学)。在他80大寿庆祝宴会上,参加人数达200多人,热闹非凡。多位院士和领导为他题词,赞扬他为我国分析化学的发展作出了重要贡献。

　　方先生非常注重本学科领域的发展前沿。早在1994年,方先生就开展了毛细管电泳—电化学分析方法的机理和应用研究,组装了毛细管电泳—电化学检测装置,分别将毛细管电泳—电化学检测技术应用于食品安全监测、中西药物分析、环境分析和手性拆分等领域及在线浓缩方法的研究领域。在毛细管电泳—电化学检测的研究方面一直处于国内领先地位。

1996 年在国内率先将核酸杂交技术与电化学分析技术相结合,实现了对特定序列 DNA 的电化学测定。首次制备了基于碳纳米管固定单链 DNA 的电化学 DNA 传感器,使 DNA 检测灵敏度得到显著提高。利用金胶银染技术标记 DNA 探针,实现了对大肠杆菌肠毒素基因的灵敏、特异的电化学检测。通过电化学聚合聚吡咯/碳纳米管修饰电极的电化学交流阻抗 DNA 杂交传感器研究,实现了无杂交指示剂或标记物的 DNA 电化学传感器。在国内首先将电致化学发光与 DNA 杂交相结合研究了 DNA 电致化学发光传感技术。采用三联吡啶钌参杂二氧化硅纳米颗粒标记 DNA 探针的 DNA 电致化学发光传感器大大提高了检测的灵敏度。

随后又利用电化学方法模拟人体的新陈代谢,光分析方法检测代谢过程中瞬间物质的变化,开展了光谱电化学的研究,为药代分析和合理用药提供了分析方法,亦为环境污染物的电化学降解技术中间产物和最后归宿及降解机理提供了研究方法。

方先生特别强调"产、学、研"相结合,将科研成果应用于经济建设。早在 20 世纪 70 年代初期,他就带领小组成员开始与雷磁仪器厂合作研制了大量的环境监测仪器,其中有 KLS410 一氧化碳测定仪、KLS409 一硫化氢库伦分析仪、数学显示硫化氢测定仪和臭氧测定仪等,解决了当时我国急需的环境监测仪器问题。随后他又集中精力于计算机在分析化学中的应用研究,研究了间断多次扫描电位溶出分析法、常规双脉冲叠加四阶跃微分伏安法,提高了测定灵敏度和从理论上彻底消除伏安分析法中的电容电流。与上海雷磁厂合作研制了计算机控制的多功能极谱仪、JDSJ - 603 型微机极谱仪、微机化溶解氧分析仪、智能化库仑水份自动分析仪和用于水质分析的实验室信息管理系统(LIMS)等。与上海精科公司合作研制了在线水质多参数监测系统和光谱电化学分析仪,与上海天美仪器有限公司合作研制了微量水分库仑分析仪等。为了进一步实现"产、学、研"相结合,共同开发与研制分析科学仪器,先后与上海精科仪器公司和上海天美仪器有限公司成立联合实验室,使我校成为高校中最早成立联合体的单位之一。这些硕果同方先生孜孜不倦的努力和刻苦研究分不开。

方先生一再讲一个学校的知名度高不高,就在于它的科研成果多不多,学术水平高不高。所以,不论教学工作多忙,行政工作多繁重,他都始终不放松科研工作。在他担任学校繁重的行政工作之余,每天中午或下午下班后就来到实验室,和课题组的老师、研究生共同讨论和解决科研难题。休息日和寒暑假,这都是方先生搞科研的好时间,天天都在实验室做实验、搞研究。

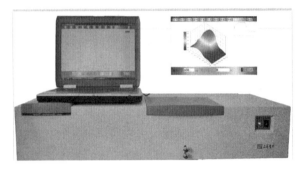

在线水质多参数检测系统　　　　　　　　光谱电化学分析仪

　　他不仅在科研方面，紧扣学科前沿，硕果累累，在教学上也是一位德高望重的好老师。他十分重视教书育人，用他的话说："不给学生上课，就不能当好一名教师。"在长期的教学实践中，他以极为严谨的治学态度对待每一门课程的教学。备课认真、仔细推敲，上课生动活泼、深入浅出，教学效果在师生中有口皆碑。多年来他为本科生、硕士生和博士生分别开设过工业分析、分析化学、仪器分析、电子技术、分析仪器、极谱分析、现代电分析化学、光谱电化学等十几门课程。编著有《仪器分析》、《分析科学与分析技术》、《环境监测与分析》和《中学化学教师备课手册》等书。

　　方先生有一句格言："动手能力不强的人成不了好的化学家。"他在化学系开创了仪器分析课程和实验的先河，从一台台仪器的安装到每个学生实验的安排、实验讲义的编写以及基础课实验室的建设，到专业选修课程的发展，无不凝聚了他的心血。特别是在初建仪器分析实验室时，由于条件比较差，许多仪器都是他自己设计制作的，例如恒电流库仑计、高效毛细管电泳—电化学检测系统等。此外，许多仪器经他修理和维护之后都能起死回生或大大延长使用期限，即使到现在，仍然经常可以看到方先生亲自动手修理仪器。

　　方先生从 1960 年就开始个别指导研究生 1 名，1981 年指导硕士研究生，1991 年开始指导博士生，至今已培养硕士生 90 多名、博士生 20 名。他所指导的徐春博士论文获全国 100 篇优秀博士学位论文提名奖、上海市 100 篇优秀博士学位论文奖。他培养的学生有许多已走上领导岗位或在科研教学中成为学术带头人，承担着多项国家级科研项目。在培养研究生的过程中，他非常重视培养学生独立思考分析问题的能力和动手能力。他不仅在学术上，而且在思想上也严格要求学生，他常对学生说：你们要学会做学问,必须首先学会做人。他经常敦促学生要向党组织靠拢,还时常送党章给学生要他们努力学习,早日加入党组织,他的研究生有40%以上加入了中国共产党。他不仅在思想上学术上严格要求学生,同时在生活上处处关心和帮助学生。研究生病了,他会亲自送他们上医院,经常去探望;学生献血了,他会送上补品。逢年过节他就把外地学生请到家里一起聚餐,对进修教师每次都亲自接送;学生临近毕业,他千方百计为他们联系工作;学生即使毕业了,遇到问题,仍然忘不了找方先生。他还不知有多少次为毕业的学生主持过婚礼仪式。每到新年,他的学生和进修教师都会欢聚在他家中,既给学生带来了欢乐,也是他的一种欣慰。看着他墙壁四周挂着一张张五彩缤纷的贺卡,听到那不停的贺年的电话声,我们可以深切地感受到方先生是多么地受学生的崇敬和爱戴。

方禹之教授作为分析化学学科的领路人,他一再强调学科的发展不仅需要好的带头人,更需要一个好的集体。在他的领导下,我校分析化学学科有一个极为团结、战斗力强的好集体,这在学校甚至是全国同行中都是令人羡慕的。他深知学科要发展,人才是第一位,人才的培养需要一个好的环境。因此,他竭力为学科组营造一个团结进取积极向上的学术氛围。用方先生的话说,大环境我们不能改变,但我们可以改变小环境。他对学科组内的同志不但在生活上关心,在业务上也为积极培养创造条件,让每个人都能发挥其才能。对年轻教师都有计划地安排出国深造,公派出国的年轻教师也都按时回国,在科研中发挥骨干作用。他始终认为,学科的发展要有年轻的老师来挑担子,要让他们承接更多的社会工作,因此,主动把许多学术职务让给年轻教授,使他们很快在学术上有了影响,学科的发展也有了后继人。

教学创新学科渗透,辛勤耕耘硕果累累

金利通教授1960年毕业于华东师范大学化学系并留校从事教学科研工作。1982年至1984年在日本名古屋大学水池敦研究室访问进修,1988年被聘为华东师范大学教授,随后被聘为博士生导师、二级教授、终身教授。金利通曾任华东师范大学化学系系主任、化学与生命科学学院院长、生物电化学研究所所长、全国高等师范院校分析化学研究会理事长、中国仪器仪表协会电分析化学专业委员会秘书长,担任多种学术杂志编委、副主编、主编。他以学识渊博、治学严谨著称,深受华东师范大学化学系师生的崇敬和爱戴,在我国化学界享有盛名。

金利通是一位优秀的教师,曾获2004年全国模范教师荣誉称号。在教学方面,金利通教授不仅兢兢业业、精益求精,把自己的全部精力都投入到教学工作中去,而且

更为重要的是他提倡相关学科的交叉渗透,注重对学生动手能力、实践能力、创新能力的培养,将自己的教育理念融入到对 21 世纪化学前沿人才培养模式的创建中去。金利通长期工作在教学的第一线,承担了大量的硕士生、博士生的指导工作,至今仍坚持为研究生上课。在课程开设上,他进行大胆改革,将与分析化学紧密相关的其他学科的课程,如神经生理学、药物学、病理学,引入到分析化学专业研究生的课程中,使化学与生命科学有机地结合在一起,这些具有鲜明特色的多学科交叉的新课程,大大开阔了学生的视野,这种教育模式使得学生在学习的过程中主动地将自己的兴趣点向相关学科转移,拓展了他们思维的广度与深度,使研究生的教育在"专"的基础上实现与"博"的融合。他的这种教育理念使很多学生受益匪浅,很多学生在他的教育理念熏陶下逐渐成长为各个行业的佼佼者,其中有两位是国家杰出青年,一位是千人学者。

　　金利通是一位睿智的学者,在科学研究领域硕果累累。在科研方面,他具有敏锐的洞察力和深厚的学术底蕴。他密切关注国内外的研究动态,开辟了自己独特的研究领域。他从事科学研究的一个突出特点就是创新,一直把创新放在科学研究的第一位。20 世纪 70 年代中期,化学修饰电极刚刚问世,金利通就洞察到该研究领域必将成为分析化学领域中的一个重要的前沿研究阵地,他率先在国内开展了相关研究,取得了一系列创新性的成果,如化学修饰电极预富集与石墨炉原子吸收法的联用、化学修饰电极的电位溶出分析、化学修饰电极的溶出伏安和电位溶出理论等。他在总结国内外大量文献的基础上,结合自己科研成果,撰写了《化学修饰电极》一书并于 1992 年出版发行,书中较系统地介绍了化学修饰电极在电化学、电分析化学、能量转换、大分子电化学器件等方面的理论和研究,是国内第一部全面介绍这一研究领域的专著。在生物电化学的研究领域,他走在了国际学术研究的前列。他以心肌细胞作为研究对象,开展了心脏疾病的病理学研究以及治疗心脏疾病的药物筛选,开辟了电分析化学在疾病预防、诊断以及治疗方面的研究领域。他还开展了以植物人(PVS)状态下的动物模型研究,采用微渗析取样与高压液相色谱相结合的办法,对动物脑内的神经传递物质进行了研究,发现了 PVS 状态下动物模型脑内兴奋性神经传递物质偏低,而抑制性神经传递物质偏高的事实,为植物状态病人的治疗提供了坚实的理论依据。由于一氧化氮在心、脑血管调节,神经、免疫调节等方面的生物学作用,1992 年被美国 *Science* 杂志评选为明星分子。他敏锐地意识到开展生物体系中一氧化氮的实时分析对于深入认识一氧化氮的生理功能具有非常重要的作用,但是由于一氧化氮是一种极不稳定的生物自由基,生物半衰期只有 3—5 秒,要实现其高灵敏实时活体分析非常困难。从 1995 年开始,他首次将 M(Salen)应用于一氧化氮生物电化学传感器的研究和应用,成功实现了对一氧化氮分子的瞬时捕捉和检测。他通过超微电极电化学研究,在国内首次开展了单细胞内的过氧亚硝基等活性分子的损伤和相应的药物恢复研究,在国内率先开展了生物脑内儿茶酚胺类、氨基酸类等重要生物活性分子以及药物在体内的代谢过程等领域的研究,实现了动物体内分子的瞬时、连续、无损分析,为分析化学在生命科学中的广泛应用又提供了一种科学有效的方法。课题组将 TiO_2 光电材料以及 ZnO 纳米棒等相结合,通过免疫传感器的研究并应用于大肠杆菌以及癌细胞内目标分子的灵敏检测。由于他开展的工作创新性非常强,因而连续得到了国家自然科学基金的资助,并多次被国家自然科学基金委员会评为优秀资助项目。金利通承担了国家"九五"科技攻关项目 2 项、国家"十五"和"十一五"重大科技攻关项目各 1 项、国家高技术研究发展计划"863"项目 1 项、国家自然科学基金项目 8 项、上海市重点科技攻关项目 6 项以及国际合作项目 3 项;获 20 项国家及省部级科技成果奖;在国内外重要学术刊物上发表学术论文 500 余篇;出版的编著 8 本;申请国家发明专利32 项。

在科学研究领域,金利通不仅非常关注基础领域的研究工作,还非常重视科技成果的产业化。他一直非常注重"产、学、研"相结合,特别是针对我国分析仪器研发相对滞后,市场大多被国外厂商垄断的局面,他与国内多家分析仪器制造商建立了良好的合作关系,致力于推动我国分析仪器产业的发展。他与江苏江分电分析仪器厂等共同研制了 23 台类具有自主知识产权的电分析化学、环境监测仪器。其中,研制并投产的HH-8 在线 COD(化学需氧量,是水体受污染程度的重要指标)监测仪填补了国内的空白,节省了从德国进口该类仪器的外汇。

COD 检测仪   细菌、农药、重金属分析仪

金利通教授带领课题组,针对大家非常关注的食品安全问题,完成了世博科技专项课题,研制成功多种食品安全快速检测分析仪,可以用于饮用水与蔬菜类细菌、重金属含量和农药残留含量的检测。他研制的 10 多种分析仪器已经实现了产业化并产生

了良好的经济效益与社会效益,相关成果获国家科委星火计划奖、国家教委科技进步奖、上海科技进步奖等近 20 项,为我国科学仪器的自主开发研究作出了重要贡献。

＊本文作者：何品刚、鲜跃仲,华东师范大学化学系教授。

向海洋要核燃料

韩庆平

原子能科学是涉及国家安全与长远发展最重要的科学领域之一,作为发展原子能科学、原子能工业中主要原料的铀也被视为重要的战略资源之一。铀矿在开采过程中,会产生很多放射性废物、废气、废水等,这些废弃物留在矿区,对周围的生态环境和人畜健康形成潜在威胁,留下较多隐患,至今仍是世界性的环境污染问题。海水中含有一定量的铀(3 微克/升),其储量大约为 45 亿吨,超过陆地总储存量 2 000 多倍,但浓度较低,是一个巨大的液态贫铀矿,提炼比较困难。许多沿海国家特别是陆地铀资源缺乏的国家均开展了"海水提铀"的研究。

早在 20 世纪 50 年代初期,英国、德国、苏联等就开展了此项研究工作。60 年代初,在上海市科委支持下,我校陈邦林教授带领化学系放射化学教研组也开始了"海水提铀"的研究工作。

海水提铀示意图

海水提铀工作得到了从中央、地方到学校领导各方面的支持,周恩来、邓小平、张爱萍、朱光亚、刘伟都曾下达对海水提铀项目的指示。1967 年国防科工委、核工业部直接给我校下达了研究任务，1970 年受周总理委托，原军委总参谋长、国防部副部长粟裕将军与当时核工业部刘伟部长曾两次来我校查看"海水提铀"研究工作（见粟裕年谱），亲切地会见了全体研究工作者并进行座谈，要求我们尽快拿出由海水中提取的铀样品。1970 年 8 月 8 日，课题组从海水中取得了 68 毫克铀样品（重铀酸铵），同年年底又从海水中提取了约 30 克黄饼（重铀酸铵），经上海 230 研究所、上海跃龙化工厂（铀钍生产厂）及上海材料研究所等 5 个单位鉴定证明由海水中提取的铀（重铀酸铵）纯度很高，不含有硼、稀土、镉等高截面的杂质元素，完全达到要求的纯度，而且在提铀的工作场所未测到超标的放射性剂量，说明铀的放射性子体留在大海里，提铀的工艺是环保的。周恩来总理生前看到了提取的铀样品后说："海水中宝很多，海水提铀，抓住了要害。"他指示刘伟部长："海水提铀，你们要抓紧，有 30 克，就会有 30 吨，将来你们有了铀，就可以搞核燃料发电。"并且对项目提出了"安全、实用、经济、自力更生"四项要求。

海水中提取的重铀酸铵

上海市在"华东师大海水提铀"课题组基础上成立了跨校的"671 办公室"，由陈邦林主持技术业务工作，并从华东化工学院（现华东理工大学）、上海 230 研究所（原上海原子核研究所，现中科院应用物理所）、上海科技大学（现并入上海大学）等高校、科研与生产单位（如原上海化工局、上海海运局等）抽调部分人员参加研究工作。在各合作研究单位的共同努力下，从海水中提取到公斤级的重铀酸铵。"海水提铀"的研究工作 1978 年获得了全国科学大会奖。

早在 20 世纪 70 年代初，陈邦林与课题组成员已经意识到，"海水提铀"要取得更高层次的进展，必须加强基础研究，要进一步研究铀在海水中存在的形态以及提取过程中海水中的铀与吸附剂的相互作用机理。在总理讲话之后，"海水提铀"项目有了进一步的发展，从上海市各单位参与发展到全国协调，由陈邦林担任协调组组长，轻工业部天津制盐研究所、海洋局第三研究所、江苏海洋研究所、清华大学、天津大学、中国海洋大学（原青岛海洋大学）、南京大学、中科院海洋所、复旦大学等校、所先后加入项目租，并在多个地方成立了试验基地。同时，为加强情报追踪和协作交流，决定由国防科委情报所、二机部（即核工业部）情报所、中科院情报所和国家海洋局情报所等单位收集国内外"海水提铀"方面的资料，由华东师范大学编辑不定期刊物《海水提铀译丛》（每年 2 到 4 期），供国内各有关部门研究参考。

陈邦林和"671研究室"在开展"海水提铀"研究的同时,受海军装备部某部委托开展舰艇表面金属的抗腐蚀研究,取得了一定的成果,并在各类"51型"舰艇上应用。海军装备部在给我校党委的信中指出:"⋯⋯经实战应用,深受战士欢迎。"由于"671研究室"努力为国防协作方面作出的贡献,获得了上海市及我校"先进集体"奖励。1985年5月,由国防科工委、国家计委、国家经委、国家科委联合授予陈邦林教授"国防协作研究先进个人"称号。国家科委与国家教委联合授予陈邦林"全国高校科研先进个人"称号。

在海水中提取公斤级铀的基础上,陈邦林和"671研究室"还就应用物理化学、胶体和界面化学理论对从海水中吸附铀的机理开展了基础理论研究,探索了吸附剂的结构组成与物化特性,掌握了吸附剂吸附海水中铀的技术,初步建立了从海水中提铀过程的化学模型。经过大量实验,掌握了吸附剂物理化学性能与吸附量之间关系的规律,达到国际先进水平(见日本"原子力会志"),并将这些基础研究提出的理论应用于实践,取得了很好的成果。"海水提铀"的机理研究1980年获中国人民解放军国防科学技术委员会三等奖。

日本于1977年从海水中提得149毫克的重铀酸铵,我国比日本早7年取得这一成果。按照核工业部适当开展国际交流的指示,我们多次接待了日本、德国、美国等科研工作者来我国进行"海水提铀"的学术交流,国外来访者对我国在这方面取得的成果,首先表示惊讶,而后表示钦佩,对该领域的理论研究很感兴趣。在核工业部的主持下,华东师范大学、南京大学等单位合作在我校接待日本以尾方升为团长来访的"海水提铀"代表团,尾方升回国后在日本"原子力会志"发文称我校在界面科学用于"海水提铀"方面所取得的成果在世界属先进水平。

在"海水提铀"机理研究过程中,课题组为满足研究需要,自行设计、开发了一系列科研仪器,先后研制成的有:粉体表面能测定仪、双驱动膜压仪、流动电位仪、L-B拉膜仪、浓浆电泳仪、磁悬浮天平、杯型开放式微电泳仪、界面分子扩张粘弹仪等,不仅满足本校教学科研需要,也可供应兄弟单位使用,并被广泛应用于教学、科研各个领域,直到现在不少仪器仍有实际应用价值。其中如杯型开放式微电泳仪、界面分子扩张粘弹仪至今在国内还是唯一使用的仪器。与目前国际上先进设备相比,有些仪器具有自己的特色。例如当时发现吸附剂电荷会对吸附效率产生影响,课题组自己开发了用于测量吸附剂表面电性的DPM-1型双管屏幕显示微电泳仪,经专家评估达到当时国际同类产品的水平,1982年获上海市重大科技二等奖、国家教委优秀科技成果奖。在开发的第一代微电泳仪基础上,我校已经陆续开发出第四代产品,只需要0.5毫升样品即可进行分析,其性能先进,而且是可视化动态计算自行分析数值。国外同类产品则需要几毫升样品才能进行分析,此仪器已被全国近千家教学科研单位使用,占有国内产品的 90％以上市场。除教学科研单位外,还在建材、海洋、化工、造纸等行业广泛利用,目前甚至已开始被医院和体育运动队用于血液电荷测量以观察人体健康状况。在"海水提铀"研究过程中,发现吸附剂与海水接触后,吸附剂颗粒产生的润湿角变化会造成表面能变化,对吸附效率有影响,为此课题组先后开发了粉体接触角测量仪和平面接触角测试仪。后者还在服装防潮、舰船增速、表面活性剂等方面得到广泛应用。这二种测定方法并可用于测量纳米颗粒的表面性质,由华东师大负责制定测定方法标准并列入了国家专项 973 课题。

　　20 世纪 80 年代中后期,由于陆地采铀技术的突破,我国对铀资源的迫切需求有所缓解,"海水提铀"项目的重要性发生了变化,陈邦林领导的课题组也相应适时转变了研究方向。在"671 研究室"基础上,教育部批准成立了华东师范大学"海水资源化学研究室",后因国际合作需要(与丹麦水动力学研究院合作研究上海白龙港污水排放口建设项目方案及长江口污染物扩散数学模型研究)与河口所、地理系、生物系等单位联合成立了华东师范大学"水环境与界面科学研究中心"。

　　20 世纪 80 年代以后,陈邦林组织研究室继续开展"海水提铀"的机理研究。用自行研制的仪器直接观测到海水中铀的溶存状态,用自行研制的界面电性测定仪器研究金属氧化物的等电性以指导吸附剂的性能改进与提高,取得了较好的结果,并进一步将这些实验技术与基础理论,应用到能源与水环境研究中去,取得了一些成果,如在研究海水与吸附剂相互作用基础上提出了一系列胶体和界面科学理论,并进一步拓展、应用到长江河口界面化学研究方面,提出长江河口存在着强大的"自净度场",为上海的污水处理提供理论依据。在水环境治理领域,先后完成了上海城市污水外排长江口的研究、上海水环境治理、污水排放口的选址、苏州河治理、上海陈行水库可行性研究与环评、自来水厂的选址、外滩人行隧道等上海市政建设项目达 60 多项,其中上海城市污水外排长江口的研究等多个项目获上海市科技进步奖,为上海市的市政建设作出了贡献。

　　陈邦林在长期的"海水提铀"与上海水环境治理工程的研究过程中发现,气液界面过程始终伴随着气泡,因而密切关注着气液界面的研究。如海浪产生大量气泡影响到"海水提铀"的提取率,而海水通过吸附剂时有小气泡产生也会影响海水提铀的效率,这些小气泡长时期不能除去,即使在纯水体系也有这种现象,在水环境治理过程中发现在水体中有较多的气泡有利于净化,这与经典胶体和界面物理化学书上的论述并不一致。

　　陈邦林等还对纳微气泡进行了一系列物理化学性能及应用研究,发现有很好的应用前景。他前后花了 10 多年时间研制成纳微气泡设备,其性能与国际先进水平相比也毫不逊色,特别是在核素分离方面具有节能、快速、安全、无污染等特点,已受权为国防专利。同时该研究可在水环境治理、医学、生物育种、水产养殖、水稻种植等多个领域得到应用。以在水稻种植上应用为例：2013年在崇明、松江、宝山、奉贤四个区进行试验取得较好结果，水稻产量增产在5%以上，稻米质量提高，可减少化肥使用量，并能改善土壤，该应用已成为崇明生态岛建设的一个亮点，崇明县农委提出与我校合作，进行进一步系列研究。

数十年的科研工作，使陈邦林教授以及他的同事们养成了艰苦奋斗、自力更生的作风，团结战斗的精神和严格的科学态度。"海水提铀"的研究证实了低铀浓度的海水中能提取到纯度高的铀，该项技术也曾在铀矿山的尾水处理中得到应用。由"海水提铀"所得到的经验与发展起来的理论以及自行设计的仪器设备还在探索新能源、核素分离、水环境治理、水稻种植及水产养殖等方面得到了广泛的应用发展，已引起有关方面高度关注，其意义甚至不亚于"海水提铀"。

＊本文作者：韩庆平，华东师范大学化学系副教授。

动物学科的传承与发展

孙心德

　　动物学科是华东师大生物学系传统优势学科,1951 年由我国著名动物学家薛德焴、张作人等创建,后又经堵南山、郎所、钱国桢和周本湘等率领几代动物学人的勤奋耕耘、绵延积淀,一度成为国内同类学科最强者之一。该学科涵盖从无脊椎动物学到脊椎动物学若干分支学科,包括原生动物学、甲壳动物学、寄生虫学、昆虫学、鱼类学、鸟类学、两栖爬行动物学以及哺乳类动物学等。早年,薛德焴、张作人等 30 位国内动物学界知名学者签名发起成立了中国动物学会。薛德焴任第一届学会理事,张作人先后任理事、常务理事、副理事长,周本湘、堵南山、郎所也都曾担任过中国动物学会的理事、常务理事。1952 年,张作人任上海市动物学会理事长,周本湘任秘书长。此后,我校动物学科一直都是上海市动物学会的依托、挂靠单位。1957 年,薛德焴、张作人联合复旦大学的忻介六、张孟闻(后也调入华东师大)、刘咸等著名动物学界老前辈,发起筹备创办《动物学杂志》。经过不懈努力,克服重重困难,这本重要的学术杂志终于问世,为当时尚属年轻的动物学科学工作者提供了学术交流的平台,成为动物学科前辈

动物学科教师与动物学研究班学员合影

前排右 2 堵南山　右 3 郎所　右 5 张作人　左 1 钱国桢　左 2 周本湘
后排右 3 孙帼英　右 1 李慧珠

为后代创造的重要学术园地。1978 年，钱国桢、盛和林、王培潮等获批准成立动物生态研究室。1981 年，经国务院学位委员会批准，动物学科成为首批博士学位授予点；1985 年开始招收博士后研究人员。

早年，被誉为我国近代动物学科奠基人的薛德焴教授，倾注极大精力，编写动物学教材，所著《脊椎动物比较解剖学》、《系统动物学》以及《代表性哺乳动物志》等，是 20 世纪 50 年代我国高校生物学系、农学和医学大学生、研究生的主要动物学教科书。他撰写的诸多动物学教材、书籍涉及面广，影响深远，为我国动物学知识的传播、学科建设和发展作出了重要贡献，也为我校动物学科的建立奠定了基础。

原生动物研究享誉国内外

原生动物是最简单的动物体，却又是分化最复杂的细胞，由于它具有易取材、易培养等优点，因而被广泛作为细胞生物学、遗传学的理想研究材料。

自 20 世纪 50 年代以来，原生动物学科在张作人教授带领下，经过几代人的不懈努力和不断创新，研究获得诸多国内外有重要影响的成果。50 年代中期，张作人和他的助手唐崇惕采用改进的"银浸法"，首次在国际上揭示了草履虫"肛点"细微结构，为阐明低等单细胞动物细胞结构的完整性及其功能统一性提供了佐证。从 60 年代起，张作人带领他的团队又深入研究草履虫的口器形态、形态发生及纤毛虫无性和有性生殖中形态发生等关键问题，开拓进军"实验原生动物学"研究领域。

生物学的传统观点强调细胞核在遗传中的主导作用，因而主张通过改变细胞核的方法诱导遗传变异。但张作人带领他的团队经过大量研究发现，在一定的条件下，细胞质也具有很强的遗传作用。60 年代初，张作人和助手庞延斌、史新柏用细胞结构复杂的纤毛虫棘尾虫为实验材料，设计了独特的人工切割再生方案，当纤毛虫分裂为细胞内两个大核融合成一个圆球时，在显微镜下，用自制的显微工具做切割手术，然后取出带有细胞核和部分细胞质的切割块，使其再生，最后获得能传代的由两个棘尾虫左、右相互骈联的"人工骈体棘尾虫"。结果有力地证实，遗传作用不只受细胞核主宰，而是细胞核、质间存在相互作用。此后，张作人和庞延斌等又设计另一种仅干扰细胞质而不触动细胞核的切割技术，也诱导获得了能正常分裂传代的由两个棘尾虫以背部相互联接的"人工背脊骈体棘尾虫"，并进一步研究"骈体"、"背骈体"的形成机制，深入探讨了原生动物细胞的核质关系。他们的研究成果曾在 1980 年柏林召开的第二届国际细胞生物学大会上交流，1982 年张作人和庞延斌在《科学通报》上首次报道了骈体和背骈体腹毛虫的研究成果。

张作人(右2)和他的助手们庞延斌(左1)、顾福康
(左2)、邹士发(右1)在实验室工作

原生动物研究团队应用人工方法获得能正常遗传的"骈体动物"成为国际首创。这一研究成果进一步促进了国际实验原生动物学的研究,使20世纪70年代末至80年代初国际上关于原生动物纤毛模式形成的研究成为热点。1978年,时任中国科学院副院长的童第周教授趁在上海考察之机,专程来张作人实验室,交流及讨论关于细胞遗传的问题。80年代初,美国学者G. W. Grimes来我校交流,并同样用切割再生方法获得了纤毛虫双体动物;1984年,J. Frankel教授引用"骈体动物"的研究成果,阐述了纤毛虫的"纤毛模式形成";自80年代开始,日本科学院院士、日本动物学会理事长K. Hiwatashi教授数次来我校讨论与交流,并极力支持张作人主持召开亚洲纤毛虫国际会议。

原生动物研究团队的另一项创新研究是"纤毛虫皮层细胞骨架构造"的研究。他们用改进的生化去膜技术,成功地提取了纤毛虫皮层细胞骨架中的纤毛虫骨架、基体骨架及其附属骨架结构,探索了纤毛虫皮层细胞骨架的形态及其演化动态,将纤毛虫细胞形态表面结构研究推进到细胞表膜下的皮层细胞骨架水平。

1980年2—4月,张作人邀请国际著名原生动物学家柯立思教授任主讲教师,在我校举办了有来自全国50多位原生动物工作者参加的原生动物纤毛虫学习班。这次学习班为我国原生动物学研究的发展及中国原生动物学学会的建立奠定了基础。1981年5月,中国原生动物学学会正式成立,张作人当选为学会首届理事长。1986年应国际同行的要求,第二届亚洲纤毛虫国际会议在我校召开。这些国际学术交流,为推进我国原生动物学的发展发挥了重要作用,也进一步扩大了我校动物学科和原生动物分支学科在国内外的影响。

原生动物研究团队取得的研究成果"原生动物细胞核质关系",1977年获得"上海市科学大会重大科技成果奖"和1978年"全国科学大会重大科技成果奖";"原生质流对原生动物细胞核质关系的影响"获1980年上海市重大科技成果一等奖。张作人被评为上海市和全国科技先进工作者,1982年被评选为国际原生动物学家协会荣誉会员。研究团队主要成员庞延斌1986年也被破格晋升为正教授,被选任中国原生动物学会第四届副理事长。

原生动物学研究团队始终秉承"研究思路开拓,研究技术创新"的宗旨,不断获得新成果。顾福康教授、沈锡琪教授和侯连生教授带领他们的研究生,又将该团队的研究由显微水平、亚显微水平推进到分子水平。他们以纤毛类原生动物为材料,将细胞及分子免疫学方法与细胞形态学及超微结构形态学相结合,研究休眠细胞结构分化过程中细胞的调控、细胞质胞器的发生、功能与核基因表达间的相互作用关系,揭示细胞休眠现象的分子机理;深入研究细胞骨架及其微管胞器的发生和组装,探讨微管组织中心的作用以及细胞核基因的调控,揭示胞器结构形成的多样性及其细胞模式形成机理等,为推进我国原生动物学的研究水平作出重要贡献。

甲壳动物研究成果斐然

20世纪50年代初,江苏省启动苏南湖泊综合调查。刚建立不久的动物学科承接了"东太湖水生生物资源调查"课题,由堵南山、郎所领衔,赖伟、孙帼英、李慧珠和邓雪怀等老师、进修教师和部分本科生参加,对该湖水域浮游动物、底栖动物、鱼类及鱼类寄生虫等动物资源开展综合考察,获得丰硕成果,汇编出版了《东太湖水生生物调查报告》,为后来太湖生物资源的综合开发、利用和保护作出重要贡献。这是动物学科建立以来首次开展的较大规模野外水生动物资源研究,为动物学科的建设积累了经验。

20世纪60年代,动物学教学野外实习都在苏州洞庭东山进行,每年实习都会采集到大量的浮游生物标本,带回实验室进行分类鉴定,其中不少为枝角类动物。后来,动物学科开设了"水生生物学"课,堵南山教授主讲,赖伟任实验指导教师,以甲壳动物为材料,指导学生学习甲壳动物分类、形态解剖及区系分布等。其间,赖伟、邓雪怀还连续数年带领学生赴嵊泗海滨野外实习,采集了许多海产动物标本,以固着的甲壳动物蔓足类较多,其中多为围绕着湖间带的蔓足类甲壳动物藤壶。后来研究生朱振勤还迎着风浪颠簸,赴东海最外缘的小岛——浪岗,继续采集标本,完成了蔓足类甲壳动物的区系分类调查。

早年,堵南山、赖伟和他们的研究团队对甲壳动物的形态、区系分类和生态及

赖伟(后排右1)带领学生野外实习采集标本

资源等的研究,成绩卓著,填补了我国乃至亚洲和世界甲壳动物区系的空白,取得的系列成果获得 1977 年上海市科学大会奖和 1986 年中国科学院科技进步二等奖。

《中国动物志:淡水枝角类》是堵南山与中科院水生生物研究所蒋燮治教授合作编著的,为《中国动物志》中的首部志书,获得上海市科技成果一等奖,全国科技进步二等奖。堵南山编写的《中国常见淡水枝角类检索》、《中国/日本淡水枝角类总论》、《中国淡水枝角类概论》、《甲壳动物学》(上、下册)、《甲壳动物(合编本)》(1998 年,台湾水产出版社)等,都是无脊椎动物学科的重要著作。其中,《甲壳动物学》是我国第一部全面而系统地论述甲壳动物的专著,是由堵南山对研究生授课的讲义加工修改而成,被评为优秀出版物,获得中科院出版基金资助。堵南山还和前安徽省水产局长赵乃刚根据其人工海水的河蟹繁殖育苗工艺研究报告,合作编写出版了《河蟹的人工繁殖与增养殖》,这些专著或编著为提升我国甲壳动物研究水平作出重要贡献。

赖伟(后排中)和研究生在野外考察

20 世纪 80 年代初开始,我国经济虾蟹人工养殖发展迅猛,结合当时经济虾蟹人工养殖中的一些重要理论和技术问题,甲壳动物研究团队逐渐将研究重点转向甲壳动物生殖和发育生物学。他们以中华绒螯蟹为对象,应用新技术和新方法对其生殖细胞、受精以及胚胎发育作了极其精细深入的研究。研究发现,河蟹的卵子发育过程与其他动物基本相似,而精子发育则不同。在堵南山和赖伟指导下,研究生薛鲁征精确地观察到精子的特殊结构,在光镜下,河蟹的精子为无鞭毛型,呈陀螺状,在电镜下则显示布满臂状突起的圆球状。研究中,观察了精子发育过程中核内染色体减数分裂的形态变化,首次发现了精子的顶体反应过程,并精辟地分析了其机理及精卵会合的奥秘,为实现河蟹的人工繁殖提供了强有力的理论支撑。研究成果发表后,即刻在全国引发了研究甲壳动物生殖生物学的热潮,一时成为该领域的研究"热点"。接着,在堵南山和赖伟的指导下,研究生赵云龙又完成了河蟹胚胎发育的研究。以往有关甲壳动物胚胎发育的外部形态已有报道,然而,关于胚胎发育内层变化却未见报道。由于甲壳动物的卵子为多黄卵,应用显微技术,切片、定位和观察非常困难。他们迎难而上、不断改进技术,攻克一个个难关,终于观察到胚层的三胚层分化过程,揭示了甲壳动物卵黄形成过程和胚胎发育的独特性。此后,研究团队又相继开启了其他甲壳动物如罗氏沼虾、日本沼虾等生殖生物学的研究,为揭示甲壳动物生殖与发育机制作出重要贡献。

甲壳动物生殖和发育生物学研究,引发了河蟹人工培苗(育苗)的应用研究,先后出现了天然海水和人工海水等育苗技术。人工育苗又促进了河蟹的人工养殖研究。为此,研究团队又瞄准甲壳动物幼体培育关键技术深入研究,为有效解决经济甲壳动物人工养殖中的"瓶颈"问题提供了重要的理论支持,也为中华绒螯蟹等重要经济虾蟹人工养殖提供了技术保障。他们提出的河蟹养殖三阶段(即:一培苗、二育种、三养成)的法则被推广,卓有成效。该领域的研究在国际上具领先地位,引起国际同行的高度重视,并先后获得两项国家教委科技进步奖。

20世纪90年代初,陈立侨、赵云龙、王群和陈炳良等一批优秀年轻教师相继加盟,在秉承原有传统研究特色的基础上,将研究领域从早期的甲壳动物形态、区系分类和生态学拓展到生殖发育、遗传进化、营养代谢、功能基因组、环境胁迫和免疫以及营养和饲料等多个领域,并紧扣国家和上海市社会、经济发展主题,以项目联动带动学科交叉和延伸,形成基础研究面向生产应用的优势,为国家和地方经济发展提供技术支撑,取得重要成果。这些成果曾获得国家科学技术进步二等奖和国家教委等省部级科技进步奖多项。

该学科是成立中国甲壳动物学会的发起单位之一,堵南山曾任该学会首届理事会副理事长。该学科为我国开展甲壳动物研究最早、最系统的研究单位之一,也是我国甲壳动物科技人才培养的重要"种源"基地之一,先后为国家培养大批优秀学者,不少已成为我国动物学科知名学者、所在学科的领军人物,如:董双林、邱高峰、成龙旭、王兰、侯林等。

寄生虫学争攀学科制高点

寄生动物是动物界的一大特殊类群,许多寄生虫具有重要的经济或医学价值。动物学科寄生虫分支学科是由著名动物学家郎所教授创建,研究团队先后有李慧珠、刘士熙、郁雄、陆文娟、沈沁汶、汪昌寰、章平、刘家英和钱旻等。研究领域主要为中国淡水鱼寄生蠕虫等,在寄生虫超微结构、生化、分子生物学、体外培养和寄生虫免疫学等领域取得一系列研究成果。他们曾为本科生和研究生开设过"昆虫学"、"寄生虫学"、"寄生原虫学"、"寄生蠕虫学"和"寄生虫免疫学"等十余门课,建立了完整的寄生虫学科的教学和科研体系。

我国鱼类寄生虫研究起步较晚,20世纪五六十年代,这一领域几乎还是空白,成为郎所领导的研究团队早期主攻方向。其间,郎所带领他的助手跑遍江河、湖泊,采集大量标本观察鉴定,分析季节动态变化,对鱼类寄生虫特别是单殖吸虫的种群分类和区系分布做了深入考察,发现了百余新种和国内新记录,并为寄生虫学建立了诸多新科、属、种,最终完成了中国单殖吸虫类群及其区系分布研究,为《中国动物志·扁形动物门·吸虫纲·单吸虫分册》的撰写奠定了基础,为我国单吸虫研究作出重要贡献。

20世纪70年代初,为解决农药残留对环境的严重污染,生物防治引起人们重视,郎所带领他的团队开展了生物防治研究。那时,他们经常赴上海嘉定县的田间,实地考察农作物害虫的生长、繁殖及危害,观察害虫繁殖与生活环境变化的规律。他们的研究成果为当地发布虫害预报提供了科学依据,让当地农民掌握实时用药时机,提高了用药实效。此后,他们又对严重危害棉花、豆类作物的红蜘蛛的越冬行为及其栖息地,和可防治蚜虫的草蛉人工饲养和产卵习性进行研究,特别是对可寄生于松毛虫、棉铃虫和粘虫等鳞翅目害虫卵中的赤眼蜂的产卵行为作了详细观察,并对如何人工繁殖赤眼蜂进行探索,创造性地研制成功人造卵壳,实现赤眼蜂的大量繁殖,为有效提高生物防治效能开创了新途径。

70年代中后期,郎所的研究团队紧跟国际发展趋势,瞄准学科前沿,研究方向由原来的分类、区系宏观研究转向微观研究,在个体(表型)、细胞(核形)、和分子(DNA含量和蛋白质带型)的不同水平上,对寄生虫吸虫的分类地位和遗传趋势做定量评估,建立了一整套实验分类学新方法。此后,又开展寄生虫体外培养研究,成功实现了多种寄生虫体外培养,为寄生虫学、寄生虫免疫学和寄生虫疾病防治研究提供了全新的技术支撑,被誉为国内首创。

1982年,郎所为研究生开设了"寄生虫体外培养"和"寄生虫免疫学"两门专业课。与此同时,他们的研究团队又开启了一个全新的"寄生虫免疫学"研究领域,对多种寄生虫的抗原制备、虫体蛋白质组分和免疫特性开展研究,探索、建立特异性强、灵敏度高的诊断方法,获得若干创新成果,为我国寄生虫学科的发展作出重要贡献。

鸟类学研究获新发现

动物学科的鸟类学分支学科是由著名动物学家周本湘教授和钱国祯教授创建的。上世纪五六十年代,周本湘和钱国祯带领他们的助手和学生经常赴野外考察,长途跋涉,跑遍我国巢湖、洪泽湖、鄱阳湖、洞庭湖和太湖等水域,进行鸟类调查研究。先后对太湖野鸭、福建邵武建阳山区和浙江西天目山鸟类种群分布进行了多年跟踪研究,发表了《太湖野鸭》、《野鸭年龄性别鉴定》、《建阳邵武山区鸟类分布状况》等多篇研究论文,为我国鸟类生态学和区系分布提供了重要资料。80 年代初,周本湘带领研究团队对黄海牛山岛珍稀鸟类种群及其分布进行了深入考察,发现了珍稀的黑喉潜鸟,这是首次发现该鸟在我国的分布,具有重要学术价值。

周本湘是我国著名的鸟类学家,1980 年中国鸟类学会成立,周本湘任第一届学会理事,后又继任第二、三届学会副理事长。他还曾任中国野生动物保护协会常务理事,中国鹤类联合保护委员会顾问、专家组主任,上海市野生动物保护协会副会长等职。周本湘特别擅长对中国鹤类的研究,还常将鹤类的生态、文化和科学价值结合起来论述,受到同行的高度评价,为我国动物学科特别是鸟类学研究作出了卓越的贡献。

聚焦名贵、经济鱼类研究

我校动物学科建立初期,脊椎动物学方向由薛德焴教授主持,当时的青年教师孟庆闻在教学之余开始鱼类研究。孙帼英在动物学研究班毕业后亦师从薛德焴,在薛、孟两位老师的启示下,开始参与鱼类的研究。1957 年,孟庆闻去上海水产学院进修鱼类学,师从我国著名鱼类学家朱元鼎教授,进修结束后留在上海水产学院任教。50 年代末,动物学科承担了江苏省东太湖水生生物调查任务。其间,孙帼英、王培潮完成了"太湖的鱼类及其食性分析"课题。此后,以孙帼英教授为首的脊椎动物学鱼类学课题组,决定重点研究名贵鱼类,以及有经济价值的鱼类生物学。经过 20 余年的艰苦努力,克服了种种困难,在名贵、经济鱼类研究领域,取得了一系列重要成果。

松江鲈鱼(四鳃鲈)为我国的名贵鱼类,历史上享有盛名,属国家二级保护动物。该鱼属降海产卵的鱼类,其幼鱼要进入淡水中成长肥育,在上海郊区各水域均有分布,其中尤以松江地区产量较高,遂有松江鲈鱼之称。但在 20 世纪 70 年代早期,其产量日益减少,遂成珍品。英国女王来沪访问曾点名希望品尝松江鲈鱼。为保护和发展这一名贵品种,孙帼英与上海水产研究所和松江佘山养殖场合作,在养殖场进行了人工繁殖试验,并首次获得了仔鱼,但仔鱼畸形率高、成活率低。为寻找其原因,孙帼英又与复旦大学、上海水产研究所合作,对上海郊区各水域及长江口南部、黄海等水域作了详尽调查研究,终于发现位于黄海南部的蛎牙礁是松江鲈鱼的一个产卵场,考察发现,蛎牙礁的环境很适合松江鲈鱼的繁殖。他们对该鱼的生活习性做了详细观察,发现一般雄鱼先抵产卵场,在洞穴中等待雌鱼,鲈鱼产黏性卵,卵块附着在洞穴顶壁牡蛎壳的内表面。产卵期在 2 月中旬至 3 月中旬,繁殖的水温为 4—5℃,在胚胎发育中逐步上升至 14℃左右,盐度为 30‰—32‰。胚胎发育约经过 26 天孵化为仔鱼,仔鱼出膜时卵黄囊尚大,约需 14 天吸收完毕。从 4 月中开始,幼鱼游向近岸。研究结果对该鱼的人工繁殖、资源利用提供了宝贵的科学依据,从此开启了松江鲈鱼人工繁殖的正确途径。

银鱼也是价值甚高的经济鱼类,在市场上广受欢迎,故被列为国家水产资源中重点繁殖、保护对象。20 世纪 70 年代后期,孙帼英首次报导了太湖水域银鱼有 4 属 5 种及 1 亚种。80 年代早期,孙帼英和他的助手周忠良、陈建国等扩大了采集银鱼的范围,对大银鱼和有明银鱼的繁殖、食性、生长、分布以及洄游等作了详细研究。他们发现,长江口大银鱼属河口淡水和沿岸低盐度海水中繁殖的河口鱼类。湖泊中的大银鱼是被陆封在湖泊中生殖繁衍的。对有明银鱼的研究与大银鱼同步,发现其生长肥育水域的盐度低于大银鱼,属于洄游到河口淡水中繁殖的河口鱼类。他们的研究成果为大银鱼的增殖和资源保护提供科学依据,也对大银鱼的有效资源开发利用,提高经济效益具有重要价值。

花鲈是我国沿海及河口的中型经济鱼类,亦可溯河生活于淡水。其肉质好、味鲜美,是深受人们喜爱的上等食用鱼。但 20 世纪 80 年代以来,自然资源日趋衰退。为探讨长江口花鲈资源状况,由国家自然科学基金资助,从 1986 年开始,孙帼英研究团队对长江口和浙江沿海花鲈繁殖生物学,以及长江口横沙岛和佘山附近水域花鲈的生长、食性以及渔业状况等进行了研究,为此类鱼资源开发利用提供了重要参考。

此后,孙帼英研究团队又先后对长吻鮠、河川沙塘鳢、斑尾复鰕虎鱼等我国淡水名贵经济鱼类进

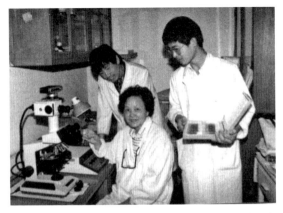

孙帼英(中)在实验室指导研究生开展鱼类生物学研究

行较为系统研究,研究内容涵盖鱼类的生长、摄食和繁殖生物学,人工繁殖的胚胎和胚后发育以及环境对胚胎发育的影响,还包括消化系统发育及仔、稚、幼鱼摄食习性的研究等,成果卓著。

我国水域辽阔,鱼类资源丰富,深入研究鱼类生物学,特别是对名贵、经济鱼类资源生存环境、生活习性、繁殖规律等的研究,对我国鱼类资源保护和合理开发利用,提高经济效益都具有重大意义。他们的研究成果,为我国鱼类生物学研究作出重要贡献,也丰富了我校生物学系动物学科建设的内涵。

如今,动物学科在继承和发扬本学科老一辈动物学家建立的传统优势基础上,坚持基础理论和应用研究并重特色,密切关注国际发展动向,瞄准学科前沿,不断取得新进展,力争"亮点"突破。该学科紧扣国家和上海市社会、经济发展主题,通过承接国家和上海市重大、重点项目,以项目联合带动学科交叉和延伸,形成基础研究面向生产应用的优势,为国家和地方的经济发展提供理论和技术支撑。

＊本文作者：孙心德,华东师范大学生命科学学院教授。(生命科学学院顾福康教授、王群教授、盛和林教授、赖伟教授和孙帼英教授参入本文讨论、修改)

植物学科的创建

冯志坚

植物学是经典基础科学,是华东师大生物学系最早建立的传统优势学科之一,最初由王志稼、郑勉、陈彦卓等著名学者创建,学科包含植物形态解剖、系统植物学和种子植物分类学等。1956年春,教育部聘请苏联专家 N·A·莎芭琳娜主持,在我校生物学系举办植物地理学进修班。次年8月,生物学系植物学科内增设了植物地理学分支学科,开展植物地理学教学和科研活动。

保持植物分类学优势地位

植物分类学是植物学科的分支学科,是植物学科的基础。建校初,由郑勉教授创建,后经方锡深、周铉、裴佩熹、王锡雍、胡人亮、吴国芳、刘民壮、冯志坚、郑师章、马炜梁、王幼芳、陈昌斌、李宏庆等几代植物学人的不断累积与延续,本学科的教学和科研取得令人瞩目的成就,曾一度称雄全国。

植物学科始终重视植物学教学工作,郑勉一直坚持为本科生讲授种子植物分类学。1954年我国实行招收研究生班制度,郑勉先后招收、指导8届植物学、种子植物分类学研究生班,为我国培养了大批植物学教学、研究人才。郑勉非常重视本学科的教材建设,他所撰写的《中国种子植物分类学》(上、中、下三册),是我国发行较早的种子植物分类学教材,被国内高等院校生物学系广泛采用,曾数次再版。1983年,由胡人亮、吴国芳、冯志坚、马炜梁、周秀佳等编著的我国高校植物学统编教材《植物学》(下册)面世,该教材自首发至今历时33年,先后再版发行40余万册,发行时间之长、发行量之多,为国内同类教材之冠。吴国芳、冯志坚、马炜梁、区善华、杨斌生等编写的《中国种子植物属种检索表》(上、下二册)、《种子植物图谱》、《植物学野外实习手册》、《资源植物学》等,马炜梁、王幼芳、陈昌斌、李宏庆等编著的《高等植物及其多样性》、《植物学学习指导》和《植物学实验指导》,都成为我国高校生物学系植物学教学的重要教科书或参考书。2009年马炜梁、王幼芳、李宏庆等编著的《植物学》是一本注重能力培养、内容紧扣实际、编排合理、图文并茂的全彩色教材,订数逐年上升。

野外实习和野外考察是植物学教学和科研的重要内容和手段,郑勉和本学科的教师们经常带领学员赴安徽黄山、浙江西天目山、雁荡山、四明山、凤阳山及福建武夷山等地进行野外实习。20 世纪 70 年代郑勉担任《中国植物志》第 45 卷 1 分册中国黄杨科的编写工作,发表研究论文数十篇,其中《中国黄杨科植物新种》发表在我国权威学术杂志《植物分类学报》上,得到很高评价。他在 80 年代发表的《我国东部植物与日本植物的关系》论文,所提出的新观点,引起国际同行的关注。此外,郑勉、吴国芳、马炜梁等编写的《中国植物志》第 13、27、45 卷,以及冯志坚、何明勋、汤艺峰等参编的《上海植物志》都得到很高的评价。植物学科将教师和学生长期野外实习和野外调查所采集、累积大量植物标本汇总起来,建立了植物标本馆,累计馆藏标本达 16 万份。学科组裘佩熹老师长期从事蕨类植物研究,发现了叉叶铁角蕨、狭翅铁角蕨等蕨类新种多种。他先后赴武夷山、黄山、庐山、鼎湖山、雁荡山等地野外考察,采集大量蕨类标本,丰富了标本馆的内容。此外,又通过与国内外植物标本馆进行标本交换,增添了不少新内容。植物标本馆的建立,在植物学的教学和科研中发挥了不可替代的作用,还为其他相关高校、院、所查阅植物标本提供了方便。

郑勉(前、后排之间的长者)带领学生野外考察

进军苔藓植物学

苔藓植物学是植物学科的一个重要分支学科,国际上苔藓植物研究始于 19 世纪和 20 世纪初。我国苔藓植物学研究是 20 世纪 30 年代后,由南京大学被誉为"中国苔藓之父"的陈邦杰教授开创,他不仅为中国的苔藓植物学的理论和实践奠定了良好的基础,而且培养了一大批优秀苔藓植物学研究者。1955 年初,陈邦杰教授精心挑选了

覆盖全国并具地区代表性的 10 名学生,创办了"苔藓学研究进修班",我校植物学科的胡人亮老师参加了这次进修班。学习结束后回校,继续以教书育人为己任,并决心建立我校的苔藓植物研究基地,他首先想到的是要尽快建立苔藓植物标本室。当时,我校有关苔藓植物学的资料和标本一无所有,胡老师发扬自力更生精神,白手起家,从标本室的标本柜、采集记录本等的设计、定制着手。在完成教学之余,他带领学生野外考察,先从江苏、浙江各个山地进行考察,逐渐扩展到新疆、云南、陕西等地,收集标本几万份,并逐一进行显微镜下种类的鉴定,为我校苔藓标本室建立奠定了重要的基础。"文革"结束后,胡人亮作为访问学者,于 1981 年赴美国纽约植物园,在威廉姆·巴克实验室工作一年。其间,收集了很多重要的标本和资料,并与多国苔藓研究学者建立了联系,参加国际会议,在国外有影响的杂志上发表研究论文,为研究室增添了苔藓分类重要的参考书籍。

胡人亮(右 2)在新疆野外考察

标本室建立后,胡人亮带领他的研究生密切关注国际苔藓植物学研究的发展动向,瞄准本学科前沿,尽快弥补我国和世界苔藓植物研究领域的差距。他注重与国外同行之间的学术交流,并曾邀请了美国纽约植物园、密苏里植物园、加拿大艾伯塔大学等单位的多位知名学者来我校访问,陪同他们野外考察,还组织国际苔藓植物学研讨班,为提升我校苔藓植物学的科研水平和人才培养奠定了基础。

在苔藓植物学研究领域,胡人亮和他的团队取得了丰硕成果,主编了中、英文版《中国苔藓志》第 7 卷;参编了《广东植物志》、《秦岭苔藓志》、《云南植物志》、《中国苔藓植物图鉴》《横断山区苔藓志》和《西藏苔藓植物志》等著作,其中参编的《西藏苔藓植物志》获中国科学院自然科学奖特等奖,《云南植物志》获云南省自然科学特等奖。在专科专属的研究中,所承担的中国绢藓科研究,发现了多个绢藓科的新种,并发表了东亚地区绢藓科分布规律与特点的多篇研究论文,使中国苔藓植物学的研究走向世界。胡人亮编写的《苔藓植物学》教科书,填补了我国苔藓植物学教科书的空白,这是他在多年教学和科研的基础上,将自己积累许久苔藓分类的经验和素材进行汇总,参阅了国外有关苔藓植物的大量资料,并结合我国苔藓植物的研究历史和成果编写的。本书就苔藓植物的研究历史、基本形态结构、细胞学特点、化学成分、系统分类、地理分布及起源与演化等方面作了较全面的阐述。全书图文并茂,配插图 389 幅,内容丰富,成为我国高等院校生物学本科高年级以及植物学专业研究生的首选专业教材。该教材出版后,我国多数大专院校将其作为植物学和苔藓专业研究生必选教科书使用;台湾淡江大学赖明洲教授专程来上海洽谈购书事宜,将该书选为台湾淡江大学生物学系苔藓专业研究生的必选教科书,该教材还引起海外同行的关注。

胡人亮创建的苔藓植物分支学科,于 1976 年开始招收苔藓学专业的研究生,还多次举办全国性的苔藓学短期进修班,培养苔藓植物学的人才。他经常带领学员去野外采集标本,当时山区交通极为不便,山路崎岖,而他已年近半百,却依旧和年轻人一起攀爬于崇山峻岭之间。每晚他都会带领学生在昏暗的灯光下,整理鉴定当日采集的标本,要求学生每天采集的标本必须当天整理好,记录好生境、海拔和形态特征。他常常教育学生:"研究苔藓一不为名,二不为利,而是为了让中国苔藓研究不落后于国外,让中国丰富的苔藓植物发挥应有的光辉。"他反复强调,研究苔藓必须亲自采集标本,在显微镜下仔细观察、解剖、绘图,根据文献进行仔细的比较,只有这样,才能真正掌握对苔藓物种的完整认识。老师的谆谆教诲,培养了学生良好的学风。目前,我校植物学科苔藓植物分支学科培养的学生已是桃李满天下。在 2005 年 10 月"中国苔藓植物奠基人陈邦杰先生百周年诞辰国际学术研讨会"上,来自全国各地的从事苔藓研究的专业人员中,毕业于我校苔藓植物学科的人数达到三分之一。当年胡人亮的研究生朱瑞良,留校后一直从事苔藓类植物的研究,取得了斐然业绩,成为我国苔藓专业唯一一个洪堡基金获得者,也是"国家杰出青年基金"获得者,还担任世界苔藓学会副主席,全国苔藓专业委员会主任及国际植物学重要杂志的主编和副主编等。更有诸多学生如:王幼芳、邵小明、赵建成、吴玉环、买买提明·苏莱曼等在各自岗位上都已成为中国苔藓植物学研究的骨干或领军人物,并承担起培养新一代人才的重任,使我国的苔藓植物学研究后继有人。

创建交叉学科——植物地理学

植物地理学分支学科由陈彦卓教授领衔,宋永昌、冯志坚、刘金林和张绅等参加组建。多年来,先后在生物学系、地理系开设过"植物地理学"、"植物生态学"、"资源植物学"等课程,并广泛开展野外调查和研究工作。

1956年,教育部聘请苏联专家N·A·莎芭琳娜主持,在我校举办"植物地理学进修班",全班绝大部分学员来自全国各地师范院校生物学系及地理系的教师和研究生,共计37名。为充实这次进修班的指导力量,教育部又从华东师范大学等6所院校指派6名骨干教师,由陈彦卓、王曰玮等成立指导组,一面向专家学习,一面作专家助手。进修班从1956年春到1957年夏,历时一年半。N·A·莎芭琳娜专家不仅亲自为学员讲授"植物地理学"课程,还先后两次带学员到江西庐山和广东平沙农场、鼎湖山、滑水山等地进行野外实习。在庐山野外实习的基础上,又利用1956年暑假,安排全班师生回原校所在地或其附近选择调查地点,分别组成13个调查队,进行植被调查。学员们回校后,经资料整理,写成13篇调查报告。1957年7月,进修班在N·A·莎芭琳娜专家、指导老师和任课老师的辛勤教导下,圆满结束。毕业后,学员们各自奔赴原工作单位或新的工作岗位,在之后漫长的时期内,他们为我国尚属新兴的植物地理学学

1957年"植物地理学进修班"结业典礼

前排右5陈彦卓　右6　王志稼　右7 N·A·莎芭琳娜(专家)　右8郑勉

科的发展,辛勤耕耘,不断探索,取得极其丰硕的成果。当年参加进修班的师生们,都成为所在学科的教授、学术带头人,或相关领域的领军人物。"植物地理进修班"的举办,在我国植物地理学发展历程中起到关键作用,促进我国的植物地理学学科从无到有,从小到大,不断地发展壮大。

进修班结业后,陈彦卓、宋永昌以及张绅、翁鲦颖、李业华、冯志坚、戚蓓静等回到生物学系。后来由陈彦卓教授领衔,宋永昌、冯志坚和张绅等青年教师参加,在植物学科内成立了植物地理学及植物生态学课小组,并开展了相关教学与科研工作。植物地理学研究离不开野外实地考察,在陈彦卓带领下,课小组成员先后奔赴九华山,福建浦城、邵武山区,云南思茅、江城一带,以及厦门红树林及和溪红树林、龙塘山,庐山等地的森林植被进行野外调查。1963年起,还承担上海市科委"空中孢粉及脱敏治疗研究"等课题。

云南考察是一次理论联系实际的科考工作,考察队由中科院及部分高校地理和生物系师生组成,我系由陈彦卓带队,宋永昌、冯志坚及刘金林等参加。考察地点位于云南南部思茅、江城一带,限于当时的形势需要,我们把三叶橡胶、咖啡改称为一、二类作物。这是一项综合考察,考察以马队为运输工具,陡步考察和点线结合方式进行,往往要日行数十至百余里,工作环境相当艰苦。一次宿营巧遇麻风村,无法进村借宿而露宿荒郊,自行埋锅做饭,席地而睡,次晨蚊帐全被露水湿透,虽艰苦但队员们却情绪高昂。经过实地综合考察,根据地貌、土壤、海拔、植被、气象等因子来判断和选择三叶橡胶、咖啡的宜林地。据近年报道,当年我们选定的宜林地,现时多数已成为胶园或咖啡园,为我国自主生产橡胶和咖啡豆发挥了重要作用,为我国经济发展作出贡献。

1977年7月起,植物地理学科成员参加了商业部组织的全国漆树资源和品种选优调查研究,调查课题包含漆树品种和生漆两个方面。我国漆树分布广泛,品种繁多,资源丰富。当时,生物学系植物学科组织陆时万、胡人亮、张志良、冯志坚和沈敏健等老师首次赴陕西安康、平利进行漆树资源调查;后来,又由冯志坚负责,赴江苏、浙江、安徽、江西、福建等地调查。先后历时11年,足迹遍及陕西、浙江、江西、安徽、山东、贵州、湖南等9省80余个基层点,进行漆树农家品种和品种选优调查,同时指导各地培育漆树良种、发展生漆生产,并先后选出白冬瓜、浙皖小木、浦城小木、建德小木、黄金柴等8个漆树农家品种,其中,安徽金寨的"白冬瓜"还被选为全国漆树优良品种。调查组撰写了《漆树各类器官的形态解剖—1,漆花形态研究》《漆树品种分类》《漆树各类器官的形态解剖—3,漆果形态解剖研究》等论文10余篇,并参加250万字的《中国生漆》一书的编写。冯志坚执笔撰写的《中国生漆——植物部分》于1989年10月初审通过。1984和1988年分别获商业部科技进步二、三等奖。在1986年的"全国漆树品种选优研究"鉴定会上,大家一致认为,漆树研究成果填补了国内漆树品种资源研究的空白,在理论上也有重要意义。该研究在全国同类研究中居领先地位。生漆是一种纯天然的防腐剂,其防腐功能远超其他化工涂料,在工业生产、化工及国防工业等方面有重要作用,如民间使用的生活用具、福建的脱胎漆器外层、石油工业的输油管道和储油塔、化工工业的反应锅内壁及舰艇的底层等都需要用生漆的涂层加以保护,以防锈蚀。

1989年冯志坚(后排右4)带领学生在西天目山野外实习,与研究生、进修生合影

1983年12月起,我校又参加了中科院和国家计委组织的南方山区综合科学考察。考察队由中国科学院科学考察队和部分高校共同组建,我校地理、生物等系部分专业老师组建三分队,生物学系郑勉、钱国桢、冯志坚、周秀佳参加综合考察工作。考察的任务是为了合理开发与综合利用,考察地区的优势自然资源,提出不同经营、管理与合理利用方向及治理途径,尽快获得良好的生态效益和经济效益。三分队考察任务是对安徽南部、浙江西部、福建闽江流域山区的地质、地貌、矿藏、生物资源、环保和能源等进行全面深入调查;冯志坚和周秀佳等侧重调查森林植被、经济作物、农村能源资源的开发和利用,并对调查地区的森林资源、农村能源,特别是皖南中华猕猴桃、浙西常山扶柚等资源的开发提出可行性建议。1983年10月三分队先后对安徽合肥、芜湖、宣城、屯溪、祁门、太平、歙县,浙江建德、金华、丽水、青田、温州、文成及福建福州、福鼎、建阳、建瓯、三明、龙岩、漳州、泉州、厦门等22个县市进行预测,1984—1987年综合考察正式展开。1988年综考队各分队及专题组进行总结和论文撰写,冯志坚教授执笔或参与撰写各类论文和考察报告近20篇,其中10余篇正式发表;和孙久林等共同主编《中国亚热带东部地区能源研究》以及皖南、浙西、建溪流域3本考察文集。冯志坚1989获中科院南方山区综考队"优秀队员"奖,1991年获中科院科技进步一等奖。

植物地理学是一门植物学和地理学交叉的学科,在苏联专家帮助下,我校创建了这门当时尚新的学科,为我国培养植物地理学教学、科研人才发挥了重要作用,并在后来国家组织的重大自然资源考察、研究中,取得一系列成果。

植物学教学成果斐然

植物学是生物学系重要的基础课,植物学科的教师们历来重视本学科的教学工作。建系初期,植物学的教学由时任系主任、二级教授王志稼、二级教授郑勉以及骨干教师方锡琛、裘佩熹和胡人亮等执教;20 世纪 70 年代后,由吴国芳、冯志坚、刘民壮、沈敏健讲授;80 年代后则由马炜梁、王幼芳、朱瑞良、李宏庆等讲授。几代植物学人辛勤耕耘、教书育人,不断提升植物学教学水平。

在 20 世纪 80 年代教育改革的大潮中,作为基础课的植物学不仅要改革教学内容,提高教学质量,还要压缩课时。时任植物学的主讲教师马炜梁担当起了这一改革的重任,决定首先从教学大纲的改革入手。经教研组集体探讨完成大纲修改之后,马老师着手对教材进行细致的分析,明确哪些是必需的基础知识,哪些是基本常识。保留基础知识删除基本常识可以有效地控制由于学时减少带来的损失,这样处理不是"删繁就简"中繁与简的差别,也不是压缩饼干式的浓缩。

植物界本来就是丰富多彩的,可是往往由于教学不得法,把形象的东西抽象化了,色彩缤纷的世界变得枯燥乏味。为解决这个老大难问题,马老师充分运用电化教学手段,使声、形、色三者结合,从而缓解了植物学教学中难以解决的教学的系统性与植物的直观性、季节性、地域性之间的矛盾。教师可以随时把各地、不同季节的植物形象地搬上屏幕,让学生自己对比得出规律性的东西,这样,教师言之有物,学生得之有形,教学时间缩短,教学内容加大,效果必然提高。为此,马老师和学校电教中心共同录制了6 部教学电视片,这使我们极大地改变了传统的"黑板粉笔加挂图"的教学方式,提高了学生的学习积极性。

为了培养学生兴趣,在实验课上老师选用新鲜材料代替浸制标本,并且每次实验均增加一些不知名植物的花,让学生自己检索、鉴定。课外小组是学生的课余组织,但在学生成才方面有着举足轻重的作用。马炜梁认为,指导课外小组活动不应视为教师的额外工作,而恰恰是建立师生感情、培养尖子生的好场所,上课有课内课外之分,育人是贯彻在 4 年之中的任务。

植物组的老师们特别注意在教学过程中,引导学生把学到的知识运用于实践中。在野外实习中教师往往被学生围着问这问那,他们对此采取区别对待的方法,凡有助于能力培养的问题,故意不作回答,作为临时布置的作业,让学生回去观察、思考。当他们经过钻研,第二天得到教师首肯时,那种高兴就是一种知识再创造获得成功的喜悦,知识学到,能力提高。在马老师的带动下,植物学科的野外实习从此废除了"满山灌"的教学方法,再通过写小论文,培养他们创造性地应用知识,让一年级的学生得到早期的科研训练。

80 年代开始的教学改革中,马炜梁带领教学组先是用电化教学加强直观教学,紧缩学时。1983 年与校电教中心合作拍摄了《豆科植物》、《荷花玉兰》、《虫媒花》、《天目山植被》、《西天目山野外实习》等电视片,这些片子后来都由中央电教馆向全国发行。之后他又把更多的精力投入到幻灯片的拍摄,至 1987 年就已经拍了 80 个科的植物主要特征介绍共 2 000 多张,多套幻灯片由中国植物学会向全国 200 多所高校发行,成为植物学教师们的必备教学材料,受到普遍欢迎。1988 年中国植物学会授予马炜梁先进工作者称号,1989 年他获得国家教委颁发的优秀教学成果奖"国家级优秀奖"。马炜梁 1992 年前已主编或参编教材、教学参考书 13(册、套、部),获得各类奖励 20 余次。同时他还承担着《中国植物志》2 个科的研究、编撰,发表新种等 17 个。他的辛勤工作和突出成绩,获得曾宪梓教育基金一等奖,还获得了上海首届高教十大精英称号。

马炜梁教授领导的植物学教学改革经验广为传播,1985 年他应南京农业大学之邀为"全国农业院校《植物学》主讲教师教学研讨班"作"植物分类学示教"。原定只讲一个晚上,由于老师们的一再要求,讲了 3 个半天再加一个晚上,还未尽兴,有的甚至吃过午饭就到教室里,抢占座位。为什么同为主讲教师,他们却如此热衷于听马老师的讲课呢?关键是马老师有对植物的深刻理解,并有彩色幻灯片配合讲解,使他们见到了似曾相识但又从未仔细端详过的一幅幅彩图,便兴奋不已。1987 年受国家教委和中国植物学会委托在我校举办了"全国《植物学》主讲教师教学研讨班",马老师的教改经验得到同行的广泛好评,《植物》杂志进行了报道。1989 年上海市高教局在生物系组织全市范围的观摩课,由马老师执教。2002 年 7 月国家自然科学基金委和全国生物学教学指导委员会邀请马老师赴内蒙古大学,对生物学人才培养基地的 19 所高校的"《植物生物学》课程骨干教师培训班"进行植物学的培训。马老师的植物学科教学改革的模式在全国得到了普遍认可和推广。

1993 年之后,马老师抓紧从事科属代表植物的解剖、拍摄和幻灯片制作,1998 年由高等教育出版社出版了全彩色的《高等植物及其多样性》一书。这本书配有光盘(在那个时候植物学的光盘是稀缺资源),被广泛采用替代原有的幻灯片制作课件。技术进步了,设备也更新了,大家开始用 PPT 来替代幻灯机和幻灯片了。大家又希望能把全彩色的完整植物学教材编写出来,于是,2004—2009 年间马炜梁又率领王幼芳、李宏庆等后辈编撰完成了《植物学》(全彩色)教材,以及与之配套的《植物学实验指导》和

《植物学学习指导》。马炜梁又把他拍摄的 577 个 Kodak 胶卷连同 18 本记录本全交给中国科学院植物研究所标本室，由他们保管、推广使用。

马炜梁退休后仍耕耘不止，去年他编著的《植物的智慧》一书出版，这是他对植物世界系统整理的观察记录和分析理解，选取了过去 30 多年教学中学生感兴趣的问题进行探讨，期望给予学生更多的启迪。该书得到读者很高的评价。

在浙江松阳一个小旅馆的床边，马炜梁在作精细解剖

王文采院士来信：今天中午收到您的新书《植物的智慧》，内容极为精彩，深为感谢！他 30 年前的学生、南方医科大学的龙北国教授给他回信道："的确，像您所说植物的智慧是有个性的。我会好好拜读您的大作，并将相关内容在我所开设的选修课'宇宙、生命起源与进化之启示录'中讲授，和学生们一起来分享您的感悟。"宁波大学教授倪穗表示："我准备开一门全校的通识课，就用你的《植物的智慧》。"

另外，由马炜梁主编、他的 5 位学生和进修教师参加编著的《中国植物精细解剖》一书（含 1 096 个属，近 8 000 张第一手照片）也已交稿，这是一本将由高等教育出版社出版的既具有重要的学术价值，又具有鲜明的教育、收藏价值的专著，读者可期待该书早日问世。

* 本文作者：冯志坚，华东师范大学生命科学学院教授。（生命科学学院教授王幼芳、朱瑞良、李宏庆参加编写）

植物生理学科的建立与发展

孙心德

植物生理学科是华东师范大学生物学系的传统优势学科之一,系1951年我校成立时由同济大学并入,当时已有专职教师颜季琼教授和沈曾佑讲师,后又有张志良等青年教师加入,承担本学科早期的全部教学和科研任务。1958年,生物学系内部进行学科布局调整,将农业基础教研组管和、黄福麟、李人圭和孙耀琛等老师并入植物生理教研组。之后,又有周萍、张圣章、沈宗英、赵继芬、黄祥辉和王隆华等青年教师相继加入,使该学科团队不断壮大,一度成为全国高校同类学科最强大阵容。研究方向也进一步拓宽,特别是在植物激素、植物细胞壁形成与调控、植物组织培养和棉花生理,以及资源植物化学及综合利用等领域,取得许多重要研究成果。1985年,该学科经国务院学位委员会批准为博士学位授予点。几十年来,该学科发扬经典学科优势,先后为国家培养了大批优秀专业人才,不少已成为植物生理学界知名学者、学科领军人物,为我国植物生理学科的发展和人才培养作出重要贡献。

进军植物激素领域

植物激素是植物细胞自身产生的,能调节植物生长发育的微量有机物质,对植物的生长、发育、衰老、休眠和抗逆性等都具有重要作用。植物激素的作用机制一直是国际上的研究热点之一。20世纪50年代初,中科院植物生理所罗宗洛所长从日本带回少量赤霉素(GA)样品,分赠予颜季琼教授。她经试验后发现其对植物生长促进十分明显,在对赤霉菌的培养和GA提取深入研究基础上,与植物生理研究所的激素组在上海农药厂进行试生产并成功获得GA晶体。颜季琼教授凭借她丰富的化学知识,后又在国内首次合成5-三碘苯甲酸(TIBA)和激动素,并带领她的团队开展对植物生长发育、生化及生产实践的应用研究,获得丰硕成果。

20世纪50年代,国际上发现生长素的极性运输现象,即一般生长素都在顶芽和幼叶合成,然后由上而下进行极性运输。并认为,可能是由于生长素大量由顶芽运送到侧芽,聚集在顶芽的高浓度生长素抑制了侧芽的生长,但却促进了顶芽的生长,造成植物生长的顶端优势,导致农作物如水稻的快速向上生长,使之细长、柔软,易倒伏;棉花的分枝减少,结铃数少,产量降低等。面对农业上存在的问题,课题组心系粮食生产。他们注意到,国际上已有2,3,5-三碘苯甲酸(TIBA)能抑制生长素极性运输的报道,并且在大豆等作物上,已显示出TIBA可抑制其顶芽生长,促进侧芽生长,从而使作物的分枝增加的优势。然而,TIBA的作用机理是什么?却并不明了。在20世纪50年代,我国国内尚没有TIBA产品生产,要买进口的产品又没有外汇。为尽快研究TIBA的生物效应及其作用机理,颜季琼凭借她丰富的化学知识,带领她的团队克服困难,自己动手,在国内首次合成了TIBA,经在玉米、小麦上的生物检定证实,合成后的产品完全符合TIBA的特性。他们进一步对大豆花发芽的诱导效应的试验发现,经TIBA处理的大豆花芽数目明显增加,这表明TIBA抑制了植物的顶端优势,使植株下部的花枝加速发育,诱导植株下部花芽数目显著增加,最终实现增产的效应。研究结果为TIBA促进作物生长发育的增产效应提供了科学依据。

植物激动素是一种非天然的细胞分裂素,它具有促进细胞分裂作用,还能延缓叶片和花的衰老,诱导芽分化和发育的功效。科学家还发现,它还可以代替红光,产生与红光相同的效应。是否能将激动素作为研究植物开花机制的工具?成为课题组另一个研究方向。为了获取用于研究用的激动素,课题组首先从酵母抽提物作为原料,制取激动素。随后又利用当时国产化学原料糠醛等,土法上马,应用实验室现有的设备,在当时大跃进时代精神鼓舞下,克服困难,精心设计,反复试验,终于使合成激动素获得成功。此后,课题组进一步应用合成的激动素,研究其促进植物生长发育的机制,并获得一系列研究成果。

花青素也是植物生长发育的调节剂,是植物体内广泛存在的色素之一。人们认为,光对植物生长的作用是由于光影响了黄酮类物质的形成,通过这类物质间接地调节植物的生长,而这类物质在植物体内分布最广的便是花青素。为此,课题组研究了红光影响花青素形成的性质和规律。他们以小麦幼苗试验,发现小麦芽鞘虽然在黑暗中能形成少量的花青素,但只有在光照后才能大量形成,随着光照时间的增长,花青素含量亦增加。研究成果为揭示花青素的作用机理提供了理论依据。

植物激素是当时植物学科的前沿研究领域,揭示激素对植物生长发育的调控机制,关系到我国粮食生产。植物生理学科建立不久即选定这一研究方向,并取得诸多重要成果,也为该学科后期的建设和发展积累了经验。

探寻植物细胞壁形成的奥秘

植物细胞壁是植物原生质体外围的一层厚壁,由胞间层、初生壁和次生壁三部分构成,是植物细胞的重要结构。细胞壁起着维持细胞的形态,增强细胞的机械强度作用,并与细胞的生理活动密切相关。细胞壁的结构和形成机制一直是细胞学的研究热点,并已成为植物细胞生长的重要研究分支。20世纪70年代,植物生理学科在颜季琼的领导下,开展了一系列植物细胞壁的研究。他们首先注意到,植物细胞壁具有一定的延伸性,这样植物细胞才能正常生长。因此,凡能增加细胞壁伸展性的因素,均有利于植物细胞的生长。研究表明,在植物细胞壁内存在两类细胞壁蛋白,起着限制细胞生长的作用。一类是被称之为"伸展素"的富含羟脯氨酸的结构蛋白,另一类则是可使细胞壁失去伸展性的过氧化物酶类。他们以棉花为材料,推测棉花纤维细胞伸展生长到一定程度会停止,这应该是一个生理生化过程。棉花细胞伸长停止,可能是通过影响生理生化过程实现的。鉴于细胞壁氧化酶和IAA(吲哚乙酸)氧化酶对植物细胞的生长具有限制性,为此,在颜季琼教授、张志良教授和沈曾佑教授的带领下,植物生理学研究团队进行了棉花纤维细胞伸长与过氧化物酶及IAA氧化酶关系的研究。他们发现,这两种酶与棉花纤维细胞的伸长生长成负相关关系,其作用是使棉花纤维伸长生长停止。后来,该研究团队又对烟草和黄瓜细胞壁中富含的羟脯氨酸在细胞壁伸展中的作用进行多项研究,获得丰硕成果。

植物生理学科部分成员

前排:右1李人圭 右3颜季琼 左1王隆华 左2张志良
后排右1沈曾佑 右2沈宗英

原生质体再生壁研究是该学科研究团队的另一个研究特色。原生质体再生壁是指由细胞原生质体重新形成细胞壁,直至形成植株的过程。20世纪80年代,在国家自然科学基金和高等学校博士点基金的资助下,该团队成员黄祥辉、周苹、李人圭和王隆华等开展了"植物原生质体再生壁形成机制"、"高等植物细胞生长的壁控制机制"等课题的研究,他们采用电子显微镜等技术,详细观察了烟草叶肉原生质体再生壁的形成过程,发现在此过程中,原生质的质膜、内质网和高尔基体在原生质再生壁形成中都具有重要作用。香豆素在一定时间内可通过抑制质膜的活动,以及抑制内质网和高尔基体的发育而抑制壁的再生。他们应用糖酵解途径(EMP)的抑制剂氟化钠、磷酸戊糖途径(HMP)的抑制剂磷酸钠对烟草叶肉原生质体再生壁形成的呼吸途径进行的研究发现,EMP 和 HMP 在细胞壁再生过程中都具有重要作用。这些研究结果对揭示细胞壁形成机制具有重要意义。

研究团队还研究了莱哈衣藻原生质体的分离及壁的再生:利用自制的配子自溶素成功地分离衣藻原生质体,其壁的再生为香豆素所抑制,这为利用低等植物研究细胞壁形成机制提供了一个简单可行的实验模型。

我校生物学系植物生理学科植物细胞壁研究具有鲜明特色,是国内研究细胞壁形成机制最早的单位之一。研究工作系统、深入,成果丰硕,一度处于国内领先水平,在国内本领域享有很高的声誉。中国植物生理学会组织撰写研究生教材《高级植物生理学》,颜季琼教授应邀撰写了《植物细胞壁的生物合成》一章,受到研究生的好评。

开启棉花生理与综合利用研究新篇章

棉花生理与综合利用研究方向是黄福麟教授开创的。黄福麟坚持理论联系实际,长期在农业科技第一线,深入农村,结合国内外棉花生产科技动态和生产实践的急需,调研课题,开展研究。早年,他和助手瞿伟箐等从事棉花高产栽培技术研究,他们跑遍山东、江苏、河北等经济较落后的棉花种植区调研、考察棉花栽培技术,对长江流域棉花高产栽培提出了一系列重要见解。他所主持完成的"麦后棉花育苗机套槽移栽研究",为南方两熟棉区适应机械化要求,在收割畦麦后,采用棉花育苗机套槽移栽技术,克服了套种棉花争地、争光、争肥等矛盾,适应提前播种,使有效结铃期延长,达到早熟、高产、优质,争取棉粮双高产取得显著效果。经多年试验证明,麦后棉机套槽移栽的栽培技术非常适合长江下游气候条件下的棉花种植。其间,黄福麟作为作者之一编撰的《棉花的生长和组织解剖》专著,1990 年分别获得上海市科学技术进步二等奖和国家科学技术进步二等奖。参加的作者都是长期从事棉花高产优质栽培及其理论研究的著名专家。专著详尽描述了棉花各器官的外部形态,内部结构及其生长、发育过程,综合了有关棉花生长、发育、形态结构、生理生化和生产等诸多方面的最新成果,回答了棉花优质高产中的诸多难题,为棉花高产技术提供了重要理论基础,为长江流域特别是长江下游棉花高产产生了明显的推动作用,社会经济效益明显,还填补了国内外此领域的空白。

黄福麟(前排中)在田间给农民讲解棉花育苗技术

"无腺体棉引种栽培和综合利用研究"是黄福麟研究团队的另一个重要研究方向。棉花的籽仁含有丰富的脂肪、蛋白质,棉油中的亚油酸和维生素 E 含量丰富,蛋白质中必须氨基酸组分齐全、营养价值高,这些都有重大开发利用价值。然而,常规栽培棉籽仁中却含有高达 10% 的棉酚(棉毒素),对人和动物有害,故限制了棉籽仁蛋白质资源的开发利用。1954 年,美国科学家麦克米尔发现并选育出一种低酚棉,它的棉酚含量仅为0.004%,远低于国际卫生组织规定的 0.02%—0.04% 的食品安全标准,是一种安全、优质的新资源,这为食品工业、饲料工业开辟了一条使用蛋白资源的广阔途径。我国科学家紧跟这一领域发展,也已相继育成若干低酚棉品系和品种,并开展栽培、育种和综合利用等研究。然而,受国内外有关低酚棉存在产量低、品质差和抗逆性不强等传统观点的影响,低酚棉的推广还存在一些困扰,为此,黄福麟研究团队决定在此领域深入研究。他们申请的"长江下游引种低酚棉和综合利用研究"课题获得国家自然科学基金的资助,课题组基于长江下游棉区轻工业基础较好,认为开发利用这一资源前景广阔,然而,低酚棉是否能如常规棉一样栽培而不影响农业经济收入为人们所关注。黄福麟带领研究团队常年奔波于长江下游棉区,深入农田,历尽艰辛,精心设计实验方案,历时 4 年,获得满意试验结果。1983 年小面积试种平均亩产皮棉达到 60 公斤,较常规棉增产一成,1986 年实现大面积试种(一个自然村),又获得显著增产,并证实,低酚棉具有早发特征,较常规棉有更大的增收潜能,其纤维品质也较优良,特别是印染性能更好,其抗逆性也与常规棉不存在差异。这期间,课题组对无腺体棉的综合利用也开展了多项研究。金耳是银耳科中的著名食、药用真菌,经济价值高。他们采用无腺体棉籽壳代料袋栽培,观察金耳菌丝和子实体发生发育,发现无腺体代料对金耳栽培及子实体成品质量,以及蛋白质、脂肪等重要营养素和维生素及无机矿物质含量的影响,均与常规的培养基相似。由于无腺体棉籽壳为其副产品,与其茎、叶、籽中含有的棉酚含量均在食用安全标准以下,故此研究成果又为无腺体棉的综合开发利用开辟了新途径。此外,课题组又对无腺体棉仁的食用价值开展研究,发现无腺体棉仁富含蛋白质和脂肪,脂肪中所含必需脂肪酸-亚油酸则更有助满足机体所需。1987 年,"长江下游棉区引种低酚棉及综合利用研究技术鉴定会"在上海召开,由中国棉花学会副理事长黄滋康教授任组长,13 位著名专家参加,一致认为,该研究成果对低酚棉的生产性能和经济效益提供了重要证据。上海医大的毒性测试证明,用于食品具有可靠安全性。之后,团队又在瞿伟箐教授的主持下,开展了低酚棉籽仁生药资源、籽仁食用价值研究,取得一系列重要成果。研究成果在 1989 年获得上海市科学技术进步三等奖,"无腺体棉综合利用研究"也在 1995 年获得国家教委科学技术进步三等奖。由瞿伟箐教授领衔的研究团队开展的"无腺体棉仁糖尿病专用食品工艺研究"1995 年获国家教委科学技术进步三等奖,"GSF 糖尿病专用食品研究"成果转化后产品获上海市经委 1995 年度优秀新产品奖和上海市科委科技博览会金奖等。

黄福麟(中)在研究成果鉴定会上发言

　　黄福麟曾历任中国棉花学会、上海市作物学会常务理事等职。1989 年还曾获得中国棉花学会"建国四十年来在棉花科学技术发展中成绩卓著"表彰。

彰显教学优势

　　教书育人,不断提升教学水平是植物生理学科的优良传统。沈曾佑教授任本科生

"植物生理学"主讲教师,她爱岗、敬业,兢兢业业任教数十年。她学识渊博,治学严谨,讲课思路清晰,重点突出,层次分明,善于调动学生的学习热情,教学效果在师生中有口皆碑,得到一致好评。后来任教的沈宗英、赵继芬、王隆华等老师也都继承了这一优良传统。张志良教授长期担任研究生和本科生的"植物生理学实验课"教学,他高度重视学生科学实践能力的培养,密切关注本学科技术发展,不断改进、创新相关研究技术,并将新技术不断融入实验教学中。例如,20世纪60年代国内兴起电生理学技术,张老师很想将此技术用于植物生理学实验,但那时没有相关仪器设备,于是他自力更生,自己动手,经反复试验,终于用简易的装置,实现了含羞草对外界刺激反应的电活动现象观察,并引入教学的演示实验中,植物界也存在的奇妙电现象引起学生很极大的兴趣。1959年颜季琼等编写的《植物生理学实验指导》由上海科学技术出版社出版,受到全国高校的普遍欢迎。鉴于该学科实验教学的优势,1978年在全国专业教材会议上,一致推荐由我校植物生理学科承担全国高校《植物生理学实验指导》教材的编写。自第二版开始,张志良接任主编,并列入普通高等教育"十五"和"十一五"国家级规划教材,由高等教育出版社出版。现已是第四版,第五版也已修订完毕,即将出版。每出新版都配合植物生理学课程改革需要,结合当前学科发展成就而做全面修订,内容涵盖基础实验、综合实验和研究性实验,既有最基本的实验方法,也反映现代科学技术发展成就,特别增加了分子生物学内容,还增添不少现代科学技术,如气相色谱仪、流式细胞仪、高速冷冻离心机和化学发光等新技术的应用,内容丰富,适用性强,力求提供全面、可行的实验方案。

1956年由颜季琼倡导,在我校举办了第一届"全国植物生理学讲习班",此后,每

张志良(中)在指导研究生、进修生实验

年举办一届,连续举办了多届。曾先后邀请全国本学科20余位著名的专家、学者担任主讲学员来自全国各地的高校教师。除此之外,还举办过多期"全国植物生理学实验技术培训班"。20世纪80年代初,为适应现代生物技术的快速发展,还与中科院植物生理研究所联合举办了"植物分子生物学技术培训班"。为全国高校植物生理学科培养了大批专业骨干教师,受到普遍赞誉。

1958年8月21日第一期全国植物生理学讲习班成员
中排:右3沈曾佑 右5颜季琼 右6张宗汉
后排:右2张志良

　　植物生理学科教学水平在全国同行中享有很高的声誉,各地兄弟院校的许多教师慕名前来进修,他们回校后都成为本学科的教学骨干。用人单位普遍评价植物生理学科的毕业生专业基础扎实,知识面广,实验技能全面。特别是中科院和其他高校都愿意招收该学科的学生攻读研究生。1994年由王隆华指导的本科生课外论文《松树花粉的萌发及营养成分研究》获得全国第四届大学生"挑战杯"一等奖,这是我校首次获得的最高奖,这也从一个侧面彰显了植物生理学科的教学水平。

＊本文作者:孙心德,华东师范大学生命科学学院教授。(生命科学学院教授张志良、黄祥辉、王隆华参加本文的讨论、修改)

动物生态学科的创建

张恩迪

我校生态学科是上海市重点学科、国家一级重点学科,它是几代师大生态学人秉承开拓创新、发展新学科理念,长期奋斗的结果。早期生物学系由钱国桢教授和盛和林教授等开创的动物生态学科为我校生态学科发展奠定了坚实基础。1957 年钱国桢赴莫斯科大学生物土壤系进修动物生态学,师从国际著名的生态学家纳乌莫夫院士,主修动物群落生态学,并进行鸟类生态学研究,1959 年学成回国。盛和林则在 1956 年去东北师大动物生态学研究生班学习,研究生班由苏联动物学家米赫耶夫(Mikheev, A. V.)和著名动物生态学家库加金(Kuzyakin, A. P.)教授主讲动物学和动物生态学,1958 年学成回校。钱国桢侧重于鸟类和生理生态研究,而盛和林则偏重哺乳动物生态研究。生态学是一门研究生物与环境的相互关系且同人类生存环境和生活质量密切相关的学科。当时它在我国还处于起步阶段,能在我校尽快建立动物生态学科是他们的共同愿望,但建设一个新学科不是说建就建得起来的,它不是空中楼阁,需要满足必要的条件,如科研基础和人员结构等。20 世纪 60 年代初,学校为了提升科研水平,给各系少量科研编制,侧重于科学研究。生物学系决定将动物学教研室的钱国桢、盛和林和王培潮等进入科研编制,这样,钱国桢和其助手王培潮便开始了鸟类群落生态和实验生态研究,而盛和林和后来调入的陆厚基则潜心于哺乳动物生态研究。他们经过十多年的努力,硕果累累,1978 年国家教委批准成立"动物生态学研究室",从此由动物学教研室分离出来。

毛皮兽资源的保护和利用

1958 年盛和林回校后的头几年,国家正处于经济困难时期,且刚开始工作,既无课题,又无经费,更没有时间,但他硬是单枪匹马,利用周日和节假日,自费到郊区研究鼠害及其防治。因为当时农作物单一,耕作粗放,鼠害严重,年年要开展大规模灭鼠运动。经过研究,他于 1959 年在《动物学杂志》上发表了研究论文《上海市郊黑线姬鼠越冬地及其消灭方法》。在调查鼠害期间,他又意外地发现,每到秋后,村镇到处贴有彩色宣传画,画面是一只黄鼠狼(黄鼬)咬住一只大公鸡,上面书有:"立冬到立春,捕捉黄狼期;既除农害,又增收益。"这是每年秋末各地发动群众捕黄鼬的宣传画。盛和林走访上海畜产进出口公司,接待他的经理告诉盛先生:黄鼬皮革是我国传统出口商品,已有百余年历史,不过数量虽大(每年100万—200万张),但质量较差,换汇损失大,希望大学的老师能研究研究。受此启发,盛和林确认黄鼬的经济价值在哺乳动物中名列前茅,黄鼬和美洲水貂、欧洲水貂的商品英文名都称mink,即貂皮,黄鼬在国外就称中国水貂;从其肢短体长的形态判断,黄鼬不可能专门吃鸡,进化中一定与捕食穴居鼠类有关。它既有合理利用价值,又有鼬、鼠间的生态关系,正符合他科研的理念,是很理想的研究对象。于是,从1960年起,他便在研究鼠害的同时开展了黄鼬生态学的研究。

黄鼬研究的关键一是如何提高毛皮质量,增加外贸收入;二是鼬、鼠关系,主要吃鸡还是吃鼠?盛和林开始从这两方面入手,整整花了几年时间。他研究了我国各地黄鼬的换毛周期,确定各地黄鼬的毛盛期和衰退期,提出全国最佳狩猎期,认为主产区长江中下游的毛盛期应在小雪到大寒。长江中下游主产区的农民,事实上每年从10月下旬就过早开始捕鼬,此时冬毛刚生长,多为次质皮,而黄鼬11月下旬才进入毛盛期,一月下旬开始进入衰退期,猎期过长是造成大量次皮的主要原因,且定性黄鼬为害兽,实际上一年四季都在捕杀,春夏秋三季的多为废皮,无利用价值。他根据黄鼬换毛序的研究结果,提出毛盛期为捕猎期的建议,措施是猎期收购,鲜皮加工。猎期缩短,既提高了鼬皮质量,又延长了黄鼬在田间灭鼠的时间,也可为次年留下更多的繁殖种群。先开始在上海试验,收到的优质毛皮数量明显增加,初步成果引起上海畜产进出口公司领导的极大兴趣。因为20世纪五六十年代,公司收购的黄鼬皮分为等内皮和等外皮,等内皮可以出口,而等外皮或次皮,不能出口。于是,公司从1962年便在上海地区,继而在全国推广新的猎期和收购措施,既大大提高了毛皮质量,又使等内皮从以前的50%左右,增加到65%—75%,还多消灭了农田害鼠。在研究提高毛皮质量的同时,收集、解剖、分析全国各地的5 000余只黄鼬胃的内容物,结果发现,鼠类是其主要食物,有的胃内还有整窝的幼鼠,而吃鸡的几率还不到二千分之一。黄鼬几乎是唯一能适应于农田生态系统的食肉动物,绝非害兽,是农田生态系统的重要成员,它在控制和调节农田鼠害中起主要作用,更不应是消灭对象,而应合理保护利用。在此基础上,盛和林团队得到中科院自然科学基金的资金资助,立题开展"黄鼬种群生态——黄淮平原鼬、鼠关系及鼠害防治对策"的研究,并通过专家鉴定。

在20世纪60年代初经济困难时期,为开拓农村副业生产渠道寻找机会,人们开始水貂研究。国外的水貂经数十年饲养选育,貂皮的张幅和质量大有提高,市价也成倍高于黄鼬皮。盛和林在研究黄鼬皮质量的过程中发现,鼬皮质量并非完全与气温冷暖相关,也与湿度相关,如长江中下游产的黄鼬皮质量,就比内蒙古等干旱环境产的要好。由此启发了他试养美洲水貂的想法。1964 年,他大胆提出向加拿大进口种貂试养,开始遭到质疑:一是上海气温高,不适宜;二要动用外汇。经过争取,也可能是他在毛皮兽方面研究的初步成果,上面最后总算同意试试,但数量从欲申请的 30 头减少到 10 头。盛和林经过几年研究,在毛皮质量和繁殖力方面都取得成功,并迅速在市郊和苏、浙地推广养殖,仅上海曾多达 20 多个养殖场,苏、浙、闽农村都有数十家之多,成为畜产公司仅次于黄鼬皮的出口品种,也为拓宽农村副业作了贡献。在此期间,他还对其他多种毛皮动物进行研究。

这期间,盛和林领导的团队在毛皮兽种群生态的研究,包括资源保护和利用领域取得巨大成就,完成研究论文数十篇。研究成果获 1977 年上海市重大科技成果奖、1978 年全国科技大会奖,为 1978 年教育部正式批准成立我校“动物生态研究室”奠定了基础。黄鼬皮质量和产量的研究,在 20 世纪 60 年代中期到 70 年代,每年为国家创汇数十万美元;黄鼬防止鼠害的作用和“北貂南移”也获得显著的经济效益和社会效益;1976 年,由北京科教电影制片厂拍摄《黄鼬》科教片,在全国各地放映。

盛和林和他的研究团队
右起:张恩迪　陆厚基　盛和林　王小明　徐宏发

进军鹿科动物生态领域

1978 年动物生态学研究室正式成立,最初的人员由动物学科从事生态学研究的教师组成,钱国桢任室主任,盛和林任副主任,成员有王培潮、陆厚基、顾海勇、赵实,后又从校外调入祝龙彪等。多年的梦想成真,更激励了他们去争取更大的事业辉煌。从此,盛和林和他的团队又开辟新战场,进军鹿类动物生态研究领域。

我国小型鹿类(麂属、麝属、毛冠鹿属等)既是世界上的特有或主产于中国的种类,又是数量较多的经济动物,有些鹿种的数量以百万头计,一些大中型鹿种则濒危。对这类动物过去限于条件很少被研究,存在不少空白。国际同行很关注这一类群在中国的生存现状。于是,盛和林带领他的团队全身心投入,重点对黑麂、黄麂、毛冠鹿、麝等小型鹿种的种群生态,包括分布、资源、性比、年龄结构、繁殖率、数量消长及资源保护等进行深入研究,并去产地考察大型鹿种的生存现状。盛和林和博士生李明一起去新疆的库尔勒、阜康、伊宁、阿勒泰、哈密和甘肃祁连山,与王小明去宁夏贺兰山、内蒙古兴安岭等地调查野生大型马鹿,多次与徐宏发去海南调查坡鹿和水鹿,去皖南、江西桃红岭调查野生梅花鹿。经十多年的持续研究,取得了重大学术成果,填补了一系列空白,纠正了前人的一些不实记录。如以往记录中国鹿科动物,每年一胎,都是秋季发情,春末夏初产子。但是他们的研究发现,鹿科中的几种麂属动物却很特殊,如黄麂,成年雌麂一年四季在怀孕,同时在哺乳,存在产后发情现象,即产后当天便发情交配,怀孕,孕期 6 个月,每年接近二胎。而黑麂却在哺乳 2—3 个月断奶后才发情,也没有季节性,两年产 3 胎。他们对国家一、二级保护动物黑麂、毛冠鹿、麝种群生态的研究填补了很多空白。他们对麝种群生态及驯化研究论文 1985 年发表在《中、日代表性哺乳动物》(英文)专刊上。因其在鹿类动物中产子数最高,前期生长发育快,麝奶的民间需求多,过度利用野生麝资源情况严重,所以很有驯养价值。80 年代初从浙江引进幼麝在我校生物站驯化试养,结果大获成功,每胎平均 3 头,全部成活,引起养殖户的兴趣,并在浙江及苏南推广,至今至少还有数十家麝的养殖户,其中有些专为全国动物园供应种麝。减少对野生种群的捕捉压力,上海近几年在郊区引入的几批种麝,都来源于舟山的养殖户。鹿类动物的研究成果发表在数十篇学术论文中,1990 年又编撰、出版了以鹿类种群生态为主要内容的《哺乳动物生态学》专辑;1992 年出版了《中国鹿类动物》专著,获 1991—1993 年上海市优秀图书一等奖,1995 年获国家教委颁发的第二届全国高等学校出版优秀图书奖。盛和林还受聘为国际自然资源保护联盟(IUCN)鹿科动物专家组成员;1992 年和日本学者联合在我校召开了"中国鹿类动

1988 年张恩迪(右)与盛和林(左)在新疆考察野生动物

物国际学术研讨会",日、美、英、德、法、加拿大、俄罗斯等16个国家及我国台湾省的代表共80余名专家与会,袁运开校长主持了开幕式,这在20世纪90年代初是难能可贵的。

中国鹿类动物国际学术研讨会在我校召开

右3起：袁运开校长　盛和林　张恩迪

开展泌香类经济动物研究

　　泌香类经济动物,是盛和林研究团队关注的另一个研究对象。众所周知,麝香、海狸(河狸)香、灵猫香和龙涎香是世界四大动物名香,除抹香鲸无法问津外,前三种国内都有分布,有条件争取研究它们。特别是麝香,就是麝(属于麝科动物)体内麝香腺的分泌物,在我国作为名贵中药材已有上千年的历史,曾拯救过无数人的生命。

　　灵猫香是大灵猫和小灵猫位于肛门两侧的香腺的分泌物。早在1973年,盛和林就与钱国桢、陆厚基及王培潮一起研究小灵猫(既是毛皮动物,又是泌香动物)驯化取香,目的也是开拓农村副业。盛和林于1972年10月先去江西贵溪作准备,从12月1日到次年1月20日整整50天,一人在那里收购和活捕野生小灵猫,直至春节前才回家,共获得20余头种猫,成活17头。利用曾饲养水貂的场地及设备,进行驯化和人工取香,包括泌香规律和提高泌香量的研究,发表过多篇论文,其间还曾从云南引进几头大灵猫。后来,徐宏发和研究生参加,完成了上海市科委自然基金资助的"小灵猫泌香规律的研究",并通过技术鉴定。项目持续直到1988年,终因其繁殖问题始终未能解决,无法推广,最后种群转让到安徽霍山,直至最近那里仍有为取香养殖小灵猫的养殖户。

　　海狸香实际上是河狸的分泌物,河狸在我国仅分布于新疆北部的布尔根河。1988

年3月,新疆林业厅招标对新疆河狸进行研究,盛和林和时任校科研处长的李天任及研究团队的徐宏发等赴疆竞标,中标"新疆河狸香的提取、分析和利用"项目。为获得河狸香,林业部门特批捕捉12只河狸取香供研究。是年10月张恩迪和盛老师一起赴北疆捕捉河狸,这是能否完成项目的关键。但活捕河狸的难度超出我们的想象,体重10多公斤、四肢粗壮的河狸,一旦被用于捕捉水獭用的鱼钩钩住,甚至3只钩子同时钩住时也能将钩子拉直逃脱。使用大型铁夹,一旦上夹,能用其锋利门齿将脚咬断逃离。一个多星期过去了却一无所获,河面即将封冻,剩下的时间已经不多了,好不着急。真是急中生智,研究人员创造性地采用连环夹办法,才在最后10多天内捕获9头供研究分析。项目于1989年9月,由新疆林业厅组织并通过鉴定,最终获新疆维吾尔自治区科学技术进步奖。

盛和林在新疆考察河狸的生活环境,发现被河狸啃断的粗大杨树

　　麝是盛和林团队从1984年开始重点研究的对象,1983年通过林业部向国家经委申请到一个科技攻关项目(项目名称:资源动物和珍稀动物的保护利用;课题名称:麝的引种驯化和保护利用)。从资源调查,引种驯化,西麝东移(从四川高海拔山区到浙江舟山群岛,对高温环境的适应性驯化),再到崇明岛,在一片林地围有6 000多平方米的研究基地,收到预期效果:不仅成活,并能正常繁殖、泌香和人工取香。数量上曾发展到近百头的种群。合同到期后,小部分运回我校校内继续研究,其余仍由当地人管理。

　　动物生态研究离不开野外基地,盛和林研究团队将麝的野生种群生态研究基地选在甘肃兴隆山自然保护区内,这是一个320平方公里的孤立林区,同时调查景泰的寿鹿山、长岭山、宁夏贺兰山的马麝,从 1991—1998 年的 8 年中,盛和林还亲自到现场 10 次,既指导研究生,也培训管理局技术人员,共同参与调查研究,包括马麝的驯化饲养、种群结构、种群密度、年度数量波动、资源保护等内容。研究成果由甘肃林业厅和国家林业部对此专门发过报道,并集中反映在 2007 年由国际野生生物保护学会(WCS)、保护国际(CI)、国际爱护动物基金会(IFAW)、上海市野生动物保护协会赞助出版的《中国麝科动物》专著中。

1977 年盛和林(左 4)在寿鹿山调查马麝资源

建立生理生态学研究方向

生理生态学是由现代生态学向微观生态学发展的一个新分支,是生态学与生理学相互交叉、渗透的学科,通过室内实验探索环境因素对动物影响的生态生理机制,为生产实践提供理论依据。20 世纪 80 年代初,我校动物生态学科率先开设了"生理生态学课",并由钱国祯教授和王培潮教授领导建立生理生态学实验室,开创了生理生态学研究方向。他们先后研制了多种小型仪器,满足能量代谢等研究需要。如研制的"陆生脊椎动物耗氧量简易测定法",对大蟾蜍的热能代谢测定;环境温度对北草蜥的热能代谢影响;以及黑眉锦蛇的热能代谢等。研究结果发表在《两栖爬行动物学报》等专业学报上。对动物能量代谢研究,要有调温室,王培潮和他的团队自己动手,在当时的生物站动物房建了 3 个调温室,实现不同环境温度条件下,研究动物体温与热能代谢,以及生理活动等,也满足了生理生态实验的需要。例如,他们曾对许多变温动物与恒温动物进行体温调节研究,发现陆生动物中大蟾蜍、北草蜥、蝮蛇等变温动物的体温并不是与环境温度一致的。当它们处在中性环境温度时,其体温才与环境温度一致。当它们处在同温区以下环境温度时,它们的体温则高于环境温度;当它们处在同温区以上环境温度时,它们的体温低于环境温度,这种自身的生理调节是对环境温度变化的生态对策,有利于种族生存的适应。在对恒温鸟类与毛皮动物研究时他们发现,环境温度不影响成年的它们的体温,但对刚孵化出的幼鸟与刚出生的幼仔却有很大影响,其恒温机制发育有一个过程,此过程长短因种类而异。掌控其恒温机制发育过程,即可改善饲养环境温度条件,促使幼鸟或幼仔健康成长。研究成果分别发表在《动物学报》、《两栖爬行动物学报》等专业学报上,获得同行的好评。

倡导保护动物资源,推动野生动物保护立法

动物生态学科团队积极参加政府科技发展战略研究,积极倡导野生动物资源保护,为政府部门实施战略方案提供对策和论证。如钱国祯教授根据生态系统动物群落演替规律,提出建立长江口鸟类保护区,并在崇明岛建立野生动物保护站,将浙江西天目山列为国家级自然保护区等建议,得到政府部门的重视和采纳。盛和林教授1963年曾呼吁"上海市郊保护青蛙和蟾蜍有特殊重要意义",1980年呼吁"救救老虎"等。1980年,盛和林参加了由中国科协组织林科院、植物所、动物所、地理所、土壤所、农业经济所、中央气象局、水利局及部分高校组成的"热带亚热带地区丘陵建设和生态平衡"综合考察队,由于他多年来常在丘陵山区活动,积累了大量野生动物(包括鸟类)的资料,参加这次有组织的科考,启发了他向更深层次的综合思考。年末,国家科协在湖南株洲召开几百人参加的学术讨论会。会上盛和林作了"禁止食虫鸟类出口,维护森林生态系统平衡"的报告,引起强烈反响,大会秘书处专为他的报告发了第四期简报,并加上编者按语:"华东师范大学盛和林副教授的建议是一篇有道理、有数据、有措施,很有说服力的文章,对我们有所启示。食虫鸟类的出口仅仅反映出在亚热带地区生物资源遭受严重破坏的一个侧面,类似的情况还很多,应该提出来。因此希望参加会议的代表以高度的事业性和强烈的责任感,从不同的科学领域,积极地向党和国家提出宝贵建议。"此后,他在大会的鼓舞下,经多次修改,写了一篇《应重视野生动物资源的保护利用》一文,作为一名动物生态学工作者向国家的建议。1981年2月,此文以红头文件,刊登在中国科协的《科技工作者建议》第71期上,上报中共中央、全国人大常委会、国务院和中央军委。抄送国务院有关部委,各省市自治区党委、科委、科协。各地报纸也纷纷予以转载,文汇报在第一版刊登《保护野生动物,维持生态平衡》的文章。人民日报在第一版的标题词是:"盛和林提出保护野生动物资源建议。"经过多年

酝酿,人大讨论,中国的野生动物保护法终于在 1988 年正式公布实施,这绝对是动物界的一件大事,影响深远。盛和林认为这是他有生以来为动物生态学事业所作的重要贡献。

培养动物生态学人才

1980 年动物生态学科被批准为硕士学位授予点,1982 年经国务院学位委员会批准成为首批博士学位授予点,分别于 1981 年和 1983 年开始招收硕士研究生和博士研究生,1985 和 1986 年还举办了两届动物生态学研究生班。其间还培养了进修教师 6 名。动物生态学科建立后,最困难的是没有适合的教材,编写适合于研究生的专业教材,成了学科建设的当务之急。1981 年由钱国祯主编的《动物生态学》出版,这是我国第一部生态学教科书,获得教育部高等学校优秀教材二等奖,成为生态学科教学的主要教科书。1985 年由盛和林主编的《哺乳动物学概论》出版,也是我国第一部关于哺乳动物学的教材,成为全国研究生教学广泛采用的教材,也曾获得优秀图书奖。期间,盛和林还牵头组织全国高校的研究生班同学集体编写《脊椎动物野外实习指导》(获国家教委颁发的高等学校优秀教材二等级奖);盛和林与徐宏发一起编写的《哺乳动物野外研究方法》等教材和教学参考书,极大地丰富了生态学科教学内容。此外,盛和林还出版了《中国野生哺乳动物》(中、日、英文版),主编《中国哺乳动物图鉴》、《毛皮动物手册》等工具书 10 多部,在提高大学生及研究生教学质量方面起到很好的作用。生态学科建立后,先后开设了"动物生态学"、"种群生态学"、"群落生态学"、"实验生态学"和"生理生态学"等 10 余门课程,满足了生态学科的教学需要。20 世纪 90 年代,国外学成归来的一批青年教师,在秉承原有传统特色基础上,将研究领域进一步拓展到保护生物学、湿地生态学、行为生态学、野生动物管理与保护以及资源生态学等领域,适应我国对动物生态学的研究需求。动物生态学学科建立以来,已培养了数以百计的生态学专业人才,他们中许多人已成为相关领域的领军人物、学术带头人,教学、科研及其他领域的骨干力量,如王小明、王天厚、孙立新、裴恩乐、李明、杜卫国、计翔、刘志霄、胡德夫等。作为本学科的开创者,钱国祯教授和盛和林教授都是我国著名动物生态学家。钱国祯曾任中国生态学会第一届理事会常任理事,上海生态学会首届理事长。盛和林 1979 年曾被授予上海市劳动模范称号,曾受聘为教育部编制《生态学与环境生物学》(1985—2000 年)规划组成员,全国陆生野生动物资源调查与监测专家技术委员会委员,上海市第一、二届野生植物保护管理专家组成员,以及上海市动植物鉴定中心高级顾问;曾兼任数届"中国兽类学会"副理事长及《兽类学报》副主编,《野生动物杂志》

副主编,《动物学报》、《动物学杂志》等编委。他们为我国动物生态学事业献出了毕生的精力。

＊本文作者：张恩迪,华东师范大学生命科学学院教授。

听觉神经生物学实验室 30 余年发展纪实

张季平

从这里起步

坐落于丽娃河畔的巴甫洛夫实验室,是 20 世纪 50 年代初由著名生理学家张宗汉教授和著名心理学家胡寄南教授主持建造的。实验室的一楼曾为生物学系生理学科教师开展生理学教学、科研的场所。60 年代初,周绍慈由苏联留学学成归来,主持对实验室改造,改建为神经电生理学实验室,开展神经生理学研究。之后,建立了脑功能研究室,周绍慈带领戴永祯、翁恩琪、孙心德和殷慧镇等青年教师开展针刺镇痛神经原理研究,并取得重要成果,特别是"大脑边缘系统在针刺镇痛中作用"的研究成果,曾先后获得 1977 年上海市科学大会重大科技成果奖、1978 年全国科学大会重大科技成果奖和卫生部科技成果奖等,周绍慈、张善庆、孙心德和殷慧镇还出席了 1979 年全国针灸针麻学术讨论会,华国锋主席接见了全体与会成员。

20 世纪 80 年代初经教育部批准,孙心德、张善庆先后去美国密苏里大学听觉实验室做访问学者,回国后建立了听觉神经生物学实验室。之后,他们各自发挥在神经生理、行为和神经组织学的专业优势,密切配合,并始终聚焦在脑听觉信息处理及功能可塑性的研究方向上。其间,实验室与美国密苏里大学、中国香港大学和日本北海道大学建立了密切合作关系,我国著名神经生理学家、中科院副院长冯德培院士曾来实验室访问、指导,并建议开展听觉发育机制研究,随后在听觉研究领域取得了一系列重要研究进展。近 10 年来,随着学校"211 工程"和"985 工程"建设,实验室研究团队不断壮大,先是青年教师冯瑞本在美国完成博士后研究回国,之后,实验室又先后由国外引进张季平、周晓明、俞黎平和许兢宏等年轻优秀人才,他们满怀对实验室的深厚感情,以敏锐的学术视野和出色的科研能力,不断提升实验室的研究水平。本文简要介绍听觉神经生物学实验室 30 余年来的发展纪实。

听觉神经生物学实验室创建至今先后承担国家自然科学基金、教育部博士点基金及其他省部级基金等数十项,已在国内外核心期刊发表研究论文数百篇,包括在《自然·神经科学》《自然·通讯》《美国科学院报》《神经科学杂志》《大脑》《学习记忆神经生物学》和《脑研究》等国际 SCI 收录期刊发表的研究论文。论文被国外同行引用累计达 700 多次,他引论文分布在国内外超过 60 种学术刊物和 8 部专著。多年来,听觉神经生物学实验室始终坚持内涵建设和特色发展,与时俱进建设高水平的学科方向,取得了喜人的成绩。实验室已建成脑信息处理和功能可塑性的研究平台,能从行为、整体系统、胞外、胞内、突触和分子等不同水平上,运用多种技术开展研究,已成为听觉研究领域国际知名和国内领先的实验室,也是华东师大神经科学和脑科学研究的重要中坚力量之一,曾为 2000 年申报教育部重点实验室的骨干组成部分。原上海市副市长周慕尧和教育部副部长赵泌平在校党委书记张济顺和校长王建磐陪同下曾先后来实验室视察。三十余年来,已有百余名研究生从该实验室毕业,他们当中许多被推荐去国外著名实验室从事博士后研究,或继续攻读博士学位,也有不少已学成归国,成为相关学科的领军人物、学术带头人、教授或研究员、博导,有的还被评为中科院"百人工程"、省部级"百人计划"特聘教授、"省级千人计划"等优秀人才。

1982 年孙心德在美国密苏里大学听觉实验室做访问学者

艰苦创业成传统

　　艰苦创业、勤奋耕耘是听觉神经生物学实验室的优良传统。在 20 世纪 50 年代生物学系建系初,生理学实验室仪器陈旧,记纹鼓和感应线圈等是主要实验工具。那时教师上课讲到动作电位只能"纸上谈兵",师生们渴望能看到实时的神经电活动。青年教师沈增炎决心自己动手装配生物电记录仪,但因条件有限终未成功。60 年代初,刚毕业不久任助教的孙心德老师到中医学院请教曾兆麟教授,得到曾教授热情指导,还提供了他设计的电子管的放大器、刺激器等图纸。后来教研室又安排他去物理系旁听电子学课,到校办厂电子车间学习仪器装配调试技术,回来后按照图纸动手装配仪器,终于成功装置成放大器、刺激器等,为生理学专门化班第一届学员开出了神经生理学大实验课,首次用自制的仪器观察到神经动作电位、诱发电位,实现了电生理学实验的突破。在之后的针刺麻醉原理研究中,孙心德、戴永祯和殷慧镇等又自己动手,研制了诸如痛觉测量仪、低电阻测量仪和穴位刺激器等多种仪器,满足了研究需要。20 世纪 80 年代开展听觉神经生物学研究,还是靠自己动手,研制了如声刺激器、听觉方位测试仪、听觉信息处理系统和听觉行为训练系统等。90 年代为研究听觉功能可塑性,又研制了丰富环境暴露系统、听觉空间方位分辨训练、测试系统等。就是用这些自行研制的仪器装置,完成了多项基金项目,在国际 SCI 收录杂志上发表多篇高水平论文。如今,尽管实验室已拥有多套先进配套仪器,但仍坚持自己动手制作必要的实验装置,满足了研究需要,继续弘扬实验室艰苦创业的优良传统。

　　一个优秀的研究团队,需要团队成员的奉献、勤奋和拼搏精神。钱鹰、黄宏、冯瑞本、栾瑞红、张士煊、章森福、徐俊美、郑勇勤和尤国芬等青年教师与技术人员,以及近百位研究生先后作为研究团队的成员,团结合作、勤奋拼搏,为听觉神经生物学研究和实验室建设,无私奉献了各自的智慧和精力,作出重要贡献。孙心德教授作为实验室学术带头人始终是大家的表率。尽管自 80 年代初起,他一直兼任繁重的行政工作,从副系主任、系主任到副院长长达十几年,工作异常繁忙,但为了搞好科研,他几乎没有周末和节假日,每天早上第一个到实验室,工作到很晚离开,始终带领团队勤奋工作。直到退休后,他仍在发挥自己的学术特长,协助青年教师做好学科、实验室建设和研究生培养,为研究生主讲专业课,还和学生一起做实验,为提升本学科和脑科学研究水平贡献力量。早在 20 世纪 80 年代初,孙心德教授在美国做访问学者时,因工作勤奋曾被系主任称为"Hard worker"。回国开展研究时,他和张善庆教授经常带领研究团队赴野外捕捉蝙蝠,跑遍安徽、浙江山区,寻找蝙蝠的栖息地,仅在安徽皖南山区就曾跑过十几个山洞。那时山区交通不便,每天爬山越岭数十公里。刚捉回来的蝙蝠需要人工喂养,喂一只要花上十几分钟。夏季的简易动物房,室内闷热,蚊虫叮咬,苦不堪言。但为了科研,大家情绪高昂,每个人都天天和蝙蝠打交道,后来从巴甫洛夫实验室出来的人也都被戏称为"batmen"。由孙心德和张善庆在丽娃河畔开拓的这片听觉神经生物学沃土,也成为喧嚣尘世中令众多学子神往的学术田园。

凝聚方向不动摇

　　在人类,由外界获得的信息 90% 来自视觉和听觉。听觉是脑的重要功能,同时,听觉还与语言表达、学习记忆,以及认知、思维等脑的高级功能密切相关。最初,他们对蝙蝠进行研究,并以听觉信息处理的中枢调控机制为研究方向。传统上认为,声音由听觉外周接收后,沿上行传导通路上传,经过各级中枢逐级加工和整合,最终上升到听皮层形成感知觉。然而,越来越多的神经解剖研究表明,听觉低级中枢也接受高级中枢的神经投射,构成一个与上行通路相平行的下行投射系统。不过,这个系统存在的功能意义是什么,却长期被忽视了。同时,以往脑听觉信息处理研究多局限于某个脑区或核团,但在整体状态下,任何信息处理都是在系统、网络中运行的。孙心德和张善庆凭借多年的研究经验,认为更应重视在系统水平上研究。因此,在 20 世纪 80 年代后期,他们调整战略思路和目标,将视角转移到听觉信息处理下行调控机制研究。考虑到听皮层是听觉系统的最高级中枢,中脑下丘则是听觉信息向中传导的重要中继站,它接受几乎所有下级听觉结构的投射,源于听皮层第五层的锥体细胞分别投射到下丘中央核、背核和外侧核,形成皮层—下丘投射通路。于是,他们首先选定听皮层对下丘的下行调控机制研究。他们发现,电刺激蝙蝠听皮层可明显抑制下丘中央核的听反应,使神经元的频率调谐曲线和强度函数曲线锐化,听空间反应域缩小,听觉敏感性增强。而且,越是在微弱的信号背景下,这种调控效应越加明显。据此他们得出结论,高级中枢的下行调控增强了下级中枢听觉敏感性,首次从生理学上证实解剖学上早已发现的这条下行投射通路的重要意义。1989 年,课题组在此领域率先在国际上发表了两篇研究论文,之后,又与美国密苏里大学任晃荪教授、中国香港大学潘伟丰教授、日本北海道大学 Kamade 博士以及华中师范大学陈其才教授等合作,连续发表数篇系列研究成果。特别是 1996 年又率先发表了听皮层—下丘听觉信息调控的神经递质、受体特性研究成果,引领这一领域研究水平跃上新台阶。直到 1998 年,由美国科学院院士领导的一个著名听觉实验室也开始了此领域研究,并连续在神经科学等顶尖杂志上发表多篇文章,在 2000 年召开的美国耳鼻咽喉科学年会上还将此领域设立为专题研讨,使这一领域成为 20 世纪 90 年代后期国际听觉研究的热点之一。

20 世纪 80 年代袁运开校长陪同中科院副院长、我国著名神经科学家冯德培院士(右 4)参观听觉神经生物学实验室

右 3 袁运开校长　左 2 正在实验室开展合作研究的美国密苏里大学著名听觉神经生物学家、我校顾问教授任晃荪教授　右 1 张善庆　右 2 校科技处处长丁世根　左 1 中科院生理所张伟平博士　左 3 孙心德

上世纪 90 年代后期,研究团队又聚焦到听觉研究另一个热点问题:出生后听觉发育及功能可塑性。以往的研究表明,哺乳动物中枢听觉系统出生后要经历一个快速发育、成熟过程。在早期某个短暂时间,其结构和功能极易受环境、经验等因素影响,表现出极大的可塑性,此短暂时程被称为"关键期"。然而,在"关键期"相关脑区究竟发生了哪些事件?特别是环境、经验等因素是如何诱发听觉功能可塑性的?尚知之甚少。为了揭开这些尚不为人知的神秘面纱,首先要了解出生后听觉功能是如何发育的。开始,他们在刚出生的蝙蝠身上观察到,出生后随着天龄的增长,听皮层神经元的听反应特性表现有规律的变化,并最终达到成年水平,呈现明显的年龄—依赖性演化特征。后来在大鼠身上他们也证实有类似的演化模式。那么,在此演化过程中,相关脑区在细胞分子水平上又发生了哪些事件?于是,他们采用原位杂交等分子生物学检测技术发现,随着生后功能演化,听皮层兴奋性和抑制性受体 mRNA 的表达也发生相应的年龄—依赖性变化。后来,用蛋白免疫印迹技术检测受体蛋白表达也获得相似结果。

1992 年美国威斯康辛大学著名听觉神经生物学家 Brugge 教授
(中)访问听觉神经生物学实验室
右 1 正在实验室合作研究的我校顾问教授、香港大学医学院潘伟丰教授　左 1 孙心德

在掌握了生后发育规律之后,研究团队便开始探索如何诱导"关键期"听觉功能可塑性。他们巧妙地将刚出生的大鼠外耳道堵塞,实施听觉剥夺,待成年后测定听皮层的反应特性。他们惊奇地发现,这些动物神经元的听反应似乎更接近幼年动物特征,表现为反应潜伏期长、阈值高、频率调谐能力和选择性差、听空间反应域大和方位"偏好"不明显等,这证明是早期的听觉经验诱导了听皮层的可塑性变化。更有意思的是,他们发现伴随着听皮层反应的改变,听皮层兴奋性和抑制性受体表达也相应变化,使

得原本年龄—依赖性表达模式发生了明显改变。

在另一项研究中,他们尝试构建了一个丰富环境装置,让动物出生后即生活在此装置中。待成年后发现,这些动物的听觉行为变得更加灵活,特别是对听空间方位的分辨能力大大增强。电生理结果显示,听皮层神经元的频率调谐曲线和水平方位选择曲线明显锐化,听空间感受野缩小。离体脑片记录显示,听皮层诱导的长时程增强幅度也显著提高。进一步研究发现,这些动物听皮层兴奋性 NMDA 受体 NR1、NR2A、NR2B 亚单位和 AMPA 受体 GluR2 以及抑制性 $GABA_A$ 受体 α1、β3 亚单位蛋白质表达也被上调。据此他们提出,是"关键期"丰富环境改变了中枢兴奋性和抑制性受体亚单位表达平衡,促进了听皮层突触传递功能发育,最终使神经元听觉敏感性和听觉分辨行为增强。为了进一步验证相关受体活动在"关键期"可塑性中的关键作用,他们还独辟蹊径,选择了一种慢性释放药物载体-Elvax(乙烯—乙烯基醋酸盐聚合物),构建了能够慢性、局限性释放药物,阻断/激活受体活动的动物模型,在发育"关键期"选择性阻断或激活听皮层某些受体的活动,探讨它们与经验—依赖性的可塑性的相关性。

哺乳动物包括人类的听觉系统具有很强的声源定位能力,精确的声源定位依赖于双耳的协同作用。听觉中枢由声音到达双耳的时间差和强度差中抽提出声源信息,经过中枢逐级加工最后解释为统一的感知,即声音来自何方。声源定位能力与个体之间的通讯和生存密切相关,是听觉系统重要功能之一。与其他听觉功能相似,声源定位功能在生后也要经历逐渐发育、成熟过程,环境、经验同样影响其功能发育。系统、深入研究听觉空间定位功能的发育和可塑性,是该实验室的又一个重要研究特色。早年孙心德等在蝙蝠听皮层就已发现,多数神经元都对来自空间特定方位的声音"偏好",神经元对"偏好"方位的反应潜伏期短、阈值低、频率调谐曲线锐化和听空间感受野小。于是,他们让生后早期的大鼠持续地听来自特定空间方位的声音,成年后发现,这些动物听皮层对该方位敏感的神经元数量明显增加,使"偏好"神经元的分布图谱改变。他们还发现,生后早期将大鼠饲养在丰富环境中,成年后它们的声源—方位分辨能力和听皮层神经元的听空间方位敏感性也都显著增强。此外,分子生物学技术检测到,听皮层 NMDA 受体亚单位和 $GABA_A$ 受体亚单位的蛋白质表达也相应改变。孙心德说:"这证实我们的推断,环境、经验同样会诱导中枢声源定位的可塑性,而相关中枢兴奋性和抑制性受体表达平衡的变化,可能是诱导声源定位可塑性的重要分子机制。"

在听觉发育及功能可塑性领域,听觉神经生物学实验室已在国际专业杂志上发表研究论文数十篇,国外同行给予高度评价,如:Ann N. Y. Acad Sci (2002) 在《婴幼儿听脑发育:早期经验的重要性》的综述中,连续并仅仅引用该实验室的 4 篇相关论文,来阐述早期经验影响中枢听觉发育的机制。ProgNeuro-Psychoph (2011) 综述也引用他们的研究成果作为在体研究唯一的例子,来阐述中枢兴奋性 NMDA 受体在听觉功能发育、成熟及可塑性中发挥关键作用。这从一个侧面佐证他们在本领域研究的优势地位。

多年来，该实验室研究团队始终坚持创新驱动发展，走自己特色科学创新之路，在听觉功能可塑性研究中，坚持将整体行为、系统、细胞分子不同水平有机结合的多层次研究特色，先在清醒动物上观察行为变化，再在相关脑区考察神经元的反应，最后在分子水平上探讨机制。这在同类实验室极为少见。三十余年来，该实验室始终凝聚脑听觉信息处理及功能可塑性研究方向不动摇。回顾这段历程，孙心德教授深有感触地说："做基础研究绝不能打一枪换一个地方，研究方向认准后，要持之以恒，锲而不舍，脚踏实地，一步一个脚印，以十年磨一剑的精神，在不断探索中取得进展，获得亮点突破。"

瞄准前沿再创辉煌

长期以来，该实验室始终密切关注本学科领域动态，瞄准国际前沿，创新驱动，锐意进取，凝练有望突破的研究方向。成年听皮层关键期"重启"及其细胞分子机制研究成为他们近几年聚焦方向。多年来，神经科学界主张脑的发育为多阶段过程，从关键前期开始，进入具有高度可塑性的短暂关键期，最后进入可塑性很低的关键后期即成年期。传统上认为，这个过程是不可逆转的。但最近，此观念却受到有力挑战。有研究表明，连续暴露于特定声环境下的大鼠，其听皮层神经元的某些反应特性又会呈现出类似于"关键期"可塑性的特征。这强烈地提示，脑的感觉功能发育可塑性本质上还是"可逆"的，成年期已经关闭的"关键期"在特定的条件下仍可以"重启"。这引起该实验室研究团队的极大兴趣，那么，已经关闭的"关键期"是如何又被"重启"的，这期间又发生了哪些相关事件，特别是在细胞分子水平上发生了哪些关键变化。于是，他们首先构思通过听空间方位分辨训练，在成年动物的听皮层诱导听觉功能可塑性。经过两个月强化训练后发现，这些动物听觉方位分辨行为和听皮层神经元方位选择敏感性都明显增强，而且它们的听皮层兴奋性和抑制性受体蛋白质表达也伴随相应变化。在另一项研究中，他们又通过特别设计的一个双声—序列分辨程序，训练成年大鼠去识别一个特定的双声—序列组合，经过连续训练后发现，这些动物对特定声—序列的分辨敏感性大大提高，同时，目标声—序列对中的"目标"声组份在听皮层得到超表达，神经元出现明显频率调整的"偏好"。听皮层兴奋性和抑制性受体亚单位蛋白质表达也呈现与方位分辨训练诱导相似的变化。由此他们得出结论：知觉强化训练诱导中枢兴奋性和抑制性受体亚单位表达平衡变化，实现对听觉功能可塑性的调控，诱导了"关键期"可塑性的"重启"。

　　接下来他们又想到,既然强化训练能够成功诱导成年"关键期"可塑性的"重启",那么,幼年损伤的听觉功能,在"关键期"已经关闭的成年期还能够修复吗? 这不仅是重要理论问题,也具有潜在的应用前景。为了回答这个问题,研究团队又独具匠心,通过巧妙的设计,先在大鼠生后"关键期"给予噪声暴露,造成听觉敏感性损伤,待成年后再给予听空间方位分辨训练。经过40天的训练后,他们发现,随着损伤的听觉空间分辨行为接近正常水平,听皮层神经元的方位选择敏感性也得到逆转。分子水平检测表明,听皮层兴奋性和抑制性受体亚单位蛋白质表达也都恢复到与同龄正常动物相近的水平。这提示,成年后的知觉训练可修复幼年时的听觉功能损伤,知觉训练诱导的中枢相关受体表达变化在功能修复中起关键作用。近期他们的研究又发现,中枢某些受体亚单位表达变化在听皮层功能障碍的突触可塑性修复中也具有关键作用。

　　对人类而言,听觉不仅是脑的重要感觉功能,而且还是语言能力的发展基础。在发育"关键期"由不良环境导致的中枢听觉损伤,不仅影响成年后的听感觉,还会导致语言和智力发育失常。因此,如何于关键期后或成年后矫治、修复发育早期的功能损伤具有重要战略意义。在了解"关键期"及其可塑性规律的基础上,听觉研究团队正在探索如何通过诱导关键期后或成年听觉中枢"靶向"的可塑性干预其发育,为矫治、修复关键期后大龄儿童或成年人听觉功能损伤提供依据。"进一步研究成年可塑性的规律,深入揭示其机制,并最终用于指导临床实践",是听觉神经生物学研究团队的奋斗目标。相关研究成果已发表在《自然·通讯》、《神经科学杂志》、《行为脑研究》等国际

2009年听觉神经生物学实验室部分师生与当年毕业的研究生合影

右8孙心德教授　右9张季平教授

著名杂志上。国外研究综述给予高度评价,称"通过强化的行为及知觉训练让成年动物"重启"关键期,对其功能重塑以及早发性感觉剥夺损伤的修复具有重要意义",并认为"研究成果对重新认识中枢听觉功能发育机制,探索脑的听觉时间空间信息重构,特别是通过知觉训练在成年期重新开启进而修复脑损伤是一项开创性工作",具有重要应用前景。他们的"中枢听觉可塑性及其机制研究"成果,获得 2014 教育部高等学校科学研究优秀成果奖(自然科学奖)二等奖。

创新是科学研究的灵魂。三十余年来,听觉神经生物学实验室研究团队始终行走在科研创新的道路上,他们及时调整战略思路和目标,瞄准学科发展国际前沿,凝心聚力、积极进取、奋力拼搏,攻克一个个技术难关,取得一个个新成果,赢得国内外专家的高度赞誉,为发展脑科学研究事业贡献了一份力量,也为我校生理学科和神经科学学科建设作出了重要贡献。

＊本文作者：张季平,华东师范大学生命科学学院教授。

生物化学学科的建立与发展

秦德安

　　生物化学是一门生物学与化学相交叉的学科。在生命科学中属于一门比较年轻的学科。在 20 世纪 50 年代末，生物化学在我国尚属起步阶段，大多数高校的生物系还没有建立生物化学教研室。随着生命科学的发展，华东师大生物学系在 1959 年兴起了学科建设热潮，大力发展新学科。在几乎空白的条件下，迎难而上建立了生物化学教研室。直至我校成立生命科学学院之前，40 多年来，生物化学教研室在学科建设方面取得了令人瞩目成就。其发展过程大致可分为"文革"前的初创阶段、"文革"中的非常阶段和改革开放后的快速发展阶段。

学科初创阶段

　　在生物化学教研室初创阶段，办学条件十分艰苦，没有师资，系领导便从其他教研室抽调教师。先从植物生理教研室调入颜季琼老师，从植物教研室调入刘怀芳、王耀发老师，后又从化学系调入吴冠云、杨绍钟、王灵宝、刘式麟等老师，组成了生物学系生物化学教研室。后来，吴冠云老师调出，于 1960 年又从中国医学科学院引进了左大珏老师。同时，破格从生物学系在读学生中选调部分学生参加教研室工作，后来又从中选送秦德安、唐法尧二位同学作为师资后备力量，送到中国科学院生物化学研究所进修。在生化所进修期间（1960—1961 年），他们一边参加科研活动（当时正值全所开展人工合成胰岛素研究的高潮），一边参加由中科院院士曹天钦、邹承鲁、王德宝、沈昭文等一流生物化学家亲自主讲的全国高级生化讲习班，业务得到快速成长。

　　为建立生物化学教研室，创建新学科，师生们情绪高昂、艰苦奋斗，自己动手创建实验室，编写生物化学教材，为生物学系尽快开展生物化学教学奠定了基础，并于 1963 年培养出生物学系第一届生物化学专业的本科毕业生。其间，还开设了"核酸"、"酶学"、"代谢"等生化专业的提高课。

学科建设一度停顿

正当生物化学的教学和科研顺利开展时,"文革"开始,学生停课,教师下放劳动,生化教研室的教学和科研工作也进入停滞状态。直到"文革"后期(1972—1975 年),教研室的大部分教师在接受再教育的同时,还是振作精神,在左大珏和刘怀芳老师带领下,艰难地开展了"胞嘧啶核苷二磷酸胆碱生物合成"的科研工作。据国外报道,颅脑创伤后,患者的意识丧失与脑中卵磷脂水平降低有密切关系。而体内合成卵磷脂时,一种被称为胞嘧啶核苷二磷胆碱(简称胞二磷胆碱)的核酸衍生物是必需的辅酶。胞二磷胆碱作为一种治疗脑外伤昏迷的急需药物,当时国内尚不能生产。1973 年,我国首次进口了日本生产的胞二磷胆碱(商业名称为 Nicholin),价格十分昂贵,每支针剂市售价 15 元,当时一般工资每月仅 60 元,普通病人根本用不起。为填补我国医药工业上的空白,我校生物学系生物化学教研室齐心协力、迎难而上,在上海味精厂、光华啤酒厂和上海啤酒厂等单位的大力支持下,采用生物合成法研制胞二磷胆碱,并于1973 年在实验室成功地研制成胞二磷胆碱,实现了用生物合成法制备胞二磷胆碱的突破。

实验室研发成功后,为了使胞二磷胆碱形成产品,左大珏、刘怀芳、秦德安、杨绍钟、孙雪琴等和当时的生物学系系办工厂的谈宝珍(厂长)、金正中等 10 多位工人师傅一起劳动,白手起家,从无到有建立了胞二磷胆碱生产车间,进行生产工艺探索和小批量生产,并最终由第十三制药厂制成了胞二磷胆碱针剂。由于当时的政治大环境,科研过程极度艰难,物质供应十分困难。缺仪器,向化学系借用;缺材料,向校外单位求援,使用的酵母则由光华啤酒厂、上海啤酒厂供给。上海味精厂除供应有关材料外,还专派两位技术人员参加工作。临床试验前的一系列工作如药品检验、各项医药指标鉴定、药品规格制定以及装针、动物试验等请药品检验所、长宁区中心医院等单位合作。共有十余个单位给予本课题支援,体现了艰苦条件下可贵的协作精神。从 1974 年初产品开始进入临床试验阶段,在华山医院神经科、上海市立第一人民医院神经科以及瑞金医院神经外科等多家医疗单位合作下进行了临床试验。55 例应试患者均有中枢神经系统损伤所致的意识障碍、肢体瘫痪和失语等体征。经应用胞二磷胆碱治疗后,发现对颅脑外伤后所致昏迷病人促使其清醒有明确的疗效。1976 年 4 月,组织了胞二磷胆碱的科学成果鉴定。鉴定会成员包括华山医院、上海市立第一人民医院、瑞金医院、上海市药品检验所、上海市卫生局和上海市医药公司等单位专家。专家一致认为,胞二磷胆碱在治疗脑外伤或脑手术所引起的意识障碍方面有肯定疗效,且无明显副作用。以左大珏老师为首的课题组经几年努力,终于圆满完成了胞二磷胆碱的研制。研究论文在 1976 年的《生物化学与生物物理学报》上发表,1977 年《医药工业》杂志上将其作为新药介绍,并入编 1976 年"上海市新科技成果",1977 年荣获"上海市科学技术重大成果奖"。目前,胞二磷胆碱已广泛用于临床,通用名"胞磷胆碱",商品名为"欣可来"、"思考林"等。

学科建设快速发展阶段

"文革"对高校的学科发展造成了严重破坏,教学和科研工作停滞。然而国际上发达国家的生命科学正在蓬勃发展,生物化学更是有了突飞猛进的发展。其中,蛋白质分子结构与功能、核酸分子结构与功能,以及生物膜分子结构与功能等生物化学发展中的前沿课题,构成了新兴的分子生物学的核心内容。面对国际、国内分子生物学的发展,师生们深深感到我们大大地落后了。

进入 20 世纪 80 年代,我校生物学系紧跟国际生命科学迅猛发展步伐,强化了生物化学等现代生物学的学科建设。在全国科学大会精神鼓舞下,生物化学教研室教师振作精神,发奋图强,针对生物化学发展中的前沿学科做调研、订规划。1983 年教育部制定全国生物化学基础研究规划,受教育部委托,左大珏老师写了一份"生物膜结构与功能研究"的专题报告,认为生物膜分子结构与功能研究是现代生物学的一个新生长点。报告中除了阐述其目的意义、发展现状及趋势外,还特别建议了一些研究课题以及主要措施。在此基础上,确定生物膜的生物化学为我们生物化学教研室的一个研究方向。研究重点是细胞老化、损伤与红细胞膜结构特性关系,同时选择脂质体(人工生物膜)作为药物载体的应用性研究。

此后,在师生共同努力下,左大珏老师等发现胞二磷胆碱对红细胞损伤有保护作用,并认为其作用机制可能与膜脂过氧化有关,进而设想含某种化学结构的物质可能具有抗膜质过氧化及抗细胞损伤衰老的作用,为药物设计提供方向,并取得预期结果。同时,秦德安、何学民老师在红细胞衰老与细胞膜结构与功能的关系,自由基、微波等因素对细胞的损伤,超氧岐化酶(SOD)、橙皮苷、微量元素硒等药物对细胞膜脂质过氧化的防护作用等课题的研究方面也取得了一系列成果。

在红细胞研究初期,由于缺少必要的仪器设备,实验条件十分艰难,只能舍近求远去上海昆虫研究所借用高速冷冻离心机分离制备红细胞膜。后来学校通过世界银行贷款,添置了超速离心机、高速冷冻离心机以及紫外分光光度计、荧光分光光度计等大量进口的仪器设备,极大地改善了实验条件,从而提高了科研水平。经过十多年的努力,生物化学教研室在红细胞膜的研究方面取得了令人瞩目的成果。据不完全统计,红细胞膜方面的研究论文发表了数十篇,多次参加国内外有关生物膜的学术会议。秦德安老师和何学民老师还应中国药学会药理分会的委托,连续举办了两期全国性的"细胞膜分析技术研讨班",与会的有第三军医大学、沈阳医学院、兰州大学、山东中医学院、北京医科大学、白求恩医科大学、中山医学院以及中科院药物所、上海瑞金医院等数十家院校和科研单位,同行学者对我校建立的红细胞氧化损伤实验模型十分重视,并加以推广。在当时对探讨细胞老化机理及抗氧化药物筛选都有重要意义,成果发表于《中药药理与临床》(1989年)上。有关细胞膜的分析技术还选编入高等教育出版社出版的高校教材《高级生物化学实验选编》。该教材获1992年国家教委高校优秀教材二等奖,扩大了我校生物化学教研室在红细胞膜研究方面的学术影响。

出席第二次全国细胞膜分析技术研讨班成员合影

与此同时,在教学方面也获得了长足的发展。"普通生物化学"的教学日趋完善,在多年生化教学的基础上加强了教材建设。杨绍钟参与了高等教育出版社组织的《生物化学简明教程》的编写工作。该教材出版后深受欢迎,成为全国许多高校通用的普通生物化学教材。三十多年来,该教材多次再版,由罗纪盛、秦德安、鲁心安等参与了第三版的编写,再由鲁心安参与了第四版的编写。秦德安、罗纪盛和鲁心安还参与编写了《运动生物化学》,该教材由高等教育出版社出版后成为全国高等师范院校体育专业的通用教材。

1985年国务院学位委员会批准我校生物系生物化学与分子生物学科为硕士学位授予点。生物化学教研室进一步加强了研究生的培养,自编一系列生物化学专业课的教材,开设了"蛋白质分子结构与功能"、"酶学"、"分子生物学概论"以及"高级生物化学实验技术"等生物化学专业课程。使生物化学教研室教学和科研工作更上一层楼,全室的科研工作空前活跃。左大珏教授为首的课题组在国家自然科学基金资助下,继续深入进行红细胞膜的研究;范培昌教授为首的课题组在固定化酶研究方面开展了卓有成效的研究;路英华教授领导的课题组在"蚯蚓纤溶酶"研究上取得了重要研究成果,又开展了"α-半乳糖苷酶转血型"的研究;秦德安教授为首的课题组在红细胞膜研究的基础上,先后与中科院有机所、原上海铁道医学院附属甘泉医院等单位合作,开展了半乳糖神经酰胺脂

1992年生物化学教研室部分成员合影

质体的研究,发表了《半乳糖神经酰胺脂质体的制备及性质研究》、《包封有天花粉蛋白的半乳糖神经酰胺脂质体的制备及性质研究》以及《包有蓖麻毒蛋白的脂质体制备、性质及毒性研究》等论文十余篇,其中,"神经酰胺脂质体乳剂的制备方法"、"载维生素 A 的神经酰胺脂质体乳剂及其制备和用途"还分别获得国家专利。

20世纪 80 年代,国际上脂质体作为新兴的生物技术,逐步走上产业化道路。生化教研室秦德安和何学民等走出校园,在原霞飞日用化工厂总工程师袁铁彪大力支持和合作下,使神经酰胺脂质体生产工艺逐步完善,并应用于护肤品中。这一技术成果历经 20 多年不衰,至今仍在生产中应用,并取得了良好的社会效益。

回顾我校生物学系生物化学教研室在新学科建设上取得的成绩,深感这一切都离不开党和国家改革开放的政策以及师生们求实、创造、自强不息的奋斗。我们虽已退休多年,但还是十分关心生物化学学科的发展,祝愿生物化学学科在我校发展得更加辉煌。

原霞飞日用化工厂总工程师袁铁彪(左3)来校讨论脂质体生产和应用并受聘兼职教授

＊本文作者：秦德安，华东师范大学生命科学学院教授。

生物物理学科的建立与发展

胡天喜

20世纪50年代的教育体制和教学模式基本上照搬苏联的模式,这种模式很不切合中国实际,有碍中国教育事业的发展。1958年一场教育大辩论,促进了教育的大变革。为顺应世界潮流和国家需要,在高校大力提倡创办新兴学科,特别是边缘学科。按照学校的部署,生物学系积极行动,1960年应运诞生了"生物物理学"和"生物化学"两门学科。生物物理学属于边缘学科,当时没有现成的师资和教材,可以说是一穷二白。系领导积极筹划,从其他教研组抽调了戚蓓静和董元烨两位青年教师和高年级的学生及两名实验员,共12人组成了生物物理教研组,并配备了十多间房间,还划拨了必需的资金;1962年又从生物学62届学生中优选了20名学生,延长一年学业,作为本专业的实验班。师生们从"战争中学习战争",干中学、学中干,干劲十足,夜以继日,配合基建队新建了同位素实验室,跑市场购买教学仪器和原材料,下工厂请教师傅,自力更生地装配部分仪器,真可谓齐心协力,轰轰烈烈。

生物物理学是生物学与物理学的交叉学科,它研究的是生命活动中的物理和物理化学过程、物理因子对生物体的影响以及高级研究技术。为应对当时国际上的核安全,教研室确定将"电离辐射对生物体(包括人)的影响和核防护"作为重点研究方向。全组人员痛下决心,不畏三年困难时期带来的生活困境,刻苦学习,奋力攻关,经过两年多的努力,打下了专业知识基础,建成了实验室,添置了许多仪器设备,初步搭好辐射防护研究的平台。其间还与中科院、复旦大学、第二军医大学共同举办过一期"华东地区放射生物学"学习班,专业班的教学也进入了试办阶段。

1962年,国家实施"八字方针",学校调整了专业。生物物理学列入被调整的专业,多数同志被调走,只留下戚蓓静和胡天喜二人作为"种子",以待机发展。二人坚守岗位,完成了"专业班"的教学任务。胡天喜编写了《原子生物学》教材,准备了一系列的实验,给65届学生开设了专业提高课;还与上海农科院合作做了"^{32}P根外追肥促进水稻灌浆"的科学研究。这些活动,为以后的学科发展奠定了基础。可惜的是,自1964年参加社会主义教育运动起,接下来的是十年"文革",政治运动接二连三,专业活动几乎停顿。留守的"种子"之一胡天喜几次欲择机"萌动",曾参加过仿生学、植物单培体育种、植物远缘杂交的分子基础以及^{32}P追踪"5406"菌肥对水稻秧苗发根的影响等研究,取得一些阶段成果。但是大气候和土壤条件不成熟,都被"左"的思潮所扼杀,无法"生根发芽"。

粉碎"四人帮"之后,党中央拨乱反正,知识分子、科技教育界迎来了阳光明媚的春天。全国科学技术大会和全国教育工作者大会为我们指明了方向、鼓舞了斗志。根据国内外科技发展的趋向,胡天喜提出恢复生物物理专业,重抓原子生物学的研究。生物学系党政领导十分重视,批准了申请,破格要其招收研究生,配备助手,拨发资金,添置仪器设备,重建实验室。在之后近二十多年里,新生的生物物理学科开展了多项研究,并取得了一些令人瞩目的成果,也使本学科在国内学术界占有一席之地。

低能软 X 射线的生物效应

放射生物学的研究已很广泛,并已向微观、深层次及应用方向发展。改革开放以后,这一领域发展非常快,研究论文如雨后春笋般到处可见。科研贵在要创新,重复先人的研究既无特色又浪费时间。我们从国内外文献中发现,低能软 X 射线生物效应的研究当时只有零星的报告,而且还停留于细胞和整体水平,研究的技术也较落后,而医疗上乳腺癌诊断、海关检查、农林业种子筛选都已广泛应用,工业上高压电器、微波炉、电视机也伴生软 X 射线,先进的同步辐射技术正好应用了软 X 射线作为光源。见缝插针,我们决心抓住这一"冷门"课题,利用实验室原有的"钼靶软 X 射线"机对洋葱、蚕豆种子进行照射,观察"细胞的染色体畸变"。发现它与传统的 ^{60}coγ 射线、硬 X 射线一样都会引发细胞效应,出现大量的畸变染色体,且比同剂量的 X 射线的作用更大,体现了放射生物学的一条基本原理,即射线的能量越低,穿透生物体的能量越弱,在生物体中的能量转移(LET)越高,相对的生物效应(RBE)越大。实验结果鼓舞了我们,决心对它作多角度、全方位的研究。我们研究了钼靶软 X 射线对人血淋巴细胞和元麦根尖细胞 DNA 合成(^{3}H‑TdR 掺入液闪测量法)和猪脾淋巴细胞 DNA 黏度和结构的影响,对人红细胞、淋巴细胞、小鼠脾淋巴细胞、血小板表面电荷和细胞膜脂过氧化的影响,对小鼠腹水癌细胞的杀伤作用,对元麦根尖染色体畸变和生长发育的影响等;还对机器作了改进,对软 X 射线的剂量作了标定。

软 X 射线生物效应的研究成果获得了相关权威人士的肯定,鉴于它有相当高的生物效应,我们建议有关部门要重视对其防护;并推荐市农科院顾德发作软 X 射线育种的探索。顾德发接受我们的提议,用此法育出了两个水稻新品种,得到了育种专家的好评,他本人也获得市科技进步奖。由于软 X 射线与同步辐射装置相关,中国物理学会发光分科学会特邀我去中国科大首届全国"同步辐射"学术会议作了专题报告,受到欢迎和赞扬。

　　为了研究电离辐射生物学作用的原发机理，我们也作了细菌超氧化物歧化酶（SOD）对小鼠辐射防护作用和茶多酚、槲皮素对脉冲辐解和激光光解产生的羟基自由基的清除作用（顺磁共振法、化学发光法），明确了电离辐射线的原初过程是产生氧自由基，由氧自由基间接作用于细胞、组织及生物体产生损伤效应。这为早期辐射防护研究奠定了基础。

胡天喜在实验室做实验

氧自由基及其清除剂

　　20 世纪 70 年代中期，超氧化物歧化酶（SOD）能清除自由基的研究，曾引领了氧自由基研究的热潮。经过深入研究发现，不仅电离辐射线能引发自由基，体内的异常呼吸代谢、环境中的紫外线、电磁辐射、农药、除草剂、水污染、光化学反应、某些食物和药物皆会引发体内产生自由基，破坏机体自由基代谢的平衡。过量的自由基若超越体内的抗氧化酶及抗氧化剂的清除能力极限会引发各类疾病。80 年代自由基生物学自成体系，成为世界上极为引人注目的新兴学科。我们在研究软 X 射线和 γ 射线引发自由基的同时，就着手研究捕捉生物体内的自由基，并把它作为我们 80 年代中期研究的重心。其中，"大脑缺血再灌注氧化损伤及防护"课题连续获两期国家自然科学基金资助，研究结果以数篇论文的形式发表。"吞噬细胞和巨噬细胞的呼吸爆发引发自由基"成为常规的研究课题。传统的自由基研究需要高昂的顺磁共振仪及自旋捕捉剂，引发自由基的工具需要 [60] 钴 - γ 射线或加速电子的脉冲辐射（或激光光解）仪，我们不具备这些条件，于是我们自己设法研制了生物与化学发光测量仪，用来检测化学反应产生的各种各样的氧自由基和活性氧及活性氮(包括 $O_2^{-\cdot}$、$OH^\cdot$、H_2O_2、$^1O_2$、$ONOO^-$)及脂质过氧化产物($RO^\cdot$ $ROO^\cdot$、$ROOH$),同时研究各种各样的抗氧化酶和抗氧化剂。该领域我们介入较早,研制发光仪,完善了各种产生自由基的体系以及配套的技术资料,发表论文较多,培训人员多,影响很大,当时曾引领了国内这一领域的研究。我们研究过咖啡酸、芥子酸、茶多酚、槲皮素等多酚羟基化合物;维生素 E、维生素 C、β-胡萝卜素、α-硫辛酸;灵芝多糖、云芝糖肽、银杏、大黄、香料、南五味子、葡萄、余甘子等提取物及一些传统的中草药的清除自由基和抗氧化作用,发表了数十篇论文。我国有传统的美食文化和中草药优势,我国科技工作者研究食物和中草药中天然抗氧化剂甚为广泛,成绩斐然。我们的研究丰富了世界上抗氧化物质的数据库,为保健食品、化妆品、油脂工业、药品开发提供了理论依据。我们还身体力行,开发过含抗氧化剂的 S 系列化妆品和多款保健食品,有的已经上市。

胡天喜(前排左 4)参加全国自由基生物学和医学理论与应用研讨会专家合影

自力更生研制实验仪器

改革开放之初,百废待兴,老设备落后陈旧,新设备无钱购买,进口仪器尚未开放且缺资金。没有超灵敏的检测设备,根本无法研究设定的课题。后来,购买了国产的液体闪烁计数器,该仪器的测量技术当时属于国际先进水平,国外始见于 20 世纪 70

年代中期。我们大胆地给仪器作了改进,使其品质因素达到国际先进水平;试探该机的功能多样化,既可测低能的β射线,又能测高能的β射线(^{32}P的切伦科夫效应)以及γ射线,还可测生物的超微弱发光。原先我们已探索过固体闪烁计数器做发光细菌的发光测量,但灵敏度较低,自动化差。鉴于液闪测量^{3}H的低能β射线,实质上是测超微弱发光,所以我们利用其测发光档的功能,测量了植物幼苗和动物水蚤、发光细菌暗突变等的生物发光现象,结果令人鼓舞。但操作不便,由此引发了去研制生物和化学发光仪的构思和实践。

1985年我们走出校门,与生产液闪谱仪的上海计量局实验工厂合作,经过两年的努力,研制成了SHG-1型生物化学发光测量仪,用于检测各种生物和化学发光,尤其是测量萤火虫、发光细菌和吞噬细胞的生物发光,取得了满意的结果。该仪器灵敏度高、自动化程度好,很适合于生物化学发光的研究,经鉴定之后于1987年投放市场,并获得上海市科技进步三等奖。有了灵敏、高效、快速、简便的发光仪,我们的科研如鱼得水,研究的效率快速提升,尤其是用该仪器去测量细胞的ATP,吞噬细胞的活性,各类自由基和氧化剂的反应性及多种多样抗氧化剂的活性,都获得满意效果。

除此之外,我们也曾研制成软x光机的自动时间控制装置,细胞电泳仪的电脑控制系统,细胞染色体的激光刀,β和γ放射性污染检测仪以及冷冻整体切片机等。自力更生研制的仪器,使用起来得心应手,其乐无穷。因实验室建设富有成效,胡天喜还曾获我校实验室建设个人先进奖。

科研促进了学科建设和人才培养

科学研究促进了生物物理学科的建设,我们曾编写过《生物理化技术》、《核素示踪技术》、《发光分析与医学》、《发光分析与农业》、《自由基生物学》等教材。这些教材的资料大多数源自科研中收集的文献,并加入我们的研究成果。"核素示踪技术"列为研究生的基础课,连续授课二十多年。"发光分析技术"为全国首开,不仅给研究生、本科生、大专生开设,还为全国的科技工作者连续办学习班,引领了全国生物和化学发光研究的热潮,第二军医大学等校利用《发光分析与医学》教材,仿样给研究生开课。

科学研究中有多名年轻教师、研究生、高年级本科生参与。如夏嘉治、陈季武、朱振勤、朱文杰、徐容、陆建身等,还有上海交大昂立生物医学研究所的邵卫梁、梁小凤和李慈娟,他们都对生物物理的科研作出了贡献并使自身成才。我校生物物理学实验室的"核素示踪技术"、"发光分析技术"对外开放。本系动物生理学、植物生理学、生物化学十多位研究生在该实验室完成毕业论文。校外兄弟单位也有多名研究生或年轻的科技工作者来实验室协作研究,完成论文。

生物物理学科作为生命学科中的一个重要学科,愿它能再现光辉!

＊本文作者：胡天喜,华东师范大学生命科学学院教授。

神经科学研究的奠基和发展

周绍慈

1955 年 8 月,经教育部批准,学校派我前往莫斯科大学学习。依据我的专业愿望,当时的生物土壤系系主任,同时身兼科学院高级神经活动研究所所长的沃罗林院士录取了我,并安排我在生理学实验室里做学位论文研究工作。我和神经科学的接触也就由此开始。学习条件非常好,为了打好基础,除专业基础课外,导师还安排我到科学院脑研究所和高级神经活动研究所等单位学习相关研究技术,这为我完成论文研究打下了基础。我的论文研究内容是探讨大脑网状结构在条件反射活动中的作用。

1958 年,在搜寻这一课题的相关国际文献之后,我写成了"大脑网状结构"综述评论性文章,寄回国内。北京《生理生化研究近展》以两期连载的方式刊载。在导师严格的要求下,论文研究进展堪称顺利,先期工作的一部分成果在《苏联高校学报》上发表。最后,研究成果的主要部分总结成文,被苏联科学院选为十篇论文之一,送交在布宜诺斯艾利斯召开的世界生理学代表大会宣读。沃罗林老师曾希望我也随同他去参加会议,由于当时我国与阿根廷并无外交关系,办理签证手续极度繁琐,无法成行。但导师领我走上神经科学研究道路之恩,始终铭记于心。

1960 年 7 月,我回到华东师大。母校的变化很大,生物系的发展也极为显著。生理学教研室的教学在张宗汉、陈汝艳老师的主持和沈增炎等老师的努力下,已成为国内师范院校同专业学习的榜样。在他们的指导和带领下,戴永祯、殷慧镇等把生理学实验课程安排得有条不紊。更使我感到高兴的是,张宗汉和胡寄南教授为了配合高级神经活动教学需要,建起了规模仅次于北京大学的巴甫洛夫实验室。张宗汉和陈汝艳老师都曾告诉我,在这个实验室建设过程中,沈增炎同志倾注了最多的辛劳,他也是两位老师最得力的助手。经过短期在北京大学的进修,他成功地掌握唾液瘘、巴氏小胃及十二指肠瘘等复杂的腹腔手术,并建立了家犬的食物性条件反射实验,为丰富生理、心理两门学科的教学内容,提高学生的学习兴趣,发挥了良好作用。其实这就是华东师范大学神经科学的始点,也是真正意义上的创建。作为一个后来者,我觉得很有希望,能和老沈合作,使神经科学向更广阔的方向发展。然而没有想到,1962 年春天,沈增炎患了急性白血病,骤然辞世。

曾为我校神经科学事业做了实际工作的,还有两位值得我怀念的人。一位是张琪祥先生,他从事人体解剖学教学,可惜在我校的时间不长,1957年调往上海铁道医学院任教,后来成为卓有声誉的解剖学家。他在生物系期间,为教研室做了相当数量的大脑薄片,从这些切片的精细程度,可见他为学的态度。这些脑薄片成为生理学以及而后为高年级学生开设的有关神经科学课程的重要示范材料。另一位是周蔚成教授,他慈眉善目、毫不声张,和陈瀛震、徐信老师担任组织胚胎学教学,并精心从事动物器官和神经组织切片工作。他曾向我展示用卡哈尔和高尔基染色法制作的蝾螈胚胎大脑发育的切片。在20世纪50年代初期,他就对神经系统的个体演化产生兴趣,在当时没有连续切片工具的情况下,能制作显示序列不紊和层次分明的脑结构的切片,是十分困难的事,但是周老做到了。在50年代的初期,他就对神经系统的个体演发产生兴趣,这才是真正意义上的生物系神经形态学的创建人。

20世纪60年代初,我在上海生理所进修的两年时间里,张香桐院士先后在《中国科学》和国际神经科学会的专辑上发表两篇论文。一篇的研究内容是关于听觉信息中转核团斜方体缺乏长树突神经元的电反应特性,另一篇的研究内容是双耳听觉信息相互作用在听觉定位中的意义。两篇论文都是在单个神经元水平上,有关听觉中枢机理的研究。这在当时完全是独辟蹊径的工作,其前瞻意义是不言而喻的。我没想到,张先生在发表的论文里,一篇提及我的参与,另一篇则署了我的名。这使我汗颜,因为更多的工作是由师兄弟吴建屏和赵志奇完成的,而我只是一个真实意义上的学生。

在生理所进修期间,我最揪心的还是如何尽快地在自己学校里建设一间电生理实验室。令我高兴的是,在三年困难时期,国家处在那么困难的情况下,学校和系都十分重视此事,由于各个部门的支持和配合,一间不足20平方米的电生理实验室终于在1964年建成。在实验室建设过程中,翁恩琪、孙心德和卢湘岳都有贡献。特别是卢湘岳,当时是学校附属工厂的技术工人,却发挥了电气工程师的作用,在他的参与下,保证了实验室具有良好的屏蔽效果和合理、安全的电气布局。从此时开始,在以后的数十年中,卢湘岳和另一位忠厚的技术工人戴维泰,成为我们研究工作重要的支持者,尤其是电生理仪器的安装、检修以及至关重要的前置放大器的装配,没有一项不渗有他们的汗水。十分可喜的是,卢湘岳成为"文革"后我们研究室里第一位研究生。在论文实验工作中,他很努力,和老师之间配合得默契,在三年研究生期间,完成了两篇有关听觉的论文。一篇是《杏仁核对内膝体神经元听反应的抑制效应》,另一篇是《内膝体神经元对声刺激第二次反应的传导途径》,分别发表在《中国科学》和《生理学报》上。我在这里要特别指出,这是华东师大脑功能研究室涉及听觉生理和信息传导的起始性研究。文章中最为重要的揭示边缘系统调控听觉信息途径的实验证据,是湘岳同志花了整整6个月的时间才取得的,他以及他的同伴封茂滋那种耐心为学精神,都非常人所能企及。在他们被留任讲师之后,遂成为我们培养研究生团队中的重要成员。

30 年矢志未移的科研、教学团队

左起：封茂滋　翁恩琪　周绍慈　卢湘岳

在建设电生理实验室的同时，为了培养毕业不久的孙心德和翁恩琪能够具有科学研究能力，我拟定了从系统发生的角度探讨鸟类脑干网状结构是否和哺乳动物一样，也具有调控脊反射下的行易化和抑制功能。在我解决相关脑手术和中枢刺激定位之后，分别由他们两位进行实验，在实践中锻炼了他们的科研能力。我们的研究证明，家鸽脑干网状结构也有对脊髓反射的易化和抑制功能，从而证实了我对美国格伦布斯教授在哺乳动物上所发现的下行系统，可能具有系统发生根源的推断。研究结果以论文报告形式在大连市举行的全国生理学会上宣读，引起与会的神经科学工作者们的兴趣。

与此同时，上海市精神病院约我去该院作关于大脑网状结构和边缘系统的报告，因为这两个大脑不同部位都和人类正常行为以及精神活动具有极为密切的关系。报告之后，粟宗华院长希望和我们建立合作关系，共同探讨神经再生问题，以及试测具有多种活性物质的蜂皇浆是否具有促进神经再生的功效。粟院长是位德高望重的教授，是该医院的创建者，也是上海解放前地下党负责人之一。考虑到我们生理教研室也有余力进行科研工作，我便欣然答应。当即商定，由严和骏教授和我牵头。戴永桢和我担任实验手术及反射功能变化测定，翁恩琪负责神经及变性组织切片。这项研究进展速度很快，半年多的实验结果证实，蜂皇浆对损伤后的外周神经再生具有明显的促进效用，它促使变性神经更快消退水肿，促进雪旺氏管形成，使新生神经芽增量，并加速后者与肌细胞建立突触联系，从而使动物脊髓反射活动功能更快地恢复。实验结果的第一部分以论文形式发表，第二部分总结后，根据粟院长意见，提交在杭州召开的全国养蜂学代表大会，作为大会报告，戴永祯和我应邀出席。出乎意料的是，报告之后我被选为中国养蜂学会的理事,并且在以后的 40 年间和这个学会一直保持着联系。

1965 年,市里提出"针麻"课题。我们参与课题之后,翁恩琪、戴永祯开始在小布袋上练习针灸手法,我们也开始观察在针刺家兔相应穴位之后,动物接受伤害性刺激的耐受程度是否也会发生变化。不久,"文革"爆发,研究被迫中断。7 年之后,我到曙光医院再次开始针麻研究。到了医院才知道,翁恩琪和戴永祯已经在那里建立了很好合作研究关系,协助医院建立评定针麻镇痛效果,选用客观测痛指标以及筛选有效穴位等等,靠耐心和努力和院方许多医生建立了另一种鱼水关系。主任张光正是一位醉心事业的党员,针灸科叶强是位严谨而又善于分析的医学工作者。他们都赞不绝口地认可和华东师大合作的关系。我到达医院真是有点坐享其成,感到已经不被看作外人。

在了解累积的大量胃大部切除针麻手术资料中,我觉得有三方面的大课题值得做。一是在正常人中测定针刺穴位对实验性深部痛的实际影响,观察受试个体间是否存在差异,以及这种差异的程度。确切地说,是在正常人体,而不是病体上测定针刺效果,并且察看这种效果是否和情绪以及心理因素有关。这个问题的设立出于诸多原因,但最具说服力的还是叶强和翁恩琪告诉我的一次惊人事故:据说有一次,一台针麻手术之后发现,由于病人体位的移动,银针已经脱出穴位。这就是说,整台手术是在无麻醉的情况下完成的,然而手术效果居然不错。后来知道这种情况在山西某医院也曾发生过。与此相应我建议设立第二个研究课题:在动物体上观察与情绪极为相关的边缘系统,看它是否参与针刺镇痛。首先是探讨伤害性刺激信号是否进入这个系统,其次是了解穴位刺激信号与痛觉信息在这一系统的什么部位相互作用,或是以什么形式整合。由于我熟知边缘系统的结构与其他大脑核团及部位之间的联系,因此将研究定在与大脑新皮层联系最为密切的扣带回部位。这犹如石油探井位置的决定,是要基于地质条件的知识一样。而且我对大脑边缘系统和网状结构的注意和兴趣,并非起于这眼前的针麻研究,而是早在我留苏学习之时。因为大脑这两大系统,在系统发生上出现最早,但神经科学界对它们的注意和研究也远远不够。

第三,我建议把那个在法国从业中医的保尔·诺吉埃先生所提出的耳廓穴位图加以验证。因为这张图的定位如此之细,形似已为生理学界熟知的大脑皮层功能定位图,但是,他没有提出足够的、令人信服的证据,所以引起我的深度怀疑。更为奇怪的是,在他这张挂图出现之后,相继引起了脚掌穴位、手掌功能穴位,甚至不一而足的鼻翼相关功能穴位挂图的出现。一些江湖郎中将这些图奉为圭臬,误导众生。但是,也不能说该图的提出毫无缘由,因为刺激耳廓一些压痛点是可以缓解身体一些部位的疼痛,但并不是可以据此去杜撰那么严格分区图谱的理由。在胃大部切除手术中,叶强和翁恩琪都注意到病员的耳廓上有压痛点的出现。而且这些压痛点还有另一特点,即它们的电阻值低于正常体表其他部位。也就是说,胃部的病变确实能够导致耳廓的变化。不仅如此,胃溃疡患者的舌苔和其上的表皮血管也会发生变化,这一些带有病理性现象的出现,统统被经典中医归纳为体表内藏相关的结果,并且成为中医诊断疾病的根据。由此"体表内藏相关"也就成为经典中医学说中的重要组成部分。但是首次以科学实验结果验证这个学说的人,却是生理所的沈锷和杜焕基教授。他们的科研设计很简单,却很奏效。直接敲断猴子的胫骨,受害者的耳廓上便很快出现上文所说的低电阻点。当然,手段似乎残忍,但从此之后,一项中医学说的可靠性,也就得到验证。依我看,中医界应该感谢它们。但是很可惜,骨断为什么招致耳廓变化,却没人做过沈、杜二位的后继工作。然而,这正是一个事关机制的核心问题,我认为值得就此设题。

5 年之后,在参与研究的翁恩琪、戴永祯、孙心德、殷慧镇、叶强、郑勇勤、徐俊美、章森福、尤国芬等同志共同努力下,这 3 个课题的研究都获得满意的结果。1979 年,我们组有 4 位教师参加了在北京召开的全国针灸针麻学术讨论会,提交了 4 篇研究论文,并全部被收录在《针灸针麻研究》论文集里。我们的研究成果曾先后获得 1977 年上海市科学大会重大科技成果奖,1978 年全国科学大会重大科技成果奖和卫生部科技成果奖等。

在全国针灸针麻学术讨论会上,卫生部部长钱信忠在总结"经络理论的研究"部分的第三节有关"内脏与体表相关的研究"部分中,有完整的如下一段话:"经络'内连脏腑,外络肢节',针刺体表穴位通过经络可以治疗内脏疾病,反过来内脏病变也可通过经络影响体表,例如在体表(包括耳廓)出现压痛点、敏感点、低电阻点等。从研究内脏病变影响体表的途径着手,也是探讨经络的一个方面。例如,我国一些单位的动物实验证实胃与耳廓之间存在一定的联系,这个过程有耳廓的交感神经及胃的迷走神经参与,从而说明了这一特定内脏与体表联系——经络联系的部分物质基础。"(见《针灸针麻研究》)他所指的"我国一些单位"即是华东师大和曙光医院。文中肯定了我们和叶强合作的实验研究结果。在这部分研究中,由我执笔的论文共有 4 篇。一经发表之后,论文的主要部分被天津医学院主编的《中医学理论》综合收纳,作为全国中医大学和院校的教材的内容。这是我们在定题和从事研究时,根本不会想到的事,当然也使我感到欣慰:总算为党的医学事业,也做了一点事。

在这里,还要提一提,我和翁恩琪以及叶强合作的针刺穴位对实验性深部痛影响的研究。这是耗时 3 年的研究工作,它证明,针刺穴位可使 67.6% 受试者的深部痛和牵涉痛消失,或因之减弱。但是我们也发现,在多达 32% 的个体上,针刺效果都很微弱,其镇痛效果在一些受试者身上仅仅与 0.05 毫克的芬太尼等效。当时正值针麻在国内呈现遍地开花的趋势,论文中的最后这句话,无疑在给起哄者泼冷水。因此,在发表此文时,编辑部希望我把这句话删掉。我婉言拒绝,因为这是可靠的实验数据。我告诉编辑,欢迎大家重复验证我们的实验。现在,时隔已经40年之久,再回头审视一下,为什么针麻手术几近绝迹? 主要的原因就是它镇痛不全,特别是在20%以上的个体上几近无效。其实在当时,卫生部也已经察觉到一轰而上的危险,不主张在没有条件的情况下开展针麻手术,并且提出,可以在使用辅助麻醉药的情况下,使接受针麻的病人尽量减少疼痛。我们在正常人体,研究针刺实际效果的结论,是以实验数据说了真话,尽了责。我觉得慎密严谨、不窥伺效摹、敢于讲真话,应该是一个科学工作者的道德底线。

继北京会议之后,1980年全国生理生化学术讨论会在青岛举行。主席团要我主持一场有关针麻研究的专场会议。某中医学院代表,报告了使用中医古籍书中所载的"烧山火"和"透天凉"的针刺手法,可使实验动物体温发生上、下3℃或至更多的变化。在作讨论小结时,我坦率地对报告人说:"这一研究所带来的问题,可能比它所解决的问题更多。"我没料到,这句话竟引起代表卫生部前来主持大会的负责人——季钟朴先生的不满。晚餐后季老约我到海边散步,他问我:"为什么传统中医研究一有进展,就会有人泼冷水?"我知道他话中有音。便说:"季先生,你可能是指下午我在某中医学院论文报告后的讲话。说实话,我怀疑那样的结果和结论。试想,接受针刺之后,不管是使用什么手法,如果导致人或动物体发生了3℃以上的变化,体内的很多酶系统的活动都将发生变化或至紊乱,甚至会出现意识和思维的异常,所以我说那个报告提出的问题更多。"季老也是生理学界的前辈,听了我的应对,他笑着拍了一下我的肩膀,岔开话题,便谈起了眼前的海景。次年4月,学校转交给我一份卫生部的聘书,让我担任卫生部医学科学委员会专题委员会的委员。这一封聘书,使我和卫生部的联系增多,先后应邀担任由卫生部主持编写的《神经科学纲要》和后续的《神经科学原理》分主编以及全国医学院校《人体生理学》教材的编写工作。之后并受聘于南京海军医学院和封茂滋老师一道参与植物人项目的研究和《昏迷与植物状态诊断治疗学》的编写。在目睹我国由于建设工程及交通事业的发展,而事故频发,并导致植物人病员数量急剧上升的情况,我与研究生以《要重视植物人的研究》为题,写成短文,呼吁有关方面注意这一重要医学领域的研究,后被《中华医学杂志》作为社评刊于扉页。上述诸事,原本都是一个从事神经科学研究工作者应该做的分内事,特别是我历经多年党的培养,内心犹存负债之感,但没想到,1980年北京卫生部却给我寄来表彰状,而且平生最敬重的解放军后勤总部也给我和封茂滋颁发二等奖。这真是天方夜谭似的经历。现在想起来,这种经历和我在某些场合,表达一些荒诞不经的看法或许有关。记得在一次卫生部的相关学术会议上,我提议,要像物理学界拒绝审定任何永动机的决定一样,不再支持把经络作为解剖学意义上的实体,立项研究。我认为,历经四百年以上的解剖学

1989 年参加西安中国首届比较生理学大会
左起：周绍慈 北大蔡益鹏教授 张香桐院士 哈医大孙教授

发展，以及学科研究手段的进步，广义上，已在分子水平对人体进行剖析，真可谓已经到了"上穷碧落下黄泉"的地步。如果现在还认为有解剖学意义上的经络实体存在，这等于妄想在北京还有另一条大家不曾发现的长安街。我庆幸，卫生部能够听进这番逆耳之言。

在党的十一届三中全会之后，我感到春天似的温暖，那时的系主任是张作人老师，接着是郎所老师，他们都是著名学者，把系里的教学科研工作都做得很好。国务院学位委员会在 1980 年批准生物系设立 4 个博士点，一个博士后流动站和 7 个硕士学位授予点，这在全国都是很少见的。我向张宗汉老师请缨，到心理学系去上生理学。产生这个念头，也是因为胡寄南先生希望我去心理系讲一点神经生理学。而且那时候我为四年级讲提高课，心理系的年青教师也常来旁听。于是我把生理课的重点放在神经系统生理学方面，讲其他章节也把神经系统对各个器官的功能调节，作为重点讲述。看到心理系学生的求知如渴，我也高兴，并劝导他们选择走实验心理学的道路，创立自己的研究方向，在国际上表现出中国心理科学事业的特殊风格来。教了两个学期，便由翁恩琪同志接捧，这样我便可以多一点时间带着研究生专注于边缘系统和感觉机能关系的研究。

在 25 年时间里，由我、翁恩琪、封茂滋以及卢湘岳组成的学术"团队"，主持并完成了国家科学基金会 6 个项目，解放军后勤总部"九五"重点项目 1 个，教育部博士基金支持的 2 个项目。在 20 多名博士、硕士研究生的艰辛努力和奋斗下，首次揭示大脑边缘系统是调制、整合和控制听觉、视觉、痛觉和触觉的重要中枢部位。正是由于这个系统对外界一切传入信息的控制,才使得我们具有清晰意识和正常思维,我们在日常所察觉的那种听而不闻、视而不见、嗅而无味、触而无知的现象,也都是基于这个系统功能活动运转的结果。如果一旦让那些以天文数字之量的各种信息,一袭而入地拥入意识范围,我们将不可能进行任何正常思维活动。同样,也是由于边缘系统的功能运转,我们才可能明察秋毫、远闻细语,遥觉幽兰以及感知蚁行肤上。这些趣闻似的科普述说,就是从上面所说的那个4人学术团队和20多名研究生共同研究结果中所得出的结论。我相信这是以前一切生理学、神经生理学和心理学书籍中所没有论及的。我们的研究结果分别以约40篇论文或报告形式发表,其中有4篇以中、英文发表在《中国科学》和《科学通报》上,并且在5次国际会议上展示。马普学院著名听觉生理学教授凯勒尔曾来信称,这是一项"精细的研究工作"。在一次悉尼世界生理学代表大会之后,我被常设的世界生理学教学委员会推选为该会委员,此后在每隔3年召开一次的委员会议上,我都能讲一讲中国生理学教学在高等学校获得进展的情况。也因为这一点,我和国际生理学工作者交往较多,在各种场合,我总希望他们知道中国是在自己选定并喜欢的道路上发展,而且中国人的腰杆是直的。由于这种关系,这个委员会能按期将他们主编的《生理学教学》刊物定期地寄送,直到我退休的时候。

1982 年随同教育部组团访问澳大利亚并出席第十三届世界生理学代表大会
左起:周绍慈 汪堃仁院士 北大陈德铭 南大吴馥梅 中山大学黄溢明教授

上面提到我和学术团队的其他3位同志培养了20多位研究生,并在将近25年里,我们始终盯着边缘系统与感觉功能的关系这一具有新意的大方向,而没有移位,这当然是取得那点成绩的主要原因。这个团队的其他3个成员个个都很谦和,研究生们十分努力,在这里我无法罗列他们的名字,但是我要承认,因为常常要求他们对所有实验结果重复核实,提出了过分要求,可能挫伤了善良的学生。这一点直到现在也使我内疚。但是我相信他们,在这间不足 20 平方米的电生理实验室里,得到了相应的锻炼。他们如同傲立在跑道一端待命的飞机,蓄足了能量,冲天将是不远的事。一段时间里,上海脑研究所的 3 位研究室负责人,都和华东师大这间历经 40 年不曾装饰过的 20 平方米"陋室"有关。

　　更意料不到的是,2000 年 8 月初,科研处刘家英副处长通知我去教育部开会,据说一位学生受教育部邀请回国,他希望在北京见到我。当时他已是美国普林斯顿大学的教授。一项研究使他蜚声国际神经科学学界。到了北京,在教育部的一间小会议室里,陈至立和韦珏两位部长接见我们。在谈及这位回国学者成就时,部长问起我,为此做了什么。我回答说,"这是华东师范大学施教的结果,是国家开放政策给予他机遇,是他努力和他的造化。"我心想,没有任何理由去贪天之功。可是,"沃土非必生瑞草,黄沙或可见芝兰",也许有一点道理。

1984 年应琉球大学医学院之邀与生理系主任寺岛真一教授合作研究脊髓背角温、压觉信息整合

左起:周绍慈　寺岛真一

　　教育部经常差我做点事,两次暑假在昆明大学参与为全国高校教师学习班讲授神经生理,一次在黄山为各地中学教师学习班讲课。但是 1997 年有一次通知我去北京却没说明缘由。到了教育部,一位姓陈的司长告诉我,让我参加为中央首长讲课的小组,课题的内容为大脑发展与教育的关系。参加这个小组的还有脑研究所的李葆明、北京医科大学韩济生和北京师范大学董奇。大家参加备课、内容的选择和安排,并由口才很好的李葆明和董奇主讲。在一个初夏早晨,面包车把大家从靠近北海的后门送进了中

南海。随着工作人员的引导,到了紫光阁的会议厅,按分配位置坐下。讲课小组的每个人都有点紧张,大家心中都明白,这是不寻常的大事。会议厅内坐满了人,由李岚清副总理主持会议。他平易近人的风格和报告中间的插话,让大家心情安定下来。会议结束时,他做了小结,着重谈了开展神经科学研究的重要性,要让人民知道神经系统健康的重要性。他还指出,如果做领导的大脑不够健康,那产生的影响将更加严重。有关这次会议的概况和李岚清讲话的主要内容,我写了一份报告给校及党委领导,如果被作为档案收存,应该还在。这次会议是人生中奇异的经历,它让我亲身感受到,中央领导同志求贤如渴和虚怀若谷的作风,也使我更加确信我们的国家会更加强盛,前景更为美好。

在我退休前的大约10年时间里,我的工作重心已经不在系里。在服务于中国生理学会和上海生理学会理事会、《生理学报》、"自然科学名词审定委员会"、教育部的"高校教材编审委员会"时,我都尽力在做事。而在《中国大百科全书》生理学卷的编写过程中,从约稿、编写、审稿到定稿将近3年,断断续续的工作好像没停过,因为这是应北大副校长赵以炳教授之请。我也接受"中国科学院上海分院研究生教学中心"之邀,为研究生讲讲课,有时还被北大、科大、南大、东北师大等外省市院校叫去讲点什么。至于名不名没有什么意义。自幼家庭的教育,使我视之若浮云。在这里也无请功之意,只想再一次表达我想为党做事的心迹。

其实在神经科学领域里,人类有做不完的事,就像宇宙科学一样。特别是我们的大脑,是已知的结构最为复杂的物体。一切人间的灿烂文明,丰功伟业和悲欢离合,无不是和这个特殊器官功能运转所产生的智慧有关。破解人类智慧形成之谜,应是神经科学最为崇高的使命之一。当初经学校批准,我们建立脑功能研究室,也只是想研究脑的局部功能,做一点添砖加瓦的事而已。放开眼界,从更高的角度看,应该像李岚清同志所说的那样,切切实实地重视神经科学的研究。我相信在和平崛起的新中国,一定会出现由踏实的神经科学者所组成的特种部队,长一长中国人的志气。在国家大力支持下,中国神经科学界已经有了明显的发展,并得到国际学术界广泛的认可。近10年,我校生物系和心理系一批有真才、有实力的海归学者,已经进一步地为华东师大这所屹立在浦江之滨的学府赢得了荣誉。他们辛勤努力、朴实无华,我们应为他们鼓掌。

人类大脑真是奇妙的器官,它产生了智慧。一切历史事件、伟大的发明、社会风情和人间百态,无一不是智慧的参与和运用的结果。从一个从事神经科学研究者的角度看,我认为:在邓小平为新中国崛起所做的各项殊勋中,还有一件值得我们子孙万代记住的事,那就是邓公解放了中国各族人民的智慧!

"中国梦"的实现,那将是人间最灿烂的智慧结晶!

＊本文作者:周绍慈,华东师范大学生命科学学院教授。

微生物学科的建立

朱文杰

　　20世纪50年代初华东师大生物学系始建时，微生物学归属于植物生理学科。微生物学专任教师杨颐康和翁稣颖分别来自山东大学和苏州大学。其时，杨颐康作为生物系的常务副主任，在创建新兴学科的工作方面，做了顺应科学发展潮流的大量工作。他力主教学、科研向综合性大学看齐，要学北大，赶复旦。在保持师范性的前提下，大力创建新兴学科，生物学系的生物物理学、生物化学等新兴学科应运诞生。微生物学是生物学科的分支学科之一，是生物学系的重要基础课，也是现代生物技术的理论与技术基础，并与工业发酵、医药卫生和生物工程等密切相关。为加快该学科的建设，20世纪60年代初微生物学课小组也从植物生理学科中分离出来，人员逐步扩大，先后有李家恕、孙耀琛、柯嘉康、戚蓓静、叶履平、唐法尧、王仪梅和马世全等老师加盟，组成微生物学科，分别由杨颐康和翁稣颖老师领衔，开展学科建设和微生物学教学、科研活动。

微生物学科教师带领学生参观污水处理厂
后排：左5杨颐康　右4翁稣颖　右1马世全　左3史家梁　左4唐法尧
中排：左1朱文杰

会发光的生物：发光细菌

杨颐康早期从事土壤中自养微生物研究,对硫细菌在土壤物质转化中的作用机理做了不少基础性的研究。其后,受山东大学薛庭耀教授对发光细菌研究的影响,他转向发光细菌的研究,并聚焦到发光细菌的资源分布和生理生态研究方向上。1978年,杨颐康开始招收微生物学硕士研究生,开始了对发光细菌的系统研究。他先后培养了8名硕士研究生,发表论文数十篇。在此期间,又有吴自荣、黄秀琴等年青老师加入本学科,可谓是老中青结合,人才济济,是微生物学科的黄金时期。

杨颐康率领他的研究团队先对我国发光细菌的资源分布展开研究。他们跑遍了我国的渤海、黄海、东海、南海的沿海海域,对各海域的发光细菌种类、数量分布和季节性变化等资源状况做详细调查,获取了丰富的第一手研究资料。杨颐康还多次带领研究生和大学生赴黄海、东海、南海等沿海地区,采样、分离发光细菌,指导实验室内的实验实施,领衔发表研究论文。在此期间,发现了一种我国独有的海洋发光细菌新种,鉴于其来源于我国青岛海域,故将其定名为"东方弧菌",以区别于此前在国外海洋发现的其他发光细菌菌种。这是世界上首次由中国学者在国内分离纯化,并充分研究后定名的海洋发光细菌新种,引起国际同行的高度关注。

1981—1982年间,杨颐康赴美国加州大学伯克利分校做访问学者,与当时世界著名的海洋发光细菌研究权威保罗·巴乌曼教授合作,进行发光细菌研究。在此期间,彼此交换了各自所分离的多种海洋发光细菌的菌株,对几百个菌株进行了生理生化特性分析,并采用DNA杂交分析等多种先进技术,将实验数据进行电脑数值分类。回国后,他又率领团队与中科院青岛海洋研究所及海洋研究二所密切合作,交换研究资料。在此基础上,微生物学科组成功地建立起"发光细菌"菌种保藏库,拥有当时世界上已知的10种发光细菌的8个菌种,上百个菌株,成为国内拥有菌种最多的"发光细菌"菌种保藏库,不仅满足了本学科教学、科研所需,也为兄弟院校和研究院所研究发光细菌提供了方便,包括北京微生物研究所等单位都曾派人到我校引种发光细菌菌种,以充实它们的菌种保藏库。

1983年,杨颐康教授在国家教委的专项科研基金资助下,将发光细菌研究领域进一步拓展到应用研究。包括用于环境毒性的快速检测,抗生素的快速筛选及其效价快速测定等,获得一系列创新性研究成果,于1987年获得国家教委科技进步二等奖。其后,他又率领研究团队对我国各地的大型淡水湖泊水体展开了调查,探索是否有淡水型发光细菌的存在。经过长期而艰苦的深入调查,终于在我国青海省的青海湖中发现了一种我国独有的淡水型、非致病的发光细菌,按照微生物命名惯例,杨颐康将其定名为"青海弧菌"。其间,他培养的硕士研究生朱文杰毕业留校工作,开始对发光细菌的发光机理进行研究。他以杨颐康发现并命名的"东方弧菌"为材料,从其体内分离、纯化了一种特有的物质,采用物理光谱方法,追踪其反应快速演变的分子结构,揭示了发光细菌发光反应在细胞内的大致的生化历程。同时,拓展了对他们发现的淡水发光细菌——"青海弧菌"的应用研究,特别是将该菌种用于环境毒性的快速检测技术研发,取得多项创新性成果。他编著出版了《发光细菌与环境毒性检测》。2003 年 1 月,经上海市教委推荐,所完成的"用淡水发光细菌监测环境生物毒性的技术研究"成果,获得上海市科技进步奖二等奖。

朱文杰在成果鉴定会上报告"用淡水发光细菌监测环境生物毒性的技术研究"成果

　　1984 年,杨颐康还受教育部委托,主持编写了国内第一本适合高等师范院校使用的教材《微生物学》(人民教育出版社出版)。该教材为全国各高等师范院校专用教材,多次重印,获得好评。

细菌肥料的研发

　　1953 年,我国农业科技工作者研究成功了一种新型微生物肥料,代号为 5406 抗菌肥料。据研究,5406 菌肥具有成本低、肥效高、抗病虫、促生长、水田和旱田都可使用的优点,对粮、棉、油、麻等作物均有良好的增产效果。在 20 世纪五六十年代,国家号召开展群众性的科学试验,农民积极性高涨,许多人民公社土法上马,生产 5406 菌肥。配合当时的形势要求,研发高效生物菌肥,微生物学科组在翁稣颖带领下,开始了细菌肥料和农用抗生素的开发研究。他们在生物系领导的大力支持下,在当时的生物站建立了微生物发酵工厂,添置了小型发酵罐和其他配套的发酵、分析设备,并与上海农业科学院合作,开展"5406"抗生菌肥、赤霉素、磷细菌和固氮细菌等细菌肥料的研发。当时,除研究团队成员外,还有多名生产操作人员和本科学生参加发酵厂的生产。发酵厂 24 小时不停运转,大家情绪高昂,场面热火朝天。其间,在"5406"抗生菌的菌种筛选、生产技术和流程优化等方面都取得诸多可喜成果。他们的团队所筛选出的优良菌株,高产优质,在农业生产中得到广泛推广,受到农民的普遍欢迎。在"5406"抗生菌肥和赤霉素的菌剂生产和科研领域,翁稣颖的团队还发表了多篇研究论文,得到同行的关注。这期间,许多生物学系本科生参加了发酵厂的劳动,使学生们获得很多微生物的知识和技术,增进了他们对微生物学的学习兴趣。

微生物污水处理

"文革"后,翁稣颖又率领他的团队进军环境微生物领域研究。他们密切关注国际环境微生物发展动向,瞄准学科前沿,在国内率先开展污水生物处理中活性污泥丝状菌膨胀的机理研究,分离并鉴定膨胀污泥中的主要微生物种群和种类及其生理生态特性。研究成果在我国援助巴基斯坦污水处理厂的工程中得到成功应用,获得好评。其后,翁稣颖和戚蓓静等带领团队又参与上海市印染废水的处理课题研究,以及焦化、石化等废水的生物处理工艺研究,解决了污泥膨胀而引发的一系列环保问题。他们还多次举办废水处理的运行和管理人员培训班,为国家培养污水处理厂需要的操作技术人员。1980 年,翁稣颖研究团队率先在国内进行废水处理的脱 N 的研究。其后又将微生物技术用于固体废弃物、生物脱臭、水产养殖水体和受污染的天然水体等领域的治理研究,以及淀山湖环境质量评估等,均取得不菲的成果。他主持的"城市污水生物脱N'缺氧/好氧系统研究"课题,曾获得上海市科技进步奖三等奖。该项技术其后在多个污水处理工程中得到应用,均取得良好的效果。翁稣颖在"文革"后恢复高考时招收了国内较早的环境生物专业的研究生,他们都已成为所在单位的骨干力量。

由翁稣颖主持、戚蓓静等参加编写的国内第一本《环境微生物学》著作,当时被很多院校用作基本教材,在微生物教学中发挥了重要作用,获得好评。

1986 年,学校成立环境科学系,由翁稣颖培养的团队的两位青年骨干教师徐亚同和史家樑加入环境科学系,他们继承和发扬翁稣颖教授领导的环境微生物团队研究优势,继续从事环境微生物领域研究,取得一系列重要成果。他们先后为全国近百家污

1982年翁稣颖(左4)和戚蓓静(左5)陪同荷兰专家(左1)参观污水处理厂

水处理厂、站进行培菌驯化和解决运行中的疑难问题,亲临数百家污水处理厂、站现场调研或指导,举办了数百次废水处理培训班,在国内率先进行废水生物脱氮以及生物除磷的研究。研究成果曾获国家科技进步二等奖和上海市科技进步一等奖。他们编写的《废水生物处理的运行和管理》、《废水中氮磷的处理》、《废水生物处理》、《废水生物处理的运行管理和异常对策》等著作,以及参编的《环境微生物学》和《环境微生物学技术手册》等都在我国环境微生物学科发展和应用领域发挥重要作用。

＊本文作者:朱文杰,华东师范大学生命科学学院教授。

细胞生物学科的建立与发展

徐敏华

20 世纪 80 年代初,正当我们尽力挽回国内生物教学、科研因"文革"所遭受的损失时,国际上生命科学研究却发生着翻天覆地的革命,一门新兴的学科——细胞生物学,正以难以想象的进程快速发展。这对我们的触动很大,决不能安于现状,一定要迎头赶上。怀着强烈的使命感,在我校生物系领导安排下,由丁一明、曹汉民、王耀发三人组成了细胞生物学临时筹备组,开始筹建细胞生物学学科。他们积极寻找资料、挖掘信息,开设细胞生物学讲座,为学科的教学、研究作准备。后因生物系的发展需要,曹汉民到电镜室任主任,丁一明去了环科系任教,王耀发正式担任细胞生物学教研室主任,从此开启了细胞生物学的探索之旅。

白手起家,开创一片天地

王耀发教授受命组建细胞生物学教研室的时候,没有助手,没有实验室、办公室,更没有仪器设备、化学药品与经费,但这些艰苦的条件难不倒他,凭借自身的社交能力,很快取得多方的协助支持。没有人,他就吸纳高年级学生参与兴趣小组;没有实验室,他就轮换借用当时的脊椎动物学实验室与遗传学实验室;没有仪器设备与药品,就向全系甚至化学系有关教研室借用。就这样一点点克服困难,把教研室建设了起来。两年后,时任生物系的系主任孙心德教授安排细胞生物学教研室进驻生物站,与普通生物学教研室合用,总算有了立足之地,结束了"流浪"。但学生实验课仍在生物馆,来来去去很不方便,此事被当时校总务长薛沛建知晓,他非常支持细胞生物学这类新兴学科的发展,批准在生物站楼前建造一幢 200 平方米的简易实验室,后又在脑功能研究室至生物站修建了一条水泥路,便于师生的出行。校总务科与设备科也非常支持,帮助落实了办公室和实验室的课桌椅和一些必备的仪器设备。"从无到有,从简到全,创业的经历尽管艰辛,但让师生们体会到面对困难不能坐等,而是要主动出击,想方设法去解决,而解决困难的过程对社会适应能力是一种极好的锻炼",回顾这段经历,王耀发深有感触地说。

那时,校内的资源毕竟有限,要进一步发展必须面向社会,当时细胞生物学教研室主要面临两个问题:一是解决好教学关,包括编写实验教材与教学参考书等;二是确立科研方向。为此,王耀发走访了国内许多著名院校,包括北大、北师大、南大、医科大、兰大和中科院等许多单位,吸取了许多宝贵的经验,最终确定了一个信念,就是科研一定要有自己的特色才能获得地位,科研转化成果一定要走向社会。

独辟蹊径,创新一种思维

经过大量的分析和筛选,王耀发了解到,心血管细胞的损伤与修复、皮肤细胞的抗衰老等密切联系临床的细胞生物学重要领域,当时在国内的研究几乎还是空白。健康长寿是人类不断追求的永恒主题,随着生活条件的不断改善,人们提高生活质量和完善生活方式的愿望也更加迫切。心血管疾病是当今社会危害人类健康的主要杀手之一,如果能找到阻断或者缓解这种危害的方法,对造福人类的意义将会十分深远;皮肤抗衰老是人们特别是爱美女性迫切的需求,有很大的发展空间。研究表明,心血管细胞的损伤保护与皮肤细胞抗衰老必须提高自身的潜力,从植物中筛选出天然活性成分能激活细胞自身的活力。如果能依托一定的科技手段,充分发挥创意,必能造就符合社会广大群众需要的成果,填补该领域的空白。为此,王耀发带领他的以青年教师为主体的研究团队,确定心血管细胞的损伤与修复和皮肤细胞抗衰老为今后研究的重点方向,并将突破口定位于把基础理论研究与应用开发有机结合,开创出植根于本土、具有自己特色的研究途径。

细胞生物学教研室在王耀发领导下,先后建立了心肌细胞离体培养模型,提高动物耐氧实验模型,并从植物中筛选出许多能保护心脏的活性成分,研究心肌细胞的损伤修复理论与应用开发;利用心肌细胞离体培养模型和动物耐缺氧实验模型,进一步筛选与验证植物天然活性成分对心肌细胞保护的最佳组合;围绕心血管细胞的损伤保护的研究,为后来研发"健心1号"等产品提供了可靠的实验数据和理论依据,也为"怡心饮料"和"心乐饮料"的开发创造了条件。

与此同时,细胞生物学教研室在皮肤细胞抗衰老的研究领域也取得了突出进展。以往,国际生命科学研究已经表明,自由基的产生可导致衰老、癌症、免疫力下降以及心血管疾病等100多种疾病发生。当时,有些化妆品利用SOD(超氧化物歧化酶)能清除自由基达到抗衰老的概念,把SOD直接加入到化妆品中,受到爱美女士们的热烈青睐,电视台、电台和报刊上也以SOD抗衰老为卖点大力宣传。正在进行皮肤细胞抗衰老研究的王耀发团队认为,这种概念无论从生物化学或细胞学的角度看都不符合科学理论。其一,SOD是蛋白质大分子,在常温条件下很易失活,不可能存在产品的保质期;其二,从细胞学的角度分析,SOD是蛋白质,其分子量在2万—3万道尔顿,物质进入细胞的分子量最大不能超过2—300道尔顿,因此SOD不可能直接进入皮肤细胞,抗衰老一定要靠自身的力量。

王耀发始终相信恩格斯说的话,"生命的本质在于自我更新",为了证实这个信念,他带领团队潜心研究,寻找能促进细胞自我更新的方法。20世纪80年代,王耀发和他的团队成员张红锋、戴平、梅兵等经过反复探索,终于从植物中筛选出一些能激活皮肤细胞自身SOD活力的天然活性成分,从而达到清除皮肤细胞自由基的效果。这项领先的成果,为日后产品的开发起到了关键作用。

产研结合,开发一众产品

依托理论的基础,结合社会的需要,王耀发带领他的团队走出校园,通过积极开发产品,取得一系列成果,创新之花朵朵盛开。如"健心1号"是王耀发与团队成员戴平、叶希韵、梅兵、高亚梅等一起,利用心肌细胞离体培养模型和动物耐缺氧实验模型,重点研究的抗心律失常的中药制剂。该产品研制历经8年艰辛试验,尽管最终未能转化为推向市场的产品,但却使研究团队为心血管细胞的损伤保护研究,以及皮肤细胞抗衰老研究拓展了思路,为后续研发成功其他产品打下基础。

"怡心饮料"是在与上海市体委合作的基础上研制成功的。研发过程中,研究团队特别是戴平与校医杨志毅跑遍上海各运动队做人群试验,反应效果很好,口感也很好。经上海市食品卫生监督所批准,作为上海市第六届全运会上海体育代表团专用饮料,由上海市中药二厂生产。这也是王耀发团队利用社会的力量和科研经费,获得产品成功的第一例。

保护心脏的"心乐饮料"是王耀发团队和广西柳州汽车厂联合开发的产品,尽管经过了产品的评审鉴定,但因当时国务院规定停止进口罐装机器设备,"心乐饮料"只能抱憾下马。同样,"王氏悦心茶"也因营销不力,最后未成大器。产品开发成功并非一帆风顺,但王耀发团队始终坚信,阳光总在风雨后,只要认准方向,坚持不懈,最终会有成功的一天。

王耀发研究团队的另一项国内领先成果即为从植物中提取活性成分激活皮肤细胞自身的SOD。其具有的良好的清除皮肤细胞自由基效果的成果公布之后,很快被当时全国十大化妆品厂之一的扬州美容化妆品厂捷足先登,尤俊民厂长专程来校要求独家合作,最终此项科研成果由扬州美容化妆品厂转化为产品"康丽娜",在当时国内市场引起轰动热销。

如果说"康丽娜"是王耀发团队把基础理论研究与应用开发有机结合第一个走向市场的产品,那么"金嗓子喉宝"的诞生则是科研推动市场、市场提升科研的成功案例。1992年8月,上海高温40度的一天上午,正面临企业发展转型的广西柳州糖果二厂江佩珍厂长一行,来到生物系寻找产研结合的项目。江厂长听了多位教授的介绍,最后,对他们的心脏保健饮料很感兴趣,决定邀请王耀发团队赴广西柳州实地考察,并洽谈合作开发事宜,在谈妥开发心脏保健饮料后,由生物系负责科技研发的瞿伟箐老师与江佩珍厂长签了开发合作协议。但在实施心脏保健饮料科研成果向实际产品转换的过程中,发现还需攻克一些技术关,需要花费更多时间。为了尽快地帮助工厂的发展,决定找可行性更强的产品先开发。就在柳州糖果二厂产品陈列柜中,王耀发看中了润喉糖,他运用多年积累的中医药理等方面的综合知识,发挥创意,研制成更具针对性治疗咽喉炎含片新的配方。团队的戴平与梅兵等参与初试,之后,通过反复试产、摸索,产品终于问世。为了增加产品的公信力,帮助产品获得成功,王耀发还答应在包装上无偿使用本人头像,最终这项成果取得了很大的成功。

王耀发(右4)在广西"金嗓子喉宝"工厂指导产品中试生产

科技先导,取得一席之地

细胞生物学研究团队坚持基础理论与应用开发有机结合,始终以严谨的态度,以科研为先导,依靠技术含量推动产品的科学性和实践性,从而在学术界和社会上占据一席之地。在研究"健心1号"的过程中,他们专门聘请上海中医药大学柯雪帆教授与中科院上海药物所心血管研究专家陈维洲教授作为技术顾问,还聘请上海市高血压研究所顾德瑄教授、顾天华教授和华山医院显微外科医生,共同做了100多条犬的大动物实验,并在顾德瑄教授指导下,建立了离体心脏灌流的实验模型。通过无数次的研究试验,最后到大型动物的实验,团队成员同心协力,最后,终于取得满意的结果,科研团队也得到了锻炼成长。为了验证"健心1号"的实际效果,他们又邀请中山医院做了100位病例志愿者临床试验,结果令人满意。紧接着他们携成果参与了上海市重大科技攻关项目竞选,通过上海市几十位专家的评审与当面考核,获得了上海市重大科技攻关项目大基金(是中药研究项目唯一获得者),也打破了我校此前零的记录。上海市科委与全体专家们对此项目寄予厚望,上报国家卫生部前,上海市科委曾请了上海中医药大学3位著名教授,从中医学理论论证过"健心1号"。据说在卫生部前5次评审中,都顺利通过。"健心1号"后改名为"芪芯颗粒",与上海家化旗下汉殷药业公司签订了合作开发合同。该产品由上海市卫生局组织评审会通过上报国家卫生部,但最后被告知因为产品不符合传统中医学理论为由未获批准。尽管如此,"健心1号"还是得到一批志愿者的欢迎,尤其是我校教职员工的肯定,连我校老校长刘佛年服后也见明显效果。

老校长刘佛年(左2)在袁运开校长(左3)陪同下参观细胞生物学实验室,右2王耀发

　　"怡心饮料"于1988年获得第二十四届奥运会运动营养银奖,被上海体育代表团作为礼品赠送各省市代表团与国家体委,影响也很大。国家体委领导徐寅生每次来上海都要问及"怡心饮料"。"怡心饮料"还得到陈云夫人于若木的认可,她特地接见研究团队,一起合影并题词,最后还带了一箱回中南海。

　　王耀发研究团队从植物中提取活性成分,能激活皮肤细胞自身SOD活力、实现抗衰老的消息,在当时也很快引起全国轰动,新民晚报、解放日报、文汇报、上海科技报、中国科技报、经济日报、人民日报、光明日报、中国妇女报、兰州晚报、武汉晚报、中央人民广播电台做了报道,中央国际广播电台还向 108 个国家进行了广播,收到的全国来电、来信如雪花纷飞。上海乐团女高音歌唱家徐曼华、著名舞蹈家汪齐凤、二胡演奏家闵惠芬、中央民族乐团刘团长以及上海电视台小辰都来生物站拜访参观。20 世纪 90 年代初,北京科教电影制片厂约 20 多人还专程进驻实验室,拍摄了“自由基与 SOD”科教片(已存校档案室)。上海乐团来校演出结束时,指挥陈燮阳特地提出要见见王耀发教授,陈燮阳夫人也成了我们“康丽娜”产品的使用者,可见他们的科研成果是多么深入人心,受到爱美女士们的青睐。

金嗓子喉片至今 20 年经久不衰,还在全世界进一步扩大市场,究其原因除了营销有方之外,主要靠的是科技含量。借鉴著名京剧大师保护嗓子的特殊药材,利用清除自由基理论与有效活性成分的作用,金嗓子出创意,见奇效,最终获得美国 FDA 的批准,进一步加快国际化的脚步,真正是“入口见效”,名不虚传。尽管金嗓子的成功并未给我们带来别人想象中的经济效益,但是王耀发和他的团队收获的是成功的喜悦,也为我校赢得了光彩。

学以致用,成就一批人才

细胞生物学科建立后,王耀发充分发挥他熟悉多种学科知识(如生化、植物化学、微生物、自然辩证法等)的优势,以扎实的理论基础,发挥聪慧才智,创造性地开展研究和开发。他吸纳了一批优秀青年人才,如陆静怡、戴平、张红锋、叶希韵、高亚梅、梅兵、张宝红等,组成了坚强的研发团队;他们各有所长,学以致用,活学活用,在细胞生物学学科建立与发展中,默默无闻地作出了极大的贡献。

王耀发带领助手们在科研上也取得了骄人的成绩,两次获得国家教委重点课题项目资助。研究项目获得上海市发明二等奖、92 法国巴黎国际发明特殊荣誉奖。王耀发与张红锋在离体培养心肌细胞的研究,发现非心肌细胞对损伤的心肌细胞有修复作用,而且这种修复作用是通过分泌某种介质发挥的,此项成果得到了国家自然科学基金资助,并得到基金会专家高度评价与鼓励。王耀发和张红锋共同编译了《延缓皮肤衰老的奥秘》著作,也由华东师范大学出版社出版。

坚持不懈,延续一种精神

回顾细胞生物学科的发展历史,从一穷二白开始到具有一定规模和水准,从探索发展之路到获得累累硕果,其中包含艰难辛苦和失败挫折,但王耀发和他的团队始终坚持不懈,克服困难,在细胞生物学领域获得学术界的认可,取得一席之地。王耀发也经中科院细胞所中科院院士庄孝僡提名,担任了两届上海细胞生物学会副理事长,获得了上海市先进教育工作者、上海市劳动模范等多项荣誉。

1997年,王耀发退休了,但仍然关注和参与细胞生物学学科的建设和发展,主动扶持后辈,开展科研和实践,以回报社会为己任,发扬为细胞生物学发展的奉献精神。他退休后至今还担任着普陀区食品营养学会理事长,为普陀区做了大量的科普工作。2006年由中国少年儿童出版社出版,由中科院两位院士翟中和、孙儒泳主编的《生物学家谈生物》共五册,其中细胞一册由院士推荐王耀发编著(叶希韵、涂睛参加)。该套丛书荣获台湾第四届吴大猷著作奖的最高奖——金签奖。王耀发目前正带领生命科学学院新的团队探讨长寿秘诀——"寻找城市中的巴马老人",这既是科普研究又是生命科学研究,将为中青年健康教育提供宝贵启示。

王耀发(右)专访104岁的原华东师大党委书记施平同志(左)

如今,细胞生物学科在年轻一辈的手中,不断地提升和完善,以更创新的思维和手段继续发扬光大,创造细胞生物学科新的未来。

* 本文作者:徐敏华,华东师范大学生命科学学院党委副书记。

体育教育与体育运动的闪亮篇章

吴在田等

我校体育教学、科研和体育运动曾谱写许多闪亮篇章,这同一代又一代的体育教师的持续努力是分不开的。他们从德智体全面发展的认识出发,怀着强烈的事业心,开展教学科研,为增强学生体质、搞好学校体育而坚持创造性地工作。1977 年我校被评为"上海市文教系统先进单位",1978 年被评为"市体育系统先进单位",1979 年被教育部、卫生部、国家体委和团中央评为"全国群众体育先进单位",1983 年经中央和上海市体育卫生检查验收团的检查验收,我校体育卫生工作得到通过并被授予合格证书,1987 年被评为"上海市学校体育先进单位",1995 年被评为全国高校体育教学优秀成果先进单位,2000 年被教育部评为"贯彻《学校体育工作条例》优秀高等学校"。

一、创造性地搞好体育普及与提高工作

(一)首创专项选修课和体训班

为了搞好公共体育课的教学,在体育教研室主任黄震的倡导下,经过全体教师们的努力,从 1956 年起,突破了当时全国高校体育课的模式,在体育教学中首创专项选修课的教学形式,把一些有体育专长的同学分别组织起来进行教学,激发了体育课教与学的积极性,为增强学生体质,培养和发展学生一技之长,养成终身锻炼身体的习惯及提高运动成绩,探索出一种较好的教学组织形式,在当时就对全国特别是上海高校的公共体育课教学产生了积极影响。"文革"以后,这个教学组织形式又进一步发展。1985 年以前,一年级学生以班级为基础,男女分班,开设以"体锻"项目为主要内容的一般身体训练课。二年级开始跨越班级开设专项课,在全面发展身体素质的基础上,学习专项知识和技能。对有特殊需要的学生开设保健课。1985 年起在部分系的一年级进行了开设专项课的试点。从 1987 年开始,全校各系一年级全部开设专项课。

在努力搞好公共体育课教学的同时,校体育代表队的训练也出现了新的形式。在校党委书记、副校长常溪萍的支持、关心下,从 1958 年起,将校各体育代表队以体训班

的形式组织起来集中管理,校团委书记孟宪勤主持、体育教研室副主任王天佩具体负责。宫万育、陈国荣、黄柏龄、阎孝恩、茅宗道、蒋钟挺、陈光宇、洪世兴、梁少平、夏德礼等任教练或领队,由体育教研室党支部书记邱慧光、姚金仙、吴金龙先后负责体训班和体育代表队思想政治工作,孙昌荣、郑亿年、黄寿山、张项兴、金绮、吴在田参与教练工作。田径、篮球、排球、足球、乒乓球、体操、举重、航海、自行车等项目的 200 余名学生运动员集中住宿,并建立党、团组织。除上专业课时回系外,其他活动由体训班安排,从组织上、时间上使校体育代表队的课余训练和比赛得到保证,从而使学校体育运动水平得到迅速提高。如第一届全运会时,我校有多名学生被选入上海市田径、航海及手球代表队,人数列上海高校第一。校田径队在上海地区高校比赛中名列前茅,代表上海市高校参加全国大学生田径通讯比赛,先后取得了团体总分第二、三、四名的较好成绩。校足球队夺得上海市高校冠军等。更可喜的是,体训班努力践行德智体全面发展的教育原则,因而学生运动员中涌现不少优秀人才。如毕业留校任教的学生运动员就有生物系的孙心德,中文系的李玲璞,数学系的华煜铣、王守根、王西靖、王玲玲、洪渊,教育系的单中惠,地理系的蒋长瑜等。体育教研室还从体训班中选拔了地理系的孙昌荣、黄寿山、吴在田和历史系的金绮等留校任体育教师。即使在 20 世纪 60 年代初我国经济困难时期,体训班也没有解散,只是缩小了规模,一些重点运动队如田径、篮球、足球队等,仍坚持实行集中住宿,集中管理,坚持训练。由于校领导大胆决策,上海市男女手球队下放到我校,使我校的体育运动出现了新的推动力,为我校田径、足球等运动队提供了一批有生力量。在王天佩、林茂机等教练的指导下,校田径队继续保持了在上海高校的领先地位;苏明仁指导的校男子足球队在上海 1964 年甲级足球联赛中,战绩仅次于上海工人队,勇夺亚军;校男子篮球队在教练黄柏龄的精心调教下,于 1962 年的上海高校篮球联赛中打败上海交大男篮,成为上海高校男篮的新盟主,直到 1965 年实现四连冠。这期间以我校男篮为主体的上海大学生男篮先后于 1964 年在北京、1965 年在天津举行的全国大学生篮球联赛中夺得亚军和冠军。阎孝恩指导的校女子篮球队也于 1965 年一举夺得上海高校女篮冠军。特别是校男子手球队,在教练沈永杰的带领下,1963 年暑假赴北京访问比赛,全胜而归。1965 年代表上海队先后在上海、北京两胜日本国家队,邓小平亲临北京赛场观看了比赛。

(二)再建校体委加强对体育工作的领导

为了争取校、系各级领导对体育工作的重视与支持,在吸取"文革"前校体委工作经验基础上,于 1977 年成立了新的校体育运动委员会,由分管体育工作的副校长任主任,教务长、总务长、体育教研室主任、校团委书记和校工会分管体育工作的副主席任副主任。各系也相应建立了体委分会,由分管体育工作的系副主任或系党总支副书记

1961 年全体体育教师同上海体院实习生在体育教研室前留影

任主任,成员有系团总支书记、下系体育教师、学生辅导员及团总支、系学生会中学生体育干部。校体委定期召开会议,研究、部署和总结全校体育工作。事实证明,正是自80 年代初期起担任常务副校长的袁运开等校、系体委领导对体育工作的重视,为执行《暂行规定》、1983 年迎接体育工作验收、80 年代中后期举办高水平运动队以及 90 年代开始实施《大学生体育合格标准》等奠定了基础。

1982 年袁运开副校长(左 1)主持校体委会

（三）创新开展群众体育工作

在搞好公共体育教学、提高运动水平同时,群众性体育活动也一直开展得很好。为了全面有效地搞好群众性体育活动,在总结经验的基础上,适应新形势,推出新举措使群众性体育活动呈现新面貌、出现新局面。

　　1979 年 1 月在体育教研室内开始设立由吴在田任组长的群体组,具体负责策划、安排和组织全校群众体育活动的开展。几十年实践证明,这种把从事群体工作的体育教师组成一个团队的做法,十分有利于群体活动的开展。

1981 年校广播操比赛主席台

1. 建立下系指导教师新制度

　　作为群体组主要成员的下系指导教师,下到系里要起联系、指导和参谋等作用。几十年的事实证明,王菊芬、蔡金辉、余冬月、邓芳、吴在田等一批责任心强、经验丰富的中老年教师同精力充沛、积极肯干的青年教师分头下到各系,充分发挥了这些作用。他们通过系体委分会同所下系有关领导、学生辅导员、系团总支和系学生会有关干部,共同研究、部署和开展所下系的群众体育活动,促进增强学生体质的工作取得实效。

2. 坚持早操、早锻炼制度

　　坚持全校每周五次集体做早操制度,采取定时、定点、考勤、检查和评比以及辅导员、下系体育教师跟班,校、系有关领导抽查等形式,保证在正常情况下全校学生 80% 以上的出勤率。1984 年以后,逐步形成了以长跑为主的早锻炼制度,严格要求,严格考勤。

3. 创立推行《国家体育锻炼标准》的"三个结合"工作制度

　　"三个结合"即课内、课外相结合,下系教师与任课教师相结合以及平常锻炼、测验与集中一个时期(即每年上、下半年各一次的"体锻月")锻炼、测验相结合。全校多处设立"锻炼站"和"测验站",进一步调动了学生锻炼和测验的积极性,因而全校达标率从 1978 年的 22.4% 逐年提高,到 1991 年达到 88%。在 1991 年上海高校群体系列比赛中获团体总分第一名。

4. 校内竞赛活动形成传统

　　做到校级竞赛活动年年都有,时间大体固定,很有规律。到 1984 年底以前,全校每年三四月为各系运动会,五月为校运会,六月校排球联赛,九月新生广播操比赛,十月新生田径运动会、校篮球联赛,十一月校足球联赛,十二月校乒乓球联赛、迎新越野跑比赛。系级竞赛灵活多样,生动活泼。一般分两种形式,一种是为迎接校级各项体育比赛及大型体育活动而开展的系内比赛,如系运动会,系足、篮、排、乒乓球比赛,"体锻"达标赛及每年十二月到次年一月的全校"冬锻月"中所进行的跳绳、拔河、长跑等比赛;另一种是各系根据本系的特点所开展的体育比赛,如象棋比赛、围棋比赛、俯卧撑比赛等等。

5. 搞好评比,表扬先进

校级评比一年一次,对先进集体(先进系,先进班级)、先进个人(体育积极分子,优秀学生体育干部,关心学生体育工作的辅导员等)在全校召开大会时,进行表彰。

6. 创建单项体育协会

为了满足同学不同体育兴趣的需要,培养他们坚持课外体育锻炼的习惯,从1982年起开始筹备建立各种单项体育协会。1983年,首先成立了武术体育协会和排球体育协会。1984年又先后成立了田径、足球、篮球、健美和网球五个体育协会。以后又陆续建立了艺术体操、羽毛球和拳击等体育协会。这些单项体育协会成立以后,做了不少工作,如组织学习班、培训班、报告会,传授专项技能,扩大专项影响,举办各种形式的比赛,提高和普及专项水平等。

(四)创办高水平运动队

进入历史新时期以后,全校始终保持一支有10个左右运动项目、200名左右运动员的校体育代表队。王天佩、黄柏龄、阎孝恩、林茂机、郑亿年、张项兴、胡德龙、朱挺、沈翠君、邓芳、苏明仁、吴国强、汤慕谦等先后担任过教练。运动队的建立有力地保证了我校体育运动有较高水准。如从1979年到1982年的5年中,在上海市大学生田径、游泳、体操、武术、冬季越野跑、足球、排球、篮球、乒乓球、羽毛球以及射击等87项次比赛中,夺得18项次冠军、23项次亚军、11项次第三名。在1982年第一届全国大学生运动会的田径比赛中,我校运动员所获得的分数占上海代表队团体总分的40%,为上海队夺得团体总分第6名作出了很大贡献,唯一的两枚金牌也是由我校运动员夺得的。在1984年上海市大学生田径运动会女子组比赛中,我校代表队以超过第二名158.5分的绝对优势夺得团体总分第一。

我校1987年被国家教委确定为试办高水平运动队的学校之后,进一步促进了体育运动水平的提高。如1991年在上海市第三届大学生运动会的27个项目的竞赛中,我校取得7项第一名,名列上海高校榜首。我校还获得男女田径总分第一的荣誉。

校党委书记常溪萍(二排中坐者)20世纪60年代初同校田径队教练、运动员合影

(五)与时俱进建规立章

建校以后逐步形成一些学校体育工作制度。在这些规章制度的基础上,经过认真学习、贯彻执行国家有关部门颁布的《高等学校体育工作暂行规定(草案)》和《学校体育工作条例》,到1983年前,一套较全面、严格的规章制度已经建立并实行起来。1990年被国家教委指定为试行《大学生体育合格标准》的学校。我们结合实际,进一步制定了相关制度。其中"体育教学的制度"规定:"体育课不得免修","体育课成绩经补考不及格者只发结业证书,不发给毕业证书","一学期体育课缺课三分之一以上者不得补考而应重修";"群众体育的制度"规定:"由于早操和课外活动无故缺勤而扣分以至体育不及格者不得补考而应重修","体育成绩优良,通过国家体育锻炼标准(生理缺陷者除外)为评定三好学生的条件之一"等等。1990年被国家教委指定为试行《大学生体育合格标准》的学校以后,又结合实际,进一步制定了相关制度。

二、长盛不衰的高水平田径运动

自1956年以来,我校田径运动经久不衰,在各大比赛中取得了一系列的荣誉和优异成绩。这与王天佩教授等人的贡献分不开。

(一)课内课外强体质促健康

课内课外体育活动相辅相成,学生在体育课堂中学习体育知识和运动技能,并将其运用于课外体育活动中,不仅对增强学生体质和身体健康具有积极的促进作用,还能培养学生坚持体育锻炼的习惯。

作为学生获得体育知识、技能第一站的体育课堂,自然受到王天佩等老师们的高度重视。在王天佩的带领下,田径教师们尽心竭力地提高教学质量,努力吃透教学原则,认真学习国内外体育教学的先进经验,积极探索上好体育专项课的新模式。虽然没有田径专项课,但实行田径项目课课练,把田径项目作为所有专项课的必练内容,将专项课三分之一的时间用于田径项目的练习,由此形成了体育专项课中田径项目课课练的特色。事实证明,在田径项目课课练的模式下,学生们的体质健康有了大幅度的提高。如在 1998 年 4 月上海市大学生四项身体素质(心肺耐力、力量、速度、弹跳)随机抽测中,我校以总分 7 492 分的成绩排名团体第三,其中女子排名第一。

课外体育活动是体育教学的延续。为推行国家体育锻炼标准,使学生体格标准达到国家体育锻炼标准的要求,他们牢牢抓住课外活动时间,使得田径场上天天有锻炼,天天有测试,让整个田径场气氛活跃起来。

1998 年在国家体育锻炼标准测评统计中,我校的优良率达 47.2%,在 3 000 人以上的高校中排名第一。这些优秀的成绩离不开王天佩和其他体育教师的共同努力。他们齐心协力、积极主动地参与从清晨早操到下午课外体育活动的各项辅导工作。在他们的组织下,学校开展了各式各样的田径活动。从体育课到各个体育项目的校运动队的训练,从班级的单项体育竞赛到校、系运动队,学生们体验着田径的乐趣。同时,学校还开展了多种多样的田径竞赛,如校运会、系运会、新生运动会、冬季长跑比赛、马拉松比赛等。受此影响,学生们逐渐养成了晨练的习惯,校际、系际、年级间、班级间,甚至寝室之间的竞技较量也成为了常态校园文化活动。

为了迎接运动会,各系的学生们在跑道上进行短跑对抗赛;在沙坑边,学校田径队的跳高运动员一边练习,一边交流经验;一群穿着短袖汗衫的学生在校园内的林荫路上练习跑步……校园内呈现出一片生机勃勃的景象。时隔多年,每当毕业同学们回到母校重聚时,大家都会情不自禁地回忆起那段难忘的岁月,说那时"人人投入不落后,身淌大汗心里欢""精彩比赛场场看,拍红手掌不喊痛"。确实,这是大学校园体育文化生活的一大亮点,也成为了学生们永恒的美好回忆。

（二）体教结合新模式促提高

国家教委 1988 年提出了在 55 所高校中试办高水平运动队的新战略方针,我校成为全国首批高水平运动队试点学校,并确定了以田径作为第一重点项目。为不辜负国家教委的信任,田径教练们开始思考着华东师范大学该如何为国家奥运战略作贡献、出成果。为了更好地试办高水平运动队,实现国家奥运战略目标,在市有关领导的支持下,学校确定了实施"体教结合"培养优秀运动员的新模式,分别在外语系、公共管理学院、政法学院等院系设置了体育班,不断探索"体教结合"的办学经验,摸索更为合适的办学模式。

从 20 世纪 90 年代起,一批批市田径优秀运动员陆续转入我校就读。前男子 110 米栏世界记录创造者刘翔成为我国第一个打破世界记录的在校学生,并于 2005 年获得世界体育劳伦斯大奖最佳新人奖,同年直升为我校硕博连读研究生。实践证明,"体教结合"的新模式大大提高了运动员的文化素养和心理素质,有利于运动成绩的迅速提高,也为我国竞技体育体制和机制的改革提供了有益的经验。

(三)选拔培养好机制出良才

为了保证我校高水平田径运动的持续发展,王天佩十分注意从普通大学生中精心选拔和培养新生力量,以使我校田径运动后继有人。除了通过校新生田径运动会选拔优秀运动员苗子这个举措,王天佩还特别注意新学年开学时在新生中挑选学生。

教练们在训练中始终坚持"三从原则",即从难、从严、从实际出发进行训练。他们不仅狠抓训练,注重运动员运动成绩的提高,而且关心运动员们的思想、学习和生活,提出德、智、体全面发展的要求。为此他们经常与运动员们所在系的辅导员和班主任进行沟通、联系,合力进行教育、培养工作。

他们培养出了一批优秀学生如孙心德、章兼中、王群、洪射、王玲玲、王西靖、薛天祥、单中惠、陈勤建、汪晓赞等。特别值得一提的是,现任体育与健康学院院长汪晓赞教授原是经统考后进入我校数系的普通大学生。她热爱田径运动,在王天佩的指导下,刻苦训练多年,多次获得上海市大学生田径运动会七项全能冠军。毕业后出于对体育的热爱,她攻读了体育专业硕士和博士学位,也在学习中开拓了自己的视野。作为建设我校的新生力量,她努力推动我国的体育事业的发展,尤其关注青少年体质健康。她是教育部基础教育体育与健康课程标准研制组核心成员,曾获第四届全国教育科学研究优秀成果一等奖及 2014 年度华东师范大学杰出教学贡献奖等荣誉,在目前全国体育领域具有较高的知名度。

(四)爱岗敬业尽全责付心血

我校田径教练们的敬业精神是运动员竞技能力得以提高的关键,也是田径运动得以长盛不衰的关键。王天佩、陈志超、林茂机、陈乃嘉、夏德礼、张项兴、胡德龙、朱挺、沈翠君以及"文革"后参加工作的一批专业水平高、积极肯干的老师们都全身心地投入到田径教练工作中,周一至周五,每天下午 3:30—5:00,他们带领运动员进行训练,这在上海市高校课余训练中,一周五次的训练频率是最多的。正是他们的艰辛劳动,促进了我校田径运动的发展和提高并取得丰硕的成果:从普通大学生中先后培养出 18 名上海乃至全国大学生冠军,如由朱挺老师所培养出的生物系学生吴健曾获得全国大学生运动会十项全能冠军,他也是当时上海市普通大学生中获得冠军的第一人。更可赞的是在王天佩的带领下,他们充分利用科研手段探索田径运动规律,促进科学训练,提高训练效果。如 1991 年参与大学体育教学部同教育技术信息系合作科研项目,完成了"PIPS 体育视频图像分析系统"研究,将科技与体育紧密结合,该项研究获得了上海市科技进步三等奖。1988 年 5 月,香港业余田径总会与香港理工大学在香港联合举办田径科研学术研讨会上,王天佩作为主讲嘉宾在会上做了学术报告。1999 年 3 月,海峡两岸大专院校体育交流会在台湾举行,王天佩又作为中国高等教育学会体育研究会学术交流团的成员前往参会,与台湾高校体育界进行了学术交流。

(五)心系田径五十载如一日

王天佩在体育岗位上足足工作了 50 个春秋,为我校体育特别是田径运动的发展作出了巨大的贡献。在我校执教初期,他曾多次获得上海市高校田径运动会十项全能冠军;随着时间推移,他从普通体育教师成为我校体育教研室副主任、党支部书记,以后又担任我校体育部主任;还担任校外社会工作如中国大学生田径协会副主席、上海大学生体育协会副主席、上海市田径协会副主席、全国高等师范院校体育协会理事长、上海市大学生田径协会主席等职务,曾任《中国高校田径》编委、《上海高校体育科研》编辑,多次担任全国重大田径比赛的裁判工作,2004 年还被聘为第七届全国大学生运动会田径比赛仲裁委员会副主任。他曾经历过数不清的磨炼和考验,体验过从体育运动尖子到体育教坛园丁再到担任教练和领队等不同的角色,但却从未停下自己的前进脚步。在长达半个世纪的执教生涯中,不论生活中风和日丽亦或是风雨飘摇,他都以实际行动实现了自己"心系田径,情系教坛,奉献一生,矢志不渝"的心愿。因为他为高校体育教育事业作出的突出贡献,他获得了国务院政府特殊津贴,并于 2002 年获得了由中国大学生田径协会颁发的"为中国大学生田径运动事业做出重要贡献"的奖牌、上海市大学生体育协会颁发的"上海市高校体育突出贡献奖"以及上海市高等教育局颁发的"先进教育工作者"的荣誉称号。

三、校男子篮球运动的辉煌往昔

我校的篮球运动特别是男子篮球,从 20 世纪 50 年代后期开始至 90 年代初在黄柏龄教授带领下,于教学、训练、科研和指导研究生工作等方面成绩卓著,为我校体育学科的发展、壮大、提高以至享誉全国,起了奠基作用。

(一)强化训练终成高校男篮冠军

1957 年黄柏龄调入我校体育教研室任教后,接手校男子篮球队训练工作。为了不辜负学校对他这个"篮球国手"寄予的厚望和重托,他当时就下决心,一定要让华东师大男子篮球队有朝一日登上上海高校冠军宝座。

当时的校党委书记、副校长常溪萍对他的"知遇之恩",也是黄柏龄要把校男篮培养上去的一个十分重要的动力。他晚年曾著文回忆道:"'士为知己者死',是中华民族自古以来士大夫和知识分子的一种信念和品德,我也不例外。这位常溪萍常校长,是我一生中所接触到的,可以让我坦诚接纳的一位共产党领导干部。原因很简单,他真诚地尊重知识分子,尊重人,尊重我……他常常来看我训练球队,……他从来不给我提什么要求和任务,从来不干预并且要求教研室党支部不要插手我的篮球技术性工作,完全放手信任地让我去干。……对此,我能不以我身经百战的篮球经验和竭尽我的'聪明才智',努力去搞好校队以报如此知遇之恩吗?"

由于黄柏龄对球队的强化训练和比赛中的得当指挥,在一年以后举行的上海高校比赛中,校男篮的比赛名次有了明显提高,从过去的第 6 名提高到第 3 名。以后,通过1962 年招生工作,从福建泉州一中和集美侨校招进一些高水平学生运动员后,只经过3 个月的悉心训练,苦心调教,匠心调配,精心指挥,就在当年的上海高校篮球联赛中战胜上海交大和复旦男篮夺得冠军。此后,他对这支队伍进行了更正规更长远计划的磨练:严格训练抓重点(投篮、快攻);多打比赛抓练兵(战术、斗志);科学方法抓记录,使其水平不断快速提高,因而直到 1965 年实现了四连冠。这期间以我校男篮为主体的上海大学生男篮先后于 1964 年在北京、1965 年在天津举行的全国大学生篮球联赛中夺得亚军和冠军。

(二)精心教学培养莘莘学子成材

20 世纪 80 年代起,我校恢复体育系,黄柏龄担任体育系篮球代表队训练比赛的教练工作。在他的指导下,体育系篮球队在华东区体育系的联赛中多次取得冠军,在全国师范院校体育系篮球赛中取得亚军。但这时他更大精力投入渐上正轨的教学工作。他不仅教授体育系篮球普修班,培养大中专院校篮球教师,还教授篮球专项班,培养大中专院校篮球教师、教练;还给全国高校教师篮球进修班授课,提高他们的篮球教学、训练和理论水平。

1982 年黄柏龄成为我校体育专业首批硕士生导师,他在实践与理论相结合的基础上创新一套独到的培养方法,制定出规范的培养计划大纲等等,培养效果良好,得到同行的认同和采用,因而被聘为中国篮球研究生学会副会长。

　　黄柏龄先后培养的 10 多名篮球硕士研究生,均在各自工作岗位上担任重要职务及作出了重要成绩:如我校体育与健康学院党委书记(教授、博士生导师、长江计划学者)季浏、新疆大学体育学院院长武杰、北京电视大学项目制作部主任夏振强、成都体育学院教授卢峰等,还有的到美国、加拿大、日本等国深造、工作;另有一大批本科篮球专业学生,大多数都在大专院校担负着中层干部或骨干教师的重任,如我校美术系党总支书记李小英等,真可谓桃李满天下。

　　由于黄柏龄不仅是著名的篮球运动员、教练员,也是篮球界有着丰富文化底蕴的学者,因而他还潜心篮球理论研究,对篮球各个领域、各个层面进行深入的理性探索、著书立说,发表了《篮球几项技术研究》、《篮球的手上功夫》、《篮球与孙子兵法》、《论当前我国篮球攻守战术的问题》、《篮球队员比赛能量化凭借方法》、《篮球运动与文化修养》、《为中国矮个篮球运动员请命》、《中国篮球向何处去》等十多篇对我国篮球运动颇有影响和被业界推崇的论文。他是《中国体育辞书系列・篮球大辞典》的撰稿人之一,并为《体育词典》篮球分册的撰写和出版作了很大贡献。

　　特别值得一说的是,《篮球与孙子兵法》一文是他诸多篇论文中的力作和代表作。他是中国篮球界最早以切身的篮球比赛体验来析释《孙子兵法》,而又以《孙子兵法》来指导篮球比赛的教练员之一。篮球比赛充满《孙子兵法》的用兵哲理,也是篮球比赛攻防双方对立统一的辩证法。掌握得好,运用得妙,比赛就可以立于不败之地。它是教练员带队、训练和比赛的“教科书”。

　　2001 年,我校纪念建校 50 周年之际,各院系对在专业实践和理论以及教学和科研方面作出重要贡献,并在全国具有影响和知名度的教授进行表彰。特将他们的事迹每人立一专栏进行宣传,图文并茂,色彩斑斓、熠熠生辉。黄柏龄教授也位列其中。

(三)文武双全铸就人才培养模式

　　黄柏龄是我国篮球史上的优秀球员。20 世纪 50 年代表中国大学生参加了在捷克斯洛伐克举行的世界大学生运动会。1951 年入选国家队,是新中国国家男篮首任队长,参加了在民主德国举行的世界青年联欢节运动会篮球比赛,并访问苏联和东欧各国,以其首创的突破急停跳投技术令参赛各国的队员和观众瞠目结舌。1951 年在全国篮排球比赛大会上被授予“篮球国手”称号。他技术全面、灵巧、个人攻击力强。在篮球比赛中,他将跳投技术与接球、运球、突破和急停技术融为一体,并善于运用传球、运球、突破、急停各种假动作来迷惑对手,为自己寻找或创造好的投篮时机,因此具有很高的命中率,被国内外誉为“神投手”。他运用技术的特点,在假动作的“逼真”,突破、急停和起跳的“突然”以及腾空时的“滞空”上表现得淋漓尽致。跳起滞空单手投篮和运球突破急停跳投是其个人的独创绝招,这一绝技的形成和得心应手地运用,是他博采众长、不断创新的结果,也是他在实践中苦练、巧练而取得的。他有着很强的投篮欲望和自信心,他的一句名言是"投篮时除了篮圈,世界上一切事物都不存在,连同自己"。能达到这样一种忘我的境界,是他具有良好心理素质的体现,也是他平时对自己严格要求的结果。他把"投进"和"投准"视为两种不同的水平和层次,而他的标准是做到"投准"。

我国篮球界公认黄柏龄为篮球跳投技术的创始人,尊称他为跳投的"祖师爷"。话须从头说起。1983年,波兰国家篮球协会主席、国家男篮领队本特科夫斯基·耶日率队访问我国,一下飞机他就要寻找32年前结识的一个中国男篮"小8号"。这位当年的"小8号"就是华东师范大学体育系黄柏龄教授。

新中国成立初期,黄柏龄这位国家男子篮球队队长穿8号球衣。在国家男篮应邀访问东欧各国与波兰国家男篮的交锋中,"黄柏龄跳投"使波兰队目瞪口呆,防不胜防。波兰队派出最好的后卫、身高一米九零的本特科夫斯基·耶日企图盯住这个"小8号",然而几个回合下来,耶日被"小8号"那一连串运球突破急停跳投等真假莫测的动作弄得东倒西歪,束手无策。他先是恼火,继而折服,就这样,"英雄惜英雄",一对场上对手在"不打不相识"之中建立了深厚的友谊。耶日先生来到中国后曾对电视台采访记者说,他们来访是为了恢复中断了多年的中波篮球交往,同时向中国表示谢意,感谢当年中国篮球队为波兰篮坛传授了新的技术和战术。特别是"黄柏龄跳投",他们以此作为楷模,推动波兰自己篮球技术的发展。在当年,东欧国家把"黄柏龄跳投"这一新技术拍成电影进行专门研究,而奉为技术典范。这是我国先进的篮球技术首次越出国界传到国外,并赢得很高的国际声誉。

正当"黄柏龄跳投"已在国内和东欧得到广泛推广的时候,美国篮坛还在摸索从"边跳边投"向"原地跳起停空投篮"的过渡之中。到了1950年左右,美国的篮球运动员保罗·埃勒金才第一个掌握了原地跳投。直到50年代中期,跳投才与运球急停、运球突破等其他技术结合起来,被美国篮球运动员熟练掌握和运用。可是黄柏龄早在1946年就创造了原地跳投,并于1947年完成了原地跳投同运球急停、运球突破等其他技术相结合的投篮过程并达到成熟定型。他比美国人至少提前3年掌握了这项标志篮球运动进入更高阶段的里程碑式的投篮技术。这是我国篮球运动员在世界篮球技术发展史上写下的光辉一页。

跳投自创始以来至今近70年而仍在全世界运用不衰,说明它是符合投篮技术发展规律,已达到高端、完善而成为一种"技术定式"。电视里美国NBA比赛中,超级球星乔丹的跳投定格镜头,同黄柏龄1968年在布拉格与波兰队比赛时的跳投照片对照,几乎是一模一样,就是最好的说明。

　　1999年新中国成立50周年，中央电视台制作了《新中国体育50年》大型文献纪录片，特将这段光辉的历史进行了摄录和播放。虽然黄柏龄跳投早年已在《中国篮球运动史》中记载而名垂青史，但它只在篮球界传名。而中央电视台的播放，则是对全国公众乃至世界传播，影响更大。这是社会对黄柏龄发明跳投价值的评价和肯定，也是对中国人的创造性的赞许。

　　黄柏龄1951年毕业于复旦大学中文系，他一生博览群书，爱好文学，尤好古典文学，不但对诗词具有浓厚的兴趣，且具坚韧不拔的钻研精神。如他在"文革"后期的两年多的时间里，以每天14个小时以上的时间伏案工作，通过阅读、抄写、整理、编写，完成了8万字的《九日山志》的编撰和一千篇诗词的《诗江浪花集》的编选。他熟谙诗词，著有诗集《神州行吟草》，内容按类分为序诗、山岭原漠、江湖泉瀑、城关洞帘、亭台楼阁、宫殿堂馆、寺祠墓塔、行踪游迹、游思随笔9部分。他又自谓平生有五缘：游缘、诗缘、球缘、友缘、情缘，故又将球事、友谊及生活方面的一百零五首诗辑为《苍崖鸟迹集》，附在《神州行吟草》之后。他酷爱家乡山水，编修《九日山志》一卷。随后又主编《九日山文化丛书》四卷，为弘扬九日山历史文化竭尽心力。有学者谈道：读黄柏龄教授的诗，使人深觉其视野之广阔、内涵之丰富、境界之高超、感悟之深邃，着实大大超过前人，即当今诗坛亦不多见，真如随他的踪迹优游神州大地，饱览名山胜迹，品味人生乐趣，实在是一种无上的享受。正是黄柏龄本人的卓越篮球生涯和丰厚的文化底蕴，造就了他的"篮坛儒将"本色，因而也就铸就了华东师大男篮具有文武双全特色的往昔辉煌！

＊本文作者：执笔人吴在田，华东师大体育与健康学院教授；执笔人汪晓赞，华东师大体育与健康学院教授；执笔人李小英，华东师大体育与健康学院副教授。王天佩、夏德礼参加讨论、定稿，二人系华东师大体育与健康学院教授。

我国运动人体科学的
奠基与快速发展

丁树哲

　　如今的华东师范大学体育与健康学院,同全国众多院校的体育院系相比,无论在学科建设还是科研方面均名列前茅,其中作为全院四个体育学一级学科博士学位授权点之一的运动人体科学更具有权威地位。这同学科带头人许豪文教授率领教学科研团队的奠基作用是密不可分的。

率先起步,开创研究

　　20 世纪 70 年代末 80 年代初,兴奋剂被运动员广泛服用来提高比赛成绩。而作为运动生物化学方面的专家,许豪文深知兴奋剂对人体的危害,认为长期服用兴奋剂不仅会缩短运动员的运动寿命,还会缩短其自然寿命。由于不愿"屈服"于兴奋剂的泛滥使用,在个人事业蒸蒸日上之际,他毅然决然放弃之前的工作岗位,选择在教学科研领域争取新的发展。1984 年他开始在我校体育系任教,并以此为发端,成为新时期我国运动人体科学的奠基人,为运动人体科学的发展倾注了毕生精力,对中国运动人体科学作出了重要贡献。

许豪文

　　许豪文注重向国内介绍、引进国外运动生物化学的学术成果。而在此之前,我国运动人体科学在这方面的研究基础很薄弱。在他的带领下,我校体育系在全国率先开创了运动与自由基、运动与衰老的科学研究,在 20 世纪 80 年代中期就以研究方向上的特色优势而独树一帜,奠定了在全国的领先地位。20 世纪 80 年代至 90 年代,他又率先开展了运动生物化学的实验研究,发表了一系列运动人体科学、运动生物化学方面的实验报告,如《泛酸能够影响人体运动能力》、《运动和乳酸代谢的一些最新研究进展》等。1989 至 1992 年间,他在《山西体育科技》期刊上发表的《运动性疲劳的研究进展》系列论文,影响巨大,以至于该期刊也一时声名鹊起。这些研究成果不仅填补了国内运动生物化学研究的大量空白,也奠定了许豪文在全国运动生物化学学术界的权威地位。

在他的带领、主持下,坚持走多学科交叉发展之路。与生物系的周绍慈教授(生理学)、左大珏教授(生物化学)、范培昌教授(生物化学)、胡天喜教授(生物物理学)、秦德安教授(生物化学)、王耀发教授(细胞生物学),环境科学系翁恩祺教授(生理学),体育系戴永贞教授(生理学)等一起,于 1985 年共同获准创设了我校体育系的全国第一个人体生理学(含运动生理学)硕士点;1993 年又获准设立全国第一个运动生物化学博士点。此后,他主持国家教委博士点基金、国家自然科学基金等数项国家级、省部级研究课题,多次荣获国家级和省部级奖励。他主持的"运动性疲劳的生物膜特性及药物等保护作用"是我国体育学术界第一个国家自然科学基金资助项目。正是在运动生物化学博士点建设的基础上,2003 年获准设立全国首批体育学博士后科研流动站(全国仅 4 个)。许豪文在科研工作中不仅在校内整合了生物系(生理学,生物化学,生物物理学,细胞生物学)、环境科学系(环境生理学)、化学系(分析化学)、物理系(生物物理学)等的相关学术资源,而且还与中科院生物化学研究所、北京医科大学生物物理系、上海华东医院、中科院药物研究所、中科院生物物理研究所、中科院动物所等单位开展了卓有成效的科研合作,在《生物化学与生物物理学报》(英文版 1991 年)、《运动医学杂志》(1992 年)、《体育科学》(1992 年)、《科学通报》(1993 年)、《生物化学杂志》

许豪文(左 4)与原体育系运动生理生化解剖全体教师合影

(1993 年)等学术期刊发表一系列学术论文,在国内外产生重要学术影响,为我校运动人体科学的发展打下了坚实的基础。

此后,由他奠基的运动人体科学继续快速发展。2005 年获准设立体育学一级学科(体育人文社会学、运动人体科学、体育教育训练学、民族传统体育学)博士学位授权点(全国首批 4 家)。2006 年,我校被列入"985 工程",教育部、上海市给予大力财政支持,先后扩建运动人体科学实验室,引进优秀人才,壮大研究团队。2007 年,运动人体科学被教育部评为国家重点(培育)学科。2010 年获准建设"青少年健康评价与运动干预"教育部重点实验室。该重点实验室是在我校国家重点学科(培育)运动人体科学及其交叉学科的研究基础上创建的。这都是国内其他综合性院校的运动人体科学所不能媲美的。

培养人才,造就骨干

许豪文为发展我国运动生物化学研究队伍,在校内外积极参与、组织学术团体。多年来,他不仅自己勇攀科学高峰,而且还带领一批又一批的后来者达到了更高的科学境界。他从 20 世纪 80 年代开始着手培养全国第一批运动生物化学师资队伍。从 1986 年开始招收硕士研究生到 2004 年逝世,在短短的十几年内,他培养了 49 名硕士生、22 名博士生。如今这些曾经得到他悉心指导的学生,大多数继承和发扬了他所开创的事业,成为了全国体育类院系的骨干力量,极大地推动了我国运动人体科学的发展。他们中的大部分还是运动人体科学领域知名的硕士生和博士生导师。其中他早期所培养的博士生如丁树哲教授、徐波教授、卢健教授、陈彩珍教授等先后留校,成为知名教授乃至我国运动生物化学方面的著名专家。其他的博士毕业生目前在我国运动人体科学领域也都承担着重要的教学科研使命。如陈佩杰教授(上海体育学院院长)、毛丽娟教授(上海体育学院副院长)、孙小

许豪文(中)与他招收的首届人体生理学硕士研究生合影

华教授(广东竞技体育学院院长)等等。许豪文当年的硕士研究生,已经留校任教的漆正堂副教授从耶鲁大学医学院归国后,目前已经在国际上有影响力的 SCI 期刊上发表十余篇学术论文。他的许多学生先后在瑞典皇家医学院(卡洛琳斯卡医学院)、哈佛大学医学院、圣路易斯华盛顿大学医学院、美国国立卫生研究院、耶鲁大学医学院等研修、工作。许豪文培养的第三代学人已经在国际学术界崭露头角。

奠基功业　历史必然

我校作为综合性大学所具有的多学科优势孕育了运动人体科学的诞生。许豪文坚持走多学科交叉发展之路,才有了运动人体科学的成长、壮大。这也与许豪文的人生经历、学术造诣和人格魅力密不可分。许豪文出生于敌寇入侵、战火纷飞的抗日战争年代。学生时代,他抱着救死扶伤、为民服务的满腔热情投身医学事业,就读于上海第一医学院(后来的上海医科大学,现在的复旦大学医学院)。在发奋读书的同时于1956 年光荣地加入了中国共产党。1959 年,许豪文以优秀毕业生的身份从上海第一医学院毕业。时值国家体委科研所来医学院挑选优秀毕业生,年轻而优秀的许豪文主动选择去了条件艰苦的国家体委科研所。那时,毛泽东号召"发展体育运动、增强人民体质",倡导全国人民锻炼身体,强健体魄,同时也鼓励大力发展竞技体育,我国运动员在国际比赛场上捷报连连,极大地鼓舞了全国人民的体育热情,也向全世界展示了新中国的精神风貌。随着全国竞技体育水平的不断提高,运动科学领域的研究也开始慢慢起步发展。在国家体委科研所工作期间,许豪文不辞劳苦,做了大量的工作。他经常要随运动队奔波各地,亲临运动现场,监控运动员的训练情况,然后对收集到的资料进行整理分析,最终根据理论和经验研究出提高运动员比赛成绩的建议和方法。二十几年来,一批又一批的运动员在许豪文等人的指导下,训练和比赛成绩都得到了显著提高。例如,1965 年陈家全获得 100 米跑 10 秒(平世界记录)的好成绩;1979 年,刘霞、刘爱玲等荣获第四届全运会羽毛球项目的 3 块金牌。1978 年许豪文被调到上海体育科学研究所工作,继续从事体育科研和竞技运动研究。1983 年,在第五届全运会上,上

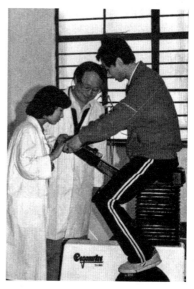

许豪文(中)指导博士生做科学试验

海划船队获得 10 块金牌。这些成绩和当年许豪文的研究是密不可分的。这些沉甸甸的奖杯、奖牌凝聚着他的心血和汗水。1984 年，他离开上海体育科研所到我校体育系任教，开始了人生历程的新篇章，也成就了我国运动人体科学的诞生与发展。

治学严谨，成果丰硕

　　许豪文一生治学严谨，他在教学科研上取得丰硕成果名符其实，在主要研究方向体育学、运动人体科学和运动生物化学等方面著述颇丰，曾发表论文近 200 篇，出版专著 10 余部。主要著作为《运动生物化学》(1998 年)、《运动生物化学进展》(1990 年)、《运动生物化学概论》(2001 年)、《人体生理学》、《运动医学》等书。参与编写《中国大百科全书(体育卷)》、《体育大词典》等大型工具书。其中，《运动医学》于 1998 获得上海市科技进步三等奖，《运动生物化学》(教材)获得 2000 年上海市普通高校优秀教材三等奖、2001 年上海市教学成果三等奖。《运动生物化学概论》由高等教育出版社出版，这是一本许豪文个人编写的研究生教学用书，也是经教育部研究生工作办公室审核、推荐、资助出版的研究生用书，在全国体育学科领域是第一本，而且至今仍是唯一的一本。作为一本研究生教材，该书不仅指明了运动生物化学的发展趋势，同时又考虑到体育教学的实际情况，做到了概念清楚、重点突出、内容丰富、分析推理合乎逻辑。尽管是十几年前出版的书，但是由于许豪文在这本概论书中吸收了很多新的学术研究成果和资料，前瞻性很强，对现在运动人体科学的研究工作仍然有很大的指导作用，仍然是运动人体科学专业学生的重要参考用书。

＊本文作者：丁树哲，华东师范大学体育与健康学院教授。

音乐和美术学科在我校的创立和发展

李茉　齐子春　刘宗章

　　华东师范大学艺术学院由音乐学系和美术学系构成。我校1951年建校之初的11个系中,音乐学系便位列其中。后因全国高校院系和专业调整,音乐学系相当长时期停办。时隔30多年后重建,于1993年复办音乐专业,招收专科生,1999年开始招收本科生。我校美术系创建于1981年,此后逐步发展壮大。几经变化,于2004年9月在音乐系和美术系的基础上成立艺术学院。

一、音乐学科的历史渊源与专业重建

　　1951年我校成立之初,沪江大学音乐系并入,经调整后设立音乐系,由应尚能、刘雪庵等著名音乐家主持。全系计有20人,其中教授3人,兼职教授3人,兼职副教授4人,讲师3人,兼职讲师5人,助教2人。1953年江苏师范学院艺术系音乐专业并入我校音乐系。歌唱家应尚能担任系主任,另有教师黄钟鸣、沈颂蔚、钱仁康、马革顺、陆修棠、曹淑媛、王允功等。1956年我校音乐系与北京师范大学、东北师范大学音乐系合并成立北京艺术师范学院后,直至1993年才恢复重建。

　　专业基础与学科特色　音乐学科自1999年招收本科生以来,逐步建立了音乐教育专业和音乐表演专业,设有一个一级学科硕士点,一个二级学科博士点,形成了声乐、管弦乐两大优势学科。具体专业结构如下:

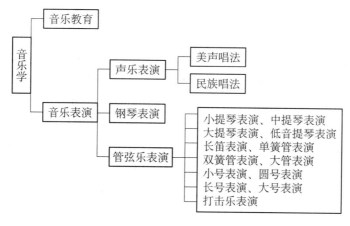

目前音乐系共有教师 36 人,本科学生 240 人,硕士研究生 117 人,博士研究生 5 人。

随着音乐系教学实践活动的日益深入,师生社会活动参与度不断提高,越来越多的师生获得了国家级乃至国际专业音乐赛事的奖项,尤其是音乐表演专业显示出了很强的竞争力,获奖专业几乎涵盖了所有已开设专业,例如声乐、钢琴、小提琴、中提琴、低音提琴、打击乐等,声乐和管弦乐两大专业优势显著。

音乐学科经过十余年时间,从最初一个仅有 9 位教师的学校艺术公共教研室,发展成为拥有一流师资与一流专业水准的音乐系,得益于"以学生为本"的指导思想,始终坚持的"一对一"教学模式和注重"教学与表演实践相结合"的专业发展方式。同时,音乐专业的教师具有高度的敬业精神,无论是教学还是各类音乐演出活动,他们都全身心地投入,从不计较个人得失,这个团队充满了积极向上的正能量。为了促进教学质量的提升,三大教学实践平台——华东师范大学交响乐团、歌剧实验中心、合唱团,不断发展完善,将演出实践纳入日常教学体系,在注重主体课程建设的同时,音乐专业大力拓展教学实践平台的建设,已建立起集实践性、教学性、合作性于一体的教学特色模式,在教学中起到了关键作用。经过在学科的前瞻性和高质量建设两个方面的不断努力,我校音乐学科已经位列全国综合大学同类学科的前列,与国内著名师范大学的音乐学科齐头并进,展现出精益求精的专业精神和很强的专业实力,引起社会和其他院校的关注。

音乐教育专业培养具有高超表演能力和先进教学思想与方法的各级各类音乐教师。音乐表演专业培养高水平音乐表演人才,下设 16 个专业方向:声乐表演、钢琴表演、小提琴表演、中提琴表演、大提琴表演、倍大提琴表演、长笛表演、单簧管表演、双簧管表演、小号表演、圆号表演、大号表演、长号表演、大管表演、打击乐表演、竖琴表演。我系培养的音乐表演人才获得国际国内同行认可。音乐学硕士点招收钢琴艺术、声乐艺术、指挥艺术、长笛演奏、小提琴演奏、西方音乐史、音乐教育学等方向的硕士研究生,音乐艺术语言学博士点招收钢琴艺术研究、指挥艺术研究、声乐艺术研究博士研究生。

音乐学系将人才培养视为音乐学科发展的根本,全系开展的一切工作紧紧围绕教学展开。重视教学实践是我系的一贯指导精神,在保证日常教学质量之余,鼓励师生积极参加国际、国内各项音乐赛事。全系师生在中央电视台青年歌手电视大奖赛,国际声乐选拔赛,全国综合类高校声乐、器乐比赛等重要赛事中成绩斐然。音乐学系学生获得国际、国内、省部级比赛的奖项 300 余项,为上海市和全国培养了众多的优秀音乐教师与表演人才,为上海市及全国的文化大发展、大繁荣和精神文明建设发挥着越来越重要的作用。音乐教育专业毕业生多就职于全国各地的高等院校、中小学校,音乐表演专业毕业生分布在上海交响乐团、上海沪剧院、上海爱乐乐团、上海轻音乐团、上海民族乐团、上海歌舞剧院、上海昆剧团、上海京剧团等不同专业的演出团体,成为专业院团的业务骨干。

音乐学系借助学校"211"与"985"建设的契机,本着稳步务实的精神,根据音乐学科自身发展规律与特色,执着追求音乐艺术的高水准、高境界,积极为教师搭建学术研究与实践平台,推进集表演、创作、理论为一体的多元化合作研究。在一系列教学实践活动中展现了教学的优秀专业品质,越来越多地受到校内外专家肯定,社会认可度在不断地提升。音乐学系教师获得国家级和省部级教学科研成果 10 余项,在国内、外各级刊物上公开发表的学术论文 2014 年达到 42 篇,是建系以来论文发表量最高的一年,出版教材 3 部。

在学校搭建的各类国际交流平台与自身创设的有利条件下,音乐学系与国外多所大学展开深入合作。例如与美国科罗拉多大学开展 2+2 合作办学,与美国特拉华大学、美国蒙特科利尔大学开展硕士研究生 2+1 办学,与美国阿肯色州立中央大学具有长期的本科生交换项目。还与欧洲以及港澳台地区高校保持着密切的学术交流活动。本系教师出访、讲学 10 余次;接待由各个国家来访讲学、演出的国外专家、大师约 100 余次。音乐学系师生与各国专家、大师共同参加了音乐会、歌剧的演出,给师生展示自我的表演实践机会,对于提升教学品质具有重要意义。

在服务社会的活动中,音乐学系深入到社区、学校等地开展形式多样的音乐表演与音乐教育活动。在上海大剧院、上海音乐厅、东方艺术中心、上海贺绿汀音乐厅、上海城市剧院等地共完成了 50 多场的演出。演出的形式包括:声乐(独唱、重唱)、器乐(独奏、重奏、合奏、室内乐)、钢琴(独奏、四手联弹、双钢琴),演出的内容包括:艺术歌曲、交响音乐、合唱曲目等。正式与上海爱乐乐团、浙江省湖州市文广新闻局、中国浦东干部学院、中福会少年宫签订合作协议,两次赴西北地区进行支教活动,重视参与公益艺术活动,在上海音乐厅的音乐午茶音乐会频频亮相。在面向本校的校园文化建设方面,每年一度的"华东师范大学新年音乐会"和"大夏舞台——五月之夜广场音乐会"都成为全校师生期待的音乐盛宴。集大师课、音乐名家讲坛、音乐会于一体的"五月音乐季"也成为我校的校园品牌文化活动,影响力遍布全校,并逐步扩展到上海乃至全国。

学科带头人与教师团队建设　音乐学系多年来涌现了一批学科带头人,他们对学科建设作出了卓越贡献。

侯润宇教授,博士生导师,终身教授,曾任我校艺术学院院长。1969 年毕业于上海音乐学院指挥系并参加工作。1981 年获国家奖学金赴德深造,获钢琴硕士、指挥博士学位。1984 年获得科隆音乐学院的艺术家文凭。1985 年 11 月,结束学业回国,任上海交响乐团副团长、上海交响乐团副总监、常任指挥、首席指挥。1990年作为上海交响乐团首席指挥率团访问美国，在美国巡回演出16场，其中尤以在举世闻名的纽约卡内基音乐厅的成功演出最获好评。1992年，随上海交响乐团访欧，在著名的莱比锡格万德豪斯音乐厅成功地举行了音乐会。近年来，曾先后与德国西南广播乐团、纽伦堡交响乐团、亨加利卡交响乐团、比利时列日交响乐团、香港管弦乐团等国内外著名交响乐团合作，并赴德国、法国、意大利、瑞士、西班牙、奥地利、南斯拉夫、瑞士、比利时、日本及美国等国家演出。2002年受聘于华东师范大学后，组建了华东师大交响乐团，任艺术总监，曾带领乐团先后赴奥地利维也纳、美国以及国内各地演出，得到社会各界的广泛关注。

侯润宇在指挥

　　华东师范大学交响乐团筹建于2002年，正式成立于2006年，由侯润宇教授担任常任指挥，经过近几年的发展，现在已经是一支拥有一百余名演奏员的双管编制乐团，乐团成员均为艺术学院音乐学系的青年教师和本科学生。曾多次在上海和全国其他城市演出，积累了大量的演出曲目和丰富的舞台经验。2007年9月，乐团在上海音乐厅成功举行了首场公演，得到社会各界的好评。2008年2月，乐团一行55人赴美国，上演了极具民族特色的《春节序曲》《春江花月夜》等作品，并与美国阿肯色州立中央大学和孟菲斯大学交响乐团携手合作西洋名作，在当地引起极大反响。乐团每年都会在上海各大音乐厅举办交响乐音乐会，在上海具有广泛的影响力，成就了一批优秀的音乐人才，先后有学生成为亚洲青年管弦乐团、上海歌剧院交响乐团、上海爱乐乐团等中外乐团的成员，为音乐学科的发展作出了重要贡献。

　　2007年1月，我校艺术学院与奥地利维也纳音乐与表演艺术大学在奥地利维也纳美泉宫宫廷剧院合作演出了莫扎特的歌剧《假扮园丁的姑娘》，由我校交响乐团担任伴奏，获得巨大成功，开创了国内高校与国外知名艺术院校首度合作演出歌剧之先河。2008年12月，我校歌剧实验中心正式成立并举行了揭牌仪式，以培养歌剧表演人才、

2007 年 9 月华东师范大学交响乐团在上海音乐厅举行首场公演

推动声乐教学科研、深化学校美育教育、普及中外歌剧艺术为宗旨。

　　重建后的音乐学系,教师绝大多数从德国、奥地利、俄罗斯、乌克兰、美国、英国、荷兰、比利时等国外著名音乐学院学成归来,或毕业于上海音乐学院、中央音乐学院等国内一流音乐专业院校,具备良好的师资基础。在侯润宇教授的带领下,我系近年成长的教授有曹金、夏良、高晓东、常林。重建后的音乐学系培养的优秀本科生,经在国内外大学深造后,在音乐学系任教的青年骨干教师有郑艳、吴睿睿、谭雅如、李茉。

　　音乐学系大力支持教师的专业发展,为教师成长提供有利条件和发展空间,积极鼓励教师赴海外留学深造,鼓励教师进行音乐艺术实践等,并取得了丰硕成果。共有4 名教师赴美国哈佛大学、耶鲁大学、哥伦比亚大学等美国常青藤盟校深造,另有多人赴美国印第安纳州立大学、美国辛辛那提音乐学院、美国密歇根州立大学、美国贝勒大学、意大利米兰音乐学院访问学习。五年内音乐学系教师举办高水平个人音乐会 30余场,在国内外各类奖项中有 15 人次获奖。

二、美术学科的奠基和发展

　　我校 1981 年创立的美术学科,获得了较快的发展。

　　建立美术系的及时决策　20 世纪 80 年代初,校党委领导和袁运开校长审时度势,决定创设艺术教育专业(首先是美术专业)。此时距"文革"后恢复高考已有四五年了,在一所全国知名的师范大学内建立艺术教育专业可以说是情理之事。当年又是"文化热"、"美术热"的时机,学习艺术、了解艺术成了青年学子们的一种热切需求。在我校成立美术专业可谓恰逢其时。后来,全国许多综合性大学都相继建立了美学类或艺术设计类专业。增强美育,文理互融互通,成了办大学的一种趋势。

汪志杰和他的画作

创立阶段较高的起点　在筹备阶段,学校决定由汪志杰先生带头组建。汪志杰 1953 年毕业于中央美术学院,1955 年研究生毕业,在 20 世纪 50 年代已是著名的青年美术家。他学贯中西,油画、国画、速写、连环画、书法等方面都造诣颇深。他在中央美术学院时直接受教于徐悲鸿、齐白石等大师,后来又赶上苏联美术教育体系的传入阶段。因此,在 20 世纪 80 年代汪志杰是对全国美术教育有很全面了解的资深重要专家。毕业于中央美术学院的高云龙先生也来校参加了美术系的筹建工作。

初创阶段学校还聘请了上海美术界大师级专家朱屺瞻、钱钧陶等为艺术系的名誉教授和顾问,还曾一度请沈柔坚兼任艺术教育系的主任。沈柔坚同志在新四军时期就是著名的画家,此时是中国美术家协会上海分会的主席。

这些都保证了我校美术专业的创立有稳定和较高的起点,为此后美术系在多方面的发展打下了较好的根基。在吸纳了一些力量之后,1984 年 7 月在上海美术馆隆重举行了首届华东师范大学美术系教师作品展览。展览的规模和质量在上海引起了轰动,刘海粟大师和我校的一些老同志都参加了开幕式。在创建的初期就及时举办了在职画家的进修班,取得了本专业的开门红,不少后来著名的上海画家都在此经历过再锤炼。从 1984 年就开始招收本科生,又办了几届重要的专升本班,除绘画外,还招收了雕塑专业的学员。多年来,美术系为国家培养了大量艺术教育人才,目前上海不少大学的美术专业都有我们的毕业生在那里任教。

随着时间的推移和后续的重要建设,我校美术系的实力得到长足的发展和壮大,学科影响力也越来越大。

集中了重要的人才队伍　从 1983 年开始美术教育系集中了几位油画、中国画、版画、雕塑专业方面很有实力的中年骨干人才,他们都是 20 世纪 60 年代早、中期毕业于中央美术学院、浙江美术学院,美术基础扎实,专业创作上都各有成就。他们在美术系任教后,立即发挥了十分重要的作用,同时利用华东师大这个平台在艺术创作上取得了丰硕的成果,有的还在上海和全国获奖。

张嵩祖,1960 年毕业于浙江美术学院版画系,曾在山东艺术学院任教,1988 年至 1989 年担任我校美术系主任。他到校后就引进了当时比较先进的"构成"课,此后平面构成、立体构成课促进了我系开放、外向的教学体系。他在 20 世纪 90 年代木刻方面是全国重要的画家,他刻画邓小平和贺绿汀形象的作品思想深刻,艺术手法深入细腻中又内含力量。他的《大桥畅想之二》获第八届全国美展优秀奖,其邓小平同志的艺术形象可以说是这个时期最成功的作品之一。

张嵩祖 1994 年创作的版画木刻《大桥畅想之二》(85×42 cm)

张定钊,1963 年毕业于浙江美术学院油画系。20 世纪 60 年代就有一些著名的油画创作,80 年代出版了重要的素描教学示范作品集,影响了当时全国无数的美术求学者,曾任我系副主任。

苏春生,1964 年毕业于浙江美术学院中国画系,师从陆俨少先生,专攻山水画创作,在上海国画界独树一帜,举行了多次个人画展,还在日本进行过山水画教学。曾担任音乐系系主任。

金正惠,1964 年毕业于浙江美术学院中国画系,专攻工笔花鸟。工笔画是中国画学习的重要基础,这方面当时的上海中年画家中,他的艺术追求是十分突出的,画作《翠林晓声》获全国美展创作奖。学生从他那里获得了最实际的传统技艺。

齐子春,1964 年毕业于中央美术学院雕塑系(六年制),来校前是同济大学建筑系美术教研室主要负责人。在我系主要从事素描教学和雕塑创作,也兼攻水彩、水粉,有多篇关于雕塑理论的研究文章发表。

因为有了这一批中年骨干,"国油版雕"门类齐全,教学创作双管齐下,后来都成为美术系的知名教授。学生从他们身上可以学到最扎实全面的基础,又可以学到思想上多元进取、艺术上开放自由的精神。为了适应新时代的需要,美术系还初创了艺术设计专业。

1999 年齐子春创作的上海市奉贤海塘纪念雕塑《聚》（不锈钢，高 4.8 米）

坚持艺术为社会服务　在创作上，除了参加上海和全国的一些美术展览外，我校美术系的一些教师还利用改革开放的大好时机，努力用雕塑、壁画等环境艺术手段，表现时代，为社会服务，同时也扩大了我系我校在上海和全国的影响力。

1984 年以高云龙为主的艺术家们集体创作了清末抵御外辱的民族英雄陈化成的大型雕像，这件竖立在吴淞口的纪念性雕像是上海较早的历史题材作品，它充满气势，雕像所在地现在已经成为永久性的青少年教育基地。

1987 年齐子春、高云龙创作的俄国诗人普希金铸铜胸像获上海市建国 40 周年城市雕塑奖。雕像的花岗石碑体属于恢复建造，但新创作的胸像与碑体的完美结合得到俄罗斯各界的充分认可。它也被列入了徐汇区非物质遗产名录。雕像历史上两次被毁和两次重建也成了上海城市发展的一段传奇故事。

我系雕塑家还在上海普陀区、闵行区、静安区、奉贤区以及东方绿舟景区创作了多件作品。如建国 50 周年时为南京路步行街创作的铜雕《三口之家》，为上海海塘工程创作的抽象雕塑《聚》。他们也为我校的校园文化作出了贡献，校庆 40 周年设计了校训碑，校庆 50 周年创作了彩色喻意雕塑《桃李印象》。

＊本文作者：李茉，华东师范大学音乐学系讲师；齐子春，华东师范大学艺术学院教授；刘宗章，华东师范大学原艺术教育系副主任。

崛起于改革开放年代的图书情报学科

范并思　余海宪

华东师范大学图书馆学系和图书馆学专业创建于 1979 年。在国家改革开放春风和图书馆学新发展的大背景下,以陈誉教授为代表的图书馆学老师们积极吸收国内外先进的图书馆学教育理念,创新办学模式,超常规吸纳人才,谋求破冰式发展。经过短短几年的努力,我校图书馆学系成为我国图书馆学教育领域一支不可忽略的重要力量,为我国图书馆学理论研究和人才培养作出了不可磨灭的贡献。

一、创新发展,屡创奇迹

我国图书馆学教育始于 1920 年建立的武昌文华大学图书科。此后各地陆续举办一些图书馆系或短训班,均不能长久。新中国成立后不久,国家将图书馆学教育单位调整为北京大学和武汉大学两个教育点,最初为专科,1956 年升级为本科。1977 年国家恢复高考制度后,全国也只有这两所学校图书馆学专业招生。由于两所高校培养的图书馆学人才数量远远不能满足国家文化教育事业迅速发展的需求,山西大学、湖南大学、复旦大学分校等 1978 年开始招收图书馆学本科或专科生,图书馆学专业南北各一所高校的教育格局终于被打破。1978 年 6 月教育部在武汉召开全国高等学校文科教学工作座谈会,参加图书资料组的代表有北京大学和武汉大学图书馆学系,以及北京大学、北京师范大学、吉林大学、兰州大学、复旦大学、武汉大学、四川大学等大学的图书馆,代表们认真讨论了图书馆学教育如何为实现新时期总任务作贡献的问题,并且制定了关于加强高等学校图书资料工作的意见和图书馆学专业教学的方案。

1978 年底党的十一届三中全会召开,确立了解放思想实事求是的思想路线。受此鼓舞,我校图书馆陈誉馆长在学校领导和上海图书馆行业前辈的支持下,决心克服种种困难,创建与现代图书馆事业发展趋势相符合的高水平图书馆学专业。经过紧张有序的筹备,终于在 1979 年 2 月,经上海市教育局批准招收二年制的图书馆学专科生。1979 年 9 月,经国家教育部批准招收四年制图书馆学专业本科生。同时学校批准成立华东师范大学图书馆学系,当年秋季正式招生。本科教育基本走上正轨后,研究生教育也有序启动。1980年开始招收研究生,当年设立古籍整理和外文书刊采访两个方向。1984年经国务院学位评定委员会批准,我校获图书馆学硕士学位授予权。1984年,该系顺应国际上图书馆学系/专业更名的潮流,更名为图书馆学情报学系。此后,因学校院系调整及其他原因,该系名称还有几次调整,但人们更习惯于我校图书馆学系/图书馆学情报学系的名称。可以说到以1984年更名图书馆学情报学系为标志,我校图书馆学专业的学科布局基本成型。

　　我校创办图书馆学教育,基础条件并不具备任何优势。我校历史上从来没有开设过图书馆学专业,20世纪80年代初,本校教职员中具备图书馆学专业背景的专业人员也极少。从办学时间看,起步晚于许多兄弟学校。但是,从1979年2月开始招收专科生,1979年9月招收本科生,到1980年招收研究生,1984年获得图书馆学硕士学位授予权,我校图书馆学专业只用了短短5年时间,就连续跨越了几个台阶。当年图书馆学系在校内外十分有名。连续多年高考分数线在校内名列前茅,甚至有省、市高考"状元"考入该系。研究生招生也不例外,1980年上海市研究生入学英语考试第一名陈修学就是外文书刊采访方向的研究生,《解放日报》曾以大篇幅报道,成为轰动一时的新闻。1984年获图书馆学硕士学位授予权也出乎很多人意料,此前只有办学几十年的北京大学图书馆学系和武汉大学图书馆学系获得了这一资格。

　　我校图书馆学系在短短的时间内从无到有,发展成为国内图书馆学情报学领域内引人注目的一支教学和科研力量,其办学经验和办学道路受到国内外同行的高度关注。

二、专业人才和办学理念的突破

　　我校图书馆学系能够取得超常规发展,得益于该系创建之初在专业人才和办学理念两个非常关键的问题上取得了突破。

　　拓展人才引进渠道　我校图书馆虽然曾有王国秀、洪有丰、陈誉这样的知名学者,但到1979年办系时,图书馆学专业人才并不多,具有高级职称的图书馆学专业人才更是缺乏。到1983年,该系师资力量的结构为:副教授2人,讲师8人,助教9人。即使是在80年代,单纯靠这样的师资结构,要想获得硕士学位授予权也是不可想象的。大力引进高层次图书馆学专业人才是办系首先重点考虑的措施。例如从郑州引入50年代归国的留美图书馆学硕士孙云畴教授。但是,由于1980年初我国图书馆学专业人才极少,加上当时全国各地纷纷创办图书馆学教育,引进人才进展缓慢,无法支撑该系的快速发展。在陈誉系主任的主导下,该系采用外聘教授的方法。先后有8位上海图书情报行业和古籍整理领域的专家教授成为该系的兼职教授。他们是上海图书馆的顾廷龙、李芳馥、吕贞白、岳良木、潘景郑,上海人民出版社的胡道静,上海科技情报所的马远良,上海专利事务所的须一平。这些兼职教授在我国图书情报领域有很高的学术地位,是当时国内非常罕见的高水平图书馆学专家。正是有这样一批资深专家教授的支持,我校图书馆学系才有可能在极短的时间里形成高水平的师资队伍力量。

确立发展的办学理念　我校图书馆学系创建的年代,国内图书馆事业正处在一个发展和变革的重要时期。当时国际图书馆学已经发生巨变,传统的图书馆利用新的技术提升服务能力,开展新型的情报服务。图书馆学也朝着图书馆学情报学的方向发展。而我国图书馆事业和图书馆学因为长期与国际同行隔绝,已经远离了国际图书馆事业发展的前沿。陈誉作为一名具有国际视野的图书馆管理者,深知不改变传统的图书馆学教育,就无法培养出适应图书馆事业变革的人才。因此,陈誉提出只有改变我们关于图书馆的传统观念,我们图书馆的藏书水平、服务水平和队伍水平才能真正地迅速地得到提高,才能适应高等教育发展和人才培养的需要。陈誉认为,与现代图书馆发展相适应的新的图书馆观念主要表现在以下五个方面:第一,图书馆性质的改变。图书馆已经不仅仅是读者借阅图书资料的场所,而且是图书情报资料中心和学术中心。图书馆应当成为读者们学习、研究和从事文化、科学学术活动最广泛、最集中和最经常的地方,图书馆和整个社会教育或学校教育保持着密切的关系,成为人们生活的重要组成部分。第二,图书馆收藏范围的扩大。现代化图书馆已从收藏图书、报刊等印刷出版物与手稿等文字资料扩大到同时收藏一切形式的知识载体。第三,方便读者充分利用图书馆资源已成为图书馆管理的指导思想和指导原则。以利用为主,一切为了方便读者利用馆藏,最大限度地满足师生对图书情报和资料的需要。第四,广泛开展协作,形成网络实行资源共享。从最大限度地满足师生教学科研对图书情报资料日益增长的需要,同时也从获取最大经济效益出发,现代化图书馆改变了单干求全的藏书思想,在馆际、地区之间普遍开展合理分工,相互协作,资源共享。第五,图书馆人员结构的变化。图书馆性质、任务、服务内容和方法的改变,必然引起人员结构的变化,不但应该有图书馆学情报学专业人员,而且还要配备一定数量的相关学科专家,承担图书馆专业性较强的工作;配备少量的技术人员以适应现代化技术手段在图书馆的应用。

这些观念现在虽然已经为人们广泛接受,但在当时非常难得。正是因为明确了这些观念,所以华东师范大学图书馆学系建系之初就展现出开放包容、文理并重、理论与技术兼顾、图书馆学和情报学比翼双飞的格局。引进人才时不但注重引进图书馆学专业人才,也注重引进计算机等相关专业人才,聘用兼职教授既从图书馆聘也从上海科技情报所、上海专利事务所等部门聘,招生文理兼收,课程设置上文理并重,强调外文、强调动手操作能力的培养。一时间,该系的科学研究和人才培养出现极为欣欣向荣的局面。

三、学科带头人陈誉

我校图书馆学系的创建和发展,得益于国家改革开放的大环境,得益于上海的高水平图书情报环境和人才贮备,得益于学校领导和相关部门的大力支持。但是陈誉在创建和发展我校图书馆学系和图书馆学专业时所作出的贡献,更加令人铭记。

陈誉在图书馆学理论和图书馆学教育领域建树很多,表现出很深厚的学术底蕴。他将此归结为两个人对他的影响。一是他的叔父陈尺楼。陈尺楼先生是武昌文华大学图书馆专科第一班学员,是中国自己培养的最早的图书馆专业人才。武昌文华大学图书馆专科只有 6 名毕业生,后人称之为中国图书馆学六君子。陈誉在一些文章及与学生们的聊天时,经常提到陈尺楼叔父对他学习和研究图书馆学的影响。另一位对陈誉图书馆专业生涯产生重大影响的,则是我国著名图书馆学家,我校图书馆副馆长洪范五先生。洪先生在我校图书馆任副馆长期间,不但对于图书馆文献资源共享、文献分类与编目、参考资源与专题目录、古籍整理等业务问题十分关注,而且非常注重图书馆员在职教育。陈誉后来常常向学生们介绍洪范五先生的专业思想,称洪先生对图书馆管理与研究的思想影响了他。

陈誉是一位优秀的学者,在社会学、图书馆学和情报学方面均有很深的造诣。他在《治学述怀》的文章中写到,图书馆学情报学成为他治学的主要学科,图书馆学、社科情报和图书馆学情报学教育成为他治学的主要研究领域。在图书馆学研究方面,又以图书馆学基础理论研究、读者工作、外文参考、高校图书馆管理为主,在情报学研究中以社会科学情报研究为主。他的研究成果和他的教学与工作密切联系在一起。他的一些关于图书馆学情报学的理念中往往会存在一些社会学的"影子",即用社会学的某些观点、理论、方法研究或剖析图书情报现象。他所创建的社科情报学也是情报学理论和社会学理论相结合的产物,在国内图书馆学情报学领域独树一帜,成为我校图书馆学情报学的代表性学说之一。在研究方法上,陈誉重视应用社会学的社会调查研究方法进行比较研究和定量分析,也鼓励图书馆学系的师生进行社会调查和重视统计工作。陈誉很早就提出"图书馆是一项重要的社会公益事业,它的本质是提供公益服务,利用图书馆是读者的权利,这种权利应当受到尊重,在利用图书馆面前应当人人平等",这种"图书馆权利"的思想,后来在他的学生黄纯元、范并思的倡导下,成为 21 世纪我国公共图书馆事业发展变革运动的重要思想武器。

陈誉又是杰出的图书馆管理者和图书馆学教育管理者。在我校图书馆学系主任的位置上,陈誉更是充分表现出出色的管理能力。我校图书馆学系创建初期的几乎每一个重要决策,都离不开陈誉的智慧。

陈誉对待学生的呵护仁爱,真诚细腻,受到我校图书馆系师生的一致称赞。1983年华东师范大学图书馆学系首届本科生毕业,同学们到车站送即将赴北京工作的3位同学。谁也没有想到年高63岁的陈誉会骑自行车赶到车站为这3位同学送行。许多学生给陈誉先生写信,都能很快地收到陈誉先生的回信。大多数回信密密麻麻地写满了叮咛、鼓励学生的文字。即使年近八旬,他还会亲自挑选给学生的贺卡。南开大学于良芝教授是陈誉的学生,陈誉去世后,于良芝在一篇纪念文章中写道:"我一直误以为我是他特别钟爱的学生,后来我才意识到,老师对他的所有学生都是这样。可能我的很多师兄、师弟、师妹也都有过同样的错觉吧。"陈誉的人格魅力,已经成为图书馆学系精神财富的一部分。

陈誉先生对自己的图书馆教育职业生涯十分珍惜。他在生命的晚年曾经说过:"我作为教师没有留下多少钱,也没有出版多少书,我最大的财富就是我的学生!"1979年陈誉前往机场送别一个美国图书馆代表团。该团一位代表突然好奇地问:你是一位优秀的图书馆长,又是一位出色的系主任,若你只能在两个职务中选择之一,你将作何选择? 陈誉回答说:我想我将乐于选择系主任一职,因为图书馆长只能为一个图书馆和一所大学服务,而图书馆学系主任可以培养大批人才为更多图书馆和全社会服务。

四、师资队伍特色

我校图书馆学系到20世纪80年代中期,已经形成了一支出色的师资队伍。他们包括西文编目和图书馆管理领域的专家孙云畴,目录学专家罗友松,图书馆学理论和图书分类领域的专家何金铎,参考咨询和中文工具书专家刘重燊,图书馆学理论家宓浩,情报学专家祝希龄,编目专家刁维汉,计算机系统专家顾耀芳,中文工具书和图书分类学专家卢中岳,等等。上述专家中,在我国图书馆学界最有影响力,也是最能体现我校图书馆学专业特色的代表人物是孙云畴和宓浩。

孙云畴,1935—1939年就读于北京大学(1937年成为西南联大)政治系,攻读国际关系。1942年进入金陵大学图书馆工作。当时金陵大学图书馆主任是留美回国的著名图书馆学家刘国钧先生,孙云畴在刘国钧先生的引导下踏上图书馆学专业的道路。(说来也巧,刘国钧正是在金陵大学就读哲学专业时遇到洪范五先生,在洪先生的引导下踏上图书馆学专业道路的)。孙云畴在金陵大学图书馆从事分类编目等工作,任中文编目组组长,并在金陵大学图书馆学专修科任教员。1947 年,国民政府教育部派出了抗战胜利后第一批公费留学美国人员,其中包括 3 位图书馆学专业留学生。与此同时,另有二位自费学习图书馆学专业的留学生同行。孙云畴是同行的图书馆学自费留学生之一,到美国后就读于美国哥伦比亚大学图书馆学院,1949 年获得哥伦比亚大学图书馆学硕士学位。新中国成立后,国家迫切需要图书馆学专业人才。北京大学成立图书馆专修科后,专业负责人王重民教授从北京大学地质学系主任、著名地质学家孙云铸教授处获知其弟孙云畴已经毕业,于是通过孙云铸将中国政务院(国务院前身)和北京大学图书馆学专修科主任王重民教授的邀请信转交孙云畴。孙云畴接到邀请后立即启程回国,成为我国 50 年代初"冲破封锁"毅然回国的知识分子之一。回国后孙云畴到北京大学任教。当时北京大学图书馆学专修科只有 3 位教员,即王重民、王利器和孙云畴。孙云畴主讲授分类学、编目学、图书馆学概论这 3 门图书馆学的核心课程。我国著名的图书馆学理论家周文骏教授、情报检索语言的创始人张琪玉教授,都是孙云畴的学生。孙云畴对于北京大学图书馆学系的另一个重要贡献是向王重民先生推荐刘国钧教授。刘国钧先生后成为我国图书馆学理论领域最具代表性的人物。孙云畴离开北京大学后先后去了哈尔滨工业大学图书馆和郑州大学图书馆,1982 年被陈誉教授引进到华东师范大学图书馆学系。在担任系副主任期间,辅佐陈誉主管该系的教学与科研。孙云畴还利用他的社会关系,帮助我校图书馆学系交结海外朋友,发展对外交流。

宓浩在华东师范大学历史系毕业后留校任教。1957 年被分配到我校图书馆,先后从事过古籍整理、参考咨询、俄文编目、国际交换等工作。1980 年 7 月调入图书馆学系,先后担任了图书馆学教研室主任,图书馆学系副主任、主任。宓浩十分注重学生能力的培养,鼓励学生积极思维,教学语言生动形象,深受教工和学生的尊敬。1981年,宓浩担任图书馆学基础理论课程教学,他根据国际图书馆学发展的趋势,着手改革传统的图书馆学基础理论课,将"图书馆学基础"与"情报学概论"综合为"图书情报引论",这一改革成果在学校首届教师节上获得教学优秀奖。宓浩著有《图书馆学原理》等著作,论文《知识交流和交流知识的科学》被评为上海市首届哲学社会科学优秀论文奖。

宓浩对于我国图书馆学理论的最大贡献,是创立了我国图书馆学理论领域最著名的学说"知识交流论"。知识交流论的实质是提出一种关于图书馆活动的社会科学解释。该学说认为,图书馆学要真正成为一种科学,它的理论基点必须建筑在图书馆活动赖以建立的社会联系的机制上。图书馆活动的本质是社会知识交流。知识交流论把图书馆活动置身于更广阔的社会活动的背景下,试图从图书馆和社会之间存在的固有联系来认识图书馆活动,并建立图书馆学理论体系。按照这种解释,知识的构成可以分为社会知识和个人知识,而文献生成则是实现个人知识向社会知识转化的过程。通过文献这种社会化的知识媒介的作用,人们可以实现知识的横向和纵向的交流。知识交流总是嵌入一定的社会的制度/机构之中的,图书馆就是形成和保证这种交流实现的社会的制度/机构。在图书馆的知识交流过程中,读者是交流作用的对象,藏书是一种交流的媒介,图书馆员是交流的组织者和中介者,图书馆内部的处理工作则可以理解为以交流为目的的知识整序过程。宓浩的学生黄纯元先生参与了知识交流论的构建,黄纯元后来将知识交流论的意义归纳为:1. 知识交流论是积极运用图书馆学以外的学科的知识资源来分析图书馆活动的一种探索。2. 知识交流论试图建立如何理解图书馆问题的一种"中间理论"(即沟通传统图书馆工作研究和社会科学理论之间理论)。3. 宓浩的研究工作对图书馆学基础理论研究具有重要的方法论启示。

就在宓浩担任系主任不久,突然而至的疾病就夺走了他的生命。陈誉是这样评价宓浩的:我与宓浩共事多年,他涉猎广泛,知识丰富,思维敏捷,聪慧过人,文笔优美。在不利的环境中总是执拗地为图书馆事业的发展而努力。他留给我们的宝贵财富是什么呢? 我认为是:不断进取,对事业执着追求的高尚情操;置个人困难于不顾,埋头工作的忘我精神;光明磊落,襟怀坦白,敢于坚持真理的优秀品质;探索科学,力求有所建树的崇高志向;以及平易近人,与同行、青年同志打成一片的优良作风。

我校图书馆学创建者们的精神,一直激励着该系的后来者在图书馆学情报学的科学研究、教书育人领域奋进。

* 本文作者:范并思,华东师范大学信息管理系教授;余海宪,华东师范大学图书馆研究馆员。

办一流大学图书馆　为学科建设服务

黄秀文　单正中　胡文华

华东师范大学图书馆创建于 1951 年 10 月。在 20 世纪五六十年代校图书馆的初创阶段和早期建设阶段,著名学者、教授王国秀、洪范五两位馆长带领图书馆走上了发展之路。70 年代末至 90 年代末,以陈誉、冷福志、王西靖三任馆长为代表的历届图书馆领导,以办国内一流大学图书馆为目标,依靠图书馆的老专家和全体员工,不断加强管理和科研,促使图书馆在管理和科研方面都取得出色成就,提升了为学科建设服务的质量。我校图书馆的综合实力在全国高等师范院校图书馆中始终居领先地位,在国内高校图书馆界享有很高声誉。

一、加强管理　实现制度和设施现代化

办一流大学图书馆,需要加强管理,努力提高管理制度和管理设施的现代化水平。

加强藏书制度建设,馆藏资源位居全国高校图书馆前列　我校图书馆历来重视藏书建设,以馆藏丰富著称。校图书馆成立之初的几年,其藏书主要来自原大夏大学、光华大学的图书和从暨南大学、圣约翰大学、浙江大学等调入的图书。陈誉先生在图书馆工作期间,不仅高度重视藏书建设,还提出了图书馆要制定藏书建设大纲等理论。继陈誉馆长后,冷福志、王西靖两位教授先后接任图书馆馆长,也非常重视藏书建设。至 1998 年底王西靖馆长卸任时,图书馆总藏书量已达到 354 万余册。20 世纪 80 年代末,由文化部牵头组成的中国部际图书情报工作协调委员会下属文献资源专业组曾主持进行了一次大规模的全国文献资源调查。此次调查以馆藏文献的数量与品种为重点,结合对馆藏文献质量进行抽样调查。调查结果显示:在被调查的全国公共、高校、科学院三大系统 514 个图书馆中,华东师大图书馆总藏书量排名第 21 位,社会科学文献收藏量排名第 12 位,在被调查的 22 个学科大类中共有 11 个大类的藏书位居全国三大图书馆系统前 20 位;总藏书量在全国高校图书馆系统居第 9 位,在被调查的国内 34 所高等师范院校图书馆中居第 1 位。

实行科学管理,确保图书馆藏书体系的一致性和完整性。在陈誉、冷福志、王西靖

三任馆长先后主政图书馆工作的 20 年间,他们加强藏书建设的一个共同做法是制定管理制度,实行科学管理,以确保校图书馆藏书建设的质量。先后制定的管理制度包括:《采购登记组暂行工作细则》《华东师大图书馆采访工作条例》《华东师范大学图书馆藏书建设大纲》等。图书馆还成立由各系资深专业教师参加的选书小组,参与图书馆的采访工作,保证选购各学科建设需要的高质量书刊。

开辟渠道,扩大书刊来源。从 70 年代末至 90 年代末,图书馆开展国内外书刊交换,建立固定交换户,至 1986 年已有 705 户,包括大专院校、科研单位及公共图书馆等,为我校的教学科研人员及学生获得最新的学术动态和资料信息增加了一条新的渠道。国际交换开始于 1979 年,至 80 年代中期,已与美国、英国、日本、澳大利亚等 45 个国家和地区的 53 所图书馆建立了图书交换关系,每年获得书刊资料一千册左右。

接受图书捐赠。20 世纪八九十年代,经多方联系,图书馆接受了国内外单位、团体和个人向图书馆捐赠的大量中外文图书。其中美国友好书刊基金会多次向校图书馆捐赠外文原版图书,仅 1985 年就向本馆赠书 2 万册。此外,一些个人捐赠的中文图书中,也不乏极佳的上品图书,如 1986 年获赠 143 种家藏碑贴拓本,其中 6 部为宋、明拓本,非常珍贵。

鼓励采访人员发扬敬业精神,积极开展访书觅书。在馆领导的鼓励下,采访人员的积极性得以充分调动。采编部副研究馆员童凤云精心挑选采访入藏的中文图书达数十万册。50 年代末,她趁着在北京出差的机会,通过走访琉璃厂,以 30 元人民币觅得了康熙本墨印彩绘《御制耕织图》。古籍专家郑麦于 70 年代末勤访上海古籍书店,为图书馆觅得了数千种珍贵的清代诗文集。外文图书采购单月湖先生为了寻找更多外文图书出版信息,做好外文图书采访工作,通过勤奋学习,掌握了俄、英、法、日等多国文字。期刊部老主任巢志华也为中外文期刊的采访付出了辛劳。经数十年的努力,至 20 世纪 90 年代末,我校图书馆构建了一个文理兼收,以学术性和研究性书刊、教学参考书和工具书为重点,以教育学、心理学、地理学、经济学、文学、史学、古典哲学、地方志图书和古籍为特色,内容丰富、学科齐全,能够满足学校教学、科研需求的馆藏文献体系,为学校的学科建设及发展奠定了坚实的文献基础。

坚持高标准,文献编目质量享誉国内高校图书馆界　校图书馆的几代编目人员对文献编目质量管理进行了不断的探索与实践。校图书馆建馆之初的几年里,因缺乏中文图书分类法等原因,对当时接收、调入的图书并没有进行编目。以后前辈专家童养年先生刻苦钻研,于 1953 年自编了一部中文图书分类法。至 1958 年,在洪范五先生领导下,图书馆调配人力,将接收、调入的 44 万册中外文图书、期刊和古籍集中整编,中文图书采用童养年自编的分类法,西文图书采用"杜威分类法",古籍图书采用临时分类法,到年底整编工作即告完成。通过整编,统一了目录体系,健全了目录组织,为

建于 1958 年的华东师大图书馆楼

校图书馆目录体系建设打下了基础,同时也为师生利用书刊创造了条件。

　　以先进性为原则实现文献编目标准化,成为八九十年代校图书馆三任领导和编目人员共同追求的目标。从 80 年代中期起,校图书馆进一步加快了以先进的文献编目条例实现文献编目标准化的步伐。1985 年校图书馆的中文图书编目开始采用国家标准《普通图书著录规则》进行著录。1986 年,西文图书编目与国际接轨,开始采用 AACR2(《英美编目条例》第二版)进行编目,并从 1997 年起对西文图书标引主题。90 年代采用计算机编目后,中文图书依据 CNMARC 格式编目,西文图书依据 USMARC 格式编目,并可从因特网上套录美国 OCLC 的编目数据,达到国内先进水平。1998 年图书馆加入教育部中国高等教育文献保障系统(CALIS),成为首批成员馆,中外文图书的编目数据都传递到 CALIS 数据库中,与全国高校图书馆实行资源共享。

　　以严谨的作风促使文献编目保持高质量。文献编目是图书馆中技术含量较高的工作之一,编目组也是图书馆专业技术人才相对集中的地方。杜聿玉、刘重燊两位研究馆员及陈慧莉副研究馆员,都在图书馆从事编目工作几十年。他们不仅理念先进,力推以国家标准及国际上先进的编目条例进行文献编目,而且对工作极为负责。编目中的对校、复校、总校步步紧扣,哪怕是一个标点符号,一个小数点后的数字错误也不让放过,以免造成同类图书在书库中位分两处。这种严谨的工作作风在采编部主任杜聿玉负责制定的《华东师大图书馆编目工作条例》中得到充分体现。由于老专家们的严格把关,校图书馆的编目质量在国内高校图书馆界一直享有很高的声誉。他们培养的接班人主持编目工作后,其先进的理念和严谨的作风得到了继承和发扬。2002 年 11 月,CALIS(中国高等教育文献保障系统)联合目录部投票决定并发布中西文编目质量评估报告,我校图书馆为全国高校 10 个 B＋级图书馆之一(无 A 级图书馆),中文编目质量评估总分排名居全国高校图书馆第四,西文编目质量评估总分排名居全国高校图书馆第七。本馆荣获 CALIS 联合编目"杰出贡献团体奖"和"杰出贡献个人奖",并成为 CALIS 中文联机编目质量控制组组长单位。

抓好基础设施建设,为读者营造一流的图书馆环境　20 世纪 80 年代中期,国内高校图书馆普遍处于馆舍面积紧张,基础设施落后的状况。当时,图书馆总面积仅9 094平方米,书库处于饱和状态,阅览条件很差,工作都用手工操作。幸运的是,改革开放的春风为图书馆带来了发展的大好时机,建造新馆与改造提升基础设施之事得以实施。

1987 年,我校得到资助决定建造图书馆新馆,资金由香港邵氏影业公司董事长邵逸夫先生捐资 1 000 万港币、国家教委出资人民币 470 万元共同筹集。冷福志馆长通过调查研究,以其前瞻的视野,对新馆设计提出了优化馆舍布局、加大对读者的开放度、增加现代信息教育功能、应用现代技术支撑图书馆管理与服务等新馆建设思路供学校和设计部门参考。1989 年 10 月,建筑面积 12 660 平方米的逸夫楼新馆正式落成。新馆建成后,校图书馆总面积增加至 21 754 平方米,管理与服务的现代化水平有很大提高,为我校师生的学习、借阅提供了一流的环境。由于逸夫楼新馆设计与建筑上的先进、实用、气派,在国内图书馆界产生了很大影响,来访参观的各界图书馆同行络绎不绝。1990 年 2 月,我校图书馆被国家教委评为"邵逸夫先生第一批赠款建设项目一等奖"。

建设图书馆计算机管理系统,在国内率先实现图书馆管理自动化。作为新馆建设

建于 1989 年的华东师大图书馆逸夫楼

的一项重要内容,1987 年我馆开始建设先进的图书馆计算机管理系统,以实现自动化管理。计算机管理系统是在引进国外先进技术的基础上,结合中国的国情和大学图书馆的实际情况进行改造和再开发而成的。其功能齐全,覆盖了我国高校图书馆的基本业务,响应速度快,数据容量大,数据库管理安全可靠,系统运行稳定,使用方便。系统主要功能包括:中西文图书订购、验收、财产管理;经费预算与结算管理;中西文图书期刊编目,MARC 记录转换管理;中西文期刊订购、计划、装订管理;流通出借、归还、预约、处罚管理;读者书目公共检索管理;系统参数设置管理。1991 年 12 月,校图书馆的计算机管理系统通过了国家教委条件装备司专家组鉴定,结论为"华东师范大学图书馆计算机集成管理系统在吸收、改造和扩充国外图书馆管理方面以及在实现图书馆管理自动化和计算机应用方面,都达到了国内领先水平,具有推广应用价值"。在我校图书馆的示范和影响下,到 1993 年,图书馆 ILIS 软件系统已在国内清华、复旦等十多所高校图书馆得到不同程度应用。

　　紧跟发展形势,积极开启图书馆的信息化建设。随着信息化社会的到来,图书馆面临着在自动化建设的基础上,进一步进行信息化建设以适应教学、科研需求的重任。在王西靖馆长主持下,1994 年将图书馆计算机管理系统的 k280 小型计算机升级到 k670,使图书馆计算机管理系统的运行更加顺畅,以支撑信息化建设的需求。在 90 年代中期开展了教育信息技术的开发及研究并取得了一定的成果。1997 年本馆与校东方房地产学院合作筹建东方房地产计算机教育中心,在图书馆逸夫楼二楼开设了配有 50 台电脑的电子阅览室。

　　由于前辈的努力和后辈的积极跟进,如今我校图书馆已取得更大的进步。据统

2006 年竣工的闵行校区华东师大新图书馆大楼

计：截至 2014 年,图书馆已拥有闵行校区和中山北路校区两个现代化的图书馆建筑,馆舍总面积达 55 500 平方米,馆藏印刷型图书文献 447 万余册,各类电子数据库 126 个(含 336 个子库),合计电子资源 410 万余种。图书馆应用 INNOPAC 自动化集成管理系统,通过校园网实现了两个校区的网络连接和集中式管理,实现了本校读者远程访问数字图书馆资源的功能。校图书馆已成为我校文献信息中心,为学校教学、科研提供了坚实的文献信息保障体系。图书馆总体实力保持了全国高等师范院校图书馆的领先地位,并进入全国高等学校图书馆的先进行列。

二、科研兴馆　提升管理者的学术造诣

1982 年 10 月国家教育部颁布了《中华人民共和国高等学校图书馆工作条例》,其第一章性质和任务第一条明确指出"高等学校图书馆是学校的图书资料情报中心,是为教学和科研服务的学术性机构,它的工作是教学和科研工作的重要组成部分"。首次以国家文件的形式把高校图书馆定位于服务性的学术性机构。1979 年 3 月国家教育部下达了《关于高等学校图书和资料情报人员职务名称确定和提升的暂行规定》,1985 年 7 月国家教委又拟定下发了《高等学校图书资料情报专业职务试行条例(草案)》,两个文件对评定副高级和正高级专业职务在工作业绩、编译资料情报、发表论著等方面分别作了规定,这实际上对高校图书馆必须通过科研提高图书资料情报人员的业务素质和服务水平提出了导向性的意见。当时校图书馆的领导陈誉等充分认识到,高校图书馆开展科学研究是大势所趋,人心所向,也是图书馆提升自身实力、促进服务的大好机会。为此,陈誉等领导校图书馆开始了开展科研活动的探索与尝试。

领导专人分管　规划计划落实　图书馆领导班子中有人分管科研工作,科研工作计划列入图书馆阶段性总体规划和图书馆每年度的工作计划。接着,他们就着手组织图书馆业务骨干先行开展科研活动。当时图书馆列入正式编制的 108 名人员中,大专以上学历者有 65 人,占百分之六十,其中 6 人为研究生,是一支文化水准很高的队伍。在馆领导的组织下,一批业务骨干以极大的热情投入了科研活动。

经过几年的努力,至 1984 年 10 月,校图书馆的业务人员共发表了 137 篇文章。其中,属图书馆学、情报学方面的,共 57 篇,如《图书馆传统观念的改变与人才培养》、《关于图书馆学基础理论研究的几个问题》、《社会科学情报源的结构系统》等。属书刊评价方面的,共 20 篇,如《古今辞书之集大成者〈中文大辞典〉简介》、《〈朝城县志略〉琐谈》等。属目录学方面的,有《陈垣在目录学上的贡献》等 4 篇。其余 40 篇分属文学艺术、历史学、社会学、哲学、人才学等方面,另有 16 篇是译文。此外,至 1985 年底,校图

书馆的专业人员出版了《胡适著译系年目录与分类索引》、《图书馆学、目录学、档案学论著目录》(与本校图书馆学系资料室合作)等5种著作,另有《诗三家义集疏》(校点)、《画学心印》等8种著作列入出版计划。

上述发表、出版的论著对推动图书馆工作起了很好的作用。陈誉馆长的《试论高校图书馆在为教学和科学研究服务中的地位和作用》等多篇论文,对高校图书馆的理论建设和工作实践有重大影响,有的被收入多种集子。校图书馆与图书馆学系合写的《李大钊与我国现代图书馆事业》,经学校评选后上报,获1976—1982年上海市高校文科科研优秀论文奖。有些文章如《图书馆有效劳动的探讨》、《关于图书采访工作中使用预订卡问题》、《教学参考书的供应与管理》、《阅览工作怎样做到既方便读者又加强管理》等,是实际工作经验条理化、系统化的结晶,反过来又能指导实践,因此,对图书馆提高服务水平起了积极作用。

1986年10月,由我校图书馆署名,在全国高校图书馆工作委员会主编的《大学图书馆通讯》上发表了《高校图书馆要积极开展科研活动》一文,介绍了校图书馆开展科研工作的经验,该通讯并加了编者按:"华东师大图书馆通过科研活动,提高了在校内的学术地位,增加了在社会上的知名度,还培养了一批业务尖子,推动了全馆的业务工作。"编者按还向全国高校图书馆推荐此文章:"请馆长同志们一读。"此文的发表,进一步扩大了我校图书馆在全国高校图书馆界的影响。

研究工作紧扣图书馆建设与服务主题　科研活动初战告捷后,校图书馆对科研工作进行了总结与梳理,进一步明确了科研方向:即高校图书馆的科研活动应紧扣图书馆建设与服务这一主题,重点应放在图书馆学、情报学、目录学、版本学、文献学、现代化科学管理等方面;鼓励具有文史哲、数理化等学科背景的专业人员将原有学科知识与图书情报等专业紧密结合开展科学研究;对偏离高校图书馆科研方向的现象应加强引导。

高校图书馆的首要任务是为学校的教学和科研服务。因此,探索有助于提高服务水平的科研路径是校图书馆面临的一个重要课题。根据服务第一原则,校图书馆对科研的内容作出了界定,图书馆科研的内容重点应放在:运用图情理论探讨业务工作的规律性,调研与评述专题文献资料,编制目录、索引、文献等检索工具,翻译专题资料,整理与标点古籍,开展书刊评价等方面;同时鼓励有条件的专业人才围绕图书馆学、情报学、目录学、版本学、文献学等著书立说,以提高图书馆的知名度。

建立激励机制,奖励研究成果　自1985年起,校图书馆设立了科研成果奖,以鼓励先进。同时,校图书馆也积极组织参加上海市有关部门、上海图书馆学会、中国图书馆学会、中国索引学会等开展的评奖活动,并多次多人获奖。评奖活动是一种很好的宣传动员,对多出成果、快出成果起了很好的激励作用。

方向明确,路径对口,加上有效的激励机制,使校图书馆形成了浓厚的学术氛围。不少馆员在努力做好本职工作的基础上,利用业余时间辛勤笔耕,使图书馆硕果累累。80 年代后半期至 90 年代末,我校图书馆的科研成果一直保持名列上海高校图书馆界前茅。这一时期,校图书馆的科研形成了三大方面的成果:一是产生了一批图书馆学、情报学方面的学术论文,其数量呈上升态势,其质量也有很大提高,这与图书馆明确科研方向及图情系毕业的专业人员已成为图书馆科研骨干密切相关。二是产生了若干相关专业教学科研急需的专题资料选编,较突出的,如在中国现当代文学方面整理出版了鲁迅、周作人、郁达夫、张爱玲、顾城等多位文学家、诗人的专题资料选编与评述。三是在文献研究与整理方面成果丰硕,编纂出版了一批具有较高学术价值、深受读者欢迎的书目、索引、辞典等检索工具书,如《中国行政区划文献目录》、《东坡词索引》、《〈传记文学〉索引》、《〈申报〉索引》、《天一阁藏明代方志选刊人物资料人名索引》、《中国年谱辞典》等。这三方面的成果切合高校图书馆的科研方向和内容范畴,其发表或出版应用后推动了图书馆的业务工作,提高了图书馆的服务水平。

郑麦研究馆员编纂的《天一阁藏明代方志选刊人物资料人名索引》,1998 年 6 月获上海市哲学社会科学优秀成果(1996—1997)著作三等奖。仇永明研究馆员主编的《东坡词索引》是国内研究苏东坡词的一部重要检索工具书,1994 年获中国索引学会"全国索引成果"优秀成果奖;他与人合编的《〈申报〉索引》(1922 年)1994 年获中国图书馆学会优秀成果奖,并获全国图书出版系统"金钥匙"优胜奖。

深化学术研究　提升图书馆知名度　这一时期,图书馆一些具有深厚专业背景的老师,围绕图书情报学、目录学、文献学等学科,开展了专题性的学术研究,所取得的科研成果不仅增强了图书馆的服务水平,还提升了图书馆的知名度。

季维龙研究馆员编纂《胡适著译系年目录与分类索引》为大陆的胡适研究开路。几十年来,他孜孜不倦,最终取得丰硕成果,成为该领域的先行者和权威者。他写成的近 37 万字的《胡适著译系年目录与分类索引》一书于 1984 年 1 月由上海人民出版社出版。他应曹伯言先生之邀请,开始合作编撰的《胡适年谱》,约 60 万字,于 1989 年 5 月由安徽教育出版社出版。1996 年 8 月季维龙被聘为《胡适全集》常务编委。季维龙新编的《胡适著译系年目录》(1995 年 8 月安徽教育出版社出版,全书 60 万字)被确定为编纂《胡适全集》的主要参考书目。在整理《胡适全集》的五年多时间中,季维龙废寝忘食,最终完成了《胡适全集》第 13 卷《史学·论著》、第 19 卷《史学·人物传记》、第 42 卷《译文》、第 43 卷《胡适生平年表及胡适著译系年(一)》、第 44 卷《胡适著译系年(二)》,共约 200 万字的编纂任务。《胡适全集》共 44 卷,约 2 000 万字,2003 年 9 月安徽教育出版社出版。季维龙还先后发表了近 30 篇胡适研究文章,为校内外读者解决了许多胡适研究方面的难题,受到读者的一致好评。

陈誉担任校图书馆副馆长、馆长整整 25 年,他也是我校图书馆学系的创建者,任系主任达 10 年之久。在长期的工作、教学和理论研究中,先生努力求索,在 20 世纪八九十年代成为国内著名的图书馆学家。先生的学术研究包括图书馆学、社会科学情报工作理论及图书馆学情报学教育理论三大部分。其中,先生的图书馆学研究,为现代图书馆的改革和发展提供了理论指导。他 1979 年发表《试论高校图书馆在教学和科研服务中的地位和作用》《图书馆传统观念改变与人才培养》《基层公共图书馆的功能》等论文,提供了现代图书馆改革的思路和原则取向;他发表的《以读者工作为中心的英国图书馆服务》《用新思想推动图书馆的改革使读者工作更上一层楼》《继续更新观念提高读者工作服务水平》等论文,为图书馆提高读者工作服务水平指明了方向;他发表的《资源共享与城市发展——关于建立上海市图书情报网络的初步设想》《资源共建与资源共享》等文,为有效的馆际合作提供了新的模式;他发表的《踏浪者或观潮人——图书馆员面对未来的选择》《面向新世纪的图书馆员和图书馆学教育》等文,开拓了信息时代图书馆研究的新天地。

1992 年陈誉与我国台湾、香港及美国、新加坡学界同仁合影

三、明确宗旨　为学科建设提供最佳服务

以读者为本、为学科建设提供优质服务是图书馆的根本宗旨,也是图书馆人需要不断探索的永恒主题。图书馆的历届领导,几代图书馆人都为探索与实践这一主题作出了不懈努力。

　　历任馆长以其先进的理念引领服务　陈誉、冷福志、王西靖三位馆长学科背景、工作经历各不相同,办馆思想也各具特色,但有一个共同点是,都把读者服务作为图书馆的中心工作来抓,以他们先进的理念引领读者服务向前发展。陈誉是改革开放后的首任校图书馆馆长。他认为读者服务即为教学科研服务是图书馆工作的灵魂,曾发表多篇论著加以阐述。陈誉关于读者工作的先进理念,对图书馆在改革开放初期及时将工作重心转向为读者和学科建设服务,促进工作观念更新,改革基础服务工作及提升读者服务水平起了重要的引领与指导作用。冷福志馆长把读者服务列为图书馆工作的重中之重。她倡导图书馆以读者第一,服务至上为宗旨,领导图书馆对读者服务工作进行了多项改革,有效提升了图书馆的服务质量。王西靖馆长在其任内始终高度重视图书馆的读者服务工作,从其深厚的计算机科学学科背景出发,他以应用现代信息技术提升读者服务水平作为核心理念引领图书馆的读者服务迈上新的台阶。

2000 年陈誉、冷福志、王西靖三任馆长与图书馆同仁合影

　　从改革基础服务着手提升读者工作的质量　改革开放初期学校师生利用图书馆的热情很高,以后随着学校办学规模的扩大,师生对图书馆的服务提出了不少新的要求。在更新理念、统一认识的基础上,图书馆根据读者需求,从改革基础服务着手,在提升读者工作质量上着重做了三件事:第一,扩大书刊开架面,延长开放时间。"文革"前,图书馆的书刊基本上是闭架借阅。1979 年随着观念的逐步更新,图书馆各普通阅览室相继从闭架改为开架阅览,1985 年初还开设了社会科学和文艺小说两个开架书库供读者入库自选借阅。80 年代中国教育部颁发的《普通高等学校图书馆

规程》规定,高校图书馆"书刊服务时间每周应达到开放 70 个小时以上"。我校图书馆至 1990 年已经达到每周开放 98 个小时,受到广大读者的欢迎。第二,开展形式多样的导读活动。导读也即阅读指导。从 80 年代中期起,校图书馆与读者工作相关的部门就积极开展导读活动。通过开设文献检索课,举办阅读辅导报告、图书馆利用讲座、书评活动、大学生阅读演讲比赛等多种活动对大学生开展阅读指导,提高了大学生对阅读的认识和兴趣,扩大了他们的文献视野,普及了文献检索方法,大大增强了图书馆对读者的吸引力。第三,加强参考咨询服务。馆内具有不同学科背景的研究馆员,季维龙、郑麦、仇永明、张静贞、李永祥和汪伯淳(副研究馆员)等当年都是参考咨询服务的主要骨干,他们或在总咨询台,或在各阅览室以口头或书面形式解答读者各种疑难问题,以深厚的学科底蕴和扎实的文献知识为读者提供了优质服务。

发挥情报职能以提升读者服务的层次   情报职能是与教育职能并列的图书馆两大职能之一。情报服务是图书馆为学校教学、科研提供服务的重要方式,也是图书馆提升服务层次的有效途径。1987 年 6 月本馆即成为世界著名的国际联机检索系统 DIALOG 的中国首批用户之一。张静贞研究馆员对我校图书馆的情报工作有奠基之功。以后经过图书馆后辈领导和情报人员的努力,2004 年 10 月教育部正式批准在我校图书馆建立"教育部科技查新工作站",使图书馆的情报服务进入了快速发展、深层次服务阶段。近几年,该科技查新工作站查新的各类课题、查收查引的项目每年均分别达到数百个(项),为学校师生科研立项、申报奖励、成果鉴定、专利申请,及各类人才计划申报等提供科技查新与引文查证服务,受到读者一致好评。

开设古籍阅览室,为读者提供优质服务   图书馆拥有丰富的古籍资源,馆藏古籍约 33 万册,其中善本 2 500 余种。本馆收藏的古籍总量在上海紧随上海市图书馆和复旦大学图书馆,位列第三。2009 年我校图书馆入选全国古籍重点保护单位和上海市古籍重点保护单位。古籍是我校相关专业开展教育、科研所需的重要文献资源。1989 年 10 月在逸夫楼新馆八楼,首次开设了古籍阅览室,为教师和研究生提供服务。许多校外读者也慕名而来,甚至还有日本、韩国、欧美的国外读者。古籍部主任、研究馆员郑麦在参考咨询服务方面的成绩尤为突出。郑麦是华东地区古籍甄别专家之一,以在读者服务中的严谨作风和认真精神获得了读者一致好评。

通过大力抓好读者服务工作,校图书馆的服务质量与服务层次大幅上升,为学校的学科建设作出了贡献。在 1993 年与 1998 年先后进行的上海市高等学校图书馆评估中,我校图书馆两次被评为 A 级馆,总分名列上海高校图书馆前茅,其中有关读者服务的分项评分均获得了高分。进入新世纪后,我校图书馆在读者服务上更加努力向上,荣获了CALIS(中国高等教育文献保障系统)应用服务优秀示范馆称号,并多次荣获CASHL(中国高校人文社会科学文献中心)优质服务一等奖。

* 本文作者:黄秀文,华东师范大学图书馆研究馆员;单正中、胡文华,华东师范大学图书馆副研究馆员。

坚持出版方针 竭诚为教学科研服务

万中一 刘凌 王世云

华东师范大学出版社成立于1957年。当时大学出版社只有南北两家,另一家为中国人民大学出版社。1959年,因国家出版事业需要调整而奉命停办。1980年6月,经我校申报,国家有关主管部门下达批文,同意恢复华东师范大学出版社。副校长林远任复社后的第一任社长和总编辑,杜曰喜为党支部书记,王世云为副书记,石啸冲教授为副社长兼副总编辑,向阳为副社长,周本湘教授、钱谷融教授为副总编辑。出版社的工作正式而紧张有序地展开。

一切从零开始

当时出版社名为恢复,实为新办。一切从零开始,没有房,没有钱,没有人,没有经验。怎么办?我们迎着困难上,并力争学校的支持。首先要解决办公用房,学校将已故党委书记常溪萍住过的平房(现师大一村332号处),作为出版社的办公用房(共四室一厅),当时里面还住着两户居民,出版、发行、财务、资料、社办公室都挤在一起。后来校总务处又给我们一村西楼一间作理科编辑室,中楼两间作文科编辑室。每逢阴雨天,过道上常挂着邻居小孩的尿布和衣服。文科编辑室在一楼朝北,窗下是粪池,经常外溢,臭气熏天,夏天没法开窗。条件是艰苦了点,但总算有了办公的地方,我们当时已经很高兴了。没有钱,向校财务处借款20万元作开办费,这些钱主要用来采购纸张和其他必要的开支,能省则省。我们到校总务科仓库挑选各系各单位淘汰下来的办公桌椅,分给各科室用。总务科还送我们木床作为库板。书库的老李甚至把读者寄来的大量用过的信封翻过来糊好再用。人不够,除了从校内调入外,还从别的出版社调来有经验的编辑、出版人员,向上海教育出版社取经,请有经验的出版专家来社讲课。大家本着创业的精神,任劳任怨,积极组稿,认真编审,加快印刷,很快就出版了一批专著、教材和普教读物。像陈裕祥组稿的《高中文科复习资料》,第一次征订印数就达75万册。1981年,由时任南京大学校长匡亚明发起,我校中文系教授徐中玉为主编的《大学语文》书稿启动,我社语文行家施亚西任责任编辑,随后她参加了多次编审委员会会议,提出了许多有益的建议被采纳。身为社领导的王世云参加了《大学语文》定稿会,并约请著名书籍装帧家为该书设计了封面。《大学语文》初版就发行近 20 万册,之后不断再版,据统计,累计印数已逾 3 000 万册,做到地域和高校类型的全覆盖,在高等教育史上开创了教材编写和出版的一个奇迹。还有其他图书,一出版就供不应求,一再重印。1983 年,由李景鸿组稿、张民伦教授等编著的《英语听力入门》四册,因已被列入大学秋季开学后使用,书稿于当年 7 月 15 日全部完成,一个月后即 8 月份必须出书。当时我社复社才两年,一切尚在草创阶段,上海各印刷厂的排印设备也很差,但社领导决心排除万难,调动全社各科室的积极性,要求在一个月以内完成《英语听力入门》的编辑出版工作。在社领导大力支持下,李景鸿负责整个项目,全社各部门都支持他统筹管理组稿、编辑、校对、出版发行等各项工作,并取得承印厂的积极配合,终于一个月后首印 14 万册教材并配上音带出版。据统计,多年来,该系列教材各册各版本累计印数逾 2 000 万册,磁带逾 1 200 万盒。作为一套专业课教材,它可以说创造了我国教育出版史的又一个奇迹。这对全社人员来说,是莫大的鼓舞,大家干劲更足了。没有书库,即在办公室的东面和南面仅有的空地上,建造了约 200 平方米的简易房。

出版图书一瞥

经过两三年的拼搏,出版社从岗位设置、规章制度、出版流程、财务开支,一直到对外交流都走上正轨。这是我社发展的雏形。到 1983 年,年出书 60 多种,期刊 12 种,其中初版书近 40 种,出版利润也有较大的增长,除当年就还清学校的 20 万元债务外,还有不少盈余。出版社的发展虽是刚刚起步,却是重要的一步,为进一步发展奠定了基础,并受到教育部高教司的重视。1983 年,教育部把我社列入古籍出版中心和文科教材出版基地。但是办公用房等条件已经不能适应出版社进一步发展的需要。在林远的带领下,我们多次去北京反映情况,最后教育部决定拨款给我社。1986 年初建成五层的古籍排版中心(今开放大学办公楼),1988 年建成先锋路口的现在的智慧楼,为我社快速发展,创造更好的办社条件。这为日后出版社迅速发展奠定了坚实基础。

发挥师范优势，形成师范特色

1984年8月，学校决定调整出版社领导班子，任命副校长郭豫适兼任社长，万中一为常务副社长（后为社长）兼常务副总编辑，王世云为党总支书记，陈贻恩为副社长，曹伯言为副总编辑。新一届领导班子很快制定了发展规划，确定了基建项目，以及"百人编制、日出一书"的目标，并立即从组稿、编辑、出版、发行等各个环节开展了紧张而有序的工作。当时，大学出版社像雨后春笋般地迅速发展，数量激增。这时，国家还处于计划经济向市场经济转型之中，而出版物是商品，但又是不同于一般商品的精神产品。因此，出版社在发展过程中，碰到了很多问题，其中最重要的是社会效益与经济效益的关系问题，引起了出版界以至全国各行各业高度关注和热烈讨论。正在这时，国家教委、新闻出版署、中宣部联合召开大学出版社工作会议，出席会议的有大学出版社所在学校的分管校长、出版社社长以及印刷厂厂长。我们出席会议的有郭豫适、万中一和糜有成（印刷厂厂长）。会上，国家教委主任朱开轩作了主旨报告，新闻出版署副署长刘杲作了重点讲话，中宣部新闻出版局局长袁亮对出版的导向作了重要讲话。这些讲话对大学出版社的办社方向、出书范围、出书质量、经营范围、纳税政策、财务核算以及管理体制等方面都提出了明确要求和政策界线。其中最重要的是大学出版社的出版方针，明确提出大学出版社应把出版教材、教学用书作为主要任务，把出版学术专著作为重要任务，并作了量的规定，并规定不允许出版与此无关的出版物。同时，提出大学出版社应"立足本校，面向全国，通往世界"的战略方针，会议以文件的形式下达。应该说这对刚刚兴起的大批大学出版社来说，确实是一盏指路明灯。

大会期间，还组织了有关出版社的经验交流。万中一代表我校出版社作了题为"明确指导思想，努力提高出书质量"专题发言，主要讲了要处理好三个关系，即社会效益与经济效益、数量与质量、被动依赖还是主动服务。其中讲到如何认识处理两个效益关系时，提出任何时候都不能"三个离开"思想，这就是：1.不能离开出版社的性质和任务来看待两个效益的关系，因为在这对关系中把社会效益放在第一位，是由社会主义出版社的性质和任务决定的；2.不能离开图书质量来考虑经济效益，因为我们所说的经济效益从属于图书质量的，是应当通过提高出书质量来取得的；3.不能离开总体而在每一本书上孤立片面地追求经济效益，因为我们所说的经济效益是一个总体概念，而不是一个个体概念，在个体上即某一本书上，则可能是有盈有亏的。这"三个不能离开"的思想，会后在新闻出版署主办的《中国出版》权威刊物上发表，这表明这样的认识在当时出版界，甚至是全国精神产品生产单位和人员中是不多见的。这个思想我们在起草修改中,是曹伯言加上去的。当时对这一问题作这样的概括,有相当的高度与深度,并富有哲理。

这次会议后,我们狠抓对会议精神的落实。我们在多年的实践中逐步认识到,出版社的形象,主要取决于出版物的形象。而要使出版物质量高,形象好,取决于对自身出版社的定位。就横向比较看,大学出版社与地方出版社相比,大学出版社中师范性大学出版社同综合性或专业性的大学出版社相比,都有一个共性和个性的问题;而师范院校出版社中,由于校情、社情、地情各异,出版物也不会一样。因此,在贯彻大学出版社方针过程中,在优化选题出书过程中,就应在共性中求个性,这样才能显示出出版社应有的特色。

对于这样一个重要问题,我们在出书实践中,逐步摸索到一条适合我社自身特点的路子。概括起来说,就是发挥"五个优势",即从五个方面拓宽延伸。

第一是发挥我校学科优势,促进学校教学科研的不断深化。我校是一所综合性师范大学,优势在于学科比较齐全,师资力量比较雄厚,科研成果比较丰富。不少学科在全国同行中还处于领先地位,如教育、心理、国际金融、中国史学、人口地理、数理统计等。我们抓住这一有利条件,投入大量人力物力,出版了一批反映我校特色的教材和专著。其中有著名教育家刘佛年教授主编的"教育科学丛书",这套丛书既有教材,又有专著,也有译著和史料,在已出版的18种中,不少图书获得各种奖励或者和海外出版商进行版权贸易;著名经济学家陈彪如教授主编的"国际金融系列丛书";著名地理学家胡焕庸教授主编的"人口研究丛书";著名数理统计学家茆诗松教授主编的"概率与数理统计丛书",以及反映师范特点的配套的相当多的公共课、基础课、专业课和部分研究生教材。据统计,我社复社至1994年共出书1 250种,其中我校教科人员编著的教材、专著等共879种,占出书总数71.1%。这些图书的出版,不仅促进了我校教学和科研工作的发展,而且推动了师资队伍的建设和梯队的形成。

第二是发挥师范系统优势,着眼于加强师范教育的薄弱环节。作为师范大学出版社,应从这样的一个特定的角度出发,去发现和加强这些薄弱环节。1989年,一贯关心和支持我社工作的国家教委教材办负责人袁华同志来社作工作检查与指导。当时,他找了万中一和曹伯言交谈,他建议我们出一套适合高等师范专科院校的系列专用教材,当时还是一个空白。我们觉得真是天赐良机,求之不得,随之快速落实。一方面就在我校由袁华同志召开六省一市教委有关负责人会议,通报我们准备启动这个项目,请他们大力支持和协助,把它搞好;另一方面,我们组织有关编辑人员,主要是年青编辑到华东地区,选择几所有代表性高等师专,作专题调研。社领导王世云也参与了这次调研。所到院校无不受到该院校领导、教师以及学生的热烈欢迎和密切配合。我们召开座谈会,个别交谈,以及实地察看教学情况,获得了大量信息。调研结束后,返社进行交流、汇总、梳理。我们发现华东地区师专有 50 余所，全国有 180 余所，在校师生二三十万人；其培养目标是初中各科教师。但就是这样一个无论在培养目标、学制、课程设置和教学时间等方面都与本科师范院校存在很大差别的师范教育层次，新中国成立以来始终没有一套适合自己教学实际需要的教材。因此，很多师专的教师十分焦虑，说"这种现象再继续下去，不仅严重影响师专的教学质量，而且将在很长时间内对全国成千上万所初级中学的教学质量产生不良的影响"。于是我们就决定先组织编写师专公共课、基础课的整套教材。根据师专的特点，在教材的设计上，无论是体系的构成、内容的深浅、篇幅的长短等方面，都紧扣师专的培养目标、学制、课程设置和教学时间这些实际。为了使上述指导思想在教材中真正体现出来，从主编到编写人员均由教学经验丰富、学术造诣较深的师专教师担任，同时我们还邀请本科师范院校的同行专家担任主审，以保证教材应有的特色和质量。曹伯言负责这项工程后，有声有色卓有成效地开展工作，从学校学科的选择，编审指导思想，体例的确定，以及主审人员的挑选，一直到书稿完成。经过近 4 年的努力，我们出齐了我国师专的第一套公共课、基础课教材，计 60 多种。受到了广大师专师生的欢迎，也得到了国家教委有关领导部门的支持和肯定，其中 20 多种教材还被国家教委师范司作为全国师专的推荐教材。

出版特色图书

第三是发挥地区的优势，尽力为基础教育服务。为基础教育服务，是师范院校出版社应尽的职责。因此，我们在出好高等教育需要用书的同时，也适当出版一些有利于中小学教师进修提高、有利于加强中小学教学管理、有利于中小学生智力开发等方面的图书，尤其是从教改实际出发编写的试用教材。例如，1990 年，为适应沿海地区教育改革发展的需要，由上海市中小学课程改革委员会统一规划，上海市政府教卫办组织编写一套发达地区九年义务制改革试点教材。为保证教材的出版质量和经费,市教育局采取了招标的办法组织出版。我们出版社在上海出版界强手如林的情况下,一举中标全套地理、计算机以及高中数学的全部教材,以及相配套的辅助读物,共 30 多种。到 1994 年已全部出齐,受到了有关教育部门的好评。

　　第四是发挥我校社会助学的优势,致力于成人高等教育的普及和提高。努力开展成人的高等教育,始终是我们师范大学的一项重要任务。在与全日制不同的教学实践中,逐渐形成了一批供函授、广播和自学考试使用的教材和教学参考书,尤其是自考教材,其中有《大学语文》、《中国现当代文学作品选》、《写作》、《心理学》和《形式逻辑》等。在出版过程中,我们同作者一起,在编辑意图、出版周期、发行方式上,充分注意了"自学"这一特点,因此自考教材被越来越多的省、市自考办和广大自学考生所接受,被自学者称为"不见面的老师",发行量逐年上升,不仅使我社获得较好的经济效益,而且也使我社为普及高等教育发挥了应有的作用。

　　正是由于我们在选题和出书上,注意坚持大学出版社的方向,充分发挥师范优势,所以在出版物的结构和内容上形成了师范的特色。1994 年中国教育报在采访我社情况时,充分肯定了这一特色,并于当年 4 月 21 日发表专文,称赞我社是"师范教材的王国"。当然,特色的形成有一个过程,特色形成之后也不是固定不变的。随着改革开放的深入,教育事业的发展,对已经形成的特色需要加以充实、丰富,更需要根据形势的变化和自身的特点,创造更有个性的特色。因此当时我们一方面每年拿出 40 万元,作为出版本校具有特色课程的教材和富有创见的专著的基金;另一方面我们又组织力量调查师专教材使用情况,和自学考试课程设置的变化情况,以此作为我们修订、调整、充实这方面出版物结构的依据;与此同时,我们还着手研究新的一轮五年规划,组织具有师范特色并在国内甚至国际上有影响的几部重点书,以此显示师范大学出版社应有的本色。

　　第五发挥师范大学出版社联合优势,组织高水平的大型工具书出版。历年来,我社出版了多种工具书,获得读者好评,但大型工具书尚未出版过。20 世纪 90 年代初,北京师范大学出版社社长武静寰、东北师范大学出版社社长于超和华东师范大学出版社社长万中一,出席一次全国大学出版社工作会议,武静寰提出,为适应普教事业的发展需要,我们三家出版社能否联合起来,编审与出版一套适应这种需要的工具书(后来取名为"中学百科全书"),大家一致赞成。要做到高水平、高质量地完成这一任务,关键在于要组织一支高水平的编审队伍。当时商定聘请著名科学家、复旦大学校长、时任全国人大常委副委员长苏步青,时任国家教委副主任柳斌以及教育家原华东师大校长刘佛年牵头组建编审委员会。聘请的任务落实到北京师范大学和华东师范大学出版社身上。北师大出版社出面聘请柳斌,华师大出版社出面聘请苏老。万中一和曹伯言具体落实。经初步接触,柳斌表示,苏老不牵头,他不会参加,而苏老表示国家教委负责人不出山,他亦不愿参与。在这两难之时,我们重点与苏老接近,我们专程向他汇报此项选题的设想,以及我们三社的情况;同时邀请他到我社实地考察与指导,当他真切地了解到我们都是堂堂正正的出版人时,他愿意做这件事。苏老松口了,柳斌也答应了。刘校长是一向支持大学出版事业的,同时他知道了苏老、柳斌都参与这一工作,所以他乐于接受。于是,我们组建该书的"编审委员会",主任委员苏步青、柳斌和刘佛年,副主任委员为三所大学的校长,编审委员则由北京、长春、上海三地聘请高校和中学相关学科的带头人。队伍组建后,随即在华东师大出版社召开了第一次会议,苏老、刘老主持会议。会议讨论出版该书的意义,编审的指导思想、书的体例,尤其是辞条的设立,以及大致时间的安排等。会上大家畅所欲言,各抒己见,异同都有。大约讨论了一天半之后要作会议总结,苏、刘二老要我们起草一个初稿,并说了一些意见。当天晚上,万中一、曹伯言、陈丽菲(华东师大社历史编辑),奉命起草初稿。由于万、曹、陈三人对编审意图比较清楚,情况也了解,因此当大框架确定后,每一个问题都是你一句、我一句凑出来的。一面凑,陈丽菲一面记,凑完,初稿也出来了。那个晚上,从晚上7点多一直到凌晨5点左右。当时陈丽菲患重感冒,还在挂水。第二天把初稿交到刘佛年手中,未作重大修改,他作了总结报告。此后,三家出版社紧张而有序地开展工作,并在编审学科、印刷、发行和结算等方面进行协调,结果是我们华东师大社分到物理、化学、教育心理学、历史学、外国语学等五卷。随后,我们出版社承担的这五卷编审任务从组织队伍、条目的确定、编审原则等问题,由曹伯言统筹负责。"全书"各卷的责任编辑分别由李凌云、彭仕奇、施希仁、张云皋、陈长华等资深编辑担任。他们对书稿严格把关,一丝不苟。比如李凌云借了有关辞典,对相关条目进行对照,发现不少雷同情况,随即复印后与编者沟通,然后重写。李凌云编的书稿,齐清定规范,在社里是出了名的,一直受到校对科同志的称赞。经过近三年的努力,三家出版社几乎是同步出版了自身承担的任务。该书一经问世,就获得社会的认可与好评,终于在1995年获得第九届中国图书奖。这是大学出版社跨地区大协作的成功先例。

　　大学出版社出版教材是主要任务,而出版学术专著是重要任务。我们紧紧抓住这一重要任务,精心策划。我们感到,我校学科齐全,师资、科研力量雄厚,不少学科在全国同行中处于领先地位。这支队伍从年龄来看,有老年、中年和青年。但在当时出书难,出版学术专著更难,出版青年人著作难上加难。针对这一实际情况,我们确定坚持热心扶植青年、积极支持中年、关心珍惜老年的原则帮助他们出版专著,目的是通过出版这些书,促进我校学术繁荣、师资队伍建设、梯队的形成起些积极的促进作用。

　　80年代初,随着教育事业的发展,我校陆续选拔了相当数量的优秀毕业生到校任教。这些同志年轻,有干劲,肯钻研,有一定成果。他们的处女作由于种种原因,一时难于出版。身为副校长的郭豫适提出了这个问题。当时,他正在华东疗养院养病,要求万中一、陈贻恩到他那里商讨此事。我们到了之后,连续两个晚上,在太湖边的凉亭里商讨,从出版的意义,指导思想、范围、申请程序,每年出几种,补贴多少钱,一直到评审委员会的组成,都一一商定。当时,定名为"中青年学术出版基金"。到 1995 年,共出版 50 多种。青年同志由于第一本专著得到出版,不仅进一步调动了教学科研的积极性,而且扩大了他们在学术界中的影响。现在,其中不少同志已成为教学、科研或管理队伍中的骨干。中年是我校教学科研的中坚力量,起着承上启下的作用。为了发展和提高我校学科水平和地位,我们对凡是申请博士点或者是博士生导师的研究成果给予支持。当时,我校有权授予博士学位的学科专业 31 个,指导教师 77 人,其中绝大多数博士点我们都出过他们的书。有些博士点,正是由于我们积极配合,及时出版了他们的科研成果之后,才使条件更为成熟。老年是我校的宝贵财富,他们在全国或在师范系统的学术界颇有影响。为发扬和传承我校优良的学术传统,我们积极出版老教授确有学术和保存价值的著作,为社会积累文化财富。其中包括著名史学家李平心的《平心文集》和史学家吕思勉的《中国通史》、著名教育家曹孚的《曹孚教育论稿》、著名宗教学家徐怀启的《古代基督史》、著名文学家徐震堮的《梦松风阁诗文集》等著作。1996 年以前又陆续出版了《吕思勉遗文集》、《陈旭麓文集》、《施蛰存文集》、《冯契文集》等著作。有些老教授晚年还勤于著述,当这些著作出版时,他们有的已困于病榻。当我们把这些刚出版的著作送到他们手里时,老教授无比激动和欣慰,感慨地说,"出版社帮我实现了最大的宿愿。"当时有些老教授准备出版自选文集或者是自己的代表作。为了支持这项工作,我们同学校科研处一起,设立跨世纪学术专著丛书,其中特设我校著名教授学术专著文库。这些著作的出版,在校内外、在同行中都产生了很好的影响。

这里,值得一提的还有非洲类、宗教类图书。非洲作为全球最古老的大陆之一,拥有丰富多彩的文明史。进入新世纪后,非洲在政治、经济上发展很快,逐渐成为国际政治和世界经济研究中的热点。我社适应这种需求,组织出版了这方面的图书。如1989 年出版了艾周昌编著的《中非关系史文选》(1500—1918),1990 年出版了陆庭恩、艾周昌主编的《非洲史教程》,1996 年出版了兰瑛编著的《非洲社会主义小辞典》、何芳川等编著的《阿拉伯非洲历史文选》,尤其是 1995 年出版的艾周昌、陆庭恩等主编的三卷本《非洲通史》,其影响之大,反映之好,接连获奖,出乎我们意料。这三卷本 1996 年获上海市哲学社会科学优秀著作成果二等奖、上海市优秀图书二等奖和中国图书评论学会评定的第七届中国图书奖。

20 世纪八九十年代社会上宗教类著作兴起,各类出版物面市。面对这种形势,为了出版高质量的这类图书,刘凌约请著名学者、宗教学专家罗竹风任主编的《宗教学概论》、《宗教通史简编》、《宗教经籍选编》,一经出版就被全国各高校有关宗教专业采用为教材,并在学术界产生了广泛深远的影响。

我社自创社以来,一贯重视刊物的编辑与出版,无论是学术性刊物、教学刊物或自学考试辅导等文理各科刊物,均予以大力扶持。在我出版社刊物中,蜚声海内外的当推施蛰存教授创办的《词学》。

施蛰存主编《词学》时早已过古稀之年,又因了大手术,不便外出活动,出版社特安排施亚西担任第一至第三辑责任编辑,其后改由刘凌担任。他们负责上门协助施蛰存处理编纂、联络等各项工作。在施亚西的精心策划和出版社的鼎力支持下,《词学》于 1981 年 11 月出版第一辑。《词学》的面世在广大读者中获得热烈响应,以至于国防部长张爱萍将军也致函表示支持,并将他创作的两首词交《词学》发表。《词学》创刊后各辑均有港、澳、台和国外词学研究者的论文发表。其第九辑被辟为“海外词学研究特辑”,除发表香港中文大学、台湾淡江大学学者的论文外,还发表美国普林斯顿大学、耶鲁大学、普渡大学,加拿大大不列颠哥伦比亚大学,日本东北大学、福井大学,韩国檀国大学等国外词学研究者的优秀成果。

《词学》对词籍的辑佚和整理极为注重,将其作为研究词学理论和词史发展的基础,每辑都有经过整理的词学珍本秘籍刊出。施亚西还在《词学》连载他多年精心结撰的《历代词选集叙录》、《词学书目集录》,并特辟他亲自撰写《新出词籍介绍》和《港台版词籍介绍》,还特邀美国学者编撰《词学英文书目》,从而使我国词学研究者能及时获得海内外学界最新的研究信息。施亚西的大力倡导和身体力行,使《词学》逐渐奠定了现代词学文献学、目录学和版本学的基础。我社出版的《词学》成为中国词学界的一面旗帜,多年来被评为文科核心学术期刊,也促使我校成为引领词学研究潮流的重镇。

为保证出版物的质量,我们坚持和完善这样一些基本制度。

首先是社内各类选题审批制度。这就是任何选题,都必须经过编辑提出建议、编辑室复议、社办公会议讨论,最后由社长签发的程序。这样,从确定选题开始,在微观上有利于把好每一部书稿的政治关、思想关和情操品位关,在宏观上有利于提高出版物的整体质量。

其次是编辑加工的“三审制”。这就是由编辑初审、编辑室主任或者有关学科副编审复审,最后由总编、副总编终审,各审次都要提出书面意见。应该说绝大多数编辑,尤其是年长的一些编辑如钟明章、丑立本、张圣章、张哲永等,极为认真和仔细,有的几乎已成为该书的第二作者。比如王世云负责的《古代基督教史》的初审情况就是如此。该书稿是我校著名专家徐怀启的遗著,这对编辑来说,难度较大。王世云拿到书稿后,为了编好这本书,他买了《宗教辞典》,向图书馆借了一本《圣经》和有关基督教方面的书籍,进行查阅对照。徐怀启手稿是竖写的,又很少用标点,而且是用讲述的口气写的,可以说一气呵成,而各章又没有分节,有些段落很长。因此,在编辑中,王世云除了加标点外,又根据大纲和内容,对每章重新分节分段,每节又加了小标题。在整理和编辑的过程中,发现不少引文的文字比较生涩,又未注明出处,徐怀启又已去世,王世云只能在力所能及的范围内进行查对。在对书中重要的基督教人物查对过程中,发现两位同名基督教人物,徐怀启写的与《宗教辞典》不一致,经过查对各种书籍和辞海,发现《宗教辞典》把相差几百年的两个人物混淆了。王世云写信给辞书出版社,该社回信表示感谢,并决定下次印刷时更正。经过几个月的编辑工作,《古代基督教史》一书终于出版了。第一次印刷 5 000 册(有精装和平装两种版本),受到广大读者和宗教界人士的欢迎,很快销售一空。后来又重印了 5 000 册。1990 年《古代基督教史》被华东地区大学出版社工作研究会评为优秀图书二等奖。

第三是图书生产流程中的排、印、装制度。最重要的是把好两个关口,一是只有当总编签发书稿,社长已同作者签订了出版合同,以及其他条件均已具备时,才由经办人员发放书号,防止失控现象;二是为保证排印装质量,重要的一环是选择好印刷厂,重视美编和整体装帧设计。

第四是图书的审读。要求责任编辑拿到样书一个月内,对自己编辑加工的图书进行审读,并应随时注意收集作者或者读者对这本书的意见,汇总留存。这不仅为重印时备用,更重要的是为进一步改进编辑工作、提高编辑业务水平提供活的材料。在每一个年度内,社里也要抽查部分图书,以便找出问题,分析原因,提出改进的办法,同时社里为保证图书质量决定设立质量奖,实行重奖重罚。

这些制度保证我们较好地坚持出版方针,提高出版物质量,逐步形成具有特色的出版格局。

以改革精神优化经营管理机制,更好地为教学科研服务

出版社是事业单位,但实行的是企业化管理;出版物是特殊商品,但毕竟是商品。凡是商品都要通过市场的交换流通来实现其价值。因此,出版社在着重考虑其社会效益的同时,亦应考虑经济效益。更为迫切的是当时工作人员已扩大到 107 人(在编 80 人,返聘与临时工 27 人),自负盈亏,经济压力不小。套用一句流行的话说:"钱不是万能的,但没有钱是万万不行的。"但出版社在体制和机制上仍是计划经济模式而缺乏增值的活力,因此我们就从体制和机制方面进行一些改革。

首先,向出版社的主办单位学校试行承包制。一方面要求学校加强对出版社的领导,主要是在一段时间内有一个总体要求和设想,并为完成这个目标给出版社的发展

提供必要条件;另一方面是期望扩大出版社的自主权,以适应当时出版社从生产型向生产经营型的转变要求,适应图书市场激烈竞争的要求。经过酝酿和协商,出版社和学校签订了一定时期的承包合同。承包者是出版社领导集体,实行社长负责制。出版社承诺把社会效益放在首位,不断提高出版物质量;经济上采取"上缴利润定额包干"和"留有利润按比例分成",以及在经营活动中按有关规定灵活执行财务收支权等等方法。由于自主权扩大,全社上下干部职工的积极性得以调动,从而历年超额完成了既定任务。

其次,对出版社内部的运行体制与机制进行改革。由于当年我国的改革还处于初级阶段,出版社内部改革要考虑干部和职工的承受力,不能因改革措施不当而挫伤人的积极性。当时我们确定了这样的指导思想:一是先易后难,从容易解决的问题入手,再逐步解决难题;二是走小步,不停步,改革的步伐不宜太快、太大,但要前进;三是改革措施要注意责、权、利的统一。

我社是从优化经营管理机制着手改革的,主要采取了不同形式的责任制。如,在经营性较强的发行部门以及相对独立的音像部门,试行承包经营责任制;在编辑部门、校对部门试行定额与"两个效益"相结合的责任制;对一时难以计量的行政、财务等有关部门,试行岗位责任制和目标责任制相结合,等等。

在试行各种形式责任制的过程中,我们注意到"分配"这一经济杠杆和人员聘任这个机制的作用。我们是这样思考分配问题的:一是既考量出版是一个系统工程,不同工作性质的部门之间分配应有区别,但不能过分悬殊,又要考虑在同一部门内不能搞平均主义而应拉开差距,对有特殊贡献的部门和个人给予奖励;二是在当时奖励基金有限的情况下,年度之间的分配水平应体现逐年有所提高,避免大起大落;三是领导应注意廉洁,不搞特殊化。

在人事制度上,试行全员工作聘任制,优化劳动组合。根据出版社工作的性质和任务,确定岗位,并根据工作需要和德才兼备的原则,在听取群众意见的基础上,聘任各科室负责人。各科室负责人根据本科室的任务和职责,在定编、定岗、定责基础上,推荐应聘人员,由社里聘任。未聘人员另行安排或自找门路。对这两项改革,由于我们从本社实际出发,在"适度"上做了文章,结果既达到了改革的预定目标,又使出版社平衡有序、持续发展。

编辑部如何深化改革?这既是重点又是难点。说它是重点,因为组织书稿是出版社有无效益,或是效益高低的源头。说它是难点,因为涉及到如何分解"两个效益",调动编辑组织双效益书稿的积极性的问题。1992年夏天由万中一社长主持在苏州东山召开的干部、编辑会议更进一步体现了我社市场意识的觉醒。经过反复思考和讨论,最终形成了责权利相统一的,当时称之为"三、四、五"的激励和约束机制方案。主要是以编辑室为单位,平均每位编辑每年除完成社里指令性编书任务外,还需完成自己组织的三种具有双效益图书的编辑出版任务,每种书稿一般有 20 万字左右,其经济效益为 5 000 元。并且我们还相应地提出了编辑策划这类书稿,编辑拥有从选题、印刷、发行到成本核算等环节决策的四项权利;这类书稿一旦获得收益即可按一定比例提成,如果获奖还应追加奖励。这一措施试行一年多,不仅成效明显,而且增强了编辑对图书"双效"的理念和走向市场、参与竞争的意识。这项改革引起了主管部门和同行的关注。

出版社同仁

　　这些改革措施,调动了各科室和广大出版人的主动性和积极性。比如发行科,先后担任科长、图书代办站站长的姜东平,他热心发行事业,热情,善于交往,把买卖双方变成朋友。在他带领下,形成了遍布全国各地的自办发行网络,计 300 多家单位,使图书销售稳定增长。又如出版科科长孙鹤鸣,印刷厂厂长出身,长期对印刷业务极为熟悉,对社会上印刷单位也十分了解。在他主导下,逐步确定了以本校、本市为主,兼顾外地的印刷基地,共 20 多家印刷厂,能保质保量及时完成印刷任务。财务科长胡长珍,从复社的第一天起,就到出版社从事会计工作,她善于学习,很快从一个长期从事行政会计工作者转变为管理企业化的财务,帮助建立制度,严格成本核算和现金管理,从未发生哪怕是一分钱的差错。小偷入室作案,也未得逞。书库量大品种多,每天进出频繁,但在书库负责人刘国良的管理下,做得井井有条,账物相符。他每天还和工人一道,参加图书的包装和发运工作,受到大家的尊重,被评为优秀党员。正是由于这些经营性较强的部门,从严管理,不断创新,才使出版社业绩稳步提升。

我社能够坚持正确的办社方向,不断深化改革,调动广大职工的积极进取精神,做好各项工作,这与党总支充分发挥监督保证作用是分不开的。作为党总支主要负责人的王世云,不仅积极参与社里发展与改革等重大议题的讨论与决定,而且以身作则身体力行投身到编辑等各项具体工作中,认真负责地做好党务工作,尤其是做了大量关心人和深入细致的思想工作。他尊重人、关心人、帮助人,这是社里公认的。哪里有矛盾、有困难,就会出现他的身影。职工生病了,他必去看望;书库由于下雨进水,他首批赶到一起排涝;每逢酷暑,为室外工作的同志送清凉;职工之间有时闹些矛盾,他深入了解情况,真情谈心。他这种关心群众生活、解决实际困难、以心换心的工作作风,是凝聚人心、激起大家奋进的精神动力,使出版社的工作始终处于和谐发展的气氛之中。

多年来,我们出版社在党政领导班子和广大职工的积极支持和共同努力下,事业有了长足的发展,"两个效益"上了一个新的台阶。尤其 20 世纪 90 年代初发展迅猛,出书品种、盈余年增长数倍至十多倍,获奖图书倍增,并有充足的发展后劲。据当时统计,十年来共获纯利 1 593.8 万元,其中 1992 年 213.8 万元,1993 年 352.5 万元,1994年 1—8 月 275.8 万元;上缴学校 686.1 万元,返回学校出版社职工工资及房租等各种费用 198 万元。积余各种基金(福利基金、奖励基金、社长基金等)共计 85.5 万元。在上海、在全国大学出版社中,有自己的特色和目标,受到有关领导部门和同行的好评。在教育部历次召开的全国大学出版社社长或总编辑会议上,万中一代表华东师大出版社多次作过专题发言,受到上级有关部门和同行的信任和尊重。他先后担任了全国大学出版社协会副理事长、华东地区大学出版社协会理事长和上海市出版工作者协会副主席等职。1995 年初,我社被教育部授予"全国先进大学出版社",被新闻出版署授予"良好出版社"称号,在社会上树立了良好的形象。

我们始终认为,人的职务任期是有限的,但事业发展是无限的。回顾历史,继往开来,长江后浪推前浪。如今我校出版社无论是规模还是效益,都在飞速发展,我们这一代出版人由衷地感到欣慰。

* 本文作者:万中一、刘凌为华东师范大学出版社编审,王世云为华东师范大学出版社副编审。

后　记

　　《文脉——华东师范大学学科建设回眸》是继《师魂——华东师范大学老一辈名师》之后，我校老教授协会完成的又一项校园文化建设重大工程。

　　本书以学科建设的历史回眸为主线，记述我校老教授在教学、科研、管理工作和教书育人、为人师表等方面的突出业绩和感人事迹。学科建设包括课程、专业、教材建设以及科研成果、著作撰写、刊物创办、服务生产、服务社会、专业人才培养等诸多方面。

　　参与学科建设的这批老教授，主要是 20 世纪五六十年代参加教学、科研和管理工作者，既有个人，也有团队。这一代人既经历过旧中国的苦难，又经历了新中国的辉煌和曲折。他们得到国家和人民的培养成长、成才，深怀报效祖国的心愿，各自在教学、科研和管理工作的岗位上，奉献了青春和毕生精力。在华东师范大学学科建设的丰碑上，凝结着这一代人的心血和智慧。

　　学科建设既承上启下因因相袭，又与时俱进突破创新。因而文稿中既可以看到老一辈名师对于许多学科的开启、奠基和引领作用，又可以更多看到新生代枝繁叶茂的可喜局面。

　　学科建设是巨大的动态系统，确定选题是一项颇有难度的复杂工作。按照本书"基于史实、突出重点、统筹兼顾、考虑现实"组稿工作要求，各老教授协会分会在本单位党政领导的关心和支持下，对于入选的事和人，做了比较充分的研究和合理的布局。

　　本书编委会设置的编辑小组负责统稿的各项具体工作。参加编辑小组的有齐森华、安同一、吴铎、陈志杰、周尚文、蒋长瑜等诸位教授。

　　本书的组稿工作得到校和各单位党政领导的大力支持。华东师范大学出版社对本书的编审和出版做了精心安排。对此，本书编委会同仁深表谢忱！

吴铎

2016 年 5 月 27 日